佛学译丛

主编◎夏坝·降央克珠　魏德东

宝性论大疏

嘉曹·达玛仁钦◎著　江　波◎译

中国社会科学出版社

图书在版编目（CIP）数据

宝性论大疏/嘉曹·达玛仁钦著；江波译.—北京：中国社会科学出版社，2015.10

（佛学译丛/夏坝·降央克珠，魏德东主编）

ISBN 978-7-5161-6110-4

Ⅰ.①宝…　Ⅱ.①嘉…②江…　Ⅲ.①佛经—研究　Ⅳ.①B942.1

中国版本图书馆CIP数据核字（2015）第099795号

出 版 人　赵剑英
责任编辑　陈　彪　凌金良
特约编辑　胡国秀等
责任校对　佟亮辰　蒋海军等
责任印制　张雪娇

出　　版　中国社会科学出版社
社　　址　北京鼓楼西大街甲158号
邮　　编　100720
网　　址　http://ww.csspw.cn
发 行 部　010－84083685
门 市 部　010－84029450
经　　销　新华书店及其他书店

印刷装订　三河市东方印刷有限公司
版　　次　2015年10月第1版
印　　次　2015年10月第1次印刷

开　　本　710×1000　1/16
印　　张　57.25
插　　页　2
字　　数　1100千字
定　　价　288.00元

“佛学译丛”编委会

总　序

公元前6世纪，释迦牟尼在恒河流域创立佛教。此后渐次传播，成为遍及全球的世界性宗教。自佛教产生之初，佛陀就鼓励用各地的方言宣说佛法，由此形成了不同语言系统的佛典。流传至今，最有体系、影响最大的有梵文巴利文佛典、汉文佛典和藏文佛典。这些典籍，既有佛陀讲说的经文，也有佛弟子以各自语言对佛教义理的诠释与创新，发展至今，字数当以亿计，构成了人类文化史上的绚烂篇章。

在佛教发展史上，不同语言之间的佛典翻译，是佛教全球化以及佛教参与其他文化形塑的重要一环。自公元1世纪至11世纪，印度佛教典籍的大规模汉译，对于印度部派佛教与大乘佛教思想的保存与流传，对于佛教在东亚的传播，对于中古以后中华文明的成熟，都有至关重要的意义。而自公元7世纪至14世纪印度佛教典籍的藏译，则不仅使中后期印度佛教典籍完整地保存在藏语之中，也对藏文化的形成起到了关键作用。

就今天仍然使用的佛教典籍而言，数量最大的，应该说是汉文与藏文佛典。这些典籍可以分为两大部分，一是对印度佛教典籍的翻译，汉译部分主要是早期、中期印度佛教典籍，藏译部分则主要集中于中后期印度佛教典籍。汉文与藏文佛典的另外一大部分，则是佛弟子的汉语和藏语佛教著述，更为直接地体现了汉藏佛教的独特创造。汉文佛典的汇编，有汉文《大藏经》和《续藏经》，合计5000余部；藏文佛典中，《甘珠尔》、《丹珠尔》收入印度著作合计4600余部，另有历代大德文集不计其数。

特别重要的是，就佛教学术体系而言，汉文佛典与藏文佛典之间，具有很强的互补性。一方面，尚有诸多由梵译藏之经论为汉文所不具，而藏地高僧大德的众多论著，更多无汉译。若能将更多的印度中后期佛教重要典籍，如佛护、清辩、月称等的中观学论著，安慧等的唯识学论著，圣解脱军、狮子贤等的般若学论著，陈那、法称等的因明学论著，德光等的律学论著，以及大量密宗典籍译成汉语，无疑将丰富与完善汉传佛教对印度佛教史的理解；而如将藏传佛教大德宗喀巴大师、嘉曹杰、克主杰等大师的稀有善说译成汉文，则不仅将加深汉藏两大文化体系的相互认知，对于今天的佛弟子契理契机地理解佛法，也有殊胜的帮助。20世纪30年代，汉地法尊法师将宗喀巴大师的《菩提道次第广论》由藏译汉，影响日益深广，堪称范例。另一方面，现存汉译梵文典籍中，也有诸多极为重要，而为藏文所无之经论。若能将汉译典籍中现存的四部《阿含经》、《对法七论》、《成实论》、《大智度论》，以及有关龙树菩萨等人的传记等译成藏文，则可呈现藏文佛典之完整与庄严；而汉语的佛典创造，如禅宗的著作等，早在唐代就有藏文的翻译与传播，但今天大多不为人知，在文化的交流互鉴日益迅疾深入的今天，将体现汉传佛教特色的佛典择要译为藏文，无疑也具有重要意义。

有鉴于此，辽宁省沈阳市北塔护国法轮寺于2009年成立了藏文班，将宗喀巴大师的《现观庄严论释金鬘疏》等论典译成汉文。2011年，黑龙江省大庆市富余正洁寺与中国人民大学合作，成立了中国人民大学国际佛学研究中心，尽己所能励力荷担梵、汉、藏佛教经论的校勘与互译事业，将诸多藏文重要佛典译为汉文，撮其要者，有《宝性论》本颂与无著释、圣解脱军《二万五千颂般若现观庄严论光明释》、狮子贤《八千颂般若现观庄严论光明释》与《明义释》，宗喀巴大师《中论释·正理海》与《现观庄严论释金鬘疏》，嘉曹杰《宝性论大疏》与《现观庄严论释心要庄严疏》，克主杰《中观千座论》与《现观庄严论释显明难解疏》、克珠丹巴达杰大师《般若总义·显明心要庄严疏》，等等。

与此同时，国际佛学研究中心还邀请了一些藏族僧俗学者，为他们开设汉语佛学班，以期培养出一批精通佛典汉语的藏语系佛教学者，更多、更圆满地将汉文佛典呈现为藏文。目前中心正在进行的汉译藏项目有《大智度论》、《龙树、无著菩萨传记资料》等。

国际佛学研究中心推动的佛教基础文献整理与翻译工作，得到学术界及藏汉佛教诸大寺院高僧巨擘的高度认同与鼓励。佛教经典的汉藏互译，不仅将深化佛教学术的研究，而且对于加强藏汉文化互动、推动民族团结与社会和谐也有显著的积极作用。2013 年，中国人民大学国际佛学研究中心与中国社会科学出版社签约，出版《佛学译丛》，渐次呈现中心的研究与翻译成果。从长远看，国际佛学研究中心在翻译出版汉藏佛教典籍的同时，还拟将日文、英文等文本的重要佛学著作译为汉藏文出版。

佛典翻译是神圣的事业，也是极为艰难的事业。为了译著的准确与圆满，自翻译到出版的各个环节，所有同仁无不竭尽全力，精益求精。但即便如此，作品也一定还存在诸多不足，期待您不吝指正。

夏坝·降央克珠　魏德东

2014 年 9 月 14 日

目　录

前言 ………………………………………………………………（1）
凡例 ………………………………………………………………（3）
导读 ………………………………………………………………（1）

《宝性论大疏》 ……………………………………………………（39）
科判 ……………………………………………………………（41）
大乘上续论释大疏卷一 ……………………………………………（85）
［序品］ ……………………………………………………………（85）
大乘上续论释大疏卷二 ……………………………………………（117）
大乘上续论释大疏卷三 ……………………………………………（157）
［第一金刚处：佛宝］ ……………………………………………（157）
［第二金刚处：法宝］ ……………………………………………（181）
大乘上续论释大疏卷四 ……………………………………………（203）
［第三金刚处：僧宝］ ……………………………………………（203）
［归依］ ……………………………………………………………（221）
大乘上续论释大疏卷五 ……………………………………………（253）
［后四金刚处总建立］ ……………………………………………（253）
［第四金刚处：界］ ………………………………………………（275）
大乘上续论释大疏卷六 ……………………………………………（293）
大乘上续论释大疏卷七 ……………………………………………（343）
大乘上续论释大疏卷八 ……………………………………………（381）
大乘上续论释大疏卷九 ……………………………………………（429）
大乘上续论释大疏卷十 ……………………………………………（459）
大乘上续论释大疏卷十一 …………………………………………（497）
大乘上续论释大疏卷十二 …………………………………………（527）

大乘上续论释大疏卷十三 …………………………………… (559)
大乘上续论释大疏卷十四 …………………………………… (591)
大乘上续论释大疏卷十五 …………………………………… (617)
大乘上续论释大疏卷十六 …………………………………… (641)
大乘上续论释大疏卷十七 …………………………………… (665)
大乘上续论释大疏卷十八 …………………………………… (697)
[结束分] …………………………………………………… (719)

附录：宝性论释 ……………………………………………………… (723)
辨宝性大乘上续论释 …………………………………………… (725)
第一 如来藏品释 ……………………………………………… (725)
[序分] …………………………………………………… (725)
[第一金刚处：佛宝] ………………………………… (728)
[第二金刚处：法宝] ………………………………… (730)
[第三金刚处：僧宝] ………………………………… (732)
[归依] …………………………………………………… (733)
[后四金刚处总建立] ………………………………… (734)
[第四金刚处：界] …………………………………… (737)
第二 菩提品释 ………………………………………………… (763)
第三 功德品释 ………………………………………………… (769)
第四 如来事业品释 …………………………………………… (773)
第五 胜利品释 ………………………………………………… (781)

参考文献 ……………………………………………………………… (784)
那仓·向巴昂翁仁波切所造翻译回向文 ……………………… (792)
索引 …………………………………………………………………… (794)
《宝性论释》、《宝性论大疏》词汇汉梵藏文对照 ………… (848)

前　言

嘉曹·达玛仁钦（rGyal tshab dar ma rin chen，1364－1432）所著《宝性论大疏》（*Theg pa chen po rgyud bla ma'i ṭīkā*）一书，是集中体现藏传佛教格鲁派"如来藏"（tathāgatagarbha）思想的代表作。它本是笔者博士论文 的研究课题，当时为了写作之便，英译了《宝性论大疏》中的"总论"部分，以及"七金刚处"（vajrapada）中的"如来藏"部分。在之后的博士后研究期间，笔者又将《宝性论大疏》全文作了英译及汉译，同时依据梵、藏文本新译了《辨宝性大乘上续论》（*Ratnagotravibhāgamahāyānottaratantra*），以便读者与《宝性论大疏》参照对读。这一课题的探索，旨在回应近期西方学界在"如来藏"教义研究中产生的若干问题。

众所周知，"如来藏"说是佛教史上一个备受争议的话题。反映在藏 传佛教思想史上的，是某些欧美学者所谓的"自空"（rang stong）与"他空"（gzhan stong）之诤。这些学者在后现代哲学推崇"多元化"思想的影响下，主张解构佛教。那些用"无我"（nairātmya）、"性空"（niḥsvabhāva）等公认的佛教核心思想来诠释"如来藏"说的方法，被称为是"本质论的"（essentialist）。一时间，学界热衷于与传统"无我"论相捍格的"他空"思想的译介，且往往从"他空"思想的角度来审视这一论诤。例如，所谓"自空"与"他空"的对立，从历史上看，作为"自空"代表的格鲁派学者从不自认其见解为"自空"，这是对双方观点介绍上的偏差。又如，这些学者认为，有关"如来藏"教义的经文，至少部分地与传统"无我"论不相兼容，而必须如"他空"派那样，按其字面意思去理解。格鲁派学者认为，这些经文与"无我"、"性空"等教义的一致性，存在于经文本身的逻辑之中，因此，并不需要强为曲解，这是对格鲁派经典诠释学（humernutics）认识上的缺失。

虽然西方在"如来藏"研究方面的权威，比利时学者 David S. Ruegg 早在 20 世纪 60 年代便对格鲁派学者的"如来藏"说作了不少译介，但或许是由于缺乏系统性与全面性，学界对此派之说仍不甚了了。为有助于解决这一问题，进而对这场藏传佛教思想史上旷日持久、影响深远的论诤全貌有所了解，笔者翻译了嘉曹杰的这一部《宝性论大疏》，并就其中的“如来藏”说内容作了初步探索。研究成果已择要概述于本书“导读”之中。

本书的翻译工 作，得到了哥伦比亚大学美利坚佛教研究所（The American Institute of Buddhist Studies，Columbia University）的大力支持，以 及何鸿毅家族基金（The Robert H. N. Ho Family Foundation）的慷慨资助。在本书出版准备阶段，上海俞晨晖、俞敏、姚忆等朋友，以及北京大学图登云丹（朱竞旻）、图登巴丹（关迪）、曹先顺、金芳初、马艳、邵华等同学，付出了艰苦的劳动。中国藏语系高级佛学院副院长那仓仁波切，按佛教习俗为本书写了回向文。中国人民大学国际佛学研究中心对本书简体版的出版给予了极大帮助。另据中国社会科学出版社陈彪先生提出的意见，在“导读”中增加了题记说明，并对之前在台湾出版的繁体版作了相关修改。在此一并致以谢忱！

江　波

2012 年 9 月于沪上绵穆斋

凡例

《宝性论》是弥勒菩萨所造的大乘佛教重要著作，后无著论师为之作《宝性论释》，佛教传入西藏后，嘉曹·达玛仁钦又作《宝性论大疏》。

（一）本书《宝性论释》的藏文原本采用《中华大藏经丹珠尔（对勘本）》第七十卷中所收之洛丹喜饶译本（北京：中国藏学出版社，2001）。

（二）本书《宝性论释》的翻译同时参考了 E. H. Johnston 校订的梵文本：*The Ratnagotravibhāga Mahāyānottaratantraśāstra*. Patna：The Bihar Research Society，1950.

（三）本书《宝性论释》系译自藏译本及现存梵文本，其《宝性论部分》与后魏勒那摩提的《究竟一乘宝性论》四卷本有不少差异。关于旧译本与梵、藏本的比较研究，详见日本学者高崎直道之著作：*A Study on the Ratnagotravibhāga*（*Uttaratantra*）.
Serie orientale Roma，vol. 33. Rome：Is. M. E. O.，1966。

（四）本书《宝性论大疏》的藏文原本以拉萨版《嘉曹杰文集》第三函中所收为底本，并与塔尔寺版对校。

（五）本书的翻译名相以玄奘法师《瑜伽师地论》的译文为主。

（六）鉴于《宝性论大疏》对《宝性论释》采取了夹注加议论的诠释方式，特将《大疏》中所有沿用《宝性论释》的文字用下划线标明，以方便读者。须要注意的是，除行文次序之外，由于字数限制、文体变化、涵义引申等原因，《大疏》与《宝性论释》的文字有个别处不尽相同，恕不一一指出。

（七）为便利读者对照阅读《宝性论释》与《大疏》，特在《大疏》的相关段落结尾处圆括号内，标明《宝性论》各品各颂的序号，例如，（2. 15）即该论第二品第十五颂。

（八）正文中圆括号内的内容是译者的补充文字。

（九）科判中的甲、乙等字样系译者所加。

（十）正文与科判中加书名号的《论》专指《辨宝性大乘上续论》，《释》专指《辨宝性大乘上续论释》。

导　读

一　与“如来藏”说相关的大乘经

继龙猛（Nāgārjuna）、提婆（Āryadeva）之后，大乘佛教在印度迎来了它的极盛时期。约从公元3世纪开始，陆续出现的新大乘经，在义理上，对前期以《般若经》（*Prajñāpāramitāsūtra*）为代表的“自性空”（niḥsvabhāva）本体论、《法华经》（*Saddharmapuṇḍarīkasūtra*）为代表的“一乘”（ekayāna）实践论作了补充、修正，丰富了大乘佛教的内容，又经无著（Asaṅga）、世亲（Vasubandhu）的整理、创造，成为之后笈多王朝文化繁荣的重要组成部分。从内容上看，这些续出的大乘经大致可分两大类：一类是“如来藏”（tathāgatagarbha）说；一类是“唯识”（vijñaptimātra）说。前者以《如来藏经》（*Tathāgatagarbhasūtra*）、《涅槃经》（*Mahāparinirvāṇasūtra*）、《胜鬘经》（*Śrīmālādevīsiṅhanādasūtra*）、《不增不减经》（*Anūnatvāpūrṇatvanirdeśasūtra*）、《大法鼓经》（*Mahābherīhārakasūtra*）、《央掘魔罗经》（*Āryāṅgulimālīyasūtra*）等为代表，后者以《解深密经》（*Saṃdhinirmocanasūtra*）为代表。公元5世纪时出现的《楞伽经》（*Laṅkāvatārasūtra*）、《密严经》（*Ghanavyūhasūtra*）则是调和这二类学说后的结果。

最先提出“如来藏”这一概念的是《如来藏经》。此经以譬喻说明“众生皆具如来藏”，将不具心识的非有情排除在外，明确了“如来藏”是众生成佛的内在因素：

> 善男子，如来应正等觉，以佛自己智慧光明，眼见一切有情欲、瞋、痴、贪、无明烦恼。彼善男子善女人，为于烦恼之所凌没，于胎藏中有俱胝百千诸佛悉皆如我。如来智眼观察彼等有佛法体，结跏趺坐寂不动摇。于一切烦恼染污之中，如来法藏本无摇动，诸有趣见所不能染。是故我今作如是言，彼等一切如来如我无异。善男子，如是如来以佛智眼，见一切有情如来藏。

善男子，譬如以天妙眼，见于如是恶色恶香，诸莲花叶缠裹逼迫。是以天眼见彼花中，佛真实体结跏趺坐。既知是已欲见如来，应须除去臭秽恶业，为令显于佛形相故。如是如是，善男子如来以佛眼，观察一切有情如来藏，令彼有情欲、瞋、痴、贪、无明烦恼藏，悉除遣故而为说法，由闻法故则正修行，即得清净如来实体。

善男子，如来出世若不出世，法性、法界、一切有情如来藏常恒不变。①

这是“如来藏”说最原始的经典依据。其主旨是：“于一切烦恼染污之中，如来法藏（性）本无摇动，诸有趣见所不能染”，说明众生心中烦恼与“如来法性”（dharmatā）并存，清净无染的“如来法性”是心的本性、可以显现，而导致痛苦的烦恼则是偶发的、可以除遣。与此“如来藏”类似的观念，在较早的大乘经中即已出现，如《华严经·如来性起品》（*Tathāgatotpattisaṃbhavaparivarta*）说“如来智慧在其众生身内”：

佛子，如来智慧、无相智慧、无碍智慧，具足在于众生身中，但愚痴众生颠倒想覆，不知、不见、不生信心。尔时如来，以无障碍清净天眼，观察一切众生。观已作如是言，奇哉奇哉！云何如来具足智慧在于身中，而不知见。我当教彼众生，觉悟圣道，悉令永离妄想颠倒垢缚，具见如来智慧在其身内，与佛无异。如来实时教彼众生，修八圣道，舍离虚妄颠倒，离颠倒已具如来智，与如来等饶益众生。②

在稍后出现的《大般涅槃经》中，除“如来藏”外，又提出“佛性”这一极受东亚佛教重视的概念，并以“我”（ātman）的名义将这两者联系统一起来：

善男子，我者即是如来藏义。一切众生悉有佛性，即是我义。如是我义从本已来常为无量烦恼所覆，是故众生不能得见。③

《胜鬘经》将“如来藏”解释为“自性清净心”（prakṛtiprabhāsvaracitta）：

---

① 东晋佛陀跋陀罗译《大方等如来藏经》，《大正新修大正藏经》第十六册，No. 666，页457。

② 东晋佛驮跋陀罗译《大方广佛华严经》，《大正藏》第九册，No. 278，页624。

③ 北凉昙无谶译《大般涅槃经》，《大正藏》第十二册，No. 374，页407。

> 此性清净如来藏而客尘烦恼上烦恼所染，不思议如来境界。何以故？刹那善心非烦恼所染，刹那不善心亦非烦恼所染。烦恼不触心，心不触烦恼。云何不触法而能得染心？世尊，然有烦恼，有烦恼染心。自性清净心而有染者，难可了知。①

另外，此经还列举了“如来藏”的其他名字：

> 如来藏者，是法界藏、法身藏、出世间上上藏、自性清净藏。②

《不增不减经》称“如来藏”为“众生界”，又对《胜鬘经》所说的“自性清净心”作了进一步诠释：

> 复次，舍利弗，如我上说，众生界中亦示三种法，皆真实如不异、不差。何谓三法？一者，如来藏本际相应体及清净法；二者，如来藏本际不相应体及烦恼缠不清净法；三者，如来藏未来际平等恒及有法。
>
> 舍利弗当知，如来藏本际相应体及清净法者，此法如实不虚妄不离、不脱。智慧清净真如法界不思议法，无始本际来有此清净相应法体。舍利弗，我依此清净真如法界，为众生故说为不可思议法自性清净心。
>
> 舍利弗当知，如来藏本际不相应体及烦恼缠不清净法者，此本际来离、脱、不相应烦恼所缠不清净法，唯有如来菩提智之所能断。舍利弗，我依此烦恼所缠不相应不思议法界，为众生故说为客尘烦恼所染，自性清净心不可思议法。
>
> 舍利弗当知，如来藏未来际平等恒及有法者，即是一切诸法根本，备一切法、具一切法，于世法中不离、不脱真实一切法，住持一切法、摄一切法。舍利弗，我依此不生不灭、常恒清凉、不变归依、不可思议清净法界说名众生。所以者何？言众生者，即是不生不灭、常恒清凉、不变归依、不可思议清净法界等异名。以是义故，我依彼

---

① 宋求那跋陀罗译《胜鬘师子吼一乘大方便方广经》，《大正藏》第十二册，No. 353，页 222。

② 同上。

法说名众生。①

《大法鼓经》、《央掘魔罗经》的“如来藏”说不出上述所说者。这些经典的“如来藏”说内容基本一致。

经与初期大乘佛教思想比较之后，我们可有以下发现：“如来藏”说“一切众生悉有佛性”的观点，为前期大乘的“一乘”说提供了完善的理论依据。最早提出“一乘”说的《妙法莲华经》认为：

如来但以一佛乘故为众生说法，无有余乘若二、若三。②

《胜鬘经》继承了这一思想，认为声闻乘、独觉乘、大乘有三种不同目标取向的“三乘”说不是佛陀的真实想法（“不了义”），“究竟一乘”才是佛教修行的真正目的、“第一义乘”：

声闻、缘觉乘皆入大乘。大乘者即是佛乘，是故三乘即是一乘。得一乘者，得阿耨多罗三藐三菩提。阿耨多罗三藐三菩提者，即是涅槃界。涅槃界者，即是如来法身。得究竟法身者，则究竟一乘，无异如来无异法身，如来即法身。得究竟法身者，则究竟一乘。究竟者，即是无边不断………

如来即三归依。何以故？说一乘道，如来四无畏成就师子吼说。若如来随彼所欲而方便说，即是大乘无有三乘。三乘者入于一乘，一乘者即第一义乘。③

《大法鼓经》、《央掘魔罗经》也明确主张“一乘”说。《胜鬘师子吼一乘大方便方广经》、《究竟一乘宝性论》等汉译经论名反映了“如来藏”说与“一乘”说的密切关系。因此，主张“一性一乘”④的“如来藏”等概念具有大乘佛教实践论的意义，表明修行成佛的可能性与普遍性，这是“如来藏”说的一个显著特点。

① 元魏菩提流支译《佛说不增不减经》，《大正藏》第十六册，No. 668，页467。

② 后秦鸠摩罗什译《妙法莲华经》，《大正藏》第九册，No. 262，页7。

③ 宋求那跋陀罗译《胜鬘师子吼一乘大方便方广经》，《大正藏》第十二册，No. 353，页220。

④ 宋天竺三藏求那跋陀罗译《大法鼓经》，《大正藏》第九册，No. 270，页297。

此外，“如来藏”等概念也具有大乘佛教本体论的内涵。由上述引文可见，“如来藏”一词与“法性”、“自性清净心”、“真如”（tathatā）、“法界”（dharmadhātu）等初期大乘佛教常用的本体论术语关系密切，可以互换使用。不仅如此，它们与《般若经》的思想也并无二致。首先，从内容上来看，以“自性清净心”为例，《胜鬘经》、《不增不减经》所说者并未对《般若经》的“心性本净”说作任何修正。《般若经》中说：

> 时舍利子问善现言：是心云何本性清净？善现答言：是心本性非贪相应、非不相应，非瞋相应、非不相应，非痴相应、非不相应，非诸缠结随眠相应、非不相应，非诸见趣漏暴流轭取等相应、非不相应，非诸声闻独觉心等相应、非不相应。舍利子，是心如是本性清净……
>
> 复次，善现，一切如来应正等觉皆依般若波罗蜜多，如实证知无量、无数、无边有情不染污心，本性净故，无杂染性故，说般若波罗蜜多能示世间诸法实相。①

至于“心性本净”的具体内涵，初期大乘的《说无垢称经》（*Vimalakīrtinirdeśasūtra*）有过明确的解说：

> 如佛所说，心杂染故有情杂染，心清净故有情清净。如是心者，亦不住内、亦不出外、不在两间。如其心然，罪垢亦然。如罪垢然，诸法亦然，不出于如。唯优波离，汝心本净，得解脱时，此本净心曾有染不？我言不也。无垢称言：一切有情心性本净，曾无有染，亦复如是。唯优波离，若有分别、有异分别即有烦恼，若无分别、无异分别即性清净。若有颠倒即有烦恼，若无颠倒即性清净。若有取我即成杂染，若不取我即性清净。②

简言之，“心本性（自性）清净”即《般若经》重复强调的心无自性，以其“亦不住内、亦不出外、不在两间”，这样的无自性便是诸法的终极实在“如”、“世间诸法实相”。由于众生妄执有“我”，致使心杂染；若不执“我”，便能显了心的自性清净。《胜鬘经》“烦恼不触心，心不触烦恼”的观

① 唐玄奘译《大般若经》，《大正藏》第五册，No. 220a，页 202。

② 唐玄奘译《说无垢称经》，《大正藏》第十四册，No. 476，页 563。

点，显然来自与《般若经》“空性”思想一脉相承的龙猛中观学，如《中论》（*Mūlamadhyamakakārikā*）观合品中说：

> 见可见见者，是三各异方，如是三法异，终无有合时。
> 染与于可染，染者亦复然，余入余烦恼，皆亦复如是。①

其次，“如来藏”说经典不仅未说《般若经》的思想是“不了义”（neyārtha），反而用于引证，如《大般涅槃经》中说：

> 善男子，我与无我性相无二，汝应如是受持顶戴。善男子，汝亦应当坚持忆念如是经典，如我先于《摩诃般若波罗蜜经》中说我、无我无有二相。②

这样的态度与持“唯识”说的《解深密经》是完全不同的，该经明确表示般若教义是“有所容受”的不了义：

> 世尊，在昔第二时中惟为发趣修大乘者，依一切法皆无自性、无生无灭、本来寂静、自性涅槃，以隐密相转正法轮。虽更甚奇甚为希有，而于彼时所转法轮，亦是有上有所容受，犹未了义，是诸诤论安足处所。世尊，于今第三时中普为发趣一切乘者，依一切法皆无自性、无生无灭、本来寂静、自性涅槃无自性性，以显了相转正法轮，第一甚奇最为希有。于今世尊所转法轮，无上、无容是真了义，非诸诤论安足处所。③

“第三时”的“唯识”说虽然也说“无自性”、“无生无灭”等，但有别于“第二时”《般若经》的“自性空”本体论，这显然不是“如来藏”说经典的立场。

从语言特征上看，《般若经》及龙猛、提婆的中观学多用“无自性”、“八不”、“离四边”之类否定的表达方式（“遮诠”，pratiṣedha），以表明佛教所说的“胜义谛”（paramārthasatya）即终极实在是一种单纯的“遮法”（“无

---

① 姚秦鸠摩罗什译《中论》，《大正藏》第三十册，No. 1564，页 18。
② 北凉昙无谶《大般涅槃经》，《大正藏》第十二册，No. 374，页 411。
③ 唐玄奘译《解深密经》，《大正藏》第十六册，No. 676，页 697。

遮”，prasajyapratiṣedha），是对虚构的实在——“自性有”的否定。“法性”、“真如”、“法界”这类术语则是这一“遮法”肯定的表达方式（“表诠”，siddha），以说明这一“遮法”乃是名副其实的终极实在。他们认为，“胜义谛”虽然是“遮法”，但它作为被佛教徒体认的真理，在日常语境中一定是存在的、是“有”，否则修行也就毫无意义可言了。《宝云经》（*Ratnameghasūtra*）中说的很明白：

> 善男子，第一义者，无言无说、本性清净，一切圣人内自证得。若佛出世若不出世，法性常尔、不减不增。善男子，为是法故，一切菩萨，剃除须发、著坏色衣，以善心故远离亲属，往空闲处出家修道，精进耐苦如灸头然，但为求得是妙法故。善男子，若无有此第一义谛，所修梵行皆悉无用，佛出于世亦复无用。①

这表明，“法性”之类关于大乘佛教本体论的术语，同时也具有修行实践上的含义。具体来说，“法性”或“法界”是产生一切“圣法”的原因、修行的基础，如六世纪印度著名的《现观庄严论》（*Abhisamayālaṅkāra*）与《般若经》注释家圣解脱军（*Āryavimuktisena*）所说：

> 此中分别观察，谓于有事及有事相而起执著，由彼无故当知无贪。此非有性，即一切法之真如性。法界性即诸圣法之因，故本性住种性，即修行之所依也。②

“如来藏”说经继承了前期大乘“法性”、“真如”、“法界”之类的本体论术语及其含义，又提出“如来藏”、“佛性”、“自性清净心”、“众生界”这类新概念，并将之限定在“众生”这个修行主体的范围内。同时，这类新概念也将“法性”等确立为修行基础的地位。例如，“佛性”的“性”，按梵文应作“界”（dhātu），《宝性论》的作者明确将之解释为“因”（hetu）③，而

---

① 梁曼陀罗仙共僧伽婆罗译《宝云经》，《大正藏》第十六册，No. 659，页 272。

② Corrado Pensa, *L'Abhisamayālaṅkāravṛtti di Ārya Vimuktisena. Primo Abhisamaya. Testo e note critiche*, *Serie Orientale Roma No.* 37, Rome, Istituto Italiano per il Medio ed Estremo Oriente, 1967, p. 76.

③ 《宝性论释》如来藏品：“如来界是能得之因，故此中界义者即因义。”

“如来藏”的“藏”即“胎藏”、“库藏”义[1]。因此，与前期“法性”等词相比，“如来藏”等概念的实践论内涵愈发明显，成为“如来藏”说有别于前期“空性”说的主要特征，并清楚地反映在语言上。例如，《大般涅槃经》提出了与佛教传统“无我”论捍格的“有我”论：

> 若无我者，修行净行无所利益……若说无我，凡夫当谓一切佛法悉无有我，智者应当分别无我假名不？实如是知已不应生疑。若言如来秘藏空寂，凡夫闻之生断灭见，有智之人应当分别如来是常，无有变易。[2]

《胜鬘经》将“如来藏”分为空（śūnya）与不空（aśūnya）二种：

> 世尊，有二种如来藏空智。世尊，空如来藏，若离、若脱、若异一切烦恼藏。世尊，不空如来藏，过于恒沙不离、不脱、不异不思议

---

① 梵文 garbha 有子宫、胚胎、含藏十多种含义，而以“子宫”为首要义。从广义上来说，“子宫”即是“生处”或“生源”。佛经中将“藏”作如是解之处极多。例如，佛密（Buddhaguhya）解《大日经》“大悲藏生曼荼罗（mahākaruṇāgarbhodbhavamaṇḍala）”一名时说：

> 大悲［藏］生者，谓此曼荼罗于此大悲中生。世尊得一切智智已，由此大悲增上，出生此身等无尽庄严轮，故名大悲［藏］生。藏谓生处，此大悲是此曼荼罗之生处也。（《毗卢遮那现等广续释》(*Rnam par snang mdzad mngon par byang chub pa'i rgyud chen po'i grel bsha*)，《中华大藏经丹珠尔（对勘本）》第三十五卷，页 290。）

又如，“地藏（Kṣitigarbha）”、“虚空［库］藏（Ākāśagarbha）”等之“藏”，也有生生不息、无有穷尽的“生处”意味，如唐不空译《大集大虚空藏菩萨所问经》中说：

> 尔时舍利子白大虚空藏菩萨言：善男子，汝得此虚空库藏已来，经今几何不枯不竭，周给一切无有穷尽？虚空藏言：大德于意云何？岂有虚空而竭尽耶？不也，大士。虚空藏言：如是大德舍利子，虚空自性无尽，我今所有善根功德亦复如是。所以者何？我为菩提，于无量劫积集无量无边善根，悉皆回向如彼虚空无有穷竭，是故周给不竭不尽。（《大正藏》第十三册，No. 404，页 629。）

《如来藏经》中，用作“如来藏”明喻的“宝藏”（ratnagarbha）同样具有“生处”之义，如唐玄奘译《大乘大集地藏十轮经》中说：

> 此大菩萨，是诸微妙功德伏藏，是诸解脱珍宝出处。（《大正藏》第十三册，No. 411，页 721。）

显然地，此“宝藏”之义并非指的是所藏珍宝的总集，如现代所称的“矿藏”。因此，综合起来看，“如来藏”之“藏”应取 garbha 之首要义，作“生处”或“生源”解。

② 北凉昙无谶《大般涅槃经》，《大正藏》第十二册，No. 374，页 410。

佛法。[①]

《不增不减经》与此类似，说“如来藏本际相应体及清净法”与“如来藏本际不相应体及烦恼缠不清净法”。《央掘魔罗经》称只讲“无我”的教义为“隐覆之教”，强调“真空义”有“空”与“不空”二方面：

> 譬如空聚落，川竭瓶无水，非无彼诸器，中虚故名空。如来真解脱，不空亦如是，出离一切过，故说解脱空。[②]

这些说法放在上述大乘佛教整体背景来看，似应看作是“如来藏”说对《般若经》“空性”思想在实践论方面的加强，而非批判[③]。在《大法鼓经》中，甚至同时出现了对中观学始祖龙猛的“授记”，认为只有此人“于我灭后，能护正法，说此经者”[④]，可看作是“如来藏”说对中观学的认同。

综上所述，《如来藏经》等的“如来藏”说继承了早期大乘的“自性空”本体论与“一乘”实践论，突出了它们在修行中的基础地位。这些经典认为：众生心内在的终极实在（“法性”或“真如”）是清净的（“心性本净”），它从不被外来偶发的谬误（“客尘烦恼”，āgantuka）所染污。因此，这个心的“法性”或“真如”不仅使众生修行成佛成为可能，更成为他们修行成佛的基

① 宋求那跋陀罗译《胜鬘师子吼一乘大方便方广经》，《大正藏》第十二册，No. 353，页 221。

② 宋求那跋陀罗译《央掘魔罗经》，《大正藏》大正藏经 第二册，No. 120，页 527。

③ 持“唯识”说的瑜伽行派也不认为这些概念与“无我”论有何矛盾。以《涅槃经》中提出的“我”为例，藏译《大乘经庄严论颂》（*Theg pa chen po mdo sde'i rgyan zhes byas ba'i 'tshig le'ur byas pa*；*Mahāyānasūtrālaṃkāranāma-kārikā*）解释说：“清净无我中，得胜无我我，得佛净我故，成大我之我。”《经庄严论释》（*Mdo sde'i rgyan gyi bshad pa*；*Sūtralaṃkāravyākhyā*）说：

> 此偈显示无漏界中诸佛胜我。何以故？此是胜无我之我故。胜无我者，即清净真如。彼亦作自性义，即诸佛之我。彼清净时，诸佛得胜无我之净我。是故由得净我，诸佛成大我之我。以此意趣立无漏界中诸佛胜我。”（《中华大藏经·丹珠尔》（对勘本）第 70 卷，页 1196—1197。汉译稍异，参见唐波罗颇蜜多罗译《大乘庄严经论》，《大正藏》第三十一册，No. 1604，页 603。）

④ “一切世间乐见离车童子，于我灭后，当击大法鼓，吹大法蠡，设大法会，建大法幢……今此童子闻此经已。能善诵读现前护持为人演说。常能示现为凡夫身。住于七地。正法欲灭余八十年。在于南方文荼罗国大波利村善方便河边迦耶梨姓中生，当作比丘持我名。”（宋天竺三藏求那跋陀罗译《大法鼓经》，《大正藏》第九册，No. 270，页 299。）

础，它就像“胎藏”或“库藏”一样，能孕育或产生包括“如来”在内的一切“出世间法”，所以被称作“如来藏”。

在之后的《楞伽经》中，又出现了一种“如来藏”说，描述众生身中已然具有作为佛形体标志的“三十二相”，它不仅不被《楞伽经》推崇，反而被批评为类似印度非佛教思想的“我”论：

> 世尊，世尊修多罗说如来藏自性清净，转入于一切众生身中，如大价宝垢衣所缠。如来之藏常住不变，亦复如是，而阴界入垢衣所缠，贪欲、恚痴、不实妄想尘劳所污，一切诸佛之所演说。云何世尊同外道说我言有如来藏耶？世尊，外道亦说有常作者，离于求那，周遍不灭。世尊，彼说有我。佛告大慧，我说如来藏，不同外道所说之我。大慧，有时说空、无相、无愿、如、实际、法性、法身、涅槃、离自性、不生不灭、本来寂静、自性涅槃，如是等句，说如来藏已，如来应供等正觉，为断愚夫畏无我句故，说离妄想无所有境界如来藏门。①

二 《宝性论》及其“如来藏”理论

在“如来藏”说经流行后不久，公元四世纪左右在印度出现了《宝性论》，这是一部系统阐述“如来藏”说经内容、旨趣的总结性著作。据 E. H. Johnston 所发布和校订的梵文本，此论全称为《辨宝性大乘上续论》(*Ratnagotravibhāgamahāyānottaratantra*)②。关于此论的作者，学界向有争议。按藏传佛教的传统说法，《宝性论》是弥勒菩萨（Maitreya）在兜率净土讲，由无著带回人间传授。此论连同《辨法法性论》（*Dharmadharmatāvibhāga*）、《辨中边论》（*Madhyāntavibhāga*）、《大乘经庄严论》（*Mahāyānasūtrālaṃkāra*）与《现观庄严论》，合称“弥勒五论”。无著并著有《宝性论释》

① 宋求那跋陀罗译《楞伽阿跋多罗宝经》，《大正藏》第十六册，No. 670，页 489。

② E. H. Johnston and T. Chowdhury, *The Ratnagotravibhāga Mahāyānottaratantraśāstra*. Patna: The Bihar Research Society, 1950. 此书论颂、释合一。现存梵本及藏、汉译本全称各有不同，详见下文。

(Vyākhyā)[①]。弥勒、无著被视为大乘佛教以“唯识”说为主导的瑜伽行派的开创者。按汉传佛教的说法，此论不分本释，为安慧（Sthiramati）所造。安慧是继无著、世亲之后瑜伽行派的一位重要论师。

这里暂且不论《宝性论》与《宝性论释》的真实作者是谁，如果将二书作为一个整体来加以考察，通过分析我们可以发现，该论的作者（们）必定是深谙瑜伽行派的学者，理由如下：

一、弥勒作者说、无著作者说、安慧作者说均反映了作者（们）与瑜伽行派的密切关系；

二、从文风上看，论题中的“辨宝性”与《辨法法性论》、《辨中边论》这种表达方式一致；《宝性论》中以“自性（svabhāva）、因（hetu）、果（phala）、业（karman）、相应（yoga）、转（vṛtti）”六义来阐明“如来藏”与“菩提（bodhi）”的义理，完全承袭了《大乘经庄严论》、《大乘阿毗达磨集论》（*Abhidharmasamuccaya*）中“六义抉择”的叙述方式；

三、在“佛身”（budhakāya）说与“法身”（dharmakāya）说的内容方面，《宝性论》采纳了瑜伽行派的“三种佛身”说及“二种法身”说。龙猛持“二种佛身”说，认为佛身分“法身”与“色身”（rūpakāya）二种。《经庄严论》、《摄大乘论》（*Mahāyānasaṃgraha*）则主张佛有“自性身”（svabhāvikakāya）、“受用身”（sambhogakāya）、“变化身”（nirmāṇakāya）三种。无著造《金刚般若论》中，提出法身分“言说法身（教法身）”与“证得法身（证法身）”二种。《宝性论》采纳了无著的这些说法。此外，《宝性论》也沿用了瑜伽行派“转依”（āśrayaparivṛtti）这一观念和“二种种性”（gotra）的理论。

但在思想上，《宝性论》并没有承袭瑜伽行派的“唯识”说，反而对它的重要理论构成予以批判：

> 或许所通达及所修习者，名为空性，谓有与色等相异之事，缘此空性而依止空性。[②]

同时，它也不接受《解深密经》中的“究竟三乘”说，而主张《法华经》中的“一乘”说：

---

① 本书中，将此论简称为《宝性论》，将无著所著释简称为《宝性论释》，将嘉曹杰疏简称为《宝性论大疏》或《大疏》。

② 《宝性论释》如来藏品。

> 善入寂灭道，具得涅槃想，《妙法白莲》等，说法之真实。破彼我所执，方智善引摄，大乘中成熟，授记得大觉。[①]

对于《经庄严论》中的“无（种）性”说[②]，《宝性论释》也提出了反驳理由：

> 如来日轮智光明垂照下至邪性决定诸有情身，饶益彼等，生未来正因故，诸善法亦将增长。经中说有不得涅槃法者，以嗔大乘法是一阐提之因故。是为止息嗔大乘法，由念别时而说。不应有少分终不清净者，皆有自性清净种性故。何以故？世尊念诸有情、无有差别，皆有清净之堪能……[③]

对于“转依”与“种性”，《宝性论》则赋予它们新的内涵。瑜伽行派从修行实践的立场出发，认为解脱是染污的“所知依”即修行基础的净化与转变，具体来说，就是《经庄严论》所谓的“转八识以成四智”。《宝性论释》同样从修行实践的立场出发来说“转依”，但主张“界未解脱烦恼壳时名如来藏，清净者即转依之体性。”“种性”的体性分“本性住”（prakṛtistha）与“习所成”（samudānīta）二种是由无著在《瑜伽师地论》（*Yogācārabhūmi*）中率先提出的：

> 云何种姓？谓略有二种：一本性住种姓，二习所成种姓。本性住种姓者，谓诸菩萨六处殊胜有如是相，从无始世展转传来法尔所得，是名本性住种姓。习所成种姓者，谓先串习善根所得，是名习所成种姓。此中义意二种皆取。又此种姓，亦名种子，亦名为界，亦名为性。又此种姓未习成果说名为细，未有果故。已习成果说名为麁，与果俱故。[④]

---

① 《宝性论》如来藏品颂58—59。

② “次分别无性位。偈曰：一向行恶行，普断诸白法，无有解脱分，善少亦无因。”（《大乘庄严经论》，《大正藏》第三十一册，No. 1604，页595。）

③ 《宝性论释》如来藏品。

④ 唐玄奘译《瑜伽师地论》，《大正藏》第三十册，No. 1579，页478。

“本性住种”已习成果便是“习所成种”，所以“本性住种”是以有为法为体的“种子”。在《大乘经庄严论》中，瑜伽行派的“种性”理论更臻完备。《宝性论》作者（们）接受了“种性”说，但认为“本性住种”是能得“自性身”的因，二者都是“非自性所作”的无为法①。简言之，《宝性论》作者（们）虽然是瑜伽行派的学者，或是深受瑜伽行派影响的学者，但在阐明“如来藏”说经的旨趣时，他（们）并未引入该派的本体论与修行解脱论中的“种性决定”说，由此可见，至少对他（们）而言，“唯识”说与“如来藏”说在思想上是不兼容的。

现就梵本“辨宝性大乘上续论”这一书名来简单探讨一下这部“如来藏”论书的结构、内容与思想。如上所述，《宝性论》作者（们）与瑜伽行派有著密切的联系。作者（们）用“宝性”一词涵盖所有“如来藏”说内容，反映出瑜伽行派重视“种性”的倾向。该论常用“界”一词来指代“如来藏”，也反映了《瑜伽师地论》、《经庄严论》中“种性”与“界”二词互训的情况。

“上续”（uttaratantra）一词仅出现在《宝性论释》如来藏品第160颂：“前如是建立，复于此‘上续’，为断五过失，说有情有界。”根据前后文来看，“大乘上续”即是指“如来藏”说经，因为它们出现的时间在《般若经》等前期大乘经之后，故名“上续”，这里的“上”（uttara）应理解为“后”。②

从内容上看，前、后期大乘经也不同。“前如是建立”说的是“烦恼似浮云，业如梦受用，烦恼业异熟，蕴者如幻化。”③“上续”则说“有情有界”。但内容上的不同并不代表思想上的差异，因为“复于此上续”中的“复”（punar）意思是“进一步地”或“深一层地”，而不具有转折的意味，表明后期大乘“如来藏”说经是对前期以《般若经》为代表的大乘经在义理上的某种加强。目的是为了“断五过失”、“生起五法”。所谓“五过失”是指：“怯弱”、“慉慢”、“不明真实义”、“谤真实德”、“不见自有情同”。“五法”是指：“勇悍”、“敬如佛”、“慧”、“智”、“大慈”。具体来说，“不明真实义”就是执著不真实的“烦恼”过失为真实、“谤真实德”就是认为真实的功德不存在。关于“真实”（bhūta）的含义，《宝性论释》明确指出，“真实”就是《般若经》所说的“一切法真如清净总相”：

---

① 《宝性论》如来藏品颂151。

② 有关“续”的讨论，参见本书93页，脚注2。

③ 《宝性论》如来藏品颂159。

> 《般若经》等中，于如来界，由教诫无分别智之门，为菩萨说一切法真如清净总相。此中当知三类补特伽罗，即不见真实之异生，见真实之圣者，见真实清净究竟之如来之三种转异。[①]

《般若经》所说的“真如”即一切法的“自性空”。因此，“真实”的反面即“自性有”。《宝性论释》又指出：“真实”的反面“自性有”是无，如实无倒的“胜义谛”则是有：

> 何时不见因或所缘，此时现见真实。如是一切法，如来以平等性证得平等。如是以无之因不见所缘故，以及见有如实无倒胜义谛故，二者无破无立，以平等性智觉悟一切法平等性。彼若生则永离其反面、证无，应知是一切见真实障相之对治。[②]

因此，“不明真实义”就是执著“自性空”的过失为“自性有”。“谤真实德”就是认为“自性空”的功德或功能（可以作为修行成佛的基础）在日常语境中也不存在。所以，这里所说的“慧”即缘“胜义谛”的智慧，“智”即缘“世俗谛”（vyāvahārikasatya）的智慧，与中观学的“二谛”论一致。由此可见，《宝性论》所说的“有”、“无”是同一“真实”的两个方面，它并未提出主张“有”的“如来藏”说在本体论上要胜出主张“无”的“空性”说。[③]它的作者甚至明确宣布，成佛所需的“无分别智”（avikalpajñāna）必须通过学习《般若经》才能掌握：

> 获法身因无分别智见、修道，广者应依《般若经》而了知。[④]

此外，“勇悍”、“敬如佛”、“大慈”这些修持与《般若经》的“空性”思想

---

① 《宝性论释》如来藏品。

② 《宝性论释》如来藏品。

③ 需要指出的是，对于“胜义谛”在语言中“有”这一关键问题上，印度佛教各派思想是一致的，瑜伽行派也不例外，如藏译《经庄严论释》解释“故不说佛有，亦不说佛无”时说：

> 以彼因故，不说佛有，真如者，以无分别补特伽罗与法为相故；佛者，即彼体性故，亦不说无，有真如相故。”（《中华大藏经·丹珠尔》（对勘本）第70卷，页1197。汉译稍异，参见《大乘庄严经论》，《大正藏》第三十一册，No. 1604，页603。）

④ 《宝性论释》如来藏品。

也不矛盾。相反，对于天资聪颖的所谓“利根”菩萨来说，对“空性”的正确了解有助于“慈悲心”、“菩提心”的生起，如龙猛说：“为修菩提者，说空悲心要”①。简言之，“如来藏”说的旨趣是为帮助已接受《般若经》“空性”思想的大乘佛教徒发起“大慈”、“菩提心”以及“慧智”而迅速成佛。上述“五过失”所指出的，同样是大乘信徒对“空性”说是否有全面认知、以及在修行中是否能加以运用的问题，而非《般若经》“空性”说本身的理论错误。否则，“如来藏”说便成了修正“空性”说的“自性有”论，这显然有背于《宝性论》自身的主张。因此，如上一节中所述，“如来藏”说经实为对《般若经》“空性”思想在实践论方面的加强，故名“上续”，这里的“上”（uttara）应理解为“胜”。

“上续”的这两个含义，《宝性论释》是通过引用《陀罗尼自在王经》（*Dhāraṇīśvararājaparipṛcchāsūtra*）序品来作说明的：

> 善男子，譬如善巧宝师，善知净治珍宝之理门，自宝山中取不净宝，以利涩盐水洗，次以粗鬘织物揩磨净治。不以为足而舍精勤。其后复以辛味饮食汁洗，次以毛毡揩磨净治。不以为足而舍精勤。其后复以大药汁洗，次以细软布揩磨净治。清净离垢，方得说言大吠琉璃宝。
>
> 善男子，如来亦复如是，知不净有情界，知已为说无常、苦、无我、不净可厌，令彼诸乐生死流转之有情发起厌离、入圣法毗奈耶。如来不以为足而舍精勤，其后为说空、无相、无愿，令证如来之理门。如来不以为足而舍精勤，其后为说不退转法轮与三轮清净，令彼等种种自性有情入如来境界。趣入且证如来法性，名无上福田。②

这里的“圣法毗奈耶”即小乘，说“空、无相、无愿”的即大乘“前续”（pūrvatantra）《般若经》等，说“不退转法轮与三轮清净”的即大乘“后续”《如来藏经》等③。“三轮清净”（trimaṇḍalapariśuddhi）是《般若经》等的空性理论在大乘佛教修行如布施等中的具体运用，同样不是对“空性”说的批

---

① 出自《教诫王宝鬘》（*Rgyal pola gtam bya ba rin po che'i phreng ba*；*Rājaparikathāratnavali*）。

② 《宝性论释》如来藏品。

③ 《大法鼓经》可能是其出处：“第二为说大乘空经；第三为说众生界如来常住大法鼓经。”（宋天竺三藏求那跋陀罗译《大法鼓经》，《大正藏》第九册，No. 270，页299。）

判。“种种自性有情入如来境界”则是明确的“一乘”思想。因此，《陀罗尼自在王经》的“三次第”说内容与前一节所引《解深密经》的“三法轮”说是不同的。

“宝性”（ratnagotra）即“三宝种性”，这是“大乘上续”即“如来藏”说经的具体内容。“辨宝性”之“辨”（vibhāga）有分辨、正辩两种含义①。《宝性论》分辨的是“三宝种性”说的各项内容，正辩的是“三宝种性”说的旨趣。旨趣方才已说，现在介绍此论“三宝种性”说的内容。

首先，我们需要了解一下此论的结构。梵、藏本《辨宝性大乘上续论》共分五品：如来藏品（*Tathāgatagarbhāhikāra*）、菩提品（*Bodhyādhikāra*）、功德品（*Guṇādhikāra*）、如来事业品（*Tathāgatakṛtyakriyādhikāra*）、胜利品（*Anuśaṃsādhikāra*）。除胜利品外，其它四品阐明七个主题（“七金刚处”，vajrapada）：佛（buddha）、法（dharma）、僧（saṃgha）、界（dhātu）、菩提（bodhi）、功德（guṇa）、事业（karman/kriyā），其中“佛”、“法”、“僧”、“界”构成了如来藏品的内容，“菩提”等三个“金刚处”是菩提品等其它三品的内容。“七金刚处”中，“佛”、“法”、“僧”即“（三）宝”，“界”、“菩提”、“功德”、“事业”即“（种）性”。据《宝性论》，所谓“种性”，究其实质就是“因缘”（kāraṇa）。具体来说，“界”是“因”（hetu），“菩提”、“功德”、“事业”是“缘”（pratyaya）。“界”等既然是“三宝”的“因缘”，那么“三宝”也就是“界”等之“果”。

《宝性论释》解释“三宝种性”的“四相”为：“有垢真如”（samalā tathatā），“无垢真如”（nirmalā tathatā），“无垢佛功德”（vimala buddhaguṇa），“佛事业”（jinakriyā），其中“有垢真如”即“如来藏”，无垢真如”即“如来法身”，分别与“界”、“菩提”、“功德”、“事业”相对应。至于“种性”的“四相”如何成为“三宝”的“因缘”，《宝性论释》作了如下说明：

> 此等四处中之第一者，是出世间法种子故，依内证如理作意之处而清净彼，当通达为三宝之因。如是一处者乃因。若谓余三云何是缘？曰：如来证得无上正等觉已，以十力等佛法，作如来三十二事

① “此论能辩中边行故，名辩中边，即是显了处中二边能缘行义。又此能辩中边境故，名辩中边，即是显了处中二边所缘境义。或此正辩离初后边中道法故，名辩中边。此论所辩是深密义，非诸寻思所行处故。是坚实义，能摧他辩非彼伏故。”（唐玄奘译《辩中边论》，《大正藏》第三十一册，No. 1600，页477。）

业。依他声而清净彼，应通达为出生三宝之缘。如是三者乃缘。①

大意是：众生具有的“有垢真如”是“出世间法种子”（bīja），依靠正确的思维可以净化它，所以是将来自己成为“三宝”的内因。在此《宝性论释》作者借用了瑜伽行派的“种子”说，但因为“真如”是无为法，所以能净化它的“如理作意”（yoniśomanasikāra）才是真正的“种子”。具有“无垢真如”的如来以“十力”等“无垢佛功德”作“佛事业”。“佛事业”的具体表现就是说法，众生只有通过听闻“他声”（parato ghoṣa）所传达的佛法，才可能发起“如理作意”而达到净化自身“有垢真如”的目的，所以，“无垢真如”等是众生将来成为“三宝”的外缘。称“种子”、“因”、“缘”、“界”为“种性”，是瑜伽行派的独特说法，《瑜伽师地论》菩萨地中说：

又此种姓已说名持，亦名为助，亦名为因，亦名为依，亦名阶级，亦名前导，亦名舍宅……又此种姓亦名种子，亦名为界，亦名为性。②

综上所述，《宝性论》的结构、内容可大致列表如下：

五品	七金刚处	“宝性”四相	“宝性”中的果、因、缘
1. 如来藏品	佛、法、僧、界	有垢真如（界）	佛、法、僧为“宝”、果；界为“性”中之因
2. 菩提品	菩提	无垢真如（菩提）	“性”中之缘
3. 功德品	功德	无垢佛功德	“性”中之缘
4. 事业品	事业	佛事业	“性”中之缘
5. 胜利品			

这里需要注意的是：“七金刚处”中，“佛”、“法”、“僧”三宝是大乘佛教徒所追求的目标，“菩提”、“功德”、“事业”是实现这一目标所必需的助缘，它们都不是处于“众生”地位者所具有的、已然的品质。因此，前引《华严经》“如来智慧在其众生身内”的说法就不能简单地从它的字面意思来理解。

① 《宝性论释》如来藏品。

② 唐玄奘译《瑜伽师地论》，《大正藏》第三十册，No. 1579，页478。

《宝性论释》的作者引用了这段经文，是用来解释“无垢佛功德”而不是“有垢真如”，它旨在说明：就“佛功德”的“法性”而言，以“如来智慧”为代表的“佛功德”在“一向杂染异生地”就有，因为“法性”在染净的前后位没有差别①。此外，虽然佛的“菩提”、“功德”、“事业”是外界提供的助缘，但对于众生成佛来说，它们与“界”一样也是必需的，所以这三者合起来是“如来藏”、“三宝种性”的一个重要方面和组成部份。

《宝性论》中出现的“宝性”、“界”、“如来藏”三个概念中，“界”、“如来藏”有广、狭二义。从狭义上讲，这两个概念指“宝性”中的“有垢真如”；从广义上讲，这两个概念与“宝性”同义，这说明作为成佛基础的“有垢真如”是“如来藏”说的核心内容。而“如来种性”、“佛种性”则专指“本性住”与“习所成”这二种种性。《宝性论》的作者认为，《如来藏经》中所说的“如来藏”有“三义”，即：“如来法身弥布一切有情义”（tathāgatadharmakāyaparispharaṇārtha），“与如来真如无别义”（tathāgatatathatāvyatirekārtha），“有如来种性义”（tathāgatagotrasambhavārtha）。广义的如来藏“三义”与上述宝性“四相”的关系列表如下：

如来藏“三义”	宝性“四相”
“如来法身弥布一切有情”	无垢真如、无垢佛功德、佛事业
“与如来真如无别”	有垢真如
“有如来种性”（本性住种）	有垢真如

《如来藏经》中以九种譬喻来说明“如来藏”。《宝性论》进而将九喻分为“能障”九喻与“所障”九喻来讨论“如来藏”或“界”。“能障”的是“贪、嗔、痴随眠”等烦恼，“所障”的是“如来藏”或“界”，说明众生成佛基础的“真如”处于“有垢”的状态。《宝性论》的作者也认为，“所障”九喻的九个含义可以浓缩成上述如来藏“三义”。“能障”九喻、表义，“所障”九喻、表义以及与如来藏“三义”的关系列表如下：

① “此中无垢佛功德者，于一向杂染异生地而有无分别、前后无差别法性故，此处不可思议。”（《宝性论释》如来藏品）。

“能障”九喻（表义）	“所障”九喻（表义）	如来藏“三义”
1. 萎莲（贪随眠）	佛（证法身）	“如来法身弥布一切有情”
2. 蜂虫（嗔随眠）	蜜（“细深理”教法身）	（同上）
3. 谷糠（痴随眠）	精实（“杂相理”教法身）	（同上）
4. 不净秽处（贪、嗔、痴猛利现行）	金（真如）	“与如来真如无别”
5. 贫家地下（无明习气地所摄）	宝藏（本性住种）	“有如来种性”
6. 幼果（见所断）	树芽（习所成种）	（同上）
7. 烂布（修所断）	佛像（本性住种所成之“自性身”）	（同上）
8. 下劣女腹（依不净地者）	转轮王（习所成种所成之“受用身”）	（同上）
9. 泥土（依清净地者）	宝金像（习所成种所成之“变化身”）	（同上）

这里需要注意的是：例如，虽然譬喻中的蜂虫与蜜的“能障”、“所障”关系是限定的，但它们代表的“嗔随眠”与“教法身”则没有这样的限定关系，即“嗔随眠”障蔽的不仅是“教法身”，障蔽“教法身”的也不仅是“嗔随眠”，因为众生的“如来藏为无量俱胝烦恼壳所缠”。此外，烦恼所障蔽的“如来法身”并非众生已经具有的，因为“如来法身”是“无垢真如”，是指外界提供成佛助缘的如来所具有的“证法身”和“教法身”。佛的“法身”本身不受众生烦恼的影响，但因为“如来法身弥布一切有情”，因此出现了《华严经》“如来智慧在其众生身内，而不知见”的说法。究其实意，仍是上面已说的，就“法性”而言，“如来法身”与“有情”没有差别。《宝性论释》中对此解释说：

> 如是以此佛相、蜂蜜、谷实之三喻，示如来法身周遍无余有情界，而说“此等有情皆具如来藏”。有情界中无一有情出于如来法身之外，如虚空界之于色。①

通过上述介绍可以了解，《宝性论》作者对当时流行的“如来藏”说经作

① 《宝性论释》如来藏品。

了一番系统的梳理，阐明了它们的旨趣，并从瑜伽行派的“种性”理论出发，丰富了“如来藏”说的内容。与瑜伽行派对“如来藏”说的诠释相比，《宝性论》作者是立足于“如来藏”说本位的。例如，《经庄严论》、《摄大乘论》仅从“一切无别”、“平等共相”的角度来说“如来藏”，进而提出“一切法有如来藏”的说法，淡化了“如来藏”等概念注重修行主体、修行基础的实践论色彩，将之视为单纯的本体论概念，以此避免与瑜伽行派的“究竟三乘”说发生抵捂。《宝性论》作者则将“如来藏”以“种性”的名义确定下来，还原了“如来藏”说在大乘佛教实践论中所担当的角色。

《宝性论》于508年由来自中印度的勒那摩提（Ratnamati）译成汉文，题为《究竟一乘宝性论》，不别分论、释。在这之后约六百年中，《宝性论》的名字及其“如来藏”理论不见于任何印度学者写的佛教论著。11世纪下半叶，《宝性论》和《宝性论释》被译成藏文。据《青史》（*Deb ther sngon po*）记载，《宝性论释》先后有阿底峡（Atisha Dīpaṃkaraśrījñāna，982－1054）与纳措·楚臣嘉瓦（Nag tsho tshul khrims rgyal ba，1011－?）的合译本以及俄·洛丹喜饶（rNgog blo ldan shes rab，1059－1109）、巴曹·尼玛札（Pa tshab nyi ma grags，1055－?）、雅隆（Yar lung，不详）的译本，但目前能见到的似乎只有俄·洛丹喜饶的译本。《宝性论》题为 *Theg pa chen po rgyud bla ma'i bstan bcos*（《大乘上续论》）①，《宝性论释》题为 *Theg pa chen po rgyud bla ma'i bstan bcos kyi rnam par bshad pa*（《大乘上续论释》）②。

本论的梵藏汉名称存有差异。细究之，勒那摩提将正文中出现的“uttara-tantra”译成“究竟论”，论名中则译作“究竟一乘”。“究竟”（uttara）应即上述“后”或“胜”之意。译作“一乘”，也许是为指明如来藏说诸经与前期般若经同属一乘（相续，tantra），抑或是为了突出本论“一切有情皆能成佛”的“一乘”思想。因此，总体上汉译名与梵文并无二致。但需注意的是，由于本论是通过“辨宝性”的形式来完成对“大乘上续”思想的辨析，而本论在汉地一直简称作“宝性论”，可能是没有意识到，对本论而言“究竟一乘”有着同等甚至更为重要的意义，而仅视其为简单的修饰语。藏译本的情况有所不同，俄·洛丹喜饶所译的论、释，其正式名称及对应的梵文都只有“大乘上续”（theg pa chen po rgyud bla ma，mahāyānottratantra），“辨宝性”（dkon mchog gi rigs rnam par dbye ba，ratnagotravibhāga）一语仅出现在各品末尾的品名之中。这是梵文写本问题还是与当时习称有关，目前尚不可考。但之

① 德格版 No. 4024，丹珠尔 pi 函。北京版 No. 5525，丹珠尔 pi 函。
② 德格版 No. 4025，丹珠尔 pi 函。北京版 No. 5526，丹珠尔 pi 函。

后此译名便在藏地固定下来，一直沿用至今。

与本论在汉地受到冷落相比，它刚传入西藏便受到了高度重视。从俄·洛丹喜饶开始，藏传佛教各派包括噶当、宁玛、萨迦、噶举、格鲁的重要学者均著有注疏。由于对教义理解的分歧，这些注疏除了对《宝性论》的各自诠释之外，也保留了许多辩论内容，是研究藏传佛教思想史的重要资料。

三 《宝性论大疏》与格鲁派“如来藏”学的主要观点

嘉曹杰·达玛仁钦（rGyal tshab rje dar ma rin chen, 1364－1432），是西藏佛教格鲁派始祖杰·宗喀巴·洛桑札巴（rJe tsong kha pa blo bzang grags pa, 1357－1419）座下的首要弟子。宗喀巴去世后，他继任格鲁派祖庭甘丹寺法台，成为第二任甘丹赤巴，广受宗喀巴其他徒众的尊敬。宗喀巴、嘉曹杰以及宗喀巴的另一位大弟子克珠杰·格勒贝桑（mKhas grub rje dge legs dpal bzang, 1385－1566）被后世合称为“杰亚赛松”（rJe yab sras gsum，法主三父子），表明他们师徒三人作为格鲁派奠基者的地位。

嘉曹杰是尊称，意思是“绍继宗喀巴的法主”。公元1364年，嘉曹杰生于年楚河上游日塘地区的隆拉卓恰。十岁时在内宁寺出家受沙弥戒，取法名“达玛仁钦（盛宝）”，先后随多位师长学习藏文文法以及量论、般若、对法、戒律等显密经论，其中最重要的师长是萨迦派的仁达瓦·迅努洛卓（Red mda' ba gzhon nu blo gros, 1349－1412）。经过名师的指点，年轻的嘉曹杰很快脱颖而出，与宗喀巴并列，成为仁达瓦徒众中博通经论的七大上首弟子之一，以擅长辩论著称。他在萨迦寺等后藏各大寺院巡回辩经，立十部大论之宗，被尊称为“十难论师”，名扬各地。二十五岁时（1388），在后藏拉堆受比丘戒。此后，又赴前藏各寺巡回辩经，在涅堆惹仲地方与宗喀巴会见，为其学识所折服，决定拜他为师、终生受教。直至宗喀巴入灭前二十余年间，嘉曹杰一直追随其左右，凡宗喀巴讲授的显密教授，他都能融会贯通，并根据听闻详为记录，或为意旨作注。

1409年春，宗喀巴在拉萨大昭寺创立祈愿大法会，随后兴建甘丹寺，由嘉曹杰与杜真·札巴坚赞（'Dul 'dzin grags pa rgyal mtshan, 1374－1434）二人负责修建工程。一切修造仪式，均按照律中的制度与宗喀巴的指示一丝不苟地完成。宗喀巴在世时，他的大多数徒众已奉嘉曹杰为师。凡经宗喀巴剃度出家的弟子，嘉曹杰均参加其受戒仪式，随后一再督促他们增长学业、不令荒废。

1419年，宗喀巴临终之前，在甘丹寺把自己的衣帽赐给嘉曹杰，意味着授权令嘉曹杰继承他的法位，故而称为“嘉曹杰”。在此后任甘丹赤巴的十三年中，他每年夏、冬二季闭关自修，春、秋两季讲经说法。

1431 年，嘉曹杰赴后藏内宁寺朝礼、讲经并广供僧众。这时克珠杰也来会见，于是他请克珠杰一同回甘丹寺，命其继任甘丹赤巴，他自己则退位静修。次年，嘉曹杰在拉萨布达拉宫示寂，终年六十九岁。

嘉曹杰的弟子，大多是宗喀巴的徒众，包括克珠杰、僧成（rGyal ba dge 'dun grub，第一世达赖喇嘛）等在内，也都是他的弟子。

嘉曹杰的著述很多，现在刻版流行的文集共有八函，包括了显密佛法的各个方面。迄今为止已汉译的有：《比丘学处》、《沙弥学处》（*bSlab bya gnam tseng lteng ma*）、《现观庄严略义》（*mNgon par rtogs pa brgyad don bdun cu dang bcas pa'i 'grel pa*）、《入菩萨行论释 · 佛子津梁》（*Byang chub sems dpa'i spyod pa la 'jug pa'i rnam bshad rgyal sras 'jug ngogs*）、《中观四百论释 · 善说藏》（*dBu ma bzhi brgya pa'i rnam bshad legs bshad snying bo*）、《中观宝鬘论释》（*dBu ma rin chen phreng ba'i don gsal*）、《中观八大难义备忘录》（*dKa' gnad chen po brgyad kyi brjed byang*）、《现观庄严论及明义释疏》（*Phar phyin rnam bshad snying po'i rgyan*）、《宝性论大疏》。此外，较重要的原著尚有：《释量论颂释 · 显明解脱道》（*rNam 'grel thar lam gsal byed*）、《六十正理论释》（*Rigs pa drug cu pa'i ṭīkā*）、《阿毗达磨集论释》（*mNgon pa kun btus kyi rnam bshad*）、《集密妙吉祥金刚曼荼罗仪轨 · 悉地穗》（*gSang 'dus 'jam pa'i rdo rje'i dkyil chog dngos grub snye ma*）、《时轮二次第道修法》（*Dus 'khor bskyed rdzogs ji ltar nyams su len pa*）等。

长期以来，国内学术界多将宗喀巴描述为“佛教史上有名的宗教改革者”。“由于他的改革，产生了对藏传佛教有重要影响的格鲁派”，并认为宗喀巴改革的具体内容是强调戒律和注重学经，以矫正当时藏传佛教的弊端。这里暂且不论将宗喀巴冠以“宗教改革者”之名是否合适，如果以“强调戒律、注重学经”来突出新兴的、有别于“旧派佛教”的格鲁派的特点，那显然是流于表面的，因为作为佛教的共同修持手段，戒、定、慧“三学”是每个佛教徒、每个佛教宗派均应从事的修行内容，闻、思、修“三慧”是每个佛教徒、每个佛教宗派必需遵循的修行过程。因此，按照藏传佛教自身的看法，要真正了解格鲁派的特色，还需从它所持的“见”或哲学观点来研究。

宗喀巴所持的“见”称为“中观应成派见”（prāsaṅgikamādhyamika，dbu ma thal 'gyur ba），是他整个佛学思想的核心。藏传佛教的见地以中观学为主由来已久，藏王赤松德赞（Khri srong lde btsan，8 世纪）时，规定“正见须依龙树菩萨之教”，因此在前宏期，“中观自续派见（svātantrika mādhyamika， dbu ma rang rgyud ba）较为发达”①。从11世纪开始，随着月称（Candrakirti）的中观学著作被译成藏文，藏族学者对以月称为代表的“中观应成派见”渐感兴趣。在宗喀巴时代，学者们对中观见、尤其是“中观应成派见”的理解，大多陷于“非有非无”（yod min med min）的虚无主义或“全无所许”（kas len gang yang med pa）的不可知论。宗喀巴认为，他们犯了“所破义遮破太过”的毛病，有否定一切、包括否定佛教伦理基础“业果”论及修行基础“二谛”论在内的倾向②。

当时异军突起的，还有觉囊派的“他空见”（gzhan stong lta ba），主张“空性空的是世俗法即他空，而作为空性基础的世俗法则是自空”。其主要观点是：“胜义谛”常恒坚固不变，是“藏识”识智二分的智分，也是胜义法性的三宝，周遍一切情器世间。它就是众生本具的“如来藏”，具有佛的一切美德③。宗喀巴认为，印度佛教哲学各派均同意任何“常法”（nityadharma，rtag chos）是一种“遮法”，与“事”（bhāva，dngos po）对立。如果像“他空见”那样，将胜义谛或如来藏视为既有“常”的性质又有“事”的性质，便与印度非佛教徒对“常“的理解无有二致，是与佛教“缘起”（pratītyasamutpanna）论相矛盾的绝对主义④。

宗喀巴在其著作中，针对上述两种思潮展开了犀利的批判。同时，宗喀巴又展现出卓越的诠释学才能，以复杂、细致的分析手法，系统地对中观学、尤其是月称思想的各方面作出了全新的解释，以致在当时被视为危险的异端⑤。

在宗喀巴构建他的中观学说时，如何对待“如来藏”教义是一个大问题。首先，作为大乘佛教思想体系中一个不可否认的组成部份，宗喀巴必须要说明它在这个体系中所处的地位以及与“中观应成派见”的关系（“判教”）。其次，“如来藏”说经以及《宝性论》本释是“他空见”理论的重要来源，宗喀巴必须要对这些经论作出解释，以达到“正本清源”的目的。但在宗喀巴本人的著作中，“如来藏”问题谈得很少，仅在《入中论善显密意疏》、《辨了

① 刘立千译《土观宗派源流》。

② 详见法尊译《菩提道次第广论》卷十七“所破义遮破太过”一节。

③ 参见《土观宗派源流》及笃布巴著《山法了义海究竟不共教授》（*Ri chos nges don rgya mtsho zhes bya ba mthar thug thun mong ma yin pa'i man ngag*）。

④ 法尊译《辨了不了义善说藏论》。

⑤ 例如，著名的萨迦派学者果然巴·索南僧格（Go-rams-pa Bsod-nams-seng-ge）在其所著的《见分辨论》（*lTa ba'i shan 'byed*）一书中，不指名地批评宗喀巴的中观思想是“魔说”：“故诸许彼二（果然巴与摩诃衍那）之见同义者，乃自诩博学而实则全无观察（之力），或决定为魔所附而于（正）方便有稽留”。藏文原文见Cabezón，2007，128。

不了义论》中稍有涉及，而把这个工作留给了嘉曹杰来完成。嘉曹杰的《宝性论大疏》原文题为《大乘上续论大疏》（*Theg pa chen po rgyud bla ma'i ṭīkā*）。由书中后跋可知，其写作依据实为嘉曹杰从仁达瓦、宗喀巴二位师长学习此论的听法笔记。特别是宗喀巴，可以看作是本书的合著者。本书以宗喀巴的思想为指导，全面地反映了宗喀巴对《宝性论》本释以及“如来藏”教义的理解，属于为“意旨作注”一类。《宝性论大疏》体裁为夹注加议论，几乎对《宝性论》本释的每一个字、句都作了解释、疏理。此书完成于内宁寺，应是嘉曹杰的晚期著作。值得注意的是，此书是应后来担任色拉寺第三任法台贡汝·坚赞桑波（Gung ru rgyal mtshan bzang po，1383－1450）的请求写的。据史传记载，贡汝·坚赞桑波所持的空性见地与“法主三父子”的思想有出入[①]，因此，嘉曹杰此举也可能旨在肃清格鲁派初期内部的歧见，起到统一思想的作用。

以下扼要介绍嘉曹杰《宝性论大疏》的重要观点。

（一）《宝性论》本释是“应成中观见”论著

根据宗喀巴师徒的见解，“弥勒五论”中的《现观庄严论》与《宝性论》并不因为它们出自瑜伽行派创立者之手而将之判定为瑜伽行派的要籍。《宝性论》与《现观庄严论》可相互发明处甚多，如“三宝”、“种性”等节目。所不同的是：他们认为，《现观庄严论》可作“唯识”解、也可作“中观自续”解、或作“中观应成”解，唯独此论必作“中观应成”解。

这里暂不涉及《现观庄严论》的讨论。关于《宝性论》本释的教义判定，在宗喀巴之前，西藏学者有不同的看法。俄·洛丹喜饶认为它讲的是“中观自续派见”，玛恰·绛曲敦珠（rMa bya byang chub don grub，？－1185）认为是“中观应成派见”，布顿·仁钦珠（Bu ston rin chen grub，1290－1364）认为此论“明中观见，或唯识见”，仁达瓦则以为是“唯识见”。觉囊派的笃布巴·喜饶坚赞（Dol po ba shes rab rgyal mtshan，1292－1361）用它来阐述“他空见”，而廓译师·迅努贝（'Gos lo tsā ba gzhon nu dpal，1392－1481）则用它

① 参见《土观宗派源流》。

来解释噶举派的“大印”[①]（mahāmudra）。在《宝性论大疏》中，嘉曹杰依据宗喀巴的主张，认为无著本人的真正思想其实与龙猛一样，因为《宝性论》本释讲的是“究竟一乘”与“微细空性”。根据宗喀巴的“中观应成派见”，“微细空性”指的是“补特伽罗”谛实空的“细补特伽罗无我”以及“色”等谛实空的“细法无我”。这两种细无我的区别在于空的基础、而非所破的谛实，所以没有粗细区别，都是终极实在。又主张实执是生死根本的“烦恼障”（kleśāvaraṇa），声闻乘、独觉乘、大乘的修行者均需断除实执才能解脱，而实执的习气等则是成佛障碍的“所知障”（jñeyāvaraṇa），只有大乘修行者方能断除[②]。嘉曹杰认为，这些思想在《宝性论》本释中均有反映。

他在解释《宝性论释》“诸愚夫烦恼、业、生一切杂染相，皆因不如实了知一界而趣入”一语时说：

> 此说由不知自性空之界而流转生死故，以义旁示解脱生死须了知彼。此明示补特伽罗、蕴自性空即实际与真如，亦说有垢如来藏。说于彼愚昧不知即生死根本，即示实执为生死根本与染污无明。此谓解脱生死不须断生死根本之疑非有故，声闻、独觉阿罗汉不解脱生死之疑亦非有。断生死本亦非如拔刺而断，是以正理破除执取相而断故，当知解脱三有须证谛实空，以及声闻、独觉亦现证二种无我，此《释论》已善成立，下犹当说。补特伽罗我执者，不许但执独立实物有为圆满相，如蕴实执为法我执，许补特伽罗实执为补特伽罗我执。[③]

说明“不如实了知一界”是不正确了解自性空或无我的实执，而这样的实执便是“中观应成派见”所说的作为生死根本的“烦恼障”，声闻、独觉也必须断这样的“烦恼障”才能获得解脱。《宝性论释》本身就有不少类似的说法，较明显的是：

---

① 有学者认为，布顿等依据月称的中观思想而判定“如来藏”为不了义，后来在藏传佛教界遂成定论（王尧、褚俊杰，1992，页56）。但据史实检视，藏地学者之中，判定“如来藏”为不了义者仅是少数。如下文即将说明的，格鲁派学者主张《宝性论释》的“如来藏”说与月称的中观思想完全吻合。宁玛、噶举、萨迦、觉囊各派依据自宗的独特理论，也莫不判定“如来藏”为了义。

② 详见法尊译《入中论善显密意疏》等。

③ 《宝性论大疏》卷三。

> 诸凡夫异生者，以烦恼障故而成“不净”；诸声闻、独觉者，以所知障故而“未离垢”；诸菩萨者，伴有彼二随一剩余“过失”。[1]

关于两种细无我没有差别，《宝性论释》中也有交代：“此中如所有者，由如实证名为法及补特伽罗之诸趣无我际而得解。”[2] 嘉曹杰对此解释说：

> 此中如所有现观者，即“解脱”一词所示，由如实现证，名为蕴等法及补特伽罗之诸趣无我自性有际、究竟所知胜义谛如所有性而得解。既说补特伽罗无我与法无我为实际、如所有所知，即明示圆满通达补特伽罗无我，观待通达补特伽罗无实。[3]

并认为，《宝性论释》的解释与印度论师月称所理解的龙猛中观学之主张完全一致。又如《宝性论》中说明《般若经》的要旨时说：“实际者远离，一切有为相，烦恼业异熟，义说如云等。烦恼似浮云，业如梦受用，烦恼业异熟，蕴者如幻化。”嘉曹杰在《宝性论大疏》中解释说，这里说的是作为“如来藏”的实际或心性清净没有苦、集等有为相，苦、集等是不入心性的“客垢”：

> 说一切法自性空时，但说苦、集空者，以此中所说烦恼之主要是执法为实之实执，彼是不入心性之客，义为心之上非如彼所执而有。除破实执于法执实之所著境外，全无任何成立一切法为谛实空之方便故。若成立烦恼为客，则亦成立彼所生之业及业异熟蕴为客。[4]

因此，嘉曹杰主张，应按照月称的观点将“客垢”——实执理解为“烦恼障”，而非像自续派那样将之理解为“所知障”，如此才符合《宝性论》的文义。简言之，虽然《宝性论》本释对“无我”没有详细的说明，但由于佛教各派关于修行实践的“道之所缘”与“道之所断”的立论各不相同，嘉曹杰从这些方面入手，阐明《宝性论》本释的见地应是月称的“中观应成派见”。

---

① 《宝性论释》如来藏品。

② 同上。

③ 《宝性论大疏》卷四。

④ 《宝性论大疏》卷十二。

（二）“如来藏”说经是了义教

嘉曹杰在《宝性论大疏》中依据宗喀巴思想，认为佛经中讲如何判定一部经是“了义”或“不了义”的方法有两种：一是依据《无尽慧经》（*Akṣayamatinirdeśasūtra*），以“说一切法自相空者即了义，以补特伽罗、蕴等字句说者即不了义”；一是依据《解深密经》，以“凡说无自相一分者与有自相一分者即不了义，凡明辨自相有无之界限而说者即了义”。龙猛的中观学依据《无尽慧经》，故以《解深密经》为“不了义”。无著的唯识学依据《解深密经》，而以《解深密经》为“了义”①。

嘉曹杰从“中观应成派见”的立场出发，认为以《如来藏经》为代表的“如来藏”说经是了义教，因为这些佛经的思想是“一切法自相空”：

> 广、中、略三种《般若经》明文特重广说色乃至遍智一切法自性空、远离一切戏论边。此末转法轮《如来藏经》与彼同义，特说有情心自性空故心自性清净，以及障彼之垢为客。无倒解释彼经意趣之本论，成立尘垢为客之理时，说“烦恼本尽故”等，由烦恼及分别离自性之门释，成立尘垢为客。此亦如《般若经》中所说，以成立心谛实空为原由，与《般若经》同义。是故，当知《如来藏经》亦同《般若经》，乃究竟了义经。②

而且这些佛经的思想与《解深密经》的观点对立。首先：

> 彼《解深密经》中胜义生菩萨问佛：三性所摄一切法，世尊于某经中说皆有自相无有差别，余经中说皆无自相无有差别，彼等之中何为不了义、何为了义？佛曰：遍计执无自相，依他起与圆成实有自相，分别而说。胜义生陈其所解：“前二者乃不了义，此善分别而说者乃了义。”此之所谓了义者，《如来藏经》等无法成其范例，彼范例应是上述大师无间所答者。

其次：

> 《解深密经》说遍计执谛实空，依他起与圆成实谛实有，《如来

---

① 《宝性论大疏》卷一。

② 《宝性论大疏》卷五。

藏经》说一切法谛实空之自性清净，以及尘垢为客。

再者：

《解深密经》说究竟三乘，此论解《如来藏经》意趣成立究竟一乘。①

对于《解深密经》中的“唯识”说，《宝性论》本释也持批判态度，已如上述，而且从未提及“唯识”说中占重要地位的“阿赖耶识”（ālayavijñāna）。

嘉曹杰在《宝性论大疏》中也同时指出，《楞伽经》中的“如来藏”说则是“不了义”，理由是，该经已明确说明：佛所说的这种“如来藏”其实意指“空性”，用意是为了逐渐引导害怕佛教“无我”论或信仰非佛教“我”论的人逐渐接受“无我”的思想。而《如来藏经》等并非这种“如来藏”说的代表，因为如《宝性论》中所说，《如来藏经》等的“如来藏”说，其用意如上节介绍，是为了“断五过失”、“生起五法”，性质与《楞伽经》中的“如来藏”说完全不同。据此，嘉曹杰称《宝性论》为“开解大乘了义经密意之论”。②

（三）“如来藏”教义是《陀罗尼自在王经》“三次第”说之第三次第

《陀罗尼自在王经》的“三次第”说已在上节作了介绍。在《宝性论大疏》中，嘉曹杰认为，“三次第”说的目的旨在建立“究竟一乘”，内容是如何引导一个佛教徒成佛的先后次第，这与《解深密经》中针对三类人的“三法轮”说是不同的。

嘉曹杰解释“三次第”之第一次第是讲“出离心”与“粗无我”作为前导，第二次第是讲“细无我”，这两种次第是学修小乘或大乘的人都需要的。嘉曹杰想以此来说明：声闻、独觉也必须证“细无我”才能解脱；讲“细无我”的《般若经》是“声闻、独觉、菩萨、佛四圣之母”。嘉曹杰指出，这种先理解“空性”道理、次发“菩提心”入大乘的次第，是领悟力较强的“利根”人士的作法。换言之，“如来藏”教义的受众并非泛泛之辈，而是必须对“空性”已有正确了解的佛教徒：

---

① 《宝性论大疏》卷二。

② 见《宝性论大疏》各品结尾。

> 如静命阿阇黎《中观庄严论》说有利根入道次第、钝根入道次第二种，于此正说《大乘上续论》专门主要所化－具大乘种性利根之入道次第，复能推知旁义故。若谓云何成立？当知具大乘种性利根者，初以量妥善成立为利一切有情须成、能成正等觉二者，次方立誓发心“为利有情愿成佛”，未见正因而立誓乃钝根之作法故。此亦由善解发起大悲以及清净增上意乐之理趣，通达为利有情佛之须成；通达空性及其眷属者，即通达佛之能成。由度此义，利根生惟求解脱心者亦须事先通达空性。钝根发最上菩提心已，次令晓了空性，应知是第三次第所示。第三次第中虽说空性，然应知是以方便分为差别而说之支分。①

嘉曹杰的这段话同时说明：虽然“第三次第”的“如来藏”教义所说的“空性”与“第二次第”的《般若经》思想没有区别，但“如来藏”教义是在“空性”哲学的基础上，突出“大悲”、“增上意乐”、“菩提心”等“方便分”（upāya，thabs）的修行实践，是一种方法上的进阶，而非思想上的修正。

（四）“空如来藏”与“不空如来藏”是指烦恼的自性是“空”与烦恼的自性空是“不空”

对于《胜鬘经》中的“空如来藏”与“不空如来藏”，《宝性论释》解释说，这是作为“空性之理”的“如来藏”的两个方面，缺一不可：以“空”除去以无为有的“增益”边，以“不空”除去以有为无的“损减”边。除去这二边的“空性”才是真正的“空性”，也就是上述《央掘魔罗经》所说的“真空义”。在《宝性论大疏》中，嘉曹杰对此的理解是：

> 此界中全无先有当除之烦恼自性有，具修习对治可离、可分之相诸客尘自性有界中空，即本来空故。此是说烦恼以修习对治故可离，及烦恼自性本来非有之二谛真实。此界中亦全无先无新立之烦恼自性空，具无分别相、堪生无上佛法“力”等功德之所缘—烦恼自性空不空本有故。此是说生“力”等佛法之因、现证无我慧之所缘胜义谛本有。②

---

① 《宝性论大疏》卷二。

② 《宝性论大疏》卷十二。

简言之，烦恼的自性是“空”，烦恼的自性空则“不空”，因为在日常语言中，如果承认某物不存在，也就是同时承认某物不存在这个事实是有或“不空”。因此，可以认为，嘉曹杰所说的“胜义谛本有”不是说“胜义谛”是“自性有”，而是指它是“名言有”。

觉囊派的“他空见”基于对“空如来藏”与“不空如来藏”的不同诠释，将“空如来藏”理解成“瓶以瓶空”等的世俗“自空”，也就是瓶等事物像“龟毛、兔角”一样完全不存在，而将“不空如来藏”理解成胜义谛绝对实有的胜义“他空”。嘉曹杰认为，对佛教徒而言，这种主张将导致最糟糕的“增益”（prapañca，spros pa）与“损减”（apavāda，skur 'debs）。关于“损减”，嘉曹杰说：

> 许世俗都无可认取，以及瓶以瓶空方是“自空”义者，乃损减一切世俗之究竟断见，由损减彼故，亦必损减胜义谛。①

关于“增益”，“他空见”主张众生本来就有佛的一切美德，这些美德“常恒、坚固、不变”。嘉曹杰认为，根据佛教的见解，佛的许多美德应属于有生灭变化的“事”，与属“遮法”的“常”对立。承认有既是“常”又是“事”的事物，那是印度佛教思想中所没有的：

> 不待遮除所破、许“常事”如青黄般可见者，全然出于内教之外，乃外道许常之规。毗婆沙师虽许能作事之常，然亦许观待遮除所破。佛教智者谁亦不许自在而立之常。②

此外，藏传佛教中的“大圆满”（rdzogs chen）派学者将“如来藏”解释为“自生智”（rang byung ye shes），“大印”派学者将之解释为“平常本来心”（tha mal gyi gnyug ma'i shes pa），“道果”（lam 'bras）派学者将之解释为“明空双运”（snang stong zung 'jug），总之，主张作为胜义谛的“如来藏”不能是单纯的“遮法”——“空”，它必须同时还有“智”、“心”、“明”的一面，这样才满足“不空如来藏”的定义。否则，就是执著“无”的边，而真正的胜义谛是远离《中论》所讲“有、无、亦有亦无、非有非无”四边的。

① 《宝性论大疏》卷二。

② 《宝性论大疏》卷五。

嘉曹杰认为，这种“非有非无“之见是对《中论》的误解，也是对双重否定律的排斥：

> 如按《论》之译文，是说无非有自性，有非有自性，亦有亦无非有自性。或释胜义中非有、胜义中非无等而远离戏论四边者，乃正诘互断相违之正相违损害所出妄言！或说：我等自宗俱不许法实有以及谛实空二者，故无过失。曰：若尔，如何俱破二者之许？若谓：立法谛实空即遮破实有故，许二者有同类乃是相违。曰：遮破法实有即须立谛实空故，正相违二方之任何一方皆不可许亦极相违。或说：我等无少承许，故不为所难。曰：如是则戒亦不可许，纯致衰损，非增上生。①

又，嘉曹杰认为，在佛教思想中，“心”等是无常的事物，而不是“常事”，主张“心”或“量”（pramāṇa，tshad ma）是“常事”那是印度非佛教的“湿婆派”（Śaivism）的见解，因此，不可将“心”等视为胜义谛的一个方面：

> 《释量论》中说“量非有常性”，有谓此是破名言量为常，足以彰显其无知，以自在派外道许“自在”是“常事”之量故。②

“他空见”本身认为，“胜义功德”的“常”不是与“无常”相对的“常”，也不是“事”，也不是“常事”，完全超越了人类的思维所及。持“非有非无“之见的人排斥双重否定律，与人们对语言运作的理解迥异。这类见解必然导致“全无所许”的不可知论，嘉曹杰对此也作了批判：

> 或说“自空”义如前，然诸法全不可作“此是此非”之认取，故亦不能作任何“此颠倒、此不颠倒”之分别。曰：若尔，则净信于取舍处抉择作何等业？若汝自宗全无以量成立一切缘起法之建立，纯系观待错乱心而破者。此极相违，所观待之安立诸世俗法心为错乱，汝自宗无法以量成立故。③

---

① 《宝性论大疏》卷三。

② 《宝性论大疏》卷五。

③ 《宝性论大疏》卷十二。

（五）“如来藏”不是“如来”

虽然《宝性论释》明确地说：“如来界是能得之因，故此中界义者即因义”，藏传佛教的许多学者仍将“如来藏”看成是众生内在的“佛”，早已完备一切佛果的美德，仅因被烦恼覆盖而无法体现，一旦消除烦恼，这些果位的美德就会自然而然地显现出来。嘉曹杰认为，这种与《楞伽经》中“如来藏”说类似的见解难以接受。首先，《楞伽经》本身已明确宣布此类说是“不了义”。其次，烦恼与佛的美德是对立，对同一个人来说，同时具有众生的烦恼与佛的美德，在逻辑上也难以成立。《宝性论大疏》说：

> 或许：有情相续本来具足自性清净、客尘悉皆远离之二种清净，复许能净之建立者。曰：有情心相续离客尘亦不离客尘，此乃承许互断相违之正相违中有同类之谵言！①

然而，这些学者的确可以从“如来藏”说经中找到相关依据，例如，上述《华严经》说“如来智慧在其众生身内”。对此，在《宝性论大疏》中，嘉曹杰认为不能单独地从字面上来解释，并在逻辑上指出“众生有如来智慧“的荒谬性。首先提问：

> 若谓此不成邪分别，则应观察有情相续中有具二清净法身之义是否应理。彼有情心自性清净是否即客尘全离之义？若尔，有情相续中具二清净之法身与自心同一体性而有？异体而有？不相属之理门而有？

如果回答是：众生心自性清净是指已清除了烦恼客尘，那么：

> 彼有情应是佛、无可遮退。若谓是佛，然不识是佛，故无过，则彼不识佛及有情之愚昧、无明、无知之人，称其为佛终不成谤佛之语。

如果回答是：众生所具有的佛的法身与众生的心是同一体性，那么：

> 以有情相续中所有之具二清净法身为差别所依，彼有情相续之客

① 《宝性论大疏》卷二。

> 尘是否障彼？若是前者，则与具二清净之法身相违；若是后者，有情心相续与具二清净既是一体而有，便不可说有情心相续亦为垢染。又，若说有情相续中具二清净法身为其法性之理门而有，则既是有垢，亦有全离客尘之真实，岂有较此更不应理之说？若尚有他理者，少分亦不忍观察。

如果回答是：众生所具有的佛的法身与众生的心不是同一体性，那么：

> 与他事同时则不堪为因果故。若须承许有情与佛合聚，亦绝非应理。

如果回答是：众生所具有的佛的法身与众生的心毫无关系，那么：

> 若谓：具二清净之法身无始以来与有情不相系属，于彼相续中自然安住。曰：此与具分正理相违。

因此，嘉曹杰依据同经另一句经文“是故，如来以无滞如来智观法界住一切有情已，作师长想”作出了他的解释：

> 此句经文明示：一切有情皆有胜义谛，彼为如来等引智所缘，若能现证并串习究竟，即生如来智，故假名有如来智。[①]

嘉曹杰认为，这里的“如来智慧”不应解作智能本身，而应作“如来智能”的所缘“胜义谛”解，如同《如来藏经》中所说的“彼等（众生烦恼内的）一切如来如我无异”的“如来”是指“如来法性”[②]。需要指出的是，某些经文需加“简别”（特别说明，khyad par sbyar）方能正确理解经文的含义，是宗喀巴诠释学（humernutics）中的一个方法。以《般若心经》

---

① 《宝性论大疏》卷五。

② 有学者指出，《如来藏经》中的“如来法性”一词也可作如来属性解，而与众生已然成佛的见解相呼应。窃以为，虽然《如来藏经》本身没有对“法性”有明确说明，但综合同时期大乘佛教经典来看，以“法性”指佛的究竟本质或胜义本性即“空性”的可能性很大。即便将《如来藏经》作单独分析，也没有证据说明“如来法性”只能作如来属性解。而且，从经文的修辞手法来看，以“寂不动摇”、“本无动摇”这类词语来修饰、说明佛教所说的“空性”等“无为法”显得更为合理。

(*Prajñāpāramitāhṛdayasūtra*) 为例，如果单独地从字面上来解释，则会因经文说“是故空中无色，无受想行识”等而作出此经否定一切事物的结论，因此，宗喀巴解释说，经文必须根据同类经加上“胜义简别”才能正确理解经义：

> 《般若心经》等，虽于所破未明显加胜义等名，然说“正随照见此诸五蕴皆自性空”(奘师译文从略)，于略标时说自相空，于广说中亦须例加，义已加讫。纵未加者，犹如《十万颂》中所加胜义简别，于其同类一切经中皆应例知，故义已加。譬如现代同一造者所造诸论，所诠若同，一处说已，余未说处，亦须例知。①

又如，这些学者经常引用《如来藏经》中“贫家地下有宝藏”之喻，来说明众生本具佛的一切美德。在《宝性论大疏》中，嘉曹杰从“宝藏”的含义出发，说明经文本身并没有这种含义：

> 经义非说有情相续中有具二清净之佛。其文说如来藏乃出生“力”等功德之藏，然未说力等功德本身故。此经先前说：“有情为一切烦恼杂染之中，如来法性不动，不染一切有趣。如来见已，而说彼等与我相似。”有情皆有与如来法性无别、垢不能入心性之真如，依此意趣，而说与佛相似。②

嘉曹杰随后总结说：

> 是故，彼经所说有情有佛，不可如言取义，经已明释其意趣故。若如经中所说而释文义不应理，则彼经中说：“见一切有情即如来藏”故，当许有情本身即如来藏！彼经中说有情相续中有佛，恐误解为有具二清净之法身，故明说为有法性，非如汝自宗改言有情相续中有具二清净之法身。③

（六）“如来藏”说是大乘佛教的实践基础论

如上节已介绍，《宝性论》共有七个主题：佛、法、僧、界、菩提、功

---

① 法尊译《辨了不了义善说藏论》。

② 《宝性论大疏》卷十二。关于“宝藏”一词的讨论，参见前注。

③ 同上。

德、事业，称为“七金刚处”。在《宝性论大疏》中，嘉曹杰将此“七金刚处”各分为“胜义”与“世俗”两方面来加以说明。这里的“胜义”与“世俗”与本体论的“胜义”与“世俗”不同。除“界”之外，这里的“胜义”是指佛、菩萨的内在证悟，“世俗”是指这些内在证悟的外在表现。为方便起见，列表如下：

“七金刚处”	胜义	世俗
1. 佛	圆满断、证为体之法身	佛之色身
2. 法	大乘人相续中之灭、道二谛	佛语聚
3. 僧	大乘圣者相续中之明、解脱	大乘圣众
4. 界	有情相续之心自性空有垢真如	有情心上所有堪生出世间法能力之分
5. 菩提	法身	色身
6. 功德	三十二离系功德	三十二异熟功德
7. 事业	成所作智	佛语聚 ①

《宝性论》又说，此“七金刚处”有着内在的因果关系：“佛、法、僧”是“果”；“界”是因；“菩提、功德、事业”是“缘”。对此，嘉曹杰依据《宝性论》的颂文“由佛生法生圣众，众生藏得智界际，得彼智得胜菩提，具足诸法利众生”②，作了详细的解释。首先，说明佛、法、僧是大乘佛教徒所追求的目标或“果”：

> 由一切种证觉诸法之佛，出生为诸圣补特伽罗善转法轮，由此出生圣众僧宝，具有无量圣众所化。自得正觉已善转法轮，乃《上续论》特别所化相续中发大乘心之“所缘”。依此出生无量圣众，即发心之“所为”故。③

其次，为了达到这一目标，便有净化自身成佛内因“如来藏”的愿望：

> 由圣众出生如来藏。此义是说，希求究竟三宝及近因三宝为自相

① 《大乘上续论释大疏》卷一。
② 《宝性论》如来藏品第3颂。
③ 《宝性论大疏》卷二。

> 续中之当得，而自身成佛转法轮之果为圣众。若希求彼等，即生净治自相续中如来藏垢之欲，依此出生如其所应而净垢染之如来藏。乃至何时而生如来藏？乃至得佛智界之际，未得彼以前，有垢真如、有情相续之堪入佛业以及种性，名“如来藏”；得彼智已，不名如来藏。①

而净化内因的成功有赖于已成佛者的“菩提、功德、事业”等外缘：

> 解作能净界垢俱有缘者，由净尽界垢得彼垢染皆尽之佛智，即得所得名“胜菩提”。具足依彼菩提之力、无畏、不共佛法等诸法，即说功德为菩提之差别。由具彼功德即能以无功用、无间二相利益众生，此说事业为功德之差别。②

需要指出的是，这里所谓的“事业”就是讲经说法，而这种“事业”从理论上来说从不缺乏，因为佛是大慈大悲的。简言之，由于众生的内心从来就没有“自性”，外在佛的“事业”也从不阙如，所以说“一切众生皆有如来藏”。以此为基础，经过修行，一切众生都可以消除自身的烦恼、终成佛果。这便是嘉曹杰《宝性论大疏》的大意。

综上所述，《宝性论大疏》对《宝性论》的分析立足于文本自身，指明“如来藏”这一概念具有大乘佛教本体论与实践论的双重意义，并侧重于后者。《宝性论大疏》的作者明确反对在佛教思想中有一种独立的“如来藏”见，这与觉囊派等其他藏传佛教教派的相关理论形成了鲜明对照。

继嘉曹杰之后为《宝性论》作注的格鲁派学者有：班钦·索南札巴（Paṇchen bsod nams grags pa，1478－1554），卓尼·札巴谢珠（Co ne grags pa bshad grub，1675－1749），毛儿盖·桑旦嘉措（dMu dge bsam gtam rgya mtsho，1914－1993），泽美·洛桑贝丹丹增雅杰（Dze smad blo bzang dpal ldan bstan 'dzin yar rgyas，1927－1996）等。在《现观庄严论》、《释量论》（*Pramāṇavārttika*）、《入中论》（*Madhyamakāvatāra*）、《毗奈耶经》（*Vinayasūtra*）、《俱舍论》（*Abhidharmakośa*）被格鲁派寺院教育体制确立为必学的“五部大论”之后，《宝性论》一般较少被单独传授，仅在学习《现观庄严论》时加以引用。“现观”课程中与《宝性论》密切相关的内容有：“法轮”、“三宝”、“种性”、“究竟一乘”、“生死有无边际”、“一切有情毕竟成不成佛”、“佛之十力等”、

① 《宝性论大疏》卷二。

② 同上。

“法身”等。其中，“种性”一节详细介绍《宝性论》的“如来藏”说。而关于《宝性论》的讲解，全以嘉曹杰《宝性论大疏》为据。由于主题所限，这里无法介绍《现观庄严论》的“种性”说，当俟异日。

本文根据《宝性论》与《宝性论大疏》的思想脉络，对“如来藏”说在印度、西藏的发生、发展史作了一番粗略的考察，以期读者了解《宝性论大疏》的历史背景与讨论范围。

宝性论大疏

༄། །ཐེག་པ་ཆེན་པོ་རྒྱུད་བླ་མའི་ཊཱི་ཀཱ། །

科 判

卷一

甲一、题义 …………………………………………………………（93）
　乙一、译题 ……………………………………………………（93）
　乙二、释题 ……………………………………………………（93）
甲二、礼敬 …………………………………………………………（93）
甲三、论义 …………………………………………………………（95）
　乙一、叙释 ……………………………………………………（95）
　　丙一、建立论体 ……………………………………………（95）
　　　丁一、论体自性 …………………………………………（95）
　　　　戊一、总义 ……………………………………………（95）
　　　　　己一、认明七如金刚处体性 ………………………（95）
　　　　　己二、数量决定 ……………………………………（97）
　　　　　己三、断疑 …………………………………………（99）
　　　　戊二、支分义 …………………………………………（101）
　　　　　己一、《论》 …………………………………………（101）
　　　　　　庚一、认明体性 …………………………………（101）
　　　　　　庚二、示数为七 …………………………………（101）
　　　　　己二、《释》 …………………………………………（103）
　　　　　　庚一、广释 ………………………………………（103）
　　　　　　　辛一、释如金刚及其处之名言 ………………（103）
　　　　　　　　壬一、标 ……………………………………（103）
　　　　　　　　壬二、释 ……………………………………（103）
　　　　　　　　壬三、摄义 …………………………………（105）
　　　　　　　辛二、认明名言趣入之所依 …………………（105）
　　　　　　　　壬一、问 ……………………………………（105）
　　　　　　　　壬二、答 ……………………………………（105）
　　　　　　　辛三、配合经教 ………………………………（107）

壬一、次第 ……………………………………………………… (107)
壬二、正说配合经教 ……………………………………………… (107)
癸一、三宝配合经教 …………………………………………… (107)
癸二、余四配合经教 …………………………………………… (109)
子一、界配合经教 …………………………………………… (109)
丑一、恒为如来单独之境 …………………………………… (109)
丑二、非他人常时之境 ……………………………………… (109)
丑三、认明胜义自性 ………………………………………… (111)
子二、菩提等三配合经教 …………………………………… (113)
庚二、摄义 ………………………………………………………… (115)
丁二、经如何说 ……………………………………………………… (115)
戊一、《论》 …………………………………………………………… (115)

卷二

戊二、《释》 …………………………………………………………… (117)
己一、云何说果三宝 ……………………………………………… (117)
庚一、仅说文义 …………………………………………………… (117)
庚二、配合经教 …………………………………………………… (117)
辛一、成立自体之理趣配合经教 ……………………………… (117)
壬一、略标 …………………………………………………… (117)
壬二、附带认明因缘 ………………………………………… (119)
壬三、广释 …………………………………………………… (119)
癸一、近因三清净地依次成立为三宝之理趣 …………… (119)
癸二、别释僧宝 ………………………………………… (121)
辛二、功德配合经教 …………………………………………… (121)
壬一、广大功德配合经教 …………………………………… (121)
壬二、甚深功德配合经教 …………………………………… (129)
己二、云何说余四处 ……………………………………………… (133)
庚一、宣说界之经文 ……………………………………………… (133)
辛一、以六十净治法示界 ……………………………………… (133)
辛二、成立彼义 ………………………………………………… (133)
壬一、成立彼义之正理 ……………………………………… (133)
壬二、配合经教 ……………………………………………… (137)
癸一、示《十地经》中所说 ………………………………… (137)

癸二、配合《陀罗尼自在王经》…………………………(137)
子一、次第 ……………………………………………(137)
子二、解喻 ……………………………………………(137)
子三、合义 ……………………………………………(139)
癸三、配合他经 ………………………………………(147)
辛三、认明净治法 ………………………………………(149)
庚二、宣说菩提等三之经文 ……………………………(151)
辛一、示菩提 ……………………………………………(151)
辛二、示功德 ……………………………………………(151)
辛三、示事业 ……………………………………………(151)
戊三、摄义 …………………………………………………(151)
丁三、次第决定 ……………………………………………(153)

卷三

丙二、广释支分 ……………………………………………(157)
丁一、抉择所证七种义 ……………………………………(157)
戊一、释果三宝 ……………………………………………(157)
己一、释正义分二 …………………………………………(157)
庚一、总次第 ……………………………………………(157)
庚二、释个别义 …………………………………………(157)
辛一、释佛宝 ……………………………………………(157)
壬一、次第 ……………………………………………(157)
壬二、标 …………………………………………………(159)
壬三、释 …………………………………………………(161)
癸一、问 ………………………………………………(161)
癸二、答 ………………………………………………(161)
子一、《论》……………………………………………(161)
子二、《释》……………………………………………(161)
壬四、标释合说 …………………………………………(163)
癸一、《论》……………………………………………(163)
癸二、《释》……………………………………………(165)
子一、分别释 …………………………………………(165)
丑一、正义 ……………………………………………(165)
寅一、释自利法身 ……………………………………(165)

卯一、自性清净 …………………………………………………… (165)
卯二、客尘清净 …………………………………………………… (165)
卯三、知如所有 …………………………………………………… (167)
卯四、无功用与趣入事业不相违 ………………………………… (167)
寅二、释利他色身 ………………………………………………… (167)
卯一、释知尽所有智 ……………………………………………… (167)
卯二、释悲心 ……………………………………………………… (169)
卯三、释智悲二者之力 …………………………………………… (169)
辰一、示力之喻 ………………………………………………… (169)
辰二、认明所断 ………………………………………………… (171)
辰三、释喻义同法 ……………………………………………… (173)
丑二、能立配合经教 ………………………………………………… (173)
寅一、总标 ………………………………………………………… (173)
寅二、分释 ………………………………………………………… (173)
卯一、自利法身之能立 …………………………………………… (173)
辰一、自性清净之能立 ………………………………………… (173)
辰二、客尘清净之能立 ………………………………………… (175)
辰三、如所有明之能立 ………………………………………… (175)
卯二、利他色身之能立 …………………………………………… (177)
辰一、知尽所有智之能立 ……………………………………… (177)
巳一、引教 …………………………………………………… (177)
巳二、释义 …………………………………………………… (177)
辰二、悲心之能立 ……………………………………………… (179)
辰三、力之能立 ………………………………………………… (179)
子二、结示 …………………………………………………………… (181)
丑一、六义分为二利身 ……………………………………………… (181)
丑二、后三义分为二利身 …………………………………………… (181)
辛二、释法宝 …………………………………………………………… (181)
壬一、次第 …………………………………………………………… (181)
壬二、释义 …………………………………………………………… (181)
癸一、标 …………………………………………………………… (181)
癸二、释 …………………………………………………………… (185)
子一、问 ………………………………………………………… (185)
子二、答 ………………………………………………………… (185)

丑一、《论》 …………………………………………………… (185)
丑二、《释》 …………………………………………………… (185)
癸三、标释合说 ………………………………………………… (187)
子一、总释 ……………………………………………………… (187)
丑一、《论》 …………………………………………………… (187)
丑二、《释》 …………………………………………………… (187)
子二、分释 ……………………………………………………… (187)
丑一、《论》 …………………………………………………… (187)
丑二、《释》 …………………………………………………… (187)
寅一、释灭谛 ………………………………………………… (187)
卯一、释自性清净分 ……………………………………… (187)
辰一、总标 ………………………………………………… (187)
辰二、分释 ………………………………………………… (189)
卯二、释客尘清净分 ……………………………………… (189)
辰一、认明所破客尘 …………………………………… (189)
巳一、问 ………………………………………………… (189)
巳二、答 ………………………………………………… (189)
午一、配合经教 ……………………………………… (189)
午二、释经教义 ……………………………………… (189)
辰二、广释灭谛自性 …………………………………… (189)
巳一、认明体性 ……………………………………… (189)
午一、自性空自性灭 ……………………………… (189)
午二、远离客尘是说离客尘之灭谛、破事之灭坏是灭谛 ………………………………………… (191)
巳二、配合经教 ……………………………………… (191)
午一、前义配合经教认明生死还灭次第 ………… (191)
午二、后义配合经教说有垢真如如来藏 ………… (193)
寅二、释道谛 ………………………………………………… (195)
卯一、略标 ……………………………………………… (195)
卯二、广释 ……………………………………………… (195)
辰一、与日轮同法 …………………………………… (195)
辰二、认明所断 ……………………………………… (195)
巳一、宣说入生死流转次第 ……………………… (195)
午一、略标 ……………………………………………… (195)

午二、广释 ……………………………………………… (197)
午三、摄义 ……………………………………………… (197)
已二、认明生死因之主要 …………………………… (197)
辰三、认明摧坏彼之对治 …………………………………… (199)
已一、初达谛实空离戏论之时 ……………………… (199)
已二、分别转成现证之义 …………………………… (199)
已三、示现证无破立真实智是障之对治 …………… (199)
卯三、配合经教 ……………………………………………… (201)

卷四

辛三、释僧宝 ……………………………………………………… (203)
壬一、次第 ……………………………………………………… (203)
壬二、正义 ……………………………………………………… (203)
癸一、标 ……………………………………………………… (203)
癸二、释 ……………………………………………………… (205)
子一、问 ……………………………………………………… (205)
子二、答 ……………………………………………………… (205)
丑一、《论》 …………………………………………………… (205)
丑二、《释》 …………………………………………………… (205)
癸三、标释合说 ………………………………………………… (205)
子一、如所有及尽所有观功德 ………………………………… (205)
丑一、如所有明 ……………………………………………… (205)
寅一、《论》 ………………………………………………… (205)
寅二、《释》 ………………………………………………… (207)
卯一、如所有明体性 ………………………………………… (207)
卯二、因 ……………………………………………………… (207)
卯三、能立 …………………………………………………… (209)
辰一、示无漏界难证 ……………………………………… (209)
辰二、配合经教 …………………………………………… (211)
丑二、尽所有明 ……………………………………………… (211)
寅一、《论》 ………………………………………………… (211)
寅二、《释》 ………………………………………………… (213)
子二、内证及贪滞障之解脱功德 …………………………… (213)
丑一、《论》 ………………………………………………… (213)

寅一、内证 …………………………………………………………… (213)
寅二、贪滞障之解脱 …………………………………………………… (213)
丑二、《释》 …………………………………………………………… (213)
寅一、内证 …………………………………………………………… (213)
寅二、贪滞障之解脱 …………………………………………………… (215)
子三、劣障之解脱功德 ………………………………………………… (215)
丑一、《论》 …………………………………………………………… (215)
丑二、《释》 …………………………………………………………… (215)
壬三、此中未正说声闻僧宝之原由 ………………………………… (217)
癸一、略标 ……………………………………………………………… (217)
癸二、广释 ……………………………………………………………… (217)
子一、声闻僧与菩萨僧之差别 ……………………………………… (217)
子二、彼差别应理之原由 …………………………………………… (219)
子三、配合经教 ……………………………………………………… (219)
己二、释归依义 ……………………………………………………… (221)
庚一、总义 …………………………………………………………… (221)
辛一、所归依境之差别 ……………………………………………… (221)
辛二、于彼归依之理趣 ……………………………………………… (221)
辛三、安立依据 ……………………………………………………… (223)
庚二、支分义 ………………………………………………………… (227)
辛一、世俗归依建立 ………………………………………………… (227)
壬一、问 ……………………………………………………………… (227)
壬二、答 ……………………………………………………………… (229)
癸一、《论》 ………………………………………………………… (229)
癸二、《释》 ………………………………………………………… (231)
癸三、摄义 …………………………………………………………… (233)
辛二、胜义归依建立 ………………………………………………… (235)
壬一、成立非佛之归依非胜义归依 ………………………………… (235)
癸一、《论》 ………………………………………………………… (235)
癸二、《释》 ………………………………………………………… (239)
子一、示教法非胜义归依 …………………………………………… (239)
子二、示证法非胜义归依 …………………………………………… (241)
壬二、成立惟正等觉是胜义归依 …………………………………… (247)
癸一、《论》 ………………………………………………………… (247)

癸二、《释》…………………………………………………………（249）
己三、释三宝名义 ……………………………………………………（249）
庚一、《论》…………………………………………………………（249）
庚二、《释》…………………………………………………………（251）

卷五

戊二、能得彼三宝之因缘建立 ………………………………………（253）
己一、总建立 …………………………………………………………（253）
庚一、总承启 …………………………………………………………（253）
庚二、不可思议之义 …………………………………………………（253）
辛一、标 ………………………………………………………………（253）
辛二、释 ………………………………………………………………（253）
壬一、问 ………………………………………………………………（253）
壬二、答 ………………………………………………………………（253）
癸一、示不可思议及惟佛之境 ………………………………………（253）
子一、《论》…………………………………………………………（253）
子二、《释》…………………………………………………………（255）
癸二、不可思议之能立 ………………………………………………（257）
子一、问 ………………………………………………………………（257）
子二、答 ………………………………………………………………（257）
丑一、《论》…………………………………………………………（257）
丑二、《释》…………………………………………………………（257）
寅一、有垢真如难以通达 ……………………………………………（257）
卯一、正义 ……………………………………………………………（257）
卯二、配合经教 ………………………………………………………（259）
寅二、无垢真如难以通达 ……………………………………………（259）
卯一、正义 ……………………………………………………………（259）
卯二、配合经教 ………………………………………………………（261）
寅三、无垢功德难以通达 ……………………………………………（261）
卯一、立宗 ……………………………………………………………（261）
卯二、能立 ……………………………………………………………（263）
卯三、配合经教 ………………………………………………………（263）
辰一、喻 ………………………………………………………………（263）
辰二、义 ………………………………………………………………（265）

寅四、佛事业难以通达 …… (271)
卯一、正义 …… (271)
卯二、配合经教 …… (271)
庚三、因缘各别建立 …… (273)
辛一、《论》 …… (273)
辛二、《释》 …… (273)
壬一、认明因缘 …… (273)
壬二、转成因缘之理趣 …… (275)
己二、分别释 …… (275)
庚一、释因位界如来藏 …… (275)
辛一、承启 …… (275)
壬一、总承启 …… (275)
壬二、别承启 …… (277)
辛二、正义 …… (277)
壬一、以三义略示界如来藏 …… (277)
癸一、总义 …… (277)
子一、认明如来藏 …… (277)
子二、《如来藏经》云何说 …… (281)
子三、释余经之用意 …… (285)
癸二、支分义 …… (291)
子一、《论》 …… (291)
子二、《释》 …… (291)

卷六

壬二、广释能立 …… (293)
癸一、以十相建立成立界自性清净 …… (293)
子一、以嗢柁南略标 …… (293)
丑一、承启 …… (293)
丑二、《论》 …… (293)
丑三、类别 …… (295)
子二、广释各别义 …… (295)
丑一、释体性及因义 …… (295)
寅一、承启 …… (295)
寅二、略标 …… (295)

卯一、体性义 ………………………………………………… (295)
辰一、喻 ………………………………………………… (295)
辰二、义 ………………………………………………… (297)
卯二、因义 ………………………………………………… (297)
寅三、广释 ………………………………………………… (297)
卯一、释体性义 ………………………………………………… (297)
辰一、问 ………………………………………………… (297)
辰二、答 ………………………………………………… (297)
巳一、《论》 ………………………………………………… (297)
巳二、《释》 ………………………………………………… (297)
卯二、释因义 ………………………………………………… (299)
辰一、问 ………………………………………………… (299)
辰二、答 ………………………………………………… (301)
巳一、总释 ………………………………………………… (301)
午一、《论》 ………………………………………………… (301)
未一、释有障补特伽罗及其障 ……………………………… (301)
未二、释对治因之自性 ………………………………………… (301)
午二、《释》 ………………………………………………… (301)
未一、略标 ………………………………………………… (301)
未二、广释 ………………………………………………… (303)
申一、释具障补特伽罗 ………………………………………… (303)
酉一、别释 ………………………………………………… (303)
戌一、堕有边 ………………………………………………… (303)
戌二、堕寂边 ………………………………………………… (303)
亥一、总标 ………………………………………………… (303)
亥二、别释 ………………………………………………… (303)
天一、非入方便 ………………………………………………… (303)
天二、方便入 ………………………………………………… (309)
戌三、不堕有寂二边 ………………………………………… (311)
酉二、彼一切摄为三蕴 ………………………………………… (311)
申二、释所具之障 ………………………………………………… (311)
酉一、标 ………………………………………………… (311)
酉二、释 ………………………………………………… (311)
酉三、摄义 ………………………………………………… (311)

巳二、别释障之对治因之自性 ……………………………………………（313）
午一、承启 ……………………………………………………………………（313）
午二、《论》 …………………………………………………………………（313）
丑二、释果及用义 ……………………………………………………………（315）
寅一、承启 ……………………………………………………………………（315）
寅二、略标 ……………………………………………………………………（315）
卯一、示果 ……………………………………………………………………（315）
卯二、示用 ……………………………………………………………………（315）
寅三、广释 ……………………………………………………………………（315）
卯一、广释果义 ………………………………………………………………（315）
辰一、问 ………………………………………………………………………（315）
辰二、答 ………………………………………………………………………（315）
巳一、总释四对治所得之果相 ……………………………………………（315）
午一、《论》 …………………………………………………………………（315）
午二、《释》 …………………………………………………………………（317）
未一、略标 ……………………………………………………………………（317）
未二、广释 ……………………………………………………………………（317）
申一、释颠倒及其对治所断之果 …………………………………………（317）
酉一、正义 ……………………………………………………………………（317）
戌一、观待世俗真实之颠倒 ………………………………………………（317）
戌二、观待胜义真实之颠倒 ………………………………………………（317）
戌三、断彼之果差别 …………………………………………………………（319）
酉二、配合经教 ………………………………………………………………（319）
戌一、常等四颠倒配合经教 ………………………………………………（319）
戌二、无常等四执实配合经教 ……………………………………………（319）
戌三、对治配合经教 …………………………………………………………（321）
申二、因果合释 ………………………………………………………………（321）
酉一、别释 ……………………………………………………………………（321）
戌一、略标 ……………………………………………………………………（321）
戌二、广释 ……………………………………………………………………（321）
亥一、净波罗蜜多与胜解大乘法因合释 …………（321）
亥二、示真我波罗蜜多是修般若波罗蜜多之果 …（323）
天一、正义 ……………………………………………………………………（323）
天二、别释真我义 ……………………………………………………………（323）

亥三、示真乐波罗蜜多是修静虑波罗蜜多之果 ……（325）
亥四、示常波罗蜜多是修大悲之果 ……（325）
戌三、摄义 ……（325）
酉二、结摄 ……（325）
申三、别释三种补特伽罗得法身之障 ……（327）
酉一、正义 ……（327）
戌一、得法身障之差别 ……（327）
戌二、释障自性 ……（327）
戌三、能障三类补特伽罗得果之理趣 ……（329）
酉二、配合经教 ……（331）
酉三、示惟如来法身具足四波罗蜜多 ……（333）
巳二、别释四果相 ……（333）
午一、《论》 ……（333）
午二、《释》 ……（333）
巳三、示菩萨相续中证空慧及悲心是法身根本 ……（339）
午一、先说之《释》 ……（339）
午二、承启 ……（339）
午三、后说之《论》 ……（341）

卷七

卯二、广释用义 ……（343）
辰一、问 ……（343）
辰二、答 ……（343）
巳一、能立之应成 ……（343）
午一、《论》 ……（343）
午二、《释》 ……（343）
未一、举依据 ……（343）
未二、释文义 ……（343）
巳二、由正反之门成立 ……（345）
午一、《论》 ……（345）
午二、《释》 ……（345）
未一、由正反说门成立有种性 ……（345）
未二、能成之应成 ……（347）
未三、成立经说不得涅槃之补特伽罗是有密意 ……（347）

申一、配合经教 …………………………………… (347)
申二、成立有密意之理趣 ……………………………… (349)
酉一、密意说之用及密意所依 ……………………… (349)
酉二、示如言取义之妨难 ………………………… (349)
酉三、妨难配合经教 ……………………………… (361)
戌一、承启 …………………………………………… (361)
戌二、引述经教 ……………………………………… (361)
丑三、释相应义 ………………………………………… (363)
寅一、承启 ……………………………………………… (363)
寅二、总标 ……………………………………………… (363)
卯一、与因功德相应 …………………………………… (363)
卯二、与果功德相应 …………………………………… (363)
寅三、广释 ……………………………………………… (363)
卯一、释与因功德相应 ………………………………… (363)
辰一、问 ………………………………………………… (363)
辰二、答 ………………………………………………… (363)
巳一、《论》 ……………………………………………… (363)
巳二、《释》 ……………………………………………… (363)
午一、标 ………………………………………………… (363)
午二、释 ………………………………………………… (365)
未一、功德差别 ……………………………………… (365)
未二、分别释 ………………………………………… (365)
未三、喻义同法合说 ………………………………… (365)
卯二、释与果功德相应 ………………………………… (365)
辰一、问 ………………………………………………… (365)
辰二、答 ………………………………………………… (367)
巳一、《论》 ……………………………………………… (367)
巳二、《释》 ……………………………………………… (367)
午一、正义 …………………………………………… (367)
未一、总标 …………………………………………… (367)
未二、广释 …………………………………………… (367)
申一、功德差别 ……………………………………… (367)
申二、喻义同法合说 ………………………………… (367)
未三、摄义 …………………………………………… (369)

午二、配合经教 …………………………………………………… (369)
丑四、释转之差别 …………………………………………………… (369)
寅一、正义 …………………………………………………… (369)
卯一、承启 …………………………………………………… (369)
卯二、标 …………………………………………………… (369)
卯三、释 …………………………………………………… (371)
辰一、问 …………………………………………………… (371)
辰二、答 …………………………………………………… (371)
巳一、《论》 …………………………………………………… (371)
巳二、《释》 …………………………………………………… (371)
寅二、彼之支分 …………………………………………………… (373)
卯一、总承启 …………………………………………………… (373)
卯二、释别义 …………………………………………………… (373)
辰一、体性不异惟分位有异之差别 …………………………………… (373)
巳一、承启 …………………………………………………… (373)
巳二、标 …………………………………………………… (373)
巳三、广释 …………………………………………………… (373)
午一、问 …………………………………………………… (373)
午二、答 …………………………………………………… (375)
未一、《论》 …………………………………………………… (375)
未二、《释》 …………………………………………………… (375)
申一、文义 …………………………………………………… (375)
申二、配合经教 …………………………………………………… (375)
辰二、由同一自性遍行分位而成立 …………………………………… (377)
巳一、承启 …………………………………………………… (377)
巳二、标 …………………………………………………… (377)
巳三、广释 …………………………………………………… (379)
午一、问 …………………………………………………… (379)
午二、答 …………………………………………………… (379)
未一、《论》 …………………………………………………… (379)
未二、《释》 …………………………………………………… (379)
申一、文义 …………………………………………………… (379)
申二、配合经教 …………………………………………………… (379)

卷八

辰三、由体性不变异而成立 …… (381)
巳一、承启 …… (381)
巳二、释义 …… (381)
午一、总示 …… (381)
未一、《论》 …… (381)
未二、释各类义 …… (383)
午二、别释 …… (383)
未一、释不净位时不变义 …… (383)
申一、问 …… (383)
申二、答 …… (385)
酉一、不为能生蕴等业烦恼等所变 …… (385)
戌一、《论》 …… (385)
亥一、略标 …… (385)
天一、不染杂染法 …… (385)
天二、不染彼之生灭 …… (385)
亥二、广释 …… (385)
天一、不染坏法 …… (385)
天二、不染生法 …… (385)
地一、喻 …… (385)
地二、义 …… (387)
地三、喻义合说 …… (389)
玄一、正义 …… (389)
玄二、释喻义同法之差别 …… (389)
黄一、非理作意差别 …… (389)
黄二、业烦恼差别 …… (389)
黄三、彼等所依差别 …… (389)
亥三、摄义 …… (391)
天一、不为业烦恼所变异 …… (391)
天二、不为生坏所变异及承启 …… (393)
地一、承启 …… (393)
地二、《论》 …… (393)
戌二、《释》 …… (393)

亥一、摄义略标 ……………………………………………………………… (393)
天一、不染生 ……………………………………………………………… (393)
天二、不染坏 ……………………………………………………………… (393)
天三、摄义 ………………………………………………………………… (393)
亥二、配合经教 ……………………………………………………………… (395)
天一、不染烦恼法 ………………………………………………………… (395)
天二、不染生坏 …………………………………………………………… (395)
地一、广释 ………………………………………………………………… (395)
玄一、喻 ………………………………………………………………… (395)
玄二、义 ………………………………………………………………… (395)
玄三、喻义合说 ………………………………………………………… (397)
地二、摄义 ………………………………………………………………… (397)
亥三、温习已释 ……………………………………………………………… (397)
酉二、不为与火同法能坏蕴等老等所变 ………………………………… (397)
戌一、承启 ………………………………………………………………… (397)
戌二、《论》 ……………………………………………………………… (397)
戌三、《释》 ……………………………………………………………… (399)
亥一、同三喻之因 ………………………………………………………… (399)
亥二、配合经教 …………………………………………………………… (399)
未二、释不净及净位时不变义 ……………………………………………… (399)
申一、承启 …………………………………………………………………… (399)
申二、略标 …………………………………………………………………… (399)
申三、广释 …………………………………………………………………… (401)
酉一、问 …………………………………………………………………… (401)
酉二、答 …………………………………………………………………… (401)
戌一、观待生差别说不净及净位时不变 ………………………………… (401)
亥一、释净差别 …………………………………………………………… (401)
天一、《论》 ……………………………………………………………… (401)
天二、《释》 ……………………………………………………………… (403)
亥二、不净自性以净不净因为差别而释 ………………………………… (405)
天一、《论》 ……………………………………………………………… (405)
天二、释彼等义 …………………………………………………………… (405)
地一、略标文义 …………………………………………………………… (405)
地二、广释彼等义 ………………………………………………………… (405)

玄一、广释以悲愿力受生之理趣 …………………………………（405）
黄一、配合经教 ……………………………………………………（405）
宇一、认明受生生死之因 ………………………………………（405）
宇二、破彼是真烦恼 ……………………………………………（407）
宙一、假名烦恼之原由 ………………………………………（407）
宙二、破是真烦恼 ……………………………………………（407）
宙三、说受生三界等之用 ……………………………………（407）
洪一、喻 ……………………………………………………（407）
洪二、义 ……………………………………………………（409）
黄二、摄示经义 ……………………………………………………（409）
玄二、广释非以业烦恼力受生之因 ………………………………（409）
黄一、承启 …………………………………………………………（409）
黄二、配合经教 ……………………………………………………（411）
宇一、引经教 ……………………………………………………（411）
宙一、见真实之理趣 …………………………………………（411）
宙二、见真实复受生之因 ……………………………………（411）
宙三、彼之证成 ………………………………………………（411）
洪一、喻 ……………………………………………………（411）
洪二、义 ……………………………………………………（411）
洪三、净不净二因之摄义 …………………………………（413）
荒一、净之摄义 …………………………………………（413）
荒二、不净之摄义 ………………………………………（413）
宇二、释经教义 …………………………………………………（413）
宙一、正义 ……………………………………………………（413）
宙二、配合经教 ………………………………………………（415）
宇三、别释漏尽通 ………………………………………………（415）
宙一、总标 ……………………………………………………（415）
宙二、配合经教 ………………………………………………（417）
戊二、观待佛及异生说不净及净位时不变 ……………………………（419）
亥一、承启； …………………………………………………………（419）
亥二、《论》 …………………………………………………………（419）
天一、释四菩萨净及不净功德 …………………………………（419）
地一、释初发胜义心菩萨功德 ………………………………（419）
玄一、自利功德 ……………………………………………（419）

玄二、利他功德 ……………………………………………… (421)
地二、入行 …………………………………………………… (421)
玄一、虽住世间而不染其垢 ………………………………… (421)
玄二、喻义合释 ……………………………………………… (421)
地三、不退转 ………………………………………………… (421)
地四、释一生补处菩萨功德 ………………………………… (423)
玄一、事业圆满之因 ………………………………………… (423)
黄一、任运趣入事业之因 …………………………………… (423)
黄二、知种种随顺所化之事业 ……………………………… (423)
玄二、依彼示现任运趣入事业 ……………………………… (425)
天二、释最后有菩萨净及不净功德 ………………………… (425)
地一、净之差别 ……………………………………………… (425)
地二、不净差别 ……………………………………………… (425)
亥三、《释》 ………………………………………………… (427)
天一、总标 …………………………………………………… (427)
天二、别释 …………………………………………………… (427)

卷九

未三、释最净位时不变义 …………………………………… (429)
申一、承启 …………………………………………………… (429)
申二、释义 …………………………………………………… (429)
酉一、标 ……………………………………………………… (429)
酉二、释 ……………………………………………………… (429)
戌一、问 ……………………………………………………… (429)
戌二、答 ……………………………………………………… (431)
亥一、《论》 ………………………………………………… (431)
天一、附说遮义 ……………………………………………… (431)
天二、释表义 ………………………………………………… (431)
天三、广释遮义 ……………………………………………… (431)
亥二、《释》 ………………………………………………… (433)
酉三、标释合说 ……………………………………………… (433)
戌一、经说常等四义 ………………………………………… (433)
亥一、《论》 ………………………………………………… (433)
亥二、《释》 ………………………………………………… (433)

戌二、标释合说 ……………………………………………………（435）
亥一、《论》 ……………………………………………………（435）
亥二、配合经说 …………………………………………………（435）
辰四、成立最清净时诸解脱功德无别相应 ………………………（435）
巳一、承启 ………………………………………………………（435）
巳二、释义 ………………………………………………………（437）
午一、略标 ………………………………………………………（437）
午二、广释 ………………………………………………………（437）
未一、释究竟功德无别之因义 ……………………………………（437）
申一、问 …………………………………………………………（437）
申二、答 …………………………………………………………（437）
酉一、略标 ………………………………………………………（437）
戌一、《论》 ……………………………………………………（437）
戌二、《释》 ……………………………………………………（439）
酉二、广释 ………………………………………………………（439）
戌一、问 …………………………………………………………（439）
戌二、答 …………………………………………………………（439）
亥一、《论》 ……………………………………………………（439）
亥二、《释》 ……………………………………………………（439）
天一、分别配合经教 ……………………………………………（439）
天二、标释二句合解 ……………………………………………（439）
未二、所成立义 …………………………………………………（441）
申一、问 …………………………………………………………（441）
申二、答 …………………………………………………………（441）
酉一、《论》 ……………………………………………………（441）
酉二、《释》 ……………………………………………………（441）
未三、释功德无别之自性及喻 ……………………………………（441）
申一、释功德无别之自性 …………………………………………（441）
酉一、正义 ………………………………………………………（441）
戌一、《论》 ……………………………………………………（441）
戌二、《释》 ……………………………………………………（443）
亥一、称有三种不同究竟解脱是密意说 …………………………（443）
亥二、示四功德无别解脱惟佛 ……………………………………（443）
酉二、以功德全具画师喻释 ………………………………………（443）

戊一、承启 …………………………………………………… (443)
戊二、《论》 …………………………………………………… (445)
亥一、喻 …………………………………………………… (445)
亥二、义 …………………………………………………… (445)
戊三、《释》 …………………………………………………… (449)
亥一、释深广功德 ………………………………………… (449)
天一、证功德 …………………………………………… (449)
天二、断功德 …………………………………………… (449)
亥二、能成就彼等之因 ………………………………… (449)
天一、三清净地中功德云何成就之理趣 ………… (449)
地一、八地得道相智自然出生功德 ………… (449)
地二、九地得受持佛正法无余功德 ………… (451)
地三、十地得证微细秘密处无余功德 ……… (451)
天二、依此成就究竟功德之理趣 ……………… (451)
亥三、示声闻、独觉无彼等功德 ……………… (451)
申二、释无别之喻 ……………………………………… (453)
酉一、释喻义同法 ……………………………………… (453)
戊一、《论》 …………………………………………… (453)
戊二、《释》 …………………………………………… (453)
亥一、总标同法 ……………………………………… (453)
亥二、分别释 ……………………………………… (453)
亥三、结示 ……………………………………… (453)
酉二、成立声闻独觉无究竟乘及涅槃之义 ……… (455)
戊一、《论》 …………………………………………… (455)
戊二、《释》 …………………………………………… (455)
亥一、文义 ……………………………………… (455)
亥二、配合经教 ……………………………………… (455)
子三、摄义 …………………………………………………… (457)
丑一、《论》 …………………………………………… (457)
丑二、《释》 …………………………………………… (457)

卷十

癸二、以九喻成立界为客尘所障 ………………………… (459)
子一、承启 …………………………………………………… (459)

子二、释义 ……………………………………………………… (459)
丑一、总义 ……………………………………………………… (459)
寅一、十八喻数量决定 ……………………………………… (459)
寅二、释喻义同法 ………………………………………… (461)
寅三、断疑 ……………………………………………………… (463)
丑二、支分义 ……………………………………………………… (463)
寅一、以喻表说若除九障藏即现前 ……………………… (463)
卯一、总标 ……………………………………………………… (463)
辰一、具能障所障之喻 ……………………………………… (463)
辰二、略标能障所障各别之喻 …………………………… (465)
卯二、广释 ……………………………………………………… (465)
辰一、以喻成立贪随眠等四尘垢为客 ………………… (465)
巳一、以喻成立三毒随眠为客 ………………………… (465)
午一、以喻成立贪随眠为客 ………………………… (465)
未一、承启 ……………………………………………… (465)
未二、《论》 ……………………………………………… (465)
申一、略标 ……………………………………………… (465)
酉一、喻 ………………………………………………… (465)
酉二、义 ………………………………………………… (465)
酉三、界垢之能净 …………………………………… (465)
申二、广释 ……………………………………………… (467)
午二、以喻成立嗔随眠为客 ………………………… (467)
未一、承启 ……………………………………………… (467)
未二、《论》 ……………………………………………… (467)
申一、标 ………………………………………………… (467)
酉一、喻 ………………………………………………… (467)
酉二、义 ………………………………………………… (467)
酉三、垢之能净 ……………………………………… (467)
申二、释 ………………………………………………… (467)
午三、以喻成立痴随眠为客 ………………………… (467)
未一、承启 ……………………………………………… (467)
未二、《论》 ……………………………………………… (469)
申一、标 ………………………………………………… (469)
酉一、喻 ………………………………………………… (469)

酉二、义 …………………………………………………… (469)
酉三、彼障之能除 ………………………………………… (469)
申二、释 …………………………………………………… (469)
巳二、以喻成立现行为客 ………………………………… (469)
午一、承启 ………………………………………………… (469)
午二、《论》 ……………………………………………… (471)
未一、标 …………………………………………………… (471)
申一、喻 …………………………………………………… (471)
申二、义 …………………………………………………… (471)
申三、彼障之能除 ………………………………………… (471)
未二、释 …………………………………………………… (471)
辰二、以喻成立无明习气为客 …………………………… (471)
巳一、承启 ………………………………………………… (471)
巳二、《论》 ……………………………………………… (471)
午一、标 …………………………………………………… (471)
未一、喻 …………………………………………………… (471)
未二、义 …………………………………………………… (473)
午二、释 …………………………………………………… (473)
辰三、以喻成立习所断及修所断为客 …………………… (473)
巳一、以喻成立习所断为客 ……………………………… (473)
午一、承启 ………………………………………………… (473)
午二、释义 ………………………………………………… (473)
未一、标 …………………………………………………… (473)
申一、喻 …………………………………………………… (473)
申二、义 …………………………………………………… (473)
未二、释 …………………………………………………… (475)
巳二、以喻成立修所断为客 ……………………………… (475)
午一、承启 ………………………………………………… (475)
午二、释义 ………………………………………………… (475)
未一、标 …………………………………………………… (475)
申一、喻 …………………………………………………… (475)
申二、义 …………………………………………………… (475)
申三、障之能除 …………………………………………… (475)
未二、释 …………………………………………………… (475)

辰四、以喻成立依不净地及清净地之尘垢为客 …… (477)
巳一、以喻成立依不净地之垢为客 …… (477)
午一、承启 …… (477)
午二、释义 …… (477)
未一、标 …… (477)
申一、喻 …… (477)
申二、义 …… (477)
未二、释 …… (477)
巳二、以喻成立依清净地之垢为客 …… (477)
午一、承启 …… (477)
午二、释义 …… (477)
未一、标 …… (477)
申一、喻 …… (477)
申二、义 …… (479)
申三、障之能除 …… (479)
未二、释 …… (479)
卯三、摄义 …… (479)
辰一、承启 …… (479)
辰二、《论》 …… (479)
巳一、能障之喻 …… (479)
巳二、所障之喻 …… (479)
巳三、成立心为自性清净垢为客之义 …… (479)
辰三、《释》 …… (481)
寅二、各别释喻所表义 …… (481)
卯一、界能净之分别 …… (481)
辰一、承启 …… (481)
辰二、广释 …… (481)
巳一、《论》 …… (481)
午一、能障分为九相 …… (481)
午二、以喻示彼 …… (483)
午三、无边差别 …… (483)
巳二、《释》 …… (483)
午一、略标垢为客有 …… (483)
午二、广释各自性 …… (483)

未一、名差别 …………………………………………………………（483）
未二、各别相 …………………………………………………………（483）
申一、释三毒随眠及现行 ……………………………………………（483）
申二、释无明习气地 …………………………………………………（485）
申三、释见所断及修所断 ……………………………………………（487）
酉一、总义 ……………………………………………………………（487）
戌一、二障之相 ………………………………………………………（487）
戌二、认明其事 ………………………………………………………（489）
戌三、见所断与修所断之差别 ………………………………………（489）
戌四、略释断种子之理趣 ……………………………………………（489）
戌五、别释见道智忍 …………………………………………………（493）
酉二、支分义 …………………………………………………………（493）
申四、释依不净地及清净地之垢 ……………………………………（493）
辰三、摄义 ……………………………………………………………（495）
巳一、《论》 …………………………………………………………（495）
巳二、示无边差别 ……………………………………………………（495）
卯二、障何补特伽罗 …………………………………………………（495）
辰一、《论》 …………………………………………………………（495）
辰二、《释》 …………………………………………………………（495）

卷十一

卯三、释界能障之喻义同法 ………………………………………（497）
辰一、总承启 …………………………………………………………（497）
辰二、《论》 …………………………………………………………（497）
巳一、广释 ……………………………………………………………（497）
午一、三毒随眠及猛利现行之同法 …………………………………（497）
午二、无明习气地之同法 ……………………………………………（497）
午三、见所断及修所断之同法 ………………………………………（499）
午四、依不净及清净地障之同法 ……………………………………（499）
巳二、摄义 ……………………………………………………………（499）
卯四、释所障界之喻义同法 ………………………………………（499）
辰一、总标 ……………………………………………………………（499）
巳一、《论》 …………………………………………………………（499）
巳二、《释》 …………………………………………………………（499）

辰二、别释 …………………………………………………………………… (499)
巳一、总合喻义 ……………………………………………………………… (499)
午一、问 …………………………………………………………………… (499)
午二、答 …………………………………………………………………… (499)
未一、《论》 ……………………………………………………………… (499)
未二、《释》 ……………………………………………………………… (501)
巳二、广释同法 ……………………………………………………………… (501)
午一、释法身之同法 ………………………………………………………… (501)
未一、分别 ………………………………………………………………… (501)
申一、问 ………………………………………………………………… (501)
申二、答 ………………………………………………………………… (501)
酉一、《论》 …………………………………………………………… (501)
酉二、《释》 …………………………………………………………… (503)
未二、正释同法 …………………………………………………………… (503)
申一、《论》 …………………………………………………………… (503)
申二、《释》 …………………………………………………………… (505)
酉一、释以三喻所示之文义 ………………………………………… (505)
酉二、法身周遍义配合经教 ………………………………………… (505)
午二、释真如之同法 ………………………………………………………… (505)
未一、《论》 ……………………………………………………………… (505)
未二、《释》 ……………………………………………………………… (505)
申一、文义 ……………………………………………………………… (505)
申二、配合经论 ………………………………………………………… (507)
酉一、《经》 …………………………………………………………… (507)
酉二、《论》 …………………………………………………………… (507)
午三、释种性之同法 ………………………………………………………… (509)
未一、《论》 ……………………………………………………………… (509)
申一、种性体之喻义同法 ……………………………………………… (509)
申二、种性力之喻义同法 ……………………………………………… (509)
酉一、力之差别 ……………………………………………………… (509)
酉二、释喻义同法 …………………………………………………… (511)
未二、《释》 ……………………………………………………………… (511)
申一、有佛种性故说具如来藏 ………………………………………… (511)
申二、配合经教依据 …………………………………………………… (511)

酉一、承启 …………………………………………………………(511)
酉二、引教 …………………………………………………………(511)
酉三、依余经释彼义 ………………………………………………(513)
戌一、释无始时来义 ……………………………………………(513)
戌二、释界义 ……………………………………………………(513)
戌三、释诸法之处义 ……………………………………………(513)
戌四、释生死应理义 ……………………………………………(515)
戌五、释涅槃应理义 ……………………………………………(515)
癸三、释能证界之有境 ……………………………………………(515)
子一、示声闻独觉亦以信心证界 ………………………………(515)
丑一、《释》 …………………………………………………………(515)
寅一、示一切有情有如来藏 ……………………………………(515)
寅二、配合经教 …………………………………………………(515)
寅三、释义 ………………………………………………………(517)
丑二、《论》 …………………………………………………………(517)
子二、示除四类补特伽罗证理趣外别无证者 …………………(517)
丑一、《论》 …………………………………………………………(517)
丑二、《释》 …………………………………………………………(517)
寅一、略标 ………………………………………………………(517)
卯一、文义 ……………………………………………………(517)
卯二、配合经教 ………………………………………………(519)
寅二、广释 ………………………………………………………(519)
卯一、示堕坏聚见者不证 ……………………………………(519)
卯二、示喜颠倒者不证 ………………………………………(521)
辰一、释入颠倒义 …………………………………………(521)
辰二、因此出于证真如之外 ………………………………(521)
辰三、成立彼义 ……………………………………………(521)
巳一、承启 ………………………………………………(521)
巳二、引教 ………………………………………………(523)
午一、喻 ………………………………………………(523)
午二、义 ………………………………………………(523)
卯三、示于空性心散乱者不证 ………………………………(525)
辰一、总标 …………………………………………………(525)
辰二、别释 …………………………………………………(525)

卷十二

癸四、认明界之自性 …………………………………… (527)
子一、问 …………………………………… (527)
子二、答 …………………………………… (527)
丑一、《论》 …………………………………… (527)
寅一、正义 …………………………………… (527)
卯一、基事之真实 …………………………………… (527)
卯二、证彼之见 …………………………………… (529)
卯三、修见之果 …………………………………… (529)
寅二、安立依据 …………………………………… (529)
丑二、认明空性已释其非心散乱者之境 …………………………………… (531)
寅一、释真实义 …………………………………… (531)
卯一、正义 …………………………………… (531)
卯二、配合经教 …………………………………… (533)
辰一、能立义配合经教 …………………………………… (533)
辰二、证道谛之理配合经教 …………………………………… (533)
卯三、摄义 …………………………………… (533)
寅二、示彼非心于空性散乱及喜颠倒者之境 …………………………………… (533)
卯一、非心于空性散乱等者之境 …………………………………… (533)
辰一、正义 …………………………………… (533)
辰二、配合经教 …………………………………… (533)
卯二、彼等之应理 …………………………………… (535)
辰一、示如来藏是法身藏故说非堕坏聚见者之境 ……… (535)
辰二、示是出世间藏故说非喜颠倒者之境 …………… (535)
辰三、示是清净法藏故说非心于空性散乱者之境 ……… (535)
寅三、示乃入十地诸菩萨之所行境 …………………………………… (535)
卯一、正义 …………………………………… (535)
卯二、配合经教 …………………………………… (537)
壬三、示说有情有界之用意 …………………………………… (537)
癸一、诤及摄义之承启 …………………………………… (537)
子一、诤 …………………………………… (537)
子二、摄义 …………………………………… (537)
癸二、总标诤答 …………………………………… (539)

子一、总义 …………………………………………………………………… (539)
丑一、破不应理品 ………………………………………………………… (539)
寅一、或释此文是说界为常事之用乃不堪入耳之言 ………… (539)
寅二、或释此文是说《如来藏经》为不了义之原由然全不相属 …………………………………………………………… (541)
寅三、或释是成立中转法轮为不了义之唯识派然非论义 …… (545)
丑二、善立应理品 ………………………………………………………… (545)
丑三、断诤 ………………………………………………………………… (547)
子二、支分义 ……………………………………………………………… (547)
丑一、诤 …………………………………………………………………… (547)
丑二、答 …………………………………………………………………… (549)
癸三、广释 ………………………………………………………………… (549)
子一、承启 ………………………………………………………………… (549)
子二、《论》 ……………………………………………………………… (551)
丑一、释前后不相违之义 ……………………………………………… (551)
丑二、释说有界之用 …………………………………………………… (553)
寅一、略标 ……………………………………………………………… (553)
寅二、广释 ……………………………………………………………… (553)
卯一、各别释 ………………………………………………………… (553)
辰一、发最上菩提心之障 ………………………………………… (553)
辰二、修行之障 …………………………………………………… (553)
辰三、行之差别通达真实义之障 ………………………………… (555)
巳一、未如是通达则陷入过失 ………………………………… (555)
巳二、通达方便 ………………………………………………… (555)
辰四、生起发心因慈悲之障 ……………………………………… (555)
巳一、逆说 ……………………………………………………… (555)
巳二、顺说 ……………………………………………………… (555)
卯二、结示离五过失之利益 ………………………………………… (555)
辛三、示品名 ……………………………………………………………… (557)

卷十三

庚二、释菩提等三 ………………………………………………………… (559)
辛一、释具二清净之菩提 ……………………………………………… (559)
壬一、承启 ……………………………………………………………… (559)

壬二、释义 …………………………………………………………（559）
癸一、略标 …………………………………………………………（559）
子一、由八义之门分别 ……………………………………………（559）
丑一、问 …………………………………………………………（559）
丑二、答 …………………………………………………………（559）
寅一、《论》……………………………………………………（559）
寅二、《释》……………………………………………………（561）
卯一、名之差别 …………………………………………………（561）
卯二、别释各义 …………………………………………………（561）
子二、摄颂 …………………………………………………………（561）
癸二、广释 …………………………………………………………（563）
子一、释体性及因义 ………………………………………………（563）
丑一、承启 …………………………………………………………（563）
丑二、标 …………………………………………………………（563）
寅一、菩提体性 …………………………………………………（563）
卯一、释自性清净 ………………………………………………（563）
卯二、释客尘清净 ………………………………………………（563）
辰一、智 …………………………………………………………（563）
辰二、断 …………………………………………………………（563）
辰三、依彼之功德 ………………………………………………（563）
寅二、能得彼之因 ………………………………………………（563）
丑三、释 …………………………………………………………（563）
寅一、承启 …………………………………………………………（563）
寅二、《论》……………………………………………………（565）
卯一、体性义 ……………………………………………………（565）
辰一、总标 ………………………………………………………（565）
辰二、别释 ………………………………………………………（565）
巳一、断证功德 …………………………………………………（565）
巳二、认明所断 …………………………………………………（565）
卯二、能得彼之因 ………………………………………………（565）
寅三、《释》……………………………………………………（565）
子二、释果义 ………………………………………………………（567）
丑一、承启 …………………………………………………………（567）
丑二、标 …………………………………………………………（567）

寅一、释串习现证真实之等引智果远离烦恼障 …………………… (567)
寅二、释串习后得福德资粮之果具三差别且断所知障之色身功德 …………………………………………………………………… (567)
丑三、释 ……………………………………………………………………… (567)
寅一、承启 …………………………………………………………………… (567)
寅二、《论》 ………………………………………………………………… (569)
卯一、总说二智慧力趣入之境 ………………………………………… (569)
卯二、释等引果喻义同法 ……………………………………………… (569)
卯三、释后得果喻义同法 ……………………………………………… (569)
子三、释用义 ……………………………………………………………… (571)
丑一、释用之能成二利圆满 ……………………………………………… (571)
丑二、用之体性 …………………………………………………………… (571)
寅一、承启 …………………………………………………………………… (571)
寅二、标 ……………………………………………………………………… (571)
卯一、释自利法身 ………………………………………………………… (571)
卯二、释利他色身 ………………………………………………………… (571)
寅三、释 ……………………………………………………………………… (573)
卯一、承启 ………………………………………………………………… (573)
卯二、《论》 ……………………………………………………………… (573)
辰一、认明二智力趣入之境 …………………………………………… (573)
辰二、释法身 …………………………………………………………… (573)
巳一、总标 ……………………………………………………………… (573)
巳二、别释 ……………………………………………………………… (575)
午一、释断证 ………………………………………………………… (575)
午二、释依彼之功德 ………………………………………………… (575)
辰三、释色身 …………………………………………………………… (575)
巳一、标 ………………………………………………………………… (575)
巳二、彼之能立 ………………………………………………………… (575)
午一、喻 ……………………………………………………………… (575)
午二、义 ……………………………………………………………… (575)
子四、释相应义 …………………………………………………………… (577)
丑一、破惟具足世俗功德 ………………………………………………… (577)
丑二、立与胜义功德相应 ………………………………………………… (577)
寅一、承启 …………………………………………………………………… (577)

寅二、标 …… (577)
寅三、释 …… (577)
卯一、承启 …… (577)
卯二、《论》 …… (579)
辰一、认明功德所依 …… (579)
辰二、释功德 …… (579)
巳一、以断而分之功德 …… (579)
午一、深差别 …… (579)
未一、说一切时现证惟佛一人之差别 …… (579)
未二、他人不能如是证 …… (579)
午二、常差别 …… (579)
午三、乐差别 …… (581)
午四、智差别 …… (581)
午五、断差别 …… (581)
巳二、本性住功德 …… (581)
子五、释转之差别 …… (581)
丑一、总承启 …… (581)
丑二、释各别义 …… (581)
寅一、三身转之差别 …… (581)
卯一、承启 …… (581)
卯二、释义 …… (583)
辰一、略标 …… (583)
巳一、总义 …… (583)
午一、成果之时限 …… (583)
午二、认明三身体性 …… (585)
午三、除此中邪分别 …… (587)

卷十四

巳二、支分义 …… (591)
午一、法身 …… (591)
未一、示具五相 …… (591)
未二、示具五德 …… (591)
午二、受用圆满身 …… (593)
午三、化身 …… (593)

辰二、广释 …………………………………………………………… (593)
巳一、承启 ………………………………………………………… (593)
巳二、《论》 ……………………………………………………… (593)
午一、总分别 …………………………………………………… (593)
未一、释分别所依 …………………………………………… (593)
未二、分别之因 ……………………………………………… (593)
未三、分别之义 ……………………………………………… (595)
午二、广释各别自性 …………………………………………… (595)
未一、自性身 ………………………………………………… (595)
申一、相与功德数量 ……………………………………… (595)
申二、彼等各别释 ………………………………………… (595)
酉一、释五相 …………………………………………… (595)
酉二、释五德 …………………………………………… (595)
申三、分五德之因 ………………………………………… (597)
未二、圆满受用身 …………………………………………… (597)
申一、各别释 ……………………………………………… (597)
酉一、相好庄严身、说法语同类相续不断 …………… (597)
酉二、事业不断、彼三无功用转 ……………………… (597)
酉三、示现种种非一然无自性 ………………………… (597)
申二、略说 ………………………………………………… (599)
酉一、正说 ……………………………………………… (599)
酉二、以喻成立现为种种 ……………………………… (599)
未三、化身 …………………………………………………… (599)
申一、殊胜化身之自性 …………………………………… (599)
申二、以十二事业饶益之理趣 …………………………… (599)
申三、示引导化机之次第 ………………………………… (601)
辰三、摄义 ……………………………………………………… (607)
寅二、常之差别 ……………………………………………………… (607)
卯一、承启 ………………………………………………………… (607)
卯二、释义 ………………………………………………………… (607)
辰一、标 ………………………………………………………… (607)
巳一、色身常之七因 ………………………………………… (607)
巳二、法身常之三因 ………………………………………… (609)
辰二、释 ………………………………………………………… (609)

巳一、承启 …………………………………………… (609)
巳二、《论》……………………………………………… (609)
午一、各别释 ………………………………………… (609)
未一、色身常之七因 ……………………………… (609)
申一、摄受世间之因 …………………………… (609)
申二、不舍弃之因 ……………………………… (609)
未二、法身常之三因 ……………………………… (611)
午二、摄义 …………………………………………… (611)
寅三、不可思议之差别 …………………………………… (611)
卯一、承启 ………………………………………………… (611)
卯二、标 …………………………………………………… (611)
卯三、释 …………………………………………………… (613)
辰一、承启 ………………………………………………… (613)
辰二、《论》……………………………………………… (613)
巳一、各别释不可思议之义 ……………………… (613)
巳二、摄入彼二身中而释 ………………………… (613)
巳三、摄义 …………………………………………… (613)
壬三、示品名 ………………………………………………… (615)

卷十五

辛二、释依菩提之功德 ……………………………………………… (617)
壬一、承启 …………………………………………………………… (617)
癸一、已说之承启 ……………………………………………… (617)
癸二、将说之承启 ……………………………………………… (617)
壬二、释义 …………………………………………………………… (617)
癸一、略标 ……………………………………………………… (617)
子一、由能依门略标 ……………………………………… (617)
子二、由所依门略标 ……………………………………… (617)
癸二、由喻门广释 ……………………………………………… (619)
子一、承启 ………………………………………………… (619)
子二、释义 ………………………………………………… (619)
丑一、正义 ……………………………………………… (619)
寅一、由嗢柁南之门总说 ………………………… (619)
寅二、广释各别义 ………………………………… (619)

卯一、释离系功德 …………………………………………………… (619)
辰一、释十力 …………………………………………………… (619)
巳一、承启 …………………………………………………… (619)
巳二、《论》 …………………………………………………… (619)
午一、分别 …………………………………………………… (619)
午二、释喻及同法 …………………………………………… (621)
辰二、释四无畏 ………………………………………………… (623)
巳一、承启 …………………………………………………… (623)
巳二、正义 …………………………………………………… (623)
巳三、喻义配合 ……………………………………………… (625)
辰三、释十八佛不共法 ………………………………………… (625)
巳一、承启 …………………………………………………… (625)
巳二、释义 …………………………………………………… (625)
午一、标 ……………………………………………………… (625)
未一、认明体性 ……………………………………………… (625)
未二、说是惟佛之别法 ……………………………………… (627)
午二、释 ……………………………………………………… (627)
午三、配喻 …………………………………………………… (629)
卯二、释异熟功德 ……………………………………………… (629)
辰一、承启 …………………………………………………… (629)
辰二、释义 …………………………………………………… (629)
巳一、广释 …………………………………………………… (629)
巳二、摄义 …………………………………………………… (633)
巳三、喻义结合 ……………………………………………… (633)
卯三、由数量门摄义 …………………………………………… (633)
丑二、配合经教依据 …………………………………………… (633)
寅一、已说之承启 …………………………………………… (633)
寅二、《论》 …………………………………………………… (635)
寅三、《释》 …………………………………………………… (635)
癸三、摄喻所说义 ……………………………………………… (635)
子一、承启 …………………………………………………… (635)
子二、《论》 …………………………………………………… (635)
丑一、略标 …………………………………………………… (635)
丑二、各别释同法 …………………………………………… (635)

寅一、释离系功德同法 ……………………………………………… (635)
卯一、广释 ……………………………………………………………… (635)
辰一、力之同法 …………………………………………………… (635)
巳一、力之差别 ………………………………………………… (635)
巳二、释不坏之义 ……………………………………………… (637)
午一、标 ……………………………………………………… (637)
午二、释 ……………………………………………………… (637)
辰二、无畏之同法 ………………………………………………… (637)
巳一、标 ………………………………………………………… (637)
巳二、释 ………………………………………………………… (637)
辰三、不共法之同法 ……………………………………………… (637)
卯二、摄义 ……………………………………………………………… (637)
寅二、释异熟功德同法 …………………………………………… (639)
卯一、释功德及所依 …………………………………………… (639)
卯二、释喻义同法 ……………………………………………… (639)
壬三、示品名 ………………………………………………………………… (639)

卷十六

辛三、释依功德之事业 ……………………………………………………… (641)
壬一、承启 ………………………………………………………………… (641)
癸一、已说之承启 ……………………………………………………… (641)
癸二、将说之承启 ……………………………………………………… (641)
壬二、释义 ………………………………………………………………… (641)
癸一、略标 ………………………………………………………………… (641)
子一、示无功用义 ……………………………………………………… (641)
子二、示相续不断义 …………………………………………………… (641)
丑一、摄义 ……………………………………………………………… (641)
寅一、广释 …………………………………………………………… (641)
卯一、六喻 ………………………………………………………… (641)
卯二、六义 ………………………………………………………… (643)
卯三、六喻义同法 ………………………………………………… (643)
寅二、摄本段义 ……………………………………………………… (643)
丑二、文义 ……………………………………………………………… (643)
癸二、广释 ………………………………………………………………… (645)

子一、承启 …………………………………………………………（645）
子二、释义 …………………………………………………………（645）
丑一、释事业无功用 ………………………………………………（645）
寅一、总释 …………………………………………………………（645）
寅二、别释 …………………………………………………………（645）
丑二、释相续不断 …………………………………………………（645）
寅一、标 ……………………………………………………………（645）
寅二、释 ……………………………………………………………（645）
卯一、认明六义 ……………………………………………………（645）
卯二、安置六喻义 …………………………………………………（647）
卯三、释喻义同法 …………………………………………………（647）
寅三、总摄义 ………………………………………………………（647）
癸三、以喻成立如是趣入事业理趣 ………………………………（647）
子一、承启 …………………………………………………………（647）
子二、释义 …………………………………………………………（649）
丑一、略标 …………………………………………………………（649）
寅一、《论》 ………………………………………………………（649）
寅二、明下当广释 …………………………………………………（649）
丑二、广释 …………………………………………………………（649）
寅一、喻义广分别 …………………………………………………（649）
卯一、以喻表示身语意三体性 ……………………………………（649）
辰一、以帝释形喻示身 ……………………………………………（649）
巳一、以喻示无分别 ………………………………………………（649）
午一、喻 ……………………………………………………………（649）
未一、净地基上显影之理趣 ………………………………………（649）
未二、以彼显现之缘令诸人修善 …………………………………（651）
未三、不知真实然生天中 …………………………………………（651）
未四、彼显现虽无分别然与作饶益因不相违 ……………………（651）
午二、义 ……………………………………………………………（651）
未一、心净故佛形显现 ……………………………………………（651）
未二、彼显现有现前及究竟利益 …………………………………（651）
未三、彼显现虽无分别然与饶益不相违 …………………………（653）
未四、彼所化虽不知彼真实然有大果 ……………………………（653）
申一、因差别 ………………………………………………………（653）

申二、果差别 …………………………………………………… (653)
巳二、以喻示无颠倒之生灭 ……………………………………… (655)
午一、标 ……………………………………………………… (655)
未一、喻 …………………………………………………… (655)
申一、虽非如显现而有然现似有生灭 ……………………… (655)
申二、说彼显现为所求果因 ………………………………… (655)
未二、义 …………………………………………………… (655)
午二、释 ……………………………………………………… (655)
未一、显现生之喻义 ……………………………………… (655)
未二、显现灭之喻义 ……………………………………… (657)
辰二、以天鼓喻示语 ……………………………………………… (657)
巳一、饶益所化之差别 ………………………………………… (657)
午一、任持不放逸 …………………………………………… (657)
未一、略标 ………………………………………………… (657)
申一、喻 ………………………………………………… (657)
申二、义 ………………………………………………… (657)
未二、广释 ………………………………………………… (659)
申一、声因差别之喻义 …………………………………… (659)
申二、果差别之喻义 ……………………………………… (659)
午二、救护损害 ……………………………………………… (659)
未一、喻 …………………………………………………… (659)
未二、义 …………………………………………………… (659)
巳二、佛语之殊胜法 …………………………………………… (659)
午一、余天乐不可为喻之原由 ……………………………… (659)
未一、问 …………………………………………………… (659)
未二、答 …………………………………………………… (661)
午二、以天鼓为喻之原由 …………………………………… (661)
午三、佛音超胜他乐之原由 ………………………………… (661)
未一、略标 ………………………………………………… (661)
申一、承启 ……………………………………………… (661)
申二、《论》 ……………………………………………… (661)
未二、广释 ………………………………………………… (661)
申一、承启 ……………………………………………… (661)
申二、《论》 ……………………………………………… (661)

酉一、广释 ……………………………………………………………… (661)
酉二、摄义 ……………………………………………………………… (663)
申三、《释》 ……………………………………………………………… (663)
巳三、少分所化不闻佛语乃所化之过非佛语过 ………………………… (663)
午一、承启 ……………………………………………………………… (663)
午二、《论》 ……………………………………………………………… (663)

卷十七

辰三、以云喻示意 ……………………………………………………………… (665)
巳一、承启 ……………………………………………………………… (665)
巳二、释义 ……………………………………………………………… (665)
午一、以云喻释成熟所化之因 ………………………………………… (665)
未一、标 ……………………………………………………………… (665)
申一、喻 ……………………………………………………………… (665)
申二、义 ……………………………………………………………… (665)
未二、释 ……………………………………………………………… (665)
申一、喻 ……………………………………………………………… (665)
申二、义 ……………………………………………………………… (665)
申三、释彼义 ……………………………………………………………… (665)
午二、以云喻释器不同差别令味有异 ………………………………… (667)
未一、承启 ……………………………………………………………… (667)
未二、释义 ……………………………………………………………… (667)
申一、喻 ……………………………………………………………… (667)
申二、义 ……………………………………………………………… (667)
午三、以云喻释无利损分别而趣入 ………………………………… (667)
未一、承启 ……………………………………………………………… (667)
未二、《论》 ……………………………………………………………… (667)
申一、器差别配喻 ……………………………………………………… (667)
申二、广释同法 ……………………………………………………… (667)
酉一、瞋喜配喻 ……………………………………………………… (667)
酉二、无损益分别配喻 ………………………………………………… (669)
午四、以云喻释能灭苦火 ……………………………………………… (669)
未一、承启 ……………………………………………………………… (669)
未二、释义 ……………………………………………………………… (669)

申一、悲心所缘苦之差别 …… (669)
酉一、生死所依 …… (669)
酉二、生死过患 …… (669)
申二、息苦方便之差别 …… (669)
酉一、宣说正法 …… (669)
酉二、依此晓了生死过患 …… (671)
酉三、为得解脱故当串习四谛真实 …… (671)
卯二、以喻表示三事业 …… (671)
辰一、以梵天变化表示身语事业 …… (671)
巳一、承启 …… (671)
巳二、释义 …… (673)
午一、身语事业无功用转之喻义 …… (673)
未一、相续清净所化中事业趣入之喻义 …… (673)
申一、喻 …… (673)
申二、义 …… (673)
未二、较其下劣者之喻义 …… (673)
申一、喻 …… (673)
申二、义 …… (673)
未三、事业趣入之因 …… (673)
午二、一类所化心中暂不现之理趣 …… (675)
辰二、以日喻表示意事业 …… (675)
巳一、承启 …… (675)
巳二、释义 …… (675)
午一、标 …… (675)
午二、释 …… (675)
未一、日与喻义结合 …… (675)
申一、无分别趣入之喻义 …… (675)
酉一、承启 …… (675)
酉二、《论》 …… (675)
戌一、喻 …… (675)
戌二、义 …… (675)
申二、释放光除闇之理趣 …… (677)
酉一、正义 …… (677)
酉二、随行诸器 …… (677)

申三、渐次临器之喻义 …………………………………… (677)
酉一、承启 ………………………………………………… (677)
酉二、《论》 ………………………………………………… (677)
戌一、略标 ……………………………………………… (677)
戌二、广释 ……………………………………………… (677)
未二、较日殊胜 …………………………………………… (677)
申一、承启 ………………………………………………… (677)
申二、《论》 ………………………………………………… (679)
卯三、以喻表示三秘密处 ……………………………………… (679)
辰一、以如意宝喻释意秘密 ………………………………… (679)
巳一、承启 ……………………………………………………… (679)
巳二、释义 ……………………………………………………… (679)
午一、无分别中成办一切义 ……………………………… (679)
未一、标 ……………………………………………………… (679)
申一、喻 …………………………………………………… (679)
申二、义 …………………………………………………… (681)
未二、释 ……………………………………………………… (681)
午二、以喻释难得 ………………………………………… (681)
未一、承启 …………………………………………………… (681)
未二、《论》 …………………………………………………… (681)
辰二、以回响喻语秘密 ………………………………………… (681)
巳一、承启 ……………………………………………………… (681)
巳二、《论》 ……………………………………………………… (681)
辰三、以虚空喻释身秘密 ……………………………………… (683)
巳一、承启 ……………………………………………………… (683)
巳二、《论》 ……………………………………………………… (683)
卯四、以喻表示彼一切之所依 ………………………………… (683)
辰一、承启 ……………………………………………………… (683)
辰二、《论》 ……………………………………………………… (683)
寅二、释诸喻摄义喻之需要 ……………………………………… (683)
卯一、承启 ………………………………………………………… (683)
卯二、释义 ………………………………………………………… (685)
辰一、正义 ……………………………………………………… (685)
辰二、彼之证成 ………………………………………………… (685)

巳一、标 ……………………………………………… (685)
巳二、释 ……………………………………………… (685)
寅三、释喻所表摄义 ………………………………… (685)
卯一、正义 …………………………………………… (685)
辰一、略标正说之义 ………………………………… (685)
巳一、标 ……………………………………………… (685)
巳二、释 ……………………………………………… (687)
辰二、释旁说之义 …………………………………… (687)
巳一、标 ……………………………………………… (687)
巳二、释 ……………………………………………… (687)
巳三、大师离生死且事业无功用转 ………………… (687)
辰三、广释正说之义 ………………………………… (687)
巳一、承启 …………………………………………… (687)
巳二、《论》 ………………………………………… (689)
午一、总标 …………………………………………… (689)
午二、释 ……………………………………………… (689)
卯二、释喻义同法 …………………………………… (689)
辰一、问 ……………………………………………… (689)
辰二、答 ……………………………………………… (691)
巳一、释无生灭之同法 ……………………………… (691)
巳二、释无分别之同法 ……………………………… (691)
丑三、释喻次第 ……………………………………… (691)
寅一、略标 …………………………………………… (691)
寅二、广释 …………………………………………… (693)
寅三、成立转依究竟之智是一切功德所依 ………… (695)
壬三、示品名 ………………………………………… (695)

卷十八

丁二、释胜解所证七种义之胜利 …………………… (697)
戊一、释品义 ………………………………………… (697)
己一、正义 …………………………………………… (697)
庚一、承启 …………………………………………… (697)
庚二、略标 …………………………………………… (697)
辛一、总标胜解四处之胜利 ………………………… (697)

壬一、示四处无余皆佛一尊之所行境 …………………………………… (697)
壬二、胜解之胜利 ………………………………………………………… (697)
辛二、别释 ………………………………………………………………… (699)
壬一、较施所生福殊胜 …………………………………………………… (699)
壬二、较戒所生福殊胜 …………………………………………………… (699)
壬三、较余修所生福殊胜 ………………………………………………… (699)
辛三、胜解四处较三事所摄善殊胜之依据 ……………………………… (701)
庚三、广释 ………………………………………………………………… (701)
辛一、承启 ………………………………………………………………… (701)
辛二、《论》 ……………………………………………………………… (701)
壬一、总标赞叹听闻胜解四处 …………………………………………… (701)
癸一、认明胜解境 ………………………………………………………… (701)
癸二、胜解故当得究竟三宝 ……………………………………………… (701)
壬二、别释 ………………………………………………………………… (703)
癸一、赞是意乐圆满发心之因 …………………………………………… (703)
癸二、赞是加行圆满六波罗蜜多之因 …………………………………… (703)
癸三、认明二资粮体性 …………………………………………………… (705)
子一、正义 ………………………………………………………………… (705)
子二、无初五波罗蜜不摄入三事所摄善之过 …………………………… (705)
壬三、闻已胜解为上 ……………………………………………………… (705)
癸一、认明二障 …………………………………………………………… (705)
癸二、是引出彼对治之根本故成立是最上因 …………………………… (705)
己二、示释究竟 …………………………………………………………… (707)
庚一、广释 ………………………………………………………………… (707)
辛一、说正法之理趣 ……………………………………………………… (707)
壬一、依何者何故而造 …………………………………………………… (707)
癸一、依何而造 …………………………………………………………… (707)
癸二、何故而造 …………………………………………………………… (707)
壬二、释自性为何 ………………………………………………………… (707)
癸一、释能说论之自性如何 ……………………………………………… (707)
癸二、认明所说圣言之体性 ……………………………………………… (709)
壬三、教诫恭敬等流果 …………………………………………………… (709)
辛二、教诫慎于谤法障 …………………………………………………… (709)
壬一、教诫勤于不谤正法之方便 ………………………………………… (709)

癸一、教诫敬法不妄为 ………………………… (709)
子一、不应妄为 ………………………………… (709)
子二、妄为过患 ………………………………… (711)
癸二、教诫不堕贪瞋党类 ……………………… (711)
子一、堕党类之过患 …………………………… (711)
子二、遮彼方便 ………………………………… (711)
壬二、教诫当断谤正法之因 …………………… (713)
壬三、释谤法过患 ……………………………… (713)
癸一、谤正法故堕恶趣 ………………………… (713)
癸二、不能解脱生死 …………………………… (715)
辛三、造论善回向菩提 ………………………… (715)
庚二、摄义 ……………………………………… (715)
辛一、承启 ……………………………………… (715)
辛二、《论》 …………………………………… (717)
戊二、释品名 …………………………………… (717)
乙二、释竟支分（缺文） ……………………… (719)
甲四、结义 ……………………………………… (719)
乙一、造释回向 ………………………………… (719)
乙二、何人造论 ………………………………… (719)
乙三、何人翻译 ………………………………… (719)

(1a) ༄༅། །ཐེག་པ་ཆེན་པོ་རྒྱུད་བླ་མའི་ཊཱི་ཀཱ་བཞུགས་སོ། །
(1b) ཐུབ་པའི་གསུང་རབ་རིན་ཆེན་སྒྲོན། །བསྒྲིགས་བཅད་བདར་བའི་གསེར་བཞིན་དུ། །
དྲི་མེད་རིགས་པས་གསལ་མཛད་པ། །རྗེ་བཙུན་བླ་མ་རྣམས་ལ་འདུད། །

གསུང་རབ་དགོངས་པ་འགྲེལ་པའི་སྐྱེས་བུ་མཆོག །བློ་གྲོས་སྟོབས་ཀྱིས་ཉེས་ཀུན་དྲུངས་ཕྱུང་ནས། །
བཟང་པོའི་ སྤངས་ རྟོགས་ ཡོན་ ཏན་ རབ་ རྫོགས་ ཤིང་། །གྲགས་ པའི་ འོད་ ཟེར་ ས་ གསུམ་ ལྷམ་ མེར་
གསལ། །

ཐུགས་ རྗེའི་ དཔལ་ གྱིས་ འགྲོ་ ཀུན་ བུ་ བཞིན་ གཟིགས། །བཤེས་ གཉེན་ བཟང་ པོའི་ ཞབས་ ལ་ སྤྱི་ བོས་
འདུད། །
ལྷ་མིའི་འདྲེན་མཆོག་ཐུབ་པའི་དབང་པོ་ཡི། །རྒྱལ་ཚབ་དབང་བསྐུར་རྒྱལ་སྲས་མི་ཕམ་དང་། །

རྒྱལ་བ་ཀུན་གྱི་མཁྱེན་རབ་གཅིག་བསྡུས་པ། །རྒྱལ་སྲས་འཇམ་པའི་དབྱངས་ལ་ཕྱག་འཚལ་ལོ། །
དྲང་བ་དང་ནི་ངེས་པའི་དོན་གྱི་མདོ་སྡེ་ཡི། །དགོངས་པ་རྫོགས་པར་འགྲོལ་བར་རྒྱལ་བས་ལུང་བསྟན་
པ། །

(2a) ཐོགས་མེད་ཅེས་ནི་ས་གསུམ་འདི་ན་རབ་གྲ་གས་པས། །གཞུང་མཆོག་ཆོག་དོན་ཤིན་ཏུ་གསལ་
བར་རྣམ་ཕྱེ་ཡང་། །
རང་གཞན་གྲུབ་མཐའ་འབྱེད་པའི་མཐུ་མེད་པར། །གཟུ་ལུམས་རང་དགར་འཇུག་པའི་སྤྱི་རྫོལ་གྱིས། །

གཞན་སྟེའི་ལུགས་ལ་ཐུབ་པའི་དགོངས་པ་ཞེས། །ཤིང་རྟ་ཆེན་པོའི་ལུགས་འདི་ཉམས་པར་བྱས། །
གསུང་རབ་དགོངས་པ་ཤིན་ཏུ་རྟོགས་པར་དཀའ། །དམ་ཆོས་ལོག་པར་འཆད་པའི་ཉེས་པ་ལྷི། །

བཤེས་གཉེན་བཟང་པོའང་རྙེད་པར་རབ་དཀའ་ན། །དཔྱོད་ལྡན་རྣམས་ཀྱིས་རྟག་ཏུ་བག་ཡོད་ཐོས། །
ཕྱལ་དུ་བྱུང་བའི་དམ་ཆོས་བདུད་རྩིའི་རོ། །གང་ཞིག་མྱངས་པས་འཆི་མེད་གནས་སྟེར་བ། །

འཁོར་ལོ་བར་མཐའི་གསུང་གི་གཅེས་པའི་དོན། །རྗེ་བཙུན་བླ་མའི་གསུང་བཞིན་བཤད་པར་བྱ། །

大乘上续论释大疏卷一

[序品]

能仁佛语大宝灯，如炼截磨之纯金，
以无垢理令显明，至尊师长众前礼。
阐明佛语意大士，慧力根除诸过失，
贤者断证德圆满，名称光耀照三地[①]，
悲视众生如爱子，贤师足下我顶礼[②]。
人天大师能仁王，补处佛子不败尊，
诸佛智慧合一体，佛子妙音我敬礼。
佛陀授记能开解，了不了义经密意，
名闻三地号无著，明释妙典之文义。
然有难分自他宗，恣意杜撰厚颜者，
以外道教为佛意，坏此大车之宗规。
佛语密意极难晓，倒说正法过失重，
妙善知识复难得，诸具观察恒应慎！
稀有妙法甘露味，尝者得赐无死处，
中末二轮教[③]珍义，如尊师语此当释。

① 三地：指地上、地面、地下。

② 此颂嵌入宗喀巴大师名号：洛（汉译为慧，下同）桑（贤）札巴（名称）。

③ 此指中转法轮之“般若”教、末转法轮之“如来藏”教，与《解深密经》中所言不同，详见本书卷一、十一、十二以及“导读”。

དེ་ལ་འདིར་འོ་སྐོལ་གྱིས་ཤིན་ཏུ་རྙེད་པར་དཀའ་བ་དང་། རྙེད་ན་དོན་ཤིན (2b) ཏུ་ཆེ་བའི་དལ་འབྱོར་ཐོབ་པའི་དུས་འདིར་འཇིག་རྟེན་པའི་རྒྱན་པོ་རྣམས་ཀྱི་ལུགས་ལས་ཁྱད་ཞུགས་པའི་འཇིག་རྟེན་ཕྱི་མ་ཕན་ཆད་ཀྱི་གནས་སྐབས་དང་མཐར་ཐུག་གི་སྐྱེས་བུའི་མངོན་པར་འདོད་པའི་དོན་གྱི་གཞི་ལེགས་པར་མ་ཚུགས་པར་ཚེ་འདི་ཙམ་གྱི་རྙེད་པ་དང་བཀུར་སྟི་སོགས་ཀྱི་ཆེད་དུ་འབད་པ་ནི་འབྲས་བུ་མེད་པའི་སྤྲུན་པ་འཕྱར་བ་དང་འདྲ་ཞིང་། ངན་འགྲོའི་ཀུན་སྤྱོད་ལས་མ་འདས་པར་ཤེས་པར་བྱས་ལ་དལ་འབྱོར་ལ་སྙིང་པོ་ལེགས་པར་ལེན་པ་ལ་འབད་པར་བྱའོ། །དེ་ལ་དུས་གསུམ་གྱི་འཕགས་པ་རྣམས་གཤེགས་ཤིང་རྗེས་སུ་གཤེགས་པར་འགྱུར་བའི་ལམ་འབྲས་བུ་དང་བཅས་པ་ཚད་མར་གྱུར་པའི་སྐྱེས་བུ་རྣམས་ཀྱིས་ལུང་དང་རིགས་པའི་ཚོགས་རྒྱ་ཆེན་པོས་གཏན་ལ་ཕབ་པའི་ལུགས་ཀྱི་རྗེས་སུ་ཞུགས་ནས་དེ་དག་གི་དོན་ཡིད་དུ་ཆུད་པར་བྱས་ཏེ། བསླབ་པ་རིན་པོ་ཆེ་རྣམ་པ་གསུམ་གྱི་སྒོ་ནས་ཚུལ་བཞིན་དུ་ཉམས་སུ་ལེན་པ་ལས་རྒྱལ་བ་དགྱེས་པའི་ཐབས་མཆོག་ཏུ་གྱུར་པ་གཞན་མེད་པར་ཤེས་པར་བྱས་ནས། དེ་ཡང་སློབ་དཔོན་འཕགས་པ་ཐོགས་མེད་ཅེས་བྱ་བ་སྟོན་རྒྱལ་བ་དུ་མ་ལ་ལྷག་པར་བྱ་བ་བྱས་ཤིང་། དགེ་བའི་རྩ་བ་རྒྱ་ཆེན་པོ (3a) བསྐྱེད་པ། ད་ལྟར་ཡང་སངས་རྒྱས་དང་བྱང་ཆུབ་སེམས་དཔའི་མགོན་གྱིས་ཡོངས་སུ་བཟུང་བ་བློ་གྲོས་ཀྱི་མཐུ་གཞན་ལས་ཁྱད་ཞུགས་པ། ཐུབ་པ་སངས་རྒྱས་བཅོམ་ལྡན་འདས་ཀྱི་བསྟན་པའི་ཁུར་བཞེས་པའི་སྨོན་ལམ་ལེགས་པར་གྲུབ་ཅིང་། ངང་ངེས་ཀྱི་མདོ་སྡེའི་དགོངས་པ་རྫོགས་པར་འགྲེལ་པར་ལུང་བསྟན་པ་དེས། ཕྱི་རབས་ཀྱི་གདུལ་བྱ་རྣམས་ཀྱིས་ཐེག་པ་ཆེན་པོའི་སྡེ་སྣོད་རྒྱ་མཚོ་ལྟ་བུ་བལྟ་བ་ལ་མགྲོན་པོ་འབྱུགས་བསྐྱེད་པ་བཞིན་དུ་གྱུར་ཏེ། ཆོག་སྟ་ཕྱིའི་འབྲེལ་ཡང་ཡིད་དུ་ཆུད་པར་དཀའ་ན་དོན་མཆོག་ཏུ་ཟབ་པ་ལྟ་ཅི་སྨོས་པར་གཟིགས་ཤིང་། རང་ཉིད་ཀྱང་དེ་བཞིན་གཤེགས་པའི་གསང་བའི་གནས་ཐམས་ཅད་ལ་སྐྱོག་ཏུ་གྱུར་པར་མཁྱེན་ནས་ཐུབ་པའི་གསུང་གིས་གསང་བ་ཐམས་ཅད་ལ་སྐྱོག་ཏུ་མ་གྱུར་པའི་སྤྱན་མངའ་བ་རྒྱལ་ཚབ་དམ་པ་དེ་མཉེས་པར་བྱས་ན་ཅི་འདོད་པའི་དོན་འགྲུབ་པོ་སྙམ་དུ་དགོངས་ནས་བསྒྲུབ་པ་ལ་ཞུགས་པས་ཞལ་མངོན་སུམ་དུ་གཟིགས་ཏེ། བཅོམ་ལྡན་འདས་ཀྱི་རྫུ་འཕྲུལ་ལ་བརྟེན་ནས་དགའ་ལྡན་དུ་བྱོན་ཏེ་ཆོས་གསན་པས་གསུང་རབ་མཐའ་དག་གི་དགོངས་པ་ཡོངས་སུ་རྫོགས་པར་རྟོགས (3b) པར་གྱུར་ཏེ། འཛམ་བུ་གླིང་པའི་ཕྱི་རབས་ཀྱི་གདུལ་བྱ་རྣམས་རྗེས་སུ་བཟུང་བའི་ཆེད་དུ་དམ་པའི་ཆོས་ཀྱི་སྐྱེས་ཀྱང་གནང་སྟེ། དེ་ཡང་རྣམ་འབྱེད་རྣམ་པ་གཉིས་དང་། རྒྱན་རྣམ་པ་གཉིས་དང་། ཐེག་པ་ཆེན་པོ་རྒྱུད་བླ་མའི་བསྟན་བཅོས་ཏེ་བསྟན་བཅོས་ཆེན་པོ་ལྔའོ། །

我等所获之暇满至极难得，具大利益，此时若不建立胜过世间耆宿法则、后世以上现前与究竟士夫所欲事之根基，但求现世利敬等，应知彼等如无坚实之扬糠，行为未逾傍生之所行，故当于暇满善取心要。

若随行诸量士夫之规，以广大教理聚抉择三世圣者所履、将履之道及果而能信受，则知除由大宝三学之门如理修习之外，别无胜方便令佛欢喜。

圣无著论师者，过去已于多佛前修习、生植广大善根，现在亦为诸佛菩萨依怙摄受，慧力卓绝，已善成就荷负能仁佛世尊教担之愿，复得授记圆满开解了不了义经密意。论师见后世诸所化，观如海大乘藏如失途旅人，前后词句之相属亦难晓了，遑论甚深义。知一切如来秘密处于自仍为不现事，而念："最上补处①具现见能仁一切语秘密之眼，若承悦此尊则所愿皆成矣。"修已亲睹圣颜，依世尊神力而至睹史多天闻法，圆满通达一切佛语密意。为摄受瞻部洲后代诸所化故，（弥勒菩萨）赐赠正法礼，大论计有五部："二辨"、"二庄严"② 以及《大乘上续论》。

---

① 即弥勒，汉译为"慈氏"。据班钦·索南札巴《大乘上续论释释难·要义月光》（以下简称《释难》），现在之弥勒菩萨，过去称"弥勒苾刍"，未来号"弥勒佛"。《班钦·索南札巴文集》卷五，Karnataka：DrepungLoseling，1992，页372。参见雍增·耶协坚赞《菩提道次第师师相承传》，郭和卿译，台北：福智之声出版社，2004年，页75。

② "二辨"为《辨法法性论》、《辨中边论》；"二庄严"指《大乘经庄严论》、《现观庄严论》，详见下文。

དེ་ལ་སྤྱིར་བཅོམ་ལྡན་འདས་ཀྱི་གསུང་རབ་ལས་དྲང་དོན་དང་ངེས་དོན་འབྱེད་པའི་ཚུལ་གཉིས་གསུངས་ཏེ། འཕགས་པ་བློ་གྲོས་མི་ཟད་པའི་མདོ་དང་། ཏིང་ངེ་འཛིན་རྒྱལ་པོའི་མདོ་ལས་གསུངས་པ་སོགས་དང་། དོན་ཟབ་དགོངས་པ་ངེས་པར་འགྲེལ་བའི་མདོ་ལས་གསུངས་པའོ། །དང་པོ་ནི། ཆོས་ཐམས་ཅད་རང་གི་མཚན་ཉིད་ཀྱིས་གྲུབ་པས་སྟོང་པར་སྟོན་པ་ངེས་པའི་དོན་དང་། གང་ཟག་དང་ཕུང་པོ་ལ་སོགས་པ་ཚིག་དང་ཡི་གེ་སྣ་ཚོགས་ཀྱིས་སྟོན་པ་དྲང་བའི་དོན་དུ་བསྟན་ལ་མདོ་སྡེ་ཕྱི་མས་ནི་ཀུན་བརྟགས་རང་གི་མཚན་ཉིད་ཀྱིས་མ་གྲུབ་པ་དང་། གཞན་དབང་དང་ཡོངས་གྲུབ་རང་གི་མཚན་ཉིད་ཀྱིས་གྲུབ་པར་བསྟན་ནས་ཐམས་ཅད་རང་གི་མཚན་ཉིད་ཀྱིས་མ་གྲུབ་པར་ཕྱོགས་གཅིག་ཏུ་སྟོན་པ་དང་། ཕྱོགས་གཅིག་ཏུ་རང་གི་མཚན་ཉིད་ཀྱིས་གྲུབ་པར་སྟོན་པ་དྲང་དོན་དང་། རང་གི་མཚན་ཉིད་ཀྱིས་གྲུབ་པ་དང་མ་གྲུབ་པའི་ས་ཚོགས་གསལ་བར་ཕྱེ་ནས་སྟོན་པ་ངེས་པའི་དོན་དུ་གསུངས་སོ། །མདོ་སྔ་མའི་རྗེས་སུ་འབྲངས་ནས་མགོན་པོ་ཀླུ་སྒྲུབ་ཀྱིས་དྲང་དོན་དང་ངེས་དོན་འབྱེད་པའི་ཤིང་རྟའི་སྲོལ་ལེགས་པར་ཕྱེ་བས་མདོ་གཉིས་པ་དྲང་བའི་དོན་དུ་འབད་པ་མེད་པར་གྲུབ་པར་མཛད་དོ། །དེ་ལ་སློབ་དཔོན་འཕགས་པ་ཐོགས་མེད་ཀྱིས་ནི། རྣམ་འབྱེད (4a) རྣམ་པ་གཉིས་དང་། ཐེག་པ་ཆེན་པོ་མདོ་སྡེའི་རྒྱན་གྱི་རྗེས་སུ་འབྲངས་ནས་མདོ་སྡེ་ཕྱི་མའི་དྲང་ངེས་འབྱེད་པའི་ལུགས་ལ་བརྟེན་ཏེ། གཙོ་བོར་རྣམ་པར་རིག་པ་ཙམ་གྱི་ཤིང་རྟའི་སྲོལ་ལེགས་པར་ཕྱེ་ཞིང་། ཐེག་པ་ཆུང་ངུའི་སྡེ་སྣོད་རྣམས་ཀྱི་དགོངས་པ་ཡང་འགྲེལ་པར་མཛད་དོ། །དེ་ལ་ཆོས་དང་ཆོས་ཉིད་རྣམ་པར་འབྱེད་པ་ལས་གཟུང་འཛིན་གཉིས་སུ་སྣང་བའི་གཞན་དབང་བདེན་པར་གྲུབ་པ་འཁོར་བ་འགྲུབ་པའི་གཞི་ཆོས་དང་། གང་ལ་དམིགས་ནས་གོམས་པས་ཐར་པ་ཐོབ་པའི་རྟེན་གཟུང་འཛིན་རྫས་ཐ་དད་ཀྱིས་སྟོང་པ་ཆོས་ཉིད་དུ་བསྟན་ལ། དབུས་དང་མཐའ་རྣམ་པར་འབྱེད་པ་ལས་ནི་གཉིས་སྣང་བདེན་པར་གྲུབ་པ་གཞིར་བྱས་ནས་མཚན་ཉིད་གསུམ་དུ་ཕྱེ་སྟེ། ཐེག་པ་ཐུན་མོང་དང་ཐུན་མོང་མ་ཡིན་པའི་གཞི་དང་ལམ་དང་འབྲས་བུ་རྣམ་པར་བཞག་པར་མཛད་དོ། །ཐེག་པ་ཆེན་པོ་མདོ་སྡེའི་རྒྱན་ལས་ནི། གཉིས་སྣང་བདེན་པར་གྲུབ་པ་མ་བཀག་པར་ཐེག་པ་ཆེན་པོའི་རིགས་སད་པར་བྱེད་པའི་ཐབས་ནས་བཟུང་སྟེ་བྱང་ཆུབ་སེམས་དཔའ་རང་ཉིད་རྫོགས་པ་གོང་ནས་གོང་དུ་ཁྱད་པར་དུ་འགྲོ་བའི་ཚུལ་དང་། གདུལ་བྱ་གཞན་རྗེས་སུ་འཛིན་པའི་ཐབས་རྒྱས་པར་གཏན་ལ་འབེབས་ཤིང་། གཞུང་གསུམ་པོ་དེ་དག་གིས་ནི་གདུལ་བྱའི་བསམ་པ་ལ་ལྟོས་པའི་དོན་དམ་པ་ཙམ་ཞིག་བསྟན་གྱི། ཆོས་ཐམས་ཅད་རང་བཞིན་གྱིས་གྲུབ་པས་སྟོང་པའི་དོན་དམ་པ་གསལ་བར་མ་མཛད་དོ། །

总论之，世尊圣言分为了不了义之理门有二：《圣无尽慧经》、《三摩地王经》等中所言者一，《解深密经》中所言者一。前者言：说一切法自相空者即了义，以补特伽罗、蕴等字句说者即不了义；后者言：说遍计执无自相、依他起与圆成实有自相已，凡说无自相一分者与有自相一分者即不了义，凡明辨自相有无之界限而说者即了义。龙猛怙主随行前者之经，善辟辨了不了义之车轨，由是无劳成立后者之经为不了义。圣无著论师随行“二辨”以及《大乘经庄严论》，依止后者之经之辨了不了义规，善辟唯识车轨为主，亦解释诸小乘藏密意。

《辨法法性论》说，能所二相之实有依他起、成生死之基为法，缘之而修能获解脱之所依、能所异物空为法性。《辨中边论》基于实有二相分三性，建立共不共乘基、道、果。《大乘经庄严论》不破实有二相，始以醒觉大乘种性方便，详广抉择菩萨自类证悟后后转胜之理趣，以及摄受他所化之方便。此三论所说之胜义，惟观待所化意乐而说，未明示一切法自性空之胜义。

བསྟན་བཅོས་གསུམ་པོ་དེ་དག་གི་རྗེས་སུ་འབྲངས་ནས་མདོ་སྡེ་དགོངས་འགྲེལ་དུ་དྲང་ངེས་འབྱེད (4b) པའི་ཚུལ་དང་མཐུན་པར་སློབ་དཔོན་གྱིས་ས་སྡེ་ལྔ་སྡོམ་རྣམ་པ་གཉིས་ལ་སོགས་པར་རྣམ་པར་རིག་པ་ཙམ་གྱི་ཤིང་རྟའི་སྲོལ་ལེགས་པར་ཕྱེ་ཞིང་། ཐེག་པ་དམན་པའི་སྡེ་སྣོད་ཁ་ཅིག་ཏུ་བསེ་རུ་ལྟ་བུའི་རང་སངས་རྒྱས་དང་ཐེག་པ་ཆེན་པོའི་རིགས་ཅན་ཚོགས་ལམ་དུ་བསྐལ་པ་བརྒྱ་དང་། བསྐལ་པ་གྲངས་མེད་གསུམ་དུ་ཚོགས་བསགས་ནས་སྦྱོར་ལམ་དྲོད་ཡན་ཆད་སྟན་ཅིག་ལ་བགྲོད་པའི་ཚུལ་གསུང་པ་ཡང་ཉན་ཐོས་ཀྱི་སར་གསུངས་སོ། །མངོན་པར་རྟོགས་པའི་རྒྱན་དུ་སྟོང་པ་ཉིད་ཀྱི་ལྟ་བ་མཐར་ཐུག་པ་ཡང་དང་ཡང་དུ་གསུང་མོད་ཀྱི། གཏན་ལ་དབབ་བྱའི་གཙོ་བོ་ནི། རིགས་ཅན་གསུམ་གྱི་མངོན་པར་རྟོགས་པའི་རིམ་པ་ངོ་བོ་ངེས་པ་དང་། གྲངས་ངེས་པ་དང་། གོ་རིམ་ངེས་པ་མདོ་རྒྱས་འབྲིང་བསྡུས་གསུམ་གྱི་སྦས་དོན་ཁོང་ན་གནས་པ་གསལ་བར་སྟོན་པར་བྱེད་དོ། །ཐེག་པ་ཆེན་པོ་རྒྱུད་བླ་མའི་བསྟན་བཅོས་ལས་ནི་རྣམ་པར་རིག་པ་ཙམ་གྱི་ཚུལ་ལ་གོམས་པས་རྒྱུད་སྨིན་པར་བྱས་པ་རྣམས་ལ་ཡང་དུས་ཕྱིས་བསྟན་པར་བྱ་ཞིང་། ཐེག་པ་ཆེན་པོའི་རིགས་ཅན་དབང་པོ་མཆོག་ཏུ་གྱུར་པ་རྣམས་ལ་དང་པོ་ཉིད་ནས་བསྟན་པར་བྱ་བ་ཉན་ཐོས་ཀྱི་བྱང་ཆུབ་དང་། རང་སངས་རྒྱས་ཀྱི་བྱང་ཆུབ་ཐོབ་པ་ལ་ཡང་ངེས་པར་རྟོགས་དགོས་པའི་ལམ་གྱི་དམིགས་པ་ཆོས་ཐམས་ཅད་བདེན་པས་སྟོང་པ་དོན་དམ་པའི་བདེན་པ་སྤྲོས་པ་ཐམས་ཅད་དང་བྲལ་བ་མདོ་རྒྱས་འབྲིང་བསྡུས་གསུམ་དང་། དེ་བཞིན་གཤེགས་པའི་སྙིང་པོའི་མདོས་ཁྱད་པར་མེད་པར་གསལ་བར་སྟོན་ལ། དེ་ཉིད་བསྟན (5a) བཅོས་འདིར་བརྗོད་བྱའི་གཙོ་བོར་སྟོན་པ་སློབ་དཔོན་གྱིས་དགོངས་པ་ཇི་ལྟ་བ་བཞིན་དུ་གསལ་བར་མཛད་པ་ཡིན་ནོ། །ཤེར་ཕྱིན་གྱི་མདོའི་ལམ་ཤེས་ཀྱི་སྐབས་སུ། གང་ཡང་དག་པའི་སྐྱོན་མེད་པ་ལ་ཞུགས་པ་དེ་དག་ལ་ནི་བླ་ན་མེད་པ་ཡང་དག་པར་རྫོགས་པའི་བྱང་ཆུབ་ཏུ་སེམས་བསྐྱེད་པའི་མཐུ་མེད་དོ། དེ་ཅིའི་ཕྱིར་ཞེ་ན། དེ་དག་གིས་འཁོར་བའི་རྒྱུད་ཀྱི་མཚམས་བཅད་པའི་ཕྱིར་རོ། །ཞེས་གསུངས་པའི་དོན་འཆད་པ་ན་རྒྱལ་བའི་སྲས་པོ་སེང་གེ་བཟང་པོས་འགྲེལ་ཆེན་དུ། སློབ་དཔོན་འཕགས་པ་ཀླུ་སྒྲུབ་དང་། སློབ་དཔོན་འཕགས་པ་ཐོགས་མེད་ལ་ཐེག་པ་གཅིག་ཏུ་སྨྲ་བ་དང་། ཐེག་པ་སྣ་ཚོགས་སུ་སྨྲ་བ་ཞེས་དེ་གཉིས་ཀྱི་འཆད་ཚུལ་སོ་སོར་མཛད་པའི་དགོངས་པ་ཡང་རྣམ་པར་རིག་པ་ཙམ་དུ་སྨྲ་བའི་རིགས་ཅན་རྗེས་སུ་བཟུང་བའི་ཆེད་དུ་མཐར་ཐུག་ཐེག་པ་གསུམ་དུ་སྟོན་པའི་ཤིང་རྟའི་སྲོལ་ཕྱེ་བར་བཞེད་པ་ཡིན་གྱི། སློབ་དཔོན་རང་ཉིད་རྣམ་རིག་པར་སྟོན་པར་མི་བསམ་སྟེ། བསྟན་བཅོས་འདིའི་འགྲེལ་བར་མཐར་ཐུག་ཐེག་པ་གཅིག་ཏུ་བསྒྲུབས་ཤིང་། སྟོང་ཉིད་ཕྲ་མོ་རྒྱས་པར་གཏན་ལ་ཕབ་པ་དང་ཤིན་ཏུ་འགལ་བའི་ཕྱིར་རོ། །དེ་ལྟ་ན་ཡང་དེ་ལ་སྟོས་པའི་ཤིང་རྟའི་སྲོལ་འབྱེད་མགོན་པོ་ཀླུ་སྒྲུབ་ལས་ལོགས་སུ་བསམ་པར་མི་བྱ་སྟེ། དེ་ཉིད་ཀྱི་རྗེས་སུ་འབྲང་བའི་ཕྱིར་རོ། །

论师据此三论，随顺《解深密经》中所说辨了不了义之理趣，于“五地”、“二摄”[①] 等论中，善辟唯识之车轨。《声闻地》言及某小乘藏，说麟喻独觉与具大乘种性者于资粮道经八劫、无数劫积集资粮，次于一座中顿超加行道暖位以上。《现观庄严论》虽数数宣说究竟空性见，然所抉择之主要者，乃三类具种性之现观次第、体性决定、数量决定、次第决定，阐明广、中、略（《般若》）三经之内涵隐义。《大乘上续论》者，于习唯识道理相续成熟者，后当为之说；于具大乘种性上根者，初即为之说。获声闻菩提、独觉菩提亦决定须证之道之所缘，即一切法谛实空胜义谛离一切戏论，广、中、略三经与《如来藏经》明示无异。彼为本论主要所诠，由论师如实阐明意趣。[②]

《般若经》说道相智时，言：“彼等入正无过者，不复能发无上正等觉心。何以故？彼等于生死已结界故。”[③] 佛子狮子贤《广注》[④] 释此义时，言圣龙猛论师为“一乘论”者，圣无著论师为“种种乘论”者，分为二类。其密意亦是许论师为摄受具唯识宗种性故，开辟说究竟三乘之车轨，非说论师本人为唯识师，以与本论《释论》中成立究竟一乘、广抉择微细空性极相违故。然就此而言，不应思（论师）于龙猛怙主之外另辟车轨，以随顺彼故[⑤]。

---

① “五地”藏译本次第为《本地分》、《摄抉择分》、《摄事分》、《摄异门分》、《摄释分》，与汉译本异；“二摄”指共大乘之《阿毗达磨集论》、大乘不共之《摄大乘论》。

② 以上内容与嘉曹杰·达玛仁钦《般若波罗蜜多教授现观庄严论及明义释疏·心要庄严》（以下简称《心要庄严疏》）书首部份基本一致，可相互发明。参见滇津桑摩译本（台北：大千出版社，2007 年），页 3—4。

③ 玄奘译《大般若波罗蜜多经》：“憍尸迦，汝诸天等，未发无上菩提心者今皆应发。憍尸迦，诸有已入声闻独觉正性离生，不复能发大菩提心。何以故？憍尸迦，彼于生死已结界故。”《大正藏》第七册，No. 220，页 134 中。

④ 《现观庄严论合八千颂广注·现观庄严光明》（藏文）。

⑤ 参阅《心要庄严疏》，页 271。

ཐེག་པ་ཆེན་པོ་རྒྱུད་བླ་མའི་བསྟན་བཅོས་འགྲེལ་པ་དང་བཅས་པ་འཆད་པ་ལ་དོན་བཞི་སྟེ། མཚན་གྱི་དོན་དང་། འགྱུར་གྱི་ཕྱག་དང་། གཞུང་གི་དོན་དང་། མཇུག (5b) གི་དོན་ནོ། །དང་པོ་ལ་གཉིས། མཚན་བསྒྱུར་བ་དང་། མཚན་བཤད་པའོ། །

དང་པོ་ནི། བསྟན་བཅོས་འདིའི་མཚན་རྒྱ་གར་སྐད་དུ། མ་ཧཱ་ཞེས་པ་ནི་བོད་སྐད་དུ་ཆེན་པོ་ཞེས་པ་དང་། ཡཱ་ན་ནི་ཐེག་པ་དང་། ཨ་ནུཏྟ་ར་འམ་ཨུཏྟ་ར་ནི་བླ་མ་དང་ཏནྟྲ་ནི་རྒྱུད་དང་ཤཱསྟྲ་ནི་བསྟན་བཅོས་སོ། །

གཉིས་པ་ནི། ཐེག་པ་འདིས་བསྒྲོད་པར་བྱེད་པ་རྒྱུའི་ཐེག་པ་དང་། འདིར་བསྒྲོད་པར་བྱ་བ་འབྲས་བུའི་ཐེག་པའོ། །དེ་ཉིད་ཤིན་ཏུ་རྒྱས་པའི་སྡེ་སྣོད་ལ་དམིགས་པས་དམིགས་པ་ཆེ་བ་ལ་སོགས་པའི་ཆེན་པོ་བདུན་དང་ལྡན་པས་ཆེན་པོའོ། །རྒྱུད་ནི་རྒྱུན་ཆགས་པས་ཏེ། དྲི་མ་དང་བཅས་པའི་སེམས་སྦྱོང་བྱེད་སྟོན་པའི་གཙུག་ལག་སྟེ། བླ་མ་ནི་ཕྱི་མའི་དོན་ཡིན་པས་ཐེག་པ་ཆེན་པོའི་གཙུག་ལག་ཕྱི་མ་ཡིན་ལ། དེའི་དགོངས་པ་འགྲེལ་པར་བྱེད་པའི་བསྟན་བཅོས་ནི། ཤཱསྟྲ་ཞེས་པ་ལ་ཤཱས་འཆོས་པ་ལ་འཇུག་ཅིང་ཏྲ་ཡ་སྐྱོབ་པ་ལ་འཇུག་པ་ནི་ཡི་གེ་བསྒྱུར་པའི་ངེས་ཚིག་གི་བཤད་པ་ཡིན་ལ། དོན་བསྡུས་ན། ཉོན་མོངས་པའི་དགྲ་འཆོས་ཤིང་ངན་སོང་དང་སྲིད་པ་ཙམ་གྱི་འཇིགས་པ་ལས་སྐྱོབ་པའོ། །

གཉིས་པ་ནི། སངས་རྒྱས་དང་བྱང་ཆུབ་སེམས་དཔའ་ཐམས་ཅད་ལ་ཕྱག་འཚལ་ལོ། །ཞེས་པ་གནས་སྐབས་དང་མཐར་ཐུག་གི་འདོད་དོན་དུ་མ་འགྲུབ་པའི་ཆེད་དུ་ལོ་ཙཱ་བས་བཀོད་པའོ། །ལམ་གྱི་རིམ་པ་སྟོན་པའི་དབང་དུ་བྱས་ན། སྐྱབས་འགྲོ་སྟོན་པ་ཡིན་པས་འཆད་པ་སོགས་ཀུན་གྱི་ཚེ་དོན་དེ་ཉིད་དྲན་པར་བྱའོ། །

释《大乘上续论释》

分四义：(甲一)题义；(甲二)礼敬；(甲三)论义；(甲四)结义。

(甲一) 题义

分二：(乙一) 译题；(乙二) 释题。

(乙一) 译题

本论题**印度语**中，“**摩诃**”藏语为“大”，“**衍那**”为“乘”，“**阿耨呾啰**”或“**嗢呾啰**”为“上”，“**怛特啰**”为“续”，“**奢娑多啰**”为论。[1]

(乙二) 释题

以此乘趣行为因“**乘**”，于此所行为果“**乘**”。具足缘彼极广三藏之所缘大等七大，故名为“**大**”。“**续**”为相续，宣说净治有垢心之教典[2]。“**上**”者乃是后义，即大乘之后期教典[3]。释其意趣之**论**者，称“奢娑多啰”，“奢娑”作惩治解，“多啰耶”作救护解，此乃加字之释名[4]。简言之，即惩治烦恼敌、救护恶趣及三有怖畏。

(甲二) 礼敬

敬礼诸佛菩萨！

此系译师[5]所置，为成办现前、究竟诸多所愿事故。若约宣说道次第解，即示归依，故于听讲等时当念彼义。

---

① 《释难》云：“论者有别于教，约共同化解机言，至尊（弥勒）须立为菩萨故。”(页376)

② 《释难》云：“续为相续，以宣说能净有垢心之三法轮引导所化，有次第相续故。”(页375)。藏传佛教各派学者多将此“续”等同与佛教密宗所说的“自性续”，如《集密后续》中说：“续者称相续，彼续有三种：基如是自性，难劫夺所分。”格鲁派学者对此的看法有分歧。贡唐·丹贝仲美认为，此“自性续”为显密所共，即心之法性（见《辨了不了义论释难·善说藏精要》，《贡唐·丹贝仲美文集》卷2，北京：民族出版社，2003，页560）。克珠·诺桑嘉措（1423—1513）则反对，认为《宝性论》的修道与密法不同，故与密宗的“续”无关（见《显明外内他三时轮无垢光庄严》，New Delhi：The Institute of Tibetan Classic，2004，页35－36）。

③ 贡唐·丹贝仲美以“续”解作心之法性，说：“抉择彼为主之中转法轮《般若经》立为前续；观待于此，第三转法轮《如来藏经》等立为后续。”《辨了不了义论释难·善说藏精要》，同上。以“后”为“嗢呾啰”之正解及前、后之辨者，详见本书卷十二。

④ 参见世亲造《释轨论》（藏文）。

⑤ 即俄译师·洛丹喜饶。

གསུམ་པ་ལ་གཉིས། བཤད་པ་ཉེ་བར་དགོད་པ་དང (6a) | །བཤད་པ་མཐར་ཕྱིན་པའི་ཡན་ལག་གོ །

དང་པོ་ལ་གཉིས། ལུས་རྣམ་པར་བཞག་པ་དང་། ཡན་ལག་རྒྱས་པར་བཤད་པའོ། །

དང་པོ་ལ་གསུམ། ལུས་ཀྱི་རང་བཞིན་དང་། མདོ་ལས་ཇི་ལྟར་བསྟན་པ་དང་། གོ་རིམ་ངེས་པའོ། །

དང་པོ་ལ་གཉིས། སྤྱིའི་དོན་དང་། ཡན་ལག་གི་དོན་ནོ། །

དང་པོ་ལ་གསུམ། རྡོ་རྗེ་ལྟ་བུའི་གནས་བདུན་གྱི་ངོ་བོ་ངོས་བཟུང་བ་དང་། གྲངས་ངེས་པ་དང་། རྟོགས་པ་བཅད་པའོ། །

དང་པོ་ནི། འདི་དག་ཀྱང་དོན་དམ་དང་ཀུན་རྫོབ་པ་གཉིས་གཉིས་ཀྱིས་རིག་པར་བྱ་སྟེ། དོན་དམ་པའི་སངས་རྒྱས་ནི། སྤངས་པ་དང་ཡེ་ཤེས་ཕུན་སུམ་ཚོགས་པའི་རང་བཞིན་ཆོས་ཀྱི་སྐུ་དང་། ཀུན་རྫོབ་པ་ནི་སངས་རྒྱས་ཀྱི་གཟུགས་ཀྱི་སྐུའོ། །དོན་དམ་པའི་ཆོས་ནི་ཐེག་པ་ཆེན་པོ་པའི་རྒྱུད་ཀྱི་འགོག་པ་དང་། ལམ་གྱི་བདེན་པ་གཉིས་དང་། ཀུན་རྫོབ་པ་ནི་གསུང་རབ་ཀྱི་ཚོགས་སོ། །དོན་དམ་པའི་དགེ་འདུན་ནི་ཐེག་ཆེན་འཕགས་པའི་རྒྱུད་ཀྱི་རིག་པ་དང་རྣམ་པར་གྲོལ་བ་དང་། ཀུན་རྫོབ་པ་ནི། ཐེག་པ་ཆེན་པོའི་འཕགས་པའི་ཚོགས་སོ། །དོན་དམ་པའི་ཁམས་ནི་སེམས་ཅན་གྱི་རྒྱུད་ཀྱི་སེམས་རང་བཞིན་གྱིས་གྲུབ་པས་སྟོང་པ་དྲི་མ་དང་བཅས་པའི་དེ་བཞིན་ཉིད་དང་། ཀུན་རྫོབ་པ་ནི། སེམས་ཅན་གྱི་སེམས་ཀྱི་སྟེང་ན་ཡོད་པའི་འཇིག་རྟེན་ལས་འདས་པའི་ཆོས་སྐྱེ་རུང་གི་ནུས་པའི་ཆའོ། །དོན་དམ་པའི་བྱང་ཆུབ་ཆོས་ཀྱི་སྐུ་དང་ཀུན་རྫོབ་པ་གཟུགས་ཀྱི་སྐུ་སྟེ། བདག་ཉིད་ཀྱི་ནི་འགྱུར་པའི་གནས། དམ་པའི་དོན་གྱི་སྐུ་ཡིན་ཏེ། །ཞེས་སོགས་འཆད་པར་འགྱུར་རོ། །འོ་ན་སངས་རྒྱས་དང (6b) ཁྱད་ཅི་ཡོད་ཅེ་ན། གཉིས་ཀ་སངས་རྒྱས་དཀོན་མཆོག་དང་མཚུངས་མོད་ཀྱི། རང་རྒྱུད་ལ་འབྱུང་འགྱུར་དང་གཞན་རྒྱུད་ལ་གྲུབ་ཟིན་གྱི་རྣམ་གཞག་ཐ་དད་པ་ཙམ་མོ། །ཡོན་ཏན་དོན་དམ་པ་ནི། སྟོབས་སོགས་བྲལ་བའི་ཡོན་ཏན་སུམ་ཅུ་རྩ་གཉིས་དང་། ཀུན་རྫོབ་པ་ནི་རྣམ་སྨིན་གྱི་ཡོན་ཏན་སུམ་ཅུ་རྩ་གཉིས་སོ། །འཕྲིན་ལས་དོན་དམ་པ་ནི། བྱ་བ་སྒྲུབ་པའི་ཡེ་ཤེས་དང་། ཀུན་རྫོབ་པ་ནི་གསུང་རབ་ཀྱི་ཚོགས་སོ། །

（甲三）论义

分二：（乙一）叙释；（乙二）释竟支分。

（乙一）叙释

分二：（丙一）建立论体；（丙二）广释支分。

（丙一）建立论体

分三：（丁一）论体自性；（丁二）经如何说；（丁三）次第决定。

（丁一）论体自性

分二：（戊一）总义；（戊二）支分义。

（戊一）总义

分三：（己一）认明七如金刚处体性；（己二）数量决定；（己三）断疑。

（己一）认明七如金刚处体性

此等七如金刚处皆分胜义与世俗二者而得明了：

1. 胜义佛者，圆满断、证为体之法身①；世俗佛者，佛之色身。

2. 胜义法者，大乘人相续中之灭、道二谛；世俗法者，佛语聚。

3. 胜义僧者，大乘圣者相续中之明、解脱；世俗僧者，大乘圣众。

4. 胜义界者，有情相续之心自性空有垢真如；世俗界者，有情心上所有堪生出世间法能力之分。

5. 胜义菩提者，法身②；世俗菩提者，色身，即“自身圆满处，即是胜义身”等③所释。若尔，与佛有何差别？曰：二者与佛宝虽同，惟自相续中将生、他相续中已成之建立有异。

6. 胜义功德者，“力”④ 等三十二离系功德；世俗功德者，三十二异熟功德。

7. 胜义事业者，成所作智；世俗事业者，佛语聚。

① 《释难》以自性身、智慧法身二为胜义佛。

② 《释难》复以二法身为胜义菩提。

③ 本论功德品第二颂。

④ 指十力。

གཉིས་པ་ནི། བདུན་པོ་ལས་གྲངས་མང་པ་མི་དགོས་པ་དང་། དེ་ལས་ཉུང་བས་འདུ་མི་ནུས་ཏེ།
འདིར་རྒྱུ་འབྲས་ཀྱི་འབྲེལ་པ་འདི་ཙམ་གྱིས་རྫོགས་པའི་ཕྱིར་རོ། །འདིར་བླ་མ་ལོ་ཙྪ་བ་ཆེན་པོས། མི་
གནས་པའི་མྱ་ངན་ལས་འདས་པའི་འཁོར་ལོའི་དབང་དུ་བྱས་པ་དང་། དཀོན་མཆོག་གི་འཁོར་ལོའི་
དབང་དུ་བྱས་པའི་བཤད་པའི་ཚུལ་རྣམ་པ་གཉིས་མཛད་པའི་སྐབས་ནི། འོག་ནས་གོ་རིམ་སྟོན་པའི་ཚིག་
གི་སྐབས་ཟིན་ལ་བརྟེན་ནས་བཤད་པ་མཛད་པ་ཡིན་ཡང་བསྟན་བཅོས་ཀྱི་དོན་གྱི་གཙོ་བོ་ནི། འཆད་ཚུལ་
ཕྱི་མ་ལྟར་འཐད་པར་སེམས་སོ། །དེ་ལ་དཀོན་མཆོག་གསུམ་མཐར་ཐུག་པ་ནི། རང་གི་ཐོབ་བྱའི་འབྲས་
བུ་ཡིན་ལ། དོན་གཉིས་ཕུན་སུམ་ཚོགས་པ་ལ་དེ་ཙམ་དུ་ངེས་པའི་ཕྱིར་རོ། །རྒྱུ་མཚན་ནི་འཆད་པར་
འགྱུར་རོ། །འབྲས་བུ་དཀོན་མཆོག་གསུམ་པོ་དེ་སྒྲུབ་པའི་རྒྱུ་ཡང་རྣམ་པ་གཉིས་སུ་ངེས་ཏེ། །ཉེ་བར་
ལེན་པ་དང་ལྷན་ཅིག་བྱེད་པའི་རྐྱེན་ནོ། །དང་པོ་ནི། ཁམས་ཏེ་དེ་ལ་དྲི་མ་དང་བཅས་པའི་དེ་བཞིན་
ཉིད་ནི། ཁམས་རང་བཞིན་གྱིས་རྣམ་པར་དག་པར་མ་གྱུར་ན། སློབ་དཔོན་གྱི་དྲི་མས་རྣམ་པར་དག་པ
(7a) མི་འཐད་པས་བྱང་ཆུབ་ཀྱི་མེད་ན་མི་འབྱུང་བའི་རྒྱུ་མཚན་ལ་ཉེར་ལེན་དུ་བཏགས་པར་ཟད་ཀྱི།
བསྐྱེད་བྱ་སྐྱེད་བྱེད་ནི་མ་ཡིན་ནོ། །བསྒྲུབ་བ་ལས་གྱུར་པའི་རིགས་ནི། བསྐྱེད་པའི་རྒྱུ་ཡང་ཡིན་ནོ། །
གཉིས་པ་ལྷན་ཅིག་བྱེད་པའི་རྐྱེན་ནི། །གཞན་རྒྱུད་ལ་གྲུབ་ཟིན་པའི་བྱང་ཆུབ་དང་ཡོན་ཏན་དང་འཕྲིན་
ལས་ཏེ། གང་ཟག་གཞན་མངོན་པར་རྫོགས་པར་སངས་རྒྱས་ནས་ཆོས་ཀྱི་འཁོར་ལོ་ལེགས་པར་བསྐོར་བ་
ལ་བརྟེན་ནས་རང་རྒྱུད་ཀྱི་དྲི་མ་ཟད་པར་སྦྱོང་ནུས་པས་ཕྱིའི་རྐྱེན་དེ་ཙམ་དུ་ཟད་པའི་ཕྱིར་རོ། །དེ་ཡང་
དྲི་མ་དང་བཅས་པའི་དེ་བཞིན་ཉིད་གཏན་ལ་དབབ་བྱའི་གཙོ་བོར་བྱས་ནས་དེ་སྦྱོང་བྱེད་ཀྱི་རྒྱུ་འབྲས་
རགས་པའི་དབང་དུ་བྱས་ཏེ་རྒྱུ་འབྲས་དེ་ཙམ་ཞིག་བསྟན་པར་ཟད་ཀྱི། གསལ་བའི་དབྱེ་བ་དེ་ཙམ་དུ་
ཟད་པ་ནི་མ་ཡིན་ཏེ། ནང་གི་རྐྱེན་ཚུལ་བཞིན་ཡིད་ལ་བྱེད་པ་སོགས་ནི། ཁམས་སྦྱོང་བྱེད་ཀྱི་ཆོས་བསྟན་
པ་ལ་བརྟེན་ནས་རྟོགས་པར་འགྱུར་བས་དེ་ནི་ཁམས་ཀྱི་ནང་དུ་འདུས་པར་ཤེས་པར་བྱའོ། །ཡང་རང་
རྒྱུད་ལ་མཐར་ཐུག་པའི་དཀོན་མཆོག་གསུམ་འབྱུང་བ་ནི། ཡང་དག་པའི་ལྟ་བ་བསྒོམ་པ་ལས་ཡིན་ལ།
ལྟ་བ་ཡང་རྒྱུ་གཉིས་དང་རྐྱེན་གཉིས་ལ་བརྟེན་ནས་འབྱུང་སྟེ། རྒྱུ་གཉིས་ནི་རང་གི་ཁམས་དང་ཚུལ་
བཞིན་ཡིད་ལ་བྱེད་པའོ། །རྐྱེན་གཉིས་ནི། དེ་བཞིན་གཤེགས་པ་སྟོན་པའི་བྱང་ཆུབ་ལ་སོགས་པ་གསུམ་
དང་། གཞན་གྱི་སྒྲའོ། །གཞན་གྱི་སྒྲ་ཡང་འཕྲིན་ལས་ཀྱི་ནང་དུ་འདུས་པར་ཤེས་པར་བྱའོ། །

（己二）数量决定

数量较七不须多，较七不可少，以此中因果相属此数即足故。喇嘛大译师[1]于此作两种解释法：一、约无住涅槃轮释，一、约三宝轮释[2]。前者虽依下述说次第之文词本身而释，然论义之主要，自思应如后一种解释法：

究竟三宝乃自当得果，以二利圆满决定惟尔许故，其原由容当后详。成办三宝果之因决定有二类：近取与俱有缘。初者即界，亦即有垢真如。界自性若不清净，客尘清净即不应理，是故无此则菩提不生，假名为近取，然非能生所生；习所成种则是生因。第二俱有缘者，即他相续中已成之菩提、功德、事业，以他补特伽罗得正觉已，善转法轮，由此能净除自相续垢染，而外缘惟尔许故。此亦以有垢真如为抉择之主要，略说能净彼之因果惟尔许，非明细之差别惟尔许。内缘如理作意等，依说能净界之法而通达，故当知此摄入界内。

又，自相续中究竟三宝由修正见而生，正见又依二因、二缘而生。二因者，自之界与如理作意。二缘者，过去如来之菩提等三与他之语。应知他之语亦摄入事业内。

---

① 俄大译师另一尊称。

② 《大乘上续论摄义释》，《噶当藏文孤本丛刊（3）俄·洛丹西绕卷》，北京：中国藏学出版社，2009，页546—550。

གསུམ་པ་ནི། ཐོབ་བྱའི་འབྲས་བུ་སངས་རྒྱས་དཀོན (7b) མཆོག་འབའ་ཞིག་བསྟན་པས་ཆོག་སོད། དཀོན་མཆོག་གསུམ་བསྟན་པ་ལ་དགོས་པ་ཅི་ཡོད་སྙམ་ན། སྐྱོན་མེད་དེ། རིགས་ཅན་གསུམ་ག་རྗེས་སུ་བཟུང་བའི་ཆེད་དུ་དེ་གསུམ་ལ་ལྟོས་པའི་འབྲས་བུའི་སྐྱབས་ཀྱི་མིང་ཐ་དད་པས་བསྟན་ཏེ། ཡང་དག་པར་རྫོགས་པའི་སངས་རྒྱས་འབྲས་བུའི་སྐྱབས་འགྲོའི་ཡུལ་དུ་དོན་དུ་གཉེར་བ་ཐེག་པ་ཆེན་པོའི་རིགས་ཅན་དང་། རྟེན་འབྲེལ་རྟོགས་པས་འཁོར་བའི་སྡུག་བསྔལ་ཟད་པ་འབྲས་བུའི་སྐྱབས་འགྲོའི་ཡུལ་དུ་དོན་དུ་གཉེར་བ་རང་སངས་རྒྱས་ཀྱི་རིགས་ཅན་དང་། སྲིད་པ་ཐ་མ་པའི་ཚེ་གཞན་གྱི་སྒྲ་ལ་བརྟེན་ནས་སྡུག་བསྔལ་ཟད་པ་ཐོབ་པའི་སློབ་མ་འབྲས་བུའི་སྐྱབས་འགྲོའི་ཡུལ་དུ་དོན་དུ་གཉེར་བ་ཉན་ཐོས་ཀྱི་རིགས་ཅན་རྗེས་སུ་བཟུང་བའི་ཆེད་དུ་དཀོན་མཆོག་གསུམ་འབྲས་བུའི་སྐྱབས་སུ་རྣམ་པར་བཞག་གོ །རིགས་ཅན་གསུམ་གྱི་འབྲས་བུ་དཀོན་མཆོག་གསུམ་འདིར་བཤད་ན། ཐེག་པ་ཆེན་པོ་ཐུན་མོང་མ་ཡིན་པའི་བསྟན་བཅོས་མ་ཡིན་པར་འགྱུར་ཏེ། ཉན་ཐོས་དང་རང་སངས་རྒྱས་ཀྱི་བྱང་ཆུབ་ཀྱང་ཉིད་དགོས་སུ་བསྟན་པའི་ཕྱིར་རོ། །ཞེ་ན། སྐྱོན་མེད་དེ། འདིར་བསྟན་པའི་དཀོན་མཆོག་གསུམ་མཐར་ཐུག་པ་ནི་དོན་དམ་པའི་སྐྱབས་སངས་རྒྱས་ཉག་གཅིག་གིས་བསྡུས་པ་དེ་ཡིན་ལ་དེ་ཐོབ་པའི་ཉེ་རྒྱུའི་དབང་དུ་བྱས་པའི་དཀོན་མཆོག་གསུམ་ནི། ས་བརྒྱད་པར་སངས་རྒྱས་དཀོན་མཆོག་བཏགས་པ་བ་དང་། ས་དགུ་པར་ཆོས་དཀོན་མཆོག་དང་། ས་བཅུ་པར་དགེ་འདུན་དཀོན་མཆོག་བསྟན་ལ། རིང་བའི་རྒྱུ་ནི་ས་བདུན་པ་མན་ཆད་ཀྱི་དགེ་འདུན་དཀོན་མཆོག་སོགས་སོ། །རྒྱུ་སྐྱབས (8a) འགྲོའི་ཡུལ་གྱི་དབང་དུ་བྱས་ན་འདིར་བསྟན་པའི་དཀོན་མཆོག་གསུམ་ཐེག་པ་དམན་པའི་སྐྱབས་ཡིན་ཡང་འབྲས་བུའི་སྐྱབས་འགྲོའི་ཡུལ་གྱི་དབང་དུ་བྱས་པའི་ཉན་ཐོས་ཀྱི་བྱང་ཆུབ་དང་རང་སངས་རྒྱས་ཀྱི་བྱང་ཆུབ་ནི་འདིར་དངོས་སུ་མ་བསྟན་པས་སྐྱོན་མེད་ལ། ཆོས་དང་དགེ་འདུན་མིང་མཐུན་པ་ཙམ་བསྟན་པའི་སྒོ་ནས་ཐེག་པ་ཆེན་པོ་ལ་རིམ་གྱིས་བཀྲི་བའི་ཆེད་དུ་ཡིན་ནོ། །དོན་བསྡུས་ན་འདིར་དངོས་སུ་བསྟན་པའི་དཀོན་མཆོག་ནི་ས་དང་པོ་ཡན་ཆད་ཀྱི་དབང་དུ་བྱས་ཤིང་། ས་དང་པོ་ནས་བཅུ་པའི་བར་གྱི་དཀོན་མཆོག་ནི་མཐར་ཐུག་པའི་དཀོན་མཆོག་གསུམ་སྒྲུབ་པའི་དབང་དུ་བྱས་པ་ཡིན་པས་ཐེག་པ་ཐུན་མོང་བར་ཐལ་པའི་སྐྱོན་མེད་དེ། འོག་ཏུ་འཆད་པར་འགྱུར་རོ། །

（己三）断疑

若作是念：当得果但说佛宝即可，何必说三宝耶？曰：无过。为摄受三类具种性故，以观待彼三果归依之异名而说。希求正等觉果归依境者，为具大乘种性者；希求通达缘起灭生死流转苦果归依境者，为具独觉种性；希求最后有时依他语获灭苦之弟子果归依境者，为具声闻种性。为摄受彼等三类具种性故，安立三宝为果归依。

或谓：此中若说三宝为三类具种性之果，则不成大乘不共之论，以亦须宣说声闻、独觉之菩提故。曰：无过。此中所示究竟三宝者，总说为一胜义归依之佛①。约得彼之亲因而说三宝者，八地假名为佛宝，九地假名为法宝，十地假名为僧宝；近因者，七地以下为僧宝等。若约因归依而言，此中所说三宝虽亦是小乘归依，然未正说约果归依境而言之声闻菩提与独觉菩提，故无过失，是为由示但与法、僧同名之门而渐次引入大乘故。摄义言之，此中正说之宝约初地以上而言，且初地至十地之宝是就成办究竟三宝而言，故无应成乘所共同之过。下当解释。

① 以“佛宝”总示“究竟三宝”是《宝性论》的特别说法。若分别言之：二种色身即究竟僧宝；彼二相续之断、证功德即究竟法宝；彼等所表有为、无为诸究竟功德即佛宝。参见洛色林堪苏·贝玛坚赞所著《明慧生喜心摩尼》，Karnataka：Drepungloseling Library Society，2004，页320。

གཉིས་པ་ལ་གཉིས། རྩ་བ་དང་། འགྲེལ་པའོ། །

དང་པོ་ལ། ངོ་བོ་ངོས་བཟུང་བ་དང་། གྲངས་བདུན་དུ་བསྟན་པའོ། །

དང་པོ་ནི། སྐུ་གསུམ་གྱིས་བསྡུས་པའི་སངས་རྒྱས་དང་འགོག་པ་དང་ལམ་གྱིས་བསྡུས་པའི་ཆོས་དཀོན་མཆོག་དང་། ཐེག་པ་ཆེན་པོའི་འཕགས་པའི་ཚོགས་དགེ་འདུན་དཀོན་མཆོག་གསུམ་གྱིས་ནི་གནས་སྐབས་དང་མཐར་ཐུག་གི་ཐོབ་བྱའི་འབྲས་བུ་བསྟན་ལ། དྲི་མ་དང་བཅས་པའི་དེ་བཞིན་ཉིད་དང་། སེམས་ཅན་གྱི་སེམས་ཀྱི་སྙིང་ན་ཡོད་པའི་འཇིག་རྟེན་ལས་འདས་པའི་ཡོན་ཏན་སྐྱེ་རུང་གི་ནུས་པས་བསྡུས་པའི་ཁམས་དེ་བཞིན་གཤེགས་པའི་སྙིང་པོ་དང་། གནས་གྱུར་མཐར་ཕྱིན་པའི་སྤངས་པ་དང་ཡེ་ཤེས་ཀྱིས་བསྡུས་པའི་བྱང་ཆུབ་དང་། དེ་ལ་བརྟེན (8b) པའི་བྲལ་བ་དང་རྣམ་པར་སྨིན་པའི་ཡོན་ཏན་དང་། ཡང་དག་པར་རྫོགས་པའི་སངས་རྒྱས་ཀྱི་འཕྲིན་ལས་དོན་བདུན་གྱི་ཐ་མ་སྟེ་བཞི་པོ་ནི་རྒྱུ་དང་རྐྱེན་གྱི་དབང་དུ་བྱས་པའོ། །ཡང་དཀོན་མཆོག་གསུམ་གཞན་རྒྱུད་ལ་གྲུབ་ཟིན་པ་དང་། བྱང་ཆུབ་ལ་སོགས་པ་གསུམ་རང་རྒྱུད་ལ་འབྱུང་འགྱུར་གྱི་དབང་དུ་བྱས་ན་ཡང་འོག་ནས་གོ་རིམ་གྱི་ཆ་བཤད་པ་ལ་བརྟེན་ན་ཙུང་ཟད་སྦྱར་དུ་རུང་བ་ཙམ་མོ། །གཉིས་ལྟར་ཡང་ཁམས་རྒྱུའི་གནས་སྐབས་འབའ་ཞིག་གི་དབང་དུ་བྱས་པ་ཡིན་གྱི། མཐར་ཐུག་གི་འབྲས་བུར་བྱེད་པ་ནི་བསྟན་བཅོས་སུ་ཇི་ལྟར་བཤད་པའི་ཚུལ་མ་ཤེས་པའི་བབ་ཅོལ་ཡིན་ཏེ་འཆད་པར་འགྱུར་རོ། །སྡེ་ལྷག་མ་དང་བཅས་པ་སྡེ་གྲངས་བདུན་དུ་འདུས་པ་འདྲེན་པར་བྱེད་པའོ། །

གཉིས་པ་ནི། བསྟན་བཅོས་འདིའི་བརྗོད་བྱ་འོག་ནས་འཆད་པ་ཀུན་གྱི་ལུས་ནི་མདོར་བསྡུས་ན་རྟོགས་པའི་དོན་རྣམ་པ་བདུན་དུ་འདུས་ལ་བརྗོད་བྱེད་བསྟན་བཅོས་ཀུན་གྱི་ལུས་ནི་མདོར་བསྡུས་ན་རྟོགས་པའི་དོན་རྡོ་རྗེ་ལྟ་བུ་ཡི་ནི་གནས་བདུན་པོ་འདི་དག་ཏུ་འདུས་པར་རིག་པར་བྱ་བ་དག་གོ །ཡང་ན་གཟུངས་ཀྱི་དབང་ཕྱུག་རྒྱལ་པོས་ཞུས་པའི་མདོ་ལ་སོགས་པ་འདིར་གནས་བདུན་ལུང་དང་སྦྱར་བའི་ལུང་དེ་དག་གི་དོན་བསྡུས་ན་བདུན་པོ་དེ་དག་ཏུ་འདུས་པའི་དོན་ཏོ། །

（戊二）支分义

分二：（己一）《论》；（己二）《释》。

（己一）《论》

分二：（庚一）认明体性；（庚二）示数为七。

（庚一）认明体性

1. 三身所摄之**佛**；
2. 灭道所摄之**法**宝；
3. 大乘圣**众**僧宝，此三者示分位与究竟当得果；
4. 有垢真如及有情心上所有堪生出世间功德能力所摄之**界**如来藏；
5. 究竟转依断、智所摄**菩提**；
6. 依彼菩提之离系与异熟**功德**；
7. 以及正等觉**佛事业为**七义之**末**。（1.1）此四者约因果言。

又，若解三宝为他相续中已成者，菩提等三是自相续中将成者，则但与下述之次第分稍合而已。然此二说皆许界纯约因位而言，解作究竟果者，乃未明本论教导理趣之谵言。后当解释。此处（藏文）连词申言摄数为七。

（庚二）示数为七

下述本论一切所诠之体者，简言之，应知摄为七种所证义；**一切**能诠**论体**者，**简言之**，应知**即**摄为**此等七**所证义如**金刚**之**处**，亦是摄《陀罗尼自在王请问经》等，于此七处配合经教之教义为彼等七之意。

གཉིས་པ་ལ་གཉིས། རྒྱས་པར་བཤད་པ་དང་། དོན་བསྡུ་བའོ། །

དང་པོ་ལ་གསུམ། རྡོ་རྗེ་ལྟ་བུ་དང་དེའི་གནས་ཀྱི་སྒྲ་བཤད་པའི་རྒྱུ་མཚན་དང་། སྒྲ་འཇུག་པའི་གཞི་ངོས་བཟུང་བ་དང་། རྟོགས་པར་དཀའ་བ་ལུང་དང་སྦྱར་བའོ། །

དང་པོ་ལ་གསུམ། བསྟན་པ་དང་། བཤད་པ་དང་། དོན་བསྡུ་བའོ། །

(9a) དང་པོ་ནི། འཕགས་པ་རྣམས་ཀྱི་སོ་སོ་རང་གིས་རིག་པའི་ཡེ་ཤེས་ཀྱིས་རྟོགས་པའི་དོན་རྣམ་པ་བདུན་ནི་རྡོ་རྗེ་ལྟ་བུ་དང་། དེ་སྟོན་པར་བྱེད་པའི་ཡི་གེའི་ཚིགས་ནི་དེའི་གནས་ཏེ་གོ་བར་བྱེད་པ་དང་གསལ་བར་བྱེད་པ་དང་སྟོན་པར་བྱེད་པའི་གཞི་ཡིན་པའི་ཕྱིར་རྡོ་རྗེའི་གནས་སོ། །

གཉིས་པ་ནི། དེ་ལ་རྟོགས་པར་བྱ་བའི་དོན་རྣམ་པ་བདུན་ནི་རྡོ་རྗེ་ལྟ་བུར་རིག་པར་བྱ་སྟེ་སྒྲ་རྟོག་གིས་རྟོགས་ཚུལ་ཡོངས་སུ་རྫོགས་པའི་ཚུལ་གྱིས་བརྗོད་དུ་མེད་པའི་རང་བཞིན་ཡིན་པའི་ཕྱིར་དང་། འཕགས་པ་རྣམས་ཀྱི་སོ་སོ་རང་གིས་རིག་པར་བྱ་བའི་ཕྱིར། དོན་དམ་པའི་བདེན་པ་རྐྱང་པ་མ་ཡིན་གྱི་དེ་མངོན་སུམ་དུ་རྟོགས་པའི་ཡེ་ཤེས་དང་བཅས་པའོ། །རྡོ་རྗེ་ལྟ་བུའི་དོན་བདུན་ག་དོན་དམ་པའི་བདེན་པས་ཁྱད་པར་དུ་བྱས་ནས་མངོན་སུམ་དུ་རྟོགས་པར་བྱ་བ་ཡིན་པས་བརྗོད་དུ་མེད་པ་ཞེས་བྱའོ། །སོ་སོ་རང་གི་རིག་པ་ནི་འཕགས་པའི་དོན་དམ་འཇལ་བའི་མཉམ་གཞག་འབའ་ཞིག་ཏུ་མ་ཟད་ཀྱི་རྗེས་ཐོབ་ཀྱི་ཡེ་ཤེས་གཞན་ཡང་སོ་སོ་རང་གི་རིག་པར་བྱ་བའོ། །རང་མཚན་སྒྲའི་བརྗོད་བྱ་མ་ཡིན་པ་དང་དོན་དམ་བདེན་པ་སྒྲས་བརྗོད་དུ་མེད་པ་གཉིས་མི་འདྲ་སྟེ། སྒྲའི་བརྗོད་བྱ་རང་མཚན་གྱི་རང་བཞིན་ལམ་ཞུགས་ཀྱང་གཉིས་སུ་སྣང་བའི་ཚུལ་གྱིས་དེའི་རྟོགས་ཚུལ་ཡོངས་སུ་རྫོགས་ལ། ཆོས་ཉིད་སྒྲ་རྟོག་གིས་ཇི་ལྟར་བརྗོད་ཅིང་ཡིད་ལ་བྱས་ཀྱང་འཕགས་པའི་མཉམ་གཞག་གིས་རྟོགས་པ་ལྟར་མི་ནུས་པའི་དོན་ཡིན་གྱི་དོན་དམ་པའི་བདེན་པ་སྒྲ་དང་རྣམ་པར་རྟོག་པའི་ཡུལ་དུ་རུང་ཟད་ཀྱང་བྱ་མི (9b) ནུས་པའི་དོན་མ་ཡིན་ཏེ། དེ་ནི་དོན་དམ་བདེན་པ་ཤེས་བྱ་མ་ཡིན་པར་འདོད་པ་གནས་ལུགས་ཀྱི་དོན་ལ་སྐུར་པ་འདེབས་པ་ཚངས་པར་སྤྱོད་པ་ཁས་བླངས་པ་དོན་མེད་པར་འགྱུར་བའི་ལུགས་ངན་པ་ཡིན་པས་དོར་བར་བྱའོ། །

（己二）《释》

分二：（庚一）广释；（庚二）摄义。

（庚一）广释

分三：（辛一）释如金刚及其处之名言；（辛二）认明名言趣入之所依；（辛三）配合经教。

（辛一）释如金刚及其处之名言

分三：（壬一）标；（壬二）释；（壬三）摄义。

（壬一）标

诸圣者自内证智**所证之**七种**义者如金刚**，宣说彼之字聚即彼**处**，**乃**能知、能明、能示之**基故**，**为金刚处**。

（壬二）释

彼亦应知，所证之七种义**如金刚**，以是名言分别**不可圆满言说之自性**故，以是诸圣者**自内证**故，此亦包括非惟现证胜义谛之现证智。如金刚之七义以胜义谛为差别而作现证，故称“不可言说”。“自内证”者，非单指圣者称量胜义之等引，亦摄余后得智。自相非言说所诠与胜义谛不可言说两者不同。言说所诠虽不趣入自相之体，然可以二相之理圆满通达。名言分别虽可诠说、作意法性，然不能如圣者等引证之，是胜义谛不可言说之义，非说胜义谛全不可成名言分别之境。许胜义谛非所知①，乃损减真实义、受持梵行当无义利之恶轨，故应弃之。

① 东噶·洛桑赤列认为，俄大译师乃持此见之代表。见《正说吉祥甘丹山派宗派建立》，《东噶·洛桑赤列文集》卷3，北京：民族出版社，2004，页563。

གཏན་ཚིགས་སྦྱར་མ་བསྒྲུབ་པ་ནི། དེར་ཐལ། ཐོས་པ་དང་བསམས་པ་ལས་བྱུང་བའི་ཤེས་པས་རྟོགས་ཚུལ་ཡོངས་སུ་རྫོགས་པའི་ཚུལ་གྱིས་ཐིགས་པར་དཀའ་བའི་ཕྱིར། འཇིག་རྟེན་པའི་སྒོམ་བྱུང་གིས་ཐིགས་པར་དཀའ་བ་གོ་ནུས་པར་དགོངས་ནས་དངོས་སུ་མ་སྨྲོས་སོ། །ཤེས་རབ་དེ་གསུམ་གྱིས་དོན་དམ་པའི་བདེན་པ་རྟོགས་པར་བྱེད་པའི་ཚེ་གཉིས་སྣང་དང་བཅས་པ་ལས་མ་འདས་ལ་རྟོགས་ཚུལ་རྫོགས་པ་ན་ཆུ་ལ་ཆུ་བཞག་པའི་ཚུལ་དུ་རྟོགས་པའོ། །དོན་རྣམ་པ་བདུན་པོ་དེ་བརྗོད་པའི་ཡི་གེ་གང་ཡིན་པ་དེ་དག་ནི་ཆོས་ཅན། རྡོ་རྗེ་ལྟ་བུའི་གནས་ཞེས་བརྗོད་དེ། དོན་དེ་དག་ཐོག་མར་ཐོས་པའི་ཤེས་རབ་ཀྱིས་རྟོགས་པ་དང་། དོན་དེ་ཐོབ་ཅིང་མངོན་དུ་བྱེད་པའི་གཞི་ཡིན་པས་དོན་དེའི་རྟེན་དུ་གྱུར་པའི་ཕྱིར་རོ། །དེར་ཐལ། དོན་རྣམ་པ་བདུན་པོ་དངོས་སུ་རྟོགས་པའི་གོ་འཕང་དེ་ཐོབ་པ་དང་རྗེས་སུ་མཐུན་པའི་ལམ་བརྗོད་བྱར་སྟོན་པར་བྱེད་པ་ནའི་ཕྱིར། སྨྲ་ཁ་ཅིག་གིས་འདིར་དོན་དེ་དག་བརྗོད་པར་བཤད་པ་དང་། གོང་དུ་བརྗོད་དུ་མེད་པར་བཤད་པའི་འགལ་སྤོང་དུ་བྱས་ནས་དོན་དམ་པའི་བདེན་པ་སྒྲས་བརྗོད་དུ་མེད་ཀྱང་དེ་མངོན་སུམ་དུ་རྟོགས་པའི་ལམ་བརྗོད་བྱེད་པ་ལ་འཆད་པ་ལ་ནི་མི་འཚམ་སྟེ། དོན་དམ་བདེན་པ་དང་དེ་མངོན་སུམ་དུ་རྟོགས་པའི་ཡེ་ཤེས་གཉིས་སྒྲས་བརྗོད་ནུས་མི་ནུས་ཀྱི་ཁྱད་པར་ཙུང་ཟད་ཀྱང་མི་(10a) རྙེད་པའི་ཕྱིར་རོ། །དེས་ན་དོན་རྣམ་པ་བདུན་སྟོན་པའི་བསྟན་བཅོས་དོན་རྣམ་པ་བདུན་གྱི་རྟེན་དུ་འགྱུར་བའི་དོན་སྟོན་པ་ཡིན་ཏེ། ཐོག་མར་དོན་དེ་དག་བསྟན་བཅོས་ཀྱི་བརྗོད་བྱར་བྱས་པ་ལ་བརྟེན་ཐོས་བསམ་གྱི་ཤེས་རབ་སྐྱེ་དེ་ལ་བརྟེན་ནས་འཇིག་རྟེན་ལས་འདས་པའི་ལམ་སྐྱེ་ཞིང་ལམ་དེ་དག་བརྗོད་བྱར་ཡང་བྱེད་པའི་དོན་ཏོ། །

གསུམ་པ་ནི། དོན་རྣམ་པ་བདུན་དང་དེ་སྟོན་པའི་ཡི་གེ་དག་རིམ་པ་བཞིན་དུ་རྡོ་རྗེ་ལྟ་བུ་དང་དེའི་གནས་ཉིད་དུ་རྟོགས་པར་བྱ་སྟེ། སྔར་གོང་དུ་བཤད་པའི་ཚུལ་དེ་ལྟར་ཐོས་བསམ་གྱི་ཤེས་རབ་ཀྱིས་རྟོགས་ཚུལ་རྫོགས་པའི་ཚུལ་གྱིས་ཐིགས་པར་དཀའ་བའི་དོན་ཡིན་པའི་ཕྱིར་དང་། དོན་དེ་དག་བརྗོད་བྱར་བྱས་ནས་གསལ་བར་བྱེད་པའི་རྟེན་གྱི་དོན་གྱིས་སོ། །

གཉིས་པ་ལ་གཉིས། དྲི་བ་དང་། ལན་ནོ། །

དང་པོ་ནི། དེ་ལ་དོན་ནི་གང་ཡིན་ཡི་གེ་ནི་གང་ཡིན་ཞེ་ན།

གཉིས་པ་ནི། སྔར་བཤད་པའི་རྟོགས་པའི་དོན་རྣམ་པ་བདུན་ནི་དོན་ཞེས་བརྗོད་དེ་ཞེས་པ་ནས་འདི་ནི་དོན་ཞེས་བྱའོ། །མིང་ཚིག་བསྡུས་པའི་ཡི་གེ་གང་དག་གིས་རྟོགས་པའི་དོན་རྣམ་པ་བདུན་པོ་འདི་དག་བརྗོད་བྱར་སྟོན་པར་བྱེད་ཤེས་རབ་ཀྱི་ཡུལ་དུ་གསལ་བར་བྱེད་པའི་བསྟན་བཅོས་དེ་ནི་འདིར་ཡི་གེ་ཞེས་བྱའོ། །མིང་ཚིག་ཡི་གེ་གསུམ་དུ་ཕྱེ་བའི་ཡ་གྱལ་གྱི་ཡི་གེ་འབའ་ཞིག་མ་ཡིན་གྱི་དོན་རྣམ་པ་བདུན་སྟོན་པའི་བསྟན་བཅོས་ལ་འདིར་ཡི་གེ་ཞེས་བྱའོ། །

前因成立，应如是，以**闻所成慧与思所成慧难**以圆证之理**穿透故**。由此可知世间修成慧亦难穿透，有此密意，然未说明。此三慧证胜义谛时仍俱二相，证理圆满时方如水注水而证。**诸凡诠说彼**七种**义之字**有法，**即名为如金刚之**“**处**”，以是最初以闻慧通达彼等义、复是获得及现证彼义之基，而为**彼**义之**所依故**。理应如是，以说随顺获亲证七种义位之道为所诠故。此处说彼等义可言说，前说不可言说，先德断此相违，而言胜义谛虽不可以名言诠说，然可说彼现证之道。此不合宜，以胜义谛及其现证之智二者可不可以名言诠说都无差别故。因此宣说七种义之论，即说七种义所依之义，初以彼等义为论之所诠，依此生起闻思慧，次生出世间道，故彼等道亦是所诠。

（壬三）摄义

如是如先前所说之理趣，**应以**闻思慧不能圆证之**难穿透义与**彼等义为所诠而阐明之**所依义**，**通达**七种**义与**宣说彼之**诸字**依次**为**如**金刚与**彼之**处**。

（辛二）认明名言趣入之所依

分二：（壬一）问；（壬二）答。

（壬一）问

云何义？**云何字**？

（壬二）答

上述**七种所证之义名为**“**义**”，**亦即：佛义**，**法义**，**僧义**，**界义**，**菩提义**，**功德义以及事业义**，**是名为**“**义**”。名词所摄**诸字能示此等七种所证义**所诠、**能明**于慧境之论者，此处**是名为**“**字**”。名词非单指三类字①中之名词类，宣说七种所证义之论，即此处所称之字。

---

① 名词，介词，动词。

གསུམ་པ་ལ་གཉིས། མཚམས་སྦྱར་བ་དང་། ལུང་དང་སྦྱར་བ་དངོས་སོ། །

དང་པོ་ནི། རྡོ་རྗེའི་གནས་བསྟན་པ་ཞེས་སོ། །

གཉིས（10b）པ་ལ་གཉིས། དཀོན་མཆོག་གསུམ་ལུང་དང་སྦྱར་བ་དང་། ལྷག་མ་བཞི་ལུང་དང་སྦྱར་བའོ། །

དང་པོ་ནི། ཀུན་དགའ་བོ་དོན་དམ་པའི་དེ་བཞིན་གཤེགས་པ་རང་བཞིན་གྱིས་གྲུབ་པས་སྟོང་པ་སྤྲོ་བྲལ་གྱི་དྲི་མ་མཐའ་དག་དང་བྲལ་བ་ནི་མིག་གི་ཤེས་པ་སོགས་ལ་བསྟན་དུ་མེད་པ་སྟེ་དེ་ནི་མིག་གིས་བལྟ་བར་མི་ནུས་སོ། །དེ་ཡང་ཐ་སྙད་པའི་ཤེས་པས་རྟོགས་པར་མི་ནུས་པའོ། །ཀུན་དགའ་བོ་དོན་དམ་པའི་ཆོས་ནི་སྒྲ་རྟོག་གིས་རྟོགས་ཚུལ་ཇི་བཞིན་པའི་ཚུལ་གྱིས་བརྗོད་དུ་མེད་པ་སྟེ་དེའི་ཕྱིར། དེ་ནི་རྣ་བས་མཉན་པར་མི་ནུས་སོ། །ཀུན་དགའ་བོ་དོན་དམ་པའི་དགེ་འདུན་ནི་འདུས་མ་བྱས་པ་རང་བཞིན་གྱིས་སྟོང་པ་སྟེ་དོན་དམ་པ་སྟེ་དོན་དམ་པའི་བདེན་པ་དེ་ནི་ལུས་ཀྱིས་དངོས་སུ་ཕྱག་འཚལ་བ་དང་སེམས་ཀྱིས་མངོན་སུམ་དུ་རྟོགས་པའི་ཚུལ་གྱིས་བསྟོད་པ་བྱེད་པའི་བསྙེན་བཀུར་བྱ་བར་མི་ནུས་སོ། །ཞེས་རྡོ་རྗེའི་ཞེས་སོ། །

འཇིག་རྟེན་ན་སངས་རྒྱས་བལྟ་བར་བྱ་བ་དང་། ཆོས་མཉན་པར་བྱ་བ་དང་། དགེ་འདུན་བསྙེན་བཀུར་པའི་ཞིང་དུ་གྲགས་ཤིང་། དེ་ལྟར་བདེན་པར་འཛིན་པའི་གཅད་བྱ་སྒྲོ་འདོགས་ཀྱི་དབང་དུ་བྱས་ནས་སོ་སོར་བཤད་ཀྱི་གསུམ་ག་ཡང་དོན་དམ་པར་བལྟ་བྱ་སོགས་སུ་མ་གྲུབ་པར་འདྲའོ། །དཀོན་མཆོག་གསུམ་གྱི་དོན་དམ་པའི་གནས་ལུགས་བསྟན་པའི་སྒོ་ནས་ཀུན་རྫོབ་པ་ཡང་འཕེན་པར་བྱེད་པ་ཡིན་ཏེ། མདོ་ལས། འཕགས་པའི་གང་ཟག་ཐམས་ཅད་ནི་འདུས་མ་བྱས་རབ་ཏུ་ཕྱེ་བའོ། །ཞེས་གསུངས་པ་ལྟར་འཕགས་པའི་གང་ཟག་རྣམས་འདུས་མ་བྱས་པ་དོན་དམ་པའི་བདེན་པ་མངོན་སུམ་དུ（11a）རྟོགས་པས་བཞག་སྟེ། དེ་ཐབས་རྒྱ་ཆེ་ཆུང་གིས་ཟིན་པའི་དབང་གིས་ཐེག་པ་ཆེན་པོའི་དཀོན་མཆོག་གསུམ་དང་། ཐེག་པ་དམན་པའི་དགེ་འདུན་དང་ཆོས་དཀོན་མཆོག་ཀྱང་དེ་ལ་བརྟེན་ནས་ངེས་པར་བཞག་དགོས་པས་སོ། །འགྲེལ་པ་འདིར་ཉན་རང་ལ་བདག་མེད་ཕྲ་མོ་རྟོགས་པ་ཡོད་པར་བསྟན་པ་ནི་འཆད་པར་འགྱུར་རོ། །

（辛三）配合经教

分二：（壬一）次第；（壬二）正说配合经教。

（壬一）次第

又应广如经说通达此七金刚处：

（壬二）正说配合经教

分二：（癸一）三宝配合经教；（癸二）余四配合经教。

（癸一）三宝配合经教

“**阿难**，胜义**如来**自性空远离所有客尘**者**，**非可示**于眼识等，**眼不能见**。此亦是说名言识不能证。**阿难**，胜义**法者**，**非**名言分别**可**圆满诠**说**，是故**耳不能闻**。**阿难**，胜义**僧者**，**无为**自性空，即是胜义。彼胜义谛者，**身**不能实作礼拜、**心不能**现前赞叹**亲近承事**。”

此三金刚处当依《增上意乐品》而了知。

世俗中称佛为应见，法为应闻，僧为事奉之田。如是约实执所立增益而分说之三者，同于胜义中不成立为应见等。复由示三宝胜义真实之门引发世俗，如经云：“一切圣补特伽罗皆以无为而差别之。”① 诸圣补特伽罗皆由现证无为胜义谛安立，以约大小方便摄持而分大乘三宝与小乘僧宝、法宝决定须依此安立故。此《释论》说声闻、独觉有细无我之证德，下当解释。

① 玄奘译《大般若波罗蜜多经》云：“以诸贤圣补特伽罗皆是无为之所显故。”《大正藏》第七册，No. 220，页 980。

གཉིས་པ་ལ་གཉིས། ཁམས་ལུང་དང་སྦྱར་བ་དང་། བྱང་ཆུབ་སོགས་གསུམ་ལུང་དང་སྦྱར་བའོ། །

དང་པོ་ལ་གསུམ། རྟག་ཏུ་དེ་བཞིན་གཤེགས་པ་ཉག་གཅིག་གི་ཡུལ་དུ་བསྟན་པ་དང་། དེ་ལས་གཞན་གྱི་གཏན་དུ་བའི་ཡུལ་མ་ཡིན་པ་དང་། དོན་དམ་པའི་རང་བཞིན་ངོས་གཟུང་བའོ། །

དང་པོ་ནི། ཤཱ་རིའི་བུ་དྲི་མ་དང་བཅས་པའི་དེ་བཞིན་ཉིད་ཀྱི་དོན་འདི་ནི་དེ་བཞིན་གཤེགས་པའི་ཡུལ་ཏེ་བདེན་པའི་སྤྲོས་པ་ཡོད་ན་དམིགས་སུ་རུང་བ་ལས། བདེན་པའི་སྤྲོས་པ་འགའ་ཡང་མ་མཐོང་ཞིང་གཉིས་སྣང་གི་སྤྲོས་པ་ཡང་ནུབ་པའི་ཚུལ་གྱིས་རྟག་ཏུ་མཉམ་པར་བཞག་པའོ། །དེ་ཉིད་གསལ་བར་འཆད་པ་ནི། དེ་བཞིན་གཤེགས་པའི་སྤྱོད་ཡུལ་ལོ། །ཞེས་བྱ་བའོ། །

གཉིས་པ་ནི། ཤཱ་རིའི་བུ་དོན་འདི་ནི་མཐར་ཐུག་ཐེག་པ་གཅིག་ཏུ་བསྒྲུབ་པས་ཕྱིས་རང་གི་ཤེས་རབ་ཀྱིས་རྟོགས་པར་འགྱུར་བའམ། རང་གི་ཤེས་རབ་ཀྱིས་མི་རྟོགས་ཀྱང་། དད་པས་རྟོགས་པའི་རིམ་པ་ལ་ལྟོས་པའམ། མི་རྟོགས་པའི་གང་ཟག་གཉིས་ཀྱི་རིམ་པ་ལ་ལྟོས་ནས་རེ་ཤིག་ཅེས་སོ། །ཉན་ཐོས་དང་རང་སངས་རྒྱས་ཐམས་ཅད་ཀྱིས་ཀྱང་ཐེག་པ་ཆེན་པོ་བ་ལྟར་ཆོས་ཀྱི་བདག་མེད་རྫོགས་ (11b) པར་སྒོམ་པའི་ནུས་པ་དང་བྲལ་བས་ན་རང་གི་ཤེས་རབ་ཀྱིས་སྦྱོར་དངོས་མཇུག་གསུམ་མམ། ཐོས་བསམ་སྒོམ་གསུམ་གྱི་རིམ་པ་བཞིན་དུ་ཡང་དག་པར་ཤེས་པའམ། བལྟ་བའམ། བརྟག་པར་མི་ནུས་ན། བྱིས་པ་སོ་སོའི་སྐྱེ་བོ་དག་གིས་ལྟ་ཅི་སྨོས་ཏེ་ཞེས་སོ། །

ཁ་ཅིག་སྦྱོར་མཐོང་སྒོམ་གསུམ་ལ་རིམ་པ་བཞིན་དུ་སྦྱོར་བ་མི་འཐད་དེ། སོ་སོ་སྐྱེ་བོས་བལྟ་མི་ནུས་ན་སོ་སོ་སྐྱེ་བོས་ལྟ་ཅི་སྨོས་ཞེས་པར་འགྱུར་བའི་ཕྱིར་རོ། །ཁ་ཅིག་ན་རེ། ཐོས་པའི་ཤེས་རབ་ལ་འཆད་པ་ཡང་མི་འཐད་དེ། དེ་ལུང་ལ་བརྟེན་པའི་ཤེས་རབ་ཡིན་པས་རང་གི་ཤེས་རབ་མ་ཡིན་པའི་ཕྱིར་རོ། །ཞེས་པ་ནི་རང་གི་ཤེས་རབ་ཀྱི་དོན་མ་རྟོགས་པར་གསལ་ལོ། །དེས་ན་ཉན་ཐོས་དང་རང་སངས་རྒྱས་འཕགས་པ་རྣམས་ཀྱིས་ཀྱང་དོན་དམ་པའི་བདེན་པ་མངོན་སུམ་དུ་གཟིགས་མོད་ཀྱི། དབུ་མ་རྩ་བ་ཤེས་རབ་ནས་བསྟན་པ་ལྟར་དོན་དམ་པའི་བདེན་པ་ལ་སྤྲོས་པ་གཅོད་པའི་རིགས་པའི་ཚོགས་མཐའ་ཡས་པའི་སྒོ་ནས་ཁོང་དུ་ཆུད་པར་མི་བྱེད་ཅིང་། །ཐེག་པ་ཆེན་པོའི་གང་ཟག་དབང་པོ་རྣོན་པོ་ལྟར་དོན་དམ་པའི་བདེན་པ་ལ་རང་སྟོབས་ཀྱི་ཤེས་རབ་གོང་ནས་གོང་དུ་རྒྱས་པར་འགྱུར་བའི་ཚུལ་གྱིས་རྟོགས་མི་ནུས་པས་རང་གི་ཤེས་རབ་ཀྱིས་བལྟ་བ་སོགས་མི་ནུས་པའི་དོན་ནོ།

（癸二）余四配合经教

分二：（子一）界配合经教；（子二）菩提等三配合经教。

（子一）界配合经教

分三：（丑一）恒为如来单独之境；（丑二）非他人常时之境；（丑三）义明胜义自性。

（丑一）恒为如来单独之境

“**舍利弗**，**此**有垢真如**义者乃是如来境界**，若有谛实戏论，彼应可得，然不见少分谛实戏论，二相戏论亦复隐没而恒常住定。”“**如来所行**”一句即明释此义。

（丑二）非他人常时之境

“**舍利弗**，为成立究竟一乘故，观待于后当以自慧通达，或观待于未能以自慧通达、亦未能以信心通达如是二补特伽罗之次第，名为**暂**时。**一切声闻**、**独觉**无大乘人圆满修习法无我之力，故**不能以自慧**依加行、正行、结行三者或闻、思、修三者之次第**正知**、**观**、**察此义**，**何况愚夫异生**？”

或将之与加行道、见道、修道三者依次配合。此不应理，如是则等同说：“若异生不能观，何况异生？”或谓：说为闻慧不应理，彼是依教之慧故，非是自慧。显示其不知自慧之义。因此声闻、独觉诸圣者虽亦现见胜义谛，然非由无量断除胜义谛戏论正理聚之门，如《中观根本慧论》所说而得通达，亦不能如大乘利根补特伽罗，以自力通达胜义谛之慧后后渐增之理趣而得通达，是不能以自慧观等之义。

འོ་ན་ཉན་ཐོས་དང་རང་སངས་རྒྱས་རྣམས་ཀྱིས་དོན་དམ་པའི་བདེན་པ་རྟོགས་མི་ནུས་སམ་སྙམ་ན། དེ་བཞིན་གཤེགས་པ་ལ་དད་པའི་རྗེས་སུ་འབྲང་བའི་སྒོ་ནས་ཤེས་རབ་ཀྱིས་རྟོགས་པ་ནི་མ་གཏོགས་སོ། །ཤྲཱ་རིའི་བུ་དོན་དམ་པར་ནི་ཉན་ཐོས་དང་རང་སངས་རྒྱས་འཕགས (12a) པ་རྣམས་ཀྱིས་དད་པར་རྟོགས་པར་བྱ་བ་ཡིན་ནོ། །ཆོས་ཀྱི་བདག་མེད་རྟོགས་ཀྱང་ཐེག་པ་ཆེན་པོ་བ་ལ་ལྟོས་ན་དབང་པོ་རྟུལ་བའི་དོན་ཡིན་གྱི། ཉན་རང་གིས་ཆོས་ཀྱི་བདག་མེད་མ་རྟོགས་པ་དང་། དེ་བཞིན་གཤེགས་པ་ལ་ཚད་མའི་སྐྱེས་བུར་ཡིད་ཆེས་པ་ཙམ་ལ་རྟོགས་པར་འདོད་པ་དཔྱད་མི་བཟོད་དེ་དོན་དམ་པའི་བདེན་པ་ཚད་མས་མ་རྟོགས་ན་དད་པས་རྟོགས་པར་འགལ་ལ། ཚད་མས་རྟོགས་ན་ནི། སྤྱིར་སྟོང་པ་ཉིད་ལ་དད་པ་ཙམ་གྱི་དོན་དུ་བཤད་མི་དགོས་སོ། །བསྟན་བཅོས་འདི་རྩ་འགྲེལ་དུ་མཐར་ཐུག་ཐེག་པ་གཅིག་དང་། ཉན་རང་འཕགས་པ་ལ་ཡང་ཆོས་ཀྱི་བདག་མེད་རྟོགས་པ་ཡོད་པར་བསྒྲུབ་པར་ཤེས་པར་བྱའོ། །

གསུམ་པ་ནི། ཤྲཱ་རིའི་བུ་དོན་དམ་པ་དྲི་མ་དང་བཅས་པའི་དེ་བཞིན་ཉིད་ཅེས་བྱ་བ་འདི་ནི་དྲི་མས་ཉུང་ཟད་ཀྱང་མ་དག་པའི་གནས་སྐབས་ན་སེམས་ཅན་གྱི་ཁམས་ཀྱི་ཚིག་བླ་དྭགས་སོ། །ཤྲཱ་རིའི་བུ་སེམས་ཅན་གྱི་ཁམས་ཞེས་བྱ་བ་འདི་ནི་དྲི་མ་ཅི་རིགས་པ་སྤངས་ཤིང་། ཉུང་ཟད་དང་བཅས་པའི་གནས་སྐབས་ན་དེ་བཞིན་གཤེགས་པའི་སྙིང་པོའི་ཚིག་བླ་དྭགས་སོ། །ཤྲཱ་རིའི་བུ་དེ་བཞིན་གཤེགས་པའི་སྙིང་པོ་ཞེས་བྱ་བ་འདི་ནི་དྲི་མ་མཐའ་དག་གིས་དབེན་པ་ན་ཆོས་ཀྱི་སྐུའི་ཚིག་བླ་དྭགས་སོ། །ཞེས་རྡོ་རྗེའི་ཞེས་སོ། །

དེ་བཞིན་ཉིད་གཅིག་པུ་དྲི་མ་དང་བཅས་པའི་གནས་སྐབས་ན་སེམས་ཅན་གྱི་ཁམས་དང་དེ་བཞིན་གཤེགས་པའི་སྙིང་པོ་ཞེས་བརྗོད་ལ། དྲི་མ་མཐའ་དག་གིས་དབེན་པ་ན་ཆོས་ཀྱི་སྐུའོ། ། (12b) དེ་བཞིན་ཉིད་ཆོས་ཅན། དེ་བཞིན་གཤེགས་པའི་སྙིང་པོར་ཐལ། དྲི་མ་དང་བཅས་པའི་གནས་སྐབས་ན་དེ་ཡིན་པའི་ཕྱིར། འདོད་ན་སངས་རྒྱས་ཀྱི་ཆོས་ཀྱི་སྐུ་ཡིན་པར་ཐལ། དྲི་མས་དབེན་པ་ན་དེ་ཡིན་པའི་ཕྱིར། ཅེས་སྨྲ་བ་ནི་རིགས་པ་མི་ཤེས་པའི་རྣམ་འགྱུར་རོ། །ཚིག་བླ་དྭགས་ནི། སྒྲ་རྣམ་གྲངས་པའི་དོན་ཡིན་གྱི། དོན་རྣམ་གྲངས་པ་མ་ཡིན་ཏེ། གླང་པོ་ལ་ལག་ལྡན་གྱི་སྒྲ་ཡོད་ཀྱང་། ལག་ལྡན་ལ་གླང་པོས་མ་ཁྱབ་པ་བཞིན་ནོ། །དོན་སྔ་མ་གཉིས་ཕན་ཚུན་དུ་ཁྱབ་ཀྱང་ཕྱི་མ་ལ་སྔ་མ་གཉིས་ཀྱིས་མ་ཁྱབ་སྟེ། སྔ་མ་གཉིས་ནི་རྒྱུའི་གནས་སྐབས་དང་། སེམས་ཅན་འབའ་ཞིག་གི་རྒྱུད་ལ་ཡོད་པར་རྩ་འགྲེལ་ཀུན་གྱིས་བསྟན་གྱི། དྲི་མ་མཐའ་དག་གིས་དབེན་པའི་བྱང་ཆུབ་དེ་བཞིན་གཤེགས་པའི་སྙིང་པོར་སྟོན་པའི་ཚིག་ཉུང་ཟད་ཀྱང་མེད་པའི་ཕྱིར་རོ། །མདོའི་ཚིག་གསུམ་པོ་འདི་ནི་དེ་བཞིན་གཤེགས་པའི་སྙིང་པོ་ཉིད་དྲི་མ་མཐའ་དག་གིས་རྣམ་པར་དག་པ་ལ་ཆོས་ཀྱི་སྐུའི་མིང་ཐོབ་པར་བསྟན་པ་ནི། མ་དག་མ་དག་དག་པ་དང་། ཞེས་སོགས་ལས་ཤིན་ཏུ་གསལ་ལོ། །

或念：若尔，诸声闻、独觉不能通达胜义谛耶？曰：“由随**信如来**之门**而得通达**，然非以慧。**舍利弗**，声闻、独觉诸圣者**当以信心通达胜义**。”

意为彼等虽通达法无我，然观待大乘人，则为钝根。或许声闻、独觉不通达法无我，惟信如来为量士夫而通达者，不堪观察。若量不能通达胜义谛，说信能通达则成相违。若能以量通达，总不须说空性惟信心之境。当知此论本释成立究竟一乘，以及声闻、独觉圣者亦有法无我证德。

（丑三）认明胜义自性

“**舍利弗**，**言胜**义有垢真如**者**，于垢染少分未净位时，**即是众生界之增语**。**舍利弗**，**言众生界者**，于垢染如其所应而断且仍具少分位时，**即是如来藏之增语**。**舍利弗**，**言如来藏者**，于诸垢悉皆远离时，**即是法身之增语**。”

此第四金刚处当依《不增不减经》而了知。

同一真如，有垢位时名有情界与如来藏，诸垢悉远离时名法身。或谓：真如有法，应是如来藏，以彼是在有垢位故；若许，应是佛之法身，彼已离垢故。此乃不知正理之相。“增语”者，乃异名之义，而非异义。如象有“具手”之名，然具手者不即是象；前二义虽互即，然后者不即是前二者，以本释俱说前二者为因位，纯系有情相续中有，而无少语说远离诸垢之菩提即如来藏故。经文第三句说如来藏垢染悉净时得法身之名，“不净不净净”等文[1]言之甚明。

---

① 本论《如来藏品》第四十七颂。

སེམས་ཅན་གྱི་རྒྱུད་ལ་གདོད་མ་ནས་ཡང་དག་པར་རྫོགས་པའི་སངས་རྒྱས་ཡོད་པར་འདོད་པ་ནི། མུ་སྟེགས་དབང་ཕྱུག་པ་རྟག་པ་རང་བྱུང་གི་ཐམས་ཅད་མཁྱེན་པ་ཁས་ལེན་པ་དང་མིང་མི་མཐུན་པ་ཙམ་དུ་ཟད་དོ། །ཡང་ཁ་ཅིག །སྔོད་ཐམས་ཅད་གཞལ་ཡས་ཁང་དང་། བཅུད་ཐམས་ཅད་རྡོ་རྗེ་འཆང་དུ་གདོད་མ་ནས་རྫོགས་ཟིན་པ་ནི་དམ་པའི་ཆོས་རྫོགས་པ་ཆེན་པོའོ། །ཞེས་འདོད་པ་ཡང་དབང་ཕྱུག (13a) རང་བྱུང་གི་ཐམས་ཅད་མཁྱེན་པ་ཐོག་མ་མེད་པ་ནས་རིགས་འདྲ་ཕྲ་མ་ལས་སྐྱེས་པའི་མི་རྟག་པར་འདོད་པ་དང་མིང་མི་མཐུན་པ་ཙམ་དུ་ཤེས་པར་བྱས་ལ་དཔྱོད་ལྡན་རྣམས་ཀྱིས་དོན་གྱི་རྗེས་སུ་འབྲང་བར་བྱ་ཡི། ཚིག་ལ་འཆེལ་བར་མི་བྱའོ། །

གཉིས་པ་ནི། བཅོམ་ལྡན་འདས་བླ་ན་མེད་པ་ཡང་དག་པར་རྫོགས་པའི་བྱང་ཆུབ་ཅེས་བྱ་བ་འདི་ནི་རང་བཞིན་གྱིས་དག་པ་ལ་གློ་བུར་གྱི་དྲི་མ་མཐའ་དག་ཀུང་ཟད་པ་མྱ་ངན་ལས་འདས་པའི་དབྱིངས་ཀྱི་ཚིག་བླ་དྭགས་སོ། གློ་བུར་དྲི་བྲལ་གྱི་མྱང་འདས་ཉན་ཐོས་དང་རང་སངས་རྒྱས་ལ་ཡང་ཡོད་པ་མ་ཡིན་ནམ་ཞེ་ན། བཅོམ་ལྡན་འདས་དག་པ་གཉིས་ལྡན་གྱི་མྱ་ངན་ལས་འདས་པའི་དབྱིངས་ཞེས་བགྱི་བ་འདི་ནི་དེ་བཞིན་གཤེགས་པའི་ཆོས་ཀྱི་སྐུའི་ཚིག་བླ་དྭགས་སོ་ཞེས་རྡོ་རྗེའི་ཞེས་སོ། །

ཡོན་ཏན་ལུང་དང་སྦྱར་བ་ནི་ཤཱ་རིའི་བུ་དེ་བཞིན་གཤེགས་པས་བསྟན་པའི་ཆོས་ཀྱི་སྐུའི་ཡོན་ཏན་གང་ཡིན་པ་དེ་ནི་འདི་ལྟ་སྟེ། གང་གཱའི་ཀླུང་གི་བྱེ་མ་ལས་འདས་པའི་དེ་བཞིན་གཤེགས་པའི་ཆོས་སྟོངས་སོགས་ཀྱི་ཡོན་ཏན་དག་དང་ནོར་བུའི་འོད་དང་མདོག་ལྟར་རིགས་སོ་སོར་དབྱེར་མེད་པ་དང་ངོ་བོས་བྱས་པའི་མི་འདྲ་བའི་སྒོ་ནས་རྣམ་པར་དབྱེར་མེད་པའི་ཆོས་དང་ལྡན་པ་བྲལ་བ་དང་རྣམ་སྨིན་གྱི་ཡོན་ཏན་ནོ། །དེ་ཉིད་བཤད་པ་ནི། ཡོན་ཏན་དེ་དག་གཅིག་ཡོད་པར་ཅིག་ཤོས་ཀྱང་མ་བྲལ་བའི་ཡེ་ཤེས་ཀྱི་ཡོན་ཏན་ཅན་ནོ་ཞེས་རྡོ་རྗེའི་ཞེས་སོ། །འཕྲིན་ལས་ལུང་དང་སྦྱར་བ་ནི། འཇམ་དཔལ་དེ་བཞིན་གཤེགས་པ་ནི་འབད་རྩོལ་ཐམས་ཅད་ཉེ་བར་ཞི་བས་གཞན་དོན་མཛད་པའི (13b) ལས་བྱ་བ་བྱེད་པ་གསུམ་གྱི་ངོ་བོ་ལ་འདིའོ་ཞེས་རྟོགས་པར་མི་མཛད། ཁྱད་པར་ཞིབ་ཏུ་ཕྱེ་ནས་འདིའོ་ཞེས་རྣམ་པར་རྟོག་པར་མི་མཛད་མོད་ཀྱི། དེ་ལྟ་ན་ཡང་དེ་བཞིན་གཤེགས་པ་དེའི་གདུལ་བྱའི་དུས་ལས་མི་འདའ་བར་སེམས་ཅན་ཐམས་ཅད་ལ་འཇུག་ཅིང་མ་ཚང་བ་མེད་པ་འདི་ལྟ་བུའི་རང་བཞིན་གྱི་མཛད་པ་འདི་ནི་ངོ་བོ་ལ་མི་རྟོག་ཁྱད་པར་ལ་རྣམ་པར་མི་རྟོག་བཞིན་དུ་རྒྱུན་མི་འཆད་ཅིང་ལྷུན་གྱིས་གྲུབ་པར་འཇུག་གོ་ཞེས་རྡོ་རྗེའི་ཞེས་སོ། །གནས་གསུམ་པོ་འདི་དག་ནི་འོག་ཏུ་རྒྱས་པར་འཆད་དོ། །

许有情相续中本具正等觉者，与外道自在派承许常、自生一切智无少相违。又，或许一切器无量宫、一切情金刚持本已圆满者，即“正法大圆满”。当知此说，与自在派所许自生一切智乃无始以来前后同类相生之无常[①]，惟名不同。慎思者当随义转，不可著于言辞。

（子二）菩提等三配合经教

“**世尊**，**言无上正等觉者**，**即是**自性清净、客尘皆尽**涅槃界之增语**。”若谓：声闻、独觉是否亦有离客尘之涅槃？经云：“**世尊**，**言**具二清净**涅槃界者**，**即是如来法身之增语**。”

此第五金刚处当依《圣胜鬘经》而了知。

功德配合经教者：“**舍利弗**，**如来所说法身**功德**者**，**具足过于恒河沙数如来诸法**“力”等功德，以及如摩尼宝光色，种类无差别然体性不同**无差别法**，离系与异熟功德。”为释彼义，经云：“**具足**彼等功德**互不乖离智德**。”**此第六金刚处当依《不增不减经》而了知**。

事业配合经教者：“**曼殊室利**，**如来**止息一切功用，于利他事业之业、所作、能作三者体性**不作分别**，于微细差别**善不分别**。**虽然如是**，**如来**度生不逾时，遍一切有情转，无有缺漏，**于不分别**体性、**善不分别**差别**中**，**如是自性之事业**无间**无功用转**。”**此第七金刚处当依《入如来德智不可思议境经》而了知**。

此等三处，下当广说。

---

① 自在派所许自生一切智是常，故原文似有脱落。据绛孜堪苏·索南衮噶，旧译大圆满派许佛是以无为为差别之智慧身：“若是有为无常，则有变异……无为常中无彼，故所谓佛者，乃先有之功德，经修道离一切客尘，而得显露或现前而已。”见《如来藏义·显明印藏各派智者主张之新月》，南印度甘丹绛孜寺，2001，页319。

གཉིས་པ་དོན་བསྡུ་བ་ནི། སྔར་གོང་དུ་བཤད་པའི་ཚུལ་དེ་ལྟར་མདོར་བསྡུས་ནས་རྡོ་རྗེའི་གནས་བདུན་པོ་འདི་ནི་སྔར་དྲངས་པ་དང་འོག་ནས་འབྱུང་བའི་གསུང་རབ་དང་། དེ་དག་གི་དགོངས་པ་འགྲེལ་པའི་བསྟན་བཅོས་འདིའི་རྒྱས་བཤད་མཐའ་དག་གི་ལུས་སུ་རིག་པར་བྱའོ། །ཇི་ལྟར་མདོར་བསྡུས་པས་ལུས་སུ་འགྱུར་བ་ཡིན་ཞེ་ན། བསྟན་པ་གསུང་རབ་དང་དེའི་དགོངས་འགྲེལ་གྱི་བསྟན་བཅོས་འདི་ཡིན་ལ། དེའི་སྙོ་ནི་བསྟན་བཅོས་རྩོམ་པ་ལ་འཇུག་པའི་རྒྱུ་མཚན་གྱི་སྙོ་ཡིན་ལ། དེ་དོན་རྣམ་པ་བདུན་དུ་བསྡུས་པའི་དོན་གྱིས་ན་སྙེ་དེར་བསྡུས་པའི་རང་བཞིན་གྱིས་ན་ལུས་སོ། །ལུས་རྣམ་པར་བཞག་པ་དངོས་ནི། ཚིགས་བཅད་གཅིག་པོ་དེ་ཉིད་ཡིན་ཡང་ལུང་དང་སྦྱར་བ་དང་གོ་རིམ་ངེས་པ་གཉིས་ཀྱང་དེར་བསྡུས་པ་ལ་འགལ་བ་མེད་པར་སེམས་སོ། །

གཉིས་པ་ལ་གསུམ། རྩ་བ་དང་། འགྲེལ་པ་དང་། དོན་བསྡུ་བའོ། །

དང་པོ་ནི། ཅི་དོན་ཚན་བདུན་དུ་བསྡུས་པའི་བསྟན་བཅོས་འདིར་དགར་རམ། འོན་ཏེ་གཞན་གྱི་རྗེས་སུ་འབྲང་བ་ཡིན་སྙམ་དུ (14a) དོགས་པ་ལ། རང་བཟོའི་ཉེས་པ་སྤང་བ་ནི། རྡོ་རྗེ་ལྟ་བུའི་དོན་བདུན་པོ་འདི་དག་འཕགས་པ་གཟུངས་ཀྱི་དབང་ཕྱུག་རྒྱལ་པོས་ཞུས་པའི་མདོར་གསུངས་སོ། །ཇི་ལྟར་གསུངས་ན། སངས་རྒྱས་ལ་སོགས་པ་རྣམས་ཀྱི་རང་རང་གི་ཐུན་མོང་མ་ཡིན་པའི་རང་བཞིན་སྟོན་པས་རང་གི་མཚན་ཉིད་ཀྱིས་བསྟན་པ་དང་གང་གིས་སྙམས་རྗེས་འབྲེལ་བ་ཕན་ཚུན་མ་བྲལ་བ་དང་རྣམ་པར་མ་ཆད་པའི་གོ་རིམ་དང་། དེ་ཡང་སྔར་རྩ་ཚིག་ཏུ་བསྟན་པའི་གོ་རིམ་ཇི་ལྟ་བ་བཞིན་དུ་བསྟན་ཏོ། །མདོའི་ཚིག་གང་གིས་གནས་གང་བསྟན་ཞེ་ན། གླེང་བཞིའི་ལེའུ་ལས་ནི་འབྲས་བུ་དཀོན་མཆོག་གསུམ་གྱི་གནས་གསུམ་བསྟན་པར་རིག་པར་བྱ་སྟེ། སྟེ་ནི་ལྷག་མ་འདྲེན་པའོ། །ལྷག་མ་གནས་བཞི་ནི་བློ་ལྡན་བྱང་ཆུབ་སེམས་དཔའི་ཁམས་སྦྱོང་བྱེད་ཀྱི་ཆོས་དྲུག་ཅུའི་དབྱེ་བ་བསྟན་པ་ལས་ཁམས་བསྟན་ལ་རྒྱལ་བ་ཡང་དག་པར་རྫོགས་པའི་སངས་རྒྱས་ཀྱི་ཆོས་བརྒྱད་ཅུའི་དབྱེ་བ་བསྟན་པ་ལས་བྱང་ཆུབ་ལ་སོགས་པ་ལྷག་མ་གསུམ་བསྟན་པར་རིག་པར་བྱའོ། །

（庚二）摄义：

如是上述之理，**简言之**，应知**此七金刚处**即前引后征引圣言及解彼等意趣**此论一切**广说**之体**。如何略摄成体？**教**即圣言及解彼意趣之本论，**门**者趣入造论原由之门。此**摄**为七种义即摄为彼之自性，故为体。

体正建立者，即此一颂，然将配合经教与次第决定两者摄入其中，自忖亦无相违。

（丁二）经如何说

分三：（戊一）《论》；（戊二）《释》；（戊三）摄义。

（戊一）《论》

或疑：摄七种义之论纯系臆造或有依据？曰：断臆造过失者，（《释》言:）**此等**七如金刚义，乃《圣陀罗尼自在王请问经》中所说。云何说？以说佛等各各不共自性示以**自相**，以其名说**相属**互不乖离与不间断之次第，此亦**如**上述《论》中所示之**次第**而说。何等经文说何等义？**应知**果三宝之**前三处出自**（**《总持王经》**）**之序品**；**余四**处者，经说**具慧**菩萨能净界六十法差别即说界，经说**佛**正等觉八十**法**差**别**即说菩提等余三处。(1.2)

大乘上续论释大疏卷一终

གཉིས་པ་ལ་གཉིས། འབྲས་བུ་དཀོན་མཆོག་གསུམ་ཇི་ལྟར་བསྟན་པ་དང་། ལྷག་མ་བཞི་ཇི་ལྟར་བསྟན་པའོ། །

དང་པོ་ལ་གཉིས། ཚིག་དོན་ཙམ་བཤད་པ་དང་། ལུང་དང་སྦྱར་བའོ། །

དང་པོ་ནི། རྡོ་རྗེའི་གནས་བདུན་པོ་འདི་དག་ལས་རང་རང་གི་ཐུན་མོང་མ་ཡིན་པའི་རང་བཞིན་རང་གི་མཚན་ཉིད་བསྟན་པ་དང་། མ་བྲལ་བ་དང་བར་མ་ཆད་པར་རྗེས་སུ་འབྲེལ་བ་ནི་སྟོར་བསྟན་པའི་གོ་རིམ་ཇི་ལྟ་བ་འཕགས་པ་གཟུངས་ཀྱི་དབང་ཕྱུག་རྒྱལ (14b) པོས་ཞུས་པའི་མདོར་གླེང་གཞིའི་ལེའུ་ལས་གནས་དང་པོ་གསུམ་བསྟན་པར་རིག་པར་བྱ་ལ། དེའི་འོག་ཏུ་གནས་ལྷག་མ་བཞི་ནི་བྱང་ཆུབ་སེམས་དཔའ་དང་དེ་བཞིན་གཤེགས་པའི་ཆོས་ཀྱི་དབྱེ་བ་བསྟན་པ་ལས་སོ། །

གཉིས་པ་ལ་གཉིས། རང་གི་ངོ་བོ་འགྲུབ་པའི་ཚུལ་ལུང་དང་སྦྱར་བ་དང་། ཡོན་ཏན་ལུང་དང་སྦྱར་བའོ། །

དང་པོ་ལ་གསུམ། མདོར་བསྟན་པ་དང་། ཞར་ལ་རྒྱུ་རྐྱེན་ངོས་བཟུང་བ་དང་། རྒྱས་པར་བཤད་པའོ། །

དང་པོ་ནི། མདོ་དེ་ལས། ཇི་སྐད་དུ། བཅོམ་ལྡན་འདས་དམིགས་པ་ཆོས་ཐམས་ཅད་ལ་དམིགས་ནས་རྣམ་པ་བདེན་པའི་སྒྲོས་བྲལ་དུ་མཉམ་པ་ཉིད་དུ་མངོན་པར་ཏེ་མངོན་སུམ་དུ་རྫོགས་པར་ཏེ་མ་ལུས་པར་སངས་རྒྱས་པ་སྟེ་སྒྲིབ་པ་མཐའ་དག་ཟད་པའི་ཚུལ་གྱིས་ཐུགས་སུ་ཆུད་པ་ལ་བརྟེན་ནས་གདུལ་བྱ་རིགས་ཅན་གང་དག་ལ་ཆོས་ཀྱི་འཁོར་ལོ་ལེགས་པར་བསྐོར་བ་དེའི་ཕྱིར་སློབ་མའི་ཚོགས་ཤིན་ཏུ་དུལ་བ་མཐའ་ཡས་པ་མངའ་བ་ཞེས་མདོ་ལས་གང་གསུངས་པ་སྟེ། རྩ་བའི་ཚིག་འདི་གསུམ་གྱིས་ནི་འབྲས་བུ་མཐར་ཐུག་པའི་དཀོན་མཆོག་གསུམ་ཡང་བསྟན་ལ། དེ་འགྲུབ་པར་བྱེད་པའི་ཉེ་བའི་རྒྱུ་དག་པ་ས་གསུམ་ལ་གོ་རིམ་ཇི་ལྟ་བ་བཞིན་དུ་ས་བརྒྱད་པའི་གནས་སྐབས་སུ་སངས་རྒྱས་དཀོན་མཆོག་ཏུ་བཏགས་པ་དང་། ས་དགུ་པ་དང་བཅུ་པ་ལ་ཆོས་དཀོན་མཆོག་དང་དགེ་འདུན་དཀོན་མཆོག་སྟེ། དཀོན་མཆོག་གསུམ་རིམ་གྱིས་སྐྱེ་བ་འགྲུབ་པ་རྣམ་པར་བཞག་པར་རིག་པར་བྱའོ། །རྩ་ཚིག་གསུམ་པོ་འདིས་ཉེ་རྒྱུ་འབའ་ཞིག་བསྟན་པར་འཆད་པ་མི་རིགས་ཏེ། དཀོན (15a) མཆོག་གསུམ་གྱི་ཐུན་མོང་མ་ཡིན་པའི་རང་བཞིན་བསྟན་པར་བཤད་པ་དང་འགལ་བའི་ཕྱིར། སངས་རྒྱས་དཀོན་མཆོག་རྒྱུའི་གནས་སྐབས་འབའ་ཞིག་ཏུ་བསྟན་པ་མི་འཐད་པའི་ཕྱིར་རོ། །

大乘上续论释大疏卷二

（戊二）释

分二：（己一）云何说果三宝；（己二）云何说余四处。

（己一）云何说果三宝

分二：（庚一）仅说文义；（庚二）配合经教。

（庚一）仅说文义

此等七金刚处所示别别不共自性之**自相**，**以及**互不乖离、中无间隔之**相属者**，**如**上述**次第**，**应知前三处出自《圣陀罗尼自在王**请问**经》序品**，**其后余四处出自“菩萨与如来法差别”**。

（庚二）配合经教

分二：（辛一）成立自体之理趣配合经教；（辛二）功德配合经教。

（辛一）成立自体之理趣配合经教

分三：（壬一）略标；（壬二）附带认明因缘；（壬三）广释。

（壬一）略标

彼**经云**：“**世尊**缘所缘**一切法**圆满**觉悟**离谛实戏论**平等性**，以尽一切障之理趣证之，依此为彼所化具种性者**善转法轮**，是故**具有无量至极调伏弟子众**。”

应知此三句正文虽亦说果究竟三宝，然说能成就彼之近因三清净地，**如其次第**，八地位假名为佛宝，九地假名为法宝，十地假名为僧宝，**乃成立渐次出生三宝之建立**。

或谓此三句正文唯说近因。此不应理，以与说示三宝不共自性相违故；唯于因位示佛宝不应理故。

གཉིས་པ་ནི། ཁམས་ལ་སོགས་པའི་ལྷག་མ་གནས་བཞི་ནི་འབྲས་བུ་དཀོན་མཆོག་གསུམ་འབྱུང་བ་དང་རྗེས་སུ་མཐུན་པའི་ལྷན་ཅིག་བྱེད་རྐྱེན་དང་ཉེར་ལེན་གྱི་རྒྱུ་འགྲུབ་པ་བསྟན་པར་རིག་པར་བྱའོ། །འདིར་ཞར་བྱུང་ཙམ་དུ་རྣམ་པར་བཞག་པ་ཡིན་གྱི་སྐབས་སུ་བབ་པ་འོག་ཏུ་སྟོན་ཏོ། །

གསུམ་པ་ལ་གཉིས། ཉེ་རྒྱུ་དག་པ་ས་གསུམ་ལ་དཀོན་མཆོག་གསུམ་རིམ་གྱིས་འགྲུབ་པའི་ཚུལ་དང་། དགེ་འདུན་དཀོན་མཆོག་ཁྱད་པར་དུ་བཤད་པའོ། །

དང་པོ་ནི། དེ་ལ་རང་གི་ཐོབ་བྱ་བྱང་ཆུབ་ཀྱི་སྙིང་པོ་བྱང་ཆུབ་ཀྱི་ཤིང་དྲུང་མཆོག་ཏུ་གཤེགས་པ་དེ་ཆོས་ཐམས་ཅད་མཉམ་པར་ཉིད་དུ་མངོན་པར་རྫོགས་པར་སངས་རྒྱས་པ་ཞེས་བྱ་སྟེ། གང་གི་ཕྱིར་ན་བྱང་ཆུབ་སེམས་དཔའི་ས་བརྒྱད་པ་ལ་གནས་པ་ན་དབང་བཅུ་ཐོབ་པས་ཆོས་ཐམས་ཅད་ལ་དབང་སྒྱུར་བ་ཐོབ་པར་གྱུར་པ་དེའི་ཕྱིར་རང་གི་ཐོབ་བྱ་སངས་རྒྱས་དཀོན་མཆོག་འབྱུང་བ་ལ་ས་བརྒྱད་པའི་སྐབས་སུ་རྣམ་པར་མི་རྟོག་པའི་ཡེ་ཤེས་ལ་སོགས་པའི་ཆོས་ཐམས་ཅད་ལ་དབང་སྒྱུར་བ་ཐོབ་པ་རྒྱུ་མཚན་དུ་བཀོད་པའོ། །

མ་འོངས་པ་ན་རང་ཉིད་མངོན་པར་རྫོགས་པར་སངས་རྒྱས་པ་དེ་རང་གི་སྲས་འཕགས་པ་པ་བཞིའི་བཞིན་དོན་སྒྲུབ་པའི་ཆོས་ཀྱི་འཁོར་ལོ་ལེགས་པར་བསྐོར་བ་ཞེས་བྱ་བའི་ཆོས་དཀོན་མཆོག་ཐོབ་པར་འགྱུར་ཏེ། གང་གི་ཕྱིར་ན་བྱང་ཆུབ་སེམས་དཔའི་ས（15b）དགུ་པ་ལ་གནས་པ་ན་རང་ཉིད་སོ་སོ་ཡང་དག་པར་རིག་པ་བཞི་ཐོབ་པས་བླ་ན་མེད་པའི་སངས་རྒྱས་ཀྱི་ཆོས་སྨྲ་བ་ཉིད་དང་ལྡན་པས་སེམས་ཅན་ཐམས་ཅད་ཀྱི་རིགས་དང་མོས་པ་སྣ་ཚོགས་པའི་བསམ་པའི་ཚུལ་ལེགས་པར་ཤེས་པ་དང་ས་དགུ་པ་ཐོབ་ན་དབང་པོ་རྣོ་འབྲིང་རྟུལ་གསུམ་གྱི་ཁྱད་པར་མི་མངའ་བས་དད་པ་ལ་སོགས་པའི་དབང་པོ་མཆོག་གི་ཕ་རོལ་ཏུ་ཕྱིན་པ་དང་། སེམས་ཅན་ཐམས་ཅད་ཀྱི་ཉོན་མོངས་པའི་བག་ཆགས་ཤེས་སྒྲིབ་ཀྱི་རིགས་འདྲ་སྔ་མས་ཕྱི་མ་མཚམས་སྦྱོར་བ་འཇོམས་པ་ལ་མཁས་པར་གྱུར་པ་ཐོབ་པར་འགྱུར་བ་དེའི་ཕྱིར་ཆོས་ཀྱི་འཁོར་ལོ་ལེགས་པར་བསྐོར་བ་དེ་རང་གིས་ཐོབ་པ་ན་སློབ་མའི་ཚོགས་ཤིན་ཏུ་དུལ་བ་མཐའ་ཡས་པ་མངའ་བ་ཞེས་བྱ་བ་མཐར་ཐུག་པ་ཐོབ་པར་འགྱུར་ཏེ་གང་གི་ཕྱིར་ན་རང་གིས་ས་བཅུ་པ་ཐོབ་པ་དེའི་ཚེ་ས་བཅུ་པ་ལ་དེ་བཞིན་གཤེགས་པའི་བླ་ན་མེད་པའི་ཆོས་ཀྱི་རྒྱལ་ཚབ་ཏུ་དབང་བསྐུར་བ་ཐོབ་མ་ཐག་ཏུ་སངས་རྒྱས་ཀྱི་མཛད་པ་ལྷུན་གྱིས་གྲུབ་ཅིང་རྒྱུན་མི་འཆད་པ་ཐོབ་པར་འགྱུར་བ་དེའི་ཕྱིར་མཛད་པ་ལྷུན་གྱིས་གྲུབ་པ་དང་རྒྱུན་མི་འཆད་པའི་དོན་འོག་ནས་འཆད་པར་འགྱུར་རོ། །

（壬二）附带认明因缘

应知界等**余四处者**，**说成就随顺出生**果**三宝之**俱有缘与近取**因**。此处惟作附带建立，届时自当广说。

（壬三）广释

分二：（癸一）近因三清净地依次成立为三宝之理趣；（癸二）别释僧宝。

（癸一）近因三清净地依次成立为三宝之理趣

此中彼往当得**最上菩提座**菩提树前者，经云：“**证觉一切法平等性**。”**何以故**？**住第八菩萨地**由得十自在①而**于一切法得自在故**。此说八地位中于无分别智等一切法得自在为出生佛宝之因。

未来**彼**自**现正等觉者**，即得经云“**善转法轮**以成办亲子四圣所愿”之法宝。**何以故**？**住第九地菩萨**得四无碍解故**具无上**佛**法语**，**善知一切有情**种种种性、种种胜解**意乐**；得第九地时，无有利、中、钝三根之别，故**到**信等**胜根彼岸**，**善巧摧坏一切有情烦恼习气**所知障前后同类**相续**故。

彼自得**善转法轮者**，即得经云“**具有无量至极调伏弟子众**”之究竟。**何以故**？自得第十地时，**于第十地中**，**得如来无上法王补处灌顶已**，**无间无功用成办佛之事业**、**相续不断故**。事业无功用成办、相续不断之义，下当解释。

---

① 宗喀巴大师造《入中论善解密意疏》解释说：“十自在者，一、得寿自在，于不可说不可说劫加持寿量故。二、得心自在，已于无量无数等持，智观入故。三、得财自在，已能示现一切世界无量庄严具，装饰加持故。四、得业自在，应时能现，业果加持故。五、得生自在，于一切世界示现受生故。六、得愿自在，于随所欲佛刹时分，示现成佛故。七、得胜解自在，已能示现一切世界佛充满故。八、得神通自在，诸佛刹中皆能示现神通游戏故。九、得智自在，已能示现，佛力、无畏、不共佛法、相好、正等觉故。十、得法自在，已能示现无边无中，法门明故。”上海市佛教协会，1989，页455—456。

གཉིས་པ་ནི། སློབ་མའི་ཚོགས་ཤིན་ཏུ་དུལ་བ་མཐའ་ཡས་པ་མངའ་བ་དེ་ཡང་མདོའི་ཚིག་དེའི་དེ་མ་ཐག་ཏུ་དགེ་སློང་གི་དགེ་འདུན་ཆེན་པོ་དང་ཐབས་གཅིག་སྟེ་ཞེས་བྱ་བ་ནས། བྱང་ཆུབ་སེམས་དཔའི་ཚོགས་གཞལ་དུ་མེད་པ་དང་ཐབས་གཅིག་གོ །ཞེས་བྱ་བའི་བར་གྱི་མདོའི་གཞུང་འདིས་བསྟན་ཏེ་ཤིན་ཏུ་དུལ་བ་ཉིད་ཁྱད་པར་དུ་བཤད་པ་ནི་དགེ་སློང་གི་དགེ་འདུན་དང་བྱང་ཆུབ་སེམས (16a) དཔའི་གོ་རིམ་ཇི་ལྟ་བར་ཉན་ཐོས་ཀྱི་བྱང་ཆུབ་དང་སངས་རྒྱས་ཀྱི་བྱང་ཆུབ་བསྒྲུབ་པ་ལ་ལས་རུང་དུ་གྱུར་ཅིང་ནུས་པ་མཐུ་ཅན་ཐོབ་པའི་ཤིན་ཏུ་དུལ་བའི་ཕྱིར་ན་དེ་ལྟ་བུའི་ཡོན་ཏན་དང་ལྡན་པ་དག་དང་ཐབས་ཅིག་ཏུ་བཞུགས་སོ། །འདིས་སློབ་མའི་ཚོགས་དུལ་བ་མཐའ་ཡས་པ་མངའ་བ་ཅེ་བྲག་ཏུ་བཤད་ལ།མངའ་བ་ཞེས་གསུངས་པས་མཐར་ཐུག་པའི་འབྲས་བུ་ཡང་བསྟན་པར་རིག་པར་བྱའོ། །

གཉིས་པ་ལ་གཉིས། རྒྱ་ཆེ་བའི་ཡོན་ཏན་ལུང་དང་སྦྱར་བ་དང་། ཟབ་པའི་ཡོན་ཏན་ལུང་དང་སྦྱར་བའོ། །

དང་པོ་ནི། དེ་ནས་ཉན་ཐོས་དང་བྱང་ཆུབ་སེམས་དཔའི་ཡོན་ཏན་བསྔགས་པ་བསྟན་པའི་རྗེས་ཐོགས་ལ་སངས་རྒྱས་ཀྱི་ཡོན་ཏན་བསྟན་པ་ནི། མདོ་ལས། དེ་ནས་བཅོམ་ལྡན་འདས་བྱང་ཆུབ་སེམས་དཔའི་སྤྱོད་པ་ལ་འཇུག་པས་ངེས་པར་འབྱུང་བའི་སྒྲིབ་པ་མེད་པའི་སྒོ་ཞེས་བྱ་བའི་ཆོས་ཀྱི་རྣམ་གྲངས་རབ་ཏུ་སྟོན་ཏེ། དེའི་ཚེ་བཅོམ་ལྡན་འདས་མངོན་པར་རྫོགས་པར་སངས་རྒྱས་ནས་ལོ་བཅུ་དྲུག་བཞེས་ནས་ཚངས་པར་སྤྱོད་པ་རྒྱས་པར་མཁྱེན་ཅིང་། བྱང་ཆུབ་སེམས་དཔའ་འདུས་པ་ཆེན་པོ་དེ་ཡང་གཟིགས་ཤིང་མཁྱེན་ཏེ། ཞེས་བྱ་བ་ནས། འདི་སྐད་དུ་བྱང་ཆུབ་སེམས་དཔའི་སྤྱོད་པ་ལ་འཇུག་པས་ངེས་པར་འབྱུང་བ་སྒྲིབ་པ་མེད་པའི་སྒོ་ཞེས་བྱ་བའི་ཆོས་ཀྱི་རྣམ་གྲངས་བསྟན་པར་བྱའོ་སྙམ་དུ་དགོངས་སོ། །

（癸二）别释僧宝

“**彼有无量至极调伏弟子众**”者，此经文之后，**随即由经文**“**与大苾刍僧俱**”**乃至**“**复与无量菩萨众俱**”**示之**。别释“至极调伏”者，苾刍僧与菩萨，**如其次第**，**乃于**成办**声闻菩提**与**佛菩提**得堪能与势力故**至极调伏**，**是故**与诸**具足如是功德**者俱。此别释具有无量调伏弟子众，经说“具有”，故应知亦说究竟果。

（辛二）功德配合经教

分二：（壬一）广大功德配合经教；（壬二）甚深功德配合经教。

（壬一）广大功德配合经教

次说赞叹声闻与菩萨功德，**其后说**佛功德。经云：“复次，世尊说名为入菩萨行出离无障碍门之法门。尔时世尊现正等觉逾十六年，广知梵行，复见知菩萨大集会……即作是念：当说入菩萨行出离无障碍门法门。”

དེ་ནས་དེའི་ཚེ་བཅོམ་ལྡན་འདས་དེ་བཞིན་གཤེགས་པའི་ཏིང་ངེ་འཛིན་ནི་སངས་རྒྱས་ཀྱི་སྤྱོད་ཡུལ་གྱི་རྣམ་པར་འཕྲུལ་བ་ཇི་ལྟ་བ་བཞིན་དུ་ཡང་དག་པར་སྟོན་པ་ཞེས་བྱ་བ་ལ་སྙོམས་པར་ཞུགས་སོ། ། (16b) སྙོམས་པར་ཞུགས་མ་ཐག་ཏུ་སངས་རྒྱས་ཀྱི་མཐུས་འདོད་པའི་ཁམས་དང་གཟུགས་ཀྱི་ཁམས་ཀྱི་བར་སྣང་ལ་འཁོར་གྱི་དཀྱིལ་འཁོར་གྱི་ཁྱམས། སངས་རྒྱས་ཀྱི་གནས། དེ་བཞིན་གཤེགས་པའི་དགེ་བའི་རྩ་བས་མངོན་པར་གྲུབ་པ། བྱང་ཆུབ་སེམས་དཔའི་བསམ་པས་ཡོངས་སུ་སྦྱོང་བ། ཕྱོགས་བཅུའི་འཇིག་རྟེན་གྱི་ཁམས་སྣང་བར་བྱེད་པ། སེམས་ཅན་ཚད་མེད་པའི་བསམ་པ་ཚིམས་པར་བྱེད་པ། ལྷའི་གཞལ་མེད་ཁང་མཐའ་དག་ཟིལ་གྱིས་གནོན་པ་ཞེས་བྱ་བ་ནས། བཻ་ཌཱུརྻ་དཀར་པོའི་གཞི་ཅན། འཛམ་བུ་གསེར་གྱི་རྩིག་དོགས་དང་། རིན་པོ་ཆེ་སྣ་ཚོགས་ཀྱི་རྟ་བབས་དང་སྒོ་ཁང་དང་ཁ་ཁྱེར་དང་སྟེགས་བུ་དང་ཁང་པ་བརྩེགས་པ་དང་ལྡན་པ། མུ་ཏིག་གི་དོ་ཤལ་དཔྱངས་ཤིང་གདུགས་དང་བ་དན་དང་རྒྱལ་མཚན་བསྒྲེང་བ། ལྷའི་དར་གྱི་ལྡ་ལྡི་དཔྱངས་པ། དེ་ལ་སོགས་ཏེ་བསྟགས་པ་དཔག་ཏུ་མེད་ཅིང་ཐུག་པ་མེད་པ་ཅན། སྟོང་གསུམ་གྱི་ཚད་དང་མཉམ་པ་ཞིག་བྱུང་ངོ་། །དེ་ཡང་ཙནྡན་སྤྲུལ་གྱི་སྙིང་པོས་བྱུགས་པ། དུས་ཀྱི་རྗེས་སུ་འབྲངས་པའི་དྲི་དང་ལྡན་པ། ཨ་ག་རུ་དམ་པའི་སྙིང་པོས་བདུགས་པ། ཀླུའི་མུ་ཏིག་དང་རིན་པོ་ཆེའི་ཏོག་གིས་སྤྲས་པ། མེ་ཏོག་སིལ་མ་བཀྲམ་པ། རིན་པོ་ཆེའི་ཤིང་དང་མཁའ་རྟེན་གྱིས་མཛེས་པར་བྱས་ཏེ། འཁོར་གྱི་ཁྱམས་དེ་ན་ཕྱོགས་བཅུའི་འཇིག་རྟེན་གྱི་ཁམས་ཐམས་ཅད་ཀྱི་རྒྱན་གྱི་བཀོད་པ་མཛེས་པ་ཇི་སྙེད་པ་ཐམས་ཅད་སྣང་ངོ་། །དེར་སེངགེའི་ཁྲི་བྱེ་བ་ཕྲག་ཁྲིག་བྱུང་བ་དང་། གླིང་བཞི་པའི་འཇིག་རྟེན་གྱི་སའི་སྟེང་ན་འཁོར་གྱི་ཁྱམས་ལ་ཐུག་པའི་བར་རིན་པོ་ཆེའི་ཐེམ་སྐས་རྒྱན་སྣ་ཚོགས་དང་ལྡན་པ (17a) བཞི་སྟོང་བྱུང་ཞིང་། དེ་བཞིན་དུ་གླིང་བཞི་པ་ཐམས་ཅད་དུ་ཡང་བྱུང་བར་གྱུར་ཏོ་ཞེས་བྱ་བའི་བར་བསྟུས་པ་ནི། བསམ་གྱིས་མི་ཁྱབ་པའི་སངས་རྒྱས་ཀྱི་ཏིང་ངེ་འཛིན་ཁྱུ་མཆོག་ལ་བརྟེན་ནས་རིན་པོ་ཆེ་བཀོད་པའི་དཀྱིལ་འཁོར་གྱི་ཁྱམས་རྒྱ་ཆེན་པོ་གྲུབ་པའོ། །

“尔时，世尊即入如来三摩地，名如实正示佛所行变化。入定无间，以佛神力故，于欲、色二界中间出大曼荼罗宫，佛所游居，如来善根之所成就，菩萨意乐之所净治，遍照十方世界，令无量有情之心而得知足，映蔽诸天无量宫……白琉璃为地基，瞻部洲金为墙，杂宝牌坊，具足门室、高台、重楼，悬真珠璎珞，竖有伞、幡、幢，挂诸天衣彩幡，如是等物，赞叹无量无尽，量等三千大千世界。彼亦涂以蛇心旃檀，时时散发妙香，熏以精纯沉香，龙珠、宝顶以为庄严，花瓣铺地，饰以宝树以及虚空依①。十方一切世界上妙庄严悉于彼曼荼罗宫中现。中有万亿狮子座。四洲世间地上出四千宝梯，具众庄严，上达曼荼罗宫，如是一切四洲皆出宝梯。”

摄此段经文意，（《释》言：）**依不可思议佛三摩地王成就广大宝庄严曼荼罗宫**。

① “虚空依”一词不详。

དེ་ནས་བཅོམ་ལྡན་འདས་ཀྱིས་དགོངས་ཤིང་མཁྱེན་བཞིན་དུ་ཏིང་ངེ་འཛིན་དེ་ལས་བཞེངས་པར་གྱུར་ཏེ་བཞེངས་མ་ཐག་ཏུ་འཇིག་རྟེན་གྱི་ཁམས་རྣམ་པ་དྲུག་ཏུ་གཡོས་ཤིང་སྣང་བ་ཆེན་པོ་ཡང་བྱུང་བར་གྱུར་ཏོ། །དེ་ནས་བཅོམ་ལྡན་འདས་བྱང་ཆུབ་སེམས་དཔས་བསྐོར་ཞིང་ཉན་ཐོས་ཀྱིས་མདུན་དུ་བདར་ཏེ། ལྷ་དང་ཀླུ་ལ་སོགས་པས་མངོན་པར་བསྟོད་ཅིང་ཞེས་བྱ་བ་ནས། བྱ་རྒོད་ཀྱི་ཕུང་པོའི་རི་ལ་མི་སྣང་བར་གྱུར་ཅིང་། འཁོར་གྱི་ཁྱིམས་སུ་གཤེགས་པར་གྱུར་པ་དང་། འདོད་ལྷ་རིགས་དྲུག་གི་ལྷས་རིམ་པ་བཞིན་དུ་ལྷའི་མེ་ཏོག་དང་། སྤོས་དང་། ན་བཟའ་དང་། རིན་པོ་ཆེའི་སྤྲིན་དང་། རྒྱན་དང་། སྒྲ་ཏིག་གི་དོ་ཤལ་གྱི་ཆར་མངོན་པར་ཕབ་ནས་ཚིགས་སུ་བཅད་པས་བསྟོད་དེ། ཞམ་འབྲིང་དུ་འབྲངས་པས་རིན་པོ་ཆེའི་ཁྱིམས་སུ་ཕྱིན་ནས་གདན་ཇི་ལྟར་བཤམས་པ་ལ་བཞུགས་སོ། །གླིང་བཞི་པ་འདི་ཇི་ལྟ་བར་གླིང་བཞི་པ་ཐམས་ཅད་དུ་ཡང་དེ་བཞིན་དུ་བཞུགས་སོ། །

དེ་ནས་ཡང་དེའི་ཚེ་བཅོམ་ལྡན་འདས་དེའི་ཚེ་ཏིང་ངེ་འཛིན་སྒྲིབ་པ་མེད་པའི་རྣམ་པར་ཐར་པ་ལ་སངས་རྒྱས་རྣམ་པར་རོལ་བ་ཞེས་བྱ་བ་ལ་བསྙོམས་པར་ཞུགས་སོ། །ཞུགས་མ་ཐག་ཏུ་བཅོམ་ལྡན་འདས་ཀྱི་བ་སྤུའི་ཁུང་བུ་ཐམས་ཅད་ནས། སྤུའི་ཁུང་བུ་རེ་རེ་ནས་ཀྱང (17b) འོད་ཟེར་གངྒཱའི་ཀླུང་གི་བྱེ་མ་སྙེད་བྱུང་སྟེ། ཤར་ལ་སོགས་པ་ཕྱོགས་བཅུར་སྣང་བར་བྱས་ནས། ངན་སོང་གི་སྡུག་བསྔལ་རྒྱུན་བཅད་དེ། སེམས་ཅན་ཐམས་ཅད་ཀྱི་ཉོན་མོངས་པ་ཡང་རབ་ཏུ་ཞིའོ། །ཕན་ཚུན་བྱམས་པའི་སེམས་ཐོབ་པོ། །འོད་དེ་ལས་བྱང་ཆུབ་སེམས་དཔའ་བསྐུལ་བའི་ཚིགས་སུ་བཅད་པ་མང་པོ་བྱུང་ནས། ཞིང་ཐམས་ཅད་དུ་སོ་བར་བྱས་ཏེ། བྱང་ཆུབ་སེམས་དཔའ་བསྐུལ་ཞིང་སེམས་ཅན་ཐམས་ཅད་ལ་ཕན་བཏགས་བདུད་ཐམས་ཅད་སྡུ་བཀོངས་ནས་སླར་ལོག་སྟེ་བཅོམ་ལྡན་འདས་ཀྱི་དབུའི་གཙུག་ཏོར་དུ་ནུབ་པར་གྱུར་ཏོ། །དེ་ནས་ཕྱོགས་བཅུ་ནས་བྱང་ཆུབ་སེམས་དཔའ་བཅུ་རེ་རེ་ཡང་བྱང་ཆུབ་སེམས་དཔའི་འཁོར་དཔག་ཏུ་མེད་པས་བསྐོར་ཏེ་འོངས་ནས། ལྷ་རྫས་ཀྱི་རིན་པོ་ཆེ་སྣ་ཚོགས་ཀྱི་མཆོད་པའི་ཆར་ལ་སོགས་པ་ཕབ་སྟེ། ལན་ཁྲི་ཁྲིར་བསྐོར་ནས་ཚིགས་སུ་བཅད་པས་མངོན་པར་བསྟོད་དེ། སོ་སོའི་སྟན་ལ་འཁོད་དོ། །ཞེས་བྱ་བའི་བར་བསྡུས་པ་དེ་བཞིན་གཤེགས་པའི་འཁོར་བསྡུས་པ་དང་། ལྷ་རྫས་ཀྱི་མཆོད་པ་སྣ་ཚོགས་བསྒྲུབ་པ་དང་། བསྟོད་པའི་སྤྲིན་གྱིས་ཆར་ཕབ་པས། སངས་རྒྱས་དཀོན་མཆོག་གི་ཡོན་ཏན་རྣམ་པར་དབྱེ་བ་རྣམ་པར་བཞག་པར་རིག་པར་བྱའོ། །

“复次，世尊于念知中从三摩地起，起已无间，世界六种震动，亦放大光明。复次世尊即由菩萨围绕、声闻前导，天龙等赞叹……灵鹫山上忽然不现，往曼荼罗宫。欲界六天次第降澍天花、熏香、衣服、宝云、饰品、真珠璎珞雨，以偈赞佛，寻待佛后，而至宝宫，安住所设之座。如此四洲，一切四洲中亦如是住。

“尔时，世尊入三摩地，名佛无碍解脱游戏，入已无间，世尊一一毛孔放光，量等恒河沙数，照于东方等十方，断恶趣苦流，息止一切有情烦恼，慈心相向。彼光复出多偈，劝谕菩萨，一切刹中皆令晓了。劝谕菩萨，饶益诸有情，镇慑诸魔已，光明还从世尊顶入。复次，十方各来一菩萨，复有无量菩萨围绕，降天物杂宝供养雨等，右绕千万匝，以偈赞佛，次第而坐。”

摄此段经文意，（《释》言：）**召集如来眷属**，**成办种种天物供养**，**降赞云雨**，**应知此乃佛宝功德差别之建立**。

ཆོས་དཀོན་མཆོག་གི་ཡོན་ཏན་ནི། དེའི་རྗེས་ལ་དེ་ནས་བཅོམ་ལྡན་འདས་ཀྱིས་འཁོར་འདུས་པ་ཆེན་པོ་དེ་མཁྱེན་ནས། སྨིན་མཚམས་ཀྱི་མཛོད་སྤུ་ནས་བྱང་ཆུབ་སེམས་དཔའི་སྟོབས་ཉེ་བར་སྟོན་པ་ཞེས་བྱ་བའི་འོད་ཟེར་ཕྱུང་སྟེ། ཐམས་ཅད་དང་ལྡན་པའི་འཁོར་ལ་ལན་བདུན་དུ་བསྐོར་བ་བྱས་ནས། བྱང་ཆུབ་སེམས་དཔའི་ཚོགས་དེའི་སྤྱི་བོར་མི་སྣང་བར་གྱུར་ཏོ། །དེས་བྱང (18a) ཆུབ་སེམས་དཔའ་མེ་ཏོག་དཔལ་གྱི་སྙིང་པོ་ཆོས་ཐམས་ཅད་ལ་དབང་བསྒྱུར་བ་ཞེས་བྱ་བ་ལ་རེག་མ་ཐག་ཏུ། དེ་བྱང་ཆུབ་སེམས་དཔའི་ཏིང་ངེ་འཛིན་རྒྱན་བཀོད་པ་ཞེས་བྱ་བ་ལ་སྙོམས་པར་ཞུགས་སོ། །ཞུགས་མ་ཐག་ཏུ་རིན་པོ་ཆེའི་ཁྱམས་ཀྱི་དབུས་སུ་བཅོམ་ལྡན་འདས་ཀྱི་གདན་སེངྒེའི་ཁྲི་འཕང་དུ་ཤིང་ཏ་ལ་བདུན་ཕྲག་ཁྲིག་བརྒྱ་སྟོང་ཙམ་དུ་མཐོ་བ། རིན་པོ་ཆེ་ཐམས་ཅད་ཀྱིས་སྤྲས་པ། རས་བཅོས་བུ་སྣ་ཚོགས་བཏིང་བ། ལྷ་རེ་ཡིད་དུ་འོང་བ་བྲིས་པ་ཞེས་བྱ་བ་ནས། བྱང་ཆུབ་སེམས་དཔའ་མེ་ཏོག་དཔལ་གྱི་སྙིང་པོས་དེ་ལྟ་བུའི་དེ་བཞིན་གཤེགས་པའི་གདན་སེངྒེའི་ཁྲི་བསྐལ་པར་བརྟགས་པ་མཐའ་ཡས་པ་ཞེས་བྱ་བ་སྤྲུལ་ཏེ། ཏིང་ངེ་འཛིན་ལས་ལངས་ནས་ཐལ་མོ་སྦྱར་ཏེ། བཅོམ་ལྡན་འདས་ལ་ཚིགས་སུ་བཅད་པས་མངོན་པར་བསྟོད་ནས། སེངྒེ་འི་ཁྲིལ་བཞུགས་པའི་བར་བསྟུས་པ་ནི། ཆོས་ཀྱི་གདན་གྱི་བཀོད་པ་རྒྱ་ཆེན་པོ་དང་འོད་བཀྱེ་བའོ། །དེ་ནས་བཅོམ་ལྡན་འདས་སྒྲིབ་པ་མེད་པའི་རྣམ་པར་ཐར་པ་བརྙེས་ནས། བྱང་ཆུབ་སེམས་དཔའི་སྤྱོད་པ་ལ་ཞུགས་པས་ངེས་པར་འབྱུང་བའི་སྒྲིབ་པ་མེད་པའི་རྣམ་པར་ཐར་པའི་སྒོ་ཞེས་བྱ་བའི་ཆོས་ཀྱི་རྣམ་གྲངས་ཞེས་བྱ་བས་ཆོས་ཀྱི་རྣམ་གྲངས་ཀྱི་མིང་བསྒྲགས་པ་སྟོན་དུ་བཏང་ནས། ཡོན་ཏན་ཡོངས་སུ་བསྒྲགས་པ་ནི་འདི་ལྟ་སྟེ་བྱང་ཆུབ་སེམས་དཔའི་ལམ་བཀོད་པ་ལ་དམིགས་པ་སངས་རྒྱས་ཀྱི་ཆོས་ཟབ་མོ་ཐམས་ཅད་དང་། སྟོབས་བཅུ་དང་། མི་འཇིགས་པ་བཞི་ཡོངས་སུ་བསྒྲུབ་པ་ཡེ་ཤེས་ཀྱི་འབྱུང་གནས་སུ་གྱུར་པ་ཞེས་བྱ་བ་ནས་བཅོམ (18b) ལྡན་འདས་སེངྒེའི་ཁྲི་དེ་ལ་བཞུགས་སོ། །ཞེས་བྱ་བའི་བར་གྱིས་ཆོས་དཀོན་མཆོག་གི་ཡོན་ཏན་རྣམ་པར་དབྱེ་བ་རྣམ་པར་བཞག་པར་རིག་པར་བྱའོ། །

法宝功德者，**其后**经云：“尔时世尊知诸眷属皆已集会，眉间白毫放光，其光名曰示菩萨力，绕一切眷属七匝已，入诸菩萨顶。会中有一菩萨，名华吉祥藏诸法自在，光触无间，即入三摩地，名菩萨三摩地庄严。入已无间，于宝宫中央出世尊所坐狮子座，座高八万亿多罗树许，众宝庄严，铺垫种种织物，复悬悦意华盖，华吉祥藏菩萨化作如是如来所坐狮子座，其座名曰经劫无量赞叹。次从定起，合掌以偈赞佛已，佛安住于狮子座。”①

摄此段经文意，（《释》言：）**法座庄严**、**放光**。

“复次世尊得无碍解脱已，先**说**名为入菩萨行出离无碍解脱门法门之**法门名**，次说**功德**如下：缘安置菩萨道，成办一切甚深佛法、十力、四无量，智之生处……世尊安住于狮子座。”

应知此乃法宝功德差别之建立。

① 所引各段经文与汉译稍异，亦与藏译本不合，可能是嘉曹杰节略改写者，此处仍作直接引语处理。

དགེ་འདུན་དཀོན་མཆོག་གི་ཡོན་ཏན་ནི། དེའི་རྗེས་ལ་དེ་ནས་སངས་རྒྱས་ཀྱི་མཐུས་བྱང་ཆུབ་སེམས་དཔའ་རིན་ཆེན་སྒྲོག་ཤིང་ཞེས་བྱ་བ་རྒྱན་བཀོད་པའི་ཏིང་ངེ་འཛིན་ལ་སྙོམས་པར་ཞུགས་པས་ཐམས་ཅད་དང་ལྡན་པའི་འཁོར་སངས་རྒྱས་ཀྱི་རྒྱན་གྱིས་བརྒྱན་པར་བྱིན་གྱིས་བརླབས་པ་དང་། ཞེས་བྱ་བ་ནས། བཅོམ་ལྡན་འདས་ཀྱིས་ཆོས་ཀྱི་འཁོར་ལོ་བསྐོར་བར་གསོལ་བ་བཏབ་པའི་མཐུས་བདུད་ཀྱི་ལས་དང་བྲལ་བར་ལུང་བསྟན་པའི་བར་གྱིས་ནི་ཕན་ཚུན་བྱང་ཆུབ་སེམས་དཔའི་ཏིང་ངེ་འཛིན་གྱི་སྤྱོད་ཡུལ་གྱི་མཐུ་བསྟན་པ་དང་། དེ་ནས་བྱང་ཆུབ་སེམས་དཔའ་གཟུངས་ཀྱི་དབང་ཕྱུག་རྒྱལ་པོ་ཞེས་བྱ་བ་འཁོར་དེར་འདུས་ཤིང་འཁོད་པ་དེས་བཅོམ་ལྡན་འདས་ལ་འདི་སྐད་ཅེས་གསོལ་ཏོ། བཅོམ་ལྡན་འདས་སངས་རྒྱས་ཀྱི་སྤྱོད་ཡུལ་དེ་བཞིན་གཤེགས་པས་བྱིན་གྱིས་བརླབས་པ་དང་། བསྟན་པ་ནི་བསམ་གྱིས་མི་ཁྱབ་པོ། །ཞེས་བྱ་བ་ནས། བཅོམ་ལྡན་འདས་རིགས་ཀྱི་བུའམ་རིགས་ཀྱི་བུ་མོ་གང་དག་བསམ་པ་ཐག་པ་ནས་བླ་ན་མེད་པའི་བྱང་ཆུབ་ཀྱི་སེམས་བསྐྱེད་པ་དང་། བསྐྱེད་པར་འགྱུར་བ་དེ་དག་ནི། རིང་པོར་མི་ཐོགས་པར་ཆོས་འདི་ལྟ་བུ་དང་ལྡན་པར་འགྱུར་རོ། །ཞེས་བྱ་བའི་བར་གྱིས་ནི། བྱང་ཆུབ་སེམས་དཔའ་དེའི་ཡོན་ཏན་གྱི་བསྔགས་པ་སྣ་ཚོགས་བསྟན་པས་དགེ་འདུན་དཀོན་མཆོག་གི་ཡོན་ཏན་རྣམ་པར་དབྱེ་བ་བསྟན་པར་རིག་པར་བྱའོ། །

གཉིས (19a) པ་ལ་སངས་རྒྱས་དཀོན་མཆོག་གི་ཡོན་ཏན་ནི། དེའི་རྗེས་ལ་ཡང་དེ་ནས་བཅོམ་ལྡན་འདས་ཀྱིས་བྱང་ཆུབ་སེམས་དཔའི་འདུས་པ་ཆེན་པོ་དེ་གཟིགས་ཏེ། ཨེ་མ་ཧོ། །བྱང་ཆུབ་སེམས་དཔའ་འདི་དག་ནི་ཆོས་དོན་དུ་གཉེར་བ་དེ་བཞིན་གཤེགས་པའི་ཆོས་ཀྱི་མཛོད་འཛིན་པའོ་ཞེས་པར་མཁྱེན་ནས། བྱང་ཆུབ་སེམས་དཔའ་གཟུངས་ཀྱི་དབང་ཕྱུག་རྒྱལ་པོ་ལ་སངས་རྒྱས་ཀྱི་འོད་ཟེར་དབང་བསྐུར་བས་བླ་ན་མེད་པའི་ཆོས་ཀྱི་རྒྱལ་པོའི་སྲས་ཀྱི་ཐུ་བོ་དེ་ལ་དེ་བཞིན་གཤེགས་པའི་གསང་བའི་གནས་ཐམས་ཅད་ལ་མི་འཇིགས་པ་དང་། ཐོགས་པ་མེད་པའི་སྤོབས་པ་མཆོག་ཉེ་བར་བསྒྲུབ་པ་ལ་བརྟེན་ནས་གཟུངས་ཀྱི་དབང་ཕྱུག་རྒྱལ་པོས་དེ་བཞིན་གཤེགས་པའི་ཡང་དག་པའི་ཡོན་ཏན་དོན་དམ་པའི་བསྟོད་པ་བསྟན་པ་དང་བསྟོད་པ་ནི།

僧宝功德者，**其后**经云：“复次，宝柱菩萨承佛神力入庄严三摩地，加持一切眷属悉得佛庄严……以启请世尊转法轮之力，授记当离魔业。”此段是**说诸菩萨辗转三摩地所行力**。

“复次，有菩萨来集，名曰陀罗尼自在王，彼白佛言：“世尊，如来所行，如来所加持示现者，不可思议……世尊，若有善男子，善女人，以实意乐已发、将发无上菩提心者，不耽久远即具如是之法。”此段是**说种种彼**菩萨**之功德赞叹，应知此乃僧宝功德差别之建立**。

（壬二）甚深功德配合经教

佛宝功德者，**其后**经云：“复次，世尊观见菩萨大集会，作是思惟：猗欤盛哉！此等菩萨，有求法欲，堪受如来法藏。**以佛光明**为陀罗尼自在王菩萨**灌顶而成无上法王长子，成办**于如来诸秘密处**无畏与**无碍**妙辩才**，陀罗尼自在王**作如来清净功德胜义赞**。赞曰：

ཀུན་ཏུ་སྣང་བ་ཀུན་ནས་འོད་ཟེར་ཅན། །དོན་དམ་མ་ལུས་སྟོན་པ་ཀུན་ནས་སྒྲུབ། །རང་བྱུང་ཆོས་ཀྱི་ངོ་བོ་ཉིད་ལ་མཁས། །བསམ་གྱིས་མི་ཁྱབ་ཡོན་ཏན་ཀུན་དང་ལྡན། །སྐྱེས་བུ་ཁྱུ་མཆོག་གིས་ནི་འོད་ཟེར་ཕྱུང་། །ཞལ་ཡང་རྣམ་པར་སྤྲོ་ཞིང་འོད་མཛད་པ། །འདྲེན་པ་དེས་ནི་བདག་གི་ལུས་ལ་ཡང་། །ལན་བརྒྱ་བསྐོར་བ་བྱས་ནས་སྤྱི་བོར་ཞི། །མི་ཡི་འདྲེན་པའི་འོད་ཀྱིས་རེག་པས་ན། །གང་དག་བདག་གི་སྔོན་ཐོབ་དྲན་པ་དང་། བློ་གྲོས་སྤོབས་པ་སྣང་བ་དེ་བཞིན་གཟུངས། །རྣམ་པ་སྟོང་དུ་ཁྱད་པར་འཕགས་པར་གྱུར། །གཞན་ཡང་སངས་རྒྱས་མཁྱེན་པ་མཐའ་ཡས་དང་། །སྤོབས་པ་བདག་གི་ལུས་ལ་རབ་ཏུ་ཞུགས། །སངས་རྒྱས་མཐུ་ཆེན་བསྟེན་པར་དཀའ་བ་ལ། ། (19b) ཉམ་ཆུང་བདག་གིས་མཉེས་པར་བྱེད་མི་ནུས། །སངས་རྒྱས་གཞན་ཡང་འགྲོ་ཀུན་ཕན་སླད་དུ། །སངས་རྒྱས་ལ་ནི་ཞུ་བ་ཞུ་བར་འཚལ། །རྫོགས་པའི་བྱང་ཆུབ་སེམས་དཔའི་སྤྱོད་ཡུལ་དང་། །འཇིག་རྟེན་རྣམ་འདྲེན་དག་གི་འབྱུང་བ་དང་། །སྣང་དང་ངེས་འབྱུང་རྣམ་པར་འཕྲུལ་བ་དང་། །དབང་བསྐུར་ཡེ་ཤེས་སོ་སོར་ཞུ་བར་འཚལ། །ཞེས་བྱ་བ་ནས། ཇི་ལྟར་བཅོམ་ལྡན་འདས་ཀྱིས་མཁྱེན་འཇུག་དང་། །ཇི་ལྟར་ཡུན་རིང་ནས་ནི་བསླབ་པ་དང་། །ཆོས་ཀྱི་དབང་ཕྱུག་རྒྱལ་པོར་རབ་བསླབས་པ༑ ༑འདྲེན་པ་རྣམས་ཀྱི་སྤྱོད་ཡུལ་བཤད་དུ་གསོལ། །ཞེས་བྱ་བ་ལ་སོགས་པས་སངས་རྒྱས་ཀྱི་ཡོན་ཏན་བརྗོད་དོ། །

ཆོས་དཀོན་མཆོག་གི་ཡོན་ཏན་ནི། དེ་ནས་བྱང་ཆུབ་སེམས་དཔའ་གཟུངས་ཀྱི་དབང་ཕྱུག་རྒྱལ་པོས་འདི་སྐད་ཅེས་གསོལ་ཏོ༑ ༑བཅོམ་ལྡན་འདས་དེ་བཞིན་གཤེགས་པའི་ཡུལ་ནི་བསམ་གྱིས་མི་ཁྱབ་ཅིང་། ཞེས་སོགས་ཀྱིས་ཐེག་པ་ཆེན་པོའི་ཆོས་མཆོག་གི་གཏམ་གྱི་དངོས་པོ་ཉེ་བར་བཀོད་པའི་སྒོ་ནས་ཆོས་དཀོན་མཆོག་གི་ཡོན་ཏན་བསྟན་ཏོ། །

དགེ་འདུན་དཀོན་མཆོག་གི་ཡོན་ཏན་ནི། ཐེག་པ་ཆེན་པོའི་ཆོས་མཆོག་དེ་རྟོགས་པར་བྱེད་པའི་རྟོགས་པ་པོ་དགེ་འདུན་དཀོན་མཆོག་གིས་ཐོབ་བྱའི་འབྲས་བུ་ཆོས་ཀྱི་དབང་ཕྱུག་དམ་པ་ཐོབ་པར་བསྟན་པས་བསྟན་ཏོ། །ཆོས་ཀྱི་དབང་ཕྱུག་ནི། ཆོས་ཐམས་ཅད་ལ་དབང་ཐོབ་པའོ། །དེ་དག་ཀྱང་མདོ་ལས། དེ་ནས་བཅོམ་ལྡན་འདས་ཅི་ལས་ཀྱང་བྱང་ཆུབ་སེམས་དཔའ་བདུད་དང་ཕྱིར་རྒོལ་བ་བཅོམ་ཞིང་ཐེ་ཚོམ་དང་བྲལ་ནས། ཞེས་སོགས་ཀྱིས་བསྟན་ཏོ། །དེ་ལྟར་གོ་རིམ་ཇི་ལྟ་བར (20a) དཀོན་མཆོག་གསུམ་པོ་དེ་རྣམས་ཉིད་ཀྱི་བླ་ན་མེད་པའི་ཡོན་ཏན་གྱི་རྣམ་པར་དབྱེ་བ་རྣམ་པར་བཞག་པ་སྙིང་གཞིའི་ལེའུ་ཡི་མཐའ་ཉིད་དུ་བསྟན་པར་བལྟ་བར་བྱའོ། །

光明普照靡不见，彻示胜义目周悉，
善巧自生法自生，不可思议诸德具。
大圣正士演光明，大师口面亦清净，
佛放光明绕我身，百匝之后没于顶。
人之导师光所触，我之念慧及辩才，
光明总持亦复然，较前所得胜千倍。
余又一切佛智慧，其大辩才入我身，
佛大神力难亲近，羸劣若我难承悦。
我今为利众生故，于佛再再而咨请：
圆满菩萨之所行，世间导师之出生，
光明出离及变化，灌顶智悉别请问……
云何世尊智趣入，云何长久已修学，
我学已成法自在，请说导师之所行。”

此段是说佛功德。

法宝功德者，经云：“复次，陀罗尼自在王菩萨白佛言：世尊，如来之境不可思议”等，由**说安立大乘妙法语事**之门示法宝功德。

僧宝功德者，以**说**能**证彼**大乘妙法之证者僧宝所得**之果得最上法自在**示之。法自在者，于一切法而得自在。彼等如经云：“复次，世尊，云何菩萨能破魔及诘难者，远离疑惑……”**如其次第**，**应知此乃序品之末所说三宝无上功德差别之建立**。

གཉིས་པ་ལ་གཉིས། ཁམས་མདོའི་ཚིག་གང་གིས་བསྟན་པ་དང་། བྱང་ཆུབ་ལ་སོགས་པ་གསུམ་མདོའི་ཚིག་གང་གིས་བསྟན་པའོ། །

དང་པོ་ལ་གསུམ། ཡོངས་སྦྱོང་གི་ཆོས་དྲུག་ཅུས་ཁམས་བསྟན་པ་དང་། དེ་བསྒྲུབ་པ་དང་། ཡོངས་སྦྱོང་གི་ཆོས་ངོས་བཟུང་བའོ། །

དང་པོ་ནི། དཀོན་མཆོག་གསུམ་གྱི་ཡོན་ཏན་བསྟན་པ་དེ་ནས་གཟུངས་ཀྱི་དབང་ཕྱུག་རྒྱལ་པོས་ཞུས་པའི་མདོའི་གླེང་གཞིའི་རྗེས་སུ་དྲི་མ་དང་བཅས་པའི་དེ་བཞིན་ཉིད་དེ་ཡོངས་སུ་དག་པར་བྱེད་པའི་ཡོན་ཏན་རྣམ་པ་དྲུག་ཅུ་ཡང་ཡིན་ལ། ཁམས་སྦྱོང་བྱེད་ཀྱང་ཡིན་པས་ཡོན་ཏན་རྣམ་པ་དྲུག་ཅུའི་ཡོངས་སུ་སྦྱོང་བ་བསྟན་པས་སངས་རྒྱས་ཀྱི་ཁམས་ཀུན་རྫོབ་པས་བསྡུས་པ་དང་། དྲི་མ་དང་བཅས་པའི་དེ་བཞིན་ཉིད་གསལ་བར་བསྟན་པར་མཛད་དོ། །

གཉིས་པ་དེ་བསྒྲུབ་པ་ལ་གཉིས། དེ་སྒྲུབ་བྱེད་ཀྱི་རིགས་པ་དང་། ལུང་དང་སྦྱར་བའོ། །

དང་པོ་ནི། གལ་ཏེ་ཡོན་ཏན་རྣམ་པ་དྲུག་ཅུ་བསྟན་མོད། ཁམས་བསྟན་པར་ཇི་ལྟར་འགྲུབ་སྟེ་ཡོན་ཏན་རྣམ་པ་དྲུག་ཅུ་བསྟན་པ་ཡིན་ཡང་། ཁམས་ཡོད་པར་སྒྲུབ་བྱེད་མ་ཡིན་པ་ལ་འགལ་བ་ཅུང་ཟད་ཀྱང་མེད་དོ། །ཞེ་ན། ཁམས་སྦྱོང་བྱེད་དྲུག་ཅུ་བསྟན་པས་སྦྱང་བར་བྱ་བའི་ཁམས་ཡོད་པར་འགྲུབ་སྟེ། དྲི་མ་མཐའ་དག་གིས་ཡོངས་སུ་དག་པར་བྱ་བའི་དོན་སེམས་ཅན་གྱི་རྒྱུད་ཀྱི་སེམས་དང་། རང་བཞིན་གྱིས་སྟོང་བ་དོན (20b) དམ་པའི་བདེན་པ་དྲི་མ་དང་བཅས་པའི་དེ་བཞིན་ཉིད་དྲི་མ་སྦྱང་རུང་དང་སངས་རྒྱས་ཀྱི་ཡེ་ཤེས་སྐྱེ་རུང་གི་ཡོན་ཏན་དང་ལྡན་ན་སྦྱང་བྱ་དེ་ཡོངས་སུ་སྦྱོང་བར་བྱེད་པའི་ཐབས་འཐད་ལ་སྦྱང་བྱ་མེད་ན་སྦྱོང་བྱེད་མི་འཐད་པའི་ཕྱིར་རོ། །

སེམས་ཅན་གྱི་རྒྱུད་ལ་རང་བཞིན་གྱིས་རྣམ་པར་དག་པ་ལ་གློ་བུར་གྱི་དྲི་མ་མཐའ་དག་གིས་དབེན་པའི་དག་པ་གཉིས་ལྡན་གདོད་མ་ནས་ཡོད་པར་ཁས་བླངས་ནས་ཡང་སྦྱོང་བྱེད་ཀྱི་རྣམ་གཞག་ཁས་ལེན་པ་ནི་སེམས་ཅན་གྱི་ཤེས་རྒྱུད་གློ་བུར་གྱི་དྲི་མ་དང་བྲལ་བ་ཡང་ཡིན་ལ་མ་བྲལ་བ་ཡང་ཡིན་པའི་ཕན་ཚུན་སྤངས་འགལ་ལ་བརྟེན་པའི་དངོས་འགལ་ལ་གཞི་མཐུན་ཁས་ལེན་པའི་ཨུན་སྤྲུལ་གྱི་ཚིག་གོ །ཡང་སེམས་ཅན་གྱི་ཆོས་ཉིད་ཀྱི་ངོ་བོ་ལ་དྲི་མ་མེད་ཀྱང་གློ་བུར་གྱི་དྲི་མ་དང་བཅས་པའོ༑ ༑ཞེས་སྨྲ་བ་ཡང་རིགས་པ་མི་ཤེས་པའི་རྣམ་འགྱུར་དུ་གསལ་ཏེ། ཆགས་སོགས་ཉོན་མོངས་དང་བདེན་འཛིན་གྱི་རྣམ་པར་རྟོག་པས་ཇི་ལྟར་ཞེན་པའི་འཛིན་སྟངས་དང་མཐུན་པར་སེམས་ཀྱི་གནས་ལུགས་ལ་མ་ཞུགས་པ་ལ་བྱེད་ན། དེ་ལྟར་རིགས་མོད་ཀྱི། ངོ་བོ་ལ་དྲི་མ་མེད་པའི་ཐ་སྙད་སྐྱོན་དང་བཅས་པ་སྟེ། སེམས་ཅན་གྱི་སེམས་ཀྱི་ངོ་བོ་ཆོས་ཅན། ཡང་དག་པར་རྫོགས་པའི་སངས་རྒྱས་སུ་ཐལ། རང་བཞིན་གྱིས་རྣམ་པར་དག་པའི་སེམས་ཀྱི་རང་བཞིན་གང་ཞིག གློ་བུར་གྱི་དྲི་མ་མཐའ་དག་དང་བྲལ་བའི་ཕྱིར། རྟགས་ཕྱི་མ་ཁས་བླངས།

（己二）云何说余四处

分二：（庚一）宣说界之经文；（庚二）宣说菩提等三之经文。

（庚一）宣说界之经文

分三：（辛一）以六十净治法示界；（辛二）成立彼义；（辛三）认明净治法。

（辛一）以六十净治法示界

说三宝功德已，**次于**《陀罗尼自在王请问**经**》**序品之后**，**说能净彼**有垢真如之功德，数有六十，复是能净界，故为**六十种功德净治**，**阐明**世俗所摄以及有垢真如之**佛界**。

（辛二）成立彼义

分二：（壬一）成立彼义之正理；（壬二）配合经教。

（壬一）成立彼义之正理

或问：若是说六十种功德，如何成立是说界？说六十种功德即非成立有界，无少相违。曰：说六十种能净界法成立有所净界，**以**净诸垢所净事有情相续心，以及自性空胜义谛有垢真如，**若具**堪净垢染及堪生佛智之**功德**，**则能净**所净之方便**应理**；若无所净，则能净不应理**故**。

或许：有情相续本来具足自性清净、客尘悉皆远离之二种清净，复许能净之建立者。曰：有情心相续离客尘亦不离客尘，此乃承许互断相违之正相违中有同类之谵言！

或谓：有情法性体虽无垢，然有客尘。曰：不知正理之相明矣！盖贪等烦恼与实执分别所著行相相顺，而不入心性，如是者虽应理，然于体性立无垢名则有过。有情心体为有法，应成正等觉，以彼自性清净心之自性离所有客尘故。后因是汝许。

ཡང་ཁ་ཅིག །དོན་དམ་པའི་བདེན་པ་རྟག་དངོས་སུ་ཁས་བླངས་ནས། དེ་ཀུན་རྫོབ་མཐའ་དག་གིས་སྟོང་པ་ནི་གཞན་སྟོང་ཟབ་མོའོ། །ཞེས་སྨྲ་བ་ནི། སྨན་སྦྱིལ་གྱི་ཚིག (21a) འབའ་ཞིག་སྟེ། གཞན་སྟོང་གི་དོན་དེ་དོན་དམ་པའི་བདེན་པ་ཀུན་རྫོབ་ཀྱི་བདེན་པ་ཡིན་པས་སྟོང་པའི་དོན་ཡིན་ནམ། འོན་ཏེ་ཀུན་རྫོབ་ཡོད་པས་སྟོང་པའི་དོན་ཡིན། ཕྱི་མ་ལྟར་ན། དོན་དམ་པའི་བདེན་པ་བརྟན་གཡོ་མཐའ་དག་ལ་ཁྱབ་པར་ཡོད་པར་ཁས་བླངས་པ་དང་འགལ་ཏེ། དོན་དམ་བདེན་པ་ཤེས་བྱ་མཐའ་དག་ལ་ཁྱབ་བྱེད་དུ་ཡོད་པ་དང་། དོན་དམ་བདེན་པ་ཀུན་རྫོབ་ཡོད་པས་སྟོང་པ་ཇི་ལྟར་མི་འགལ་བ་སོམས་ཤིག །དང་པོ་ལྟར་ན། ཁྱོད་ཀྱིས་གཞན་སྟོང་ཟབ་མོ་བསྟན་རུང་གི་གདུལ་བྱ་དེ། དབང་པོ་ཡང་རབ་མཐར་ཐུག་པ་ཡིན་པ་ཉམས་ཏེ། དོན་དམ་པའི་བདེན་པ་རྟག་དངོས་དེ་ཀུན་རྫོབ་ཀྱི་བདེན་པ་ཡིན་སྙམ་དུ་རྟོགས་ནས་དེའི་རྟོགས་པ་བཅད་དགོས་ཀྱི་གདུལ་བྱ་ཡིན་པའི་ཕྱིར།

དོན་དམ་པའི་བདེན་པའི་གནས་ལུགས་ལ་ཀུན་རྫོབ་མ་ཞུགས་པའི་དོན་ཡིན་ནོ། །ཞེ་ན། དེའི་དོན་བུམ་པ་དང་སྣམ་བུ་ལ་སོགས་པའི་ཀུན་རྫོབ་པ་རྟག་དངོས་སུ་མ་གྲུབ་པའི་དོན་ཡིན་ནམ། འོ་ན་ཏེ་དེ་དག་བདེན་པར་མ་གྲུབ་པའི་དོན་ནམ། དེ་དག་དོན་དམ་བདེན་པ་མ་ཡིན་པའི་དོན་ཡིན། དང་པོ་ལྟར་ན། ཉན་ཐོས་མདོ་སྡེ་པ་སོགས་ཀྱིས་ཀྱང་གཞན་སྟོང་ཟབ་མོའི་དོན་ཁོང་དུ་ཆུད་པར་ཐལ། བུམ་སྣམ་སོགས་མི་རྟག་པར་ཚད་མས་ལེགས་པར་རྟོགས་པའི་ཕྱིར། འདོད་ན། དེ་ཁོང་དུ་ཆུད་པའི་གདུལ་བྱ་ཡིན་ན་དབུ་མ་པ་ཆེན་པོ་ཡིན་པ་ཉམས་སོ། །གཉིས་པ་ལྟར་ན། བུམ་སྣམ་སོགས་ཀུན་རྫོབ་པ་བདེན་པར་གྲུབ་པས་སྟོང་པ་ཀུན་རྫོབ་རང་སྟོང་གི་དོན་ཡིན་གྱི། དེ་ལ་གཞན་སྟོང་ཞེས་པའི་ཕྱིན་ཅི་ལོག་གཞན་སྒྲས་པས་ཅི་ཞིག་བྱ། (21b) ཀུན་རྫོབ་གང་དུ་ཡང་བཟུང་དུ་མི་རུང་ཞིང་། །བུམ་པ་བུམ་པས་སྟོང་བ་རང་སྟོང་གི་དོན་དུ་འདོད་པ་ནི། ཀུན་རྫོབ་མཐའ་དག་ལ་སྐུར་བ་འདེབས་པ་ཆད་པའི་ལྟ་བ་མཐར་ཐུག་པ་ཡིན་ལ། དེ་ལ་སྐུར་བ་བཏབ་པས་དོན་དམ་པའི་བདེན་པ་ལ་ཡང་སྐུར་བ་འདེབས་དགོས་པ་ཡིན་ནོ། །གསུམ་པ་ལྟར་ན། བུམ་སྣམ་སོགས་ཀུན་རྫོབ་པ་དོན་དམ་པའི་བདེན་པ་མ་ཡིན་པ་རྣལ་འབྱོར་སྤྱོད་པ་རྣམས་ཀྱིས་ཀྱང་ཞལ་གྱིས་བཞེས་པས། དེ་དག་ཀྱང་གནས་ལུགས་ཀྱི་དོན་མཐར་ཐུག་པ་ཐུགས་སུ་ཆུད་པའི་དབུ་མ་པ་ཆེན་པོར་ཐལ་བར་འགྱུར་རོ། །

又有许胜义谛为“常事”，说彼是世俗皆空之甚深“他空”。曰：此乃一派胡言！彼“他空”义为胜义谛世俗谛空之义耶？抑或世俗有空之义耶？若是后者，与许有周遍一切动静世间之胜义谛相违，当思：有周遍一切所知之胜义谛与胜义谛世俗有空如何能不相违？若是前者，即失坏汝之所许，谓堪示甚深“他空”所化者乃究竟最上根器，以彼先疑胜义谛“常事”为世俗谛、次须断此疑故。

若谓：此乃胜义谛真实中世俗不入之义。曰：彼义乃是瓶、衣等世俗不成“常事”之义耶？抑或彼等非实有之义耶？抑或彼等非胜义谛之义耶？若是初者，声闻经等亦应信受为甚深“他空”义，以彼等能以量善通达瓶、衣等为无常故。若许，则失坏汝之所许，谓信解彼义之所化乃大中观师。若是第二，瓶、衣等世俗谛实空即世俗“自空”之义，则名为“他空”之颠倒外道于此何为？许世俗都无可认取，以及瓶以瓶空方是“自空”义者，乃损减一切世俗之究竟断见，由损减彼故，亦必损减胜义谛①。若是第三，诸瑜伽行师亦承许瓶、衣等世俗非胜义谛，故彼等亦成通达究竟真实义之大中观师。

---

① 古往今来，不少学者遵循觉囊派之见解，将格鲁派定为“自空见”，殊不知此乃格鲁派学者所破之断见，而与该派所许“自性空”了无干涉，宗喀巴师徒文中于“自空”多有批驳，如《入中论善显密意疏》云：“有说：瓶不以瓶空，而以实空，是他空义；瓶以瓶空乃是自空。极不应理，若瓶以瓶空，瓶应无瓶。若自法上无自法，他法上亦应无自法，则瓶应成毕竟无。余一切法皆应如是。作是说者亦应非有，则说以此是空，以彼不空等建立，应皆无有。如斯之空，有说是真空者，有许是断空者，彼俱未知，诸佛菩萨数数宣说缘起远离常断二边之义。尤其宣说：一切世俗谛，皆须决择自法以自法空，而复许彼是断空者，极不应理。以四宗中，绝无既知该见为断见，复令自身生彼见者也。”（页 228）

དོན་དམ་པའི་བདེན་པ་ནི་བསྒོམས་པས་ཁོང་དུ་ཆུད་པར་བྱ་བ་ཡིན་གྱི་རྟོག་གེའི་ཐོས་བསམ་གྱིས་བརྟག་དཔྱད་ཙུང་ཟད་ཀྱང་བྱར་མེད་དོ་ཞེས་སྨྲ་བ་ནི། དོན་དམ་པའི་བདེན་པ་བསྒོམས་པས་མངོན་སུམ་དུ་རྟོགས་པར་བྱ་བ་ཡིན་མོད་ཀྱི། ཕྱི་མ་ནི་འུ་ཐུག་པའི་གཏམ་ཡིན་ཏེ། དེ་ལྟ་ན་དོན་དམ་བདེན་པ་བསྟན་དགོས་ཀྱི་གདུལ་བྱ་ལ་འདི་ལྟ་བུའོ་ཞེས་ཀྱང་བསྟན་དུ་མི་རུང་བའི་ཕྱིར་རོ། །འདི་དག་རྨོངས་པའི་ལོག་རྟོག་ཡིན་པས་དོགས་པའི་གནས་ཆུང་མོད་ཀྱི། ཚོགས་ཀྱི་བསགས་རྒྱབ་ཤིན་ཏུ་ཆུང་བ་དུ་མ་འདི་ལ་འཇུག་པར་སྣང་བས་བར་བར་དུ་དགག་པ་བཤད་པར་བྱའོ། །

གཉིས་པ་ལ་གསུམ། ས་བཅུ་པའི་མདོ་ལས་གསུངས་པར་བསྟན་པ་དང་། གཟུངས་ཀྱི་དབང་ཕྱུག་རྒྱལ་པོའི་མདོ་དང་སྦྱར་བ་དང་། མདོ་གཞན་དང་སྦྱར་བར་བྱའོ། །

དང་པོ་ནི། སེམས་ཅན་གྱི་སེམས་དང་དེའི་གནས་ལུགས་དྲི་མ་དང་བཅས་པའི་དེ་བཞིན་ཉིད་སྔར་དྲི་མས་མ་དག་པ་གཉེན་པོ་སྒོམ་པའི་སྟོབས་ཀྱིས་དྲི་མ་རིམ་གྱིས་སྦྱོང་བར་བྱེད་པའི་དོན་གྱི་དབང་འདི་ཉེ་བར་གཟུང་ནས་བྱང་ཆུབ་སེམས་དཔའི་ས་བཅུ་པོ་དག་ལ་ཡང (22a) མཐོང་སྤངས་དང་སྒོམ་སྤངས་རིམ་གྱིས་སྦྱོང་བའི་ཚུལ་གསེར་ས་ལེ་སྦྲམ་གྱིས་ཡོངས་སུ་སྦྱོང་བ་དཔེར་བརྗོད་པ་མཛད་པའོ། །

གཉིས་པ་ལ་གསུམ། མཚམས་སྦྱར་བ་དང་། དཔེ་བཤད་པ་དང་། དོན་ལ་སྦྱར་བའོ། །

དང་པོ་ནི། འཕགས་པ་གཟུངས་ཀྱི་དབང་ཕྱུག་རྒྱལ་པོས་ཞུས་པའི་མདོ་དེ་ཉིད་དུ་དེ་བཞིན་གཤེགས་པའི་འཕྲིན་ལས་བསྟན་པའི་རྗེས་ཐོགས་ཉིད་དུ་རྫོ་དྲིག་སོགས་ཀྱིས་མ་དག་པའི་ནོར་བུ་བཻ་ཌཱུརྻ་དཔེར་མཛད་དོ། །

གཉིས་པ་ནི། རིགས་ཀྱི་བུ་དཔེར་ན་འདི་ལྟ་སྟེ། ནོར་བུ་མཁན་མཁས་པ་ནོར་བུ་སྦྱོང་བའི་ཚུལ་ལེགས་པར་ཤེས་པ་དེས་ནོར་བུ་རིན་པོ་ཆེའི་རིགས་ནས་འཇིམ་རྡུལ་སོགས་ཀྱིས་ཡོངས་སུ་མ་དག་པའི་ནོར་བུ་རིན་པོ་ཆེ་བླངས་ཏེ། དང་པོར་མ་དག་པ་རགས་པ་སེལ་བའི་ཆེད་དུ་ལན་ཚྭའི་ཆུ་རྣོན་པོ་རྒྱ་ཚྭའི་ཆུས་སྦྲངས་ནས་སྐྲ་ལས་བྱས་པའི་རེ་བའི་ཡོངས་སུ་སྦྱོང་བས་སྦྱོང་བར་བྱེད་དོ། །དེ་ཙམ་གྱིས་ནོར་བུ་སྦྱོང་བའི་བརྩོན་པ་འདོར་བ་ཡང་མ་ཡིན་ཏེ། དེའི་འོག་ཏུ་ཟས་ཀྱི་ཁུ་བ་རྣོན་པོ་ཉ་ཁུས་སྦྲངས་ནས་བལ་གྱི་ལྭ་བ་སྣམ་བུ་སྲབ་མོའི་ཡོངས་སུ་སྦྱོང་བས་སྦྱོང་བར་བྱེད་དོ། །དེ་ཙམ་གྱིས་བརྩོན་པ་འདོར་བ་ཡང་མ་ཡིན་ཏེ། དེའི་འོག་ཏུ་སྨན་ཆེན་པོའི་ཞུ་བ་དངུལ་ཆུས་སྦྲངས་ནས་རས་སྲབ་མོའི་ཡོངས་སུ་སྦྱོང་བས་སྦྱོང་བར་བྱེད་དོ། །ཡོངས་སུ་བྱང་སྟེ་དྲི་མ་དང་བྲལ་བ་ནི་བཻ་ཌཱུརྻའི་རིགས་ཆེན་པོ་ཞེས་བྱའོ། །

或说：胜义谛者须以修习通达，不容分别闻思作少分观察。曰：胜义谛诚须以修习现证，然后句乃计穷之语，以若尔则于可为之开示胜义谛之所化前，不可说“此是”等故。此等皆是愚痴邪僻分别，无少疑问，然见少福之人趣之若鹜，故当时时破斥。

（壬二）配合经教

分三：（癸一）示《十地经》中所说；（癸二）配合《陀罗尼自在王经》；（癸三）配合他经。

（癸一）示《十地经》中所说

有情心及其真实有垢真如，先前因垢染不净，次以修对治力渐次净垢，**由此缘故**，**于菩萨十地说**渐次净治见所断、修所断之理趣**净治纯金喻**。

（癸二）配合《陀罗尼自在王经》

分三：（子一）次第；（子二）解喻；（子三）合义。

（子一）次第

彼《圣陀罗尼自在王**经**》**说如来事业后**，**以**因石垢等成**不净之吠琉璃宝作喻**。

（子二）解喻

“**善男子**，**譬如善巧宝师**，**善知净治珍宝之理门**，**自宝山中取**因泥土等成**不净宝**，**以利涩**硇砂**盐水洗**，**次以粗发织物揩磨净治**。**不以为足而舍净治珍宝之精勤**。**其后复以辛味饮食汁鱼汁洗**，**次以毛毡**细布**揩磨净治**。**不以为足而舍精勤**。**其后复以大药汁**水银**洗**，**次以细软布揩磨净治**。**清净离垢**，**方得说言大吠琉璃宝**。”

གསུམ་པ་ནི། རིགས་ཀྱི་བུ་དཔེ་ལ་ཡོངས་སུ་སྦྱོང་བའི་རིམ་པ་གསུམ་བྱུང་བ་དེ་བཞིན་དུ་དེ་བཞིན་གཤེགས་པ་ཡང (22b) དྲི་མས་ཡོངས་སུ་མ་དག་པའི་སེམས་ཅན་གྱི་ཁམས་མཁྱེན་ནས་གདུལ་བྱ་བཀྲི་བའི་རིམ་པ་གསུམ་མཛད་དེ། ཐོག་མར་སྐྱེས་བུ་ཆུང་ངུའི་བསམ་པ་ཚེ་འདིར་རིང་དུ་མི་གནས་པའི་འཆི་བ་མི་རྟག་པ་དང་ངན་འགྲོའི་ཉེས་དམིགས་བསམས་ནས་འཇིག་རྟེན་ཕྱི་མའི་མངོན་མཐོ་དོན་གཉེར་གྱི་བསམ་པ་ལེགས་པར་སྐྱེས་པ་ལ། ཉན་ཐོས་དང་རང་སངས་རྒྱས་དང་ཐེག་པ་ཆེན་པོའི་རིགས་ཅན་གང་ཡིན་ཡང་དང་པོར་སྡུག་བསྔལ་གྱི་བདེན་པའི་ཁྱད་ཆོས་སྐད་ཅིག་གིས་སྐྱེ་འགག་བྱེད་པའི་མི་རྟག་པ་དང་ལས་ཉོན་གྱིས་འདུས་བྱས་པའི་སྡུག་བསྔལ་བ་དང་རང་རྐྱ་ཐུབ་པའི་གང་ཟག་རྫས་ཡོད་བཀག་པའི་གང་ཟག་གི་བདག་མེད་པ་དང་འཁོར་བ་མི་གཙང་བའི་ངོང་དུ་ལྡུང་བའི་མི་གཙང་བ་བཞི་པོ་བསྟན་ནས་འཁོར་བ་ལ་མིའི་ངོང་དུ་ཆུད་པ་ལྟ་བུར་ཡིད་འབྱུང་བའི་གཏམ་གྱིས་འཁོར་བ་ལ་ཡིད་འོང་དུ་མཐོང་ནས་སྲིད་ཅིང་དགའ་བའི་སེམས་ཅན་འཁོར་བ་ལ་སྐྱོ་བ་སྐྱེད་པར་མཛད་དེ། འཁོར་བའི་གཉེན་པོ་འཕགས་པའི་ཆོས་འདུལ་བ་གང་ཟག་དང་ཆོས་ཀྱི་བདག་མེད་ཕྲ་མོ་ཁོང་དུ་ཆུད་པ་དང་མ་ཆུད་པ་ཀུན་གྱི་ཐུན་མོང་དུ་ཉམས་སུ་བླང་བར་བྱ་བའི་ལམ་བསླབ་པ་རིན་པོ་ཆེ་རྣམ་པ་གསུམ་ཉམས་སུ་ལེན་པ་ལ་འཇུད་པར་མཛད་དོ། །

འདིར་བསྟན་པའི་བདག་མེད་ནི་རགས་པ་ཡིན་ལ་དེ་ཁོང་དུ་ཆུད་པ་ཐེག་པ་ཆེ་ཆུང་གི་གང་ཟག་འཕགས་པའི་ལམ་དུ་བགྲོད་པར་བྱེད་པའི་རྒྱུད་སྨིན་བྱེད་ཀྱི་ལམ་ཡིན་གྱི། སྲིད་པའི་རྩ་བ་དངོས་སུ་གཅོད་པའི་ལམ་གྱི་དམིགས་པ་གང་ཟག་དང་ཆོས་ཀྱི་བདག་མེད་ཕྲ་མོ་ནི། རིམ་པ་ཕྱི་མ་གཉིས་ཀྱི་སྐབས་སུ་སྟོན་པར་འགྱུར་རོ། །བཞི་བརྒྱ་པར (23a) ཡང་རིམ་པ་དང་པོ་འདི་རྒྱུད་སྨིན་བྱེད་ཀྱི་ལམ་དུ་གསུངས་སོ། །བཞི་བརྒྱ་པར། བསོད་ནམས་མིན་པ་དང་པོར་བཟློག །བར་དུ་བདག་ནི་བཟློག་པ་དང་། །ཕྱི་ནས་ལྟ་ཞིག་ཀུན་ཟློག་པ། །གང་གིས་ཤེས་ཏེ་མཁས་པ་ཡིན། །ཞེས་གསུངས་པ་ནི། དང་པོས་ངན་འགྲོ་ཟློག་བྱེད་ཀྱི་སྐྱེས་བུ་ཆུང་ངུའི་ལམ་བསྟན་ལ་ཕྱི་མ་གཉིས་རིམ་པ་བཞིན་དུ་འདིར་བསྟན་པའི་སྟོམ་གཉིས་དང་དོན་འདྲའོ། །

（子三）合义

“**善男子**，**如来**亦复如此喻所说净治之三次第，**知**垢染**不净有情界已**，作引导所化之三次第。初**为**已思此生不能久住之死无常以及恶趣过患而发起下士希求后世增上生意乐者，具声闻、独觉、大乘种性者随一，先**说**苦谛差别法刹那生灭之**无常**、业烦恼所集之**苦**、破独立补特伽罗实物有之**无我**、堕入生死不净坑之**不净**四者，以说生死**可厌**如入火塘，**令彼诸**悦意爱**乐生死流转之有情发起厌离**，**入**对治生死流转**圣法毗奈耶**，无论是否通达微细补特伽罗与法无我，修习共同所修之道三学。”

此中所说之无我乃粗显者，通达彼无我是大、小乘人往趣圣道之能熟相续之道。正断三有之根道之所缘，乃微细补特伽罗与法无我，将于后二次第中说。《四百论》亦说此初次第为能熟相续之道。论曰：“最初遮非福，中间遮破我，后除一切见，知此为智者。”初句说能遮恶趣之下士道，后二句如其次第与此中所说初二次第意义相似。

དེ་ཙམ་གྱིས་དེ་བཞིན་གཤེགས་པ་བརྗོན་པ་འདོར་བ་ཡང་མ་ཡིན་ཏེ། དེའི་འོག་ཏུ་རིགས་ཅན་གསུམ་ག་ལ་ལྟ་བ་དང་སྤྱོད་པ་དང་ཐོབ་བྱའི་ཡུལ་གསུམ་དང་། ངོ་བོ་རྒྱུ་འབྲས་གསུམ་རིམ་པ་བཞིན་དུ་རང་བཞིན་གྱིས་གྲུབ་པས་སྟོང་པའི་སྟོང་པ་ཉིད་དང་། མཚན་མ་མེད་པ་དང་། སྨོན་པ་མེད་པའི་གཏམ་གྱིས་དེ་བཞིན་གཤེགས་པའི་ཚུལ་དེའི་གནས་ལུགས་དོན་དམ་པའི་བདེན་པ་རྟོགས་པར་མཛད་དོ། །

འདིས་ནི་གང་ཟག་རང་བཞིན་གྱིས་གྲུབ་པས་སྟོང་པ་དང་། ཕུང་པོ་རང་བཞིན་གྱིས་གྲུབ་པས་སྟོང་པའི་བདག་མེད་ཕྲ་མོ་གཉིས་བསྟན་ཏེ། འདི་མ་རྟོགས་པར་ཉན་ཐོས་དང་རང་སངས་རྒྱས་རྣམས་ཀྱིས་ཀྱང་གྲོལ་བ་དགྲ་བཅོམ་པའི་འབྲས་བུ་མི་ཐོབ་པའི་ཕྱིར་རོ། །ཉན་ཐོས་དང་རང་སངས་རྒྱས་ལ་བདག་མེད་ཕྲ་མོ་གཉིས་རྟོགས་པ་ཡོད་པ་བསྟན་བཅོས་འདིས་བསྟན་པ་ནི་ད་དུང་འཆད་པར་འགྱུར་རོ། །དམན་པའི་དགྲ་བཅོམ་པ་ཐོབ་པ་ཚུན་ཆད་ལ་བགྲི་བའི་རིམ་པ་དང་པོ་གཉིས་སྟོན་གྱི། དེ་ནས་ནི་རིམ་པ་གསུམ་པ་ཡང་སྟོན་ཏེ། མཐར་ཐུག་ཐེག་པ་གཅིག་ཏུ་བསྒྲུབ་པར་འགྱུར་བའི་ཕྱིར་རོ། །

ཁ་ཅིག་ཉན་རང་འཕགས་པ་ལ་གང་ཟག་གི་བདག་མེད (23b) རྟོགས་པ་ཡོད་པ་འོས་མེད་ཀྱི་ལུགས་སུ་བྱས་ནས་ཆོས་ཀྱི་བདག་མེད་རྟོགས་པ་ཡོད་མེད་ལ་རྩོད་པ་སྐད་བྱེད་པ་ནི་མཐའ་མ་ཆོད་པ་ཡིན་ཏེ། གང་ཟག་རང་གི་མཚན་ཉིད་ཀྱིས་གྲུབ་པས་སྟོང་པ་མ་རྟོགས་པར་དུ་གང་ཟག་གི་བདག་རྫོགས་པར་མི་ཁེགས་ལ་དེ་རྟོགས་པའི་གང་ཟག་དེས་ཕུང་པོ་བདེན་མེད་དུ་མ་རྟོགས་པ་མི་སྲིད་པའི་ཕྱིར་ཏེ། དེའི་ལྟར་ན། དགག་གཞི་གང་ཟག་དང་ཕུང་པོ་ལ་རྫས་ཡོད་དང་བཏགས་ཡོད་ཀྱི་ཁྱད་པར་ཕྲ་རགས་དང་། དགག་བྱའི་ཆོས་རང་གི་མཚན་ཉིད་ཀྱིས་གྲུབ་པ་ལ་ཕྲ་རགས་ཀྱི་ཁྱད་པར་མི་འཐད་པའི་ཕྱིར་རོ། །

གལ་ཏེ་བགྲི་ཚུལ་གྱི་རིམ་པ་འདི་ཐེག་པ་ཆེན་པོ་པའི་གང་ཟག་གི་དབང་དུ་བྱས་པ་ཡིན་ན། བདག་མེད་གཉིས་བསྟན་པའི་རྗེས་ལ་བགྲི་ཚུལ་གྱི་རིམ་པ་གསུམ་པ་མི་འཐད་དེ། ཐབས་ཡོངས་སུ་རྫོགས་པར་བསྟན་པའི་རྗེས་ལ་གནས་ལུགས་ཟབ་མོའི་དོན་སྟོན་པ་སྐབས་སུ་བབ་པའི་ཕྱིར་དང་། རྒྱུད་ལ་སྐྱེ་བའི་རིམ་པའི་དབང་དུ་བྱས་ན་ཡང་ཕར་ཕྱིན་དང་པོ་ལྔ་ཐོབ་པའི་རྗེས་སུ་ཤེས་རབ་ཀྱི་ཕ་རོལ་ཏུ་ཕྱིན་པ་འབྱུང་བའི་ཕྱིར་དང་། རིམ་པ་གསུམ་པའི་འཁོར་གསུམ་ཡོངས་སུ་དག་པའི་གཏམ་ཡང་། བདག་མེད་ཕྲ་མོ་སྟོན་པའི་གཏམ་ཡིན་པའི་ཕྱིར། དེས་ན་རིམ་པ་གཉིས་པ་དགག་བྱ་རགས་པ་བཀག་པའི་རྣམ་ཐར་སྒོ་གསུམ་གྱི་དབང་དུ་བྱས་པའོ། །ཞི་ན།

“**如来不以为足而舍精勤**，**其后为**三具种姓，**说**见、行、当得三境以及体、因、果三者依次自性空之**空**、**无相**、**无愿**，**令证如来之理门**彼之真实胜义谛。”

此说补特伽罗自性空、蕴自性空二种微细无我，以若不证此，诸声闻、独觉亦不得解脱阿罗汉果故。此论宣说声闻、独觉有证二微细无我者，犹当解说。初二次第说得小乘阿罗汉以下引导次第，次说第三次第，为成立究竟一乘故。

或以声闻、独觉圣者可有证补特伽罗无我者，然净有无证法无我者。此难消释。乃至未通达补特伽罗自相空，不能圆满遮破补特伽罗我，而能通达补特伽罗自相空，然未能通达蕴无谛实者未有故；如是，于遮破所依补特伽罗、蕴作实物有、假有之粗细差别，以及于所破法自相有作粗细差别皆不应理故。

或谓：若此引导次第系约大乘人而言，于说二无我之后示引导之第三次第即不应理，以说全圆方便之后方是宣说甚深真实义之时故；即约相续中生起之次第而言，亦是于获得初五度后方生慧度故；第三次第说三轮清净亦是宣说微细无我故，因此第二次第系约破粗所破之三解脱门而言。

རྟོགས་པ་དེ་ལྟར་སྐྱེ་བ་ཤིན་ཏུ་རིགས་མོད་ཀྱི། འདི་ལྟར་ཤེས་པར་བྱས་ཏེ། སློབ་དཔོན་ཞི་བ་འཚོས་དབུ་མ་རྒྱན་དུ་དབང་རྣོན་ལམ་ལ་འཇུག་པའི་རིམ་པ་དང་། དབང་རྟུལ་ལམ་ལ་འཇུག་པའི་རིམ་པ་གཉིས་གསུངས་པ་ལྟར། འདིར་ཡང་ཐེག་པ་ཆེན་པོ་རྒྱུད་བླ་མའི（24a）བསྟན་བཅོས་ཀྱི་ཆེད་དུ་བྱ་བའི་གདུལ་བྱའི་གཙོ་བོ་ཐེག་པ་ཆེན་པོའི་རིགས་ཅན་དབང་པོ་རྣོན་པོའི་ལམ་ལ་འཇུག་པའི་རིམ་པ་དངོས་སུ་བསྟན་ནས་ཅིག་ཤོས་དོན་གྱི་ཤུགས་ཀྱིས་གོ་བར་བྱེད་པའི་ཕྱིར་རོ། །དེས་ཅི་ཞིག་གྲུབ་པ་ཡིན་ཞེ་ན། ཐེག་པ་ཆེན་པོའི་རིགས་ཅན་དབང་པོ་རྣོན་པོ་ནི། ཐོག་མར་སེམས་ཅན་ཐམས་ཅད་ཀྱི་དོན་དུ་ཡང་དག་པར་རྫོགས་པའི་སངས་རྒྱས་ཐོབ་དགོས་པ་དང་ཐོབ་ནུས་པ་གཉིས་ཚད་མས་ལེགས་པར་གྲུབ་ནས་དེའི་རྗེས་སུ་སེམས་ཅན་ཐམས་ཅད་ཀྱི་དོན་དུ་སངས་རྒྱས་ཐོབ་པར་བྱའོ་སྙམ་དུ་སེམས་བསྐྱེད་པའི་དམ་བཅའ་འཛུགས་པ་ཡིན་གྱི། རྒྱུ་མཚན་ཡང་དག་མ་མཐོང་བར་དམ་འཆའ་བ་དབང་པོ་རྟུལ་པོའི་ལུགས་ཡིན་པའི་ཕྱིར་རོ། །དེ་ཡང་སྙིང་རྗེ་ཆེན་པོ་ལྷག་བསམ་རྣམ་པར་དག་པ་དང་བཅས་པའི་བསྐྱེད་ཚུལ་ལེགས་པར་ཁོང་དུ་ཆུད་པ་ལས་ནི་སེམས་ཅན་གྱི་དོན་དུ་སངས་རྒྱས་ཐོབ་དགོས་པར་རྟོགས་ལ། སྟོང་ཉིད་འཁོར་དང་བཅས་པ་རྟོགས་པ་ལས་ནི་སངས་རྒྱས་ཐོབ་ནུས་པར་རྟོགས་པ་ཡིན་ནོ། །དོན་འདི་ལ་དཔགས་ནས་དབང་པོ་རྣོན་པོ་ཐར་པ་ཙམ་དོན་གཉེར་གྱི་བློ་སྐྱེ་བ་ལ་ཡང་སྟོང་ཉིད་རྟོགས་པ་སྔོན་དུ་སོང་བ་དགོས་པ་ཤེས་པར་བྱའོ། །དབང་པོ་རྟུལ་པོས་ནི་བྱང་ཆུབ་ཀྱི་མཆོག་ཏུ་སེམས་བསྐྱེད་ནས་དེའི་རྗེས་སུ་སྟོང་ཉིད་ཁོང་དུ་ཆུད་པར་བྱེད་པ་རིམ་པ་གསུམ་པས་བསྟན་པར་ཤེས་པར་བྱའོ། །རིམ་པ་གསུམ་པར་སྟོང་ཉིད་བསྟན་ཡང་ཐབས་ཀྱི་ཆ་ཁྱད་པར་དུ་བྱས་ནས་སྟོན་པའི་ཡན་ལག་ཏུ་ཤེས་པར་བྱའོ། །

དེ་ཙམ་གྱིས་དེ་བཞིན（24b）གཤེགས་པ་གདུལ་བྱ་ཁྲིད་པའི་བརྩོན་པ་འདོར་བ་ཡང་མ་ཡིན་ཏེ། དེའི་འོག་ཏུ་སེམས་ཅན་གཞན་རྣམས་ལྟོས་མེད་དུ་དོར་ནས་ཐར་པ་རང་ཉིད་འབའ་ཞིག་གིས་དོན་དུ་གཉེར་བའི་རང་དོན་ཡིད་བྱེད་ཀྱི་བསམ་པ་སྐྱེ་བའི་གོ་སྐབས་བཅོམ་པ་རྫོགས་པའི་བྱང་ཆུབ་ལས་ཕྱིར་མི་ལྡོག་པའི་ཆོས་ཀྱི་འཁོར་ལོའི་གཏམ་སོགས་ཐབས་ཀྱི་ཆ་ཡོངས་སུ་རྫོགས་པས་ཟིན་པའི་ལས་བྱ་བྱེད་ཀྱི་འཁོར་གསུམ་རང་བཞིན་གྱིས་གྲུབ་པས་སྟོང་པ་ཡོངས་སུ་དག་པའི་གཏམ་གྱིས་ཁམས་སྣ་ཚོགས་པ་དང་རིགས་སྣ་ཚོགས་པ་དང་། ཉན་ཐོས་ཀྱི་བྱང་ཆུབ་དང་། རང་སངས་རྒྱས་ཀྱི་བྱང་ཆུབ་དང་། ཐེག་པ་ཆེན་པོའི་བྱང་ཆུབ་ལ་མོས་པའི་མོས་པ་སྣ་ཚོགས་པས་རང་བཞིན་སྣ་ཚོགས་ཀྱི་རྒྱུ་ཅན་གྱི་སེམས་ཅན་དེ་བཞིན་གཤེགས་པའི་ཡུལ་ཐབས་ཆ་ཡོངས་སུ་རྫོགས་པས་ཟིན་པའི་སྟོང་ཉིད་རྟོགས་པ་ལ་འཇུད་པར་མཛད་དོ། །ཐེག་པ་ཆེན་པོ་ལ་ཞུགས་པར་གྱུར་ཅིང་དེ་བཞིན་གཤེགས་པའི་ཆོས་ཉིད་རྟོགས་ན་ནི་བླ་ན་མེད་པའི་ཡོན་གནས་ཞེས་བརྗོད་དོ། །

曰：此疑虽然称可，然应如是知，如静命论师《中观庄严论》说有利根入道次第、钝根入道次第二种，此中亦正说《大乘上续论》专为主要所化——具大乘种性利根之入道次第，而能推知反义故。若谓云何成立？当知具大乘种性利根者，初以量妥善成立为利一切有情须成、能成正等觉二者，次方立誓发心“为利有情愿成佛”，未见正因而立誓乃钝根之作法故。此亦由善解发起大悲以及清净增上意乐之理趣，通达为利有情佛之须成；通达空性及其眷属者，即通达佛之能成。由度此义，利根发起惟求解脱之心者亦须事先通达空性。钝根发最上菩提心已，次令晓了空性，应知是第三次第所示。第三次第中虽说空性，然应知是以方便分为差别而说之支分。

“**如来不以为足而舍精勤**，**其后为说**不容生起自利作意心，无视舍弃诸余有情、但求自身解脱，于圆满菩提**不退转法轮**等，及说全圆方便分所摄持之业、所作、能作**三轮**自性空**清净**，**令彼等**因种种界，种种种性，胜解声闻菩提、独觉菩提、大乘菩提种种胜解而具**种种自性**因**有情**，**入如来境界**全圆方便分所摄持之空性证悟。**趣入**大乘**且证如来法性**，**名无上福田**。”

རང་བཞིན་སྣ་ཚོགས་ཀྱི་རྒྱུ་ཅན་ཞེས་པས་རིགས་ཅན་གསུམ་ག་བསྟན་ཏེ། ཉན་རང་གི་རིགས་ཅན་རིམ་པ་དང་པོ་གཉིས་ཀྱིས་རང་རང་གི་བྱང་ཆུབ་ཐོབ་པའི་བར་དུ་ཁྲིད་ནས། དེ་ནས་རིམ་པ་གསུམ་པས་ཐེག་པ་ཆེན་པོར་འཁྲིད་པར་བྱེད་པ་ཡིན་ནོ། །

འདིར་བསྟན་པའི་རིམ་པ་དང་། དོན་ཟབ་དགོངས་པ་ངེས་འགྲེལ་དུ་འཁོར་ལོ་རིམ་པ་གསུམ་དུ་གསུངས་པ་དོན་གཅིག་ཏུ་འདོད་ཅིང་། དེ་བཞིན་གཤེགས་པའི་སྙིང་པོའི་མདོ་དགོངས་འགྲེལ་དུ་གསུངས་པའི་འཁོར་ལོ་གསུམ་པའི་མཚན་གཞིར་འདོད་པ་ནི་ཕྱོགས་ཙམ་ཡང་མ་རྟོགས་པའི་ལྷུ་ཅོར་དུ་སྨྲ་བ་ཡིན་ཏེ། དེར་ནི་བྱང་ཆུབ་སེམས་དཔའ་དོན་དམ（25a）ཡང་དག་འཕགས་ཀྱིས་མཚན་ཉིད་གསུམ་གྱིས་བསྡུས་པའི་ཆོས་ཐམས་ཅད་བཅོམ་ལྡན་འདས་ཀྱི་ཁ་ཅིག་ཏུ་རང་གི་མཚན་ཉིད་ཀྱིས་གྲུབ་པར་ཁྱད་པར་མེད་པར་གསུངས་ལ། མདོ་གཞན་དུ་རང་གི་མཚན་ཉིད་ཀྱིས་མ་གྲུབ་པར་ཁྱད་པར་མེད་པར་གསུངས་པ་དེ་དག་ལས་དྲང་བའི་དོན་ནི་གང་། ངེས་པའི་དོན་ནི་གང་ཡིན་ཞེས་ཞུས་པའི་ལན་དུ། ཀུན་བརྟགས་རང་གི་མཚན་ཉིད་ཀྱིས་མ་གྲུབ་པ་དང་། གཞན་དབང་དང་ཡོངས་གྲུབ་རང་གི་མཚན་ཉིད་ཀྱིས་གྲུབ་པར་སོ་སོར་ཕྱེ་ནས་སྟོན་པས་གསུངས་པ་ན། དོན་དམ་ཡང་དག་འཕགས་ཀྱིས་ཁོང་དུ་ཆུད་པའི་དོན་ཞུས་པ་ནི། སྔ་མ་གཉིས་ཀ་དྲང་བའི་དོན་དང་། ལེགས་པར་རྣམ་པར་ཕྱེ་ནས་གསུངས་པ་འདི་ནི་ངེས་པའི་དོན་དུ་བདག་གིས་གོའོ། །ཞེས་སྟོན་པ་ལ་ཞུས་པ་ཡིན་པས། འདི་ནི་ངེས་པའི་དོན་ཞེས་པའི་མཚན་གཞིར་དེ་བཞིན་གཤེགས་པའི་སྙིང་པོའི་མདོ་ལ་སོགས་པ་འོང་བའི་དོན་མེད་དེ། སྟར་བཤད་མ་ཐག་པའི་སྟོན་པས་ལན་བཀའ་སྩལ་བ་དེ་ཉིད་ལ་ཟེར་བ་ཡིན་ནོ། །མདོ་དགོངས་འགྲེལ་དུ་ཀུན་བརྟགས་བདེན་པས་སྟོང་པ་དང་། གཞན་དབང་དང་ཡོངས་གྲུབ་བདེན་གྲུབ་ཏུ་གསུངས་པ་དང་། དེ་བཞིན་གཤེགས་པའི་སྙིང་པོའི་མདོར་ཆོས་ཐམས་ཅད་བདེན་པས་སྟོང་པའི་རང་བཞིན་རྣམ་དག་དང་། དྲི་མ་གློ་བུར་པར་བསྟན་པའི་མདོ་སྡེ་གཉིས་ངེས་པའི་དོན་དུ་ཁྱད་པར་མེད་པར་འདོད་པ་དང་། མདོ་དེར་མཐར་ཐུག་ཐེག་པ་གསུམ་དུ་བསྟན་ནས་སྙིང་པོའི་མདོའི་དགོངས་འགྲེལ་འདིར་མཐར་ཐུག་ཐེག་པ་གཅིག་ཏུ་སྒྲུབ་པའི་མདོ་དང་བསྟན་བཅོས་གཉིས་དོན་གཅིག་ཏུ་འདོད་པ་དང་དེ（25b）བཞིན་གཤེགས་པའི་སྙིང་པོའི་མདོ་དང་དགོངས་འགྲེལ་དུ། དོན་དམ་པའི་བདེན་པ་རྟག་དངོས་སུ་བསྟན་ནས་དེའི་དོན་ཕྱིན་ཅི་མ་ལོག་པ་བསྟན་བཅོས་འདི་རྩ་འགྲེལ་གྱིས་འགྲེལ་པར་འདོད་ཅིང་། འགྲེལ་པ་འདིར་ཆོས་དཀོན་མཆོག་གིས་བསྡུས་པའི་མཐོང་སྒོམ་གྱི་ལམ་རྣམ་པར་མི་རྟོག་པའི་ཡེ་ཤེས་ཤེར་ཕྱིན་གྱི་མདོ་ལས་ཤེས་པར་བྱ་བར་གསུངས་པའི་ཤེར་ཕྱིན་གྱི་མདོས་ཀུན་རྫོབ་རང་སྟོང་ཙམ་ཞིག་བསྟན་གྱི། དོན་དམ་གཞན་སྟོང་མ་བསྟན་ཏོ། །ཞེས་སྨྲ་བ་ནི་སེམས་རྣལ་དུ་མི་གནས་པའི་གཏམ་མོ། །

所谓具“种种自性”者，是说三类具种性。以初二次第引导具声闻、独觉种性者乃至获得各自菩提，次以第三次第引入大乘。①

或许此中所说之次第与《解深密经》所说之三法轮次第同义，复许《如来藏经》是《解深密经》所说第三法轮之范例者②，乃少分未达之妄言。彼《解深密经》中胜义生菩萨问佛：三性所摄一切法，世尊于某经中说皆有自相无有差别，余经中说皆无自相无有差别，彼等之中何为不了义、何为了义？佛曰：遍计执无自相，依他起与圆成实有自相，分别而说。胜义生陈其所解：“前二者乃不了义，此善分别而说者乃了义。”此之所谓了义者，《如来藏经》等无法成其范例，彼范例应是上述大师无间所答者。《解深密经》说遍计执谛实空，依他起与圆成实谛实有，《如来藏经》说一切法谛实空之自性清净，以及尘垢为客，然有许二经皆为了义无有差别。《解深密经》说究竟三乘，此论解《如来藏经》意趣成立究竟一乘，然有许经、论二者乃是一义。或许《如来藏经》与《解深密经》说胜义谛“常事”，复由此论本释无倒开解，此《释论》说法宝所摄见、修道无分别智应依《般若经》而得解，然彼谓：《般若经》惟说世俗“自空”，未说胜义“他空”，此乃心智失常之语。

---

① 《释难》云：“摄要言之，此经（《陀罗尼自在王经》）宣说所化渐次趣入三乘、大乘种性决定二者之行道次第。以若是小乘种性决定，以初次第宣说通达二粗无我令相续成熟之道次第，以第二次第宣说通达二细无我令解脱之道次第，以第三次第宣说令引入大乘道之次第。若是大乘种性决定，以初次第宣说令相续成熟之道次第，以第二次第宣说甚深道次第同前，以第三次第宣说广大道次第故。”页 380—381。

② 此是觉囊派学者所许，参见多罗那他《中观他空思想要论》，许得存译，载于阿旺罗追扎巴：《觉囊派教法史》，许得存译，拉萨：西藏人民出版社，1992 年，页 292—302。

འདིར་རིམ་པ་གསུམ་བསྟན་པ་ནི། མཐར་ཐུག་ཐེག་པ་གཅིག་ཏུ་སྒྲུབ་པའི་ཆེད་དུ་གང་ཟག་གཅིག་ཀྱང་རིམ་གྱིས་བགྲོ་བའི་རིམ་པ་སྟོན་པ་ཡིན་ལ། དགོངས་འགྲེལ་དུ་འཁོར་ལོ་རིམ་པ་གསུམ་གསུངས་པའི་གདུལ་བྱ་སོ་སོ་ཐ་དད་པའོ། །དེར་གསུངས་པའི་འཁོར་ལོ་གསུམ་པའི་མཚན་གཞིར་ཤེས་རབ་ཀྱི་ཕ་རོལ་ཏུ་ཕྱིན་པའི་མདོ་འཛིན་པར་འདོད་པ་ཡང་། མདོ་དགོངས་འགྲེལ་ལས་ཇི་ལྟར་བསྟན་པ་དང་། ཤེར་ཕྱིན་གྱི་མདོས་ཇི་ལྟར་བསྟན་པའི་ཚུལ་ཞིབ་ཏུ་མ་རྟོགས་པར་གསུང་རབ་ཀྱི་དགོངས་པ་ལས་ཕྱི་རོལ་དུ་གྱུར་བར་ཤེས་པར་བྱའོ། །

གསུམ་པ་ནི་ཡོངས་སུ་དག་པའི་རིགས་དེ་བཞིན་གཤེགས་པའི་ཁམས་རང་བཞིན་གྱིས་རྣམ་པར་དག་པ་སངས་རྒྱས་ཀྱི་ཡེ་ཤེས་འབྱུང་རུང་སེམས་ཅན་ཐམས་ཅད་ལ་ཡོད་པ་འདི་ཉིད་ལ་དགོངས་ནས་མདོ་སྡེ་གཞན་ལས་ཇི་ལྟར་རྡོའི་ཕྱེ་མ་ལ་ནང་ན་གསེར་ས་ལེ་སྦྲམ་ནི་ཡོད་ཀྱང་བསྒྲིབས་ནས་མི་མཐོང་བ་སྒྲིབ་བྱེད་ཡོངས་སུ་སྦྱོང་བས་དེ་མཐོང་བ་བཞིན་དུ་སེམས་ཅན་གྱི་འཇིག་རྟེན་ལ་ནི་དེ་བཞིན་གཤེགས་པའི (26a) ཆོས་ཉིད་རང་བཞིན་གྱིས་རྣམ་པར་དག་པ་ཡོད་ཀྱང་བདེན་འཛིན་གྱི་རྣམ་པར་རྟོག་པས་བསྒྲིབས་ནས་མངོན་སུམ་དུ་མི་མཐོང་ཞིང་། བདེན་འཛིན་ཀུན་བརྟགས་ཀྱི་ས་བོན་སྤངས་པའི་ཚེ། མངོན་སུམ་དུ་མཐོང་ལ་། དྲི་མ་མཐའ་དག་ཟད་པ་ན་དྲི་མ་མཐའ་དག་ཟད་པའི་བྲལ་བ་དེ་ཉིད་ལ་ཡང་དག་པར་རྫོགས་པའི་སངས་རྒྱས་ཀྱི་ཆོས་ཀྱི་སྐུ་ཞེས་གསུངས་སོ། །

ཡང་དག་པར་རྫོགས་པའི་སངས་རྒྱས་ཀྱི་ཆོས་ཉིད་རང་བཞིན་གྱིས་རྣམ་པར་དག་པ་སེམས་ཅན་ལ་ཁྱད་པར་མེད་པར་ཡོད་པ་ལ་ཡང་དག་པར་རྫོགས་པའི་སངས་རྒྱས་ཡོད་པ་ཞེས་བཏགས་ནས་གསུངས་པ་ཡིན་གྱི། དག་པ་གཉིས་ལྡན་གྱི་ཆོས་སྐུ་སེམས་ཅན་གྱི་རྒྱུད་ལ་ཡོད་པའི་དོན་དུ་འཆད་པ་ནི་མདོ་འདིའི་དཔེ་དོན་སྦྱར་བ་ལ་མིག་བཙུམ་པར་གསལ་ཏེ། གློ་བུར་གྱི་དྲི་མ་མཐའ་དག་སྤངས་པའི་བྲལ་བ་སེམས་ཅན་ཐམས་ཅད་ཀྱི་རྒྱུད་ལ་ཡོད་ན། སེམས་ཅན་ཐམས་ཅད་ཀྱིས་ཁམས་རང་བཞིན་གྱིས་རྣམ་པར་དག་པ་མངོན་སུམ་དུ་མི་མཐོང་བའི་འགལ་རྐྱེན་ཙུང་ཟད་ཀྱང་མེད་པས་དཔེ་དོན་ཇི་ལྟར་འགྲིག་པ་སོམས་ཤིག །

སེམས་ཅན་གྱི་རྒྱུད་ལ་དག་པ་གཉིས་ལྡན་གྱི་ཆོས་སྐུ་ཡོད་ཀྱང་སེམས་ཅན་རང་གི་གློ་བུར་གྱི་དྲི་མས་བསྒྲིབས་ནས་མ་མཐོང་བའོ། །ཞེ་ན། འོ་ན་སེམས་ཅན་གྱི་རྒྱུད་ལ་ཡོད་པའི་གློ་བུར་རྣམ་དག་དེ་གང་ཟག་སུ་ཞིག་གི་དྲི་མ་རྣམ་པར་དག་པའི་བྲལ་བ་ཡིན། རང་རྒྱུད་ཀྱི་ཡིན་པ་མི་འཐད་དེ། དྲི་མ་ཙུང་ཟད་ཀྱང་མ་སྤངས་པའི་དུས་འཁོར་བ་ཐོག་མ་མེད་པ་ནས་བྲལ་བ་དེ་རང་རྒྱུད་ལ་ཡོད་པའི་ཕྱིར་རོ། །གང་ཟག་གཞན་རྒྱུད་ཀྱི་དྲི་མ་རང་རྒྱུད་ལ་མེད་པའི་དོན་ཡིན་ནོ། །(26b) ཞེ་ན་འགོག་བདེན་ཐོབ་པ་གནས་ལུགས་ཀྱི་དོན་མངོན་སུམ་དུ་རྟོགས་པ་ལ་མི་ལྟོས་པར། བུམ་པས་དབེན་པའི་གཞིར་བུམ་པ་མེད་པ་བཞིན་དུ་འདོད་པ་ནི་བཞད་གད་ཀྱི་གནས་སོ། །

此中所说三次第者，是为成立究竟一乘，说渐次引导一补特伽罗之次第，而《解深密经》中为说三法轮次第之所化则各异。或许《解深密经》所说第三法轮之范例为《般若经》，当知此亦未详通达《解深密经》云何说以及《般若经》云何说之理趣，出于圣言意趣之外。①

（癸三）配合他经

由念此清净种性如来界自性清净堪生佛智，一切有情皆有，余**经云**："**譬如砂砾中**，**纯金**虽有而障蔽**不可见**，**净治**能障**方可见**之；有情**世间中**虽有**如来**法性自性清净，然为实执分别所障不可现见，断除实执种子时方可现见，若完尽诸垢，彼完尽诸垢之离系即正等觉法身。"

有情皆具正等觉法性自性清净，无有差别，假名说为"具正等觉"。或解此是有情相续中有具二种清净之法身者，当于此经喻义结合睁眼明视！若一切有情相续中有尽断客尘之离系，则一切有情无少违缘现见界自性清净，当思喻义如何相称？

若谓："有情相续虽有具二种清净之法身，然为有情自身客尘所障故不见。"曰：若尔，有情相续中所有之客尘清净是何人垢染清净之离系？自相续者不应理，垢染少分未断时，无始生死以来自相续中即有彼离系故。若意指自相续中无他人相续之垢，则得灭谛不须观察现证真实义，如无瓶之地无瓶，作是许者乃可笑处。

① 《释难》云："若尔，此经中所说三次第与《解深密经》中所说三转法轮，如其次第是否互违？此经中所说初次第与《解深密经》中所说初转法轮但惟相违，以此经中所说初次第必是大乘经，《解深密经》中所说初转法轮必是小乘经。以范例《般若经》乃宣说由共中士道次第之门净治相续方便之大乘经，说'此是苦圣谛，此是集圣谛'等之经是小乘经，二者相违故。初因成立，此经中所说初次第、第二次第之经必是大乘经。此经中所说三次第是约特别所化同一相续而说故。此后说成立，宣说三不同能净之门净治所净同一摩尼之喻故。此经中所说第二次第与《解深密经》中所说中转法轮不相违，以广中略三（般若）教俱是彼二故。然不可作同义解，以《如来藏经》乃《解深密经》中所说中转法轮之经故…此经中所说第三次第与《解深密经》中所说末转法轮纯属相违，以此经中所说第三次第之经必是了义经，《解深密经》中所说末转法轮之经必是不了义经故。"页 382—383。

གསུམ་པ་ནི། དེ་ལ་སངས་རྒྱས་ཀྱི་ཁམས་ཡོངས་སུ་དག་པར་བྱེད་པའི་ཡོན་ཏན་ཡོངས་སུ་སྦྱོང་བ་རྣམ་པ་དྲུག་ཅུ་པོ་དེ་དག་གང་ཞེ་ན། འདི་ལྟ་སྟེ། བྱང་ཆུབ་སེམས་དཔའི་སྤྱོད་པ་སྤྱོད་པ་ན་མཛེས་པར་བྱེད་པ། ཚུལ་ཁྲིམས་དང་། ཏིང་ངེ་འཛིན་དང་། ཤེས་རབ་ཀྱི་བསླབ་པ་གསུམ་དང་། གཟུངས་ཏེ་བྱང་ཆུབ་སེམས་དཔའི་རྒྱན་རྣམ་པ་བཞི་དང་དམ་པའི་ཆོས་ཀྱི་སྣང་བ་ཐོབ་ཅིང་། གཏི་མུག་གི་མུན་པ་དང་བྲལ་བས་ཆོས་ཀྱི་སྒོ་ཤིན་ཏུ་གསལ་བར་བྱེད་པ། དྲན་པ་དང་། བློ་གྲོས་དང་། རྟོགས་པ་དང་། ཆོས་དང་། ཤེས་པ་དང་། བདེན་པ་དང་། མངོན་པར་ཤེས་པ་དང་། སྒྲུབ་པའི་སྣང་བ་སྟེ་བྱང་ཆུབ་སེམས་དཔའི་སྣང་བ་རྣམ་པ་བརྒྱད་དང་། ལྟ་བ་སྣ་ཚོགས་པ་དང་། ཕྱིན་ཅི་ལོག་བཞི་དང་། ང་དང་ང་ཡིར་འཛིན་པ་དང་། སྒྲིབ་པ་ལྔ་དང་། སྐྱེ་མཆེད་དྲུག་གི་ཡུལ་ལ་ཆགས་པ་དང་། ང་རྒྱལ་བདུན་དང་། འཕགས་པའི་ལམ་ལས་ཉམས་པ་དང་། རང་དབང་མེད་པ་དང་། ཁོང་ཁྲོ་བ་དང་སྡིག་པའི་ལས་དང་། འཕགས་པའི་ཤེས་རབ་མེད་པ་དང་། རྟེན་འབྲེལ་ཟབ་མོ་མ་རྟོགས་པ་དང་། ལྟ་བའི་བག་ཆགས་མ་སྤངས་པ་དང་། སྡུག་བསྔལ་གྱི་ཁུར་དང་མ་བྲལ་བ་དང་། གཡོ་དང་ང་རྒྱལ་སྤྱོད་པ་དང་། མཐོ་རིས་དང་ཐར་པ་ཉམས་པའི་སེམས་ཅན་ལ་དམིགས་ནས་སྡུག་བསྔལ་དང་བྲལ་བར་འདོད་པའི་རྣམ་པ་ཅན་གྱི་བྱང་ཆུབ་སེམས་དཔའི་སྙིང་རྗེ་ཆེན་པོ་རྣམ་པ་བཅུ་དྲུག་དང་། གཏི་མུག་གི (27a) གཉིད་སད་པར་བྱེད་པ་དང་། མོས་པ་དམན་པ་རྒྱ་ཆེན་པོ་ལ་སྦྱོར་བ་དང་། ཆོས་མ་ཡིན་པ་འདོད་པ་ཆོས་འདོད་པ་ལ་སྦྱོར་བ་དང་། འཚོ་བ་མ་དག་པ་དེ་དག་པ་ལ་འགོད་པ་དང་། ལྟ་བ་ངན་པ་ཡང་དག་པའི་ལྟ་བ་ལ་འགོད་པ་དང༌། ཚུལ་བཞིན་མ་ཡིན་པ་ཡིད་ལ་བྱེད་པ་ཚུལ་བཞིན་ཡིད་ལ་བྱེད་པ་ལ་འགོད་པ་དང་། ལོག་པའི་ཆོས་ལ་གནས་པ་ཡང་དག་པའི་ཆོས་ལ་འགོད་པ་དང་། ཕ་རོལ་ཏུ་ཕྱིན་པ་དྲུག་གི་མི་མཐུན་པའི་ཕྱོགས་དང་ལྡན་པ་དེ་དྲུག་ལ་སྦྱོར་བ་རྣམ་པ་དྲུག་དང་། ཐབས་མི་མཁས་པ་ཐབས་མཁས་པ་ལ་སྦྱོར་བ་དང་ཉོན་མོངས་པ་ཅན་ཉོན་མོངས་པ་མེད་པ་ལ་སྦྱོར་བ་དང་། དམིགས་པ་ཅན་དམིགས་པ་མེད་པ་ལ་སྦྱོར་བ་དང་། མ་དུལ་བ་དུལ་བ་ལ་སྦྱོར་བ་དང་། བྱས་པ་མི་གཟོ་བ་བྱས་པ་གཟོ་བ་ལ་སྦྱོར་བ་དང་། ཆུ་བོ་བཞིར་ལྷུང་བ་དེ་ལས་ཐར་པ་ལ་སྦྱོར་བ་དང་། བཀའ་བློ་མི་བདེ་བ་བཀའ་བློ་བདེ་བ་ལ་སྦྱོར་བ་དང་། ཞེན་པ་མང་བ་ཞེན་པ་མེད་པ་ལ་སྦྱོར་བ་དང་། འཕགས་པའི་ནོར་མེད་པ་ནོར་ལ་སྦྱོར་བ་དང་། ནད་པ་ནད་མེད་པ་ལ་སྦྱོར་བ་དང་། ཤེས་པའི་སྣང་བ་དང་བྲལ་བ་སྣང་བ་ལ་སྦྱོར་བ་དང་། ཁམས་གསུམ་མི་ཤེས་པ་ཤེས་པ་ལ་སྦྱོར་བ་དང་། གཡོན་ཕྱོགས་ཀྱི་ལམ་ལ་ཞུགས་པ་ལམ་གཡས་པ་ལ་སྦྱོར་བ་དང་། ལུས་དང་སྲོག་ལ་ཆགས་པ་དེ་ལ་མ་ཆགས་པ་ལ་སྦྱོར་བ་དང་། དཀོན་མཆོག་དང་བྲལ་བ་དཀོན་མཆོག་གི་རིགས་མ་གཅོད་པ་ལ་སྦྱོར་བ་དང་། ཆོས་ལས་ཉམས་པ་ཆོས་འཛིན་པ་ལ་སྦྱོར་བ་དང་། རྗེས་སུ་དྲན་པ་དྲུག་དང་བྲལ་བ་དེ་དྲུག་ལ་སྦྱོར་བ་དང་། ཉོན་མོངས་པས་སྒྲིབས་པ་ཉོན་མོངས་པ་མེད་པ་ལ་སྦྱོར་བ་དང་། མི་དགེ་བའི་ཆོས་དང་ལྡན་པ་དགེ་བའི་ཆོས (27b) ལ་སྦྱོར་བའི་བྱང་ཆུབ་སེམས་དཔའི་ལས་རྣམ་པ་སུམ་ཅུ་རྩ་གཉིས་སོ། །

（辛三）认明净治法

云何清净佛界功德六十种净治？

四种菩萨庄严：行菩萨行时能作严饰之戒、定、慧三学以及陀罗尼；

八种菩萨光明：得正法光、离愚痴暗故，光显法门之念光、慧光、证光、法光、智光、谛光、通光、行光；

十六种菩萨大悲：缘执种种见、四颠倒、我与我所、五障、贪着六根境、七我慢，退失圣道、不得自在、嗔与恶业、无圣慧、不解甚深缘起、不断见习气、不舍苦担、谄与慢行、退失善趣与解脱之有缘者，愿彼离苦；

三十二种菩萨事业：痴眠者令醒觉，胜解下劣者令学广大，求非法者令求正法，邪命者令得正，邪见者令得正见，非理作意者令如理作意，住邪法者令得正法，具六度所治品者令得彼六共六种，不善方便者令得善巧方便，具烦恼者令无烦恼，具所缘者令得无所缘，未调柔者令得调柔，忘恩者令知恩，堕四瀑流者令得解脱，不受如法谏者令受谏，多染著者令无染，无圣财者令得圣财，有病者令无病，离智光者令得光明，不知三界者令知三界，入左道者令入右道，贪身命者令无贪着，离三宝者令不断三宝种，退失正法者令受持正法，离六念者令得六念，为烦恼障者令无烦恼，具不善法者令得善法。

གཉིས་པ་ལ་གསུམ་གྱི་དང་པོ་བྱང་ཆུབ་གང་གིས་བསྟན་པ་ནི། ཡོངས་སྦྱོར་གྱི་ཆོས་དྲུག་ཅུ་བསྟན་པའི་སྒོ་ནས་ཁམས་དེ་བསྟན་པའི་རྗེས་ཐོགས་སུ་རང་བཞིན་གྱིས་རྣམ་པར་དག་པ་ལ་གློ་བུར་གྱི་དྲི་མ་མཐའ་དག་སྤྱངས་པའི་སངས་རྒྱས་ཀྱི་བྱང་ཆུབ་གསལ་བར་མཛད་དོ། །གང་གིས་ནི་བྱང་ཆུབ་ཆེན་པོའི་ཐུགས་རྗེ་རྣམ་པ་བཅུ་དྲུག་བསྟན་པས་སོ། །

ཐུགས་རྗེ་རྣམ་པ་བཅུ་དྲུག་གང་ཞེ་ན། རྩ་བ་མེད་པ་དང་གནས་མེད་པ་དང་། ཞི་བ་དང་ཉེ་བར་ཞི་བ་དང་། རང་བཞིན་གྱིས་འོད་གསལ་བ་དང་། སྤང་བ་དང་དོར་བ་མེད་པ་དང་། མཚན་མ་མེད་པ་དང་། དམིགས་པ་མེད་པ་དང་། དུས་གསུམ་མཉམ་པ་ཉིད་དང་། ལུས་མེད་པ་དང་འདུས་མ་བྱས་པ་དང་། དབྱེར་མེད་པ་དང་གནས་མེད་པ་དང་། ལུས་དང་སེམས་ཀྱི་ཡུལ་མ་ཡིན་པ་དང་། གཟུང་དུ་མེད་པ་དང་གཞི་མེད་པ་དང་། སྟོང་པ་ཉིད་དང་། ནམ་མཁའ་དང་མཉམ་པ་དང་། ཇི་ལྟ་བ་བཞིན་གྱི་གནས་དང་། རྣམ་པ་ལ་འཇུག་པས་རྣམ་པ་མེད་པ་ལ་འཇུག་པ་དང་། ཟག་པ་མེད་པ་དང་ཉེ་བར་ལེན་པ་མེད་པ་དང་། དག་པ་དང་དྲི་མ་མེད་པ་དང་ཉོན་མོངས་པ་མེད་པ་སྟེ། བྱང་ཆུབ་ཆེན་པོའི་ཆོས་རྣམ་པ་བཅུ་དྲུག་ཐོབ་ནས་དེ་མ་ཐོབ་པ་དང་། བྱང་ཆུབ་ཆེན་པའི་གནས་ལུགས་ཀྱི་དོན་མ་རྟོགས་པའི་སེམས་ཅན་ལ་དམིགས་ནས། རྒྱལ་བའི་ཐུགས་རྗེ་ཆེན་པོ་བཅུ་དྲུག་ལ་འཇུག་པའོ། །

གཉིས་པ་སངས་རྒྱས་ཀྱི་ཡོན་ཏན་གང་གིས་བསྟན་པ་ནི། བྱང་ཆུབ་དེ་བསྟན་པའི་རྗེས་ཐོགས་སུ་འོག་ནས་འཆད་པར་འགྱུར་བའི་སྟོབས་བཅུ་དང་མི་འཇིགས་པ་བཞི་དང་། སངས་རྒྱས་ཀྱི་ཆོས་མ་འདྲེས་པ (28a) བཅོ་བརྒྱད་བསྟན་པ་དང་། སངས་རྒྱས་ཀྱི་ཡོན་ཏན་གསལ་བར་མཛད་དོ། །

གསུམ་པ་འཕྲིན་ལས་གང་གིས་བསྟན་པ་ནི། སངས་རྒྱས་ཀྱི་ཡོན་ཏན་དེ་བསྟན་པའི་རྗེས་ལ་དེ་བཞིན་གཤེགས་པའི་འཕྲིན་ལས་བླ་ན་མེད་པ་སྟོབས་ལ་སོགས་པ་རང་རང་གི་རྗེས་ལ་སྟོབས་བཅུའི་འཕྲིན་ལས་སྟོབས་བཅུ་སྐྱེ་བ་དང་རྗེས་སུ་མཐུན་པར་ཕྱིན་ཅི་མ་ལོག་པར་བསྟན་པ་རྣམ་པ་བཅུ་དང་། མི་འཇིགས་པ་བཞིའི་འཕྲིན་ལས་བག་ཚ་བ་མེད་པར་བསྟན་པ་རྣམ་པ་བཞི་དང་། མ་འདྲེས་པ་བཅོ་བརྒྱད་ཀྱི་འཕྲིན་ལས་འབྲས་བུ་དང་ལྡན་པར་བསྟན་པ་རྣམ་པ་བཅོ་བརྒྱད་བསྟན་པས་སངས་རྒྱས་ཀྱི་འཕྲིན་ལས་རྣམ་པ་སུམ་ཅུ་རྩ་གཉིས་གསལ་བར་མཛད་དོ། །

གསུམ་པ་དོན་བསྡུ་བ་ནི། སྔར་བཤད་པ་དེ་ལྟར་རྡོ་རྗེའི་གནས་བདུན་པོ་འདི་དག་རང་གི་མཚན་ཉིད་ཐུན་མོང་མ་ཡིན་པའི་རང་བཞིན་བསྟན་པའི་སྒོ་ནས་རྒྱས་པར་ནི་འཕགས་པ་གཟུངས་ཀྱི་དབང་ཕྱུག་རྒྱལ་པོས་ཞུས་པའི་མདོ་ཇི་ལྟ་བ་བཞིན་དུ་རྟོགས་པར་བྱའོ། །

（庚二）宣说菩提等三之经文

分三：（辛一）示菩提；（辛二）示功德；（辛三）示事业。

（辛一）示菩提

由说六十净治法之门示界之**后**，**阐明**自性清净且尽断客尘之**佛菩提**，即**说十六种大菩提悲**。

何为十六种悲？无根与无处，寂与近寂，自性光明，无取无舍，无相与无缘，三世平等，无身与无为，无别与无住，非身心境，无取与无事，空，等同虚空，如实安住，入相而无相，无漏与无取，净无垢无惑。

得十六种大菩提法已，缘未得彼及未证大菩提真实义之有情，趣入佛之十六种大悲。

（辛二）示功德

示彼菩提之**后**，**说**下当解说之**十力**、**四无畏**、**十八佛不共法**，**阐明佛功德**。

（辛三）示事业

示彼佛功德之**后**，**说如来无上事业**，即于“力”等各各之后，示十力事业之十种不颠倒随顺出生十力不颠倒说，四无畏事业之四种不怯弱说，十八不共事业之十八种具果说，**阐明三十二种佛事业**。

（戊三）摄义：

如是如上述者，**应如**《圣陀罗尼自在王**经**》**广说**，**通达此等七金刚处自相**不共自性。[①]

---

① 据班钦·索南札巴《释难》，因《陀罗尼自在王经》俱说七金刚处，故《上续论》以之为根本经，《如来藏经》等可视为支分经，详言之，即：“三宝者，《郁伽长者请问经》中说；界如来藏之十相者，《胜鬘请问经》中明说，《如来藏经》中隐说，而明说由九喻、九义之门阐明界之理趣；大菩提者，《陀罗尼自在王经》中说；佛功德者，《宝女请问经》中说；佛事业者，《智光庄严经》中说。”后援之经者，计有：《虚空藏经》、《不增不减经》、《大般涅槃经》、《大法鼓经》、《利益指鬘经》、《妙法白莲华经》、《慧海请问经》等。具见以下各品。页383—384。

གསུམ་པ་གོ་རིམ་ངེས་པ་ལ་དྲི་བ་ནི། རྟོགས་པར་བྱ་བའི་དོན་རྣམ་པ་བདུན་པོ་འདི་དག་གི་འབྲེལ་པ་གཅིག་གི་རྗེས་སུ་གཉིས་པ་ངེས་པའི་རང་བཞིན་གྱི་གོ་རིམ་ངེས་པ་གང་ཞེ་ན། ལན་ནི། ཆོས་ཐམས་ཅད་རྣམ་པ་ཐམས་ཅད་དུ་མངོན་པར་རྫོགས་པར་སངས་རྒྱས་པ་ལས་འཕགས་པའི་གང་ཟག་རྣམས་ལ་ཆོས་ཀྱི་འཁོར་ལོ་ལེགས་པར་བསྐོར་བ་འབྱུང་ལ་ཆོས་ཀྱི་འཁོར་ལོ་ལེགས་པར་བསྐོར་བ་ལས་འཕགས་པའི་ཚོགས་དགེ་འདུན་དཀོན་མཆོག་དང་། འཕགས་པའི་ཚོགས་མཐའ་ཡས་པ་གདུལ་བྱར་མངའ་བ་འབྱུང་ངོ་། །རང (28b) ཉིད་མངོན་པར་རྫོགས་པར་སངས་རྒྱས་ནས་ཆོས་ཀྱི་འཁོར་ལོ་ལེགས་པར་བསྐོར་བ་རྒྱུད་བླ་མའི་ཆེད་དུ་བྱ་བའི་གདུལ་བྱའི་རྒྱུད་ཀྱི་ཐེག་ཆེན་སེམས་བསྐྱེད་ཀྱི་དམིགས་པ་ཡིན་ལ། དེ་ལ་བརྟེན་ནས་འཕགས་པའི་ཚོགས་མཐའ་ཡས་པ་འབྱུང་བ་ནི་སེམས་བསྐྱེད་ཀྱི་ཆེད་དུ་བྱ་བ་ཡིན་ནོ། །

འཕགས་པའི་ཚོགས་ལས་དེ་བཞིན་གཤེགས་པའི་སྙིང་པོ་འབྱུང་སྟེ། དེའི་དོན་ནི། མཐར་ཐུག་པའི་དཀོན་མཆོག་གསུམ་དང་། ཉེ་རྒྱུའི་དཀོན་མཆོག་གསུམ་རང་རྒྱུད་ལ་ཐོབ་བྱ་དང་། རང་ཉིད་སངས་རྒྱས་ནས་ཆོས་ཀྱི་འཁོར་ལོ་བསྐོར་བའི་འབྲས་བུ་འཕགས་པའི་ཚོགས་དོན་དུ་གཉེར་བྱར་བྱས་པ་ན་རང་རྒྱུད་ཀྱི་དེ་བཞིན་གཤེགས་པའི་སྙིང་པའི་དྲི་མ་སྦྱོང་འདོད་འབྱུང་ལ། དེ་ལ་བརྟེན་ནས་དྲི་མ་ཅི་རིགས་པས་དག་པའི་དེ་བཞིན་གཤེགས་པའི་སྙིང་པོ་འབྱུང་བའི་དོན་ཡིན་ནོ། །དེ་བཞིན་གཤེགས་པའི་སྙིང་པོ་ཇི་སྲིད་ཀྱི་བར་དུ་འབྱུང་ཞེ་ན། དྲི་མ་མཐའ་དག་ཟད་པའི་སངས་རྒྱས་ཀྱི་ཡེ་ཤེས་ཁམས་ཐོབ་པའི་མཐར་ཐོབ་པར་བྱ་བ་དེ་མ་ཐོབ་ཚུན་ཆད་དྲི་མ་དང་བཅས་པའི་དེ་བཞིན་ཉིད་དང་། སེམས་ཅན་གྱི་རྒྱུད་ཀྱི་སངས་རྒྱས་ཀྱི་འཕྲིན་ལས་འཇུག་ཏུང་དང་། རིགས་ལ་དེ་བཞིན་གཤེགས་པའི་སྙིང་པོ་ཞེས་བྱའི་ཡེ་ཤེས་ཐོབ་ནས་ནི་དེ་བཞིན་གཤེགས་པའི་སྙིང་པོ་ཞེས་མི་བྱའོ། །འདིས་ནི་ཤེས་པ་ཆུང་ངུ་གང་དག་དེ་བཞིན་གཤེགས་པའི་སྙིང་པོའི་མདོས་བསྟན་པའི་དེ་བཞིན་གཤེགས་པའི་སྙིང་པོ་ཞེས་པའི་དོན་དེ་འབྲས་བུ་མཐར་ཐུག་པའི་གནས་སྐབས་ན་ཡང་ཡོད་པར་འདོད་པ་ཟུར་ཕྱིན་པར་བཀག་པར་ཤེས་བྱའོ། །

（丁三）次第决定

或问：**云何此等**所证七种义**之相属**？云何前后决定相随之自性次第决定？曰：**由**一切种证觉诸法之**佛**，出**生**为诸圣补特伽罗善转**法**轮，由此出**生圣众**僧宝，具有无量圣众所化。自得正觉已善转法轮，乃《上续论》专为所化相续中发大乘心之“所缘”。依此出生无量圣众，即发心之“所为”。

由圣**众**出**生**如来**藏**。此义是说，希求究竟三宝及近因三宝为自相续中之当得，而自身成佛转法轮之果为圣众。若希求彼等，即生净治自相续中如来藏垢之欲，依此出生如其所应而净垢染之如来藏。乃至何时而生如来藏？乃至**得**佛**智界**之**际**，未得彼以前，有垢真如、有情相续之堪入佛业以及种性，名“如来藏”；得彼智已，不名如来藏。有劣慧者，许究竟果位中有《如来藏经》所说之如来藏义，当知此文破之殆尽。

སྔར་བཤད་པའི་བཤད་ཚུལ་གཉིས་པ་ལྟར་ན། （29a） །རྒྱུའི་སྐབས་འགྲོའི་ཡུལ་དུ་གྱུར་པའི་དཀོན་མཆོག་གསུམ་འཇིག་རྟེན་དུ་བྱུང་བ་ལས་རང་གི་ཁམས་སྦྱོང་བ་འབྱུང་ལ་དེ་སྦྱོང་པ་ལས་བྱང་ཆུབ་ལ་སོགས་པ་གསུམ་ཐོབ་པར་འགྱུར་པར་ཡང་གོ་རིམ་སྟོན་པའི་ཚིགས་བཅད་འདི་ལ་ཐུང་ཟད་འགྲིག་ཀྱང་བསྟན་ལ་དབབ་བྱའི་གཙོ་བོ་ནི་བྱང་ཆུབ་ལ་སོགས་པ་གསུམ་རྐྱེན་དུ་བྱེད་པ་ཆེས་ཤིན་ཏུ་གསལ་བ་ཡིན་ནོ། །ཁམས་ཀྱི་དྲི་མ་སྦྱོང་བར་བྱེད་པའི་ལྷན་ཅིག་བྱེད་རྐྱེན་བཤད་པ་ནི་ཁམས་ཀྱི་དྲི་མ་མཐའ་དག་སྦྱངས་པ་ལས་དྲི་མ་མཐའ་དག་ཟད་པའི་སངས་རྒྱས་ཀྱི་ཡེ་ཤེས་དེ་ཐོབ་པ་ནི་ཐོབ་བྱའི་བྱང་ཆུབ་མཆོག་ཅེས་བྱའོ། །བྱང་ཆུབ་དེ་ལ་བརྟེན་པའི་སྟོབས་དང་མི་འཇིགས་པ་དང་། སངས་རྒྱས་ཀྱི་ཆོས་མ་འདྲེས་པ་སོགས་ཀྱི་ཆོས་རྣམས་དང་ལྡན་པ་སྟེ་ཡོན་ཏན་ནི་བྱང་ཆུབ་ཀྱི་ཁྱད་པར་དུ་བསྟན་ཏོ། །ཡོན་ཏན་དེ་མངའ་བ་ལ་བརྟེན་ནས་སེམས་ཅན་ཀུན་གྱི་དོན་ལྷུན་གྱིས་གྲུབ་པ་དང་རྒྱུན་མི་འཆད་པ་གཉིས་ཀྱིས་བྱེད་པ་ནི་འཕྲིན་ལས་ཏེ་ཡོན་ཏན་གྱི་ཁྱད་པར་གྱི་ཆོས་སུ་བསྟན་ཏོ། །

བསྟན་བཅོས་ཀྱི་འབྲེལ་པ་བསྟན་བཅོས་རྩོམ་པ་ལ་འཇུག་པའི་སྐབས་ཉེ་བར་དགོད་པ་དང་བཅས་པ་བཤད་ཟིན་ཏོ། །འདི་དྲི་བའི་སྐབས་ཀྱི་འབྲེལ་པ་དང་དོན་མི་གཅིག་སྟེ། དེ་ནི་གོ་རིམ་དྲིས་པ་ཡིན་ལ། འདི་ནི་ཚིགས་སུ་བཅད་པ་གསུམ་ཀའི་མཇུག་སྡུད་པ་ཡིན་ནོ། །

若如上述另一种说法[①]，作为因归依境之三宝出现于世，由此出生净治自界，由此当得菩提等三，虽与此颂所说次第稍合，然所抉择之主要者，以菩提等三为缘至极明了。解作能净界垢俱有缘者，由净尽界垢**得彼**垢染皆尽之佛**智**，即**得**所得名“**胜菩提**”。**具足**依彼菩提之力、无畏、不共佛法等**诸法**，即说功德为菩提之差别。由具彼功德即能以无功用、无间二相**利**益**众生**，此说事业为功德之差别。(1.3)

论之相属及序分**说讫**。此处所说“相属”与问中之相属非一义，彼乃次第之问，此乃三颂之总结。

大乘上续论释大疏卷二终

① 即“约无住涅槃轮释”。

གཉིས་པ་ལན་ལག་རྒྱས་པར་བཤད་པ་ལ་གཉིས། རྟོགས་པར་བྱ་བའི་དོན་རྣམ་པ་བདུན་གཏན་ལ་དབབ་པ་དང་། དེ་ལ་མོས་པའི་ཕན་ཡོན་བཤད་པའོ། །

དང་པོ་ལ་གཉིས། འབྲས་བུ་དཀོན་མཆོག་གསུམ（29b）བཤད་པ་དང་། དེ་ཐོབ་བྱེད་ཀྱི་རྒྱུ་རྐྱེན་རྣམ་པར་བཞག་པའོ། །

གཉིས་པ་ལན་ལག་རྒྱས་པར་བཤད་པ་ལ་གཉིས། རྟོགས་པར་བྱ་བའི་དོན་རྣམ་པ་བདུན་གཏན་ལ་དབབ་པ་དང་། དེ་ལ་མོས་པའི་ཕན་ཡོན་བཤད་པའོ། །

དང་པོ་ལ་གཉིས། འབྲས་བུ་དཀོན་མཆོག་གསུམ（29b）བཤད་པ་དང་། དེ་ཐོབ་བྱེད་ཀྱི་རྒྱུ་རྐྱེན་རྣམ་པར་བཞག་པའོ། །

དང་པོ་ལ་གསུམ། དངོས་ཀྱི་དོན་དང་། སྐབས་ཀྱི་དོན་བཤད་པ་དང་། དཀོན་མཆོག་གི་མིང་དོན་བཤད་པའོ། །

དང་པོ་ལ་གཉིས། སྤྱིའི་མཚམས་སྦྱར་བ་དང་། སོ་སོའི་དོན་བཤད་པའོ། །

དང་པོ་ནི། ད་ནི་ལུས་རྣམ་པར་བཞག་པའི་ཚིགས་སུ་བཅད་པ་རྣམས་ཀྱི་དོན་ཡན་ལག་གི་སྒོ་ནས་རྒྱས་པར་བརྗོད་པར་བྱ་སྟེ་དེའི་ནང་ནས་ཀྱང་དཀོན་མཆོག་གསུམ་བཤད་པར་བྱའོ། །སེམས་ཅན་གང་དག་དེ་བཞིན་གཤེགས་པས་ཆོ་འཕྲུལ་རྣམ་པ་གསུམ་གྱིས་འདུལ་བར་བྱས་པས་བརྟུལ་བ་དེ་དག་དེ་བཞིན་གཤེགས་པ་ལ་སྐྱབས་སུ་འགྲོའོ། །སངས་རྒྱས་ལ་སྐྱབས་སུ་སོང་བ་དེའི་སྟོབས་ཀྱིས་ཆོས་དང་དགེ་འདུན་ལ་སྐྱབས་སུ་འགྲོ་སྟེ། དཀོན་མཆོག་གཞན་གཉིས་ལ་སྐྱབས་སུ་འགྲོ་བ་ཆོས་ཉིད་ཀྱི་སྟེ་སངས་རྒྱས་ཀྱི་ཆོས་ཀྱི་སྐུ་ལ་དང་བའི་དད་པའི་རྒྱུ་མཐུན་པའི་འབྲས་བུ་ཡིན་པའི་ཕྱིར་རོ། །

གཉིས་པ་ལ་གསུམ། སངས་རྒྱས་དཀོན་མཆོག་དང་། ཆོས་དཀོན་མཆོག་དང་། དགེ་འདུན་དཀོན་མཆོག་བཤད་པའོ། །

དང་པོ་སངས་རྒྱས་དཀོན་མཆོག་ལ་བཞི། མཚམས་སྦྱར་བ་དང་། བསྟན་པ་དང་། བཤད་པ་དང་། བསྟན་བཤད་སྦྱར་བའོ།

དང་པོ་ནི། རྒྱུ་མཚན་དེས་ན་སངས་རྒྱས་དཀོན་མཆོག་དེ་སྐྱབས་སུ་འགྱུར་བའི་རིམ་པ་ལ་ལྟོས་ནས་དང་པོ་ཉིད་ཡིན་པས་ན་སངས་རྒྱས་དཀོན་མཆོག་གི་དབང་དུ་བྱས་པའི་ཚིགས་སུ་བཅད་པ་ནི།

大乘上续论释大疏卷三

[第一金刚处：佛宝]

（丙二）广释支分

分二：（丁一）抉择七种所证义；（丁二）释胜解彼之胜利。

（丁一）抉择七种所证义

分二：（戊一）释果三宝；（戊二）建立能得彼之因缘。

（戊一）释果三宝

分三：（己一）释正义；（己二）释归依义；（己三）释三宝名义。

（己一）释正义

分二：（庚一）总次第；（庚二）释个别义。

（庚一）总次第

今当由支分之门广**说**建立论体**诸偈颂义**，先释其中之三宝。**如来**以三种神变[①]令起欲乐而**调伏之诸有情归依如来**。由归依佛力**归依法**、**僧**，以归依余二乃**净信法性**即佛法身之**等流**果**故**。

（庚二）释个别义

分三：（辛一）释佛宝；（辛二）释法宝；（辛三）释僧宝。

（辛一）释佛宝

分四：（壬一）次第；（壬二）标；（壬三）释；（壬四）标释合说。

（壬一）次第

因此观待归依次第，**佛宝为首**，**约彼而言之颂曰**：

---

① 《瑜伽师地论》卷第二十七云："复有诸相圆满教授。其事云何？谓由三种神变教授。三神变者：一神境神变；二记说神变；三教诫神变。由神境神变，能现种种神通境界，令他于己生极尊重。由彼于己生尊重故，于属耳听、瑜伽、作意极生恭敬。由记说神变，能寻求他心行差别。由教诫神变，如根、如行、如所悟入，为说正法，于所修行能正教诫。故三神变能摄诸相圆满教授。"《大正藏》第三十册，No. 1579，页 435。

གཉིས་པ་ནི། རང་གི་དོན་དང་གཞན་གྱི་དོན་གཉིས་ཡོན་ཏན་བརྒྱད་དུ་ཕྱེ་བའི་གྲངས་འཛིན་པ་ཡིན་ཡང་། དེ་ཉིད་ལ་འདུས་མ་བྱས་ཀྱི་ཡོན་ཏན་དང་། འདུས་བྱས་པའི་ཡོན་ཏན་གཉིས་སུ་ཤེས་པར་བྱ་ལ།

དང་པོ་ལ། རང་བཞིན་རྣམ (30a) དག་དང་། གློ་བུར་རྣམ་དག་གི་ཆ་གཉིས་ལས། དང་པོ་ནས་རིམ་པ་བཞིན་སྟོན་པར་བྱེད་དོ། །སངས་རྒྱས་གང་ཞིག་ས་གསུམ་ན་ཟླ་མེད་པའི་གཅིག་པུ་གང་ཡིན་པ་དེ་ལ་འདུད་དོ། །ཡོན་ཏན་གྱི་ཁྱད་པར་ཇི་ལྟ་བུ་དང་ལྡན་ན། རང་བཞིན་རྣམ་དག་ནི་ཐོག་མ་དང་དབུས་དང་མཐའ་གསུམ་རང་བཞིན་གྱིས་གྲུབ་པ་མེད་ཅིང་སྤྲོས་པའི་མཐའ་ཐམས་ཅད་དང་བྲལ་བའི་དོན་དམ་པའི་བདེན་པ་དང་། གློ་བུར་རྣམ་དག་ནི། གཉེན་པོས་གློ་བུར་གྱི་དྲི་མ་མཐའ་དག་ཞི་བ་སྟེ། དེ་ལ་བརྟེན་ནས་འཕྲིན་ལས་འཇུག་པ་ལ་རྩོལ་བ་ཉེ་བར་ཞི་བ་ཐོབ་པའོ། །

འདུས་བྱས་ཀྱིས་བསྡུས་པའི་ཡོན་ཏན་ཇི་ལྟ་བ་རྟོགས་པའི་ཡེ་ཤེས་ནི། སངས་རྒྱས་ཉིད་རང་རྣམ་པར་སངས་རྒྱས་པ་བདེན་པའི་སྤྲོས་པ་ཡོད་ན་དམིགས་སུ་རུང་བ་ལས་བདེན་པའི་སྤྲོས་པ་འགའ་ཡང་མ་མཐོང་ཞིང་། དོན་དམ་བདེན་པ་ལ་ལྟོས་ནས་གཉིས་སུ་སྣང་བ་ནུབ་པའི་ཚུལ་ཆུ་ལ་ཆུ་བཞག་གི་ཚུལ་དུ་ཐུགས་སུ་ཆུད་པའོ། །ཇི་སྙེད་པ་མཁྱེན་པའི་ཡེ་ཤེས་ནི། དེ་ལྟར་རྣམ་པ་གསུམ་པོ་མངོན་སུམ་དུ་གཟིགས་པའི་ཚུལ་གྱིས་སངས་རྒྱས་པའོ། །སངས་རྒྱས་ནས་ནི་ཅི་ཞིག་བྱེད་ཅེ་ན། བརྩེ་བའི་ཐུགས་རྗེ་ནི། ཤེས་བྱ་ཇི་ལྟ་བ་དང་ཇི་སྙེད་པ་མ་རྟོགས་པའི་སེམས་ཅན་རྣམས་ཀྱིས་རྟོགས་པར་བྱ་བའི་ཕྱིར་གདུལ་བྱ་རྣམས་ལ་ལམ་སྟོན་པར་མཛད་པའོ། །ལམ་གྱི་ཁྱད་པར་ནི། འཇིག་རྟེན་ལས་འདས་པའི་དོན་གྱིས་ན་འཇིགས་པ་མེད་པ་དང་ཕྱིར་མི་ལྡོག་པས་རྟག་པའི་ལམ་སྟོན་པའོ། །སླར་མི་ལྡོག་པ་རྟག་པའི་དོན་ཡིན་གྱི། རྟག་དངོས་སུ་འདོད་པ་བབ་ཅོལ་ལོ། །ནུས་པའི (30b) ཁྱད་པར་ནི། མཁྱེན་བརྩེའི་རལ་གྲི་མཆོག་བསྣམས་པས་རྟེན་འབྲེལ་ཡན་ལག་བཅུ་གཉིས་ཀྱི་མིང་གཟུགས་ཀྱིས་བསྡུས་པའི་སྡུག་བསྔལ་གྱི་མྱུ་གུ་གཅོད་པར་མཛད་པ་དང་། མཁྱེན་བརྩེའི་རྡོ་རྗེ་མཆོག་བསྣམས་པས་སྣ་ཚོགས་པའི་ལྟ་བའི་ནགས་འཐིབས་པོས་བསྐོར་བའི་ཉོན་མོངས་ཅན་གྱི་ཐེ་ཚོམ་གྱི་རྩིག་པ་འཇིག་པར་མཛད་པའི་ནུས་པ་མངའ་བའོ། །ཐེ་ཚོམ་ཉོན་མོངས་ཅན་ནི་ཀུན་བརྟགས་ཀྱིས་བསྡུས་པ་འབའ་ཞིག་ཡིན་ནོ། །

（壬二）标

分自利、利他二种功德之数为八，然应知亦分无为及有为两种功德。初有自性清净、客尘清净二分，从初依次而说：

礼敬彼三界之中无等伦独尊之佛。云何具足功德差别？自性清净者，**初**、**中**、**后**三**无**自性、离一切戏论之胜义谛；客尘清净者，以对治止息一切客尘，依彼获得**静息**功用而趣入事业者。

有为所摄功德中，证如所有智者，**佛自觉**悟，若有谛实戏论则堪为所缘，然不见少分谛实戏论，且观待于胜义谛，以如水注水二相隐没之理而证；尽所有智者，以现见如是三相[①]之理成正觉。**觉已**当作何事？悲悯者，**诸**有情**未证**如所有、尽所有所知**者令证故**，为所化示道。道差别者，**开演**出世间义故**无畏**及不退转故**恒常**之**道**。既说不退转为恒常义，则知许“常事”为胡言！力差别者，**手持最上智悲剑**，斩**断**十二缘起名色支所摄**苦芽**；**以及**智悲**金刚**，**击毁种种见密**林所围**绕之**染污**疑墙**，具如是力。染污疑者，纯系分别所摄。（1.4）

① 自性清净、客尘清净、知如所有智，详见下文。

གསུམ་པ་ལ་གཉིས། དྲི་བ་དང་། ལན་ནོ། །

དང་པོ་ནི། ཚིགས་སུ་བཅད་པ་འདིས་ཅི་ཞིག་བསྟན་ཅེ་ན། །

གཉིས་པ་ལ་གཉིས། རྩ་བ་དང་འགྲེལ་པའོ། །

དང་པོ་ནི། སངས་རྒྱས་དཀོན་མཆོག་གི་ཡོན་ཏན་གཉིས་སུ་འདུས་ཏེ། རང་དོན་ཆོས་ཀྱི་སྐུ་དང་། གཞན་དོན་གཟུགས་ཀྱི་སྐུའོ། །དང་པོ་ལ་གཉིས། དབྱིངས་དང་། རིག་པའོ། །

དང་པོ་ལ་རང་བཞིན་གྱིས་རྣམ་པར་དག་པ་འདུས་མ་བྱས་པ་དོན་དམ་པའི་བདེན་པ་དང་། གློ་བུར་རྣམ་དག་འབད་རྩོལ་ཉེ་བར་ཞི་བའི་ལྷུན་གྱིས་གྲུབ་པ་དང་། རིག་པ་ཇི་ལྟ་བ་མཁྱེན་པའི་ཡེ་ཤེས་གཞན་གྱི་རྐྱེན་གྱིས་རྟོགས་པ་མིན་པ་སོ་སོ་རང་གིས་རིག་པར་བྱ་བའོ། །

གཉིས་པ་གཞན་དོན་གཟུགས་ཀྱི་སྐུ་ལ། ཇི་སྙེད་པ་མཁྱེན་པའི་ཡེ་ཤེས་དང་བརྩེ་བ་དང་མཁྱེན་པ་བརྩེ་གཉིས་ཀྱི་ནུས་པར་ལྡན་པ་དོན་གཉིས་ལྡན་པའི་སྐུ་ནི་སངས་རྒྱས་དཀོན་མཆོག་ཉིད་དོ། །

གཉིས་པ་ནི། རྩ་ཚིག་འདིས་ནི་མདོར་བསྡུས་ན་ཡོན་ཏན་བརྒྱད་དང་ལྡན་པའི་སངས་རྒྱས་ཉིད་བརྗོད་དོ། །ཡོན་ཏན་བརྒྱད་གང་ཞེ་ན་ཆོས་ཀྱི་སྐུས་བསྡུས་པ་འདུས་མ་བྱས་པ་རང་བཞིན་གྱིས་རྣམ་པར་དག་པ་ཉིད་དང་འབད་རྩོལ་ཉེ་བར་ཞི་བས་གཞན་དོན (31a) ལྷུན་གྱིས་གྲུབ་པ་དང་གློ་བུར་རྣམ་དག་འཆད་པའི་སྐབས་སུ་ལྷུན་གྱིས་གྲུབ་པ་འཆད་པའི་རྒྱུ་མཚན་ནི། གཞན་དོན་འབད་མེད་ལྷུན་གྲུབ་ཏུ་འཇུག་པའི་འགལ་རྐྱེན་ཕྲ་བ་ནི། ཤེས་སྒྲིབ་ཀྱིས་བསྡུས་པའི་རྟེན་འབྲེལ་ཡན་ལག་བཅུ་གཉིས་ཀྱི་ནང་ནས་ཟག་པ་མེད་པའི་ལས་ཞེས་པ། ལུས་ངག་གི་ལས་མངོན་པར་འདུ་བྱེད་པའི་ཀུན་སློང་གི་རྩོལ་བ་ཕྲ་མོ་དེ་ཡིན་ལ། དེ་ཉེ་བར་ཞི་བ་ན། སྤངས་པ་མཐར་ཕྱུག་ཅིང་། གཞན་དོན་འབད་མེད་ལྷུན་གྲུབ་ཏུ་འཇུག་པ་ཡིན་ནོ། །ཇི་ལྟ་བ་རྟོགས་པ་གཞན་གྱི་སྒྲའི་རྐྱེན་གྱིས་མངོན་པར་རྟོགས་པ་མ་ཡིན་པ་དང་། གཟུགས་ཀྱི་སྐུས་བསྡུས་པ་དེ་གསུམ་རྟོགས་པ་ཇི་སྙེད་པ་མཁྱེན་པའི་ཡེ་ཤེས་དང་ཐུགས་རྗེ་ཆེན་པོ་དང་མཁྱེན་བརྩེ་གཉིས་ཀྱི་ནུས་པ་དང་སྟེ་གཉིས་པ་གྲངས་པ་རང་གི་དོན་ཕུན་སུམ་ཚོགས་པ་དང་། གཞན་གྱི་དོན་ཕུན་སུམ་ཚོགས་པའོ། །

དེ་ནི་གྲངས་ཀྱི་དབྱེ་བ་ཙམ་བསྟན་པ་ཡིན་གྱི། རྒྱས་པར་འོག་ཏུ་འཆད་དོ། །

（壬三）释

分二：（癸一）问；（癸二）答。

（癸一）问

此颂示何义？

（癸二）答

分二：（子一）《论》；（子二）《释》。

（子一）《论》

佛宝功德摄为二种：自利法身及利他色身。初又分二：界及明。初为自性清净**无为**之胜义谛，**及**客尘清净静息功用之**任运**；明为知如所有智，**非以他缘证**，自内所证。

第二利他色身**具足**知尽所有**智**、**悲**、智悲二者之**力**。

具二利之身者**即佛**宝。（1.5）

（子二）《释》

此颂简言之，**即说具足八功德之佛**。**云何八功德**？**谓**：

1. 佛身所摄**无为**自性清净；

2. 静息功用**任运**利他。讲客尘清净时说任运之原由，无功用任运趣入利他之微细违缘者，乃所知障所摄十二缘起支中之无漏业，即造作身口业等起之微细功用，彼静息时断达究竟，无功用任运趣入利他；

3. 证如所有者，**非以他**语为**缘证**；

4. 色身所摄证彼三知尽所有**智**；

5. 大**悲**；

6. 智、悲二者之**力**；

7—8. 以及总数有二之**自利圆满与利他圆满**。

此是略示数量差别，下当广说。

བཞི་པ་ལ་གཉིས། རྩ་བ་དང་། འགྲེལ་པའོ།

དང་པོ་ནི། སངས་རྒྱས་ཀྱི་ཆོས་ཀྱི་སྐུ་རང་བཞིན་རྣམ་དག་གི་ཆ་ནི། སྐྱེ་གནས་འཇིག་གསུམ་གྱིས་བསྡུས་པའི་ཐོག་མ་དང་དབུས་དང་མཐའ་མེད་པའི་རང་བཞིན་ཡིན་པའི་ཕྱིར་འདུས་མ་བྱས་པ་ཞེས་བརྗོད་ལ། འབད་རྩོལ་ཐམས་ཅད་ཉེ་བར་ཞི་བ་ཆོས་ཀྱི་སྐུས་རབ་ཏུ་ཕྱེ་བ་ཅན་ཡིན་པའི་ཕྱིར། གཞན་དོན་ལྷུན་གྱིས་གྲུབ་ཅེས་བྱ་བར་བརྗོད་དོ། །མཉམ་གཞག་སོ་སོ་རང་གིས་རྟོགས་པར་བྱ་བའི་ཕྱིར་སྒྲ་དང་རྣམ་པར་རྟོག་པ་གཞན་གྱི་རྐྱེན་གྱིས་རྟོགས་མིན་པ (31b) ཞེས་བྱའོ། །

དེ་ལྟར་རང་བཞིན་རྣམ་དག་དང་། གློ་བུར་རྣམ་དག་དང་། ཇི་ལྟ་བ་མཁྱེན་པའི་ཡེ་ཤེས་རྣམ་པ་གསུམ་རྟོགས་པའི་ཕྱིར་ཇི་སྙེད་པ་མཁྱེན་པའི་ཡེ་ཤེས་སོ། །དོན་དམ་པའི་བདེན་པ་མཁྱེན་པས་ཇི་ལྟ་བ་མཁྱེན་པར་མི་འགྱུར་རམ་ཞེ་ན། སངས་རྒྱས་ཀྱི་ཇི་སྙེད་པ་མཁྱེན་པའི་ཡེ་ཤེས་དེས། ཇི་ལྟ་བ་ཡང་མཁྱེན་མོད་ཀྱི། འདིར་ནི་ཇི་ལྟ་བ་མཁྱེན་པ་འབའ་ཞིག་གི་ཕྱོག་པ་ནས་མ་བཞག་སྟེ། ཤེས་བྱ་ཇི་ལྟ་བ་དོན་དམ་པའི་བདེན་པ་སེམས་ཅན་ཐམས་ཅད་ལ་རྗེས་སུ་ཞུགས་པར་གཟིགས་པའི་ཆ་ནས་རྣམ་པར་བཞག་གོ །སངས་རྒྱས་ཀྱི་ཐུགས་རྒྱུད་ཀྱི་འགོག་བདེན་ཡང་དོན་དམ་པའི་བདེན་པ་ཡིན་མོད་ཀྱི། དེ་ཡང་ཤེས་བྱ་ཇི་སྙེད་པ་མཁྱེན་པས་ཁྱད་པར་དུ་བྱས་ནས་བསྟན་པས། ཇི་སྙེད་པ་མཁྱེན་པ་ཞེས་བྱའོ། །

བསམ་གྱིས་མི་ཁྱབ་པའི་ཡུལ་དེ་དག་མ་རྟོགས་པ་རྣམས་ལ་དེ་རྟོགས་པའི་ལམ་སྟོན་པར་མཛད་པའི་ཕྱིར་ན་ཐུགས་བརྩེ་བ་མངའ་བ་དང་ནུས་པ་ཕུན་སུམ་ཚོགས་པ་ཡེ་ཤེས་དང་ཐུགས་རྗེ་ཡིས་གཞན་གྱི་འབྲས་དུ་སྡུག་བསྔལ་དང་ཉོན་མོངས་སྤང་བར་མཛད་པའི་ཕྱིར་རོ། །

དང་པོ་གསུམ་གྱིས་རང་དོན་ཕུན་སུམ་ཚོགས་པ་བསྟན་ཏེ། ཕྱི་མ་གསུམ་གྱིས་གཞན་དོན་ཕུན་སུམ་ཚོགས་པ་བསྟན་པ་ཡིན་ནོ། །

（壬四）标释合说

分二：（癸一）《论》；（癸二）《释》。

（癸一）《论》

佛法身自性清净分者，**无有**生、住、灭三者所摄**初**、**中**、**后自性故**，称“**无为**”。静**息**一切功用乃**法身**特**具**差别**故**，**称为**“**无功用**利他”。（1.6）

等引**自内所证故**，称“**非以**名言分别**他缘**而**证**”。**证**得如是自性清净、客尘清净、知如所有智**三相故**，为**知**尽所有智。或问：知胜义谛岂非知如所有耶？曰：佛之知尽所有智虽亦知如所有，然此处非单就知如所有而立，乃就观见如所有所知胜义谛于一切有情随转之分而立。佛心相续之灭谛虽亦是胜义谛，亦以知尽所有所知为差别而说，故称“知尽所有”。为诸未证彼等不可思议境者，**示**证彼之**道故**，具**悲悯**。（1.7）

以智、**悲断**他**苦**果**及烦恼故**，**力**圆满。

初三句示**自利**圆满，**后三句**示**利他**圆满。（1.8）

གཉིས་པ་ལ་གཉིས། སོ་སོར་བཤད་པ་དང་། བསྡུས་ཏེ་བསྟན་པའོ། །

དང་པོ་ལ་གཉིས། དངོས་ཀྱི་དོན་དང་། ཤེས་བྱེད་ལུང་དང་སྦྱར་བའོ། །

དང་པོ་ལ་གཉིས། རང་དོན་ཆོས་སྐུ་བཤད་པ་དང་། གཞན་དོན་གཟུགས་སྐུ་བཤད་པའོ། །

དང་པོ་ལ་བཞི། རང་བཞིན་རྣམ་དག་དང་། གློ་བུར་རྣམ་དག་དང་། ཇི་ལྟ་བ་རིག་པ་དང་། འབད་རྩོལ་མེད་ཀྱང (32a) འཕྲིན་པས་འཇུག་པ་མི་འགལ་བའོ། །

དང་པོ་ནི། འདུས་མ་བྱས་ནི་འདུས་བྱས་ལས་ལྡོག་པར་ཤེས་པར་བྱའོ། །དེ་ལ་འདུས་བྱས་ནི་གང་ལ་ཐོག་མར་སྐྱེ་བ་ཡང་རབ་ཏུ་ཤེས་ཤིང་བར་དུ་གནས་པ་དང་མཐར་འཇིག་པར་ཡང་རབ་ཏུ་ཤེས་པ་ནི་འདུས་བྱས་ཞེས་རབ་ཏུ་བརྗོད་ལ། སྐྱེ་འཇིག་གནས་གསུམ་དེ་མེད་པའི་ཕྱིར། དོན་དམ་བདེན་པས་བསྡུས་པའི་སངས་རྒྱས་ཉིད་ཐོག་མ་དང་དབུས་དང་མཐའ་མེད་པ་འདུས་མ་བྱས་པ་ཆོས་ཀྱི་སྐུ་ཡང་དག་པའི་མཐས་རབ་ཏུ་ཕྱེ་བར་བལྟ་བར་བྱའོ། །

ཆོས་ཀྱི་སྐུས་ཞེས་པ། རྩ་བའི་འགྱུར་ལྟར་ན། སྤངས་པའི་ཁྱད་ཆོས་སུ་ཤེས་པར་བྱ་སྟེ། འབད་རྩོལ་ཉེ་བར་ཞི་ནས་ཆོས་ཀྱི་སྐུ་ཡང་དག་པའི་མཐའ་མངོན་དུ་བྱས་པས་རབ་ཏུ་ཕྱེ་བས་གཞན་དོན་ལྷུན་གྲུབ་ཏུ་འཇུག་པའོ། །འགྲེལ་བའི་འགྱུར་ལྟར་ན། འཕགས་པའི་གང་ཟག་ཐམས་ཅད་ནི་འདུས་མ་བྱས་པས་རབ་ཏུ་ཕྱེ་བའོ་ཞེས་གསུངས་པ་ལྟར། འཕགས་པའི་གང་ཟག་ཐམས་ཅད་ནི་འདུས་མ་བྱས་མངོན་སུམ་དུ་རྟོགས་པས་གོ་སྐབས་ཆེད་ཅིང་། སངས་རྒྱས་ཀྱང་དེ་ལ་རྟག་ཏུ་མཉམ་པར་བཞག་པའི་སྒོ་ནས་རབ་ཏུ་ཕྱེ་བ་ཡིན་པས། མངོན་སུམ་དུ་བྱ་རྒྱུ་དོན་དམ་པའི་བདེན་པ་བསྟན་པའོ། །

གཉིས་པ་ནི། འབད་རྩོལ་དང་གཟུང་འཛིན་གྱི་སྤྲོས་པ་དང་བདེན་འཛིན་གྱི་རྣམ་པར་རྟོག་པ་བག་ཆགས་དང་བཅས་པ་ཐམས་ཅད་ཉེ་བར་ཞི་བའི་ཕྱིར་གཞན་དོན་ལྷུན་གྱིས་གྲུབ་པའོ། །ལྷུན་གྲུབ་གཞན་དོན་གྱི་སྐུས་བསྡུས་མོད་ཀྱི། དེ་འབྱུང་བའི་རྒྱུ་མཚན་སྤངས་པ་ཕུན་ཚོགས་འདིར་བཤད་བྱའི་གཙོ་བོ་ཡིན་ནོ། །

(癸二)《释》

分二:(子一)分别释;(子二)结示。

(子一)分别释

分二:(丑一)正义;(丑二)能立配合经教。

(丑一)正义

分二:(寅一)释自利法身;(寅二)释利他色身。

(寅一)释自利法身

分四:(卯一)自性清净;(卯二)客尘清净;(卯三)知如所有;(卯四)无功用与趣入事业不相违。

(卯一)自性清净

无为者,**应知是有为之还灭**。**有为者**,**凡**初**知生**,中**知住**,后**知坏者**,**称“有为”**,**无彼**生、坏、住三者**故**,**应观**胜义谛所摄之**佛以无初**、**中**、**后无为法身**实际**为差别**。

“法身”云云,若按《论》之译文,当知是断之别法,静息功用现证法身实际而为差别故,任运趣入利他。如按《释》之译文,如所谓“一切圣补特伽罗皆以无为而有差别”,一切圣补特伽罗皆因现证无为而容有,佛亦恒于此中入定由此之门而为差别,故是说所现证之胜义谛。

(卯二)客尘清净

一切功用、能所取**戏论**、实执**分别**以及习气**悉静息故**,**任运**利他。任运虽是利他身摄,然彼出生之因断圆满是此处所说之主要。

གསུམ་པ་ནི། རང་འབྱུང་གི་ཡེ་ཤེས་ཀྱིས་དོན་དམ་པའི་བདེན་པ་གཉིས་སྣང (32b) ཐུབ་པའི་ཚུལ་གྱིས་རྟོགས་པར་བྱ་བའི་ཕྱིར་སྨྲ་དང་རྣམ་པར་རྟོག་པ་གཞན་གྱི་རྐྱེན་གྱིས་རྟོགས་ཚུལ་རྫོགས་པའི་ཚུལ་གྱིས་རྟོགས་པར་བྱ་བ་མ་ཡིན་པའོ། །ཨུ་ད་ཡ་ནི①མངོན་པར་རྟོགས་པ་དང་། སྐྱེ་བ་གཉིས་ལ་འཇུག་ཀྱང་འདིར་མངོན་པར་རྟོགས་པ་ལ་འཇུག་པར་འདོད་ཀྱི་སྐྱེ་བ་ལ་ནི་འཇུག་པ་མ་ཡིན་པས། གཞན་གྱི་རྐྱེན་གྱིས་རྟོགས་མིན་པ། །ཞེས་བྱའི། གཞན་གྱི་རྐྱེན་གྱིས་སྐྱེ་མིན་པ། ཞེས་མི་འདོན་ནོ། །

བཞི་པ་ནི། ཆོས་སྟོན་པའི་འབད་རྩོལ་མེད་ན་འཕྲིན་ལས་མཐའ་ཡས་པ་འཇུག་པ་ཇི་ལྟར་ཡིན་ཞེ་ན། དེ་ལྟར་དེ་བཞིན་ཉིད་ལ་རྟག་ཏུ་མཉམ་པར་བཞག་པའི་ཚུལ་དུ་གཤེགས་པ་དེ་ཉིད་ཀྱི་ཕྱིར་ཆོས་ཀྱི་སྐུ་འདུས་མ་བྱས་ཤིང་ཆོས་སྟོན་པའི་ཀུན་སློང་གི་འབད་པ་ཅུང་ཟད་ཙམ་ཡང་འཇུག་པ་མེད་པའི་མཚན་ཉིད་ལས་ཀྱང་སྔོན་གྱི་སྨོན་ལམ་དང་ཐུགས་རྗེ་མཐར་ཕྱིན་པའི་རྒྱུ་ལས་ལྷུན་གྱིས་གྲུབ་པར་སངས་རྒྱས་ཀྱི་མཛད་པ་ཐམས་ཅད་འཁོར་བ་ཇི་སྲིད་ཀྱི་མཐར་ཐུག་པར་སེམས་ཅན་ཐམས་ཅད་ལ་འཇུག་ཅིང་སླར་ལྡོག་པ་མེད་པས་ཐོགས་པ་མེད་ཅིང་དུས་རྒྱུན་མི་འཆད་པར་རབ་ཏུ་འཇུག་གོ །གཟུགས་སྐུ་གདུལ་བྱའི་གཞན་སྣང་འབའ་ཞིག་གིས་བསྡུས་པར་འདོད་པ་ནི། ལུང་དང་རིགས་པའི་ཚོགས་དུ་མ་དང་འགལ་ཞིང་། དེ་ལྟ་ན། སངས་རྒྱས་རང་རྒྱུད་ཀྱིས་བསྡུས་པའི་ཆོས་སྐུ་ཡང་ཅུང་ཟད་ཙམ་ཡང་བཞག་ཏུ་མི་རུང་བས་ཚོགས་གསོག་པའི་བརྩོན་པ་བྱས་པ་ཐམས་ཅད་དོན་མེད་པ་ཉིད་དུ་ཐལ་བར་འགྱུར་རོ། །

གཉིས་པ་ལ་གསུམ། ཇི་སྙེད་པ་མཁྱེན་པའི་ཡེ་ཤེས་དང་། ཐུགས་རྗེ་དང་། མཁྱེན་བརྩེ་གཉིས་ཀྱི་ནུས་པ་བཤད་པའོ། །

དང་པོ་ནི། ཐ་མ་གསུམ་ཡེ་ཤེས་ཀྱི་ཡུལ (33a) དུ་སྟོན་པ་ན། དང་པོ་གཉིས་ཡུལ་དུ་འཆད་པ་ནི། དེ་ལྟར་ངོ་མཚར་གྱི་ཆོས་ཤིན་ཏུ་རྨད་དུ་བྱུང་ཞིང་རྒྱ་ཆེ་བ་དང་ཟབ་མོ་བསམ་དུ་མེད་པའི་ཡུལ་སངས་རྒྱས་ཉིད་དེ་སྲིད་པ་ཐ་མ་པའི་ཚེ་སློབ་དཔོན་གཞན་ལས་མ་ཐོས་པར་རང་ཉིད་སློབ་དཔོན་མེད་པར་རང་བྱུང་གི་ཡེ་ཤེས་ཇི་ལྟ་བ་མཁྱེན་པའི་ཡེ་ཤེས་ཀྱིས་དོན་དམ་པའི་བདེན་པ་སྨྲས་བརྗོད་དུ་མེད་པའི་རང་བཞིན་དུ་མངོན་པར་རྫོགས་པར་སངས་རྒྱས་ཏེ་ཆོས་གསུམ་པོ་མངོན་སུམ་དུ་མཁྱེན་པའི་ཕྱིར་བླ་ན་མེད་པའི་ཡེ་ཤེས་དང་ལྡན་པ་ཉིད་དུ་རིག་པར་བྱའོ། །

① 拉萨版、塔尔寺版均作ཨོ་ཏ་ཡ，今勘梵本，改为ཨུ་ད་ཡ。

（卯三）知如所有

胜义谛乃**自生智**以二相隐没之理**所证故**，**非以**名言分别之**他缘**所能圆满**证**得。“**邬多耶**”者虽可译为现观、生两者，**此处应解作现观**，**而非是生**，故以“非以他缘证”为正，“非以他缘生”为误。

（卯四）无功用与事业趣入不相违

或问：若无说法功用，如何趣入无量事业？曰：**如是**恒于真**如**中入定之理门而**来故**，法身**无为**；**及虽具**说法等起功用少分亦**不生相**，然以宿愿及悲心究竟之因故，**任运**；**佛之一切事业乃至尽生死际**趣入一切有情，终不退转故，**无碍且相续不断而善转**。有许色身纯系所化他显现所摄者，与非一众多教理聚相违。若尔，则佛自相续所摄之法身亦不可安立少分，一切积集资粮之勤修悉皆唐捐。

（寅二）释利他色身

分三：（卯一）释知尽所有智；（卯二）释悲心；（卯三）释智悲二者之力。

（卯一）释知尽所有智

说前三种为智境。初二为境者，即：**如是**未曾有法**至极稀有**，广大甚深**不可思议境**。**佛**最后有时**不从他**师听**闻**，**无师**，**自以自生智**知如所有智**觉悟**胜义谛**离言诠之自性**。现知此三法故，应知具足无上智。

གཉིས་པ་ནི། ཆོས་གསུམ་པོ་དེ་སངས་རྒྱས་རྣམས་ཀྱི་རྗེས་སུ་རྟོགས་པ་ལ་རྟོགས་པ་དང་མི་ལྡན་པ་དམུས་ལོང་དུ་གྱུར་པ་གདུལ་བྱ་གཞན་དག་ཀྱང་རྟོགས་པར་བྱ་བའི་ཕྱིར་ཏུ་ཆོས་གསུམ་པོ་དེ་རྗེས་སུ་རྟོགས་པའི་ལམ་སྟོན་པར་མཛད་པའི་ཕྱིར་ཐུགས་རྗེ་དང་ལྡན་པ་ཉིད་དུ་རིག་པར་བྱའོ། ། བསྟན་པར་བྱ་བ་ལམ་གྱི་ཁྱད་པར་ནི། འཇིགས་པ་མེད་པའི་ལམ་ནི་ས་ཐོབ་གྱུར་མ་ཐག་ཏུ་འཇིགས་པ་ལྔ་དང་བྲལ། ཞེས་བཤད་པ་ལྟར། ས་དང་པོ་ཡན་ཆད་འཇིག་རྟེན་ལས་འདས་པའི་ལམ་སྟོན་པའི་ཕྱིར་ལས་དང་པོ་ཡན་ཆད་འཇིག་རྟེན་ལས་འདས་པ་ཡང་བྱང་ཆུབ་ཀྱི་སེམས་མི་ཉམས་ཤིང་། བདེན་འཛིན་ཀུན་བརྟགས་ཀྱི་ས་བོན་ཟད་པས་ཕྱིར་མི་ལྡོག་པའི་ཕྱིར་རོ། །སྟོན་མུ་སྟེགས་བྱེད་ཀྱི་ལྟ་བ་ལ་གོམས་པ་ཁ་ཅིག །བསྟན་བཅོས་འདི་རྩ་འགྲེལ་དུ། རྟག་པ་ཞེས་པའི་ཚིག་བྱུང་བའི་དོན་ཐམས་ཅད་རྟག་དངོས་ལ་འཆད་པ་ནི། རྟག་པའི་ལམ་སྟོན་པ། ཞེས་པའི་འགྲེལ་པར་ཇི་ལྟར་བཤད་སྙམ་ཤིག

གསུམ་པ་ལ་གསུམ (33b) ནུས་པའི་དཔེ་བསྟན་པ་དང་། སྤང་བྱ་ངོས་བཟུང་བ་དང་། དཔེ་དོན་ཆོས་མཐུན་བཤད་པའོ། །

དང་པོ་ནི། རལ་གྲི་དང་རྡོ་རྗེའི་དཔེས་ནི་གོ་རིམ་ཇི་ལྟ་བར་དེ་བཞིན་གཤེགས་པའི་ཡེ་ཤེས་དང་ཐུགས་རྗེ་འདི་གཉིས་ཉིད་གཞན་གྱི་སྡུག་བསྔལ་དང་ཉོན་མོངས་པའི་རྩ་བ་འཇོམས་པའི་ནུས་པར་བསྟན་ཏོ། །འདིར་ཀུན་ནས་ཉོན་མོངས་རྒྱུ་འབྲས་ཙམ་འཇོམས་པའི་ནུས་པ་དང་ལྡན་པར་བསྟན་པ་ནི། རེ་ཤིག་ཉོན་སྒྲིབ་ཟད་པར་སྤངས་བ་ཙམ་དོན་དུ་གཉེར་བའི་ཉན་ཐོས་ཀྱི་རིགས་ཅན་དག་ཀྱང་རྗེས་སུ་བཟུང་བར་བྱ་བའི་ཆེད་དུ་ཡིན་ཏེ། ཉན་ཐོས་རིགས་ངེས་པ་ཉོན་སྒྲིབ་ཟད་པར་སྤངས་པའི་སངས་རྒྱས་རང་གི་རྩ་བའི་སྟོན་པ་དང་། རྒྱུའི་སྐྱབས་འགྲོའི་ཡུལ་དུ་ཁས་ལེན་པར་བྱེད་ཀྱི་ཤེས་སྒྲིབ་ཟད་པར་སྤངས་པའི་སྟོན་པའི་ཁྱད་པར་རེ་ཞིག་སྐྱབས་གནས་སུ་དོན་དུ་མི་གཉེར་བའི་ཕྱིར་རོ། །འབྲས་བུའི་སྐྱབས་ཀྱི་དབང་དུ་བྱས་ནས་སྤང་བྱ་དེ་ཙམ་ཞིག་འཇོམས་པའི་ནུས་པ་དང་ལྡན་པར་རིགས་ཅན་གསུམ་ག་ལ་བསྟན་པར་བྱ་བ་མ་ཡིན་ཏེ། ཐེག་པ་ཆེན་པོར་རིགས་ངེས་པ་ནི། ཤེས་སྒྲིབ་ཟད་པར་སྤངས་པར་རྒྱུད་ལ་ཐོབ་བྱར་དོན་དུ་གཉེར་བའི་ཕྱིར་དང་། ཉན་རང་གནས་སྐབས་རིགས་ངེས་པ་རེ་ཞིག་སངས་རྒྱས་རང་རྒྱུད་ལ་ཐོབ་བྱར་དོན་དུ་མི་གཉེར་བའི་ཕྱིར་རོ། །ཉན་ཐོས་དང་རང་སངས་རྒྱས་ཀྱི་རྒྱུའི་སྐྱབས་གནས་སུ་ཤེས་པའི་ཆེད་དུ་སྤངས་པའི་ཡོན་ཏན་དེ་ཙམ་དང་ལྡན་པར་བསྟན་གྱི། ཐེག་པ་ཆེན་པོའི་རིགས་ཅན་ལ་ལྟོས་ནས་ནི། གོང་དུ་བསྟན་པའི་སྤངས་པའི་ཡོན་ཏན་ནོ། །མཁྱེན་པ་དང་བརྩེ་བས་བདག་པོའི་རྐྱེན་བྱས་ནས་ཆོས་བསྟན་པས་གདུལ་བྱའི་རྒྱུད་ཀྱི་སྡུག་ཀུན་འཇོམས་ནུས་པ་ཡིན་གྱི། དངོས་ཀྱི་གཉེན་པོར་ནི (34a) མི་བཟུང་ངོ། །

（卯二）释悲心

余诸所化**不具**诸佛**证悟彼**三法之证德**而成生盲者**，**为令证故**，**开演证悟彼**三法**之道故**，**应知具足悲心**。所示道之差别者：**无畏道者**，如云“得地无间离五怖畏”，示初地以上**出世间**道**故**，初地以上乃**出世间**，**而不退失**菩提心，尽灭实执分别种子而不退转。昔习于外道见者，说此论本释中一切“恒常”文义为“常事”，当视释中如何解说“示恒常道”！

（卯三）释智悲二者之力

分三：（辰一）示力之喻；（辰二）认明所断；（辰三）释喻义同法。

（辰一）示力之喻

剑及金刚喻者，**依次显示如来智悲二者云何能摧坏他苦与烦恼根本**。此中但说具足摧坏染污因果之力者，是为摄受暂时希求断尽烦恼障之具声闻种性者，以声闻种性决定者许断尽烦恼障之佛为根本大师，亦许为因归依境，暂不希求断尽所知障之大师为归依处故。约果归依言，不应俱为三种具种性者说（佛）具摧坏尔许烦恼障之力，以大乘种性决定者希求断尽所知障为自相续之当得故；声闻、独觉种性暂时决定者不希求佛为自相续之当得故。为知声闻、独觉之因归依处故，说具足尔许断德；观待具大乘种性者而言，则为上述断德。以智悲为增上缘说法，能摧坏所化相续之苦、集，不应执为正对治。

གཉིས་པ་ནི། དེ་ལ་སྡུག་བསྔལ་གྱི་རྩ་བ་ནི་མདོར་ན་གང་ཅི་ཡང་རུང་སྲིད་པ་གསུམ་པོ་རྣམས་སུ་རྣམ་པར་ཤེས་པའི་རྐྱེན་གྱིས་མིང་དང་གཟུགས་ཞེས་འབྱུང་བས་དང་པོ་མིང་དང་གཟུགས་མངོན་པར་གྲུབ་པའོ། །གཟུགས་མེད་དུ་ཉིད་མཚམས་སྦྱོར་བ་ན་གཟུགས་ཀྱི་ས་བོན་ཙམ་མོ། །བཤེས་སྤྲིང་དུ། སྐྱེ་འདི་སྡུག་བསྔལ། ཞེས་གསུངས་པ་ལྟར། ཡང་སྲིད་ཕྱི་མར་ཉིད་མཚམས་སྦྱོར་བའི་སྐྱེ་བ་སྐྱེ་མཆེད་དྲུག་ནས་རྒ་ཤིའི་བར་ཀུན་གྱི་རྩ་བར་གྱུར་པ་དེ་བསྟན་པ་ཡིན་ནོ། །ཉོན་མོངས་པའི་རྩ་བ་ནི་གང་ཅི་ཡང་རུང་བ་དང་ང་ཡི་བ་རང་གི་མཚན་ཉིད་ཀྱིས་གྲུབ་པར་ཞེན་པའི་འཇིག་ཚོགས་ལ་མངོན་པར་ཞེན་པ་སྔོན་དུ་འགྲོ་བ་ཅན་གྱི་མཐོང་སྤངས་ཀྱིས་བསྡུས་པའི་མཐར་འཛིན་གྱི་ལྟ་བ་དང་། ལྟ་བ་མཆོག་འཛིན་པ་དང་། ཚུལ་ཁྲིམས་དང་བརྟུལ་ཞུགས་མཆོག་འཛིན་གྱི་ལྟ་བ་དང་། ལོག་པར་ལྟ་བ་དང་ཐེ་ཚོམ་མོ། །

སྐབས་གནས་ལ་སྐབས་གནས་ཡང་དག་ཡིན་མིན་གྱི་ཐེ་ཚོམ་མཐོང་ལམ་ཐོབ་མ་ཐག་ཟད་པར་སྤངས་པས་རང་གི་སྐབས་གནས་དང་མི་ཕྱེད་ཅིང་། སྟོན་པའི་བསྟན་པ་ལས་གཞན་གྱིས་བཀྲི་བར་མི་ནུས་པས་དགེ་འདུན་དཀོན་མཆོག་མཐོང་ལམ་ཐོབ་པ་ནས་འཇོག་པར་ཤེས་པར་བྱའོ། ། བདེན་བཞི་དང་དཀོན་མཆོག་སོགས་ལ་དམིགས་པའི་ཐེ་ཚོམ་ཉོན་མོངས་ཅན་ཡང་མཐོང་སྤངས་ཡིན་པས་ཁྱད་པར་དེ་ལ་བརྟེན་ནས་ཤེས་པར་བྱའོ། །འཇིག་ལྟ་དང་མཐར་ལྟ་ལ་རིགས་ཅན་གསུམ་གའི་ལམ་གྱི་སྒོམ་སྤངས་ཀྱང་ཡོད་མོད་ཀྱི། འདིར་མཐོང་སྤངས་ཙམ་བསྟན་པ་ནི (34b) ཐར་པ་ལ་འཇུག་པའི་གེགས་ཀྱི་གཙོ་བོ་ཀུན་སྦྱོར་གསུམ་འཛོམས་པའི་ནུས་པ་དང་ལྡན་པར་བསྟན་པས་སྒོམ་སྤངས་ཉོན་མོངས་འཛོམས་པའི་ནུས་པ་དང་ལྡན་པར་ཡང་ཤུགས་ཀྱིས་གོ་བར་ཤེས་པར་བྱའོ། །

（辰二）认明所断

此中苦之根本者，**简言之**，**于三有随一**，以识缘而生名色，故最先**成名色**。若于无色界结生，惟有色种。如《亲友书》[①] 云："此生苦"云云，结生于后有之生，说是六处乃至老死一切之根本。**烦恼根本者**，执**任何**者以及我所为自相有、以**坏聚执为前行之**见所断所摄之边执见、见取见、戒禁取见、邪**见及疑**。缘归依处念其正耶倒耶之疑，由得见道无间即断尽，故于自归依处信心不变，除圣教外不受他引导，故应知僧宝由得见道而立。缘四谛与三宝等之染污疑，亦是见所断，故应依彼差别而知。三类具种性者道之修所断中，虽亦有坏聚见与边执见，此处但说见所断者，是说具足摧坏趣入解脱主要障碍三结[②] 之力，应知亦可由此推知具足摧坏修所断烦恼之力。

① 汉译有义净译《龙树菩萨劝诫王颂》。

② 实叉难陀译《大乘入楞伽经》云："佛言：大慧，诸须陀洹须陀洹果差别有三，谓下、中、上。大慧，下者于诸有中极七反生；中者三生、五生；上者即于此生而入涅槃。大慧，此三种人断三种结，谓身见、疑、戒禁取，上上胜进得阿罗汉果。大慧，身见有二种，谓俱生及分别。如依缘起有妄计性，大慧，譬如依止缘起性故种种妄计执着性生，彼法但是妄分别相，非有非无，非亦有亦无，愚夫愚痴而横执着，犹如渴兽妄生水想。此分别身见无智慧故久远相应，见人无我实时舍离。大慧，俱生身见，以普观察自他之身，受等四蕴无色相故，色由大种而得生故，是诸大种互相因故，色不集故。如是观已，明见有无实时舍离。舍身见故贪则不生，是名身见相。大慧，疑相者，于所证法善见相故，及先二种身见分别断故，于诸法中疑不得生，亦不于余生、大师想为净、不净，是名疑相。大慧，何故须陀洹不取戒禁？谓以明见生处苦相，是故不取。夫其取者，谓诸凡愚于诸有中贪着世乐，苦行持戒愿生于彼。须陀洹人不取是相，惟求所证最胜无漏无分别法，修行戒品，是名戒禁取相。"《大正藏》第十六册，No. 1791，页 604。

གསུམ་པ་ནི། དེ་ལ་རྣམ་པར་ཤེས་པའི་རྐྱེན་ཅན་མིང་དང་གཟུགས་ཀྱིས་བསྡུས་པའི་སྡུག་བསྔལ་ནི་རྟེན་འབྲེལ་ཡན་ལག་བཅུ་གཉིས་ལ་འཕེན་བྱེད་ཀྱི་རྒྱུ་འབྲས་དང་འགྲུབ་བྱེད་ཀྱི་རྒྱུ་འབྲས་གཉིས་ཀྱིས་འཕངས་པའི་འབྲས་བུ་དང་། འདི་ཐོག་མར་གྲུབ་ནས་སྐྱེ་མཆེད་དྲུག་ནས་ར་ཤིའི་བར་རིམ་གྱིས་མངོན་པར་འགྲུབ་པའི་མཚན་ཉིད་ཀྱིས་ནི་དེ་དག་གི་མྱུ་གུ་ལྟ་བུར་ཤེས་པར་བྱ་ལ། དེ་གཅོད་པར་བྱེད་པའི་ཕྱིར་དེ་བཞིན་གཤེགས་པའི་ཡེ་ཤེས་དང་ཐུགས་རྗེ་གཉིས་ཀྱི་ནུས་པ་རལ་གྲིའི་དཔེས་བསྟན་ཏོ། །ལྟ་བ་དང་ཐེ་ཚོམ་གྱིས་བསྡུས་པ་མཐོང་བས་སྤང་བར་བྱ་བའི་ཉོན་མོངས་པ་ནི་འཇིག་རྟེན་པའི་ཤེས་པས་དེ་དག་གི་མཚན་ཉིད་མངོན་སུམ་དུ་རྟོགས་པར་དཀའ་བ་དང་འཇིག་རྟེན་པའི་ཤེས་པས་ནུས་པ་གཞོམ་པར་དཀའ་བས་ཕིགས་པར་དཀའ་བའི་ཕྱིར་ན་ནགས་འཐིབས་པོས་བསྐོར་བའི་རྩིག་པ་དང་འདྲ་ལ་སངས་རྒྱས་ཀྱི་ཆོས་བསྟན་པ་གདུལ་བྱས་ཉམས་སུ་བླངས་པ་ལ་བརྟེན་ནས་གདུལ་བྱའི་རྒྱུད་ཀྱི་སྤང་བྱ་དེ་འཇིག་པར་བྱེད་པའི་ཕྱིར། དེ་བཞིན་གཤེགས་པའི་ཡེ་ཤེས་དང་ཐུགས་རྗེ་དག་གི་ནུས་པ་རྡོ་རྗེའི་དཔེ་དང་ཆོས་མཐུན་པར་རིག་པར་བྱའོ། །

གཉིས་པ་ལ་གཉིས། སྦྱོར་བསྟན་པ་དང་། སོ་སོར་བཤད་པའོ། །

དང་པོ་ནི། དེ་ལྟར་ཇི་སྲིད་བསྟན་པའི་དེ་བཞིན་གཤེགས་པའི་ཡོན་ཏན་རང་བཞིན་དང་། སྤངས་པ་དང་། ཇི་ལྟ་བ་རིག་པ་དང་། ཇི་སྙེད་པ་རིག་པ་དང་། བརྩེ་བ་དང་། ནུས་པ་དྲུག་པོ་འདི་རྣམས (35a) གོ་རིམ་འདི་ཉིད་ཀྱིས་རྒྱས་པར་ཞེས་སོ། །

གཉིས་པ་ལ་གཉིས། རང་དོན་ཆོས་སྐུའི་ཤེས་བྱེད་དང་། གཞན་དོན་གཟུགས་སྐུའི་ཤེས་བྱེད་དོ། །

དང་པོ་ལ་གསུམ། རང་བཞིན་རྣམ་དག་དང་། གློ་བུར་རྣམ་དག་དང་། ཇི་ལྟ་བ་རིག་པའི་ཤེས་བྱེད་དོ། །

དང་པོ་ནི། མདོ་དེ་ལས་ཇི་སྐད་དུ་འཇམ་དཔལ་གྱིས། བཅོམ་ལྡན་འདས་སྐྱེ་བ་དང་འགག་པ་མ་མཆིས་པ་ཞེས་བགྱི་ན། སྐྱེ་བ་དང་འགག་པ་མ་མཆིས་པ་ཞེས་བགྱི་བ་དེ་ཆོས་གང་གི་ཚིག་བླ་དྭགས་ལགས་ཞེས་ཞུས་པ་དང་། དེའི་ལན་དུ་སྟོན་པས་འཇམ་དཔལ་དེ་བཞིན་གཤེགས་པའི་ཆོས་ཉིད་ཀྱི་སྐུ་དོན་དམ་པའི་བདེན་པས་བསྡུས་པ་སྐྱེ་བ་མེད་ཅིང་འགག་པ་མེད་པ་ཞེས་བྱ་བ་འདི་ནི། དེ་བཞིན་གཤེགས་པ་དགྲ་བཅོམ་པ་ཡང་དག་པར་རྫོགས་པའི་སངས་རྒྱས་ཀྱི་ཚིགས་བླ་དྭགས་སོ། ། ཞེས་གསུངས་པ་ཡིན་ཏེ། འདིས་ནི་དེ་བཞིན་གཤེགས་པའི་སྐུ་དུ་མའི་ནང་ནས་རེ་ཞིག་དེ་བཞིན་གཤེགས་པའི་ཆོས་ཉིད་ཀྱི་སྐུ་ནི་འདུས་མ་བྱས་པའི་མཚན་ཉིད་དོ་ཞེས་བསྟན་པ་ཡིན་ནོ། །

（辰三）释喻义同法

此中以识为缘名色所摄苦者，是十二缘起中能引因果与能生因果二者所引之果，此先生已，六处乃至老死渐次而生，由此生相应知如彼等之芽。如来智、悲二者之力能斩断彼故，示以剑喻。见、疑所摄见所断烦恼者，世间识难以现证彼等相、难以摧坏、难穿透故，如密林围绕之墙。所化依修习所示佛法能坏相续之所断故，应知如来智、悲之力与金刚喻同法。

（丑二）能立配合经教

分二：（寅一）总标；（寅二）分释。

（寅一）总标

如是所说自性、断、如所有明、尽所有明、悲悯、力如来六功德，依次广作开解者，当依《入一切如来境智光庄严经》而了解。

（寅二）分释

分二：（卯一）自利法身之能立；（卯二）利他色身之能立。

（卯一）自利法身之能立

分三：（辰一）自性清净之能立；（辰二）客尘清净之能立；（辰三）如所有明之能立。

（辰一）自性清净之能立

彼经云："曼殊室利问佛言：世尊所说无生无灭，是何法之增语？佛曰：曼殊室利，此所谓如来法性身胜义谛所摄无生无灭者，乃如来应正等觉之增语。"

此略说如来非一众多身中如来法性身无为之相。

གཉིས་པ་ནི། གང་ཡང་དེའི་རྗེས་ཐོགས་ཉིད་ལ་མདོ་དེ་ལས། བི་ཧྲུ་ཏའི་ས་གཞི་དེ་ལ་དེ་མ་མེད་པའི་བརྒྱ་བྱིན་གྱི་གཟུགས་བརྙན་སྣང་བ་དེ་གཡོ་བར་མི་བྱེད་སེམས་པར་མི་བྱེད་པ་ནས་རྣམ་པར་རིག་པར་བྱ་བ་མ་ཡིན་པའི་བར་དུ་གསུངས་པའི་བརྒྱ་བྱིན་གྱི་གཟུགས་བརྙན་གྱི་དཔེ་ཐོག་མར་བྱས་ཏེ་ཇི་སྲིད་འཁྲིན་ལས་ཀྱི་སྐབས་ནས་སྟོན་པར་འགྱུར་བའི་དཔེ་དགུས་འབད་རྩོལ་ཉེ་བར་ཞི་བས་གཞན་དོན་ལྷུན་གྱིས་གྲུབ་པའི་དོན་འདི་ཉིད་ཀྱི་དབང་དུ (35b) བྱས་ནས་གསུངས་པ། འཇམ་དཔལ་བརྒྱ་བྱིན་གྱི་གཟུགས་བརྙན་གྱི་དཔེ་དེ་བཞིན་དུ། དེ་བཞིན་གཤེགས་པ་དགྲ་བཅོམ་པ་ཡང་དག་པར་རྫོགས་པའི་སངས་རྒྱས་ཀྱང་སྐུ་གསུམ་གྱི་རྩོམ་པ་དང་བྲལ་བ་ནི། འབད་རྩོལ་གྱིས་ཀུན་ནས་བསླངས་ནས་སྐུ་གཡོ་བར་མི་མཛད། རྣམ་པར་རྟོག་པའི་ཐུགས་ཀྱིས་ཡུལ་ལ་སེམས་པར་མི་མཛད། རྟོག་པས་ཀུན་ནས་བསླངས་ནས་གསུང་སྨྲ་བར་མི་མཛད། ཕྱིན་ཅི་ལོག་ཏུ་འཛིན་པ་དང་བྲལ་བ་ནི། ཡུལ་གྱི་ངོ་བོ་ལ་རྟོགས་པར་མི་མཛད། ཁྱད་པར་ལ་རྣམ་པར་རྟོག་པར་མི་མཛད་ཅིང་། དུས་གསུམ་གྱི་ཡུལ་ལ་རྟོག་པ་འཇུག་པར་མི་མཛད་པ་ནི། འདས་པའི་ངོ་བོ་ལ་རྟོག་པ་མེད་པ་ཁྱད་པར་ལ་རྣམ་པར་རྟོག་པ་མེད་པ། ད་ལྟར་བ་ལ་རྟོག་པ་མངོན་དུ་ཕྱོགས་པའི་ཚུལ་གྱིས་སེམས་པ་མེད་པ་མ་འོངས་པའི་ཡུལ་ལ་འདུན་པའི་ཡིད་ལ་བྱེད་པ་མེད་པ། སྡུག་ཀུན་གྱི་རྒྱུ་འབྲས་འཆད་པ་ནི། ལས་དང་ཉོན་མོངས་པའི་གདུང་བ་ཞི་བས་བསིལ་བར་གྱུར་བ་སྡུག་བསྔལ་ཐོག་མར་སྐྱེ་བ་མེད་པ་མཐར་འགག་པ་མེད་པ་ཐ་སྙད་པའི་ཤེས་པ་གཞན་གྱིས་རྟོགས་པར་བྱ་བ་མ་ཡིན་པ་དང་། དབང་ཤེས་ལྟས་རྟོགས་པར་བྱ་བ་མ་ཡིན་པ་ནི་རིམ་པ་བཞིན་དུ་བལྟར་མེད་པ་ནས། རིག་ཏུ་མེད་པའི་བར་རོ། །སོ་སོ་སྐྱེ་བོ་རང་དགའ་བའི་རྟགས་ཀྱིས་དཔག་པར་བྱ་བ་མ་ཡི་པ་ནི། མཚན་མ་མེད་པ། མཚན་ཉིད་བདེན་པ་བ་དང་བྲལ་བ་ནི། ཤེས་པའི་ངོ་བོ་རང་བཞིན་གྱིས་མ་གྲུབ་པ་རྣམ་པར་རིག་པ་མེད་པ། ཤེས་བྱའི་ངོ་བོར་རང་བཞིན་གྱིས་མ་གྲུབ་པ་རྣམ་པར་རིག་པར་བྱ་བ་མ་ཡིན་པ། ཞེས་བྱ་བ་དེ་ལ་སོགས་པ་ནི་འབད་རྩོལ་ཉེ་བར་ཞི་བའི་ཚིག་གིས(36a) རབ་ཏུ་དབྱེ་བའོ། །འདིས་ནི་དེ་བཞིན་གཤེགས་པ་རང་གི་མཛད་པ་དག་ལ་རྣམ་པར་རྟོག་པ་དང་འབད་རྩོལ་གྱི་སྦྲིས་པ་ཐམས་ཅད་ཞི་བའི་ཕྱིར་དེ་བཞིན་གཤེགས་པའི་འཕྲིན་ལས་ལྷུན་གྱིས་གྲུབ་པ་ཉིད་བསྟན་ཏོ། །

གསུམ་པ་ནི། དེའི་འོག་ཏུ་མདོའི་གཞུང་ལྷག་མ་ལས་དཔེ་བསྟན་པས་ནི་ཇི་ལྟ་བ་རིག་པ་བསྟན་ཏོ། །འགྱུར་འདི་ལྟར་ན་དེ་ལྟར་འཆད་དགོས་ཀྱི། རྩ་ཚིག་འདི་ལ་སྦྱོར་ན། དཔེ་བསྟན་པའི་ལྷག་མའི་གཞུང་གིས་ཞེས་བཤད་དོ། །ཆོས་ཐམས་ཅད་ཀྱི་དེ་བཞིན་ཉིད་ལ་གཞན་གྱི་རྐྱེན་གྱིས་མངོན་པར་རྟོགས་པ་མ་ཡིན་པ་མཉམ་གཞག་སོ་སོ་རང་གིས་རིག་པ་ཉིད་བསྟན་ཏོ། །དེ་བཞིན་ཉིད་ཇི་ལྟ་བུ་ཞེ་ན། མངོན་པར་རྫོགས་པར་བྱང་ཆུབ་པའི་སྙིང་པོ་གང་ལ་འཁོར་བ་ཇི་སྲིད་མ་སྟོངས་པར་དུ་མཉམ་པར་བཞག །ཤེས་བྱ་ཐམས་ཅད་མངོན་སུམ་དུ་གཟིགས་པའི་གནས་སུ་གྱུར་པའོ། །

（辰二） 客尘清净之能立

约此静息功用运转利他**义言**，**经随即又说**事业品中将说之**九喻**，**吠琉璃地基上**映现**无垢帝释像**不动、不思乃至无了别之喻为**首喻**：

“**曼殊室利**，如是如帝释像喻，**如来应正等觉**亦离三身①之发起者，**不**以功用等起**动**身，**不**以分别心**思**境，**不**以分别等起**发**语；远离倒执者，**不分别**境之体性，**善不分别**差别；不分别三时之境者，于过去体性**无分别**，于差别**善无分别**，于现**无**分别**思**，于未来境**无**乐欲**作意**；断苦因果者，灭业烦恼热恼而得**清凉**，苦初**无生**、后**无灭**，非余名言识所证，亦非五根识所证，依次为**无视乃至无触**；非异生自喜因所比度者，**无相**；相离谛实者，能知体无自性，**无了别**；所知体无自性，**非所知**。”

彼等者说静息功用**文句之差别**。**此说**如来**自身诸事业中静息一切分别及**功用**戏论故**，**如来**事业**无功用**。

（辰三） 如所有明之能立

其后余经**文以喻**说如所有明。若按此译，应顺此解。若按论文，则解作“以示喻（后）之余文”。**说一切法真如非以他缘现证**，而是等引自内所证。云何（现证）真如？彼**觉悟门中**乃至生死未空而住定，成现见一切所知之处。

① 此处似指身、语、意三门。

གཉིས་པ་ལ་གསུམ། ཇི་སྙེད་པ་མཁྱེན་པའི་ཡེ་ཤེས་དང་། ཐུགས་རྗེ་དང་། ནུས་པའི་ཤེས་བྱེད་དོ། །

དང་པོ་ལ་གཉིས། ལུང་དགོད་པ་དང་། དེའི་དོན་བཤད་པའོ། །

དང་པོ་ནི། གང་ཡང་སྔར་བཤད་པའི་དེ་བཞིན་གཤེགས་པའི་བྱང་ཆུབ་རྣམ་པ་བཅུ་དྲུག་བསྟན་ནས་མཐར། ཇི་སྐད་དུ། འཇམ་དཔལ་དེ་ལ་དམིགས་པ་ཆོས་ཐམས་ཅད་ལ་དམིགས་ནས་རང་བཞིན་གྱིས་སྟོང་པའི་རྣམ་པ་དེ་ལྟ་བུའི་རང་བཞིན་དུ་མངོན་པར་རྫོགས་པར་བྱང་ཆུབ་ནས་ཇི་སྙེད་པ་མཁྱེན་པའི་ཡེ་ཤེས་ཀྱིས་སེམས་ཅན་རྣམས་ལ་ཡང་དྲི་མས་མ་དག་པ་དྲི་མ་དང་མ་བྲལ་བ། སྐྱོན་དང་བཅས་པའི་ཆོས་ཀྱི་དབྱིངས་དེ་བཞིན (36b) གཤེགས་པའི་སྙིང་པོ་དེ་ཉིད་ཁྱད་པར་མེད་པར་ཡོད་པར་གཟིགས་ནས་སེམས་ཅན་རྣམས་ལ་དྲི་མ་དེ་དག་སྦྱོང་བར་བཞེད་པ། རྣམ་པར་བརྗོད་བ་ཞེས་བྱ་བའི་དེ་བཞིན་གཤེགས་པའི་ཐུགས་རྗེ་ཆེན་པོ་རབ་ཏུ་འཇུག་གོ །ཞེས་གསུངས་ཏེ། འདི་ནི་ཐུགས་རྗེ་ཆེན་པོའི་མིང་ཡིན་ལ་དཔེ་ཁ་ཅིག་ཏུ་རྣམ་པར་བརྩེ་བ་ཞེས་ཀྱང་འབྱུང་ངོ། །

གཉིས་པ་ནི། འདིས་ནི་ཞེས་སོ། །དེ་ལ་ཆོས་ཞེས་བྱ་བ་ནི། གོ་རིམ་ཇི་ལྟ་བ་བཞིན་དུ་བསྟན་པ་ཆོས་ཐམས་ཅད་ལ་དམིགས་ནས་རང་བཞིན་གྱིས་དངོས་པོ་མེད་པའི་ངོ་བོ་ཉིད་དུའོ། །མངོན་པར་ཞེས་བྱ་བ་ནི། ཡང་དག་པ་ཇི་ལྟ་བ་བཞིན་དུ་རྣམ་པར་མི་རྟོག་པའི་སངས་རྒྱས་ཀྱི་མཉམ་གཞག་ཡེ་ཤེས་ཀྱིས་མཁྱེན་ནས་སོ། །སེམས་ཅན་རྣམས་ལ་ཞེས་བྱ་བ་ནི་ངེས་པ་རིགས་ཅན་གསུམ་དང་། འོག་མ་དང་གཉིས་ཀར་དུ་མ་ངེས་པ་དང་གནས་སྐབས་རིགས་ཆད་པ་སོག་པ་ཉིད་དུ་ངེས་པའི་ཕྱུང་པོར་གནས་པ་རྣམས་ལའོ། །སངས་རྒྱས་མི་འདུང་བ་གཏན་རིགས་ཆད་པ་མི་འདོད་པ་ནི། འོག་ཏུ་འཆད་པར་འགྱུར་རོ། །

（卯二）利他色身之能立

分三：（辰一）知尽所有智之能立；（辰二）悲心之能立；（辰三）力之能立。

（辰一）知尽所有智之能立

分二：（巳一）引教；（巳二）释义。

（巳一）引教

说上述**如来十六种菩提**[1]**之后，经云：**

“**曼殊室利**，缘**一切法**所缘**觉悟如是**自性空相**自性**已，以知尽所有智**见诸有情**无有差别，**皆有**垢染**不净**、**未离尘垢**、**伴诸过失法界**如来藏，欲**为诸有情**净彼等垢而**趣入名为**“**奋迅**”**如来大悲**。”

“奋迅”是大悲之名，一本作“游戏”。[2]

（巳二）释义

此说具足如来智、**悲**。**此中如其次第所示**，“**一切法如是自性**者”，**即**缘一切法而**于无**自性**事体性**；**“觉悟”**者，**以无分别佛**等引**智如实了知**真如；“**诸有情**”**者**，**即住**三类具**决定**种性、下与二者**不定**、暂时断种性**颠倒决定聚者**。然不许不可成佛之永断种性，下当解说。

---

① 《圣陀罗尼自在王经》中名为“十六种菩提悲”，详见卷二。
② 汉译本亦有二译。昙摩流支与法护译作“游戏”，僧伽婆罗等译作“奋迅”。

ཆོས་ཀྱི་དབྱིངས་ཞེས་བྱ་བ་ནི་སངས་རྒྱས་རང་གི་ཆོས་ཉིད་ཀྱི་རང་བཞིན་དང་དྲི་མ་དང་བཅས་མ་བཅས་ཀྱི་ཁྱད་པར་ཡོད་ཀྱང་། རང་བཞིན་གྱིས་དག་པར་ཁྱད་པར་མེད་པ་དེ་བཞིན་གཤེགས་པའི་སྙིང་པོའོ། །གཟིགས་ནས་ཞེས་བྱ་བ་ནི་སེམས་ཅན་ཐམས་ཅད་ལ་ཁྱད་པར་མེད་པར་ཡོད་པའི་རྣམ་པ་ཐམས་ཅད་སངས་རྒྱས་ཀྱི་སྤྱན་ཇི་སྙེད་པ་མཁྱེན་པའི་ཡེ་ཤེས་སྒྲིབ་པ་མེད་པས་གཟིགས་ནས་སོ། །ཞེས་བྱ་བའི་དོན་ནོ། །དྲི་མ་དང་བཅས་པའི་དེ་བཞིན་ཉིད་འཆད་པ་སེམས་ཅན་གང་ལ་དྲི་མ་གང་གིས་མ་དག་པ་ནི། བྱིས (37a) པ་སོ་སོའི་སྐྱེ་བོ་རྣམས་ཀྱི་ནི་བདེན་འཛིན་དང་འདོད་ཆགས་ལ་སོགས་པའི་ས་བོན་ཙུང་ཟད་ཀྱང་མ་སྤངས་ཤིང་། མངོན་གྱུར་དང་བཅས་པས་ཉོན་མོངས་པའི་སྒྲིབ་བས་མ་དག་པའོ། །ཉན་ཐོས་དང་རང་སངས་རྒྱས་རྣམས་ཀྱི་དེ་བཞིན་ཉིད་ནི་ཉན་རང་དགྲ་བཅོམ་པས་ཀྱང་ཉོན་སྒྲིབ་ཟད་པར་སྤངས་ཀྱང་ཤེས་བྱའི་སྒྲིབ་པས་དྲི་མ་དང་མ་བྲལ་བའོ། ། བྱང་ཆུབ་སེམས་དཔའ་རྣམས་ཀྱི་དེ་བཞིན་ཉིད་དེ་ནི་སྒྲིབ་པ་དེ་གཉི་ག་གང་ཡང་རུང་བའི་ལྷག་མས་སྐྱོན་དང་བཅས་པའོ༑ ༑ས་བརྒྱད་པ་མན་ཆད་དུ་སྒྲིབ་པ་གཉིས་ཀའི་སྐྱོན་དང་བཅས་ལ། དེ་ཡན་ཆད་དུ་ཉོན་སྒྲིབ་ཟད་པར་སྤངས་ཀྱང་ཤེས་སྒྲིབ་དང་བཅས་པའོ། །རྣམ་པར་བསྟན་པ་ནི། གདུལ་བྱའི་རྒྱུད་ཀྱི་སྒྲིབ་པ་སྦྱོང་བའི་ཐབས་ཀྱི་སྒོ་སྣ་ཚོགས་པ་བསྟན་པ་ལ་ཞུགས་པའི་ཕྱིར་རོ། །སེམས་ཅན་རྣམས་ལ་རབ་ཏུ་འཇུག་པ་ནི། མཉམ་པ་ཉིད་དུ་སེམས་ཅན་ཐམས་ཅད་ཀྱི་དྲི་མ་མཐའ་དག་སྦྱོང་བར་མཛད་པ་དང་། སེམས་ཅན་ཐམས་ཅད་ཀྱིས་རང་གི་གོ་འཕང་བརྙེས་པའི་རྒྱུ་མཚན་དུ་མངོན་པར་རྫོགས་པར་བྱང་ཆུབ་པས་ན། སངས་རྒྱས་རང་གི་ཆོས་ཉིད་རྟོགས་པ་ཐོབ་པར་དགོངས་པའི་ཕྱིར་རོ། །

གཉིས་པ་ཐུགས་རྗེ་ནི། རྩ་འགྲེལ་དེ་དག་གིས་སྤྱིལ་མར་བཤད་ལ། སོ་སོར་ཕྱེ་ན་སེམས་ཅན་རྣམས་ལ་ཞེས་པ་རྩ་འགྲེལ་གྱིས་ཐུགས་རྗེ་བསྟན་ཏོ། །

གསུམ་པ་ནི། དེའི་འོག་ཏུ་བླ་ན་མེད་པའི་ཡེ་ཤེས་དང་ཐུགས་རྗེ་རབ་ཏུ་ཞུགས་པ་ལས་མཚུངས་པ་མེད་པའི་ཆོས་ཀྱི་འཁོར་ལོ་གདུལ་བྱའི་རྒྱུད་ལ་རབ་ཏུ་འཇུག་པ་མངོན་པར་སྒྲུབ་པའི་སྦྱོར་བ་མཛད་པ་བཅུ་གཉིས་ཀྱི་སྒོ་ནས (37b) འཇིག་རྟེན་འདིར་རྒྱུན་མི་འཆད་པ་གང་ཡིན་པ་འདི་ནི་དེ་གཉིས་ཀྱིས་གཞན་གྱི་དོན་བྱེད་པའི་ནུས་པར་རིག་པར་བྱའོ། །ཐུགས་རྗེ་ཆེན་པོ་མེད་ན་མྱང་འདས་ཐོབ་པའི་དེ་མ་ཐག་ཏུ་ཞི་བའི་དབྱིངས་སུ་སྙོམས་པར་ཞུགས་ནས་ཆོས་ཀྱི་འཁོར་ལོ་བསྐོར་བར་མི་མཛད་པའི་ཕྱིར་རོ། །

“**法界**”**者**，**如来藏与**佛**自身法性**之自性虽有有无垢染之别，然自性清净则**无差别**；“**见**”**者**，意为（自性清净）一切有情皆有、无有差别之**一切种佛眼**知尽所有智**无障观见**。以何垢染令何有情成不净而讲有垢真如者，**诸愚夫异生**之真如**者**，实执与贪等种子少分未断且现前，故**以烦恼障故而成**“**不净**”；**诸声闻**、**独觉**之真如**者**，声闻、独觉阿罗汉虽断尽烦恼障，然**以所知障故而**“**未离垢**”；**诸菩萨**之真如**者**，伴**有彼二**障**随一剩余**“**过失**”。八地以下有二障过失，八地以上虽断尽烦恼障，然有所知障；“**奋迅者**”，**趣入成办种种方便之门**净治**所化**相续之障**故**；“**趣入诸有情者**”，**为**净治一切有情诸垢以及令一切**有情**得自果位**故**，**觉悟平等性**，**意在令获证**佛**自身法性故**。

（辰二）悲心之能立

《论》、《释》诸文（与上一功德）相间而释。若分之，“趣入诸有情”即《论》、《释》所示大悲。

（辰三）力之能立

其后由趣入无上智、**悲**，**成就无等法轮善入**所化相续之**方便**，由十二事业之门于此世间**相续不断**，**应知此是彼二利他之力**，以若无大悲，则证涅槃无间便入定于寂静界而不转法轮故。

གཉིས་པ་ལ་གཉིས། དོན་དྲུག་ལ་དོན་གཉིས་ཀྱི་སྐྱུར་དབྱེ་བ་དང་། ཕྱི་མ་གསུམ་ལ་དབྱེ་བའོ། །

དང་པོ་ནི། དེ་ལ་ཞེས་སོ། །

གཉིས་པ་ནི། ཡང་ན་ཡེ་ཤེས་ཀྱིས་ནི་སྤངས་རྟོགས་སྐྱར་ལྡོག་པ་མེད་པའི་མཆོག་ཏུ་རྟག་པ་དང་འབད་རྩོལ་ཉེ་བར་ཞི་བའི་གནས་གཞན་དོན་གྱི་ལྡོག་པ་ནས་མ་བསྟན་པར་ཐོག་མར་རང་ཉིད་མངོན་པར་རྫོགས་པར་བྱང་ཆུབ་པའི་གནས་ཀྱི་ཡོན་ཏན་གྱིས་བསྟན་པས་ན་རང་གི་དོན་ཕུན་སུམ་ཚོགས་པ་བསྟན་ལ། ཐུགས་རྗེ་དང་ནུས་པ་དག་གིས་ནི་གདུལ་བྱ་རིགས་ཅན་གསུམ་གྱི་རྒྱུད་ལ་བླ་ན་མེད་པའི་ཆོས་ཀྱི་འཁོར་ལོ་ཆེན་པོ་རབ་ཏུ་འཇུག་པའི་ཡོན་ཏན་གྱིས་བསྟན་པས་ན་གཞན་གྱི་དོན་ཕུན་སུམ་ཚོགས་པ་བསྟན་ཏོ། །དོན་གཉིས་སོ་སོར་ཕྱེ་ནས། གདུལ་བྱ་ལ་དངོས་སུ་མི་སྣང་བའི་སངས་རྒྱས་ཀྱི་ཡེ་ཤེས་རྣམས་ནི་རང་གི་དོན་དང་གདུལ་བྱ་ལ་དངོས་སུ་སྣང་བའི་གཟུགས་སྐུ་རྣམ་པ་གཉིས་གཞན་དོན་དུ་བཞག་པ་ནི། གདུལ་བྱ་ལ་དངོས་སུ་སྣང་ནས་གཞན་དོན་སྒྲུབ་མི་སྒྲུབ་ཀྱིས་ཕྱེ་བ་ཡིན་ལ། ཐུགས་རྗེ་དང་ནུས་པ་གཞན་དོན་དུ་བཞག་པ་ནི། གཟུགས་ཀྱི་སྐུ་གདུལ་བྱ་ལ་དངོས་སུ་སྣང་ནས་ཆོས་སྟོན་པ་དེ་གཉིས་ཀྱི་ལག་རྗེས་ཡིན་པའི་དབང་དུ་བྱས་ནས་རྣམ་པར་བཞག་པའོ། ། ཇི་སྙེད་པ་མཁྱེན་པའི་ཡེ་ཤེས་གཞན་དོན་དུ་བསྡུས་པ་ནི་ཐུགས་རྗེ་འཇུག (38a) པའི་རྒྱུའི་དབང་དུ་བྱས་པ་སྟེ། དྲི་མས་མ་དག་པའི་དེ་བཞིན་ཉིད་སེམས་ཅན་ཐམས་ཅད་ལ་ཁྱད་པར་མེད་པར་གཟིགས་པའི་ལྡོག་པས་རྣམ་པར་བཞག་ལ། ཇི་ལྟ་བས་མཁྱེན་པ་ནི། གཉིས་སྣང་ནུབ་པའི་ལྡོག་པས་རྣམ་པར་བཞག་གི །ཇི་སྙེད་པ་གཟིགས་པའི་ཆ་ནས་རྣམ་པར་མ་བཞག་པས་སོ། །

གཉིས་པ་ཆོས་དཀོན་མཆོག་ལ་གཉིས། མཚམས་སྦྱར་བ་དང་། དོན་བཤད་པའོ། །

དང་པོ་ནི། སངས་རྒྱས་དཀོན་མཆོག་ཅེས་ཏེ། ཐོབ་བྱ་མཐར་ཐུག་པའི་དབང་དུ་བྱས་ན། སངས་རྒྱས་དཀོན་མཆོག་བརྙེས་པ་དེ་ལས་འགོག་ལམ་མཐར་ཐུག་པའི་ཆོས་དཀོན་མཆོག་འབྱུང་བའི་དོན་ཡིན་གྱི། དུས་ཀྱི་རིམ་པ་སྟོན་པ་མ་ཡིན་ཏེ། ཁ་གདངས་ནས་ཞལ་ཞེས་པ་བཞིན་ནོ། །གནས་སྐབས་ཀྱི་དབང་དུ་བྱས་ན། སངས་རྒྱས་ནས་ཆོས་ཀྱི་འཁོར་ལོ་བསྐོར་བས་གདུལ་བྱའི་རྒྱུད་ལ་འགོག་ལམ་འབྱུང་སྟེ། འདིར་ནི་གཉིས་ཀ་སྟོན་པར་ཤེས་པར་བྱའོ། །

གཉིས་པ་ལ་གསུམ། བསྟན་པ་དང་། བཤད་པ་དང་། བསྟན་བཤད་སྦྱར་བའོ། །

དང་པོ་ནི། གང་ཞིག་འཕགས་པ་དམ་པ་རྣམས་ཀྱིས་བསྟེན་པར་བྱ་བས་ན་དམ་པའི་ཆོས་ཀྱི་ཉི་མ་དེ་ལ་འདུད་དོ། །ཉི་མ་ལམ་བདེན་འབའ་ཞིག་གི་ཁྱད་པར་དུ་བཤད་ཀྱང་ཉེས་པ་མེད་དོ། །ཡོན་ཏན་གྱི་ཁྱད་པར་ཇི་ལྟ་བུ་དང་ལྡན་ཞེ་ན། འགོག་པ་དང་ལམ་གྱི་བདེན་པ་གཉིས་ཀྱིས་བསྡུས་པ་སྟེ། འགོག་པའི་བདེན་པ་ལ་རང་བཞིན་རྣམ་དག་གི་ཆ་བཤད་པ་དང་། གློ་བུར་རྣམ་དག་བཤད་པའོ། །

（子二）结示

分二：（丑一）六义分为二利身；（丑二）后三义分为二利身。

（丑一）六义分为二利身

彼等如来六功德，如其次第，具足无为等前三者即自利圆满，具足智等余三者即利他圆满。

（丑二）后三义分为二利身

又，“智”者，是断证不退转**最上恒常**、**静息**功用**处自身觉悟处功德**，非就利他而言，**故**先**说自利圆满**。**“悲”与“力”者，是无上大法轮善入**三类具种性所化**功德，故说利他圆满**。分说二利：所化未能现见之诸佛智立为自利；所化能现见之二种色身立为利他，是就所化能否现见而成办利他而分。

悲与力立为利他者，约所化能现见二种色身为之说法而立。知尽所有智摄入利他者，约悲心趣入之因而言。垢染不净之真如，就观见一切有情皆有、无有差别而立。知如所有智者，就二相隐没而立，非就观见尽所有之分而立。

［第二金刚处：法宝］

（辛二）释法宝

分二：（壬一）次第；（壬二）释义。

（壬一）次第

从佛宝出生法宝故，其后约彼而言之颂曰。约究竟当得而言，意为由得佛宝出生灭、道究竟法宝，非说时间次第，如所谓“张口而眠”。约时位而言，由成佛转法轮，所化相续中出生灭、道。应知此处俱说二种。

（壬二）释义

分三：（癸一）标；（癸二）释；（癸三）标释合说。

（癸一）标

彼乃诸圣善士所依止故，礼敬正法日轮。释日轮纯为道谛之差别亦无过失。具足何等功德差别？即灭、道二谛所摄。先释灭谛之自性清净分与客尘清净分。

དང་པོ་ལ་གཉིས་སྣང་དང་བཅས་པའི་ཤེས་པས་རང་གིས་རྟོགས（38b）བྱ་མ་ཡིན་པ་དང་། གཞན་གྱིས་རྟོགས་བྱ་མ་ཡིན་པ་དང་། གཉིས་སྣང་ནུབ་པའི་ཚུལ་གྱིས་རྟོགས་པར་བྱའོ། །

དང་པོ་ནི། ཆོས་གང་ཡང་མེད་པ་དང་ཡོད་པ་དང་ཡོད་མེད་གཉི་ག་དང་དེ་ལས་གཞན་དུའང་ཡོད་མེད་གཉིས་ཀ་མ་ཡིན་པ་རང་བཞིན་གྱིས་གྲུབ་པར་བརྟག་པར་མི་ནུས་པས་སྤྲོས་པའི་མཐའ་བཞི་དང་བྲལ་བའོ། །འགྲེལ་པའི་འགྱུར་ལྟར་བཤད་པར་བྱ་བ་ཡིན་པས་དེ་ལྟར་བཤད་ཀྱི། རྩ་ཚིག་ཏུ་དགག་སྒྲ་དང་པོ་གསུམ་དངོས་སུ་སྦྱར་ནས་བསྒྱུར་བ་ནི་འགྲེལ་པའི་འགྱུར་ལས་མི་བདེའོ། །རྩ་བའི་འགྱུར་ལྟར་བཤད་ན། མེད་པ་རང་བཞིན་གྱིས་གྲུབ་པ་མིན་པ་དང་། ཡོད་པ་རང་བཞིན་གྱིས་གྲུབ་པ་མིན་པ་དང་། ཡོད་མེད་གཉིས་ཀ་རང་བཞིན་གྱིས་བསྒྲུབ་པ་མ་ཡིན་པ་ཞེས་བཤད་ཀྱི། དོན་དམ་པར་ཡོད་པ་ཡང་མ་ཡིན། དོན་དམ་པར་མེད་པ་ཡང་མ་ཡིན་ཞེས་སོགས་སྤྲོས་པའི་མཐའ་བཞི་དང་བྲལ་བར་འཆད་པ་ནི། ཕན་ཚུན་སྤངས་འགལ་ལ་བརྟེན་པའི་དངོས་འགལ་གྱི་གནོད་པ་ལས་ལེགས་པར་བརྒལ་ནས་ཉུ་ཚེར་སྒྲུབ་ཡིན་ནོ། །ཁོ་བོ་ཅག་རང་ལུགས་ལ་ཆོས་བདེན་པར་གྲུབ་པ་དང་། བདེན་པས་སྟོང་པ་གཉིས་ཀ། ཁས་མི་ལེན་པས་སྐྱོན་མེད་དོ། །ཞེ་ན། འོ་ན་གཉིས་ཀ་ཁས་ལེན་པ་ཇི་ལྟར་དགག ཆོས་བདེན་སྟོངས་ཡོངས་སུ་བཅད་ན་བདེན་གྲུབ་རྣམ་བཅད་ལ་ཁེགས་པས་གཉིས་ཀའི་གཞི་མཐུན་ཁས་ལེན་པ་འགལ་ལོ་ཞེ་ན། ཆོས་བདེན་གྲུབ་རྣམ་བཅད་ལ་ཁེགས་པས་བདེན་སྟོང་ཡོངས་སུ་གཅོད་དགོས་པའི་ཕྱིར། དངོས་འགལ་གྱི་ཡ་གྱལ་གང་ཡང་ཁས་མི་ལེན་པ་ཡང་ཤིན་ཏུ་འགལ་ལོ། །（39a）ཁོ་བོ་ཅག་ལ་ཁས་ལེན་ཙུང་ཟད་ཙམ་ཡང་མེད་པས་དེ་དག་གིས་མི་གནོད་དོ། །ཞེ་ན། ཚུལ་ཁྲིམས་ཀྱང་ཁས་མི་ལེན་པས་རྒྱུད་པ་འབའ་ཞིག་ཏུ་འགྱུར་གྱི། མངོན་པར་མཐོ་བ་ནི་མ་ཡིན་ནོ། །བསྟན་བཅོས་འདིའི་དོན་རྣམ་པར་རིག་པ་ཙམ་གྱི་ཚུལ་བསྟན་པར་མཛད་པ་ནི། རྩ་འགྲེལ་གཉིས་ཀ་དང་མི་འགྲིག་སྟེ་འཆད་པར་འགྱུར་རོ། །

གཉིས་པ་ནི། བརྗོད་བྱེད་ཀྱི་སྒྲ་དང་། ယུལ་མི་སོ་སོའི་སྐད་དང་། འདིའི་དོན་གྱིས་ན་འདི་ཞེས་པའི་ངེས་ཚིག་ལ་བརྟེན་ནས་རྟོགས་ཚུལ་ རྫོགས་པའི་ཚུལ་གྱིས་རྟོགས་པ་དང་བྲལ་བས་གཞན་ལ་བརྟེན་ནས་རྟོགས་བྱ་མ་ཡིན་པའོ། །

གསུམ་པ་ནི། འཕགས་པ་རྣམས་ཀྱི་མཉམ་གཞག་སོ་སོ་རང་གིས་གཉིས་སྣང་ནུབ་པའི་ཚུལ་གྱིས་རིག་པར་བྱའོ། །དེ་དག་གིས་ངོ་བོ་དང་ཡུལ་ཅན་གྱི་སྒོ་ནས་འགོག་བདེན་གྱི་རང་བཞིན་རྣམ་དག་གི་ཆ་བསྟན་ཏོ། །

初自性清净分，非自以有二相识证，亦非他证，而以二相隐没之理而证。初者，诸法无、有、亦有亦无、余非有非无之自性有不可观察，故远离戏论之四边。此按《释》之译文作如是解。《论》之译文中仅前三者有遮词，不如《释》之译文为便。如按《论》之译文，是说无非有自性，有非有自性，亦有亦无非有自性。或释胜义中非有、胜义中非无等而远离戏论四边者，乃正诘互断相违之正相违损害所出妄言！或说：我等自宗俱不许法实有以及谛实空二者，故无过失。曰：若尔，如何俱破二者之许？若谓：确立法谛实空即破遮遣实有，故许二者有同类乃是相违。曰：破遮遣法实有即须确立谛实空故，正相违二方之任何一方皆不可许亦极相违。或说：我等无少承许，故不为所难。曰：如是则戒亦不可许，纯致衰损，非增上生①。许此论义是说唯识理者，与论本释俱不相符，下当解说。

第二，依能诠之声、各地方言、此义谓此之言词不能圆满通达而远离故，非依他而证。

第三，诸圣者等引以二相隐没之理自内所证。彼等是由体性与有境之门说灭谛之自性清净分。

① 宗喀巴大师对当时藏地所流行“全无所许”论之批判，参阅《菩提道次第广论》，美国：大觉莲社，1989 年，页 474—485。

གཉིས་པ་ལ་གཉིས། ཟ་བ་མེད་པ་དང་། གཞི་མེད་པའོ། །སྡུག་བསྔལ་གྱི་ཟ་བ་ལས་དང་། འདོད་ཆགས་ལ་སོགས་པའི་ཉོན་མོངས་པ་དང་། སྡུག་བསྔལ་གྱི་གཞི་བདེན་པར་ཞེན་པ་ཚུལ་བཞིན་མ་ཡིན་པའི་ཡིད་ལ་བྱེད་པ་ཀུན་བརྟགས་དང་། ལྷན་སྐྱེས་ཀྱི་ས་བོན་ཅི་རིགས་པ་གཉེན་པོས་བཅོམ་པའི་སྒོ་ནས་ཞི་བ་སྒྲོ་བུར་རྣམ་དག་གི་འགོག་པའོ། །

གཉིས་པ་ལམ་བདེན་ལ་དག་པ་དང་། གསལ་བ་དང་། གཉེན་པོའོ། །

དང་པོ་ནི། བདག་མེད་མངོན་སུམ་དུ་རྟོགས་པའི་ཤེས་རབ་ཉིད་སྒྲིབ་པའི་ས་བོན་ཅི་རིགས་པའི་དྲི་མ་མེད་པའོ། །

གཉིས་པ་ནི། དེ་ཁོ་ན་ཉིད་མངོན་སུམ་དུ་རྟོགས་པའི་ཡེ་ཤེས་ཀྱི་འོད་ཟེར་གྱི (39b) སྣང་བ་དང་ལྡན་པའོ། །མཉམ་གཞག་རྣམ་པར་མི་རྟོག་པའི་ཡེ་ཤེས་ཀྱིས་ཟིན་པའི་རྗེས་ཐོབ་ཀྱི་ཡེ་ཤེས་ཀྱང་ལམ་བདེན་དུ་ཤེས་པར་བྱའོ། །

གསུམ་པ་ནི། གཟུགས་ལ་སོགས་པའི་ཡུལ་གྱི་དམིགས་པ་ཀུན་ལ་སྡུག་པར་སྒྲོ་བཏགས་ནས་རང་གི་ངོ་བོའི་སྒོ་ནས་ཡིད་འོང་དུ་མཐོང་བའི་ཆགས་པ་དང་། མི་སྡུག་པར་སྒྲོ་བཏགས་ནས་རྒྱབ་ཀྱིས་ཕྱོགས་པའི་རྣམ་པ་ཅན་གྱི་སྡང་བ་དང་རྨོངས་པའི་རབ་རིབ་རྣམ་པར་འཇོམས་པར་མཛད་པའི་དམ་ཆོས་ཉི་མ་དེ་ལ་འདུད་དོ། །འདིས་དངོས་སུ་ཐེག་པ་བ་ཆེན་པོའི་འགོག་ལམ་བསྟན་ལ། མིང་མཐུན་པ་ཙམ་གྱིས་རང་སངས་རྒྱས་ཀྱིས་རང་རྒྱུད་ལ་དོན་དུ་གཉེར་བྱའི་ཆོས་དཀོན་མཆོག་ཀྱང་འདིར་སྐབས་ཀྱི་བརྗོད་བྱ་མ་ཡིན་ཡང་འདི་དག་ལ་བརྟེན་ནས་གོ་བར་བྱའོ། །

གཉིས་པ་ལ་གཉིས། དྲི་བ་དང་། ལན་ནོ། །

དང་པོ་ནི། ཚིགས་བཅད་འདིས་ཅི་བསྟན་ཅེ་ན།

གཉིས་པ་ལ་གཉིས། ཟ་བ་དང་། འགྲེལ་པའོ། །

དང་པོ་ནི། འགོག་པའི་བདེན་པ་དེ་ཉིད་མཐའ་བཞི་པོ་གང་དུ་ཡང་བསམ་པ་མེད་པ་དང་། ཟ་བ་ལས་དང་ཉོན་མོངས་པ་གཉིས་ཅི་རིགས་པ་མེད་པ་དང་། གཞི་བདེན་འཛིན་གྱི་རྟོག་པ་མེད་པ་དང་། དག་པ་དང་གསལ་བ་དང་། གཉེན་པོའི་ཕྱོགས་ཉིད་ཀྱིས་གང་ཞིག་ཆགས་པ་དང་བྲལ་བའི་ངོ་བོ་འགོག་པའི་བདེན་པ་དང་། གང་གིས་ཆགས་པ་དང་བྲལ་བར་བྱེད་པའི་ལམ་གྱི་བདེན་པ་སྟེ། བདེན་བཞི་ལ་ཀུན་ནས་ཉོན་མོངས་དང་རྣམ་བྱང་གི་བདེན་པ་གཉིས་ལས། རྣམ་བྱང་གི་བདེན་པ་ནི་བདེན་པ་གཉིས་ཀྱི་མཚན་ཉིད་ཅན་དེ་ཆོས་དཀོན་མཆོག་གོ །

གཉིས་པ་ནི། འདིས་ནི་མདོར་བསྡུས་ན་སྔྲི་གཉིས་བགྲངས (40a) པས་ཡོན་ཏན་བརྒྱད་ཅེས་སོ། །དག་པ་ནི་ལམ་གྱི་ངོ་བོ་སྒྲིབ་པ་དང་མ་འདྲེས་པའོ། །མངོན་པར་གསལ་བར་བྱེད་པ་ཇི་ལྟ་བ་དང་ཇི་སྙེད་པ་རིག་པའོ། །གཉེན་པོའི་ཕྱོགས་ཉིད་ནི་ཉུས་པའོ། །ལྷག་མ་གསུམ་ནི་གོ་བར་ཟད་དོ། །

第二客尘清净分分二：无根及无基。苦根是业以及贪等烦恼，苦基为耽着谛实分别及俱生非理作意之种子，如其所应以对治摧坏而得**止息**，即客尘清净之灭。

第二道谛分三：净，明，对治。初净者，现证无我慧**无**如其所应之障盖种子**垢**。第二明者，**具足**现证真如**智光明**，应知等引无分别智所摄持之后得智亦属道谛。第三对治者，**礼敬**摧**坏**于色等境**诸所缘**增益为可爱、由自体之门视为悦意之**贪**，以及增益为非可爱而具背弃相之**嗔**、痴眩**翳**之大**正法日**。此正说大乘灭、道，与独觉自相续中所求之法宝，惟名相同，非此处名言之所诠，应依此等而了知。(1.9)

（癸二）释

分二：（子一）问；（子二）答。

（子一）问

此颂示何义？

（子二）答

分二：（丑一）《论》；（丑二）《释》。

（丑一）《论》

彼灭谛于四边全**无**可**思**，如其所应**无**业及烦恼**二**之根，**无**实执**分别**之基。（道谛）清**净**显**明**，以**对治品离贪**。四谛分为杂染二谛与清净二谛。（清净二谛）即离贪为体之灭谛**及能离**贪之道谛，**具**清净**二谛相**者是**法**宝。(1.10)

（丑二）《释》

以此简说总数有二、**八功德所摄之法宝**。**云何八功德**？谓：

1. **无思**；2. **无二**；3. **无分别**；4. **清净**；5. **显明**；6. **对治品**；7. **离贪**；8. **以及离贪之因**。

前三种功德当已了解。清净者，道体与障不相混杂。显明者，如所有及尽所有明。对治品者，力。

གཉིས་པ་ལ་གཉིས། སྤྱིར་བཤད་པ་དང་། སོ་སོར་བཤད་པའོ། །དང་པོ་ལ་གཉིས། རྩ་བ་དང་། འགྲེལ་པའོ། །

དང་པོ་ནི། བྱ་བ་བྱེད་པའི་ངོ་བོ་ཉིད་ཀྱི་ཆགས་བྲལ་ཉིད་ནི་འགོག་པ་དང་ལམ་གྱི་བདེན་པ་དག་གིས་བསྡུས་ལ་སྔར་གསུམ་ཚན་གཉིས་བཤད་པའི་གོ་རིམ་ཇི་ལྟ་བ་བཞིན་དུ་དེ་དག་ཀྱང་ཡོན་ཏན་གསུམ་དང་། གསུམ་གྱིས་རིག་པར་བྱའོ། །

གཉིས་པ་ནི། སྔར་བཤད་པའི་གོ་རིམ་ཇི་ལྟ་བ་བཞིན་དུ་ཡོན་ཏན་དྲུག་པོ་དེ་རྣམས་ཉིད་ལས་མཐའ་བཞིར་བསམ་དུ་མེད་པ་དང་། ལས་ཉོན་གཉིས་སུ་མེད་པ་དང་། བདེན་འཛིན་གྱི་རྣམ་པར་རྟོག་པ་མེད་པ་སྟེ། ཡོན་ཏན་དང་པོ་གསུམ་གྱིས་ནི་འགོག་པའི་བདེན་པ་བསྟན་པའི་ཕྱིར་འདོད་ཆགས་དང་བྲལ་བ་གང་ཡིན་པ་བྱ་བའི་ངོ་བོར་གྱུར་པ་བསྡུས་པར་རིག་པར་བྱ་ལ་དྲི་མས་དག་པ་དང་། དེ་ཁོ་ན་མངོན་པར་གསལ་བ་དང་། མི་མཐུན་ཕྱོགས་ཀྱི་གཉེན་པོའི་ཕྱོགས་ཉིད་དེ་ཡོན་ཏན་ལྷག་མ་གསུམ་གྱིས་ནི་ལམ་གྱི་བདེན་པ་བསྟན་པའི་ཕྱིར་གཉེན་པོ་གང་གིས་འདོད་ཆགས་དང་བྲལ་བར་བྱེད་པའི་རྒྱུ་བསྡུས་པའོ། །གང་ཞེས་པ། འདོད་ཆགས་དང་བྲལ་བ་ནི་ཆོས་དཀོན་མཆོག་ཡིན་ནོ་ཞེས་བསྟན་ཏོ། །

གཉིས་པ་ལ་གཉིས། རྩ་བ་དང་། འགྲེལ་པའོ། །

དང་པོ་ནི། མཐའ་བཞིར་བརྟག་པར་བྱ་བ་མིན་པའི་ཕྱིར་དང་། སྒྲ་རྟོག་གི་རྟོགས་ཚུལ་རྫོགས (40b) པར་བརྗོད་བྱ་མིན་པའི་ཕྱིར་དང་། འཕགས་པས་མཉམ་གཞག་སོ་སོ་རང་གིས་མཁྱེན་པའི་ཕྱིར་བསམ་མེད་ཉིད་ཅེས་བྱའོ། །ལས་ཉོན་གཉིས་ཞི་བ་ཉིད་ཀྱིས་གཉིས་སུ་མེད་པ་དང་བདེན་འཛིན་གྱི་རྟོག་པ་མེད་པ་དང་དག་པ་དང་གསལ་བ་དང་གཉེན་པོ་སོགས་གསུམ་ནི་ཉི་མ་བཞིན་ནོ། །

གཉིས་པ་ལ་གཉིས། འགོག་པའི་བདེན་པ་བཤད་པ་དང་། ལམ་གྱི་བདེན་པ་བཤད་བྱའོ། །དང་པོ་ལ་གཉིས། རང་བཞིན་རྣམ་དག་གི་ཆ་བཤད་པ་དང་། གློ་བུར་རྣམ་དག་བཤད་པའོ། །

དང་པོ་ལ་གཉིས། སྤྱིར་བསྟན་པ་དང་། སོ་སོར་བཤད་པའོ། །

དང་པོ་ནི། མདོར་བསྡུས་ན་འགོག་པའི་བདེན་པ་ནི་རྒྱུ་མཚན་གསུམ་གྱིས་བསམ་དུ་མེད་པ་ཉིད་དུ་རིག་པར་བྱའོ། །

（癸三）标释合说

分二：（子一）总释；（子二）分释。

（子一）总释

分二：（丑一）《论》；（丑二）《释》。

（丑一）《论》

此中所作、能作为体之**离贪者**，**灭**、**道**二**谛所摄**，**如**上述两类三（功德）**次第**，**彼等应以三**、**三**功**德而知**。（1.11）

（丑二）《释》

如上述**次第**，**彼等六功德之中**，**无**四边之**思**、**无**业烦恼**二**、**无**实执**分别前三种功德示灭谛故**，**应知摄入离贪**所作之体；垢染**清净**、**显明**真实、所治品之能**治品余三种功德示道谛故**，**摄入离贪**能作**之因**，**即法是以摄离贪灭谛**、**能离贪道谛清净二谛为相之离贪法**。

（子二）分释

分二：（丑一）《论》；（丑二）《释》。

（丑一）《论》

（灭谛）**非**四边中所**观察**故，**非**名言分别所能圆满诠**说**故，**圣**者等引自内所**知故**，名为**无思**；业烦恼二止**息**故，**无二**；无实执**分别**；（道谛）清**净**、显明、对治**等三**者，**如日**轮。（1.12）

（丑二）《释》

分二：（寅一）释灭谛；（寅二）释道谛。

（寅一）释灭谛

分二：（卯一）释自性清净分；（卯二）释客尘清净分。

（卯一）释自性清净分

分二：（辰一）总标；（辰二）分释。

（辰一）总标

简言之，**应知灭谛以三因而成无思**。

དང་པོ་ལ་གསུམ་གྱི་དང་པོ་རང་གིས་སྒྲ་རྟོག་གིས་མངོན་སུམ་དུ་མི་རྟོགས་པ་ནི། གསུམ་པོ་གང་དག་གི་ཞེ་ན། དངོས་པོར་མེད་པ་སོགས་རྣམ་པ་བཞི་ག་ལྟར་ན་ཡང་རང་བཞིན་གྱིས་གྲུབ་པར་རྟོགས་མི་ནུས་པས་རྟོག་གེའི་ཡུལ་མ་ཡིན་པའི་ཕྱིར་དང་། གཉིས་པ་གཞན་གྱི་སྒྲ་རྟོག་གི་རྒྱུན་ལ་བརྟེན་ནས་རྟོགས་བྱ་མ་ཡིན་པ་ནི། བརྗོད་བྱེད་ཀྱི་སྒྲ་དང་། ཡུལ་མི་སོ་སོའི་སྐད་དང་། ཡིད་ཀྱི་བརྗོད་པ་དང་། ངག་གི་ཡུལ་དང་། སྡུག་བསྔལ་འགགས་པས་ན་འགོག་བདེན་ཞེས་ངེས་ཚིག་དང་ངག་གི་བརྡ་དང་མིང་གི་ཐ་སྙད་རྟོགས་པས་མངོན་པར་བརྗོད་པ་དག་གིས་རྟོགས་ཚུལ་དུ་བརྗོད་དུ་མེད་པའི་ཕྱིར་དང་། གསུམ་པ་གཉིས་སྣང་ནུབ་པའི་ཚུལ་གྱིས་རྟོགས་པར་བྱ་བ་ནི། འཕགས་པ་རྣམས་ཀྱིས་སོ་སོ་རང་གིས་རིག་པར་བྱ་བའི་ཕྱིར་རོ། །

གཉིས་པ་ལ་གཉིས། (41a) དགག་བྱ་སློ་བུར་གྱི་དྲི་མ་ངོས་བཟུང་བ་དང་། འགོག་བདེན་གྱི་རང་བཞིན་རྒྱས་པར་བཤད་པའོ། །

དང་པོ་ལ་གཉིས། དྲི་བ་དང་ལན་ནོ། །

དང་པོ་ནི། དེ་ལ་འགོག་པའི་བདེན་པ་ཞེས་པ་ནས་ཞེ་ན་ཞེས་སོ། །

གཉིས་པ་ལ་གཉིས། ལུང་དང་སྦྱར་བ་དང་། ལུང་གི་དོན་བཤད་པའོ། །

དང་པོ་ནི། བཅོམ་ལྡན་འདས་ཀྱིས་ཇི་སྐད་དུ་གསུངས་པ་བཞིན་ཏེ། ཤཱ་རིའི་བུ་སློ་བུར་གྱི་དྲི་མ་མཐའ་དག་ཟད་པའི་འགོག་པ་ཞེས་བྱ་བ་འདི་ནི་ཆོས་ཀྱི་སྐུ་སྟེ། གཉིས་སུ་མེད་པའི་ཆོས་ཅན་རྣམ་པར་མི་རྟོག་པའི་ཆོས་སོ་ཞེའོ། །

གཉིས་པ་ནི་དེ་ལ་གཉིས་ནི་ལས་དང་འདོད་ཆགས་ལ་སོགས་པའི་ཉོན་མོངས་པ་ཉིད་ལ་བརྗོད་ལ། རྣམ་པར་རྟོག་པ་ནི་ལས་དང་ཉོན་མོངས་པ་ཀུན་འབྱུང་བའི་རྒྱུ་ཚུལ་བཞིན་མ་ཡིན་པ་ཡིད་ལ་བྱེད་པ་གང་ཟག་དང་ཕུང་པོ་བདེན་པར་ཞེན་པ་ལ་བརྗོད་དོ། །

གཉིས་པ་ལ་གཉིས། ངོ་བོ་ངོས་བཟུང་བ་དང་། ལུང་དང་སྦྱར་བའོ། །

དང་པོ་ལ་གཉིས། རང་བཞིན་གྱིས་སྟོང་པ་རང་བཞིན་གྱིས་འགོག་པ་དང་སློ་བུར་དྲི་མས་དབེན་པ་སློ་བུར་དྲི་བྲལ་གྱི་འགོག་བདེན་དུ་བསྟན་པ་དང་། དངོས་པོའི་ཞིག་པ་འགོག་བདེན་ཡིན་པ་དགག་པའོ། །

（辰二）分释

云何三因？初，非自以名言分别所现证者，于事不能证**无**等**四相**为自性有，**非寻思境故**；

第二，**非**依他名言分别所证者，非能证之**声**、各地方**语**、意之**言**、**语**之**境**、“灭苦故名灭谛”之**言词**、语之**施设**、名之**言说所能诠说**而圆满证**故**；

第三，以二相隐没之理而证者，**诸圣者自内所证故**。

（卯二）释客尘清净分

分二：（辰一）认明所灭客尘；（辰二）广释灭谛自性。

（辰一）认明所灭客尘

分二：（巳一）问；（巳二）答。

（巳一）问

云何应知灭谛是无二及无分别？

（巳二）答

分二：（午一）配合经教；（午二）释经教义。

（午一）配合经教

如世尊说：“**舍利弗**，尽诸客尘之**灭者即法身**，**亦即具无二法**、**无分别法**。”

（午二）释经教义

此中二者说是业及贪等**烦恼**。**分别者**，**说是业烦恼集因—耽着补特伽罗及蕴为谛实之非理作意**。

（辰二）广释灭谛自性

分二：（巳一）认明体性，（巳二）配合经教。

（巳一）认明体性

分二：（午一）自性空自性灭；（午二）远离客尘是说离客尘之灭谛、破事之灭坏是灭谛。

（午一）自性空自性灭

དང་པོ་ནི། ལས་ཉོན་དང་རྣམ་རྟོག་དེ་རང་བཞིན་གྱིས་འགགས་པར་ཏེ། རང་བཞིན་གྱིས་ཟད་པ་དང་རང་བཞིན་གྱིས་སྟོང་པར་འཕགས་པའི་མཉམ་གཞག་གིས་སོ་སོར་རིག་པའི་ཕྱིར། དེ་ལ་བརྟེན་ནས་རྣམ་པར་རྟོག་པ་དང་ལས་ཉོན་གཉིས་ཀུན་ཏུ་སྤྱོད་པ་མེད་པའི་ཚུལ་གྱིས་སྡུག་བསྔལ་གཏན་འབྱུང་བ་མེད་པ་ས་བོན་སྤངས་པའི་བྲལ་བ་གང་ཡིན་པ་འདི་ནི་འགོག་པའི་བདེན་པ (41b) ཞེས་བྱའོ། །ཉོན་མོངས་དང་རྣམ་རྟོག་རང་བཞིན་གྱིས་སྟོང་པ་ནི། རང་བཞིན་གྱི་འགོག་པ་དོན་དམ་པའི་བདེན་པ་ཡིན་ལ་གློ་བུར་དྲི་བྲལ་གྱི་འགོག་པ་ཐོབ་པ་ནི། དེ་མངོན་སུམ་གྱིས་རྟོགས་པ་ལ་ལྟོས་པ་ཡིན་ནོ། །

གཉིས་པ་ནི། ཐར་སྐྱེས་པའི་སྡུག་ཀུན་གྱི་ཆོས་འགའ་ཞིག་ཞིག་པའི་ཕྱིར་དེའི་ཞིག་པ་ནི། བཅོམ་ལྡན་འདས་ཀྱིས་སྡུག་བསྔལ་འགོག་པའི་བདེན་པར་མ་བསྟན་ཏེ། དེ་མི་གསུང་པའི་རྒྱུ་མཚན་ནི། འདུས་བྱས་སྐྱེས་ནས་ཞིག་པར་འགྱུར་བ་རྟེན་འབྲེལ་གྱི་ཆོས་ཉིད་ཡིན་པས་ལམ་བསྒོམ་པ་ལ་མི་ལྟོས་པའི་ཕྱིར། སེམས་ཅན་ཐམས་ཅད་འབད་པ་མེད་པར་གྲོལ་བར་ཐལ་བར་འགྱུར་རོ། །བློ་གྲོས་དང་ལྡན་པ་རྣམས་ཀྱིས་འགོག་བདེན་དང་དངོས་པོའི་ཞིག་པ་གཉིས་ཀྱི་ཁྱད་པར་ལེགས་པར་ཕྱེད་པར་བྱའོ། །

གཉིས་པ་ལ་གཉིས། དོན་ཐམ་ལུང་དང་སྦྱར་ནས་འཁོར་བ་ལྡོག་པའི་རིམ་པ་ངོས་བཟུང་བ་དང་། དོན་ཕྱི་མ་ལུང་དང་སྦྱར་ནས་དྲི་མ་དང་བཅས་པའི་དེ་བཞིན་ཉིད་དེ་བཞིན་གཤེགས་པའི་སྙིང་པོར་བསྟན་པའོ། །

དང་པོ་ནི། འཕགས་པ་དཔལ་འཕྲེང་གི་མདོ་ལས། ཇི་སྐད་དུ། འཇམ་དཔལ་སྐྱེ་བ་མེད་ཅིང་འགག་པ་མེད་པ་དོན་དམ་པའི་བདེན་པ་ལ་ནི་གཉིས་སྣང་དང་བཅས་པའི་སེམས་དང་ཡིད་དང་རྣམ་པར་ཤེས་པ་མི་འཇུག་གོ །

དགེ་མི་དགེའི་ བག་ ཆགས་ དུ་ མ་ བསགས་ པས་ ན་ སེམས་ དང་། རྟེན་ དུ་ གྱུར་ པས་ ཡིད་ དང་། བརྟེན་པར་གྱུར་པས་རྣམ་པར་ཤེས་པའོ། །ཡང་ན་རྣམ་གྲངས་སུ་བཤད་དེ། ཚོགས་དྲུག་ལས་ངོ་བོ་ཐ་དད་པའི་ཀུན་གཞི་ཞལ་གྱིས་བཞེས་པ་དག་དོན་གཞན་དུ་འཆད་ཀྱང་། འདིར་ནི་དེའི་རྣམ་གཞག་ཙུང་ཟད (42a) ཀྱང་མི་མཛད་དེ་འཆད་པར་འགྱུར་རོ། །

彼业烦恼及分别**自性灭**，以圣者等引**内证**自性尽与自性空**故**。依此，**分别与**业烦恼**二以无现行之理永不生苦**，**此**断种子之离系者**名**为“**苦灭之谛**”。业烦恼与分别自性空者，乃自性灭胜义谛，得离客尘之灭观待于彼之现证。

（午二）远离客尘是说离客尘之灭谛、破事之灭坏是灭谛

往昔所生苦集之**法或有坏灭者**，世尊**不说彼**之坏灭**是苦灭之谛**。不说之原由者，有为法生已当坏，乃缘起法性，不待修道故；否则，一切有情不起功用即得解脱。诸具慧者应善分别灭谛与事坏二者。

（已二）配合经教

分二：（午一）前义配合经教认明生死还灭次第；（午二）后义配合经教说有垢真如如来藏。

（午一）前义配合经教认明生死还灭次第

如《圣胜鬘经》[①] **广说**：“**曼殊室利**，**无生无灭**胜义谛**者**，有二相之**心**、**意**、**识不得趣入**。”

善不善习气非一积聚故为“心”，能依故为“意”，所依故为“识”。又，虽有异门，即许有与六识体异阿赖耶识者之异说，然此中不作彼之少分建立，下当解说。

① 应是《入一切如来境智光庄严经》。

གང་ལ་སེམས་དང་ཡིད་དང་རྣམ་པར་ཤེས་པ་མི་འཇུག་པ་དེ་ལ་ནི། བདེན་པར་ཞེན་པའི་ཀུན་ཏུ་རྟོག་པ་གང་གིས་ཚུལ་བཞིན་མ་ཡིན་པ་ཡིད་ལ་བྱེད་པར་འགྱུར་བའི་ཀུན་ཏུ་རྟོག་པ་འཇུག་པའི་གནས་འགའ་ཡང་མེད་དོ། །གནས་ལུགས་གཟིགས་པའི་ངོར་བདེན་འཛིན་ལྷ་ཞོག་གཉིས་སྣང་འཇུག་པའི་གོ་སྐབས་ཀྱང་མེད་པའོ། །རང་བཞིན་གྱིས་སྟོང་པ་མངོན་སུམ་དུ་རྟོགས་པའི་ཚུལ་བཞིན་ཡིད་ལ་བྱེད་པ་ལ་རབ་ཏུ་སྦྱོར་བ་དེ་ནི་བདེན་པར་འཛིན་པའི་ཉོན་མོངས་ཅན་གྱི་མ་རིག་པ་ཀུན་ནས་སློང་བར་མི་བྱེད་དོ། །མ་རིག་པ་ཀུན་ནས་ལྡང་བ་མེད་པ་གང་ཡིན་པ་དེ་ནི། རྒ་ཤིའི་བར་གྱི་སྲིད་པའི་ཡན་ལག་བཅུ་གཉིས་ཀུན་ནས་ལྡང་བར་མི་བྱེད་དོ། །དེ་ནི་ཡང་སྲིད་ཕྱི་མར་ཉིང་མཚམས་སྦྱོར་བའི་ཚུལ་གྱིས་མི་སྐྱེ་ཞེས་བྱ་བ་ལ་སོགས་པ་རྒྱས་པར་གསུངས་པ་ཡིན་ནོ། །

གཉིས་པ་ནི། ཇི་སྐད་དུ། བཅོམ་ལྡན་འདས་ཆོས་འཇིག་པ་ནི་སྡུག་བསྔལ་འགོག་པ་མ་ལགས་སོ། །དེའི་རྒྱུ་མཚན་ནི་ཐར་གོང་དུ་བཤད་པ་ལྟར་རོ། །བཅོམ་ལྡན་འདས་གློ་བུར་གྱིས་དྲི་མ་མཐའ་དག་ཟད་པའི་སྡུག་བསྔལ་འགོག་པ་ཞེས་བགྱི་བ་ནི་དེ་བཞིན་གཤེགས་པའི་ཆོས་ཀྱི་སྐུར་བསྟན་པ་སྟེ། ཆོས་ཀྱི་སྐུའི་ཁྱད་པར་ནི། དང་པོ་ནས་རང་བཞིན་གྱིས་གྲུབ་མ་སྦྱོང་བས་ཐོག་མ་མེད་པའི་དུས་ཅན་རྐྱེན་གཞན་གྱིས་མ་བྱས་པ་རང་ཉིད་མ་སྐྱེས་པ་གཉིས་ཀ་ལ་བརྟེན་ནས་མ་བྱུང་བ་གཞན་གྱིས་ཟད་པ་མེད་པ་རང་ཉིད་ཟད་པ་དང་བྲལ་བ་སྐྱེ་བ་མེད (42b) པས་རྟག་པ་རྒ་བ་མེད་པས་བརྟན་པ་ན་བ་མེད་པས་ཞི་བ། འཆི་བ་མེད་པས་མི་འཇིག་པ་རང་བཞིན་གྱིས་ཡོངས་སུ་དག་པ་གཉེན་པོ་བསྒོམ་པ་མཐར་ཕྱིན་པས་ཉོན་མོངས་པའི་སྦུབས་ཐམས་ཅད་ལས་གྲོལ་བ། སངས་རྒྱས་ཐམས་ཅད་ཀྱི་ཡོན་ཏན་མི་འདྲ་བའི་རྣམ་པར་དབྱེར་མེད་པ་བསམ་གྱིས་མི་ཁྱབ་པའི་སངས་རྒྱས་ཀྱི་ཆོས་གངྒཱའི་ཀླུང་གི་བྱེ་མ་ལས་འདས་པ་དང་ལྡན་པའི་ཡོན་ཏན་གཉེན་པོས་ཐོབ་པའོ། །བཅོམ་ལྡན་འདས་དེ་བཞིན་གཤེགས་པའི་ཆོས་ཀྱི་སྐུ་རང་བཞིན་གྱིས་སྟོང་པ་འདི་ཉིད་ཉོན་མོངས་པའི་སྦུབས་ལས་མ་གྲོལ་བ་ནི། དྲི་མ་དང་བཅས་པའི་དེ་བཞིན་ཉིད་དེ་བཞིན་གཤེགས་པའི་སྙིང་པོ་ཞེས་བགྱིའོ། །ཞེས་གསུངས་པ་བཞིན་ཏེ་ཐམས་ཅད་ཅེས་སོ། །

རང་བཞིན་གྱིས་སྟོང་པའི་དེ་བཞིན་ཉིད་དྲི་མས་དག་པ་ཆོས་ཀྱི་སྐུ་དང་། དྲི་མ་དང་བཅས་པ་དེ་བཞིན་གཤེགས་པའི་སྙིང་པོར་སྟོན་པ་ཡིན་གྱི། དེ་བཞིན་ཉིད་དྲི་མས་དག་པ་དེ་བཞིན་གཤེགས་པའི་སྙིང་པོར་སྟོན་པ་མདོ་འདི་དག་གིས་དོན་མ་ཡིན་ནོ། །དེ་བཞིན་ཉིད་དེ་ཉིད་དྲི་མ་དང་བཅས་པ་སེམས་ཅན་ཕོ་ནའི་རྒྱུད་ལ་ཡོད་པ་དང་། དེ་བཞིན་ཉིད་དྲི་མ་མཐའ་དག་གིས་དག་པ་སངས་རྒྱས་ཕོ་ནའི་ཐུགས་རྒྱུད་ལ་ཡོད་པ་ལ་དེ་བཞིན་ཉིད་དྲི་མ་དང་བཅས་བྲལ་གཉིས་ཀ་ཡིན་པ་དང་། སེམས་ཅན་ལ་ཡོད་པ་དེ་སངས་རྒྱས་ལ་ཡོད་པ་དང་། སངས་རྒྱས་ལ་ཡོད་པ་དེ་སེམས་ཅན་ལ་ཡོད་པར་འདོད་པ་ནི། རང་ཉིད་ཤིན་ཏུ་བླུན་པར་སྟོན་པ་ཡིན་ནོ། །

“**心**、**意**、**识所不趣入者**，执实故而成**非理作意之分别亦无少分**趣入之处。观真实心中，遑论实执，既二相趣入亦不容有。**正勤修学**现证自性空**如理作意者**，**不起**实执染污**无明**。**云何无有无明发起**？**不起**无明乃至老死**十二有支**。**彼即不**以结生相续之理门而**生**后有**等**”。

（午二）后义配合经教说有垢真如如来藏

如经云：“**世尊**，**法坏灭者非是苦灭**，其原由如前已述。**世尊**，**所谓**尘垢悉尽之**苦灭者**，**是说如来法身**。法身差别者，本无自性故，**无始以来非**他缘所**作**、**非**自**生**、**非**依此二而**起**；**非**以他**尽**，远**离**自**尽**；无生故**常**，无老故**固**，无病故**寂**，无死故**不坏**；**自性清净**；修习对治究竟故，**解脱一切烦恼壳**，**具**一切佛功德**无**差异**分别**、**不可思议佛法过恒河沙数**功德，对治所得。**世尊**，**此如来法身**自性空**未解脱烦恼壳者**，**名**有垢真如**如来藏**。”**一切苦灭谛建立应如经广说而得通达**。

此说自性空真如，垢净时为法身，有垢时为如来藏。或许真如垢染清净为如来藏，非此诸经所说之义。有垢真如惟有情相续中有，诸垢清净真如惟佛心相续中有。许真如同时有垢、离垢，以及有情有者佛亦有、佛有者有情亦有，显露自身至极愚陋。

གཉིས་པ་ལ་གསུམ། མདོར་བསྟན་པ་དང་། རྒྱས་པར་བཤད་པ་དང་། ལུང་དང་སྦྱར (43a) བྱའོ། །

དང་པོ་ནི། སྡུག་བསྔལ་འགོག་པའི་མིང་ཅན་ཞེས་སོ། །དག་པ་གཉིས་ལྡན་གྱི་ཆོས་སྐུ་སེམས་ཅན་གྱི་རྒྱུད་ལ་ཡོད་ན་མཐོང་སྒོམ་གྱི་ལམ་དེ་ཐོབ་བྱེད་ཀྱི་རྒྱུར་བསྟན་པ་མི་རིགས་པར་འགྱུར་ཏེ། ཐོག་མ་མེད་པ་ནས་རྒྱུ་ལ་ལྟོས་མེད་དུ་གྲུབ་ཟིན་པའི་ཕྱིར།

གཉིས་པ་ལ་གསུམ། ཉི་མ་དང་ཆོས་མཐུན་སྦྱར་བ་དང་། སྤང་བྱ་ངོས་བཟུང་བ་དང་། དེ་འཇོམས་བྱེད་གཉེན་པོ་ངོས་བཟུང་བའོ། །

དང་པོ་ནི། ཉི་མའི་དཀྱིལ་འཁོར་རྣམ་པར་དག་པ་དང་ཆོས་མཐུན་པས་ནི། བདག་མེད་མངོན་སུམ་དུ་རྟོགས་པའི་ཡེ་ཤེས་ཉི་བའི་ཉོན་མོངས་པའི་དྲི་མ་ས་བསལ་བ་དང་བྲལ་བའི་ཕྱིར་རོ། །ཉི་མས་གཟུགས་གསལ་བར་བྱེད་པར་ཆོས་མཐུན་པས་ནི་ལམ་བདེན་གྱིས་ཤེས་བྱ་ཇི་ལྟ་བ་དང་ཇི་སྙེད་པ་ཐམས་ཅད་ཀྱི་གསལ་བའི་དབྱེ་བ་རྣམ་པ་ཐམས་ཅད་སྣང་བར་བྱེད་པའི་ཕྱིར་རོ། །ཉི་མའི་འོད་ཟེར་གྱིས་མུན་པ་འཇོམས་པས་མུན་པའི་གཉེན་པོར་ཆོས་མཐུན་པས་ནི། བདག་མེད་པ་མངོན་སུམ་དུ་རྟོགས་པའི་ཤེས་རབ་ཀྱིས་དེ་ཁོ་ན་མཐོང་བའི་གེགས་སྒྲིབ་གཉིས་ཀྱི་རྣམ་པ་ཐམས་ཅད་ཀྱི་གཉེན་པོར་གྱུར་པའི་ཕྱིར་རོ། །ཁ་ཅིག། བདེན་འཛིན་ཤེས་སྒྲིབ་ཏུ་བྱེད་པ་ནི་སྐབས་འདིར་ཁས་ལེན་པར་རིགས་པ་མ་ཡིན་ཏེ། དེ་ལྟ་ན། ཁམས་བསྟན་པའི་དགོངས་པ་སྟོན་པའི་གཞུང་གི་ཚིག་ལན་ཙུང་ཟད་ཀྱང་མི་འགྲིག་པའི་ཕྱིར་རོ། །

གཉིས་པ་ལ་གཉིས། འཁོར་བར་འཇུག་པའི་རིམ་པ་བསྟན་པ་དང་། འཁོར་བའི་རྒྱུའི་གཙོ་བོ་ངོས་བཟུང (43b) བཟུང་བའོ། །

དང་པོ་ལ། མདོར་བསྟན་པ་དང་། རྒྱས་པར་བཤད་པ་དང་། དོན་བསྡུ་བའོ། །

དང་པོ་ནི། ཐར་པ་ཐོབ་པའི་གེགས་ཀྱང་ཡང་དག་པ་མ་ཡིན་པའི་དངོས་པོ་བདེན་འཛིན་གྱི་བློ་དམིགས་པ་གང་ལ་དམིགས་ནས་སྐྱེ་བའི་རྒྱུ་མཚན་གྱི་ཡུལ་འཛིན་སྟངས་ཀྱི་ཡུལ་དུ་གྱུར་པ་བདེན་གྲུབ་དང་། གང་ལ་དམིགས་ནས་སྐྱེ་བའི་གཞི་གང་ཟག་དང་ཕུང་པོ་བདེན་པར་ཡིད་ལ་བྱེད་པ་བག་ཆགས་འཇོག་བྱེད་དུ་སྡོན་དུ་འགྲོ་བ་ཅན་བག་ལ་ཉལ་ས་བོན་དང་ཀུན་ནས་ལྡང་བ་མངོན་གྱུར་དང་ལྡན་པ་ལས་འདོད་ཆགས་སྐྱེ་བའོ། །དུག་གསུམ་གྱི་སྐྱེ་ཚུལ་ནི། བག་ལ་ཉལ་ལས་ནི། ཡང་དག་པ་མ་ཡིན་པ་སྡུག་པ་སོགས་དེའི་རང་བཞིན་མ་ཡིན་པའི་དངོས་པོ་བྱིས་པ་རྣམས་ལ་འདོད་ཆགས་བསྐྱེད་པས་ན་སྡུག་པའི་རྣམ་པར་རམ། ཞེ་སྡང་བསྐྱེད་པས་ཁོང་ཁྲོ་བའི་རྣམ་པར་རམ། གཏི་མུག་བསྐྱེད་པས་མ་རིག་པའི་རྣམ་པས་སྒྲོ་འདོགས་པའི་ཚུལ་མིན་ཡིད་བྱེད་ཀྱི་རྒྱུ་མཚན་དུ་བག་ལ་ཉལ་དེ་འགྱུར་རོ། །

（寅二）释道谛

分三：（卯一）略标；（卯二）广释；（卯三）配合经教。

（卯一）略标

“**具灭苦名**”云云，有情相续中若有具二清净法身，复说能得见道、修道之因便不应理，以无始以来不待因即已成故。

（卯二）广释

分三：（辰一）与日轮同法；（辰二）认明所断；（辰三）认明摧坏彼之对治。

（辰一）与日轮同法

与日**轮清净同法者**，现证无我智**远离诸随烦恼垢**染污**故**。与日轮**照明色同法者**，道谛能**显了**如所有、尽所有**一切所知之一切**差别**相故**。与日光破闇而成**黑闇对治同法者**，现证无我慧乃**妨碍见真实**二障**诸相之对治故**。或说，以实执为所知障乃此中所许。曰：此不应理，若尔，则与说言界密意净、答之文少分亦不相符故。

（辰二）认明所断

分二：（巳一）宣说入生死流转次第；（巳二）认明生死因之主要。

（巳一）宣说入生死流转次第

分三：（午一）略标；（午二）广释；（午三）摄义。

（午一）略标

得解脱之**障者**，**不实之事**乃实执心之所缘，缘此而生之**因境**即执取境实有，亦即缘补特伽罗及蕴事**作意**为谛实、安置习气**为先**，**随眠**种子**及发起**现行**随逐而生贪**、**瞋**、**痴**。三毒生起之理门者，**由随眠生者**，**诸愚夫因之于非实非彼自性事起可爱相而生贪**，**因之起瞋恚相而生瞋**，**因之起无明相而生痴**，故彼随眠是增益非理作意之因。

གཉིས་པ་ནི། འདོད་ཆགས་སོགས་སྐྱེ་བའི་རྒྱུ་མཚན་ཡང་དག་པ་མ་ཡིན་པ་བདེན་འཛིན་ས་བོན་དང་བཅས་པའམ། ཡང་དག་པ་མ་ཡིན་པ་སྡུག་པ་སོགས་སུ་སྒྲོ་འདོགས་པ་དེ་ཡང་ཡུལ་ལ་དམིགས་པར་བྱེད་པས་ན་ཚུལ་བཞིན་མ་ཡིན་པ་གང་ཟག་དང་ཕུང་པོ་བདེན་པར་ཡིད་ལ་བྱེད་པས་སེམས་ཡོངས་སུ་ལེན་ཏོ། །སེམས་ཚུལ་བཞིན་མ་ཡིན་པར་ཡིད་ལ་བྱེད་པར་གནས་པ་དེ་དག་ལ། འདོད་ཆགས་སོགས་ཀུན་ཏུ་སྤྱོད་པར་འགྱུར་རོ། །དེ་དག་གཞི་དེ་ལས་སྒོ་གསུམ་གྱིས་བསྡུས་པའི་བསོད་ནམས་དང་། བསོད་ནམས་མ་ཡིན་པ་དང་། མི་གཡོ་བའི་ལས (44a) ཀྱང་མངོན་པར་འདུ་བྱེད་དོ། །ལས་ལས་ཀྱང་ཡང་སྲིད་ཕྱི་མར་ཉིང་མཚམས་སྦྱོར་བའི་སྐྱེ་བ་རྗེས་སུ་འབྲེལ་བ་ཁོ་ནར་འགྱུར་རོ། །

གསུམ་པ་ནི་གོང་དུ་ཇི་སྐད་བཤད་པའི་ཚུལ་དེ་ལྟར་ན་བྱིས་པ་བདེན་འཛིན་གྱི་བག་ལ་ཉལ་དང་ལྡན་པ་བདེན་པར་གྲུབ་པའི་མཚན་མར་འཛིན་པ་ཅན། ཞེས་པ་ནས། སྐྱེ་བ་ཀུན་འབྱུང་བར་འགྱུར་རོ། །ཞེས་སོ། །

གཉིས་པ་ནི། གང་ཞིག་མ་སྤངས་ན་འཁོར་བར་འཇུག་ཅིང་། གང་ཞིག་སྤངས་པ་ལས་ཐར་པ་ཐོབ་པའི་འཁོར་བའི་རྒྱུའི་གཙོ་བོ་གང་ཡིན་ཞེ་ན། བྱིས་པ་རྣམས་ཀྱི་ཉོན་མོངས་པ་དང་ལས་དང་སྐྱེ་བའི་ཀུན་ནས་ཉོན་མོངས་པའི་རྣམ་པ་ཐམས་ཅད་ཀྱང་གང་ཟག་དང་། ཕུང་པོ་རང་བཞིན་གྱིས་སྟོང་པ་དྲི་མ་དང་བཅས་པའི་དེ་བཞིན་ཉིད་ཁམས་གཅིག་ཡང་དག་པ་ཇི་ལྟ་བ་བཞིན་མ་ཤེས་པ་ལས་འཁོར་བར་རབ་ཏུ་འཇུག་གོ །འདིས་ཅི་བསྟན་ན་རང་བཞིན་གྱིས་སྟོང་པའི་ཁམས་དེ་མ་ཤེས་པས་འཁོར་བར་འཁོར་བར་བསྟན་པས་འཁོར་བ་ལས་གྲོལ་བ་ལ་དེ་ཤེས་དགོས་པར་དོན་གྱིས་བསྟན་ཏོ། །གང་ཟག་དང་ཕུང་པོ་རང་བཞིན་གྱིས་སྟོང་པ་ཡང་དག་པའི་མཐའ་དང་དེ་བཞིན་ཉིད་དུ་གསལ་བར་བསྟན་ཅིང་། དེ་དྲི་མ་དང་བཅས་པ་དེ་བཞིན་གཤེགས་པའི་སྙིང་པོར་ཡང་བསྟན་ལ། དེ་ལ་རྨོངས་ཤིང་དེ་མ་ཤེས་པ་འཁོར་བའི་རྩ་བ་བསྟན་པ་ནི། བདེན་འཛིན་འཁོར་བའི་རྩ་བ་དང་། ཉོན་མོངས་ཅན་གྱི་མ་རིག་པར་བསྟན་པ་ཡིན་ནོ། །འཁོར་བ་ལས་གྲོལ་བ་ལ་འཁོར་བའི་རྩ་བ་སྤང་མི་དགོས་སམ་སྙམ་པའི་དོགས་པ་མེད་ལ། ཉན་རང་དགྲ་བཅོམ་པ་འཁོར་བ་ལས་མ་གྲོལ་བའི་དོགས་པ་ཡང་མེད་པས་འཁོར་བའི་རྩ་བ་སྤོང (44b) བ་ཡང་ཆེར་མ་འདོན་པའི་ཚུལ་གྱིས་སྤོང་བ་མ་ཡིན་གྱི། ཞེན་སྣང་རིགས་པས་སུན་ཕྱུང་བའི་སྒོ་ནས་སྤོང་བ་ཡིན་པས་སྲིད་པ་ལས་གྲོལ་བ་ལ་བདེན་སྟོང་རྟོགས་དགོས་པ་དང་། ཉན་རང་འཕགས་པ་རྣམས་ཀྱིས་ཀྱང་བདག་མེད་གཉིས་ཀ་མངོན་སུམ་དུ་རྟོགས་པ་འགྲེལ་བ་འདིས་ལེགས་པར་བསྒྲུབ་པ་ཡིན་པ་ཤེས་པར་བྱ་སྟེ་ད་དུང་འཆད་པར་འགྱུར་རོ། །

（午二）广释

生**贪**等**之因者**，不实执实及种子，或**缘彼不实**而增益为可爱等境，于补特伽罗及蕴**非理作意**为谛实。**彼等心住非理作意者**，**贪**等**当现行**。**亦从彼等事造作**三门所摄之福、非福及不动**业**。**业**者，**但与**后有结生相续之**生相属**。

（午三）摄义

如上述之理趣，**愚夫**实执**随眠随逐**，有实有**相执**，**于彼等受用所缘非理作意集成烦恼集**，**由烦恼集成业集**，**由业集成生集**。

（巳二）认明生死因之主要

不断则入生死、断之则得解脱之生死主因为何？**诸愚夫烦恼**、**业**、**生一切杂染相皆因不如实了知**补特伽罗、蕴自性空有垢真如之**一界而趣入**生死。此说由不知自性空之界而流转生死，故暗示解脱生死须了知此。此明示补特伽罗、蕴自性空即实际与真如，亦说有垢如来藏。说于彼愚昧不知即生死根本，即示实执为生死根本与染污无明。解脱生死不须断生死根本之疑非有，声闻、独觉阿罗汉不解脱生死之疑亦非有，故断生死本亦非如拔刺而断，是以正理破除执取相而断，故当知解脱三有须证谛实空，以及声闻、独觉亦现证二种无我。此《释论》已善成立，下犹当说。

གང་ཟག་གི་བདག་འཛིན་ཡང་གང་ཟག་རང་རྐྱ་ཐུབ་པའི་རྫས་ཡོད་དུ་འཛིན་པ་ཙམ་གྱིས་མཚན་ཉིད་རྫོགས་པར་མི་བཞེད་ཀྱི། ཕུང་པོ་བདེན་འཛིན་ཆོས་ཀྱི་བདག་འཛིན་ཡིན་པ་ལྟར། གང་ཟག་བདེན་འཛིན་གང་ཟག་གི་བདག་འཛིན་དུ་བཞེད་དེ། དགེ་འདུན་དཀོན་མཆོག་གི་སྐབས་སུ་འཆད་པར་འགྱུར་རོ། །

གསུམ་པ་ལ་གསུམ། བདེན་སྟོང་སྒྲོས་བྲལ་དང་པོར་རྟོག་པའི་སྐབས་དང་། བརྟགས་པ་ལས་མངོན་སུམ་དུ་གྱུར་པའི་དོན་དང་། བསལ་བཞག་མེད་པའི་གནས་ལུགས་མངོན་སུམ་དུ་རྟོགས་པའི་ཡེ་ཤེས་གེགས་ཀྱི་གཉེན་པོར་བསྟན་པའོ། །

དང་པོ་ནི། དེ་ཡང་ཅི་ལྟར་གང་ཟག་དང་ཕུང་པོ་བདེན་པར་གྲུབ་མ་གྲུབ་དོན་དམ་དཔྱོད་བྱེད་ཀྱིས་ཡོངས་སུ་བཙལ་བ་ན། གང་ལ་དམིགས་ནས་སྐྱེ་བ་བདེན་འཛིན་དེའི་རྒྱུ་མཚན་ནམ་དམིགས་པ་གང་ཟག་དང་ཕུང་པོ་བདེན་པར་གྲུབ་པ་ཡོད་ན་དམིགས་སུ་རུང་བ་ལས། བདེན་གྲུབ་འགའ་ཡང་མི་མཐོང་བ་དེ་ལྟར་གཅིག་དང་དུ་བྲལ་ལ་སོགས་པའི་གཏན་ཚིགས་ཡང་དག་ལ་བརྟེན་ནས་ལྟ་བར་བྱའོ། །

གཉིས་པ་ནི། གང་གི་ཚེ་བདེན་འཛིན་གྱི་རྒྱུ་མཚན་ནམ་དམིགས་པ་བདེན་གྲུབ་ཡོད་ན་དམིགས་སུ་རུང་བ་ལས་མ་དམིགས་པ་ཙམ་དུ་མ་ཟད། གཉིས་སྣང་གི་སྤྲོས་པ་ཡང་མི་མཐོང་བ་དེའི་ཚེ་ཡང (45a) དག་པ་དོན་དམ་པའི་བདེན་པ་མངོན་སུམ་དུ་མཐོང་བ་ཡིན་ནོ། །དེ་ལྟར་གང་ཟག་དང་ཕུང་པོས་བསྡུས་པའི་ཆོས་དེ་དག་ཐམས་ཅད་དེ་བཞིན་གཤེགས་པས་རང་བཞིན་གྱིས་སྟོང་བར་མཉམ་པ་ཉིད་ཀྱིས་མཉམ་པར་མངོན་པར་རྫོགས་པར་སངས་རྒྱས་སོ། །

གསུམ་པ་ནི། གང་ཞིག་དེ་ལྟར་བདེན་འཛིན་གྱིས་གཟུང་བ་ལྟར་མེད་པའི་རྒྱུ་མཚན་གྱིས་དམིགས་པ་བདེན་གྲུབ་ཤེས་བྱ་ལ་མ་མཐོང་བའི་ཕྱིར་དང་། ཤེས་བྱ་ཐམས་ཅད་ཀྱི་གནས་ལུགས་སུ་ཡོད་པ་ཡང་དག་པ་ཇི་ལྟ་བ་བཞིན་དུ་གྱུར་པ་དོན་དམ་པའི་བདེན་པ་རང་བཞིན་གྱིས་སྟོང་པ་མཐོང་བའི་ཕྱིར་དེ་གཉིག་བདེན་གྲུབ་སྔར་ཡོད་གསར་དུ་བསལ་བ་མེད་པ་དང་། བདེན་སྟོང་སྔར་མེད་གསར་དུ་བཞག་པ་མེད་པར་མཉམ་པ་ཉིད་ཀྱི་ཡེ་ཤེས་ཀྱིས་ཆོས་ཐམས་ཅད་མཉམ་པ་ཉིད་དུ་མངོན་པར་རྫོགས་པར་བྱང་ཆུབ་པ་དེ་ནི་ཆོས་ཀྱི་སྐུའོ། །ཇི་ལྟར་གཉེན་པོར་འགྱུར་ཞེ་ན། གང་ཞིག་སྐྱེས་པས་ཅིག་ཤོས་སྤང་བྱ་གཏན་བྲལ་བ་དང་རང་བཞིན་གྱིས་མེད་པར་མངོན་སུམ་དུ་རྟོགས་པར་གྱུར་པའི་ཡེ་ཤེས་ནི། དེ་ཁོ་ན་མཐོང་བའི་གེགས་ཀྱི་རྣམ་པ་འདི་མཐའ་དག་གི་གཉེན་པོར་རིག་པར་བྱའོ། །འོག་ནས་བསལ་བཞག་མེད་པར་བཤད་པའི་དོན་ཡང་དེ་བཞིན་དུ་ཤེས་པར་བྱའོ། །

补特伽罗我执者，不许但执独立实物有为圆满相，如蕴实执为法我执，许补特伽罗实执为补特伽罗我执。“僧宝”章中当说。

（辰三）认明摧坏彼之对治

分三：（巳一）初达谛实空离戏论之时；（巳二）分别转成现证之义；（巳三）示现证无破立真实智是障之对治。

（巳一）初达谛实空离戏论之时

此亦彼补特伽罗及蕴实有非实有**如何**、观察胜义**而寻求时**，**其**缘之而生实执之**因或所缘**——补特伽罗及蕴，若是实有当可缘见，然实有**少分亦不可见**，**应**依**如是**离一异等正因而**见**。

（巳二）分别转成现证之义

实执**因或所缘**若实有当可缘见，若**何时**不缘，即二相戏论亦**不见**，**尔时现见真实**胜义谛。**如是**补特伽罗及蕴所摄彼等**一切法**，**如来以**自性空**平等性**（智）**证得平等**。

（巳三）示现证无破立真实智是障之对治

如是以无如实执所取者**之因**，于所知中**不见所缘**实有**故**，**以及见**一切所知真实中**有如实无倒胜义谛**自性空**故**，彼**二者无**先有新**破**之实有，亦**无**先无新**立**之谛实空，**以平等性智觉悟一切法平等性**者，即法身。或问：云何而成对治？曰：**彼**智**若生则永离其反面**所断、现**证无**自性，**应知**此智**是一切见真实障相之对治**。下释无破立之义亦如是应知。

གསུམ་པ་ནི། ཆོས་ཀྱི་སྐུ་ཐོབ་པའི་རྒྱུ་ཞེས་སོ། །འདིར་གསལ་བཞག་མེད་པའི་དོན་དམ་པའི་བདེན་པ་དང་། ཆོས་སྐུ་ཐོབ་བྱེད་ཀྱི་རྒྱུ་གནས་ལུགས་ཀྱི་དོན་མངོན་སུམ་དུ་རྟོགས་པའི་མཐོང་སྒོམ་གྱི་ལམ་རྒྱས་པར་ཤེར་ཕྱིན་གྱི་མདོའི་རྗེས་སུ་འབྲངས་ནས་ཤེས་པར་བྱ་བར་གསུངས་པས། ཐུབ་པའི་གསུང་རབ (45b) འཆད་པའི་ཐོལ་གྱིས་མུ་སྟེགས་བྱེད་ཀྱི་བདག་ཏུ་སྨྲ་བ་རྒྱས་པར་བྱེད་པ་ཁ་ཅིག་ན་རེ། ཤེས་རབ་ཀྱི་ཕ་རོལ་ཏུ་ཕྱིན་པའི་མདོ་རྒྱས་འབྲིང་བསྡུས་གསུམ་ལས་ནི། ཀུན་རྫོབ་རང་སྟོང་ཙམ་ཞིག་བསྟན་གྱི། དོན་དམ་པའི་བདེན་པ་མཐར་ཐུག་པ་མ་བསྟན་ལ། དོན་དམ་པའི་བདེན་པ་མཐར་ཐུག་པ་ནི། འཁོར་ལོ་ཐ་མས་བསྟན་ཅིང་། དེའི་དགོངས་པ་ཕྱིན་ཅི་མ་ལོག་པ་ཐེག་པ་ཆེན་པོ་རྒྱུད་བླ་མ་རྩ་འགྲེལ་གྱིས་འགྲེལ་པར་བྱེད་པ་ཡིན་ནོ། ཞེས་ཟེར་བ་ནི་འགྲེལ་པ་འདི་དག་བལྟ་བའི་སྐལ་པ་ཙམ་ཡང་མེད་པར་ཤེས་པར་བྱའོ། །གཞན་ཡང་ཁྱོད་མདོ་སྡེ་དགོངས་འགྲེལ་ངེས་དོན་གྱི་མདོ་མཐར་ཐུག་པར་ཁས་བླངས་ནས། དེའི་དགོངས་པ་བསྟན་བཅོས་འདི་རྩ་འགྲེལ་གྱིས་འགྲེལ་པར་འདོད་པ་ནི། སེམས་རྣལ་དུ་མི་གནས་པ་སྟེ། མདོ་སྡེ་དེར་ནི་ཞི་བ་བགྲོད་པ་གཅིག་པུ་བའི་ཉན་ཐོས་འཚང་རྒྱ་བ་མི་སྲིད་པ་སྨྲས་ཟིན་ལ་བསྟན་ནས། མཐར་ཐུག་ཐེག་པ་གསུམ་དུ་བསྟན་ལ། བསྟན་བཅོས་འདིར་ནི་དམ་ཆོས་པདྨ་དཀར་པོའི་མདོ་ཤེས་བྱེད་དུ་མཛད་ནས་མཐར་ཐུག་ཐེག་པ་གཅིག་ཏུ་ཡང་དང་ཡང་དུ་སྒྲུབ་པའི་ཕྱིར་རོ། །འདི་དག་ལ་བརྟེན་ནས་བསྟན་བཅོས་འདིས་རྣམ་པར་རིག་པ་ཙམ་གྱི་ཚུལ་ཙམ་བསྟན་པར་འཆད་པ་ཡང་། དགོངས་པ་ལས་ཕྱི་རོལ་ཏུ་གྱུར་པར་ཤེས་པར་བྱའོ། །

（卯三）配合经教

“**获法身因**”云云，此说无破立之胜义谛，以及能获法身因现证真实义之见、修道，广者应依《般若经》而了知。

有佯称解说佛语、实则广宣外道我论者言：广中略三种《般若经》者但说世俗“自空”，未说究竟胜义谛。究竟胜义谛者，乃末转法轮所示，其不颠倒密意，系《大乘上续论》本释所释。曰：当知说是言者，无缘得见此等释文！又，汝许《解深密经》乃究竟了义，复许此论本释是释其密意者，纯属心智失常。彼经中如文明言独自趣寂声闻无佛可成，说究竟三乘；此论则据《妙法白莲华经》数数成立究竟一乘故。由此当知，或谓此论但示唯识之理门者，亦出此论意趣之外。

大乘上续论释大疏卷三终

གསུམ་པ་དགེ་འདུན་དཀོན་མཆོག་བཤད་པ་ལ་གསུམ། མཚམས་སྦྱར་བ་དང་། དངོས་ཀྱི་དོན་དང་། ཉན་ཐོས་ཀྱི་དགེ་འདུན་དཀོན་མཆོག་འདིར་དངོས་སུ་མ་སྨོས་པའི་རྒྱུ་མཚན་ནོ། །

དང་པོ་ནི། ཐེག་པ་ཆེན་པོའི་ཆོས་ཞེས་སོ། །ས་དང་པོ་ཐོབ་ནས་ལས་ཉོན་གྱི་དབང་གིས་འཁོར་བར་ཕྱིར་ལྡོག་པ་མི་སྲིད་པ་དང་། རང་ཉིད་འབའ་ཞིག་གི་ཆེད་དུ་ཐར་པ་དོན་དུ་གཉེར་བའི་བློ་མི (46a) སྐྱེ་བས། སྦྱོར་བའི་སྒོ་ནས་ལྷག་ཞིག །བསམ་པའི་སྒོ་ནས་ཀྱང་རྫོགས་པའི་བྱང་ཆུབ་ལས་ཕྱིར་མི་ལྡོག་པས་ཕྱིར་མི་ལྡོག་པའི་ཚོགས་ཞེས་བྱའོ། །

གཉིས་པ་ལ་གསུམ། བསྟན་པ་དང་། བཤད་པ་དང་། བསྟན་བཤད་སྦྱར་ཏེ་བཤད་པའོ། །

དང་པོ་ནི། དོན་བརྒྱད་དེ་ཇི་ལྟ་བ་རིག་པ་དང་། ཇི་སྙེད་པ་རིག་པ་དང་སོ་སོ་རང་གིས་རིག་པ་དང་། ཆགས་པའི་སྒྲིབ་པ་ལས་གྲོལ་བ་དང་། ཐོགས་པའི་སྒྲིབ་པ་ལས་གྲོལ་བ་དང་། དམན་པའི་སྒྲིབ་པ་ལས་གྲོལ་བ་དང་། སྒྲིབ་གཉིས་པ་གྲངས་པའི་རིག་པ་དང་། རྣམ་པར་གྲོལ་བའོ། །

དང་པོ་ལ་ངོ་བོ་དང་རྒྱུའོ། །དང་པོ་ནི། གང་དག་ཡོན་ཏན་འདི་དག་དང་ལྡན་པ་དེ་ལ་འདུད། ཅེས་སྨོས། ཡོན་ཏན་ནི། སྐད་ཅིག་ཀྱང་མི་སྡོད་པར་འགྲོ་བས་ན་ཕུང་པོ་དང་གང་ཟག་གི་འགྲོ་བ་ཀུན་བདག་མེད་པའི་མཐའ་རང་བཞིན་གྱིས་ཞི་བ་བདེན་སྟོང་དོན་དམ་པའི་བདེན་པ་ཡང་དག་པ་ཇི་ལྟ་བ་བཞིན་རྟོགས་པའོ། །ཇི་ལྟ་བ་གཟིགས་པའི་རྒྱུ་ནི། སེམས་དེ་རང་བཞིན་གྱིས་འོད་གསལ་བས་ན་སེམས་རང་བཞིན་གྱིས་སྟོང་པར་རྟོགས་པའི་ཕྱིར་དང་། ཉོན་མོངས་རང་བཞིན་གྱིས་གྲུབ་པའི་ངོ་བོ་མེད་པར་གཟིགས་པས་སོ། །སྔ་མ་ཕྱི་མའི་རྒྱུ་མཚན་དུ་བྱེད་པ་ལྟར་སྣང་ཡང་སྐྱབ་བྱེད་སོ་སོ་བ་ཡིན་པའི་ཕྱིར་དང་། ཕྱི་མ་དྲི་མ་གློ་བུར་བ་གཟིགས་པའི་དོན་ནོ། །

གཉིས་པ་ནི། ཇི་ལྟ་བ་གཟིགས་ནས་སེམས་ཅན་ཐམས་ཅད་ལ་རྫོགས་པའི་སངས་རྒྱས་ཀྱི་ཆོས་ཉིད་རང་བཞིན་གྱིས་སྟོང་པ་རྗེས་སུ་ཞུགས་པར་གཟིགས་པ་ཇི་སྙེད་པ་མཁྱེན་པའི་ཡེ་ཤེས་སོ། །

大乘上续论释大疏卷四

[第三金刚处：僧宝]

（辛三）释僧宝

分三：（壬一）次第；（壬二）正义；（壬三）此中未正说声闻僧宝之原由。

（壬一）次第

“**从彼大乘法宝**”云云，证得初地即不由业烦恼力退转于生死，亦不发希求惟自解脱心，故遑论由加行门、纵由意乐门亦不退转菩提，名“不退转众”。

（壬二）正义

分三：（癸一）标；（癸二）释；（癸三）标释合说。

（癸一）标

八事者，谓：1. 如所有明；2. 尽所有明；3. 内证；4. 贪障之解脱；5. 滞障之解脱；6. 劣障之解脱；7—8. 作为二总数之明与解脱。

初又分二：体性及因。初体性者，配合礼敬具此等功德云云。功德，谓**如实通达**，刹那不住而逝故，**一切**蕴与补特伽罗**诸趣无我际**、自性**寂灭**谛实空胜义谛。如实观见之因者，**彼心自性光明**故，而通达心自性空故，**及**观**见烦恼无**自性所成**体故**。（依原文，）前者似为后者之因，然能立实各别。后者谓观尘为客之义。

第二知尽所有智者，如实见已，**观见佛**法性自性空**随入一切**有情。

གསུམ་པ་སོ་སོ་རང་གིས་རིག་པ་ནི། དེ་གཉིས་ཀྱིས་བསྟན་པར་རིག་པར་བྱའོ། །

དེའི་འོག་མ（46b）གསུམ་ནི། ཆགས་ཐོགས་དང་དམན་པའི་སྒྲིབ་པ་མེད་པའི་བློ་མངའ་བའོ། །དམན་པའི་སྒྲིབ་པ་ལས་གྲོལ་བ་འོག་མའི་དོན་དུ་བཤད་ཀྱང་འགལ་བ་མེད་དོ། །སེམས་ཅན་རང་བཞིན་གྱིས་རྣམ་པར་དག་པའི་ཡུལ་ཅན་ཡེ་ཤེས་ཀྱིས་གཟིགས་པ་མངའ་བ་དང༌། རང་བཞིན་གྱིས་སྟོང་པ་མཐའ་ཡས་པའི་སེམས་ཅན་ལ་ཡོད་པར་གཟིགས་པའི་ཡུལ་ཅན་ཡེ་ཤེས་ཀྱི་གཟིགས་པ་མངའ་བ་དེ་ལ་འདུད་དོ། །ཕྱུང་སའི་ཁྱད་པར་གྱི་ཆོས་ཡེ་ཤེས་གཉིས་དང་ལྡན་པ་ལ་ཕྱག་འཚལ་བས་ཡོན་ཏན་དོན་དམ་པ་དང་ལྡན་པར་བསྟན་ལ། དེས་དམན་པའི་སྒྲིབ་པ་ལས་གྲོལ་བར་བསྟན་ཏོ། །

དེ་དག་ཀྱང་རིག་པ་དང་གྲོལ་བའི་ཡོན་ཏན་གཉིས་སུ་འདུས་པའོ། །བསྡུས་ཏེ་བཤད་ན། ཇི་ལྟ་བ་དང་ཇི་སྙེད་པ་རིག་པ་གཉིས་ཡིན་ལ། སོ་སོ་རང་གི་རིག་པ་དང༌། ཆགས་ཐོགས་ཀྱི་སྒྲིབ་པ་ལས་གྲོལ་བ་དེའི་ཁྱད་པར་དུ་བཤད་པ་དེ་ཙམ་དུ་ཡང་འདུས་སོ། །

གཉིས་པ་ལ་གཉིས། དྲི་བ་དང༌། ལན་ནོ། དང་པོ་ནི། ཚིགས་སུ་བཅད་པ་འདིས་ཅི་བསྟན་ཅེ་ན།

གཉིས་པ་ལ་གཉིས། རྩ་བ་དང༌། འགྲེལ་བའོ། །

དང་པོ་ནི། ཇི་ལྟ་བ་གཟིགས་པ་དང༌། ཇི་སྙེད་པ་གཟིགས་པ་ནང་གི་ནི་སྟེ། དེ་གཉིས་སོ་སོ་རང་གིས་རིག་པའི་ཡེ་ཤེས་ཀྱི་གཟིགས་པ་དག་པའི་ཕྱིར་དེས་གྲོལ་བའི་ཡོན་ཏན་དང་ལྡན་པར་ཡང་བསྟན་པས་བློ་ལྡན་འཕགས་པ་ཕྱིར་མི་ལྡོག་པའི་ཚོགས་ནི་བླ་ན་མེད་པའི་ཡོན་ཏན་དང་ལྡན་པ་ཉིད་དོ། །

གཉིས་པ་ནི། འདིས་ནི་མདོར་བསྡུས་ན་ཇི་ལྟ་བ་བཞིན་ཡོད་པ་དང་ཇི་སྙེད་ཡོད་པ་སྟེ་རྒྱུ་མཚན་གཉིས་ཀྱིས་ཞེས་སོ། །ཡོན་ཏན་གཞན་རྣམས་ཀྱང་དེ་གཉིས་ཀྱིས་འཕགས་པའི་རྒྱུ་མཚན་བསྟན་པའོ། །

གསུམ་པ་ལ（47a）གསུམ། ཇི་ལྟ་བ་དང་ཇི་སྙེད་པ་གཟིགས་པ་ཡོན་ཏན་དང༌། སོ་སོ་རང་གི་རིག་པ་དང་ཆགས་ཐོགས་ཀྱི་སྒྲིབ་པ་ལས་གྲོལ་བའི་ཡོན་ཏན་དང༌། དམན་པའི་སྒྲིབ་པ་ལས་གྲོལ་བའི་ཡོན་ཏན་ནོ། །དང་པོ་ལ་གཉིས། ཇི་ལྟ་བ་རིག་པ་དང༌། ཇི་སྙེད་པ་རིག་པའོ། །དང་པོ་ལ་གཉིས། རྩ་བ་དང་འགྲེལ་པའོ། །

དང་པོ་ནི། གང་ཟག་དང་ཕུང་པོས་བསྡུས་པའི་འགྲོ་བ་རང་བཞིན་གྱིས་ཞི་བའི་ཆོས་ཉིད་དུ་སྟེ་རང་བཞིན་གྱིས་སྟོང་པར་མངོན་སུམ་དུ་རྟོགས་པའི་ཕྱིར་ཇི་ལྟ་བ་ཉིད་གཟིགས་པའོ། །ཇི་ལྟ་བ་གཟིགས་པ་དེ་ཡང་རྒྱུ་གཉིས་ལས་སྐྱེས་ཏེ། སེམས་རང་བཞིན་གྱིས་ནི་ཡོངས་སུ་དག་པར་གཟིགས་པའི་ཕྱིར་དང༌། ཉོན་མོངས་གདོད་ནས་ཟད་པ་སྟེ་རང་བཞིན་གྱིས་ཟད་ཅིང་མ་གྲུབ་པར་རྟོགས་པའི་ཕྱིར་རོ། །

第三内证者，应知即彼二所示。

其后三者：**亦复具足无**贪、滞、劣**障心**。劣障之解脱释为下一义亦不相违。**礼敬以有情**自性**清净**为境之智观者，及以**无量**有情皆具自性空**为境**之**智观**者。礼敬具足断差别法二智者，显示具足胜义功德，彼示劣障之解脱。

彼等摄为明及解脱二者。简言之，如所有与尽所有即二明，内证、贪、滞障之解脱即彼差别。(1.13)

(癸二) 释

分二：(子一) 问；(子二) 答。

(子一) 问

此颂示何义？

(子二) 答

分二：(丑一)《论》；(丑二)《释》。

(丑一)《论》

如所有观、**尽所有**观、**内**即彼二内证**智观清净故**。此亦示具解脱功德，**具慧**圣者**不退**转**众具无上功德**。(1.14)

(丑二)《释》

此颂简言之，**是说如所有及尽所有二因令出世间智观清净故**，**不退转菩萨僧宝具无上功德**。示此二者超胜诸余功德之因。

(癸三) 标释合说

分三：(子一) 如所有及尽所有观功德；(子二) 内证及贪滞障之解脱功德；(子三) 劣障之解脱功德。

(子一) 如所有及尽所有观功德

分二：(丑一) 如所有明；(丑二) 尽所有明。

(丑一) 如所有明

分二：(寅一)《论》；(寅二)《释》。

(寅一)《论》

现**证**补特伽罗及蕴所摄**众生**，自性**寂**灭之**法性**，亦即自性空**故**，谓**如所有**观。此如所有观复从二因生，以观心**自性清净故**；通达**烦恼本尽**亦即自性尽、非有**故**①。(1.15)

---

① 《入中论善显密意疏》云："若必如彼实事师说，则《宝性论》之：'烦恼本尽故'，不应释为诸蕴本来无自性生，名为本尽。若必释为由修道力无余断者，则有所证涅槃时，已无能证之人。有能证人时，蕴未永尽，则无所证之涅槃。故彼不能解说经义。若如吾等所许，此言永尽非由对治而尽，乃本来尽故名尽，则于经义善能解释。龙猛菩萨谓经中所说之永尽，即苦蕴寂灭之灭谛涅槃，与无自性生之灭谛义同。"页90。

གཉིས་པ་ལ་གསུམ། ཇི་ལྟ་བ་རིག་པའི་ངོ་བོ་དང་། རྒྱུ་དང་། སྒྲུབ་བྱེད་དོ། །

དང་པོ་ནི། དེ་ལ་ཇི་ལྟ་བ་བཞིན་ཡོད་པ་མངོན་སུམ་དུ་གཟིགས་པ་ཉིད་ནི་འགྲོ་བ་ཞེས་པའི་སྐབས་བསྟན་པའི་ཕུང་པོ་ལ་སོགས་པའི་ཆོས་དང་གང་ཟག་ཅེས་བྱ་བའི་འགྲོ་བ་ཐམས་ཅད་ཀྱི་རང་བཞིན་གྱིས་གྲུབ་པའི་བདག་མེད་པའི་མཐའ་ཤེས་བྱ་མཐར་ཐུག་པའི་དོན་དམ་པའི་བདེན་པ་ནི་ཇི་ལྟ་བ་ཡིན་ལ། དེ་ཇི་བཞིན་མངོན་སུམ་དུ་རྟོགས་པ་ལས་ཇི་ལྟ་བ་རྟོགས་པར་རིག་པར་བྱའོ། །

གང་ཟག་གི་བདག་མེད་དང་ཆོས་ཀྱི་བདག་མེད་ཡང་དག་པའི་མཐའ་ཤེས་བྱ་ཇི་ལྟ་བར་བསྟན་པ་ན། གང་ཟག་གི་བདག་མེད་རྫོགས་པར་རྟོགས་པ་གང་ཟག་བདེན་མེད་དུ་རྟོགས་པ་ལ་ལྟོས་པར་གསལ་བར་བསྟན་པས་མགོན་པོ་ཀླུ་སྒྲུབ་ཀྱི་བཞེད་པ (047b) སློབ་དཔོན་ཆེན་པོ་ཟླ་བ་གྲགས་པས་བཀྲལ་བ་ལྟར་འགྲེལ་པ་འདིས་བསྟན་པ་ཡང་ཆེས་གསལ་ལོ། །

གཉིས་པ་ནི། གཏན་དུ་གཟོད་ནས་ཞི་བའི་ངོ་བོ་ཉིད་ཀྱིས་གང་ཟག་དང་ཆོས་ཐར་རང་བཞིན་གྱིས་སྒྲུབ་པ་བར་སྐབས་སུ་དེས་དཔེན་པའི་འཇིག་པ་མེད་པའི་ཚུལ་དུ་དང་པོ་ནས་རང་བཞིན་གྱིས་སྟོང་པར་ཐེག་ཆེན་འཕགས་པས་མངོན་སུམ་དུ་རྟོགས་པ་དེ་ཡང་མདོར་བསྡུ་ན་རྒྱུ་གཉིས་ལས་སྐྱེ་སྟེ། རྒྱུ་གཉིས་པོ་གང་ཞེ་ན། སེམས་རང་བཞིན་གྱིས་འོད་གསལ་བ་མཐོང་བའི་ཕྱིར་དང་། དེའི་ཉེ་བའི་ཉོན་མོངས་པ་གདོད་མ་ནས་རང་བཞིན་གྱིས་ཟད་ཅིང་འགགས་པར་ཏེ་རང་བཞིན་གྱིས་མ་གྲུབ་པར་མཐོང་བའི་ཕྱིར་རོ། །

སེམས་དོན་དམ་པར་ཉོན་མོངས་ཀྱིས་མ་བསླད་པ་རང་བཞིན་འོད་གསལ་གྱི་དོན་ནོ། །དེ་ཡང་གང་ཟག་དང་ཕུང་པོ་རང་བཞིན་གྱིས་གྲུབ་པར་འཛིན་པའི་བློའི་མུན་པ་དེའི་འཛིན་སྟངས་དང་མཐུན་པར་སེམས་ཀྱི་སྟེང་ན་མེད་པའི་དོན་ཏེ། དེ་ཡོད་ན་སེམས་རང་བཞིན་གྱིས་གྲུབ་པས་དྲི་མ་སྦྱང་དུ་མི་རུང་བའི་ཕྱིར་རོ། །ཉོན་མོངས་དོན་དམ་པར་མ་གྲུབ་པར་དྲི་མ་སློ་བུར་བའི་དོན་ཏེ། འདིར་དེ་ལྟར་བཤད་ཅིང་། གང་ཟག་དང་ཆོས་ལ་བདག་མེད་པ་ཤེས་བྱ་ཇི་ལྟ་བའི་དོན་དུ་འདིར་དངོས་སུ་བསྟན་ན་འདུས་བྱས་བདེན་པར་མེད་པ་ཆད་སྟོང་དང་། བེམ་སྟོང་དང་། ཉི་ཚེའི་སྟོང་པ་ཞེས་སྨྲད་པའི་གནས་སུ་བྱས་ནས་འདིར་བསྟན་པ་ནི་དེ་ལས་གཞན་པའི་རྣམ་ཀུན་མཆོག་ལྡན་གྱི་སྟོང་པ་བདེན་གྲུབ་ཀྱི་དངོས་པོ་བསྟན་པར་འདོད་པ་ནི། རྩ་འགྲེལ་གྱི་དགོངས་པ་ལས་ཕྱི་རོལ་ཏུ་གྱུར་པའི་ལོག་ལྟ་ཆེན་པོ་ཡིན་པས། མཆིལ་མའི་ཐལ་བ་བཞིན་རྒྱང (048a) རིང་དུ་དོར་བར་བྱའོ། །རྣམ་ཀུན་མཆོག་ལྡན་གྱི་སྟོང་པའི་དོན་དེ་ལྟར་མིན་པ་ཡང་འཆད་པར་འགྱུར་རོ། །

（寅二）《释》

分三：（卯一）如所有明体性；（卯二）因；（卯三）能立。

（卯一）如所有明体性

此中如所有现观**者**，即“解脱”一词所示，**由如实**现**证**，**名为**蕴等**法及补特伽罗之众生无我**自性有**际**、究竟所知胜义谛如所有性**而得解**。

既说补特伽罗无我与法无我为实际、如所有所知，即明示圆满通达补特伽罗无我，观待于通达补特伽罗无实。此一解释全同月称大论师所开解龙猛怙主之主张，此示之甚明。

（卯二）因

大乘圣者，**以毕竟本来寂灭性**，现**证**先前所说**补特伽罗及法**无自性之**不灭之理趣**、本来自性空，**简言之**，**由二因所生**。二因谓何？**见心自性光明故**，**见彼随烦恼本来**自性**尽及灭**、无自性**故**。

胜义中心不为烦恼所染即自性光明义。此亦心上无随顺彼执补特伽罗及蕴自性有心闇执取相之义，以若有则心成自性有而垢不可净故。胜义中烦恼非有即客尘义。此论中作如是解，既正说补特伽罗及法无我是如所有所知义，则知贬有为无谛实为断空、呆空、少空，而许此论所说为他一切种最上空实有之事者，乃出此论本释意趣之外大邪见，应唾弃之。一切种最上空义非如是，下当解释。

གསུམ་པ་ལ་གཉིས། ཟག་པ་མེད་པའི་དབྱིངས་རྟོགས་དཀའ་བར་བསྟན་པ་དང་། ཤེས་བྱེད་ལུང་དང་སྦྱར་བའོ། །

དང་པོ་ནི། སེམས་རང་བཞིན་གྱིས་འོད་གསལ་བ་གང་ཡིན་པ་དང་། སེམས་དེའི་ཉེ་བའི་ཉོན་མོངས་པ་ཞེས་བྱ་བ་གང་ཡིན་པ་འདི་གཉིས་ནི། ཟག་པ་མེད་པའི་དབྱིངས་དོན་དམ་ལ་ལྟོས་པ་མཆོག་ཏུ་སྟེ་ཤིན་ཏུ་རྟོགས་པར་དཀའ་བ་ཡིན་ནོ། །དེའི་རྒྱུ་མཚན་ནི། དགེ་བ་དང་མི་དགེ་བའི་སེམས་དག་ལས་སེམས་དགེ་བའི་ངོ་བོར་སྐྱེས་པ་དང་། སེམས་ཉོན་མོངས་པས་བསླད་པ་ན། བསླད་བྱའི་སེམས་ཕྱི་མ་འབྲས་བུ་དང་། སློད་བྱེད་ཀྱི་ཉོན་མོངས་རྒྱུ་ཡིན་པས། བསླད་བྱ་སློད་བྱེད་གཉིས་རང་བཞིན་གྱིས་མ་གྲུབ་ན། རྒྱུ་འབྲས་ཀྱི་བྱ་བྱེད་བཞག་པར་དཀའ་ལ། རང་བཞིན་གྱིས་གྲུབ་ན་དེ་གཉིས་དུས་མཉམ་དུ་འགྱུར་དགོས་པས་གཅིག་རྒྱུ་བས་དེའི་དུས་ན་གཉིས་པ་མཚམས་སྦྱོར་བ་མེད་པའི་རྒྱུ་འབྲས་ཀྱི་བྱ་བྱེད་མི་འཐད་པས་ཚུལ་གྱིས་རྟོགས་པར་དཀའོ། །

དེའི་དོན་བསྡུས་ན། ཚད་པའི་ལྟ་བར་འགྱུར་དོགས་ནས་རང་ལུགས་ལ་རྒྱུ་འབྲས་ཁས་བླངས་པ་ན། རང་བཞིན་གྱིས་སྟོང་པ་འཇོག་མི་ཤེས་ཤིང་། མཚན་འཛིན་གྱི་དམིགས་གཏད་མཐའ་དག་མི་ཁེགས་ལ། ཆོས་རང་བཞིན་གྱིས་གྲུབ་པར་འཛིན་པའི་མཚན་འཛིན་གྱི་དམིགས་གཏད་ཁེགས་པའི་ལུགས་སུ་བྱས་ནས་རང་བཞིན་གྱིས་སྟོང་པ་རང་ལུགས་ལ་ཁས་བླངས་ན། རྒྱུ་འབྲས་རང་ལུགས་ལ་བཞག (048b) ས་མེད་པར་ཀུན་རྫོབ་དང་དོན་དམ་པའི་བདེན་པ་ཐགས་མཁན་གྱི་རྐང་པ་བཞིན་དུ་འགྱུར་བས་རང་བཞིན་གྱིས་སྟོང་པ་དོན་དམ་པའི་བདེན་པ་དང་། རྒྱུ་འབྲས་ཀུན་རྫོབ་ཀྱི་བདེན་པ་གཉིས་ཀ་རང་ལུགས་ལ་ཚད་མའི་ལམ་ནས་དྲངས་ནས་ལེགས་པར་འཇོག་ཤེས་པ་གསུང་རབ་ཀྱི་དོན་རྣམས་ཀྱི་ནང་ནས་ཀྱང་རྟོགས་པར་དཀའ་བའི་མཐར་ཐུག་པ་ཡིན་ལ། འདི་མ་རྟོགས་པར་བདེན་པ་གཉིས་ཀྱི་རྣམ་གཞག་བྱེད་པ་སྐད་བྱས་ཀྱང་། མངོན་པར་རྟོགས་པའི་རྒྱན་ནས་བཤད་པའི་ལོག་རྟོག་བཅུ་དྲུག་ལས་མ་འདས་པར་ཤེས་པར་བྱའོ། །འོག་ནས་ཀྱང་བར་པར་དུ་འཆད་པར་འགྱུར་ཞིང་། རྒྱས་པར་ཤེས་པར་འདོད་ན། དུས་གསུམ་གྱི་སངས་རྒྱས་ཐམས་ཅད་ཀྱི་འཕྲིན་ལས་ཐམས་ཅད་གཅིག་ཏུ་བསྡུས་པའི་ངོ་བོ། སྡེ་སྣོད་གསུམ་དང་རྒྱུད་སྡེ་བཞིའི་དགོངས་པ་འགྲེལ་པ་ལ་འཕྲུལ་བ་དང་བྲལ་བ། ཐུགས་རྗེ་དང་སྨོན་ལམ་གྱི་དབང་གིས་ཐ་མལ་པའི་སྐུའི་བཀོད་པ་བཟུང་ནས་གྲུབ་པའི་བསྟན་པ་རྒྱས་པར་མཛད་པ། རྗེ་རིན་པོ་ཆེ་ཐམས་ཅད་མཁྱེན་པ་བློ་བཟང་གྲགས་པའི་དཔལ་བཟང་པོའི་ཞལ་སྔ་ནས། །དབུ་མ་རྩ་བ་ཤེས་རབ་དང་། དབུ་མ་འཇུག་པ་གཉིས་ཀྱི་རྣམ་བཤད་ཆེན་མོ་མཛད་པ་དང་། དྲང་བས་དང་ངེས་པའི་དོན་གྱི་མདོ་སྡེའི་དྲང་ངེས་སོ་སོར་འབྱེད་པའི་བསྟན་བཅོས་ཟུར་པ་མཛད་པ་དང་། སྐྱེས་བུ་ཆེན་པོའི་ལམ་གྱི་རིམ་པའི་ལྷག་མཐོང་གཏན་ལ་འབེབས་པའི་བསྟན་བཅོས་ཆེ་ཆུང་མཛད་པ་སོགས་ལས་ཤེས་པར་བྱའོ། །

（卯三）能立

分二：（辰一）示无漏界难证；（辰二）配合经教。

（辰一）示无漏界难证

此中“心自性光明”及“彼之随烦恼”二者，观待**于无漏界**胜义**甚难通达**。其原由者，**以善及不善诸心**，心生为善之体性、次为烦恼染时，所染之后心为果，能染之烦恼为因。能染、所染二者若非自性有，因果作用难立；若自性有，彼二者必同时**俱转**，尔时**无第二心相续**，因果作用不应理，**本此理趣**难以通达。

摄其要义，若恐成断见，而于自宗受许因果，然不知如何安立自性空且未破一切相执境。复佯破执法自性有之相执境，而于自宗受许自性空，因果于彼自宗便无可安立，世俗与胜义二谛犹如蜘蛛足，故能由量道善立自性空胜义谛及诸因果世俗谛之二者，乃诸佛语义中最难通达者。此若未通达，纵言能建立二谛，当知不出《现观庄严论》中所说之十六种邪分别，下当时时解释。若求广解，则当参阅总集三世诸佛一切事业体性、宣说三藏四续部密意无有误失、以悲愿力现凡常身相弘扬圣教、大宝师长一切智洛桑札巴贝桑波（善慧称吉祥贤）所造《中观根本慧论》与《入中论》二论广释、《辨了不了义论》、上士道次第抉择毗钵舍那广略诸论[①]等。

① 即《菩提道次第广论》毗钵舍那章等。

གཉིས་པ་ནི། དེའི་ཕྱིར་ན་ལྷ་མོ་དཔལ་འཕྲེང་གིས་ཞུས་པའི་མདོ་ལས་བཅོམ་ལྡན་འདས་དགེ་བའི་སེམས་ནི་སྐད་ཅིག་མ་སྟེ། ཉོན་མོངས་དག་གིས་ཉོན་མོངས་པར་མི་འགྱུར་རོ། །མི་དགེ་བའི་སེམས་ནི་སྐད་ཅིག་མ་སྟེ། སེམས་ནི་ཉོན་མོངས་པ་དག་གི་ཉོན་མོངས་པ་མ་ལགས་པ་ཉིད་དོ། །ཞེས་སོ། །དོན་ནི་དགེ་བའི་སེམས་ནི (049a) ཆོས་ཅན། ཉོན་མོངས་པ་དག་གིས་རང་བཞིན་གྱིས་ཉེ་བར་ཉོན་མོངས་པར་མི་འགྱུར་བ་སྟེ། ཉོན་མོངས་ཀྱིས་བསླད་པར་མི་འགྱུར་བར་ཐལ། སྐད་ཅིག་མ་ཡིན་པའི་ཕྱིར། དགག་བྱ་ལ་ཁྱད་པར་མ་སྦྱར་ན། སེམས་ཉོན་མོངས་ཀྱིས་བསླད་པ་མི་སྲིད་པར་འགྱུར་བས། དགག་བྱ་ལ་དོན་དམ་གྱི་ཁྱད་པར་སྦྱར་རོ། །ཉོན་མོངས་ཀྱིས་བསླད་པ་མི་སྲིད་ན། འོག་ནས་དམ་བཅའ་ལ་བསལ་བ་བསྟན་པ་དང་འགལ་ལོ། །དེ་བཞིན་དུ་མི་དགེ་བའི་སེམས་ནི་སྐད་ཅིག་མ་ཡིན་པའི་ཕྱིར། སེམས་དེ་ནི་ཉོན་མོངས་པ་དག་གིས་རང་བཞིན་གྱིས་ཉོན་མོངས་པ་མ་ལགས་པ་ཉིད་དོ། །ཞེས་རྟགས་ཡང་དག་ཏུ་ཡང་སྦྱར་རོ། །

ཁྱབ་པ་ལ་ལྡོག་ན་གནོད་པ་ཅན་གྱི་ཚད་མ་བསྟན་པ་ནི། བསླད་བྱ་སློད་བྱེད་རང་བཞིན་གྱིས་གྲུབ་ན་དེ་གཉིས་ཕྲད་དགོས་ལ། དེ་ལྟ་ན་དུས་མཉམ་དུ་འགྱུར་བས་མ་ཕྲད་པ་ནི། བཅོམ་ལྡན་འདས་ཉོན་མོངས་པས་ནི་སེམས་ལ་མི་རེག་ལ། སེམས་ཉོན་མོངས་པ་ལ་རེག་པ་ཡང་མ་ལགས་ན། བཅོམ་ལྡན་འདས། འདི་ལ་ཇི་ལྟར་རེག་པའི་ཆོས་ཅན་མ་ལགས་པའི་སེམས་བདེན་འཛིན་གྱི་ཡུལ་དུ་གྱུར་པའི་མུན་པས་ཉོན་མོངས་པར་འགྱུར་ཏེ་མི་འགྱུར་རོ། །ཞེས་སོ། །འདི་ནི་རྒྱ་ཤེ་ནས་བཤད་པའི་ཕྲད་པ་བརྟག་པའི་རིགས་པ་དང་དོན་གཅིག་གོ །

སེམས་ཉོན་མོངས་པས་བསླད་པ་མི་སྲིད་པར་འདོད་མི་རིགས་པ་ནི། བཅོམ་ལྡན་འདས་ཉེ་བའི་ཉོན་ མོངས་ པ་ ནི་ མཆིས་ ལ། ཉེ་ བར་ ཉོན་ མོངས་ པར་ འགྱུར་ བའི་ སེམས་ ནི་ མཆིས་ སོ། །ཞེས་པའོ། །བཅོམ་ལྡན་འདས་བསླད་བྱ་སློད་བྱེད་རང་བཞིན་གྱིས་མ་གྲུབ་ཅིང་། ཐ་སྙད་དུ (049b) ཡོད་པ་དེ་ལྟ་ལགས་མོད་ཀྱི་འོན་ཀྱང་། རང་བཞིན་གྱིས་ཡོངས་སུ་དག་པའི་སེམས་ཀྱི་ཉེ་བར་ཉོན་མོངས་པའི་དོན་ནི་རྟོགས་པར་དཀའོ། །ཞེས་གསུངས་ཏེ། ཇི་ལྟ་བ་བཞིན་དུ་ཡོད་པ་ཞེས་སོ། །

གཉིས་པ་ལ་གཉིས། རྩ་བ་དང་། འགྲེལ་པའོ། །

དང་པོ་ནི། ཤེས་བྱ་མཐར་ཐུག་ཇི་ལྟ་བ་མངོན་སུམ་དུ་རྟོགས་པའི་བློས་ཐམས་ཅད་མཁྱེན་པའི་ཆོས་ཉིད་རང་བཞིན་གྱིས་སྟོང་པ་ནི་སེམས་ཅན་ཐམས་ཅད་ལ་ཡོད་པ་མངོན་སུམ་དུ་མཐོང་བའི་ཕྱིར། ཇི་སྙེད་ཡོད་པ་གཟིགས་པ་ཉིད་དོ། །ཡང་དག་པར་རྫོགས་པའི་སངས་རྒྱས་ཀྱིས་ཇི་ལྟ་བ་གཟིགས་པས་ཇི་སྙེད་པ་གཟིགས་ཤིང་། ཇི་སྙེད་པ་གཟིགས་པ་དེས་ཇི་ལྟ་བ་གཟིགས་ཀྱང་། བྱང་ཆུབ་སེམས་དཔའ་འཕགས་པ་རྣམས་ཀྱིས་ནི་དེ་ལྟར་མ་ཡིན་པས། མཉམ་གཞག་ཏུ་ཇི་ལྟ་བ་གཟིགས་པ་ལ་བརྟེན་ནས་ཞེས་བཤད་དོ། །

（辰二）配合经教

是故《胜鬘天女请问**经**》**云**：“**世尊**，**善心者刹那为性**，**不为诸烦恼杂染**。**不善心者刹那为性**，**不为诸烦恼杂染**。”经义是说，善心有法，不为烦恼由自性杂染，应不为烦恼所染，以是刹那性故。若于所破不加简别，则心全不为烦恼所染，故于所破当加胜义简别。若全不为烦恼所染，则与下说“违越立宗”相违。如是亦立正因：不善心是刹那性故，彼心不为烦恼由自性杂染。

示周遍若倒则有害之量者，能染、所染若有自性，彼二应相遇，如是即成同时，然不相遇。经云：“**世尊**，**烦恼不触心**，**心亦不触烦恼**。**世尊**，**如是不具触法之心因**实执境**闇故而成杂染**。”此与《根本慧论》所说观会合之正理同义。

许心全不为烦恼杂染不应理者，经云：“**世尊**，**有杂染**，**有烦恼杂染之心**。**世尊**，能染所染非自性有，乃名言有，**然则自性清净心之杂染义难以通达**。”

以如所有为题之难通达义，**应广如经说而知**。

（丑二）尽所有明

分二：（寅一）《论》；（寅二）《释》。

（寅一）《论》

现**证究竟**如所有**所知心**，现**见诸有情皆有遍智法性**自性空，**故是尽所有观**。正等觉以如所有观观尽所有，以尽所有观观如所有，然诸菩萨圣者非能如是，下文释之。（1. 16）

གཉིས་པ་ནི། དེ་ལ་ཇི་སྙེད་ཡོད་པ་ཉིད་གཟིགས་པ་ནི་སངས་རྒྱས་ཀྱིས་བཤད་ཟིན་ལ། བྱང་ཆུབ་སེམས་དཔའ་འཕགས་པ་རྣམས་ཀྱིས་ཤེས་བྱའི་དངོས་པོ་མཐའ་དག་གི་དེ་ཁོ་ན་མཐར་ཐུག་པར་མཉམ་གཞག་ཏུ་རྟོགས་པ་ལ་བརྟེན་ནས། འཇིག་རྟེན་ལས་འདས་པའི་ཤེས་རབ་ཀྱིས་སེམས་ཅན་ཐམས་ཅད་ལ་ཐ་ན་དུད་འགྲོའི་སྐྱེ་གནས་སུ་གྱུར་པ་རྣམས་ལ་ཡང་དེ་བཞིན་གཤེགས་པའི་སྙིང་པོ་དྲི་མ་དང་བཅས་པའི་དེ་བཞིན་ཉིད་ཡོད་པ་ཉིད་མཐོང་བ་ལས་རིག་པར་བྱའོ། །སེམས་ཅན་ཐམས་ཅད་ཀྱི་ཆོས་ཉིད་མངོན་སུམ་དུ་རྟོགས་ཀྱང་སེམས་ཅན་ཐམས་ཅད་མངོན་སུམ་དུ་རྟོགས་པའི་ངེས་པ་མེད་དེ། དཔེར་ན། སངས་རྒྱས་མ་ཐོབ་པའི་འཕགས་པ་རྣམས་ཀྱིས་ཟག་པ་མེད་པའི་ཡེ་ཤེས་སྔེ་ཚན་ཉེར (050a) གཅིག་མངོན་སུམ་དུ་མ་རྟོགས་ཀྱང་། དེའི་ཆོས་ཉིད་མངོན་སུམ་དུ་རྟོགས་པ་བཞིན་ནོ། །འདུལ་བ་ལུང་ལས་ཉན་ཐོས་འཕགས་པ་ཁ་ཅིག་སངས་རྒྱས་ཀྱི་ཆོས་ཀྱི་སྐུ་མངོན་སུམ་དུ་མཐོང་ཟིན་གྱི། གཟུགས་ཀྱི་སྐུ་ལ་ལྟ་བའི་ཕྱིར་འགྲོ་བར་བྱའོ། །ཞེས་སྨྲ་བར་གསུངས་པ་བཞིན་ནོ། །བྱང་ཆུབ་སེམས་དཔའི་མཐོང་བ་དེ་ཡང་བྱང་ཆུབ་སེམས་དཔའི་ས་དང་པོ་ཉིད་ལ་སྐྱེ་སྟེ། དེར་ཤེས་བྱ་ཐམས་ཅད་ཀྱི་ཆོས་ཉིད་སྔར་མ་རྟོགས་མངོན་སུམ་དུ་གསར་དུ་རྟོགས་པས་ཆོས་ཀྱི་དབྱིངས་ཤེས་བྱ་ཀུན་ཏུ་འགྲོ་བའི་དོན་དུ་རྟོགས་པའི་ཕྱིར་རོ། །ས་དང་པོའི་སྐད་ཅིག་དང་པོ་ཤེས་བཟོད་སྐད་ཅིག་མ་བཅུ་དྲུག་གིས་བསྡུས་པ་མཐོང་བའི་ལམ་ཡིན་ཡང་། ས་དང་པོ་ནི་བསྐལ་པ་དུ་མའི་ཡུན་གྱིས་རྫོགས་དགོས་པ་སྒོམ་ལམ་གྱིས་བསྡུས་པ་ཡང་ཡོད་པར་ཤེས་པར་བྱའོ། །ཆོས་དབྱིངས་ཀུན་ཏུ་འགྲོ་བའི་དོན་དུ་རྟོགས་པ་ནི་ས་དང་པོ་རྫོགས་པའི་བར་ལ་བཞག་གོ །

གཉིས་པ་ལ་གཉིས། རྩ་བ་དང་། འགྲེལ་པའོ། །དང་པོ་ལ་གཉིས། སོ་སོ་རང་གིས་རིག་པ་དང་། ཆགས་པ་དང་ཐོགས་པའི་སྒྲིབ་པ་ལས་གྲོལ་བའོ། །

དང་པོ་ནི། དེ་ལྟར་ཤེས་བྱ་ཇི་ལྟ་བ་དང་ཇི་སྙེད་པ་འཕགས་པ་རྣམས་ཀྱིས་མངོན་སུམ་དུ་རྟོགས་པ་གང་ཡིན་པ་དེ་སོ་སོ་རང་གིས་རིག་པའི་ཡེ་ཤེས་ཀྱིས་མཐོང་བ་ཉིད་དོ། །

གཉིས་པ་ནི། རང་བཞིན་གྱིས་དྲི་མ་མེད་པའི་དབྱིངས་ལ་བདེན་པར་ཞེན་པའི་ཆགས་པ་མེད་པ་དང་ཤེས་བྱ་ཐམས་ཅད་ལ་ཐོགས་པ་མེད་པའི་ཕྱིར་ཏེ། ཆགས་ཐོགས་ཀྱི་སྒྲིབ་པ་དག་པ་ཡིན་ནོ། །

གཉིས་པ་ལ་གཉིས། སོ་སོ་རང་གིས (50b) རིག་པ་དང་། ཆགས་ཐོགས་ཀྱི་སྒྲིབ་པ་ལས་གྲོལ་བའོ། །

དང་པོ་ནི། དེ་ལྟར་ཞེས་པ་ནས་དེ་ནི་འཕགས་པ་རྣམས་ཀྱིས་གཞན་དང་ཐུན་མོང་མ་ཡིན་པ་སོ་སོ་རང་གི་འཇིག་རྟེན་ལས་འདས་པའི་ཡེ་ཤེས་ཀྱིས་མཐོང་བར་འདོད་དོ།

（寅二）《释》

此中，佛之**尽所有观**已说。诸菩萨圣者（之尽所有观者，）定中**证一切所知事**之**究竟**真实，依此**以出世间慧见一切有情下至旁生皆有如来藏**有垢真如。虽现证一切有情法性，然不定现证一切有情。此如未成佛之圣者，虽未现证二十一类无漏智，然现证彼等之法性。又，如《毗奈耶经》说，一类已现见佛法身之声闻圣者，为观色身故而欲往觐见①。**彼菩萨之见亦生于菩萨初地**，以尔时现证、新证先所未证一切所知之法性而**证法界周遍所知之义故**。初地之第一刹那虽是智、忍十六刹那所摄之见道，然多劫长久方圆满故，应知初地亦有摄入修道者。证法界周遍义者，乃至初地圆满皆可安立。

（子二）内证及贪滞障之解脱功德

分二：（丑一）《论》；（丑二）《释》。

（丑一）《论》

分二：（寅一）内证；（寅二）贪滞障之解脱。

（寅一）内证

如是彼诸圣者现**证**如所有及尽所有所知**者**，是**以内证智**而**见**。

（寅二）贪滞障之解脱

自性**无垢界中无**执实之**贪**，及于一切所知**无滞故**，贪、滞之障**清净**。(1.17)

（丑二）《释》

分二：（寅一）内证；（寅二）贪滞障之解脱。

（寅一）内证

“**以如是如所有**”云云，许此是诸圣者与他不共内证出世间智所见。

① 《根本说一切有部毗奈耶》云：“时实力子白马胜苾刍曰：‘邬波驮耶，我已得见如来法身，未覩色身，我今欲往观佛色身。’答言：‘随意。汝今当知如来应正等觉，是大珍宝出现世间，实难逢遇如乌昙跋罗花时乃一现。’”《大正藏》第二十三册，No. 1442，页 694。

གཉིས་པ་ནི། དེ་ཡང་མདོར་བསྡུས་ན་རྒྱུ་གཉིས་ཀྱིས་ནི་ཅིག་ཤོས་སྟོང་ཉིད་མ་རྟོགས་པ་དང་། ཤེས་བྱ་ཐམས་ཅད་ལ་མི་འཇུག་པའི་ཉེ་ཚེ་བའི་ཡེ་ཤེས་ཀྱིས་ཞེས་སོ། །དེ་ལ་ཇི་ལྟ་བ་བཞིན་ཡོད་པ་གཟིགས་པ་ཉིད་ཀྱིས་སེམས་ཅན་གྱི་ཁམས་རང་བཞིན་གྱིས་རྣམ་པར་དག་པའི་ཡུལ་ཅན་གྱི་ཕྱིར་ནི་བདེན་འཛིན་གྱི་ཆགས་པ་མེད་པ་ཡིན་ལ་ཇི་སྙེད་ཡོད་པ་གཟིགས་པ་ཉིད་ཀྱིས་ཤེས་བྱའི་དངོས་པོ་མཐའ་མེད་པའི་ཡུལ་ཅན་གྱི་ཕྱིར་ན་ཐོགས་པ་མེད་པ་ཡིན་ནོ། །

གསུམ་པ་ལ་གཉིས། རྩ་བ་དང་། འགྲེལ་པའོ། །

དང་པོ་ནི། ཇི་ལྟ་བ་དང་། ཇི་སྙེད་པ་དང་། ནང་གི་ཡེ་ཤེས་གཟིགས་པ་དག་པས་ན་སངས་རྒྱས་ཀྱི་ཡེ་ཤེས་བླ་ན་མེད་པའི་ཕྱིར་དེ་དང་ཉེ་བར་གྱུར་པས་བྱང་ཆུབ་སེམས་དཔའ་འཕགས་པ་ཕྱིར་མི་ལྡོག་པ་ནི་ལུས་ཅན་ཀུན་གྱི་སྐྱབས་ཡིན་པས་དམན་པའི་སྒྲིབ་པ་ལས་གྲོལ་བའོ། །ཡང་ན་འདིར་དངོས་སུ་བསྟན་པས་བརྒྱད་པ་ཡན་ཆད་ལ་སྦྱར་ནས། ས་བདུན་པ་མན་ཆད་ལས་ཁྱུལ་དུ་བྱུང་བའི་ཡོན་ཏན་ཐོབ་པས་དམན་པའི་སྒྲིབ་པ་ལས་གྲོལ་པའོ། །འགྲེལ་པའི་འགྱུར་ལྟར་ན། དག་ས་ལ་གནས་པའི་བྱང་ཆུབ་སེམས་དཔའི་ཇི་ལྟ་བ་དང་ཇི་སྙེད་པ་མཁྱེན་པའི་ཡེ་ཤེས་ཀྱི་གཟིགས་པ་དག་པས་ན། སངས་རྒྱས་ཀྱི་ཡེ་ཤེས་བླ་ན་མེད་པ་དང་ཉེ་བར་གྱུར་བའི་ཕྱིར་འཕགས་པ་ཕྱིར་མི་ལྡོག་པ་དག་ས་ལ་གནས་པ་ནི་ལུས་ཅན་ཀུན་གྱི་སྐྱབས (51a) ཡིན་ནོ། །ཞེས་བཤད་དོ། །

གཉིས་པ་ནི། དེ་ལྟར་ཕྱིར་མི་ལྡོག་པའི་ས་བརྒྱད་པ་ཡན་ཆད་ལ་གནས་པའི་བྱང་ཆུབ་སེམས་དཔའ་རྣམས་ཀྱི་ཡེ་ཤེས་ཀྱི་མཐོང་བ་དེ་ནི། བླ་ན་མེད་པའི་དེ་བཞིན་གཤེགས་པའི་ཇི་ལྟ་བ་དང་ཇི་སྙེད་པའི་ཡེ་ཤེས་ཀྱི་གཟིགས་པ་རྣམ་པར་དག་པའི་ཉེ་བའི་རྒྱུ་ཡིན་པས་དེ་དང་ཉེ་བར་གནས་པར་གྱུར་པའི་ཕྱིར་རམ། སྔར་བཤད་པའི་ཡེ་ཤེས་གང་དང་ལྡན་པས་ཕྱིར་མི་ལྡོག་པའི་བྱང་ཆུབ་སེམས་དཔའ་སེམས་ཅན་ཐམས་ཅད་ཀྱི་སྐྱབས་སུ་གྱུར་པ་ནི། དེ་ལས་གཞན་ཚུལ་ཁྲིམས་ལ་སོགས་པའི་ཡོན་ཏན་རྣམས་ལས་ཁྱད་པར་དུ་འཕགས་པ་དང་ས་བདུན་པ་མན་ཆད་པའི་བྱང་ཆུབ་སེམས་དཔའི་ཡོན་ཏན་རྣམས་ལས་བླ་ན་མེད་པ་ཉིད་དུ་རིག་པར་བྱའོ། །

ས་བརྒྱད་པ་ཐོབ་ནས་ཉོན་སྒྲིབ་ཟད་པར་སྤངས་པས་ཉེས་པ་དང་བཅས་པའི་རང་དོན་ཡིད་བྱེད་སྐྱེ་བའི་གོ་སྐབས་བཅོམ་པས་ཕྱིར་མི་ལྡོག་པའི་ས་ཞེས་བྱའོ། །བསྟན་བཅོས་གཞན་དུ་སྒྲིབ་གཉིས་ཅིག་ཅར་སྤོང་བ་དང་། ཅིག་ཅར་དགྲ་བཅོམ་པ་དང་དེ་བཞིན་གཤེགས་པར་འགྱུར་བར་བཤད་པ་དང་ལུགས་གཅིག་ཏུ་མི་བཟུང་ངོ་། །ཡང་ན་ཇི་ལྟ་བ་དང་ཇི་སྙེད་པ་གཟིགས་པའི་ཤེས་རབ་ཀྱི་ཕ་རོལ་ཏུ་ཕྱིན་པ་ཚུལ་ཁྲིམས་ཀྱི་ཕར་ཕྱིན་སོགས་ལས་ཁྱད་པར་དུ་འཕགས་པའི་དོན་དུ་བཤད་པར་བྱའོ། །

（寅二）贪滞障之解脱

此亦简言之，以二因观待于反面不证空性及不入一切所知之**少分智所见，名至极清净。此中，如所有**观**具有情界自性清净之境故**，**无**实执之**贪**；**尽所有**观**具足无边所知事之境故，无滞**。

（子三）劣障之解脱功德

分二：（丑一）《论》；（丑二）《释》。

（丑一）《论》

以如所有、尽所有、内**智观清净佛智无上故**，与此相近，故**不退转**菩萨**圣者**是**众生之归依**而解脱下劣障。又，此处正说乃八地以上，得超胜七地以下功德而解脱下劣障。若按《释论》译文，则谓住清净地菩萨之如所有及尽所有智观清净，而与无上佛智相近故，圣不退转住清净地者是众生之归依。(1.18)

（丑二）《释》

如是住不退转八**地**以上**诸菩萨之智见者**，乃是**无上如来**如所有及尽所有**清净智观**之近因，**与**之**相近故**，**或以具足**上述之**智故**，**不退转菩萨是一切有情之归依**。**应知较余戒等**功德超胜，及较七地以下**菩萨功德而言**，**是为无上**。

得八地已断尽烦恼障故，不生有过之自利作意，名"不退转地"。余论中有同时俱断二障、同时俱成阿罗汉及如来之说，不可执为一家。又，应释为观如所有及尽所有之慧波罗蜜多超胜戒波罗蜜多等之义。

གསུམ་པ་ལ་གཉིས། མདོར་བསྟན་པ་དང་། རྒྱས་པར་བཤད་པའོ། །

དང་པོ་ནི། བྱང་ཆུབ་སེམས་དཔའི་དགེ་འདུན་གྱི་རྗེས་ཐོགས་སུ་ཉན་ཐོས་ཀྱི་དགེ་འདུན་དཀོན་མཆོག་ནི་སྐབས་འདིར་དངོས་སུ་མ་སྨོས་ཏེ། དེ་བྱང་ཆུབ་སེམས་དཔས་རང་རྒྱུད་ལ་ཐོབ་བྱར་བྱས་ནས (051b) མཆོད་པར་འོས་པ་མ་ཡིན་པའི་ཕྱིར་རོ། །དགག་སྒྲ་མེད་པ་ལྟར་ན་བྱང་ཆུབ་སེམས་དཔའ་ལ་བསྙེག་གོ །དྲག་ཤུལ་ཅན་གྱིས་ཞུས་པའི་མདོ་ལས། བྱང་ཆུབ་སེམས་དཔས་ཉན་ཐོས་ལ་བསྙེན་བཀུར་བྱ་བར་གསུངས་པ་དང་མི་འགལ་ཏེ། རང་རྒྱུད་ལ་ཐོབ་བྱར་མི་བྱེད་ཀྱང་། སེམས་ཅན་ཀུན་ལ་གུས་པ་དང་བཅས་པར་རིགས་པའི་ཕྱིར་རོ། །

གཉིས་པ་ལ་གསུམ། ཉན་ཐོས་དང་བྱང་ཆུབ་སེམས་དཔའི་དགེ་འདུན་གྱི་ཁྱད་པར་དང་། ཁྱད་པར་དེ་འཐད་པའི་རྒྱུ་མཚན་དང་། ལུང་དང་སྦྱར་བའོ། །

དང་པོ་ནི། སངས་རྒྱས་ཐོབ་པའི་ཐབས་ལ་མཁས་པ་བྱང་ཆུབ་སེམས་དཔའ་དང་། ཉན་ཐོས་ཀྱི་ཡོན་ཏན་གྱི་ཁྱད་པར་ཤེས་པ་ནི་ནམ་ཡང་ཡང་དག་པར་རྫོགས་པའི་སངས་རྒྱས་ཀྱི་རྒྱུ་བྱང་ཆུབ་སེམས་དཔའི་ཟླ་བ་ཚེས་པ་དོར་ནས་སྐར་མའི་གཟུགས་ལྟར་གནས་པའི་ཉན་ཐོས་ལ་ཡང་ཕྱག་བྱེད་པ་ནི་རིགས་པ་མ་ཡིན་ཏེ་ཉན་ཐོས་ནི། གཞན་ལ་ཕན་པར་བྱེད་པའི་བསམ་པ་རྣམ་པར་མ་དག་པའི་ཕྱིར་རོ། །འདི་ལ་ཡང་དཔེ་ཁ་ཅིག་ཏུ་དགག་སྒྲ་མི་འབྱུང་བས། དེའི་ལྟར་ན། བྱང་ཆུབ་སེམས་དཔའ་དང་སྦྱར་བར་བྱའོ། །

བྱང་ཆུབ་སེམས་དཔའི་ཁྱད་པར་ནི། རྟེན་གྱི་ཁྱད་པར་དང་། ངོ་བོའི་ཁྱད་པར་དང་། བྱེད་ལས་ཀྱི་ཁྱད་པར་དང་། འབྲས་བུའི་ཁྱད་པར་རོ། །དང་པོ་ནི། བྱང་ཆུབ་ཆེན་པོའི་རྒྱུ་ཀུན་རྫོབ་དང་དོན་དམ་པའི་བདེན་པ་ལ་བརྟེན་པའི་ལམ་གྱི་རིམ་པ་དང་། ཟབ་པ་དང་རྒྱ་ཆེ་བའི་ལམ་གྱི་རིམ་པས་བསྡུས་པ་བསོད་ནམས་དང་ཡེ་ཤེས་ཀྱི་ཚོགས་རྒྱ་ཆེན་པོ་རྫོགས་པར་བྱེད་པའོ། །

གཉིས་པ་ནི། སྟོང་པ་ཉིད་ཀྱི་དོན་རྟོགས་པའི་ཤེས་རབ་དང་སེམས་ཅན་ཐམས་ཅད་སྡུག་བསྔལ་དང་བྲལ (52a) འདོད་ཀྱི་སྙིང་རྗེའི་དཀྱིལ་འཁོར་ཅན་ནོ། །

གསུམ་པ་ནི། གཞལ་དུ་མེད་པའི་སེམས་ཅན་གྱི་ཁམས་མ་རིག་པའི་མུན་པ་དང་བྲལ་བའི་ཚུལ་གྱིས་སྣང་བར་བྱེད་པའི་ཕྱིར་ཉེ་བར་གནས་ལ།

བཞི་པ་ནི། བླ་ན་མེད་པའི་དེ་བཞིན་གཤེགས་པའི་ཟླ་བ་ཉ་བ་ཐོབ་པ་དང་རྗེས་སུ་མཐུན་པའི་ལམ་དུ་ཞུགས་པའོ། །

ཉན་ཐོས་སྐར་མ་དང་འདྲ་བ་ལ་སྤངས་རྟོགས་དམན་པ་ནི། སྤངས་པ་ཉི་ཚེ་བ་དང་ཉི་ཚེ་བའི་ཡེ་ཤེས་ཀྱི་མཐར་ཐུག་པ། བྱེད་ལས་དམན་པ་ནི། སེམས་ཅན་ཐམས་ཅད་སྡུག་བསྔལ་དང་བྲལ་འདོད་མེད་པར་རང་གི་རྒྱུད་སྡུག་ཀུན་ཉེ་བར་ཞི་བ་ཙམ་གྱི་ཚུལ་དུ་སྣང་བར་ཉེ་བར་གནས་པའི་ཕྱིར་རོ། །

（壬三）此中未正说声闻僧宝之原由

分二：（癸一）略标；（癸二）广释。

（癸一）略标

此处**于菩萨僧后未**正**说声闻僧宝者**，**以**菩萨**非**以**彼**为自相续中当得而**应供故**。若不加遮词，则指菩萨。《郁伽长者请问经》[①] 说菩萨应事奉声闻，然不相违，虽不以之为自相续中当得，合应平等恭敬一切有情故。

（癸二）广释

分三：（子一）声闻僧与菩萨僧之差别；（子二）彼差别应理之原由；（子三）配合经教。

（子一）声闻僧与菩萨僧之差别

既知善巧成佛方便之**菩萨及声闻功德差别者**，**终不应舍**正等觉因**菩萨初月而礼拜如星之声闻**，**以**声闻**利他意乐不清净故**。此处亦有本不加遮词者，如是则应合菩萨说。

菩萨差别者，谓所依差别、体性差别、作业差别及果差别。初者，**能圆满大菩提之**因，依世俗与胜义谛之道次第，以及深、广道次第所摄**福智广大资粮**；

第二，**具**足通达空性义**慧**及愿一切有情离苦之**悲轮**；

第三，**照无量有情界**破无明闇**而住**；

第四，**入随顺获得无上如来满月之道**。

如星声闻断证下劣者，少分断及**少分智究竟**。作业下劣者，无一切有情离苦之愿、惟**照自相续**苦集寂灭**而住**。

---

① 汉译有三：后汉安玄译《法镜经》，《大正藏》第十二册，No. 322；西晋竺法护译《郁伽罗越问菩萨行经》，《大正藏》第十二册，No. 323；唐菩提流志译《大宝积经郁伽长者会》，《大正藏》第十一册，No. 310。

གཉིས་པ་ནི། བྱང་ཆུབ་སེམས་དཔའ་ལྷག་པའི་བསམ་པ་རྣམ་པར་དག་པ་རང་རྒྱུད་ལ་ཡང་དག་པར་བསྟེན་པའི་ཡོན་ཏན་དང་ལྡན་པ་ཉིད་ཀྱིས་ཀུན་རྫོབ་བྱང་ཆུབ་ཀྱི་སེམས་ཀྱིས་བསྡུས་པ་སེམས་དང་པོ་བསྐྱེད་པའི་བྱང་ཆུབ་སེམས་དཔས་ཀྱང་ཉན་ཐོས་འཕགས་པ་ཡང་ཟིལ་གྱིས་གནོན་ན། དེ་ལས་གཞན་པའི་ཡོན་ཏན་ཆེ་དང་། སེམས་དང་། ཡོ་བྱད་དང་། ལས་དང་། སྐྱེ་བ་དང་། རྫུ་འཕྲུལ་དང་། མོས་པ་དང་། སྨོན་ལམ་དང་། ཆོས་དང་། ཡེ་ཤེས་ལ་དབང་བའི་དབང་བཅུ་ལ་སོགས་པས་ཟིལ་གྱིས་གནོན་པ་ལྟ་ཅི་སྨོས། ཡང་ན། དོན་དམ་པའི་སེམས་དང་པོ་བསྐྱེད་པའི་ས་དང་པོ་ལ་གནས་པའི་བྱང་ཆུབ་སེམས་དཔས་ཀྱང་ཟིལ་གྱིས་གནོན་ན། དེ་ལས་གཞན་པའི་ཡོན་ཏན་དབང་བཅུ་ལ་སོགས་པ་ཐོབ་པས་ཟིལ་གྱིས་གནོན་པ་ལྟ་ཅི་སྨོས་ཞེས་བཤད་དོ། །

འོ་ན་ཉན་ཐོས་འཕགས་པས་ཆོས་ཀྱི་བདག་མེད་མངོན་སུམ་དུ་རྟོགས་པར་འདོད་པ་འགལ་ལོ། ། (52b) ཞེ་ན། སྐྱོན་མེད་དེ། ས་དང་པོ་པའི་རྒྱུད་ཀྱི་ཉན་རང་ཟིལ་གྱིས་གནོན་བྱེད་ཀྱི་ཡོན་ཏན་ནི། ཀུན་རྫོབ་བྱང་ཆུབ་ཀྱི་སེམས་སོ། །ཟིལ་གྱིས་མནན་བྱར་ཉན་ཐོས་དགྲ་བཅོམ་པ་ཡང་སྨྲད་པ་ནི། བུ་གཅིག་པ་མི་གཙང་བའི་དོང་དུ་ལྷུང་བའི་མ་ལ་བརྩེ་བ་ཡོད་པ་ལྟར། སེམས་ཅན་ཐམས་ཅད་སྡུག་བསྔལ་དང་བྲལ་ན་སྙམ་པ་ཡོད་ཀྱང་སྡུག་བསྔལ་དང་བྲལ་བ་རང་གིས་ཁུར་དུ་བླངས་པའི་རྗེས་སུ་བརྩེ་བ་མེད་པ་དེ་ཉིད་ཀྱི་ཕྱིར་གཞན་རྒྱས་པར་བྱེད་པ་དང་མི་ལྡན་པའི་འཕགས་པ་ཉན་ཐོས་ཉོན་མོངས་པའི་ཟག་པ་མེད་པའི་ཚུལ་ཁྲིམས་ཀྱི་སྡོམ་པ་རྣམ་པར་དག་པའི་མཐར་ཕྱིན་པར་གྱུར་པ་དགྲ་བཅོམ་པ་ཡང་ཟིལ་གྱིས་གནོན་ནོ། །

གསུམ་པ་ནི། རང་དོན་ཙམ་ལྷུར་ལེན་པའི་ཉན་ཐོས་དམན་པར་བསྟན་པ་ནི། འོག་ནས་འཆད་པའི་རྒྱུ་མཚན་གང་གི་ཕྱིར་ན་ཉན་ཐོས་འཕགས་པ་གང་ཞིག་རང་རྒྱུད་ཀྱི་སྡུག་བསྔལ་ཉེ་བར་ཞི་བ་ཙམ་གྱི་ཆེད་དུ་ཚུལ་ཁྲིམས་བསྲུང་པས་བདག་དོན་བྱེད་པས་རྣམ་རྒྱས་ཤིང་སྟེ། ཐོབ་བྱ་དམན་པའོ། །ཚུལ་ཁྲིམས་འཆལ་བའི་སེམས་ཅན་རྣམས་ལ་ཕྱིར་བཤད་པ་ལྟ་བུའི་བརྩེ་བ་བྲལ་བ་ནི་ཆེད་དུ་བྱ་བ་དམན་པའོ། །རྐང་པ་གསུམ་པ་ནི་གོ་བར་ཟད་དོ། །འཕགས་པ་དེ་ནི་རང་ཉིད་འབའ་ཞིག་གི་ཆེད་དུ་ཐར་པ་དོན་དུ་གཉེར་བའི་ཡིད་བྱེད་སྤོང་བའི་སེམས་པ་མེད་པས་ཚུལ་ཁྲིམས་རྣམ་པར་དག་པ་མི་བརྗོད་དོ། །བྱང་ཆུབ་སེམས་དཔའ་མཆོག་ཏུ་བསྟན་པ་ལ། ཀུན་སློང་གི་ཁྱད་པར་ནི། གང་ཞིག་གཞན་ལ་མཆོག་ཏུ་སྙིང་རྗེ་བསྐྱེད་ནས་ནི། སྦྱོར་བའི་ཁྱད་པར་བདག་དོན་འབའ་ཞིག་དོན་དུ་གཉེར་བའི་ཡིད་བྱེད་སྤོམ་པའི་ཚུལ་ཁྲིམས་ཡང་དག་བླང་བ་བྱས་ཏེ། བྱེད་ལས་ཀྱི་ཁྱད་པར་མེ་ལྟར་དང་ཆུ་དང་ས་བཞིན (53a) གཞན་སེམས་ཅན་མཐའ་དག་ཉེ་བར་འཚོ་བར་བྱེད་པའི་བྱང་ཆུབ་སེམས་དཔའ་དེ་ནི་ཁྲིམས་ལྡན་ཉན་ཐོས་ལ་སོགས་པ་གཞན་ནི་དེའི་གཟུགས་བརྙན་ཡིན་ཞེས་བཤད་དོ། །

（子二）彼差别应理之原由

具足自相续中**正依**菩萨清净增上意乐**功德，故初发**世俗菩提心所摄之**心菩萨亦映蔽**声闻圣者，**何况余得十自在等功德者**。十自在者，谓于寿、心、资具、业、生、神变、胜解、愿、法及智自在[①]。又可释为，住初发胜义心初地菩萨亦能映蔽，何况得余十自在等功德者。

或谓：如是则与所许声闻圣者现证法无我相违。曰：无过。初地相续能映蔽声闻、独觉之功德者，乃世俗菩提心。声闻阿罗汉亦摄入所映蔽者，彼虽有如独子堕不净坑母之悲、愿一切有情离苦，然**无**荷担离苦责之**悲**故，**不令他增长圣声闻**，**无**烦恼**漏戒律清净已达究竟者**阿罗汉亦所映蔽。

（子三）配合经教

下说惟重自利声闻为劣之原由。**何以故**？**如云**：声闻圣者但为灭自相续苦故**以**持**戒**令**自利而增盛**，所得下劣；**于诸犯戒有情离**上述**悲**者，所为下劣。第三句易解。**彼圣者**纯为自己希求解脱，无断此作意之心故，**不说戒净**。说菩萨殊胜，等起差别者，**于他发起最上悲**已；加行差别者，防护纯为自利作意，**受持净戒**；作业差别者，较**犹如地**、**水**、**火**、**风长养他**一切有情之菩萨，**余具戒**声闻等**者是其影像**。

---

① 详见本书卷二注。

གཉིས་པ་སྐྱབས་ཀྱི་དོན་བཤད་པ་ལ་གཉིས། སྤྱིའི་དོན་དང་། ཡན་ལག་གི་དོན་ནོ། དང་པོ་ལ་གསུམ། གང་ལ་སྐྱབས་སུ་འགྲོ་བའི་ཡུལ་གྱི་དབྱེ་བ་དང་། དེ་ལ་སྐྱབས་སུ་སོང་བའི་ཚུལ་དང་། ཞེས་བྱེད་དགོད་པའོ། །

དང་པོ་ནི། འདིར་སྐྱབས་ཀྱི་རྣམ་གཞག་མཛད་པ་ནི། སྤྱིར་གསུང་རབ་ལས་སྐྱབས་གསུམ་རྣམ་པར་བཞག་པའི་དགོངས་པ་གཏན་ལ་འབེབས་པའི་དབང་དུ་བྱས་ཀྱི། གོང་དུ་སྨོས་པའི་དཀོན་མཆོག་གསུམ་འབའ་ཞིག་གི་དབང་དུ་བྱས་པ་ནི་མ་ཡིན་નོ། །དེ་ལ་སྐྱབས་ནི་གཉིས་ཏེ། འབྲས་བུ་སྐྱབས་སུ་བཞག་པ་དང་། རྒྱུ་སྐྱབས་སུ་བཞག་པའོ། །དང་པོའི་དབང་དུ་བྱས་ནས། ཐེག་པ་ཆེན་པོའི་རིགས་ཅན་ལ་ནི། དཀོན་མཆོག་གསུམ་ག་རང་རྒྱུད་ལ་ཐོབ་བྱར་བྱེད་པས་གསུམ་ག་འབྲས་བུའི་སྐྱབས་སུ་རྣམ་པར་བཞག་ལ། རང་སངས་རྒྱས་དང་ཉན་ཐོས་ཀྱི་རིགས་ཅན་གཉིས་ལ་ལྟོས་ནས་རིམ་པ་བཞིན་དུ་ཆོས་དཀོན་མཆོག་དང་དགེ་འདུན་དཀོན་མཆོག་འབྲས་བུའི་སྐྱབས་སུ་རྣམ་པར་བཞག་གོ །ཉན་ཐོས་ཀྱིས་ཀྱང་རང་རྒྱུད་ལ་ཆོས་དཀོན་མཆོག་ཐོབ་བྱར་བྱེད་མོད་ཀྱི། གསུམ་དུ་སོ་སོར་ཕྱེ་བའི་དབང་དུ་བྱས་པའོ། །གཉིས་པའི་དབང་དུ་བྱས་ན། རིགས་ཅན་གསུམ་ག་ལ་དཀོན་མཆོག་གསུམ་ག་སྐྱབས་སུ་རྣམ་པར་བཞག་སྟེ། གཞན་རྒྱུད་ལ་གྲུབ་ཟིན་པའི་དཀོན་མཆོག་གསུམ་ལ་ལམ་སྟོན་པའི་སྟོན་པ་དང་། དེས་བསྟན་པའི་ལམ་ཐར་པར་བགྲོད་བྱེད་ཀྱི་ལམ（53b）དང་། ལམ་དེ་ཚུལ་བཞིན་དུ་སྒྲུབ་པའི་འཕགས་པའི་དགེ་འདུན་གྲོགས་སུ་བཟུང་ནས་རང་རྒྱུད་ལ་དཀོན་མཆོག་དེ་དང་དེ་ཐོབ་བྱར་བྱེད་པའི་ཕྱིར་རོ། །

གཉིས་པ་ནི། སྡུག་བསྔལ་དང་སྒྲིབ་པའི་འཇིགས་པ་ཆེན་པོ་ལས་ཐར་པའི་རྟེན་དང་དཔུང་གཉེན་དུ་ཡིད་ཀྱི་དམ་འཆའ་ཞིང་ངག་གིས་ཀྱང་དེ་ལྟར་ཁས་ལེན་པའོ། །དེ་ཡང་དཀོན་མཆོག་དེ་དང་དེ་རང་རྒྱུད་ལ་ཐོབ་བྱའི་དཔུང་གཉེན་དུ་འཛིན་པ་འབྲས་བུའི་སྐྱབས་འགྲོ་དང་། གཞན་རྒྱུད་ལ་གྲུབ་ཟིན་འཇིགས་པ་ལས་སྐྱོལ་བའི་དཔུང་གཉེན་དུ་འཛིན་པ་རྒྱུའི་སྐྱབས་འགྲོའོ། །རྒྱུའི་སྐྱབས་འགྲོ་བྱེད་པ་དེས་གསུམ་ག་ལ་འབྲས་བུའི་སྐྱབས་འགྲོ་བྱེད་པའི་ངེས་པ་མེད་ཀྱང་། འབྲས་བུའི་སྐྱབས་འགྲོ་བྱེད་པ་དེས་ནི་གསུམ་ག་ལ་རྒྱུའི་སྐྱབས་འགྲོ་བྱེད་པར་བཤད་ཟིན་ཏོ། །དེས་ན་རིགས་ཅན་གསུམ་གས་རྒྱུའི་སྐྱབས་འགྲོ་དང་འབྲས་བུའི་སྐྱབས་འགྲོ་གཉིས་ཀ་བྱེད་པ་ཞེས་པར་བྱའོ། །

[归依]

(己二) 释归依义

分二：(庚一) 总义；(庚二) 支分义。

(庚一) 总义

分三：(辛一) 所归依境之差别；(辛二) 于彼归依之理趣；(辛三) 安立依据。

(辛一) 所归依境之差别

此处归依建立者，抉择佛语中归依建立之意趣，非但就上述三宝而说。此中归依有二：果归依及因归依。约前者言，具大乘种性者以三宝为自相续之当得，故立三者为果归依；具独觉及声闻种性二者依次以法宝及僧宝为果归依。声闻虽亦以法宝为自相续之当得，然约三者别分而说。约后者言，三类具种性者皆以三宝为归依，以认定他相续中已成三宝中之示道者为大师，彼所示之道为能趣解脱之道，如理修习彼道之圣僧为助伴，而以三宝之一为自相续之当得故。

(辛二) 于彼归依之理趣

意中认许三宝为解脱苦、障大怖畏之依靠及救怙，口亦如是承许。此亦执三宝之一为自相续当得之救怙即果归依；执他相续中已成者为解脱怖畏之救怙即因归依。已说作因归依者虽不决定以三宝全部为果归依，作果归依者必以三宝全部为因归依。因此应知三类具种性者作因、果二种归依。

གསུམ་པ་ནི། དེ་སྐད་དུ་ཡང་ཁྱིམ་བདག་དྲག་ཤུལ་ཅན་གྱིས་ཞུས་པ་ལས། ཁྱིམ་བདག་ཇི་ལྟར་ན། བྱང་ཆུབ་སེམས་དཔའ་སངས་རྒྱས་ལ་སྐྱབས་སུ་སོང་བ་ཡིན་ཞེ་ན། ཁྱིམ་བདག་འདི་ལ་བྱང་ཆུབ་སེམས་དཔའ་ཁྱིམ་པ། སངས་རྒྱས་ཀྱི་སྐུ་སྐྱེས་བུ་ཆེན་པོའི་མཚན་སུམ་ཅུ་རྩ་གཉིས་ཀྱིས་བརྒྱན་པ། ཡོངས་སུ་བསྒྲུབ་པར་བྱའོ། །སྙམ་དུ་སེམས་མངོན་པར་འདུ་བྱེད་དེ། དགེ་བའི་རྩ་བ་གང་གིས་སྐྱེས་བུ་ཆེན་པོའི་མཚན་སུམ་ཅུ་རྩ་གཉིས་ཡང་དག་པར་བསྒྲུབ་པར་འགྱུར་བའི་དགེ་བའི་རྩ་བ་དེ་དག་ཡང་དག་པར་སྒྲུབ་པའི་ཕྱིར་བརྩོན་འགྲུས་རྩོམ་པ་དེ་ལྟ་བུ་ནི་ཁྱིམ་བདག་བྱང་ཆུབ་སེམས་དཔའ་སངས་རྒྱས་ལ་སྐྱབས་སུ་སོང་བ་ཡིན་ནོ། །

ཁྱིམ (54a) བདག་འདི་ལ་བྱང་ཆུབ་སེམས་དཔའ་ཁྱིམ་པ་ཆོས་ལ་གུས་པ་དང་བཅས་ཤིང་རི་མོར་བྱེད་པ་དང་བཅས་པ། ཆོས་དོན་དུ་གཉེར་བ། ཆོས་འདོད་པ། ཆོས་ཀྱི་ཀུན་དགའ་ལ་དགའ་ཞིང་མོས་པ། ཆོས་ལ་གཞོལ་བ། ཆོས་ལ་འབབ་པ། ཆོས་ལ་བབ་པ། ཆོས་སྲུང་བ། ཆོས་སྲིད་ཅིང་གནས་པ། ཆོས་ཀྱི་གྲགས་པ་དང་ཆོས་ཀྱི་སྤྱོད་པ་ལ་གནས་པ། ཆོས་ཀྱི་དབང་དུ་གྱུར་པ། ཆོས་ཀྱི་ཡོངས་སུ་ཚོལ་བ་པ། ཆོས་ཀྱི་སྟོབས་དང་ལྡན་པ། ཆོས་ཀྱི་སྦྱིན་པའི་མཚོན་ཆ་དང་ལྡན་པ། ཆོས་ཀྱི་བྱ་བ་བྱེད་པ་སྟེ། འདི་ལྟ་བུའི་ཆོས་དང་ལྡན་པས་བདག་བླ་ན་མེད་པ་ཡང་དག་པར་རྫོགས་པའི་བྱང་ཆུབ་མངོན་པར་རྫོགས་པར་སངས་རྒྱས་ནས། ལྷ་དང་མི་དང་ལྷ་མ་ཡིན་དུ་བཅས་པའི་འཇིག་རྟེན་ལ་ཆོས་ཀྱི་བགོ་བཤའ་བྱའོ་སྙམ་དུ་དྲན་པ་རབ་ཏུ་ཐོབ་སྟེ། ཁྱིམ་བདག་དེ་ལྟར་ན་བྱང་ཆུབ་སེམས་དཔའ་ཁྱིམ་པ་ཆོས་ལ་སྐྱབས་སུ་སོང་བ་ཡིན་ནོ། །

ཁྱིམ་བདག་ཇི་ལྟར་ན་བྱང་ཆུབ་སེམས་དཔའ་ཁྱིམ་པ་དགེ་འདུན་ལ་སྐྱབས་སུ་སོང་བ་ཡིན་ཞེ་ན། ཁྱིམ་བདག་འདི་ལ་བྱང་ཆུབ་སེམས་དཔའ་ཁྱིམ་པ་དགེ་འདུན་ལ་སྐྱབས་སུ་སོང་བ་ནི། གལ་ཏེ་དགེ་སློང་རྒྱུན་དུ་ཞུགས་པའམ། ལན་ཅིག་ཕྱིར་འོང་བའམ། ཕྱིར་མི་འོང་བའམ། དགྲ་བཅོམ་པའམ། སོ་སོའི་སྐྱེ་བོའམ། ཉན་ཐོས་ཀྱི་ཐེག་པ་པའམ། རང་སངས་རྒྱས་ཀྱི་ཐེག་པ་པའམ། ཐེག་པ་ཆེན་པོ་བདག་མཐོང་ན། དེ་ལ་གུས་པ་དང་བཅས་ཤིང་ཞེས་དང་བཅས་ལ་ལྡང་བར་བརྩོན་པའམ། བཀའ་སློ་བདེ་ཞིང་མཐུན་པར་འཛིན་པ་ཡིན་ཏེ། དེ་ཡང་དག་པར་སོང་བ་དང་། ཡང་དག་པར་ཞུགས་པ་དེ (54b) དག་ལ་བསྙེན་བཀུར་བྱས་པས། འདི་ལྟར་བདག་བླ་ན་མེད་པ་ཡང་དག་པར་རྫོགས་པར་སངས་རྒྱས་ནས། ཉན་ཐོས་ཀྱི་ཡོན་ཏན་དང་རང་སངས་རྒྱས་ཀྱི་ཡོན་ཏན་ཡོངས་སུ་སྒྲུབ་པའི་ཕྱིར་ཆོས་བསྟན་ཏོ་སྙམ་དུ་དྲན་པར་རབ་ཏུ་འཐོབ་སྟེ། དེ་དེ་དག་ལ་གུས་པ་དང་བཅས་ཤིང་ཞེ་ས་དང་བཅས་པ་ཡིན་གྱི། དེ་དག་ལ་མི་དགའ་བར་ནི་མི་བྱེད་དོ། །དེ་ལྟར་ན་ཁྱིམ་བདག་བྱང་ཆུབ་སེམས་དཔའ་ཁྱིམ་པ་དགེ་འདུན་ལ་སྐྱབས་སུ་སོང་བ་ཡིན་ནོ། ། ཞེས་གསུངས་ཏེ།

（辛三）安立依据

如是《郁伽长者请问经》亦云："长者，云何菩萨归依于佛？长者，在家菩萨起如是加行思：我当成佛身以三十二大丈夫相而为庄严。为修集成就三十二大丈夫相之善根故而发精进。长者，如是者谓在家菩萨归依佛。

"长者，在家菩萨当得此念：我当恭敬、承奉于法，求法，欲法，喜乐、胜解于法，专注于法，护法，增法，住法，成法友，住法行，法自在，法饱足，具法力，具法施器仗，作法业。具足如是法故，我成无上正等觉已，当以正法等施天、人、非天世间。长者，如是者谓在家菩萨归依法。

"长者，云何在家菩萨归依于僧？长者，在家菩萨归依僧者，当得此念：我若见苾蒭，或预流、或一来、或不还、或阿罗汉、或异生、或声闻乘、或独觉乘、或大乘，皆当恭敬起迎，乐谏和顺，承事彼等正勤修行者。如是我成无上正等觉已，当演说法，令成办声闻功德及独觉功德。于彼等当起恭敬、不应不喜。如是者谓在家菩萨归依僧。"

དེ་ལྟར་ཉན་ཐོས་སོགས་ལ་གུས་པ་དང་བཅས་པ་ནི། རང་ཉིད་མངོན་པར་རྫོགས་པར་སངས་རྒྱས་ནས་གུས་པ་དང་བཅས་པར་བསྟུ་བའི་དབང་དུ་བྱས་ནས་འབྲས་བུའི་སྐྱབས་ཡན་ལག་དང་བཅས་པའི་དབང་དུ་བྱས་པའོ། །

རྒྱུའི་སྐྱབས་ལ་ལྟོས་ཏེ་ནི་གསུམ་ག་ཡང་མཚུངས་པར་སྐྱབས་ཡིན་ཏེ། མདོ་འདི་ཉིད་ལས་འདི་སྐད་དུ། ཁྱིམ་བདག་བྱང་ཆུབ་སེམས་དཔའ་ཁྱིམ་པ་ཆོས་བཞི་དང་ལྡན་ན། སངས་རྒྱས་ལ་སྐྱབས་སུ་སོང་བ་ཡིན་ནོ། །བཞི་གང་ཞེ་ན། འདི་ལྟ་སྟེ། བྱང་ཆུབ་ཀྱི་སེམས་མི་འདོར་བ་དང་། དམ་བཅས་པ་མི་འཛིག་པ་དང་། སྙིང་རྗེ་ཆེན་པོ་ཡོངས་སུ་མི་འདོར་བ་དང་། ཐེག་པ་གཞན་ལ་མི་བརྟེན་པ་སྟེ། ཁྱིམ་བདག་བྱང་ཆུབ་སེམས་དཔའ་ཆོས་བཞི་དང་ལྡན་ན་སངས་རྒྱས་ལ་སྐྱབས་སུ་སོང་བ་ཡིན་ནོ། །

ཁྱིམ་བདག་གཞན་ཡང་བྱང་ཆུབ་སེམས་དཔའི་ཆོས་བཞི་དང་ལྡན་ན་ཆོས་ལ་སྐྱབས་སུ་སོང་བ་ཡིན་ནོ། བཞི་གང་ཞེ་ན། ཆོས་སྨྲ་བའི་གང་ཟག་ལ་བསྙེན་བཀུར་བྱས་ཏེ་ཆོས་ཉན་པ་དང་། དེའི་དོན་ལ་ཚུལ་བཞིན་དུ་སོ་སོར་རྟོག་པ་དང་། ཇི་ལྟར་ཐོས་ཤིང་ཕྱིན་དུ་ཆུད་པ་གཞན་ལ་སྟོན་པ་དང་། ཆོས་ཀྱི་སྦྱིན་པ་ལས་བྱུང་བའི་དགེ་བའི་རྩ་བ་བླ་ན་མེད་པའི་བྱང་ཆུབ་ཏུ་བསྔོ་བ་སྟེ། ཞེས (55a) བྱ་བའི་དོན་གསུངས་པ་དང་། །

ཡང་དགེ་འདུན་གྱི་དབང་དུ་བྱས་ནས། ཁྱིམ་བདག་གཞན་ཡང་བྱང་ཆུབ་སེམས་དཔའ་ཁྱིམ་པ་ཆོས་བཞི་དང་ལྡན་ན་དགེ་འདུན་ལ་སྐྱབས་སུ་སོང་བ་ཡིན་ནོ། །བཞི་གང་ཞེ་ན། ཉན་ཐོས་ཀྱི་སྐྱོན་མེད་ལ་ཞུགས་པ་བྱང་ཆུབ་ཀྱི་སེམས་ལ་འགོད་པ་དང་། ཟང་ཟིང་གིས་སྡུད་པ་ཆོས་ཀྱིས་སྡུད་པ་ལ་སྦྱོར་བ་དང་། བྱང་ཆུབ་སེམས་དཔའ་ཕྱིར་མི་ལྡོག་པའི་དགེ་འདུན་ལ་བརྟེན་གྱི། ཉན་ཐོས་ཀྱི་དགེ་འདུན་ལ་མ་ཡིན་པ་དང་། ཉན་ཐོས་ཀྱི་ཡོན་ཏན་ཚོལ་གྱི་རྣམ་པར་གྲོལ་བ་མ་ཡིན་པ་ཞེས་བྱ་བའི་དོན་གསུངས་པ་དང་།

ཡང་དེ་བཞིན་གཤེགས་པའི་གཟུགས་མཐོང་ནས་སངས་རྒྱས་རྗེས་སུ་དྲན་པ་དང་། ཆོས་ཐོས་ནས་ཆོས་རྗེས་སུ་དྲན་པ་ཐོབ་པ་དང་། ཉན་ཐོས་ཀྱི་དགེ་འདུན་མཐོང་ནས་བྱང་ཆུབ་ཀྱི་སེམས་དྲན་པར་ཞེས་བྱ་བ་དང་། ཡང་སངས་རྒྱས་དང་འགྲོགས་པར་སློན་པས་སངས་རྒྱས་ལ་སྦྱིན་པ་སྦྱིན་པ་དང་། ཆོས་བསྲུང་བའི་ཕྱིར་ཆོས་ལ་སྦྱིན་པ་སྦྱིན་པ་དང་། སྦྱིན་པ་དེ་བླ་ན་མེད་པ་ཡང་དག་པར་རྫོགས་པའི་བྱང་ཆུབ་ཏུ་ཡོངས་སུ་བསྔོ་བ་རྣམས་རིམ་པ་བཞིན་དཀོན་མཆོག་གསུམ་ལ་སྐྱབས་སུ་སོང་བར་གསུངས་སོ། །

如是恭敬声闻等者，是约自成佛已，摄受恭敬者而成果归依之支分而言。

观待因归依者，三宝同是归依。彼经云：

“长者，在家菩萨若具四法归依于佛。何等四法？不舍菩提心，不废誓言，不舍大悲，不依余乘。在家菩萨具此四法谓归依佛。

长者，在家菩萨若具四法归依于法，何等四法？亲近承事说法师而听法，如理思择法义，随自闻解为他演说，法施所致善根回向无上菩提。在家菩萨具此四法谓归依法。

长者，在家菩萨若具四法归依于僧，何为四法？令无声闻过者发菩提心，或以财摄或以法摄，依不退转菩萨僧、不依声闻僧，非求声闻解脱……”

又，经说见如来相已念佛，闻法已念法，见声闻僧已念菩提心。又说，愿亲近佛而行于施，为护法故而行于施，彼施回向无上正等觉，依次为归依三宝。

དེ་ལྟར་ཕྱི་རོལ་པ་རྣམས་ནི། འཁོར་བའི་ཁྱད་པར་འགའ་ཞིག་ལ་ཐར་པར་མིང་བཏགས་ནས་དེ་ལ་སྐྱབས་སུ་འགྲོ་བས། སྐྱབས་དང་སྐྱབས་འགྲོ་རྣལ་མ་མེད་ལ། རང་གི་ལུགས་ལ་ནི་ཁྱབ་པར་འདུ་བྱེད་ཀྱི་སྡུག་བསྔལ་གྱིས་ཡིད་འབྱུང་བས་ཀུན་ནས་བསླངས་ནས་ཐར་པ་དོན་དུ་གཉེར་བ་ནི། ངེས་འབྱུང་གི་བསམ་པས་ཟིན་པ་ཡིན་ལ། དེས་ཀུན་ནས་བསླངས་ནས་ཚུལ་ཁྲིམས (55b) བསྲུང་བ་ཡང་། ངེས་འབྱུང་གི་ཚུལ་ཁྲིམས་ཡིན་པས་དེ་དག་ཀྱང་ཆོས་འདི་ལས་ཕྱི་རོལ་ཏུ་གྱུར་པ་ལ་མེད་པར་ཤེས་པར་བྱས་ལ། བསྟན་བཅོས་འདི་ལ་ཐོས་བསམ་བྱེད་པ་རྣམས་ཀྱིས་ཀྱང་ཐོག་མར་སྐྱབས་འགྲོ་ཡིད་འཁྲུལ་ནུས་པ་འདུག་མི་འདུག་བརྟག་པར་བྱ་ལ། སྐྱབས་འགྲོ་འདི་ལ་གོ་བ་ལེགས་པར་ཆགས་ན་གསུང་རབ་དགོངས་འགྲེལ་དང་བཅས་པ་མ་ལུས་པ་སྐྱབས་འགྲོ་ཡུལ་དང་བཅས་པའི་ཡན་ལག་ཏུ་ཤེས་པར་འགྱུར་རོ། །ཁ་ཅིག །ཉམས་ལེན་དེ་ཙམ་མི་བྱེད་པའི་ཁེངས་སྐྱུང་དུ་བྱས་ནས། སྐྱབས་འགྲོ་རེ་ཙམ་བྱེད་ཀྱི་ཡོད་ཅེས་ཟེར་བ་ནི། ཅི་ཡང་མི་ཤེས་པའི་བླུན་པོ་འབའ་ཞིག་གི་གཏམ་མོ། །

གཉིས་པ་ཡན་ལག་གི་དོན་ལ་གཉིས། ཀུན་རྫོབ་པའི་སྐྱབས་རྣམ་པར་བཞག་པ་དང་། དོན་དམ་པའི་སྐྱབས་རྣམ་པར་བཞག་པའོ། །དང་པོ་ལ་གཉིས། དྲི་བ་དང་། ལན་ནོ། །

དང་པོ་ནི། དེ་ལ་དགོངས་པའི་དོན་གང་གིས་གདུལ་བྱ་གང་གི་དབང་དུ་བྱས་ནས་བཅོམ་ལྡན་འདས་ཀྱིས་སྐྱབས་གསུམ་རྣམ་པར་བཞག་པ་མཛད་ཅེ་ན། གང་ཟག་དྲུག་གི་དབང་དུ་མཛད་ནས་སྐྱབས་གསུམ་རྣམ་པར་བཞག་པ་འདི་དོན་དམ་པའི་སྐྱབས་ཁོ་ནའི་དབང་དུ་བྱས་པ་མ་ཡིན་གྱི། གདུལ་བྱ་ཐེག་པ་གསུམ་ལ་རིམ་གྱིས་གཞུག་པའི་ཆེད་དུ་གཏན་ལ་དབབ་བྱའི་གཙོ་བོ་ནི། ཀུན་རྫོབ་པའི་སྐྱབས་ཀྱི་དབང་དུ་བྱས་པ་ཡིན་ནོ། །

如是诸外道者，于某一生死中之殊胜者假名解脱而作归依，非真依怙及真归依。自宗者，厌离周遍行苦，以此为等起而求解脱，是为出离心所摄持者。以此为等起而持戒，即是出离戒。当知彼等外道出于此法之外。闻思本论者首当观察能否淳意归依！于此归依若善晓了，则知一切经论皆为归依及归依境之支分。或全无此等修持，貌似谦逊言修少许归依，纯系不学无术之蠢话！

（庚二）支分义

分二：（辛一）世俗归依建立；（辛二）胜义归依建立。

（辛一）世俗归依建立

分二：（壬一）问；（壬二）答。

（壬一）问

此中世尊依何意趣**义**于何等所化**作三归依建立**？约六种补特伽罗作三归依建立，此非单是胜义归依。为渐次引导所化入三乘故，所抉择之主要者乃世俗归依。

གཉིས་པ་ལ་གསུམ། རྩ་བ་དང་། འགྲེལ་པ་དང་། དོན་བསྡུ་བའོ། །

དང་པོ་ནི། རྐང་པ་དང་པོས་དགོས་པ་དང་། རྐང་པ་ཕྱི་མ་གསུམ་གྱིས་ཆེད་དུ་བྱ་བའི་གདུལ་བྱ་སྟོན་ཏོ། །ཐེག་པ་ཆེན་པོའི་རིགས་ཅན་དཀོན་མཆོག་གསུམ་ག་འབྲས（56a）བུའི་སྐྱབས་སུ་འཛིན་ཡང་། མཐར་ཐུག་པའི་ཆོས་དང་དགེ་འདུན་གྱི་ཚོགས་མངའ་བ་སངས་རྒྱས་དཀོན་མཆོག་ཏུ་བསྡུས་ནས། དཀོན་མཆོག་གསུམ་རིགས་ཅན་གསུམ་གྱི་འབྲས་བུའི་སྐྱབས་སོ་སོར་ཕྱེ་བའི་དབང་དུ་བྱས་ནས། སྟོན་པ་ཡང་དག་པར་རྫོགས་པའི་སངས་རྒྱས་རང་རྒྱུད་ལ་ཐོབ་བྱར་བྱེད་པ་ཐེག་པ་ཆེན་པོའི་རིགས་ཅན་དང་བསྟན་པ་དམ་པའི་ཆོས་དཀོན་མཆོག་རྟེན་འབྲེལ་ཟབ་མོའི་དོན་རྟོགས་པས་འཁོར་བའི་སྡུག་བསྔལ་ཟད་པ་རང་རྒྱུད་ལ་ཐོབ་བྱའི་འབྲས་བུའི་སྐྱབས་སུ་དོན་དུ་གཉེར་བ་རང་སངས་རྒྱས་ཀྱི་རིགས་ཅན་དང་། སྲིད་པ་ཐ་མ་པའི་ཚེ་གཞན་གྱི་སྒྲའི་རྗེས་སུ་འབྲངས་ནས་དགྲ་བཅོམ་ཐོབ་པ་སློབ་མ་དགྲ་བཅོམ་པའི་རྒྱུད་ཀྱི་འབྲས་བུ་རང་རྒྱུད་ལ་ཐོབ་བྱའི་འབྲས་བུའི་སྐྱབས་སུ་དོན་དུ་གཉེར་བ་ཉན་ཐོས་ཀྱི་རིགས་ཅན་སོགས་ཀྱི་འབྲས་བུའི་སྐྱབས་སུ་རྟོགས་པར་བྱ་བའི་ཆེད་ཀྱི་དོན་གྱིས་ཐེག་པ་གསུམ་གའི་གང་ཟག་རྣམས་ཀྱི་དབང་དུ་བྱས་ནས་འབྲས་བུའི་སྐྱབས་གསུམ་རྣམ་པར་བཞག་པ་ཡིན་ནོ། །

སྟོན་པ་དང་། བསྟན་པ་དང་སློབ་མ་དགྲ་བཅོམ་པ་དང་བྱང་ཆུབ་སེམས་དཔའ་འཕགས་པས་བསྡུས་པའི་གྲུབ་ཟིན་གྱི་དཀོན་མཆོག་གསུམ་ཐེག་པ་གསུམ་གའི་ཚོགས་ཀྱི་རྒྱུའི་སྐྱབས་སུ་རྟོགས་པར་བྱ་བའི་ཆེད་ཀྱི་དོན་གྱིས་དང་། ལམ་དུ་མ་ཞུགས་ཀྱང་དཀོན་མཆོག་གསུམ་ལ་སོ་སོར་མཆོད་པ་ལ་སོགས་པའི་བྱ་བ་བྱེད་པ་གསུམ་ལ་མོས་པ་རྣམས་ཀྱི་དབང་དུ་བྱས་ནས་རྒྱུའི་སྐྱབས་གསུམ་རྣམ་པར་བཞག་པ་ཡིན་ནོ། །

དོན་བསྡུས་ན། རིགས་ཅན་གསུམ་གྱི་རང（56b）རྒྱུད་ལ་ཐོབ་བྱའི་དབང་དུ་བྱས་ནས་འབྲས་བུའི་སྐྱབས་གསུམ་རྣམ་པར་བཞག་ལ། གྲུབ་ཟིན་གྱི་དཀོན་མཆོག་གསུམ་རིགས་ཅན་གསུམ་ག་ལ་ལྟོས་ནས་རྒྱུའི་སྐྱབས་དང་། ལམ་དུ་མ་ཞུགས་ཀྱང་དཀོན་མཆོག་གསུམ་ལ་སོ་སོར་བྱ་བ་བྱེད་པ་ལ་མོས་པ་ལ་ལྟོས་ནས་སྐྱབས་གསུམ་སོ་སོར་རྒྱུའི་སྐྱབས་སུ་རྣམ་པར་བཞག་གོ །

（壬二）答

分三：（癸一）《论》；（癸二）《释》；（癸三）摄义。

（癸一）《论》

初句说其用，后三句说特别所化。具大乘种性以三宝全体为果归依，然因佛宝有究竟法及僧众，故摄入佛宝，而别分三宝为三类具种性之果归依：具大乘种性，以**大师**正等觉为自相续之当得；具独觉种性，希求以证**教**正法宝甚深缘起义尽生死苦，为自相续当得之果归依；具声闻种性，希求以最后有时依他音声成阿罗汉，以**弟子**阿罗汉相续果为自相续当得之果归依。为令通达彼等果归依故，**约三种乘**诸人作**三种**果**归依建立**。

为令通达**大师**、**教**、**弟子**阿罗汉、菩萨圣者所摄之已成三宝，是**三乘**大众之因归依故，**以及约**诸虽未入道、然于三宝**胜解**作各别供养等**三种事**者，作**三**种因**归依建立**。（1. 19）

简言之，约三类具种性自相续之当得，作果归依建立；已成之三宝，观待三类具种性者，作因归依建立；未入道者，于三宝胜解作各别承事，而作三归依各别因归依建立。

གཉིས་པ་ནི། སྟོན་པའི་ཡོན་ཏན་བསྟན་ནས་རྟོགས་པའི་དོན་དུ་སངས་རྒྱས་ཀྱི་དངོས་པོ་ཉིད་རང་རྒྱུད་ལ་ཐོབ་བྱར་དོན་དུ་གཉེར་བར་ཞུགས་པའི་བྱང་ཆུབ་སེམས་དཔའི་ཐེག་པ་བའི་གང་ཟག་དང་། རིགས་ཅན་གསུམ་གའི་གང་ཟག་སངས་རྒྱས་ལ་མཆོག་ཏུ་བྱ་བ་བྱེད་པ་དང་། ལམ་དུ་མ་ཞུགས་ཀྱང་སངས་རྒྱས་ལ་ཕྱག་དང་མཆོད་པ་ལ་སོགས་པ་མཆོག་ཏུ་བྱ་བ་བྱེད་པར་མོས་པ་རྣམས་ཀྱི་དབང་དུ་བྱས་ནས་སངས་རྒྱས་ནི་སྐྱབས་ཡིན་ཏེ། རྐང་གཉིས་རྣམས་ཀྱི་མཆོག་ཡིན་པའི་ཕྱིར་རོ་ཞེས་སངས་རྒྱས་དཀོན་མཆོག་སྐྱབས་སུ་བསྟན་ཅིང་རྣམ་པར་བཞག་གོ ། འདི་ནི་རིགས་པས་འཐད་པ་འཇིག་རྟེན་ན་གྲགས་པའི་དབང་དུ་བྱས་ནས་སྐྱབ་བྱེད་བཀོད་པ་ཡིན་ཏེ། རྐང་གཉིས་ཀྱི་སྐྱེས་བུ་རྣམས་ཀྱི་ནང་ནས་མཆོག་མཐར་ཐུག་པ་སངས་རྒྱས་འབའ་ཞིག་དང་། སྐྱབས་གནས་སུ་གྲགས་པས་སོ། །གཞན་དུ་ན་སངས་རྒྱས་དཀོན་མཆོག་སྐྱབས་སུ་སྐྱབ་པའི་སྐྱབ་བྱེད་གཞན་དུ་མ་བཀོད་པས་ཆོག་པའི་ཕྱིར་དང་། རང་གི་སྟོན་པ་གཞན་གྱི་སྟོན་པ་ལས་མཆོག་ཏུ་སྒྲུབ་པའི་ཆེད་ཡིན་པའི་ཕྱིར། །

སྟོན་པའི་བསྟན་པ་དམ་པའི་ཆོས་དཀོན་མཆོག་གི་ཡོན་ཏན་བསྟན་ནས་རྟོགས་པའི་དོན་དུ་གང་ཟག་རང་ཉིད（57a）རྟེན་འབྲེལ་གྱི་ཆོས་ཟབ་མོ་འཁོར་བ་ལུགས་འབྱུང་ལུགས་ལྡོག་དང་རྟེན་འབྲེལ་སྨྲོས་པའི་མཐའ་དང་བྲལ་བ་རྗེས་སུ་རྟོགས་ནས་འཁོར་བའི་སྡུག་བསྔལ་ཉེ་བར་ཞི་བ་རང་རྒྱུད་ལ་ཐོབ་པའི་ཕྱིར་ཞུགས་པ་རང་སངས་རྒྱས་ཀྱི་ཐེག་པ་བའི་གང་ཟག་དང་། ལམ་དུ་ཞུགས་པ་དང་མ་ཞུགས་ཀྱང་ཆོས་ལ་བཀུར་སྟི་དང་། རྒྱུའི་སྐྱབས་ལ་སོགས་པ་མཆོག་ཏུ་བྱ་བ་བྱེད་པར་མོས་པ་རྣམས་ཀྱི་དབང་དུ་བྱས་ནས་ཆོས་དཀོན་མཆོག་ནི་སྐྱབས་ཡིན་ཏེ། འདོད་ཆགས་དང་བྲལ་བ་རྣམས་ཀྱི་མཆོག་ཡིན་པའི་ཕྱིར་རོ། །ཞེས་རྟོགས་པའི་དོན་དུ་ཆོས་དཀོན་མཆོག་སྐྱབས་སུ་བསྟན་ཅིང་རྣམ་པར་བཞག་གོ ། ཕྱང་བྱའི་ས་བོན་དང་བྲལ་བ་སླར་མི་ལྡོག་པའི་ཆོས་ཅན་གྱི་སྤངས་པ་སྐྱབས་སུ་རིགས་ཀྱི། སླར་ལྡོག་པའི་ཆོས་ཅན་འཇིག་རྟེན་པའི་ཆགས་བྲལ་ཆོས་དཀོན་མཆོག་ཏུ་མི་འཆད་པར་ཤེས་པའི་ཆེད་དུ་ཡིན་ནོ། །

（癸二）《释》

示大师功德而通达**之义**，**是约为希求佛事**为自相续当得，**而趣入之菩萨乘人**，**以及**为三类具种性者**于佛胜解作最上事**（因归依），及为虽未入道、然亦**于佛胜解作**礼供等**最上事者**，**建立佛是归依**，**即**“**是两足中尊故**”**宣说**、**建立**佛宝为归依。此说应理，是约世间共许而立据，以两足士夫中，最尊者厥惟佛，称归依处故；别有众多非一可成立佛宝为归依之能立故；及为成立自大师较余大师为胜故。

示大师教正法宝**功德**而通达**之义**，**是约为自证甚深缘起法**顺逆生死及缘起离戏论边而灭生死苦、成自相续当得**故而趣入之独觉乘人**，**以及**入未入道皆**于法胜解作**因归依、敬事等**最上事者**，**建立法是归依**，**即**“**是离贪中尊故**”**宣说**、**建立**法宝为归依。远离所断种子、具不退转法之断德为归依应理，为令了知具退转法之世间离贪不能称法宝故。

སྟོན་པའི་བསྟན་པ་ལ་ལེགས་པར་ཞུགས་པའི་སློབ་མ་དགྲ་བཅོམ་པའི་ཡོན་ཏན་བསྟན་ནས་རྟོགས་པའི་དོན་དུ་གཞན་ལས་ཐོས་པའི་སྒྲའི་རྗེས་སུ་ཞུགས་ནས་རང་རྒྱུད་དགྲ་བཅོམ་པའི་འབྲས་བུ་ཐོབ་བྱར་རྟོགས་པའི་ཕྱིར་ཞུགས་པའི་ཉན་ཐོས་ཀྱི་ཐེག་པ་བའི་གང་ཟག་དང་། རིགས་ཅན་གསུམ་གིས་གྲུབ་ཟིན་གྱི་དགེ་འདུན་དཀོན་མཆོག་རྒྱུའི་སྐྱབས་སུ་བྱེད་པ་དང་། ལམ་དུ་མ་ཞུགས་ཀྱང་འཕགས་པའི་དགེ་འདུན་ལ་བསྙེན་བཀུར་བ་དང་། ལམ་སྒྲུབ་པའི་གྲོགས་སུ་འཛིན་པ་སོགས་མཆོག་ཏུ་བྱ་བ་བྱེད་པར་མོས་པ་རྣམས་ཀྱི་བསོད་ནམས་ཀྱི་ཞིང་གི་དབང་དུ་བྱས་ནས་འཕགས་པའི་དགེ་འདུན་ནི་སྐྱབས་ཡིན་ཏེ། (57b) ཚོགས་ཀྱི་མཆོག་ཡིན་པའི་ཕྱིར་རོ་ཞེས་དགེ་འདུན་དཀོན་མཆོག་སྐྱབས་སུ་བསྟན་ཅིང་རྣམ་པར་བཞག་གོ །འཕགས་པའི་གོ་འཕང་ཐོབ་པ་ན་སྐྱབས་གནས་ཡང་དག་ལ། ཡང་དག་ཡིན་མིན་གྱི་ཐེ་ཚོམ་གྱི་ས་བོན་སྤངས་པས་སྐྱབས་གནས་དང་མི་ཕྱེད་པས་ཁྱབ་པའི་ཕྱིར། དགེ་འདུན་དཀོན་མཆོག་ཏུ་རྣམ་པར་བཞག་གོ །སོ་སོ་སྐྱེ་བོ་ལ་ནི་མ་ཡིན་ཏེ། ཚེ་འཕོས་ནས་སྟོན་པ་གཞན་གྱི་ཁ་ཕྱིར་འབྲང་བ་སྲིད་པའི་ཕྱིར་རོ། །གང་ཟག་དང་དགེ་འདུན་གཉིས་སུ་ཕྱེ་བའི་དགེ་འདུན་ལ་བཞིའི་གྲངས་ཚང་དགོས་པས་ཚོགས་ཞེས་སྨྲས་སོ། །

སྐྱབས་སྤྱིའི་རྣམ་གཞག་གཏན་ལ་འབེབས་པ་ཡིན་པས་ཐེག་པ་དམན་པའི་འཕགས་པའི་ཚོགས་ཀྱང་འདིར་བསྟན་ཏོ། །ལོག་པའི་བཤེས་གཉེན་གྱིས་བསླུས་པ་ཁ་ཅིག ཉན་ཐོས་འཕགས་པ་དང་ཉན་ཐོས་དགྲ་བཅོམ་པས། འཕགས་པ་དང་དགྲ་བཅོམ་པའི་གོ་མི་ཆོད་དོ་ཞེས་སྨྲ་བ་ནི། སྟོན་པ་ཡང་དག་པར་རྫོགས་པའི་སངས་རྒྱས་ཀྱིས་དང་པོར་ཡུལ་ཝ་ར་ཎ་སེར་ཉན་ཐོས་ཀྱི་ཐེག་པ་ལ་ཡང་དག་པར་ཞུགས་པ་རྣམས་ལ་བདེན་བཞིའི་ཆོས་འཁོར་བསྐོར་ཡང་གྲོལ་བ་མཚན་ཉིད་པ་ལ་བཀོད་པ་ཙུང་ཟད་ཀྱང་མེད་དོ། །ཞེས་སྟོན་པ་དང་བསྟན་པ་མཐའ་དག་ལ་སྐུར་བ་འདེབས་པའི་ལོག་ལྟ་ཆེན་པོ་ཡིན་ཏེ། སྐྱེ་བོ་སྲོག་ཆགས་ཁྲི་ཕྲག་དུ་མ་བསད་པ་ལས་ཀྱང་ཁ་ན་མ་ཐོ་བ་ཆེས་ཆེ་པས། བདག་ལེགས་སུ་འདོད་པ་རྣམས་ཀྱིས་གནས་འདི་ལ་ཤིན་ཏུ་གཟབ་པར་བྱའོ། །

གསུམ་པ་ནི། དེ་ལྟར་འདིས་ནི་མདོར་བསྡུས་ན་དགོས་པའི་དོན་རྣམ་པ་གསུམ་གྱིས་གདུལ་བྱ་གང་ཟག་དྲུག་གི་དབང་དུ་བྱས་ནས། བཅོམ་ལྡན་འདས་ཀྱིས་སྐྱབས (58a) གསུམ་རབ་ཏུ་དབྱེ་བ་རྣམ་པར་བཞག་པ་འདི་ནི་ཀུན་རྫོབ་ཉིད་ཀྱི་རྟེན་ཏེ་ཀུན་རྫོབ་པའི་སྐྱབས་རྣམ་པར་བཞག་པ་ལ་གནས་པས་སེམས་ཅན་རྣམས་ཉན་ཐོས་ཀྱི་ཐེག་པ་ནས་ཐེག་པ་ཆེན་པོའི་བར་དུ་ཐེག་པ་ལ་རིམ་གྱིས་གཞུག་པའི་དོན་དུ་ཡིན་ནོ། །

示善入大师教弟子阿罗汉**功德**而通达**之义，是约为依闻他声而证**阿罗汉果成自相续当得**故而趣入之声闻乘人，以及**为三类具种性者以已成之僧宝为因归依，及为虽未入道、然**于**圣**僧胜解作**敬奉、执为修道助伴等**最上事**而成福田**者，建立**圣**僧是归依，即“是众中尊故”宣说**、**建立**僧宝为归依。若得圣位，则于正归依处断正邪之疑，定具不变信心故，立为僧宝；异生则不然，以容有死殁转信余大师故。分作人、僧二者之僧须满四人，故名“众”。

此是抉择归依总建立故，亦说小乘圣众。有邪师诈言：声闻圣者与阿罗汉不堪为圣者与阿罗汉。曰：此等同说，大师正等觉，初于婆罗痆斯，为诸正勤修行声闻乘者转四谛法轮，而不能令得真解脱。此是毁谤大师及诸教法之大邪见，较杀万千生命，其罪尤重，诸自爱者于此处当极谨慎！

（癸三）摄义

如是简言之，此是世尊约三种用**义**、**六种补特伽罗宣说**、**建立三归依差别**。**此是安住世俗所依**，即世俗归依建立，**令诸有情渐次趣入**声闻乘乃至大乘等**诸乘之义**。

ཀུན་རྫོབ་པའི་སྐྱབས་དང་དོན་དམ་པའི་སྐྱབས་ཀྱི་དོན་ནི་འདི་ལྟར། ཉན་ཐོས་དང་རང་སངས་རྒྱས་ཀྱི་རིགས་ངེས་པའི་གང་ཟག་ཐེག་པ་དམན་པའི་དགྲ་བཅོམ་པའི་འབྲས་བུ་ཙམ་ཞིག་རང་རྒྱུད་ལ་ཐོབ་བྱར་བྱེད་ཀྱི། དེ་ལས་གོང་དུ་བགྲོད་མི་འདོད་ཅིང་བགྲོད་མི་དགོས་པར་འདོད་པ་གདུལ་བྱའི་བསམ་པའི་ངོར་བགྲོད་པ་མཐར་ཐུག་ཀྱང་དངོས་པོ་ལ་བགྲོད་པ་མཐར་ཐུག་པ་མ་ཡིན་པའི་སྐྱབས་ཀུན་རྫོབ་པའི་སྐྱབས་ཀྱི་དོན་ཏེ། དངོས་པོ་ལ་བདེན་པར་མ་གྲུབ་ཀྱང་བསམ་ངོར་བདེན་པར་གྲུབ་པ་ལ་ཀུན་རྫོབ་པའི་བདེན་པ་ཞེས་བརྡ་བཤད་པ་བཞིན་ནོ། །དངོས་པོ་ལ་བགྲོད་པ་མཐར་ཐུག་པའི་སྐྱབས་ནི། དོན་དམ་པའི་སྐྱབས་ཀྱི་དོན་ནོ། །ཀུན་རྫོབ་པའི་སྐྱབས་རྣམ་པར་བཞག་པ་ནི། ཉན་རང་རིགས་ངེས་པ་དགྲ་བཅོམ་པའི་འབྲས་བུའི་བར་དུ་ཁྲིད་ནས། མཐར་ཐེག་པ་ཆེན་པོ་ལ་གཞུག་པའི་ཆེད་དུ་ཡིན་ནོ། །འགྲེལ་པའི་སྐབས་འདི་དག་གིས་ཀྱང་། མཐར་ཐུག་ཐེག་པ་གཅིག་ཏུ་བསྒྲུབ་པ་ཤིན་ཏུ་གསལ་ལོ། །

གཉིས་པ་ལ་གཉིས། སངས་རྒྱས་མ་ཡིན་པའི་སྐྱབས་དོན་དམ་པའི་སྐྱབས་མ་ཡིན་པར་བསྒྲུབ་པ་དང་། ཡང་དག་པར་རྫོགས་པའི་སངས་རྒྱས་ཉག་ཅིག་དོན་དམ་པའི་སྐྱབས་སུ་བསྒྲུབ་པའོ། །དང་པོ་ལ་གཉིས། རྩ་བ་དང་། འགྲེལ་པའོ། །

དང་པོ་ནི། ཆོས་དང་དགེ་འདུན (58b) གཉིས་ལས། ཆོས་ལ་ལུང་གི་ཆོས་དང་རྟོགས་པའི་ཆོས་གཉིས་ཀྱི་ལུང་གི་ཆོས་མིང་ཚིག་ཡི་གེའི་ཚོགས་ཆོས་ཅན། རང་རྒྱུད་ལ་ཐོབ་བྱ་མཐར་ཐུག་པའི་གཏན་གྱི་སྐྱབས་མཆོག་མ་ཡིན་ཏེ། དོན་དམ་པའི་བདེན་པ་མངོན་སུམ་དུ་རྟོགས་ཤིང་། མཐར་ཐུག་པའི་འབྲས་བུ་ཐོབ་པ་ན། གཟིངས་ལྟར་རང་ཉིད་ཀྱི་འབྲས་བུ་ཐོབ་པའི་ཐབས་སུ་མི་དགོས་པས་སྤང་ཞིང་དོར་བར་བྱ་བའི་ཕྱིར། རང་ཉིད་ཀྱི་འབྲས་བུའི་སྐྱབས་མ་ཡིན་པའི་དོན་ཡིན་གྱི། སངས་རྒྱས་ཐོབ་ནས་གསུང་གི་ཚོགས་དགོས་པ་མེད་པའི་དོན་མིན་ནོ། །

世俗归依及胜义归依之义如下：声闻及独觉种性决定之补特伽罗惟以小乘阿罗汉果为自相续之当得，不欲上行、亦许无此必要，所化心念行已究竟而实未究竟之归依，谓世俗归依义；如本非实有而心念实有，名“世俗谛”。真究竟行之归依者，谓胜义归依。建立世俗归依者，是为引导声闻独觉决定种性至阿罗汉果、次入大乘。《释论》各节成立究竟一乘之意至极明显。

（辛二）胜义归依建立

分二：（壬一）成立非佛之归依非胜义归依；（壬二）成立惟正等觉是胜义归依。

（壬一）成立非佛之归依非胜义归依

分二：（癸一）《论》；（癸二）《释》。

（癸一）《论》

法及僧二者之法，分教法及证法二。教法，名、词、字聚非自相续究竟当得毕竟归依，以现证胜义谛、得究竟果时，即不需得果之方便，如船筏应弃故。此是非自果归依之义，然非成佛已不需语聚之义。

བྱང་ཆུབ་སེམས་དཔའ་འཕགས་པའི་ཐུགས་རྒྱུད་ཀྱི་བདེན་སྟོང་སྤྲོས་བྲལ་མངོན་སུམ་དུ་རྟོགས་པའི་ཡེ་ཤེས་ཆོས་ཅན། བསྒྲུབ་བྱའི་ཆོས་ སྔ་མ་ལ་རྟགས་ནི། རང་ཉིད་དྲི་མ་མཐའ་དག་གིས་དག་པ་མེད་ཀྱང་རང་གི་ངོར་དྲི་མ་མཐའ་དག་གིས་དབེན་པར་སྣང་བ་དང་། རང་ཉིད་དྲི་མའི་བསླད་པ་མཐའ་དག་དང་བྲལ་བ་མེད་ཀྱང་། རང་གི་ངོ་བོ་ལ་དྲི་མའི་བསླད་པ་མེད་པར་སྣང་བའི་འདྲིད་པའི་ཆོས་ཅན་བསླུ་བའི་ཆོས་ཅན་ཡིན་པའི་ཕྱིར། འདིའི་དོན་ཁ་ཅིག་གིས། བདེན་སྟོང་རྫུན་པ་བསླུ་བའི་དོན་དུ་བྱས་ནས་འདུས་བྱས་ཡིན་ན། དོན་དམ་པའི་སྐྱབས་མ་ཡིན་པས་ཁྱབ་པར་འདོད་ཅིང་། རྒྱུ་མཚན་དེ་ཉིད་ཀྱིས་སངས་རྒྱས་ཀྱི་ཐུགས་རྒྱུད་ཀྱི་ལམ་བདེན་དོན་དམ་པའི་སྐྱབས་མ་ཡིན་པ་དང་། དེ་བཞིན་དུ་གཟུགས་སྐུ་གཉིས་ཀྱང་དོན་དམ་པའི་སྐྱབས་མ་ཡིན་པ་དང་། ཁ་ཅིག །སངས་རྒྱས་ཀྱི་གཟུགས་སྐུ་གཉིས་སངས་རྒྱས་མཚན་ཉིད་པ་མ་ཡིན་པར་འདོད་པ་ནི། མུ་སྟེགས་དཔྱོད་པ་པས། ཐུབ་པ་ཆོས་ཅན། སྐྱོན་ཟད་པ་མ་ཡིན་ཏེ། ངག་སྨྲ་བའི་ཕྱིར་དང་། བློ་དང་ལྡན་པ་དང་། (59a) ལག་པ་དང་ལྡན་པའི་ཕྱིར་རོ། །ཞེས་སྨྲ་བ་དེ་ཉིད་ཀྱི་གཞུང་བཙུགས་པར་ཟད་ལ། ཤིང་རྟ་ཆེན་པོ་རྣམས་ཀྱིས་ནི། ཡང་དག་པར་རྫོགས་པའི་སངས་རྒྱས་མཆོག་གི་སྤྲུལ་པའི་སྐུ་ཉིས་པ་ཀུན་ཟད་དང་། ཡོན་ཏན་ཀུན་ལྡན་གྱི་སངས་རྒྱས་སུ་སྒྲུབ་པའི་ཆེད་དུ། རིགས་པའི་ཚོགས་རྒྱ་ཆེན་པོ་འབད་པ་དུ་མས་སྒྲོ་བར་མཛད་པ། ཁྱོད་ནི་དེ་སངས་རྒྱས་ཡིན་པར་ཁེགས་ནས་སྤྱངས་པས། ཕ་སྐྱེས་རྒྱལ་པོར་བསྐོས་པ་ལྟར། སངས་རྒྱས་ཀྱི་བསྟན་པ་འཛིན་པའི་ཚུལ་དུ་བཅོས་ནས། དེ་ཉིད་འཇིག་པར་བྱེད་པའི་ཆོམ་རྐུན་དུ་ཤེས་པར་བྱས་ལ། སངས་རྒྱས་ཀྱི་བསྟན་པ་ལ་འཇུག་པར་འདོད་པ་རྣམས་ཀྱིས་མཆིལ་མའི་ཐལ་བ་བཞིན་དུ་དོར་བར་བྱའོ། །འདི་དག་གིས་ནི། གདུལ་བྱའི་གཞན་སྣང་ཙམ་ཡིན་གྱི་སངས་རྒྱས་རང་རྒྱུད་ཀྱིས་བསྡུས་པའི་གཟུགས་སྐུ་མེད་པ་དང་། ཡང་སངས་རྒྱས་རང་སྣང་ལ་ཡེ་ཤེས་མེད་པར་འདོད་པ་སོགས་ཀྱང་བཀག་པར་ཤེས་པར་བྱའོ། །

菩萨圣者心相续之现证谛实空离戏论之智为有法，前所立者为法，因者，自虽未净诸垢，然心中妄现诸垢悉远离，自虽未离诸垢染，然妄现自体无垢染而具**欺诳**法**故**。或以谛实空为虚妄义，而许凡是有为必非胜义归依，以此为由，亦不许佛心相续之道谛为胜义归依，如是二种色身亦非胜义归依。有许佛之二种色身非真佛者，与弥曼差派所立论别无二致：能仁有法，非尽过失，以言语故，具心故，具手故。诸大车为成立正等觉殊胜化身乃尽一切过、具一切德之佛故，起大精进以大正理聚揄扬。汝破彼是佛，如拥野干为王，矫装主持佛教，实为坏教之贼，欲入佛教者当弃之如唾！由此当知亦破许色身惟所化之他见相、非佛自相续所摄；或许佛自见相中无智等。

བྱང་ཆུབ་སེམས་དཔའ་འཕགས་པའི་ཐུགས་རྒྱུད་ཀྱི་ལམ་བདེན་དོན་དམ་པའི་སྐྱབས་ཡིན་པ་བཀག་པ་ན། བྱང་ཆུབ་སེམས་དཔའ་འཕགས་པ་དང་། ཐེག་པ་དམན་པའི་ལམ་བདེན་སོགས་ཀྱང་དོན་དམ་པའི་སྐྱབས་མ་ཡིན་པར་རྟོགས་པར་བྱའོ། །ཉན་ཐོས་དགྲ་བཅོམ་པའི་རྒྱུད་ཀྱི་ལྷག་མ་མེད་པའི་མྱང་འདས་སྡུག་ཀུན་ཉེ་བར་ཞི་བ་དེ་ཆོས་ཅན། བསྒྲུབ་བྱའི་ཆོས་སྔ་མ་ལ་རྟགས་ནི། ཉོན་མོངས་པ་དང་སྡུག་བསྔལ་ཙམ་མེད་པ་ཙམ་གྱིས་རབ་ཏུ་ཕྱེ་བའི་ཕྱིར་ཙམ་ནི་ལྷག་མ་འགོག་པ་སྟེ། ཤེས་སྒྲིབ་ཀྱི་འཛིགས་པ་མ་ཟད་པ་དོན་གྱིས་འཕེན་པར (59b) བལྟ་བར་བྱའོ། །དེའི་དོན་རྒྱས་པར་འགྲེལ་པར་འཆད་དོ། །ཉན་རང་དགྲ་བཅོམ་པ་ཆོས་ཅན། བསྒྲུབ་བྱའི་ཆོས་སྔ་མ་ལ་རྟགས་ནི། ཤེས་སྒྲིབ་ཀྱི་འཛིགས་པ་དང་བཅས་པའི་ཕྱིར། སྔ་མ་ལ་བརྟེན་ནས་འདི་གྲུབ་མོད་ཀྱི། ཉན་རང་དགྲ་བཅོམ་པ་ཤེས་སྒྲིབ་ཀྱིས་འཛིགས་ནས་དེའི་རྗེས་སུ་དེ་ཟད་པ་དོན་དུ་གཉེར་བ་མཐར་ཐུག་ཐེག་པ་གཅིག་ཏུ་སྒྲུབ་པའི་ཚེད་དུ་སོགས་སུ་སྨོས་སོ། །

དེ་ལྟར་ལུང་དང་རྟོགས་པའི་ཆོས་རྣམ་པ་གཉིས་དང་། སངས་རྒྱས་ལས་གཞན་པའི་འཕགས་པའི་ཚོགས་གཏན་གྱི་སྐྱབས་མཆོག་མ་ཡིན་ནོ། །ཞེས་སོ། །ལུང་གི་ཆོས་དོན་དམ་པའི་སྐྱབས་ཡིན་པའི་དོགས་པ་མེད་མོད་ཀྱི། མཐའ་དཔྱད་ནས་ཁྱབ་སྒྲུབ་པའི་ཡན་ལག་ཏུ་སྨོས་པ་ཡིན་ནོ། །

གཉིས་པ་ལ་གཉིས། ལུང་གི་ཆོས་དོན་དམ་པའི་སྐྱབས་མ་ཡིན་པར་བསྟན་པ་དང་། རྟོགས་པའི་ཆོས་དོན་དམ་པའི་སྐྱབས་མ་ཡིན་པར་བསྟན་པའོ། །

དང་པོ་ནི། ཆོས་ནི་ཞེས་སོ། །སངས་རྒྱས་རང་རྒྱུད་ཀྱིས་བསྡུས་པའི་གསུང་གི་ཚོགས་དོན་དམ་པའི་སྐྱབས་ཡིན་མོད་ཀྱི། འདི་ནི་གདུལ་བྱའི་རྒྱུད་ཀྱིས་བསྡུས་པའི་ཉན་ཤེས་དང་ཡིད་ཀྱི་ཤེས་པའི་རྣམ་རིག་ལ་སྣང་བའི་ལུང་གི་ཆོས་ཙམ་དང་། གསུང་རབ་ཡན་ལག་བཅུ་གཉིས་ཀྱི་རྣམ་པར་སྣང་བ་གདུལ་བྱའི་རྒྱུད་ཀྱིས་ཁྱད་པར་དུ་བྱས་པ་དེ་དག་དོན་དམ་པའི་སྐྱབས་མ་ཡིན་པར་བསྟན་པ་ཡིན་ནོ། །དེ་ཡང་ལམ་མངོན་པར་རྟོགས་པའི་མཐར་ཐུག་པའི་ཕྱིར་ཏེ། ལམ་གྱི་དམིགས་པ་དོན་དམ་པའི་བདེན་པ་མངོན་སུམ་དུ་རྟོགས་པ་མཐར་ཐུག་པ་ན་རང་ཉིད་འབྲས་བུ་ཐོབ་པའི་ཚེད་དུ་ཚིག་གི་འཁོར་བ་ལ་བརྟེན་མི་དགོས་པས། དོན་ཤེས་པས་ནི་ཆོས་རྣམས (60a) ཀུན། །གཟིངས་དང་འདྲ་བ་ཉིད་དུ་རིག །ཅེས་གཟིངས་ལྟ་བུ་ཞེས་བཤད་དོ། །

若破菩萨圣者心相续之道谛为胜义归依，则知菩萨圣者、小乘道谛等亦非胜义归依。声闻阿罗汉相续之无余涅槃、苦集寂灭者为有法，前所立者为法，因者，但**无**烦恼及苦**故**是有余灭，当可推知所知障怖畏尚未尽。其义《释论》详言之。声闻、独觉阿罗汉为有法，前所立者为法，因者，以**有**所知障**怖**畏**故**。此依前者虽可成立[1]，然另说是为成立究竟一乘，以声闻、独觉阿罗汉畏所知障而后求尽彼障故。

如是教、证**二种法**，以及除佛之外余**圣众**，**非毕竟**最上**归依**。教法非殊胜归依本无可疑，然作为经辨析后周遍成立之支分而说。(1.20)

(癸二)《释》

分二：(子一) 示教法非胜义归依；(子二) 示证法非胜义归依。

(子一) 示教法非胜义归依

法分二种：**教法及证法**。**如是教法者**，**经等言说**，**名**、**词**、**字聚所摄**。此是说佛自相续所摄语聚虽是胜义归依，然惟所化相续所摄闻识及意识了别中所现教法，以及所化相续为差别所现十二支佛语相，非胜义归依。**此亦现证道究竟故**，现证道之所缘胜义谛究竟时，不复依赖证果所需之文字手杖，所谓："晓义者了知，诸法如船筏。"**说如船筏**。

① "无烦恼及苦故"。

གཉིས་པ་ནི། རྟོགས་པའི་ཆོས་ནི། ཞེས་ཏེ། གང་གིས་རྟོགས་པ་ལམ་གྱི་བདེན་པ་དང་། གང་རྟོགས་པ་འགོག་པའི་བདེན་པ་ཞེས་བྱ་བས་སོ། །འགོག་བདེན་མངོན་པར་རྫོགས་པའི་ཡོན་ཏན་དུ་བསྟན་གྱི། ཡུལ་རྟོགས་པར་བྱ་བའི་ངོ་བོར་སྟོན་པ་ནི་མ་ཡིན་ནོ། །དེ་ལ་བྱང་ཆུབ་སེམས་དཔའ་འཕགས་པའི་ཐུགས་རྒྱུད་ཀྱི་བདག་མེད་མངོན་སུམ་དུ་རྟོགས་པའི་ལམ་ནི་སྐྱེ་འཇིག་བྱེད་པའི་འདུས་བྱས་ཀྱི་མཚན་ཉིད་དུ་རྟོགས་ལ་ཞེས་པས་སྤྱིར་བསྟན་ནས། བསླུ་བའི་དོན་དང་། མི་རྟག་པའི་ཚུལ་འོག་མས་བྱེ་བྲག་ཏུ་ཕྱེ་ནས་སྟོན་པ་ཡིན་གྱི། འདུས་བྱས་ཙམ་ལ་དོན་དམ་པའི་སྐྱབས་མ་ཡིན་པས་ཁྱབ་པ་དོགས་པའི་གནས་མེད་དོ། །འདུས་བྱས་ཀྱི་མཚན་ཉིད་དུ་རྟོགས་པ་བཤད་མ་ཐག་པའི་ལམ་གྱི་བདེན་པ་གང་ཡིན་པ་དེ་ནི་གནས་ཚུལ་དང་སྣང་ཚུལ་མི་མཐུན་པས་རྫུན་པ་སྤོར་ཙ་བར་བཤད་པ་ལྟ་བུའི་བསླུ་བའི་ཆོས་ཅན། གང་རྫུན་པ་བསླུ་བའི་ཆོས་ཅན་གྱི་ཚུལ་དུ་སྤོར་བཤད་པ་དེ་ནི་བགྲོད་པ་མཐར་ཕྱུག་པའི་སྐྱབས་སུ་མི་བདེན་པ། གང་བགྲོད་པ་མཐར་ཕྱུག་པའི་སྐྱབས་སུ་མི་བདེན་པ་དེ་ནི་སྤོར་རྒྱུད་ལ་སྐྱེས་ཀྱང་བགྲོད་པ་མཐར་ཕྱུག་པའི་ཚེ་མེད་པར་འགྱུར་བའི་དངོས་པོ་ཡིན་པས་མི་རྟག་པ་གང་དེ་འདྲའི་ཚུལ་གྱི་མི་རྟག་པ་དེ་ནི་དོན་དམ་པའི་སྐྱབས་མ་ཡིན་ནོ། །འདུས་བྱས་ཙམ་ལ་རྟག་པས་ཁྱབ་པ་བསྟན་པར་འདོད་པ་ནི། འདི་དག་གིས་ཅི་བྱེད་པ་མ་ཤེས་པའི་དོན་ཏེ། གཞུང་འོག་མ་དང་འགལ་བར་འགྱུར་རོ། །

ལམ་དེས་རྟོགས་པའི་འགོག་པ་ཐོབ (60b) པ་གང་ཡིན་པ་དེ་ཡང་དེའི་ནང་ནས་ཉན་ཐོས་ཀྱི་ཐེག་པའི་ཚུལ་གྱིས་ཐོབ་པའི་ཉན་ཐོས་ཀྱི་རྒྱུད་ཀྱི་ལྷག་མེད་ཀྱི་མྱང་འདས་ཆོས་ཅན། དོན་དམ་པའི་སྐྱབས་མ་ཡིན་ཏེ། ཉོན་མོངས་པ་དང་སྡུག་བསྔལ་ཙམ་མེད་པ་ཙམ་གྱིས་རབ་ཏུ་ཕྱེ་བའི་ཕྱིར། མར་མེ་རྒྱུན་ཆད་པ་བཞིན་དུ་སེམས་ཅན་གྱི་ཚོགས་ལ་དམིགས་པའི་སྣང་བ་རྣམས་ནུབ་ནས་ཞི་བའི་བདེ་བ་འབའ་ཞིག་ལ་སྙོམས་པར་ཞུགས་པའོ། །ཁྱབ་པར་ཐལ། དེ་ལྟ་བུའི་སྡུག་ཀུན་ཙམ་གཉེན་པོས་བཅོམ་པའི་སྒྲོ་ནས་མེད་པའི་བྲལ་བ་ནི་དོན་དམ་པའི་སྐྱབས་སམ། སྐྱབས་གཏན་མ་ཡིན་པར་འགྱུར་བར་འོས་པ་མ་ཡིན་པའི་ཕྱིར། སྐྱབས་ཙམ་ཡིན་ཡང་། དོན་དམ་པའི་སྐྱབས་མ་ཡིན་པའི་དོན་ཏེ།

（子二）示证法非胜义归依

证法者，**分因果二种：道谛及灭谛**，**谓能证**之道谛**及所证**之灭谛。此是说现证灭谛功德，非说所证境之体性。**此中**，**通达**菩萨圣者心相续上之现证无我**道是**有生灭之**有为相**。此是总标，下分别说欺诳义及无常理。有为必非胜义归依，此当无疑。前无间说**凡通达是有为相**之道谛**者**，真实与现相不符故**虚妄**，**即**前《论》中所说之**具欺诳法**。**凡具**上述**虚妄欺诳者**，**非实**究竟行归依。**凡非实**究竟行归依**者**，彼事先前虽于相续中生，然究竟行时即非有，故是**无常**。**凡**如是**无常者**，**非**胜义**归依**。许此论说常遍有为者，是不知此等论义，与下文相违。

彼道所证得**之灭**，**以声闻**乘**理**所得之声闻相续之无余涅槃为有法，非胜义归依，**惟以无烦恼及苦为差别**故，**如灯断绝**，缘有情聚之诸相隐没，于纯寂静乐中入定。周遍应成立，以对治坏如是苦集而成**无**之离系**者**，**不应是**胜义**归依或**毕竟**归依**故。彼虽是归依，然非胜义归依之义。

ཉན་ཐོས་ཀྱི་ཚུལ་གྱིས་ཞེས་པ་ལ། ཁ་ཅིག་ན་རེ། རང་ལུགས་ལ་སྒྲུབ་བྱེད་གཞན་དེ་དག་གིས་ཉན་ཐོས་ཀྱི་ལྷག་མེད་ཀྱི་མྱང་འདས་དོན་དམ་པའི་སྐྱབས་མ་ཡིན་པར་གྲུབ་ཀྱང་། ཉན་ཐོས་པ་ཁ་ཅིག་དོན་དམ་པའི་སྐྱབས་སུ་འདོད་པའི་ལོག་རྟོག་དགག་པའི་ཆེད་དུ། རང་ལུགས་ལ་མར་མེ་ཤི་བ་བཞིན་སོང་བའི་ཉན་ཐོས་ཀྱི་མྱང་འདས་མ་གྲུབ་ཀྱང་། ཉན་ཐོས་སྡེ་པ་དག་གིས་བརྟགས་པའི་ལུགས་ཁས་བླངས་ནས། ལོག་རྟོག་བཀག་པ་ཡིན་ནོ། །ཞེས་གསུངས་པ་ནི། འདིའི་དོན་མ་ཡིན་གྱི། འདི་ནི་འགྲེལ་པ་དོན་གསལ་ལས། ཚུལ་གསུམ་རྣམ་པར་བཞག་པ་དགོངས་པས་བསྟུས་ལ། ཞེས་བཤད་པ་ལྟར། ཉན་ཐོས་ཀྱི་ཐེག་པའི་ཚུལ་ཡིན་གྱི། དངོས་པོ་ལ་མི་གནས་པ་ཉན་ཐོས་པའི་གྲུབ་མཐས་བཞག་པའི་ལུགས་སྟོན་པ་མ་ཡིན་ནོ། །མར་མེ་ཤི་བའི་དཔེ། བེམ་རིག་ཀུན་རྒྱུན་ཆད་པ་ལ་འཆད་མི་དགོས་ཀྱི། སྔར་ཉོན་མོངས (61a) བས་བསྐྱེད་པའི་སྡུག་བསྔལ་ཡོད་པ་མར་མེ་ཤི་བ་བཞིན་སོང་བ་དང་། སེམས་ཅན་གྱི་ཚོགས་ལ་གཟིགས་པའི་སྣང་བ་མར་མེ་ཤི་བ་བཞིན་དུ་ནུབ་ནས་ཟག་པ་མེད་པའི་དབྱིངས་འབའ་ཞིག་ལ་མཉམ་པར་བཞག་པ་ལ་ངེས་པར་བཤད་དགོས་པའི་ཕྱིར་རོ། །དེས་ན་འདི་ནི་ཉན་ཐོས་ཀྱི་ལམ་ལ་ཞུགས་ཀྱང་། རིགས་མ་ངེས་པ་བྱང་ཆུབ་ཏུ་ཡོངས་སུ་བསྒྱུར་བ་པའི་ཉན་ཐོས་དང་། སྔར་རིགས་ངེས་པ་ཡིན་ཡང་ལྷག་མ་མེད་པའི་མྱང་འདས་ཐོབ་ནས། སྔར་འཁོར་བའི་སྡུག་བསྔལ་གྱིས་ཡིད་སུན་པ་དབུགས་ལེགས་པར་ཕྱུང་བ་དག་སངས་རྒྱས་རྣམས་ཀྱི་འོད་ཟེར་གྱིས་བསྐུལ་ནས་དེ་ལས་སད་དེ། ཐེག་པ་ཆེན་པོ་ལ་བཀྲི་བའི་ཆེད་དུ་ཉན་ཐོས་ཀྱི་ལྷག་མེད་མྱང་འདས་ཀུན་རྫོབ་པའི་སྐྱབས་སུ་བསྒྲུབ་པ་དང་། དོན་དམ་པའི་སྐྱབས་མ་ཡིན་པར་བསྒྲུབ་པ་ཡིན་ལ། ཉན་ཐོས་ཀྱི་ཐེག་པའི་ཚུལ་གྱིས་ཐོབ་པའི་ཉན་ཐོས་ཀྱི་ལྷག་མེད་མྱང་འདས་ཚད་མས་གྲུབ་པའི་རྣམ་གཞག་རང་ལུགས་ལ་ཡང་ཁས་ལེན་པ་ཡིན་ནོ། །འོག་ནས་སངས་རྒྱས་མ་ཐོབ་པར་མྱང་འདས་མ་ཐོབ་པར་བཤད་པ་ནི། ཉོན་སྒྲིབ་ཀྱི་ཕྱོགས་ཀྱིས་བསྡུས་པའི་རྟེན་འབྲེལ་ཡན་ལག་བཅུ་གཉིས་དང་། ཤེས་སྒྲིབ་ཀྱི་ཕྱོགས་ཀྱིས་བསྡུས་པའི་རྟེན་འབྲེལ་ཡན་ལག་བཅུ་གཉིས་ཀྱི་མྱ་ངན་མ་ལུས་པ་དང་བྲལ་བའི་དོན་ཡིན་པས། ཉན་ཐོས་ལ་མྱང་འདས་མཚན་ཉིད་པ་མེད་པ་རྣམ་པ་ཐམས་ཅད་དུ་བྱར་མི་རུང་ངོ། །

མཐར་ཐུག་ཐེག་པ་གསུམ་དུ་ཞལ་གྱིས་བཞེས་པའི་རྣལ་འབྱོར (61b) སྤྱོད་པ་བ་ཁ་ཅིག་ཀྱང་། ཉན་ཐོས་ཀྱི་ལྷག་མེད་མྱང་འདས་ཀྱི་གནས་སྐབས་ན། བདག་མེད་རྟོགས་པའི་ཡེ་ཤེས་ཀྱི་རིགས་འདྲ་མི་འཆད་པར་བཞེད་དོ། །

“以声闻理”之意，或说：自宗中，彼等论文依据，虽能成立声闻无余涅槃非胜义归依，然为遮有声闻人许是胜义归依邪分别故，自宗中虽不成立如灯尽之声闻涅槃，然承许声闻部所计之规而破邪分别。曰：不然，以此如《明义释》说：“由念三理趣建立而摄”①，非说声闻宗派所建立之声闻乘理不住实情。灯尽之喻不必释为一切色心相续断绝，应决定解为：先前烦恼所生苦如灯熄灭，观有情众之显现如灯灭隐没，而纯于无漏界中入定故。因此，此是为诸虽入声闻道然种性不定菩提转变之声闻，以及先前种性决定、获得无余涅槃，于昔生死苦已得苏息、经诸佛光明策发得以醒觉而引入大乘者，成立声闻无余涅槃乃世俗归依、非胜义归依。由量成立、以声闻乘理所得声闻无余涅槃之建立，自宗亦作承许。下说未成佛前不得涅槃者，是烦恼障品所摄十二缘起、以及所知障品所摄十二缘起之忧恼远离无余之意，故不可以为声闻中全无具相涅槃。

许究竟三乘之瑜伽行师，亦有许声闻无余涅槃时证无我智同类不断者。

① “由念三理趣建立而摄之余三向。”参见滇津桑摩译本，页262。

རྩ་འགྲེལ་འདི་དག་གི་དོན་མ་རྟོགས་པས་རང་ལུགས་ལ་ཉན་ཐོས་ཀྱི་ལྷག་མེད་མྱང་འདས་དོན་དམ་པའི་སྐྱབས་མ་ཡིན་པར་གཏན་ཚིགས་ཡང་དག་གི་སྒོ་ནས་སྒྲུབ་པའི་རྣམ་གཞག་ལེགས་པར་མ་ཤེས་པར་མི་འདོད་པ་འཕེན་པའི་ཐལ་འགྱུར་དུ་བྱེད་པ་དང་། འགྲེལ་པའི་ཙམ་གྱི་སྒྲས་ཤེས་སྒྲིབ་ཀྱི་འཇིགས་པ་མ་ཟད་པ་འཕངས་པ་མི་ཤེས་པར་བེམ་རིག་རྒྱུན་ཆད་ནས་མེད་པ་སོགས་རྟགས་སུ་བྱེད་པ་ནི་དོན་མ་རྟོགས་པའི་རྣམ་འགྱུར་དུ་གསལ་ལོ། །

འཕགས་པའི་ཚོགས་དོན་དམ་པའི་སྐྱབས་མ་ཡིན་པར་བསྒྲུབ་པ་ནི། དགེ་འདུན་ཞེས་བྱ་བ་འདི་ནི་འདིར་ཐེག་པ་གསུམ་དང་ལྡན་པའི་ཐེག་དམན་འཕགས་པ་དང་བྱང་སེམས་འཕགས་པའི་ཚོགས་ཀྱི་ཚོག་བླ་དྭགས་སོ། །དེ་ཡང་དོན་དམ་པའི་སྐྱབས་མ་ཡིན་ཏེ། རྟག་ཏུ་སྒྲིབ་པའི་འཇིགས་པ་དང་བཅས་པའི་ཕྱིར་དང་། རྒྱུ་མཚན་དེས་ན་དེ་བཞིན་གཤེགས་པ་ལ་སྐྱབས་སུ་སོང་བ། སོང་ནས་འཇིགས་པ་ལས་ངེས་པར་འབྱུང་བ་ཚོལ་བ་འཇིགས་པ་ཟད་པ་དེའི་ཐབས་སློབ་པ་ལམ་སྒྲུབ་པའི་བྱ་བ་དང་བཅས་པས་བླ་ན་མེད་པ་ཡང་དག་པར་རྫོགས་པའི་བྱང་ཆུབ་ལ་ཞུགས་པ་ཡིན་ནོ། །

རྒྱས་པར་བཤད་པ་ལ་བཞི། འཇིགས་པ་དང་བཅས་པ་དང་། སྐྱབས་སུ་སོང་བ་དང་། ངེས་པར་འབྱུང་བ་ཚོལ་བ་དང་། སློབ་པའི་ཕྱིར་བྱང་ཆུབ་ལ་ཞུགས་པའོ། །

དང་པོ་ནི། ཇི་ལྟར་འཇིགས་པ་དང་བཅས་ཞེ་ན། གང་གི་ཕྱིར་དགྲ་བཅོམ་པ་ཡང་སྲིད་པ་ཟད་པ་རྣམས (62a) ཀྱང་ཉོན་མོངས་པའི་བག་ཆགས་མ་སྤངས་པའི་ཕྱིར། རྟག་ཏུ་རྒྱུན་མི་འཆད་པར་ཟག་པ་དང་བཅས་པའི་འདུ་བྱེད་ཐམས་ཅད་ལ་ཉོན་མོངས་པ་ཅན་མ་ཡིན་པའི་རྨོངས་པ་མི་བཟད་པ་ཤེས་སྒྲིབ་ཀྱིས་འཇིགས་པའི་འདུ་ཤེས་ཉེ་བར་གནས་པར་འགྱུར་ཏེ། དཔེར་ན་ཞེས་སོ། །དེས་ན་དགྲ་བཅོམ་པ་ཞེས་སོ། །

གཉིས་པ་ནི། དོན་དམ་པའི་སྐྱབས་ནི་སྐྱབས་ཚོལ་བ་མ་ཡིན་ནོ། །ཇི་ལྟར་དམྱལ་བ་ན་གནས་པའི་སེམས་ཅན་སྐྱབས་མེད་པ་འཇིགས་པ་དེ་དང་དེས་འཇིགས་པ་དེ་དག །དེ་དང་དེ་ལས་ངེས་པར་འབྱུང་བ་ཚོལ་བ་དེ་བཞིན་དུ། །དགྲ་བཅོམ་པ་ལ་ཡང་འཇིགས་པ་དེ་ཡོད་དེ། གང་གི་ཕྱིར་དགྲ་བཅོམ་པ་དེ་དག་ཤེས་སྒྲིབ་ཀྱི་འཇིགས་པས་འཇིགས་ཏེ་ཐུབ་ཟིན་གྱི་དེ་བཞིན་གཤེགས་པ་ཉིད་ལ་སྐྱབས་སུ་འགྲོ་བ་ཡིན་ནོ། །

གསུམ་པ་ནི། གང་ཞིག་དེ་ལྟར་འཇིགས་པ་དང་བཅས་པའི་ཕྱིར་སྐྱབས་སུ་འགྲོ་བ་ནི། རང་རྒྱུད་ལ་ཤེས་སྒྲིབ་ཀྱི་འཇིགས་པ་ཟད་པའི་གོ་འཕང་ཐོབ་པའི་ཆེད་དུ་གདོན་མི་ཟ་བར་འཇིགས་པ་ལས་ངེས་པར་འབྱུང་བ་ཚོལ་ལ། ངེས་པར་འབྱུང་བ་ཚོལ་བའི་ཕྱིར་ན་འཇིགས་པའི་གཞི་སྒོ་གསུམ་གྱི་གནས་ངན་ལེན་གྱི་བག་ཆགས་ཕྲ་མོ་སྤང་བའི་དབང་དུ་བྱས་ནས་སློབ་པ་ལམ་སྒྲུབ་པའི་བྱ་བ་དང་བཅས་པར་འགྱུར་རོ། །

由不解此等本释义，故不知以正因成立声闻无余涅槃非胜义归依，而掷不许之应成；不知《释》中“惟”字所表未尽所知障怖畏，而以色心相续断绝非有等为因者，不解论义之相昭然。

成立圣众非胜义归依者，**此所谓**“**僧**”**者**，**是**此中**具足三乘**之小乘圣众与菩萨圣**众之增语**。**此亦**非是胜义归依，以**常有**障之**怖畏故**，以此原由而**归依如来**，**求出离**怖畏，**有学**尽怖畏方便**及**修道**所作**，**而趣向无上正等菩提**。

广说分四：有怖畏、归依、求出离及学故趣向菩提。

第一，**云何有怖畏**？**诸灭尽后有阿罗汉亦未断**烦恼**习气故**，**于一切**有漏**行**，**恒无间断**，因非染污痴**难忍**所知障**而起怖畏想**，**譬如面对举剑之损害者**。**因此彼等**阿罗汉**未得毕竟乐出离**。

第二，胜义**归依者不求归依**。**如**彼地狱**有情无有依怙**，**有种种怖畏而求出离**，**如是阿罗汉亦有其怖畏**。**何以故**？**彼等**阿罗汉**因**所知障**怖畏而归依**已成就之**如来**。

第三，**如是有怖畏故归依者**，为得自相续中灭尽所知障怖畏之位故，**必求出离怖畏**。**求出离故**，**约断怖畏之所依**微细三门麤重习气**言**，**有学及**修道**所作**。

བཞི་པ་ནི། སློབ་པའི་ཕྱིར་ནི་སྒྲིབ་གཉིས་ཀྱི་འཇིགས་པ་མེད་པའི་ཕྱུ་མཆོག་གི་གནས་ཐོབ་པར་བྱ་བའི་ཕྱིར་ཞུགས་པར་གྱུར་པ་ཡིན་ཏེ། འདི་ལྟ་སྟེ། བླ་ན་མེད་པ་ཡང་དག་པར་རྫོགས་པའི་བྱང་ཆུབ་ཏུའོ། །རང་ཉིད་རྣལ་འབྱོར་སྤྱོད་པའི་ལུགས་འཐད་པར་མཐོང་ནས། (62b) མཐར་ཐུག་ཐེག་པ་གསུམ་དུ་འདོད་ན་མ་གཏོགས་འགྲེལ་པ་འདིས་མཐར་ཐུག་ཐེག་པ་གཅིག་ཏུ་བསྒྲུབས་མ་བསྒྲུབས་སུ་ཞིག་ཐེ་ཚོམ་ཟ། བྱང་ཆུབ་ཏུ་ཡོངས་སུ་བསྒྱུར་བ་པའི་ཉན་ཐོས་ཀྱི་དབང་དུ་བྱས་པའོ། །ཞེ་ན། དེ་ལྟར་ན་དམ་པའི་ཆོས་པདྨ་དཀར་པོའི་མདོ་ལས་ཀྱང་མཐར་ཐུག་ཐེག་པ་གསུམ་དུ་བསྟན་པར་ཁས་ལེན་དགོས་པས་ཐམས་ཅད་མི་འགྲིགས་པ་ཉིད་དུ་འགྱུར་རོ། །དེའི་ཕྱིར་བཤད་མ་ཐག་པའི་འཕགས་པའི་ཚོགས་དེ་ཡང་དོན་དམ་པའི་སྐྱབས་དེའི་རྒྱུའི་ཡན་ལག་གི་སྐྱབས་ཡིན་པའི་ཕྱིར་གཏན་གྱི་སྐྱབས་མ་ཡིན་ནོ། །སྤྱིའི་དོན་བསྡུ་བ་ནི། དེ་ལྟར་སྐྱབས་གཉིས་པོ་འདི་དག་ནི་མཐར་ཐུག་པའི་དུས་ན་སྐྱབས་མ་ཡིན་པར་བརྗོད་དོ། །མཐར་ཐུག་གི་ཆོས་སྐུ་མ་ཡིན་པར་བསྒྲུབ་པ་ནི། ཤེས་འདོད་མེད་པའི་མ་གྲུབ་པར་འགྱུར་བ་ཡིན་ནོ། །

གཉིས་པ་ལ་གཉིས། རྩ་བ་དང་། འགྲེལ་པའོ། །

དང་པོ་ནི། འགྲོ་བ་ཡི་ཆོས་ཅན། དམ་པའི་དོན་དུ་སྟེ་དོན་དམ་པའི་སྐྱབས་ནི་སངས་རྒྱས་ཉག་གཅིག་ཡིན་ཏེ། ཐུབ་པ་སངས་རྒྱས་བཅོམ་ལྡན་འདས་འཇིགས་པ་ཐམས་ཅད་ཟད་པའི་ཆོས་ཀྱི་སྐུ་བརྙེས་པ་ཅན་ཡིན་པའི་ཕྱིར། འདིས་ནི་འགྲེལ་པ་འགྲེལ་པ་ལ་བརྟེན་པ་ལྟ་བུ་མ་ཡིན་པར་འཇིགས་པ་མེད་པའི་གོ་འཕང་བརྙེས་པས་དོན་དམ་པའི་སྐྱབས་སུ་རིགས་པའི་རྒྱུ་མཚན་བསྟན་པ་ཡིན་ནོ། །ས་བཅུ་རྒྱུན་གྱི་ཐ་མ་མན་ཆད་ཐེག་པ་གསུམ་པོའི་འཕགས་པའི་ཚོགས་ཀྱང་ཆོས་སྐུ་དེའི་མཐར་ཐུག་པ་ཅན་དུ་འགྲོ་བ་ཡིན་པའི་ཕྱིར། འདིས་ནི་ཐུབ་པ་སངས་རྒྱས་བཅོམ་ལྡན་འདས་དེ་དག་གི་རྒྱུའི་སྐྱབས་དང་། དེ་ལྟ་བུའི་གོ་འཕང་འབྲས་བུའི་སྐྱབས་སུ་བྱེད་པར (63a) བསྟན་པས། ཐུབ་པ་སངས་རྒྱས་བཅོམ་ལྡན་འདས་ཀྱིས་སྐྱབས་མཛད་པའི་རྒྱུ་མཚན་བསྟན་པ་ཡིན་ནོ། །དེ་ལྟར་ན། ཐུབ་པ་སངས་རྒྱས་བཅོམ་ལྡན་འདས་ནི། རང་ཉིད་འཇིགས་པ་ཐམས་ཅད་ཟད་ཅིང་། འཇིགས་པ་ཐམས་ཅད་མ་ཟད་པ་རྣམས་ལ། ཉེ་རིང་མེད་པའི་ཐུགས་རྗེ་ཆེན་པོ་མངའ་བ། ཕན་ལན་དང་། གྲགས་པ་སོགས་ལ་མི་ལྟ་བར་དེ་ཐམས་ཅད་ཀྱི་སྐྱབས་མཛད་པས་ན་གཏན་གྱི་སྐྱབས་ཡིན་ནོ། །

第四，**有学故**，**为得无**二障怖**畏牛王处故**，**而趣向无上正等菩提**。宗瑜伽行派者许此《释论》是说究竟三乘，此外无人怀疑彼是否成立究竟一乘。或谓：（究竟一乘）是就菩提可变之声闻而言。曰：如是，则应许《妙法白莲花经》亦是说究竟三乘之经，然全不相符。**是故**，**彼**无间所释之圣众，**亦是**胜义归依因**支分归依**，**故非毕竟归依**。总而言之，**说此等二种归依于究竟时非是归依**。成立非究竟法身者，则是无欲知（有法）之不成。

（壬二）成立惟正等觉是胜义归依

分二：（癸一）《论》；（癸二）《释》。

（癸一）《论》

惟佛是众生之胜法**义**即胜义**归依**，以**能仁**佛世尊**具足**尽一切怖畏**法身故**。此非如颠厥者依颠厥者，此说得无畏位合应是胜义归依之原由。十地最后有以下三乘圣**众**，**亦**趣向具**彼**法身**究竟**故，此说能仁佛世尊是彼等之因归依，及以如是位为果归依，故显示能仁佛世尊作依怙之原由。若尔，则能仁佛世尊者，自已尽一切怖畏，于诸未尽怖畏者，具不分亲疏之大悲，不为报答、声誉等，作一切之依怙，故是毕竟归依。（1.21）

གཉིས་པ་ནི། འདིས་ནི་སྟོར་བཤད་པའི་ཚུལ་གྱིས་སྐྱེ་བ་མེད་པ་དང་འགག་པ་མེད་པ་ཡང་དག་པའི་མཐའ་མངོན་དུ་བྱས་པས་རབ་ཏུ་ཕྱེ་བའི་ཐུབ་པ་ནི། རྣམ་པར་བྱང་བའི་བདེན་པ་གཉིས་ཀྱི་མཚན་ཉིད་ལས་གང་གིས་འདོད་ཆགས་དང་བྲལ་བ་དང་། གང་འདོད་ཆགས་དང་བྲལ་བའི་ཆོས་ཀྱི་སྐུ་བརྙེས་པ་ཅན་ཡིན་པའི་ཕྱིར་དང་། སྟོར་བཤད་པའི་ཐེག་པ་གསུམ་པའི་ཚོགས་ཀྱང་ཆོས་ཀྱི་སྐུ་རྣམ་པར་དག་པའི་མཐར་ཐུག་པ་ཐོབ་པས་མཐར་ཕྱིན་པར་འགྱུར་པའི་ཕྱིར་ན། སེམས་ཅན་སྐྱོབ་པ་མེད་ཅིང་སྐྱབས་མེད་པའི་འཇིག་རྟེན་ན་འཁོར་བ་མ་སྟོངས་བར་དུ་སེམས་ཅན་གྱི་དོན་མཛད་པས། ཕྱི་མའི་མཐའི་མུ་དང་མཉམ་པ་འཆི་བ་མེད་པས་མི་ཟད་པའི་སྐྱབས་རྒྱུན་ཆད་པ་མི་སྲིད་པས་རྟག་པའི་སྐྱབས་ཀྱ་བ་མེད་པས་གཡུང་དྲུང་གི་སྐྱབས་མི་སླུ་བས་དོན་དམ་པའི་སྐྱབས་ནི་གཅིག་ཉིད་དེ། འདི་ལྟ་སྟེ། ཞེས་སོ། །

གསུམ་པ་དཀོན་མཆོག་གི་མིང་དོན་བཤད་པ་ལ་གཉིས། རྩ་བ་དང་། འགྲེལ་པའོ། །

དང་པོ་ནི། རཏྣ་ཞེས་པ་རིན་པོ་ཆེ་དང་། ཡི་གེ་བསྒྱུར་པའི་ངེས་ཚིག་གིས་དཀོན་མཆོག་ལ་ཡང་འཇུག་པས་ཆོས་མཐུན་རྣམ་པ་དྲུག་གིས་ཆོས་མཐུན་ཏེ། རིན་པོ་ཆེ (63b) ལྟར་འབྱུང་བ་དཀོན་པའི་ཕྱིར་དཀོན་པ་དང་། རང་གི་མི་མཐུན་ཕྱོགས་ཀྱི་དྲི་མ་མེད་པའི་ཕྱིར་འདོད་དོན་མི་སླུབ་པའི་ཉེས་པ་མེད་པ་དང་། ནུས་མཐུ་དང་ལྡན་པའི་ཕྱིར་ཡོན་ཏན་ཆེ་བ་དང་། འཇིག་རྟེན་གྱི་རྒྱན་དུ་གྱུར་པའི་ཕྱིར་ཕན་འདོགས་ཆེ་བ་དང་། ཡོན་ཏན་དེ་དག་དང་ལྡན་པ་རྣམས་ཀྱི་ནང་ནས་མཆོག་ཉིད་ཀྱི་ཕྱིར་ཐུན་མོང་མ་ཡིན་པ་དང་། བསྟོད་སྨད་སོགས་ཀྱི་འགྲས་བུ་མི་འགྱུར་པར་འགྱུར་བ་མེད་པའི་ཕྱིར་དཀོན་མཆོག་ཉིད་ཅེས་བྱའོ། །

（癸二）《释》

此说已由上述理成立能仁以现证**不生不灭**真实际**为差别**，得**具清净二谛相**能离贪及**离贪之法身故**，**以及**上述**三乘众亦以得究竟清净法身而究竟故**，**是无依无怙**有情**世间中**，乃至生死未空饶益有情，故**等后边际**；无死，故为**惟一无尽归依**；相续不断，故为**恒常归依**；不老朽，故为**不变归依**；不欺诳，故为**胜义归依**；**此即如来阿罗汉正等觉**。**此恒常**、**不变**、**寂静**、**坚固之惟一归依**，**广者当依《圣胜鬘经》而通达**。

（己三）释三宝名义

分二：（庚一）《论》；（庚二）《释》。

（庚一）《论》

“啰多那”译为宝，加字而释则为“稀有、最上”，具六同法：如宝**难得**故，稀有；**无**自所治品**垢**故，无所欲事不成之过；**具力**能故，大功德；**世庄严故**，大利益；具足彼等功德之中**最上故**，不共；**不**因赞毁等而**变**不施果**故**，说**名**为“**宝**”。（1.22）

གཉིས་པ་ནི། མདོར་བསྟུ་ན་ཞེས་སོ། །འདི་ལྟ་སྟེ། རིན་པོ་ཆེ་དང་འབྱུང་བ་དཀོན་པར་ཆོས་མཐུན་པས་ནི་དཀོན་མཆོག་གསུམ་པོ་བསྐལ་པ་ཡོངས་སུ་གྱུར་པ་མང་པོར་ཡང་དགེ་བའི་རྩ་བ་མ་སྐྱུན་པ་རྣམས་དང་ཕྲད་པ་མི་ཐོབ་པའི་ཕྱིར་རོ། །འདིས་ནི་འབྱུང་བ་དཀོན་པ་རྣམས་ཀྱི་ནང་ནས་མཆོག་དང་། ཤིན་ཏུ་རྙེད་པར་དཀའ་བས་རྙེད་པའི་དུས་སུ་སྐྱབས་སུ་འགྲོ་བ་འབད་པ་ཆེན་པོས་མི་བཏང་བར་སྐྱབས་འགྲོ་བྱ་བར་བསྟན་ཏོ། །

ཡིད་བཞིན་གྱི་ནོར་བུ་རིན་པོ་ཆེ་ལེགས་པར་ཡོངས་སུ་སྦྱངས་པས་རྡུལ་སོགས་ཀྱི་དྲི་མ་མེད་པ་དང་འདྲ་བར། དྲི་མ་མེད་པར་ཆོས་མཐུན་པས་ནི་རྣམ་པ་ཐམས་ཅད་དུ་སྐྱོབ་མི་ནུས་པ་དང་བསླུ་བའི་དྲི་མ་དང་བྲལ་བའི་ཕྱིར་རོ། །འདིས་ནི་སྐྱོབ་མི་ནུས་པའི་ཉེས་པ་མེད་པ་དང་སྐྱབས་སུ་འདི་ཉིད་རིགས་ཀྱི་འཇིག་རྟེན་པའི་ལྷ་ལ་སོགས་པ་སྐྱབས་སུ་མི་རིགས་པར་བསྟན་ཏོ། །

ཡིད་བཞིན་གྱི་ནོར་བུ་ཟས་གོས་སོགས་ཀྱི་ལོངས་སྤྱོད་སྟེར་བ་དང་འདྲ་བར་མཐུ་དང་ལྡན་པར་ཆོས་མཐུན་པས་ནི་མངོན་པར་ཤེས་པ་དྲུག་ལ་སོགས་པ་ཡོན་ཏན་གྱི་མཐུ་བསམ་གྱིས་མི་ཁྱབ་པ་དང་ལྡན་པའི་ཕྱིར་རོ། །འདིས་ནི་སྐྱབས་ཀྱི་ཡོན་ཏན（64a）དང་ལྡན་པ་དང་སྐྱབས་མཛད་པར་བསྟན་ཏོ། །

ཡིད་བཞིན་གྱི་ནོར་བུས་འཇིག་རྟེན་ན་འདོད་པའི་དོན་དུ་མ་སྟེར་བ་དང་འདྲ་བར་འཇིག་རྟེན་གྱི་རྒྱན་དུ་གྱུར་པར་ཆོས་མཐུན་པས་ནི་འགྲོ་བ་ཐམས་ཅད་ཀྱི་མངོན་མཐོ་དང་ངེས་ལེགས་དོན་གཉེར་གྱི་བསམ་པ་དགེ་བའི་རྒྱུ་ཡིན་པའི་ཕྱིར་རོ། །འདིས་ནི་ཕན་འདོགས་ཆེ་བ་དང་སྐྱབས་བཙལ་བའི་དགོས་པ་འགྲུབ་པར་བསྟན་ཏོ། །

ཡིད་བཞིན་གྱི་ནོར་བུ་རིན་པོ་ཆེ་བཅོས་མ་ལས་མཆོག་ཉིད་དུ་གྱུར་པ་དང་འདྲ་བར་ཆོས་མཐུན་པས་ནི་འཇིག་རྟེན་ལས་འདས་པའི་ཕྱིར་རོ། །འདིས་ནི་འཇིག་རྟེན་པའི་ལྷ་ལ་སོགས་པ་ལྟར་སྣང་གི་སྐྱབས་དང་ཐུན་མོང་མ་ཡིན་པ་དང་། བླ་མེད་པ་དང་སྐྱབས་མཆོག་ཏུ་བསྟན་ཏོ། །

ཡིད་བཞིན་གྱི་ནོར་བུ་བསྟོད་སྨད་སོགས་ཀྱིས་རྣམ་པར་འགྱུར་བ་མི་བརྟེན་པ་དང་འདྲ་བར་བསྟོད་པ་དང་སྨད་པ་ལ་སོགས་པས་སྐྱབས་མི་མཛད་པ་ལ་སོགས་པར་རྣམ་པར་མི་འགྱུར་བར་ཆོས་མཐུན་པས་ནི། རྒྱུ་རྐྱེན་གྱིས་འདུས་མ་བྱས་པའི་རང་བཞིན་དོན་དམ་པའི་བདེན་པ་མངོན་སུམ་དུ་རྟོགས་པས་རབ་ཏུ་ཕྱེ་བ་ཡིན་པའི་ཕྱིར་རོ། །

དེ་ཡན་ཆད་ཀྱིས་ཐོབ་པར་བྱ་བའི་འབྲས་བུ་དཀོན་མཆོག་གསུམ་བཤད་ཟིན་ཏོ། །

（庚二）《释》

简言之，**以六种同法称佛**、**法**、**僧三宝与珍宝相似**，**亦即**与珍宝及**稀有同法者**：三宝**非多劫种植善根者难可值遇故**。此说诸稀有中最上、极难得，故得时当不舍大勤进而归依之。

三宝与已善净治无尘等垢如意宝相似，**无垢同法者**：**一切种**远**离**不能救护及欺诳**垢故**。此说无不能作救怙过，以及三宝合应归依，世间天等不堪归依。

三宝与能赐食、衣等受用之如意宝相似，**具力同法者**：**具足六神通等不可思议功德力故**。此说具足归依功德及作救怙。

三宝与能赐世间所欲事之如意宝相似，**世间庄严同法者**：**是一切众生**希求增上生及决定善**善心之因故**。此说大利益及求归依之用。

三宝与**较虚假宝为胜**之如意宝相似**同法者**：**出世间故**。此说不共世间天等相似归依，乃无与伦比最上归依。

三宝与不以赞毁而变之如意宝相似，**不因赞毁等而变**不作救怙**同法者**：现证非因缘造作**无为自性**胜义谛为差别**故**。

以上释当得之三宝果讫。

大乘上续论释大疏卷四终

གཉིས་པ་དེ་ཐོབ་བྱེད་ཀྱི་རྒྱུ་རྐྱེན་རྣམ་པར་བཞག་པ་ལ་གཉིས། སྤྱིའི་རྣམ་པར་བཞག་པ་དང་། སོ་སོའི་རྣམ་པར་དབྱེ་བའོ། །

དང་པོ་ལ་གསུམ། སྤྱིའི་མཚམས་སྦྱར་བ་དང་། བསམ་གྱིས་མི་ཁྱབ་པའི་དོན་དང་། རྒྱུ་རྐྱེན་སོ་སོར་རྣམ་པར་བཞག་པའོ། །

དང་པོ་ནི། འབྲས་བུ་དཀོན་མཆོག་གསུམ་བསྟན་པའི་རྗེས་ཐོགས་ལ། གང་ཡོད་ན་འཇིག་རྟེན་པའི་ལེགས་ཚོགས་ཐམས་ཅད་དང་། འཇིག (64b) རྟེན་ལས་འདས་པའི་རྣམ་པར་དག་པ་སྐྱེ་བའི་གནས་དཀོན་མཆོག་གསུམ་ཡིན་ལ་དེ་སྐྱེ་བར་འགྱུར་བའི་རྒྱུ་རྐྱེན་དེའི་དབང་དུ་བྱས་ནས་ཚིགས་སུ་བཅད་པ།

གཉིས་པ་ལ་གཉིས། བསྟན་པ་དང་། བཤད་པའོ། །

དང་པོ་ནི། དྲི་མ་དང་བཅས་པའི་དེ་བཞིན་ཉིད་ཉེ་བར་ལེན་པའི་གནས་དང་། ལྷན་ཅིག་བྱེད་པའི་རྐྱེན་དྲི་མ་མེད་པའི་བྱང་ཆུབ་དང་། དྲི་མ་མེད་པའི་སངས་རྒྱས་ཀྱི་ཡོན་ཏན་དང་། རྒྱལ་བའི་མཛད་པས་བསྡུས་པ་རྒྱུ་རྐྱེན་གང་ལས་ཐོབ་བྱ་དཀོན་མཆོག་དགེ་བ་གསུམ་འབྱུང་བ་འཆད་པར་འགྱུར་རོ། །དགེ་བ་ནི་བཟང་པོའོ། །དེ་གང་གི་ཡུལ་ཡིན་ན། མ་ལུས་པར་ཡོངས་སུ་རྫོགས་པ་ནི། དོན་དམ་གཟིགས་པ་སངས་རྒྱས་རྣམས་ཀྱི་ཡུལ་ཉིད་དོ། །

གཉིས་པ་ལ་གཉིས། དྲི་བ་དང་། ལན་ནོ། །

དང་པོ་ནི། ཚིགས་སུ་བཅད་པ་འདིས་ཅི་ཞིག་གསལ་བར་བྱས་ཞེ་ན།

གཉིས་པ་ལ་གཉིས། བསམ་གྱིས་མི་ཁྱབ་ཅིང་སངས་རྒྱས་ཉག་གཅིག་གི་ཡུལ་དུ་བསྟན་པ་དང་། བསམ་གྱིས་མི་ཁྱབ་པའི་སྒྲུབ་བྱེད་དོ། །

དང་པོ་ལ་གཉིས། རྩ་བ་དང་། འགྲེལ་པའོ། །

དང་པོ་ནི། འབྲས་བུ་དཀོན་མཆོག་གསུམ་པོ་འདིའི་རིགས་རྒྱུ་རྐྱེན་མ་ལུས་པ་ཡོངས་སུ་རྫོགས་པ་ཐམས་ཅད་གཟིགས་པ་སངས་རྒྱས་རྣམས་ཀྱི་མངོན་སུམ་གྱི་ཡུལ་ཡིན་ལ། དེ་ཡང་རྣམ་པ་བཞི་གོ་རིམ་བཞིན་དུ་འོག་ནས་འཆད་པའི་རྒྱུ་མཚན་བཞི་ཡིས་ནི་གཞན་གྱིས་མངོན་སུམ་གྱིས་ཡོངས་སུ་རྫོགས་པར་བསམ་གྱིས་མི་ཁྱབ་པའི་ཕྱིར་སངས་རྒྱས་ཉག་གཅིག་གི་མངོན་སུམ་གྱི་སྤྱོད་ཡུལ་ལོ། །

ཚིགས་སུ་བཅད་པ་སྔ་མས་རྒྱུ་རྐྱེན་བཞི་ངོས་བཟུང་ནས་གང་གི་ཡུལ་དུ་འགྱུར་བ་བསྟན་ལ། འདིས་དེའི་ཡུལ་དུ་འགྱུར་པའི་རྒྱུ་མཚན་བསྟན་ཏོ། །

大乘上续论释大疏卷五

[后四金刚处总建立]

（戊二）能得彼三宝之因缘建立

分二：（己一）总建立；（己二）分别释。

（己一）总建立

分三：（庚一）总承启；（庚二）不可思议之义；（庚三）因缘各别建立。

（庚一）总承启

说三宝果**之后**，**约生起**一切**世间**善资粮**以及出世间清净生处三宝之因缘而言之颂曰**：

（庚二）不可思议之义

分二：（辛一）标；（辛二）释。

（辛一）标

当释摄取处**有垢真如**、俱有缘**无垢**菩提、**无垢佛**功**德**及佛**业**所摄之因缘**所生**所得**三善宝**。善者，贤也。何者之境？圆满无余者，是**诸见胜义**佛之**境**。（1.23）

（辛二）释

分二：（壬一）问；（壬二）答。

（壬一）问

此颂示何义？

（壬二）答

分二：（癸一）示不可思议及惟佛之境；（癸二）不可思议之能立。

（癸一）示不可思议及惟佛之境

分二：（子一）《论》；（子二）《释》。

（子一）《论》

此三宝果之**种性**全圆因缘，乃**诸一切智**佛之现见**境**，此复**四相如**其**次第**，以下述**四因**，说明余**难**现见圆满**思议**故，惟独佛之现见境。

前一颂说明四因缘及何人之境，此颂说为彼境之原由。（1.24）

གཉིས་པ་ནི། དེ་ལ་དྲི་མ་དང་བཅས་པའི་དེ་བཞིན་ཉིད་ནི་ཉོན (65a) མོངས་པའི་སྦུབས་ལས་མ་གྲོལ་བའི་ཁམས་རང་བཞིན་གྱིས་རྣམ་པར་དག་པ་དོན་དམ་པའི་བདེན་པ་ལ་དེ་བཞིན་གཤེགས་པའི་སྙིང་པོ་ཞེས་བརྗོད་པ་གང་ཡིན་པའོ། །དག་པ་གཉིས་ལྡན་ལ་དེ་བཞིན་གཤེགས་པའི་སྙིང་པོའི་མདོ་དང་དེའི་དགོངས་འགྲེལ་གྱི་བསྟན་བཅོས་འདི་རྩ་འགྲེལ་ལས། དེ་བཞིན་གཤེགས་པའི་སྙིང་པོའི་དངོས་མིང་གིས་བསྟན་པ་ཅུང་ཟད་ཙམ་ཡང་མེད་པས་མཐར་ཐུག་གི་ཆོས་སྐུ་དེ་བཞིན་གཤེགས་པའི་སྙིང་པོར་བྱེད་པ་ནི། རང་དགར་རྣམ་གཞག་བྱེད་ན་མ་གཏོགས་བསྟན་བཅོས་འདི་རྩ་འགྲེལ་གྱི་ལུགས་སུ་མི་བྱའོ། །མདོ་གཞན་ལས་དེ་བཞིན་གཤེགས་པའི་སྙིང་པོ་དྲི་མས་རྣམ་པར་དག་པ་ཆོས་ཀྱི་སྐུར་གསུངས་པ་ཤེས་བྱེད་དུ་བྱེད་པ་ནི། རང་ཉིད་རིགས་པ་མི་ཤེས་པའི་རྣམ་འགྱུར་དུ་གོ་བར་བྱེད་པའོ། །

དྲི་མ་མེད་པའི་དེ་བཞིན་ཉིད་ནི་དྲི་མ་དང་བཅས་པའི་དེ་བཞིན་ཉིད་དེ་ཉིད་དྲི་མ་མཐའ་དག་ཟད་ནས་སངས་རྒྱས་ཀྱི་སར་གནས་ཡོངས་སུ་གྱུར་པའི་མཚན་ཉིད་དེ་བཞིན་གཤེགས་པའི་ཆོས་ཀྱི་སྐུ་ཞེས་བརྗོད་པ་གང་ཡིན་པའོ། །དེ་ནི་ཤིན་ཏུ་འགལ་ཏེ། དྲི་མ་དང་བཅས་པའི་དེ་བཞིན་ཉིད་དྲི་མ་མེད་པའི་དེ་བཞིན་ཉིད་དུ་ཁས་བླངས་པའི་ཕྱིར་རོ། །ཞེ་ན། རིགས་པ་ཞིབ་ཏུ་མ་རྟོགས་པའི་བབ་ཅོལ་ཡིན་ཏེ། དྲི་མ་དང་བཅས་པའི་དེ་བཞིན་ཉིད་གནས་མ་ལུས་པར་ཡོངས་སུ་གྱུར་པ་ཆོས་ཀྱི་སྐུ་ཞེས་མ་སྨྲས་སམ། དེ་ལྟ་མ་ཡིན་ན། སེམས་ཅན་སངས་རྒྱས་སུ་ཐལ། སེམས་ཅན་དྲི་མ་མཐའ་དག་ཟད་པ་སངས་རྒྱས་ཡིན་པའི་ཕྱིར། དེས་ན་དེ་བཞིན་ཉིད་དྲི་མ་དང་བཅས་པ་དེ་བཞིན་གཤེགས་པའི་སྙིང (65b) པོ་དང་། དེ་བཞིན་ཉིད་དྲི་མ་མཐའ་དག་གིས་དབེན་པ་ཆོས་སྐུར་ཁས་བླངས་པས་དེ་བཞིན་གཤེགས་པའི་སྙིང་པོ་ཆོས་སྐུར་ཁས་བླང་མི་དགོས་པ་བཞིན་དུ། དྲི་མ་དང་བཅས་པའི་དེ་བཞིན་ཉིད་དྲི་མ་མཐའ་དག་ཟད་པ་ཆོས་སྐུར་ཁས་བླངས་པ་ལ་འགལ་བ་ཅུང་ཟད་ཀྱང་མེད་དོ། །དྲི་མ་དང་བཅས་པའི་དེ་བཞིན་ཉིད་དྲི་མ་མཐའ་དག་གིས་དབེན་པར་འགྱུར་བ་མི་སྲིད་ན། སེམས་ཅན་སངས་རྒྱས་པ་མི་སྲིད་པ་དང་། སྣམ་བུ་དཀར་པོ་དམར་པོར་འགྱུར་བ་མི་སྲིད་པར་ཁས་ལེན་དགོས་པས། འདི་ནི་ཚོགས་རྒྱུན་ལེགས་པར་འཛོག་མི་ཤེས་ཤིང་། མཐར་རྟག་དངོས་ཁས་ལེན་པ་ལ་ཐུག་པར་འགྱུར་བའི་གཞན་དེའི་ལུགས་སོ། །

དྲི་མ་མེད་པའི་སངས་རྒྱས་ཀྱི་ཡོན་ཏན་ནི། དྲི་མ་དང་བཅས་པའི་སེམས་དྲི་མ་མེད་པའི་སེམས་སུ་གནས་གྱུར་པའི་མཚན་ཉིད་དེ་བཞིན་གཤེགས་པའི་ཆོས་ཀྱི་སྐུ་དེ་ཉིད་ལ་བརྟེན་པའི་ཚུལ་དུ་ཡོད་པ་འཇིག་རྟེན་ལས་འདས་པ་སྟོབས་བཅུ་ལ་སོགས་པ་བྲལ་བའི་ཡོན་ཏན་དང་རྣམ་སྨིན་གྱི་ཡོན་ཏན་སངས་རྒྱས་ཀྱི་ཆོས་གང་དག་ཡིན་པའོ། །

（子二）《释》

此中有垢真如者，是未能解脱烦恼壳之界清净胜义谛，**名“如来藏”**。《如来藏经》及其释论即此《宝性论》本释中，从不以如来藏本名指称具二清净（法身），故以究竟法身为如来藏者，纯属恣意虚构，非此论本释之宗规。举证余经有说如来藏是垢染清净之法身者，可知是不谙正理之相。

无垢真如者，是彼有垢真如尽诸垢已**转依而成佛地之相，名“如来法身”**。或谓：汝此说至极相违，以许有垢真如为无垢真如故。曰：此乃不详究正理之胡言！岂不闻我言“有垢真如悉皆转依之法身”乎？不然，有情应是佛，以有情是诸垢皆尽之佛故。故许真如有垢是如来藏，真如离垢是法身，而不必许如来藏即是法身，如是许有垢真如诸垢皆尽是法身，无少分相违。若有垢真如终不能离垢，则当许有情终不能成佛，白布终不受染变红，此是不知妥善安立和合相续、终许“常事”之外道宗规。

无垢佛功德者，是有垢心**转依**而成无垢心之**相**，依**如来法身**而**有**之**出世间十力等**离系功德及异熟功德**诸佛法**。

རྒྱལ་བའི་མདོད་པ་ནི། སྟོབས་བཅུ་ལ་སོགས་པ་སངས་རྒྱས་ཀྱི་ཆོས་དེ་དག་ཉིད་ཀྱི་སོ་སོ་རང་གི་བླ་ན་མེད་པའི་འཕྲིན་ལས་སུམ་ཅུ་རྩ་གཉིས་ཏེ། འཕྲིན་ལས་གང་ཞིག་ལྷུན་གྲུབ་ཏུ་གནས་པས་མེད་པར་མ་གྱུར་ཅིང་རྒྱུན་བརྟན་པས་ཆད་པ་མེད་ལ་བར་མ་ཆད་དུ་འཇུག་པས་རྒྱུན་མི་ཆད་པས་བྱང་ཆུབ་སེམས་དཔས་ལུང་བསྟན་པའི་གཏམ་རྒྱུད་མི་འཆད་པའོ། །དེ་ནི་མཚོན་པ་ཙམ་མོ། །

གནས་བཞི་པོ་འདི་དག་ཀྱང་ཞེས་སོ། །

གཉིས་པ་ལ་གཉིས། དྲི་བ་དང་། ལན་ནོ། །

དང་པོ་ནི། བཞི་པོ་རྒྱུ་མཚན་གང་དག་གིས་བསམ་གྱིས་མི་ཁྱབ་ཅེ་ན།

གཉིས་པ་ལ་གཉིས། རྩ་བ་དང་། (66a) འགྲེལ་བའོ། །

དང་པོ་ནི། སེམས་ཅན་གྱི་སེམས་རང་བཞིན་གྱིས་རྣམ་པར་དག་པ་དྲི་མ་དང་བཅས་པའི་དེ་བཞིན་ཉིད་རང་བཞིན་གྱིས་དག་པ་དང་། ཉོན་མོངས་དང་ལྡན་པའི་ཕྱིར་དེ་གཉིས་གཞི་མཐུན་དུ་འདུས་པ་བསམ་གྱིས་མི་ཁྱབ་ཅིང་རྟོགས་པར་དཀའ་བ་དང་། དྲི་མ་མེད་པའི་དེ་བཞིན་ཉིད་སྔར་ཀུན་ནས་ཉོན་མོངས་པ་མེད་ལ། སློབ་ཕྱུར་དྲི་མས་དག་པའི་ཕྱིར་རྟོགས་པར་དཀའ་བ་དང་། དྲི་མ་མེད་པའི་ཡོན་ཏན་ནི་དྲི་མ་མེད་པ་ཡང་ཡིན་ལ་གཅིག་ཏུ་ཀུན་ནས་ཉོན་མོངས་པ་སོ་སོ་སྐྱེ་བོའི་རྒྱུད་ལ་ཡང་ཆོས་ཉིད་ངོ་བོའི་སྒོ་ནས་རྣམ་པར་དབྱེ་བ་མེད་པའི་ཆོས་ཉིད་ཀྱི་ཕྱིར་རྟོགས་པར་དཀའ་བ་དང་། རྒྱལ་བའི་མཛད་པ་ནི། ལྷུན་གྱིས་གྲུབ་པ་དང་མཛད་པ་མཛད་པའི་རྣམ་པར་མི་རྟོག་པའི་ཕྱིར་བསམ་གྱིས་མི་ཁྱབ་ཅིང་རྟོགས་པར་དཀའོ། །

གཉིས་པ་ལ་བཞི་ཡོད་པའི་དང་པོ་དྲི་མ་དང་བཅས་པའི་དེ་བཞིན་ཉིད་རྟོགས་པར་དཀའ་བ་ལ་གཉིས། དངོས་ཀྱི་དོན་དང་། ལུང་དང་སྦྱར་བའོ། །

དང་པོ་ནི། དེ་ལ་དྲི་མ་དང་བཅས་པའི་དེ་བཞིན་ཉིད་སེམས་ཅན་གྱི་སེམས་རང་བཞིན་གྱིས་སྟོང་པ་ནི། གཅིག་ཅར་དུས་གཅིག་ཏུ་རང་བཞིན་རྣམ་པར་དག་པ་ཡང་ཡིན་ལ་སེམས་ཅན་གྱི་སེམས་ཀུན་ནས་ཉོན་མོངས་པས་བསྒྲད་པ་ཡང་ཡིན་པའི་ཕྱིར་གནས་འདི་བསམ་གྱིས་མི་ཁྱབ་སྟེ་དོན་ནི་སེམས་ཉོན་མོངས་པས་བསྒྲད་ན། བསྒྲད་བྱ་སྒྲོད་བྱེད་ཀྱི་རྒྱུ་འབྲས་ཁས་ལེན་དགོས་ལ་དེ་ལྟ་ན། དེ་རང་བཞིན་གྱིས་སྟོང་པ་ཤིན་ཏུ་བཞག་དཀའ་བས་ཆོས་ཐམས་ཅད་རང་བཞིན་གྱིས་གྲུབ་པ་རྡུལ་ཙམ་ཡང་མེད་པ་དང་། བྱ་བྱེད་ཐམས་ཅད་འཐད་པ (66b) གཞི་མཐུན་དུ་ཁས་ལེན་པའི་བདེན་གཉིས་རྟོགས་པར་དཀའ་བའི་དོན་ཡིན་ནོ། །སེམས་ཅན་གྱི་སེམས་རང་བཞིན་གྱིས་སྟོང་པ་རྟོགས་དཀའ་བ་དང་། དྲི་བཅས་དེ་བཞིན་ཉིད་རྟོགས་དཀའ་བ་དོན་འདྲའོ། །

佛事业者，**彼十力等佛法各各之无上事业**三十二种。**彼等**事业皆是无功用而住，故**不成无有**；相续坚固，故**不断**；无间趣入，故**相续不断**，**是故授记菩萨之语相续不断**。此仅一例。

此等四处，**如其次第**，**以四因明难可思议故**，**说是一切智之境**。

（癸二）不可思议之能立

分二：（子一）问；（子二）答。

（子一）问

云何四因？

（子二）答

分二：（丑一）《论》；（丑二）《释》。

（丑一）《论》

有情心自性清净有垢真如自性清**净**而**具烦恼故**，此二合为一体是不可思议、难以通达。无垢真如本**无杂染而**客尘清**净故**，难以通达。无垢功德虽是无垢，然由法性体性门，是与一向杂染异生相续**无差别**之**法**性**故**，难以通达。佛事业者，**任运**及**无**作事业之**念故**，不可思议、难以通达。（1.25）

（丑二）《释》

分四：（寅一）有垢真如难以通达；（寅二）无垢真如难以通达；（寅三）无垢功德难以通达；（寅四）佛事业难以通达。

（寅一）有垢真如难以通达

分二：（卯一）正义；（卯二）配合经教。

（卯一）正义

此中有垢真如有情心自性空**者**，**俱是**自性**清净及**有情心亦**杂染故**，**此处难可思议**。心若为烦恼所染，须承许能染所染之因果，如是则自性空极难安立，即承许一切法无微尘许自性，与一切作用应理两者同一之二谛，难以通达之义。有情心自性空难以通达，与有垢真如难以通达同义。

དེ་ཡང་སྟོང་ཉིད་སྤྲོས་བྲལ་ཟབ་མོའི་ཆོས་ཀྱི་ཚུལ་ལ་མོས་པ་རང་སངས་རྒྱས་རྣམས་ཀྱི་ཡང་སྤྱོད་ཡུལ་དུ་རང་སྟོབས་ཀྱི་ཤེས་རབ་ཀྱིས་རྟོགས་པར་མ་གྱུར་པའི་ཡུལ་ཡིན་པའི་ཕྱིར་རོ། །ཅུང་ཟད་ཀྱང་མ་རྟོགས་པའི་དོན་དུ་འདོད་པ་ནི་ལུང་གི་དོན་དང་འགལ་ལོ། །

གཉིས་པ་ནི། དཔལ་ཕྲེང་གི་མདོ་ལས། གང་གི་ཕྱིར། ལྷ་མོ་ཆོས་འདི་གཉིས་ནི་རྟོགས་པར་དཀའ་བ་སྟེ། གཉིས་པོ་གང་ཞེ་ན། སེམས་རང་བཞིན་གྱིས་རྣམ་པར་དག་པ་རང་གི་མཚན་ཉིད་ཀྱིས་གྲུབ་པ་རྡུལ་ཙམ་ཡང་མེད་པ་རང་གི་ཚད་མས་གྲུབ་པ་རྟོགས་པར་དཀའ་བ་དང་། སེམས་དེ་ཉིད་ཀྱི་ཉེ་བར་ཉོན་མོངས་པ་ཉིད་རྟོགས་པར་དཀའ་བའོ། །ཞེས་སོ། །ཕྱི་མ་རྐྱང་པ་རྟོགས་པར་དཀའ་བ་མ་ཡིན་གྱི། སྔ་མ་དང་གཉིས་ཚོགས་རྟོགས་པར་དཀའ་ལ། སྔ་མ་ཚད་མས་གྲུབ་པ་འཛོག་ཤེས་པ་རྟོགས་པར་དཀའ་བ་ནི། གཉིས་ཚོགས་རྟོགས་པར་དཀའ་བ་དང་དོན་འདྲའོ། །རང་བཞིན་གྱིས་སྟོང་པ་ཚད་མས་གྲུབ་པའི་རྣམ་གཞག་ལེགས་པར་འཛོག་ཤེས་ན། ཚད་མས་གྲུབ་པའི་ཀུན་རྫོབ་ཁས་མ་བླངས་པར་བྱ་ས་མེད་ལ། དེ་མི་ཤེས་ན། བདེན་གྲུབ་ཁེགས་པར་རློམ་པ་ཙམ་དུ་ཟད་ཀྱི་བདེན་གཉིས་ལ་མཁས་པའི་གྲངས་སུ་མི་འགྲོ་བས། མཚན་འཛིན་གྱི་དམིགས་གཏད་རྡུལ་ཙམ་ཡང་བྱ་ས་མེད་པ་དང་། བྱ་བྱེད་ཐམས་ཅད་ཁས་མི་ལེན་ཀ་མེད་ཀྱི་གཉིས་ཚོགས་ལ་མཁས་པར་བྱའོ། །ལྷ་མོ་ཆོས (67a) འདི་གཉིས ཞེས་སོ། །ལྷ་མོ་ལྷག་མ་ཉན་ཐོས་དང་རང་སངས་རྒྱས་རྣམས་ཀྱི་ནི་བདེན་གཉིས་ཟུང་འཇུག་ཁས་བླངས་པས་ཆོག་པའི་ཆོས་འདི་གཉིས་ནི་དེ་བཞིན་གཤེགས་པ་ལ་དད་པས་རྗེས་སུ་འབྲང་བའི་སྒོ་ནས་མངོན་སུམ་དུ་རྟོགས་པར་བྱ་བ་ཉིད་དོ། །ཞེས་གསུངས་པ་ཡིན་ནོ། །

གཉིས་པ་དྲི་མ་མེད་པའི་དེ་བཞིན་ཉིད་རྟོགས་པར་དཀའ་བ་ལ་གཉིས། དངོས་ཀྱི་དོན་དང་། ལུང་དང་སྦྱར་བའོ། །

དང་པོ་ནི། དེ་ལ་དྲི་མ་མེད་པའི་དེ་བཞིན་ཉིད་ནི་སྔར་དྲི་མས་ཀུན་ནས་ཉོན་མོངས་པར་མ་གྱུར་པ་ཡིན་ཏེ། འདོད་ཆགས་ལ་སོགས་པའི་ཉོན་མོངས་པས་དེ་བཞིན་ཉིད་ལ་དམིགས་པར་མི་ནུས་པའི་ཕྱིར་ཏེ། དེ་བཞིན་ཉིད་ལ་དམིགས་པའི་དོན་གཉེར་གྱི་རྣམ་པ་ཅན་གྱི་བློ་ཡིན་ན་ངོ་བོ་ཉིད་ཀྱི་དགེ་བར་འགྱུར་གྱི། ཉོན་མོངས་སུ་མི་རུང་བའི་ཕྱིར་རོ། །དེ་བཞིན་དུ་ཉོན་མོངས་གཞན་དག་ལ་ཡང་རང་རང་གི་འཛིན་སྟངས་ལ་དཔྱད་ནས་ཤེས་པར་བྱའོ། །སེམས་ཉོན་མོངས་པས་བསླད་པ་ནི། ཉོན་མོངས་ཀྱིས་སེམས་ལ་དམིགས་ནུས་ཤིང་། གཙོ་བོ་ཡིད་ཀྱི་རྣམ་པར་ཤེས་པའི་འཁོར་དུ་སེམས་བྱུང་ཉོན་མོངས་ཅན་ངོ་བོ་གཅིག་ཏུ་སྐྱེ་བའི་ཕྱིར་རོ། །

此亦**非胜解甚深**离戏空性**法理诸独觉所行之境**、以自力慧难通达之境**故**。若许全不能通达，则与教义相违。

（卯二） 配合经教

《胜鬘经》说：“**何以故**？**天女**，**此二法者难可通达**。云何二法？以自量成立**心自性清净**无微尘许自相有**难以通达**，**以及彼心之随烦恼难以通达**。非说难通达者但是后者，乃前、后双聚难以通达。以量成立前者难通达者，与双聚难通达同义。若善知以量成立自性空之建立，则定许以量成立之世俗；若未能知，则惟自诩遮破谛实，而实未能善巧二谛，故应善巧微尘许相执所缘亦不可许，以及一切作用无不可许之双聚。**天女**，**汝是能听此二法者**，**又**，**诸具大法菩萨**。**天女**，**余声闻**、**独觉由**随**信如来**之门，现**证此**二谛双运皆可许之**二法**。”

（寅二） 无垢真如难以通达

分二：（卯一） 正义；（卯二） 配合经教。

（卯一） 正义

此中无垢真如者，**前不为垢杂染**，以贪等烦恼不能缘真如故；若是希求缘真如之心，则是自性善，不成烦恼故。如是对余烦恼，亦可由观察各自执取相而知。心为烦恼染者，烦恼能缘心，心王意识及其眷属烦恼心所生为一体故。

ཉོན་མོངས་ཀྱིས་དེ་བཞིན་ཉིད་ལ་མ་དམིགས་ན་དྲི་བཅས་སུ་འགལ་ལོ། །ཞེ་ན། སེམས་ཉོན་མོངས་ཀྱིས་བསླད་པ་ན་སེམས་རང་བཞིན་གྱིས་སྟོང་པ་དེ་ཉིད་སྒྲིབ་བྱེད་མེད་ན་མངོན་སུམ་དུ་མཐོང་བར་རིགས་པ་ལ། དྲི་མ་དེའི་སྐྱོན་གྱིས་བློ་བསྒྲིབས་ནས་མ་མཐོང་བས། དེ་བཞིན་ཉིད་དྲི་མ་དང་བཅས་པ་ཞེས་བྱའོ། །འོ་ན་དྲི་མ་མེད་པའི་དེ་བཞིན་ཉིད་ཀྱང་། དྲི་བཅས་སུ་ཐལ་བར་འགྱུར (67b) ཏེ། སྒྲིབ་བྱེད་ཀྱི་དྲི་མ་མེད་ན་སོ་སོ་སྐྱེ་བོ་རྣམས་ཀྱིས་ཀྱང་མངོན་སུམ་དུ་མཐོང་རིགས་པ་ལ། སོ་སོ་སྐྱེ་བོའི་བློ་ལ་ཡོད་པའི་དྲི་མས་བསྒྲིབས་ནས་མ་མཐོང་བའི་ཕྱིར་རོ། །ཞེ་ན། སོ་སོ་སྐྱེ་བོས་སངས་རྒྱས་ཀྱི་ཆོས་ཉིད་མངོན་སུམ་དུ་མ་མཐོང་བ། སོ་སོ་སྐྱེ་བོ་རང་རྒྱུད་ལ་སྒྲིབ་པ་ཡོད་པར་ཟད་ཀྱི། དེས་སངས་རྒྱས་ཀྱི་ཡོན་ཏན་དྲི་བཅས་སུ་འཕེན་མི་ནུས་པའི་ཕྱིར་དང་། སེམས་ཅན་གྱི་རྒྱུད་ཀྱི་གནས་ལུགས་སེམས་དང་ངོ་བོ་གཅིག་ཏུ་ཡོད་པ། སེམས་ཅན་གྱི་སེམས་དང་དེའི་གནས་ལུགས་གཉིས་ངོ་བོ་གཅིག་པའི་དྲི་མས་བསྒྲིབས་པས། དེའི་རྒྱུད་ཀྱི་གནས་ལུགས་ཀྱང་དྲི་བཅས་སུ་འཐད་པའི་ཕྱིར་རོ། །ཡང་དྲི་མའི་འཛིན་སྟངས་སེམས་ཅན་གྱི་སེམས་ཀྱི་གནས་ལུགས་ལ་ཙུང་ཟད་ཀྱང་མ་ཞུགས་ཤིང་། ལོག་པར་ཞུགས་པས་སྔར་ཀུན་ནས་ཉོན་མོངས་པར་མ་གྱུར་བ་ཞེས་བྱའི། དྲི་མ་མེད་པའི་དེ་བཞིན་སེམས་ཅན་གྱི་རྒྱུད་ལ་ཡོད་པའི་དོན་དུ་མི་བཟུང་ངོ། །

ཕྱིས་གློ་བུར་གྱི་དྲི་མས་རྣམ་པར་དག་པར་གྱུར་པའི་ཕྱིར་གཉིས་ཚོགས་ཀྱི་གནས་འདི་རྟོགས་པར་དཀའ་ཞིང་བསམ་གྱིས་མི་ཁྱབ་བོ། །

གཉིས་པ་ནི། གང་གི་ཕྱིར་སེམས་ནི་རང་བཞིན་གྱིས་འོད་གསལ་བ་སྟེ། དེ་ནི་དེ་ཁོ་ན་བཞིན་འཕགས་པ་རྣམས་ཀྱིས་མངོན་སུམ་དུ་ཤེས་སོ། །དེ་གོམས་པར་བྱས་པ་དེས་ན་སྐད་ཅིག་མ་གཅིག་དང་ལྡན་པའི་ཤེས་རབ་ཀྱིས་བླ་ན་མེད་པ་ཡང་དག་པར་རྫོགས་པའི་བྱང་ཆུབ་ཏུ་མངོན་པར་རྫོགས་པར་སངས་རྒྱས་སོ། །ཞེས་གསུངས་པ་ཡིན་ནོ། །ཕྱིད་སྔ་མ་སྔར་ཀུན་ནས་ཉོན་མོངས་པར་མ་གྱུར་པ་དང་། ཕྱིད་ཕྱི་མ་ཕྱིས་གློ་བུར་གྱི་དྲི་མས་དག་པའི་ཤེས་བྱེད་དོ། །

(68a) གསུམ་པ་དྲི་མ་མེད་པའི་ཡོན་ཏན་རྟོགས་པར་དཀའ་བ་ལ་གསུམ་གྱི་དམ་བཅའ་དང་། སྒྲུབ་བྱེད་དང་། ལུང་དང་སྦྱར་བའོ། །

དང་པོ་ནི། དེ་ལ་དྲི་མ་མེད་པའི་སངས་རྒྱས་ཀྱི་ཡོན་ཏན་དག་ནི། དྲི་མ་མེད་པ་ཡང་ཡིན་ལ། གཅིག་ཏུ་ཀུན་ནས་ཉོན་མོངས་པ་སོ་སོ་སྐྱེ་བོའི་ས་ལ་ཡང་། རང་གི་ངོ་བོའི་སྒོ་ནས་རྣམ་པར་དབྱེར་མེད་པའི་ཆོས་ཉིད་སྔ་ཕྱི་ཁྱད་པར་མེད་པར་ཡོད་པའི་ཕྱིར་གནས་འདི་བསམ་གྱིས་མི་ཁྱབ་སྟེ། དེ་ནི་དྲི་མ་མཐའ་དག་གིས་དབེན་པའི་དེ་བཞིན་ཉིད། དྲི་མ་མེད་པ་ཡང་ཡིན་ལ། དྲི་མ་དང་བཅས་པའི་དེ་བཞིན་ཉིད་དང་ངོ་བོའི་སྒོ་ནས་དབྱེར་མེད་པ་རྟོགས་པར་དཀའ་བའི་དོན་ཏེ། སྔོ་སེར་བཞིན་དུ་དབྱེར་མེད་པའོ། །

或说：若烦恼不能缘真如，则与有垢相违。曰：若心为烦恼所染，尔时若无心自性空之能障，则应现见，然由彼垢障蔽心故不见，故称“有垢真如”。或说：若尔，无垢真如亦应成有垢，以若无能障之垢，诸异生亦应现见，由异生心中所有之垢障蔽而不见故。曰：异生不能现见佛之法性，纯系异生自相续中有障，以此不能引申说佛功德有垢故；有情相续之真实与心同体而有，而有情心与其真实二者同体而为垢障蔽，彼相续之真实亦合应有垢故。又，垢之执取相少分亦不入心真实中，及说前不因邪行而成杂染，非是有情相续中有无垢真如之义。

后成客尘**清净故**，**此**双聚之**处**难以通达、**难可思议**。

（卯二）配合经教

经云：“**何以故**？**心者自性光明**，**彼**为诸圣者**如实**现**知**。由串习**故**，**以刹那慧证得无上正等觉**。”

前段是成立前不成杂染之依据，后段是成立后客尘清净之依据。

（寅三）无垢功德难以通达

分三：（卯一）立宗；（卯二）能立；（卯三）配合经教。

（卯一）立宗

此中无垢佛功德者，既是无垢，亦**于一向杂染异生地而有**自体**无分别**、**前后无差别法性故**，**此处不可思议**。此谓诸垢全离之真如，既是无垢，亦与有垢真如体性无别，非如青黄有别，故难以通达。

གཉིས་པ་ནི་རྒྱུ་མཚན་གང་གི་ཕྱིར་ན། གང་ལ་དེ་བཞིན་གཤེགས་པའི་ཡེ་ཤེས་མཐའ་དག་སྐྱེ་རུང་དང་། མཐའ་དག་གི་ཆོས་ཉིད་རང་བཞིན་གྱིས་སྟོང་པ་རྗེས་སུ་མ་ཞུགས་པའི་སེམས་ཅན་དེ་ནི་སེམས་ཅན་གྱི་རིས་ན་འགའ་ཡང་མེད་དོ། །འོན་ཀྱང་སོ་སོ་སྐྱེ་བོ་རྣམས་གང་ཟག་དང་ཕུང་པོ་བདེན་པར་ཞེན་པའི་འདུ་ཤེས་ཀྱི་འཛིན་པས་བཅིངས་ནས་དེ་བཞིན་གཤེགས་པའི་ཡེ་ཤེས་ཆོས་ཀྱི་སྐུ་རང་གི་རྒྱུད་ལ་མི་མངོན་ནོ། །འདུ་ཤེས་ཀྱི་འཛིན་པ་དང་བྲལ་བ་ལས་ནི། ཐམས་ཅད་མཁྱེན་པའི་ཡེ་ཤེས་ཐོགས་པ་མེད་པར་རབ་ཏུ་འབྱུང་ངོ་། །

འདི་ན་སངས་རྒྱས་ཀྱི་ཡོན་ཏན་མཐའ་དག་སེམས་ཅན་གྱི་རྒྱུད་ལ་སྐྱེ་རུང་དང་། རང་བཞིན་གྱིས་སྟོང་པ་ཞེས་པ་དྲི་མ་མཐའ་དག་གིས་དག་པ་སངས་རྒྱས་དང་། དྲི་མ་དང་བཅས་པ་སེམས་ཅན་གྱི་ཆོས་ཉིད་དུ་བཞག་པ་སེམས་ཅན་ཐམས (68b) ཅད་ལ་ཁྱད་པར་མེད་པར་ཡོད་པ་ལ་བདེན་འཛིན་གྱིས་བསྒྲིབས་ནས་མངོན་སུམ་དུ་མ་མཐོང་བ་དང་། དེ་མངོན་སུམ་དུ་མཐོང་བ་ལས་སངས་རྒྱས་ཀྱི་ཡེ་ཤེས་འབྱུང་བ་རྟོགས་པར་དཀའ་བར་བསྟན་ཏེ། འདི་དང་སྔ་མ་ཡང་བདེན་གཉིས་རྟོགས་པར་དཀའ་བའི་དོན་དུ་འདྲའོ། །

གསུམ་པ་ལ་གཉིས། དཔེ་དང་། དོན་ནོ། །

དང་པོ་ལ། སྒྲིབ་བྱའི་དཔེ་ནི། ཀྱི་རྒྱལ་བའི་སྲས་ཞེས་པ་ནས། འདི་ལྟ་སྟེ། ཁོར་ཡུག་ཆེན་པོའི་ཚད་དང་། གསེར་གྱི་ས་གཞིས་བསྐུས་པའི་ས་ཆེན་པོའི་ཚད་དང་། སྟོང་གཉིས་དང་། སྟོང་དང་། གླིང་བཞི་པ་དང་། རྒྱ་མཚོ་ཆེན་པོ་དང་། འཛམ་བུའི་གླིང་དང་། ཤར་གྱི་ལུས་འཕགས་པོའི་གླིང་དང་། ནུབ་ཀྱི་བ་ལང་སྤྱོད་དང་། བྱང་གི་སྒྲ་མི་སྙན་དང་། རི་རབ་དང་། ས་ལ་སྤྱོད་པའི་ལྷའི་གཞལ་ཡས་ཁང་དང་། འདོད་པ་ན་སྤྱོད་པའི་ལྷའི་གཞལ་ཡས་ཁང་དང་། གཟུགས་ན་སྤྱོད་པའི་ལྷའི་གཞལ་ཡས་ཁང་གི་ཚད་དུ་ནི། ཁོར་ཡུག་ཆེན་པོའི་ཚད་ནས་གཟུགས་ན་སྤྱོད་པའི་ལྷའི་གཞལ་ཡས་ཁང་གི་ཚད་དུ་བྲིས་སོ། །དར་ཡུག་ཆེན་པོ་དེ་ཡང་ཞེས་སོ། །

སྒྲིབ་བྱེད་ཀྱི་དཔེ་ནི། དར་ཡུག་ཆེན་པོ་དེ་ཡང་ཞེས་སོ། །

སྒྲིབ་བྱེད་སེལ་བའི་དགེ་བའི་བཤེས་གཉེན་གྱི་དཔེ་ནི། དེ་ནས་མཁས་པ་ཞེས་སོ། །

མཁས་པ་སོགས་ལྔ་ནི་རིམ་པ་བཞིན་དུ། ཇི་ལྟ་བ་རིག་པ་དང་། ཇི་སྙེད་པ་རིག་པ་དང་། དབང་པོ་གསལ་བ་དང་། དྲན་པ་དང་ལྡན་པའི་ཤེས་རབ་དང་། རྟོག་དཔྱོད་དང་ལྡན་པའི་དཔེའོ། །

གདུལ་བྱ་རྗེས་སུ་འཛིན་པའི་བསམ་པ་སྐྱེས་པའི་དཔེ་ནི། འདི་སྙམ་དུ་སེམས་ཏེ། ཞེས་སོ། །

སྦྱོར་བ་ལ་ཞུགས་པའི་དཔེ་ནི། དེ་བརྩོན་པ་ཆེན་པོའི་ཞེས་སོ། ། (69a)

(卯二) 能立

经云:"何以故?有情众中无一有情未具生起具分如来智之堪能,以及具分法性自性空故。然诸异生,为补特伽罗及蕴实执想执所系缚,不能现见自相续中如来智法身。若离想执,则无碍出生知一切智(自生智)。"

此说有情相续中,有出生具分佛福德之堪能及自性空。"自性空"者,是诸垢全净之佛及有垢有情之法性,一切有情皆有、全无差别,然为实执所障不能现见。若能现见,则生佛智,此处难以通达,似与上述二谛难以通达同义。

(卯三) 配合经教

分二:(辰一)喻;(辰二)义。

(辰一) 喻

所障之喻者,经云:"噫,佛子,譬如有大丝绢量等三千大千世界,于此绢上具绘三千大千世界,所谓绘大铁围山,量等大铁围山;绘大地,量等大地;绘中千世界,量等中千世界;绘小千世界,量等小千世界。如是绘四洲天下、大海、南瞻部洲、东胜身洲、西牛货洲、北俱卢洲,及须弥山、地居天无量宫、欲界天无量宫、无色界天无量宫,皆如其量。"

能障之喻者,经云:"此大丝绢横竖量等三千大千世界,而住在一极微尘中。如一极微尘中住有此大丝绢,一切极微尘亦皆如是,住有此大丝绢、量等三千大千世界。"

消除能障善知识之喻者,经云:"时有一人,智、聪、明、达、知如何入。彼具天眼、清净光明,见如是大丝绢在此极微尘内,于少有情亦无利益。"

"智"等五,依次是如所有明、尽所有明、诸根猛利、具念慧、具寻伺之喻。

发起摄受所化意乐之喻者,经云:"即作是念:噫!我当以大精进力,以此金刚破彼极微尘,出此大丝绢,饶益一切众生。"

གཉིས་པ་དོན་ལ་སྦྱར་བ་ལ། སྦྲིབ་བྱ་ནི། ཀྱི་རྒྱལ་བའི་སྲས་དག་དེ་བཞིན་གཤེགས་པའི་ཟབ་པའི་ཡེ་ཤེས་ཚད་མེད་པའི་རྒྱ་ཆེ་བའི་ཡེ་ཤེས་སེམས་ཅན་ཐམས་ཅད་ཉེ་བར་འཚོ་བའི་ཡེ་ཤེས་ཀྱི་སེམས་ཅན་ཐམས་ཅད་ཀྱི་སེམས་ཀྱི་རྒྱུད་ལ་སྐྱེ་རུང་དང་། །གང་ལ་དམིགས་ནས་བསྒོམས་ན་སངས་རྒྱས་ཀྱི་ཡེ་ཤེས་སྐྱེ་བའི་དམིགས་པ་དང་། དྲི་མས་རྣམ་པར་དག་པ་སངས་རྒྱས་སུ་བཞག་པའི་དེ་བཞིན་ཉིད་མ་ཚང་བ་མེད་པར་རྗེས་སུ་ཞུགས་ཏེ། སེམས་ཅན་གྱི་སེམས་ཀྱི་རྒྱུད་དེ་དག་ཀྱང་དེ་བཞིན་གཤེགས་པའི་ཡེ་ཤེས་དང་འདྲ་བར་ཚད་མེད་དོ། །

དཔེ་དོན་འདི་དག་གི་དོན་ཅུང་ཟད་བཤད་ན། སྟོང་གསུམ་དར་ཡུག་ཆེན་པོའི་རྟག་པ་མཐའ་བཟུང་གི་དཔེ་མཛད་པ་ནི། ཕྱི་རབས་ཀྱི་གདུལ་བྱ་མི་ཤེས་པ་ཁ་ཅིག །སྟོབས་རྫོགས་ཀྱི་ཡོན་ཏན་ཐམས་ཅད་ཡོངས་སུ་རྫོགས་པའི་སངས་རྒྱས་གདོད་མ་ནས་སེམས་ཅན་གྱི་རྒྱུད་ལ་ཡོད་པར་འཛིན་པ་དག་གི་ལོག་རྟོགས་དགག་པའི་ཆེད་དུ་མཛད་པ་ཡིན་ཏེ། གཞན་དུ་ཤེས་བྱ་ལ་མི་སྲིད་པ་དཔེར་མཛད་པ་དགོས་པ་མེད་པའི་ཕྱིར་རོ། །དེ་ལོག་པར་རྟོག་པ་ཡིན་པ་མ་གྲུབ་བོ་ཞེ་ན། དག་པ་གཉིས་ལྡན་གྱི་ཆོས་སྐུ་སེམས་ཅན་གྱི་རྒྱུད་ལ་ཡོད་པའི་དོན་འདི་དཔྱད་པར་བྱ་སྟེ། སེམས་ཅན་གྱི་སེམས་དེ་ཉིད་རང་བཞིན་གྱིས་རྣམ་པར་དག་པ་ལ་གློ་བུར་གྱི་དྲི་མ་མཐའ་དག་གིས་དབེན་པའི་དོན་ནམ། འོན་ཏེ། དག་པ་གཉིས་ལྡན་གྱི་ཆོས་སྐུ་སེམས་ཅན་གྱི་རྒྱུད་ལ་རང་གི་སེམས་དང་ངོ་བོ་གཅིག་ཏུ་ཡོད་པའམ། དོན་གཞན (69b) གྱི་ཚུལ་དུ་ཡོད་པའམ། འབྲེལ་པ་མེད་པའི་ཚུལ་དུ་ཡོད་པ་ཡིན། དེ་ཡང་དངོས་པོར་ཁས་བླངས་པས་རྟག་པའམ། འོན་ཏེ་མི་རྟག་པ་ཡིན།

དང་པོ་ལྟར་ན། སེམས་ཅན་དེ་ཉིད་སངས་རྒྱས་སུ་ཐལ་བ་ལྡོག་ཏུ་མེད་དོ། །སངས་རྒྱས་ཡིན་པ་ལ་ཡིན་པར་ངོ་མ་ཤེས་པས་སྐྱོན་མེད་དོ། །ཞེ་ན། སངས་རྒྱས་དང་སེམས་ཅན་སུ་ཡིན་ངོ་མི་ཤེས་པའི་རྙོངས་པ་མི་ཤེས་པ། མི་གསལ་བའི་སྐྱེས་བུ་དེ། སངས་རྒྱས་སོ་ཞེས་སྨྲ་བ་དེ་ལས་སངས་རྒྱས་ལ་སྐུར་བ་འདེབས་པའི་ཚིག་ཅི་ཞིག་ཡོད།

གཉིས་པ་ལྟར་ན། སེམས་ཅན་གྱི་རྒྱུད་ལ་ཡོད་པའི་དག་པ་གཉིས་ལྡན་གྱི་ཆོས་སྐུ་དེ། ཁྱད་པར་གྱི་གཞིར་གཟུང་ནས། དེ་སེམས་ཅན་གྱི་རྒྱུད་ཀྱི་གློ་བུར་གྱི་དྲི་མ་དེས་བསྒྲིབས་སམ་མ་བསྒྲིབས། དང་པོ་ལྟར་ན། དག་པ་གཉིས་ལྡན་གྱི་ཆོས་སྐུར་འགལ་ལ། གཉིས་པ་ལྟར་ན་སེམས་ཅན་གྱི་སེམས་རྒྱུད་དག་པ་གཉིས་ལྡན་དང་ངོ་བོ་གཅིག་ཏུ་ཡོད་ལ། སེམས་ཅན་གྱི་སེམས་རྒྱུད་དྲི་མས་ལེགས་པར་བསླད་པ་ཡང་ཡིན་པ་ཉམས་སོ། །གཞན་ཡང་སེམས་ཅན་གྱི་རྒྱུད་ལ་དག་པ་གཉིས་ལྡན་གྱི་ཆོས་སྐུ་དེའི་ཆོས་ཉིད་ཡིན་པའི་ཚུལ་དུ་ཡོད་ན་ནི། དྲི་མ་དང་བཅས་པ་ཡང་ཡིན་ལ། གློ་བུར་གྱི་དྲི་མ་མཐའ་དག་དང་བྲལ་བ་རང་གི་གནས་ལུགས་སུ་ཡོད་པ་ཡང་ཡིན་པ་དེ་ལས་མི་རིགས་པ་ཅི་ཞིག་ཡོད། དེ་ལས་གཞན་པའི་ཚུལ་དུ་ཡོད་པ་ནི། ཅུང་ཟད་ཀྱང་དཔྱད་མི་བཟོད་དོ། །

趣入加行之喻者，经云：

“**彼发大精进力，以微细金刚破彼极微尘。如其所念，出此大丝绢，令诸众生普得饶益。如于一尘，一切极微尘应知悉然。**”

（辰二）义

所障者，经云：

“**噫！佛子**，生起**如来**甚深**智**、**无量**广大**智**、**长养一切有情智**之堪能，缘之而修能生佛智之所缘、垢染清净即立为佛之真如，**随入一切有情心相续中**、**无不具足，彼等有情之心相续亦似如来智而成无量**。

此等喻义之意若稍解之，当知佛以三千世界大丝绢作常边执喻者，是为破除后世一类无知所化之邪分别，谓执有情相续中本有断证功德一切圆满佛，以别无举所知中非有者为喻之必要故。若谓此不成邪分别，则应观察有情相续中有具二清净法身之义是否应理。彼有情心自性清净是否即客尘全离之义？若尔，有情相续中具二清净之法身与自心同一体性而有？异体而有？不相属之理门而有？又，此亦承许为事故，是常？无常？

若是初者，彼有情应是佛、无可遮退。若谓是佛，然不识是佛，故无过，则彼不识佛及有情之愚昧、无明、无知之人，称其为佛终不成谤佛之语。

若是第二，以有情相续中所有之具二清净法身为差别所依，彼有情相续之客尘是否障彼？若是前者，则与具二清净之法身相违；若是后者，有情心相续与具二清净既是一体而有，便不可说有情心相续亦为垢染。又，若说有情相续中具二清净法身为其法性之理门而有，则既是有垢，亦有全离客尘之真实，岂有较此更不应理之说？若尚有他理者，少分亦不忍观察。

གསུམ་པ་ལྟར་ན། དོན་གཞན་དུས་མཉམ་པ་རྒྱུ་འབྲས་སུ་མི་རུང་བའི་ཕྱིར། སེམས་ཅན་དང་སངས་རྒྱས་ཚོགས་པ་གཅིག་ཏུ་ཁས་ལེན་དགོས་ན་དེ་ཡང་མི་རིགས་པ་ཁོ་ནའོ། །

བཞི་པ་ལྟར་ན། དག (70a) པ་གཉིས་ལྡན་གྱི་ཆོས་སྐུ་སེམས་ཅན་དང་འབྲེལ་པ་མེད་བཞིན་དུ་ཐོག་མ་མེད་པ་ནས་དེའི་རྒྱུད་ལ་རང་ཆས་སུ་གནས་པའོ། །ཞེས་སྨྲ་བ་ནི་རིགས་པ་མཐའ་དག་དང་འགལ་བའོ། །མི་རྟག་པ་ནི་རེ་ཞིག་བཞག་ལ། རྟག་པའི་དངོས་པོ་ཡིན་ན་ཡུལ་དང་དུས་དང་རང་བཞིན་རེས་འགའ་བའི་དངོས་པོ་ཡིན་ན། མི་རྟག་པར་ཐལ་བ་ཐོག་ཏུ་མེད་ལ། ཡུལ་དུས་རེས་འགའ་བ་མ་ཡིན་ན་ལྷས་སྦྱིན་གྱི་རྒྱུད་ལ་ཡོད་པ་དེ་ཉིད་སེམས་ཅན་ཐམས་ཅད་ཀྱི་རྒྱུད་ལ་ཡོད་པར་ཐལ་བ་བཞིན་སེམས་ཅན་རེ་རེ་བའི་རྒྱུད་ལ་ཡོད་པ་དེ་ཉིད་སེམས་ཅན་ཐམས་ཅད་ཀྱི་རྒྱུད་ལ་ཡོད་པར་ཐལ། སེམས་ཅན་ཐམས་ཅད་ཀྱི་རྒྱུད་ལ་ཡོད་པར་ཁས་བླངས་ཤིང་། ཡུལ་དུས་རེས་འགའ་བར་མི་རུང་བའི་དངོས་པོ་ཡིན་པའི་ཕྱིར་རོ། །གཞན་ཡང་སྔ་དུས་ན་ཡོད་པ་དེ་ཉིད་ཕྱི་དུས་ན་ཡོད་པ་དང་། ཕྱི་དུས་ན་ཡོད་པ་དེ་ཉིད་སྔ་དུས་ན་ཡོད་པ་དང་། གཉིད་སོག་པའི་དུས་ཀྱི་དེ་ཉིད་སད་པའི་དུས་ཀྱི་དེ་ཉིད་དུ་འགྱུར་བ་སོགས། ཉལ་བ་དང་མ་ཉལ་བའི་གནས་སྐབས་ཐ་དད་པ་ཡང་བཞག་ཏུ་མེད་པར་འགྱུར་རོ། །དགག་བྱ་བཅད་པ་ལ་མི་ལྟོས་ཤིང་རྟག་དངོས་སོ་སོར་མཐོང་བ་ལྟར་དུ་མཐོང་བར་ཁས་ལེན་པ་ནི། ཆོས་འདི་ལས་ཕྱི་རོལ་དུ་གྱུར་པ་འབའ་ཞིག་གི་རྟག་པ་ཁས་ལེན་པའི་ལུགས་ཡིན་ཏེ། བྱེ་བྲག་ཏུ་སྨྲ་བས་དོན་བྱེད་ནུས་པའི་རྟག་པ་ཁས་ལེན་པ་ཡང་དགག་བྱ་བཅད་པ་ལ་ལྟོས་པ་ཁས་ལེན་པ་ཡིན་གྱི། བརྒྱུབ་པ་རང་དབང་པའི་རྟག་པ་ཁས་ལེན་པའི་རང་སྡེ་མཁས་པ་སུ་ཡང་མི་སྨྲིད་དོ། །དོན་དམ་པའི་བདེན་པ་རྟག་དངོས་མངོན་སུམ་དུ་མཐོང་བཞིན་པའི་དོན་དམ (70b) པའི་བདེན་པའི་ཆ་དེ་དང་། མཉམ་གཞག་ལས་ལངས་པའི་དུས་ཀྱི་དོན་དམ་པའི་བདེན་པ་མངོན་སུམ་དུ་མ་མཐོང་བའི་དུས་ཀྱི་ཆ་གཉིས་གཅིག་གམ་ཐ་དད། དང་པོ་ལྟར་ན་སྔར་མཉམ་པར་བཞག་དུས་དོན་དམ་པའི་བདེན་པ་མངོན་སུམ་དུ་མཐོང་། དེ་ལས་ལངས་པའི་ཚེ་མངོན་སུམ་དུ་མ་མཐོང་བའི་དུས་ཀྱི་སྐྱེས་བུ་ལྷས་སྦྱིན་ཆོས་ཅན། ཁྱོད་དོན་དམ་པའི་བདེན་པ་མངོན་སུམ་དུ་མཐོང་བཞིན་པ་ཡིན་པར་ཐལ། ཁྱོད་ཀྱིས་མངོན་སུམ་དུ་མཐོང་བཞིན་པའི་དོན་དམ་བདེན་པ་དེ་དང་ད་ལྟར་ཁྱོད་ཀྱིས་མངོན་སུམ་དུ་མ་མཐོང་བའི་དོན་དམ་བདེན་པ་དེ་གཉིས་གཅིག་ཡིན་པའི་ཕྱིར། །

གཉིས་པ་ལྟར་ན། ཡུལ་དུས་རེས་འགའ་བར་མི་རུང་བའི་དངོས་པོ་ཡིན་པ་ཉམས་སོ། །

若是第三，与他事同时则不堪为因果故。若须承许有情与佛合聚，亦绝非应理。

若是第四，若谓：具二清净之法身无始以来与有情不相系属，于彼相续中自然安住。曰：此与具分正理相违。若许是无常且止，若许是“常事”，其中若是境、时、自性有限之事，则应是无常、无可遮退。若非有限境、时之事，则如“天授”相续中所有者，一切有情相续中皆应有，各各有情相续中所有者，一切有情相续中皆应有，当承许一切有情相续中有，非有限境、时之事故。又，先有者后亦当有，后有者先亦当有。睡时即醒时等，眠与不眠之时位差异亦不可安立。不待遮除所破、许“常事”如青黄般可见者，全然出于内教之外，乃外道许常之规。毗婆沙师虽许能作事之常，然亦许观待遮除所破。佛教智者谁亦不许自在而立之常①。又，胜义谛若是可现见之“常事”，则彼胜义谛分与出定时未现见之胜义谛分是一是异？若是一，则以前入定时现见胜义谛、后出定时未现见之人“天授”为有法，汝应现见胜义谛，彼胜义谛与汝现在未亲见之胜义谛二者是一故；若是异，则不可说非有限境、时之事。

① 宗喀巴造《辩了不了义善说藏》云：“谓若非于破有自相及自相生法我戏论，所显空性、无生、无我之义，密意说为有如来藏，而执如言所宣说者，则彼之常，亦非唯遮可坏灭法立为无坏，故非观待破除所破而立，犹如青黄，现有自体而体是常，如是便与外道说我是常住之理，无有差别，则当许为是常住事。此中违难，即大小乘破外道许常住有事所说诸理。故彼诸师，亦皆不许如是常义。”

སྒྲིབ་བྱེད་ནི་དོན་དམ་པའི་བདེན་པ་དེ་བཞིན་གཤེགས་པའི་ཡེ་ཤེས་མཐའ་དག་སྐྱེད་བྱེད་ཀྱི་ལམ་གྱི་དམིགས་པ་སེམས་ཅན་ཐམས་ཅད་ཀྱི་རྒྱུད་ལ་ཡོད་པ་དེ་ལྟ་མོད་ཀྱི། གང་ཟག་དང་ཕུང་པོ་བདེན་པར་ཞེན་པའི་འདུ་ཤེས་ཀྱི་འཛིན་པས་བཅིངས་པའི་བྱིས་པ་རྣམས་ཀྱིས། དེ་བཞིན་གཤེགས་པའི་ཡེ་ཤེས་མི་ཤེས་པ་ནི་སྤྱིར་བསྟན་པའོ། །དཔེ་དང་རྟགས་ལ་བརྟེན་ནས་རབ་ཏུ་མི་ཤེས་ཤིང་མངོན་སུམ་ཚད་མས་ཉམས་སུ་མི་མྱོང་མངོན་དུ་མི་བྱེད་དོ། །

སེམས་ཅན་གྱི་རྒྱུད་ཀྱི་སྒྲིབ་པ་དེ་སེལ་བྱེད་ནི། དེས་ན་དེ་བཞིན་གཤེགས་པས་ཆགས་པ་མེད་པའི་དེ་བཞིན་གཤེགས་པའི་ཡེ་ཤེས་ཀྱིས་ཆོས་ཀྱི་དབྱིངས་དོན་དམ་པའི་བདེན་པ་སེམས་ཅན་གྱི་གནས་ཐམས་ཅད་ལ་རྣམ་པར་གཟིགས་ནས། སེམས་ཅན་གྱི་རྒྱུད་ཀྱི་དྲི་མ་དང་བཅས་པའི་དེ་བཞིན་ཉིད་ཀྱི་དྲི་མ་མཐའ་དག་བསལ་བའི་ཆེད་དུ་སློབ་དཔོན་གྱི་འདུ་ཤེས་སུ་གྱུར (71a) ཏོ།

དེ་བཞིན་གཤེགས་པའི་མཉམ་གཞག་ཡེ་ཤེས་ཀྱི་དམིགས་པ་གང་ཞིག་མངོན་སུམ་དུ་རྟོགས་ནས་གོམས་པ་མཐར་ཕྱིན་པ་ལས་དེ་བཞིན་གཤེགས་པའི་ཡེ་ཤེས་སྐྱེ་བ་དོན་དམ་པའི་བདེན་པ་སེམས་ཅན་ཐམས་ཅད་ལ་ཡོད་པ་ལ། དེ་བཞིན་གཤེགས་པའི་ཡེ་ཤེས་ཡོད་པར་བཏགས་པ་ཚིག་འདི་ཉིད་ཀྱིས་གསལ་བར་བསྟན་པ་ཡིན་ནོ། །

དེ་ནས་ཀྱི་མ་མ་ལ་སེམས་ཅན་འདི་དག་ནི། དེ་བཞིན་གཤེགས་པའི་ཡེ་ཤེས་ཡང་དག་པ་ཇི་ལྟ་བ་བཞིན་དོན་དམ་པའི་བདེན་པ་མི་ཤེས་པ་དང་། དེ་བཞིན་གཤེགས་པའི་ཡེ་ཤེས་ཀྱི་དམིགས་པ་རྗེས་སུ་ཞུགས་པ་དག་སྟེ་གང་ཡང་ངས་སེམས་ཅན་འདི་དག་ལ་འཕགས་པའི་ལམ་ཉེ་བར་བསྟན་པས་བདེན་འཛིན་གྱི་འདུ་ཤེས་ཀྱིས་བྱས་པའི་འདོད་ཆགས་ལ་སོགས་པའི་འཆིང་བ་མཐའ་དག་བསལ་བར་བྱ་སྟེ། ཇི་ལྟར་རང་ཉིད་འཕགས་པའི་ཡེ་ཤེས་ཀྱི་སྟོབས་གཉེན་པོ་བསྐྱེད་པས་འདུ་ཤེས་ཀྱི་མདུད་པ་ཆེན་པོ་བདེན་འཛིན་བག་ཆགས་དང་བཅས་པ་བསལ་ནས་དེ་བཞིན་གཤེགས་པའི་ཡེ་ཤེས་སོ་སོར་མངོན་པར་ཤེས་ཤིང་། དེ་བཞིན་གཤེགས་པ་དང་མཉམ་པ་ཉིད་རྗེས་སུ་ཐོབ་པ་བཞིན་དུ་སེམས་ཅན་དེ་དག་ལ་ཡང་ཞེས་པ་ནས་ཉེ་བར་འཚོ་བར་འགྱུར་རོ། །ཞེས་གསུངས་སོ། །

ཕྱིར་སེམས་ཅན་ཀུན་གྱི་ཉེར་འཚོར་མ་གྱུར་པ་ལམ་བསྒོམ་པ་ལ་ལྟོས་ནས་སེམས་ཅན་མཐའ་དག་གི་ཉེར་འཚོར་འགྱུར་བ་དང་། ཐོག་མ་མེད་པ་ནས་དག་པ་གཉིས་ལྡན་གྱི་སངས་རྒྱས་ཡིན་པ་འགལ་བ་ཡིན་ནོ། །སེམས་ཅན་གྱིས་སངས་རྒྱས་ཐོབ་པ་ལམ་བསྒོམ་པ་ལ་ལྟོས་པ་ཡིན་གྱི། སེམས་ཅན་གྱི་རྒྱུད་ཀྱི་དག་པ་གཉིས (71b) ལྡན་གྱི་ཆོས་སྐུ་ཐོག་མ་མེད་པ་ནས་སངས་རྒྱས་པའོ་ཞེ་ན། སེམས་ཅན་གྱི་སེམས་གློ་བུར་གྱི་དྲི་མ་དང་བཅས་བཞིན་དུ་སེམས་དེའི་གནས་ལུགས་གློ་བུར་གྱི་དྲི་མ་མཐའ་དག་གིས་དག་པའི་རྣམ་གཞག བླུན་པོ་མིན་པ་གཞན་སུས་ཤེས།

能障者，经云：

“一切有情相续中有胜义谛，彼是能生具分如来智道之所缘。**虽如是**，**然诸凡愚为**耽着补特伽罗及蕴谛实之**想执所缚**，**不识如来智**，此是总示，**不**依喻、因而**觉**，**不**以现量**体**、**证**。”

能除彼有情相续之障者，经云：

“**因此**，**如来以无滞如来智观法界**胜义谛**住一切有情已**，为除尽有情相续中有垢真如之垢故，**作师长想**。”

此句经文明示：一切有情皆有胜义谛，彼为如来等引智所缘，若能现证并串习究竟，即生如来智，故假名有如来智。

复次，**经云**：

“**呜呼**！**此诸有情如来智**所缘**随入**，**然不如实见如来智**胜义谛。**我当为此诸有情宣说圣道**，**除**实执**想所致**贪等具分**系缚**。**如我生起圣智力**对治，**除大想结**实执及习气，**内证如来智**，**得如来平等性**，**为彼等**有情**示如来道**，**转灭一切想结所致系缚**。**转灭一切想结所致系缚者**，**如来无量智长养一切众生**。”

往昔未得长养一切有情，观待于修道而得长养，此与说彼等无始以来是具二清净之佛相违。有情成佛观待修道。若谓：有情相续中具二清净之法身无始以来即以成佛。曰：许有情心有客尘，复许彼心真实客尘全净之建立，此非弱智，余谁能解？

བཞི་པ་རྒྱལ་བའི་མཛད་པ་རྟོགས་པར་དཀའ་བ་ལ་གཉིས། དངོས་ཀྱི་དོན་དང་། ལུང་དང་སྦྱར་བའོ། །

དང་པོ་ནི། དེ་ལ་རྒྱལ་བའི་མཛད་པ་ནི། དུས་ཅིག་ཅར་གདུལ་བྱ་ཐམས་ཅད་ལ་དུས་ཐམས་ཅད་དུ་འབད་རྩོལ་མེད་པར་ལྷུན་གྱིས་གྲུབ་ཅིང་བློ་སྔོན་དུ་བཏང་བའི་རྣམ་པར་མི་རྟོག་པར་གནས་བཞིན་དུ་གདུལ་བྱའི་བསམ་པ་ཇི་ལྟ་བ་དང་། དགེ་བའི་རྩ་བ་ཇི་ལྟར་བསགས་པའི་གདུལ་བྱ་ཇི་ལྟ་བ་བཞིན་དུ་སེམས་ཅན་རྣམས་ལ་མ་ཚང་བ་མེད་ཅིང་རྗེས་སུ་མཐུན་པར་འཕྲིན་ལས་འཇུག་པའི་ཕྱིར་གནས་འདི་བསམ་གྱིས་མི་ཁྱབ་སྟེ། ཞེས་སོ། །

གཉིས་པ་ནི། གང་གི་ཕྱིར་སེམས་ཅན་རྣམས་གཞུག་པའི་དོན་དུ་དེ་བཞིན་གཤེགས་པའི་ཡེ་ཤེས་ཚད་མེད་པ་ཡིན་ཡང་ཡོན་ཏན་སུམ་ཅུ་རྩ་གཉིས་ལ་སོགས་པ་མདོར་བསྡུས་པ་ཙམ་གྱི་སྒོ་ནས་ཚད་དང་ལྡན་པར་བསྟན་མོད་ཀྱི། རིགས་ཀྱི་བུ་འོན་ཀྱང་ཞེས་ཏེ་ཟབ་པ་དང་རྒྱ་ཆེ་བས་བསམ་གྱིས་མི་ཁྱབ་པ་ཚད་མེད་པ་འཇིག་རྟེན་ཐམས་ཅད་ཀྱིས་རང་གིས་མངོན་སུམ་དུ་ཤེས་པར་བྱ་བ་མ་ཡིན་པ་གཞན་གྱི་སྒྲ་ལ་བརྟེན་ནས་མངོན་སུམ་དུ་རྟོགས་པ་མ་ཡིན་པས་ཡི་གེས་ཞེས་སོ། །སངས་རྒྱས་ཀྱི་ཞིང་ཐམས་ཅད་དུ་གནས་པ་ནི་གནས་པ་རྒྱ་ཆེ་བའོ། །སངས་རྒྱས་ཞེས་པ་འཕྲིན་ལས་ཐུན་མོང་དུ་འཇུག་པ་ལྷུན་གྱིས་གྲུབ་ཅིང་ཀུན་སློང་གི་རྣམ་རྟོག་མེད་པས་འབད་རྩོལ་དང་། ཞེས་སོ། །དེ་བཞིན་ཉིད་ལ་གཉིས་སྣང་ནུབ་པའི་(72a) ཚུལ་གྱིས་རྟག་ཏུ་མཉམ་པར་བཞག་བཞིན་དུ་འཕྲིན་ལས་འཇུག་པ་ནི། ཆོས་ཀྱི་དབྱིངས་ཀྱི་ཞེས་སོ། །

མཇུག་བསྡུ་བ་ནི། ནོར་བུ་བཻ་ཌཱུརྻ་ཞེས་སོ། །འཇིག་རྟེན་དུ་འཕྲིན་ལས་འཇུག་ཀྱང་འཇིག་རྟེན་པའི་སྐྱོན་གྱིས་མ་གོས་པ་ནི། ཐམས་ཅད་དུ་ཁ་ན་མ་ཐོ་བ་མེད་པ་རྒྱུན་མི་འཆད་ཅིང་འཇིག་རྟེན་ལས་འདས་པའི་ལེགས་ཚོགས་ཐམས་ཅད་འབྱུང་བ་དུས་གསུམ་དང་ཞེས་སོ། །སྐུ་ནམ་མཁའི་རང་བཞིན་སོ་སོར་རྣམ་པར་དབྱེར་མེད་པ་ཡང་མི་འདོར་ལ། སངས་རྒྱས་ཀྱི་ཞིང་ཐམས་ཅད་དུ་ཡང་ཀུན་ཏུ་སྟོན་ནོ། །གསུང་གཉིས་སུ་སྣང་བའི་སྒོ་ནས་བརྗོད་དུ་མེད་པའི་ཆོས་ཉིད་ཀྱང་མི་འདོར་ལ། སྒྲ་ཞེས་སོ། །ཐུགས་ཀྱི་གསང་བ་དེ་བཞིན་ཉིད་ལ་གཉིས་སྣང་ནུབ་པའི་ཚུལ་གྱིས་དུས་རྟག་ཏུ་མཉམ་པར་བཞག་བཞིན་དུ་སེམས་ཅན་ཀུན་གྱི་བསམ་པ་དང་སྤྱོད་པ་ཇི་ལྟ་བ་བཞིན་དུ་ཤེས་པ་ནི་སེམས་དམིགས་པ་ཞེས་སོ། །

（寅四）佛事业难以通达

分二：（卯一）正义；（卯二）配合经教。

（卯一）正义

此中佛事业者，一切时中于一切所化俱时无功用任运，无先起思觉之分别而住，于诸有情，如所化之意乐，如积集善根之所化，无有缺舍、随顺趣入事业故，此处不可思议。

（卯二）配合经教

经云："何以故？趣入饶益诸有情之如来智虽是无量，然由总略之门说三十二功德等有限之量。善男子，然彼如来清净事业，因其甚深广大故，不可思议、无量，非一切世间所能现知。非依他声现证故，非文词所能诠说、他难成立。安住一切佛刹者，处广大。得如来平等性者，事业共同趣入。无有功用且无等起分别故，出一切功用及作用，与虚空平等而无分别。以二相隐没之理恒入定于真如而趣入事业者，法界之所作无有差异。"

总结者，经以清净吠琉璃宝为喻，复广说：

"善男子，应知如是义门差别。如来事业者难可思议，得平等性。事业虽趣入世间，然不染世间过者，遍一切无罪。相续不断，出生一切出世间善资粮，与三时相系属，令三宝血脉不断。趣入难可思议如来事业之如来身不舍虚空性，无有各别、普示现于一切佛刹。语不舍由二相隐没之门不可言诠之法性，如实了别声而为诸有情说法。意之秘密，以二相隐没之理恒入定于真如中，如实知一切有情之心行，心离一切所缘。"

གསུམ་པ་རྒྱུ་རྐྱེན་སོ་སོར་རྣམ་པར་བཞག་པ་ལ་གཉིས། རྩ་བ་དང་། འགྲེལ་པའོ། །

དང་པོ་ནི། རྟོགས་བྱ་དྲི་མ་དང་བཅས་པའི་དེ་བཞིན་ཉིད་ནི། མངོན་སུམ་དུ་རྟོགས་ན་སངས་རྒྱས་ཀྱི་ཆོས་ཐམས་ཅད་སྐྱེ་བར་འགྱུར་ལ། མངོན་སུམ་དུ་མ་རྟོགས་ན་འཁོར་བ་ལས་ཀྱང་མི་གྲོལ་བ་གཏན་ལ་དབབ་པར་བྱ་བ་དང་། རྟོགས་པར་བྱ་བའི་ཤེས་བྱ་མཐར་ཐུག་པ་ཁམས་ཀྱི་གནས་གཅིག་པོ་དེ་དྲི་མས་རྣམ་པར་དག་པའི་དག་རྒྱུ་ཡིན་ནོ། །སངས་རྒྱས་ཀྱི་ཡེ་ཤེས་སྐྱེད་བྱེད་ཀྱི་རྒྱུ་མ་ཡིན་མོད་ཀྱི། སངས་རྒྱས་ཀྱི་ཡེ་ཤེས་སྐྱེ་བའི་རྒྱུའི་གཙོ་བོ་བྱང་སེམས་འཕགས་པའི་མཉམ་གཞག་ཡེ་ཤེས་ཀྱི་དམིགས་པ་ཡིན་པ་དང་། སངས་རྒྱས་ཀྱི་ཡེ་ཤེས (72b) མེད་ན་མི་འབྱུང་བའི་རྒྱུ་མཚན་ཡིན་པ་ལ་རྒྱུར་བཏགས་པའོ། །དེ་བཞིན་ཉིད་མངོན་སུམ་དུ་རྟོགས་པ་མཐར་ཐུག་པ་བྱང་ཆུབ་དང་། བྱང་ཆུབ་དེའི་ནི་ཡན་ལག་སངས་རྒྱས་ཀྱི་ཡོན་ཏན་དང་། ཡོན་ཏན་དེས་གདུལ་བྱ་རིགས་ཅན་གསུམ་གྱིས་དེ་བཞིན་ཉིད་རྟོགས་པར་བྱེད་པའི་ཕྱིར་འཕྲིན་ལས་ཏེ་གོ་རིམ་ཇི་བཞིན་དུ་གནས་གསུམ་ནི་དྲི་མ་དག་བྱེད་ཀྱི་རྐྱེན་ཡིན་ནོ། །དེས་ན་རྒྱུད་བླ་མའི་ཆེད་དུ་བྱ་བའི་གདུལ་བྱའི་རྒྱུད་ཀྱི་དེ་བཞིན་ཉིད་ནི་ཉེ་བར་ལེན་པའི་གནས་ཡིན་ལ་རྒྱུའི་སྐབས་འགྲོའི་ཡུལ་དུ་གྱུར་པ་གཞན་རྒྱུད་ལ་གྲུབ་ཟིན་པའི་བྱང་ཆུབ་ལ་སོགས་པ་གསུམ་ནི། རྐྱེན་དུ་ཤེས་པར་བྱའོ། །

གཉིས་པ་ལ་གཉིས། རྒྱུ་རྐྱེན་ངོས་བཟུང་བ་དང་། རྒྱུ་རྐྱེན་དུ་འགྱུར་བའི་ཚུལ་ལོ། །

དང་པོ་ནི། དོན་གྱི་གནས་བཞི་པོ་འདི་དག་ལས་ཀྱང་དེ་བཞིན་ཉིད་ཀྱིས་ཤེས་བྱ་ཐམས་ཅད་ཀྱི་གནས་ལུགས་མཐར་ཐུག་པ་བསྡུས་པའི་ཕྱིར་དང་པོ་དྲི་མ་དང་བཅས་པའི་དེ་བཞིན་ཉིད་ནི་རྟོགས་པར་བྱ་བའི་གནས་སུ་བལྟ་བར་བྱའོ། །དེ་བཞིན་ཉིད་དེ་རྗེས་སུ་རྟོགས་པ་མཐར་ཐུག་པ་ནི་དྲི་མ་མཐའ་དག་ཟད་པའི་རྟོགས་པ་ཡིན་པའི་ཕྱིར་གཉིས་པ་བྱང་ཆུབ་ཀྱང་ཡིན་ལ་གནས་ཀྱང་ཡིན་པས་བྱང་ཆུབ་ཀྱི་གནས་སོ། །བྱང་ཆུབ་ཀྱི་ཡན་ལག་ཏུ་གྱུར་པ་ནི། སངས་རྒྱས་ཀྱི་ཡོན་ཏན་ཡིན་པའི་ཕྱིར། གསུམ་པ་བྱང་ཆུབ་ཀྱི་གཞན་དོན་སྒྲུབ་པའི་ཡན་ལག་གི་གནས་སོ། །བྱང་ཆུབ་ཀྱི་ཡན་ལག་རྣམས་ཉིད་ཀྱིས་གདུལ་བྱ་གཞན་དག་གིས་དེ་བཞིན་ཉིད་རྟོགས་པར་བྱེད་པའི་ཕྱིར་བཞི་པ་རྟོགས་པར་བྱེད་པའི་གནས་སོ། །དེ་ལྟར་ཞེས་སོ། །གནས་ཕྱི་མ་གསུམ་འབྲས་བུ་དཀོན་མཆོག་གསུམ་ཐོབ (73a) བྱེད་ཀྱི་རྐྱེན་ལ་རིགས་སུ་བཏགས་པ་ཡིན་གྱི། འཆད་པར་འགྱུར་བའི་རིགས་གཉིས་པོ་ནི་གང་ཡང་མ་ཡིན་ནོ། །

（庚三）因缘各别建立

分二：（辛一）《论》；（辛二）《释》。

（辛一）《论》

所证有垢真如者，若现证之，则生一切佛法；若未现证，则不能解脱生死。此所抉择、所证之究竟所知界之**一处**，是**净**垢之**因**。虽非能生佛智之因，然是生佛智主因—菩萨圣者等引智之所缘，无则不生佛智故，假名为因。究竟现**证**真如菩提，**彼**菩提之**支分**佛功德，及彼功德为**令**三类具种性**证**真如故所作事业，**依其次第**，**三**处**是**净垢之**缘**。因此，当知《上续论》特别所化相续中之真如是摄取处，因归依境他相续中已成之菩提等三是缘。（1.26）

（辛二）《释》

分二：（壬一）认明因缘；（壬二）转成因缘之理趣。

（壬一）认明因缘

此等义之四处中，真如**摄一切所知**究竟真实**故**，**第一**有垢真如**者应视为所证之处**。**随证彼**真如究竟**者**，**是**尽一切垢之**证故**，**第二**处既是菩提，亦是处，故是**菩提处**。**菩提支分者**，**是佛功德故**，**第三菩提**成办利他**之支分处**。**诸菩提支分令余诸**所化**证**真如**故**，**第四令**证之**处**。**如是约此四处而言**，**当知以因缘事建立三宝种性**。后三处是能得果三宝之缘，假名为种性，非下释二类种性。

གཉིས་པ་ནི། དེ་ལ་གནས་བཞི་པོ་འདི་དག་ལས་དང་པོ་ནི། འདི་དག་ལ་དམིགས་ནས་བསྒོམས་པས་འཇིག་རྟེན་ལས་འདས་པའི་ལེགས་ཚོགས་ཐམས་ཅད་འབྱུང་བས་འཇིག་རྟེན་ལས་འདས་པའི་ཆོས་ཀྱི་ས་བོན་དུ་བཏགས་ནས་བཞག་པ་ཡིན་པའི་ཕྱིར། ས་བོན་དངོས་ནི་སོ་སོ་རང་ཉིད་དེ་ཁོ་ན་ཉིད་ཀྱི་དོན་ས་མ་ཐོབ་པའི་སྐབས་དང་། ས་ཐོབ་ནས་བྱང་ཆུབ་སེམས་དཔའ་རྣམས་ཀྱི་ཚུལ་བཞིན་ཡིད་ལ་བྱེད་པའི་ཡེ་ཤེས་ནི་ས་བོན་ཡིན་ལ། ས་བོན་དེའི་གནས་ཀྱི་དེ་བཞིན་ཉིད་དེ་དྲི་མས་རྣམ་པར་དག་པ་ལ་བརྟེན་ནས་རང་གི་ཐོབ་བྱ་མཐར་ཐུག་པ་དཀོན་མཆོག་གསུམ་འབྱུང་བའི་ཕྱིར་དཀོན་མཆོག་གསུམ་གྱི་རྒྱུར་རྟོགས་པར་བྱ་སྟེ། དེ་ལྟར་གནས་གཅིག་ནི་རྒྱུ་ཡིན་ནོ། །འདིས་ནི་དྲི་མ་དང་བཅས་པའི་དེ་བཞིན་ཉིད་རྒྱུར་བཞག་པའི་དོན་བསྟན་ནས་སྐྱེད་བྱེད་ཀྱི་རྒྱུ་མ་ཡིན་པར་རྟོགས་པའི་དོན་དུ་ཡིན་ནོ། །

ཇི་ལྟར་གསུམ་རྐྱེན་ཡིན་ཞེ་ན། བསྟན་བཅོས་འདིའི་ཆེད་དུ་བྱ་བའི་གདུལ་བྱ་ལས་རྒྱུད་གཞན་པའི་གང་ཟག་དེ་བཞིན་གཤེགས་པ། བླ་ན་མེད་པ་ཡང་དག་པར་རྫོགས་པའི་བྱང་ཆུབ་མངོན་པར་རྫོགས་པར་སངས་རྒྱས་ནས་སྟོབས་བཅུ་ལ་སོགས་པ་སངས་རྒྱས་ཀྱི་ཆོས་རྣམས་ཀྱིས་དེ་བཞིན་གཤེགས་པའི་འཕྲིན་ལས་སུམ་ཅུ་རྩ་གཉིས་མཛད་པ་ནི་སྔར་སངས་རྒྱས་ཟིན་པའི་སངས་རྒྱས་རྣམས་ཀྱིས་ཐེག་པ་ཆེན་པོའི་གདམས་ངག་བསྟན་པའི་གཞན་གྱི་སྒྲ (73b) ལ་བརྟེན་ནས་དེའི་དོན་ཚུལ་བཞིན་ཡིད་ལ་བྱེད་པས་དེ་བཞིན་ཉིད་དེ་དྲི་མས་རྣམ་པར་དག་པ་ལ་བརྟེན་ནས་རང་གི་ཐོབ་བྱ་དཀོན་མཆོག་གསུམ་འབྱུང་བས་ཐོབ་བྱ་དཀོན་མཆོག་གསུམ་འབྱུང་བའི་རྐྱེན་དུ་རྟོགས་པར་བྱ་སྟེ། དེ་ལྟར་བྱང་ཆུབ་ལ་སོགས་པ་གསུམ་པོ་འདི་ནི་རྐྱེན་ཡིན་ནོ། །

བྱང་ཆུབ་ཐོབ་པར་བྱེད་པ་ལ་ཕྱིའི་རྐྱེན་གཞན་གྱི་སྒྲ་དང་། ནང་གི་རྐྱེན་ཚུལ་བཞིན་ཡིད་ལ་བྱེད་པ་ཡང་དགོས་མོད་ཀྱི། དེ་དག་ཀྱང་རྒྱུ་རྐྱེན་གྱི་གནས་བཞི་པོ་དེས། དོན་གྱིས་འཕངས་པར་རྟོགས་པའི་ཆེད་དུ། རྒྱུ་རྐྱེན་དུ་འགྱུར་བའི་ཚུལ་རྣམ་པར་བཞག་པར་མཛད་པ་ཡིན་ནོ། །

སྔར་གོང་དུ་བཤད་པ་འདི་དག་གིས་ནི་རྡོ་རྗེ་ལྟ་བུའི་དོན་བཞི་ངོས་བཟུང་བ་དང་། དེ་གང་གི་ཡུལ་ཡིན་པ་དང་། རྟོགས་པར་དཀའ་བའི་རྒྱུ་མཚན་དང་། རྟོགས་ན་བླ་ན་མེད་པའི་བྱང་ཆུབ་ཀྱི་རྒྱུ་རྐྱེན་དུ་འགྱུར་བའི་ཚུལ་གཏན་ལ་ཕབ་པ་ཡིན་ནོ། །

གཉིས་པ་སོ་སོར་རྣམ་པར་དབྱེ་བ་ལ་གཉིས། རྒྱུའི་གནས་སྐབས་ཁམས་དེ་བཞིན་གཤེགས་པའི་སྙིང་པོ་བཤད་པ་དང་། བྱང་ཆུབ་ལ་སོགས་པ་གསུམ་བཤད་པའོ། །

དང་པོ་ལ་གསུམ། མཚམས་སྦྱར་བ་དང་། དོན་དངོས་དང་། ལེའུའི་མཚན་བསྟན་པའོ། །

དང་པོ་ལ་གཉིས། སྤྱིའི་མཚམས་སྦྱར་བ་དང་། བྱེ་བྲག་གི་མཚམས་སྦྱར་བའོ། །

དང་པོ་ནི། འདི་ཕན་ཆད་ནི་གཞུང་ལྷག་མས་གནས་བཞི་པོ་འདི་དག་ཉིད་ཀྱིས་མཐར་གྱིས་རྣམ་པར་དབྱེ་བ་རྒྱས་པར་བསྟན་པར་རིག་པར་བྱའོ། །

（壬二）转成因缘之理趣

此等四处中之第一者，缘此而修能生一切出世间善资粮，而假名安立为**出世间法种子故**，真种子者，即**各人**未得地时及已得地诸菩萨**如理作意**真实义之智，**依**彼种子之**处而清净彼**真如垢染，而出生自究竟所得三宝故，**当通达为三宝之因**，**如是一处者乃因**。此说立有垢真如为因之义，令悟彼非能生之因。

若谓余三云何是缘？**曰**：异于本论特别所化、是他相续补特伽罗之**如来**，**证得无上正等觉已**，**以十力等佛法**，**作如来三十二事业**。**依**昔已成佛之诸佛宣说大乘教授之**他声**，如理作意教义，**而清净彼**真如垢染，出生自之所证三宝，**应通达为出生三宝之缘**，**如是**菩提等**三者乃缘**。

获菩提须外缘他声、内缘如理作意，为令通达彼等是由四处所引申故，建立为因缘之理趣。

上述各节已抉择认明如金刚之四义，彼为何人之境，难通达之原由，若通达则成无上菩提因缘之理趣。

[第四金刚处：界]

（己二）分别释

分二：（庚一）释因位界如来藏；（庚二）释菩提等三。

（庚一）释因位界如来藏

分三：（辛一）承启；（辛二）正义；（辛三）示品名。

（辛一）承启

分二：（壬一）总承启；（壬二）别承启。

（壬一）总承启

当知以下余文依次广说此等四处差别。

གཉིས་པ་ནི། དེ་ལ་དྲི་མ་དང་བཅས་པའི་དེ་བཞིན་ཉིད་ཀྱི་དབང་དུ་མཛད་ནས་མདོ་ལས། སེམས་ཅན་ཐམས་ཅད་ནི་དེ་བཞིན་གཤེགས་པའི་སྙིང་པོ་ཅན་ནོ། །ཞེས་གསུངས་པ་གང་ཡིན་པ་དེ་དོན་གང་རྒྱུ་མཚན (74a) དུ་བྱས་པ་དང་། དགོས་པའི་དོན་གང་གིས་ཡིན་ཞེ་ན་ཞེས་དྲི་བས་མཚམས་སྦྱར་བའོ། །མཚམས་སྦྱར་འདིར་ཡང་སེམས་ཅན་ཐམས་ཅད་དེ་བཞིན་གཤེགས་པའི་སྙིང་པོ་ཅན་དུ་གསུངས་པའི་དེ་བཞིན་གཤེགས་པའི་སྙིང་པོ་རྒྱུའི་གནས་སྐབས་འབའ་ཞིག་ལ་མཛད་པ་ཆེས་གསལ་བས། མཐར་ཐུག་གི་ཆོས་སྐུ་ལ་བྱེད་པ་ནི་རྩ་འགྲེལ་འདི་དག་གི་དོན་མ་ཡིན་པར་ཤེས་པར་བྱའོ། །འོག་ནས་ཁམས་བསྟན་པའི་དགོས་པ་གང་ཡིན་ཟུར་དུ་དྲི་བའི་ཚུལ་ཡང་བཤད་མེད་ཀྱི། མཚམས་སྦྱར་འདིས་ཀྱང་དེ་བཞིན་གཤེགས་པའི་སྙིང་པོ་ཞེས་པའི་མིང་གི་དོན་གང་ཡིན་པ་དང་། དེ་སེམས་ཅན་ལ་ཡོད་པར་བཤད་པའི་དགོས་པ་ཡང་དྲིས་སོ། །

གཉིས་པ་ལ་གསུམ། ཁམས་དེ་བཞིན་གཤེགས་པའི་སྙིང་པོ་དོན་གསུམ་གྱིས་མདོར་བསྟན་པོ་དང་། སྒྲུབ་བྱེད་རྒྱས་པར་བཤད་པ་དང་། སེམས་ཅན་ལ་ཁམས་ཡོད་པར་བཤད་པའི་དགོས་པ་བསྟན་པའོ། །

དང་པོ་ལ་གཉིས། སྤྱིའི་དོན་དང་། ཡན་ལག་གི་དོན་ནོ། །

དང་པོ་ལ་གསུམ། དེ་བཞིན་གཤེགས་པའི་སྙིང་པོ་ངོས་བཟུང་བ་དང་། དེ་བཞིན་གཤེགས་པའི་སྙིང་པོའི་མདོས་ཇི་ལྟར་བསྟན་པའི་ཚུལ་དང་། མདོ་སྡེ་གཞན་གྱི་དགོས་པ་བཤད་པའོ། །

དང་པོ་ནི། དེ་བཞིན་གཤེགས་པའི་སྙིང་པོ་ནི། འབྲས་བུ་དེ་བཞིན་གཤེགས་པའི་འབྲས་བུ་ཉིད་ཀྱི་སྒོ་ནས་བཤད་པ་དང་། དེ་བཞིན་གཤེགས་པའི་རང་བཞིན་གྱི་སྒོ་ནས་བཤད་པ་དང་། དེ་བཞིན་གཤེགས་པའི་རྒྱུའི་ངོས་ནས་བཤད་པའོ། །འཆད་བྱེད་གསུམ་གྱི་སྒོ་ནས་དེ་ལྟར་བཤད་པ་ཡིན་གྱི། དེ་བཞིན (74b) ཉིད་ཙམ་དང་ཡང་དག་པར་རྫོགས་པའི་སངས་རྒྱས་ཀྱི་ཆོས་སྐུ་དེ་བཞིན་གཤེགས་པའི་སྙིང་པོའི་མཚན་གཞིར་བྱེད་པ་ནི་མ་ཡིན་ཏེ། བསྟན་བཅོས་འདི་རྩ་འགྲེལ་དུ་སེམས་ཅན་གྱི་གནས་སྐབས་དང་རྒྱུའི་གནས་སྐབས་འབའ་ཞིག་ལ་བཤད་པའི་ཕྱིར་རོ། །

མཚན་གཞི་གསུམ་ངོས་བཟུང་ན། ཁམས་རྣམ་པར་སྦྱོང་བྱེད་ཀྱི་ལམ་བསྒོམས་པས་ཐོབ་པའི་འབྲས་བུ་ཡང་དག་པར་རྫོགས་པའི་སངས་རྒྱས་ཀྱི་ཆོས་ཀྱི་སྐུའི་འཕྲིན་ལས་སེམས་ཅན་ཐམས་ཅད་ལ་འགྲོ་ཞིང་ཁྱབ་པ་སྟེ། སེམས་ཅན་གྱི་ཤེས་རྒྱུད་འབའ་ཞིག་གི་ཁྱད་པར་གྱི་ཆོས་སུ་ལྡན་པའི་ཆོས་སྐུའི་འཕྲིན་ལས་འཇུག་རུང་དེ་ཉིད་ཡོད་པས་སེམས་ཅན་ཐམས་ཅད་དེ་བཞིན་གཤེགས་པའི་སྙིང་པོ་ཅན་དུ་བཤད་དེ། མངོན་པར་རྟོགས་པའི་རྒྱན་ལས། དེ་ལྟར་མཛད་པ་རྒྱ་ཆེའི་ཕྱིར། །སངས་རྒྱས་ཁྱབ་པར་ངེས་པར་བརྗོད། །ཅེས་བཤད་པ་དང་དོན་འདྲའོ། །

（壬二）别承启

此中约有垢真如而言，经云："一切有情悉有如来藏"，彼义云何？是何用意？以诸问为前后文承启。此承启中所说"一切有情悉有如来藏"之语，明确如来藏惟是因位，故应知解作究竟法身者非此论本释之意。下文虽亦另问何为说界之用意，然此承启亦问何为"如来藏"名义，以及说有情皆有如来藏之用意。

（辛二）正义

分三：（壬一）以三义略示界如来藏；（壬二）广释能立；（壬三）示说有情有界之用意。

（壬一）以三义略示界如来藏

分二：（癸一）总义；（癸二）支分义。

（癸一）总义

分三：（子一）认明如来藏；（子二）《如来藏经》云何说；（子三）释余经之用意。

（子一）认明如来藏

如来藏者，可由如来果之门释，由如来自性之门释，由如来因之门释。如是虽由三能释之门而释，然非以惟真如及正等觉之法身为如来藏之所相①，以此论本释中说彼如来藏纯系有情位及因位故。

三所相者，修能净界之道而得正等觉法身果，法身事业弥布并周遍一切有情，即有情皆有法身事业趣入之堪能，此纯系有情心相续所具差别法，故说一切有情悉有如来藏。意同《现观庄严论》所说："如是事广大，故说佛为遍。"②

① 所相指代表、实例。惟真如者非有情亦有，正等觉法身非有情所具，故皆不可用作如来藏之代表。

② 法尊译《现观庄严论》法身品第八云："如是事广大，故说佛为遍，即此无尽故，亦可说为常。"法尊编译《现观庄严论略释》云："诸佛世尊可说为遍，如上所说若有众生调伏时至，则一切时处现身说法作广大利他事故。事业相续亦可说为常，乃至生死未终安住利他时无尽故。"（电子版）

དེ་བཞིན་ཉིད་དྲི་མས་རང་བཞིན་གྱིས་དབེན་པ་ནི། སེམས་ཅན་དང་སངས་རྒྱས་གཉི་གའི་རང་བཞིན་ཡིན་མོད་ཀྱི། སངས་རྒྱས་ཀྱི་རང་བཞིན་ཡིན་པ་རྒྱུ་མཚན་དུ་བྱས་ནས་དེ་ཉིད་སེམས་ཅན་གྱི་རྒྱུད་ཀྱི་དྲི་མ་དང་བཅས་པའི་ཚེ་དེ་བཞིན་གཤེགས་པའི་སྙིང་པོ་ཡིན་ལ། དྲི་མ་དང་བཅས་པའི་དེ་བཞིན་ཉིད་དུ་གྱུར་པའི་སེམས་ཅན་གྱི་རྒྱུད་ཀྱི་དྲི་མ་རང་བཞིན་གྱིས་དབེན་པ་སེམས་ཅན་ཐམས་ཅད་ལ་ཡོད་པ་ལ་དགོངས་ནས། སེམས་ཅན་ཐམས་ཅད་དེ་བཞིན་གཤེགས་པའི་སྙིང་པོ་ཅན་དུ་གསུངས་པ་དང་། །

སྐུ་གསུམ་ཐོབ་པར་བྱེད་པའི་རྒྱུའི་གནས་སྐབས་སངས་རྒྱས་ཀྱི་རིགས་སེམས་ཅན་ཐམས་ཅད (75a) ལ་ཡོད་པ་ལ་དགོངས་ནས། སེམས་ཅན་ཐམས་ཅད་དེ་བཞིན་གཤེགས་པའི་སྙིང་པོ་ཅན་དུ་གསུངས་སོ། །རིགས་ལ་རང་བཞིན་དུ་གནས་པའི་རིགས་ཀྱང་ཡོད་མོད་ཀྱི། རིགས་ཡོད་པ་རྒྱུ་མཚན་དུ་བྱས་ནས་སྙིང་པོ་ཅན་དུ་འཆད་པའི་ཚེ། དེ་བཞིན་གཤེགས་པའི་རྒྱུའི་ངོས་ནས་བཤད་ལ། དེ་བཞིན་ཉིད་ཡོད་པ་རྒྱུ་མཚན་དུ་བྱེད་པའི་ཚེ། དེ་བཞིན་གཤེགས་པའི་རང་བཞིན་གྱི་ངོས་ནས་བཤད་པར་བྱའོ། །

དེས་ན་སེམས་ཅན་གྱི་རྒྱུད་ཀྱི་ཆོས་སྐུའི་འཕྲིན་ལས་འཇུག་རུང་གི་ནུས་པ་དང་། སེམས་ཅན་གྱི་རྒྱུད་ཀྱི་དྲི་མ་དང་བཅས་པའི་དེ་བཞིན་ཉིད་དང་། སྐུ་གསུམ་དུ་གནས་འགྱུར་རུང་སེམས་ཅན་གྱི་རྒྱུད་ལ་ཡོད་པའི་སངས་རྒྱས་ཀྱི་རིགས་གསུམ་ག་བདེ་བར་གཤེགས་པའི་སྙིང་པོ་ཞེས་དེ་བཞིན་གཤེགས་པའི་སྙིང་པོའི་མདོ་ལ་སོགས་པ་དང་བསྟན་བཅོས་འདི་རྩ་འགྲེལ་གྱིས་ལེགས་པར་གཏན་ལ་ཕབ་པ་དེ་ཡིན་པར་ཤེས་པར་བྱའོ། །དེ་ལྟར་གཏན་ལ་ཕབ་པའི་དགོས་པ་ལམ་གྱི་རིམ་པར་ཇི་ལྟར་སྦྲེག་པའི་ཚུལ་ནི། ཕན་ཡོན་གྱི་སྐབས་སུ་འཆད་པར་འགྱུར་རོ། །

འདི་དག་གི་དོན་མ་རྟོགས་པར་དེ་བཞིན་གཤེགས་པའི་སྙིང་པོ་ལ་འབྲས་བུའི་དེ་བཞིན་གཤེགས་པའི་སྙིང་པོ་དང་། རང་བཞིན་གྱི་དང་། རྒྱུའི་དེ་བཞིན་གཤེགས་པའི་སྙིང་པོ་གསུམ་དུ་ཕྱེ་ནས་མཐར་ཐུག་གི་ཆོས་སྐུ་ཡང་འདིར་བཤད་པའི་དེ་བཞིན་གཤེགས་པའི་སྙིང་པོར་འདོད་པ་རྨོངས་པ་ངོ་མཚར་བསྐྱེད་པའི་རྣམ་གཞག་ཡིན་གྱི། བསྟན་བཅོས་འདི་རྩ་འགྲེལ་གྱི་དོན་མིན་པ་ནི། མིག་ལེགས་པར་ཕྱེ་ལ་ལྟོས་ཤིག །

མངོན་མཐོས་བསྡུས་པའི་འཕྲིན་ལས་ནི། སེམས་ཅན་ཐམས་ཅད་ལ་ཞུགས་ཟིན་པས་ལྷ་དང་མིའི་གོ་འཕང་ཐོབ་མ (75b) སྨིན་བའི་སེམས་ཅན་ཅུང་ཟད་ཀྱང་མེད་པར་ཤེས་པར་བྱའོ། །སེམས་ཅན་ཐམས་ཅད་ངེས་པར་ལེགས་པས་བསྡུས་པའི་འཕྲིན་ལས་འཇུག་རུང་གིས་ཁྱབ་པ་ཡིན་ནོ། །

自性离垢之真如，虽俱是有情及佛二者之自性，然以佛自性为原由，彼即有情相续有垢时之如来藏。念一切有情皆有有垢真如，即有情相续之垢离自性，故说“一切有情悉有如来藏。”

念一切有情皆有能得三身之因位佛种性，故说“一切有情悉有如来藏。”此是说有种性中之本性住种。以有种性为原由而说有如来藏时，乃就如来因而言；以有真如为原由而说有如来藏时，是就如来自性而言。

因此，当知有情相续中所具法身事业堪入之力，有情相续中所具有垢真如，有情相续中所具堪转依成三身之佛种性三者，名“如来藏”。此是《如来藏经》等以及此论本释所善抉择者。如是将抉择之用意编成道次第之理趣，当于“胜利章”中释。

有未解此等义，而将如来藏分成果如来藏、自性如来藏、因如来藏三者，许究竟法身亦是此中所说如来藏者，乃令愚痴称奇之建立，全非此论本释之义，愿睁目谛观！

当知增上生所摄之事业者已趣入一切有情，故从未获得天人位之有情少分亦无。决定善所摄事业趣入之堪能亦周遍一切有情。

གཉིས་པ་ནི། དེ་བཞིན་གཤེགས་པའི་སྙིང་པོའི་མདོ་ལས། རིགས་ཀྱི་བུ་དག་ཇི་ལྟར་དེ་བཞིན་གཤེགས་པས་སྤྲུལ་པས་པདྨ་ཁ་དོག་ངན་པའི་ནང་ན། དེ་བཞིན་གཤེགས་པའི་སྐུ་སྐྱིལ་མོ་ཀྲུང་བཅས་ཤིང་འོད་དེ་འོད་ཟེར་འབུམ་དག་འགྱེད་པ་དེ་བཞིན་གཤེགས་པས་སྤྲུལ་པ་དཔེར་མཛད་ནས། ཉོན་མོངས་པ་ཐམས་ཅད་ཀྱིས་ཉོན་མོངས་པ་ཅན་དུ་གྱུར་པའི་སེམས་ཅན་དེ་དག་གི་ནང་ན། དེ་བཞིན་གཤེགས་པའི་ཆོས་ཉིད་མི་གཡོ་ཞིང་། སྲིད་པའི་འགྲོ་བ་ཐམས་ཅད་ཀྱིས་མ་གོས་པ་དག་མཐོང་ནས་དཔེ་དགུས་བདེ་བར་གཤེགས་པའི་སྙིང་པོ་རྒྱས་པར་གསུངས་པ་ནི། བསྟན་བཅོས་འདིར་སྒྲིབ་བྱའི་དཔེ་དགུ་དང་དོན་དགུ་དང་། སྒྲིབ་བྱེད་ཀྱི་དཔེ་དགུ་དང་དོན་དགུས་རྒྱས་པར་གཏན་ལ་ཕབ་པ་དང་། དེ་བཞིན་གཤེགས་པའི་སྙིང་པོའི་མདོའི་སྒྲས་ཟིན་ལ་གསལ་པོར་མེད་ཀྱང་། འཕགས་པ་དཔལ་ཕྲེང་གི་མདོ་ལས་རྒྱས་པར་གསུངས་པའི་རྣམ་གཞག་རྣམ་པ་བཅུའི་སྒོ་ནས་བསྟན་བཅོས་འདིར་རྒྱས་པར་གཏན་ལ་ཕབ་པའི་དོན་པོ་ནི་འདི་ཡིན་པར་བཟུང་ཞིག །

ཤེས་རབ་ཀྱི་ཕ་རོལ་ཏུ་ཕྱིན་པ་རྒྱས་འབྲིང་བསྡུས་གསུམ་ལས་གཟུགས་ནས་རྣམ་མཁྱེན་གྱི་བར་གྱི་ཆོས་ཐམས་ཅད་རང་བཞིན་གྱིས་གྲུབ་པས་སྟོང་བ་སྤྲོས་པའི་མཐའ་ཐམས་ཅད་དང་བྲལ་བ་དེ་ཉིད་རྩལ་དུ་བཏོན་ནས་སྒྲས་ཟིན་ལ་རྒྱས་པར་གསུངས་ལ། དེ་དང་དོན་མཚུངས་པར་འཁོར་ལོ་ཐ་མ་དེ་བཞིན་གཤེགས་པའི་སྙིང་པོའི་མདོ་འདིར། སེམས་ཅན་གྱི་སེམས་རང་བཞིན་གྱིས་གྲུབ་པས་སྟོང་བས (76a) སེམས་རང་བཞིན་གྱིས་རྣམ་པར་དག་པ་དང་། དེ་ལ་སྒྲིབ་པའི་དྲི་མ་གློ་བུར་བར་རྩལ་དུ་བཏོན་ནས་གསུངས་ཤིང་། དེའི་དགོངས་པ་ཕྱིན་ཅི་མ་ལོག་པར་འགྲེལ་པའི་བསྟན་བཅོས་འདིར། དྲི་མ་གློ་བུར་བར་སྒྲུབ་པའི་ཚུལ། ཉོན་མོངས་གདོད་ནས་ཟད་ཕྱིར་རོ། །ཞེས་སོགས་ཀྱིས་ཉོན་མོངས་དང་རྣམ་རྟོག་རང་བཞིན་གྱིས་གྲུབ་པས་དབེན་པའི་སྒོ་ནས་བཤད་ལ། དྲི་མ་གློ་བུར་བར་སྒྲུབ་པ་འདི་ཡང་ཤེར་ཕྱིན་གྱི་མདོ་ལས་གསུངས་པ་ལྟར། སེམས་བདེན་སྟོང་དུ་སྒྲུབ་པའི་རྒྱུ་མཚན་དང་། དེ་དང་དོན་མཚུངས་པར་འགྱུར་བ་ཡིན་ནོ། །དེས་ན་དེ་བཞིན་གཤེགས་པའི་སྙིང་པོའི་མདོ་ཡང་ཤེར་ཕྱིན་གྱི་མདོ་དང་འདྲ་བར་ངེས་དོན་གྱི་མདོ་སྡེ་མཐར་ཐུག་པར་ཤེས་པར་བྱའོ། །

ཁ་ཅིག་ལང་ཀར་གཤེགས་པ་ལས། དེ་བཞིན་གཤེགས་པའི་སྙིང་པོ་རྟག་དངོས་སུ་གསུངས་པའི་མདོ་ཁ་ཅིག་དྲང་དོན་དུ་བསྟན་པའི་མདོའི་མཚན་གཞི་དེ་བཞིན་གཤེགས་པའི་སྙིང་པོའི་མདོར་བྱེད་པ་ནི། དགོངས་པ་ཕྱིན་ཅི་ལོག་ཏུ་ཤེས་པར་བྱ་སྟེ། དེ་བཞིན་གཤེགས་པའི་སྙིང་པོའི་མདོ་སྒྲ་ཇི་བཞིན་པ་མ་ཡིན་པའི་དྲང་བའི་དོན་དུ་བྱེད་ན། འོག་ནས་ཁམས་བསྟན་པའི་དགོས་པ་སྟོན་པའི་རྗོད་ལན་འབྲེལ་བ་ཙུང་ཟད་ཀྱང་མེད་པར་འགྱུར་བའི་ཕྱིར་དང་། རྣམ་གཞག་རྣམ་པ་བཅུས་གཏན་ལ་ཕབ་པའི་དོན་ཙུང་ཟད་ཀྱང་མ་རྟོགས་པར་འགྱུར་བའི་ཕྱིར་རོ། །

（子二）《如来藏经》云何说

《如来藏经》云："善男子，如如来所变枯莲之中，有如来身结跏趺坐，放万千光明，如来所变化。"

以此为喻，明彼等有情为一切烦恼杂染，然见如来法性不动摇，不为一切三有众生所染，复以九喻广说如来藏，本论中以所障九喻九义、能障九喻九义广为抉择者，以及《如来藏经》中虽无明文，然《圣胜鬘经》中广说之十门建立，于本论中详加抉择之义者，当知即此。

广、中、略三种《般若经》明文特重广说色乃至遍智一切法自性空、远离一切戏论边。此末转法轮《如来藏经》与彼同义，特说有情心自性空故心自性清净，以及障彼之垢为客。无倒解释彼经意趣之本论，成立尘垢为客之理时，说"烦恼本尽故"等①，由烦恼及分别离自性之门释，成立尘垢为客。此亦如《般若经》中所说，以成立心谛实空为原由，与《般若经》同义。因此，当知《如来藏经》亦同《般若经》，乃究竟了义经。

或因《入楞伽经》中以说"常事"如来藏之一类经为不了义，而以《如来藏经》为此类经之所相。此乃倒解经意，以若以《如来藏经》是不可如言取义之不了义，则与下述示界用意之问答全无关联故；亦全不能通达以十相所抉择之义故。

① 如来藏品第十五颂："众生寂法性，证故谓如实，自性清净故，烦恼本尽故。"

ཡང་ཁ་ཅིག །དེ་བཞིན་གཤེགས་པའི་སྙིང་པོའི་མདོས་རྟག་དངོས་བསྟན་ལ། དེ་ཉིད (76b) ངེས་དོན་དུ་བྱེད་པ་ནི། གཞན་སྡེས་བཏགས་པའི་གང་ཟག་གི་བདག་ལ་བདེ་པར་གཤེགས་པའི་སྙིང་པོའི་མིང་བཏགས་པ་ཡིན་ལ། དེ་འདྲ་སྟོན་པའི་མདོ་ལང་ཀར་གཤེགས་པ་ལས་དྲང་དོན་དུ་བསྒྲུབ་པ་དང་ཡང་འགལ་བའི་ཕྱིར་རོ། །

ཡང་ཁ་ཅིག །སློབ་དཔོན་འཕགས་པ་ཐོགས་མེད་ཀྱིས། ཐེག་བསྡུས་སུ་རྒྱས་པར་གཏན་ལ་ཕབ་པའི་ཚོགས་དྲུག་ལས་ངོ་བོ་ཐ་དད་པའི་ཀུན་གཞིའི་རྣམ་པར་ཤེས་པ་དེ་བཞིན་གཤེགས་པའི་སྙིང་པོར་བྱས་ནས་དེ་སྙིང་པོའི་མདོ་དང་། བསྟན་བཅོས་འདི་རྩ་འགྲེལ་གྱི་དོན་དུ་བྱེད་པ་ནི་མ་བརྟགས་པ་ཆེན་པོ་ཡིན་ཏེ་དེ་འདྲའི་ཀུན་གཞི་བསྟན་བཅོས་འདི་རྩ་འགྲེལ་དུ་བཤད་པ་ཟུར་ཙམ་ཡང་མེད་པའི་ཕྱིར་དང་། བསྟན་བཅོས་འདི་རང་ལུགས་ལ་ཀུན་གཞི་ཁས་མི་ལེན་ཅིང་ཕྱི་རོལ་གྱི་དོན་ཁས་ལེན་པའི་ལུགས་ཡིན་ཏེ་འཆད་པར་འགྱུར་རོ། །དེ་རང་ལུགས་ལ་ཁས་ལེན་ན་མཐར་ཐུག་ཐེག་པ་གསུམ་དུ་ཡང་ཁས་ལེན་དགོས་ན། སྔར་མཐར་ཐུག་ཐེག་པ་གཅིག་ཏུ་བསྒྲུབ་པ་དང་། འོག་ནས། དམ་ཆོས་པདྨ་དཀར་ལ་སོགས། །ཆོས་ཀྱི་དེ་ཉིད་བསྟན་པ་ཡིས། །ཞེས་སོགས་དང་ཤིན་ཏུ་འགལ་བའི་ཕྱིར་རོ། །

རྒྱན་སྟུག་པོ་བཀོད་པ་ལས། ས་རྣམས་སྣ་ཚོགས་ཀུན་གཞི་སྟེ། །བདེ་གཤེགས་སྙིང་པོ་དགེ་བའང་དེ། །སྙིང་པོ་དེ་ལ་ཀུན་གཞིའི་སྒྲས། །དེ་བཞིན་གཤེགས་རྣམས་སྟོན་པར་མཛད། །སྙིང་པོ་ཀུན་གཞིར་བསྒྲགས་པ་ཡང་། །བློ་ཞན་རྣམས་ཀྱིས་མི་ཤེས་སོ། །

ཞེས་གསུངས་པའི་སྒྲས་ཟིན་ལ། སྙིང་པོ་ཀུན་གཞིའི་དགོངས་གཞིར་སྟོན་པ་ལྟར་སྣང་ཡང་། བདེ་བར་གཤེགས་པའི་སྙིང་པོ་རྟག་དངོས་དང་། ཚོགས་དྲུག་ལས་ངོ་བོ་ཐ་དད་པའི་ཀུན་གཞི་ཕན་ཚུན་གཅིག་གཅིག་གི (77a) དགོངས་གཞིར་སྟོན་པ་ཡང་མ་ཡིན་ལ། དེ་གཉིས་མིང་གི་རྣམ་གྲངས་སུ་སྟོན་པ་ཡང་མ་ཡིན་གྱི། འོ་ན་ཅི་ཞེ་ན། དེ་འདྲའི་བདེ་གཤེགས་སྙིང་པོ་སྟོན་པའི་མདོ་སྒྲ་ཇི་བཞིན་པ་མ་ཡིན་པའི་དགོངས་པ་ཅན་ཡིན་ལ། དགོངས་གཞི་སྟོང་པ་ཉིད་དང་། མཚན་མ་མེད་པ་དང་། སྨོན་པ་མེད་པས་བསྡུས་པའི་སྤྲོས་བྲལ་སྟོང་པ་ཉིད་ལ་དགོངས་ནས་གསུངས་པར་ལང་གཤེགས་ལས་བཤད་ཅིང་། དེ་འདྲའི་བདེ་གཤེགས་སྙིང་པོ་དོན་གང་ལ་དགོངས་ཏེ། གསུངས་པའི་དགོངས་གཞི་སྟོང་པ་ཉིད་དེ་ལ་དགོངས་ནས་ཚོགས་དྲུག་ལས་ངོ་བོ་ཐ་དད་པའི་ཀུན་གཞི་ཡང་ཡོད་དེ་ཞེས་དགོངས་ཏེ་གསུངས་པ་ལ། བློ་ཞན་པ་རྣམས་ཀྱིས་དེ་མི་ཤེས་པར་དེ་འདྲའི་ཀུན་གཞི་དང་སྙིང་པོ་ཡོད་པར་སྟོན་པའི་མདོ་སྒྲ་ཇི་བཞིན་པར་འཛིན་པར་འགྱུར་རོ། །ཞེས་དེ་གཉིས་ཀྱི་དགོངས་གཞི་རྣམ་གྲངས་པར་གསུངས་པ་ཡིན་ནོ། །

又，或以《如来藏经》是宣说“常事”之了义经。此是于外道所计之补特伽罗我假名为如来藏，亦与《入楞伽经》成立如是经为不了义相违。

又，或以圣无著论师于《摄大乘论》中所广抉择与六聚识体异之阿赖耶识为如来藏，而许是《如来藏经》及此论本释之义。曰：此说太无观察，以此论本释中全未说有如是阿赖耶故。此论自宗乃不许阿赖耶而许外境之规，下当解释。若自宗许彼阿赖耶，则亦须许究竟三乘，然前已成立究竟一乘，复与下说“《妙法白莲》等，说法之真实”① 等极相违故。

《厚严经》云：

“地等阿赖耶，亦善如来藏，佛于如来藏，

说名阿赖耶，劣慧者不知，藏名阿赖耶。”

其明文虽似宣说如来藏是阿赖耶之密意所依，然非是说如来藏“常事”以及与六聚识体异之阿赖耶互为密意所依，亦非说彼二是异名。若尔，此义云何？曰：《入楞伽经》中解释，宣说如是如来藏之经是不如言取义之有密意经，其密意所依是空、无相、无愿所摄离戏空性。说如是如来藏义之密意所依是空性，依此密意，复说有与六聚识体异之阿赖耶。极闇钝者不解此义，而以为说有如是阿赖耶及如来藏之经是可如言取义者。此说彼二观待密意所依是异名，故不应仅以经中说“如来藏”与“阿赖耶”名字相等而认许为同义。

① 菩提品第五十八、五十九颂：“善入寂灭道，具得涅槃想，《妙法白莲》等，说法之真实，破彼我所执，方智善引摄，大乘中成熟，授记得大觉。”

དེས་ན། མདོ་ལས་དེ་བཞིན་གཤེགས་པའི་སྙིང་པོ་ཞེས་པ་དང་། ཀུན་གཞི་ཞེས་མིང་མཚུངས་པ་ཙམ་ལ་བརྟེན་ནས་དོན་གཅིག་ཏུ་བཟུང་བར་མི་བྱའོ། །དོན་དེ་དག་ལ་དགོངས་ནས་ལང་གཤེགས་ལས།

བློ་གྲོས་ཆེན་པོ། སྟོང་པ་ཉིད་དང་། མི་སྐྱེ་བ་དང་། མི་གཉིས་པ་དང་། རང་བཞིན་མེད་པའི་མཚན་ཉིད་སངས་རྒྱས་ཐམས་ཅད་ཀྱི་མདོ་སྡེའི་ནང་དུ་ཆུད་པ་འདི། ཞེས་གསུངས་སོ། །

གསུམ་པ་ནི། དེ་བཞིན་གཤེགས་པའི་སྙིང་པོའི་མདོ་ནི་ངེས་པའི་དོན་སྒྲ་ཇི་བཞིན་པར་གསུངས་ན།

ལང་ཀར་གཤེགས་པ་ལས། བཅོམ་ལྡན (77b) འདས་ཀྱིས་རང་བཞིན་གྱིས་འོད་གསལ་བ་རྣམ་པར་དག་པས་ཐོག་མ་ནས་རྣམ་པར་དག་པ་ཉིད་མཚན་སུམ་ཅུ་རྩ་གཉིས་དང་ལྡན་པ་སེམས་ཅན་ཐམས་ཅད་ཀྱི་ལུས་ཀྱི་ནང་ན་མཆིས་པར་བརྗོད་དེ། བཅོམ་ལྡན་འདས་ཀྱིས་རིན་པོ་ཆེ་རིན་ཐང་ཆེན་པོ་གོས་དྲི་མ་ཅན་གྱིས་ཡོངས་སུ་དཀྲིས་པ་ལྟར། ཕུང་པོ་དང་ཁམས་དང་སྐྱེ་མཆེད་ཀྱི་གོས་ཀྱིས་ཡོངས་སུ་དཀྲིས་པ། འདོད་ཆགས་དང་ཞེ་སྡང་དང་གཏི་མུག་གིས་ཟིལ་གྱིས་ནོན་པ། ཡོངས་སུ་རྟོག་པའི་རྟོག་པས་དྲི་མ་ཅན་དུ་གྱུར་བ། རྟག་པ་བརྟན་པ་ཐེར་ཟུག་པར་ནི་བརྗོད་ན། བཅོམ་ལྡན་འདས་དེ་བཞིན་གཤེགས་པའི་སྙིང་པོར་སྨྲ་བ་འདི་ནི། མུ་སྟེགས་ཀྱི་བདག་ཏུ་སྨྲ་བ་དང་ཇི་ལྟར་འདྲ་བ་མ་ལགས། བཅོམ་ལྡན་འདས་མུ་སྟེགས་བྱེད་རྣམས་ཀྱང་རྟག་པར་བྱེད་པ་པོ། ཡོན་ཏན་མེད་པ། ཁྱབ་པ། མི་འཇིག་པའོ། །ཞེས་བདག་ཏུ་སྨྲ་བ་སྟོན་པར་བགྱིད་དོ། །

由念此义，《入楞伽经》云：“大慧，空性，不生，不二，无自性相，皆悉遍入一切佛经。”

(子三) 释余经之用意

若《如来藏经》是可如言取义之了义经，如何会通《入楞伽经》中说如来藏是不了义？

《入楞伽经》云：

“世尊说如来藏，谓自性光明清净，本来清净，具足三十二相，一切有情身中皆有。世尊说如大宝为垢衣缠裹，此亦为蕴、界、处衣之所缠裹，为贪、瞋、痴之所映蔽，因遍计分别而成有垢，然是常、恒、坚固者。此世尊所说如来藏者，与外道我论有何差别？世尊，诸外道亦说常作者、无德、周遍、不坏之我论。

བཅོམ་ལྡན་འདས་ཀྱིས་བཀའ་སྩལ་པ། བློ་གྲོས་ཆེན་པོ། ངའི་དེ་བཞིན་གཤེགས་པའི་སྙིང་པོ་བསྟན་པ་ནི། མུ་སྟེགས་ཅན་གྱི་བདག་ཏུ་སྨྲ་བ་དང་མཚུངས་པ་མ་ཡིན་ཏེ། བློ་གྲོས་ཆེན་པོ་དེ་བཞིན་གཤེགས་པ་དགྲ་བཅོམ་པ་ཡང་དག་པར་རྫོགས་པའི་སངས་རྒྱས་རྣམས་ནི། སྟོང་པ་ཉིད་དང་། ཡང་དག་པའི་མཐའ་དང་། མྱ་ངན་ལས་འདས་པ་དང་། མ་སྐྱེས་པ་དང་། མཚན་མ་མེད་པ་དང་། སྨོན་པ་མེད་པ་ལ་སོགས་པའི་ཚིག་གི་དོན་རྣམས་ལ་དེ་བཞིན་གཤེགས་པའི་སྙིང་པོ་བསྟན་པ་བྱས་ནས་བྱིས་པ་རྣམས་བདག་མེད་པས་འཇིགས་པར་འགྱུར་བའི་གནས་རྣམ་པར་སྤང་བའི་དོན་དུ་དེ་བཞིན་གཤེགས་པའི་སྙིང་པོའི་སྒོ་བསྟན་པས་རྣམ་པར་མི་རྟོག་པའི་གནས་སྣང (78a) བ་མེད་པའི་སྤྱོད་ཡུལ་སྟོན་ཏེ། བློ་གྲོས་ཆེན་པོ་མ་འོངས་པ་དང་། ད་ལྟར་བྱུང་བའི་བྱང་ཆུབ་སེམས་དཔའི་སེམས་དཔའ་ཆེན་པོ་རྣམས་ཀྱིས་བདག་ལ་མངོན་པར་ཞེན་པར་མི་བྱའོ། །བློ་གྲོས་ཆེན་པོ་དཔེར་ན་རྫ་མཁན་ནི་འཇིམ་པའི་རྡུལ་གྱི་ཕུང་པོ་ཆེན་པོ་གཅིག་ལ། ལག་པ་དང་། བཟོ་དང་། ལག་བཟུངས་དང་། ཆུ་དང་། སྲད་བུ་དང་། ནན་ཏན་དང་ལྡན་པ་ལས་སྣོད་རྣམ་པ་སྣ་ཚོགས་བྱེད་དེ། བློ་གྲོས་ཆེན་པོ་དེ་བཞིན་དུ། དེ་བཞིན་གཤེགས་པ་རྣམས་ཀྱང་ཆོས་ལ་བདག་མེད་པར་རྣམ་པར་རྟོག་པའི་བདག་ཉིད་ཐམས་ཅད་རྣམ་པར་ལོག་པ་དེ་ཉིད་ཀྱི་ཤེས་རབ་དང་ཐབས་ལ་མཁས་པ་དང་ལྡན་པ་རྣམ་པ་སྣ་ཚོགས་ཀྱིས་དེ་བཞིན་གཤེགས་པའི་སྙིང་པོ་བསྟན་པའམ། བདག་མེད་པ་བསྟན་པས་ཀྱང་རུང་སྟེ། རྫ་མཁན་བཞིན་དུ་ཚིག་དང་ཡི་གེའི་རྣམ་གྲངས་རྣམ་པ་སྣ་ཚོགས་ཀྱིས་སྟོན་ཏོ། །དེ་ལྟར་དེའི་ཕྱིར་བློ་གྲོས་ཆེན་པོ་དེ་བཞིན་གཤེགས་པའི་སྙིང་པོ་བསྟན་པས། མུ་སྟེགས་བྱེད་ཀྱི་བདག་ཏུ་སྨྲ་བ་བསྟན་པ་དང་མི་འདྲའོ། །བློ་གྲོས་ཆེན་པོ་དེ་ལྟར་དེ་བཞིན་གཤེགས་པ་རྣམས་ཀྱིས་མུ་སྟེགས་བྱེད་བདག་ཏུ་སྨྲ་བ་ལ་མངོན་པར་ཞེན་པ་རྣམས་དྲང་བའི་ཕྱིར། དེ་བཞིན་གཤེགས་པའི་སྙིང་པོ་བསྟན་པས་དེ་བཞིན་གཤེགས་པའི་སྙིང་པོ་སྟོན་ཏེ། ཡང་དག་པའི་བདག་ཏུ་རྣམ་པར་རྟོག་པའི་ལྟ་བར་ལྷུང་བའི་སེམས་ཅན་དག་རྣམ་པར་ཐར་པ་གསུམ་གྱི་སྤྱོད་ཡུལ་ལ་གནས་པའི་བསམ་པ་དང་ལྡན་ཞིང་མྱུར་དུ་བླ་ན་མེད་པ་ཡང་དག་པར་རྫོགས་པའི་བྱང་ཆུབ་ཏུ་མངོན (78b) པར་རྫོགས་པར་འཚང་རྒྱ་བར་ཇི་ལྟར་འགྱུར་ཞེས་གསུངས་པ་ཇི་ལྟར་དྲང་ཞེ་ན།

“世尊垂言：大慧，我所说如来藏者，不同于外道我论。大慧，如来阿罗汉正等觉所说如来藏，是空性、实际、涅槃、无生、无量、无愿等句义，为除诸愚夫无我恐怖故，由如来藏门说，示无分别处无相所行。大慧，未来及现在诸大菩萨不应耽着于我。大慧，譬如陶师于一大泥尘聚，以手、工、杖、水、线、功制造器皿。大慧，如是诸如来已于法无我离一切分别性，具足彼智及种种善巧方便，或说如来藏，或说无我。犹如陶师，以种种句、字义门分别而说。是故，大慧，我所说如来藏者，不同于外道我论。大慧，如是诸如来说如来藏，是为引导耽着于我论诸外道众。令诸堕我分别见有情安住于三解脱所行境，具此意乐而说如来藏，令速得证无上正等觉。”

དེ་ནི་ སྔར་བཤད་པ་ལྟར་སྒྲ་ཇི་བཞིན་པ་མིན་པའི་དྲང་དོན་གྱི་མདོ་སྡེ་གཞན་འདིར་དྲང་དོན་དུ་བསྒྲུབ་པ་ཡིན་ཏེ། སྟོན་པར་བགྱིད་དོ། །ཞེས་པ་ཡན་ཆད་ཀྱིས་ཕྱི་རབས་ཀྱི་གདུལ་བྱའི་དོན་དུ་ཐེ་ཚོམ་ཡོད་པ་ལྟར་བཅོས་ནས། རྗེ་བཙུན་འཇམ་པའི་དབྱངས་ཀྱིས་བདེ་བར་གཤེགས་པའི་སྙིང་པོ་རྟག་དངོས་ནོར་བུ་རིན་པོ་ཆེ་རིན་ཐང་མེད་པ་གོས་དྲི་མ་ཅན་གྱིས་གཏུམས་པ་ལྟར་མཚན་སུམ་ཅུ་རྩ་གཉིས་ཀྱིས་བརྒྱན་པ། ཟག་པ་དང་བཅས་པའི་ཕུང་ཁམས་སྐྱེ་མཆེད་ཀྱི་གོས་ཀྱིས་གཏུམས་པ། དུག་གསུམ་གྱི་ཟིལ་གྱིས་ནོན་པ། རྟོག་པའི་དྲི་མས་སྦགས་པ། སེམས་ཅན་ཐམས་ཅད་ཀྱི་ལུས་ཀྱི་ནང་ན་ཡོད་པར་གསུངས་པ་དེ། སྒྲ་ཇི་བཞིན་ཡིན་ན། གང་ཟག་གི་བདག་ཁས་ལེན་པ་དང་ཁྱད་པར་མེད་པར་འགྱུར་ལ། དགོངས་པ་ཅན་ཡིན་ན་དགོངས་གཞི་དང་དགོས་པ་དང་སྒྲས་ཟིན་ལ་གནོད་བྱེད་ཇི་ལྟར་ལགས་ཞེས་ཞུས་པའོ། །བཅོམ་ལྡན་འདས་ཞེས་པ་མན་ཆད་ཀྱིས་དྲང་དོན་དུ་སྒྲུབ་པའི་ལན་བཀའ་སྩལ་ཏེ། དགོངས་གཞི་སྟོང་པ་ཉིད་སོགས་ལ་དགོངས་ལ། དགོས་པ་མདོ་དེ་ཉན་ཙང་གི་གདུལ་བྱ་བདག་མེད་པས་འཇིགས་པའི་བྱིས་པ་རིམ་གྱིས་དྲང་བ་དང་། མུ་སྟེགས་བྱེད་གང་ཟག་གི་བདག་ཏུ་སྨྲ་བ་ལ་ཞེན་པ་རྣམས་དང་སྟོན་དེའི་ལྟ་བ་ལ་གོམས་པར་བྱས་པ་རྣམས་དེ་ཁོན་ཉིད་ལ་རིམ་གྱིས་དྲང་བའི་ཕྱིར་ཏུ་དགོངས་ཏེ་གསུངས་པ་ཡིན་གྱི། སྒྲ་ཇི་བཞིན་པ་ལྟར་ཁས་བླངས་ན་མུ་སྟེགས་བྱེད་ཀྱི་བདག་ཁས་ལེན་པ་དང་ཁྱད་པར་མེད་པར་བསྟན་པས་གང་ཟག་གི་བདག་ལ་རིགས་པའི་གནོད (79a) བྱེད་ཇི་ཙམ་ཡོད་པ་དེ་དེའི་ཡང་གནོད་བྱེད་དུ་ཤེས་པར་བྱའོ། །

དཔལ་ལྡན་དུས་ཀྱི་འཁོར་ལོའི་འགྲེལ་ཆེན་དྲི་མེད་འོད་དུ་རྟག་དངོས་འགོག་པའི་རིགས་པ་རྒྱས་པར་གསུངས་པས། དེ་དང་བསྟན་བཅོས་འདི་གཉིས་ཀའི་དགོངས་པ་མཐར་ཐུག་པ་དོན་དམ་པའི་བདེན་པ་རྟག་དངོས་སུ་འདོད་པ་ཡང་ཕྱིན་ཅི་ལོག་ཏུ་སྨྲ་བ་ཆེན་པོར་ཤེས་པར་བྱའོ། །

རྣམ་འགྲེལ་དུ། ཚད་མ་རྟག་པ་ཉིད་ཡོད་མིན། །ཞེས་བཤད་པས། ཐ་སྙད་པའི་ཚད་མ་རྟག་པ་བཀག་པ་ཡིན་ཞེས་སྨྲ་བ་ཡང་ཟེར་རྒྱུས་ཕོངས་པར་གསལ་ཏེ། མུ་སྟེགས་དབང་ཕྱུག་པས་དབང་ཕྱུག་རྟག་དངོས་ཀྱིས་ཚད་མར་ཁས་བླངས་པའི་ཕྱིར་རོ། །གཞན་ཡང་། སྔར་བཤད་པ་ལྟར་མདོ་སྡེ་དགོངས་འགྲེལ་ལས་མཐར་ཐུག་ཐེག་པ་གསུམ་དང་། ཚོགས་དྲུག་ལས་ངོ་བོ་ཐ་དད་པའི་ཀུན་གཞི་རྣམ་པར་ཤེས་པ་དང་། གཞན་དབང་དང་ཡོངས་གྲུབ་རང་གི་མཚན་ཉིད་ཀྱིས་གྲུབ་པར་གསུངས་པས། བསྟན་བཅོས་འདི་ལ་བརྟེན་ནས་དྲང་དོན་དུ་ལེགས་པར་ཁོང་དུ་ཆུད་པར་འགྱུར་པས་མདོ་སྡེ་དང་། དེ་བཞིན་གཤེགས་པའི་སྙིང་པོའི་མདོ་ངེས་དོན་དུ་ཁྱད་པར་མེད་པར་འདོད་པ་ཡང་སངས་རྒྱས་ཀྱི་གསུང་རབ་དགོངས་འགྲེལ་དང་བཅས་པ་ཇི་ལྟ་བ་བཞིན་དུ་རྒྱས་པར་བྱེད་པའི་གེགས་ཆེན་པོར་ཤེས་པར་བྱའོ། །

如前已述，此中成立余不可如言取义之不了义经是不了义。“诸外道亦说常作者、无德、周遍、不坏之我论”以上经文是至尊文殊为利益后代所化，假作有疑，请问世尊：佛说一切有情身中皆有如来藏“常事”，以三十二相为庄严，然如无价宝为垢衣所缠，彼亦为有漏蕴、界、处衣之所缠，为三毒之所映蔽，染有分别垢。此说若可如言取义，则与承许补特伽罗我无别；若有密意，则何为密意所依？何为用意？依言解有何妨难？“世尊垂言”以下，佛答以成立是不了义。密意所依是空性等。用意是为渐次引导堪闻彼经之所化、畏无我义之愚夫，亦是为渐次引导，耽着外道补特伽罗我论诸人，及先前串习彼邪见者入真实故而说。若如言许，则说与许外道我无异故，当知全为破补特伽罗我之正理所妨难。

《吉祥时轮无垢光大疏》中广说破“常事”之正理，故当知有谓彼疏及此论二者之究竟密意是许胜义谛“常事”者，乃大倒说！

《释量论》云“量非有常性”①，有谓此是破名言量为常，足以彰显其无知，以自在派外道许“自在”是“常事”之量故。又，如上述，《解深密经》说有究竟三乘，有与六聚识体异之阿赖耶识，以及依他起、圆成实皆自相有。依此论可善晓了彼经是不了义。是故，若许彼经与《如来藏经》等无差别、皆是不了义，当知是如实弘宣佛语及其释论之极大障碍！

① 法尊译《释量论·成量品第二》云：“量非有常性，达有事量故。由所知无常，彼不坚性故。”

གཉིས་པ་ཡན་ལག་གི་དོན་ལ་གཉིས། རྩ་བ་དང་། འགྲེལ་པའོ། །

དང་པོ་ནི། ལུས་ཅན་ཀུན་དེ་བཞིན་གཤེགས་པའི་སྙིང་པོའི་མདོ་ལས། རྟག་ཏུ་སངས་རྒྱས་ཀྱི་སྙིང་པོ་ཅན་ནོ་ཞེས་གསུངས་པའི（79b）དོན་ནི། རྫོགས་པའི་སངས་རྒྱས་ཀྱི་ཆོས་ཀྱི་སྐུའི་འཕྲིན་ལས་ནི་སེམས་ཅན་ཐམས་ཅད་ལ་འཕྲོ་བའི་ཕྱིར་སེམས་ཅན་ཐམས་ཅད་དེ་བཞིན་གཤེགས་པའི་འཕྲིན་ལས་འཇུག་རུང་དུ་གནས་པ་དང་། དེ་བཞིན་ཉིད་དེ་བཞིན་གཤེགས་པ་དང་སེམས་ཅན་གཉིས་ཀའི་རང་བཞིན་དུ་དབྱེར་མེད་པའི་ཕྱིར་དྲི་མ་དང་བཅས་པའི་དེ་བཞིན་ཉིད་སེམས་ཅན་ཐམས་ཅད་ལ་ཡོད་པ་ལ་དགོངས་ནས་སེམས་ཅན་ཐམས་ཅད་དེ་བཞིན་གཤེགས་པའི་སྙིང་པོ་ཅན་དང་། སེམས་ཅན་ཐམས་ཅད་ལ་ཆོས་སྐུར་གནས་འགྱུར་རུང་གི་རང་བཞིན་དུ་གནས་པའི་རིགས་དང་གཟུགས་སྐུར་གནས་འགྱུར་རུང་གི་ཡང་དག་པར་བླངས་པ་ལས་བྱུང་བའི་རིགས་སྙིང་པོར་ཡོད་པའི་ཕྱིར་ན་དེ་ལ་དགོངས་ནས་ཀྱང་སེམས་ཅན་ཐམས་ཅད་དེ་བཞིན་གཤེགས་པའི་སྙིང་པོ་ཅན་དུ་གསུངས་སོ། །དེས་ན་སྙིང་པོ་དེ་བཞིན་གཤེགས་པའི་འཕྲིན་ལས་འཇུག་རུང་དང་། རང་བཞིན་དང་རྒྱུའི་གནས་སྐབས་གསུམ་གྱི་དབང་དུ་བྱས་གསུངས་སོ། །

རང་བཞིན་དུ་གནས་པའི་རིགས་དང་སེམས་ཅན་གྱི་རྒྱུད་ལ་ཡོད་པའི་དྲི་མ་དང་བཅས་པའི་དེ་བཞིན་ཉིད་ལ་ཁྱད་པར་ཅི་ཡོད་ཅེ་ན། དོན་ཁྱད་པར་ཅུང་ཟད་མེད་ཀྱང་རྣམ་གཞག་ཐ་དད་པ་ཙམ་དུ་ཟད་དེ། ཆོས་སྐུར་གནས་འགྱུར་རུང་རྒྱུའི་སྐབས་དང་། དེ་བཞིན་གཤེགས་པའི་རང་བཞིན་དང་རང་བཞིན་ཁྱད་པར་མེད་པར་སྟོན་པའི་ཚ་ནས་སོ་སོར་བཤད་དོ། །

གཉིས་པ་ནི། མདོར་བསྟན་དོན་གང་ཡོད་པ་དང་དགོས་པའི་དོན་རྣམ་པ་གསུམ་གྱིས་དེ་བཞིན་གཤེགས་པའི་སྙིང་པོའི་མདོ་ལས། སེམས་ཅན（80a）ཐམས་ཅད་ནི་རྟག་ཏུ་དེ་བཞིན་གཤེགས་པའི་སྙིང་པོ་ཅན་ནོ། །ཞེས་སོ། །དེ་བཞིན་གཤེགས་པའི་ཆོས་ཀྱི་སྐུའི་འཕྲིན་ལས་འཕྲོ་བའི་འཕྲིན་ལས་འཇུག་རུང་གི་དོན་དང་། དེ་བཞིན་གཤེགས་པའི་དེ་བཞིན་ཉིད་དང་ངོ་བོའི་སྒོ་ནས་རྣམ་པར་དབྱེ་བ་མེད་པའི་དྲི་མ་དང་བཅས་པའི་དེ་བཞིན་ཉིད་ཀྱི་དོན་དང་། དེ་བཞིན་གཤེགས་པའི་རིགས་ཡོད་པའི་དོན་གྱིས་སོ། །དོན་གྱི་གནས་གསུམ་པོ་འདི་དག་ཀྱང་དེ་བཞིན་གཤེགས་པའི་སྙིང་པོའི་མདོའི་རྗེས་སུ་འབྲངས་ཏེ། འོག་ནས་རང་བཞིན་གསུམ་གྱིས་བསྡུས་ཕྱིར་ཁམས། །སངས་རྒྱས་སོགས་དང་ཆོས་མཚུངས་སོ། །ཞེས་སོགས་དཔེ་དགུའི་སྐབས་སུ་སྟོན་པར་འགྱུར་རོ། །

རྣམ་གཞག་རྣམ་པ་བཅུས་ཁམས་གཏན་ལ་འབེབས་པ་འདི་དག་ཀྱང་དེ་བཞིན་གཤེགས་པའི་སྙིང་པོའི་མདོའི་སྐབས་ཟིན་ལ་མེད་ཀྱང་མཚན་ཉིད་ལ་ལེགས་པར་དཔྱད་ན་དོན་ཐོབ་ལ་ཡོད་པ་མན་ངག་གིས་ལེགས་པར་བཤད་པ་ཡིན་ལ། སྐབས་ཟིན་ལ་ནི་དཔེ་དགུས་བསྒྲུབ་པ་ཉིད་གསལ་བར་བསྟན་ཏོ། །

（癸二）支分义

分二：（子一）《论》；（子二）《释》。

（子一）《论》

诸**有身**即诸有情，《如来藏经》说**恒常有佛藏**之义者，以**等觉**法**身**事业**弥布**一切有情故，一切有情安住如来事业趣入之堪能；如来及有情二者之自性**真如无别故**，念一切有情皆有有垢真如，而说一切有情有如来藏；一切有情**有**法身转依堪能之本性住种及色身转依堪能之习所成**种**如来藏**故**，念此而说一切有情有如来藏。因此，如来藏是约如来事业堪能趣入、自性及因位三者而言。（1.27）

若谓：本性住种及有情相续中之有垢真如差别为何？曰：无少分义之差别，惟建立有异，就法身转依堪能及与如来自性无别，而分别说是因位及自性。

（子二）《释》

简言之，《如来藏经》中**佛以**何义、何用之**三种义说“一切有情恒具如来藏”**，即**如来法身**事业**弥布一切有情**之事业趣入**义**；由体性门**与如来真如无别**之有垢真如**义**；**有如来种性义**。**此等三义皆遵循《如来藏经》**，**将于下**文讲“三性摄故界，与佛等同法”等九喻时详**说**[①]。

以十相建立抉择界者，《如来藏经》中虽无明文，若善观其义，实亦有之，乃教授善说。其明文者，显说以九喻成立事。

大乘上续论释大疏卷五终

① 如来藏品第一百四十三颂：“如是贪等垢，当知同莲等。三性摄故界，与佛等同法。”

གཉིས་པ་སྒྲུབ་བྱེད་རྒྱས་པར་བཤད་པ་ལ་བཞི། ཁམས་རང་བཞིན་གྱིས་རྣམ་པར་དག་པ་རྣམ་གཞག་བཅུས་བསྒྲུབ་པ་དང་། སློ་བུར་གྱི་དྲི་མས་བསྒྲིབས་པ་དཔེ་དགུས་བསྒྲུབ་པ་དང་། ཁམས་རྟོགས་བྱེད་ཀྱི་ཡུལ་ཅན་དང་། ཁམས་ཀྱི་རང་བཞིན་ངོས་བཟུང་བའོ། །

དང་པོ་ལ་གསུམ། སྡོམ་གྱིས་མདོར་བསྟན་པ་དང་། སོ་སོའི་དོན་རྒྱས་པར་བཤད་པ་དང་། དོན་བསྡུ་བའོ། །

དང་པོ་ལ་གསུམ། མཚམས་སྦྱར་བ་དང་། རྩ་བ་དང་། (80b) དོན་ཚན་སོ་སོར་བཅད་པའོ། །

དང་པོ་ནི། སྡོམ་དུ་བསྡུས་པ་ནི། ①

གཉིས་པ་ནི། ངོ་བོ་ནི་བཤད་མ་ཐག་པའི་དེ་བཞིན་གཤེགས་པའི་སྙིང་པོ་རྣམ་པ་གསུམ་སྟེ། གང་གི་སྒོ་ནས་གསུམ་དུ་ཕྱེ་བ་དང་བཅས་པ་ཡང་ངོ་བོའི་ཁོངས་སུ་བསྡུ་བར་བྱའོ། །

རྒྱུ་ནི་མོས་པ་ལ་སོགས་པ་སྟེ་དོན་གསུམ་པོ་རྣམ་པར་དག་པར་བྱེད་པའི་རྒྱུ་དང་། སྦྱོང་པར་བྱེད་པའི་རྒྱུ་ཡིན་པས་དོན་གསུམ་པོ་ལ་ལྟོས་པའི་རྒྱུར་རྣམ་པར་གཞག་གི །དོན་གསུམ་པོ་སྐྱེད་པར་བྱེད་པའི་རྒྱུར་ནི་མི་བཟུང་ངོ་། །དེ་བཞིན་ཉིད་དྲི་མས་རྣམ་པར་དག་པར་བྱེད་པའི་རྒྱུ་དང་། རིགས་རྣམ་པར་སྦྱོང་བར་བྱེད་པའི་རྒྱུ་སྟེ། དེ་དག་སྦྱངས་པ་ལས་ཆོས་སྐུ་ཐོབ་པར་བྱེད་པའི་ཕྱིར་རོ། །

འབྲས་བུ་ནི་མོས་པ་ལ་སོགས་པས་ཁམས་རྣམ་པར་སྦྱངས་པས་འབྲས་བུ་གཙང་བའི་ཕ་རོལ་ཏུ་ཕྱིན་པ་ཐོབ་པ་ལ་སོགས་པའོ། །ཁམས་ཀྱི་འབྲས་བུ་སྟོན་པ་སྐབས་སུ་བབ་པ་མ་ཡིན་ནམ། མོས་པ་ལ་སོགས་པའི་འབྲས་བུར་བཤད་པ་ཅི་ཡིན་ཞེ་ན། མོས་པ་ལ་སོགས་པའི་འབྲས་བུ་བཞི་པོ་ཉིད་ཁམས་ཀྱི་ཡང་འབྲས་བུར་འགྱུར་ཏེ། ཁམས་རྣམ་པར་དག་པ་ལས་འབྲས་བུ་བཞི་ཐོབ་པ་མོས་པ་ལ་སོགས་པས་སྦྱངས་པ་ལ་ངེས་པར་ལྟོས་པའི་ཕྱིར་རོ། །

སྲིད་པའི་སྐྱོན་མཐོང་ནས་ཡིད་འབྱུང་བ་དང་མྱང་འདས་ཀྱི་ཕན་ཡོན་མཐོང་ནས་དོན་གཉེར་སྐྱེ་བ་སོགས་ཀྱང་རིགས་ཡོད་པའི་ལས་སུ་ཤེས་པར་བྱའོ། །

ལྡན་པ་ནི་མོས་པ་ལ་སོགས་པའི་རྒྱུའི་ཡོན་ཏན་བཞི་དང་ལྡན་པ་དང་། མངོན་པར་ཤེས་པ་སོགས་འབྲས་བུའི་ཡོན་ཏན་བདུན་དང་ལྡན་པའོ། །

① 塔尔寺版作：དང་པོ་ནི། དོན་གྱི་ཞེས་སོ། །（གཉིས་པ་སྡོམ་དུ་བསྡུས་པ་ལ། ངོ་བོ་ནི）

大乘上续论释大疏卷六

(壬二) 广释能立

分四:(癸一) 以十相建立成立界自性清净;(癸二) 以九喻成立界为客尘所障;(癸三) 释能证界之有境;(癸四) 认明界之自性。

(癸一) 以十相建立成立界自性清净

分三:(子一) 以嗢柁南略标;(子二) 广释各别义;(子三) 摄义。

(子一) 以嗢柁南略标

分三:(丑一) 承启;(丑二)《论》;(丑三) 类别。

(丑一) 承启

摄为**嗢柁南者**:

(丑二)《论》

1. **体**者,即无间所说如来藏三相,由门径分为不同之三者是体性中摄;

2. **因**者,胜解等是能清净、修治三义之因,观待三义安立为因,不应执为是能生三义之因。(胜解等) 是能净真如垢之因、能修治种性之因,以由净治彼等而得法身故;

3. **果**者,由胜解等修治界故,获果净波罗蜜多等。或问:此处岂非是说界之果,如何说是胜解等果耶?曰:胜解等之四果亦是界之果,以由清净界得四果决定观待于胜解等修治故;

4. 由见三有过患而发厌离、由见涅槃胜利而生希求等,当知是有种性之**用**;

5. **相应**者,与胜解等四因功德相应,及与神通等七果功德相应;

འཇུག་པའི་རབ་དབྱེ་ནི། མ་དག་པའི་གནས (81a) སྐབས་ན་ཡོད་པ་སོགས་ངོ་བོའི་རབ་ཏུ་དབྱེ་བ་དང་གནས་སྐབས་དང་དེ་བཞིན་ཀུན་ཏུ་འགྲོ་བའི་དོན་དང་རྟག་ཏུ་མི་འགྱུར་བ་དང་། ཡོན་ཏན་དབྱེར་མེད་ནི་འཇུག་པའི་རབ་དབྱེ་གཏན་ལ་འབེབས་པར་བྱེད་པ་ཡིན་ཏེ། རང་གི་ངོ་བོའི་སྒོ་ནས་ཐ་དད་མ་ཡིན་པར་གནས་སྐབས་ཙམ་ཐ་དད་པ་དང་། དེའི་རྒྱུ་མཚན་རང་བཞིན་གཅིག་ཉིད་གནས་སྐབས་ཀུན་ཏུ་རྗེས་སུ་འགྲོ་བ་དང་། གནས་སྐབས་ཐ་དད་པ་གསུམ་དུ་གྲུབ་ན་གཅིག་ཉིད་ཀུན་ཏུ་འགྲོ་བ་འགལ་ལོ་སྙམ་ན། གནས་སྐབས་གསུམ་གར་དུ་རང་བཞིན་གྱིས་སྟོང་པའི་ཆ་འགྱུར་བ་མེད་པས་མི་འགལ་བ་དང་། ཤིན་ཏུ་རྣམ་དག་གི་གནས་སྐབས་ནི་མི་འགྱུར་བའི་རྒྱུ་མཚན། འབྲས་བུ་མཐར་ཐུག་པའི་དུས་ན་ཉན་ཐོས་ལ་སོགས་པའི་རྣམ་གྲོལ་གསུམ་གྱི་ཡོན་ཏན་གསུམ་ངོ་བོའི་སྒོ་ནས་དབྱེ་བ་མེད་པའི་དོན་ནོ། ། དོན་ནི་སངས་རྒྱས་ཀྱི་ཡོན་ཏན་ལས་ངོ་བོ་ཐ་དད་པའི་ཉན་རང་གི་རྣམ་གྲོལ་མཐར་ཐུག་པ་མེད་པའོ། །

བཅུ་པོ་དེ་ནི། དོན་དམ་དབྱིངས་མདོ་ལས་དེ་བཞིན་གཤེགས་པའི་སྙིང་པོ་ཞེས་གསུངས་པའི་ཁམས་ཀྱི་དགོངས་དོན་གཏན་ལ་འབེབས་བྱེད་ཡིན་པར་ཤེས་པར་བྱ་སྟེ་དེ་ལ་བརྟེན་ནས་ཁམས་ཕྱིན་ཅི་མ་ལོག་པར་རྟོགས་པའོ། །

གསུམ་པ་ནི། མདོར་བསྡུན་དོན་རྣམ་པ་བཅུ་ལ་དགོངས་ནས་དེ་ཁོ་ནའི་ཡུལ་ཅན་གྱི་ཡེ་ཤེས་དམ་པའི་མངོན་སུམ་གྱི་ཡུལ་དུ་གྱུར་པའི་དེ་བཞིན་གཤེགས་པའི་ཁམས་རྣམ་པར་བཞག་པར་རིག་པར་བྱའོ། །

དོན་རྣམ་པར་བཅུ་གང་ཞེ་ན། འདི་ལྟ་སྟེ་ཞེས་སོ། །

གཉིས་པ་ལ (81b) བཞི། ངོ་བོ་དང་རྒྱུའི་དོན་བཤད་པ་དང་། འབྲས་བུ་དང་ལས་ཀྱི་དོན་བཤད་པ་དང་། ལྡན་པའི་དོན་བཤད་པ་དང་། འཇུག་པའི་རབ་དབྱེ་བཤད་པའོ། །

དང་པོ་ལ་གསུམ། མཚམས་སྦྱར་བ་དང་། མདོར་བསྟན་པ་དང་། རྒྱས་པར་བཤད་པའོ། །

དང་པོ་ནི། དེ་ལ་ཞེས་སོ། །

གཉིས་པ་ལ་གཉིས། ངོ་བོའི་དོན་དང་། རྒྱུའི་དོན་ནོ། །

དང་པོ་ལ་གཉིས། དཔེ་དང་། དོན་ནོ། །

དང་པོ་ནི། རང་གི་མཚན་ཉིད་ལས་བརྩམས་ནས་གསུམ་པོ་རིམ་པ་བཞིན་དུ་ཡིད་བཞིན་གྱི་ནོར་བུ་རིན་ཆེན་དང་། ནམ་མཁའ་དང་། ཆུ་དང་ཆོས་མཚུངས་པ་དང་། སྤྱིའི་མཚན་ཉིད་དེ་གསུམ་དག་པ་བཞིན་ནོ། །

6. **转**[①]之差别者，抉择不净位中有等体性差别，

7—10. 以及**位**、**遍行**、**恒常不变**、功**德无别**等转之差别。非由自体门异，惟位有异，以此原由，同一自性遍行一切位。若谓：若位成立相异有三，则与一性遍行相违。曰：三位中自性空分无变异，故不相违。以最净位不变为原由，究竟果时，声闻等三解脱之三功德由体性门亦无差别，义为无与佛功德体性相异之声闻、独觉究竟解脱。

此十者，当**知是**能抉择**胜义界**即经说名"如来藏"界之**密义**，依此可无倒通达界。(1.29)

(丑三) 类别

简言之，应知由念十种义建立真实之有境**正智**现见**境如来界**。

云何十种义？即：体性义，因义，果义，用义，相应义，转义，位差别义，遍行义，不变义，无别义。

(子二) 广释各别义

分四：(丑一) 释体性及因义；(丑二) 释果及用义；(丑三) 释相应义；(丑四) 释转之差别。

(丑一) 释体性及因义

分三：(寅一) 承启；(寅二) 略标；(寅三) 广释。

(寅一) 承启

此中约体性义及因义而言之颂曰：

(寅二) 略标

分二：(卯一) 体性义；(卯二) 因义。

(卯一) 体性义

分二：(辰一) 喻；(辰二) 义。

(辰一) 喻

始以自相，(法身事业堪入等) 三者依次与如意摩尼**宝**、虚**空**、**水**与同法，以及总相**如**彼三者之清**净**。

---

① 梵文 vṛtti，玄奘直译为"转"，波罗颇蜜多罗译《大乘经庄严论》中则作"品类"，意较显了。

དོན་ནི་དེ་བཞིན་གཤེགས་པའི་ཆོས་ཀྱི་སྐུ་ཡིད་བཞིན་གྱི་ནོར་བུ་དང་། དེ་བཞིན་ཉིད་ནམ་མཁའ་དང་། རིགས་ཆུ་རྣམ་པར་དག་པ་དང་ཆོས་མཐུན་པའོ། །གང་གི་འཕྲིན་ལས་འགྲོ་བའི་ཆོས་ཀྱི་སྐུ་བཤད་པ་ཉིད་ཀྱིས་དེའི་ཕྲིན་ལས་འཇུག་ཉུང་བདེ་བླག་ཏུ་རྟོགས་པར་འགྱུར་བས་ཆོས་ཀྱི་སྐུ་ཡིད་བཞིན་གྱི་ནོར་བུ་དང་ཆོས་མཐུན་བཤད་པ་ཡིན་གྱི། ཆོས་ཀྱི་སྐུ་ཉིད་ཁམས་སུ་སྟོན་པ་བཞེད་པ་ཡིན་ན། རྫོགས་སངས་རྒྱས་སྐུ་ནི་འཕྲོ་ཕྱིར་དང་། །ཞེས་འགྲོ་བ་ཞེས་སྨོས་པ་དགོས་པ་མེད་པའི་ཕྱིར་རོ། །སྤྱིའི་མཚན་ཉིད་རྟག་ཏུ་རང་བཞིན་གྱིས་དག་པ་དང་། ཉོན་མོངས་རང་བཞིན་གྱིས་མེད་པའོ། །

གཉིས་པ་ནི། ས་བོན་དང་མ་དང་མངལ་དང་། མ་མ་དང་ཆོས་མཐུན་པ་ཐེག་པ་ཆེན་པོའི་ཆོས་ལ་ལྷག་པར་མོས་པ་དང་། བྱང་ཆུབ་སེམས་དཔའི་ཐུགས་རྒྱུད་ཀྱི་ཤེས་རབ་ཀྱི་ཕ་རོལ་ཏུ་ཕྱིན་པའི་ཕྱོགས་ཀྱིས་བསྡུས་པ་ལྷག་པའི་ཤེས་རབ་དང་། བྱང་ཆུབ་སེམས་དཔའི (82a) ཏིང་ངེ་འཛིན་སྒོ་མཐའ་ཡས་པ་དང་། སྙིང་རྗེ་ཆེན་པོ་ལས་དེ་བཞིན་ཉིད་དྲི་མ་མཐའ་དག་གིས་རྣམ་པར་དག་པ་དང་། རིགས་ཡོངས་སུ་སྦྱངས་པས་གནས་གྱུར་པའི་ཆོས་ཀྱི་སྐུ་བྱུང་བའོ། །

གསུམ་པ་ལ་གཉིས། ངོ་བོའི་དོན་བཤད་པ་དང་། རྒྱུའི་དོན་བཤད་པའོ། །

དང་པོ་ལ་གཉིས། དྲི་བ་དང་། ལན་ནོ། །

དང་པོ་ནི། དེ་ལ་ཞེས་སོ། །

གཉིས་པ་ལ་གཉིས། རྩ་བ་དང་། འགྲེལ་པའོ། །

དང་པོ་ནི། དེ་བཞིན་གཤེགས་པའི་ཆོས་ཀྱི་སྐུ་བསམ་པའི་དོན་ཐམས་ཅད་གྲུབ་པའི་མཐུ་བསམ་གྱིས་མི་ཁྱབ་པ་དང་ལྡན་པའི་ཕྱིར་ཆོས་སྐུའི་འཕྲིན་ལས་འཇུག་ཉུང་གི་སེམས་ཅན་ཡང་དེ་ཐོབ་པའི་མཐུ་དང་ལྡན་པ་དང་། དེ་བཞིན་ཉིད་གཞན་དུ་མི་འགྱུར་བའི་ཕྱིར་དྲི་མ་དང་བཅས་པའི་དེ་བཞིན་ཉིད་ཀྱང་རང་བཞིན་གྱིས་སྟོང་པའི་རྣམ་པ་འཆར་བ་ལས་གཞན་དུ་མི་འགྱུར་བའི་ཕྱིར་དང་། ཡང་དག་པར་བླངས་པ་ལས་བྱུང་བའི་རིགས་ས་བོན་འཛོག་པའི་ཚེ་སེམས་ཅན་ལ་སྙིང་བརྩེ་བས་བརླན་པའི་ངོ་བོ་རང་བཞིན་གྱི་ཕྱིར་གསུམ་པོ་འདི་དག་རིམ་པ་བཞིན་དུ་རང་གི་མཚན་ཉིད་ཡིད་བཞིན་ནོར་བུ་དང་ནམ་མཁའ་དང་ཆུའི་ཡོན་ཏན་དང་ཆོས་མཐུན་པ་ཉིད་དང་སྤྱིའི་མཚན་ཉིད་རང་བཞིན་གྱིས་རྣམ་པར་དག་པར་ཆོས་མཐུན་པ་ཉིད་དོ། །

གཉིས་པ་ནི། གསུམ་པོ་འདི་དག་ནི་འདིར་སྔར་རྫོགས་སངས་སྐུ་ནི་ཞེས་པར་བསྟན་ཟིན་པ་ཉིད་དེ་མདོར་བསྟན་པ་ནི། གསུམ་པོ་འདི་དག་ལ་ཞེས་སོ། །

（辰二）义

义为如来法身与如意宝、真如与虚空、种性与净水同法。上述法身事业弥布，是令易解彼事业堪能趣入，而说法身与如意宝同法。若许此是说法身即界，则不必言“等觉弥布”之“弥布”。总相恒**常**自**性**清净、**烦恼无**自性。

（卯二）因义

种子、母、胎、乳母之同法，谓增上**胜解**大乘**法**、菩萨心相续中般若波罗蜜多品所摄**胜慧**、菩萨无边**三摩地**门，大**悲**。由此等出**生**真如垢染全净、修治种性而得转依之法身。（1.30）

（寅三）广释

分二：（卯一）释体性义；（卯二）释因义。

（卯一）释体性义

分二：（辰一）问；（辰二）答。

（辰一）问

此中前半颂云何所示？

（辰二）答

分二：（巳一）《论》；（巳二）《释》。

（巳一）《论》

如来法身具足不可思议成就一切所思事力故，法身事业堪入之有情亦具获彼之**力**；真如**不变异**故，有垢真如除现自性空相之外亦不变异；安置习所成种种子时，有情为悲心所**润湿**成其**体性**，**故此**等三者自相，依次**与**如意**宝**、虚**空**、**水功德同法**，总相与自性清净同法。（1.31）

（巳二）《释》

此等三者，**先前已说**，即上述“等觉”等。略标者，**此等三者**，**依次约其自相及总相而言**，**当知如来界与如意宝**、**虚空**、**水**、**清净功德同法**。

རྒྱས་པར་བཤད་པ་ལ་རང་གི་མཚན་ཉིད་ནི། དེ་ལ་རེ་ཞིག་དེ་བཞིན་གཤེགས་པའི་ཆོས་ཀྱི་སྐུ་ལ་ནི། གང་བསམ (82b) པའི་དོན་འཇིག་རྟེན་དང་འཇིག་རྟེན་ལས་འདས་པའི་ལེགས་ཚོགས་ཐམས་ཅད་གྲུབ་པ་ལ་སོགས་པ་ཞེས་སོ། །དེ་བཞིན་ཉིད་ལ་ནི་རྒྱུ་རྐྱེན་གྱིས་གཞན་དུ་མི་འགྱུར་བ་ཡང་ཡིན་མོད་ཀྱི། འདུས་མ་བྱས་ཀྱི་ནམ་མཁའ་ཐོགས་པའི་རེག་བྱ་རྣམ་པར་བཅད་ཙམ་ལས་གཞན་དུ་གཞག་ཏུ་མེད་པ་ལྟར་དེ་བཞིན་ཉིད་ཀྱང་བདེན་པའི་སྤྲོས་པ་རྣམ་པར་བཅད་ཙམ་ལས་གཞན་དུ་འགྱུར་བ་མ་ཡིན་པ་ཉིད་ཀྱི་ཞེས་སོ། །རང་བཞིན་དུ་གནས་པའི་རིགས་ཀྱི་སྙིང་ན་ཡོད་པའི་ཡང་དག་པར་བླངས་པ་ལས་བྱུང་བའི་དེ་བཞིན་གཤེགས་པའི་རིགས་ལ་ནི་ཆུ་བཀླན་པའི་ངོ་བོར་གནས་པ་དང་འདྲ་བར་སེམས་ཅན་ལ་སྙིང་བརྗེ་བས་བཀླན་པའི་ངོ་བོ་ཉིད་ཀྱི་ཞེས་སོ། །སེམས་ཅན་ཐམས་ཅད་ལ་སེམས་ཅན་རེ་རེ་ལ་དམིགས་ནས་སྡུག་བསྔལ་དང་བྲལ་བར་འདོད་པའི་བརྩེ་བ་སྐྱེ་མ་མྱོང་བའི་སེམས་ཅན་སུ་ཡང་མེད་པས་བརྩེ་བ་སྐྱེ་བའི་ཡུལ་དུ་ཡང་སེམས་ཅན་ཐམས་ཅད་སྔར་ནས་སོང་ཟིན་ལ་བརྩེ་བ་སྐྱེ་བ་པོར་ཡང་སེམས་ཅན་ཐམས་ཅད་གྱུར་ཟིན་པས། སེམས་ཅན་རེ་རེ་ནས་རང་གི་གཉེན་བྱས་པའི་དུས་སུ་སྐྱེས་པའི་བརྩེ་བ་དེ་འགལ་རྐྱེན་ཞེ་སྡང་སོགས་ཀྱིས་མ་བཅོམ་ཤིང་། མཐུན་རྐྱེན་གོམས་པ་དང་མ་བྲལ་ན་དུས་གཅིག་ཏུ་སེམས་ཅན་ཐམས་ཅད་ལ་དམིགས་ནས་སྡུག་བསྔལ་དང་བྲལ་འདོད་ཀྱི་རྣམ་པ་ཅན་གྱི་བློར་འགྱུར་བས་སྙིང་རྗེ་ཆེན་པོར་འགྱུར་བ་ཡིན་ན་ཡང་མཐུན་རྐྱེན་མ་ཚང་ཞིང་འགལ་རྐྱེན་གྱིས་བཅོམ་པས་བརྩེ་བ་ཙམ་ཡིན་ཡང་། སྙིང་རྗེ་ཆེན་པོ་ཞེས་ནི་མི་བྱའོ། །བརྩེ་བ་དེས་ཀྱང་སྙིང་རྗེ་ཆེན་པོའི་རྒྱུ་ཙམ་ཞིག་བྱེད་དུ་ཆུག་ཀྱང་འདིར (83a) ནི་དམ་པའི་ཆོས་ཐོས་པའི་རྐྱེན་གྱིས་བཞག་པའི་ཟག་པ་མེད་པའི་ས་བོན་ལ་ཡང་དག་པར་བླངས་པ་ལས་བྱུང་བའི་རིགས་ཞེས་བྱ་ལ། དེ་ཙམ་དུ་ཟད་པ་ནི་མ་ཡིན་ཏེ། བྱང་ཆུབ་སེམས་དཔའི་སྙིང་རྗེ་ཆེན་པོ་ལ་སོགས་པ་ཡང་དེར་ཤེས་པར་བྱའོ། །

སྤྱིའི་མཚན་ཉིད་ནི། འདིར་ཐམས་ཅད་ཀྱང་རྟག་ཏུ་རང་བཞིན་གྱིས་ཤིན་ཏུ་ཉེ་བར་ཉོན་མོངས་པ་མེད་པ་ཉོན་མོངས་རང་བཞིན་གྱིས་མ་གྲུབ་ཅིང་། དེའི་འཛིན་སྟངས་གནས་ལུགས་དང་མཐུན་པར་མ་ཞུགས་པ་དང་། རང་བཞིན་གྱིས་ཡོངས་སུ་དག་པའི་ཞེས་སོ། །

གཉིས་པ་ལ་གཉིས། དྲི་བ་དང་། ལན་ནོ། །

དང་པོ་ནི། དེ་ལ་ཞེས་སོ། །

广说其自相者：

此中如来法身者，以成办所思事世、出世间一切善资粮**等之力为体故，当知与如意宝同法。真如者**，虽不为因缘变异，然如无为虚空惟遮碍触、余无可立，真如亦惟遮谛实戏论，**以非**变**成余为体，当知与虚空同法**。本性住种之上所有习所成**如来种者**，如水性润湿，**以悲悯有情故润湿为体，当知与水同法**。一切有情之中，无一有情未生由缘各别有情欲其离苦之悲心。一切有情已然是生悲之境，亦已然是起悲心者。各各有情为自亲友时，于彼所生之悲心，若不为嗔等违缘所坏，不离串习顺缘，则俱缘一切有情欲其离苦而成大悲。然因顺缘不具，为违缘所坏，仅为悲悯，而不应称“大悲”。彼悲心虽亦堪作大悲之因，然此处以听闻正法之缘所安置之无漏种为习所成种。此仅一例，当知菩萨大悲等亦是习所成种。

总相者，**此中一切皆以自性常无杂染**，烦恼无自性且其执取相与真实不相随顺，以及**自性清净为总相，当知与如意宝**、**虚空**、**水之清净功德同法**。

（卯二）释因义

分二：（辰一）问；（辰二）答。

（辰一）问

此中后半颂云何所示？

གཉིས་པ་ལ་གཉིས། སྤྱིར་བཤད་པ་དང་། སྒྲིབ་པའི་གཉེན་པོ་རྒྱུའི་རང་བཞིན་བྱེ་བྲག་ཏུ་བཤད་པའོ། །

དང་པོ་ལ་གཉིས། རྩ་བ་དང་། འགྲེལ་པའོ། །

དང་པོ་ལ་གཉིས། སྒྲིབ་བཅས་ཀྱི་གང་ཟག་སྒྲིབ་པ་དང་བཅས་པ་བཤད་པ་དང་། གཉེན་པོའི་རྒྱུའི་རང་བཞིན་བཤད་པའོ། །

དང་པོ་ནི། ཐེག་པ་ཆེན་པོའི་ཆོས་ལ་ཁོང་ཁྲོ་ཞིང་ཞེ་སྡང་བ་འདོད་ཆེན་པ་དང་། གང་ཟག་གི་བདག་ལྟ་ཅན་མུ་སྟེགས་པ་དང་། རང་ཉིད་གཅིག་པུའི་ཆེད་དུ་འཁོར་བའི་སྡུག་བསྔལ་གྱིས་འཇིགས་ནས་སེམས་ཅན་འདོར་འདོད་པ་ཉན་ཐོས་དང་སེམས་ཅན་སྡུག་བསྔལ་དང་བྲལ་བ་བདག་གིས་བྱའོ། །སྙམ་པའི་སེམས་ཅན་གྱི་དོན་ལ་ལྟོས་པ་མེད་པ་ཉིད། རང་བྱུང་རྣམས་ཀྱི་ཐམས་ཅད་མཁྱེན་པ་ཐོབ་པ་ལ་སྒྲིབ་པ་རྣམ་པ་བཞིའོ། །

དེན་གྱི་གང་ཟག་གི་སྐོ་ནས་སོ་སོར་ཕྱེ་བ་ཡིན་གྱི། ཐེག་པ་ཆེན་པོའི་ལམ་དུ (83b) བགྲོད་པར་བྱེད་པ་ཀུན་གྱིས་འདི་དག་སྤང་བར་བྱ་བ་ཡིན་ལ། དེ་ཡང་སྲིད་པའི་མཐར་ལྷུང་བ་དང་། ཞི་བའི་མཐར་ལྷུང་བ་དང་། མཐའ་གཉི་ག་དང་བྲལ་བ་གསུམ་དུ་ཕྱེ་ནས་མི་གནས་པའི་མྱ་ངན་ལས་འདས་པ་སྒྲུབ་བྱེད་ཀྱི་ལམ་གཏན་ལ་འབེབས་བྱེད་ཀྱི་ཡན་ལག་ཏུ་ཤེས་པར་བྱ་བ་ཡིན་ནོ། །

གཉིས་པ་ནི། ཁམས་ཀྱི་དྲི་མ་དག་པར་བྱེད་པའི་རྒྱུ་ཐེག་པ་ཆེན་པོའི་ཆོས་ལ་ལྷག་པར་མོས་པ་ལ་སོགས་པའི་རྒྱུའི་ཆོས་ནི་རྣམ་པ་བཞི་ཉིད་དུ་ཤེས་པར་བྱའོ། །

གཉིས་པ་ལ་གཉིས། མདོར་བསྟན་པ་དང་། རྒྱས་པར་བཤད་པའོ། །

དང་པོ་ནི། མདོར་བསྡུ་ན་སེམས་ཅན་གྱི་ཚོགས་ན། སེམས་ཅན་རྣམ་པ་འདི་གསུམ་ཡོད་དེ། སྲིད་པ་འདོད་པ་སྲིད་པའི་མཐར་ལྷུང་ཞིང་ཐར་པ་མི་འདོད་པ་དང་སྲིད་པ་དང་བྲལ་བར་འདོད་པ་ཞི་བའི་མཐར་ལྷུང་བ་དང་། དེ་གཉི་ག་མངོན་པར་མི་འདོད་པ་སྲིད་ཞི་གཉི་གའི་མཐར་མ་ལྷུང་བའོ། །

（辰二）答

分二：（巳一）总释；（巳二）别释障之对治因之自性。

（巳一）总释

分二：（午一）《论》；（午二）《释》。

（午一）《论》

分二：（未一）释有障补特伽罗及其障；（未二）释对治因之自性。

（未一）释有障补特伽罗及其障

嗔恚憎恶大乘**法**之**一阐提**，**具**人**我见**之**外道**，独自**怖畏生死苦**而欲弃有情之**声闻**，**无视有情利**益、无“我当令有情离苦”想之**独觉诸人**，得一切智有**四种障**。

此等是由所依补特伽罗之门别分，一切行大乘道者皆应断除。此复应知，是由分为堕有边、堕寂边、离二边三者，而成抉择能修无住涅槃道之支分。

（未二）释对治因之自性

能**净**界垢之**因**，**胜解**大乘法**等**因**法者**，应知**有四种**。（1.32—33）

（午二）《释》

分二：（未一）略标；（未二）广释。

（未一）略标

简言之，**有情聚中有此三种有情**：**欣欲诸有**堕有边、不求解脱者，**欲离诸有**堕寂边，及**俱不欲**、不堕有寂二边者。

གཉིས་པ་ལ་གཉིས། སྒྲིབ་པ་དང་ལྡན་པའི་གང་ཟག་བཤད་པ་དང་། དེ་ལ་ཡོད་པའི་སྒྲིབ་པ་བཤད་པའོ། །

དང་པོ་ལ་གཉིས། སོ་སོར་བཤད་པ་དང་། དེ་ཐམས་ཅད་ཕུང་པོ་གསུམ་དུ་བསྡུ་བའོ། །

དང་པོ་ལ་གསུམ། སྲིད་པའི་མཐར་ལྷུང་བ་དང་། ཞི་བའི་མཐར་ལྷུང་བ་དང་། སྲིད་ཞི་གཉི་གའི་མཐར་མ་ལྷུང་བའོ། །

དང་པོ་ནི། དེ་ལ་སྲིད་པ་འདོད་པ་ནི་རྣམ་པ་གཉིས་སུ་རིག་པར་བྱ་སྟེ། ཐར་པའི་ལམ་དང་ཞེ་འགྲས་པ་ཐར་པ་མེད་དོ། །ཞེས་སྨྲར་བ་འདེབས་པ་དང་། ཡོད་པར་ཤེས་ཀྱང་རྒྱབ་ཀྱིས་ཕྱོགས་པ་ལོག་སྲིད་ཅན་ཡོངས་སུ་མྱ་ངན་ལས་མི་འདའ་བའི་རིགས་ཀྱི་སེམས་ཅན་རིགས་ཆད་ཅེས་གྲགས་པ་འཁོར་བ་ཉིད་འདོད་ཀྱི་མྱ་ངན་ལས་འདས་པ་ནི་དོན་དུ (84a) གཉེར་བ་མ་ཡིན་པ་གང་དག་ཡིན་པ་དང་། དེ་ནི་རེ་ཤིག་འཁོར་བ་མཐའ་དག་གིས་ཡིད་འབྱུང་བ་དང་། ཐར་པ་དོན་གཉེར་བསྐྱེད་མི་ནུས་པ་ཡིན་གྱི། རིགས་གཏན་ཆད་དུ་བཤད་པ་དགོངས་པ་ཅན་དུ་འོག་ནས་བསྒྲུབས་པས་སོ། །དེར་ངེས་པར་ལྷུང་བ་ཆོས་འདི་བ་ཉིད་དེ། དེ་དག་ལས་ཁ་ཅིག་ཚུལ་ཁྲིམས་ཀྱི་བསླབ་པའི་སྡོད་ཙུང་ཙམ་ཡིན་ཡང་གང་ཟག་གི་བདག་མེད་རགས་པ་ཙམ་ཡང་རེ་ཤིག་བསྟན་དུ་མི་ཙུང་ཞིང་། ཐེག་པ་དམན་པའི་སྡེ་སྣོད་ལ་ཞེན་ནས། ཐེག་པ་ཆེན་པོའི་མདོ་སྡེ་བཀའ་མ་ཡིན་ནོ། །ཞེས་བསྐུར་བ་འདེབས་པས་ཐེག་པ་ཆེན་པོའི་ཆོས་ལ་སྡང་བ་སྟེ། གང་གི་དབང་དུ་མཛད་ནས་བཅོམ་ལྡན་འདས་ཀྱིས་འདི་སྐད་ཅེས་ང་ནི་དེ་དག་གི་སྟོན་པ་མ་ཡིན་ལ་དེ་དག་ཀྱང་ངའི་ཉན་ཐོས་མ་ཡིན་ནོ། །ཤཱ་རིའི་བུ་དེ་དག་ནི། མ་རིག་པའི་མུན་པ་མཐུག་པོས་བཀབ་པས་མུན་པ་པས་ཀྱང་ཆེས་མུན་པ་འབྲས་བུ་སྡུག་བསྔལ་མི་ཟད་པས་བརྒྱུད་མར་མནར་བར་འགྱུར་བས་མུན་པ་ནས་མུན་པ་ཆེན་པོར་འགྲོ་བ་མུན་པ་ཆེན་པོ་དང་ལྡན་པའོ་ཞེས་ང་སྨྲའོ་ཞེས་གསུངས་པའོ། །

གཉིས་པ་ལ་གཉིས། སྤྱིར་བསྟན་པ་དང་། སོ་སོར་བཤད་པའོ། །

དང་པོ་ནི། དེ་ལ་ཞེས་སོ། །

གཉིས་པ་ལ་གཉིས། ཐབས་མ་ཡིན་པ་ལ་ཞུགས་པ་དང་། ཐབས་ལ་ཞུགས་པའོ། །

དང་པོ་ནི། དེ་ལ་ཞེས་ཏེ་གང་ཟག་དང་པོ་ནི། ལྷ་བ་དང་སྤྱོད་པ་གཉི་གའི་སྒོ་ནས་ཆོས་འདི་ལས་ཕྱི་རོལ་ཏུ་གྱུར་པ་ཙ་ར་ཀ་དང་། ཀུན་ཏུ་རྒྱུ་དང་། གཅེར་བུ་པ་ལ་སོགས་པ་ཁ་ཅིག་ཚེ་སྔ་ཕྱིས་བསྡུས་པའི་མངོན་མཐོ་ལ་ཡང་སྐུར་བ་འདེབས་པ་དང་། མངོན་མཐོ་ཁས (84b) ལེན་ཀྱང་ཐར་པ་ལ་སྐུར་བ་འདེབས་པ་དཔྱོད་པ་བ་ལ་སོགས་པ་རྟག་ཆད་དུ་སྨྲ་བ་རྣམ་པ་དུ་མའི་མུ་སྟེགས་པ་མང་པོ་དང་།

（未二）广释

分二：（申一）释具障补特伽罗；（申二）释所具之障。

（申一）释具障补特伽罗

分二：（酉一）别释；（酉二）彼一切摄为三蕴。

（酉一）别释

分三：（戌一）堕有边；（戌二）堕寂边；（戌三）不堕有寂二边。

（戌一）堕有边

此中欣欲诸有者，应知有两种：（1）**憎背解脱道**、谤无解脱，以及虽知有解脱而背弃之一阐提者，**不得涅槃种性之有情**，名“断种”，**即诸凡欣求生死**、**不求涅槃之众**。彼等暂不能厌离生死、希求涅槃，下当成立说毕竟断种是有密意；（2）**决定堕彼之内教人**，**此外有一类人**，虽堪成戒学之器，然粗补特伽罗无我亦暂不可为之宣说，耽着小乘藏，谤大乘经非佛说而**瞋恚大乘法**。**由此缘故**，**世尊曰**：

“**我非彼等大师**，**彼等亦非我声闻**。**舍利弗**，**我说彼等**为无明闇所覆，为难忍苦果相续损恼，**自闇至于密闇**，**具大密闇**。”

（戌二）堕寂边

分二：（亥一）总标；（亥二）别释。

（亥一）总标

此中欲离诸有者分两种：（1）**非入方便**；（2）**方便入**。

（亥二）别释

分二：（天一）非入方便；（天二）方便入。

（天一）非入方便

此中非入方便复分三种：（1）**第一种补特伽罗**，**由见**、**行二者之门出于内教之外之者啰迦**、**普行**、**裸体等派**，或谤无前后世所摄之增上生，或虽许增上生然谤解脱，及弥曼差派等持常、断论之**多种外道**。

གང་ཟག་གཉིས་པ་ནི། ཕྱི་རོལ་པ་དེ་དང་མཐུན་པར་སྨྲོད་པ་ཆོས་འདི་པ་ཉིད་ལ་དད་པ་ཡོད་ཀྱང་སྟོང་པ་ཉིད་ཀྱི་དོན་ལ་ཉེས་པར་གཟུང་བ་ཕྱིན་ཅི་ལོག་ཏུ་འཛིན་པ་སྟེ། དེ་དག་ཀྱང་གང་ཞེ་ན་འདི་ལྟ་སྟེ་དོན་དམ་པ་ལ་མི་མོས་པ་གཞན་སྟེས་བཏགས་པ་ལྟར་ཕུང་པོའི་ཚོགས་པ་དང་རྒྱུན་གང་ལ་ཡང་བཏགས་པ་མ་ཡིན་པར་རྫས་སུ་ཡོད་པའི་གང་ཟག་ཏུ་ལྟ་བ་གང་ཟག་གི་བདག་གྲུབ་མཐའ་ཁས་ལེན་པའི་གནས་མ་བུ་པའི་སྡེ་པ་ཁ་ཅིག་ལྟ་བུ་སྟེ། སྔར་གོང་དུ་བཤད་པའི་ཆོས་འདི་བ་དང་གང་ཟག་གི་བདག་ཁས་ལེན་པར་འདྲ་ཡང་སྟོམ་ཐར་པ་ལ་དོན་གཉེར་མེད་ཅིང་། ཐེག་པ་ཆེན་པོའི་ཆོས་ལ་སྡང་བ་ཡིན་ལ། ཕྱི་མ་འདི་ཐར་པ་ཙམ་ལ་དོན་གཉེར་ཡོད་ཅིང་། ཐེག་པ་ཆེན་པོའི་ཆོས་ལ་སྐུར་བ་མི་འདེབས་པ་ཁ་ཅིག་གོ་གནས་མ་བུ་པའི་སྡེ་པ་ལ་ཡང་། ཐེག་པ་ཆེན་པའི་མདོ་སྡེ་ལ་སྐུར་བ་འདེབས་པ་དང་མི་འདེབས་པ་གཉིས་སུ་ཡོད་ལ། ཁ་ཆེ་བྱེ་བྲག་ཏུ་སྨྲ་བ་སོགས་ལ་ཡང་གཉིས་སུ་ཡོད་པར་ཤེས་པར་བྱའོ། །ལུང་དང་སྦྱར་བ་ནི། གང་ལ་བཅོམ་ལྡན་འདས་ཀྱིས་སྟོང་པ་ཉིད་ལ་མོས་པ་མེད་པ་ནི་མུ་སྟེགས་པ་དག་དང་ཁྱད་མེད་པ་ཡིན་ནོ་ཞེས་གསུངས་པ་སྟེ། གང་ཟག་གི་བདག་མེད་རགས་པ་ཙམ་ཡང་རེ་ཞིག་རྣ་བར་མི་འོང་བར་ཁྱད་པར་མེད་པ་ལ་དགོངས་པའོ། །

ཁ་ཅིག །ཚད་མ་སྡེ་བདུན་གྱི་དགོངས་པར་བྱས་ནས་ཡོད་པ་ཙམ་ལ་མི་རྟག་པས་ཁྱབ་པར་འདོད་པ་ནི། ལྟ་བ་ངན་པ་འདི་དག་གི་བག་ཆགས (85a) འཇོག་པས་ཕུང་ཁྲོལ་ཆེན་པོ་བསྐྱེད་པ་སྟེ། འདི་ལྟར། དེ་སྐད་སྨྲ་བ་དེ་ནི། མཁས་པ་ལ་གྲགས་པའི་རྟག་པ་འཇིག་པ་རྣམ་པར་བཅད་པ་ཚད་མས་གྲུབ་པའི་རྣམ་གཞག་ལེགས་པར་མི་ཤེས་ཤིང་། དེ་ལ་མི་མོས་པ་ཡིན་ལ། དེ་ལྟ་ན། གང་ཟག་གི་བདག་དང་ཆོས་ཀྱི་བདག་རྣམ་པར་བཅད་ཙམ་གྱི་མེད་པར་དགག་པ་བདག་མེད་རྟོགས་པའི་ཤེས་རབ་ཀྱིས་རྟོགས་བྱ་ཚད་མས་གྲུབ་པའི་རྣམ་གཞག་ལ་ཡང་བདག་མེད་པའི་དོན་མ་ཡིན་པའི་སྐུར་བ་འདེབས་པར་འགྱུར་བས། གང་ཟག་གི་བདག་འཛིན་ཀུན་བརྟགས་ལ་བག་ཆགས་མཐུག་པོ་འཇོག་པར་ཤེས་པར་བྱའོ། །

（2）第二类补特伽罗，**与彼外道同行内教人**，**虽信内教**，**然视**空性义为**有过而执颠倒**。**以其不胜解胜义**，如外道所计，**起**非于蕴聚及相续上安立而是实物有之**补特伽罗我见**，即许补特伽罗我宗之犊子部一类。上述之内教人虽亦同许补特伽罗我，然不求解脱、嗔恚大乘法，此则是希求解脱、不谤大乘法之一类。应知犊子部中有谤及不谤大乘经之二类，迦湿弥罗毗婆沙师等中亦有此二类。配合经教者，**于此**，**世尊曰："不胜解空性者**，**与外道无别**。"意为粗补特伽罗无我亦暂不能入耳，而与外道无别。

或许凡有必是无常乃七部量论之意。由培植此等邪见习气，故生大祸根。作是语者，全不知智者所称之常是以量成立遮坏灭之建立。因不信解，而谤由量成立、惟遮补特伽罗及法我之无遮是证无我慧所证之建立非无我义，当知由此培植分别补特伽罗我执浓厚习气。

གང་ཟག་གསུམ་པ་ནི། གནས་ལུགས་ཀྱི་དོན་མཐར་ཐུག་པ་ཁོང་དུ་མ་ཆུད་བཞིན་དུ་ཁོང་དུ་ཆུད་དོ་སྙམ་པའི་མངོན་པའི་ང་རྒྱལ་ཅན་སྟོང་པ་ཉིད་དུ་ལྟ་བ་སྟོང་ཉིད་ལ་བདེན་པར་ཞེན་པ་སྟེ། འདི་ལ་སྟོང་པ་ཉིད་དུ་ལྟ་བ་གང་དག་དེའི་རྣམ་པར་ཐར་པའི་སྒོ་ལ་ཡང་སྟོང་པ་ཉིད་དུ་ལྟ་བར་འགྱུར་བའོ། །རྣམ་པར་ཐར་པ་མྱ་ངན་ལས་འདས་པ་ཐོབ་པའི་སྒོའམ་ཐབས་ནི། སྟོང་པ་ཉིད་རྟོགས་པའི་ཤེས་རབ་ཡིན་ན། སྟོང་པ་ཉིད་ལ་ཡང་བདེན་པར་ཞེན་པ་རེ་ཤིག་གསོར་མི་རུང་བའི་ལྟ་བ་ཅན་དུ་བཤད་པ་སྟེ། དེ་ནི་གཟུང་འཛིན་རྫས་ཐ་དད་ཀྱིས་སྟོང་པ་གནས་ལུགས་ཀྱིས་དོན་མཐར་ཐུག་པ་དང་། དེ་ཡང་རང་གི་མཚན་ཉིད་ཀྱིས་གྲུབ་པའི་བདེན་གྲུབ་ཏུ་ཞལ་གྱིས་བཞེས་པ་རྣལ་འབྱོར་སྤྱོད་པ་བ་ལ་མཛད་པར་མངོན་ཞིང་། དེ་ལྟར་རྗེ་རིན་པོ་ཆེ་ཐམས་ཅད་མཁྱེན་པ་ཉིད་བཞེད་དོ། །གཞན་དུ་ན་འོག་ནས་ཕུང་པོ་གསུམ་དུ་བསྡུས་པ་གང་གི་ཡང (85b) ནང་དུ་མ་འདུས་པར་ཐལ་བར་འགྱུར་བའི་ཕྱིར་རོ། །རང་གི་མཚན་ཉིད་ཀྱིས་གྲུབ་པ་བདེན་གྲུབ་ཀྱི་ཚད་དུ་བྱས་ནས། དེ་ཚད་མས་ཁེགས་པའི་རྣམ་གཞག་འཇོག་ཤེས་པ་ལ་ནི་བཀག་པ་བདེན་འཛིན་གྱི་ཉེས་པ་འདི་ཡོད་པ་མ་ཡིན་ཏེ། སྤྱོད་འཇུག་ལས། བཅད་བྱ་རྣམ་པར་བཅད་བྱས་ན། །རྣམ་དཔྱོད་ལ་ནི་བརྟེན་ཡོད་མིན། །ཞེས་གསུངས་པ་ལྟར། སྟོང་ཉིད་ཕྲ་མོ་ཁོང་དུ་ཆུད་པ་ལ་ནི་སྟོང་ཉིད་རྟོགས་པའི་ཤེས་རབ་ཀྱིས་ཟིན་པའི་ཚེ། བཀག་པ་རང་གི་མཚན་ཉིད་ཀྱིས་གྲུབ་པར་ཞེན་པའི་གཞི་མེད་པའི་ཕྱིར་རོ། །དེས་ན་དགག་བྱ་རགས་པ་ཙམ་བཀག་པའི་སྟོང་ཉིད་ཁས་ལེན་པ་ལ་བཀག་པ་བདེན་གྲུབ་ལ་གྲུབ་མཐའ་འཆའ་བའི་ཉེས་པ་གནས་པའི་ཕྱིར་རོ། །དེ་ཡང་སྟོང་ཉིད་རགས་པ་ལ་བདེན་ཞེན་དྲག་པོ་ཡོད་པ་དེ་སྲིད་དུ་གསོར་མི་རུང་ཡིན་གྱི། གཞན་དུ་ནི་རྣལ་འབྱོར་སྤྱོད་པ་བ་རྣམས་ཀྱི་ལྟ་བ་ནི་དབུ་མ་པའི་སྟོང་ཉིད་ཕྲ་མོ་རྟོགས་པའི་རྒྱུད་སྨིན་བྱེད་ཀྱི་ཐབས་སུ་ཤེས་པར་བྱའོ། །

ཐབས་མ་ཡིན་པ་ལ་ཞུགས་པའི་དོན་ནི། སྤྱོད་པ་ཡོངས་སུ་རྫོགས་པར་ཉམས་སུ་ལེན་པ་ཡོད་ཀྱང་སྟོང་ཉིད་ཀྱི་ལྟ་བ་མཐར་ཐུག་པའི་མི་མཐུན་པའི་ཕྱོགས་སྟོང་པ་ཉིད་བདེན་པར་གྲུབ་པ་ལ་ཞེན་ནས་གྲུབ་མཐའ་འཆའ་བའི་ཆ་ནས་རྣམ་པར་བཞག་པ་ཡིན་གྱི། སེམས་ཙམ་པའི་ལྟ་བ་ཐར་པ་ཐོབ་པའི་གེགས་བྱེད་དུ་འདོད་པ་ནི། ས་དང་ལམ་གྱི་རིམ་པ་ལ་མི་མཁས་པའི་ལོག་ལྟ་ཆེན་པོར་ཤེས་པར་གྱིས་ཤིག །ལུང་དང་སྦྱར་བ་ནི། གང་གི་དབང་དུ་མཛད་ནས་འོད་སྲུང་གིས་ཞུས་པའི་མདོ་ལས། འོད་སྲུང་གང་ཟག་ཏུ་ལྟ་བ་རི་རབ་ཙམ་ནི་བླའི། མངོན་པའི་ང་རྒྱལ་ཅན་སྟོང་པ (86a) ཉིད་དུ་ལྟ་བ་ནི་དེ་ལྟ་མ་ཡིན་ནོ། །ཞེས་གསུངས་པའོ། །

（3）第三类补特伽罗，不晓了究竟真实义、妄以为解，**具增上慢**、**起空见**而于空性执实。**此中起空见者**，**彼解脱门亦复成空见**。得解脱涅槃之方或方便者，厥为证空慧。若于空性执实，则暂具不可救药之见。此谓瑜伽行师，许能所二取异物空为究竟真实义，复是自相有之实有。一切智宗喀巴大师作是说。否则，此见应不属下述三蕴之任何一类故。了知自相有属实有而作以量破彼之建立者，无此执破为实之过失。《入行论》云："若已破所破，不复依观察"。晓了微细空性者，谓以证空慧摄持时，无执破为自相有之所依。故许惟破粗所破之空性者，有以执破是实有为宗趣之过患。此亦何时于粗空性猛利耽着为谛实，何时即成不可救药之见。另应知，诸瑜伽行师之见，乃成熟相续、通达微细中观空性之方便。

非方便入之义者，虽有全分行持，然以究竟空性见之所治品、执空性实有为宗趣，由此分安立。许唯识见是获解脱之障碍者，当知是不善巧地道次第之大邪见！配合经教者，**约此而言**，（《迦叶请问经》）云："**迦叶**，**宁起补特伽罗见如苏迷卢**，**不起如是增上慢空见**。"

གང་ཟག་གི་བདག་འཛིན་ལྷན་སྐྱེས་ཙམ་ཡོད་ཀྱང་དེ་ལྟ་བ་མཐར་ཐུག་དང་། གང་ཟག་གི་བདག་སྟོང་ཉིད་མཐར་ཐུག་ཏུ་ཁས་མི་ལེན་ལ་གཟུང་འཛིན་རྫས་ཐ་དད་ཀྱིས་སྟོང་བ་གནས་ལུགས་ཀྱི་དོན་མཐར་ཐུག་ཏུ་ཞལ་གྱིས་བཞེས་པས་ལྷན་སྐྱེས་ཀྱི་སྟེང་དུ་ཀུན་བཏགས་དང་བཅས་པས་སྤང་དཀའ་བའི་དོན་ནོ། །འགྲེལ་པ་འདི་རྣམ་པར་རིག་པ་ཙམ་གྱི་ལུགས་སྟོན་པར་འཆད་པ་ནི་འཐད་པར་མི་སེམས་ཏེ། ལུང་འདི་སློབ་དཔོན་འཕགས་པ་ཐོགས་མེད་ཀྱིས་སེམས་ཙམ་པའི་རིགས་ཅན་ཁ་ཅིག་རྗེས་སུ་བཟུང་བའི་ཆེད་དུ། རྣམ་པར་རིག་པ་ཙམ་གྱི་ཤིང་རྟའི་སྲོལ་ཕྱེ་ནས་རྒྱས་པར་སྟོན་པར་བྱེད་པ་བྱུང་སར་རང་གི་མཚན་ཉིད་ཀྱིས་གྲུབ་པའི་ཆོས་རྡུལ་ཙམ་ཡང་མེད་པར་ཞལ་གྱིས་བཞེས་པ་ངོ་བོ་ཉིད་མེད་པར་སྨྲ་བ་ལ་གནོད་བྱེད་དུ་དྲངས་ལ། འདིར་ནི་སྟོང་ཉིད་བདེན་གྲུབ་ཏུ་འདོད་པ་ལ་གནོད་བྱེད་དུ་དྲངས་པའི་ཕྱིར་རོ། ། འདིས་ནི་ཉན་ཐོས་སྡེ་པ་ཡང་བསྡུས་མོད་ཀྱི་དེ་འབའ་ཞིག་ཏུ་ཟད་པ་ནི་མ་ཡིན་ཏེ། རྣལ་འབྱོར་སྤྱོད་པ་བ་སྐབས་འདི་གང་དུ་ཡང་མ་བསྟན་པར་ཐལ་བར་འགྱུར་བའི་ཕྱིར་རོ། །

གཉིས་པ་ནི། དེ་ལ་ཐབས་ལ་ཞུགས་པ་ལ་ཡང་རྣམ་པ་གཉིས་ཏེ་ཉན་ཐོས་ཀྱི་ཐེག་པ་དང་མཐུན་པ། གང་ཟག་དང་ཆོས་ལ་བདག་མེད་པའི་སྟོང་ཉིད་ཕྲ་མོ་ཁོང་དུ་ཚུད་ཅིང་། མཐོང་ལམ་ཐོབ་ནས་མངོན་སུམ་དུ་རྟོགས་པའི་ཡང་དག་པ་ངེས་པ་ཉིད་དུ་ཞུགས་པ་དང་། སྟོང་ཉིད་རྟོགས་པའི་ཚུལ་དེ་དང་འདྲ་བར་རང་སངས་རྒྱས་ཀྱི་ཐེག་པ (86b) དང་མཐུན་པའོ། །

འདིས་ཀྱང་ཉན་རང་གཉི་ག་ལ་བདག་མེད་གཉིས་ཕྲ་མོ་ཁོང་དུ་ཆུད་པ་ཡོད་པར་བསྟན་ཏེ། གནས་ལུགས་ཀྱི་དོན་མ་རྟོགས་པར་དངོས་པོ་བདེན་གྲུབ་དང་སྟོང་ཉིད་བདེན་གྲུབ་ཞལ་གྱིས་བཞེས་པ་ལྟ་བའི་སྒོ་ནས་ཐབས་མ་ཡིན་པ་ལ་ཞུགས་པར་གོང་དུ་བསྟན་ཟིན་པའི་ཕྱིར་དང་། ཐབས་དང་ཐབས་མ་ཡིན་པ་སངས་རྒྱས་ཐོབ་པའི་ཐབས་སྤྱོད་པ་དང་སྤྱོད་པའི་རྟེན་ཐེག་ཆེན་སེམས་བསྐྱེད་ཀྱིས་འབྱེད་ན་ནི། ཉན་རང་གཉིས་ཀྱང་ཐབས་མ་ཡིན་པ་ལ་ཞུགས་པར་སྨྲ་རིགས་པའི་ཕྱིར་རོ། །དེས་ན་ཐར་པ་དང་ཐམས་ཅད་མཁྱེན་པ་གང་ཐོབ་པར་བྱེད་ཀྱང་ལྟ་བའི་སྒོ་ནས་ཐབས་ཀྱི་མཐར་ཐུག་པ་ནི། སྟོང་ཉིད་ཕྲ་མོ་ཁོང་དུ་ཆུད་པ་ལས་གཞན་མེད་ལ། དེ་ཉན་རང་འཕགས་པ་རྣམས་ལ་ཡོད་ཀྱང་ཉན་རང་གི་རིགས་ཅན་ཙམ་ལ་ངེས་པ་མེད་པ་ནི། ཕྱར་བསྟན་ཅིང་འོག་ཏུ་ཡང་འཆད་པར་འགྱུར་རོ། །

唯识宗不以俱生补特伽罗我执为究竟，亦不以补特伽罗我空性为究竟，而说能所取异物空为究竟真实义。因其于俱生之上复具分别，故难断除。解释本论为唯识宗规者不应理。圣无著论师为摄受一类具唯识种性故，开辟唯识车轨而广宣扬。《菩萨地》中，对许自相有法微尘许亦无之无自性师提出妨难。此论中则对许空性实有者提出妨难。此类人虽亦摄声闻部，然非纯粹。否则，此中应全未说及瑜伽行派。

（天二）方便入

此中方便入者亦有二类，（1）一类**顺声闻乘**，晓了微细补特伽罗及法无我空性，且得见道现证、**入正决定**；（2）一类**顺独觉乘**，同彼证空性理。

此亦是说，声闻、独觉二者之中有能晓了微细二无我者，以未通达真实义、许事为实有及许空性为实有，由见门分是非方便入，前已说故；方便及非方便，若就成佛之方便行及行之所依大乘发心而分者，声闻、独觉二者则亦当摄入非方便入故。因此，由见门分，能得解脱及一切智随一方便之究竟者，除解微细空性外别无他。声闻、独觉圣者虽有彼见，然惟声闻、独觉种性则不决定。先前已说，后亦当说。

གསུམ་པ་ནི། ལས་ཉོན་གྱི་དབང་གིས་སྲིད་པར་སྐྱེ་བ་དང་། སྲིད་པར་སྐྱེ་བ་ཙམ་ཆད་པ་ལས་ཐོབ་པའི་མྱང་འདས་དེ་གཉིས་ཀ་ཡང་མངོན་པར་མི་འདོད་པ་ནི། ཐེག་པ་ཆེན་པོ་ལ་ཡང་དག་པར་གནས་པ་ཐེག་པ་ཆེན་པོའི་སྡེ་སྣོད་ཀྱི་གདུལ་བྱ་ལ་གཙོ་བོ་དང་ཕལ་བ་གཉིས་ལས་ཕྱི་མར་ནི་རྣལ་འབྱོར་སྤྱོད་པ་བ་རྣམས་ཀྱང་འགྱུར་ལ། ཐ་མ་ནི་མཆོག་ཏུ་དབང་པོ་རྣོན་པོའི་སེམས་ཅན་ཐེག་པ་ཆེན་པོའི་ལྟ་སྤྱོད་གཉིས་ཀ་ཡོངས་སུ་རྫོགས་པར་ཉམས་སུ་ལེན་པ་སྟེ། གང་དག་འདོད་ཆེན་པ་བཞིན་དུ་ཞེས་ཏེ། འོན་ཀྱང་འཁོར་བ་དང་མྱ་ངན་ལས་འདས་པ་མཉམ་པ་ཉིད་ཐོབ་པའི་ལམ་དུ་ཞུགས་པ་སྟེ། དེ་དག་ནི་བསམ་པ་རྣམ་པར་དག་པ་མི་གནས་པའི་མྱ་ངན་ལས་འདས་པ་ལ་བརྟེན་པའི་བསམ (87a) པ་ཅན་སྦྱོར་བ་ཡོངས་སུ་དག་པ་ཉེ་བར་ཉོན་མོངས་པ་མེད་པའི་སྙིང་རྗེ་དང་སྨོན་ལམ་གྱི་དབང་གིས་སྐྱེ་བ་ལེན་པའི་འཁོར་བ་ལ་བརྟེན་པའི་སྦྱོར་བ་ཅན་སེམས་ཅན་ཐམས་ཅད་སྡུག་བསྔལ་དང་བྲལ་འདོད་ཀྱི་སྙིང་རྗེ་དང་སྡུག་བསྔལ་དང་བྲལ་བ་དེ་བདག་གིས་བྱའོ། །སྙམ་པའི་ལྷག་པའི་བསམ་པ་བརྟན་པོས་རབ་ཏུ་གནས་པ་ཐེག་ཆེན་སེམས་བསྐྱེད་སྐྱེ་བའི་གཞི་དང་། རྩ་བ་ཡོངས་སུ་དག་པར་གྱུར་པ་ཡིན་ནོ། །དེ་ནི་སྲིད་པའི་མཐའ་དང་ཞི་བའི་མཐའ་གཉིས་ཀ་འགོག་བྱེད་ཀྱི་ལམ་རྫོགས་པར་ཉམས་སུ་ལེན་པའི་དབུ་མ་པ་ཆེན་པོ་ཡིན་ནོ། །

གཉིས་པ་ནི། དེ་ལ་སེམས་ཅན་གང་དག་ཅེས་ཏེ། ཀོ་བར་ཟད་དོ། །

གཉིས་པ་ལ་གསུམ། བསྟན་པ་དང་། བཤད་པ་དང་། དོན་བསྡུ་བའོ། །

དང་པོ་ནི། དེ་ལ་ཐེག་པ་ཆེན་པོ་ལ་ཡང་དག་པར་རབ་ཏུ་གནས་པའི་སེམས་ཅན་སྒྲིབ་པ་རང་བཞིན་གྱིས་མེད་པར་རྟོགས་པ་དེ་མ་གཏོགས་པར་ཞེས་པ་ནས། དེ་བཞིན་གཤེགས་པའི་ཁམས་རང་བཞིན་གྱིས་སྟོང་པ་ཐབས་ཀྱི་ཆ་ཡོངས་སུ་རྫོགས་པ་དང་བཅས་པའི་ཚུལ་གྱིས་མི་རྟོགས་པ་དང་རེ་ཞིག་མངོན་དུ་བྱེད་པར་མི་འགྱུར་བའི་སྒྲིབ་པ་འདི་བཞི་ཡང་དག་པར་གནས་སོ། །འདིས་ཀྱང་ཉན་རང་ལ་སྟོང་ཉིད་རྟོགས་པ་མེད་པའི་ཚུལ་སྒྲིར་བསྟན་པ་མ་ཡིན་པ་ནི་འོག་ནས་ནམ་མཁའ་མཛོད་ཀྱི་ཏིང་ངེ་འཛིན་གྱི་ཁྱད་པར་དུ་བྱས་ནས་བསྒོམ་པ་མ་ཡིན་པར་བསྟན་པས་ཤེས་སོ། །

（戌三）不堕有寂二边

俱不欣求由业烦恼增上力而生三有及惟断生三有而得涅槃之**彼二者**，**正住大乘**。大乘藏所化中，有主要、普通二类：后者即诸瑜伽行师；前者乃**最上利根有情**、全圆修持大乘见行二者，**非如一阐提欣乐生死**，**非如外道非方便入**，**非如声闻**、**独觉与方便相应而证**，**然入能得生死涅槃平等性之道**。**彼等**意乐清净，**具无住涅槃意乐**。加行清净，**具**以**无杂染**之悲心及愿力受生**生死之加行**。**善住**"愿一切有情离苦"之**悲心及**"我令离苦"之**坚固增上意乐**，此乃生起大乘发心之所依，**根本清净**。此是圆满修持双破有、寂二边之道之大中观。

（酉二）彼一切摄为三蕴

此中，**诸凡欣乐三有之一阐提及决定堕彼之内教人**，**此二者名"颠倒决定有情蕴"**。**诸凡虽欲离三有然非方便入者**，**名"不定有情蕴"**。**诸凡欲离三有而非方便入**，**及俱不欣求彼二**、**如能得平等性之道者**，**名"正决定有情蕴"**。

此段易解。

（申二）释所具之障

分三：（酉一）标；（酉二）释；（酉三）摄义。

（酉一）标

此中正住大乘之有情，**通达障无**自性。**余一阐提**、**外道**、**声闻**、**独觉四类有情**，**正住未**以全圆方便分之理趣**通达如来界**自性空，及暂**未能现证之障**。此亦非是总示声闻、独觉无证空性理，可由下述彼等非以虚空藏三摩地为差别而修得以了知。

གཉིས་པ་ནི། བཞི་གང་ཞེ་ན། འདི་ལྟ་སྟེ། གང་གི་གཉེན་པོར་བྱང་ཆུབ་སེམས་དཔའ་རྣམས་ཐེག་པ་ཆེན་པོའི་ཆོས་ལ་མོས་པ་སྒོམ་པ་ནི། འདོད་ཆེན་པ་རྣམས (87b) ཀྱི་སྒྲིབ་པ་ཐེག་པ་ཆེན་པོའི་ཆོས་ལ་སྡང་བ་དེའི་གཉེན་པོ་ཡིན་ལ་གང་གི་གཉེན་པོར་བྱང་ཆུབ་སེམས་དཔའ་རྣམས་ཤེས་རབ་ཀྱི་ཕ་རོལ་ཏུ་ཕྱིན་པ་བསྒོམ་པ་ནི། གཞན་མུ་སྟེགས་བྱེད་རྣམས་ཀྱི་སྒྲིབ་པ་ཆོས་རྣམས་ལ་བདག་ཏུ་ལྟ་བ་དེའི་གཉེན་པོ་ཡིན་ནོ། །གང་གི་གཉེན་པོར་བྱང་ཆུབ་སེམས་དཔའ་རྣམས་ནམ་མཁའ་མཛོད་ལ་སོགས་པའི་ཏིང་ངེ་འཛིན་བསྒོམ་པ་ནི། འཁོར་བའི་སྡུག་བསྔལ་གྱིས་འཇིགས་པ་ཉན་ཐོས་ཀྱི་ཐེག་པ་པ་རྣམས་ཀྱི་སྒྲིབ་པ་འཁོར་བ་ལ་སྡུག་བསྔལ་བར་རབ་ཏུ་འདུ་ཤེས་ཤིང་སེམས་ཅན་རྣམས་ལྟོས་མེད་དུ་འདོར་བ་དེའི་གཉེན་པོ་དང་། གང་གི་གཉེན་པོར་བྱང་ཆུབ་སེམས་དཔའ་རྣམས་སྙིང་རྗེ་ཆེན་པོ་བསྒོམ་པ་ནི། རང་སངས་རྒྱས་ཀྱི་ཐེག་པ་པ་རྣམས་ཀྱི་སྒྲིབ་པ་སེམས་ཅན་རྣམས་སྡུག་བསྔལ་དང་བྲལ་བ་དེ་བདག་གིས་བྱའོ། །སྙམ་པའི་ཁུར་མི་འཛིན་པས་སེམས་ཅན་གྱི་དོན་ལ་རྒྱབ་ཀྱིས་ཕྱོགས་ཤིང་སེམས་ཅན་གྱི་དོན་ལ་མི་ལྟོས་པ་ཉིད་དོ། །སྒྲིབ་པ་རེ་དང་གཉེན་པོ་རེ་སྦྱར་ཏེ་བཤད་པའོ། །

གསུམ་པ་ནི། གང་གི་གཉེན་པོར་ཞེས་སོ། །དོན་བསྡུས་ན་ཐེག་པ་ཆེན་པོའི་ཆོས་རྒྱུ་འབྲས་ལ་མོས་པ་རྒྱ་ཆེན་པོ་སྔོན་དུ་བཏང་ནས་དེའི་རྗེས་སུ་སྙིང་རྗེ་ཆེན་པོ་བསྒོམས་ནས་བྱང་ཆུབ་ཀྱི་མཆོག་ཏུ་སེམས་བསྐྱེད་དེ། ཐེག་པ་ཆེན་པོའི་ཐུན་མོང་མ་ཡིན་པའི་ཞི་གནས་དང་ལྷག་མཐོང་ཟུང་འབྲེལ་གྱི་ཏིང་ངེ་འཛིན་བསྒོམ་པ་ནི་གཉེན་པོའི་ལུས་ཡོངས་སུ་རྫོགས་པའོ། །

གཉིས་པ་སྒྲིབ་པའི་གཉེན་པོ་རྒྱུའི་རང་བཞིན་བྱེ་བྲག་ཏུ་བཤད་པ་ལ་གཉིས། མཚམས་སྦྱར་བ་དང་། རྩ་བའོ། །

དང་པོ་ནི། གཙང་བ་ལ་སོགས་པའི་ཕ་རོལ་ཏུ་ཕྱིན་པ་རྣམ་པར་དག་པ (88a) བཞི་འགྲུབ་པའི་རྒྱུ་བཞི་པོ་འདི་དག་དང་ལྡན་པ་ནི་ས་དང་པོ་ལ་སོགས་པར་དེ་བཞིན་གཤེགས་པའི་རིགས་སུ་ཆོས་ཀྱི་རྒྱལ་པོའི་སྲས་སུ་འགྱུར་རོ། །ཇི་ལྟར་ཞེ་ན།

གཉིས་པ་ནི། ཐེག་པ་མཆོག་གི་རྒྱུ་འབྲས་ལ་མོས་པ་ནི་འཁོར་ལོས་བསྒྱུར་བའི་རྒྱལ་པོའི་སྲས་བསྐྱེད་པའི་ས་བོན་ལྟ་བུ་ཡིན་ལ། ཐབས་ཀྱི་ཆ་རྒྱ་ཆེན་པོས་བརྒྱན་པའི་སྟོང་ཉིད་རྟོགས་པའི་ཤེས་རབ་ནི་སངས་རྒྱས་ཀྱི་ཆོས་བསྐྱེད་པའི་མ་དང་འདྲ་བ་དང་། མ་ནི་ཤེས་རབ་ཕ་ནི་ཐབས། ཞེས་བཤད་པ་ལྟར་སྟོང་ཉིད་རྟོགས་པའི་ཤེས་རབ་ནི་ཐེག་པ་གསུམ་གའི་བྱང་ཆུབ་ཀྱི་ཐུན་མོང་བའི་རྒྱུ་ཡིན་པས་མ་ལྟ་བུ་དང་། ཐབས་ནི་ཐུན་མོང་མ་ཡིན་པའི་རྒྱུ་ཡིན་པས་ཕ་ལྟ་བུར་རྣམ་པར་བཞག་གོ །ནམ་མཁའ་མཛོད་ལ་སོགས་པའི་ཏིང་ངེ་འཛིན་གྱིས་བསྡུས་པའི་བསམ་གཏན་གྱི་བདེ་བའི་མངལ་ན་གནས་པ་དང་། སྙིང་རྗེའི་མ་མ་ཅན་ཏེ་ཐོག་མཐའ་བར་གསུམ་དུ་གལ་ཆེ་བའི་སྙིང་རྗེ་ཆེན་པོས་ལེགས་པར་བསྐྱངས་པའི་སྐྱེས་བུ་གང་ཡིན་པ་དེ་དག་ཐུབ་པའི་རྗེས་སུ་སྐྱེས་པའི་སྲས་སུ་ཤེས་པར་བྱའོ། །

（酉二）释

云何四障？即：

1. **一阐提之障瞋大乘法，是诸菩萨修信解大乘法之所对治；**

2. **余诸外道之障于诸法起我见，是诸菩萨修般若波罗蜜多之所对治；**

3. **畏生死苦诸声闻乘人之障，于生死起苦想**及无视舍弃诸有情，**是诸菩萨修虚空藏等三摩地之所对治；**

4. **诸独觉乘人之障背弃、无视有情利益**、不承担令诸有情离苦之责，**是诸菩萨修大悲之所对治**。各障与对治配合而说。

（酉三）摄义

修彼等对治胜解等四法，诸菩萨能得无上利益法身清净究竟。此即四类有情之四障。总摄其义，以广大信解大乘因果法为先，修大悲已发最上菩提心，而修大乘不共止观双运三摩地者，乃全圆对治体。

（巳二）别释障之对治因之自性

分二：（午一）承启；（午二）《论》。

（午一）承启

若与此等成就净等波罗蜜多**四清净之因相应**，初地等时，**即于如来家族成法王子。若谓云何？**

（午二）《论》

1. 胜**解大乘**因果者，**如**出生转轮王子之**种**子；

2. 广大方便分所庄严之证空**慧**者，**如出生佛法**之**母**。如所谓“母为智慧，父为方便”，证空慧是三乘菩提之共因，故说如母；方便是不共因，故说如父；

3. **住**虚空藏等三摩地所摄**定乐胎**；

4. 及有**悲心乳母**，即由初、中、后三均切要之大悲所养育之人，当知**彼等**是**能仁之后裔**。

འདིར་བསྟན་པའི་མོས་པ་ནི་ཐེག་པ་ཆེན་པོའི་ཆོས་རྒྱུ་འབྲས་ལ་དང་བའི་དད་པ་དང་། འདོད་པའི་དད་པ་དང་། ཡིད་ཆེས་པའི་དད་པ་ལས་ཕྱི་མ་ཡིན་ཏེ། དད་པ་ཆོས་ཐམས་ཅད་ཀྱི་རྩ་བར་ཤེས་པའི་ཆེད་དུ་ཡིན་ནོ། །དད་པ་འདུན་པའི་རྟེན་བྱེད་པའི་ལས་ཅན་ཡིན་པས་སྙིང་རྗེ་ཆེན་པོས་རྒྱུ་བྱས་པའི་རྫོགས་པའི་བྱང་ཆུབ་ལ་དོན་གཉེར་གྱི་འདུན་པ་འདྲེན་པར་བྱེད་པ་ཡིན་ལ། དེ་ལ་བརྟེན་ནས་སངས་རྒྱས་ཀྱི་རྒྱུ་ལ་དོན་གཉེར་གྱི (88b) འདུན་པ་འདྲེན་པར་བྱེད་ཅིང་། དེ་ནས་རིམ་གྱིས་ཐེག་པ་ཆེན་པོའི་ཞི་ལྷག་ཟུང་འབྲེལ་གྱི་ཏིང་ངེ་འཛིན་ཉམས་སུ་བླངས་པ་ལ་བརྟེན་ནས་སྔར་བཤད་པའི་སྒྲིབ་པ་དེ་བཞི་འཛོམས་པར་ཤེས་པར་བྱའོ། །

གཉིས་པ་འབྲས་བུ་དང་ལས་ཀྱི་དོན་བཤད་པ་ལ་གསུམ། མཚམས་སྦྱར་བ་དང་། མདོར་བསྟན་པ་དང་། རྒྱས་པར་བཤད་པའོ། །

དང་པོ་ནི། དེ་ལ་ཞེས་སོ། །

གཉིས་པ་ལ་གཉིས། འབྲས་བུ་བསྟན་པ་དང་། བྱེད་ལས་བསྟན་པའོ། །

དང་པོ་ནི། གཙང་བ་དང་། བདག་དམ་པ་དང་། བདེ་བ་དང་། རྟག་པ་ཉིད་ཀྱི་ཡོན་ཏན་གྱི་ཕ་རོལ་ཏུ་ཕྱིན་པ་མཐར་ཐུག་པ་ནི། འབྲས་བུའོ། །རྒྱས་པར་འོག་ཏུ་འཆད་དོ། །

གཉིས་པ་ནི། རིགས་དང་ལྡན་པའི་བྱེད་ལས་དང་ཆེ་བ་ནི། འཁོར་བའི་སྡུག་བསྔལ་བརྒྱག་མི་བཟོད་པ་ཁོང་དུ་ཆུད་ནས་འཁོར་བའི་སྡུག་བསྔལ་གྱིས་ཡིད་འབྱུང་ཞིང་ཞི་བ་མྱ་ངན་ལས་འདས་པ་ཐོབ་པར་འདུན་པ་དང་། ཐོབ་པར་གྱུར་ཅིག་སྙམ་དུ་སྨོན་པའི་ལས་ཅན་ནོ། །དེ་འདྲའི་བློ་སྐྱེ་བ་ནི་རིགས་ཡོད་པའི་བྱེད་ལས་སུ་ཤེས་པར་བྱ་སྟེ་འོག་ཏུ་རྗེས་སུ་འགྲོ་ལྡོག་གི་སྒོ་ནས་སྒྲུབ་པར་འགྱུར་རོ། །

གསུམ་པ་ལ་གཉིས། འབྲས་བུའི་དོན་རྒྱས་པར་བཤད་པ་དང་། ལས་ཀྱི་དོན་རྒྱས་པར་བཤད་པའོ། །

དང་པོ་ལ་གཉིས། དྲི་བ་དང་། ལན་ནོ། །

དང་པོ་ནི། དེ་ལ་ཞེས་སོ། །

གཉིས་པ་ལ་གསུམ། གཉེན་པོ་བཞིས་ཐོབ་པའི་འབྲས་བུའི་མཚན་ཉིད་སྤྱིར་བཤད་པ་དང་། འབྲས་བུ་བཞིའི་མཚན་ཉིད་སོ་སོར་བཤད་པ་དང་། བྱང་ཆུབ་སེམས་དཔའི་རྒྱུད་ཀྱི་སྟོང་ཉིད་རྟོགས་པའི་ཤེས་རབ་དང་སྙིང་རྗེ་ཆོས་སྐུའི་རྩ་བར་བསྟན་པའོ། །

དང་པོ་ལ་གཉིས། རྩ་བ་དང་། འགྲེལ་བའོ། །

དང་པོ་ནི། ཐེག་པ་ཆེན་པོའི་ཆོས (89a) ལ་མོས་པ་ལ་སོགས་པ་འདི་དག་གི་འབྲས་བུ་ནི་མདོར་བསྡུ་ན་དེ་བཞིན་གཤེགས་པའི་ཆོས་ཀྱི་སྐུ་ལ་ཕྱིན་ཅི་ལོག་རྣམ་པ་བཞི་ལས་ལྡོག་པའི་གཉེན་པོ་བཞིས་ཕྱིན་ཅི་ལོག་བཞི་སྤངས་པས་རབ་ཏུ་ཕྱེ་བ་ཉིད་འབྲས་བུ་བཞིར་ཤེས་པར་བྱའོ། །

此中所说胜解者，是于大乘因果法发澄净信、欲求信、胜解信中之胜解信，令晓了信是一切法之根本。信以发起欲乐为用，故能引发希求以大悲为因大菩提之欲乐，依此复能引发希求佛因之欲乐，随后渐次修习大乘止观双运三摩地，当知由此能摧坏上述四障。(1.34)

(丑二) 释果及用义

分三：(寅一) 承启；(寅二) 略标；(寅三) 广释。

(寅一) 承启

此中约果义及用义而言之颂曰：

(寅二) 略标

分二：(卯一) 示果；(卯二) 示用。

(卯一) 示果

净、真**我**、**乐**、**常**四**德波罗蜜多**究竟者，即**果**。下当广说。

(卯二) 示用

具种性之功用及殊胜者，觉了难忍生死**苦**而发**厌**离，**欲得寂静**涅槃及**愿**证得**为用**。若发如是心，当知即具种性之用，下由顺逆之门而成立之。(1.35)

(寅三) 广释

分二：(卯一) 广释果义；(卯二) 广释用义。

(卯一) 广释果义

分二：(辰一) 问；(辰二) 答。

(辰一) 问

此中前半颂云何所示？

(辰二) 答

分三：(巳一) 总释四对治所得之果相；(巳二) 别释四果相；(巳三) 示菩萨相续中证空慧及悲心是法身根本。

(巳一) 总释四对治所得之果相

分二：(午一)《论》；(午二)《释》。

(午一)《论》

此胜信大乘法**等**之**果**，**简言**之，当知即以四**对治还灭**、断除**于**如来**法身四种颠倒者为差别**之四果。(1.36)

གཉིས་པ་ལ་གཉིས། མདོར་བསྟན་པ་དང་། རྒྱས་པར་བཤད་པའོ། །

དང་པོ་ནི། མོས་པ་ལ་སོགས་ཞེས་སོ། །

གཉིས་པ་ལ་གསུམ། ཕྱིན་ཅི་ལོག་དང་དེ་གཉེན་པོས་སྤངས་པའི་འབྲས་བུ་བཤད་པ་དང་། རྒྱུ་འབྲས་སྦྱར་ཏེ་བཤད་པ་དང་། གང་ཟག་གསུམ་གྱིས་ཆོས་སྐུ་ཐོབ་པའི་གེགས་བྱེ་བྲག་ཏུ་བཤད་པའོ། །

དང་པོ་ལ་གཉིས། དངོས་ཀྱི་དོན་དང་། ལུང་དང་སྦྱར་བའོ། །

དང་པོ་ལ་གསུམ། ཀུན་རྫོབ་པའི་སྤྱོད་ལུགས་ལ་ལྟོས་པའི་ཕྱིན་ཅི་ལོག་དང་། དོན་དམ་པའི་སྤྱོད་ལུགས་ལ་ལྟོས་པའི་ཕྱིན་ཅི་ལོག་དང་། དེ་སྤངས་པའི་འབྲས་བུའི་དབྱེ་བའོ། །

དང་པོ་ནི། དེ་ལ་གང་ཞིག་གཟུགས་ལ་སོགས་པའི་དངོས་པོ་ཞེས་པ་ནས། རྣམ་པ་བཞི་ཞེས་བརྗོད་ལ་ཞེས་སོ། །འདི་དག་ནི་གྲུབ་མཐས་བློ་མ་སྒྱུར་བ་རྣམས་ལ་ཡང་ཡོད་པའི་ཕྱིན་ཅི་ལོག་སྟེ། སྡུག་བསྔལ་གྱི་བདེན་པའི་ཀུན་རྫོབ་པའི་གནས་ལུགས་ལ་ཡང་ལོག་པར་ཞུགས་པའི་ཕྱིན་ཅི་ལོག་རྣམ་པ་བཞིའོ། །

གཉིས་པ་ནི། འདི་ལས་ལྡོག་པས་ནི་ཞེས་པ་ནས། འདི་ནི་ཕྱིན་ཅི་ལོག་རྣམ་པ་བཞི་ལས་ལྡོག་པའོ། །དེ་ཡང་རྟག་པ་ལ་སོགས་པའི་མཚན་ཉིད་དེ་བཞིན་གཤེགས་པའི་ཆོས་ཀྱི་སྐུའི་དབང་དུ་བྱས་ཏེ་འདིར་ཕྱིན་ཅི་ལོག་ཏུ་འདོད་དོ། །ཞེས་སོ། །

ཕུང་པོ་མི (89b) རྟག་སོགས་སུ་རྟོགས་པའི་ཤེས་རབ་ནི་ཕུང་པོ་རྟག་པ་སོགས་སུ་འཛིན་པའི་བློ་དང་དམིགས་ཡུལ་གཅིག་ལ་དམིགས་ནས་འཛིན་སྟངས་དངོས་སུ་འགལ་ཞིང་། ཐ་མའི་འཛིན་སྟངས་ཕུང་པོ་ཀུན་རྫོབ་པའི་གནས་ཚོད་དང་མཐུན་པར་ཞུགས་པས་རྟག་སོགས་སུ་འཛིན་པའི་དངོས་ཀྱི་གཉེན་པོ་ཡིན་ལ། ཆོས་ཀྱི་སྐུ་ལ་ལྟོས་ཏེ་ཕྱིན་ཅི་ལོག་ཏུ་བཞག་པ་ནི་ཕུང་པོ་མི་རྟག་པ་སོགས་བདེན་པར་འཛིན་པའི་བདེན་འཛིན་ལ་བཞེད་པ་ཡིན་གྱི། ཕུང་པོ་མི་རྟག་པར་འཛིན་པ་སོགས་ཕྱིན་ཅི་ལོག་ཞེན་ཡུལ་ལ་འཁྲུལ་པའི་ལོག་ཤེས་སུ་འདོད་པ་ནི་ཀུན་རྫོབ་ལ་སྐུར་བ་འདེབས་པའི་ཆད་པར་ལྟ་བ་སྟེ། ཕུང་པོ་མི་རྟག་པར་ཡང་གཟུང་དུ་མི་རུང་སྟེ་དེ་ལྟར་འཛིན་པ་ཐར་པའི་གེགས་བྱེད་དུ་འདོད་པ་ནི། ཆོས་གང་ཡང་ཡོད་མེད་དང་ཡིན་མིན་གང་དུ་ཡང་གཟུང་དུ་མི་རུང་བར་འདོད་པ་རྒྱ་ནག་གི་མཁན་པོ་ཧྭ་ཤང་གི་ལུགས་སུ་ཤེས་པར་བྱའོ། །དེའི་ལྟར་ན། ཕྱིན་ཅི་ལོག་པ་དང་མ་ལོག་པའི་རྣམ་དབྱེ་གང་ཡང་བྱར་མེད་པར་འགྱུར་རོ། །བདག་མེད་པ་བདེན་པར་འཛིན་པ་ཡང་རགས་པའི་བདག་མེད་བདེན་པར་འཛིན་པ་ཡིན་གྱི། ཕྲ་བའི་བདག་མེད་ཚད་མས་རྟོགས་ཟིན་མ་བརྗེད་ན་དེ་འདྲའི་བདག་བཀག་པའི་བཀག་པ་བདེན་གྲུབ་ལ་གྲུབ་མཐའ་འཆའ་བས་མི་སྲིད་པའི་ཕྱིར་རོ། །གལ་ཏེ་དགག་བྱ་ཕྲ་མོ་བཀག་པའི་བདག་མེད་བདེན་པར་འཛིན་པའི་བློ་མངོན་གྱུར་དུ་སྐྱེས་ན་ལྷན་སྐྱེས་སུ་ཤེས་པར་བྱའོ། །

（午二）《释》

分二：（未一）略标；（未二）广释。

（未一）略标

胜解等四法说是清净如来界因，彼等之果，简言之，如其次第，即还灭四种颠倒之对治、如来法身之四德波罗蜜多。

（未二）广释

分三：（申一）释颠倒及其对治所断之果；（申二）因果合释；（申三）别释三种补特伽罗得法身之障。

（申一）释颠倒及其对治所断之果

分二：（酉一）正义；（酉二）配合经教。

（酉一）正义

分三：（戌一）观待世俗真实之颠倒；（戌二）观待胜义真实之颠倒；（戌三）断彼之果差别。

（戌一）观待世俗真实之颠倒

此中于色等事，无常起常想，苦起乐想，无我起我想，不净起净想，说此是四种颠倒。未受宗派影响之人，亦有此等颠倒，是邪解苦谛世俗真实之四种颠倒。

（戌二）观待胜义真实之颠倒

于此还灭，当知是四种不颠倒。云何四种不颠倒？于色等事起无常、苦、无我、不净想，此是四种颠倒之还灭。此亦常等相是约如来法身而言，此中许（无常等）为颠倒。

证蕴无常等之慧，与执蕴常等之心同一所缘而执取相是正相违。此慧执取相与蕴世俗真实相符，故是常执等之正对治。观待法身而立为颠倒者，是说于蕴无常等执实之实执。若许执蕴无常等是于所著境错乱之邪智，则是损减世俗之断见。若许蕴无常亦不可取、如是执乃解脱障者，当知是汉地亲教师和尚之流，许法有、无、是、非皆不可受取。如是则颠倒与不颠倒亦不可分。执无我为实亦是于粗无我为实，若以量通达细无我而不忘失，则絶不致形成以破如是我之破为实有之宗趣。倘若于破微细所破之无我执实之心现前，当知是俱生执。

དེ་ནི་མི་རིགས་ཏེ། བདེན་པར་ཞེན་པའི་གཞི་རང་གི་མཚན་ཉིད་ཀྱིས་གྲུབ་པས་སྟོང་པའི་སྟོང་པ་ཉིད་ཐོག་མ་མེད་པ་ནས་འཁོར་བར་མ་འདྲིས་པའི་ཕྱིར་རོ། །ཞེ་ན། སྐྱོན་མེད་དེ། བདེན་པར་ཞེན་པའི་གཞི (90a) ཐེག་པ་ཆེན་པོའི་ལམ་འབྲས་བུ་དང་བཅས་པ་འཁོར་བ་ཐོག་མ་མེད་པ་ནས་འདྲིས་པར་མ་བྱས་ཀྱང་། རིགས་པའི་དཔྱད་པ་ལ་མི་ལྟོས་པར་དེ་ལ་དམིགས་ནས་བདེན་ཞེན་སྐྱེ་བ་ལྷན་སྐྱེས་སུ་ཤེས་པར་བྱའོ། །གཞན་དུ་ན་མངོན་པར་རྟོགས་པའི་རྒྱན་ནས་གསུངས་པའི་ཐེག་པ་ཆེན་པོའི་སྒོམ་སྤངས་གཟུང་འཛིན་གྱི་རྣམ་པར་རྟོག་པ་དུ་མ་གསུངས་པ་བཞག་ཏུ་མེད་པར་འགྱུར་རོ། །

གསུམ་པ་ནི། གང་གི་གཉེན་པོར་ཞེས་སོ། །འདི་དག་གི་དོན་ནི་འཆད་པར་འགྱུར་རོ། །

གཉིས་པ་ལ་གསུམ། རྟག་སོགས་ཕྱིན་ཅི་ལོག་བཞི་ལུང་དང་སྦྱར་བ་དང་། མི་རྟག་སོགས་བཞི་བདེན་པར་ཞེན་པ་ལུང་དང་སྦྱར་བ་དང་། གཉེན་པོ་ལུང་དང་སྦྱར་བའོ། །

དང་པོ་ནི། མཚམས་སྦྱར་བ་ནི། གཞུང་འདི་ཡང་ཞེས་སོ། །བཅོམ་ལྡན་འདས་ཞེས་ཏེ། སྟོང་པ་ཉིད་ཁོང་དུ་ཆུད་པ་ལ་ལྟོས་མི་དགོས་པར་ཐ་སྙད་པའི་ཚད་མས་ཀྱང་ཞེན་ཡུལ་ལ་འཁྲུལ་པར་ཁོང་དུ་ཆུད་པའི་ཕྱིན་ཅི་ལོག་རྣམ་པ་བཞིའོ། །

གཉིས་པ་ནི། བཅོམ་ལྡན་འདས་ཉན་ཐོས་དང་རང་སངས་རྒྱས་ཐམས་ཅད་ཀྱང་སྟོང་པ་ཉིད་ཀྱི་ཡེ་ཤེས་ཀྱི་རང་སྟོབས་ཀྱིས་སྔར་མ་མཐོང་བ་ཐམས་ཅད་མཁྱེན་པའི་ཡེ་ཤེས་ཀྱི་ཡུལ་དེ་བཞིན་གཤེགས་པའི་ཆོས་ཀྱི་སྐུ་བདེན་པའི་སྒྲིབ་པ་མཐའ་དག་དང་བྲལ་བ་ལ་བདེན་པར་ཞེན་པས་ཕྱིན་ཅི་ལོག་ཏུ་གྱུར་པའོ། །

སྟོང་ཉིད་ཕྲ་མོ་ཁོང་དུ་མ་ཆུད་པའི་ཉན་ཐོས་དང་རང་སངས་རྒྱས་ཀྱི་རིགས་ཅན་མི་རྟག་པ་དང་རགས་པའི་བདག་མེད་སོགས་རྟོགས་པ་དེ་དག་ལ་བདེན་པར་ཞེན་པ་དང་། ཉན་རང་འཕགས་པ་སྟོང་ཉིད་ཕྲ་མོ་མངོན་སུམ་གྱིས་རྟོགས (90b) ཀྱང་། ཐེག་པ་ཆེན་པོའི་རིགས་ཅན་དབང་པོ་རྣོན་པོ་ལྟར་རང་སྟོབས་ཀྱིས་རྟོགས་པ་མ་ཡིན་པ་དང་། མི་རྟག་པ་སོགས་བདེན་པར་འཛིན་པ་ལྷན་སྐྱེས་མངོན་གྱུར་དང་བཅས་པས་ཆོས་ཀྱི་སྐུ་ལས་ཕྱིན་ཅི་ལོག་ཏུ་གྱུར་པ་ཡིན་ལ། ཉན་རང་དགྲ་བཅོམ་པ་རྣམས་ཀྱིས་ཀྱང་ཤེས་རབ་ཀྱི་ཕ་རོལ་ཏུ་ཕྱིན་པ་བསྒོམ་པ་མེད་པས། འབྲས་བུ་བདག་དམ་པའི་ཕ་རོལ་ཏུ་ཕྱིན་པ་ཐོབ་པའི་གཉེན་པོ་མ་ཚང་བའོ། །

若谓：此不应理，以实执所依自相空之空性，无始以来生死中未曾谙习故。曰：无过。无始生死以来虽未曾谙习实执所依大乘道果，然不待正理观察、缘此生起实执，当知即俱生执。否则，《现观庄严论》中所说多种大乘修所断能所取分别，亦将不可安立。

（戌三）断彼之果差别

彼之对治、如来法身四德波罗蜜多建立如下：常波罗蜜多，乐波罗蜜多，我波罗蜜多，净波罗蜜多。此等之义下当解说。

（酉二）配合经教

分三：（戌一）常等四颠倒配合经教；（戌二）无常等四执实配合经教；（戌三）对治配合经教。

（戌一）常等四颠倒配合经教

承启者，**此亦应广如经说而得通达**。**经云：**

“**世尊，诸有情者于所受五取蕴而生颠倒，谓于无常起常想，苦起乐想，无我起我想，不净起净想**。”

此四种颠倒不须观待晓了空性，名言量亦能晓了彼等于所著境为错乱。

（戌二）无常等四执实配合经教

经云：

“**世尊，一切声闻、独觉先未曾以**自力**空性智见，于一切智境如来法身**全离谛实戏论执实而成**颠倒**。”

未解微细空性之具声闻、独觉种性者，于所通达无常、粗无我等执实。声闻、独觉圣者虽现证微细空性，然非如具大乘种性利根者以自力证，及无常等俱生实执现前故，于法身颠倒。声闻、独觉阿罗汉以不修般若波罗蜜多，故不具得果真我波罗蜜多之对治。

གསུམ་པ་ནི། བཅོམ་ལྡན་འདས་བྱང་ཆུབ་སེམས་དཔའ་གང་དག་སྲིད་ཞི་མཉམ་ཉིད་ཀྱི་གཉེན་པོ་ཐོབ་པས་རྟག་པར་འདུ་ཤེས་པ། ཤེས་སྒྲིབ་ཀྱིས་བསྡུས་པའི་རྟེན་འབྲེལ་ཡན་ལག་བཅུ་གཉིས་སྤང་བྱར་འདུ་ཤེས་ཤིང་། དེའི་གཉེན་པོ་བསྒོམས་པས་བདེ་བར་འདུ་ཤེས་པ། གང་ཟག་དང་ཆོས་ཀྱི་བདག་གི་སྤྲོས་པ་རྣམ་པར་བཅད་ཙམ་ཆོས་ཀྱི་གནས་ལུགས་དང་རང་བཞིན་མཐར་ཐུག་པར་ཁོང་དུ་ཆུད་པས་བདག་ཏུ་འདུ་ཤེས་པ་རང་བཞིན་གྱིས་རྣམ་པར་དག་པ་ལ་སྒོ་གསུམ་གྱི་བག་ཆགས་སྤང་བྱར་འདུ་ཤེས་པས་གཙང་བར་འདུ་ཤེས་པའི་སེམས་ཅན་ཞེས་སོ། །

རྟག་པར་འདུ་ཤེས་པ་ལ་སོགས་པ་ཕྱིན་ཅི་ལོག་ཏུ་གོང་དུ་བཤད་པ་མ་ཡིན་ནམ་ཅིའི་ཕྱིར་དེ་ལྟར་ཁོང་དུ་ཆུད་པ་རྒྱལ་བའི་སྲས་ཡིན་ཞེ་ན། དེ་ནི་མིང་མཚུངས་ཀྱང་དོན་མི་མཚུངས་པ་ནི། བཅོམ་ལྡན་འདས་སེམས་ཅན་དེ་དག་ནི་ཞེས་པ་ནས། ཐུགས་ཀྱི་སྲས་ལགས་སོ་ཞེས་རྒྱས་པར་རོ། །ཞེས་པའི་བར་རོ། །

གཉིས་པ་རྒྱུ་འབྲས་སྦྱར་ཏེ་བཤད་པ་ལ་གཉིས། སོ་སོར་བཤད་པ་དང་། བསྡུས་ཏེ་བསྟན་པའོ། །

དང་པོ་ལ་གསུམ། མདོར་བསྟན་པ་དང་། རྒྱས་པར་བཤད་པ་དང་། དོན་བསྡུ་བའོ། །

(91a)

དང་པོ་ནི། དེ་བཞིན་གཤེགས་པའི་ཆོས་ཀྱི་སྐུའི་ཡོན་ཏན་གྱི་ཕ་རོལ་ཏུ་ཕྱིན་པ་འདི་བཞི་ནི་མོས་པ་དང་། ཤེས་རབ་དང་། ཏིང་ངེ་འཛིན་དང་། སྙིང་རྗེ་ཆེན་པོ་དང་བཅས་པའི་རྒྱུ་བཞིའི་རིམ་གྱིས་བཤད་མ་ཐག་པའི་འབྲས་བུའི་གོ་རིམ་ལས་ལྡོག་སྟེ་རིག་པར་བྱའོ། །དེའི་དོན་ནི། བཤད་མ་ཐག་པའི་མདོ་ལས། ཆོས་ཀྱི་སྐུ་རྟག་པའི་ཕ་རོལ་ཏུ་ཕྱིན་པ། བདེ་བའི་ཕ་རོལ་ཏུ་ཕྱིན་པ། བདག་གི་ཕ་རོལ་ཏུ་ཕྱིན་པ། གཙང་བའི་ཕ་རོལ་ཏུ་ཕྱིན་པའོ་ཞེས་བཤད་པའི་གོ་རིམ་ལས་ལྡོག་ནས་རྒྱུའི་གོ་རིམ་དང་མཐུན་པར་འོག་ནས་འཆད་པའི་དོན་ཡིན་ནོ། །

གཉིས་པ་ལ་བཞི། གཙང་བའི་ཕ་རོལ་ཏུ་ཕྱིན་པ་ཐེག་པ་ཆེན་པོའི་ཆོས་ལ་མོས་པའི་རྒྱུ་དང་སྦྱར་ཏེ་བཤད་པ་དང་། བདག་དམ་པའི་ཕ་རོལ་ཏུ་ཕྱིན་པ་ཤེར་ཕྱིན་སྒོམ་པའི་འབྲས་བུར་བསྟན་པ་དང་། བདེ་བ་དམ་པའི་ཕ་རོལ་ཏུ་ཕྱིན་པ་བསམ་གཏན་གྱི་ཕར་ཕྱིན་སྒོམ་པའི་འབྲས་བུར་བསྟན་པ་དང་། རྟག་པའི་ཕ་རོལ་ཏུ་ཕྱིན་པ་སྙིང་རྗེ་ཆེན་པོ་སྒོམ་པའི་འབྲས་བུར་བསྟན་པའོ། །

དང་པོ་ནི། དེ་ལ་ཐེག་པ་ཆེན་པོའི་ཆོས་ལ་སྡང་བ་འཁོར་བ་འབའ་ཞིག་འདོད་པའི་འདོད་ཆེན་པ་རྣམས་ཀྱི་མི་གཙང་བའི་འཁོར་བ་ལ་མངོན་པར་དགའ་བ་ལས་ལྡོག་ནས་ཞེས་ཏེ། སྒྲིབ་པ་དང་། སྒྲིབ་ལྡན་གྱི་གང་ཟག་དང་སྒྲིབ་པའི་གཉེན་པོ་དང་། དེ་སྒོམ་པའི་འབྲས་བུ་བཞི་བཞིའི་སྒོ་ནས་བཤད་པར་རིག་པར་བྱའོ། །

（戊三）对治配合经教

“**世尊**，菩萨得有寂平等性对治，故**起常想**，于所知障所摄十二缘起支起所断想且修彼对治，故起**乐想**；解但遮补特伽罗及法我戏论为法之真实及究竟自性，故起**我想**；于自性清净三门习气起所断想，故起**净想之有情**，**乃从世尊心生之子**。

若谓：常想等如其已述岂非颠倒？如是通达云何是佛子？曰：此等名同而义不同。（经云：）

世尊，**彼等有情非是颠倒**。

世尊，**彼等有情乃是正见**。**何以故**？**世尊**，**如来法身者**，**是常波罗蜜多**、**乐波罗蜜多**、**我波罗蜜多**、**净波罗蜜多**。**世尊**，**彼等有情如是见法身者乃是正见**。**彼等一切正见者乃世尊心子**。”如是广说。

（申二）因果合释

分二：（酉一）别释；（酉二）结摄。

（酉一）别释

分三：（戌一）略标；（戌二）广释；（戌三）摄义。

（戌一）略标

此如来法身四德波罗蜜多者，**应知以**胜解、智、三摩地、大悲**四因依次得**此无间所说之四果，**然次第相反**。其义者，无间所引之经说法身是常波罗蜜多、乐波罗蜜多、我波罗蜜多、净波罗蜜多。因之次第与此相反，下当相互配合解释。

（戌二）广释

分四：（亥一）净波罗蜜多与胜解大乘法因合释；（亥二）示真我波罗蜜多是修般若波罗蜜多之果；（亥三）示真乐波罗蜜多是修静虑波罗蜜多之果；（亥四）示常波罗蜜多是修大悲之果。

（亥一）净波罗蜜多与胜解大乘法因合释

此中，**嗔大乘法之一阐提欣乐不净生死**。**应知从此还灭**，**修习菩萨之胜解大乘法**，**当得果净波罗蜜多**。应知是由障、具障补特伽罗、障之对治，修对治之果四四之门而释。

གཉིས་པ་ལ་གཉིས། དངོས་ཀྱི་དོན་དང་། བདག་དམ་པའི་དོན་ཅི་ཐྲག་ཏུ་བཤད་པའོ། །

དང་པོ་ནི། ཉེ་བར་ལེན་པའི་ཕུང་པོ་ལྔ་པོ་དག་ལ་གང་ཟག་དང་ཆོས་ཀྱི་བདག་ཏུ (91b) ལྟ་བ་གཞན་མུ་སྟེགས་པ་དག་གིས་ཡོད་པ་མ་ཡིན་པ་བདག་ཏུ་འཛིན་པ་ལ་མངོན་པར་དགའ་བ་ལས་ལྡོག་ནས་གང་ཟག་དང་ཕུང་པོ་རང་བཞིན་གྱིས་གྲུབ་པ་རྡུལ་ཙམ་ཡང་མེད་པར་མངོན་སུམ་གྱིས་རྟོགས་པའི་ཤེས་རབ་ཀྱི་ཕ་རོལ་ཏུ་ཕྱིན་པ་བསྒོམ་པ་ལས་ནི་འབྲས་བུ་གང་ཟག་དང་ཆོས་ཀྱི་བདག་གི་སྤྲོས་པ་མཐའ་དག་གིས་དབེན་པའི་དོན་དམ་པའི་ཆོས་ཀྱི་སྐུ་བདག་དམ་པའི་ཕ་རོལ་ཏུ་ཕྱིན་པ་ཐོབ་པར་ལྟའོ། །

གཉིས་པ་ནི། འདི་ལྟར་མུ་སྟེགས་པ་གཞན་ཐམས་ཅད་ནི་གཟུགས་ལ་སོགས་པ་བདེན་གྲུབ་དང་། གང་ཟག་བདེན་གྲུབ་དང་། རང་དབང་དུ་གྲུབ་པ་དེའི་རང་བཞིན་མ་ཡིན་པའི་དངོས་པོ་བདེན་གྲུབ་ཀྱི་བདག་ཏུ་ཁས་ལེན་པ་ལ་དེ་དག་གིས་ཇི་ལྟར་བདག་ཏུ་བཟུང་བའི་དངོས་པོ་དེ་ཡང་ཇི་ལྟར་གཟུང་བ་ལྟར་བདག་གི་མཚན་ཉིད་ཀྱིས་བསླུ་བ་དང་ལྡན་པའི་ཕྱིར་དུས་ཐམས་ཅད་དུ་གང་ཟག་དང་ཆོས་ཀྱི་བདག་མེད་དོ། །དེ་བཞིན་གཤེགས་པས་ནི་ཡང་དག་པ་ཇི་ལྟ་བ་བཞིན་གྱི་ཡེ་ཤེས་ཇི་ལྟ་བ་མཁྱེན་པའི་ཡེ་ཤེས་ཀྱིས་ཆོས་ཐམས་ཅད་བདག་མེད་པ་དམ་པའི་ཕ་རོལ་ཏུ་ཕྱིན་པ་བརྙེས་ལ། ཇི་ལྟ་བ་མཁྱེན་པའི་ཡེ་ཤེས་དེས་ཇི་ལྟར་གཟིགས་པའི་བདག་མེད་པ་དེ་ཡང་གང་ཟག་དང་ཆོས་ཀྱི་བདག་ཤེས་བྱ་ལ་ཡོད་པ་མ་ཡིན་པའི་མཚན་ཉིད་ཀྱིས་སངས་རྒྱས་ཀྱི་མཉམ་གཞག་གིས་ཇི་ལྟར་གཟིགས་པ་ལྟར་དངོས་པོའི་གནས་ལུགས་སུ་གྱུར་པ་ཆོས་རྣམས་ཀྱི་རང་བཞིན་དེར་གྲུབ་པས་མི་སླུ་བ་དང་ལྡན་པའི་ཕྱིར་དུས་ཐམས་ཅད་དུ་ཆོས་རྣམས་ཀྱི་གནས་ལུགས་དང་རང་བཞིན་དང་བདག་ཉིད་དུ་འདོད་དོ། །གང་ཟག་དང་ཆོས་ཀྱི་བདག་མེད་པ (92a) ཉིད་འདིར་བདག་ཏུ་བྱས་པ་སྟེ་བསྒྲུབ་པ་རང་དབང་པའི་རྟག་དངོས་ཀྱི་བདག་ནི་ཤེས་བྱ་ལ་མི་སྲིད་པར་ཤེས་པར་བྱའོ། །ཇི་སྐད་དུ། མདོ་ལས་གནས་བྱའི་ཆོས་བདེན་པར་གྲུབ་པ་ཡོད་ན་དམིགས་སུ་རུང་བ་ལས་བདེན་གྲུབ་འགའ་ལ་ཡང་མི་གནས་པའི་ཚུལ་གྱིས་བདེན་སྟོང་སྤྲོས་བྲལ་ལ་གནས་པ་ཞེས་གསུངས་པ་ལྟ་བུའོ། །

འདིར་ནི་བདག་དམ་པའི་མཚན་གཞི་སངས་རྒྱས་ཀྱི་ཇི་ལྟ་བ་མཁྱེན་པའི་ཡེ་ཤེས་ཀྱིས་གཟིགས་པའི་བདག་མེད་ལ་གསལ་བར་བཤད་བཞིན་དུ་བདག་དམ་པའི་མཚན་གཞི་གང་ཟག་དང་ཆོས་ཀྱི་བདག་རྣམ་པར་བཅད་ཙམ་དུ་ཟད་པ་མིན་པའི་བསྒྲུབ་པ་རང་དབང་བའི་རྟག་དངོས་ལ་འདོད་པ་ནི་རང་ཉིད་གཞན་སྟེའི་ལྟ་བ་ལ་གོམས་པ་ཤུགས་ཆེས་པས་ཕྱིན་ཅི་ལོག་གི་བདག་ལ་མངོན་པར་ཞེན་པ་ལ་གནས་ལུགས་ཀྱི་དོན་རྟོགས་པར་འདོད་པ་བསྟན་བཅོས་འདི་རྩ་འགྲེལ་གྱི་དགག་བྱ་གཙོ་བོར་ཤེས་པར་བྱའོ། །རྩ་འགྲེལ་འདི་དག་ལྟ་བའི་ཚོད་དུང་ཟློས་པ་མིན་ན་ནི་མིག་ཕྱེ་ལ་ལེགས་པར་ལྟོས་ཤིག །བསྒྲུབ་པ་རང་དབང་བའི་རྟག་དངོས་ལ་བྱས་སམ། བདག་གཉིས་མེད་པ་ལ་བཤད་པ་ཁོང་དུ་ཆུད་པར་འགྱུར་རོ། །

（亥二）示真我波罗蜜多是修般若波罗蜜多之果

分二：（天一）正义；（天二）别释真我义。

（天一）正义

外道于五取蕴起补特伽罗及法我见，**乐执非有之我**，**应知从此还灭**，**修习**现证补特伽罗及蕴自性无微尘许有之**般若波罗蜜多**，**当得果**补特伽罗及法我戏论悉皆远离之胜义法身**真我波罗蜜多**。

（天二）别释真我义

如是诸余外道，**许色等非有彼**实有、补特伽罗实有、自在有**自性之事为有**实有之**我**。**彼等所执**有我**之事**，**如其所执**，**以我相欺诳故**，**恒时无**补特伽罗及法**我**。**如来以如实智**知如所有智**获得真无我波罗蜜多**，**彼**知如所有智**如实所观之无我**，**以**所知中**无**补特伽罗及法**我相不欺诳故**，**许恒时有**诸法真实、自性、**我**。此中**以**补特伽罗及法**无我为我**，当知所知中非有自在而立之"常事"之我。**如经云**："若所住之法实有，当可缘见，然**以**实有少分亦**不住之理趣而住**离戏论谛实空。"

此中明说真我之所相，是佛知如所有智所见之无我。许真我之所相非但遮补特伽罗及法我而是自在而立之"常事"者，乃串习外道见太过而耽着颠倒之我。许此是通达真实义，当知是此论本释之主要所破。阅此等本释之文时，若犹感不安，则请睁目善视，彼等是否为自在而立之"常事"之义，便能晓了此是说二无我。

གསུམ་པ་ནི། འཁོར་བའི་ཞེས་པ་ནས་བལྟ་བར་བྱའོ་ཞེས་པའོ། །བདེ་བ་དམ་པའི་ཕ་རོལ་ཏུ་ཕྱིན་པ་ནི། མ་རིག་བག་ཆགས་ཀྱི་སའི་འབྲས་བུ་ཡིད་ཀྱི་རང་བཞིན་གྱི་ལུས་ཀྱང་ཟད་པར་སྤངས་པ་ཟག་པ་མེད་པའི་བདེ་བའོ། །འདི་ཡང་སྔར་བཤད་པ་ལྟར་ཆོས་བཞི་ཡི་སྒོ་ནས་བཤད་པར་བྱའོ། །

བཞི་པ་ནི། སེམས་ཅན་གྱི་དོན་ལ་ཞེས་པ་ནས་ཐོབ་པར (92b) བལྟ་བར་བྱའོ་ཞེས་པ་སྟེ་གོ་བར་ཟད་དོ། །

གསུམ་པ་དོན་བསྡུ་བ་ནི། དེ་ལྟར་ཞེས་པ་ནས་རྣམ་པ་བཞི་འགྲུབ་པོ་ཞེས་པའོ། །རྒྱུ་བཞིས་ཕ་རོལ་ཏུ་ཕྱིན་པ་བཞི་ཐོབ་པ་རིམ་པ་བཞིན་སྦྱར་ཏེ་བཤད་པའོ། །

གཉིས་པ་བསྡུས་ཏེ་བསྟན་པ་ནི། དེ་བཞིན་གཤེགས་པ་ནི་རྒྱུ་བཞི་པོ་འདི་དག་གིས་ཆོས་ཀྱི་དབྱིངས་ཀྱི་མཐར་ཐུག་པ་ནམ་མཁའི་ཁམས་ཀྱི་མཐས་ཀླས་པར་ཁྱབ་པ་དུས་ཕྱི་མའི་མུར་ཐུག་པ་ཞེས་ཆོས་སྐུའི་ངོ་བོའི་ཁྱད་པར་དང་ཁྱབ་པའི་ཁྱད་པར་དང་དུས་ཀྱི་ཁྱད་པར་གསུམ་མདོ་ལས་བརྗོད་དོ། །ཡང་ན་འདི་དོན་ཚན་བཞིར་ཕྱེ་ནས་འོག་མ་བཞིས་རིམ་པ་བཞིན་དུ་རྒྱས་པར་འཆད་པ་ཡིན་ནོ། །

འདི་ལྟར་ཐེག་པ་ཆེན་པོའི་ཆོས་དམ་པ་ཟག་པ་མེད་པའི་ཡེ་ཤེས་སྟེ་ཚན་ཉི་ཤུ་རྩ་གཅིག་གི་རྟོགས་པའི་རིགས་རྒྱུ་འབྲས་རྣམས་ལས་ལྷག་པར་མོས་པ་བསྒོམས་པས་ནི་ཉོན་མོངས་པའི་སྒྲིབ་པ་དང་ཤེས་བྱའི་སྒྲིབ་པ་ཟད་པར་སྤངས་པ་དེ་བཞིན་གཤེགས་པའི་ཤིན་ཏུ་གཙང་བའི་ཆོས་ཀྱི་དབྱིངས་ཀྱི་མཐར་ཐུག་པ་བརྙེས་པའི་དག་པ་གཉིས་ལྡན་གྱི་ཆོས་ཀྱི་དབྱིངས་ཀྱི་མཐར་ཐུག་པ་ཉིད་འགྲུབ་པོ། །

ཤེས་རབ་ཀྱི་ཕ་རོལ་ཏུ་ཕྱིན་པ་བསྒོམས་པས་སེམས་ཅན་དང་སྣོད་ཀྱི་འཇིག་རྟེན་རང་བཞིན་གྱིས་སྟོང་པ་སྤྲོས་པའི་མཐའ་ཐམས་ཅད་དང་བྲལ་བ་ནམ་མཁའ་ལྟ་བུ་བདག་མེད་པའི་མཐར་ཐུག་པ་ཉིད་དུ་རྟོགས་པའི་ཕྱིར་དང་ནམ་མཁའ་མཛོད་ལ་སོགས་པའི་ཏིང་ངེ་འཛིན་བསྒོམས་པས་ཆོས་ཀྱི་དབང་ཕྱུག་དམ་པའི་འཇིག་རྟེན་གྱི་ཁམས་ཐམས་ཅད་དུ་གདུལ་བྱ་ཀུན་ལ་ཁྱབ་པ་ཀུན་ཏུ་སྟོན་པའི་ཕྱིར་ནམ་མཁའི་ཁམས་ཀྱི་མཐས་ཀླས་པའོ། །དེ་བཞིན་གཤེགས་པའི་སྐུས (93a) གདུལ་བྱ་འོས་སུ་གྱུར་པ་ཐམས་ཅད་ལ་དུས་ཅིག་ཅར་དུ་ཆོས་སྟོན་པའི་མཛད་པས་ཁྱབ་པ་ཡིན་ཡང་ཤར་ཕྱོགས་ཀྱི་གདུལ་བྱ་ལ་ཁྱབ་པའི་ཆ་དེས་ནུབ་ཕྱོགས་ཀྱི་གདུལ་བྱ་ལ་ཁྱབ་པར་འདོད་པ་ནི་མུ་སྟེགས་བྱེ་བྲག་པ་ལ་སོགས་པའི་ལུགས་སོ། །

སྙིང་རྗེ་ཆེན་པོ་བསྒོམས་པས་སེམས་ཅན་ཐམས་ཅད་ལ་དུས་སུ་མཐའ་མེད་པར་སྙིང་རྗེ་རྒྱུན་མི་འཆད་པ་དང་ལྡན་པའི་ཕྱིར་ན་ཕྱི་མའི་མཐའི་མུར་ཐུག་པ་ཡིན་ནོ། །

（亥三）示真乐波罗蜜多是修静虑波罗蜜多之果；

怖畏生死苦声闻乘人，欣乐但灭生死苦。应知从此还灭，修习虚空藏等三摩地，当得果世出世间真乐波罗蜜多。真乐波罗蜜多者，是无明习气地之果意性身亦断尽之无漏乐。此亦如上述，应由四法之门而释。

（亥四）示常波罗蜜多是修大悲之果。

不顾有情利益独觉乘人，欣乐住无愦闹。应知从此还灭，修习菩萨大悲，乃至生死未尽，恒无间断，修治清净有情利益故，当得果常波罗蜜多。此段易解。

（戌三）摄义

如是修习菩萨胜解、智、三摩地、大悲之果者，如其次第，成就如来法身之净、我、乐、常四德波罗蜜多。四因及所得四果依次配合而释。

（酉二）结摄

经云："如来者，以此等四因得法界究竟，周遍无边虚空界，抵后时边际。"说法身之体性、周遍、时三种差别。又，分此四类义，由下文四节依次广释。

如是增上胜解修习大乘正法二十一类无漏智之证德因果，断尽烦恼障及所知障、得如来最清净法界清净故，成就具二清净法界究竟。

修习般若波罗蜜多，而证有情及器世间自性空离一切戏论、如虚空无我究竟故，及修习虚空藏等三摩地，而成法自在第一、普示周遍一切世界一切所化故，成虚空界无边际。如来身于一切应度所化前俱时说法而周遍，然许遍东方所化之分亦遍西方所化，则是胜论外道等之流。

修习大悲，而无时边际于一切有情具足大悲相续不断故，抵后时边际。

གསུམ་པ་གང་ཟག་གསུམ་གྱིས་ཆོས་སྐུ་ཐོབ་པའི་གེགས་བྱེ་བྲག་ཏུ་བཤད་པ་ལ་གསུམ། དངོས་ཀྱི་དོན་དང་། ལུང་དང་སྦྱར་བ་དང་། དེ་བཞིན་གཤེགས་པའི་ཆོས་སྐུ་འབའ་ཞིག་པར་ཕྱིན་པའི་ལྡན་དུ་བསྟན་པའོ། །

དང་པོ་ལ་གསུམ། ཆོས་སྐུ་ཐོབ་པའི་གེགས་ཀྱི་དབྱེ་བ་དང་། གེགས་ཀྱི་རང་བཞིན་བཤད་པ་དང་། གང་ཟག་གསུམ་གྱིས་འབྲས་བུ་ཐོབ་པ་ལ་གེགས་བྱེད་པའི་ཚུལ་ལོ། །

དང་པོ་ནི། ཟག་པ་མེད་པའི་དབྱིངས་དེ་བཞིན་ཉིད་མངོན་སུམ་དུ་རྟོགས་པའི་སྟོབས་ཀྱིས་འཁོར་བའི་སྡུག་བསྔལ་ཉེ་བར་ཞི་བའི་ཉེར་ཞི་ལ་གནས་པའི་ཉན་ཐོས་དགྲ་བཅོམ་པ་དང་རང་སངས་རྒྱས་དགྲ་བཅོམ་པ་རྣམས་དང་ཉོན་སྒྲིབ་ཟད་པར་སྤངས་ཤིང་དབང་བཅུ་ཐོབ་པའི་དག་པ་ས་ལ་གནས་པའི་བྱང་ཆུབ་སེམས་དཔའ་རྣམས་ལ་ཡང་དེ་བཞིན་གཤེགས་པའི་ཆོས་ཀྱི་སྐུའི་ཡོན་ཏན་གྱི་ཕ་རོལ་ཏུ་ཕྱིན་པ་རྣམ་པ་འདི་བཞི་ཐོབ་པའི་གེགས་སུ་གྱུར་པ་ནི་འདི་བཞི་སྟེ། འདི་ལྟ་སྟེ། ཀུན་ནས་ཉོན་མོངས་ཀྱི་ཕྱོགས་ཀྱིས་བསྡུས་པའི་སྲིད་ལེན་ལྟར་རྐྱེན་གྱི་མཚན་ཉིད་དང་ལས་ལྟར་རྒྱུའི་མཚན་ཉིད་དང་མིང་དང་གཟུགས
(93b) ལྟར་འབྱུང་བའི་མཚན་ཉིད་དང་ཀ་ཤི་ལྟར་འཇིག་པའི་མཚན་ཉིད་དོ། །

གཉིས་པ་ལ་བཞི་ཡོད་པའི་དང་པོ་ནི། དེ་ལ་རྐྱེན་གྱི་མཚན་ཉིད་ནི། ཇི་སྟར་འཁོར་བ་ཐོག་མ་མེད་པ་ནས་ཉོན་མོངས་པའི་རིགས་འདྲ་སྔ་ཕྱི་དུ་མ་སྐྱེད་པར་བྱེད་པའི་གོ་སྐབས་རྙེད་པས་ན་ས་དང་། རང་གི་ངོ་བོ་ནི་ཤེས་སྒྲིབ་ཀྱིས་བསྡུས་པའི་ཉོན་མོངས་པ་ཅན་མ་ཡིན་པའི་མ་རིག་པ་རིགས་འདྲ་བར་མ་ཆད་དུ་འབྱུང་བ་དེ་ཉིད་མ་རིག་པའི་བག་ཆགས་དེ་ཉིད་ཀྱིས་ཏེ་བསོད་ནམས་དང་བསོད་ནམས་མ་ཡིན་པ་དང་མི་གཡོ་བའི་ལས་ཀྱིས་བསྡུས་པའི་འདུ་བྱེད་རྣམས་ཀྱི་རྒྱུ་གང་ཟག་དང་ཕུང་པོ་བདེན་པར་འཛིན་པའི་ཉོན་མོངས་ཅན་གྱི་མ་རིག་པ་བཞིན་ནོ། །

གཉིས་པ་ནི། རྒྱུའི་མཚན་ཉིད་ནི་མ་རིག་པའི་བག་ཆགས་ཀྱི་སའི་རྐྱེན་ཅན་ཉོན་མོངས་པའི་ཟག་པ་མེད་པའི་ལས་ཡིད་ཀྱི་རང་བཞིན་གྱི་ལུས་ཀྱི་ཉེར་ལེན་གྱི་རྒྱུ་སེམས་པས་བསྡུས་པ་གང་ཟག་གསུམ་གྱི་ལུས་ངག་གི་རྣམ་རིག་བསྐྱེད་པའི་ཀུན་སློང་གི་རྩོལ་བ་ཕྲ་མོ་ཉིད་ཇི་སྐད་བཤད་པའི་འདུ་བྱེད་བཞིན་ནོ། །

（申三）别释三种补特伽罗得法身之障

分三：（酉一）正义；（酉二）配合经教；（酉三）示惟如来法身具足四波罗蜜多。

（酉一）正义

分三：（戌一）得法身障之差别；（戌二）释障自性；（戌三）能障三类补特伽罗得果之理趣。

（戌一）得法身障之差别

以现证**无漏界**真如力**安住**息除生死苦之**声闻阿罗汉**、**独觉**阿罗汉、断尽烦恼障且**得**十**自在**[①]**之清净地菩萨**[②]**，得此如来法身四德波罗蜜多之障有四**：如杂染品所摄爱、取之**缘相**，如业之**因相**，如名色之**生相**，如老死之**坏相**。

（戌二）释障自性

四相之初，**此中缘相者**，**即无明习气地**。往昔无始生死以来，容有能生前后同类种种非一烦恼，故名地。自体者，即所知障所摄非染污无明同类不间断生者。此无明习气地，**如**福、非福、不动业所摄**诸行之**因、执补特伽罗及蕴为实之染污**无明**。

第二**因相者**，**以无明习气地为缘之无**烦恼**漏业**，意性身近取因思所摄能生三类补特伽罗身口了别之微细等起功用，**如**上述之**行**。

① 详见本书第119页注①。《入中论善解密意疏》云："此八地菩萨，既已永灭由烦恼业力流转生死，当其证此地时，即得智自在等十种自在。故此菩萨，能如《胜鬘经》说受意生身，普于三有一切众生之前，现种种身。"页455。

② 关于大乘道位自何时始有意性身的问题，班钦·索南札巴《善说般若波罗蜜多教授现观庄严论及释心要庄严疏之义·显佛母义之灯》云："《心要庄严疏》中说，住七地以下菩萨圣者若勤行虽亦能如是受（意性身），能自然而成者，声闻、独觉阿罗汉及住清净地菩萨方有。以'若勤行'之语度之，似有不能如是受之菩萨圣者，然宗喀巴大师圣言及克珠一切智著作中，皆说自初地始决定能受。"台北：佛陀教育基金会，2007，页294。

གསུམ་པ་འབྱུང་བའི་མཚན་ཉིད་ནི་མ་རིག་པའི་བག་ཆགས་ཀྱི་ས་པའི་ལྷན་ཅིག་བྱེད་རྐྱེན་དང་ལྡན་པ་ཟག་པ་མེད་པའི་ལས་ཀྱི་ཉེར་ལེན་གྱི་རྒྱུ་ཅན་གང་ལ་ཡང་ཐོགས་པ་མེད་པར་འཇུག་ཅིང་། གང་ཟག་གསུམ་པོ་ལས་རྟོགས་པ་དམའ་བ་རྣམས་ཀྱིས་མངོན་སུམ་གྱི་སྤྱོད་ཡུལ་དུ་མ་གྱུར་པ་ཡོད་དང་འདྲ་བའི་རང་བཞིན་གྱི་ལུས་གྲུབ་ན་གང་ཟག་གསུམ་གྱི་ཡིད་ཀྱི་རང་བཞིན་གྱི་ལུས་རྣམ་པ་གསུམ་གྲུབ་པ་སྟེ། འདོད་པ་ཉེ་བར་ལེན་པ་དང་། ལྟ་བ་དང་། ཚུལ་ཁྲིམས་དང་བརྟུལ་ཞུགས་མཆོག་ཏུ་འཛིན་པ་དང་། བདག་ཏུ་སྨྲ་བ་ཉེ་བར་ལེན་པ་བཞིའི་རྐྱེན་དང་ལྡན་པ་ཟག་པ་དང་བཅས (94a) པའི་ལས་ཀྱི་རྒྱུ་ཅན་གྱི་འདོད་པ་དང་། གཟུགས་དང་གཟུགས་མེད་པའི་སས་བསྡུས་པའི་སྲིད་པ་གསུམ་མངོན་པར་གྲུབ་པ་བཞིན་ནོ། །

བཞི་པ་འཇིག་པའི་མཚན་ཉིད་ནི་ཡིད་ཀྱི་རང་བཞིན་གྱི་ལུས་རྣམ་པ་གསུམ་མངོན་པར་འགྲུབ་པའི་རྐྱེན་ཅན་བར་སྲིད་ཀྱི་ལུས་ཞག་བདུན་ཕྲག་གཉིས་སུ་གནས་པའི་དབང་དུ་བྱས་ན་བདུན་ཕྲག་དང་པོའི་མཐར་འཆི་བ་བཞིན་དུ་བསམ་གྱིས་མི་ཁྱབ་པར་ཡོངས་སུ་བསྒྱུར་བའི་འཆི་འཕོ་བ་སྟེ་ལས་ཉོན་གྱི་དབང་གིས་གྲུབ་པའི་སྐྱེ་བའི་རྐྱེན་ཅན་གྱི་ར་ཤི་བཞིན་ནོ། །

གསུམ་པ་ནི། དེ་ལ་དགྲ་བཅོམ་པ་དང་རང་སངས་རྒྱས་དང་དབང་ཐོབ་པའི་བྱང་ཆུབ་སེམས་དཔའ་རྣམས་ནི། ཉེ་བའི་ཉོན་མོངས་པ་ཐམས་ཅད་ཀྱི་རྟེན་དུ་གྱུར་པ། མ་རིག་པའི་བག་ཆགས་ཀྱིས་མ་སྤངས་པས་ན། ཉོན་མོངས་པའི་དྲི་མ་དྲི་ང་བའི་བག་ཆགས་ཐམས་ཅད་ཀྱི་ས་ཤེས་སྒྲིབ་ཀྱིས་བསྡུས་པ་དེ་དང་ལྡན་པའི་ཕྱིར་སྒྲིབ་པ་མཐའ་དག་ཟད་པ་གཙང་བའི་ཕ་རོལ་ཏུ་ཕྱིན་པ་རབ་ཀྱི་མཐར་ཕྱིན་པ་དེའི་ཚེ་མི་འཐོབ་པོ། །མ་རིག་པའི་བག་ཆགས་ཀྱིས་དེ་ཉིད་ལ་བརྟེན་ནས་མཚན་མའི་སྤྲོས་པ་ནི་ཆོས་གང་ལ་ཡང་རང་གི་མཚན་ཉིད་ཀྱིས་གྲུབ་པར་ཞེན་པ་མེད་ཀྱང་རང་གི་མཚན་ཉིད་ཀྱིས་གྲུབ་པར་སྣང་བའི་ཀུན་ཏུ་སྤྱོད་པ་ཕྲ་མོ་སྔར་བཤད་པའི་ཟག་པ་མེད་པའི་ལས་དེ་དང་ལྡན་པའི་ཕྱིར་བདག་མེད་གཉིས་མངོན་སུམ་དུ་རྟོགས་པ་ཙམ་དུ་མ་ཟད་བདེན་སྣང་མཐའ་དག་ཀྱང་ལོག་པའི་བདག་གི་ཕ་རོལ་ཏུ་ཕྱིན་པ་ཉོན་མོངས་དང་ཤེས་སྒྲིབ་གང་གིས་ཀྱང་ཤིན་ཏུ་མངོན་པར་འདུས་མ་བྱས་པ་དེའི་ཚེ་མི་འཐོབ་པོ། །མ་རིག་པའི་ཞེས་པ་ནས་ཉོན་མོངས་པའི (94b) འབྲས་བུ་སྡུག་བསྔལ་དང་ཡིད་ཀྱི་རང་བཞིན་གྱི་ལུས་དེ་འགགས་པ་ཤིན་ཏུ་བདེ་བའི་ཕ་རོལ་ཏུ་ཕྱིན་པ་དེའི་ཚེ་མི་འཐོབ་པོ། །

ཇི་སྲིད་དུ་ཞེས་པ་ནས་དེ་བཞིན་གཤེགས་པའི་ཁམས་ཡང་དག་པའི་མཐའ་ལ་རྟག་ཏུ་མཉམ་པར་བཞག་པའི་ཚུལ་གྱིས་མངོན་དུ་མ་བྱས་པ་དེ་སྲིད་དུ་བསམ་གྱིས་མི་ཁྱབ་པར་ཡོངས་སུ་བསྒྱུར་བ་དང་ལྡན་པའི་འཆི་འཕོ་བ་དང་ནི་མི་འབྲལ་བའི་ཕྱིར་སྐྱེ་འཆིའི་སྒོ་ནས་གཞན་དུ་འགྱུར་བ་མེད་པ་རྟག་པའི་ཕ་རོལ་ཏུ་ཕྱིན་པ་མི་འཐོབ་པོ། །རྟག་པའི་དོན་ཚུལ་དེ་ལྟར་བཤད་པ་ནི། གཞན་སྟེ་འདོད་པའི་རྟག་དངོས་ལ་གོ་བར་འགྱུར་བ་དགག་པའི་ཆེད་དུ་མཛད་དོ། །

第三**生相者**，**以无明习气地为俱有缘**，**以无漏业为**近取**因**，**成就三种**补特伽罗之**意性身**，往趣无碍、较三类补特伽罗证德为劣者非其现见境、如意自性之身，**如以**欲取、见取、戒禁取、我语取**四取为缘**，**以有漏业为因**，**感得**欲、色、无色地所摄之**三有**。

第四**坏相者**，**以感得三种意性身为缘之不可思议变异死**，如约住二七日之中有身而言，彼初七日后之死，**如以**业烦恼力受**生为缘之老死**。

（戊三）能障三类补特伽罗得果之理趣

此中阿罗汉、**独觉及得自在菩萨者**，**未断一切随烦恼所依无明习气地**，**而与一切臭烦恼垢**习气地、所知障所摄者**相应故**，彼时**未得**尽一切障**净波罗蜜多最上究竟**。**依彼无明习气地**，虽不取着法为自相有、然**与**显现为自相有之**相之戏论微细现行**即前述无漏业**相应故**，彼时**未得**烦恼及所知障俱**极不造作**、非惟现证二无我、谛实显现亦皆还灭之**我波罗蜜多**。**此中依无明习气地及无明习气地为缘**、**相之戏论微细现行为等起之无漏业**，**而集意性身故**，彼时**未得**灭彼烦恼苦果与意性身之**极乐波罗蜜多**。

此中乃至未遮烦恼、**业**、**生无余杂染而**以恒常入定之理门**现证如来界**实际，**尔时未离不可思议变异死故**，**未得**无生死变异之**常波罗蜜多**。如是释常义者，为遮解作外道所许之“常事”故。

སློབ་པ་ལམ་གྱི་གནས་སྐབས་སུ་སྟོང་གསུམ་གྱི་སྟོང་ཆེན་པོའི་འཇིག་རྟེན་གྱི་ཁམས་རེ་རེ་ནས་བགྲངས་པའི་བྱེ་བ་ཕྲག་བརྒྱ་ལ་སོགས་པར་དུས་གཅིག་ཏུ་སྤྲུལ་པའི་སྐུའི་བཀོད་པ་བསྟན་ནས་རེ་རེའི་འཁོར་དུ་ཡང་སེམས་ཅན་མཐའ་ཡས་པ་དགྲ་བཅོམ་པའི་འབྲས་བུ་ལ་བཀོད་པས་ཆོག་པའི་གདུལ་བྱ་རྣམས་རྣག་སྨིན་པ་བརྟོལ་བ་ལྟར་རྒྱུད་ལེགས་པར་སྨིན་པ་ཙམ་བྱེད་ནུས་ཀྱང་། ད་དུང་སློབ་པ་ལམ་གྱི་གནས་སྐབས་སུ་ཆོས་སྟོན་པའི་ཀུན་སློང་གི་རྩོལ་བ་ཕྲ་མོ་དང་བཅས་པའི་དུས་གཅིག་ཏུ་སྐུའི་བཀོད་པ་དེ་སྙེད་སྟོན་ཅིང་དེའི་འཁོར་གྱི་སེམས་ཅན་དེ་སྙེད་ཀྱི་དོན་བྱེད་པའི་ཚུལ་སྔར་བཤད་པ་དེ་ནི། ངེས་པར་ཡང་དག་པའི་མཐའ་མངོན་དུ་བྱས་པ་ལ་རག་ལས་པས་ཉོན་མོངས་ཀྱི་ཕྱོགས་ཀྱིས་བསྡུས་པའི་རྟེན་འབྲེལ་ཡན་ལག་བཅུ་གཉིས་ཀྱི་འཇུག་རིམ་འགགས་པ་ཙམ་དུ་མ་ཟད། ཤེས་སྒྲིབ་ཀྱི་ཕྱོགས་ཀྱིས་བསྡུས་པའི་རྟེན་འབྲེལ་ཡན་ལག་བཅུ་གཉིས་ཀྱི་འཇུག་རིམ་ཡང་མ་ལུས་པར་འགགས་པ་དེ་བཞིན་ཉིད་ལ་འཁོར (95a) བ་ཇི་སྲིད་མ་སྟོངས་ཀྱི་བར་དུ་སླར་མི་བཞེངས་པའི་ཚུལ་དུ་མཉམ་པར་བཞག་པ་དེའི་ཚེ་ཕ་རོལ་ཏུ་ཕྱིན་པའི་ཡོན་ཏན་བཞི་ཐོབ་པ་དང་། ཁྱད་པར་དུ་རྟག་པའི་ཕ་རོལ་ཏུ་ཕྱིན་པ་ཞེས་བརྗོད་པ་ཡིན་གྱི། བསྒྲུབ་པ་རང་དབང་བའི་རྟག་དངོས་ཁས་ལེན་པ་ནི་ཆོས་འདི་ལས་ཕྱི་རོལ་ཏུ་གྱུར་པའི་ལུགས་སུ་ཤེས་པར་བྱའོ། །སྔར་བཤད་པའི་སེམས་ཅན་གྱི་གྲངས་དེ་ཙམ་ཞིག་ཕ་རོལ་ཏུ་བྱང་ཆུབ་སེམས་དཔས་སྨིན་པར་མ་བྱས་ན་ཡང་དག་པའི་མཐའ་མངོན་དུ་བྱས་ཀྱང་ཆད་པའི་མཐར་ལྷུང་བར་ཤེས་པར་བྱའོ། །མདོ་སྡེའི་རྒྱན་དང་མངོན་པར་རྟོགས་པའི་རྒྱན་གྱི་འགྲེལ་པ་དོན་གསལ་དུ་བཤད་པའི་སེམས་ཅན་སྨིན་པའི་ཚད་ཀྱང་དེ་ལ་བརྟེན་ནས་ཤེས་པར་བྱའོ། །

ཀུན་ནས་ཉོན་མོངས་ཀྱི་ཕྱོགས་ཀྱི་རྟེན་འབྲེལ་ཡན་ལག་བཅུ་གཉིས་ཉོན་མོངས་པའི་ཀུན་ནས་ཉོན་མོངས་པ་དང་། ལས་ཀྱི་ཀུན་ནས་ཉོན་མོངས་པ་དང་། སྐྱེ་བའི་ཀུན་ནས་ཉོན་མོངས་པ་གསུམ་དུ་སྡུད་པ་དང་འདྲ་བར་འདི་ཡང་དོན་ཚན་གསུམ་དུ་སྡུད་པ་ནི། དེ་ལ་མ་རིག་པའི་བག་ཆགས་ཀྱིས་ནི་ཞེས་པ་ནས་སྐྱེ་བའི་ཀུན་ནས་ཉོན་མོངས་པ་བཞིན་ནོ། །

གཉིས་པ་ནི། གཞུང་འདི་ཡང་རྒྱས་པར་དཔལ་ཕྲེང་གི་མདོ་ཇི་ལྟ་བ་བཞིན་རྟོགས་པར་བྱ་སྟེ། བཅོམ་ལྡན་འདས་དཔེར་ན་ལེན་པའི་རྐྱེན་གྱིས་ཟག་པ་དང་བཅས་པའི་ལས་ཀྱི་རྒྱུ་ལས་བྱུང་བའི་འདོད་པ་ལ་སོགས་པའི་སྲིད་པ་གསུམ་འབྱུང་བ་དེ་བཞིན་དུ་ཞེས་པ་ནས། ཞེས་རྒྱས་པར་འབྱུང་ངོ་ཞེས་སོ། །

ས་གསུམ་ཉན་ཐོས་ཀྱི་ས་ལ་སོགས་པར་འཆད་པ་ནི་ཚིག་འོག་མ་ལྟར་ན་ཆོས་ཀྱི་སྐུ་མ་ཐོབ་ཚུན་ཆད་དུ་ལུས་གསུམ་གྱི་གོ་སྐབས་རྙེད་པ་ནི། (95b) ཐེག་པ་གསུམ་གྱི་གནས་སྐབས་ཀྱི་འབྲས་བུའི་སྐབས་སུ་འབྱུང་བ་ལ་བཤད་ཀྱང་རུང་བ་ཙམ་མོ། །

有学道位时，虽于百俱胝三千大千世界等，能俱时示现变化身庄严，各各之眷属中，有无量有情乃堪证阿罗汉果之所化，令其成熟、如脓熟行将穿漏，然仍有说法微细等起之功用。上述俱时示现身庄严及饶益眷属有情者，观待于决定触证实际，故非惟遮烦恼障品所摄十二缘起支之趣入次第，亦遮所知障品所摄十二缘起支之趣入次第无余。乃至生死未空，于真如住定不起，尔时方得四德波罗蜜多，别称常波罗蜜多。当知许自在而立之"常事"，是外道之说而非内教。纵有上述有情之数量，若菩萨未先令其成熟，即使现证实际，当知亦堕断边。《经庄严论》与《现观庄严论明义释》中所说成熟有情之量，亦当依此而知。

如染污品十二缘起支摄为烦恼杂染、业杂染及生杂染三类，此亦摄为三类：**此中无明习气地如烦恼杂染**，**造作无漏业如业杂染**，**感三种意性身及不可思议变异死如生杂染**。

（酉二）配合经教

应具如《**胜鬘经**》**通达此文**。**经广说云**："**世尊**，**如以取缘**、**有漏业因生**欲等**三有**，如是**世尊**，**以无明习气地缘**、**无漏业因生阿罗汉**、**独觉及得自在菩萨之三种意性身**。**世尊**，**于此等三无明习气地生此等三意性身**。**无漏业是感生之缘**。"

释三无明习气地为声闻地等，若按下文，是说未得法身之前容得三种身，然解作三乘分位果中生即可。①

---

① 汉译《大乘入楞伽经》中所说之意生身或意成身较《胜鬘经》与本论释所说者为广。实叉难陀译本云："大慧，意成身有三种。何者为三？谓入三昧乐意成身，觉法自性意成身，种类俱生无作行意成身。诸修行者入初地已渐次证得。大慧，云何入三昧乐意成身？谓三、四、五地入于三昧，离种种心寂然不动，心海不起转识波浪，了境心现皆无所有，是名入三昧乐意成身。云何觉法自性意成身？谓八地中了法如幻皆无有相，心转所依，住如幻定及余三昧，能现无量自在神通，如花开敷速疾如意，如幻如梦如影如像，非四大造与造相似。一切色相具足庄严。普入佛刹了诸法性。是名觉法自性意成身。云何种类俱生无作行意成身？谓了达诸佛自证法相，是名种类俱生无作行意成身。"《大正新修大藏经》第十六册，No. 1791，页 607。《胜鬘经》与本论释所说者似属"觉法自性意成身"。

གསུམ་པ་ནི། གང་གི་ཕྱིར་དག་བཅོམ་པ་སོགས་ཀྱི་ལུས་འདི་གསུམ་ལ་སྡུག་ཀུན་སྤངས་ཀྱང་གཙང་བ་དང་བདག་དང་བདེ་བ་དང་རྟག་པའི་ཕ་རོལ་ཏུ་ཕྱིན་པ་མེད་པ་དེའི་ཕྱིར། དེ་བཞིན་གཤེགས་པའི་ཆོས་ཀྱི་སྐུ་ཁོ་ན་ཞེས་སོ། །

གཉིས་པ་འབྲས་བུ་བཞིའི་མཚན་ཉིད་སོ་སོར་བཤད་པ་ལ་གཉིས། རྩ་བ་དང་། འགྲེལ་པའོ། །

དང་པོ་ནི། དེ་བཞིན་གཤེགས་པ་རྣམས་ཀྱི་ཆོས་ཀྱི་སྐུ་དེ་ནི་ཆོས་ཅན། གཙང་བའི་ཕ་རོལ་ཏུ་ཕྱིན་པ་ཡིན་ཏེ། རང་བཞིན་གྱིས་དག་པའི་ཕྱིར་དང་ཉོན་མོངས་པའི་བག་ཆགས་ཟད་པར་སྤངས་པའི་ཕྱིར། དམ་པའི་བདག་གི་ཕ་རོལ་ཏུ་ཕྱིན་པ་ཡིན་ཏེ། མུ་སྟེགས་པས་བཏགས་པའི་གང་ཟག་གིས་བདག་དང་བདག་མེད་བདེན་པར་གྲུབ་པའི་སྤྲོས་པ་དག་མེད་པར་མངོན་སུམ་དུ་རྟོགས་ཤིང་བདག་མེད་ལ་ལྟོས་ཏེ་གཉིས་སྣང་གི་སྤྲོས་པ་ཡང་སླར་མི་འབྱུང་བའི་ཚུལ་དུ་ཉེ་བར་ཞི་བས་ཁྱབ་པའི་ཕྱིར། བདེ་བ་ཉིད་ཀྱི་ཕ་རོལ་ཏུ་ཕྱིན་པ་ཡིན་ཏེ། ཉོན་མོངས་ཅན་མ་ཡིན་པའི་མ་རིག་པ་དང་། ལས་ཀྱིས་བསྐྱེད་པའི་ཡིད་ཀྱི་རང་བཞིན་གྱི་ཕུང་པོ་དང་། དེའི་རྒྱུ་མ་རིག་པའི་བག་ཆགས་ཀྱི་ས་དང་། ལས་ཟད་པར་སྤངས་པའི་ཚུལ་གྱིས་ལོག་པའི་ཕྱིར། རྟག་པའི་ཕ་རོལ་ཏུ་ཕྱིན་པ་ཡིན་ཏེ། འཁོར་བ་དང་ནི་མྱ་ངན་ལས་འདས་པ་རང་བཞིན་གྱིས་སྟོང་པར་མཉམ་པ་ཉིད་དུ་རྟོགས་པས་སྲིད་ཞིའི་མཐའ་དང་བྲལ་བ་མཐར་ཕྱུག་པའི་ཕྱིར་རོ། །

གཉིས་པ་ནི། མདོར་བསྡུ་ན་རྒྱུ་རྣམ་པ་གཉིས་ཀྱིས་ན་ཞེས་ཏེ། སྤྱིའི་མཚན་ཉིད་རང་བཞིན་གྱིས་ཡོངས་སུ་དག་པ་དང་། ཁྱད་པར་གྱི་མཚན་ཉིད་གཉེན་པོས་བཅོམ་པའི་དྲི་མ་མེད་པའི་ཡོངས་སུ་(96a) དག་པས་སོ། །

རྒྱུ་རྣམ་པ་གཉིས་ཀྱིས་ཞེས་ཏེ། མུ་སྟེགས་ཀྱི་གང་ཟག་གི་བདག་ཏུ་ཞེན་པས་འཁོར་བའི་མཐའ་དེར་ལྟུང་བ་དང་བྲལ་བས་བདག་གི་སྤྲོས་པ་དང་བྲལ་བའི་ཕྱིར་དང་། ཉན་ཐོས་ཀྱིས་བདག་མེད་མངོན་སུམ་དུ་རྟོགས་ཀྱང་ཞི་བའི་མཐའ་དེར་ལྟུང་བ་སྤངས་པས་བདག་མེད་པའི་སྤྲོས་པ་དང་བྲལ་བའི་ཕྱིར་རོ། །དེ་ནི་འབྲས་བུའི་སྒོ་ནས་མཐའ་གཉིས་སུ་ལྟུང་བ་དང་བྲལ་བར་བསྟན་པ་ཡིན་གྱི་དམིགས་པའི་སྒོ་ནས་མཐའ་གཉིས་དང་བྲལ་བའི་ཚུལ་ནི། བདག་གི་སྤྲོས་པ་དང་བྲལ་བ་ནི་བདག་གཉིས་མེད་པར་རྟོགས་པ་ཡིན་ལ། བདག་མེད་པའི་སྤྲོས་པ་དང་བྲལ་བའི་ནི་བདག་མེད་གཉིས་རང་བཞིན་གྱིས་མ་གྲུབ་པར་རྟོགས་པའོ། །བདག་མེད་ལ་ལྟོས་ཏེ་གཉིས་སྣང་ཞུབ་པ་ནི་རྟོགས་ཚུལ་གྱི་སྤྲོས་པ་དང་བྲལ་བའོ། །

（酉三）示惟如来法身具足四波罗蜜多

是故，**阿罗汉**等**三种身**虽断苦、集，然**无净**、**我**、**乐**、**常波罗蜜多故**，**惟如来法身称常波罗蜜多**、**乐波罗蜜多**、**我波罗蜜多**、**净波罗蜜多**。

（巳二）别释四果相

分二：（午一）《论》；（午二）《释》。

（午一）《论》

彼诸如来法身有法，应是**净**波罗蜜多，以**自性**清**净故**、烦恼**习气**已**断**尽**故**；应是**真我**波罗蜜多，以现证全无外道安立之补特伽罗**我**及**无我**实有**戏论**、观待无我之二相戏论亦定不复生而**息除故**；应是**乐**波罗蜜多，以非染污无明与业所生**意性蕴**、**及**其**因**无明习气地与业皆断尽而**还灭故**；应是**常**波罗蜜多，以**证生死涅槃**自性空**平等性**、远离有寂二边至究竟故。（1. 37—38）

（午二）《释》

简言之，**当以二种因了知如来法身之净波罗蜜多**：**总相自性清净**，**别相**以对治摧坏之**无垢清净**。

当以二种因了知我波罗蜜多：外道耽着补特伽罗我故堕生死边，**离外道边即离我之戏论故**；声闻现证无我而堕寂静边，**断声闻边即离无我戏论故**。此说由果门远离二边。由所缘门远离二边者：离我之戏论即证二无我；离无我戏论即证二无我无自性。观待于无我二相隐没者，证理远离戏论。

རྒྱུ་རྣམ་པ་གཉིས་ཀྱི་བདེ་བའི་ཞེས་ཏེ་སྒྲིབ་པ་གཉིས་ཀ་ལ་ལྟོས་པའི་སྡུག་བསྔལ་ཀུན་འབྱུང་བའི་རྣམ་པ་ཐམས་ཅད་སྤངས་པས་མ་རིག་པས་རིགས་འདྲ་ཕྱི་མ་མཚམས་སྦྱོར་བའི་བག་ཆགས་ཀྱིས་མཚམས་སྦྱོར་བ་སྤངས་པའི་ཕྱིར་དང་། སྡུག་བསྔལ་འགོག་པའི་རྣམ་པ་ཐམས་ཅད་མངོན་སུམ་དུ་བྱས་པས་ཡིད་ཀྱི་རང་བཞིན་གྱི་ལུས་འགགས་པ་མངོན་དུ་བྱས་པའི་ཕྱིར་རོ། །

རྟག་པའི་ཕ་རོལ་ཏུ་ཕྱིན་པ་ལ་དངོས་ཀྱི་དོན་དང་། ལུང་དང་སྦྱར་བ་དང་། མཐའ་གཉིས་ལས་གྲོལ་བ་མྱང་འདས་སུ་ལུང་ལས་བཤད་པའོ། །

དང་པོ་ནི། རྒྱུ་གཉིས་ཀྱི་ཞེས་ཏེ། སྲིད་ཞིའི་མཐར་ལྟུང་བ་ལ་ཀུན་རྫོབ་ལ་ལྟོས་པ་དང་། དོན་དམ་ལ་ལྟོས་པ་གཉིས་ལས་ཉོན་གྱི་དབང་གིས་ཉིང་མཚམས་སྦྱོར་བ་འཁོར་བའི (96b) མཐར་ལྟུང་བ་དང་། མཐའ་དེ་བཀག་པ་ཙམ་དུ་མ་ཟད་སྙིང་རྗེ་དང་སྨོན་ལམ་གྱི་དབང་གིས་སྐྱེ་བ་ལེན་པ་ཡང་འགོག་པས་འཁོར་བར་སྐྱེ་བ་ཙམ་དགག་བྱར་ལྟ་བ་འཁོར་བའི་མཐར་ལྟུང་བ་ཡིན་ལ། དེ་ལ་བརྟེན་ནས་ཐོབ་པའི་མྱང་འདས་ཞི་བའི་མཐའ་དང་། དེ་དོན་དུ་གཉེར་ཞི་བའི་མཐར་ལྟུང་བའོ། །འཁོར་འདས་གཉིས་སྤང་བྱ་དང་བླང་བྱར་བདེན་པར་མངོན་པར་ཞེན་པ་དོན་དམ་ལ་ལྟོས་པའི་སྲིད་ཞིའི་མཐར་ལྟུང་བ་ཡིན་ནོ། །

དེ་བཞིན་གཤེགས་པའི་ཆོས་ཀྱི་སྐུ་ནི། དོན་དམ་ལ་ལྟོས་པའི་འཁོར་བ་མི་རྟག་པ་རང་བཞིན་གྱིས་གྲུབ་པ་གསར་དུ་སྤང་བྱར་རྟོགས་པའི་ཚུལ་གྱིས་མི་འབྲིད་པས་ཆད་པའི་མཐར་མ་ལྟུང་བའི་ཕྱིར་དང་། མྱ་ངན་ལས་འདས་པ་རྟག་པ་རང་བཞིན་གྱིས་གྲུབ་པ་གསར་དུ་མི་སྣོན་པས་རྟག་པའི་མཐར་མ་ལྟུང་བའི་ཕྱིར་རོ། །ཀུན་རྫོབ་ལ་ལྟོས་ནས་ནི། བྱང་ཆུབ་སེམས་དཔའི་གནས་སྐབས་སུ་འཁོར་བ་མི་རྟག་པ་ལས་ཉོན་གྱི་དབང་གིས་སྐྱེ་བ་ལེན་པ་འགོག་ཀྱང་། སྙིང་རྗེ་དང་སྨོན་ལམ་གྱི་དབང་གིས་སྐྱེ་བ་ལེན་པ་མི་འབྲིད་པས་ཆོས་ཀྱི་སྐུ་ཆད་པའི་མཐར་མ་ལྟུང་བའི་ཕྱིར་དང་། འཁོར་བར་སྐྱེ་བ་ཙམ་ཆད་པ་ལ་བརྟེན་ནས་ཐོབ་པའི་མྱ་ངན་ལས་འདས་པ་རྟག་པ་རྒྱུད་ལ་ཐོབ་བྱར་བྱས་པའི་ཚུལ་གྱིས་མི་སྣོན་པས་ཆོས་སྐུ་རྟག་པའི་མཐར་མ་ལྟུང་བའི་ཕྱིར་རོ། །

当以二种因了知乐波罗蜜多：**断**观待于二障之**苦**、**集诸相而坏**无明同类前后相续之**习气相续故**；**现证一切苦灭相而现灭意性身故**。

释常波罗蜜多分三：正义，配合经教，经中所说解脱二边之涅槃。今初：

当以二种因了知常波罗蜜多。堕有寂边，分观待于世俗、观待于胜义二种。以业烦恼增上力相续结生为堕生死边，非惟遮此、亦遮以悲愿力受生而视受生于生死皆是所遮，即堕生死边；依此所得之涅槃为寂静边，求此即堕寂边。耽着生死及涅槃为谛实之所断及所取，是观待于胜义之堕有寂边。

如来法身者，观待于胜义，**生死无常**非本自性有而成新所断，**不减而不堕断边故**；**涅槃常**非自性有，**不**新**增而不堕常边故**。观待于世俗，菩萨位时，虽遮以业烦恼力受生于生死无常，然不减以悲愿力受生故，法身不堕断边；不以惟断受生于生死之涅槃常为相续中所得而增故，法身不堕常边。

གཉིས་པ་ནི། ཇི་སྐད་དུ་དཔལ་ཕྲེང་གི་མདོ་ལས། བཅོམ་ལྡན་འདས་གལ་ཏེ་ཞེས་པ་ནས་ཞེས་གསུངས་པ་བཞིན་ནོ། །ཞེས་པའོ། །

འཁོར་བའི་འདུ་བྱེད་སྔར་རང་བཞིན་གྱིས་གྲུབ་པ་གསར་དུ་མེད་པར་ལྟ་བ་ཆད་ལྟ་དང་། འཁོར་བར་སྐྱེ་བ་ཙམ་དགག་བྱར་ལྟ་བ་འདིར་བསྟན་པའི་ཆད་ལྟ་ཡིན་གྱི། (97a) འདུ་བྱེད་མི་རྟག་པར་ལྟ་བ་ཆད་ལྟར་བྱེད་པ་ནི་ཀུན་རྫོབ་ལ་སྐུར་བ་འདེབས་པའི་ཕྱིན་ཅི་ལོག་ཏུ་ཤེས་པར་བྱའོ། །དེ་བཞིན་དུ་མྱང་འདས་རང་བཞིན་གྱིས་གྲུབ་པར་ལྟ་བ་རྟག་ལྟ་དང་། འཁོར་བར་སྐྱེ་བ་ཙམ་ཆད་པ་ལ་བརྟེན་ནས་ཐོབ་པའི་མྱང་འདས་དོན་དུ་གཉེར་བྱ་མཐར་ཐུག་པར་ལྟ་བ་འདིར་བསྟན་པའི་རྟག་ལྟ་ཡིན་གྱི་མྱང་འདས་རྟག་མི་རྟག་གང་དུ་ཡང་བཟུང་དུ་མི་རུང་བས་མྱང་འདས་རྟག་པར་ལྟ་བ་རྟག་ལྟར་འདོད་པ་ནི། མྱང་འདས་ལ་སྐུར་བ་འདེབས་པའི་ལོག་ལྟར་ཤེས་པར་བྱའོ། །

གཉིས་པ་ནི། མྱང་འདས་མངོན་སུམ་དུ་བྱེད་པའི་ཆོས་ཀྱི་དབྱིངས་ཀྱི་ཚུལ་གྱི་སྒོའམ་ཐབས་ཆོས་ཀྱི་སྐུ་སྲིད་ཞིའི་མཐའ་གཉིས་དང་བྲལ་བར་བསྟན་པ་འདིས་ནི་དོན་དམ་པར་འཁོར་བ་ཉིད་དེ་འཁོར་བ་རང་བཞིན་གྱིས་མ་གྲུབ་པ་རང་བཞིན་གྱི་མྱང་འདས་དང་། དེ་མངོན་སུམ་དུ་རྟོགས་པ་ལ་བརྟེན་ནས་གློ་བུར་གྱི་དྲི་མ་མཐའ་དག་ཟད་པ་ན་མི་གནས་པའི་མྱ་ངན་ལས་འདས་པར་བརྗོད་པ་ཡིན་ཏེ། སྲིད་ཞི་མཉམ་ཉིད་དུ་རྟོགས་པའི་ཡེ་ཤེས་གོམས་པར་བྱས་པ་ལས་སྲིད་པ་དང་ཞི་བའི་མཐའ་གཉིས་ཀ་ལྟར་རྣམ་པར་མི་རྟོག་པ་མི་གནས་པའི་མྱ་ངན་ལས་འདས་པ་མངོན་དུ་བྱེད་པའི་ཕྱིར་རོ། །

第二，**如**《**胜鬘经**》**云**：

“**世尊**，**若视行为无常**，**即是断见**，**彼非正见**。**世尊**，**若视涅槃为常**，**即堕常见**，**彼非正见**。”

视生死之行前有自性、新则成无为断见，视惟受生于生死为所破，亦是此中所说之断见。视行为无常即断见者，应知是损减世俗之颠倒。如是，视涅槃有自性为常见，视惟断受生生死所得涅槃为究竟所求，亦是此中所说之常见。许涅槃常无常俱不可执，而以视涅槃为常即常见者，应知是损减涅槃之邪见。

第三，**是以此**现证涅槃**法界理门**或方便，宣说离有寂二边法身，**说胜义中生死即涅槃**：生死无自性即自性涅槃；依此现证断尽客尘即无住涅槃，以串习证有寂平等性智，**能现证俱不分别**有寂二边**无住涅槃故**。

གསུམ་པ་བྱང་ཆུབ་སེམས་དཔའི་རྒྱུད་ཀྱི་སྟོང་ཉིད་རྟོགས་པའི་ཤེས་རབ་དང་སྙིང་རྗེ་ཆེན་པོ་ཚོས་སྐུའི་རྒྱ་བར་བསྟན་པ་ལ་གསུམ། སྤྱ་འགྲེལ་དང་། མཚམས་སྦྱར་བ་དང་། རྒྱ་བས་བསྟན་པའོ། །

དང་པོ་ནི། དེ་ལྟ་མོད་ཀྱི་སྲིད་ཞིའི་མཐའ་འགོག་བྱེད་ཀྱི་རྒྱུ་གཉིས་ཀྱི་ཁྱད་པར་མེད་པར་སེམས་ཅན་ཐམས་ཅད་ལ་ཉེ་བ་དང་རིང་བ་དང་བྲལ་བའི་མི་གནས་པའི་མྱ་ངན་ལས་འདས་པའི་གནས་ཐོབ་པ་ཙམ་བསྟན་པ་ཡིན་ནོ། །རྒྱུ་གཉིས་པོ་གང་དག་གིས་ཞེ་ན། (97b) འདི་ལ་བྱང་ཆུབ་སེམས་དཔའ་འཕགས་པ་ནི་ཁྱད་པར་མེད་པར་སེམས་ཅན་ཐམས་ཅད་ལ་ཉེ་བ་མ་ཡིན་ཏེ། མི་རྟག་པ་དང་སྡུག་བསྔལ་སོགས་དང་སྟོང་ཉིད་མངོན་སུམ་དུ་རྟོགས་པའི་ཤེས་རབ་ཀྱིས་སྲིད་པའི་བག་ལ་ཉལ་མཐའ་དག་སྤངས་པའི་ཕྱིར་རོ། །འགྲེལ་པ་འདི་དག་སྤྱ་མའི་འཕྲོས་སུ་སྦྱར་ན་ཏུང་མོད་ཀྱི་ཚིགས་བཅད་འོག་མའི་དོན་བཤད་པ་ཉིད་དུ་སྣང་བས་སྤྱ་འགྲེལ་དུ་བཤད་དོ། །འཁོར་བའི་མཐར་ལྷུང་བ་འགོག་པ་ལ་དོན་དམ་ལ་ལྟོས་པའི་མཐར་ལྷུང་སྟོང་ཉིད་རྟོགས་པའི་ཤེས་རབ་ཀྱིས་འགོག་ཀྱང་། འཁོར་བར་སྐྱེ་བ་ཙམ་དགག་བྱར་ལྟ་བའི་མཐར་ལྷུང་སྙིང་རྗེ་དང་སྨོན་ལམ་གྱི་དབང་གིས་འགོག་དགོས་པའི་ཕྱིར་རོ། །སེམས་ཅན་ཐམས་ཅད་ལ་རིང་བ་ཡང་མ་ཡིན་ཏེ་སྙིང་རྗེ་ཆེན་པོས་སེམས་ཅན་དེ་དག་ཡོངས་སུ་མ་བཏང་བའི་ཕྱིར་རོ། །

ཐབས་ཤེས་ཁྱད་པར་ཅན་འདི་ནི་སྲིད་ཞིའི་མཐའ་ལ་མི་གནས་པའི་རང་བཞིན་ཡང་དག་པར་རྫོགས་པའི་བྱང་ཆུབ་རྗེས་སུ་ཐོབ་པའི་ཐབས་ཏེ། མི་རྟག་སོགས་དང་སྟོང་ཉིད་རྟོགས་པའི་ཤེས་རབ་ཀྱིས་ནི་བྱང་ཆུབ་སེམས་དཔའ་འཕགས་པ་སྲིད་པའི་བག་ལ་ཉལ་མཐའ་དག་སྤངས་པས་ན་བདག་ལ་ཕན་པའི་དོན་རྫོགས་པར་བྱེད་པའི་ཕྱིར་མྱ་ངན་ལས་འདས་པ་ལ་བརྟེན་པའི་བསམ་པ་ཅན་ཡིན་པས་མྱང་འདས་ཐོབ་འདོད་ཀྱི་བསམ་པ་མེད་པ་ལོག་སྲིད་ཅན་རེ་ཤིག་ཡོངས་སུ་མྱ་ངན་ལས་མི་འདའ་བའི་རིགས་ཅན་བཞིན་དུ་འཁོར་བའི་མཐའ་ལ་མི་གནས་ལ་བག་ལ་ཉལ་མཐའ་དག་སྤོང་བྱེད་ཀྱི་གཉེན་པོ་རྙེད་པའི་དོན་ཡིན་གྱི་ཅི་རིགས་སྤངས་ཀྱང་ཟད་པར་སྤངས་པའི་དོན་མ་ཡིན་ནོ། །སྙིང་རྗེ་ཆེན་པོས་ཀུན་ནས་བསླངས (98a) ནས་སྲིད་པར་སྐྱེ་བ་བླངས་པའི་སྒོ་ནས་སྡུག་བསྔལ་བའི་སེམས་ཅན་ཡོངས་སུ་མ་བཏང་བས་ན་གཞན་ལ་ཕན་པའི་ཕྱིར་འཁོར་བ་ལ་བརྟེན་པའི་སྦྱོར་བ་ཅན་ཡིན་པ་ཞི་བ་བགྲོད་པ་གཅིག་པུ་བའི་རིགས་ཅན་བཞིན་དུ་མྱང་ངན་ལས་འདས་པའི་མཐའ་ལ་མི་གནས་སོ། །

གཉིས་པ་ནི། དེ་ལྟར་ན་ཤེས་རབ་དང་སྙིང་རྗེའི་ཆོས་གཉིས་པོ་འདི་ནི་བླ་ན་མེད་པའི་བྱང་ཆུབ་ཀྱི་རྩ་བའི་གནས་སུ་བསྟན་པའོ། །

（巳三）示菩萨相续中证空慧及悲心是法身根本

分三：（午一）先说之《释》；（午二）承启；（午三）后说之《论》。

（午一）先说之《释》

以能遮**如是**有寂边之**二因**，**说得于一切有情无有差别**、**远离亲疏之无住**涅槃**处**。**云何二因**？**此中菩萨**圣**者**，**于一切有情无有差别**、**非亲**，**以**现证无常、苦等及空性之**慧断**尽**有之随眠故**。此等《释》文虽可承接前文，然似释下一偈颂之义，故称先说之《释》；遮堕生死边中，堕观待于胜义之边，虽可以证空慧遮，然堕视惟生生死即所破之边，须以悲及愿力遮故。于一切有情**亦非疏**，以**大悲不舍彼等**有情**故**。

此殊胜方便智慧，**是得以不住**有寂二边**为自性正等觉之方便**。**菩萨**圣者**以**证无常等及空性之**慧尽断有之随眠**，**而**圆满**自利故**。**具依止涅槃之意乐**，**非如**无求涅槃心之一阐提者暂为**无涅槃种性而住生死**边，义为得断尽随眠之对治，非说如其所应而断即断尽之意。**以大悲**为等起，由受生于生死之门**不舍苦恼有情**，**而饶益他故**。**具依止生死之加行**，**非如一向趣寂种性而住涅槃**边。

（午二）承启

如是，**此**智悲**二法说是无上菩提之根本处**。

གསུམ་པ་ནི། བྱང་ཆུབ་སེམས་དཔའ་འཕགས་པ་བདག་ལ་ཆགས་པའི་སྲིད་པ་མ་ལུས་པ་མི་རྟག་སོགས་དང་། སྟོང་ཉིད་རྟོགས་པའི་ཤེས་རབ་ཀྱིས་བཅད་དེ་འཁོར་བའི་མཐར་མི་གནས་ལ་སེམས་ཅན་ཐམས་ཅད་ལ་དམིགས་ནས་སྡུག་བསྔལ་དང་བྲལ་འདོད་ཀྱིས་སྲིད་པའི་ཕྱིར་བརྩེ་ལྡན་བྱང་ཆུབ་སེམས་དཔའ་ཞི་མཐའ་ཐོབ་པར་བྱེད་པ་མིན་ནོ། །དེ་ལྟར་ན་སྔར་བཤད་པའི་བློ་དང་བརྩེ་བས་བསྡུས་པ་བླ་ན་མེད་པའི་བྱང་ཆུབ་མངོན་དུ་བྱེད་པའི་ཐབས་གོམས་པར་བྱས་པ་ལ་བརྟེན་ནས་བྱང་ཆུབ་སེམས་དཔའ་འཕགས་པ་འཁོར་བའམ་མྱ་ངན་ལས་འདས་པའི་མཐའ་གཉིས་སུ་ལྟུང་བར་མི་འགྱུར་རོ། །

མངོན་པར་རྟོགས་པའི་རྒྱན་དུ། ཤེས་པས་སྲིད་ལ་མི་གནས་ཤིང་། །སྙིང་རྗེས་ཞི་ལ་མི་གནས་དང་། །ཞེས་པའི་སྐབས་སུ་སྔ་མ་ཁ་ཅིག་གིས་སྲིད་པའི་མཐའ་འགོག་བྱེད་སྟོང་ཉིད་རྟོགས་པའི་ཤེས་རབ་འབའ་ཞིག་ལ་འཆད་པ་ནི། ཅུང་ཟད་མ་རྟོགས་པའི་རྣམ་འགྱུར་དུ་གསལ་ཏེ། འཕགས་པ་རྣམ་པར་གྲོལ་བའི་སྡེ་དང་། སློབ་དཔོན་སེང་གེ་བཟང་པོ་གཉིས་ཀས་འཁོར་བའི་སྐྱོན་མཐོང་བའི་ཤེས་རབ་ལ་བཤད་ལ། འཁོར་བའི་སྐྱོན་ཐ་སྙད (98b) པའི་ཚད་མས་རྟོགས་པ་ཡིན་གྱི། དོན་དམ་འཇལ་བའི་ཚད་མས་རྟོགས་པ་མ་ཡིན་པའི་ཕྱིར། སྔར་ཞི་བ་བསྒྲོད་པ་གཅིག་པུ་པའི་ཉན་ཐོས་བཤད་པ་ཡང་གནས་སྐབས་རིགས་ངེས་པ་ཡིན་གྱི་རྣལ་འབྱོར་སྤྱོད་པ་བ་རྣམས་ཀྱིས་མདོ་སྡེ་དགོངས་འགྲེལ་སྣྲ་ཇི་བཞིན་པར་འཆད་པ་ལྟར་མི་བཟུང་ངོ་། །

（午三）后说之《论》

菩萨圣者以证无常等及空性之**慧断**贪着**我爱尽无余**，不住生死边；缘一切有情欲其离苦而**爱故**，**具悲**菩萨**不得寂**边。**如是**，由串习上述**慧悲**所摄现证无上**菩提**之**方便力**，菩萨**圣者俱不堕有寂**之二边。(1.39)

《现观庄严论》云："智不住三有，悲不住寂静"。先前或有解为单指能遮有边之证空慧者，露其少分未达之相，以圣解脱军、狮子贤论师二师俱解为见生死过之慧，生死过患系名言量所通达，非称量胜义之量所通达故。上述一向趣寂之声闻，亦是暂时种性决定，不应如瑜伽行师于《解深密经》如言取义。

大乘上续论释大疏卷六终

གཉིས་པ་ལས་ཀྱི་དོན་རྒྱས་པར་བཤད་པ་ལ་གཉིས། དྲི་བ་དང་། ལན་ནོ། །

དང་པོ་ནི། དེ་ལ་ཞེས་སོ། །

གཉིས་པ་ལ་གཉིས། སྒྲུབ་བྱེད་འཕེན་པའི་ཐལ་འགྱུར་དང་། རྗེས་སུ་འགྲོ་ལྡོག་གི་སྒོ་ནས་དེ་བསྒྲུབ་པའོ། །དང་པོ་ལ་གཉིས། རྩ་བ་དང་། འགྲེལ་པའོ། །

དང་པོ་ནི། གལ་ཏེ་སངས་རྒྱས་ཀྱི་ཁམས་རང་བཞིན་གྱིས་རྣམ་པར་དག་པ་དང་ཟག་པ་མེད་པའི་ས་བོན་མེད་ན་སྡུག་བསྔལ་གྱི་ཉེས་དམིགས་མཐོང་བ་ལ་སྐྱོ་བར་མི་འགྱུར་ཞིང་བདེ་བའི་ཕན་ཡོན་མཐོང་བའི་སྒོ་ནས་མྱང་འདས་ལ་འདོད་པ་དང་དོན་གཉེར་དང་སྨོན་པའང་མེད་པར་ཡང་འགྱུར་རོ། །དེས་འཕངས་པའི་སྒྲུབ་བྱེད་ནི། སེམས་ཅན་ལ་སངས་རྒྱས་ཀྱི་རིགས་ཡོད་དེ། འཁོར་བས་ཡིད་འབྱུང་བས་སྐྱོང་འདོད་དང་། མྱང་འདས་ཐོབ་འདོད་མཐོང་བའི་ཕྱིར། ཞེས་པའོ། །

གཉིས་པ་ལ་གཉིས། ཤེས་བྱེད་དགོད་པ་དང་། ཚིག་དོན་བཤད་པའོ། །

དང་པོ་ནི། ཇི་སྐད་དུ། དཔལ་འཕྲེང་གི་མདོ་ལས། བཅོམ་ལྡན་འདས་གལ་ཏེ་དེ་བཞིན་གཤེགས་པའི་སྙིང་པོ་མ་མཆིས་ན་ནི་ཞེས་སོ། །

གཉིས་པ་ནི། དེ་ལ་མདོར་བསྡུས་ན་སངས་རྒྱས་ཀྱི་ཁམས་རང་བཞིན་གྱིས་རྣམ་པར་དག་པའི་རིགས་ནི་ལོག་པ་ཉིད་དུ་ངེས་པའི་སེམས་ཅན་རྣམས་ལ་ཡང་ལས་རྣམ་པ་གཉིས་ཉེ་བར་གནས་པར་བྱེད་དེ་ཞེས་པ་ནས། (99a) དེ་ལ་འདུན་པ་ནི་མངོན་པར་འདོད་པའོ་ཞེས་པ་ནི་མྱང་འདས་ལ་ཐོབ་བྱ་ཡོན་ཏན་ཅན་དུ་འཛིན་པའོ་འདོད་པ་ནི་མངོན་པར་འདོད་པའི་དོན་ཐོབ་པ་ལ་ཕྱོགས་པའོ་ཞེས་པ་ནི་ཡོན་ཏན་ཅན་དེ་ཐོབ་པར་འདོད་པའོ། །དོན་དུ་གཉེར་བ་ནི་མངོན་པར་འདོད་པའི་དོན་ཐོབ་པའི་ཐབས་ཚོལ་བའོ་དེ་ནི་གོ་བར་ཟད་དོ། །སྨོན་པ་ནི་གང་མངོན་པར་འདོད་པའི་དོན་ལ་སེམས་མངོན་པར་འདུ་བྱེད་པའོ་ཞེས་བྱ་བ་ནི་ཐབས་དེ་ལས་མྱང་འདས་འགྲུབ་པར་མཐོང་ནས་མངོན་པར་དགའ་བའོ། །

大乘上续论释大疏卷七

（卯二）广释用义

分二：（辰一）问；（辰二）答。

（辰一）问

前约用义而言之后半颂云何所示？

（辰二）答

分二：（巳一）能立之应成；（巳二）由正反之门成立。

（巳一）能立之应成

分二：（午一）《论》；（午二）《释》。

（午一）《论》

倘若无佛界自性清净及无漏种子，**则**见**苦**过患**不**生**厌离**，见乐利益**亦不爱**、**求**、**希愿于涅槃**。彼所引申之能立者：有情有佛种性，现见厌离生死而欲断之、欲得涅槃。（1.40）

（午二）《释》

分二：（未一）举依据；（未二）释文义。

（未一）举依据

《**胜鬘经**》**云**：

“**世尊**，**若如来藏非有**，**则不厌苦**，**亦不乐**、**欲**、**求**、**愿于涅槃**。”

（未二）释文义

简言之，**佛界**自性**清净种性者**，**于邪性决定之诸有情亦有二种用**，**于生死见苦过患而生厌离**，**于涅槃见乐利益而生乐**、**欲**、**求**、**愿**。**此中乐者**，**即欣欲**，以涅槃为具功德之所得。**欲者**，**向往得欣欲事**，欲得彼具功德者。**求者**，**求得欣悦事之方便**，此易解。**愿者**，**于欣欲事心起加行**，见彼方便能成涅槃而生欢喜。

གཉིས་པ་ལ་གཉིས། རྩ་བ་དང་། འགྲེལ་པའོ། །

དང་པོ་ནི། སྲིད་པ་དང་མྱ་ངན་ལས་འདས་པ་ལ་དེའི་སྡུག་བསྔལ་གྱི་སྐྱོན་དང་བདེ་བའི་ཡོན་ཏན་མཐོང་བ་འདི་རིགས་ཡོད་པ་ལས་ཡིན་ཏེ། གང་གི་ཕྱིར་ན་སྲིད་ཞིའི་སྐྱོན་ཡོན་མཐོང་བ་དེ་རིགས་མེད་པ་དག་ལ་མེད་པའི་ཕྱིར་རོ། །སྔ་མས་རྗེས་འགྲོ་དང་ཕྱི་མས་ལྡོག་པ་བསྟན་པའོ། །

གཉིས་པ་ལ་གསུམ། རིགས་ཡོད་པར་རྗེས་སུ་འགྲོ་ལྡོག་གི་སྒོ་ནས་བསྒྲུབ་པ་དང་། དེའི་ཡང་སྒྲུབ་བྱེད་ཀྱི་ཐལ་འགྱུར་དང་། ཐར་པ་ཐོབ་མི་སྲིད་པའི་གང་ཟག་མདོ་ལས་བཤད་པ་དགོངས་པ་ཅན་དུ་བསྒྲུབ་པའོ། །

དང་པོ་ནི། དཀར་པོའི་ཆོས་ཐར་པ་ཆ་མཐུན་དང་ལྡན་པའི་གང་ཟག་གིས་འཁོར་བ་སྲི་དང་བྲེ་བྲག་གི་ཉེས་དམིགས་བསམ་པའི་སྒོ་ནས་འཁོར་བ་ལ་སྡུག་བསྔལ་གྱི་ཉེས་པ་མཐོང་བ་དང་། མྱ་ངན་ལས་འདས་པ་ལ་བདེ་བའི་ཕན་ཡོན་མཐོང་བ་གང་ཡིན་པ་འདི་ཡང་རྒྱུད་ལ་ཐར་པའི་རིགས་ཡོད་པ་ལས་གྱུར་པ་ཡིན་གྱི། རྒྱུ་མེད་རྐྱེན་མེད་པར་ནི་དེ་འབྱུང་བ་རིགས་པ་མ་ཡིན་ནོ། །འཁོར་བའི་ཉེས་དམིགས་དང་ཐར་པའི་ཕན་ཡོན་ཐོས་པ་དང་། སྟོང་པ་ཉིད་ཀྱི་སྒྲ་ཐོས་པ་ལ་བརྟེན་ནས་ལུས་ཀྱི་བ་སྤུ་ལྡང་བ་སོགས་(99b) བྱུང་ན་རང་རྒྱུད་ལ་ཐར་པ་ཆ་མཐུན་གྱི་དགེ་རྩ་ཡོད་པར་ཤེས་པར་བྱ་ལ། ལམ་ལྷུར་བྱས་པའི་ཐར་པ་ཆ་མཐུན་དང་མི་གཅིག་སྟེ་འདི་ལ་ལམ་བསྒོམ་པ་མི་དགོས་པའི་ཕྱིར་རོ། །

བསམ་པ་འདི་མེད་པར་སོ་སོར་ཐར་པའི་སྡོམ་པ་རྣལ་མ་སྐྱེ་དཀའ་བས་འཁོར་བའི་ཉེས་པ་མཐོང་ནས་ཡིད་འབྱུང་བའི་བག་ཆགས་འཇོག་པ་ལ་འབད་པར་བྱའོ། །དགེ་བའི་བཤེས་གཉེན་གྱིས་བརྡ་ལེགས་པར་སྦྱར་ནས་ལན་ཅིག་ཙམ་སྐྱེས་པའི་ཚེ་ཡང་ཐར་པ་ཆ་མཐུན་གྱི་དགེ་རྩ་དང་ལྡན་པར་ཤེས་པར་བྱའོ། །

（巳二）由正反之门成立

分二：（午一）《论》；（午二）《释》。

（午一）《论》

于三有见苦之过患、**于涅槃见乐**之功**德**，是**有种性所致**。何以故？若**无种**性，**则不见**有寂之过功故。前为正说、后为反说。（1.41）

（午二）《释》

分三：（未一）由正反说门成立有种性；（未二）能成之应成；（未三）成立经说不得涅槃之补特伽罗是有密意。

（未一）由正反说门成立有种性

具白法顺解脱分**补特伽罗**，由思生死别总过患之门**见生死有苦之过患**、**见涅槃有乐之胜利**，**此亦**彼相续中**有**解脱**种性所致**，**无因无缘则不见**。由闻生死过患、解脱胜利，及闻空性语而感毛发站竖等，应知其自相续有顺解脱分善根。此与五道中之顺解脱分非一事，以此处不须修道故[①]。无此意乐，则难生真别解脱律仪，故应勤加功用、培植见生死过患而生厌离之习气。经善知识善为宣说，但生起一次，当知即具顺解脱分之善根。

---

① 法尊译贡却季美旺波造《地道建立》云："资粮道、信道、顺解脱分、法现观等，一义异名……名顺解脱分者，永断烦恼障之灭谛，是为解脱，此之一分，断除分别烦恼障之灭谛，是解脱分，是随顺证彼之道，而作是说故。"（电子版）

གཉིས་པ་ནི། དེ་འདྲའི་རྗེས་སུ་འགྲོ་ལྡོག་ངེས་པའི་རྒྱུ་མཚན་ཅིའི་ཕྱིར་ཞེ་ན། གལ་ཏེ་སྡིག་གཅོད་ལ་སོགས་པའི་སྡིག་ཏོ་སེལ་བའི་ཚུལ་གྱིས་འབྱུང་བ་དེ་ལྟ་མ་ཡིན་པར་རྒྱུ་མེད་རྐྱེན་མེད་པར་སྲིད་ཞིའི་སྐྱོན་མཐོང་བ་དེར་འགྱུར་ན་ནི། ལོག་སྲིད་ཅན་ཡོངས་སུ་མྱ་ངན་ལས་མི་འདའ་བའི་རིགས་ཅན་རྣམས་ལ་ཡང་དེའི་ཚེ་སྲིད་ཞིའི་སྐྱོན་ཡོན་མཐོང་བ་དེ་ཡོད་པར་འགྱུར་ན་སྟེ་ཡོད་པར་ཐལ་པའོ། །

ཐལ་པས་འཕངས་པའི་རྟགས་ཡང་དག་ནི། ཇི་སྐད་དུ་གློ་བུར་གྱི་དྲི་མ་རྣམ་པར་དག་པའི་རིགས་དང་པོ་ནས་གནས་པ་སད་པའི་རྐྱེན་སྐྱེས་བུ་དམ་པ་ལ་བརྟེན་པ་དང་། ཐོས་བསམ་ནམས་བསགས་པ་དང་། མཐུན་པའི་ཡུལ་ན་གནས་པ་དང་། བདག་ཉིད་ལེགས་པར་སྨོན་ཞིང་ཚུལ་བཞིན་ཡིད་བྱེད་ཀྱི་གནས་པ་ལ་སོགས་པ་ཐར་པ་ཐོབ་པའི་རྐྱེན་འཁོར་ལོ་བཞི་ཡང་དག་པར་འབྱོར་བའི་ཚུལ་གྱིས་རིགས་སད་པར་བྱེད་པ་ཡིན་ལ་རིགས་སད་པ་ལ་བརྟེན་ནས་རིགས་ཡོད་པར་རྟོགས་པར་བྱེད་པ་ཡིན་ནོ། །ཐལ་བའི་དམ་བཅའ་ལ་གནོད་པ་བསྟན་པ་ནི། ཐེག་པ་གསུམ་ལས་གང་ཡང་རུང་བའི་ཆོས་ལ་མོས་པ་སྐྱེད་པར་བྱེད་པ་མ་ཡིན་པ་དེ་སྲིད་དུ（100a）ནི་སྲིད་ཞི་ལ་སྐྱོན་ཡོན་མཐོང་བའི་བློ་སྐྱེ་བར་འགྱུར་བ་ཡང་མ་ཡིན་ནོ། །

གསུམ་པ་ལ་གཉིས། ལུང་དང་སྦྱར་བ་དང་། དགོངས་པ་ཅན་དུ་སྒྲུབ་པའི་ཚུལ་ལོ། །

དང་པོ་ནི། གནས་སྐབས་རིགས་ཆད་པའི་གང་ཟག་དེ་དག་ལ་ཡང་རིགས་ཡོད་དེ། གང་གི་ཕྱིར་ན། ཡེ་ཤེས་སྣང་བ་རྒྱན་གྱི་མདོ་ལས། ཕྱིས་དེའི་འོག་ཏུ་ནི་དམ་པའི་ཆོས་ཐོས་པ་ལ་བརྟེན་ནས་ཐ་ན་ལོག་པ་ཉིད་དུ་ངེས་པའི་རྒྱུད་དུ་གྱུར་པའི་སེམས་ཅན་རྣམས་ཀྱི་ལུས་ལ་ཡང་དེ་བཞིན་གཤེགས་པའི་ཉི་མའི་དཀྱིལ་འཁོར་གྱི་ཡེ་ཤེས་ཀྱི་འོད་ཟེར་ལྷག་པའི་བསམ་པ་དག་པའི་བྱང་ཆུབ་སེམས་དཔའ་དང་། རང་སངས་རྒྱས་ཀྱི་རིགས་ཅན་དང་། ཉན་ཐོས་ཀྱི་རིགས་ཅན་དང་། སེམས་ཅན་ལྷག་པའི་བསམ་པ་དགེ་བ་དང་། མོས་པ་ཇི་ལྟ་བ་དང་ལྡན་པ་རྣམས་ཀྱི་ལུས་ལ་རིམས་ཀྱིས་ཐོག་པས་དེ་དག་ལ་ཕན་ཐོགས་པར་འགྱུར་ཞིང་། མ་འོངས་པའི་རྒྱུ་ཐར་པའི་ལམ་ཡང་དག་པར་བསྐྱེད་པས་ན་ཞེས་སོ། །

（未二）能成之应成

如是正反皆得决定之因为**何**？**若**此不由除杀生等**罪**而生、**无因无缘**而见有寂之过患、功德者，则一阐提者全不涅槃之种性，于彼时亦应能见有寂之过患、功德。此正因者：**由**醒觉本住**客尘清净种性**之缘，即**依此正士**、昔已积福、住随顺处、自善发愿且如理作意**等**得解脱缘**四轮圆满无缺之理趣**，方能醒觉种性，依醒觉种性知有种性。示妨难者：**乃至于三**乘**随一之法未生胜解**，**则终不见**有寂过患、功德。

（未三）成立经说不得涅槃之补特伽罗是有密意

分二：（申一）配合经教；（申二）成立有密意之理趣。

（申一）配合经教

彼等暂断种性之补特伽罗亦有种性。**何以故**？《智光庄严经》云：**其后**由闻正法故，**如来日轮智光明垂照**增上意乐清净菩萨、具独觉种性、具声闻种性、有情增上意乐善及胜解如其所应之身，**下至邪性决定诸有情身**，**饶益彼等**，**生未来**解脱道**正因故**，**诸善法亦将增长**。

གཉིས་པ་ལ་གསུམ། དགོངས་ཏེ་གསུངས་པའི་དགོས་པ་དགོངས་གཞི་དང་བཅས་པ་དང་། སྒྲས་ཟིན་གྱི་དོན་ལ་གནོད་བྱེད་བསྟན་པ་དང་། གནོད་བྱེད་ལུང་དང་སྦྱར་བའོ། །

དང་པོ་ནི། ཇི་སྐད་དུ། འཕགས་པ་ཡོངས་སུ་མྱ་ངན་ལས་འདས་པ་སོགས་མདོ་སྡེ་དུ་མ་ལས། ལོག་སྲིད་ཅན་གཏན་ཡོངས་སུ་མྱ་ངན་ལས་མི་འདའ་བའི་ཆོས་ཅན་ཞེས་གསུངས་པ་དང་འགལ་ལོ། །ཞེ་ན། དེ་ལྟར་གསུངས་པ་གང་ཡིན་པ་དེ་ནི། ཐེག་པ་ཆེན་པོའི་ཆོས་ལ་སྡང་བ་ཐར་པ་ལ་རྒྱབ་ཀྱི་ཕྱོགས་པ་ནི་ལོག་པ་འཁོར་བ་ལ་སྲིད་པ་སྟོབས་ཅན་གོང་ནས་གོང་དུ་འཕེལ་བ་ཅན་ཉིད་ཀྱི་རྒྱུ་ཡིན་པའི་ཕྱིར་ཐེག་པ་ཆེན་པོའི（100b）ཆོས་ལ་སྡང་བ་བྱས་ན་ཐར་པ་ཐོབ་པར་མི་འགྱུར་རོ། །ཞེས་དགོས་པ་ཐེག་པ་ཆེན་པོའི་ཆོས་ལ་སྡང་བ་ཟློག་པའི་དོན་དུ་ཡིན་ལ། དགོངས་གཞི་ནི། དུས་གཞན་ཡུན་རིང་པོ་བསྐལ་པ་གྲངས་ལས་འདས་པར་འཁོར་བར་འཁྱམས་དགོས་ཤིང་ཐར་པ་མི་ཐོབ་པ་ལ་དགོངས་ནས་གསུངས་པ་ཡིན་ནོ། །

གཉིས་པ་ནི། སེམས་ཅན་འགའ་ཡང་སློ་བུར་གྱི་དྲི་མས་གཏན་རྣམ་པར་དག་པར་མ་འགྱུར་བ་སངས་རྒྱས་ཐོབ་མི་སྲིད་པ་ནི་ཡོད་པར་འོས་པ་མ་ཡིན་ཏེ་སེམས་ཅན་ཐམས་ཅད་ལ་རང་བཞིན་གྱིས་རྣམ་པར་དག་པའི་རིགས་ཡོད་པའི་ཕྱིར་དང་། ཡང་དག་པར་བླངས་པ་ལས་བྱུང་བའི་རིགས་ཡོད་པའི་ཕྱིར། འདི་དཔྱད་པར་བྱ་སྟེ། སེམས་ཅན་ཐམས་ཅད་ཀྱིས་སངས་རྒྱས་ཐོབ་པ་སྲིད་ན་སངས་རྒྱས་ཕྱི་མ་ལ་སེམས་ཅན་ཉུང་ཤས་འབའ་ཞིག་གི་དོན་ཙམ་བྱེད་དགོས་པས་གཞན་དོན་ཉི་ཚེ་བར་འགྱུར་ཞིང་། བསོད་ནམས་ཀྱི་ཚོགས་ཡོངས་སུ་རྫོགས་པ་མེད་པར་འགྱུར་རོ། །སེམས་ཅན་ཐམས་ཅད་སངས་རྒྱས་པའི་ཚེ་ནི་སེམས་ཅན་གཅིག་གི་ཡང་དོན་མི་བྱེད་པས་གཞན་དོན་རྒྱུན་ཆད་པར་འགྱུར་ཞིང་ཞི་བའི་མཐར་ལྟུང་བར་འགྱུར་རོ། །སེམས་ཅན་ཐམས་ཅད་སངས་རྒྱས་ཐོབ་པ་མི་སྲིད་ན་ཡང་དག་པར་རྫོགས་པའི་སངས་རྒྱས་རྣམས་ཀྱིས་རང་ཉིད་ཀྱིས་བརྙེས་པའི་གོ་འཕང་དེ་ལ་སེམས་ཅན་ཐམས་ཅད་དགོད་པར་བཞེད་ནས་འཁོར་བ་མ་སྟོངས་བར་དུ་མཛད་པ་བཅུ་གཉིས་ཀྱི་ཚུལ་གྱིས་ཆོས་ཀྱི་འཁོར་ལོ་བསྐོར་བ་འབྲས་བུ་མེད་པར་འགྱུར་བ་དང་། སེམས་ཅན་ཐམས་ཅད་འཁོར་བའི་སྡུག་བསྔལ་ཉེ་བར་ཞི་བ་ཙམ་དོན་དུ་གཉེར་བ་ཡང་ཐེག་པ་ཆེན་པོའི་སྙིང་རྗེ་ཆེན་པོ་མཚན་ཉིད་ཡོངས་སུ（101a）རྫོགས་པ་མ་ཡིན་ཏེ། བཅོམ་ལྡན་འདས་ཉིད་ཀྱིས་རང་ཉིད་ཀྱི་གོ་འཕང་དེ་ལ་སེམས་ཅན་ཐམས་ཅད་མི་འགོད་ན། ཆོས་ལ་དཔེ་མཁྱུད་ཡོད་པར་ཐལ་བ་ལ་སོགས་པའི་གནོད་པ་ལྷ་གསུངས་པ་དང་འགལ་ལ།

（申二）成立有密意之理趣

分三：（酉一）密意说之用及密意所依；（酉二）示如言取义之妨难；（酉三）妨难配合经教。

（酉一）密意说之用及密意所依

若谓：此与《圣涅槃经》等多部**经中说有不得涅槃法者**相违。曰：佛作如是说者，**以嗔大乘法**背弃解脱，**是一阐提**爱邪生死具力增长**之因故**。说嗔大乘法将不得解脱，**是为止息嗔大乘法**。密意所依者，**由念别时**须长久劫中漂泊于生死、不得解脱**而说**。

（酉二）示如言取义之妨难

若说有**少分**有情客尘**终不清净**、不能成佛**者**，然**不应有**，一切有情**皆有自性清净种性故**，复有习所成种故。

此应观察：一切有情若皆能成佛，则后来之佛但能利益极少数有情，利他微渺，难以圆满福德资粮。一切有情皆成佛时，则无有情可度，利他将断绝且堕寂边。若一切有情非能成佛，则诸正等觉曾承许置一切有情于自佛位，乃至生死未空、以十二种事业转法轮皆空而无果。又，但求息除一切有情生死苦非是大乘大悲心圆满相。世尊若不将一切有情置自佛位，则应有吝法等五过，亦与此文相违。

སེམས་ཅན་ཐམས་ཅད་ཀྱིས་འཁོར་བའི་སྡུག་བསྔལ་ཉེ་བར་ཞི་བ་ཐོབ་ནུས་ན། མཐར་ཐུག་ཐེག་པ་གཅིག་ཏུ་ལེགས་པར་གྲུབ་པས་སངས་རྒྱས་ཐོབ་པ་འབད་མེད་དུ་གྲུབ་ལ་ཐར་པ་ཙམ་ཡང་ཐོབ་མི་སྲིད་པའི་སེམས་ཅན་ཡོད་ན་དེ་སྟ་ཇི་བཞིན་པ་མིན་པའི་དགོངས་པ་ཅན་དུ་སློབ་དཔོན་འཕགས་པས་ལུང་དང་རིགས་པས་བསྒྲུབ་པ་དང་འགལ་བས་ཇི་ལྟར་ཡིན་བརྗོད་དགོས་ཤིང་། སེམས་ཅན་ཐམས་ཅད་སངས་རྒྱས་ཐོབ་པ་སྲིད་ན་འཁོར་བ་ལ་མཐའ་མེད་པར་བཤད་པ་ཡང་མི་འཐད་པ་ཉིད་དུ་འགྱུར་རོ། །ཞེ་ན།

འདི་ལ་གཉིས། གཞན་གྱི་ལུགས་དགག་པ་དང་། རང་གི་ལུགས་རྣམ་པར་བཞག་པའོ། །

དང་པོ་ནི། ཁ་ཅིག་ན་རེ། སེམས་ཅན་ཐམས་ཅད་སངས་རྒྱ་བར་ངེས་པ་ལྟ་ཞོག། འཚང་རྒྱ་རུང་ཙམ་དུ་ཡང་སྒྲུབ་མི་ནུས་ཏེ། འབྲས་བུ་སྐྱེ་རུང་བསྒྲུབ་པ་ལ་རྒྱུའི་ཚོགས་པ་ཚང་བ་རྟགས་སུ་དགོད་དགོས་ལ། སེམས་ཅན་ཐམས་ཅད་ལ་སངས་རྒྱས་ཀྱི་རྒྱུ་ཚོགས་ཚང་ན་ཐར་ལམ་ལ་མ་ཞུགས་པའི་སེམས་ཅན་མི་སྲིད་པར་ཐལ་བར་འགྱུར་རོ། །རྒྱུ་མཚན་དེ་ཉིད་ཀྱི་ཕྱིར་སེམས་ཅན་འདི་ཙུན་ཆད་དུ་སེམས་ཅན་འཁོར་བར་འཁོར་བ་ཡོད་པ་འདི་ཕན་ཆད་དུ་མེད་དོ། །ཞེས་པའི་འཁོར་བའི་ཟད་མཐའ་ཡང་མེད་དོ། །མཐར་ཐུག་ཐེག་པ་གཅིག（101b）ཏུ་སྒྲུབ་པའི་དོན་ཡང་ལམ་ཞུགས་ཀྱི་སེམས་ཅན་ཐམས་ཅད་འཚང་རྒྱ་བའི་དོན་ཡིན་ནོ། །ཞེས་གསུངས་པ་ཡང་། དམ་བཅའ་རིགས་པས་གྲུབ་པར་མི་མངོན་ཏེ། རྒྱུའི་ཚོགས་པ་ཚང་ན་འབྲས་བུ་སྐྱེ་རུང་གི་ཁྱབ་པ་ངེས་པ་རིགས་པ་སྨྲ་བའི་དགོངས་པ་ཡིན་གྱི། འབྲས་བུ་སྐྱེ་རུང་ཡིན་ན་རྒྱུའི་ཚོགས་པ་ཚང་བས་ཁྱབ་པ་དགོངས་པ་མ་ཡིན་ཏེ། རིགས་པ་དང་འགལ་བའི་ཕྱིར་རོ། །དེ་ཡང་ནས་ཀྱི་ས་བོན་ལས་ནས་ཀྱི་མྱུ་གུ་སྐྱེ་རུང་ཡང་། ཚོགས་པ་ཚང་བར་མི་འགྲུབ་པའི་ཕྱིར་དང་། གཞན་ཡང་ཉན་ཐོས་འཕགས་པ་རྣམས་ཀྱིས་སངས་རྒྱས་ཐོབ་ཏུ་རུང་ངམ་མི་རུང་། དང་པོ་ལྟར་ན། སངས་རྒྱས་ཀྱི་རྒྱུའི་ཚོགས་པ་ཚང་བར་ཐལ་ལོ། །འདོད་ན། ཐེག་པ་ཆེན་པོའི་ལམ་ཞུགས་སུ་ཐལ་ཞིང་། ཐལ་པ་སྔ་ཕྱི་གཉིས་གའི་རྟགས་དང་ཁྱབ་པ་ཁས་བླངས་ཤིང་ཐལ་པ་ཕྱི་མའི་ཐལ་ཆོས་ཀྱང་ཁས་བླངས་ཏེ། སེམས་ཅན་ཐམས་ཅད་ལམ་ཞུགས་ཙམ་མ་ཡིན་པ་ཉམས་སོ། །གཉིས་པ་ལྟར་ན། དངོས་སུ་འགལ་ཞིང་། མཐར་ཐུག་ཐེག་པ་གཅིག་ཡིན་པ་དང་ཡང་འགལ་ལོ། །

若能息除一切有情生死苦，则善成立究竟一乘，亦无功用能成立皆能成佛。若有有情惟解脱亦不能得，则与圣论师以教理成立彼是不可如言取义之密意说相违，当如何会通？

若谓一切有情皆能成佛，则不应说生死无边。

此中分二：破他宗及立自宗。今初：

或说：遑论一切有情决定成佛，惟堪成佛亦难成立。成立堪生果须因聚具备，一切有情若佛因聚具备，则应无不入解脱道之有情。以此为因，不可说有情某时前有生死流转，某时后无。成立究竟一乘之义亦是一切已入道有情成佛之义。曰：汝所立宗非能以正理成立。因聚具备定能生果是正理师之意趣。若堪生果定须因聚具备，则非其意趣，以与正理相违故。如麦种虽堪生麦芽，然不成立因聚具备。又，诸声闻圣者堪不堪成佛？若堪成佛，佛因聚应具备；若许可，则应入大乘道，因汝已许前后二论式之因及周遍，则后一论式之应成法亦当许，一切有情非定须入道方堪成佛，失坏（汝宗）。若不堪成佛，则成正相违，亦与是究竟一乘相违。

ཡང་སེམས་ཅན་ཐམས་ཅད་འཚང་རྒྱ་ན་སངས་རྒྱས་པ་སྲིད་པར་ཁས་ལེན་དགོས་སོ་ཞེས་པ་ཡང་འདོད་པར་ཤིན་ཏུ་གསལ་ལོ། །གཞན་དག་ན་རེ། འཁོར་བ་ལ་ཕྱི་མཐའ་མེད་པའི་ཚུལ་ནི་དེ་ལྟར་ཡིན་ལ། སེམས་ཅན་ཐམས་ཅད་འཚང་རྒྱ་བ་ཡིན་ཡང་། སེམས་ཅན་ཐམས་ཅད་སངས་རྒྱ་བ་མི་སྲིད་ལ། སེམས་ཅན་ཐམས་ཅད་འཚང་རྒྱ་ན་སེམས་ཅན་ཐམས་ཅད་སངས་རྒྱས་པ་སྲིད་པས་ཁྱབ་པར་འདོད་ན། དངོས་པོ་ཐམས་ཅད་ཞིག་པ་སྲིད་པར་ཐལ། དངོས་པོ་ཐམས་ཅད་འཇིག་པའི་ཕྱིར། ཞེས་པའི་ཐལ་བ་ལ་ཚད་མ (102a) དང་ཁས་བླངས་ཀྱི་བསལ་བ་གང་ཡང་སྟོན་རྒྱུ་མེད་པའི་ཐལ་པ་སྟོན་པར་བྱེད་དོ། །དེ་ཡང་འདོད་ན་ཉེས་པ་ཅི་ཞིག་ཡོད། དངོས་པོ་ཐམས་ཅད་ཞིག་པ་སྲིད་ན་དངོས་པོ་ཐམས་ཅད་མེད་པ་སྲིད་པར་ཐལ་ལོ། །ཞེས་ཟེར་རོ། །ཚོས་ཤིན་ཏུ་འདོད་པ་ཡིན་ཏེ། དངོས་པོ་ཐམས་ཅད་མེད་པ་མི་སྲིད་ན་དངོས་པོ་མེད་པ་མི་སྲིད་པར་ཁས་ལེན་དགོས་པར་འགྱུར་རོ། །འདི་ཚུན་ཆད་དུ་དངོས་པོ་ཡོད་ཀྱི། འདི་ཕན་ཆད་དུ་དངོས་པོ་མེད་པར་ཐལ། དངོས་པོ་ཐམས་ཅད་ཞིག་པ་སྲིད་པའི་ཕྱིར། ཞེ་ན། དེའི་དོན་དེ་ཕན་ཆད་དངོས་པོ་མི་སྲིད་པར་ཐལ་པའི་དོན་ཡིན་ན། འོ་ན་འདི་ཚུན་ཆད་དུ་སྔོན་པོ་ཡོད་ལ། འདི་ཕན་ཆད་དུ་སྔོན་པོ་མེད་པ་སྒྲུབ་ནུས་པར་ཐལ། སྔོན་པོ་ཞིག་པ་སྲིད་པའི་ཕྱིར་རྟགས་མ་གྲུབ་ན། རྟག་དངོས་སུ་ཐལ་རང་རྒྱུ་ལས་སྐྱེས་ནས་ཞིག་པ་མི་སྲིད་པའི་ཕྱིར། དངོས་པོ་ཐམས་ཅད་ཞིག་པ་མི་སྲིད་པ་ལ་ཡང་ཐལ་པ་དེར་འགྱུར་རོ།

སེམས་ཅན་ཐམས་ཅད་སངས་རྒྱས་པ་སྲིད་པར་ཐལ། །འཚང་རྒྱ་བའི་ཕྱིར། ཞེས་པ་ལ། ཁ་ཅིག་ན་རེ། སེམས་ཅན་ཐམས་ཅད་ཤི་ཟིན་པས་ཁྱབ་པར་ཐལ། སེམས་ཅན་ཐམས་ཅད་འཆི་བས་ཁྱབ་པའི་ཕྱིར། ཞེས་པའི་ཉེས་པ་བརྗོད་པ་ནི། བློ་གྲོས་ཤིན་ཏུ་རྟིང་བར་གསལ་བར་སྟོན་པ་ཡིན་ཏེ། ཐལ་པ་སྔ་མ་ལ་སེམས་ཅན་ཐམས་ཅད་སངས་རྒྱས་ཟིན་པས་ཁྱབ་པར་ཐལ། ཞེས་པ་འདུག་གམ། སེམས་ཅན་ཐམས་ཅད་སངས་རྒྱས་པ་སྲིད་པར་ཐལ་ཞེས་པ་འདུག་ལེགས་པར་རྟོགས་ཤིག

སེམས་ཅན་ཐམས་ཅད་འཚང་རྒྱ་བ་ཡིན་གྱི། འཚང་རྒྱ་བར་ངེས་པ་མ་ཡིན་ནོ། །ཞེས་སྨྲ་བ་ནི་རིགས (102b) པ་མི་ཤེས་པའི་རྣམ་འགྱུར་དུ་གསལ་ཏེ། ཁྱོད་ཀྱིས་སེམས་ཅན་ཐམས་ཅད་འཚང་རྒྱའོ། །སྐབས་པའི་ངེས་ཤེས་འདི་ཁྱོད་རང་གི་རྒྱུད་ཀྱི་ཚད་མའི་སྟོབས་ཀྱིས་འོངས་སམ་མ་འོངས། དང་པོ་ལྟར་ན། སེམས་ཅན་ཐམས་ཅད་འཚང་རྒྱ་ངེས་སུ་ཐལ། སེམས་ཅན་ཐམས་ཅད་འཚང་རྒྱ་བར་ཚད་མའི་སྟོབས་ཀྱིས་ངེས་པའི་ཕྱིར། ཁྱབ་པ་མ་གྲུབ་སྟེ། ཚད་མའི་སྟོབས་ཀྱིས་ངེས་ཀྱང་དོན་ལ་མ་ངེས་པའི་ཕྱིར་རོ། །ཞེ་ན། ཁྱོད་ཀྱིས་སེམས་ཅན་ཐམས་ཅད་འཚང་རྒྱའོ། །སྐབས་པའི་ངེས་ཤེས་འདི་ཞེན་ཡུལ་ལ་འཁྲུལ་པའི་ལོག་ཤེས་སུ་ཐལ། ཁྱོད་ཀྱི་བློས་འཚང་རྒྱའོ་སྙམ་དུ་ངེས་ལ། དོན་གྱི་གནས་ཚོད་ལ་འཚང་རྒྱ་བའི་ངེས་པ་ཙུང་ཟད་ཀྱང་མི་འདུག་པའི་ཕྱིར།

又，一切有情若将成佛则须许容可成佛，此极明显。或谓生死无边之理趣如下：一切有情虽将成佛，然非一切有情容可成佛；若许一切有情将成佛定容可成佛，则一切事应容可坏，一切事坏故。曰：此论式中不见说有量及承许之后陈。若作是许，有何过失？若谓一切事容可坏，则一切事容成无。此极可许，若一切事不容成无，则须许事不容成无。应此前有事、此后无事，一切事容可坏故。此说之义，若是指应此后不容有事，则应能成立此前有青色、以后无青色，青色容可坏故。若答因不成，则应成“常事”，由自因生已不容有坏故。一切事不容有坏亦属此难。

一切有情应容可成佛，将成佛故。或谓：一切有情应必已死，一切有情必死故。曰：说此有过，乃自曝慧解太粗。前论式中是说一切有情应必已成佛？抑或是说一切有情应容可成佛？愿善晓了。

或谓：一切有情将成佛，然不定成佛。曰：此语明示不解正理之相。汝信“一切有情将成佛”之心是否由量力所致？若是前者，则一切有情应决定将成佛，此是由量力决定故。若谓：周遍不成，虽以量力决定，然实未决定故。曰：如是则汝信“一切有情将成佛”之心应是于所著境错乱之邪智，以汝心虽信将成佛，然实无少分将成佛之决定故。

གལ་ཏེ། མེས་དུ་བ་བསྐྱེད་པར་ཚད་མས་གྲུབ་ཀྱང་བསྐྱེད་བར་ངེས་པ་མ་ཡིན་ཏེ། དེ་ལྟ་ན། འགལ་རྐྱེན་གྱི་གེགས་མི་སྲིད་པར་འགྱུར་ཏེ། རྣམ་འགྲེལ་ལས། མ་ངེས་པ་ནི་ཉིད་ཡིན་ཏེ། །གེགས་བྱེད་པ་དག་སྲིད་ཕྱིར་རོ། །ཞེས་བཤད་པས་སོ། །དེ་བཞིན་དུ་འཚང་རྒྱ་བར་ངེས་ན་འཚང་རྒྱ་བ་ལ་འགལ་རྐྱེན་གྱི་གེགས་མི་སྲིད་པར་འགྱུར་བས་སོ། །ཞེ་ན། དཔེ་དོན་གཉིས་ཀ་མ་གྲུབ་སྟེ། དཔེ་དེ་ལ་མེས་དུ་བ་བསྐྱེད་པར་ཚད་མའི་སྟོབས་ཀྱིས་ངེས་ན། དུ་བ་བསྐྱེད་པར་མ་ངེས་པ་འགལ་ལ། ཚད་མས་མ་ངེས་ན་དམ་བཅའི་དོན་ཚད་མས་མ་གྲུབ་བཞིན་དུ་དམ་འཆའ་བ་ཕོ་བོའི་དམ་བཅའ་གང་བཞག་ལ་སྒྲུབ་བྱེད་ཡང་དག་ཅི་ཡང་མེད་དོ། །ཞེས་རང་ཉིད་ཤིན་ཏུ་ བླུན་པར་སྟོན་པར་ཟད་དོ། །གཞན་ཡང་ཉན་རང་འཕགས་པ་རྣམས་འཚང་རྒྱ་ངེས་མ་ཡིན་པར་ཐལ། འཚང་རྒྱ་བ་ལ (103a) འགལ་རྐྱེན་གྱི་གེགས་སྲིད་པའི་ཕྱིར། ཁྱབ་པ་ཁས་བླངས། འདོད་ན་མཐར་ཐུག་པའི་ཐེག་པ་གཅིག་ཏུ་ངེས་པར་རང་ཉིད་ཀྱང་འདོད་པ་དང་འགལ་ལོ། །རྣམ་འགྲེལ་གྱི་གཞུང་དེའི་དོན་ཡང་དེ་ལྟར་མ་ཡིན་པར་དེའི་རྣམ་བཤད་དུ་རྒྱས་པར་བཤད་ཟིན་ཏོ། །དེ་ལྟ་མ་ཡིན་པར་ཁྱེད་འདོད་པ་ལྟར་ཡིན་ན། བུམ་པ་ཡོད་ངེས་མ་ཡིན་པར་ཐལ། བུམ་པ་ཡོད་པ་ལ་འགལ་རྐྱེན་གྱི་གེགས་སྲིད་པའི་ཕྱིར་རོ། །དེས་ན་བསྐྱེད་པ་ལ་འགལ་རྐྱེན་གྱི་གེགས་སྲིད་ཀྱང་དེ་མི་སྐྱེད་པར་བྱེད་མི་ནུས་པ་ལ་འགལ་བ་ཅི་ཞིག་ཡོད།

གཉིས་པ་ལྟར་སེམས་ཅན་ཐམས་ཅད་འཚང་རྒྱའི་སྐལ་པའི་ཁྱད་ཀྱི་ངེས་པ་དེ་ཁྱེད་རང་གི་ཚད་མའི་སྟོབས་ལས་འོངས་པ་མ་ཡིན་ན། ཁྱེད་ཀྱིས་སེམས་ཅན་ཐམས་ཅད་འཚང་རྒྱའོ་ཞེས་དམ་འཆའ་བ་མི་རིགས་པར་ཐལ་བ་དང་། འཚང་རྒྱའོ་སྐལ་པའི་ཁྱད་ཀྱི་དཔྱད་ཤེས་དོན་མཐུན་མི་འཇུག་པར་ཐལ། འཚང་རྒྱ་བ་དེ་ཁྱེད་ཀྱི་རྒྱུད་ཀྱི་ཚད་མས་མ་གྲུབ་པའི་ཕྱིར། ཁྱབ་པ་མེད་ན། མི་སྣང་མ་དམིགས་པའི་གཏན་ཚིགས་ཡང་དག་མེད་དོ་ཞེས་སྨྲར་བ་གདབ་དགོས་པར་འགྱུར་ལ། དེ་ལྟ་ན་གཏན་ཚིགས་ཡང་དག་གཞན་ལ་ཡང་རིགས་མཚུངས་པས་ཕྱོགས་སྒྲུབ་ཀྱི་མཐའ་དག་ལ་སྒྲུབ་བྱེད་ཅི་ཡང་མེད་དོ་ཞེས་ཁས་ལེན་དགོས་པར་འགྱུར་རོ། །དེས་ན་རྟོགས་ལྡན་མཁས་པ་དང་། རྨོངས་པའི་ཁྱད་པར་ནི་རང་གིས་ཁས་བླངས་པའི་དམ་བཅའི་དོན་ཚད་མས་གྲུབ་པའི་ཚུལ་ལེགས་པར་འཇོག་ཤེས་པ་དང་མི་ཤེས་པའི་ཁྱད་པར་རོ། །

或谓：虽以量成烟由火生，然不定生；否则，当不容有违缘之障。《释量论》说：“此是不决定，容有能障故。”如是若决定将成佛，则亦将不容有成佛违缘之障。曰：喻、义皆不成。彼喻中，若以量力决定烟由火生，则与不决定生烟相违。若不以量决定，则认许义亦非量成，等同说云“我所立宗中全无正能立”，显露自慧愚陋之极！又，诸声闻、独觉圣者应不决定成佛，容有成佛之违缘障故。汝许周遍。若许，则与自许决定究竟一乘相违。彼《释量论》之文义亦非如汝所解，已于彼释中广说讫。否则，如汝所许，应不决定有瓶，容有有瓶之违缘障故。因此，虽容有生之违缘障，然不能令不生，有何相违？

如第二说，汝信“一切有情将成佛”，若彼非是汝量力所致，则许“一切有情将成佛”即不应理。汝“将成佛”想之伺察识应不符实，彼义非汝相续之量所成立故。若答不周遍，即谤无不见不可得因。若尔，则须许余诸正因亦皆类似、全无隐密事之能立。因此智者与愚者之差别，即在是否了知妥善安置以量成立自所许宗义之理趣。

སེམས་ཅན་ཐམས་ཅད་འཚང་རྒྱ་བ་ཚད་མས་གྲུབ་ནས་འཚང་རྒྱ་བ་ཡོད་ངེས་མ་ཡིན་ན། ཚད (103b) མས་དམིགས་པ་ཡོད་ངེས་ཀྱི་འཇོག་བྱེད་མ་ཡིན་པར་འགྱུར་ལ། འཚང་རྒྱ་བར་ཡོད་ངེས་ཡིན་ནས་འཚང་རྒྱ་བར་ངེས་པ་མ་ཡིན་ཞེས་སྨྲ་བ་ལས་མི་རིགས་པ་གཞན་ཅི་ཞིག་ཡོད། སེམས་ཅན་ཐམས་ཅད་ཀྱི་གནས་ཚོད་ཀྱི་ངོས་ནས་འཚང་རྒྱ་བ་དང་མི་རྒྱ་བར་ཐག་ཆོད་དམ་མི་ཆོད། ཕྱི་མ་ལྟར་ན་ཁས་བླངས་འགལ་ལ། དང་པོ་ལྟར་ན། འཚང་མི་རྒྱ་བར་ཐག་ཆོད་ན་ཁས་བླངས་འགལ་ལ། རྒྱ་བར་ཐག་ཆོད་ན་འཚང་རྒྱ་བར་མ་ངེས་པ་འགལ་ལོ། །སེམས་ཅན་གྱི་གནས་ཚོད་ཀྱི་ངོས་ནས་གང་དུ་ཡང་ཐག་མ་ཆོད་དོ། །ཞེ་ན། སེམས་ཅན་གྱི་གནས་ཚོད་ཀྱི་ངོས་ནས་གང་དུ་ཡང་ཐག་མ་ཆོད་ན། འཚང་རྒྱ་བར་བྱེད་ཀྱིས་ཐག་བཅད་པ་དེ་འབྲེལ་བ་མེད་པར་འགྱུར་རོ། །

དྲི་མེད་རིགས་ལམ་འབྱེད་པའི་མཐུ་མེད་ཅིང་། །གསུང་རབ་གདམས་པར་འཆར་བའི་མན་ངག་མེད། །རྒྱལ་བའི་དགོངས་པ་འགྲེལ་ལོ་ཞེས་སྨྲ་བ། །སངས་རྒྱས་བསྟན་ལ་བཏང་སྙོམས་བྱས་ན་མཛེས། །

གཉིས་པ་ནི། སྔར་བཤད་པ་ལྟར་འཚང་རྒྱ་བར་ཁས་བླངས་ནས་འཚང་རྒྱ་ངེས་སུ་ཁས་མི་ལེན་པ་ནི་རིགས་པ་དང་འགལ་བར་བཤད་ཟིན་ལ། སེམས་ཅན་ཐམས་ཅད་འཚང་རྒྱ་བར་མི་འགྲུབ་བོ་ཞེས་པ་དེ་ཡང་རིགས་པས་དཔྱད་མི་བཟོད་དེ། སེམས་ཅན་ཐམས་ཅད་ཀྱི་སེམས་རང་བཞིན་གྱིས་རྣམ་པར་དག་པ་མ་ཡིན་ན། ཤེས་བྱ་ལ་བདེན་པར་གྲུབ་པའི་ཆོས་སྲིད་པར་ཁས་ལེན་དགོས་པས་ཆོས་ཐམས་ཅད་བདེན་སྟོང་དུ་ཚད་མས་མི་འགྲུབ་པའི་ཕྱིར་དོན་དམ་པའི་བདེན་པ་བཞག་ཏུ་མེད་པར་འགྱུར་ལ། སེམས་རང་བཞིན་གྱིས་རྣམ་པར་དག་པ་ཚད་མས་གྲུབ་ན། བདེན་འཛིན་བག་ཆགས་དང་བཅས་པའི་དྲི་མ་སེམས་ལ་འབྲལ་རུང་གློ་བུར (104a) བར་རིགས་པ་དེ་ཉིད་ལ་བརྟེན་ནས་འགྲུབ་ལ། གཞན་དུ་ན་མུ་སྟེགས་སྤྱོད་པ་བ་ལྟར། དྲི་མ་སེམས་ཀྱི་རང་བཞིན་ལ་ཞུགས་པར་ཁས་ལེན་དགོས་པར་འགྱུར་རོ། །དྲི་མ་འབྲལ་རུང་དུ་ཚད་མས་གྲུབ་ཀྱང་དྲི་མ་འཇོམས་པའི་གཉེན་པོ་རྒྱུད་ལ་སྐྱེ་རུང་དུ་མ་གྲུབ་བོ་ཞེ་ན། སེམས་ཅན་རྣམས་ཀྱི་རྒྱུད་ཀྱི་དྲི་མ་དེ་འཇོམས་པར་བྱེད་པའི་ཐབས་མེད་པའི་ཕྱིར་རམ། ཐབས་ཡོད་ཀྱང་ཤེས་པ་སུ་ཡང་མེད་པའི་ཕྱིར་རམ། དེ་ཡོད་ཀྱང་ཐབས་ལ་དོན་གཉེར་དུས་ནམ་ཡང་སྐྱེ་བ་མི་སྲིད་པའི་ཕྱིར་རམ། དེ་སྲིད་ཀྱང་ཐབས་ཤེས་པའི་གང་ཟག་གིས་བརྩེ་བས་ཀུན་ནས་བསླངས་ནས་དེ་སྟོན་པར་བྱེད་པ་མི་སྲིད་པའི་ཕྱིར་རམ། བསྟན་ཀྱང་ཐབས་དེ་ལ་ཞུགས་ནས་གོམས་པར་བྱེད་པ་མི་སྲིད་པའི་ཕྱིར་ཡིན་ཀྱང་།

若以量成立一切有情将成佛，然又不决定将成佛，则以量所缘非即决定有之能立。决定将成佛已又说成佛不决定，其不应理岂有更甚者！汝是否决断一切有情究竟成佛？若未决断，则与所许相违；若决断为不成佛，则与所许相违；若决断为成佛，则与不决定成佛相违；若于有情实际全无决断，则与汝“彼等将成佛”之决断无关。

无力分辨净理道，亦无经现教授诀，

自称能解佛密意，佛教中舍是为上。

第二，如上述，已说许能成佛而不许决定成佛与正理相违。说“一切有情将成佛不成立”之说亦不堪正理观察。若一切有情之心非自性清净，则须许所知中容有实有之法，以量不能成立一切法谛实空故，胜义谛将不可成立。若以量成立心自性清净，即可依彼正理成立实执及习气垢是于心可离之客；否则，当如弥曼差外道，须许垢入心性。若谓：虽以量成立垢是堪离，然相续中不堪生起坏垢之对治。曰：汝作是说，是因无能坏诸有情相续之垢之方便故？抑或虽有方便，然无人知晓故？抑或虽能知晓，然绝不容有希求之时故？抑或彼虽容有，然知彼方便之补特伽罗心无悲悯而不宣说故？抑或虽作宣说，然不容有入彼方便而串习故？

དང་པོ་མི་རིགས་ཏེ། བདག་མེད་རྟོགས་པའི་ཤེས་རབ་གོམས་པར་བྱས་པ་ལས་དྲི་མ་མཐའ་དག་ཟད་པར་བྱེད་ནུས་པའི་ཕྱིར། གཉིས་པ་མི་རིགས་ཏེ། སེམས་ཅན་གྱི་དོན་དུ་ཐབས་བདག་མེད་རྟོགས་པའི་ཤེས་རབ་གོམས་པ་མཐར་ཕྱིན་པའི་སྟོན་པ་རིགས་པས་ལེགས་པར་གྲུབ་པའི་ཕྱིར།

གསུམ་པ་ཡང་མི་རིགས་ཏེ། སངས་རྒྱས་རྣམས་ཀྱི་བསྐུལ་བ་ལ་བརྟེན་ནས་མངོན་མཐོ་ལ་དོན་གཉེར་མ་སྐྱེས་པའི་སེམས་ཅན་མི་སྲིད་པའི་ཕྱིར་དང་། ངེས་ལེགས་ལ་དོན་གཉེར་རེ་ཤིག་མ་སྐྱེས་ཀྱང་སེམས་ཅན་ཐམས་ཅད་སངས་རྒྱས་ཀྱི་རིགས་གཉིས་དང་ལྡན་པའི་ཕྱིར་དང་། སེམས་ཅན་ཐམས་ཅད་སངས་རྒྱས་ཀྱི་གོ་འཕང་ལ་དགོད་པར་བཞེད་པའི་ཐུགས་རྗེ་ཉམས་པ་མི་མངའ་བས་རེ་ཤིག་གཅིག་ན་འཁོར་བའི་ཡིད་འབྱུང་དང་། མྱང་འདས་ལ་དོན་གཉེར་སྐྱེ་བར་འགྱུར་བའི་ཕྱིར། འདི་དཔྱད་པ་གསུམ་གྱིས་དག་པའི་ལུང་གི་གཏན་ཚིགས (104b) ཡང་དག་ལ་བརྟེན་ནས་ཀྱང་གྲུབ་པ་ཡིན་ནོ། །

བཞི་པ་ཡང་མི་རིགས་ཏེ། སེམས་ཅན་རང་གི་ངོས་ནས་དོན་གཉེར་སྐྱེས་པའི་ཚེ་སངས་རྒྱས་བཅོམ་ལྡན་འདས་སེམས་ཅན་ཐམས་ཅད་ལ་བུ་གཅིག་པ་ལྟ་བུའི་བརྩེ་བ་ཉམས་པ་མི་མངའ་བས་ཆོས་སྟོན་པའི་མཛད་པ་མི་འདོར་བའི་ཕྱིར།

ལྔ་པ་ཡང་མི་རིགས་ཏེ། རེ་ཤིག་གི་ཚེ་ན་རིགས་སད་བྱེད་ཀྱི་རྐྱེན་ཚང་ནས་རིགས་སད་པར་འགྱུར་བ་བསྟན་བཅོས་འདི་རྩ་འགྲེལ་ལ་སོགས་པས་ལེགས་པར་སྒྲུབ་པའི་ཕྱིར་རོ། །

དེས་ན་འཚང་རྒྱ་བ་མི་སྲིད་པའི་གང་ཟག་མི་སྲིད་པར་ཁས་བླངས་ནས་སེམས་ཅན་ཐམས་ཅད་འཚང་རྒྱ་བ་མ་ཡིན་པ་དང་། འཚང་རྒྱ་ཡང་རྒྱ་ངེས་མ་ཡིན་ནོ། །ཞེས་ཁས་བླང་པར་མི་བྱའོ། །འོ་ན་སེམས་ཅན་ཐམས་ཅད་སངས་རྒྱས་པ་སྲིད་པར་ཐལ། འཚང་རྒྱ་བའི་ཕྱིར་ཅེ་ན། འདོད་པ་ཁོ་ནའོ། སངས་རྒྱས་ཟིན་པར་ཐལ་པ་འཕེན་པ་ནི་མི་རིགས་པར་བཤད་ཟིན་ཏོ། །འོ་ན་སེམས་ཅན་ནམ་ཡང་མེད་པ་སྲིད་པར་ཐལ། སེམས་ཅན་ཐམས་ཅད་སངས་རྒྱས་པ་ཡོད་པའི་ཕྱིར་ཞེ་ན། ཁྱབ་པ་མེད་དེ། ཁྱོད་སངས་རྒྱས་པ་ཡོད་ན་ཁྱོད་མེད་པར་འགལ་ལོ། །སེམས་ཅན་མེད་པ་སྲིད་པར་ཐལ་བ་ཡང་འདོད་པ་ཁོ་ན་ཏེ། དངོས་པོ་གཏན་མེད་ཡོད་པའི་ཕྱིར་རོ། །སངས་རྒྱས་རྣམས་ཀྱི་དོན་བྱ་ཡུལ་གྱི་སེམས་ཅན་མེད་པ་སྲིད་པར་ཐལ་བ་ཡང་འདོད་པ་སྟེ། སྔར་ལྟར་རོ། །སངས་རྒྱས་ཀྱི་དོན་བྱ་ཡུལ་གྱི་སེམས་ཅན་རྒྱུན་ཆད་པ་སྲིད་པར་ཐལ། སེམས་ཅན་ཐམས་ཅད་སངས་རྒྱས་པ་ཡོད་པའི་ཕྱིར། འོ་ན་བྱང་སེམས་བརྒྱད་པ་བ་ཆོས་ཅན། ཁྱོད་རྒྱུན་ཆད་པ་སྲིད་པར་ཐལ། ཁྱོད་སངས་རྒྱས་པ་ཡོད་པའི་ཕྱིར། ཁྱབ་པ་ཡང་སྟོབས་མཚུངས་པས (105a) གསུམ་ག་ཁས་བླངས་སོ། །ཁྱོད་ཀྱི་ཁྱབ་པ་དེའི་སྒྲུབ་བྱེད་སངས་རྒྱས་ཡིན་ན་སེམས་ཅན་མིན་པས་ཁྱབ་པ་ལ་བསམས་མ་བསམས་ལེགས་པར་རྟོགས་ཤིག །

第一因不应理，以串习通达无我慧能尽一切垢故；

第二因不应理，以由正理已善成立，有为利益有情串习通达无我慧而达究竟之大师故；

第三因不应理，以经劝请然于增上生不生希求之有情非有故；虽或暂于决定善不生希求，然一切有情具二类种性故；佛承许安置一切有情于佛位之悲心不退，故彼等终将发起厌离生死、希求涅槃之心故。此亦由此三观察所净教之正因而成立之①；

第四因不应理，以有情自身生希求时，佛世尊悲悯一切有情犹如独子之心终不退失，而不舍说法事业故；

第五因不应理，以若一时外缘具足，则将醒觉种性，此论本释等已善成立故。

因此，既许不容有不成佛之补特伽罗，便不应许“一切有情不成佛”以及“成不成佛不决定”，仅可许“一切有情应成佛，将成佛故”，非说应已成佛，此不应理，前已释讫。或谓：若尔，有情应容可全无，一切有情成佛故。曰：不周遍，有情可成佛与有情成无相违。当惟许有情容可成无，以事可成毕竟无故。复许诸佛所度化境之有情应容可断灭，一切有情成佛故。或谓：若尔，第八地菩萨有法，彼应容可断灭，彼成佛故。周遍力等，故当许此三者。曰：汝之周遍能立中，是否思惟若是佛必非有情？请善观察。

① 《东噶藏学大辞典》“三观察所净”条云：“所宣说之现见分，不为现量损害；所宣说之少不现见分，不为事势正理损害；所宣说之极不现见分，不为信许比量损害。”北京：中国藏学出版社，2002，页 1290。

དེ་ཡང་ཞིབ་ཏུ་བརྟགས་ནས་སེམས་ཅན་ཐམས་ཅད་སངས་རྒྱས་པ་ཡོད་པ་དང་། སེམས་ཅན་ཐམས་ཅད་སངས་རྒྱས་པ་གཉིས་ཀྱི་ཁྱད་པར་མ་ཕྱེད་པའོ། །སེམས་ཅན་ཐམས་ཅད་སངས་རྒྱས་པ་ཡོད་ན་དེ་གང་ལ་ཡོད་ཅིང་དུས་ནམ་གྱི་ཚེ་ཡོད་ཅེ་ན། འོ་ན་ཁྱེད་ཀྱིས་སེམས་ཅན་གྱི་དོན་དུ་སངས་རྒྱས་ཐོབ་པར་བྱའོ་སྙམ་པའི་ཐོབ་བྱ་ཡང་དག་པར་རྫོགས་པའི་སངས་རྒྱས་དེ་གང་གི་རྒྱུད་ལ་ཡོད་ཅིང་དུས་ནམ་གྱི་ཚེ་ཡོད། རང་ཉིད་མངོན་པར་རྫོགས་པར་སངས་རྒྱས་པའི་ཚེ་ཡོད་ཅིང་། དེའི་རྒྱུད་ལ་ཡོད་ཀྱི་བྱང་ཆུབ་སེམས་དཔའ་ཚོགས་ལམ་པའི་རྒྱུད་ལ་དེའི་ཐོབ་བྱ་སངས་རྒྱས་མེད་པའི་ཕྱིར་ཏེ། རྒྱུ་འབྲས་དུས་མི་མཉམ་པའི་ཕྱིར་རོ། །ཞེ་ན། ཅིག་ཤོས་ལ་ཡང་དེ་ལྟར་སྨྲས་པ་ལ་མི་རིགས་ཅི་ཞིག་ཡོད། འཁོར་བ་ལ་ཐོག་མ་ཡོད་ན་རྒྱུ་མེད་དུ་འགྱུར་བས་ཐོག་མའི་མཐའ་མེད་ལ་ཐ་མའི་མཐའ་ཡོད་དམ་མེད་ཅེ་ན། ཁ་ཅིག་ན་རེ། འཁོར་བ་སྤྱི་ཙམ་ལ་ཕྱི་མཐའ་མེད་ལ། འཁོར་བ་བྱེ་བྲག་པ་ལ་ཕྱི་མཐའ་ཡོད་དོ། །ཞེས་སྨྲ་བ་ནི་འགལ་ཏེ། དངོས་པོ་ལ་མི་སྲིད་པའི་བུམ་པ་ལ་ཡོད་པ་འགལ་བའི་ཕྱིར་རོ། །དེས་ན་འཁོར་བ་སྤྱི་དང་བྱེ་བྲག་གང་ལ་ཡང་ཕྱི་མཐའ་ཡོད་ལ། ལུང་ཁ་ཅིག་ལས། འཁོར་བ་ལ་ཕྱི་མཐའ་མི་མངོན་པར་གསུངས་པ་ནི། སེམས་ཅན་ཁ་ཅིག དུས་འདི་ཙམ་ན་ཐར་པ་ཐོབ་ལ་དེ་ཕན་ཆད་དང（105b）ཚུན་ཆད་དུ་མ་བྱུང་ངོ་ཞེས་པའི་དུས་ཀྱི་ངེས་པ་བྱིས་པ་རྣམས་ཀྱིས་བསམ་པར་མི་བྱ་བའི་དོན་ཡིན་གྱི། སྔར་བཤད་པ་ལྟར་ཐར་པ་ཐོབ་མི་སྲིད་པའི་སེམས་ཅན་མེད་པར་ཤེས་པར་བྱའོ། །ཁ་ཅིག འཁོར་བ་ལ་ཕྱི་མཐའ་མེད་ལ་སེམས་ཅན་ཐམས་ཅད་འཚང་རྒྱའོ། །ཞེས་ཟེར་བ་ནི་འགལ་བའི་ཁུར་འབབ་ཞིག་གོ །སྤྲོས་པས་ཆོག་གོ །

གསུམ་པ་ལ་གཉིས། མཚམས་སྦྱར་བ་དང་། ལུང་དགོད་པའོ། །

དང་པོ་ནི། སེམས་ཅན་གློ་བུར་གྱི་དྲི་མས་དག་པར་འགྱུར་བ་མི་སྲིད་པ་ནི་རིགས་པ་མ་ཡིན་ཏེ། གང་གི་ཕྱིར་ན། བཅོམ་ལྡན་འདས་ཀྱིས་ཁྱད་པར་མེད་པར་སེམས་ཅན་ཐམས་ཅད་ལ་རང་བཞིན་གྱིས་རྣམ་པར་དག་ཅིང་གློ་བུར་གྱི་དྲི་མས་རྣམ་པར་དག་པར་རུང་བ་ཉིད་ཡོད་པ་ལ་དགོངས་ནས་གསུངས་སོ། །

གཉིས་པ་ནི། སེམས་ཅན་གྱི་སེམས་དང་དེའི་དྲི་མ་ཐོག་མ་མེད་པར་གྱུར་ཀྱང་གློ་བུར་གྱི་དྲི་མ་ཐ་མ་དང་ལྡན་པ་ནི་སེམས་རང་བཞིན་གྱིས་དག་པ་ལ་གློ་བུར་གྱི་དྲི་མ་མཐའ་དག་གིས་དག་ནས་འཁོར་བ་མ་སྟོངས་པར་དུ་འཇུག་པའི་རྟག་པའི་ཆོས་ཅན་རང་བཞིན་གྱིས་དག་པ་དེ་བཞིན་ཉིད་ནི་ཐོག་མེད་ནས་དྲི་མའི་སྦུབས་ཀྱིས་ཕྱི་བསྒྲིབས་ནས་མངོན་སུམ་དུ་མི་མཐོང་སྟེ། ཇི་ལྟར་གསེར་གྱི་གཟུགས་ནི་འཛིམ་པ་སོགས་ཀྱིས་བསྒྲིབས་པ་བཞིན། ཞེས་མདོ་ལས་གསུངས་སོ། །

此亦细观已，不应分别一切有情可成佛与一切有情成佛二者。或问：若一切有情可成佛，彼何处有？何时有？曰：若尔，则汝念“为利有情愿成佛”所得之正等觉何处有？何时有？若答：自成佛时有、彼相续中有，菩萨资粮道者相续中无所得之佛，以因果不同时故。对汝问亦作是答，如何不应理？

或问：生死若有始即无因故，无前际之外有无后际？若答：总生死无后际，别生死有后际。曰：此说相违，如云事中不容有而瓶中有成相违故。因此，总、别生死皆有后际。或有经云“不见生死后际”者，义为得解脱之时间决定非诸愚夫所可思议。如上已述，应知无不得解脱之有情。或谓：生死无后际，而一切有情将成佛。曰：此纯系自语相违，恐繁且止。

（酉三）妨难配合经教

分二：（戌一）承启，（戌二）引述经教。

（戌一）承启

有情客尘不容清净者不应理。**何以故**？**世尊念诸有情**、**无有差别**，**皆有**自性清净及客尘**清净之堪能**，**而**于经中**说**：

（戌二）引述经教

“有情心及其垢**虽无始**，**然**客尘**有终**结者，**具**心自**性**清**净**，客尘悉皆清净已，乃至生死未空而趣入之**常法**。自性清净真如者，无始以来外为垢**壳**所**障**、**不能**现**见**，**如金像**为泥等**所障**。”

གསུམ་པ་ལྡན་པའི་དོན་བཤད་པ་ལ་གསུམ། མཚམས་སྦྱར་བ་དང་། མདོར་བསྟན་པ་དང་། རྒྱས་པར་བཤད་པའོ། །

དང་པོ་ནི། དེ་ལ་ཞེས་སོ། །

གཉིས་པ་ལ་གཉིས། རྒྱུའི་ཡོན་ཏན་དང་ལྡན་པ་དང་། འབྲས་བུའི་ཡོན་ཏན་དང་ལྡན་པའོ། །

དང་པོ་ནི། རྒྱ་མཚོ་ཆེན་པོ་བཞིན་དུ་སེམས་ཅན་ལ་རིགས་ཡོད (106a) པའི་ཚ་ནས་རྒྱུའི་ཡོན་ཏན་དཔག་ཏུ་མེད་པའི་ཡོན་ཏན་རིན་ཆེན་མི་ཟད་པའི་གནས་སུ་ཤེས་པར་བྱའོ། །རྒྱ་མཚོ་ནི། རིན་པོ་ཆེ་ལ་སོགས་པའི་སྣོད་དང་རིན་པོ་ཆེ་དང་། ཆུ་རྣམས་ཚོགས་པ་ཡིན་པ་ལྟར་སེམས་ཅན་གྱི་རྒྱུད་ཀྱི་ཁམས་ཀྱང་རྒྱ་མཚོ་ཆེན་པོ་ལྟ་བུ་ཡོན་ཏན་བཞིའི་གནས་ཏེ། མོས་པ་ནི་སྣོད་ལྟ་བུ་དང་། ཤེས་རབ་དང་ཏིང་ངེ་འཛིན་རིན་པོ་ཆེ་ལྟ་བུ་དང་། སྙིང་རྗེ་ནི་ཆུ་ལྟ་བུའོ། །

གཉིས་པ་ནི། དབྱེར་མེད་པར་ཡོན་ཏན་དང་ལྡན་པའི་ངོ་བོ་ཉིད་ཀྱི་ཕྱིར་མར་མེ་བཞིན་དུ་རྫུ་འཕྲུལ་དང་། ལྷའི་རྣ་བ་དང་། གཞན་གྱི་སེམས་དང་། སྔོན་གྱི་གནས་དང་། འཆི་འཕོ་དང་སྐྱེ་བའི་མངོན་པར་ཤེས་པ་ལྔ་དང་། ཟག་པ་ཟད་པའི་ཡེ་ཤེས་དང་། ཟག་པ་ཟད་པ་སྟེ་འབྲས་བུའི་ཡོན་ཏན་བདུན་དང་ལྡན་པའོ། །

གཉིས་པ་ལ་གཉིས། རྒྱུའི་ཡོན་ཏན་དང་ལྡན་པ་དང་། འབྲས་བུའི་ཡོན་ཏན་དང་ལྡན་པ་བཤད་པའོ། །

དང་པོ་ལ་གཉིས། དྲི་བ་དང་། ལན་ནོ། །

དང་པོ་ནི། དེ་ལ་ཞེས་སོ། །

གཉིས་པ་ལ་གཉིས། རྩ་བ་དང་། འགྲེལ་པའོ། །

དང་པོ་ནི། ཆོས་ཀྱི་སྐུ་རྣམ་པར་དག་བྱེད་ཀྱི་རྒྱུ་ཐེག་པ་ཆེན་པོའི་ཆོས་ལ་མོས་པ་སྣོད་དང་ཐེག་པ་ཆེན་པོ་ཐུན་མོང་མ་ཡིན་པའི་ཞི་གནས་དང་ལྷག་མཐོང་རྒྱལ་བའི་ཡེ་ཤེས་ཐོབ་པར་བྱེད་པའི་རྒྱུ་ཡིན་པའི་ཕྱིར་རིན་ཆེན་དང་། བྱང་ཆུབ་སེམས་དཔའི་སྙིང་རྗེ་ཆེན་པོ་དེ་བཞིན་གཤེགས་པའི་ཐུགས་རྗེ་འཇུག་པའི་རྒྱུ་ཡིན་པའི་ཕྱིར་ཆུ་དང་ཆོས་མཚུངས་པས་ཡོན་ཏན་བཞིས་ཁམས་ནི་རྒྱུའི་ཡོན་ཏན་དང་ལྡན་པར་བསྟུས་པའི་ཕྱིར་དཔེ་གསུམ་པོ་ཡིས་འདི་རྒྱ་མཚོ (106b) དང་ནི་མཚུངས་པར་བསྟན་ཏོ། །

གཉིས་པ་ལ་གཉིས། བསྟན་པ་དང་། བཤད་པའོ། །

དང་པོ་ནི། ཀོ་རིམ་ཇི་ལྟ་བར་མོས་པ་དང་། ཏིང་ངེ་འཛིན་དང་ཤེས་རབ་གཉིས་དང་། སྙིང་རྗེ་ཆེན་པོའི་གནས་གསུམ་པོ་རྣམས་ཀྱི་ཞེས་སོ། །

（丑三）释相应义

分三：（寅一）承启；（寅二）总标；（寅三）广释。

（寅一）承启

此中约相应义而言之颂曰：

（寅二）总标

分二：（卯一）与因功德相应；（卯二）与果功德相应。

（卯一）与因功德相应

从有情有种性之分而言，当知彼是**无量**因**功德无尽**功德宝**处**，**如大海**。海者，谓宝等之器，诸宝及水之所会聚，如是有情相续之界亦如大海，是四功德之处：胜解如器，慧及三摩地如宝，大悲如水。

（卯二）与果功德相应

具无差别功**德体性故**，**如炬**。与神境、天耳、他心、宿命、死生之五通，及漏尽智、漏尽果之七功德相应。（1.42）

（寅三）广释

分二：（卯一）释与因功德相应；（卯二）释与果功德相应。

（卯一）释与因功德相应

分二：（辰一）问；（辰二）答。

（辰一）问

此中前半颂云何所示？

（辰二）答

分二：（巳一）《论》；（巳二）《释》。

（巳一）《论》

胜解大乘法是能净**法身**之因故，如**器**；大乘不共止观是能得**佛智**之因故，如**宝**；菩萨**大悲**是如来悲心趣入之因故，如**水**；此四功德**摄**与因功德相应之**界故**，**以**此三喻**说此如同海**。（1.43）

（巳二）《释》

分二：（午一）标，（午二）释。

（午一）标

如其次第，**当以**胜解、三摩地及慧、大悲**三处之大海三同法**，**了知约如来界与因相应而言之相应义**。

གཉིས་པ་ལ་གསུམ། ཡོན་ཏན་གྱི་དབྱེ་བ་དང་། སོ་སོར་བཤད་པ་དང་། དཔེ་དོན་ཆོས་མཐུན་སྦྱར་བའོ། །

དང་པོ་ནི། གནས་གསུམ་གང་ཞེ་ན། ཞེས་སོ། །

གཉིས་པ་ནི། དེ་ལ་ཆོས་ཀྱི་སྐུ་རྣམ་པར་དག་པའི་རྒྱུ་ནི་ཞེས་ཏེ། ཐེག་པ་ཆེན་པོའི་ཆོས་ལ་མོས་པ་ནི་ཐོག་མའི་རྒྱུ་སྟེ། དེ་རྩ་བར་མ་བྱས་པར་ཐེག་པ་ཆེན་པོའི་ཞི་ལྷག་ཟུང་འབྲེལ་གྱི་ཏིང་ངེ་འཛིན་བསྒོམས་པ་དང་། སྙིང་རྗེ་ཆེན་པོ་བསྒོམ་པ་མི་འབྱུང་བས་སོ། །སངས་རྒྱས་ཀྱི་ཡེ་ཤེས་ཞེས་ཏེ། མི་གནས་པའི་མྱ་ངན་ལས་འདས་པ་ཐོབ་པའི་ཐབས་སྲིད་ཞིའི་མཐའ་འགོག་བྱེད་ཀྱི་ལམ་མོ། དེ་བཞིན་གཤེགས་པའི་ཞེས་ཏེ། སེམས་ཅན་ཐམས་ཅད་ཀྱི་ཁམས་སྐྱོང་བའི་ཆེད་དུ་ཐུགས་རྗེ་ཆེན་པོ་འཇུག་པའི་རྒྱུའོ། །

གསུམ་པ་ནི། དེ་ལ་ཐེག་པ་ཆེན་པོའི་ཆོས་ལ་མོས་པ་བསྒོམ་པ་ནི་སྣོད་དང་ཆོས་མཐུན་པ་སྟེ། སངས་རྒྱས་ཀྱི་ཆོས་ཐམས་ཅད་བསྒྲུབ་པར་བྱེད་པས་ཡོན་ཏན་དཔག་ཏུ་མེད་པ་ངོ་བོའི་སྣོ་ནས་འབྲས་བུ་འབྱིན་པའི་ནུས་པ་ཟད་མི་ཤེས་པའི་ཤེས་རབ་དང་ཏིང་ངེ་འཛིན་གྱི་རིན་པོ་ཆེ་དང་ཐུགས་རྗེའི་ཆུ་རྣམས་དེར་འདུ་བའི་ཕྱིར་རོ། །ཤེས་རབ་དང་ཞེས་ཏེ། འབྲས་བུ་འདི་སྨིན་པར་བྱའོ། །རློམ་པའི་རྣམ་པར་རྟོག་པ་མེད་པའི་ཕྱིར་དང་། འབྲས་བུ་འབྱིན་པའི་མཐུ་བསམ་གྱིས་མི་ཁྱབ་པའི་ཡོན་ཏན་དང་ལྡན་པའི་ཕྱིར་རོ། །བྱང་ཆུབ་སེམས (107a) དཔའ་སྙིང་རྗེ་བསྒོམ་པ་ནི་ཆུ་དང་ཆོས་མཐུན་པ་སྟེ། ཆུ་བརླན་ཅིང་གཤེར་པ་ལས་མ་འདས་པ་ལྟར། དེ་ནི་འགྲོ་བ་ཐམས་ཅད་ལ་སྡུག་བསྔལ་དང་བྲལ་འདོད་ཀྱི་དོན་གཉེར་གྱིས་མཆོག་ཏུ་བརླན་པའི་རང་བཞིན་གྱི་རོ་གཅིག་པ་དང་ལྡན་པའི་ཕྱིར་རོ། །ཆོས་སྐུ་དང་། རྒྱལ་བའི་ཡེ་ཤེས་དང་ཐུགས་རྗེའི་ཆོས་གསུམ་པོ་འདི་དག་དག་བྱེད་ཀྱི་རྒྱུ་དང་། ཐོབ་བྱེད་ཀྱི་རྒྱུ་དང་། ཐུགས་རྗེ་འཇུག་པའི་རྒྱུ་གསུམ་པོ་འདིས་རྒྱུའི་ཡོན་ཏན་བཞི་པོ་དེ་དང་ཁམས་འབྲེལ་ཞིང་ལྡན་པ་ནི་ལྡན་པ་ཞེས་བརྗོད་དེ།

གཉིས་པ་ལ་གཉིས། དྲི་བ་དང་། ལན་ནོ། །

དང་པོ་ནི། དེ་ལ་ཞེས་སོ། །

（午二）释

分三：（未一）功德差别；（未二）分别释；（未三）喻义同法合说。

（未一）功德差别

云何三处？**法身清净因**，**得佛智因**，**如来大悲趣入因**。

（未二）分别释

此中法身清净因者，**谓修习胜解大乘**。胜解大乘法是初因，以无此根本，则不修习大乘止观双运三摩地及不修习大悲故。**得佛智因者**，**谓修习慧及三摩地**。彼等是得无住涅槃之方便、能破有寂边之道。**如来大悲趣入因者**，**谓修习菩萨大悲**。彼是为净一切有情界故，大悲趣入之因。

（未三）喻义同法合说

此中修习胜解大乘法者，**与器同法**，**以**能成办一切佛法，故由体性门出**无量**功德果、能力**无尽之慧及三摩地宝**、**大悲水皆聚汇于此故**。**修习慧及三摩地之门者**，**与宝同法**，**以不起**“当施此果”之**分别故**；**以与不可思议**出果**能力功德相应故**。**修习菩萨悲者**，**与水同法**，如水以湿润为性，欲求一切众生离苦，**以与最上润性一味相应故**。**此等**法身、佛智、大悲**三法**，**是**能净因、能得因及大悲趣入之**三因**，界**与彼**四因功德**系属相应**，**故名“相应”**。

（卯二）释与果功德相应

分二：（辰一）问；（辰二）答。

（辰一）问

此中后半颂云何所示？

གཉིས་པ་ལ་གཉིས། རྩ་བ་དང་། འགྲེལ་པའོ། །

དང་པོ་ནི། དྲི་མ་མེད་པའི་གནས་ཁམས་ལ་ཞེས་སམ། དྲི་མ་མེད་པ་ཟག་པ་མེད་པའི་དབྱིངས་ཀྱི་གནས་ལ་འབྲས་བུའི་ཡོན་ཏན་མངོན་ཤེས་ལྔ་དང་ཟག་པ་ཟད་པའི་ཡེ་ཤེས་དྲི་མེད་དང་དྲི་མ་མེད་པའི་སྤངས་པ་དེ་ཉིད་དང་ངོ་བོའི་སྒོ་ནས་རྣམ་པར་དབྱེར་མེད་པའི་ཕྱིར་མར་མེའི་སྣང་བ་དང་དྲོ་བ་དང་མདོག་དང་ཆོས་མཚུངས་པ་ཅན་ནོ། །ཟག་པ་ཟད་པའི་ཡེ་ཤེས་ནི། ཟག་པ་ཟད་པའི་མངོན་པར་ཤེས་པ་སྟེ། དྲི་མ་ཟད་པའི་སྤངས་པ་དེ་ཉིད་མངོན་སུམ་དུ་ཤེས་པའི་ཡེ་ཤེས་སོ། །དེ་ཉིད་ནི་རྣམ་གྲོལ་ཞེས་ཀྱང་བརྗོད་པའི་སྤངས་པ་དེ་ཉིད་དོ། །

གཉིས་པ་ལ་གཉིས། དངོས་ཀྱི་དོན་དང་། ལུང་དང་སྦྱར་བའོ། །

དང་པོ་ལ་གསུམ། མདོར་བསྟན་པ་དང་། རྒྱས་པར་བཤད་པ་དང་། དོན་བསྡུ་བའོ། །

དང་པོ་ནི། གོ་རིམ་ཇི་ལྟ་བར་ཞེས་སོ། །

གཉིས་པ་ལ་གཉིས། (107b) ཡོན་ཏན་གྱི་དབྱེ་བ་དང་། དཔེ་དོན་ཆོས་མཐུན་སྦྱར་བའོ། །

དང་པོ་ནི། གནས་གསུམ་གང་ཞེ་ན་ཞེས་སོ། །

གཉིས་པ་ནི། དེ་ལ་འབྲས་བུའི་ཡོན་ཏན་མངོན་པར་ཤེས་པ་ལྔ་ནི་མར་མེའི་སྣང་བ་དང་ཆོས་མཚུངས་པ་སྟེ། དེ་དག་ནི་དོན་ཉམས་སུ་མྱོང་བའི་མི་མཐུན་པའི་ཕྱོགས་ཀྱི་མུན་པ་འཇོམས་པ་ཉིད་དུ་ཉེར་བར་གནས་པའི་མཚན་ཉིད་ཀྱི་ཕྱིར་རོ། །དེ་ཡང་སྟོན་པ་དང་། གྲོགས་དང་། གདུལ་བྱ་རྣམས་ཡུལ་གང་ན་གནས་པ་སོགས་མངོན་སུམ་དུ་སྣང་བ་དང་། གཞན་གྱི་སེམས་ཆགས་པ་དང་བྲལ་མ་བྲལ་སོགས་མངོན་སུམ་དུ་སྣང་བ་དང་། རང་གཞན་གྱི་ཚེ་རབས་སྔ་མ་མཐའ་ཡས་པ་མངོན་སུམ་དུ་མཐོང་ནས་གདུལ་བྱ་གང་དང་འབྲེལ་པ་ཡོད་པ་སོགས་མངོན་སུམ་དུ་སྣང་བས་སྣང་བ་དང་ཆོས་མཚུངས་པའོ། །ཟག་པ་ཟད་པའི་ཡེ་ཤེས་ནི་དྲོ་བ་དང་ཆོས་མཐུན་པ་སྟེ་དེ་ནི་ཞེས་སོ། །

གནས་ཡོངས་སུ་གྱུར་པའི་ཟག་པ་ཟད་པ་སྤངས་པ་ནི་མར་མེའི་མདོག་དང་ཆོས་མཐུན་པ་སྟེ། དེ་ནི་ཞེས་སོ། །དེ་བཤད་པ་ནི་དེ་ལ་དྲི་མ་མེད་པ་ནི་གང་ཟག་དང་ཕུང་པོ་བདེན་པར་འཛིན་པའི་ཉོན་མོངས་པའི་སྒྲིབ་པ་སྤངས་པའི་ཕྱིར་རོ། །རྣམ་པར་དག་པ་ནི་ཉོན་མོངས་པའི་བག་ཆགས་བདེན་སྣང་འཁྲུལ་བའི་ཆ་དང་བཅས་པའི་ཤེས་བྱའི་སྒྲིབ་པ་སྤངས་པའི་ཕྱིར་རོ། །འོད་གསལ་བ་ནི་སྒྲིབ་པ་དེ་གཉི་ག་གློ་བུར་ཉིད་ཀྱིས་སེམས་ཀྱི་རང་བཞིན་ལ་ཞུགས་པ་མ་ཡིན་པའི་ཕྱིར་རོ། །

（辰二）答

分二：（巳一）《论》；（巳二）《释》。

（巳一）《论》

无垢处界或无垢无漏界处之**中**，果功德五通、无垢漏尽**智**、**无垢**之断，由体性门**无别故**，**与灯**之**光**、**暖**、**色同法**。漏尽智者，谓漏尽通，即现知彼垢尽断之智，此亦说名“解脱”之断。（1.44）

（巳二）《释》

分二：（午一）正义，（午二）配合经教。

（午一）正义

分三：（未一）总标；（未二）广释；（未三）摄义。

（未一）总标

如其次第，**当以三处之炬三同法**，**了知约如来界与果相应而言之相应义**。

（未二）广释

分二：（申一）功德差别；（申二）喻义同法合说。

（申一）功德差别

云何三处？**神通**，**漏尽智**，**漏尽**。

（申二）喻义同法合说

此中果功德**五通者**，**与**灯**光同法**，**以彼等以摧坏觉受义所治品暗为相故**。此亦现见大师、友伴、所化居住何地等，现见他心是否离贪等，现见自他无量前生故现见与何所化有缘等，而与光同法。

漏尽智者，**与暖同法**，**以彼以焚尽业烦恼薪木为相故**。

转依之漏尽断**者**，**与**灯**色同**法，**以彼以至极无垢清净光明为相故**。释彼之文者，**此中无垢者**，**断**执补特伽罗及蕴为实之**烦恼障故**。**清净者**，**断**烦恼习气及错乱谛实显现分之**所知障故**。**光明者**，**彼二**障**乃客**、**不**入心**自性故**。

གསུམ་པ་ནི། དེ་ལྟར་མངོན་པར་ཤེས་པ་ལྔ་དང་ཟག་པ་མེད་པའི་ཡེ་ཤེས་དང་སྤངས་པས་བསྡུས་པ་མི་སློབ་པའི་རྒྱུད་ཀྱི་ཆོས་བདུན་པོ་འདི་དག་དྲི་མ་མཐའ་དག་གིས་དབེན་པའི་དེ་བཞིན་ཉིད་ལ་རྟག་ཏུ་མཉམ་པར་བཞག་པའི་ཟག་པ་མེད་པའི་དབྱིངས་ན་ངོ་བོའི་སྒོ (108a) ནས་ཕན་ཚུན་རྣམ་པར་དབྱེ་བ་མེད་པ་ཉིད་དུ་སོ་སོ་མ་ཡིན་པའི་ཆོས་ཀྱི་དབྱིངས་མཉམ་པ་ཉིད་དང་ལྡན་པ་ནི་ལྡན་པ་ཞེས་བྱའོ། །

གཉིས་པ་ནི། ལྡན་པའི་དོན་ལས་ཞེས་ཏེ་མདོ་ལས། ཤྭ་རིའི་བུ་དཔེར་ན་ཞེས་སོ། །འབྲས་བུ་མཐར་ཐུག་པའི་དུས་ན་ཡོན་ཏན་འདི་དག་དང་ལྡན་པ་མདོ་འདིས་བསྟན་གྱི། སོ་སོ་སྐྱེ་བོའི་རྒྱུད་ལ་ཡོད་པར་མ་བསྟན་ཏོ། །

བཞི་པ་འཇུག་པའི་རབ་དབྱེ་བཤད་པ་ལ་གཉིས། དངོས་ཀྱི་དོན་དང་། དེའི་ཡན་ལག་གོ །

དང་པོ་ལ་གསུམ། མཚམས་སྦྱར་བ་དང་། བསྟན་པ་དང་། བཤད་པའོ། །

དང་པོ་ནི། དེ་ལ་ཞེས་སོ། །དེ་བཞིན་ཉིད་གཞི་གང་ལ་གནས་པ་དང་། དབྱེ་བ་དུས་གནས་པའི་ཚུལ་གྱིས་རྟེན་གྱི་འཇུག་པ་དང་རབ་ཏུ་དབྱེ་བའི་འཇུག་པ་གཉིས་སོ། །

གཉིས་པ་ནི། སོ་སོའི་སྐྱེ་བོ་དང་འཕགས་པ་གཞན་དང་། རྫོགས་པའི་སངས་རྒྱས་ཀྱི་རྟེན་དེ་གསུམ་ལ་གནས་པ་རྟེན་གྱི་འཇུག་པ་དང་། དེ་བཞིན་ཉིད་དྲི་མས་མ་དག་པ་དང་ཕྱོགས་གཅིག་དང་བྲལ་བ་དང་། སྒྲིབ་པ་ཐམས་ཅད་ཟད་པའི་དབྱེ་བ་གསུམ་དུ་གནས་པས་རབ་ཏུ་དབྱེ་བའི་འཇུག་པ་ལས་དེ་ཉིད་གཟིགས་པས་སེམས་ཅན་ལ་རྒྱལ་བའི་སྙིང་པོ་དྲི་མ་དང་བཅས་པའི་དེ་བཞིན་ཉིད་འདི་བསྟན་ཏོ། །སེམས་ཅན་གྱིས་སངས་རྒྱས་ཐོབ་པའི་གཞི་སྙིང་པོ་བསྡུས་པ་ནི། སེམས་ཅན་གྱི་སེམས་རང་བཞིན་གྱིས་རྣམ་པར་དག་པ་འདི་ཡིན་ཏེ། གང་ལ་དམིགས་ནས་བསྒོམས་ནས་སངས་རྒྱས་ཀྱི་ཆོས་རྣམས་སྐྱེ་བའི་ཆོས་ཀྱི་འབྱུང་གནས་དེ་ཉིད་དོ། །དྲི་མ་དང་བཅས་པའི་དེ་བཞིན་ཉིད་རྒྱལ་བ་ཡང་དག་པར་རྫོགས (108b) པའི་སངས་རྒྱས་ཐོབ་པའི་ཐབས་ཀྱི་སྙིང་པོ་བསྡུས་པ་ཡིན་པས་རྒྱལ་བའི་སྙིང་པོ་ཞེས་བརྗོད་དོ། །

（未三）摄义

如是五通、**无漏智及断所摄无学相续之七法**，**此等于**恒所入定离垢真如**无漏界中**，由体性门**互不可分**，**与非各别法界平等性相应者**，**名“相应”**。

（午二）配合经教

此相应之喻，应广如经说而通达：

“**舍利弗**，**譬如炬之光**、**暖**、**色**，**或摩尼之光**、**色**、**形**，**具无分别法**，**具不乖离功德**。**舍利弗**，**如是如来所说法身者**，**具过恒河沙诸如来法无分别法**，**具不乖离智功德**。”

此经是说究竟果时与此等功德相应，非说异生相续中有。

（丑四）释转之差别

分二：（寅一）正义；（寅二）彼之支分。

（寅一）正义

分三：（卯一）承启；（卯二）标；（卯三）释。

（卯一）承启

此中约转而言之颂曰：

由真如之所依及差别分所依之转及差别之转二种。

（卯二）标

异生、余**圣者**、**佛**三所依之所依转，及**真如**垢未净、一分净、一切障净三差别之**差别转**，**见此说有情皆有佛之藏**有垢真如。有情成佛之基摄其要者，即有情心自性清净，缘之而修是能生诸佛法之法源。有垢真如摄成正等觉佛方便之心要，故名“佛藏”。（1.45）

གཉིས་པ་ལ་དྲི་བ་ནི། འདིས་ཅི་བསྟན་ཅེ་ན།

ལན་ལ་གཉིས། རྩ་བ་དང་། འགྲེལ་པའོ། །

དང་པོ་ནི། སོ་སོའི་སྐྱེ་བོའི་རྒྱུད་ཀྱི་དེ་བཞིན་ཉིད་སྒྲིབ་པའི་ས་བོན་ཅུང་ཟད་ཀྱང་མ་སྤངས་ཤིང་དྲི་མའི་ས་བོན་དང་བཅས་པས་ཕྱིན་ཅི་ལོག་དང་བཅས་པ་དང་རྫོགས་པའི་སངས་རྒྱས་མ་ཡིན་པའི་བདེན་པ་མངོན་སུམ་དུ་མཐོང་བའི་གང་ཟག་གི་རྒྱུད་ཀྱི་དེ་བཞིན་ཉིད་དེ་ལས་ལྡོག་པ་སྟེ་དྲི་མ་ཟད་པ་མ་སྤངས་ཤིང་དྲི་མའི་ས་བོན་ཅི་རིགས་པ་སྤངས་པས་ཕྱིན་ཅི་མ་ལོག་པ་དང་། དེ་བཞིན་གཤེགས་པས་ཇི་ལྟ་བ་བཞིན་གཟིགས་པ་མཐར་ཐུག་པའི་རྒྱུད་ཀྱི་དེ་བཞིན་ཉིད་ཕྱིན་ཅི་མ་ལོག་པ་སྤྲོས་པ་མེད་པ་ཉིད་ཀྱི་རབ་ཏུ་དབྱེ་བར་གནས་པའོ། །གཙོ་བོ་བྱང་ཆུབ་སེམས་དཔའ་འཕགས་པ་རྣམས་ཡིན་མོད་ཀྱི། འཕགས་པ་གཞན་ཡང་རིམ་པ་གཉིས་པའི་ནང་དུ་བསྡུ་བར་བྱའོ། །

གཉིས་པ་ནི། དེ་བཞིན་གཤེགས་པའི་ཁམས་ལ་འཇུག་པའི་དབྱེ་བ་རྣམ་པ་གསུམ་ཐ་དད་པར་བསྟན་པར་རིག་པར་བྱ་སྟེ། གང་ལས་བསྟན་ན་ཤེས་རབ་ཀྱི་ཕ་རོལ་ཏུ་ཕྱིན་པ་ལ་སོགས་པར་དེ་བཞིན་ཉིད་མངོན་སུམ་དུ་རྟོགས་པ་ལ་སོགས་པའི་རྣམ་པར་མི་རྟོག་པའི་ཡེ་ཤེས་ཀྱི་སྒོ་ལ་གདམས་པ་ལས་བརྩམས་ཏེའོ། །དེ་བཞིན་དུ་དོན་དམ་པའི་དབྱེ་བ་ཤེར་ཕྱིན་གྱི་མདོ་ལས་གསུངས་པར་བསྒྲུབས་པས་ཤེར་ཕྱིན་གྱི་མདོ་ལས་ཀུན་རྫོབ་རང་སྟོང་འབའ་ཞིག་བསྟན་གྱི། དོན་དམ་པའི་བདེན་པ་གཞན་སྟོང་མ་བསྟན་ཏོ་ཞེས་ཤེར་ཕྱིན་གྱི་མདོ་དང་བསྟན（109a）བཅོས་འདི་རྩ་འགྲེལ་སུན་དབྱུང་བར་མི་བྱའོ། །གང་ལ་བསྟན་ན་བྱང་ཆུབ་སེམས་དཔའ་རྣམས་ལའོ། །གཞི་གང་ལ་ཚུལ་ཇི་ལྟར་བསྟན་པ་ནི། ཆོས་ཐམས་ཅད་ཀྱི་དེ་བཞིན་ཉིད་རྣམ་པར་དག་པ་སྤྱིའི་མཚན་ཉིད་བསྟན་པ་རང་བཞིན་གྱིས་སྟོང་པ་གང་ཡིན་པ་དེ་ལ་ཞེས་པ་ནས། དེ་བཞིན་གཤེགས་པ་རྣམས་ཀྱི་ཞེས་སོ། །གསུམ་པོ་གང་ཞེ་ན། འདི་ལྟ་སྟེ། ཞེས་སོ། །དེ་ཉིད་བཤད་པ་ནི། དེ་ལ་ཕྱིན་ཅི་ལོག་དང་བཅས་པ་ནི་བྱིས་པ་རྣམས་ཀྱི་དེ་བཞིན་ཉིད་དེ། བྱིས་པ་རྣམས་མི་རྟག་པ་སོགས་བཞི་ལ་རྟག་པ་སོགས་སུ་འདུ་ཤེས་པ་དང་། འདོད་ཆགས་ལ་སོགས་པས་ཀུན་ནས་ཉོན་མོངས་པས་སེམས་དང་འདུ་ཤེས་ཕྱིན་ཅི་ལོག་གིས་ཞེན་པའི་དོན་ལ་བཟོད་ཅིང་འདོད་ལ་མངོན་པར་ཞེན་པས་ལྟ་བ་ཕྱིན་ཅི་ལོག་པའི་ཕྱིར་རོ། །དེ་ལས་ལྡོག་པས་ཕྱིན་ཅི་མ་ལོག་པ་ནི་འཕགས་པ་རྣམས་ཀྱི་སྟེ་ཕྱིན་ཅི་ལོག་སྟེ་ཅི་རིགས་པ་སྤངས་པའི་ཕྱིར་རོ། །ཡང་དག་པ་ཕྱིན་ཅི་མ་ལོག་པར་ཞེས་སོ། །

（卯三）释

分二：（辰一）问；（辰二）答。

（辰一）问

此颂云何所示？

（辰二）答

分二：（巳一）《论》；（巳二）《释》。

（巳一）《论》

异生相续之真如**者**，障种子少分未断、有障种子，**颠倒**；除正等觉外，现**见谛**补特伽罗相续之真如**者**，从此**还灭**。垢未断尽，障种子如其所应而断，不颠倒；**如实**观究竟**如来**相续之真如**者**，**不颠倒**，住**无戏论**差别。虽主要说诸菩萨圣者，余圣者亦应摄入第二类中。（1.46）

（巳二）《释》

当知**于如来界**说三种转差别异。何处说？**《般若经》等中**，**由教诫**现证真如等**无分别智之门**说。如是，成立胜义差别是《般若经》中说。故不应轻视《般若经》与此论本释，妄言《般若经》但说世俗“自空”而不说胜义谛“他空”。为何人说？**为菩萨**说。于何所依、云何而说？**说一切法真如清净总相**自性空。**此中当知三类补特伽罗**，**即不见真实之异生**，**见真实之圣者**，**见真实清净究竟之如来之三种转异**。云何三者？**如其次第**，即**颠倒**，**不颠倒**，**正不颠倒无戏论**。解释者，**此中**具**颠倒者**，**谓诸异生**之真如，诸异生于无常等四起常等**想**颠倒，由贪等杂染令**心**颠倒，忍可颠倒想所执之事、耽着于欲而令**见颠倒故**。**还灭不颠倒者**，**谓诸圣者**，随其所应而**断彼颠倒**。**正不颠倒无戏论者**，**谓诸正等觉**，**坏烦恼及习气**、**所知障故**。

གཉིས་པ་ལ་གཉིས། སྤྱིའི་མཚམས་སྦྱར་བ་དང་། སོ་སོའི་དོན་བཤད་པའོ། །

དང་པོ་ནི། འདི་ཕན་ཆད་ནི་ཞེས་སོ། །

གཉིས་པ་ལ་བཞི། ཇོ་བོའི་སྒོ་ནས་ཐ་དད་པ་མ་ཡིན་པར་གནས་སྐབས་ཙམ་ཐ་དད་པའི་རབ་ཏུ་དབྱེ་བ་དང་། རང་བཞིན་གཅིག་ཉིད་གནས་སྐབས་ཀུན་ཏུ་འགྲོ་བས་དེ་ཉིད་བསྒྲུབ་པ་དང་། ཇོ་བོའི་སྒོ་ནས་གཞན་དུ་མི་འགྱུར་བས་བསྒྲུབ་པ་དང་། ཤིན་ཏུ་རྣམ་པར་དག་པའི་དུས་ན་རྣམ་གྲོལ་གྱི་ཡོན་ཏན་རྣམས་དབྱེར་མེད་དུ་ལྡན་པར་བསྒྲུབ་པའོ། །

དང་པོ་ལ (109b) གསུམ། མཚམས་སྦྱར་བ་དང་། བསྟན་པ་དང་། རྒྱས་པར་བཤད་པའོ། །

དང་པོ་ནི། དེ་ལ་ཞེས་སོ། །

གཉིས་པ་ནི། སྒྲིབ་པའི་ས་བོན་ཙུང་ཟད་ཙམ་ཡང་མ་དག་པ་དང་། སྒྲིབ་པ་མཐའ་དག་མ་དག་ཅིང་ཀུན་བརྟགས་ཀྱི་ས་བོན་སོགས་ཅི་རིགས་པ་དག་པ་དང་། ཤིན་ཏུ་རྣམ་དག་གི་དེ་བཞིན་ཉིད་གསུམ་ལ་གོ་རིམ་བཞིན་དུ་སོ་སོ་སྐྱེ་བོའི་སེམས་ཅན་གྱི་ཁམས་དང་། བྱང་ཆུབ་སེམས་དཔའ་འཕགས་པའི་རྒྱུད་ཀྱི་ཁམས་དང་། དེ་བཞིན་གཤེགས་པ་ཞེས་བརྗོད་དོ། །དེ་བཞིན་ཉིད་ཀྱི་དབྱེ་བ་སྟོན་པ་ཡིན་པས་ཤིན་ཏུ་རྣམ་དག་གི་དེ་བཞིན་ཉིད་དེ་བཞིན་གཤེགས་པར་བཞག་ཀྱང་འགལ་བ་མེད་ལ་དེ་བཞིན་ཉིད་ཐ་མ་གཉིས་སོ་སྐྱེ་དང་བྱང་ཆུབ་སེམས་དཔའ་ཡིན་པར་བཞག་ཏུ་མི་རུང་སྟེ། དོན་དམ་པའི་བདེན་པ་སྐྱེས་བུར་འཇོག་པ་གཞན་སྟེའི་ལུགས་ཡིན་པའི་ཕྱིར་རོ། །བརྗོད་དོ་ཞེས་པའི་སྒྲ་ལས་ནི་གང་ཟག་གསུམ་གྱི་དེ་བཞིན་ཉིད་གང་ཟག་གསུམ་དུ་གདགས་པའི་གཞིར་བྱ་སྟེ། དེ་ལྟ་ན། ཕུང་པོའི་ཚོགས་པ་དང་རྒྱུན་ལ་བརྟེན་ནས་གང་ཟག་ཏུ་བཏགས་ཀྱང་། ཕུང་པོའི་ཚོགས་པ་དང་རྒྱུན་དང་དེའི་ཡ་གྱལ་སོགས་གང་ཡང་གང་ཟག་གི་མཚན་གཞིར་བཞག་ཏུ་མི་རུང་བ་བཞིན་དུ་ཤེས་པར་བྱའོ། །ཞིབ་ཏུ་བཤད་ན། ཤེས་རབ་ཀྱི་ཕ་རོལ་ཏུ་ཕྱིན་པའི་སྙིང་པོའི་མདོ་ལས། གཟུགས་སྟོང་པའོ། །སྟོང་པ་ཉིད་གཟུགས་སོ། །ཞེས་གསུངས་པ་ལྟར་ཏེ། གཟུགས་ཀྱི་རང་གི་ངོ་བོའི་སྡོད་ལུགས་ཇི་ལྟར་ཡོད་ལྟས་པའི་ཚེ། གཟུགས་རང་བཞིན་གྱིས་གྲུབ་པ་རྡུལ་ཙམ་ཡང་མེད་པར་ཐོང་དུ་ཆུད་ལ། དེའི་རྗེ་མ་ཡལ་བའི་ངང་ནས་གཟུགས་སུ་འདོགས་པའི་གཞི་ཇི་ལྟར་ཡིན (110a) ལྟས་པའི་ཚེ་རང་བཞིན་གྱིས་སྟོང་པའི་ཆོས་ཞིག་ལ་གཟུགས་སུ་ཐ་སྙད་བྱེད་པར་ཐོང་དུ་ཆུད་པར་འགྱུར་བ་བཞིན་དུ། འདིར་ཡང་རང་བཞིན་གྱིས་སྟོང་པའི་ཆོས་ཞིག་ལ་གང་ཟག་གསུམ་དུ་ཐ་སྙད་བྱས་པར་ཐོང་དུ་ཆུད་ནས་དེ་བཞིན་གཤེགས་པའི་སྙིང་པོའི་དོན་རྟོགས་པར་འགྱུར་བ་ཡིན་ནོ། །

གསུམ་པ་ལ་དྲི་བ་ནི། འདིས་ཅི་བསྟན་ཅེ་ན།

（寅二）彼之支分

分二：（卯一）总承启；（卯二）释别义；

（卯一）总承启

以上是约转义说，余四义当知是其差别。

（卯二）释别义

分四：（辰一）体性不异惟分位有异之差别；（辰二）由同一自性遍行分位而成立；（辰三）由体性不变异而成立；（辰四）成立最清净时诸解脱功德无别相应。

（辰一）体性不异惟分位有异之差别

分三：（巳一）承启；（巳二）标；（巳三）广释。

（巳一）承启

此中约三类补特伽罗分位差别而言之颂曰：

（巳二）标

障种子少分亦**不净**、诸障**不净**且分别种子等随其所应而**净**、**最清净之**三真如，**依次**称异生**有情**界、**菩萨**圣者相续界、**以及如来者**。（1.47）

此说真如之差别，故立真如为如来亦不相违，然立前二真如为异生及菩萨则不可，立胜义谛为士夫乃外道宗规故。"称"者，表三类补特伽罗之真如是三类补特伽罗之安立所依。如虽依蕴之聚及相续安立补特伽罗，然蕴之聚、相续及其支分等皆不可立为补特伽罗之所相，如是应知。详言之，如《般若经》云："色即是空，空即是色"。观色之体性真理云何而有时，知色无微尘许自性。摄持此解不散中，观安立色之所依云何而有时，则知于一自性空法立色名。此中亦是于一自性空法立三类补特伽罗名，如是晓了当解如来藏义。

（巳三）广释

分二：（午一）问；（午二）答。

（午一）问

此颂所示云何？

ལན་ལ་གཉིས། རྩ་བ་དང་། འགྲེལ་པའོ། །

དང་པོ་ནི། ཁམས་དྲི་མ་དང་བཅས་པའི་དེ་བཞིན་ཉིད་ནི་གནས་སྐབས་གསུམ་དག་ཏུ་སྔ་ཕྱི་རིམ་གྱིས་མིང་གསུམ་གྱིས་ནི་བཏགས་ནས་བསྟན་པ་ཉིད་དུ་ཤེས་པར་བྱའོ། །མཚན་གཞིར་བྱེད་པ་མ་ཡིན་པ་སྤྱར་བཤད་པ་ལྟར་རོ། །ཁམས་ཇི་ལྟ་བུ་ཞེ་ན། སྤྱར་བཤད་པའི་ངོ་བོ་ཉིད་ལ་སོགས་པའི་དོན་འདི་དྲུག་གིས་ནི་བསྡུས་པ་ཡིན་ཏེ། དེ་དག་གིས་གཏན་ལ་ཕབ་པའི་དོན་དེ་ཉིད་དེ་དེ་ཡང་མདོར་བསྡུས་ན། གནས་སྐབས་གསུམ་དུ་མིང་གསུམ་གྱིས་བཏགས་ནས་བསྟན་པར་ཤེས་པར་བྱའོ། །

གཉིས་པ་ལ་གཉིས། ཚིག་དོན་དང་། ལུང་དང་སྦྱར་བའོ། །

དང་པོ་ནི། གནས་སྐབས་ཅན་དབྱེ་བའི་གཞི་ནི་དེ་ལྟར་མིང་གང་ཅི་ཡང་རུང་སྟེ། བཅོམ་ལྡན་འདས་ཀྱིས་སྐྱེ་བ་མེད་པ་དང་། འགག་པ་མེད་པ་ལ་སོགས་པ་ཟབ་མོའི་རྣམ་གྲངས་ཀྱི་སྒོ་དུ་མར་རྒྱས་པར་བསྟན་པའི་ཟག་པ་མེད་པའི་ཁམས་དེ་བཞིན་ཉིད་བསྟན་པ་ངོ་བོ་ཉིད་ཅེས་སོ། །གནས་སྐབས་དང་པོ་ལ་སེམས་ཅན་གྱི་ཁམས་ཞེས་སྤྱིར་བསྟན་ཡང་དྲི་མའི་ས་བོན་རྩུང་ཟད་ཀྱང་མ་དག་པའི་གནས་སྐབས་ཀྱིས་ཁྱད་པར་དུ་བྱས་པས་སོ་སོ་སྐྱེ་བོ་འབའ་ཞིག་དང་རིམ་པ་གཉིས་པའི་སྐབས་སུ་བྱང་ཆུབ་སེམས་དཔའ་ཞེས་སྤྱིར་བཤད་ཀྱང་། བྱང་ཆུབ་སེམས་དཔའི (110b) འཕགས་པ་ཡིན་པར་ཤེས་བྱེད་ཀྱི་མདོ་ལས་གསལ་ལ། དེ་ཡང་གཙོ་བོའི་དབང་དུ་བྱས་པ་ཡིན་གྱི། ཉན་རང་འཕགས་པ་དག་ཀྱང་དེར་བསྡུས་ནས་བཞག་སྟེ། སོ་སོ་སྐྱེ་བོར་མི་རུང་བའི་ཕྱིར་དང་། འཇུག་པའི་རབ་དབྱེའི་སྐབས་སུ་དེ་ཡང་བསྟན་དགོས་པའི་ཕྱིར་རོ། །

གཉིས་པ་ནི། ཇི་སྐད་དུ། བཅོམ་ལྡན་འདས་ཀྱིས། ཤཱ་རིའི་བུ་དྲི་མས་རྣམ་པར་དག་པ་ན་ཆོས་ཀྱི་སྐུ་ཞེས་བསྙད་པའི་དྲི་མ་དང་བཅས་པའི་དེ་བཞིན་ཉིད་དེ་ཉིད་ཉོན་མོངས་པའི་ཞེས་དང་། ལས་ཉོན་གྱི་དབང་གིས་འཁོར་བའི་སོ་སོ་སྐྱེ་བའི་རྒྱུད་ལ་གནས་པས་འཁོར་བའི་རྒྱུན་གྱིས་འབྱེར་ལ་ཞེས་པ་ནས། སོ་སོ་སྐྱེ་བོའི་རྒྱུད་ཀྱི་དེ་བཞིན་ཉིད་ནི་སེམས་ཅན་གྱི་ཁམས་ཞེས་བརྗོད་དོ། །ཤཱ་རིའི་བུ་ཆོས་ཀྱི་སྐུ་དེ་ཉིད་འཁོར་བའི་རྒྱུན་གྱི་སྡུག་བསྔལ་ལ་སྐྱོ་བར་གྱུར་པ་ཞེས་པ་ནས། བྱང་ཆུབ་ཀྱི་སྤྱོད་པ་སྤྱོད་པ་ནི་བྱང་ཆུབ་སེམས་དཔའ་ཞེས་བརྗོད་དོ། །ཆོས་སྐུ་འཁོར་བར་འཁོར་བ་སོགས་མི་རུང་བས་དྲི་མས་དག་པའི་ཚེ་ཆོས་སྐུར་འགྱུར་བ་དེ་བཞིན་ཉིད་དེ་ཉིད་ཁྱད་ཆོས་དེ་དག་གིས་ཁྱད་པར་དུ་བྱས་པ་ལ་བྱང་ཆུབ་སེམས་དཔར་བཏགས་པའི་དོན་ཏོ། །དེ་དག་གིས་བྱང་ཆུབ་སེམས་དཔའ་འཕགས་པ་འཁོར་བའི་ཉེས་དམིགས་རིག་ནས་མི་མཐུན་པར་འཛིན་པ་དང་། སེམས་ཅན་གྱི་སྤྱོད་པ་བརྒྱད་ཁྲི་བཞི་སྟོང་གི་གཉེན་པོར་ཆོས་ཕུང་བརྒྱད་ཁྲི་བཞི་སྟོང་གི་དོན་རིག་ནས་ཕར་ཕྱིན་བཅུའི་སྤྱོད་པ་ཉམས་སུ་ལེན་པ་བསྟན་ཏོ། །

(午二) 答

分二:(未一)《论》;(未二)《释》。

(未一)《论》

界有垢真如**者**,当知**于三分位中**先后安立**三名而说**。如前已述,(**三类**补特伽罗)不可解作所相。云何界?上述**体性等六义之**所摄、所决择义,简言之,当知即**于三分位中**立**三名而说**。(1.48)

(未二)《释》

分二:(申一)文义;(申二)配合经教。

(申一)文义

分位差别之所依者,**如是**诸名**皆可**,**世尊广说**无生、无灭等甚深**异门非一之无漏界**真如,**由体性**、**因**、**果**、**用**、**相应**、**转六义所摄**。**彼等一切简言之,当知于三位中依次说三名而示之:于不净位中称"有情界"**,**于不净及净位中称"菩萨"**,**于最净位中称"如来"**。第一位虽总说是"有情界",然以垢种子少分未净位为差别,故纯系异生。第二位虽总说是"菩萨",然是菩萨圣者,所据之经有明言。此亦约主要而言,声闻、独觉圣者亦摄入其中,以彼不应是异生故;转差别时亦须说彼故。

(申二)配合经教

经云:"**世尊曰:舍利弗**,垢净时立名"**法身**"之有垢真如,**彼为无量俱胝烦恼壳所缠**,安住随业烦恼转而有生死之异生相续中,故**为生死流所漂**,**于无始无终生死中死生流转**,此异生相续之真如者,**说名"有情界"**。**舍利弗**,**彼法身厌生死流之苦**,**离贪一切欲境**,**以八万四千法蕴行菩提行**、**十波罗蜜多所属者**,**说名"菩萨"**。"法身流转生死不应理,故此说义为:垢净时将成法身之真如,以彼等差别法而为差别,假名为菩萨。彼等是说,菩萨圣者知生死过患已、执为所治品,了知八万四千有情行之对治八万四千法义已、修十波罗蜜多行。

ཟླ་རིའི་བུ་ཆོས་ཀྱི་སྐུ་དེ་ཉིད་ཅེས་ཏེ། རིམ་པ་བཞིན་དུ་ཉོན་མོངས་མངོན་གྱུར་སྤངས་པ་དང་། འབྲས་བུ་སྡུག་བདེན་སྤངས་པ་དང་། ཤེས་སྒྲིབ་སྤངས་པ་དང་། (111a) རྒྱུ་མཚན་དེ་ཉིད་ཀྱིས་ན་དག་པ་ཞེས་པས་རང་དོན་ཕུན་ཚོགས་ཀྱི་སྤངས་པ་དང་། གཞན་དོན་ཕུན་ཚོགས་ནི་སེམས་ཅན་ཞེས་སོ། །ཇི་ལྟ་བ་དང་ཇི་སྙེད་པ་རྟོགས་པ་གཉིས་ནི་ཤེས་བྱའི་ཞེས་པ་གཉིས་དང་། རྒྱུ་མཚན་དེས་ན་སྒྲིབ་པ་མེད་པའི་ཞེས་སོ། །

གཉིས་པ་ལ་གསུམ། མཚམས་སྦྱར་བ་དང་། བསྟན་པ་དང་། རྒྱས་པར་བཤད་པའོ། །

དང་པོ་ནི། དེ་བཞིན་གཤེགས་པའི་ཞེས་ཏེ། རང་བཞིན་གྱིས་སྟོང་པ་དེ་ཉིད་གནས་སྐབས་གསུམ་དུ་རྗེས་སུ་འགྲོ་བས་གནས་སྐབས་ཙམ་ཐ་དད་པ་ཡིན་གྱི། རང་གི་ངོ་བོའི་སྒོ་ནས་མི་འདྲ་བ་སོ་སོ་ཐ་དད་པ་ཡིན་ན། གནས་སྐབས་གསུམ་དུ་ཁྱད་པར་མེད་པར་རྗེས་སུ་འགྲོ་བ་འགལ་བའི་ཕྱིར་རོ། །

གཉིས་པ་ནི། ཇི་ལྟར་སྟོད་སྟོང་པ་མཐའ་དག་ལ་ཁྱབ་པར་བྱའོ་སྙམ་པའི་རྟོག་པ་མེད་པའི་བདག་ཉིད་ཅན་ནམ་མཁའ་ཐོགས་པའི་རིག་བྱ་དང་བྲལ་བ་ཀུན་ཏུ་རྗེས་སུ་སོང་བ་ལྟར་སེམས་ཀྱི་རང་བཞིན་དྲི་མ་མེད་པའི་དབྱིངས་རང་བཞིན་གྱིས་སྟོང་པ་དེ་ཉིད་དེ་བཞིན་དུ་ཆོས་ཅན་ཀུན་ཏུ་འགྲོ་བ་ཉིད་དུ་ཤེས་པར་བྱའོ། །དྲི་མ་མེད་པའི་དབྱིངས་ནི་དྲི་མ་སེམས་ཀྱི་རང་བཞིན་ལ་མ་ཞུགས་པའི་དོན་ཡིན་གྱི། གློ་བུར་དྲི་བྲལ་འབའ་ཞིག་མིན་ནོ། །ཐོགས་པའི་རིག་བྱ་རྣམ་པར་བཅད་ཙམ་དེ་ཉིད་འདུས་མ་བྱས་ཀྱི་ནམ་མཁའ་ཡིན་གྱི། བསྒྲུབ་པ་རང་དབང་བའི་རྣམ་པ་འཆར་རྒྱུ་མེད་ལ་དེ་སྟོད་ཐ་དད་པ་ཀུན་ལ་ཁྱབ་ཀྱང་ཆོས་ཅན་སོ་སོའི་སྒོ་ནས་ཐ་སྙད་མི་འདྲ་བར་བཞག་པ་མ་གཏོགས་རང་གི་ངོ་བོའི་སྒོ་ནས་རྣམ་པ་མི་འདྲ་བ་འཆར་རྒྱུ་མེད་པ་བཞིན་དུ། རང་བཞིན་གྱིས་གྲུབ་པ་རྣམ་པར་བཅད་ཙམ་གྱི་རང་བཞིན་རྣམ་དག་དེ་ཉིད་ཆོས་ (111b) ཅན་ཐམས་ཅད་ལ་རྗེས་སུ་སོང་ཡང་སོ་སེར་བཞིན་དུ་རང་གི་ངོ་བོའི་སྒོ་ནས་རྣམ་པ་མི་འདྲ་བར་འཆར་རྒྱུ་མེད་པས་རང་བཞིན་གཅིག་ཉིད་གནས་སྐབས་ཀུན་ཏུ་རྗེས་སུ་འགྲོ་བ་དང་། གནས་སྐབས་ཐ་དད་པ་ཙམ་ཞེས་བྱའོ། །

“**舍利弗，彼法身解脱一切烦恼壳，出一切苦，离一切烦恼垢，住净、清净、最上清净法性，入一切有情仰视之地，于一切所知地得无二士夫力，具无障法、得一切法自在无碍力**。”如其次第，说断烦恼现行，断苦谛果，断所知障，以此缘故而称“净”等，乃自利圆满之断。利他圆满者，即“入一切有情”等。证如所有及尽所有二者，即“于一切所知”等。以此缘故而称“具无障法”等。

(辰二) 由同一自性遍行分位而成立

分三：(巳一) 承启；(巳二) 标；(巳三) 广释。

(巳一) 承启

约如来界遍行于彼等分位而言之颂曰，以彼自性空于三位随转故，惟分位有异。若是体性不同各异，则与说于三位无别随转相违故。

(巳二) 标

如以**无分别为体**之**虚空**，不念“当遍一切空器”，远离碍触而**遍行**；当知**心性无垢界**自性空**亦如是遍行**于有法。(1.49)

无垢界者，垢不能入心性之义，非纯粹远离客尘。惟遮碍触者，谓无为虚空不现自在而立之相。虽周遍一切异器，由各别有法之门立不同之名，此外不现不同体性之相；如是惟遮自性有之自性清净，虽遍行于一切有法，然非如青黄现为不同体性之相，故说同一自性遍行于诸分位、惟分位有异。

གསུམ་པ་ལ་དྲི་བ་ནི། འདིས་ཅི་བསྟན་ཅེ་ན།

ལན་ལ་གཉིས། རྩ་བ་དང་། འགྲེལ་པའོ། །

དང་པོ་ནི། ཁམས་དེ་སྤྱིའི་མཚན་ཉིད་དེ་བཞིན་ཉིད་དེ་ཉིད་ཉེས་པ་མ་ལུས་པ་དང་བཅས་པ་དང་། སྤང་བྱའི་ས་བོན་ཅི་རིགས་པ་སྤངས་པའི་ཡོན་ཏན་དང་བཅས་པ་དང་། ཡོན་ཏན་མཐར་ཕྱུག་པ་ཀུན་ལ་ཁྱབ་པ་སྟེ། གཟུགས་ཀྱི་རྣམ་པ་ས་དང་། ཟངས་དང་། གསེར་གྱི་སྣོད་རིམ་པ་བཞིན་དུ་དམན་པ་དང་། བར་མ་དང་། མཆོག་ལ་ནམ་མཁའ་ཁྱབ་པ་བཞིན་དུ་ཀུན་ཏུ་འགྲོ་བ་ཉིད་དོ། །

གཉིས་པ་ལ་གཉིས། ཚིག་དོན་དང་། ལུང་དང་སྦྱར་བའོ། །

དང་པོ་ནི། སོ་སོའི་སྐྱེ་བོ་དང་ཞེས་ཏེ། གོ་བར་ཟད་དོ། །

གཉིས་པ་ནི། དེ་ཉིད་ཀྱི་ཕྱིར། ཅེས་པ་ནས།

ཤཱ་རིའི་བུ་དེའི་ཕྱིར་ན་སེམས་ཅན་གྱི་ཁམས་གཞན་ལ་ཆོས་ཀྱི་སྐུ་ཡང་གཞན་པ་ནི་མ་ཡིན་ཏེ། སེམས་ཅན་གྱི་ཁམས་དྲི་མ་དང་བཅས་པའི་དེ་བཞིན་ཉིད་དྲི་མ་མཐའ་དག་གིས་དག་པ་ཆོས་ཀྱི་སྐུའོ། །ཆོས་ཀྱི་སྐུ་རང་བཞིན་གྱིས་སྟོང་པ་ཉིད་དྲི་མ་དང་བཅས་པའི་ཚེ་སེམས་ཅན་གྱི་ཁམས་ཏེ། འདི་ནི་དོན་གྱིས་ཏེ་རང་གི་ངོ་བོའི་སྒོ་ནས་རྣམ་པ་མི་འདྲ་བ་འཆར་བའི་གཉིས་སུ་མེད་དོ། །ཡི་གེ་ཙམ་ཐ་དད་པ་ཡིན་ནོ། །ཞེས་གསུངས་པ་ཡིན་ནོ། །ཞེས་སོ། །

སེམས་ཅན་གྱི་ཁམས་དང་ཆོས་ཀྱི་སྐུ་དོན་རྣམ་གྲངས་པར་བྱེད་པ་རིགས་པ་དང་འགལ་བས་ནམ་མཁའ་ལ་བྱ་རོག་དང་བྱ་རྒོད་འཕུར་བའི་ལམ་མི་འདྲ་བ་སོ་སོར་འཆར་རྒྱུ་མེད་པ་དང་། སྣོད་ཐ (112a) དད་པའི་ནམ་མཁའ་རྣམ་པ་མི་འདྲ་བ་སོ་སོར་འཆར་རྒྱུ་མེད་ཀྱང་། བརྗོད་པ་ཐ་དད་པ་ཙམ་ཡོད་པ་ལྟར། རང་བཞིན་གྱིས་སྟོང་པ་དེ་ཉིད་དྲི་མ་དང་བཅས་པ་སེམས་ཅན་གྱི་ཁམས་ཞེས་པ་དང་། དྲི་མ་མཐའ་དག་ཟད་པ་ཆོས་ཀྱི་སྐུ་ཞེས་པ་ཙམ་མ་གཏོགས། རང་གི་ངོ་བོའི་སྒོ་ནས་རྣམ་པ་མི་འདྲ་བར་འཆར་བ་མེད་པའི་དོན་ཡིན་ནོ། །

（巳三）广释

分二：（午一）问；（午二）答。

（午一）问

此颂云何所示？

（午二）答

分二：（未一）《论》；（未二）《释》。

（未一）《论》

彼界**总相**真如**周遍**全具**过失**、具随其所应而断种子之功**德**、以及功德**究竟**（各位），**如虚空遍行**于**下**、**中**、**上**三种**色相**之土、铜、金三器中。（1.50）

（未二）《释》

分二：（申一）文义；（申二）配合经教。

（申一）文义

异生、**圣者**、**正等觉之心性无分别是总相故**，**随行**、**随入于过失**、**功德**、**功德究竟清净三位**，**一切时中等无差别**，**如其次第**，**如同土**、**铜**、**金三器中之虚空**。

此段易解。

（申二）配合经教

是故，**说分位无间**，**经云**：

“**舍利弗**，**是故有情界与法身非各异**。**有情界**有垢真如诸垢皆净**即法身**，**法身**自性空有垢时**即有情**界，**意指不**现自性不同之**二**相，**惟文字有异**。”

以有情界与法身为异义，与正理相违。如空中虽无鸦、鹫等不同飞行之迹可寻，又如异器中空无不同，然可有异称；彼自性空有垢时名“有情界”，诸垢全尽时称“法身”，惟名有异而体性实无不同，此是经义。

大乘上续论释大疏卷七终

གསུམ་པ་ལ་གཉིས། མཚམས་སྦྱར་བ་དང་། དོན་བཤད་པའོ། །

དང་པོ་ནི། དེ་བཞིན་གཤེགས་པའི་ཁམས་ཞེས་ཏེ།

ཚིགས་སུ་བཅད་པ་བཅུ་བཞི་ནི། རྩ་བ་ཤླཽ་ཀའི་ཚིགས་བཅད་ཡིན་ཏེ། མ་དག་པའི་གནས་སྐབས་ན་འགྱུར་བ་མེད་པ་སྟོན་པའི་རྩ་བ་ཤླཽ་ཀའི་ཚིགས་བཅད་བཅུ་གཉིས་དང་། མ་དག་པ་དང་དག་པའི་གནས་སྐབས་ཀྱི་འགྱུར་བ་མེད་པ་སྟོན་པའི་རྩ་བ་ཤླཽ་ཀ་སྐྱེ་འཆི་ན་དང་ཞེས་པའི་ཚིགས་བཅད་གཅིག་དང་། ཤིན་ཏུ་རྣམ་དག་ལས་བཟློམས་པ། །གཞན་འགྱུར་མིན་བདག །ཅེས་པའི་རྩ་བ་ཤླཽ་ཀའི་ཚིགས་བཅད་གཅིག་རྣམས་སོ། །གསུམ་གའི་མདོར་བསྟན་གྱི་ཚིགས་བཅད་གཅིག་དང་། དང་པོ་ལ་རྩ་བ་ཤླཽ་ཀ་བཅུ་གཉིས་དང་། གཉིས་པ་ལ་རྩ་བ་ཤླཽ་ཀ་གཅིག་དང་། བཤད་པ་ཤླཽ་ཀ་བཅུ་གཉིས་དང་། གསུམ་པ་ལ་རྩ་བ་ཤླཽ་ཀ་གཅིག་དང་། བཤད་པ་ཤླཽ་ཀ་དྲུག་སྟེ། དེ་ལྟར་ན་མི་འགྱུར་བའི་དོན་ལས་བརྩམས་པའི་ཚིགས་བཅད་ཤོ་ལོ་ཀ་སུམ་ཅུ་རྩ་ལྔའོ། །

གཉིས་པ་ལ་གཉིས། སྤྱིར་བསྟན་པ་དང་། སོ་སོར་བཤད་པའོ། །

དང་པོ་ལ་གཉིས། རྩ་བ་དང་། དོན་ཚན་སོ་སོར་བཤད་པའོ། །

དང་པོ་ནི། ཇི་ལྟར་སྔར་སོ་སོ་སྐྱེ་བོའི་སེམས་རང་བཞིན་གྱིས་སྟོང་པ་བཞིན་དུ་ཕྱིས་ཉན་རང་འཕགས་པ་དང་བྱང་ཆུབ་སེམས་དཔའ (112b) འཕགས་པའི་གནས་སྐབས་དང་། ཤིན་ཏུ་རྣམ་དག་གི་གནས་སྐབས་ན་ཡང་དེ་བཞིན་ཉིད་རང་བཞིན་གྱིས་གྲུབ་པ་རྣམ་པར་བཅད་ཙམ་དེ་བཞིན་དུ་གནས་པ་དང་། ཐ་མའི་གནས་སྐབས་བཞིན་དུ་དང་པོ་གཉིས་ཀྱི་གནས་སྐབས་ན་ཡང་གནས་པས་འགྱུར་བ་མེད་པའི་ཆོས་ཉིད་དོ། །

大乘上续论释大疏卷八

（辰三）由体性不变异而成立

分二：（巳一）承启；（巳二）释义。

（巳一）承启

约如来界**遍行于此三位而不为杂染及清净变异义而言之颂有十四**。

十四颂者，是如根本之偈颂。说不净位中不变之本颂有十二；说不净及净位中不变之本颂有“生死病”之一颂；说最净位不变之本颂，有“不变异”之一颂。总说三者一颂，说第一位本颂十二，说第二位本颂一、释颂十二，说第三位本颂一、释颂六，如是说不变义之颂共计有三十三。

（巳二）释义

分二：（午一）总示；（午二）别释。

（午一）总示

分二：（未一）《论》；（未二）释各类义。

（未一）《论》

当知此颂是彼等之摄义：如前异生心自性空，**后**声闻、独觉圣者及菩萨圣者位、最净位中，真如**亦**惟遮自性有而如是安住。如最后位，初二位中亦安住故，乃**不变之法性**。

གནས་སྐབས་སྔ་མ་གཉིས་ན་ཉེས་པ་དང་བཅས་པ་དང་། གནས་སྐབས་ཐ་མ་ན་ཉེས་པ་མེད་ཅིང་ཡོན་ཏན་དང་ལྡན་པས་སྔར་ཇི་ལྟ་བ་བཞིན་དུ་ཕྱིས་ཀྱང་གནས་པ་མ་གྲུབ་པོ་ཞེ་ན། སྐྱོན་མེད་དེ། ཉེས་པ་སེམས་ལ་འབྲལ་རུང་གི་གློ་བུར་བ་དང་ལྡན་པ་དང་། སངས་རྒྱས་ཀྱི་ཡོན་ཏན་མཐའ་དག་སྐྱེ་རུང་དང་། ཡོན་ཏན་སྐྱེ་བའི་དམིགས་པ་རང་བཞིན་ཉིད་དུ་ལྡན་པའི་ཕྱིར་རང་བཞིན་གྱིས་གྲུབ་པ་རྣམ་པར་བཅད་ཙམ་དེ་ཉིད་ཉེས་པས་རྣམ་པ་གཞན་དུ་བྱ་བར་མི་ནུས་ཤིང་། ཡོན་ཏན་གྱིས་ཀྱང་རྣམ་པ་གཞན་དུ་བྱ་བར་མི་ནུས་ཏེ། ཆུ་ཐམས་ཅད་རྒྱ་མཚོར་རོ་གཅིག་པ་ལྟར། ཆོས་ཐམས་ཅད་རང་བཞིན་གྱིས་སྟོང་པའི་ངང་དུ་རོ་གཅིག་པའི་དོན་ནོ། །དེས་ན་དོན་དམ་པའི་བདེན་པ་དེ་རང་བཞིན་གྱིས་གྲུབ་པ་རྣམ་པར་བཅད་ཙམ་ལས་རྣམ་པ་གཞན་དུ་བྱ་བར་མི་ནུས་ཤིང་། འཕགས་པ་སྲུའི་མཉམ་གཞག་གིས་གཟིགས་པའི་ཚེ་ན་ཡང་རྣམ་པ་མི་འདྲ་བར་འཆར་རྒྱུ་ཙུང་ཟད་ཀྱང་མེད་པར་གནས་པ་དེ་ཉིད་ལ་འགྱུར་བ་མེད་པ་ཞེས་བྱའི། །བསྒྲུབ་པ་རང་དབང་བའི་རྟག་དངོས་ལ་འདོད་པ་ནི་ཆོས་འདི་བ་རྣམས་ཀྱི་ལུགས་མ་ཡིན་པར་ཤེས་པར་བྱའོ། །

གཉིས་པ་ནི། རྩ་བ་ལྟ་བུའི་ཚིགས་སུ་བཅད་པ་བཅུ་བཞིའོ། །ཚིགས་སུ་བཅད་པ་བཅུ་བཞི་པས་ནི་ཤིན་ཏུ་རྣམ་པར་དག་པའི་གནས་སྐབས་ན་འབྲལ་རུང་དང་ངོ་བོའི་སྒོ་ནས་ཡོན་ཏན་མི་འདྲ་བར་རྣམ་པར་དབྱེ་བ་མེད་ཅིང་། འབྲལ་མི་ཤེས་པ་ཞེས་སོ། །

གཉིས་པ་ལ་གསུམ། མ་དག་པའི་གནས་སྐབས་ན་མི་འགྱུར་བ་བཤད་པ་དང་། མ་དག་པ་དང་དག་པའི་གནས་སྐབས་ནི་མ་འགྱུར་བ་བཤད་པ་དང་། ཤིན་ཏུ་རྣམ་དག་གི་གནས (113a) སྐབས་ན་མི་འགྱུར་བའི་དོན་བཤད་པའོ། །

དང་པོ་ལ་གཉིས། དྲི་བ་དང་། ལན་ནོ། །

དང་པོ་ནི། དེ་ལ་ཞེས་སོ། །

若谓：前二位中有过失，最后位中无过失具功德，故后亦如前安住之说不成立。曰：无过。彼但遮自性有者，与心堪离**客尘过失**相应，与堪生一切佛功**德**相应，与生功德所缘体**性相应故**，过失不能令其转成异相，功德亦不能令其转成异相；如海中一切水成一味，自性空中一切法亦成一味。因此，胜义谛除但遮自性有之外，不能令其转成异相。任谁圣者定中观时，亦无少分现为不同之相，名为"不变"。许彼是自在而立之"常事"者，当知非是内教者之宗规。(1.51)

(未二) 释各类义

以十二颂、一颂依次示不净位、不净及净位中烦恼及随烦恼为客。以十四颂示最净位中与可分离、不同自性功德**无分别、不乖离、难可思议、过恒河沙数佛法及自性相应，故说如来界如虚空前后毕竟不变**。

(午二) 别释

分三：(未一) 释不净位时不变义；(未二) 释不净及净位时不变义；(未三) 释最净位时不变义。

(未一) 释不净位时不变义

分二：(申一) 问；(申二) 答。

(申一) 问

此中何为约不净位时不变相而言之十二颂？

གཉིས་པ་ལ་གཉིས། ཕུང་སོགས་སྐྱེད་བྱེད་ལས་ཉོན་སོགས་ཀྱིས་མི་འགྱུར་བ་དང་། མེ་དང་ཚོས་མཚུངས་པའི་ཕུང་སོགས་འཇིག་བྱེད་རྒ་བ་སོགས་ཀྱིས་མི་འགྱུར་བའོ། །

དང་པོ་ལ་གཉིས། རྩ་བ་དང་། འགྲེལ་པའོ། །

དང་པོ་ལ་གསུམ། མདོར་བསྟན་པ་དང་། རྒྱས་པར་བཤད་པ་དང་། དོན་བསྡུ་བའོ། །

དང་པོ་ལ་གཉིས། ཀུན་ནས་ཉོན་མོངས་ཀྱི་ཚོས་ཀྱིས་མ་གོས་པ་དང་། དེའི་སྐྱེ་འཇིག་གིས་མ་གོས་པའོ། །

དང་པོ་ནི། ཇི་ལྟར་ནམ་མཁའ་སྣོད་ཀྱི་འཇིག་རྟེན་ཀུན་ཏུ་ཁྱབ་པར་སོང་བ་ཡིན་ཡང་ཕྲོགས་པའི་རེག་བྱ་རྣམ་པར་བཅད་ཙམ་ཡིན་པས་འདུས་མ་བྱས་ཤིང་དབང་པོའི་མངོན་སུམ་གྱི་གཟུང་ཡུལ་དུ་མ་གྱུར་པས་ཕྲ་བའི་ཕྱིར། སྣོད་ཀྱི་འཇིག་རྟེན་གྱི་ཉེས་པའི་རྡུལ་སོགས་ཀྱིས་ཉེ་བར་གོས་པ་མེད་པ་དེ་བཞིན་དུ་སེམས་ཅན་ཐམས་ཅད་ལ་ཁམས་རང་བཞིན་གྱིས་རྣམ་པར་དག་པ་ཟག་པ་མེད་པའི་གནས་འདི་ཁྱབ་པར་ཡོད་ཀྱང་ལས་ཉོན་སོགས་ཀྱིས་རྣམ་པ་གཞན་དུ་བསྒྱུར་བའི་ཚུལ་གྱིས་ཉེ་བར་གོས་པ་མེད་པའོ། །

གཉིས་པ་ནི། ཇི་ལྟར་སྣོད་ཀྱི་འཇིག་རྟེན་ཐམས་ཅད་དུ་ནམ་མཁའ་ལ་ནི་བརྟེན་ཏེ་རླུང་གི་དཀྱིལ་འཁོར་ནས་བརྩམས་ནས་སྐྱེ་ཞིང་དུས་མཐའི་མེ་སོགས་ཀྱིས་འཇིག་པ་དེ་བཞིན་དུ་འདུས་མ་བྱས་པ་རང་བཞིན་རྣམ་དག་གི་དབྱིངས་ལ་དབང་པོ་རྣམས་ནི་སྐྱེ་ཞིང་འཇིག་ཀྱང་སྐྱེ་འཇིག་གི་ཚོས་ཀྱིས་རྣམ་པ་གཞན་དུ་བསྒྱུར་བར་མི་ནུས་པའོ། །

གཉིས་པ་ལ་གཉིས། འཇིག་པའི་ཚོས་ཀྱིས་མ་གོས་པ་དང་། སྐྱེ་བའི་ཚོས (113b) ཀྱིས་མ་གོས་པའོ། །

དང་པོ་ནི། ཇི་ལྟར་ནམ་མཁའ་མེ་རྣམས་ཀྱིས། །སྔོན་ཆད་ནམ་ཡང་ཚིག་པ་མེད་པ་དེ་བཞིན་དུ་དྲི་མ་དང་བཅས་པའི་དེ་བཞིན་ཉིད་འདི་ནི་འཆི་བ་དང་ན་བ་དང་རྒ་བའི་མེས་མི་ཚིག་ཅིང་ཞིག་པར་བྱར་མེད་དོ། །རྣམས་ནི་མང་པོའི་ཚིག་སྟེ་མེ་གསུམ་མོ། །འཇིག་པའི་ཚོས་ཀྱིས་མ་གོས་པ་བརྗོད་བྱ་ཉུང་བས་ཕྲོག་མར་བཤད་པའོ། །

གཉིས་པ་ལ་གསུམ། དཔེ་དང་དོན་དང་། དཔེ་དོན་སོ་སོར་སྦྱར་བའོ། །

དང་པོ་ནི། སའི་དཀྱིལ་འཁོར་ནི་ཆུའི་དཀྱིལ་འཁོར་ལ་གནས་ལ་ཆུ་རླུང་ལ་རླུང་ནམ་མཁའ་ལ་རབ་ཏུ་གནས་ཀྱང་འདུས་མ་བྱས་པའི་ནམ་མཁའ་ནི་རླུང་དང་ཆུ་དག་དང་སའི་ཁམས་ལ་གནས་པ་མ་ཡིན་པར་ཤེས་པར་བྱའོ། །

（申二）答

分二：（酉一）不为能生蕴等业烦恼等所变；（酉二）不为与火同法能坏蕴等老等所变。

（酉一）不为能生蕴等业烦恼等所变

分二：（戌一）《论》；（戌二）《释》。

（戌一）《论》

分三：（亥一）略标；（亥二）广释；（亥三）摄义。

（亥一）略标

分二：（天一）不染杂染法；（天二）不染彼之生灭。

（天一）不染杂染法

如虚空虽**周遍**一切器世间，然惟遮碍触，故是无为；非根现量所取境，**微细故**，**不**为器世间尘等过患所**染**；**此**界自性清净无漏**处**虽周**遍**一切**有情**，**然不**为业烦恼等所变异而**染**。（1.52）

（天二）不染彼之生灭

如一切器**世间**，自风轮始，皆依虚**空中**而**生**，**复**为劫末之火等所**坏**；**无为**自性清净**界之中**，**诸根生**而**复坏**，然生灭法不能令其变异。（1.53）

（亥二）广释

分二：（天一）不染坏法；（天二）不染生法。

（天一）不染坏法

犹如虚空者，向**不为诸火**所**焚**；**如是此**有垢真如亦**不为死**、**病**、**老火**所**焚**坏。“诸”为复数，谓三火。不染坏法所诠较少，故先说之。（1.54）

（天二）不染生法

分三：（地一）喻；（地二）义；（地三）喻义合说。

（地一）喻

地轮**住于水**轮，水**住**于**风**，**风住于虚空**。然当知无为**虚空**者，**则不住**于**风**、**水**、**地之界**。（1.55）

གཉིས་པ་ནི། དཔེ་དེ་བཞིན་དུ་ཟག་པ་དང་བཅས་པའི་རྣམ་སྨིན་གྱིས་བསྡུས་པའི་ཕུང་པོ་དང་། ཁམས་དང་མིག་གི་དབང་པོ་ལ་སོགས་པའི་སྐྱེ་མཆེད་རྣམས་རང་རྒྱུ་ལས་དང་ཉོན་མོངས་པ་དག་ལ་གནས་ཤིང་ལས་དང་ འདོད་ ཆགས་ ལ་ སོགས་ པའི་ཉོན་ མོངས་ པ་ གང་ ཟག་ དང་ ཕུང་ པོ་ བདེན་ པར་ འཛིན་པའི་ཚུལ་བཞིན་མིན་པའི་ཡིད་ལ་བྱེད་པ་ལ་རྟག་ཏུ་གནས་ལ་ཚུལ་བཞིན་མ་ཡིན་པའི་ཡིད་བྱེད་ནི་སེམས་ཀྱི་གནས་ལུགས་རང་བཞིན་གྱིས་དག་པ་ལ་རབ་ཏུ་གནས་ཀྱང་སེམས་ཀྱི་རང་བཞིན་དོན་དམ་པའི་བདེན་པ་ནི་གནས་ལུགས་མཐར་ཐུག་པའི་ཚུལ་གྱིས་ལས་ཉོན་ལ་སོགས་པའི་ཆོས་རྣམས་ནི་ཐམས་ཅད་ལ་ཡང་གནས་པ་མེད་དོ། །

དེའི་དོན་ནི་ལས་ཉོན་སོགས་རང་བཞིན་གྱིས་གྲུབ་མ་གྲུབ་བརྟགས་པའི་ཚེ་ན་རང་བཞིན་གྱིས་གྲུབ་པ་རྡུལ་ཙམ་ཡང་མེད་པས་མཐར་རང་བཞིན་གྱིས་སྟོང་བར་ཁོང་དུ（114a）ཆུད་པ་ལས་མ་འདས་ལ། རང་བཞིན་གྱིས་སྟོང་པ་དེ་ཉིད་ཀྱི་གནས་ལུགས་ཇི་ལྟར་ཡོད་བརྟགས་པ་ན་རང་བཞིན་གྱིས་སྟོང་པ་དེ་ཉིད་ལས་མ་འདས་ཀྱི། དེ་ལས་གཞན་ཉོན་མོངས་སོགས་སུ་མི་འགྱུར་བའི་དོན་ཏོ། །དེས་ན་མ་དག་པའི་གནས་སྐབས་ན་ཡང་རང་བཞིན་གྱིས་སྟོང་པ་ལས་ཉོན་གྱིས་རྣམ་པ་གཞན་དུ་བསྒྱུར་མི་ནུས་པ་ཡིན་གྱི། དྲི་བཅས་དྲི་མེད་དུ་གཉེན་པོས་བྱེད་མི་ནུས་པའི་དོན་མ་ཡིན་ནོ། །འདི་དག་གིས་ནི་སེམས་རང་བཞིན་གྱིས་གྲུབ་པས་སྟོང་པ་དང་། རང་གི་མཚན་ཉིད་ཀྱིས་གྲུབ་པ་དང་། བདེན་པར་གྲུབ་པས་སྟོང་པའི་རང་བཞིན་རྣམ་དག་ཆོས་ཀྱི་གནས་ལུགས་དོན་དམ་པའི་བདེན་པ་དེ་ཉིད་རྩལ་བཏོན་དུ་བྱས་ནས། དྲི་མ་གློ་བུར་བར་ཞར་ལ་བསྒྲུབ་པ་ཡིན་ལ། འོག་ནས་དེ་བཞིན་གཤེགས་པའི་སྙིང་པོའི་མདོ་ས་དངོས་སུ་བསྟན་པའི་དཔེ་དགུས་དྲི་མ་གློ་བུར་བ་ཡིན་པ་རྩལ་བཏོན་དུ་བཤད་ནས་སེམས་བདེན་སྟོང་སྒྲིས་བྲལ་ཞར་ལ་འཆད་པ་ཡིན་ནོ། །

（地二）义

如彼喻，有漏异熟所摄诸**蕴**、**界**及眼**根**等处，**住于**自因**业烦恼**；**业**及贪等**烦恼常住**于执补特伽罗及蕴为实之**非理作意**；**非理作意者**，**善住**于**心**真实自性**清净**；**心之自性**胜义谛**者**，则以究竟真实之理趣，**全不住**于业烦恼等**诸法**。（1.56—57）

此段文义，是说观察业烦恼等是否自性有时，见自性有微尘许亦无，终不出自性空之解。观察自性空本身真实如何而有时，则不逾自性空本身，不成余烦恼等。因此，不净位时，业烦恼不能令自性空变异，非说对治不能令有垢转成无垢。此文特说心自性空、自相空、谛实空之自性清净法真实胜义谛，旁立尘垢为客。下文则以《如来藏经》中正说之九喻，特说尘垢为客，旁释心谛实空离戏。

གསུམ་པ་ལ་གཉིས། དངོས་དང་། དཔེ་དོན་ཆོས་མཐུན་གྱི་ཁྱད་པར་བཤད་པའོ། །

དང་པོ་ནི། རྣམ་སྨིན་གྱིས་བསྡུས་པའི་ཕུང་པོ་དང་སྐྱེ་མཆེད་དང་ཁམས་རྣམས་སའི་དཀྱིལ་འཁོར་དང་འདྲ་བར་ཤེས་པར་བྱ་སྟེ། ལས་དང་ཉོན་མོངས་པའི་འབྲས་བུ་ཡིན་པའི་ཕྱིར་དང་སས་གླིང་བཞི་རི་རབ་སོགས་ཀྱི་རྟེན་བྱེད་པ་ལྟར་མ་འོངས་པ་ན་རྣམ་སྨིན་འབྱིན་པའི་ལས་ཉོན་གྱི་རྟེན་བྱེད་པའི་ཕྱིར། སའི་རྟེན་བྱེད་པ་དང་། གཞི་མི་བརྟན་པ་རླུང་ལ་གནས་པའི་ཆུ་ཁམས་དང་འདྲ་བར་ལུས་ཅན་གྱི་ལས་དང་ཉོན་མོངས་ཤེས་པར་བྱ་སྟེ། ཟག་བཅས་ཀྱི་ཕུང་པོའི་རྟེན་བྱེད (114b) པའི་ཕྱིར་དང་གཞི་མི་བརྟན་པ་ཚུལ་མིན་ཡིད་བྱེད་ལ་བརྟེན་པའི་ཕྱིར། ཇི་ལྟར་ཞེན་པ་ལྟར་མ་གྲུབ་ཅིང་། ཇི་ལྟར་ཞེན་པས་སྟོང་པ་ལ་དངོས་སུ་གནས་པའི་ཚུལ་བཞིན་མ་ཡིན་པའི་ཡིད་བྱེད་ནི་ཆུའི་རྟེན་བྱེད་ཅིང་ནམ་མཁའ་ལ་དངོས་སུ་གནས་པ་རླུང་གི་ཁམས་དང་འདྲ་བར་ལྟའོ། །སེམས་ཀྱི་རང་བཞིན་དོན་དམ་པའི་བདེན་པ་ནམ་མཁའི་ཁམས་བཞིན་དུ་དེ་ཚུལ་མིན་ཡིད་བྱེད་ཀྱི་འཛིན་སྟངས་དང་མཐུན་པའི་གཞི་ཅན་མིན་ཞིང་ཚུལ་མིན་ཡིད་བྱེད་སོགས་ལ་གནས་པ་མེད་པར་ཤེས་པར་བྱའོ། །

གཉིས་པ་ལ་གསུམ། ཚུལ་མིན་ཡིད་བྱེད་ཀྱི་ཁྱད་པར་དང་། ལས་ཉོན་གྱི་ཁྱད་པར་དང་། དེ་དག་གི་རྟེན་གྱི་ཁྱད་པར་རོ། །

དང་པོ་ནི། ཚུལ་བཞིན་མ་ཡིན་པའི་ཡིད་བྱེད་ནི། སེམས་ཀྱི་རང་བཞིན་བདེན་སྟོང་སྤྲོས་བྲལ་ལ་རབ་ཏུ་གནས་ལ་ཚུལ་བཞིན་མ་ཡིན་པའི་ཡིད་བྱེད་ཀྱིས་ལས་དང་ཉོན་མོངས་སྐྱེ་བའི་གོ་སྐབས་རབ་ཏུ་ཕྱེ་བས་ཕྱེད་སྔ་མས་བདེན་སྟོང་ལ་གནས་པ་དང་། ཕྱེད་ཕྱི་མས་ལས་ཉོན་གྱི་རྟེན་བྱེད་པར་བསྟན་ཏོ། །འདི་དག་གིས་ཀྱང་ལས་དང་ཉོན་མོངས་པ་གཞི་མེད་རྩ་བྲལ་དུ་བསྒྲུབ་པ་ཡིན་ནོ། །

གཉིས་པ་ནི། ལས་དང་ཉོན་མོངས་ཆུའི་དཀྱིལ་འཁོར་ལྟ་བུ་ལས་ནི་ཉེར་ལེན་དང་ལྷན་ཅིག་བྱེད་རྐྱེན་བྱས་ནས་རྣམ་སྨིན་གྱི་ཕུང་པོ་དང་སྐྱེ་མཆེད་དང་ཁམས་རྣམས་འབྱུང་ལ། ཆུའི་དཀྱིལ་འཁོར་དེ་འཇིག་པ་དང་ཆགས་པ་ལྟར་རྣམ་སྨིན་གྱི་ཕུང་པོ་སོགས་ཀྱང་ལས་ཉོན་གྱི་དབང་གིས་སྐྱེ་བ་དང་འཇིག་པར་འགྱུར་བ་ཡིན་ནོ། །

གསུམ་པ་ནི། ནམ་མཁའ་སྐྱེ་འཇིག་དང་བྲལ་བ་ལྟར། སེམས་ཀྱི་རང་བཞིན་དོན་དམ་པའི་བདེན་པ་ཡང་ནམ་མཁའི་ཁམས་ལྟར་སྐྱེད་པའི་ཉེར་ལེན་གྱི་རྒྱུ་མེད (115a) ཅིང་ལྷན་ཅིག་བྱེད་པའི་རྐྱེན་མེད་དེ་དེ་སྐྱེད་པའི་རྒྱུ་རྐྱེན་ཚོགས་པ་མེད་ཅིང་སྐྱེ་བ་དང་མཐར་འཇིག་པ་དང་། རྒྱུའི་དབང་གིས་གནས་པ་ཡང་ཡོད་པ་མ་ཡིན་པའོ། །ཀུན་ནས་ཉོན་མོངས་ཀྱི་ཆོས་ཀྱིས་གཞན་དུ་མི་འགྱུར་བ་མདོར་བསྟན་དང་དོན་བསྡུར་བྱུང་ཡང་རྒྱས་བཤད་དུ་མ་བྱུང་བ་ནི་དེ་གཉིས་ཀྱིས་གོ་བར་དགོངས་པ་དང་། སྐྱེ་འཇིག་གིས་གཞན་དུ་འགྱུར་བར་བྱེད་མི་ནུས་ན་ལས་ཉོན་གྱིས་གཞན་དུ་བསྒྱུར་བར་མི་ནུས་པ་གོ་སླ་བར་དགོངས་སོ། །

（地三）喻义合说

分二：（玄一）正义；（玄二）释喻义同法之差别。

（玄一）正义

异熟所摄**诸蕴**、**界及处**，**应知如地轮**，以是业烦恼果故；如地是四洲、苏迷卢等所依，异熟是感未来异熟之业烦恼之所依故。**有情**之**业烦恼**，**应知如**地之能依、住于不坚固基风之**水界**，以是有漏蕴之能依故；依不坚固基非理作意故。实非如所耽着而有、如所耽着而空之**非理作意者**，**当视如**水之能依、实住于虚空之**风界**。心**自性**胜义谛应知**如**虚**空界**，当知**不具**随顺非理作意执取相之基，**亦不住**非理作意等。（1.58—59）

（玄二）释喻义同法之差别

分三：（黄一）非理作意差别；（黄二）业烦恼差别；（黄三）彼等所依差别。

（黄一）非理作意差别

非理作意者，**住于心自性**谛实空离戏论，**以非理作意容生业烦恼**。前半段说（非理作意）住于谛实空，后半段说彼是业烦恼所依。此文成立业烦恼无根无基。（1.60）

（黄二）业烦恼差别

业烦恼如水轮，业为近取，（烦恼）为俱有缘，**而生**异熟之诸**蕴**、**界**、**处**。**如彼**水轮**有成坏**，**此**异熟蕴等**亦**以业烦恼增上力而**有生坏**。（1.61）

（黄三）彼等所依差别

如虚空离生灭，**心**自**性**胜义谛亦**如**虚**空界**，**无**生之近取**因**，**及无**俱有**缘**，**亦无**生之因缘**聚合者**，**非有生**而后**坏**，及以因增上力而有之**住**。不为杂染法所变异。简言摄义而不广释者，以此二即可得解。若生坏不能令其变异，则易知业烦恼亦不能令其变异。（1.62）

གསུམ་པ་ལ་གཉིས། ལས་ཉོན་གྱིས་གཞན་དུ་མི་འགྱུར་བ་དང་། སྐྱེ་འཇིག་གིས་གཞན་དུ་མི་འགྱུར་བ་མཚམས་སྦྱར་བ་དང་བཅས་པའོ། །

དང་པོ་ནི། སེམས་ཀྱི་རང་བཞིན་འོད་གསལ་དོན་དམ་པའི་བདེན་པ་གང་ཡིན་པ་དེ་ནི་སྣོད་ཀྱི་བྱེ་བྲག་གིས་གཞན་དུ་མི་འགྱུར་པའི་ནམ་མཁའ་བཞིན་དུ་ཉོན་མོངས་ཀྱིས་ངོ་བོ་གཞན་དུ་འགྱུར་བ་མེད་དེ། ཡང་དག་པ་མིན་པའི་རྟོག་པ་བདེན་འཛིན་ལས་བྱུང་བའི་འདོད་ཆགས་སོགས་གློ་བུར་གྱི་དྲི་མས་དེ་ཉོན་མོངས་པར་མི་འགྱུར་བའི་ཕྱིར་རོ། །

འོ་ན་སེམས་ཀྱང་ཆགས་སོགས་ཀྱིས་ཉོན་མོངས་པར་མི་འགྱུར་བར་ཐལ། རང་བཞིན་གྱིས་སྟོང་པའི་ཕྱིར་ཞེ་ན། དེ་ནི་རང་ལྡོག་དང་གཞི་ལྡོག་མ་ཕྱེད་པའི་རྩོད་པ་ཡིན་ཏེ། ཉོན་མོངས་ཀྱིས་སེམས་དམིགས་པ་དང་མཚུངས་ལྡན་དུ་བྱས་པའི་སྒོ་ནས་གནས་ཐ་དད་ཅིང་སེམས་ཀྱི་གནས་ཚོད་ཡུལ་འཛིན་པ་ཡིན་ལ། ཡུལ་གྱི་མཐར་ཐུག་དེ་བཞིན་ཉིད་ཡིན་ཡང་། རང་རྒྱུད་ཀྱི་ཉོན་མོངས་ཀྱིས་རང་རྒྱུད་ཀྱི་སེམས་ཚུལ་དེ་ལྟར་བསླད་པས་ཡུལ་གྱི་མཐར་ཐུག་མཐོང་བའི་གེགས་བྱེད་ལ། ཉོན་མོངས (115b) སྟོང་ཉིད་རྟོགས་པའི་ཤེས་རབ་ལ་མཚུངས་ལྡན་གྱི་སྒོ་ནས་གནས་མི་ནུས་ཤིང་། དེ་བཞིན་ཉིད་ལ་ཙུང་ཟད་ཀྱང་དམིགས་མི་ནུས་པས། ཉོན་མོངས་ཀྱིས་བསླད་པར་རྣམ་པ་ཐམས་ཅད་དུ་བྱར་མེད་དོ། །

འོ་ན་དེ་བཞིན་ཉིད་ལ་ཉོན་མོངས་ཀྱིས་བསྒྲིབ་པར་ཡང་བྱར་མེད་པར་འགྱུར་རོ། །ཞེ་ན། རང་རྒྱུད་ཀྱི་སེམས་ཀྱིས་རང་རྒྱུད་ཀྱི་དེ་བཞིན་ཉིད་མཐོང་བ་དང་རྟོགས་པ་ལ་བར་ཆད་བྱས་པས་དྲི་མ་དང་བཅས་པ་ཡིན་ལ་དེ་ལ་བསྒྲིབས་པ་ན་དེ་དང་མཚན་ཉིད་མཚུངས་པའི་སངས་རྒྱས་ཀྱི་རྒྱུད་ཀྱི་དེ་བཞིན་ཉིད་མཐོང་བ་ལ་བསྒྲིབས་ཀྱང་། སངས་རྒྱས་ཀྱི་དེ་བཞིན་ཉིད་དྲི་བཅས་སུ་མི་འགྱུར་ཏེ། དེའི་རྒྱུད་ཀྱིས་བསྡུས་པའི་སྒྲིབ་བྱེད་མ་ཡིན་པའི་ཕྱིར་དང་། སྒྲིབ་བྱ་རང་རྒྱུད་ཀྱི་དེ་བཞིན་ཉིད་ཀྱང་རང་རྒྱུད་ལ་གནས་པའི་ཕྱིར་རོ། །དཔེར་ན་མིག་མི་གསལ་བས་ཐག་རིང་པོའི་གཟུགས་གསལ་བར་མ་མཐོང་བའི་ཚེ། མིག་སྐྱོན་ཅན་དང་ལྡན་པའི་གང་ཟག་དེའི་ཁྱད་ཆོས་ཡིན་གྱི། གཟུགས་དེའི་ཁྱད་ཆོས་མ་ཡིན་ཏེ། དེ་ལྟ་ན་དེའི་དྲུང་ན་གནས་པའི་མིག་གསལ་བས་ཀྱང་གཟུགས་དེ་གསལ་བར་མི་མཐོང་བར་ཐལ་བའི་ཕྱིར་རོ། །འདི་ལ་བརྟེན་ནས་མངོན་པར་རྟོགས་པའི་རྒྱན་དུ། འབྲས་བུ་དག་པ་གཟུགས་ལ་སོགས། །ཞེས་སོགས་ཀྱི་དོན་ཡང་ཤེས་པར་བྱའོ། །

（亥三）摄义

分二：（天一）不为业烦恼所变异；（天二）不为生坏所变异及承启。

（天一）不为业烦恼所变异

心之自性光明胜义谛**者**，**彼如虚空不**随器之差别而**变异**，其体亦不为烦恼所变异，以**不实分别**实执所**生贪等客尘**，**不能令**其成**杂染**故。(1.63)

或谓：若尔，则心亦应不为贪等杂染，自性空故。曰：此是不辩自返及事返之净[1]。以烦恼与心所缘相应而别住，心之本质谓取境，境之究竟虽是真如，然自相续之心为自相续之烦恼如是染污，故能障见境之真实。烦恼不能与证空性慧相应而住，且少分亦不能缘真如，故（真如）一切种不为烦恼所染。

或谓：若尔，则真如应不为烦恼所障。曰：自相续之心见、证自相续之真如受中断，（此真如）乃有垢。由障彼真如，亦障见彼之同相佛相续之真如。然佛真如不成有垢，以（烦恼）非彼相续所摄之能障故；所障自相续之真如亦住自相续故。譬如，目不明者，不能明见远处之色时，乃此具眼疾之人之差别法，非彼色之差别法，否则，住其前之明眼人亦应不能明见彼色。由此当知《现观庄严论》所说“果法清净性”等之义[2]。

① 量明（藏传因明学）术语。自返是从异己者回返之法；事返是表诸法自相之事。

② 《现观庄严论》道相智品第二云：“果法清净性，即色等清净，以彼二无异，不可分故净。”《现观庄严论略释》云：“沙门果解脱道，由自因无间道断垢之清净，彼境色等亦由彼垢断而清净，以由一种所治远离所成之二种清净，自性无异，亦不可用异理分别令异，故说为一种清净。”（电子版）

གཉིས་པ་ལ་གཉིས། མཚམས་སྦྱར་བ་དང་། རྩ་བའོ། །

དང་པོ་ནི། ཇི་ལྟར་སྟོད་སྐྱེ་འཇིག་བྱེད་ཀྱང་ནམ་མཁའ་སྐྱེ་འཇིག་གིས་མ་གོས་པ་ནམ་མཁའི་དཔེ་འདིས་ཞེས་སོ། །དེ་བཞིན་ཉིད་རྟག་པ་འདུས་མ་བྱས་ཡིན་པས་རང་གི་ངོ་བོ་ཡང་འགྱུར་མེད་ཡིན་མོད་ཀྱི། འདིར་ནི་མི་འགྱུར་བའི (116a) ཚུལ་སྤར་བཤད་པ་ལྟར་ཏེ། དེ་ལྟར་བཤད་པའི་དགོས་པ་ནི། ཆོས་ཐམས་ཅད་ཀྱི་གནས་ལུགས་མཐར་ཐུག་པ་རང་བཞིན་གྱིས་སྟོང་པ་ཉིད་ལས་མ་འདས་ཤིང་དེ་སུ་གང་གིས་ཀྱང་རྣམ་པ་གཞན་དུ་བྱ་བར་མི་ནུས་པས། ཉོན་མོངས་སྤོང་བར་འདོད་པ་དང་གནས་ལུགས་ཀྱི་དོན་མཐོང་བར་འདོད་པ་རྣམས་ཀྱིས་ཚུལ་དེ་ལྟར་ཤེས་པར་བྱ་བའི་དོན་དུ་ཡིན་ནོ། །ཐར་པ་མྱ་ངན་ལས་འདས་པ་ཡང་རྟག་པ་ཡིན་མོད་ཀྱི། མཁས་པ་ལ་གྲགས་པའི་རྟག་པའི་རྣམ་གཞག་མི་ཤེས་པར་བསླུབ་པ་རང་དབང་བའི་རྟག་དངོས་ཁས་ལེན་པ་གཞན་སྡེའི་ལུགས་ལ་འཚོལ་བར་མི་བྱའོ། །

གཉིས་པ་ནི། ལས་དང་ཉོན་མོངས་པ་ཆུའི་དཀྱིལ་འཁོར་དང་འདྲ་བ་སོགས་ཀྱི་ཚོགས་ཀྱིས་དྲི་མ་དང་བཅས་པའི་དེ་བཞིན་ཉིད་འདི་ནི་མངོན་པར་འགྲུབ་པ་མིན་ཏེ་སྐྱེ་བའི་ཆོས་ཀྱིས་མ་གོས་པའི་ཕྱིར་རོ། །འཆི་བ་དང་། ན་བ་དང་། རྒ་བའི་མེ་སྡུག་བསྔལ་དྲག་པོ་བསྐྱེད་པའི་མི་ཟད་པས་ཀྱང་འཚིག་པར་མི་འགྱུར་ཏེ། འཇིག་པའི་ཆོས་ཀྱིས་མ་གོས་པའི་ཕྱིར་རོ། །ཕྱིད་ཕྱིད་ཀྱིས་སྐྱེ་འཇིག་དང་བྲལ་བར་བསྟན་ཏོ། །འདི་བཤད་པ་ལྟ་བུའི་ཚིགས་བཅད་གཉིས་ཀྱི་དང་པོ་ཡིན་ཡང་དོན་བསྡུར་བྱས་པ་ལ་འགལ་བ་མེད་པར་སེམས་སོ། །

གཉིས་པ་ལ་གསུམ། ཚིག་དོན་བསྡུས་ཏེ་བསྟན་པ་དང་། ལུང་དང་སྦྱར་བ་དང་། བཤད་ཟིན་དྲན་པར་བྱེད་པའོ། །

དང་པོ་ལ་གསུམ། སྐྱེ་བས་མ་གོས་པ་དང་། འཇིག་པས་མ་གོས་པ་དང་། དོན་བསྡུ་བའོ། །

དང་པོ་ནི། ཇི་ལྟར་ཞེས་ཏེ། རླུང་གི་དཀྱིལ་འཁོར་དང་འདྲ་བའི་ཚུལ་མིན་ཡིད་བྱེད་ལས་རྣམ་སྨིན་གྱི་ཕུང་པོ་བསྐྱེད་ཀྱང་། སེམས་ཀྱི་རང (116b) བཞིན་ནམ་མཁའ་དང་འདྲ་བ་བསྐྱེད་ཅིང་། ཆགས་པར་འགྱུར་བ་མ་ཡིན་པའོ། །

གཉིས་པ་ནི། ཚུལ་མིན་ཡིད་བྱེད་སོགས་ཀྱིས་བསྐྱེད་པའི་རྣམ་སྨིན་འཆི་བ་དང་ན་བ་དང་རྒ་བའི་ཚོགས་བསྐྱེད་པས་འཇིག་ཀྱང་སེམས་ཀྱི་རང་བཞིན་དེ་མི་འཇིག་པར་རིག་པར་བྱའོ། །

གསུམ་པ་ནི། དེ་ལྟར་མ་དག་པའི་གནས་སྐབས་ན་ཞེས་སོ། །

（天二）不为生坏所变异及承启

分二：（地一）承启；（地二）《论》。

（地一）承启

如器有生坏而虚空不染生坏，**以此虚空喻说明不净位中如来藏不变法性**。真如是无为常，故自体无变异。此处所说不变之理趣当如上述。如是解之用意者，一切法究竟真实不出自性空性，任谁亦不能起他解，故求断烦恼、求见真实义者，当知如是之理趣。解脱涅槃虽亦是常，然不应探寻外道之说、不解智者所称常之建立而许自在之立之“常事”。

（地二）《论》

业烦恼如**水**轮**等**聚合，**不能成就此**有垢真如，以不染生法故。**亦非**能生猛利大苦之**死**、**老**、**病无尽火**所**能焚**，以不染坏法故。前后二段分别示离生与坏。（1.64）

作如是解之二颂，以第一颂为摄义自忖亦不相违。

（戌二）《释》

分三：（亥一）摄义略标；（亥二）配合经教；（亥三）温习已释。

（亥一）摄义略标

分三：（天一）不染生；（天二）不染坏；（天三）摄义。

（天一）不染生

从非理作意之风轮生业及烦恼，**依业烦恼理生蕴**、**界**、**处世间**，**然心性虚空不由之而成**。如同风轮之非理作意虽能生异熟蕴，然心之自性如虚空不由之而成。

（天二）不染坏

蕴、**界**、**处世间住于非理作意及业烦恼之风**、**水蕴**，**虽为死**、**老**、**病火聚所坏**，**然当知彼不坏**。非理作意等所生之异熟，虽为死、病、老聚所坏，然心之自性当知不坏。

（天三）摄义

如是说不净位时，**烦恼**、**业**、**生杂染虽皆有生坏如器世间**，**然无为如来藏者**，**如虚空**，**乃无生无灭不变之法性**。

གཉིས་པ་ནི། རང་བཞིན་གྱིས་རྣམ་པར་དག་པའི་སྒོའི་ཆོས་སྣང་བ་ནི་ཆོས་སྣང་བའི་སྒོ་གཞན་ལས་ཁྱད་པར་དུ་གྱུར་པ་སྟེ། ཆོས་ནི་འདིར་རང་བཞིན་གྱིས་རྣམ་པར་དག་པ་ཡིན་ལ། སྒོ་ནི་དེ་མངོན་དུ་བྱེད་པའི་ཐབས་སོ། །དེ་ལས་བརྩམས་ནས་ནམ་མཁའི་དཔེ་འདི་རྒྱས་པར་ནི། ནམ་མཁའ་མཛོད་ཀྱི་མདོ་ཇི་ལྟ་བ་བཞིན་རྟོགས་པར་བྱ་སྟེ། དེ་ལ་གཉིས། ཉོན་མོངས་ཀྱི་ཆོས་ཀྱིས་མ་གོས་པ་དང་། སྐྱེ་འཇིག་གིས་མ་གོས་པའོ། །

དང་པོ་ནི། འགྱུར་ཁ་ཅིག་ལས། གྲོགས་པོ་དག་ཉོན་མོངས་པ་ཞེས་འབྱུང་ལ། འདིའི་ལྟར་ན། འཁོར་རྣམས་ཀྱིས་སྟོན་པ་ལ་ཞུས་པའི་ཚུལ་ལོ། །དྲང་སྲོང་ཆེན་པོ་ཉོན་མོངས་པ་ནི་དེ་ཁོ་ན་ཉིད་མཐོང་བ་ལ་བསྒྲིབས་པས་མུན་པ། རྣམ་པར་དག་པ་ནི་མཐོང་ན་ཆོས་ཐམས་ཅད་སྣང་བར་བྱེད་པས་སྣང་བའོ། །ཉོན་མོངས་པ་ནི་གཉེན་པོ་བྱུང་ན་ཐེན་མི་ཚུགས་པས་སྟོབས་ཆུང་བ། ལྷག་མཐོང་ནི་སྟོབས་དང་ལྡན་པའོ། །ཉོན་མོངས་པ་ནི་གློ་བུར་བ། །རང་བཞིན་གྱིས་རྣམ་པར་དག་པ་ནི་ཆོས་ཐམས་ཅད་ཀྱི་རྩ་བའོ། །ཉོན་མོངས་པ་ནི་ཞེན་པ་ལྟར་མེད་བཞིན་དུ་ཀུན་ཏུ་བཏགས་པ། རང་བཞིན་ནི་ཆོས་ཐམས་ཅད་ཀྱི་གནས་ལུགས་ཡིན་པས་ཀུན་ཏུ་མ་བཏགས་པའོ། །

གཉིས་པ་ལ (117a) གཉིས; རྒྱས་པར་བཤད་པ་དང་། དོན་བསྡུ་བའོ། །

དང་པོ་ལ་གསུམ། དཔེ་དང་། དོན་དང་། དཔེ་དོན་སྦྱར་བའོ། །

དང་པོ་ནི། དྲང་སྲོང་ཆེན་པོ་འདི་ལྟ་སྟེ་ཞེས་ཏེ། དེ་བཞིན་དུ་ཁམས་བཞི་པོ་འདི་རྣམས་ལས་གསུམ་ནི་སྐྱེ་འཇིག་དང་ལྡན་པ་དང་། ཡུན་རིང་དུ་མི་གནས་པ་དང་། རྣམ་པར་འགྱུར་བར་མཐོང་གི་ནམ་མཁའི་ཁམས་ནི་དེ་ལས་ལྡོག་པའོ། །

གཉིས་པ་ནི། དཔེ་དེ་བཞིན་དུ་ཕུང་ཁམས་སྐྱེ་མཆེད་དང་ལས་ཉོན་དང་ཚུལ་མིན་ཡིད་བྱེད་དང་སེམས་ཀྱི་རང་བཞིན་རྣམས་སྔ་མ་སྔ་མ་ཕྱི་མ་ཕྱི་མ་ལ་གནས་ཀྱང་སེམས་ཀྱི་རང་བཞིན་ནི་འོད་གསལ་བ་སྟེ། གློ་བུར་གྱི་ཉེ་བའི་ཉོན་མོངས་པས་ཉོན་མོངས་པའོ་ཞེས་བརྗོད་དོ། །དང་པོ་གསུམ་ནི་རྒྱུ་རྐྱེན་ལས་སྐྱེ་ཞིང་དེ་འགགས་ན་འགག་པར་འགྱུར་གྱི་སེམས་ཀྱི་རང་བཞིན་གང་ཡིན་པ་དེ་ནི་རྒྱུ་རྐྱེན་སོ་སོར་མེད་པར་རྒྱུ་མེད་པ་རྐྱེན་མེད་པ་ལྷན་ཅིག་ཏུ་ཚོགས་པ་མེད་པའམ། ཡང་ན་རང་གི་ངོ་བོ་ཚོགས་པ་མེད་པ་དེ་ཉིད་ཀྱི་ཕྱིར་སྐྱེ་བ་མེད་པ་འགག་པ་མེད་པའོ། །

（亥二）配合经教

自性清净门之法光者，由法光门胜余。法者，谓此中之自性清净。门者，现证彼之方便。约此而言之虚空喻，应广如《虚空藏经》所说而通达。

此又分二：（天一）不染烦恼法；（天二）不染生坏。

（天一）不染烦恼法

经云："大仙，烦恼者，障见真如故暗；清净者，见而显了一切法故光。烦恼者，不敌对治故力弱；胜观者，有力。烦恼者，客；自性清净者，一切法根本。烦恼者，无如所著而有故分别；自性者，一切法之真实故非分别。"

异译本作"诸友，烦恼者"云云，如此则是诸眷属请问大师之理趣。

（天二）不染生坏

分二：（地一）广释；（地二）摄义。

（地一）广释

分三：（玄一）喻；（玄二）义；（玄三）喻义合说。

（玄一）喻

"大仙，此大地者住于水，水住于风，风住于虚空，虚空则无住。如是，虚空界较此四界中之地、水、风三界，为有力、坚固、不动、不减、不生、不灭，自然而住。彼等三界见有，则有生坏，不能久住，变化；虚空则不见少分有变。"

如是四界中之三界见有生灭，不能久住，变化；虚空界者与彼等相反。

（玄二）义

"如是，蕴、界、处者，住于业烦恼，业烦恼者，住于非理作意，非理作意者，住于自性清净。如此喻所说，蕴、界、处、业、烦恼、非理作意，心之自性，虽前前住于后后，然心性光明，不为客随烦恼杂染。此中初三者：非理作意、业烦恼及蕴、界、处法皆为因缘所摄而生，若离因缘则灭。彼心自性者，无各别因缘，亦无因缘聚合。又，自体无聚合故，无生，无灭。"

གསུམ་པ་ནི། དེ་ལ་ནམ་མཁའི་ཁམས་ཞེས་སོ༔ ༔

གཉིས་པ་ནི། དེས་ན་ཆོས་ཐམས་ཅད་ནི་རང་བཞིན་གྱིས་གྲུབ་པའི་རྩ་བ་ཡོངས་སུ་ཆད་པ་སྟེ། དོན་དམ་དཔྱོད་བྱེད་ཀྱི་རིགས་པས་བརྟགས་ན་བརྟག་བཟོད་པའི་སྙིང་པོ་ཅུང་ཟད་ཀྱང་མེད་པས་སྙིང་པོ་མེད་པའི་རྩ་བ་ཅན། དེ་ལྟར་གནས་པའི་དུས་ན་ཡང་རང་བཞིན་གྱིས་མི་གནས་པའི་རྩ་བ་ཅན་དུས་གསུམ་གར་དུ་རང་བཞིན་གྱིས་དག་པའི་རྩ་བ་ཅན་རྒྱུ་མཚན་དེས་ན་རང་བཞིན་གྱིས་གྲུབ་པའི་རྩ་བ་མེད་པའི་རྩ་བ་ཅན་ནོ། །ཞེས་བརྗོད་དོ། །ཞེའོ། །ཞེས་སོ། །དང་པོས་དོན་དམ (117b) པར་གྲུབ་པའི་རྩ་བ་མེད་པ་དང་། ལྷག་མ་བཞིས་ཐ་སྙད་དུ་རྩ་བ་ཡོད་པར་བསྟན་ཏོ། །

གསུམ་པ་ནི། མ་དག་པའི་གནས་སྐབས་ན་ཞེས་ཏེ། རང་བཞིན་ནམ་མཁའ་དང་ཆོས་མཚུངས་པ་ནི། སེམས་ཀྱི་རང་བཞིན་ནམ་མཁའ་ཡི། །ཞེས་དང་། ཚུལ་མིན་ཡིད་བྱེད་རླུང་གི་ཁམས་དང་ཆོས་མཚུངས་པ་ནི། ཚུལ་བཞིན་མ་ཡིན་ཡིད་བྱེད་ནི། །ཞེས་དང་། ལས་ཉོན་ཆུའི་ཁམས་དང་ཆོས་མཚུངས་པ་ནི། ལས་དང་ཉོན་མོངས་ཆུ་ལས་ནི། །ཞེས་དང་། ལས་ཀྱི་རྣམ་སྨིན་སའི་ཁམས་དང་ཆོས་མཚུངས་པ་ནི། དེ་འཇིག་པ་དང་ཆགས་པ་ལྟར། ཞེས་སོགས་སུ་བཤད་ཟིན་ཏོ། །

གཉིས་པ་ལ་གསུམ། མཚམས་སྦྱར་བ་དང་། རྩ་བ་དང་། འགྲེལ་པའོ། །

དང་པོ་ནི། ལས་ཀྱི་རྣམ་སྨིན་དེ་འཇིག་པའི་རྒྱུ་འཆི་བ་དང་ན་བ་དང་རྒ་བའི་མེ་འཁོར་བར་གནས་པའི་སེམས་ཅན་རྣམས་ལ་འགོ་བའི་ནད་ཀྱི་མཚན་ཉིད་ལས་བརྩམས་ཏེ། མེའི་ཁམས་དང་ཆོས་མཚུངས་པ་ནི་མ་བཤད་པས་ནི་དེ་བརྗོད་པ་བཤད་ཟིན་དྲན་པར་བྱེད་པ་འདིའི་མཚམས་སྦྱར་གྱི་ནང་དུ་བསྡུས་ཀྱང་འགལ་བ་མེད་དོ། །

གཉིས་པ་ནི། འཆི་བ་དང་ན་བ་དང་རྒ་བའི་མེ་གསུམ་རིམ་པ་བཞིན་དུ་སྔོད་ཀྱི་འཇིག་རྟེན་མཐའ་དག་བསྲེག་པར་བྱེད་པ་དང་། དམྱལ་བ་པའི་ལུས་བསྲེག་པར་བྱེད་པ་དང་། བུད་ཤིང་བསྲེག་པར་བྱེད་པའི་དུས་མཐའི་མེ་དང་། དམྱལ་བའི་མེ་དང་། ཐ་མལ་གྱི་མེ་གསུམ་པོ་དེ་དང་འདྲ་བར་ཤེས་པར་བྱ་སྟེ། ལུས་གཏན་འཇོམས་པ་དང་། ནད་མེད་པ་འཇོམས་པ་དང་། དར་ལ་བབས་པ་འཇོམས་པའོ། །

（玄三）喻义合说

“此中自性如虚空界，非理作意如风界，业烦恼如水界，蕴、界、处如地界。”

（地二）摄义

故云一切法断自性有之根。以观察胜义之正理观察时，堪忍观察之心要少分亦无，故具无心要之根。如是住时，具自性不住之根。三时皆具自性清净之根。本此原由，而称具无自性根之根。初句说无胜义有之根，余四句说名言中有根。

（亥三）温习已释

约不净位中不变之相而言，自性与虚空同法，即“心性如空界”云云。约依彼之非理作意业烦恼而言，与风界同法，即“非理作意者”云云。约业烦恼而言，与水界同法，即“业烦恼如水”云云。约彼等所生蕴、界、处异熟之相而言，与地界同法，即“如彼有成坏”云云，皆已释讫。

（酉二）不为与火同法能坏蕴等老等所变

分三：（戌一）承启；（戌二）《论》；（戌三）《释》。

（戌一）承启

约坏彼业异熟之因，死、老、病火、生死中诸有情瘟疫相而言，与火界同法，先未释故当说之。摄入此温习已说之承启中亦不相违。

（戌二）《论》

死、病、老三火，依次当了知，如同能烧一切器世间之劫末火、能烧地狱有情身之地狱火、能烧薪木之平常火三者，能永久坏身、坏无病、坏盛壮。（1.65）

གསུམ་པ་ལ་གཉིས། དཔེ་གསུམ་དང་འདྲ་བའི་རྒྱུ་མཚན་དང་། ལུང་དང་སྦྱར་བའོ། ། (118a)

དང་པོ་ནི། འཆི་བ་དང་ན་བ་དང་རྒ་བ་རྣམས་ནི་གོ་རིམ་བཞིན་དུ་རྒྱུ་མཚན་གསུམ་གྱིས་མེ་དང་འདྲ་བར་རིག་པར་བྱ་སྟེ། སྐྱེ་མཆེད་དྲུག་བདག་གི་བ་གཏན་མེད་པར་བྱེད་པ་དང་། སྡུག་བསྔལ་སྣ་ཚོགས་མྱོང་བར་བྱེད་པ་དང་¡ལས་ཉོན་གྱི་འབྲས་བུ་འདུ་བྱེད་ཡོངས་སུ་སྨིན་པར་བྱེད་པའི་ཕྱིར་རོ། །འདི་དག་གིས་ནི་འཁོར་བའི་ཉེས་དམིགས་བསམས་ཏེ་ཡིད་འབྱུང་བར་བྱས་ནས་ཐར་པ་ལ་དོན་གཉེར་གྱི་བློ་བསྐྱེད་པའི་ཐབས་བསྟན་པར་ཤེས་པར་བྱའོ། །

གཉིས་པ་ནི། འཆི་བ་དང་ཞེས་ཏེ། དཔལ་ཕྲེང་གི་མདོ་ལས། འདི་སྐད་ཅེས། བཅོམ་ལྡན་འདས་འཆི་བ་ཞེས་བགྱི་བ་དང་། སྐྱེ་བ་ཞེས་བགྱི་བ་འདི་ནི། འཇིག་རྟེན་གྱི་ཐ་སྙད་དོ། །བཅོམ་ལྡན་འདས་འཆི་བ་ཞེས་བགྱི་བ་འདི་ནི་ལས་ཉོན་གྱིས་འཕངས་པའི་དབང་པོའི་རྒྱུན་འགག་པའོ། །བཅོམ་ལྡན་འདས། སྐྱེ་བ་ཞེས་བགྱི་བ་འདི་ནི་རིགས་མཐུན་གཞན་གྱི་དབང་པོ་གསར་པ་རྣམས་ཐོབ་པའོ། །བཅོམ་ལྡན་འདས་དེ་བཞིན་གཤེགས་པའི་སྙིང་པོ་དོན་དམ་པའི་བདེན་པ་ནི་སྐྱེ་བའམ་ཞེས་དང་། དེ་ཅིའི་སླད་དུ་ཞེ་ན། བཅོམ་ལྡན་འདས། དེ་བཞིན་གཤེགས་པའི་སྙིང་པོ་ནི་ཞེས་ཏེ། རྟག་པ་སོགས་ནི་སྔར་བཤད་པ་ལྟར་རོ། །

གཉིས་པ་ལ་གསུམ། མཚམས་སྦྱར་བ་དང་། མདོར་བསྟན་པ་དང་། རྒྱས་པར་བཤད་པའོ། །

དང་པོ་ནི༑ དེ་ལ་ཞེས་ཏེ། མ་དག་པ་དང་དག་པ་ས་མཚམས་སོ་སོར་གཅོད་པའི་དོན་མ་ཡིན་གྱི། བྱང་ཆུབ་སེམས་དཔའ་འཕགས་པའི་གནས་སྐབས་ཉིད་ཆ་སོ་སོ་ལ་ལྟོས་ནས་མ་དག་དང་དག་པར་སྟོན་པ་ཡིན་ཏེ། ལས་ཉོན་གྱི་དབང་གིས་སྐྱེ་བ (118b) སོགས་ཀྱིས་དག་པ་དང་། སྙིང་རྗེའི་དབང་གིས་སྐྱེ་བ་སོགས་སྟོན་པས་མ་དག་པའམ། ལས་ཉོན་གྱིས་སྐྱེ་བ་ཟད་པའི་ཆ་དེ་ཉིད་ཀྱང་སོ་སྐྱེ་ལ་བལྟོས་ནས་དག་པ་དང་སངས་རྒྱས་ལ་བལྟོས་ནས་མ་དག་པའི་དོན་ཏོ། །

གཉིས་པ་ནི། བློ་ལྡན་བྱང་ཆུབ་སེམས་དཔའ་འཕགས་པ་ལས་ཉོན་གྱི་དབང་གིས་སྐྱེ་བ་དང་འཆི་བ་དང་ན་བ་དང་རྒ་བ་ལས་གྲོལ་བ་ཡིན་ཏེ། སྤྱོད་པ་རྒྱ་ཆེན་པོས་ཁྱད་པར་དུ་བྱས་ནས་ཁམས་འདིའི་རང་བཞིན་ཇི་ལྟ་བ་བཞིན་དུ་མངོན་སུམ་དུ་རྟོགས་པའི་ཕྱིར། ལས་ཉོན་གྱི་དབང་གིས་སྐྱེ་སོགས་ཐོངས་པ་དང་བྲལ་ཡང་འགྲོ་བ་ལ་དམིགས་ནས་སྙིང་རྗེ་སྐྱེ་བའི་ཕྱིར་ཏུ་འཁོར་བར་སྐྱེ་བ་བསྟེན་པའི་རྒྱུ་མཚན་ཡོད་དེ། ཁམས་ཀྱི་རང་བཞིན་མངོན་སུམ་དུ་རྟོགས་པ་དེའི་རྒྱུས་དང་སྙིང་རྗེ་ཆེན་པོའི་རྒྱུས་སོ། །ཡང་ན། རང་ཉིད་ལས་ཉོན་གྱི་དབང་གིས་འཁོར་བར་སྐྱེ་བ་མེད་ཀྱང་། སེམས་ཅན་གཞན་སྐྱེ་བའི་སྡུག་བསྔལ་མཐོང་བ་དེའི་རྒྱུས་བློ་ལྡན་འགྲོ་ལ་སྙིང་རྗེ་སྐྱེ་ལ་དེའི་ཕྱིར་འཁོར་བར་སྐྱེ་བ་བསྟན་པར་བྱེད་དོ། །དེས་ན་རྐང་པ་དང་པོ་ཕྱེད་དང་གསུམ་གྱིས་དག་པའི་ཁྱད་པར་སྟོན་ལ་ཕྱི་མ་ཕྱེད་དང་གཉིས་ཀྱིས་མ་དག་པའི་ཁྱད་པར་སྟོན་ནོ། །

（戌三）《释》

分二：（亥一）同三喻之因；（亥二）配合经教。

（亥一）同三喻之因

死、病、老者，如其次第，以三因当知如火：以令永久无六处我所，能领受种种苦，能成熟业烦恼果行故。当知此等是说思惟生死过患而厌离已、发希求解脱心之方便。

（亥二）配合经教

约不净位中如来界不为死、病、老三火所变而言，《胜鬘经》云："世尊，所谓死者，所谓生者，乃世间名言。世尊，死者，谓灭业烦恼所引根之相续。世尊，生者，谓得诸同类新根。世尊，如来藏胜义谛者，非生、老、死。何以故？世尊，如来藏者，出有为相之境，常、固、寂、不变。"

常等之义，如前已说。

（未二）释不净及净位时不变义

分三：（申一）承启；（申二）略标；（申三）广释。

（申一）承启

此中约不净及净位而言之颂曰：此非分别不净及净界限之义，是说菩萨圣者位本身观待各各之分而成不净及净：以业烦恼增上力受生等已净，以悲增上力示现受生等而成不净；或其业烦恼受生已尽之分，观待异生为净，观待佛则为不净。

（申二）略标

具慧菩萨圣者，解脱业烦恼增上力所致生、死及病、老，以由广大行为差别，如实现证此界自性故。虽远离以业烦恼增上力受生等衰损，然缘众生发起悲心而有受生生死之原由，即以现证界自性为因及以大悲为因。又，自虽不以业烦恼增上力受生生死，然见余有情生苦，以彼为因，具慧于众生生悲，故示现受生生死。故前三句半是说净差别，后二句半是说不净差别。（1.66）

གསུམ་པ་ལ་གཉིས། དྲི་བ་དང་། ལན་ནོ། །

དང་པོ་ནི། འདིས་ཅི་བསྟན་ཅེ་ན།

གཉིས་པ་ལ་གཉིས། སྐྱེ་བའི་ཁྱད་པར་ལ་བསྟོས་ནས་བཤད་པའི་མ་དག་པ་དང་དག་པའི་གནས་སྐབས་ན་འགྱུར་བ་མེད་པ་དང་། སངས་རྒྱས་དང་སོ་སྐྱེ་ལ་བསྟོས་ནས་བཤད་པའི་མ་དག་པ་དང་དག་པའི་གནས་སྐབས་ན་འགྱུར་བ་མེད་པའོ། །

དང་པོ་ལ་གཉིས། དག་པའི་ཁྱད་པར་བཤད་པ་དང་། མ་དག་པའི་རང་བཞིན་དག་མ་དག་གི (119a) རྒྱུས་ཁྱད་པར་དུ་བྱས་ནས་བཤད་པའོ། །

དང་པོ་ལ་གཉིས། རྩ་བ་དང་། འགྲེལ་པའོ། །

དང་པོ་ནི། བྱང་ཆུབ་སེམས་དཔའ་འཕགས་པས་ལས་ཉོན་གྱི་དབང་གིས་འཆི་བ་དང་ན་བ་དང་རྒ་བའི་སྡུག་བསྔལ་ཟད་ནས་སྤངས་ནས་དེ་ལ་འཁོར་བའི་སྡུག་བསྔལ་དེ་མེད་དེ། ལས་དང་ཉོན་མོངས་པའི་དབང་གིས་སྐྱེ་བ་དེ་མེད་པའི་ཕྱིར། ཐེག་པ་དམན་པའི་འཕགས་པ་སློབ་པ་རྣམས་སྟོང་པ་ཉིད་ཀྱི་དོན་མངོན་སུམ་དུ་རྟོགས་ཀྱང་། ཐབས་ཁྱད་པར་ཅན་གྱིས་མ་ཟིན་པས་ལས་ཉོན་གྱི་དབང་གིས་སྐྱེ་བ་ལེན་པ་ཡོད་ལ། བྱང་ཆུབ་སེམས་དཔའ་འཕགས་པ་རྣམས་ནི་དེ་ལྟར་སྐྱེ་བ་མ་ཡིན་ནོ། །

（申三）广释

分二：（酉一）问；（酉二）答。

（酉一）问

此颂云何所示？

（酉二）答

分二：（戌一）观待生差别说不净及净位时不变；（戌二）观待佛及异生说不净及净位时不变。

（戌一）观待生差别说不净及净位时不变

分二：（亥一）释净差别；（亥二）不净自性以净不净因为差别而释。

（亥一）释净差别

分二：（天一）《论》；（天二）《释》。

（天一）《论》

菩萨**圣者已断尽**以业烦恼增上力受**死**、**病**、**老之苦**，以**无彼**生死之苦，以**无此业烦恼**力所受**生故**。小乘有学圣者虽现证空性，然未能以殊胜方便摄持而有业烦恼力受生，菩萨圣者则非如是受生。（1.67）

འོ་ན། འོག་ནས་བསམ་བཞིན་དུ་སྲིད་པར་སྐྱེ་བ་ལེན་པར་བཤད་པ་དང་། མངོན་པར་རྟོགས་པའི་རྒྱན་གྱི་འགྲེལ་པར། མ་རིག་པ་དང་ལྟ་བས་བསྡུས་པའི་བག་ལ་ཉལ་སྤོང་གི འདོད་པ་དང་སྲིད་པའི་ཟག་པ་ནི་མ་ཡིན་ཏེ། བསམ་བཞིན་དུ་སྲིད་པར་སྐྱེ་བ་ལེན་པའི་ཕྱིར་རོ། །ཞེས་འདོད་པ་དང་སྲིད་པའི་ཟག་པ་སྐྱེ་བ་ལེན་པའི་རྒྱུར་བཤད་པ་དང་། འགལ་ལོ་ཞེ་ན། དེའི་དོན་ནི་འདི་ལྟར་ཡིན་ཏེ། ཉོན་མོངས་ཅན་གྱི་མ་རིག་པ་དང་འཇིག་ལྟ་དང་། མཐར་ལྟ་སོགས་རང་དོན་དང་གཞན་དོན་སྒྲུབ་པའི་ཡན་ལག་གང་དུ་ཡང་ཉེ་བར་མི་ཕན་བ་མེད་པས་བྱང་ཆུབ་སེམས་དཔས་ཀྱང་ཆེད་དུ་གཏད་ནས་སྤང་བར་བྱ་བ་ཡིན་ལ། འདོད་པ་དང་སྲིད་པའི་ཟག་པ་སྐྱེ་བ་ལེན་པའི་རྒྱུར་དགོས་པ་མ་ཡིན་ཏེ། སྙིང་རྗེ་དང་སྨོན་ལམ་གྱི་དབང་གིས་སྐྱེ་བའི་ཕྱིར་དང་འཆི་འཕོ་བའི་ཚེ། བདག་ཆད་ཀྱིས་དོགས (119b) པས་འཇིགས་ནས་ཟག་པ་དང་བཅས་པའི་ཕུང་པོ་ལ་སྲེད་པ་སོགས་བྱང་ཆུབ་སེམས་དཔའ་འཕགས་པ་རྣམས་ལ་མེད་པའི་ཕྱིར་རོ། །སྙིང་རྗེ་དང་སྨོན་ལམ་གྱི་དབང་གིས་འཁོར་ལོས་བསྒྱུར་རྒྱལ་སོགས་སུ་སྐྱེ་བ་བླངས་ཟིན་པའི་རྗེས་སུ་རིགས་ཀྱི་སྲས་བསྐྱུན་པ་སོགས་ཀྱི་ཚེ་འདོད་པའི་ཟག་པ་དང་ཡང་གཟུགས་ཁམས་སོགས་སུ་སྨོན་ལམ་གྱི་དབང་གིས་སྐྱེ་བ་བླངས་ཟིན་པའི་ཚེ། སྲིད་པའི་ཟག་པ་མངོན་གྱུར་ཡོད་ཀྱང་སྔགས་དང་སྨན་གྱིས་བསད་པའི་དུག་ལྟར་ཉོན་མོངས་པའི་ཉེས་པ་མི་སྐྱེད་པ་ཡིན་ནོ། །ཉོན་མོངས་པའི་མཚན་ཉིད་ནི་སེམས་ཀྱི་རྒྱུད་རབ་ཏུ་མ་ཞི་བར་བྱེད་པ་ཡིན་ལ། དེ་ཡང་སེམས་ཀྱི་རྒྱུད་རབ་ཏུ་ཞི་བ་ནི། མྱ་ངན་ལས་འདས་པ་ལ་བརྗོད་ལ། དེའི་ལྡོག་ཕྱོགས་མ་ཞི་བ་ནི་སྡུག་བསྔལ་གྱི་བདེན་པ་དང་། དེ་བྱེད་པ་ནི་ཉོན་མོངས་ཡིན་ཡང་། བྱང་ཆུབ་སེམས་དཔའ་འཕགས་པའི་ཐུགས་རྒྱུད་ལ་ཡོད་པའི་ཉོན་མོངས་ལ་ཉོན་མོངས་ཀྱི་སྒྲ་འཇུག་པ་ཡོད་ཀྱང་། བཤད་པ་ལྟར་གྱི་སྒྲ་བཤད་དུ་མེད་དོ། །

གཉིས་པ་ནི། སྔར་ཀ་བ་ལ་སོགས་པའི་རྒྱུ་འཆད་པ་ནི་མ་དག་པའི་གནས་སྐབས་ཀྱི་ཆོས་གསུམ་གྱི་ཉེ་བར་ལེན་པ་ནི་བདེན་པར་ཞེན་པ་ཚུལ་བཞིན་མ་ཡིན་པའི་ཡིད་ལ་བྱེད་པ་དང་ལས་དང་འདོད་ཆགས་ལ་སོགས་པའི་ཉོན་མོངས་པ་སྔོན་དུ་འགྲོ་བ་ཅན་གྱི་ཉིད་མཚམས་སྦྱོར་བ་མིང་གཟུགས་ཀྱིས་བསྡུས་པའི་སྐྱེ་བ་ཡིན་ཏེ་རྒྱུ་དེ་མེད་པས་ཀ་བ་སོགས་མེད་པར་སྟོན་པ་ནི། མ་དག་པ་དང་ཞེས་ཏེ། གང་ཞིག་ཤིན་ཏུ་སྣང་བ་མེད་པར་གྱུར་པ་ཐབས་རྒྱ་ཆེན་པོས་ཁྱད་པར་དུ་བྱས་ནས་སྟོང་པ་ཉིད་ཀྱི་དོན་མངོན་སུམ་གྱིས་རྟོགས (120a) པས་ལས་ཉོན་གྱི་དབང་གིས་ཉིང་མཚམས་སྦྱོར་བའི་སྐྱེ་བ་སྣང་བ་མེད་པས་ཅིག་ཤོས་འབྲས་བུ་སྡུག་བསྔལ་གྱི་མེ་གསུམ་གཏན་འབར་བ་མེད་པར་རྟོགས་པའོ། །

若尔，下说故思受生于三有。《现证庄严论释》中亦说：“断无明及见所摄之习气，非欲漏及有漏，以故思受生于三有故。”解释欲漏及有漏是受生因。如是则与此文相违。曰：《现证庄严论释》文义如下：染污无明、坏聚见、边执见等，于成办自他二利皆不需，故菩萨亦应特加断除。彼无须欲漏、有漏为受生之因，以由悲、愿增上受生故；死殁时，疑惧自将断灭而爱著有漏蕴等，菩萨圣者无此事故。由悲、愿增上而受生为转轮王等，后生育王子等时之欲漏及以愿力受生色界等时之有漏二者虽现前，然如咒、药所消之毒，不生烦恼过失。烦恼相者，谓令心相续极不寂静。心相续寂静者，即称涅槃。其反方不静者是苦谛，作者是烦恼。菩萨圣者心相续中所有之烦恼，虽有烦恼之名，然无烦恼之实义。

（天二）《释》

上述老等之因者，即**不净位**三法之**近取**，**谓以**执实**非理作意**、**业**、贪等**烦恼为前行之**结生相续名色所摄之**生**。说无彼因故无老等者，**不净及净位中**，**得意性身菩萨极无明相**，**谓**以广大方便为差别现证空性义，无以业烦恼增上力结生相续之生明相，**故通达无彼反面**苦果三火**长久炽然**。

གཉིས་པ་ལ་གཉིས། རྩ་བ་དང་། དེ་དག་གི་དོན་བཤད་པའོ། །

དང་པོ་ནི། ཐབས་རྒྱ་ཆེན་པོས་ཁྱད་པར་དུ་བྱས་ནས་ཁམས་ཇི་ལྟ་བ་བཞིན་ཡང་དག་པ་མངོན་སུམ་དུ་མཐོང་བའི་ཕྱིར་ལས་ཉོན་གྱི་དབང་གིས་སྐྱེ་སོགས་རྣམས་ལས་འདས་པར་གྱུར་ཀྱང་སྨོན་ལམ་དང་སྙིང་རྗེའི་བདག་ཉིད་ཀྱིས་སྐྱེ་བ་དང་། འཆི་བ་དང་། རྒ་བ་དང་། ན་བར་སྟོན་པར་མཛད་དོ། །ཕྱིད་དང་པོས་མ་དག་པ་དང་དག་པ་དང་འབྲེལ་པའི་རྒྱུ་དང་། ཕྱིད་ཕྱི་མས་མ་དག་པའི་རང་བཞིན་བསྟན་ཏོ། །

གཉིས་པ་ལ་གཉིས། ཚིག་དོན་མདོར་བསྟན་པ་དང་། དེ་དག་གི་དོན་རྒྱས་པར་བཤད་པའོ། །

དང་པོ་ནི། བྱང་ཆུབ་སེམས་དཔའ་རྣམས་ནི་དགེ་བའི་རྩ་བ་སྙིང་རྗེ་དང་སྨོན་ལམ་གྱི་དབང་གིས་ཁམས་གསུམ་དུ་ཀུན་ཏུ་སྦྱོར་བ་ཅན་ཏེ། བསམས་བཞིན་དུ་ཞེས་སོ། །

དེས་ནི་མ་དག་པའི་རང་བཞིན་བསྟན་ལ། དེ་དག་དང་འབྲེལ་པའི་རྒྱུ་ནི། དེ་དག་ལ་ལས་ཉོན་གྱི་དབང་གིས་སྐྱེ་བ་ལ་སོགས་པའི་ཆོས་འདི་དག་ཀྱང་མེད་དེ། དོན་དམ་པའི་བདེན་པས་བསྡུས་པའི་ཁམས་དེ་ཉིད་ཅེས་སོ། །

གཉིས་པ་ལ་གཉིས; སྙིང་རྗེ་དང་སྨོན་ལམ་གྱི་དབང་གིས་སྐྱེ་བ་ལེན་པའི་ཚུལ་རྒྱས་པར་བཤད་པ་དང་། ལས་དང་ཉོན་མོངས་པའི་དབང་གིས་མི་སྐྱེ་བའི་རྒྱུ་མཚན་རྒྱས་པར་བཤད་པའོ། །

དང་པོ་ལ་གཉིས། ལུང་དང་སྦྱར་བ་དང་། ལུང་གི (120b) དོན་བསྡུས་ཏེ་བསྟན་པའོ། །

དང་པོ་ལ་གཉིས། འཁོར་བར་སྐྱེ་བ་ལེན་པའི་རྒྱུ་དངོས་བཟུང་བ་དང་། དེ་ཉོན་མོངས་མཚན་ཉིད་པ་ཡིན་པ་དགག་པའོ། །

དང་པོ་ནི། བྱང་ཆུབ་སེམས་དཔའི་ཞེས་པ་ནས། འདི་ལྟ་སྟེ། ཞེས་པ་དང་། འདི་ལ་དོན་ཚན་བརྒྱད་བཤད་པའི་དང་པོ་ནི། ཚོགས་རྫོགས་པའི་དོན་དུ་སྐྱེ་བ་ལེན་པ་དང་། གཉིས་པ་ནི། སེམས་ཅན་གཞན་རྗེས་སུ་བཟུང་བའི་ཆེད་དང་། གསུམ་པ་ནི་རྒྱལ་བ་ལ་དད་པས་ཀུན་ནས་བསླངས་ནས་ལུས་གཞན་གྱིས་སངས་རྒྱས་དང་མཇལ་བ་དང་། བཞི་པས་གདུལ་བྱ་རྗེས་སུ་འཛིན་པའི་སྤྱོད་པས་མི་སྐྱོ་བའི་ཆེད་དང་། ལྔ་པ་དང་དྲུག་པས་རྒྱལ་བ་རྣམས་ཀྱི་དམ་པའི་ཆོས་འཛིན་པ་དང་། སེམས་ཅན་གྱི་དོན་བྱེད་པ་ལ་བརྩོན་འགྲུས་བསྐྱེད་པ་དང་། བདུན་པ་སྤྱོད་པ་དང་སྤྱོད་པའི་རྟེན་སེམས་བསྐྱེད་དོན་གཉེར་གྱི་བསམ་པ་དང་། བརྒྱད་པ་ནི་བསམ་པ་དེས་ཀུན་ནས་བསླང་བའི་ཕར་ཕྱིན་གྱི་སྤྱོད་པ་ཉམས་སུ་ལེན་པ་སྟེ་དེ་དག་ནི་ཕལ་ཆེར་སྐྱེ་བ་ལེན་པའི་རྒྱུའོ། །

（亥二）不净自性以净不净因为差别而释

分二：（天一）《论》；（天二）释彼等义。

（天一）《论》

以广大方便为差别如实正亲见界故，虽超越以业烦恼力受生等，以悲、愿之体性示现生、死、老、病。前半句说不净与净相属之因；后半句示不净自性。（1.68）

（天二）释彼等义

分二：（地一）略标文义；（地二）广释彼等义。

（地一）略标文义

诸菩萨以善根、悲、愿增上力系合于三界，于故思受生得自在，以悲心系合于三界。既示生，亦示死、老、病。此说不净自性。与彼等相属之因者，然彼等无此以业烦恼增上力受生等法，以如实见彼胜义谛所摄界无生、无起故。

（地二）广释彼等义

分二：（玄一）广释以悲愿力受生之理趣；（玄二）广释非以业烦恼力受生之因。

（玄一）广释以悲愿力受生之理趣

分二：（黄一）配合经教；（黄二）摄示经义。

（黄一）配合经教

分二：（宇一）认明受生生死之因；（宇二）破彼是真烦恼。

（宇一）认明受生生死之因

此菩萨位应具如经说而知。经云：

“彼等生死因与善根相应之烦恼为何？曰：寻求福德资粮而无厌；故思受生于三有；希求遇佛；令有情成熟故不倦；精进受持正法；成办所有有情事；不离爱法意乐；不舍波罗蜜多诸行。海慧，菩萨以此等系合而不染烦恼过，此等是与善根相应之烦恼。”

此中分八项释。初者，为圆满资粮故受生；第二，为摄受他有情故；第三，以信佛为等起，以别身遇佛；第四，为不倦于摄受所化之行故；第五、第六，为受持诸佛正法、饶益有情而发精进；第七，希求行及行之所依发心之思；第八，以彼思为等起修波罗蜜多行。彼等多是菩萨受生之因。

གཉིས་པ་ལ་གསུམ། །ཉོན་མོངས་པར་འདོགས་པའི་རྒྱུ་མཚན་དང་། ཉོན་མོངས་མཚན་ཉིད་པ་ཡིན་པ་དགག་པ་དང་། ཁམས་གསུམ་དུ་སྐྱེ་བ་སོགས་བསྟན་པའི་དགོས་པའོ། །

དང་པོ་ནི། ཡང་གསུངས་བ་ཞེས་པ་ནས། ཉོན་མོངས་པ་ལས་བྱུང་བ་ཡིན་ནོ། །ཞེས་པའོ། །ཉོན་མོངས་པས་བྱིས་པ་རྣམས་ཁམས་གསུམ་དུ་སྦྱོར་བ་དང་འདྲ་བར་དགེ་བའི་རྩ་བ་འདི་དག་གིས་ཀྱང་། བྱང་ཆུབ་སེམས་དཔའ་འཕགས་པ་རྣམས་ཁམས་གསུམ་དུ་སྐྱེ་བ་ལ་སྦྱོར་བར་བྱེད་པས་བྱེད་ལས་འདྲ་བ་ཙམ་ལ (121a) བཏགས་པའོ། །ཁ་ཅིག། མངོན་པར་རྟོགས་པའི་རྒྱན་དུ་ལམ་ཤེས་ཀྱི་རང་བཞིན་སྟོན་པ་ན། ལམ་ཤེས་ཀྱིས་མི་སྤོང་རྒྱུའི་ཉོན་མོངས་ངོས་འཛིན་པ་ལ། བློ་གྲོས་རྒྱ་མཚོས་ཞུས་པའི་མདོ་དྲངས་ནས་དེ་དང་དོན་གཅིག་པར་བྱེད་པ་ནི་ལེགས་པར་བཤད་པ་མ་ཡིན་ཏེ། བློ་གྲོས་རྒྱ་མཚོས་ཞུས་པའི་མདོ་ལས་བསྟན་པ་ནི། སྙིང་རྗེ་དང་སྨོན་ལམ་དང་མཚུངས་ལྡན་གྱི་དགེ་རྩ་ལམ་ཤེས་ཀྱི་ཐབས་ཀྱི་ཆ་ནས་བཤད་པ་ཡིན་པས། དེ་ལམ་ཤེས་ཀྱིས་སྤོང་མི་སྤོང་གི་དོགས་པ་མེད་པའི་ཕྱིར་དང་། ཉན་ཐོས་ཀྱིས་ཉོན་མོངས་སྤང་བྱའི་གཙོ་བོར་བྱེད་པ་ལས་རང་བཞིན་ཁྱད་པར་དུ་འཕགས་པ་སྟོན་པའི་སྐབས་ཡིན་པའི་ཕྱིར།

གཉིས་པ་ནི། དེ་ལ་བྱང་ཆུབ་སེམས་དཔའ་ནི་ཞེས་པ་ནས། སེམས་ཉེ་བར་ཉོན་མོངས་པས་ནི་མ་ཡིན་ནོ། །

དེའི་དོན་ནི། ཇི་ལྟར་འདོད་པར་ལུས་ལེན་པ་ལ་མངའ་བསྒྱུར་བ་ཡིན་གྱི། མི་འདོད་བཞིན་དུ་ཉོན་མོངས་པའི་དབང་གིས་སྐྱེ་བ་ལེན་པ་མ་ཡིན་པས་དེའི་སྐྱེ་བ་ལེན་པའི་རྒྱུ་ཉོན་མོངས་ག་ལ་ཡིན་ཞེས་པའོ། །

གསུམ་པ་ལ་གཉིས། དཔེ་དང་། དོན་ནོ། །

དང་པོ་ནི། བློ་གྲོས་རྒྱ་མཚོ། དཔེར་ན་ཞེས་སོ། །

（宇二）破彼是真烦恼

分三：（宙一）假名烦恼之原由；（宙二）破是真烦恼；（宙三）说受生三界等之用。

（宙一）假名烦恼之原由

“世尊，彼时善根何故称作烦恼？佛曰：菩萨以如是自性之烦恼系合于三有，如三界者亦从杂染起。”

如烦恼令诸愚生结缚于三界，此等善根亦令菩萨圣者受生于三界，由作业相同而假立之。

或因《现观庄严论》中，说道相智自性时有道相智所不断之烦恼，复引《海慧请问经》，以为与彼同义。曰：此非善说，以《海慧请问经》中所说者，与悲、愿相应之善根，是由道相智之方便分而释，彼是否为道相智所断可无疑虑故；较声闻以断烦恼为主，说此自性殊胜故。

（宙二）破是真烦恼

“此中菩萨者，以方便善巧及善根力故思系合于三界，故名与善根相应之烦恼。此系合于三界之心非是恼染。”

意谓于随欲取身得自在，非不如欲而以烦恼增上力受生，故彼受生之因岂是烦恼？

（宙三）说受生三界等之用

分二：（洪一）喻；（洪二）义。

（洪一）喻

“海慧，譬如某长者家主，唯有一子，悦意可爱，见者欢喜。彼幼童戏舞时堕入不净坑中。尔时，彼母及诸亲友见彼幼童堕在不净坑中，发大哀号、悲伤啼哭，然不能入彼坑中而出其子。尔时，彼父来至彼处，见彼独子堕在不净坑中，即欲疾疾救出独子，无少厌恶，降至不净坑而出独子。”

གཉིས་པ་ནི། སློ་གྲོས་རྒྱ་མཚོ་དེ་ལྟར་ན། ཞེས་པ་ནས། བྱང་ཆུབ་སེམས་དཔའ་རྣམས་ཀྱི་ཚོགས་བླ་དྭགས་སོ། །ཞེས་པའོ། །

བུ་གཅིག་པ་མི་གཙང་བའི་དོང་དུ་ལྷུང་བ་ལ་མ་ལ་བརྗེ་བ་ཇི་ཙམ་ཡོད་པ་ལྟར། ཉན་ཐོས་དང་རང་སངས་རྒྱས་འཕགས་པ་རྣམས་ལ་ཡང་འཁོར་བའི་སེམས་ཅན་ཐམས་ཅད་སྡུག་བསྔལ་དང་བྲལ་ན་སྙམ་པའི་སྙིང་རྗེ་ཆེན་པོ་ཡང་དང་ཡང་དུ་འབྱུང (121b) ཡང་། སྡུག་བསྔལ་དང་བྲལ་བ་དེ་བདག་གིས་བྱའོ། །སྙམ་པའི་ཁུར་དུ་བླངས་པ་དེ་མེད་པས་ཐེག་པ་ཆེན་པོ་ལས་དམན་པའོ། །སེམས་ཅན་གྱི་དོན་སྒྲུབ་པའི་བྱེད་ལས་ཀྱི་ཁྱད་པར་ཡང་སྙིང་རྗེ་ཆེན་པོ་ལས་ཡིན་པར་སྟོན་པ་ནི། སློ་གྲོས་རྒྱ་མཚོ། བྱང་ཆུབ་སེམས་དཔའ་ལས་ཉོན་གྱི་དབང་གིས་ཉིང་མཚམས་སྦྱོར་བ་ཐམས་ཅད་ལས་ཤིན་ཏུ་གྲོལ་ཡང་། སྲིད་པར་སྐྱེ་བ་ལེན་པ་གང་ཡིན་པ་འདི་ནི་བྱང་ཆུབ་སེམས་དཔའ་རྣམས་ཀྱི་སྙིང་རྗེ་ཆེན་པོ་སྟེ་ཞེས་སོ། །

གཉིས་པ་ནི། དེས་ན་མདོའི་དུམ་བུ་འདིས་ནི་གཞན་ལ་ཕན་པར་བྱ་བའི་དོན་དུ་དབང་དང་ལྡན་པའི་བྱང་ཆུབ་སེམས་དཔའ་རྣམས་ཀྱི་དགེ་བའི་རྩ་བ་དང་སྙིང་རྗེ་གཉིས་ཀྱི་སྟོབས་ཀྱིས་བསམས་བཞིན་དུ་སྐྱེ་བ་ལ་སྦྱོར་བའི་ཕྱིར་མ་དག་པ་དང་། ཐབས་དང་ཤེས་རབ་གཉིས་ཀྱི་སྟོབས་ཀྱིས། དེ་ཀུན་ནས་ཉོན་མོངས་པ་མེད་པའི་ཕྱིར་དག་པའི་གནས་སྐབས་བསྟན་ཏོ། །

གཉིས་པ་ལ་གཉིས། མཚམས་སྦྱོར་བ་དང་། ལུང་དང་སྦྱར་བའོ། །

དང་པོ་ནི། དེ་ལ་བྱང་ཆུབ་སེམས་དཔའ་དེ་བཞིན་གཤེགས་པའི་ཁམས་རང་བཞིན་གྱིས་རྣམ་པར་དག་པ་འདི་མ་སྐྱེས་པ་དང་། མ་བྱུང་བ་ཡང་དག་པ་ཇི་ལྟ་བ་བཞིན་མངོན་སུམ་དུ་མཐོང་བ་ཐོབ་ནས་ལས་ཉོན་གྱི་དབང་གིས་སྐྱེ་བ་མི་ལེན་པའི་བྱང་ཆུབ་སེམས་དཔའི་ཆོས་ཉིད་འདི་རྗེས་སུ་ཐོབ་པ་དེ་ལྟར་རྒྱས་པར་ནི་མདོ་ཇི་ལྟ་བ་བཞིན་རྟོགས་པར་བྱ་སྟེ།

（洪二）义

“海慧，如是为知其义故作此譬喻。其义云何？海慧，彼不净坑者，是三界之增语；独子者，是有情三界之增语，菩萨于一切有情起独子想；彼母及亲友，是声闻、独觉乘诸人之增语，彼等见有情堕在生死，惟悲伤啼哭而不能拔诸有情；大长者家主，是菩萨之增语，清净无垢，具离垢心，现证无为法，为成熟有情故，故思结生于三界。”

如堕不净坑独子之母有尔许之悲，声闻、独觉圣者亦于一切生死有情数数发起愿彼离苦之大悲，然因无力荷担救苦之责，较大乘为劣。示成办有情利益之胜用亦是大悲所起者，经云：

“海慧，菩萨已解脱一切以业烦恼增上力结生相续，凡受生于有者，乃菩萨之大悲。为方便善巧及智慧摄持故，杂染不能损害，令解脱一切烦恼系缚故，为有情说法。”

（黄二）摄示经义

因此，此段经文是说于利他事得自在之菩萨，以善根及悲心二者之力故思结生，故是不净；以方便及智慧二者之力令无杂染，故是净位。

（玄二）广释非以业烦恼力受生之因

分二：（黄一）承启；（黄二）配合经教。

（黄一）承启

此中菩萨如实现见此如来界自性清净不生不起，证此不以业烦恼力受生菩萨法性，广如经说应知。

གཉིས་པ་ལ་གསུམ། ལུང་དྲང་བ་དང་། ལུང་གི་དོན་བཤད་པ་དང་། ཟག་པ་ཟད་པའི་ཤེས་པ་བྱེ་བྲག་ཏུ་བཤད་པའོ། །

དང་པོ་ལ་གསུམ། དེ་ཁོ་ན་ཉིད་མཐོང་བའི་ཚུལ་དང་། དེ་ཁོ་ན་ཉིད་མཐོང (122a) ཡང་སྐྱེ་བ་ལེན་པའི་རྒྱུ་བརྗོད་པ་དང་། དེ་ཉིད་བསྒྲུབ་པའོ། །

དང་པོ་ནི། ཇི་སྐད་དུ། བློ་གྲོས་རྒྱ་མཚོ་ཆོས་རྣམས་ཀྱི་རང་བཞིན་གྱིས་གྲུབ་པའི་སྙིང་པོ་མེད་པ་ཉིད་དང་ཞེས་པས་ཆོས་ཀྱི་བདག་མེད་བསྟན་ཏོ། །

རྣམ་སྨིན་བྱེད་པ་པོ་རང་བཞིན་གྱིས་གྲུབ་པ་མེད་པ་ཉིད་དང་ཞེས་པ་མན་ཆད་ཀྱིས་གང་ཟག་གི་བདག་མེད་བསྟན་ཏོ། །བདག་མེད་མངོན་སུམ་དུ་རྟོགས་ན་དམིགས་པ་ལ་དབང་བསྒྱུར་བ་ནི་འདི་ལྟར་གང་ལ་ཇི་ལྟར་འདོད་པ་དེ་ལྟར་འགྲུབ་པར་འགྱུར་ལ་ཞེས་སོ། །

གཉིས་པ་ནི། དེ་ལྟར་ཞེས་སོ། །

གསུམ་པ་ལ་གསུམ། དཔེ་དང་། དོན་དང་། དགའ་དགག་གཉི་གའི་རྒྱུའི་དོན་བསྟུ་བའོ། །

དང་པོ་ནི། བློ་གྲོས་རྒྱ་མཚོ་དཔེར་ན་ཞེས་ཏེ། སྒྲུངས་ཤིང་གི་དོར་བྱས་པ་སོགས་ནི་སྟར་བཤད་པ་ལྟར་རོ། །

གཉིས་པ་ནི། བློ་གྲོས་རྒྱ་མཚོ་དེ་བཞིན་དུ་ཞེས་སོ། །

（黄二）配合经教

分三：（宇一）引经教；（宇二）释经教义；（宇三）别释漏尽通。

（宇一）引经教

分三：（宙一）见真实之理趣；（宙二）见真实复受生之因；（宙三）彼之证成。

（宙一）见真实之理趣

经云："海慧，汝观诸法无自性有之坚实性、无自性有异熟作者性、无我性、无有情性、无命性、无补特伽罗性、无我性。如其所欲而成就，不起思议，无所分别。海慧，胜解此不变法菩萨者，于任何法皆不生恼。此中不作少分饶益或损害，如是智见清净。"

"无坚实性"是说法无我。"无作者性"以下是说补特伽罗无我。"如其所欲"是说若现证无我则于所缘自在而转者。

（宙二）见真实复受生之因

"如是如实了知诸法之法性，如是不舍大悲之铠。"

（宙三）彼之证成

分三：（洪一）喻；（洪二）义；（洪三）净不净二因之摄义。

（洪一）喻

"海慧，譬如无价吠琉璃摩尼宝，无瑕晶莹，纯净无垢，弃尘泥中逾千年。千年后出土，净治涤浣，不舍纯净无垢摩尼宝性。"

净治涤浣等义如前已述。

（洪二）义

"海慧，如是诸菩萨了知自性光明，然因客随烦恼而见染污。"

གསུམ་པ་ལ་གཉིས། དག་པའི་དོན་བསྟུ་བ་དང་མ་དག་པའི་དོན་བསྟུ་བའོ། །

དང་པོ་ནི། ཉོན་མོངས་ལ་སོ་སོར་རྟོགས་པའི་ཁྱད་པར་ནི་དེ་ལ་བྱང་ཆུབ་སེམས་དཔའ་འདི་སྙམ་དུ་སེམས་ཏེ་ཞེས་ཏེ། སེམས་ཅན་གྱི་སེམས་རང་བཞིན་གྱིས་རྣམ་པར་དག་པ་དང་། ཉོན་མོངས་གློ་བུར་བར་ཐུགས་སུ་ཆུད་ནས་སེམས་ཅན་གྱི་ཉོན་མོངས་གཞོམ་པར་བཞེད་པ་སྐྱེ་ལ། དེ་ལ་བརྟེན་ནས་སེམས་ཅན་གྱི་ཉོན་མོངས་གཞོམ་པའི་སྦྱོར་བ་ལ་བརྩོན་པར་བྱེད་དོ། །དེ་ཡང་རང་ཉིད་ཉོན་མོངས་པའི་དབང་དུ་གྱུར་ན་སེམས་ཅན་གྱི་དོན་རྫོགས་པར་བྱེད་མི་ནུས་པས་རང་ཉིད་ཉོན་མོངས་པའི་དབང་དུ་ཡང་མ་གྱུར་ལ། སེམས་ཅན་གྱི་ཉོན་མོངས་གཞོམ（122b）པའི་ཆེད་དུ་སེམས་ཅན་རྣམས་ལ་ཆོས་སྟོན་པར་མཛད་དོ། །

གཉིས་པ་ནི། འཁོར་བར་འབྱིལ་པར་བྱེད་པའི་ཞེས་སོ། །

ཡིད་ཀྱི་རང་བཞིན་གྱི་ལུས་འགྲུབ་པའི་རྒྱུ་ནི། སྔར་བཤད་པ་ལྟར་མ་རིག་བག་ཆགས་ཀྱི་ས་དང་། ཟག་པ་མེད་པའི་ལས་ཡིན་ལ། ལུས་དེ་དག་ཀྱང་སྙིང་རྗེ་དང་སྨོན་ལམ་གྱི་དབང་ཡིན་མོད་ཀྱི། འདིར་དེ་དག་གི་དབང་གིས་ལེན་པར་བྱེད་པའི་ལུས་ནི་ཐ་མལ་པ་གཞན་གྱིས་ཀྱང་མངོན་སུམ་ཚད་མས་མཐོང་དུ་རུང་བའི་འཁོར་ལོས་བསྒྱུར་བའི་རྒྱལ་པོའི་ལུས་དང་བརྒྱ་བྱིན་གྱི་ལུས་ལ་སོགས་པའོ། །

གཉིས་པ་ལ་གཉིས། དངོས་དང་། ལུང་དང་སྦྱར་བའོ། །

དང་པོ་ནི། འཁོར་བ་ནི་འདི་ལྟར་ཟག་པ་མེད་པའི་དབྱིངས་ན། ཁམས་གསུམ་པའི་གཟུགས་བརྙན་ཡིད་ཀྱི་རང་བཞིན་གྱི་ལུས་གསུམ་པོ་ཡིན་པར་འདོད་དོ། །དེ་ནི་ཟག་པ་མེད་པའི་དགེ་བའི་རྩ་བས་མངོན་པར་འདུས་བྱས་པའི་ཕྱིར་འཁོར་བ་ཡིན་ལ། ཟག་པ་དང་བཅས་པའི་ལས་དང་ཉོན་མོངས་པས་མངོན་པར་འདུས་བྱས་པ་མ་ཡིན་པའི་ཕྱིར། མྱ་ངན་ལས་འདས་པ་ཡང་དེ་ཉིད་དོ། །

（洪三） 净不净二因之摄义

分二：（荒一） 净之摄义；（荒二） 不净之摄义。

（荒一） 净之摄义

思择烦恼差别者，经云：

“此中菩萨作是念：此等烦恼不入诸有情之心性光明。为客，从虚妄分别生。菩萨作是念：我当为有情说法，令灭此等随烦恼。如是不起怯弱心。数数发起入有情众之心。菩萨复作是念：此等烦恼无少势力。此等烦恼无力，微弱，无少正依止。此等烦恼乃虚妄分别，若如实如理作意伺察，彼即不为烦恼所恼。我当如是伺察，不与烦恼和合。若与烦恼不和合者，善；和合者，不善。我若与诸烦恼和合，如何能为烦恼系缚诸有情说法，令断烦恼系缚？故我不与诸烦恼合，当为有情说法，令断烦恼系缚。”

晓了有情心性清净及烦恼是客，发心摧破有情烦恼，依此勤于摧破有情烦恼之方便。此亦若自身随烦恼转，则不克圆满利他故，自当不随烦恼转，为摧破有情烦恼故，为诸有情说法。

（荒二） 不净之摄义

“彼等能系合生死者，谓与善根相应之烦恼。我为成熟有情故，当系合生死。”

成意性身之因者，如前已述，谓无明习气地及无漏业。彼等身虽亦是悲、愿力所成，此中所说者，是以彼等力所受之身，余常人亦可现量亲见之转轮王身及帝释身等。

（宇二） 释经教义

分二：（宙一） 正义；（宙二） 配合经教。

（宙一） 正义

生死者，此处许是无漏界中三界影像三种意性身。彼是无漏善根所造，故是生死；非是有漏业烦恼所为造，故亦是涅槃。

གཉིས་པ་ནི། གང་གི་དབང་དུ་བྱས་ནས། བཅོམ་ལྡན་འདས་དེའི་སྐད་དུ། འདུས་བྱས་པ་དང་འདུས་མ་བྱས་པའི་འཁོར་བ་ཡང་མཆིས་ལ། འདུས་བྱས་པ་དང་འདུས་མ་བྱས་པའི་མྱ་ངན་ལས་འདས་པ་ཡང་མཆིས་སོ། །ཞེས་གསུངས་པ་ཡིན་ནོ། །ལས་ཉོན་གྱི་མྱ་ངན་ལས་འདས་པ་ཡིན་ལ། ཤེས་སྒྲིབ་ཀྱིས་ཕྱོགས་ཀྱིས་བསྡུས་པའི་དབང་གིས་འཁོར་བར་འཁོར་བའོ། །ལུང་གི་དོན་བཤད་པ་ནི། དེ་ལ་ཞེས་ཏེ། མཚན་མའི་སྤྲོས་པ་ཕྲ་མོའི་ཀུན་ཏུ་སྤྱོད་པ་དང་ལྡན་པའི་ཕྱིར། འདི་དག་པ་དང་མ་དག་པའི་གནས་སྐབས་ཞེས་བྱའོ། །

གསུམ་པ་ལ་གཉིས། སྦྱོར་བསྟན་པ་དང་། ལུང་དང་སྦྱར་བའོ། །

དང་པོ་ནི། དེ (123a) ཡང་ཐོགས་པ་མེད་པའི་ཤེས་རབ་ཀྱི་ཕ་རོལ་ཏུ་ཕྱིན་པ་བསྒོམ་པ་དང་སྙིང་རྗེ་ཆེན་པོ་བསྒོམས་པས་ཉོན་མོངས་སྤངས་པ་ནི་སྤངས་པ་མངོན་སུམ་དུ་ཤེས་པའི་ཟག་པ་ཟད་པའི་མངོན་པར་ཤེས་པ་ལ་མངོན་དུ་ཕྱོགས་པ་དང་; སེམས་ཅན་གྱི་ཁམས་ཐམས་ཅད་ཡོངས་སུ་བསྐྱབ་པའི་དོན་དུ་དེ་མངོན་དུ་མི་བྱེད་པའི་ཕྱིར་རོ། །ཤེས་རབ་ཀྱི་སྟོབས་ཀྱིས་ཟག་པ་ཟད་པ་ཐོབ་ཀྱང་སྙིང་རྗེ་ཆེན་པོས་དེ་མངོན་དུ་མི་བྱེད་པའི་ཕྱིར་རོ། །བྱང་ཆུབ་སེམས་དཔའི་ས་མངོན་དུ་གྱུར་པ་ལ་གཙོ་བོ་རྣམ་པར་བཞག་པ་ཡིན་នོ། །ཤེས་རབ་ཀྱི་སྟོབས་ཀྱིས་ལས་ཉོན་གྱི་དབང་གིས་འཁོར་བར་འཁོར་བ་ལས་གྲོལ་བ་ས་དང་པོ་ནས་ཐོབ་ཀྱང་དེ་མངོན་དུ་མི་བྱེད་པའི་དོན། ས་དྲུག་པ་ནས་གཙོ་བོར་ཐོབ་པར་རྣམ་པར་བཞག་པ་ནི་ས་ལྷག་པར་བསམ་གཏན་གྱི་ཕར་ཕྱིན་རྫོགས་པ་ལ་བརྟེན་ནས། ཤེས་རབ་ཀྱི་ཕ་རོལ་ཏུ་ཕྱིན་པ་རྫོགས་པའི་དོན་ཏེ། ས་དྲུག་པ་ལ་ཤེས་རབ་ཀྱི་ཕ་རོལ་ཏུ་ཕྱིན་པའི་སྟོབས་ཀྱིས་སྲིད་ཞི་མཉམ་ཉིད་ཀྱི་དོན་མངོན་སུམ་དུ་རྟོགས་ཀྱང་སྙིང་རྗེ་ཆེན་པོའི་སྟོབས་ཀྱིས་དེ་མངོན་དུ་མི་བྱེད་པའི་བསམ་པ་ས་འདི་ནས་གཙོ་བོར་ཐོབ་པའི་དོན་ཏོ། །

（宙二）配合经教

经云：“**世尊**，**是故有有为及无为之生死**，**亦有有为及无为之涅槃**。”业烦恼之涅槃，仍以所知障品所摄者为增上力而流转生死。释经教义者，“**此中有为及无为和合之心所生相之微细戏论现行故**，**称净及不净位**。”

（宇三）别释漏尽通

分二：（宙一）总标；（宙二）配合经教。

（宙一）总标

此亦因修无碍慧波罗蜜多及修大悲而断烦恼**故**，现知断之**漏尽通现前**，**然为救护一切有情界而不现证**故；虽以慧力获得漏尽，然以大悲力不现证故。**主要是就菩萨现前地建立**。以慧力解脱以业烦恼增上流转生死，初地以来便已得然不现证，从第六地始方建立为主要所得。第五地时，依静虑波罗蜜多圆满般若波罗蜜多。第六地时，虽以般若波罗蜜多力现证有寂平等性，复以大悲力不作现证，如是之意乐主要是第六地以后所得。

གཉིས་པ་ནི། ཟག་པ་ཟད་པའི་ཤེས་པ་ལས་བརྩམས་ཏེ། མིའི་དཔེར་བརྗོད་པ་མདོ་ལས་ཇི་སྐད་གསུངས་པ་བཞིན་ཏེ། མདོ་ལས། དཔེར་ན། དཔག་ཚད་སྟོང་ཕྲག་བཅུ་བ་བགྲོད་དགོས་པས་གྲོང་ཁྱེར་ཆེན་པོ་ལམ་བགྲོད་དཀའ་ཞིང་ཐག་རིང་ལ། འཇིགས་པ་དང་བཅས་པ་ལམ་ན་ཟས་ལ་སོགས་པ་ཡང་མེད་པ་ཞིག་ཡོད་ལ། དེར་ཕྱིན་ན་དེའི་སྡུག་བསྔལ་ཐམས་ཅད་རྒྱུན་ཆད་པར་འགྱུར་བ་ཞིག་གོ། དེ་ནས་སྐྱེས་བུ་ཞིག་གིས་གྲོང་ཁྱེར (123b) དེའི་ཡོན་ཏན་ཐོས་ནས་བུ་གཅིག་པ་མཐོང་ན་དགའ་བ། སྡུག་པ། ཡིད་དུ་འོང་བ་ཞིག་ཡོད་པ་པོར་ཏེ། །ལམ་དུ་ཞུགས་ནས་སྟོབས་ཀྱི་ཤུགས་དང་། བརྩོན་འགྲུས་ཀྱིས་སྡུག་བསྔལ་ཐམས་ཅད་ཁྱད་དུ་བསད་དེ། ལམ་རིང་པོ་དེ་འདས་ནས་རྐང་པ་ཡ་གཅིག་སྒོ་ཐེམ་ལ་བཞག་ཡ་གཅིག་ཕྱི་རོལ་ན་འདུག་པ་ན། བུ་གཅིག་པ་དྲན་ནས་འདི་སྙམ་དུ་མ་ལ་ཀྱི་མ་བདག་གི་བུ་གཅིག་པ་འདིར་ཁྲིད་དེ་མ་འོངས་པ་ལྟ་ཞིག་སྙམ་ནས། གྲོང་ཁྱེར་དེར་མ་ཞུགས་པར། ཕྱིར་ཕྱོགས་ནས་བུ་གང་ན་འདུག་པ་སླར་ལོག་པའི་མིའི་དཔེར་བརྗོད་གསུངས་ནས།

རིགས་ཀྱི་བུ་དེ་བཞིན་དུ་བྱང་ཆུབ་སེམས་དཔའ་བསམ་གཏན་དང་ཤེར་ཕྱིན་སྒྲུབ་པའི་འབད་པ་ཆེན་པོ་དང་། བརྩོན་པ་ཆེན་པོ་དང་། ལྷག་པའི་བསམ་པ་བརྟན་པར་བསྐྱབས་པས་མངོན་པར་ཤེས་པ་ལྔ་བསྐྱེད་པར་བྱེད་དེ། །བསམ་གཏན་དང་མངོན་པར་ཤེས་པ་ལ་སེམས་ཡོངས་སུ་སྦྱང་བར་བྱས་པ་དེ་ལ་ཟག་པ་ཟད་པ་མངོན་དུ་ཕྱོགས་པར་འགྱུར་རོ། །ཞེས་པ་ནས། གཞན་དག་ཀྱང་ཡང་དག་པར་རྗོགས་པ་འདི་ཉིད་ལ་བཞག་པར་བྱའོ། །ཞེས་སོགས་གསུངས་པ་སྟེ།

དེ་དག་གི་དོན་ནི། ཟག་པ་ཟད་པ་ནི་ཡང་དག་པའི་མཐའ་དེ་བཞིན་ཉིད་ལ་རང་དབང་དུ་ཡུན་རིང་པོའི་བར་དུ་མངོན་སུམ་དུ་མཉམ་པར་འཇོག་འདོད་ན་ཡང་མཉམ་པར་བཞག་ནུས་པ་འགོག་པའི་སྙོམས་འཇུག་ཐོབ་པའི་དོན་ཏེ། དང་པོ་ནས་ཐེག་པ་ཆེན་པོར་རིགས་ངེས་པ་ཡིན་ན། བསམ་གཏན་དང་ཤེས་རབ་ཀྱི་ཕ་རོལ་ཏུ་ཕྱིན་པ་རྫོགས་པ་ས་དྲུག་པ་མ་ཐོབ་པར་དུ་འགོག་པའི་སྙོམས་འཇུག་མི་ཐོབ་ལ། དེ་ཐོབ་ནས་རྗེས་ཐོབ་ཀྱི་སྐབས་སུ་བདེན་འཛིན་ཡང་སྐབས་རེར་ཙུང་ཟད་རེ་ཙམ་མ་གཏོགས་མངོན་གྱུར་ཤས་ཆེར་མི་འབྱུང་ལ། རྗེས (124a) ཐོབ་ཀྱི་སྐབས་སུ་ཤེས་བྱ་ཇི་སྙེད་པའི་རྣམ་པ་འཆར་བ་ཕལ་ཆེར་ཡང་མེ་ལོང་གི་ནང་གི་བྱད་བཞིན་གྱི་གཟུགས་བརྙན་ལྟར་འཆར་བ་ཡིན་ནོ། །ས་བརྒྱད་པ་ཐོབ་སྟེ་སྲིད་ཞི་མཉམ་ཉིད་ཀྱི་སྦྱོར་བ་ཐོབ་པ་ནས་བཟུང་སྟེ་བདེན་འཛིན་ཟད་པར་སྤངས་པས་རྗེས་ཐོབ་ཀྱི་གནས་སྐབས་སུ་ཤེས་བྱ་ཇི་སྙེད་པའི་རྣམ་པ་ཤར་ཕྱིན་ཆད་མེ་ལོང་ནང་གི་བྱད་བཞིན་གྱི་གཟུགས་བརྙན་ལྟར་འཆར་བས་ཁྱབ་ཀྱི། བདག་ཅག་རྣམས་ལ་འཆར་བ་ལྟར་བདེན་སྣང་ཤར་ཡང་བདེན་སྟོང་དང་ཚོགས་པར་མི་འཆར་བ་དེ་ལྟ་བུའི་ཚུལ་ཙུང་ཟད་ཀྱང་མི་འཆར་རོ། །

（宙二）配合经教

约漏尽通而言，**经举旅人为喻**：譬如须行千俱胝踰缮那而至大城，路途艰辛长远，具诸怖畏，亦乏道粮，若能至彼则除一切苦。某人有一独子，可爱悦意。闻彼城利益而登途，勇猛精进，不为诸苦退屈，经长途跋涉，一足踏入门阶，一足尚留在外，突念独子：噫，何不引领吾儿至此？故不入城，回家携儿重返。

如此喻所说，**经云**：“**善男子**，**如是菩萨成就修**定、慧波罗蜜多之**大功用**、**大精进及坚固增上意乐**，**发五神通**。**于定**、**通中修治其心**，**漏尽现前**。**为救护一切有情故**，**发大悲心**，**修治漏尽智**。**又修治其心**，**第六地生起无滞慧**，**漏尽现前**。**如是**，**此菩萨现前地中**，**于漏尽现前得自在**，**是说清净位**。”

彼等经义：漏尽者，谓于实际真如，随欲自在长久住定，已得灭尽定。虽本于大乘中种性决定，然未得定、慧波罗蜜多圆满之第六地，则不得灭尽定。得灭尽定已，于后得位中，实执间或少分现行，然不猛利。后得位中现尽所有所知相，亦多如镜中像现。得第八地即得有寂平等性加行，断尽实执，故自此后得位中，现尽所有所知相必现如镜中像。就我等而言，谛实显现不与谛实空俱现，如是之状少分亦不现起。

ལུང་གི་དོན་བཤད་པ་ནི་ས་དྲུག་པ་དེ་སྙིང་རྗེ་ཆེན་པོས་བདག་འཛིན་གཉིས་ཀྱི་དབང་གིས་འཁོར་བར་གཞོལ་བ་ལོག་པར་ཞུགས་པའི་སེམས་ཅན་ཡོངས་སུ་བསྐྱབ་པར་འདོད་པ་ཁྱབ་པ་འདུ་བྱེད་ཀྱི་སྡུག་བསྔལ་ཉེ་བར་ཞི་བ་ཐོབ་ཀྱང་ཉེ་བར་ཞི་བའི་བདེ་བའི་རོ་མི་མྱང་བ་དེའི་ཐབས་ལ་བྱང་པར་བྱས་པ་འཁོར་བ་ལ་མངོན་དུ་ཕྱོགས་པའི་སེམས་ཅན་ལ་བསྟོས་ཏེ། མྱ་ངན་ལས་འདས་པ་ལ་མངོན་དུ་ཕྱོགས་པ་བླ་ན་མེད་པའི་བྱང་ཆུབ་ཀྱི་ཡན་ལག་ཡོངས་སུ་རྫོགས་པར་བྱ་བའི་ཕྱིར་འགོག་པའི་སྙོམས་འཇུག་ཐོབ་པའི་བསམ་གཏན་གྱི་གནས་ནས་སླར་འདོད་པའི་ཁམས་སུ་བསམས་བཞིན་དུ་སྐྱེ་བ་ཡོངས་འཛིན་པས་ཇི་སྲིད་སྲུར་དུ་སེམས་ཅན་གྱི་དོན་བྱ་བར་འདོད་ས་དུད་འགྲོའི་སྐྱེ་གནས་སུ་གཏོགས་པ་རྣམ་པ་དུ་མར་སྐྱེ་བའི་བྱེ་བྲག་གིས་སོ་སོའི་སྐྱེ་བོའི་ལུས་ཀུན་ཏུ་སྟོན་པ་ལ་དབང་འབྱོར་བས་ནི། མ་དག་པའི་གནས་སྐབས་བསྟན་པ་ཡིན་ནོ། །ཁམས་གསུམ་གྱི་སོ་སོ་སྐྱེ་བོའི་ཉེས་པས་མ་གོས་པའི (124b) ཆ་ནས་བསྟན་པ་དེ་ཉིད་སངས་རྒྱས་ལ་བསྟོས་ནས་མ་དག་པ་དང་། འཁོར་བར་སྐྱེ་བ་ལེན་པའི་ཆ་ནས་མ་དག་པ་དེ་སོ་སྐྱེ་ལ་བསྟོས་ནས་དག་པའོ། །

གཉིས་པ་སངས་རྒྱས་དང་སོ་སྐྱེ་ལ་བསྟོས་ནས་བཤད་པའི་མ་དག་པ་དང་དག་པའི་གནས་སྐབས་ན་འགྱུར་བ་མེད་པ་ལ་གསུམ། མཚམས་སྦྱར་བ་དང་། རྩ་བ་དང་། འགྲེལ་པའོ། །

དང་པོ་ནི། སྔར་བཤད་པའི་རྩ་བ་ལྷ་བུའི་ཚིགས་སུ་བཅད་པའི་དོན་གཞན་ནི།

གཉིས་པ་ལ་གཉིས། བྱང་ཆུབ་སེམས་དཔའ་བཞིའི་དག་པ་དང་མ་དག་པའི་ཡོན་ཏན་བཤད་པ་དང་། སྲིད་པ་ཐ་མ་པའི་བྱང་ཆུབ་སེམས་དཔའི་དག་པ་དང་མ་དག་པའི་ཡོན་ཏན་བཤད་པའོ། །ཚིགས་བཅད་དང་པོ་དགུས་དག་པའི་ཡོན་ཏན་བཤད་པ་དང་། ཚིགས་བཅད་བཅུ་པ་སངས་རྒྱས་ལ་བསྟོས་ཏེ་མ་དག་པའི་ཡོན་ཏན་བཤད་པ་དང་དོན་གཅིག་གོ །

དང་པོ་ལ་བཞི། དོན་དམ་པའི་སེམས་དང་པོ་བསྐྱེད་པ་དང་། སྤྱོད་པ་ལ་ཞུགས་པ་དང་། ཕྱིར་མི་ལྡོག་པ་དང་། སྐྱེ་བ་གཅིག་གིས་ཐོགས་པའི་བྱང་ཆུབ་སེམས་དཔའི་ཡོན་ཏན་བཤད་པའོ། །

དང་པོ་ལ་གཉིས། རང་དོན་གྱི་ཡོན་ཏན་དང་། གཞན་དོན་གྱི་ཡོན་ཏན་ནོ། །

དང་པོ་ནི། རྒྱལ་སྲས་འཇིག་རྟེན་ལས་འདས་པའི་སེམས་དང་པོ་བསྐྱེད་པ་ས་དང་པོ་བ་དེ་འགྱུར་བ་མེད་པའི་ཆོས་ཉིད་འདི་མངོན་སུམ་དུ་རྟོགས་ནས། འཁོར་བའི་རྒྱུད་པ་ལས་ཉོན་གྱི་དབང་གིས་སྐྱེ་འཆི་ལས་གྲོལ་ཡང་ཉོན་མོངས་ཅན་གྱི་མ་རིག་པས་ལྡོངས་པ་རྣམས་ཀྱི་སྐྱེ་བའི་ཚུལ་ལྟར་སྙིང་རྗེ་དང་སྨོན་ལམ་གྱི་དབང་གིས་སྐྱེ་བ་དང་རྒ་བ་དང་ན་བ་དང་འཆི་བ་ལ་སོགས་པ་དག་ཏུ་ནི་མ་རིག་པས་ལྡོངས་པ་རྣམས་ཀྱིས་ཀྱང་མངོན་སུམ་དུ་མཐོང་བ་གང་ཡིན་པ་དེ་རྨད་དོ་སྙེ་ངོ་མཚར་ཞིང་རྨད་དུ་བྱུང (125a) པའོ༔ ༔ཡང་ན་ཚིགས་བཅད་འདི་སྙིང་རྗེ་ཆེན་པོའི་ཡོན་ཏན་གྱི་ཁྱད་པར་སྟོན་ཅིང་། སངས་རྒྱས་ལ་བསྟོས་ནས་མ་དག་པའི་ཆ་བཤད་དོ། །

释经义：第六地菩萨**起大悲心**，**欲救护邪行有情**，彼等由二种我执增上专注生死。虽得周遍行苦寂静，然**不味著寂乐**，**方便纯熟**，**顾念生死现前之有情**，**令涅槃现前**无上**菩提分圆满故**，从得灭尽定之**静虑处**，**复故思受生于欲界**，**欲速疾利生**，**于以生于众多傍生生处差别示现一切异生身得自在**，**是说不净位**。由不染三界异生过失之分，此净观待于佛，说是不净；由受生生死之分，此不净观待于异生，说是净。

（戊二）观待佛及异生说不净及净位时不变

分三：（亥一）承启；（亥二）《论》；（亥三）《释》。

（亥一）承启

上述如根本之**颂之别义者**。

（亥二）《论》

分二：（天一）释四菩萨净及不净功德；（天二）释最后有菩萨净及不净功德。

（天一）释四菩萨净及不净功德

此与初九颂释净功德、第十颂释观待于佛为不净功德同义。

分四：（地一）释初发胜义心菩萨功德；（地二）入行；（地三）不退转；（地四）释一生补处菩萨功德。

（地一）释初发胜义心菩萨功德

分二：（玄一）自利功德；（玄二）利他功德。

（玄一）自利功德

初发出世间心初地**佛子**，**已现证此不变之法性**，解脱生死衰损业烦恼增上力所致生死，然如为染污无明致盲者之生，以悲、愿增上而有**生**、老、病、死**等**，亦为**无明盲者**现**见**，**彼甚奇**稀有。又，此颂说大悲功德差别，并释观待于佛之不净分。（1.69）

གཉིས་པ་ནི། འཕགས་པའི་སྤྱོད་ཡུལ་སྐྱེ་འཆི་ལ་སོགས་པའི་སྡུག་བསྔལ་ཟད་ནས་སྤངས་པ་ཐོབ་པས་ས་དང་པོ་བ་གང་ཡིན་པ་དེས་སྙིང་རྗེས་ཀུན་ནས་བསླངས་ནས་བྱིས་པའི་སྤྱོད་ཡུལ་དུ་སྐྱེ་བ་ལེན་པ་སོགས་སྟོན་པར་མཛད་པ་སྟེ་དེ་ཉིད་ཀྱི་ཕྱིར་ན་འགྲོ་བ་ཡི་གཉེན་གྱི་ཐབས་དང་སྙིང་རྗེ་མཆོག་ཏུ་གྱུར་པ་མངའ་བ་ཡིན་ནོ། །

གཉིས་པ་ལ་གཉིས། འཇིག་རྟེན་ན་གནས་ཀྱང་དེའི་དྲི་མས་མ་གོས་པ་དང་། དཔེ་དོན་སྦྱར་ཏེ་བཤད་པའོ། །

དང་པོ་ནི། ས་གཉིས་པ་ནས་བདུན་པའི་བར་གྱི་བྱང་ཆུབ་སེམས་དཔའ་དེ་ནི་སོ་སོ་སྐྱེ་བོ་ཉན་ཐོས་དང་རང་སངས་རྒྱས་ཀྱི་འཇིག་རྟེན་ཐམས་ཅད་ལས་འདས་ཀྱང་འཇིག་རྟེན་པའི་སྐྱེ་བ་ལེན་པ་ལ་སོགས་པའི་ཚུལ་ལས་མ་གཡོས་པར་གནས་ལ་དེ་ལྟར་གནས་ཀྱང་འཇིག་རྟེན་པའི་དོན་དུ་འཇིག་རྟེན་ན་ཉོན་མོངས་པའི་གཞན་དབང་དུ་གྱུར་པ་དང་སྡུག་ཀུན་གྱི་རྒྱུད་པས་ཟིལ་གྱིས་ནོན་ནས་གཞན་དོན་སྒྲུབ་མི་ནུས་པ་སོགས་འཇིག་རྟེན་པའི་དྲི་མས་མ་གོས་པར་སྤྱོད་ཅིང་གནས་སོ། །

གཉིས་པ་ནི། ཇི་ལྟར་པདྨ་ཆུ་ནང་དུ་སྐྱེས་པ་ཆུ་ཡིས་གོས་པ་མེད་པ་དེ་བཞིན་དུ་སྤྱོད་པ་ལ་ཞུགས་པའི་བྱང་ཆུབ་སེམས་དཔའ་འདི་ནི་འཇིག་རྟེན་དུ་སྐྱེས་ཀྱང་འཇིག་རྟེན་པའི་ཆོས་ཀྱིས་མི་གོས་ཏེ་ལས་ཉོན་གྱི་སྐྱེ་འཆི་ལས་གྲོལ་ཞིང་སྐྱེ་བ་ལེན་པའི་བཞེད་པ་ལ་མངའ་བརྙེས་པའི་ཕྱིར་རོ། །

གསུམ་པ་ནི། རྣམ་པ་ཐམས་ཅད་དུ་ཕྱིར་མི (125b) ལྡོག་པ་ས་བརྒྱད་པ་ལ་གནས་པའི་བྱང་ཆུབ་སེམས་དཔའ་སེམས་ཅན་གྱི་དོན་བྱ་བ་བསྒྲུབ་པ་ལ་རྟག་ཏུ་བློ་མེ་བཞིན་དུ་ནི་འབར་བ་དང་ཞེས་པས་གཞན་གྱི་དོན་ཕུན་སུམ་ཚོགས་པ་དང་། ཉོན་མོངས་ཟད་པར་སྤངས་པས་སྡུག་བསྔལ་དང་འབད་རྩོལ་ཉེ་བར་ཞི་བའི་བསམ་གཏན་དང་། སྙོམས་འཇུག་ལ་རྟག་ཏུ་སྙོམས་པར་ཞུགས་པ་ཡིན་ཏེ། རྣམ་པར་མི་རྟོག་པའི་ཡེ་ཤེས་ལ་དབང་བསྒྱུར་ཐོབ་པའི་ཕྱིར་རོ། །

（玄二）利他功德

得圣者所行境根断生死等苦故，彼初地菩萨以大悲为等起，**于愚夫**所行**境示**现受身等，**故是众生**之**亲**，具有**最上方便**及**悲**心。(1.70)

（地二）入行

分二：（玄一）虽住世间而不染其垢；（玄二）喻义合释。

（玄一）虽住世间而不染其垢

彼二地至七地菩萨者，虽胜**出**异生、声闻、独觉**诸世间**，**然不离世间**受生等理而住；**虽**如是为**利益世间**而住，然不随世间烦恼转，亦不为苦、集衰损所压伏而不能成办利他等，**不染世间垢**而**行**。(1.71)

（玄二）喻义合释

如莲生于水而不染着水，此入行菩萨者，**虽生于世间而不染世法**，以解脱业烦恼之生死、自在受生故。(1.72)

（地三）不退转

住一切种不退转八地菩萨，**恒念成**办利生**所作**、**犹如火炽燃**，是说利他圆满。**恒常入定于**断尽烦恼而**静息**苦及功用**之静虑**，以得无分别智自在故。(1.73)

ཁྱབ་པ་འདུ་བྱེད་ཀྱི་སྡུག་བསྔལ་ཉེ་བར་ཞི་བའི་མྱང་འདས་མངོན་དུ་བྱེད་ནུས་ཀྱང་། རང་དོན་འབའ་ཞིག་ཏུ་ཐར་པ་དོན་དུ་གཉེར་བའི་བསམ་པ་སྐྱེ་བའི་གོ་སྐབས་ལེགས་པར་བཅོམ་པས་རྣམ་པ་ཐམས་ཅད་དུ་ཕྱིར་མི་ལྡོག་པའི་ས་ཐོབ་པ་ཡིན་ལ། སྲིད་ཞི་མཉམ་ཉིད་ཀྱི་རྣལ་འབྱོར་ཐོབ་པས་རྗེས་ཐོབ་ཀྱི་ཤེས་བྱ་ཇི་སྙེད་པའི་འཆར་ཚུལ་ནི་སྔར་བཤད་པ་ལྟར་རོ། །ཞི་བའི་བསམ་གཏན་ལ་རྟག་ཏུ་སྙོམས་པར་ཞུགས་པ་ནི། མཉམ་གཞག་རིགས་འདྲ་བར་མ་ཆད་དུ་འབྱུང་བའི་དོན་མིན་ཏེ། དེ་བཞིན་ཉིད་ལ་མངོན་སུམ་དུ་མཉམ་པར་བཞག་བཞིན་དུ་ཤེས་བྱ་ཇི་སྙེད་པ་མངོན་སུམ་དུ་གཟིགས་ཤིང་། སེམས་ཅན་ལ་ཆོས་སྟོན་པ་སངས་རྒྱས་ལས་གཞན་གྱིས་མི་ནུས་པའི་ཕྱིར་རོ། །དེས་ན་རྩོལ་བ་རགས་པ་ཉེ་བར་ཞི་བས་དེ་བཞིན་ཉིད་ལ་མཉམ་པར་འཇོག་པའི་འབད་རྩོལ་ཆེན་པོ་མེད་པ་དང་། རྗེས་ཐོབ་ཀྱི་བྱ་བ་ཀུན་ལ་དེ་བཞིན་ཉིད་མངོན་སུམ་དུ་རྟོགས་པའི་མཉམ་གཞག་གི་རྗེས་མ་ཟིན་པ་མི་སྲིད་པའི་ཕྱིར་རོ། །ས་དགུ་པ་བ་དང་། ས་བཅུ་པ་ཐོབ་མ་ཐག་པ་སོགས་ཡོན་ཏན་དེ་དག་དང་ལྡན་པར་དོན་གྱིས་གོ་བར་དགོངས་སོ། །

བཞི་པ་ལ་གཉིས། འཕྲིན་ལས་ལྷུན་ཚོགས (126a) ཀྱི་རྒྱུ་དང་། དེ་ལ་བརྟེན་ནས་འཕྲིན་ལས་འབད་མེད་དུ་འཇུག་པར་བསྟན་པའོ། །

དང་པོ་ལ་གཉིས། འཕྲིན་ལས་རྩོལ་བ་མི་མངའ་བར་འཇུག་པའི་རྒྱུ་དང་། གདུལ་བྱ་དང་རྗེས་སུ་མཐུན་པའི་འཕྲིན་ལས་སྣ་ཚོགས་མཁྱེན་པའོ། །

དང་པོ་ནི། སྐྱེ་བ་གཅིག་གིས་ཐོགས་པའི་བྱང་ཆུབ་སེམས་དཔའ་དེ་འབད་མེད་ལྷུན་གྲུབ་ཏུ་སེམས་ཅན་གྱི་དོན་བྱེད་པར་གྱུར་ཅིག སྙམ་དུ་སྨོན་པའི་སྟོན་དུ་འཕེན་པའི་དབང་དང་ནི་འབད་རྩོལ་རགས་པ་དང་། དངོས་པོ་ལ་བདེན་པར་ཞེན་པའི་རྣམ་རྟོག་ཐམས་ཅད་དང་བྲལ་བའི་ཕྱིར། དེ་ནི་ལུས་ཅན་སྨིན་པ་ཡི་དོན་དུ་ཆོས་སྟོན་པ་ལ་སོགས་པའི་ཀུན་སློང་གི་འབད་པ་ཆེན་པོ་བྱེད་དགོས་པ་མ་ཡིན་པར་ལྷུན་གྲུབ་ཏུ་འཇུག་པའོ། །དངོས་པོ་བདེན་འཛིན་ཉོན་སྒྲིབ་ཡིན་པས་ས་བརྒྱད་པ་ནས་ཟད་པར་སྤངས་མོད་ཀྱི། འདིར་ནི་ཆོས་སྟོན་པའི་ཀུན་སློང་གི་རྩོལ་བ་རགས་པ་ཡང་ཉེ་བར་ཞི་ནས་ངམ་ངམ་ཤུགས་ཀྱིས་གཞན་དོན་ལ་འབད་མེད་དུ་འཇུག་པར་འགྱུར་བ་ཡིན་ནོ། །

གཉིས་པ་ནི། ཆོས་སྟོན་པའི་གསུང་གི་བརྗོད་པས་བསྡུས་པ་གདུལ་བྱ་དང་ཇི་ལྟར་འཚམས་པ་བསྟན་པ་དང་། གདུལ་བྱ་དང་འཚམ་པར་གཟུགས་སྐུ་མི་འདྲ་བ་དུ་མ་སྟོན་པ་དག་དང་ནི་ཆགས་ཅན་འདུལ་བའི་དོན་དུ་འདོད་ཆགས་ལ་སྤྱོད་པའི་ཚུལ་སྟོན་པ་སོགས་སྤྱོད་པ་དང་། སྤྱོད་ལམ་གྱིས་འདུལ་བ་ལ་འགྲོ་འོང་སོགས་སྤྱོད་ལམ་གྱིས་ཀྱང་རུང་། གདུལ་བྱ་གང་ཞིག་རྣམ་པ་ཇི་ལྟར་ཐབས་གང་གིས་འདུལ་བའི་ཐབས་སོགས་བྱང་ཆུབ་སེམས་དཔའ་དེས་ཐབས་དེ་ཇི་ལྟར་འཚམ་པ་དེ་ལྟར་ཉིད་དུ་ཤེས་ནས་གཞན་དོན་ལ་འཇུག་པ (126b) ཡིན་ནོ། །

（尔时）虽能现证静息周遍行苦之涅槃，然因定不容生起单纯自利而希求解脱之意乐，故得一切种不退转地。得有寂平等性瑜伽，故后得位中尽所有所知现起之理趣，如上已述。恒入静定者，非定同类不断而生之义，以于真如现前入定时，现观尽所有所知，复为有情说法，惟佛方能故。故是说止息粗显功用，任运入定于真如；后得位中，一切事无不为现观真如之定所摄持。第九、十地得已无间即具足彼等功德，由此可推知。

（地四）释一生补处菩萨功德

分二：（玄一）事业圆满之因；（玄二）依彼示现任运趣入事业。

（玄一）事业圆满之因

分二：（黄一）任运趣入事业之因；（黄二）知种种随顺所化之事业。

（黄一）任运趣入事业之因

彼一生补处菩萨，**先前发愿**，愿能无功用任运利生，以此之**力**，及远**离**粗显功用、执事为实**诸分别故**，**彼**为**成熟有情**而说法等，**不**须**起**等起之大**功用**而任运趣入。执事为实乃烦恼障，八地以后虽已断尽，此处即说法等起之粗显功用亦并静息，自然利他无功用转。（1.74）

（黄二）知种种随顺所化之事业

说法语言所摄、适合所化之**言说**，**及**示现不同非一适合所化之**色身**者，为调伏具贪者示现贪行相等之**行**，及当以威仪调伏者，以来去等**威仪皆可**调伏。**彼**菩萨**知晓**以何等相、何等方便**调伏**何等所化**如是**相宜之**法**，而趣入利他。（1.75）

གཉིས་པ་ནི། ཚུལ་དེ་ལྟར་རྒྱུ་དེ་དག་ལ་བརྟེན་ནས་ནམ་མཁའི་མཐས་ཀླས་ཀྱི་འགྲོ་བར་དུས་རྟག་ཏུ་འབད་རྩོལ་ཆེན་པོ་མི་དགོས་པར་ལྷུན་གྱིས་གྲུབ་པར་འགལ་རྐྱེན་གྱིས་གེགས་བྱེད་མི་ནུས་པས་ཐོགས་མེད་དུ་བློ་ལྡན་བྱང་ཆུབ་སེམས་དཔའ་དེའི་ནི་སེམས་ཅན་གྱི་དོན་ནི་ཡང་དག་པར་འཇུག་པའོ། །

གཉིས་པ་ལ་གཉིས། དག་པའི་ཁྱད་པར་དང་། མ་དག་པའི་ཁྱད་པར་རོ། །

དང་པོ་ནི། སྲིད་པ་ཐ་མ་པའི་བྱང་ཆུབ་སེམས་དཔའ་སེམས་ཅན་གྱི་དོན་བྱེད་པའི་ཚུལ་འདི་ནི་རྗེས་ཐོབ་ཏུ་ཆོས་སྟོན་པ་ལ་སོགས་པའི་མཛད་པ་དེ་བཞིན་གཤེགས་པ་རྣམས་དང་། སེམས་ཅན་ཡང་དག་པ་ཕྱིན་ཅི་མ་ལོག་པ་ཚུལ་བཞིན་དུ་སྒྲོལ་བ་ལ་འཇིག་རྟེན་ན་ནི་མཉམ་པ་ཉིད་དུ་ཤེས་པར་བྱའོ། །

རྗེས་ཐོབ་ཅེས་སྨོས་པས་རྗེས་ཐོབ་ཏུ་གང་ལ་ཆོས་བསྟན་པར་བྱ་བའི་སེམས་ཅན་གྱི་གྲངས་ལ་སོགས་པ་དང་འཁྲིད་ལས་ཙམ་ཞིག སེམས་ཅན་ཐམས་ཅད་ལ་བྱེད་ནུས་པ་སོགས་མཉམ་པའི་དོན་ཡིན་གྱི། ཕྱོགས་ཐམས་ཅད་ནས་མཉམ་པ་མ་ཡིན་ཏེ་དེ་བཞིན་ཉིད་ལ་མངོན་སུམ་དུ་མཉམ་པར་བཞག་བཞིན་དུ་སེམས་ཅན་ལ་ཆོས་སྟོན་པ་སོགས་ཡང་དག་པར་རྫོགས་པའི་སངས་རྒྱས་ལས་གཞན་གྱིས་མི་ནུས་པའི་ཕྱིར་རོ། །དེ་ཡང་ཤེས་བྱ་ཇི་ལྟ་བ་མངོན་སུམ་དུ་གཟིགས་པའི་བློ་དེ་ཉིད་ཀྱིས་ཤེས་བྱ་ཇི་སྙེད་པ་མངོན་སུམ་དུ་གཟིགས་པ་ལ་བདེན་གཉིས་ངོ་བོ་ཐ་དད་དུ་འཛིན་པའི་དྲི་མ་ཟད་པར་སྤང་དགོས་ལ། དེ་ཡང་དག་པར་རྫོགས་པའི་སངས་རྒྱས་མ་གཏོགས་གཞན་ལ་མེད་པས་དེ་མན་ཆད་དུ (127a) མཉམ་གཞག་དང་རྗེས་ཐོབ་ངོ་བོ་ཐ་དད་པ་ཡིན་ནོ། །

གཉིས་པ་ནི། ཆོས་སྟོན་པའི་གདུལ་བྱའི་གྲངས་ལ་སོགས་པ་མཉམ་པ་དེ་ལྟ་མོད་ཀྱི། རྣམ་པ་ནས་རྣམ་པ་ཐམས་ཅད་དུ་མཉམ་པ་མ་ཡིན་ཏེ་ས་ཆེན་པོ་དང་རྡུལ་ཕྲན་དང་། རྒྱ་མཚོ་དང་བ་ལང་གི་རྨིག་རྗེས་ཀྱི་ཆུའི་ཁྱད་པར་གང་ཡིན་པ་དེ་དང་འདྲ་བར་རྫོགས་པའི་སངས་རྒྱས་དང་མཐར་ཕྱིན་པའི་བྱང་ཆུབ་སེམས་དཔའི་ཁྱད་པར་དེ་ཉིད་དུ་ཤེས་པར་བྱའོ། །

དེས་ན་ཚིགས་བཅད་སྔ་མས་རྗེས་ཐོབ་ཏུ་སེམས་ཅན་གྱི་དོན་བྱེད་པའི་གྲངས་ལ་སོགས་པ་མཉམ་པ་བསྟན་ལ། ཚིགས་བཅད་ཕྱི་མས་མཛད་པ་མཛད་པའི་ཚུལ་ལ་སོགས་པ་སྤྱིའི་དབང་དུ་བྱས་པའི་ཁྱད་པར་བསྟན་ཏེ། རྒྱུ་མཚན་ནི། སྒོ་གསུམ་གྱི་ཀུན་སློང་གི་རྩོལ་བ་མཐའ་དག་ཉེ་བར་ཞི་བ་དང་མ་ཞི་བའི་ཁྱད་པར་དང་དེ་བཞིན་ཉིད་ལ་མཉམ་པར་བཞག་བཞིན་དུ་ཆོས་སྟོན་པ་ལ་སོགས་པའི་མཛད་པ་མཛད་ནུས་པ་དང་མི་ནུས་པའི་ཁྱད་པར་རོ། །སོ་སོ་སྐྱེ་བོའི་གདུལ་བྱའི་དོན་བྱེད་པར་མཉམ་པ་དང་། འཕགས་པར་གྱུར་པའི་དོན་བྱེད་པ་མི་མཉམ་པའི་ཁྱད་པར་ནི་མི་འདུང་སྟེ། སོ་སོ་སྐྱེ་བོ་ཐར་པ་མྱ་ངན་ལས་འདས་པ་ལ་འགོད་པ་ལ་རྒྱ་མཚོ་དང་བ་ལང་གི་རྨིག་རྗེས་ཀྱི་ཁྱད་པར་དུ་ཤེས་པར་བྱའོ། །

（玄二）依彼示现任运趣入事业

如是依彼等因，**彼具慧**菩萨，**恒**不须大功用**任运**，违缘不能为障，**无碍正行利有情**，**虚空无边众**生。(1.76)

（天二）释最后有菩萨净及不净功德

分二：（地一）净之差别；（地二）不净差别。

（地一）净之差别

此最后有**菩萨**利生之理趣**者**，当知于**后得**位作说法等事业，**于世间等同诸如来**，**正**不颠倒、如理**度脱有情**。(1.77)

“后得”云云，以愿力于后得位能说法利一切有情，所利益有情之数量及事业与佛相等。然非一切品皆等，以除正等觉，余皆不能于真如现前入定中，同时为有情说法等故。此亦须断尽执二谛为异体之垢，方可以现观如所有所知之心现观尽所有所知。除正等觉，余皆无此力。佛以下者，根本与后得体性相异。

（地二）不净差别

说法对象之所化数量等**虽然**相等，然非一切种相等，当知**佛**与究竟**菩萨**之**差别**，**犹如**大**地之于尘土**，**海**之于牛蹄**洼水**。(1.78)

前一颂是说后得位利益有情之数量等相等；后一颂是约总作事业之理趣等差别而说。详言之，即三门等起功用悉皆静息与未静息之差别，以及于真如入定同时能否作说法等事业之差别。不可说利益异生所化相等，利益圣者所化不等而有差别。当知安置异生于解脱涅槃，有大海与牛蹄洼水之别。

གསུམ་པ་ལ་གཉིས། སྤྱིར་བསྟན་པ་དང་། སོ་སོར་བཤད་པའོ། །

དང་པོ་ནི། ཚིགས་སུ་བཅད་པ་བཅུ་པོ་ཞེས་པ་ནས། སྐྱེ་བ་གཅིག་གིས་ཐོགས་པའོ། །ཞེས་པའོ། །ས་རབ་དགའི་འོག་ཏུ་ཀུན་ནས་ཉོན་མོངས་པ་སོ་སོ་སྐྱེ་བོ་དང་། ཆོས་ཀྱི་སྤྲིན་གྱི་སྟེང་དུ་མཆོག་ཏུ་རྣམ་པར་དག་པ་རྫོགས་པའི་སངས་རྒྱས་ཏེ། དེ་གཉིས་ལ་བལྟོས་ནས་དག་པ་དང་མ་དག (127b) པའོ། །

གཉིས་པ་ལ་ལྔ་ཡོད་པའི་དང་པོ་དོན་དམ་པའི་སེམས་དང་པོ་བསྐྱེད་པའི་ཡོན་ཏན་ནི། དེ་ལ་ཚིགས་སུ་བཅད་པ་དང་པོ་དང་གཉིས་པས་ནི་ཞེས་སོ། །ས་དང་པོར་ཆོས་དབྱིངས་ཀུན་ཏུ་འགྲོ་བའི་དོན་དུ་རྟོགས་པས་དག་པའི་ཡོན་ཏན་དངོས་སུ་བསྟན་ནས་མ་དག་པའི་ཆ་དོན་གྱིས་འཕེན་པ་ཡིན་ནོ། །

གཉིས་པ་སྤྱོད་པ་ལ་ཞུགས་པའི་བྱང་ཆུབ་སེམས་དཔའི་ཡོན་ཏན་ནི་ཚིགས་སུ་བཅད་པ་གསུམ་པ་དང་ཞེས་སོ། །ས་གཉིས་པ་ནས་བདུན་པའི་བར་སེར་སྣའི་ཀུན་དཀྲིས་དང་ཚུལ་འཆལ་སོགས་སྤྱོད་པ་ཕ་རོལ་ཏུ་ཕྱིན་པ་དྲུག་ག་མི་མཐུན་པའི་ཕྱོགས་རིམ་གྱིས་ཟད་པར་བྱེད་པའི་སྟོབས་ཐོབ་པའི་ཕྱིར།

གསུམ་པ་ཕྱིར་མི་ལྡོག་པའི་བྱང་ཆུབ་སེམས་དཔའི་ཡོན་ཏན་ནི། ཚིགས་སུ་བཅད་པ་ལྔ་པས་ནི་ཞེས་སོ། །བྱང་ཆུབ་ཆེན་པོ་ཐོབ་པའི་སྦྱོར་བ་ནི། ཆོས་སྐུའི་རྒྱུ་སྲིད་ཞི་མཉམ་ཉིད་ཀྱི་སྦྱོར་བའོ། །

བཞི་པ་སྐྱེ་བ་གཅིག་གིས་ཐོགས་པའི་ཡོན་ཏན་ནི། ཚིགས་སུ་བཅད་པ་དྲུག་པ་དང་ཞེས་སོ། །དོན་གཉིས་མཐར་ཕྱིན་པའི་ཐབས་སེམས་ཅན་ཡོངས་སུ་སྨིན་པའི་མཐུ་ལེགས་པར་ཐོབ་པའོ། །

ལྔ་པ་མཐར་ཕྱིན་པའི་བྱང་ཆུབ་སེམས་དཔའི་ཡོན་ཏན་ནི། ཚིགས་སུ་བཅད་པ་དགུ་པ་དང་བཅུ་པས་ནི་ཞེས་སོ། །དེའི་དོན་ནི་བཤད་ཟིན་ཏོ། །

（亥三）《释》

分二：（天一）总标；（天二）别释。

（天一）总标

此十颂如其次第，前九颂观待于菩萨极喜地以下说增上杂染性，第十颂观待于菩萨法云地以上说清净性。简言之，说十地四类菩萨之净与不净。四类菩萨者，谓初发心，入行，不退转，一生补处。极喜地以下为杂染异生，法云地以上为最上清净正等觉，观待于彼二，说净与不净。

（天二）别释

分五：第一，初发胜义心菩萨功德者，**此中初二颂，说第一极喜地时见无始以来未曾见之出世间法性故，初发心菩萨功德清净相**。初地时证法界遍行义故，正说清净功德，旁申不净分。

第二，入行菩萨功德者，**第三、四颂说离垢地乃至不动地以来行不染行故，入行菩萨功德清净相**。二地至七地时，依次获得能尽悭缠、犯戒等六波罗蜜多行所治品故。

第三，不退转菩萨功德者，**第五颂说相续不断安住获大菩提加行之三摩地故，不退转菩萨功德清净相**。获大菩提加行者，谓法身因有寂平等性加行。

第四，一生补处功德者，**第六、七、八颂说菩萨法云地时利益自他方便悉至究竟，于佛地最后一生补处，将得无上大菩提故，一生补处菩萨功德清净相**。法云地善得二利究竟方便、成熟有情之力。

第五，究竟菩萨功德者，**第九、十颂约利他及自利而说究竟菩萨与如来功德之无差别及有差别**。此义已释。

大乘上续论释大疏卷八终

གསུམ་པ་ཤིན་ཏུ་རྣམ་དག་གི་གནས་སྐབས་ན་འགྱུར་བ་མེད་པའི་དོན་བཤད་པ་ལ་གཉིས། མཚམས་སྦྱར་བ་དང་། དོན་བཤད་པའོ། །

དང་པོ་ནི། དེ་ལ་ཞེས་སོ། །

གཉིས་པ་ལ་གསུམ། བསྟན་པ་དང་། བཤད་པ་དང་། བསྟན་བཤད་སྦྱར་བའོ། །

དང་པོ་ནི། འདི་ནི་སྔར་བཤད་པའི་རྩ་བ་ལྔ་པུའི་ཚིགས་སུ་བཅད་པ་ཡིན་ནོ། །ཤིན་ཏུ་རྣམ་པར་དག་པའི་གནས་སྐབས་དེ་བཞིན་གཤེགས་པ་རྣམས་ཀྱི (128a) ཆོས་ཀྱི་སྐུ་དེ་ནི་ཆོས་ཅན། རྟག་པ་ཡིན་ཏེ། མ་རིག་བག་ཆགས་ཀྱི་ས་དང་། ཟག་པ་མེད་པའི་ལས་ཀྱིས་བསྐྱེད་པའི་ཡིད་ཀྱི་རང་བཞིན་གྱི་ལུས་སྔ་མ་དོར་ནས་ཕྱི་མ་ཐོབ་པའི་གཞན་དུ་འགྱུར་བ་མིན་པའི་བདག་ཉིད་མཐར་ཕྱུག་པ་ཐོབ་པའི་གནས་སྐབས་འདུས་མ་བྱས་པ་དེ་ཡིན་པའི་ཕྱིར། དེ་ཡིན་ཏེ། རང་བཞིན་གྱིས་མི་ཟད་པའི་ཡོན་ཏན་གྱི་ཆོས་མཐར་ཕྱུག་པ་དང་ལྡན་པའི་ཆོས་ཀྱི་སྐུ་ཡིན་པའི་ཕྱིར། འགྲོ་བ་རྣམས་ཀྱི་མི་སླུ་བའི་སྐྱབས་མཐར་ཕྱུག་པ་ཡིན་ཏེ། རང་བཞིན་གྱིས་རྣམ་པར་དག་པ་ལ་གློ་བུར་གྱི་དྲི་མ་མ་ལུས་པས་དག་པ་ཕྱི་མའི་མཐའ་མེད་པར་སྲུར་ཕྱུག་པར་གནས་པའི་སྐུ་ཡིན་པའི་ཕྱིར། དེས་བརྟན་པའི་དོན་བསྟན་ཏོ། སྔར་གློ་བུར་གྱི་དྲི་མས་རྣམ་པར་དག་པ་ཕྱིས་གཞན་དུ་གྱུར་ན་དོན་དམ་པའི་སྐྱབས་སུ་མི་རུང་བའི་ཕྱིར། རྟག་ཏུ་སྒྲོ་འདོགས་དང་སྐུར་འདེབས་ཀྱི་མཐའ་གཉིས་སུ་མེད་པའི་རང་བཞིན་དུ་གནས་ཏེ། འཁྲུལ་པ་མཐའ་དག་ཟད་པས་དེ་བཞིན་ཉིད་ལ་མི་རྟོག་བཞིན་དུ་གནས་པའི་སྐུ་ཡིན་པའི་ཕྱིར། དེས་ནི་རང་བཞིན་གྱིས་ཞི་བ་ལ་གློ་བུར་གྱི་དྲི་མ་མ་ལུས་པས་ཀུང་ཞི་བའི་དོན་བསྟན་ཏོ། །ཟག་བཅས་དང་ཟག་མེད་ཀྱིས་འདུས་མ་བྱས་པས་འཇིག་པ་མེད་པའི་ཆོས་ཀུང་ཡིན་ཏེ། ལས་ཀྱིས་འདུས་མ་བྱས་པའི་རང་བཞིན་ཡིན་པའི་ཕྱིར། འདིས་གཡུང་དྲུང་གི་དོན་བསྟན་ཏོ། །

གཉིས་པ་ལ་གཉིས། དྲི་བ་དང་། ལན་ནོ། །

དང་པོ་ནི། འདིས་ཅི་བསྟན་ཅེ་ན།

大乘上续论释大疏卷九

（未三）释最净位时不变义

分二：（申一）承启；（申二）释义。

（申一）承启

此中约最净位时不变而言之颂曰：

（申二）释义

分三：（酉一）标；（酉二）释；（酉三）标释合说。

（酉一）标

此如上述根本之颂。**最净位**如来法身有法，是“常”，以是**非**有无明习气地及无漏业所生意性身舍前得后**变**异究竟体性之无为位故；是常，以是与自性**无尽**究竟功德**法**相应之法身**故**；是众生之无伪究竟**归依**，以是自性清净、客尘全净、**无后边际**之身**故**，此说“固”义，以先前之客尘清净后若变异，则不堪为胜义归依故。**彼常**住**无**增益及损减**二**边之自性，以错乱皆尽**无念**而住真如之身**故**，此说自性、客尘悉皆“寂灭”之义。非由有漏、无漏造作，是**不坏法**，以是**非**业造**作**之自**性故**，此说“不坏”义。（1.79）

（酉二）释

分二：（戌一）问；（戌二）答。

（戌一）问

此颂云何所示？

གཉིས་པ་ལ་གཉིས། རྩ་བ་དང་། འགྲེལ་པའོ། །

དང་པོ་ལ་གསུམ། ཞུགས་ལ་བསྟན་པའི་རྣམ་བཅད་ཀྱི་དོན་དང་། ཡོངས་གཅོད་ཀྱི་དོན་དང་། རྣམ་བཅད་ཀྱི་དོན་རྒྱས་པར་བཤད་པའོ། །

དང་པོ་ནི། ཉོན་མོངས་པའི་དབང་གིས་ཉིད་མཚམས་མི (128b) སྦྱོར་བར་མ་ཟད། ཡིད་ཀྱི་རང་བཞིན་གྱི་ལུས་བླངས་པའི་སྐྱེ་བ་མེད་ཅིང་། ཉོན་མོངས་པའི་འཆི་བ་མེད་པར་མ་ཟད། བསམ་གྱིས་མི་ཁྱབ་པར་བསྒྱུར་བའི་འཆི་བ་མེད་ལ། ལས་དང་ཉོན་མོངས་པའི་དབང་གིས་གནོད་པ་མེད་པར་མ་ཟད། ཉོན་མོངས་ཅན་མ་ཡིན་པའི་མ་རིག་པའི་བག་ཆགས་ཀྱིས་གནོད་པ་མེད་ཅིང་། ཉོན་མོངས་པ་དང་བཅས་པའི་ཟག་བཅས་ཀྱི་ལས་ཀྱི་དབང་གིས་རྒ་བ་མེད་པར་མ་ཟད། ཟག་པ་མེད་པའི་ལས་ཀྱིས་གཞན་དུ་བསྒྱུར་བའི་རྒ་བ་མེད་པ་སྟེ་གཞན་དུ་མི་འགྱུར་བ་སོགས་ཀྱིས་མི་མཐུན་པའི་ཕྱོགས་རྣམ་པར་བཅད་པའི་རྣམ་བཅད་ཀྱི་གནས་ཉེ་བར་བཟུང་བའོ། །

གཉིས་པ་ནི། དེས་ན་དེ་བཞིན་གཤེགས་པ་རྣམས་ཀྱི་ཆོས་ཀྱི་སྐུ་དེ་ནི་རྟག་པ་དང་བརྟན་པའི་ཕྱིར་དང་། ཞི་བའི་ཕྱིར་དང་། གཡུང་དྲུང་གི་ཕྱིར།

གསུམ་པ་ནི། དེ་བཞིན་གཤེགས་པའི་ཆོས་ཀྱི་སྐུ་དེ་ནི་ཡིད་ཀྱི་རང་བཞིན་གྱི་ལུས་ཀྱིས་སྐྱེ་བ་མེད་དེ། རྟག་པའི་ཕྱིར། འདིར་རྟག་པའི་གཙོད་བྱ་སྐྱེ་བ་ནི་ཡིད་ཀྱི་རང་བཞིན་གྱི་ལུས་ཀྱིས་སྐྱེ་བ་ཡིན་ལ། རྟག་པའི་རྣམ་བཅད་ནི་སྐྱེ་བ་དེ་དང་བྲལ་བའོ། །བསམ་གྱིས་མི་ཁྱབ་པར་བསྒྱུར་བ་ཡི་འཆི་འཕོ་བས་ཆོས་ཀྱི་སྐུ་དེ་མི་འཆི་སྟེ་བརྟན་པའི་ཕྱིར། ཆོས་ཀྱི་སྐུ་ལ་མ་རིག་པའི་བག་ཆགས་ཕྲ་མོའི་ནད་རྣམས་ཀྱིས་གནོད་པ་མེད་དེ། ཞི་བ་ཉིད་ཀྱི་ཕྱིར། དེ་གཉིས་ཀྱང་བརྟན་པ་དང་ཞི་བའི་གཙོད་བྱ་ངོས་བཟུང་ནས་དེ་དང་བྲལ་བ་བརྟན་པ་དང་ཞི་བའི་དོན་དུ་བཤད་པའོ། །ཟག་པ་མེད་པའི་ལས་ཀྱི་མངོན་པར་འདུ་བྱེད་ཀྱིས་འདུ་བྱེད་པ་མེད་པས་རྒ་བ་མེད་དེ། ལས་ཀྱིས་གཞན་དུ་མི་འགྱུར་བས་གཡུང་དྲུང་ཡིན་པའི་ཕྱིར། རྟག་བརྟན་སོགས་ཀྱི་དོན་དེ་ལྟར་བཤད་ཀྱི། བསྒྲུབ་པ་རང་དབང་བའི (129a) རྟག་དངོས་སུ་བཤད་པ་མེད་དོ། །

（戊二）答

分二：（亥一）《论》；（亥二）《释》。

（亥一）《论》

分三：（天一）附说遮义；（天二）释表义；（天三）广释遮义。

（天一）附说遮义

不仅不以烦恼增上力结生相续，亦**无**受意性身之**生**；不仅**无**烦恼之死，亦无不可思议变异**死**；不仅**无**以业烦恼增上力所致**损**害，亦无非染污无明习气所致损害；不仅无染污有漏业力所致之老，**亦无**无漏业所致变异之**老**，即不变异等。此摄遮所治品之遮处。（1.80）

（天二）释表义

因此，**彼**如来法身**者**，**常**、**固故**，**寂故**，**不坏故**。

（天三）广释遮义

彼如来法身**者**，**无意性身之生**，以**常故**。此中常之所遮生者，是意性身之生，常之遮者即离彼生。**彼**法身**无不**可**思议变**异**死**，以**固故**。法身**无微细**无明**习气诸病**所致损**害**，以**寂故**。此二句先认明固、寂之所遮，次释离彼等即固、寂之义。法身**无无漏**业**造作**之有所为，故无**老**，以不为业所变异而**不坏故**。（此论）常、固等义作如是解，非解作自在而立之“常事”。（1.81—82）

གཉིས་པ་ནི། ཤིན་ཏུ་དྲི་མ་མེད་ཅིང་རང་བཞིན་གྱི་རྣམ་པར་དག་པ། འོད་གསལ་བ། རང་གི་རང་བཞིན་སངས་རྒྱས་ཀྱི་ས་ལ་རྣམ་པར་གནས་པ། དེ་བཞིན་གཤེགས་པའི་ཁམས་རང་བཞིན་གྱིས་རྣམ་པར་དག་པ་ལ་གློ་བུར་གྱི་དྲི་མ་མཐའ་དག་གིས་དག་པ་དེ་ནི་འདི་ཚུན་ཆད་ནས་སྐྱེས་སོ་ཞེས་སྔོན་གྱི་མཐའ་ཉེ་བར་བཟུང་ནས། ཡིད་ཀྱི་རང་བཞིན་གྱི་ལུས་ཀྱིས་སྐྱེ་བ་མ་ཡིན་ཏེ། རྟག་པའི་ཕྱིར་རོ། །དུས་འདི་ཙམ་ན་རྒྱུན་འགོག་གོ་ཞེས་བསམ་གྱིས་མི་ཁྱབ་པར་ཡོངས་སུ་བསྒྱུར་བའི་འཆི་འཕོས་གསར་དུ་འཆི་བ་མ་ཡིན་ཏེ་བརྟན་པའི་ཕྱིར་རོ། །རིགས་འདྲ་སྔ་ཕྱི་དུ་མར་བརྒྱུད་པའི་སྔོན་དང་ཕྱི་མའི་མཐའ་ཉེ་བར་བཟུང་ནས། མ་རིག་པའི་བག་ཆགས་ཀྱིས་ཡོངས་སུ་འཛིན་པས་ལུས་སེམས་ལ་གནོད་པ་ཡང་མ་ཡིན་ཏེ། ཞི་བའི་ཕྱིར་རོ། །དེ་ལྟར་ཉོན་སྒྲིབ་ཀྱི་ཕྱོགས་དང་ཤེས་སྒྲིབ་ཀྱི་ཕྱོགས་ཀྱིས་བསྡུས་པའི་སྐྱེ་འཆི་ནད་མེད་པས་མ་ཐོག་པ་ཆོས་ཀྱི་སྐུ་གང་ཡིན་པ་དེ་ནི་གཡུང་དྲུང་ཉིད་ཀྱི་ཕྱིར། ཟག་པ་མེད་པའི་ལས་ཀྱི་འབྲས་བུ་ཡོངས་སུ་སྨིན་པས་རྒ་བ་ཡང་མ་ཡིན་ནོ། །

གསུམ་པ་ལ་གཉིས། རྟག་སོགས་བཞིའི་དོན་མདོ་ལས་ཤེས་པར་བྱ་བ་དང་། བསྟན་བཤད་སྦྱར་བའོ། །

དང་པོ་ལ་གཉིས། རྩ་བ་དང་། འགྲེལ་པའོ། །

དང་པོ་ནི། དེ་ལ་དེ་བཞིན་གཤེགས་པའི་ཆོས་ཀྱི་སྐུ་འདུས་མ་བྱས་པའི་དབྱིངས་ལ་ནི། རྟག་པའི་དོན་དང་། བརྟན་པ་དང་། ཞི་བ་དང་། གཡུང་དྲུང་ལ་སོགས་པའི་དོན་མདོ་ནས་འབྱུང་བ་བཞིན་དུ་ཤེས་པར་བྱའོ། །ཇི་ལྟར་ན། རྟག་པའི་དོན་གྱི་ཚིག་གཉིས་ནི་བསྟན་པའི་ཚིག་དང་། བཤད་པའི་ཚིག །གཞན་འགྱུར་མིན་པ་དག་དང་། མི་ཟད་ཆོས་ལྡན་དང་། དེ་བཞིན་དུ་བརྟན་པའི་དོན་བཤད་པའི (129b) བསྟན་བཤད་གཉིས་ནི། འགྲོ་སྐྱབས་དང་། ཕྱི་མའི་མཐའ་མུར་ཐུག་པ་དང་། ཞི་བའི་དོན་སྟོན་པའི་བསྟན་བཤད་ཀྱི་ཚིག་གཉིས་ནི། རྟག་ཏུ་གཉིས་མེད་དང་། མི་རྟོག་པ་དང་། གཡུང་དྲུང་གི་དོན་བཤད་པའི་བསྟན་བཤད་ཀྱི་ཚིག་འཇིག་མེད་ཆོས་དང་། མ་བྱས་པའི་རང་བཞིན་གཉིས་ཀྱིས་གོ་རིམ་བཞིན་དུ་རྟག་པ་ལ་སོགས་པ་འོག་ནས་འཆད་པར་འགྱུར་བའི་མདོ་བཞིན་དུ་ཤེས་པ་བྱའོ། །

གཉིས་པ་ནི། དེ་ལ་ཞེས་སོ། །

（亥二）《释》

彼住极无垢、自性**清净**、**光明**、**自性佛地如来界**自性清净、客尘悉净**者**，**非有意性身之生**，谓“此前已生”**而执有前际**，**以常故**；**非有不可思议变异**之新**死**，谓“此后将灭”**而执有后际**，**以固故**；**非执有**同类前后非一相续**前后际而有无明习气所摄取**身心**之损害**，**以寂故**；**如是彼无**烦恼障品及所知障品所摄之生死**事而无染**之法身**者**，**以不坏故**，**亦非无漏业果成熟之老**。

（酉三）标释合说

分二：（戌一）经说常等四义；（戌二）标释合说。

（戌一）经说常等四义

分二：（亥一）《论》；（亥二）《释》。

（亥一）《论》

此中**当**如经说，**知**如来法身**无为界**者，**具常**、固、寂及不坏**等之义**。经如何说？曰：说常义之标、释**二句**者，谓非变异、具无尽法。**如是**说固义之标、释二句者，谓众生归依、后际究竟。说寂义之标、释二句者，谓恒常无二、无分别。说不坏义之标、释二句者，谓不坏法、不造作自性。**如其次**第，当如下述之经而知常等。（1.83）

（亥二）《释》

此中无为界，**当知如经**，**各以标**、**释二句**，**如其次第**，**开解常**、**固**、**寂**、**不坏四句**。

གཉིས་པ་ལ་གཉིས། རྩ་བ་དང་། མདོ་དང་སྦྱར་བའོ། །

དང་པོ་ནི། དེ་བཞིན་གཤེགས་པའི་ཆོས་ཀྱི་སྐུ་དེ་ནི་སངས་རྒྱས་ཀྱི་ཡོན་ཏན་མཐའ་ཡས་པས་བསྡུས་པ་མི་ཟད་པའི་ཡོན་ཏན་དང་ལྡན་པའི་ཕྱིར། གཞན་དུ་འགྱུར་བ་མིན་པའི་བདག་ཡིན་པས་སྡོམ་བཤད་པའི་ཚིག་དང་། ཕྱི་མ་བསྟན་པའི་ཚིག་གཉིས་ཀྱིས་རྟག་པའི་དོན་བསྟན་ཏོ། །ཕྱི་མའི་མཐའི་མུ་དང་མཚུངས་པར་གནས་པའི་ཕྱིར་དུས་ནམ་ཡང་བསླུ་བ་མེད་པའི་སྐྱབས་ཀྱི་བདག་ཉིད་དུ་གྱུར་པའི་བཤད་པ་དང་བསྟན་པའི་ཚིག་གཉིས་ཀྱིས་བརྟན་པའི་དོན་བསྟན་ཏོ། །རྣམ་པར་མི་རྟོག་པའི་རང་བཞིན་ཡིན་པའི་ཕྱིར་མཐའ་གཉིས་སུ་མེད་པའི་ཆོས་ཉིད་བློ་བུར་གྱི་དྲི་མ་མཐའ་དག་དང་བྲལ་བ་བཤད་པ་དང་བསྟན་པའི་ཚིག་གཉིས་ཀྱིས་ཞི་བའི་དོན་བསྟན་ཏོ། །ཟག་པ་དང་བཅས་པའི་ལས་དང་ཟག་པ་མེད་པའི་ལས་ཀྱིས་མ་བཅོས་པའི་ཡོན་ཏན་ཉིད་ཡིན་པའི་ཕྱིར་ན་འཆི་འཕོས་འཇིག་པ་མེད་པའི་ཆོས་ཡིན་པས་བཤད་པ་དང་བསྟན་པའི་ཚིག་གཉིས་ཀྱིས་གཡུང་དྲུང་ཉིད་ཀྱི་དོན་ནི་བསྟན་པར་ཤེས་པར་བྱའོ། །

གཉིས་པ་ནི། མདོ་ལས། ཇི་སྐད་དུ། ཤཱ་རིའི་བུ་ཞེས་སོ། །ཉོན་སྒྲིབ་ཀྱིས (130a) བསྡུས་པའི་རྟེན་འབྲེལ་ཡན་ལག་བཅུ་གཉིས་དང་བྲལ་བར་མ་ཟད། ཤེས་སྒྲིབ་ཀྱི་ཕྱོགས་ཀྱིས་བསྡུས་པའི་རྟེན་འབྲེལ་ཡན་ལག་བཅུ་གཉིས་དང་བྲལ་བའི་དོན་བསྡུས་པ་ནི་ཡིད་ཀྱི་རང་བཞིན་གྱི་ལུས་ཀྱི་ངོ་བོར་སྐྱེ་བ་མེད་པས། རྟག་པ་དང་། བསམ་གྱིས་མི་ཁྱབ་པར་བསྒྱུར་བའི་འཆི་འཕོ་དང་བྲལ་བས་བརྟན་པ་དང་། མ་རིག་བག་ཆགས་ཀྱི་ས་ཟད་པར་སྤངས་པས་ཞི་བ་དང་། ཟག་པ་མེད་པའི་ལས་ཀྱིས་མ་བཅོས་པས་འཇིག་པ་མེད་པའི་ཆོས་ཀྱི་སྐུ་འདི་ནི་གཡུང་དྲུང་ངོ་། །ཞེས་གསུངས་པ་ཡིན་ནོ། །

བཞི་པ་ཤིན་ཏུ་རྣམ་པར་དག་པའི་དུས་ན་རྣམ་གྲོལ་གྱི་ཡོན་ཏན་རྣམས་དབྱེར་མེད་དུ་ལྡན་པར་བསྒྲུབ་པ་ལ་གཉིས། མཚམས་སྦྱར་བ་དང་། དོན་བཤད་པའོ། །

དང་པོ་ནི། ཤིན་ཏུ་རྣམ་པར་དག་པའི་མཐར་ཕྱིན་པའི་དེ་བཞིན་གཤེགས་པའི་སྙིང་པོའི་བློ་བུར་གྱི་དྲི་མ་མ་ལུས་པས་རྣམ་པར་དག་པའི་གནས་སྐབས་འདི་ཉིད་ལ་ཡེ་ཤེས་དང་སྤངས་པའི་ཡོན་ཏན་དབྱེ་བ་མེད་པའི་དོན་ལས་བརྩམས་པའི་ཚིགས་སུ་བཅད་པ་ནི།

（戊二）标释合说

分二：（亥一）《论》；（亥二）配合经说。

（亥一）《论》

彼如来法身者，摄无边佛功德，**具无尽**功**德故**，乃**不变**异之**我**。当知前句是释、后句是标，以此二句说**常义**；**等后边际故**，乃绝无欺诳之**归依体**性。当知以此释、标二句说**固义**；是**无分别**自**性故**，乃**无二**边之**法性**、客尘悉离。当知以此释、标二句说**寂**义；是**不**为有漏业及无漏业改治之功**德性故**，**不死**坏之法。当知以此释、标二句说**不坏义**。（1.83'—1.83''）

（亥二）配合经说

经云："**舍利弗**，**此不变异之法身因无尽法性故**，**是常**；**舍利弗**，**此常归依之法身因等后边际故**，**是固**；**舍利弗**，**此无二之法身因无分别故**，**是寂**；**舍利弗**，**此不死之法身因非改治法性故**，**是不坏**。"

此法身者，不仅远离烦恼障所摄十二缘起支，亦远离所知障品所摄十二缘起支。简言之，法身无意性身体性之生，故常；远离不可思议变异死，故固；断尽无明习气地，故寂；不为无漏业改治，故不坏。

（辰四）成立最净时诸解脱功德无别相应

分二：（巳一）承启；（巳二）释义。

（巳一）承启

约此最净究竟如来藏客尘全净之位中智及断功德**无别之义而言之颂曰**：

གཉིས་པ་ལ་གཉིས། མདོར་བསྟན་པ་དང་། རྒྱས་པར་བཤད་པའོ། །

དང་པོ་ནི། ཡང་དག་པར་རྫོགས་པའི་སངས་རྒྱས་དེ་ནི་ཆོས་ཅན་ཉན་ཐོས་དང་རང་སངས་རྒྱས་དང་ཐེག་པ་ཆེན་པོའི་ཤེས་རབ་དང་། ཡེ་ཤེས་དང་། རྣམ་གྲོལ་གྱི་ཡོན་ཏན་གྱི་རིགས་མཐའ་དག་དབྱེར་མེད་པའི་ཚུལ་དུ་ལྡན་པ་ཡིན་ཏེ། གང་གི་ཕྱིར་ན་དེ་ཉིད་གདོད་མ་ནས་རྣམ་པར་དག་པ་མཐར་ཐུག་པའི་ཆོས་ཀྱི་སྐུ་ཡིན་པའི་ཕྱིར་དང་། དེ་བཞིན་ཉིད་མངོན་སུམ་དུ་རྟོགས་པ་མཐར་ཐུག་པའི་ཡོན་ཏན་དང་ལྡན་པས་དེ་ནི་དེ་བཞིན་གཤེགས་པ་ཡིན་པའི་ཕྱིར་དང་། རང་བཞིན་གྱིས (130b) རྣམ་པར་དག་པ་ལ་གློ་བུར་གྱི་དྲི་མ་མཐའ་དག་ཟད་པའི་སྤངས་པ་མཐར་ཐུག་པ་ཡིན་པས་དེ་ནི་འཕགས་པའི་འགོག་པའི་བདེན་པ་དོན་དམ་བདེན་པས་བསྡུས་པ་མཐར་ཐུག་པའི་ཕྱིར་དང་། མི་གནས་པའི་མྱ་ངན་ལས་འདས་པ་ཡིན་པ་དེའི་ཕྱིར། དཔེར་ན་ཉི་མའི་དཀྱིལ་འཁོར་དང་དེ་ལས་འོད་ཟེར་འཕྲོ་བ་ཐ་དད་མེད་པ་བཞིན་ནོ། །དེས་གྲུབ་པའི་དོན་ནི་ཡོན་ཏན་དབྱེར་མེད་པས་ཡང་དག་པར་རྫོགས་པའི་སངས་རྒྱས་ཉིད་ལས་མ་གཏོགས་མི་གནས་པའི་མྱ་ངན་ལས་འདས་པ་མེད་པར་ཤེས་པར་བྱའོ། །

ཡོན་ཏན་བཞིས་ནི། ཆོས་ཀྱི་སྐུའི་རང་བཞིན་རྣམ་དག་གི་ཆ་དང་། དེ་མངོན་སུམ་དུ་རྟོགས་པའི་ཡེ་ཤེས་དང་། གློ་བུར་གྱི་དྲི་མ་མཐའ་དག་ཟད་པའི་སྤངས་པ་དང་། དེ་གཉེན་པོས་ཐོབ་པ་རྣམས་ཆོས་ཀྱི་སྐུ་ལ་དབྱེར་མེད་དུ་ལྡན་པར་བསྟན་ཏོ། །འདིས་ཉན་རང་ལ་མྱང་འདས་མཚན་ཉིད་པ་མེད་པར་སྟོན་པ་ནི་མ་ཡིན་གྱི། རྣམ་གྲོལ་དང་ཡེ་ཤེས་དང་ཤེས་རབ་རྣམས་བགྲོད་པ་མཐར་ཐུག་ནས་གོང་དུ་བགྲོད་མི་དགོས་པ་སངས་རྒྱས་མ་གཏོགས་གཞན་ལ་མེད་པས་མཐར་ཐུག་ཐེག་པ་གཅིག་ཏུ་སྒྲུབ་པའི་ཆེད་དུ་ཡིན་ནོ། །

གཉིས་པ་ལ་གསུམ། མཐར་ཐུག་པའི་ཡོན་ཏན་གྱི་དབྱེར་མེད་པའི་གཏན་ཚིགས་ཀྱི་དོན་བཤད་པ་དང་། དེས་གྲུབ་པའི་དོན་དང་། ཡོན་ཏན་དབྱེར་མེད་ཀྱི་རང་བཞིན་དང་དཔེ་བཤད་པའོ། །

དང་པོ་ལ་གཉིས། དྲི་བ་དང་། ལན་ནོ། །

དང་པོ་ནི། དེ་ལ་ཞེས་སོ། །

གཉིས་པ་ལ་གཉིས། མདོར་བསྟན་པ་དང་། རྒྱས་པར་བཤད་པའོ། །

དང་པོ་ལ་གཉིས། རྩ་བ་དང་། འགྲེལ་པའོ། །

དང་པོ་ནི། མདོར་ན་ཟག་པ་མེད་པའི་དབྱིངས་རང་བཞིན་གྱིས་རྣམ་པར་དག་པ་ལ་གློ་བུར (131a) གྱི་དྲི་མ་མཐའ་དག་དང་བྲལ་བ་ལ་ནི་འོག་ནས་འཆད་པར་འགྱུར་བའི་དོན་གྱི་རབ་ཏུ་དབྱེ་བ་བཞིས་ཡོན་ཏན་མཐར་ཕྱིན་པ་དང་། མཐར་མ་ཕྱིན་པའི་དབྱེ་བ་སོ་སོར་མེད་ཀྱང་ཆོས་ཀྱི་སྐུ་དང་དེ་བཞིན་གཤེགས་པ་ལ་སོགས་པའི་མིང་གིས་རྣམ་གྲངས་བཞིར་ནི་རིག་པར་བྱའོ། །

(巳二) 释义

分二:(午一) 略标;(午二) 广释。

(午一) 略标

彼正等觉有法,与一切声闻、独觉、大乘人之慧、智、解脱功德种类以无别之理趣相应。何以故?**彼是**本来清净究竟**法身**故;因与现证真如究竟功德相应,彼是**如来故**;因自性清净而客尘尽断究竟,彼是**圣**灭**谛胜义**谛摄究竟者故;是无住**涅槃故**,**如日**轮与所放**光**无别。此所成立之义者,**功德无别**,故当知**除佛之外**,**无**无住**涅槃**。(1.84)

四功德者,谓法身之自性清净分、现证彼自性清净分之智、客尘全尽之断、彼为对治所得。法身与此四功德无别相应。此非说声闻、独觉无真涅槃,是说解脱、智、慧行已究竟、不须上行者,除佛之外,余皆无有,旨在成立究竟一乘。

(午二) 广释

分三:(未一) 释究竟功德无别之因义;(未二) 所成立义;(未三) 释功德无别之自性及喻。

(未一) 释究竟功德无别之因义

分二:(申一) 问;(申二) 答。

(申一) 问

此中前半颂云何所示?

(申二) 答

分二:(酉一) 略标;(酉二) 广释。

(酉一) 略标

分二:(戌一)《论》;(戌二)《释》。

(戌一)《论》

总之,**无漏界**自性清净、客尘全离者,虽**有**下述**四义差别**,然无究竟、不究竟之差别,**当知**以**法身**、如来**等**名作**四种之异名**。(1.85)

གཉིས་པ་ནི། མདོར་བསྡུ་ན་ཞེས་སོ། །

གཉིས་པ་ལ་གཉིས། དྲི་བ་དང་། ལན་ནོ། །

དང་པོ་ནི། སྔར་མིང་བཞིས་བསྟན་པའི་དོན་བཞི་གང་ཞེ་ན།

གཉིས་པ་ལ་གཉིས། རྩ་བ་དང་། འགྲེལ་པའོ། །

དང་པོ་ནི། ཁམས་རང་བཞིན་གྱིས་རྣམ་པར་དག་པས་ཁྱད་པར་དུ་བྱས་པའི་སེམས་ཅན་གྱི་རྒྱུད་ལ་སངས་རྒྱས་ཀྱི་ཆོས་ཐམས་ཅད་འབྱུང་རུང་དུ་དབྱེར་མེད་པར་གནས་པའི་ཕྱིར་དག་པ་མཐར་ཐུག་པ་དེ་ཉིད་ཆོས་ཀྱི་སྐུ་དང་། དེའི་རིགས་དེ་བཞིན་ཉིད་མངོན་སུམ་གྱིས་རྟོགས་པ་མཐར་ཐུག་པ་ཐོབ་པས་དེ་བཞིན་གཤེགས་པ་དང་། རྫུན་པ་མེད་ཅིང་བསླུ་བ་མེད་པའི་ཆོས་ཉིད་དྲི་མ་མཐའ་དག་ཟད་པས་འཕགས་པའི་བདེན་པ་དོན་དམ་པ་དང་། གདོད་ནས་རང་བཞིན་གྱིས་ཞི་བ་ཉིད་གཉེན་པོས་ཐོབ་པའི་སྤངས་པ་མཐར་ཐུག་པ་ཡིན་པས་མི་གནས་པའི་མྱ་ངན་ལས་འདས་པ་ཞེས་བྱའོ། །

གཉིས་པ་ལ་གཉིས། ལུང་དང་སོ་སོར་སྦྱར་བ་དང་། བསྟན་བཤད་ཀྱི་ཚིག་སྦྱར་བའོ། །

དང་པོ་ནི། སངས་རྒྱས་ཀྱི་ཆོས་ཞེས་ཏེ། དེ་བཞིན་གཤེགས་པའི་སྙིང་པོ་གཉེན་པོའི་ཕྱོགས་མཐའ་དག་སྐྱེ་རུང་དང་། སློ་བུར་གྱི་དྲི་མའི་རིགས་མཐའ་དག་འབྲལ་རུང་དང་དབྱེར་མེད་དུ་གདོད་ནས་གནས་པའི་དོན་ནོ། །སྐྱེ་མཆེད་དྲུག་གི་ཁྱད་པར་ནི། མིག་སོགས་ནང་སྐྱེ་མཆེད་དྲུག་བདེན་པས་སྟོང་བའི་ཆའོ། །

གཉིས་པ་ནི། དོན་བཞི་པོ་འདི་དག་ལ་ནི་གོ་རིམ་བཞིན་དུ་མིང་གི་རྣམ་གྲངས་འདི་བཞིར་འགྱུར་ཏེ་ཞེས་སོ། །(131b) ལུང་དང་སྦྱར་བ་ནི། གང་གི་ཕྱིར། འདི་སྐད་ཅེས་ཞེས་སོ། །

（戌二）《释》

简言之，**无漏界如来藏约四义而言**，**当知即四异名**。

（酉二）广释

分二：（戌一）问；（戌二）答。

（戌一）问

云何先前四名所示**四义**？

（戌二）答

分二：（亥一）《论》；（亥二）《释》。

（亥一）《论》

以界自性清净为差别之有情相续中，**无分别**而住有生一切**佛法**之堪能，故究竟清净名“法身”；**得彼种性真如**究竟现证，故名“如来”；**无妄不虚法性**尽一切垢，故名“圣胜义谛”。**本来自性寂**静，以对治得究竟断，故名“无住涅槃”。（1.86）

（亥二）《释》

分二：（天一）分别配合经教；（天二）标释二句合解。

（天一）分别配合经教

约佛法无别之义而言，**经云**：“**世尊**，**如来藏者**，**无别**、**不乖离**、**不可思议过恒河沙数之佛法不空**。”义为如来藏堪生一切对治品、堪离一切客尘类，无别本来安住。

约得彼种性自性不可思议相佛法无别之义而言，**经云**：“**得无始传来之法性**，**如六处之差别**。”六处之差别者，眼等内六处谛实空分。

约无妄不虚之义而言，**经云**：“**此中胜义谛者**，**是具不虚诳法之涅槃**。**何以故**？**彼种性者**，**是恒寂静法性**，**故常**。”

约恒寂静之义而言，**经云**：“**如来阿罗汉正等觉者**，**本来涅槃**，**无生无灭**。”

（天二）标释二句合解

此等四义者，**如其次第**，**成此四异名**：**法身**，**如来**，**胜义谛**，**涅槃**。配合经教者，**经云**：“**何以故**？**舍利弗**，**此名如来藏者**，**是法身之增语**。”**又**，**经云**：“**世尊**，**如来之外无法身**。**世尊**，**法身即如来**。”“**世尊**，**苦灭是说与如是功德相应之如来法身**。”“**世尊**，**此名涅槃界者**，**是如来法身之增语**。”

གཉིས་པ་ལ་གཉིས། དྲི་བ་དང་། ལན་ནོ། །

དང་པོ་ནི། དེ་ལ་ཞེས་སོ། །

གཉིས་པ་ལ་གཉིས། རྩ་བ་དང་། འགྲེལ་པའོ། །

དང་པོ་ནི། དེ་བཞིན་གཤེགས་པ་རྣམས་ཀྱི་ཆོས་ཀྱི་སྐུ་ཉིད་ཆོས་ཐམས་ཅད་རྣམ་པ་ཀུན་ཏུ་མངོན་པར་རྫོགས་པར་བྱང་ཆུབ་པའི་རྟོགས་པའི་ཡོན་ཏན་དང་། དྲི་མ་བག་ཆགས་དང་བཅས་པ་སྤྱངས་པའི་ཡོན་ཏན་དབྱེར་མེད་དུ་ལྡན་པའི་ཕྱིར་ཡང་དག་པར་རྫོགས་པའི་སངས་རྒྱས་དང་མི་གནས་པའི་མྱ་ངན་ལས་འདས་པ་དག་དམ་པའི་དོན་དུ་གཉིས་སུ་མེད་པ་ཉིད་དུ་ཤེས་པར་བྱའོ། །ཡང་ན་སོ་སོར་བཤད་དེ། རྣམ་ཀུན་མངོན་པར་བྱང་ཆུབ་པ་སངས་རྒྱས་དང་། དྲི་མ་བག་ཆགས་དང་བཅས་པ་སྤྱངས་པ་དང་མྱ་ངན་ལས་འདས་པ་དག་དམ་པའི་དོན་དུ་གཉིས་མེད་ཉིད་ཅེས་སོ། །

གཉིས་པ་ནི། གང་གི་ཕྱིར། ཟག་པ་མེད་པའི་དབྱིངས་ཀྱི་རྣམ་གྲངས་ཀྱི་མིང་འདི་དག་དེ་བཞིན་གཤེགས་པའི་ཁམས་ཀྱི་དོན་གཅིག་ལ་ཡང་དག་པར་འདུ་བ་དེའི་ཕྱིར་འདི་དག་ཅེས་སོ། །

གསུམ་པ་ལ་གཉིས། ཡོན་ཏན་དབྱེ་བ་མེད་པའི་རང་བཞིན་བཤད་པ་དང་། དབྱེ་བ་མེད་པའི་དཔེ་བཤད་པའོ། །

དང་པོ་ལ་གཉིས། དངོས་ཀྱི་དོན་དང་། ཡོན་ཏན་མ་ཚང་བ་མེད་པའི་རི་མོ་མཁན་གྱི་དཔེས་བཤད་པའོ། །

དང་པོ་ལ་གཉིས། རྩ་བ་དང་། འགྲེལ་པའོ། །

དང་པོ་ནི། རྣམ་པ་ཐམས་ཅད་པའི་ཡོན་ཏན་ནི། ཡོན་ཏན་གྱི་རིགས་ཐམས་ཅད་མ་ཚང་བ་མེད་པ་དང་གྲངས་མེད་པ་གསལ་བའི་བྱེ་བྲག་མཐའ་ཡས་པ་སྟེ་ཡོན་ཏན་རྒྱ་ཆེ་བ་དང་། བསམ་དུ་མེད་པ་ནི་གྲངས་དང་ནུས་མཐུ་ལ་སོགས་པ་རྟོགས་པར་དཀའ་བས་ཟབ་པའི་ཡོན་ཏན་དང་། (132a) དྲི་མེད་ནི་དྲི་མ་བག་ཆགས་དང་བཅས་པ་སྤྱངས་པས་སྤྱངས་པའི་ཡོན་ཏན་དང་། བཞི་པོ་དབྱེར་མེད་དུ་ལྡན་པའི་མཚན་ཉིད་ཀྱི་རྣམ་གྲོལ་གང་ཡིན་པ་དེ་ནི་མཐར་ཐུག་པའི་ཐར་པ་སྟེ། དེ་འདྲའི་ཐར་པ་གང་ཡིན་པ་དེ་དེ་བཞིན་གཤེགས་པ་ཡིན་པས་ཉན་ཐོས་དང་རང་སངས་རྒྱས་དགྲ་བཅོམ་པའི་རྒྱུད་ཀྱི་རྣམ་གྲོལ་མཐར་ཐུག་ཏུ་བཤད་པ་ནི་དགོངས་པ་ཅན་དུ་ཤེས་པར་བྱའོ། །

（未二）所成立义

分二：（申一）问；（申二）答。

（申一）问

此中后半颂云何所示？

（申二）答

分二：（酉一）《论》；（酉二）《释》。

（酉一）《论》

诸如来法身，与**一切种觉悟**一切法之证功德及**断垢染习气**之断功德无别相应故，当知是**正等觉**、无住**涅槃**、**胜义中无二**。分说之，即一切种觉悟、断垢染习气、涅槃、胜义中无二。（1.87）

（酉二）《释》

何以故？**此等无漏界四异名**，**与如来界同义**、**正摄故**。**此等同义故**，**从无二法理趣之门一切种觉悟一切法**，**故称佛**；**与觉悟俱**，**断垢染及习气**，**故称涅槃**。**此二者于无漏界无分无别**，**应视为无二**。

（未三）释功德无别之自性及喻

分二：（申一）释功德无别之自性；（申二）释无别之喻。

（申一）释功德无别之自性

分二：（酉一）正义；（酉二）以功德全具画师喻释。

（酉一）正义

分二：（戌一）《论》；（戌二）《释》。

（戌一）《论》

一切种功德者，一切功德种类无不具足；**无数**者，无边差别，此谓广大功德；**难思**议者，数量、能力等难可通达，此谓甚深功德；**无垢**者，断垢染习气，此谓断德。彼与四者**无别**相应之**真解脱**者，是究竟解脱。**彼**如是解脱**即是如来**，故当知称声闻、独觉阿罗汉相续之解脱为究竟解脱是密意说。（1.87’）

གཉིས་པ་ལ་གཉིས། མཐར་ཐུག་པའི་རྣམ་གྲོལ་མི་འདྲ་བ་གསུམ་བཤད་པ་དགོངས་པ་ཅན་དུ་བསྟན་པ་དང་། ཡོན་ཏན་བཞི་དབྱེར་མེད་པའི་ཐར་པ་སངས་རྒྱས་ཉག་གཅིག་ཏུ་བསྟན་པའོ། །

དང་པོ་ནི། ཞེས་བྱ་བ་འདི་ནི། ཇི་སྐད་དུ་ཞེས་ཏེ། འདིས་ནི་རྒྱ་མཚོར་འགྲོ་བའི་ལམ་རིང་པོས་ངལ་བ་རྣམས་དེད་དཔོན་ཐབས་ལ་མཁས་པས་འབྲོག་དགོན་པའི་དབུས་སུ་གྲོང་ཁྱེར་སྤྲུལ་པ་བཞིན་དུ་གནས་སྐབས་ཉན་ཐོས་དང་རང་སངས་རྒྱས་སུ་རིགས་ངེས་པའི་གདུལ་བྱ་ཁ་ཅིག་ལ་འཁོར་བའི་སྡུག་བསྔལ་ཉེ་བར་ཞི་བ་ཙམ་མཐར་ཐུག་གི་ཐོབ་བྱར་བསྟན་པ་འདི་ནི། ཆོས་ཀྱི་དབང་ཕྱུག་དམ་པ་ཡང་དག་པར་རྫོགས་པའི་སངས་རྒྱས་རྣམས་ཀྱི་ཉན་རང་གི་རིགས་ཅན་རྣམས་མཐར་རྫོགས་པའི་བྱང་ཆུབ་ལས་ཕྱིར་མི་ལྡོག་པའི་ཐབས་ཡིན་ནོ་ཞེས་བསྟན་པ་ཡིན་ནོ། །

གཉིས་པ་ནི། ལུང་དང་སྦྱར་བ་ནི་བཅོམ་ལྡན་འདས་ཞེས་སོ། །འདིས་ནི་ཡོན་ཏན་རྣམ་པ་བཞི་གྲུབ་པ་དང་དབྱེར་མེད་པའི་མཚན་ཉིད་མྱ་ངན་ལས་འདས་པ་ཞེས་ཏེ། འདིས་ནི་མྱང་འདས་མཐར་ཐུག་པ་ཡོན་ཏན་བཞི་དང་དབྱེར་མེད་དུ་གྲུབ་པ་གཅིག་དགོས་པར་བསྟན་པས་ཉན་རང་གི་རྒྱུད་ལ་མྱང་འདས་མཐར་ཐུག་མེད་པར་བསྟན་གྱི། མྱང་འདས་ཙམ་མེད་པར་བསྟན་པ་མ (132b) ཡིན་ནོ། །

ཉན་རང་ལ་མཐར་ཐུག་གི་མྱང་འདས་ཡོད་མེད་རྟོགས་པ་བཅད་མི་དགོས་སོ། །ཞེ་ན། མཐར་ཐུག་ཐེག་པ་གཅིག་ཏུ་ངེས་ཟིན་པ་ལ་བསྒྲུབ་མི་དགོས་ཀྱང་། ཉན་རང་གི་རིགས་མ་ངེས་པ་ཁ་ཅིག་ཐེག་པ་ཆེན་པོ་ལ་གཞུག་པར་བྱ་བའི་ཆེད་དང་། ཉན་རང་དགྲ་བཅོམ་པ་ཞི་བའི་དབྱིངས་སུ་སྙོམས་པར་ཞུགས་པ་དག །སངས་རྒྱས་རྣམས་ཀྱི་འོད་ཟེར་གྱིས་བསྐུལ་ནས། ཐེག་པ་ཆེན་པོར་འཁྲིད་པར་བྱེད་པས་གང་ཟག་དེ་དག་ལ་བསྟོས་ནས་ཉན་རང་གི་མྱང་འདས་མཐར་ཐུག་མ་ཡིན་པར་བསྒྲུབ་པ་ཡིན་གྱི། ཐེག་པ་ཆེན་པོར་རིགས་ངེས་པ་དག་ལ་བསྒྲུབ་པ་མ་ཡིན་པའི་ཕྱིར་དང་། མཐར་ཐུག་ཐེག་པ་གཅིག་ཡིན་ནོ་ཞེས་པའི་ཚིག་ཙམ་ཐོས་པ་དག་ལ་ནི་གང་དུ་འགྱུར་བ་ངེས་པ་མེད་པར་ཤེས་པར་བྱའོ། །

གཉིས་པ་ལ་གསུམ། མཚམས་སྦྱར་བ་དང་། རྩ་བ་དང་། འགྲེལ་པའོ། །

དང་པོ་ནི། དེ་ལ་ཟག་པ་མེད་པའི་དབྱིངས་ལ་ཞེས་སོ། །འདིས་ནི་སྤངས་པ་དང་རྟོགས་པའི་རིགས་མ་ལུས་པ་ཡོངས་སུ་རྫོགས་པའི་སྟོང་ཉིད་རྟོགས་པའི་ཤེས་རབ་ཉིད་དང་། དེའི་ཆོས་ཉིད་དྲི་མ་མཐའ་དག་གིས་དག་པ་རྣམ་ཀུན་མཆོག་ལྡན་གྱི་སྟོང་པར་སྟོན་པ་ཡིན་གྱི། ཀུན་རྫོབ་མཐའ་དག་གིས་སྟོང་པའི་དོན་དམ་པའི་བདེན་པ་དེར་སྟོན་པ་མ་ཡིན་ཏེ། དེ་ལ་ནི་ཡོན་ཏན་གྱི་ཆ་ཙུང་ཟད་ཀྱང་མེད་པའི་ཕྱིར་རོ། །

（戌二）《释》

分二：（亥一）称有三种不同究竟解脱是密意说；（亥二）示四功德无别解脱惟佛。

（亥一）称有三种不同究竟解脱是密意说

约阿罗汉及独觉之涅槃而言，**经云**：“**世尊**，**此名涅槃者**，**是诸如来之方便**。”

如方便善巧之商主，**为诸疲于远行**入海**者**，**于旷野中变化城池**，暂为声闻、独觉种性决定所化，说惟灭生死苦是究竟所得，**此乃诸最胜法自在正等觉**令诸具声闻、独觉种性者**不退转**菩提**之方便**。

（亥二）示四功德无别解脱惟佛

配合经教者，**经云**：“**世尊**，**诸如来阿罗汉正等觉得涅槃故**，**与一切无量**、**不可思议**、**清净究竟功德相应**。”

此段是说：**由得与成就四种功德无别相之涅槃**，**成彼体性正等觉故**，**说非佛则无有得涅槃者**。此示究竟涅槃与四功德须无别同一成就，故说声闻、独觉相续中无究竟涅槃，非说全无涅槃。

若谓：声闻、独觉有无究竟涅槃无需断疑。曰：以对究竟一乘已决定者虽不须为之成立，然为劝一类声闻、独觉种性不决定者入大乘，及诸佛放光，策励入定于寂静界声闻、独觉阿罗汉而导入大乘，观待彼等补特伽罗，成立声闻、独觉之涅槃非究竟，非对大乘种性决定者成立故；但闻“究竟一乘”语者，将成大小乘何者不决定故。

（酉二）以功德全具画师喻释

分三：（戌一）承启；（戌二）《论》，（戌三）《释》。

（戌一）承启

此中无漏界成办一切种最上空性故，**当以画师喻了知一切如来功德**。此段是说，断、证种类无余圆满之证空慧，及其法性诸垢悉净，乃一切种最上空性。非是说世俗皆空之胜义谛，以彼中少分功德亦无故。

གཉིས་པ་ལ་གཉིས། དཔེ་དང་། དོན་ནོ། །

དང་པོ་ནི། སངས་རྒྱས་ཀྱི་ཡོན་ཏན་རྣམ་པ་བཞི་འགྲུབ་པར་བྱེད་པའི་ཐབས་ནི་སྦྱིན་པ་ལ་སོགས་པའི་ཡོན་ཏན་མ་ཚང་བ་མེད་པར་རྫོགས་པའི་སྟོང་ཉིད་རྟོགས་པའི་ཤེས་རབ་སློབ་ལམ་གྱིས་བསྡུས་པ་དེ་ཉིད་ཡིན་ཏེ། དེ་ཡོངས་སུ་རྫོགས་པ་མཐར་ཕྱུག་པ་ལས་སངས་རྒྱས (133a) ཀྱི་ཡོན་ཏན་རྣམས་འགྲུབ་པའི་ཕྱིར་རོ། །ཇི་ལྟར་ཏེ་དཔེར་ན། རི་མོ་འདྲི་བར་བྱེད་པའི་རི་མོ་མཁན་མགོ་བོ་ལ་སོགས་པའི་ཡན་ལག་གཞན་དང་གཞན་ལ་སོ་སོར་མཁས་པ་དག་གང་ཞིག་མགོ་བོ་ལ་སོགས་པའི་ཡན་ལག་གང་ཤེས་པ་དེས་ལག་པ་ལ་སོགས་པའི་ཡན་ལག་གཞན་ངེས་པར་ཟིན་ཅིང་ཤེས་པ་མེད་པར་གྱུར་པའི་རི་མོ་མཁན་དུ་མ་ཡོད་ལ། དེ་ནས་རས་ཡུག་འདི་ལ་ཁྱེད་ཀུན་གྱིས་ངའི་གཟུགས་ནི་ཡོངས་སུ་རྫོགས་པ་གཅིག་གྱིས་ཤིག་ཅེས་མངའ་བདག་རྒྱལ་པོས་དེ་དག་ལ་བཀའ་ཡིས་རས་ནི་བྱིན་པ་དང་། དེ་ནས་རི་མོ་མཁན་རྣམས་ཀྱིས་དེ་ནི་ཐོས་པར་གྱུར་ཏེ་རང་རང་གིས་གང་ཤེས་པའི་རི་མོའི་ལས་ལ་རབ་ཏུ་སྦྱོར་རོ། །ལས་དེ་ལ་མངོན་པར་སྦྱོར་བ་རྣམས་ལས་རི་མོ་མཁན་གཅིག་ཡུལ་གཞན་དུ་སོང་བར་གྱུར་ནས་དེ་ནི་ཡུལ་གཞན་དུ་སོང་བས་མེད་ན་མགོ་ལྟ་བུ་ཤེས་པའི་རི་མོ་མཁན་དེ་མ་ཚང་བའི་ཕྱིར་རི་མོ་ཡན་ལག་ཐམས་ཅད་ཡོངས་སུ་རྫོགས་པར་མི་འགྱུར་བ་བཞིན། ཞེས་དཔེར་བྱས་སོ། །

གཉིས་པ་ནི། རྣམ་ཀུན་མཆོག་ལྡན་གྱི་སྟོང་པ་ཉིད་ནི་བསོད་ནམས་དང་ཡེ་ཤེས་ཀྱི་ཚོགས་གོམས་པ་ལ་བརྟེན་ནས་ཐོབ་པའི་ཡང་དག་པར་རྫོགས་པའི་སངས་རྒྱས་ཀྱི་ཆོས་ཉིད་གློ་བུར་གྱི་དྲི་མ་མཐའ་དག་དང་བྲལ་བ་དེ་ཉིད་དང་། སྦྱིན་པ་ལ་སོགས་པའི་ཐབས་ཀྱི་ཆ་མ་ཚང་བ་མེད་པས་བརྒྱན་པའི་དེ་བཞིན་ཉིད་ལ་རྟག་ཏུ་མཉམ་པར་བཞག་པའི་སངས་རྒྱས་ཀྱི་ཡེ་ཤེས་དེ་ཉིད་ཡིན་ལ། ལམ་དུས་སུ་རྣམ་ཀུན་མཆོག་ལྡན་གྱི་སྟོང་པ་ནི་སྟོང་པ་ཉིད་མངོན་སུམ་དུ་རྟོགས་པའི་ཞི་ལྷག་ཟུང་འབྲེལ་གྱི་ཏིང་ངེ་འཛིན་སྦྱིན་པ་ལ་སོགས (133b) པའི་ཐབས་ཀྱི་ཆ་ཡོངས་སུ་རྫོགས་པས་བརྒྱན་པ་དེ་ཉིད་ཡིན་ནོ། །

（戊二）《论》

分二：（亥一）喻；（亥二）义。

（亥一）喻

能成就佛四种功德之方便者，谓有学道所摄、施等功德无不圆满具足之证空慧，以彼究竟圆满即成就佛功德故。**譬如诸画师**，虽**各善巧**绘头等**支分**，**然擅长**绘头等**某**一**支**分者，**即不知**绘手等**余支**分。**时有自在王**，**授彼等画绢**，**并敕言：汝等**，**于此绘我像**。复次，**诸画师受命**，**即勤于画事**。**从**事彼**业者之中**，**有一**画师如绘头者，前**往他方**。**因往他方故**，**画师不具足**，一切**支分难**以**圆满**。**以此为譬喻**。（1.88—91）

（亥二）义

具一切种最上空性者，谓依串习福、智资粮而得正等觉之法性、全离客尘，恒入定于施等方便分无不具足而庄严之真如之佛智。道位具一切种最上空性者，谓以施等方便分圆满庄严、现证空性止观双运之三摩地。

བསོད་ནམས་དང་ཡེ་ཤེས་ཀྱི་ཚོགས་དེ་རྣམས་རི་མོ་འབྲི་བར་བྱེད་པ་གང་དག་ཡིན་པ་དེ་དག་གིས་མཚོན་པར་བྱ་བའི་དོན་ཡིན་ལ། དེ་ཡང་གང་ཡིན་ཞེ་ན། སེམས་ཅན་ཐམས་ཅད་ཀྱི་དོན་དུ་ལུས་དང་ལོངས་སྤྱོད་དང་དགེ་རྩ་གཏོང་བའི་སེམས་པས་བསྡུས་པའི་སྦྱིན་པ་དང་ཚུལ་ཁྲིམས་ཀྱི་མི་མཐུན་པའི་ཕྱོགས་ཐུན་མོང་བ་སྤོམ་པ་དང་། ཐུན་མོང་མ་ཡིན་པ་རང་ཉིད་འབའ་ཞིག་གི་ཆེད་དུ་ཐར་པ་དོན་དུ་གཉེར་བའི་ཡིད་བྱེད་སྤོང་བའི་སེམས་པས་བསྡུས་པ་ཚུལ་ཁྲིམས་དང་། ཆོས་ལ་སོ་སོར་ངེས་པར་རྟོག་ཅིང་སྡུག་བསྔལ་དང་དུ་ལེན་པ་དང་། ཁོང་ཁྲོ་ལ་སོགས་པའི་སྐབས་མི་འབྱེད་པའི་བཟོད་པ་དང་། དེ་བཞིན་དུ་བརྩོན་འགྲུས་དང་བསམ་གཏན་དང་ཤེས་རབ་ལ་སོགས་པ་ཀུན་རྫོབ་ཀྱི་བདེན་པ་ལ་བརྟེན་པའི་ལམ་གྱི་རིམ་པ་དང་། དོན་དམ་པའི་བདེན་པ་ལ་བརྟེན་པའི་ལམ་གྱི་རིམ་པ་ཡོངས་སུ་རྫོགས་པ་ལས་སྐྱེས་པའི་ཡང་དག་པར་རྫོགས་པའི་སངས་རྒྱས་ཀྱི་ཐུགས་རྒྱུད་ལ་ཡོད་པ་ཐབས་ཀྱི་རྣམ་པ་ཀུན་གྱི་མཆོག་དང་ལྡན་པ་སྟོང་པ་ཉིད་རྟོགས་པའི་ཡེ་ཤེས་ནི་རྒྱལ་པོའི་གཟུགས་བརྙན་གྱིས་མཚོན་པར་བྱ་བའི་དོན་དུ་གྱུར་པའི་གཟུགས་སུ་མདོ་ལས་བརྗོད་དོ། །དེ་ཡང་མདོ་ལས་རྣམ་པ་ཐམས་ཅད་ཀྱི་མཆོག་དང་ལྡན་པའི་སྟོང་པ་ཉིད་གང་ཞེ་ན། སྦྱིན་པ་མ་ཚང་བ་མེད་པ་དང་ཚུལ་ཁྲིམས་མ་ཚང་བ་མེད་པ་དང་ཞེས་སོགས་གསུངས་སོ། །

དེས་ན་རྣམ་ཀུན་མཆོག་ལྡན་གྱི་སྟོང་པ་སྟོབས་སོགས་ཡོན་ཏན་མཐའ་དག་གིས་བརྒྱན་པའི་དོན་དམ་པའི་བདེན་པ་ཐོག་མ་མེད་པ་ནས་སེམས་ཅན་ཐམས་ཅད་ཀྱི་རྒྱུད་ལ་ཡོད (134a) པར་འདོད་པ་ནི། ཨུ་སྟེགས་དབང་ཕྱུག་པ་རྟག་པ་རང་བྱུང་གི་ཐམས་ཅད་མཁྱེན་པ་འདོད་པ་དང་ཁྱད་པར་ཅུང་ཟད་ཀྱང་མེད་ལ། ཁ་ཅིག །དོན་དམ་པའི་བདེན་པ་རྟག་དངོས་ཁས་བླངས་ནས་ཀུན་རྫོབ་རྣམས་དེའི་རྣམ་འགྱུར་དུ་འདོད་པ་ནི་གྲངས་ཅན་དང་ཁྱད་པར་ཅུང་ཟད་མེད་དེ། གྲངས་ཅན་པ་ཡང་གཙོ་བོ་རྟག་དངོས་རྣམ་འགྱུར་རྣམས་ཀྱི་རང་བཞིན་དང་དོན་དམ་པ་མཐར་ཐུག་པར་འདོད་ལ་གཟུགས་སྒྲ་སོགས་དེའི་རྣམ་འགྱུར་དུ་འདོད་དོ། །མེད་བཞིན་དུ་ཕྱིན་ཅི་ལོག་ཏུ་སྒྲོ་བཏགས་པའི་དོན་དེ་དག་བཅོམ་ལྡན་འདས་ཀྱི་གསུང་རབ་མཐར་ཐུག་པ་དཔལ་དུས་ཀྱི་འཁོར་ལོ་ལ་སོགས་པའི་དགོངས་པ་ཡིན་ནོ། །ཞེས་སངས་རྒྱས་ཀྱི་བསྟན་པ་དྲི་མ་མེད་པ་ལ་རྐྱ་བཏོད་པར་མི་བྱའོ། །འགྲེལ་ཆེན་དྲི་མེད་འོད་དུ། བུམ་པ་དང་ནམ་མཁའི་དཔེས་ཆོས་ཐམས་ཅད་རང་བཞིན་གྱིས་གྲུབ་པ་རྡུལ་ཙམ་ཡང་མེད་པ་ལ་བྱ་བྱེད་ཐམས་ཅད་འཐད་པའི་བདེན་པ་གཉིས་ཀྱི་རྣམ་གཞག་མགོན་པོ་ཀླུ་སྒྲུབ་ཀྱིས་ཇི་ལྟར་བཀྲལ་བ་དང་མཐུན་པར་འབྱུང་སྟེ། གཞན་དུ་ཤེས་པར་བྱའོ། །

彼等福、智资粮者，**即画师**所表义。详言之，为利一切有情，舍身、受用、善根之心所摄之布**施**；共同防护戒之所治品、不共断除惟为自利求解脱作意之心所摄之持**戒**；别别审虑于法、甘愿受苦、不容生起嗔等之**安忍**，以及精进、静虑、智慧**等**，依世俗谛之道次第及依胜义谛之道次第圆满所成之正等觉心相续中所有、**具一切种**方便**最上**证**空性**智者，**说是**国王**像**所表义。此亦经中所谓“具一切种最上空性”，是说施无不具足、戒无不具足等。(1.92)

因此，若许具一切种最上空性，是以“力”等一切功德所庄严之胜义谛、无始以来一切有情相续中既有者，则与自在派外道所许之常、自生一切智无少差别。或许胜义谛为实事，而以诸世俗为其变化者，则与数论师无少差别。数论师亦许“胜性”实事是诸变化之自性及究竟胜义，而许色、声等是其变化。将彼等实无而颠倒增益之义，说成世尊究竟圣言《吉祥时轮续》等之密意，乃损害无垢圣教之举，不可如此！《无垢光大疏》中，举瓶及虚空喻，建立一切法无微尘许自性有、而一切能作所作应理之二谛，符合怙主龙猛所开解者。详情请参阅别文。

གསུམ་པ་ལ་གསུམ། ཟབ་པ་དང་རྒྱ་ཆེ་བའི་ཡོན་ཏན་བཤད་པ་དང་། དེ་དག་འགྲུབ་བྱེད་ཀྱི་རྒྱུ་དང་། ཉན་རང་ལ་ཡོན་ཏན་དེ་དག་མེད་པར་བསྟན་པའོ། །

དང་པོ་ལ་གཉིས། རྟོགས་པའི་ཡོན་ཏན་དང་། སྤངས་པའི་ཡོན་ཏན་ནོ། །

དང་པོ་ནི། རྒྱ་ཆེ་བའི་ཡོན་ཏན་དེ་ལ་སྦྱིན་པ་ལ་སོགས་པ་ཕར་ཕྱིན་དྲུག་པོ་འདི་དག་ཉིད་ལས་རེ་རེ་ཡང་སངས་རྒྱས་ཀྱི་ཡུལ་ལ་མཐའ་ཡས་པར་རྣམ་པའི་རབ་ཏུ་དབྱེ་བ་ཐ་དད་པའི་ཕྱིར་རྣམ་ཀུན་མཆོག་ལྡན་གྱི་སྟོང་པ་མཐར་ཐུག་པ་ལ་ཡོན་ཏན་འདི་ཙམ་དུ་ཟད་ལ། འདི་ཕན་ཆད (134b) དུ་མེད་དོ་ཞེས་པའི་ཚད་མེད་པར་རིག་པར་བྱའོ། །ཟབ་པའི་ཡོན་ཏན་ནི་གྲངས་དང་ནུས་མཐུ་དག་གིས་ནི་བསམ་གྱིས་མི་ཁྱབ་ཅིང་རྟོགས་པར་དཀའ་བ་ཉིད་དོ། །

གཉིས་པ་ནི། སེར་སྣ་ལ་སོགས་པ་མི་མཐུན་པའི་ཕྱོགས་ཀྱི་བག་ཆགས་མ་ལུས་པ་བསལ་བའི་ཕྱིར་ནི་དྲི་མས་རྣམ་པར་དག་པའི་མཆོག་ཉིད་དོ། །

གཉིས་པ་ལ་གཉིས། དག་པ་ས་གསུམ་དུ་ཡོན་ཏན་ཇི་ལྟར་གྲུབ་པའི་ཚུལ་དང་། དེ་ལ་བརྟེན་ནས་མཐར་ཐུག་གི་ཡོན་ཏན་གྲུབ་པའི་ཚུལ་ལོ། །

དང་པོ་ལ་གསུམ། ས་བརྒྱད་པར་ལམ་ཤེས་རང་གི་ངང་གིས་འབྱུང་བའི་ཡོན་ཏན་ཐོབ་པ་དང་། ས་དགུ་པར་སངས་རྒྱས་ཀྱི་དམ་པའི་ཆོས་མ་ལུས་པ་འཛིན་པའི་ཡོན་ཏན་ཐོབ་པ་དང་། ས་བཅུ་པར་གསང་བའི་གནས་ཕྲ་མོ་མ་ལུས་པར་རྟོགས་པའི་ཡོན་ཏན་ཐོབ་པའོ། །

དང་པོ་ནི། དེ་ལ་ས་བདུན་པ་མན་ཆད་དུ་ཡང་སྦྱིན་པ་ལ་སོགས་པའི་ཐབས་ཀྱི་ཆ་མཐའ་ཡས་པས་བརྒྱན་པའི་སྟོང་ཉིད་མངོན་སུམ་དུ་རྟོགས་པའི་ཡེ་ཤེས་རྣམ་པ་ཐམས་ཅད་ཀྱི་མཆོག་དང་ལྡན་པའི་སྟོང་པ་ཉིད་ཀྱི་ཏིང་ངེ་འཛིན་གྱི་སྒོ་བསྒོམས་པས་མི་སྐྱེ་བའི་ཆོས་ཉིད་ལ་བཟོད་པ་ཐོབ་པའི་ཕྱིར་བྱང་ཆུབ་སེམས་དཔའི་ས་མི་གཡོ་བ་ལ་བདེན་འཛིན་མཐའ་དག་ཟད་པས་རྣམ་པར་མི་རྟོག་པ་ཉོན་མོངས་པའི་དྲི་མའི་སྐྱོན་མེད་པའི་ཡེ་ཤེས་རྒྱུན་མི་འཆད་པར་རང་གི་ངང་གིས་འཇུག་པའི་ཉན་ཐོས་ལ་སོགས་པའི་ལམ་གསུམ་མངོན་སུམ་དུ་ཤེས་པའི་ལམ་ཤེས་པ་ལ་བརྟེན་པས་ན་ཟག་པ་མེད་པའི་དབྱིངས་ལ་དེ་བཞིན་གཤེགས་པ་རྣམས་ཀྱི་ཡོན་ཏན་ཐམས་ཅད་པ་ཉིད་ཡང་དག་པར་འགྱུར་བོ། །འདིར་སྲིད་ཞི་མཉམ་ཉིད་ཀྱི་སྦྱོར་བ་ཐོབ་པས་ཆོས (135a) སྐུའི་རྗེས་མཐུན་གྱི་རང་རྒྱུ་ངང་གིས་འཇུག་པ་ཐོབ་པ་ཡིན་ནོ། །

（戌三）《释》

分三：（亥一）释深广功德；（亥二）能成就彼等之因；（亥三）示声闻、独觉无彼等功德。

（亥一）释深广功德

分二：（天一）证功德；（天二）断功德。

（天一）证功德

此广大功德**中**，**布施等各各**六波罗蜜多，**于佛境中可分别成无量故**，具一切种最上究竟空中，不可谓“惟有尔许功德，过此既无”，**当知无量**。甚深功德者，**数量**、**能力不可思议**、难以通达。

（天二）断功德。

消除悭吝等所治品习气而无余**故**，**乃**垢染**清净之最上**。

（亥二）能成就彼等之因

分二：（天一）三清净地中功德云何成就之理趣；（天二）依此成就究竟功德之理趣。

（天一）三清净地中功德云何成就之理趣

分三：（地一）八地得道相智自然出生功德；（地二）九地得受持佛正法无余功德；（地三）十地得证微细秘密处无余功德。

（地一）八地得道相智自然出生功德

此中七地以下**修**布施等无量方便分庄严之证空智、**具一切种最上空性三摩地门**，**得无生法性**忍**故**，**不动菩萨地时**，**依**断尽实执之**无分别**、**无**烦恼垢**过失**智、**相续不断自然趣入**现前了知声闻等三道**之道相智**，**将于无漏界中成就诸如来一切功德清净**。此中得有寂平等性加行故，得自然趣入随顺法身之本因。

འདི་ལ་བརྟེན་ནས་བླ་མ་ལོ་ཙྪ་བ་ཆེན་པོ་བློ་ལྡན་ཤེས་རབ་ཀྱི་གསུངས་ནས། ཉན་ཐོས་ཀྱི་ལམ་བྱང་ཆུབ་སེམས་དཔས་གཟུགས་བརྙན་གྱི་ཚུལ་དུ་བསྐྱེད་པའི་ལམ་ཤེས་ས་བརྒྱད་པ་ནས་མངོན་དུ་བྱེད་ཀྱི་དེ་མན་ཆད་དུ་མ་ཡིན་ནོ། །འོ་ན་རྒྱུན་དུ་ཞུགས་པ་ནས་རང་སངས་རྒྱས་ཀྱི་བར་གྱི་ཤེས་པ་དང་སྤོང་བ་གང་ཡིན་པ་དེ་བྱང་ཆུབ་སེམས་དཔའི་མི་སྐྱེ་བའི་ཆོས་ལ་བཟོད་པ་ཐོབ་པའི་བཟོད་པ་ཡིན་ལ། ཉི་སྣང་དུ། བཟོད་པ་དེ་ཡང་སྡུག་བསྔལ་ལ་ཆོས་ཤེས་པའི་བཟོད་པར་བཤད་པ་ཇི་ལྟར་ཡིན་ཞེ་ན། དེ་ནི་ཤེས་བྱ་ཉན་ཐོས་ཀྱི་ལམ་གྱིས་བསྡུས་པའི་བཟོད་པ་ཡིན་གྱི། ཤེས་བྱེད་ལམ་ཤེས་ཀྱི་དབང་དུ་བྱས་པ་མིན་ནོ། །ཞེས་གསུངས་ཏེ། མངོན་པར་རྟོགས་པའི་རྒྱན་གྱི་ལམ་གྱི་རིམ་པ་ངེས་པར་བྱེད་པའི་སྐབས་སུ་བཤད་པར་བྱའོ། །

གཉིས་པ་ནི། བྱང་ཆུབ་སེམས་དཔའ་ས་ལེགས་པའི་བློ་གྲོས་ལ་ནམ་མཁའ་མཛོད་ཀྱི་ཏིང་ངེ་འཛིན་ལ་སོགས་པའི་ཏིང་ངེ་འཛིན་དང་གསང་སྔགས་ཀྱི་གཟུངས་ལ་སོགས་པའི་གཟུངས་ཀྱི་སྒོ་རྒྱ་མཚོ་གྲངས་མེད་པ་དག་གིས་ཚད་མེད་པའི་སངས་རྒྱས་ཀྱི་ཆོས་མ་ལུས་པ་ཡོངས་སུ་འཛིན་པའི་ཤེས་པ་ལ་བརྟེན་པས་ན་ཞེས་སོ། །

གསུམ་པ་ནི། བྱང་ཆུབ་སེམས་དཔའི་ས་ཆོས་ཀྱི་སྤྲིན་ལ་དེ་བཞིན་གཤེགས་པ་ཐམས་ཅད་ཀྱི་གསང་བའི་གནས་ཕྲ་མོ་སྐྱོག་ཏུ་མ་གྱུར་པའི་ཤེས་པ་ལ་བརྟེན་པས་ན་ཞེས་སོ། །

གཉིས་པ་ནི། དེའི་རྗེས་ཐོགས་སུ་ཞེས་ཏེ། སྒྲིབ་པ་གཉིས་བག་ཆགས་དང་བཅས་པ་ཟད་པར་སྤངས་པས་རྣམ་ཀུན་མཆོག་ལྡན་གྱི་སྟོང་པ་མཐར་ཕྱུག་པ་ཡོངས་སུ་རྫོགས་པ་ཐོབ་པའོ། །

གསུམ་པ་ནི། ཉན་ཐོས་དགྲ (135b) བཅོམ་པ་དང་རང་སངས་རྒྱས་རྣམས་དེ་དག་ནི་ཡོན་ཏན་བཞི་འགྲུབ་པ་དང་དབྱེར་མེད་པའི་མཚན་ཉིད་མྱ་ངན་ལས་འདས་པའི་དབྱིངས་ལས་རིང་དུ་གྱུར་པ་ཡིན་ནོ། །ཞེས་བྱའོ། །གང་གི་ཕྱིར་ན། དག་པ་སའི་ཡེ་ཤེས་ཉིད་ཡོན་ཏན་བཞིའི་རྟེན་ཡིན་པས་ན་སའི་ཡེ་ཤེས་ཀྱི་རྟེན་བཞི་པོ་འདི་དག་ལ་ཉན་རང་རྣམས་མཐོང་བ་མེད་པ་དེའི་ཕྱིར་ཉན་རང་རྣམས་ཀྱིས་མཐར་ཕྱུག་པའི་མྱང་འདས་མ་ཐོབ་པར་བསྟན་པ་ཡིན་ནོ། །

གཉིས་པ་ཡོན་ཏན་དབྱེ་བ་མེད་པའི་དཔེ་བཤད་པ་ལ་གཉིས། དཔེ་དོན་ཆོས་མཐུན་བཤད་པ་དང་། ཉན་རང་ལ་ཐེག་པ་དང་མྱང་འདས་མཐར་ཕྱུག་མེད་པར་གྲུབ་པའི་དོན་ཏོ། །

喇嘛大译师洛丹喜饶，因此而许八地以后菩萨，现证如影像生起声闻道之道相智，非八地前。若尔，预流乃至佛所有智、断，皆是菩萨所得无生法忍之忍。《二万五千颂光明释》云："云何彼忍亦说是苦法智之忍？曰：此是所知；声闻道所摄之忍，非约能知道相智而说。"当于《现观庄严论》道次第决定一节中解释。

（地二）九地间受持佛正法无余功德

善慧菩萨地时，**以**虚空藏等**三摩地**、密咒陀罗尼等**总持**如海**百千无数之门**，**受持无量佛法无余**，**依此慧故**，**成就无量功德清净**。

（地三）十地间证微细秘密处无余功德

法云菩萨地时，**依一切如来**微细**秘密处非隐密智**，**成就不可思议功德**。

（天二）依此成就究竟功德之理趣

此后为成佛故，**依完全解脱烦恼**、**习气及所知障之智**，**成就最上清净功德**。断尽二障及习气，故获得具一切种最上空究竟圆满。

（亥三）示声闻、独觉无彼等功德

诸声闻**阿罗汉及独觉**者，**远离与四功德成就无别为相之涅槃界**。**何以故**？说清净地之智是四功德之所依，而声闻、独觉**不见地智四所依故**，不得究竟涅槃。

དང་པོ་ལ་གཉིས། རྩ་བ་དང་། འགྲེལ་པའོ། །

དང་པོ་ནི། ཤེས་བྱ་ཇི་ལྟ་བ་མངོན་སུམ་དུ་རྟོགས་པ་མཐར་ཐུག་པའི་ཤེས་རབ་དང་ཤེས་བྱ་ཇི་སྙེད་པ་མ་ལུས་པ་མངོན་སུམ་དུ་ཤེས་པའི་ཡེ་ཤེས་དང་དྲི་མ་མཐའ་དག་ཟད་པའི་སྤངས་པས་བསྡུས་པ་རྣམ་གྲོལ་རྣམས་རིམ་པ་བཞིན་དུ་དེ་ཁོན་ཉིད་གསལ་བ་དང་། ཤེས་བྱ་ཇི་སྙེད་པ་མ་ལུས་པ་ལ་འགྲོ་བ་དང་དྲི་མ་མ་ལུས་པས་དག་པའི་ཕྱིར་དང་། གསུམ་པོ་ཡང་ངོ་བོ་ཐ་དད་མེད་པའི་ཕྱིར་ཉི་མའི་དཀྱིལ་འཁོར་འོད་གསལ་བ་དང་། འོད་ཟེར་འགྲོ་བ་དང་། དཀྱིལ་འཁོར་རྣམ་པར་དག་པ་དང་། དེ་གསུམ་ངོ་བོ་ཐ་དད་མེད་པ་རྣམས་དང་མཚུངས་པར་ཤེས་པར་བྱའོ། །

གཉིས་པ་ལ་གསུམ། ཆོས་མཐུན་སྤྱིར་བསྟན་པ་དང་། སོ་སོར་བཤད་པ་དང་། བསྡུས་ཏེ་བཤད་པའོ། །

དང་པོ་ནི། ཤེས་རབ་གང་དང་ཡེ་ཤེས་གང་དང་རྣམ་པར་གྲོལ་བ་གང་གིས་ཞེས་ཏེ། གསལ་བ་དང་། འགྲོ་བ་དང་། དག་པ་གསུམ་དང་དེ་གསུམ་ངོ་བོ་ཐ་དད་མེད་པ་རྣམ་པ་གཅིག་གིས་ཞེས་སོ། །

གཉིས་པ་ནི། དེ་ལ་སངས་རྒྱས་ཀྱི་རྒྱུད་ལ (136a) ཞེས་སོ། །ཡང་དག་པར་རྫོགས་པའི་སངས་རྒྱས་ཀྱི་ཐུགས་རྒྱུད་ལ་མཉམ་གཞག་དང་རྗེས་ཐོབ་ངོ་བོ་ཐ་དད་པ་མེད་ཀྱི། ཇི་ལྟ་བ་གཟིགས་པ་དེས་ཇི་སྙེད་པ་གཟིགས་པ་དང་། ཇི་སྙེད་པ་གཟིགས་པ་དེས་ཇི་ལྟ་བ་གཟིགས་པར་ཤེས་པར་བྱའོ། །

གསུམ་པ་ནི། གསུམ་ག་ཡང་ཆོས་ཀྱི་དབྱིངས་དང་དབྱེར་མེད་པའི་རང་བཞིན་གྱིས་ཉི་མའི་དཀྱིལ་འཁོར་གྱི་ཁྱད་ཆོས་གསུམ་པོ་དེ་ངོ་བོ་སོ་སོར་རྣམ་པར་དབྱེ་བ་མེད་པ་དང་ཆོས་མཚུངས་སོ། །ཡོན་ཏན་བཞི་དང་ངོ་བོ་ཐ་དད་མེད་པའི་སྒྲུང་འདས་མཆོན་པར་བྱེད་པའི་ཤེས་རབ་ལ་སོགས་པ་གསུམ་ཉི་མ་དང་ཆོས་མཐུན་བརྗོད་པའོ། །

（申二）释无别之喻

分二：（酉一）释喻义同法；（酉二）成立声闻独觉无究竟乘及涅槃之义。

（酉一）释喻义同法

分二：（戌一）《论》；（戌二）《释》。

（戌一）《论》

究竟现证如所有所知之**慧**、现知尽所有所知无余之**智**、**及**诸垢悉尽之断所摄**解脱**，如其次第，显**明**真如，**弥布**尽所有所知无余，垢**净**无余**故**，三者体性**无异故**，当知**等同**日轮之光**明**、放**光**、**日轮**清净三者体性无异。（1.93）

（戌二）《释》

分三：（亥一）总标同法；（亥二）分别释；（亥三）结示。

（亥一）总标同法

彼慧、**智**、**解脱能表与四功德成就无别为相之涅槃界**，**如其次第**，**说**光明、放光、清净**三者**体性无异**同相四种日轮同法**。

（亥二）分别释

此中佛相续中所具出世间慧者，**破除所知真实闇故**，**与光明同法**。**此后所得一切所知之智者**，**遍一切种所知事无余转故**，**与放光明网同法**。**彼二者所依心自性解脱者**，**最无垢且光明故**，**与日轮清净同法**①。**当知正等觉心相续中，入定与后得体性无异，以如所有观观尽所有，以尽所有观观如所有。**

（亥三）结示

此三者亦是与法界无别之自性故，**与彼**日轮**三**别法体性**无各别同法**。说能表与四功德体性无异涅槃之慧等三者，与日轮同法。

---

① 《入中论善显密意疏》解释此句云："出世无分别慧即根本智。彼是观待真实义而立，即'破除'等义。言后得之后，非从根本定起，时间前后之后。是由根本定力所得或所生之义。言'遍一切种所知'等义，谓彼后得智，是由遍缘一切尽所有性而立也。故观待有法则非如所有智，观待法性则非尽所有智。"上海佛教协会，页467。

གཉིས་པ་ལ་གཉིས། རྩ་བ་དང་། འགྲེལ་པའོ། །

དང་པོ་ནི། མཐར་ཐུག་པའི་མྱང་འདས་ལ་ཡོན་ཏན་རྣམ་པ་ཐམས་ཅད་པ་དང་། ཡོན་ཏན་གྲངས་མེད་པ་དང་། བསམ་གྱིས་མི་ཁྱབ་པ་དང་། དྲི་མ་མཐའ་དག་གིས་དག་པ་བཞི་ཚོགས་དགོས་པ་དེས་ན་ཡང་དག་པར་རྫོགས་པའི་སངས་རྒྱས་མ་ཐོབ་པར་མྱ་ངན་ལས་འདས་པ་མཐར་ཐུག་པ་མི་ཐོབ་སྟེ། ཉི་མའི་འོད་དང་འོད་ཟེར་སྤངས་ནས་ནི་ཉི་མའི་དཀྱིལ་འཁོར་བལྟ་བར་མི་ནུས་པ་བཞིན་នོ། །འདི་དག་ལ་བརྟེན་ནས་ཉན་རང་ལ་མྱང་འདས་མཚན་ཉིད་པ་མེད་པར་འདོད་པ་ནི་ཡོན་ཏན་དབྱེར་མེད་སྒྲུབ་པའི་རྒྱས་བཤད་ཀྱི་སྐབས་འདི་དག་གིས་ཅི་ཞིག་བྱེད་པ་མ་ཤེས་པའི་སྐྱོན་དུ་ཤེས་པར་བྱའོ། །

གཉིས་པ་ལ་གཉིས། ཚིག་དོན་དང་། ལུང་དང་སྦྱར་བའོ། །

དང་པོ་ནི། གང་གི་ཕྱིར་ཐོག་མ་མེད་པ་ནས་ཉེ་བར་གནས་པའི་རང་བཞིན་རྣམ་པར་དག་པ་དགེ་བའི་ཆོས་འབྱུང་རུང་དང་ལྡན་པའི་ཁམས་ལ་དེ་བཞིན་གཤེགས་པ་རྣམས་ཀྱི་ཡོན་ཏན་མཐའ་དག་འབྱུང་རུང་དུ་རྣམ་པར་དབྱེ་བ (136b) མེད་པའི་ཆོས་ཉིད་ཡིན་པ་དེའི་ཕྱིར་ཅེས་ཏེ། ཡོན་ཏན་ཐམས་ཅད་དང་པོ་ནས་དབྱེར་མེད་དུ་ལྡན་ན་ཚིག་འོག་མ་དང་འགལ་བར་འགྱུར་ཏེ། ཆགས་ཐོགས་མེད་པའི་ཡེ་ཤེས་ཀྱིས་གཟིགས་པ་མངའ་བའི་དེ་བཞིན་གཤེགས་པ་མ་ཐོབ་པར་སྒྲིབ་པ་ཐམས་ཅད་སྤངས་པའི་མྱང་འདས་མི་ཐོབ་པར་བཤད་པའི་ཕྱིར།

གཉིས་པ་ནི། དེ་ཉིད་ཀྱི་ཕྱིར་བཅོམ་ལྡན་འདས་འཁོར་བར་སྐྱེ་བ་ཙམ་དགག་བྱར་བལྟས་ནས་འཁོར་བ་དམན་པ་དང་འཁོར་བར་སྐྱེ་བ་ཆད་པ་ལས་བྱུང་བའི་མྱང་འདས་ཀྱི་ནོམ་པའི་ཆོས་རང་རྒྱུད་ལ་ཐོབ་བྱར་འཛིན་པ་ལ་ནི་མྱ་ངན་ལས་འདས་པ་མཐར་ཐུག་པ་རྟོགས་ཤིང་ཐོབ་པ་མ་མཆིས་སོ་ཞེས་སོ། །མྱ་ངན་ལས་འདས་པ་མཐར་ཐུག་པ་ལ་ནི་ཡོན་ཏན་བཞི་དབྱེར་མེད་དུ་ཚོགས་དགོས་པར་བསྟན་པ་ཡིན་ནོ། །

（酉二）成立声闻独觉无究竟乘及涅槃之义

分二：（戌一）《论》；（戌二）《释》

（戌一）《论》

究竟涅槃中，一切种功德、无数功德、不可思议、诸垢患悉净四者须聚合，故乃至未成佛，不能得究竟涅槃；如舍日之光明，则不能见日轮。由此当知若许声闻、独觉无真涅槃者，是不知成立功德无分广释所说义之过。（1.94）

（戌二）《释》

分二：（亥一）文义；（亥二）配合经教。

（亥一）文义

何以故？无始以来所住自性清净、与堪生善法相应之界，乃堪生一切如来功德无别之法性故。若说一切功德本来无别而相应者，则与下文相违，说乃至未得具无滞碍智观之如来，则不应现证解脱一切障为相之涅槃；如不见光明，则不能见日轮。

（亥二）配合经教

是故，经云：

“世尊，观待于惟断受生生死，执生死为劣，及执断受生生死所致涅槃为自相续中当得之妙法中，不证得究竟涅槃。世尊，证涅槃者，谓与慧平等诸法。世尊，涅槃者，谓与智平等，与解脱平等，与解脱智见平等。是故，涅槃界者，名一味同味，即明及解脱味。”

此说究竟涅槃者，须四功德无别聚合。

གསུམ་པ་དོན་བསྡུ་བ་ལ་གཉིས། རྩ་བ་དང་། འགྲེལ་པའོ། །

དང་པོ་ནི། གོང་དུ་ཇི་སྐད་བཤད་པའི་ཚུལ་དེ་ལྟར་རྒྱལ་བའི་སྙིང་པོའི་རྣམ་གཞག་ངོ་བོའི་དོན་ལ་སོགས་པ་རྣམ་པ་བཅུ་ཞེས་བརྗོད་པ་དེ་དག་གིས་ནི་ཁམས་རང་བཞིན་གྱིས་རྣམ་པར་དག་པ་རྩལ་བཏོན་དུ་བཤད་ནས། དྲི་མ་སློ་བུར་བ་དེའི་ཞར་ལ་བཤད་ཅིང་འོག་མས་དེ་ལས་ལྡོག་སྟེ་བཤད་དོ། །འདི་འོག་མའི་མཚམས་སྦྱོར་དུ་ཡང་བཤད་དུ་རུང་མོད་ཀྱི། གོང་གི་དོན་བསྡུར་བྱས་པ་ལ་འགལ་བ་མེད་པར་སེམས་སོ། །

གཉིས་པ་ནི། དེ་ལྟར་ཞེས་སོ། །

(子三) 摄义

分二:(丑一)《论》;(丑二)《释》。

(丑一)《论》

如上述之理趣,**佛藏建立说**有体性义等**十相**。**彼住烦恼壳**,**以九喻应知**。(1.95)

彼等特说界自性清净,附说尘垢为客。下文则反之而说。此虽可解作下文承启,然作为上文之摄义,自思亦不相违。

(丑二)《释》

如是为令了知等后边际常法性,**以十相义解释此如来藏建立**。

大乘上续论释大疏卷九终

གཉིས་པ་ཁམས་སློ་བུར་གྱི་དྲི་མས་བསྒྲིབས་པ་དཔེ་དགུས་བསྒྲུབ་པ་ལ་གཉིས། མཚམས་སྦྱར་བ་དང་། དོན་བཤད་པའོ། །

དང་པོ་ནི། སེམས་ཅན་གྱི་སེམས་རང་བཞིན་གྱིས་རྣམ་པར་དག་པ་ཡིན་ཡང་ཉོན་མོངས་པའི་སྦུབས་ན་གནས་པ་དྲི་མ་གློ་བུར་བ་ཡིན་པ་སེམས་ཀྱི་རང་བཞིན་ལ་མ་ཞུགས་པ་དེ་དཔེ (137a) དགུ་དག་གིས་ནི་ཤེས་པར་བྱའོ། །ཡང་ན་མདོར་བསྟན་དུ་བྱས་ཀྱང་འགལ་བ་མེད་དོ། །

གཉིས་པ་ནི། ཐོག་མ་མེད་པའི་དུས་ནས་ཉེ་བར་གནས་པ་སེམས་ཀྱི་རང་བཞིན་ལ་མ་ཞུགས་པས་མ་འབྲེལ་པའི་རང་བཞིན་གྱི་ཉོན་མོངས་པའི་སྦུབས་ཉིད་དང་སེམས་ཀྱི་རང་བཞིན་ལ་ཞུགས་པས་ཐོག་མ་མེད་པ་ནས་ཉེ་བར་གནས་པ་འབྲེལ་བའི་རང་བཞིན་དག་པའི་ཆོས་ཉིད་ཀྱི་དབང་དུ་བྱས་ནས་ཞེས་སོ། །

གཉིས་པ་ལ་གཉིས། སྤྱིའི་དོན་དང་། ཡན་ལག་གི་དོན་ཏོ། །

དང་པོ་ལ་གསུམ། དཔེ་བཅོ་བརྒྱད་ཀྱི་གྲངས་ངེས་པ་དང་། དཔེ་དོན་ཆོས་མཐུན་བཤད་པ་དང་། དོགས་པ་བཅད་པའོ། །

དང་པོ་ནི། ཀུན་ནས་ཉོན་མོངས་ཀྱི་ཕྱོགས་དང་རྣམ་བྱང་གི་ཕྱོགས་མཚོན་པར་བྱེད་པའི་དཔེ་དགུ་དགུར་ངེས་པའི་རྒྱུ་མཚན་ཅི་ཡིན་ཞེ་ན། སྒྲིབ་བྱེད་ཀུན་ནས་ཉོན་མོངས་ཀྱི་དཔེ་དགུར་ངེས་པའི་རྒྱུ་མཚན་ཡོད་དེ། དོན་སྒྲིབ་པ་དགུར་ངེས་པའི་ཕྱིར། དེ་ཡང་དུག་གསུམ་གྱི་ས་བོན་གསུམ་དང་། དེ་གསུམ་གྱི་མངོན་གྱུར་དྲག་པོ་གཅིག་ཏུ་བྱས་པ་དང་། ཡང་ན་མངོན་གྱུར་དུ་མཚུངས་ཀྱང་ཁམས་གོང་མ་འགྲུབ་པར་བྱེད་པའི་རྒྱུ་དང་འདོད་ཁམས་འགྲུབ་པར་བྱེད་པའི་རྒྱུའི་ཉོན་མོངས་ཀྱི་སྒོ་ནས་དབྱེའོ། །མ་རིག་བག་ཆགས་ཀྱི་ས་དང་། མཐོང་སྤངས་དང་། སྒོམ་སྤངས་དང་། མ་དག་པའི་ས་ལ་བརྟེན་པའི་སྒྲིབ་པ་དང་། དག་པའི་ས་ལ་བརྟེན་པའི་སྒྲིབ་པ་དགུར་ངེས་པའི་ཕྱིར་རོ། །

རྣམ་བྱང་གི་ཕྱོགས་མཚོན་པར་བྱེད་པའི་དཔེ་དགུར་ངེས་པའི་རྒྱུ་མཚན་ཡང་། དོན་དགུར་ངེས་པའི་ཕྱིར། དེ་ཡང་ཆོས་ཀྱི་སྐུ་དང་། དེ་བཞིན་ཉིད་དང་། རིགས་གསུམ་ལས་དང་པོ་ལ་གསུམ་སྟེ། རྟོགས་པའི་ཆོས་དང་། བསྟན་པའི་ཆོས་ལ་ཡང་དོན་དམ་བདེན་པ་སྟོན་པའི (137b) གསུང་རབ་དང་། ཀུན་རྫོབ་བདེན་པ་སྟོན་པའི་གསུང་རབ་བོ། །དེ་བཞིན་ཉིད་ལ་ནི་དབྱེ་བ་མེད་ལ། རིགས་ལ་ངོ་བོ་དང་ནུས་པ་གཉིས་ལས་དང་པོ་ལ་རང་བཞིན་དུ་གནས་པའི་རིགས་དང་། ཡང་དག་པར་བླངས་པ་ལས་བྱུང་བའི་རིགས་སོ། །གཉིས་པ་ལ་ཡང་དང་པོའི་ནུས་པ་ཆོས་སྐུར་གནས་འགྱུར་རུང་དང་། ཕྱི་མའི་ནུས་པ་གཟུགས་སྐུ་གཉིས་སུ་གནས་འགྱུར་རུང་གཉིས་སོ་སོར་བགྲངས་པས་དགུར་ངེས་པའི་ཕྱིར། དེ་ལྟར་མཚོན་བྱའི་དོན་བཅོ་བརྒྱད་ཡོད་པས་མཚོན་བྱེད་ཀྱི་དཔེ་བཅོ་བརྒྱད་དུ་ངེས་པ་ཡིན་ནོ། །

大乘上续论释大疏卷十

（癸二）以九喻成立界为客尘所障

分二：（子一）承启；（子二）释义。

（子一）承启

有情心虽自性清净，然住烦恼壳中，尘垢是客，不入心性，应以九喻了知。又，作略标释，亦不相违。

约无始时来现前住、不入心性故**以不相属为性之烦恼壳**，**以及无始以来现前住**、入心性、**以相属为性之清净法性而言**，**以九喻说如来藏为无量俱胝烦恼壳所缠**，**应如经通达**。

（子二）释义

分二：（丑一）总义；（丑二）支分义。

（丑一）总义

分三：（寅一）十八喻数量决定；（寅二）释喻义同法；（寅三）断疑。

（寅一）十八喻数量决定

或谓：何故能表杂染品及清净品之喻各决定有九？曰：能障杂染之喻决定有九，以义决定有九障故。此亦三毒之种子有三；彼三之猛利现行为一。又，虽同是现行，然由能成上界之因及能成欲界之因烦恼门而细分之：无明习气地；见所断；修所断；依不净地之障；以及依清净地之障决定有九故。

能表清净品之喻决定有九，以义决定有九故。此亦法身、真如、种性三者之中，初分为三，证法、教法之教法中又分示胜义谛圣言、示世俗谛圣言。真如无有差别。种姓分体性与力二者，初又分为本性住种及习所得种。力亦分二，前者之力堪转依为法身，后者之力堪转依成二种色身，各别计数，决定有九故。如是有十八种所表义，故决定有十八种能表喻。

གཉིས་པ་ནི། འདོད་ཆགས་དང་པད་མ་ནི་མངོན་དུ་གྱུར་མ་ཐག་ཏུ་དགའ་བ་དང་ཕྱི་ནས་མི་དགའ་བའི་རྒྱུ་ཡིན་པས་ཆོས་མཚུངས་སོ། །པད་མས་མཚོན་པར་བྱ་བའི་དོན་འདོད་ཆགས་བག་ལ་ཉལ་མ་ཡིན་ནམ། མངོན་དུ་གྱུར་ན་དགའ་བ་དང་ཆོས་མཚུངས་སུ་སྟོན་པ་ཅི་ཡིན་ཞེ་ན། སྐྱོན་མེད་དེ། མངོན་དུ་གྱུར་ན་དགའ་བ་བསྐྱེད་པར་འདོད་ཆགས་བག་ལ་ཉལ་ལ་ཡང་མཚུངས་པའི་ཕྱིར་དང་། ཕྱིར་ཆོས་མཚུངས་བཤད་པ་ཙམ་གྱིས་ཀྱང་རྟོགས་པའི་ཕྱིར་རོ། །

ཞེ་སྡང་དང་སྦྲོག་ཆགས་སྦྲང་མ་བདེ་བ་ལ་རེག་པར་མི་གནས་པ་འདྲ་བ་དང་། གཏི་མུག་དང་སྦུན་པ་སྙིང་པོ་མཐོང་བའི་སྒྲིབ་བྱེད་ཡིན་པར་འདྲ་བས་སོ། །རིགས་འདྲ་ཕྱི་མ་བསྐྱེད་པའི་ནུས་པ་མི་འདྲ་བ་གསུམ་ཡོད་པས་སོ་སོར་བཞག་པ་ཡིན་ནོ། །ཀུན་ནས་ལྡང་བ་དང་མི་གཙང་བ་ནི་བསྟེན་པར་མི་བཟོད་པས་མཚུངས་པ་ཡིན་ཏེ། མངོན་གྱུར་དྲག་པོས་ཉེས་སྤྱོད་ཀུན་ནས་སློང་བར་བྱེད་ལ། ཉེས་སྤྱོད་ཀྱང་རབ་ཏུ་ཉམ་ང་བས་མི་གཙང་བ་ལྟར་བསྟེན་མི་བཟོད་པའི་ཕྱིར་རོ། །ཉེས་སྤྱོད་བསྐྱེད་ནུས་སུ་མི་འདྲ་བ་མེད་པས་མངོན་གྱུར་གསུམ་ཀ་སྒྲིབ་པ་ཚན་གཅིག་ཏུ་བཞག་གོ །

མ་རིག་པའི་བག་ཆགས་དང་ས་ནི། སས (138a) གཏེར་ལ་སྒྲིབ་པ་ལྟར་མ་རིག་པས་རང་བྱུང་ཐོབ་པ་ལ་སྒྲིབ་པས་སོ། །མཐོང་སྤངས་དང་འབྲས་བུ་ནི་འབྲས་བུ་ལ་མྱུ་གུ་སྐྱེས་མ་ཐག་འབྲས་བུ་འཇིག་པ་ལྟར་མཐོང་ལམ་སྐྱེས་མ་ཐག་མཐོང་སྤངས་འཇིག་པར་མཚུངས་པ་དང་། སྒོམ་སྤངས་དང་གོས་རུལ་ནི་སྙིང་པོ་ཟད་ཟིན་པར་འདྲ་བ་དང་། མ་དག་པའི་ས་ལ་བརྟེན་པའི་སྒྲིབ་པ་དང་བུད་མེད་ནི་རང་གིས་ཁོང་དུ་ཆུད་པར་བྱ་བ་ལ་སྒྲིབ་པར་འདྲ་བ་དང་།དག་པའི་ས་ལ་བརྟེན་པའི་སྒྲིབ་པ་དང་ས་འདམ་ཙུང་ཟད་གོས་པ་ནི། སྲབ་པས་ཙུང་ཟད་སྒྲིབ་པར་ཆོས་མཚུངས་པ་སྟེ། སྒྲིབ་བྱེད་ཀྱི་དཔེ་དོན་ཆོས་མཐུན་ནོ། །

བསྒྲིབ་བྱའི་དཔེ་དོན་ཆོས་མཐུན་ནི། ཆོས་ཀྱི་སྐུ་ནི་སངས་རྒྱས་དང་འདྲ་སྟེ་འཇིག་རྟེན་ན་དཔེ་མེད་པར་འདྲ་བའི་ཕྱིར་རོ། །དོན་དམ་པའི་བདེན་པ་སྟོན་པའི་གསུང་རབ་ནི་སྦྲང་རྩི་དང་འདྲ་སྟེ། དོན་མྱངས་པའི་རོ་གཅིག་པའི་བདེ་བ་སྟེར་པར་འདྲ་བའི་ཕྱིར་རོ། །ཀུན་རྫོབ་སྟོན་པའི་གསུང་རབ་ནི་འབྲུའི་སྙིང་པོ་དང་འདྲ་སྟེ། དོན་མི་འདྲ་བ་སྣ་ཚོགས་པས་སྣ་ཚོགས་ལ་ཁྱབ་པར་འདྲ་བའི་ཕྱིར་དང་། དེ་བཞིན་ཉིད་ནི་གསེར་དང་འདྲ་སྟེ། ངོ་བོར་ངན་པར་མི་འགྱུར་བའི་ཕྱིར་དང་། རང་བཞིན་དུ་གནས་པའི་རིགས་ནི་གཏེར་དང་འདྲ་སྟེ། འབད་པས་མ་བསྒྲུབས་པར་ཡོད་པའི་ཕྱིར། ཡང་དག་པར་བླངས་པ་ལས་བྱུང་བའི་རིགསནི་སྐྱེ་ཤིང་དང་འདྲ་སྟེ། འབད་པས་བསྒྲུབས་པའི་ཕྱིར་དང་། ཆོས་ཀྱི་སྐུ་ནི་རིན་པོ་ཆེའི་སྐུ་རང་བྱུང་དང་འདྲ་སྟེ། སྐྱེས་བུ་གཞན་གྱིས་སྦྱོལ་བས་གསར་དུ་བཅོས་པ་མ་ཡིན་པ་དང་། ཡོན་ཏན་ཕུན་སུམ་ཚོགས་པའི་རྟེན་དུ་འདྲ་བའི་ཕྱིར། ལོངས་སྤྱོད་རྫོགས་པའི་སྐུ་ནི་འཁོར་ལོས་བསྒྱུར་བ་དང་འདྲ་སྟེ། ཆོས་ཆེན་པོའི་རྒྱལ་སྲིད་ལ་ལོངས་སྤྱོད (138b) པའི་ཕྱིར། སྤྲུལ་པ་ནི་གསེར་ལས་བྱས་པའི་གཟུགས་བརྙན་དང་འདྲ་སྟེ། གཟུགས་བརྙན་ཙམ་ཡིན་པའི་ཕྱིར་རོ། །

（寅二）释喻义同法

贪与莲华者，现行无间能生欢喜、后则成不喜因，故是同法。或问：莲华所表义岂非贪习气？云何说与现行欢喜同法？曰：无过，以现行则能生欢喜与贪习气亦同故；总说同法令通达故。

嗔与蜂虫不住乐触相似，痴与糠秕能障见精要相似。生同类后者之力不同有三，故各别立之。现行与不净皆难可依止，故同，以猛利现行能发恶行，恶行令人忧恼，犹如不净难可依止故。此三者能生恶行无有不同，故将三者之现行立为同一类障。

无明习气地者，如地能障宝藏，无明亦障自生所得。见所断及果者，如果中生芽已无间即坏，见道生已无间能坏见所断，是为同法。修所断与烂衣者，心要耗尽相似。依不净地之障于母邑者，障弊自应理解者相似。依清净地之障于少染泥土者，薄尘稍障故同法。此上是能障之喻义同法。

所障喻义同法者，法身如佛，世间之中皆无可喻故。示胜义谛之圣言者，如蜂蜜，以皆能予所尝一味之乐故。示世俗谛之圣言者，如谷实，以有种种事故。真如如金，以不变质故。本性住种者，如宝藏，以不待功用成办而有故。习所得种者，如树木，以由功用成办故。法身者，如自生宝像，以非他人起功用新改治，圆满功德之所依故。圆满受用身者，如转轮王，以受用大法国政故。化身者，如金制像，以惟是影像故。

གསུམ་པ་ནི། གལ་ཏེ་འདོད་ཆགས་བག་ལ་ཉལ་བསྟན་པའི་ཆོས་དང་རིགས་གཉིས་ལ་ཡང་སྒྲིབ་བྱེད་ཡིན་པས་རྟོགས་པའི་ཆོས་པོ་ནའི་སྒྲིབ་བྱེད་དུ་བཞག་པར་མི་འཐད་ལ། དེ་བཞིན་དུ་རྟོགས་པའི་ཆོས་ལ་ཡང་སྒྲིབ་པ་ལྷག་མ་བརྒྱད་ཀྱིས་ཀྱང་བསྒྲིབ་པས། འདོད་ཆགས་བག་ལ་ཉལ་པོ་ན་སྒྲིབ་བྱེད་དུ་འཛོག་པ་མི་འཐད་ལ། བསྒྲིབ་བྱ་ལྷག་མ་བརྒྱད་ལ་ཡང་འདོད་ཆགས་བག་ལ་ཉལ་གྱིས་བསྒྲིབ་པས་པད་མ་ལ་སོགས་པའི་དཔེས་བསྟན་པའི་སྒྲིབ་བྱེད་དགུ་དང་། སངས་རྒྱས་ལ་སོགས་པའི་དཔེས་བསྟན་པའི་བསྒྲིབ་བྱ་དགུ་དཔེ་དོན་སོ་སོར་མ་ངེས་པའོ་ཞེ་ན། དཔེ་ལ་བསྒྲིབ་བྱ་སྒྲིབ་བྱེད་སོ་སོར་ངེས་པ་ལྟར་དོན་ལ་བསྒྲིབ་བྱ་སྒྲིབ་བྱེད་སོ་སོར་ངེས་པ་ཡོད་པར་མི་འདོད་པས་འགལ་བ་མེད་ལ། སྒྲིབ་བྱེད་དགུ་ལ་དཔེ་དགུ་བསྟན་པ་དང་། བསྒྲིབ་བྱ་དགུ་ལ་དཔེ་དགུ་བསྟན་པ་ནི། སོ་སོའི་ཆོས་མཐུན་ཡོད་པས་བསྟན་པ་ཡིན་ནོ། །གང་ཟག་བཞི་ལ་ཡོད་པའི་སྒྲིབ་པ་དགུ་ཡང་མཚན་ཉིད་མི་འདྲ་བས་ཕྱེ་བ་ཡིན་གྱི། རྫས་མི་འདྲ་བ་དགུར་དབྱེ་བ་ནི་མ་ཡིན་ནོ། །

གཉིས་པ་ལ་གཉིས། བསྒྲིབ་པ་དགུ་བསལ་ན་སྙིང་པོ་མངོན་དུ་འགྱུར་བ་དཔེས་མཚོན་ཏེ་བསྟན་པ་དང་དཔེས་མཚོན་པར་བྱ་བའི་དོན་སོ་སོར་བཤད་པའོ། །

དང་པོ་ལ་གསུམ། མདོར་བསྟན་པ་དང་། རྒྱས་པར་བཤད་པ་དང་། དོན་བསྡུ་བའོ། །

དང་པོ་ལ་གཉིས། བསྒྲིབ་བྱ་སྒྲིབ་བྱེད་ལྡན་པའི་དཔེ་དང་། བསྒྲིབ་བྱ་སྒྲིབ་བྱེད་སོ་སོའི་དཔེ་མདོར་བསྟན་པའོ། །

དང་པོ་ལ་དྲི་བ་ནི། དཔེ་དགུ་གང་ཞེ་ན། ལན་ནི། སངས་རྒྱས་ཀྱི་སྐུ་པད་མ་ངན་པའི་ནང་ན་ཡོད་པ་དང་། སྦྲང་རྩི་སྦྲང་མ་ལ་ཡོད་པ (139a) དང་། འབྲས་བུའི་སྦུན་པ་ལ་དབུས་ན་སྙིང་པོ་ཡོད་པ་དང་། མི་གཙང་བའི་ནང་ན་གསེར་ཡོད་པ་དང་། དབུལ་པོའི་ཁྱིམ་གྱིས་ལ་རིན་པོ་ཆེའི་གཏེར་དང་། ལྗོན་ཤིང་གི་མྱུ་གུ་སོགས་དེ་དག་གི་ས་བོན་དུ་གྱུར་པའི་འབྲས་བུ་ཆུང་ངུ་ལ་ཡོད་པ་དང་། གོས་རྙལ་ནང་ན་རྒྱལ་བའི་སྐུ་དང་ནི། བུད་མེད་ངན་པའི་ལྟོ་ན་མི་བདག་འཁོར་ལོས་བསྒྱུར་བ་ཡོད་པ་དང་། སའི་ཁོང་ལ་རིན་ཆེན་གསེར་ལས་བྱས་པའི་གཟུགས་ཡོད་པ་ཇི་ལྟ་བར་གློ་བུར་གྱི་ཉོན་མོངས་པའི་དྲི་མས་བསྒྲིབས་པའི་སེམས་ཅན་རྣམས་ལ་དཔེ་དེ་བཞིན་དུ་ཁམས་རང་བཞིན་གྱིས་རྣམ་པར་དག་པ་འདི་གནས་པར་ཤེས་པར་བྱའོ། །འདིས་པད་མ་ལ་སངས་རྒྱས་ཡོད་པ་ལ་སོགས་པ་དཔེར་བྱས་ནས་གློ་བུར་གྱི་དྲི་མས་བསྒྲིབས་པ་ལ་ཁམས་ཡོད་པ་ཙམ་དུ་བསྟན་ཏོ། །

（寅三）断释

若谓：倘若贪随眠亦是教法及二者之能障，则不应立为惟证法之能障。如是余八种障亦障证法故，惟立贪习气为能障不应道理。以贪随眠亦障余八所障故，莲等喻所示九种能障、佛等喻所示九种所障，喻、义各别不决定。曰：喻之能障、所障虽各别决定，义之能障、所障则不如是许，故无相违。示九能障之九喻与示九所障之九喻同法各别。四补特伽罗所具九种障亦因不同相而分，非分为九种不同物。

（丑二）支分义

分二：（寅一）以喻表说若除九障藏即现前；（寅二）各别释喻所表义。

（寅一）以喻表说若除九障藏即现前

分三：（卯一）总标；（卯二）广释；（卯三）摄义。

（卯一）总标

分二：（辰一）具能障所障之喻；（辰二）略标能障所障各别之喻。

（辰一）具能障所障之喻

问：**云何九喻**？

答：1. **萎莲中**有**佛相**；

2. **蜂虫中有蜜**；

3. **穀糠**之**中**有**精实**；

4. **不净秽中**有**金**；

5. **贫穷家地下**有**宝藏**；

6. **种子状幼果**中有树**芽**等；

7. **烂布之中有佛像**；

8. **下劣女腹中有人主**转轮王；

9. **泥土中有**珍**宝金像**。

如彼喻所明，当知**为客烦恼尘所障**诸**有情之中**有**此**自性清净**界**安**住**。此举莲中有佛等为喻，示客尘所障中有界。（1.96—97）

གཉིས་པ་ནི། དྲི་མ་ནི་མཚུངས་ཞེས་སྨྲར་རོ། །གང་དང་མཚུངས་ཤེ་ན། པད་མ་དང་། སྦྲོག་ཆགས་དང་། སྦུན་པ་དང་། མི་གཙང་བ་དང་། ས་དང་། འབྲས་བུ་དང་། གོས་རྡུལ་དང་། སྡུག་བསྔལ་འབར་བས་མངོན་པར་གདུངས་པའི་བུད་མེད་དང་། སའི་ཁམས་དང་མཚུངས་པར་ཤེས་པར་བྱའོ། །རང་བཞིན་གྱིས་དྲི་མ་མེད་པའི་ཁམས་མཆོག་མཚུངས་པ་ཉིད་དུ་ཤེས་པར་བྱའོ། །གང་དང་མཚུངས་ཤེ་ན། སངས་རྒྱས་ཀྱི་སྐུ་དང་། སྦྲང་རྩི་དང་། སྙིང་པོ་དང་། གསེར་དང་། གཏེར་དང་། ལྗོ་གྲོ་དང་། རིན་ཆེན་སྐུ་དང་། གླིང་བདག་མཆོག་དང་། རིན་ཆེན་གཟུགས་དང་ཆོས་མཚུངས་པར་ཤེས་པར་བྱའོ། །

གཉིས་པ་ལ་བཞི། འདོད་ཆགས་བག་ལ་ཉལ་སོགས་དྲི་མ་བཞི (139b) སློ་བུར་བར་དཔེས་བསྒྲུབ་པ་དང་། མ་རིག་པའི་བག་ཆགས་སློ་བུར་བར་དཔེས་བསྒྲུབ་པ་དང་། མཐོང་སྤངས་དང་། སྒོམ་སྤངས་སློ་བུར་བར་དཔེས་བསྒྲུབ་པ་དང་། མ་དག་པ་དང་དག་པའི་ས་ལ་བརྟེན་པའི་དྲི་མ་སློ་བུར་བར་དཔེས་བསྒྲུབ་པའོ། །

དང་པོ་ལ་གཉིས། དུག་གསུམ་གྱི་བག་ལ་ཉལ་སློ་བུར་བར་དཔེས་བསྒྲུབ་པ་དང་། མངོན་གྱུར་སློ་བུར་བར་དཔེས་བསྒྲུབ་པའོ། །

དང་པོ་ལ་གསུམ་གྱི་དང་པོ་འདོད་ཆགས་བག་ལ་ཉལ་སློ་བུར་བར་དཔེས་བསྒྲུབ་པ་ལ་གཉིས། མཚམས་སྦྱར་བ་དང་། རྩ་བའོ། །

དང་པོ་ནི། ཉོན་མོངས་པ་ནི་ཞེས་སོ། །

གཉིས་པ་ལ་གཉིས། མདོར་བསྟན་པ་དང་། རྒྱས་པར་བཤད་པའོ། །

དང་པོ་ལ་གསུམ། དཔེ་དང་། དོན་དང་། ཁམས་ཀྱི་དྲི་མ་སྦྱོང་བྱེད་དོ། །

དང་པོ་ནི། ཇི་ལྟར་ཏེ་དཔེར་ན་དྲི་མི་ཞིམ་ཞིང་མདོག་ངན་པའི་པད་མ་འདབ་མ་ཁ་ཟུམ་པའི་ཁོང་ན་གནས་པ་མཚན་བཟང་པོ་སྟོང་གིས་འབར་ཞིང་བརྒྱན་པའི་དེ་བཞིན་གཤེགས་པའི་སྐུ་ནི་དྲི་མེད་ལྷའི་མིག་དང་ལྡན་པའི་མིས་མཐོང་ནས་ཆུ་སྐྱེས་འདབ་མའི་སྦུབས་ནས་སྐུ་དེ་འབྱིན་པར་བྱེད་པ་དེ་བཞིན་དུ།

གཉིས་པ་ནི། བདེ་གཤེགས་སངས་རྒྱས་ཀྱི་སྤྱན་གྱིས་མནར་མེད་ན་གནས་པའི་སེམས་ཅན་རྣམས་ལ་ཡང་རང་གི་ཆོས་ཉིད་ཡོད་པར་མངོན་སུམ་དུ་གཟིགས་ཏེ། ཏེ་ནི་ལྷག་མ་འདྲེན་པའོ། །

གསུམ་པ་ནི། སྒྲིབ་པ་དེ་སུ་ཞིག་གིས་སེལ་བར་བྱེད་ཅེ་ན། དྲི་མ་ཟད་པར་སྤངས་པས་སྒྲིབ་པ་མེད་པ་སེམས་ཅན་གྱི་དོན་དུ་ཕྱི་མའི་མུར་ཐུག་པར་གནས་པའི་སྙིང་རྗེའི་བདག་ཉིད་ཅན་སངས་རྒྱས་བཅོམ་ལྡན་འདས་རྣམས་ཀྱིས་སོ་སོ་སྐྱེ་བོ་རྣམས་ཀྱི་འདོད་ཆགས་བག་ལ་ཉལ་གྱི་སྒྲིབ་པ་ལས་ནི་གྲོལ་བར་བྱེད་ལ། ཡང་ན་དྲི་མ་མཐའ་དག་འཇོམས་པ་ལ་སྦྱར་ཡང་འགལ་བ་མེད་དོ། །

（辰二）略标能障所障各别之喻

尘者，与何相同？当知与莲华及蜂虫、糠皮、不净、地、果及破烂布、苦恼女、泥土相同。自性无垢妙界者，与何相同？当知与佛身、蜂蜜、精实、金、宝藏、树、宝像、最上洲主、金像同法。（1.98）

（卯二）广释

分四：（辰一）以喻成立贪随眠等四尘垢为客；（辰二）以喻成立无明习气为客；（辰三）以喻成立见所断及修所断为客；（辰四）以喻成立依不净地及清净地之尘垢为客。

（辰一）以喻成立贪随眠等四尘垢为客

分二：（巳一）以喻成立三毒随眠为客；（巳二）以喻成立现行为客。

（巳一）以喻成立三毒随眠为客

分三：（午一）以喻成立贪随眠为客；（午二）以喻成立嗔随眠为客；（午三）以喻成立痴随眠为客。

（午一）以喻成立贪随眠为客

分二：（未一）承启；（未二）《论》。

（未一）承启

烦恼者与萎莲苞相似，如来界者如佛：

（未二）《论》

分二：（申一）略标；（申二）广释。

（申一）略标

分三：（酉一）喻；（酉二）义；（酉三）界垢之能净。

（酉一）喻

譬如，千妙相炽盛庄严之如来形者，安住于恶臭败色之闭合萎莲中，具无垢天眼之人见之，即从闭合莲苞中取出此形相；（1.99）

（酉二）义

如是如来以佛眼亲见无间地狱中诸有情亦有自之法性。

（酉三）界垢之能净

谁能除彼障碍？断尽尘垢故无障，诸佛世尊悲心为体，为利有情，安住尽后际，令诸异生解脱贪随眠之障。又配合说摧坏全部尘垢亦不相违。（1.100）

གཉིས་པ་ནི། །ཇི་ལྟར་མི་སྡུག་པད་མ་ཁ་ཟུམ་པ་ལ་བདེ་བར་གཤེགས་པ་ནི་དེའི་ཁོང་ན་གནས་པ་ལྷའི་མིག་དང་ལྡན་པས་མཐོང་ནས་དེ（140a）དབྱུང་བའི་ཆེད་དུ་འདབ་མ་གཅོད་པར་བྱེད་པ་ལྟར། ཆགས་སྡང་སོགས་ཀྱི་དྲི་མའི་སྦུབས་ཀྱིས་བསྒྲིབས་པའི་རྫོགས་པའི་སངས་རྒྱས་ཀྱི་སྙིང་པོའི་རང་བཞིན་འགྲོ་བ་ཐམས་ཅད་ལ་ཡོད་པར་གཟིགས་ཏེ་ཐུགས་རྗེས་ཐུབ་པ་དཔེ་བཤད་པ་དེ་བཞིན་དུ་སྒྲིབ་པ་དེ་ནི་འཇོམས་པར་མཛད་དོ། །

གཉིས་པ་ཞེ་སྡང་བག་ལ་ཉལ་གློ་བུར་བར་དཔེས་བསྒྲུབ་པ་ལ་གཉིས། མཚམས་སྦྱར་བ་དང་། རྩ་བའོ། །

དང་པོ་ནི། ཉོན་མོངས་པ་ནི་ཞེས་སོ། །

གཉིས་པ་ལ་གཉིས། བསྟན་པ་དང་། བཤད་པའོ། །

དང་པོ་ལ་གསུམ། དཔེ་དང་དོན་དང་། དྲི་མ་སྦྱོང་བྱེད་དོ། །

དང་པོ་ནི། ཇི་ལྟར་སྦྲོག་ཆགས་བུང་བའི་ཚོགས་ཀྱིས་བསྐོར་བའི་སྦྲང་རྩི་ནི་སྐྱེས་བུ་མཁས་པས་སྦྲང་རྩི་དེ་དོན་དུ་གཉེར་བ་ཡིས་མཐོང་ནས་ཐབས་ཀྱིས་སྦྲང་རྩི་དེ་དང་སྦྲོག་ཆགས་བུང་བའི་ཚོགས་ཀུན་ནས་བྲལ་བར་རབ་ཏུ་བྱེད་པ་བཞིན་དུ།

གཉིས་པ་ནི། དྲང་སྲོང་ཆེན་པོས་ཀུན་མཁྱེན་སྤྱན་གྱིས་སེམས་ཅན་གྱི་རིག་པའི་ཆོས་ཉིད་ཡིན་པས་རིག་ཁམས་སྦྲང་རྩི་དང་འདྲ་བར་གཅིག་ཏུ་མངར་བར་རོ་གཅིག་པ་འདི་གཟིགས་ནས་དེ་འཇོམས་པར་མཛད་པའོ། །

གསུམ་པ་ནི། སེམས་ཅན་གྱི་ཁམས་རང་བཞིན་རྣམ་དག་དེ་སྒྲིབ་པ་སྦྲང་མ་དང་འདྲ་བ་ཆོས་ཀྱི་འཁོར་ལོ་བསྐོར་བ་ལ་བརྟེན་ནས་གཏན་ནས་མི་སྐྱེ་བའི་ཆོས་ཅན་དུ་རབ་ཏུ་སྤོང་བར་མཛད་པ་ཡིན་ནོ། །

གཉིས་པ་ནི། ཇི་ལྟར་སྦྲང་རྩི་སྦྲོག་ཆགས་སྦྲང་མ་བྱེ་བ་ཕྲག་ཁྲིག་སྟོང་གིས་བསྒྲིབས་པ་སྦྲང་རྩི་དོན་དུ་གཉེར་བའི་མིས་སྦྲང་མ་དེ་དག་བསལ་ཏེ་ཇི་ལྟར་འདོད་པ་བཞིན་དུ་ཁ་ཟས་སོགས་སྦྲང་རྩིའི་བྱ་བ་བྱེད་པ་དེ་བཞིན་དུ། ལུས་ཅན་རྣམས་ཀྱི་ཟག་པ་མེད་པའི་ཤེས（140b）བའི་ཆོས་ཉིད་སྦྲང་མའི་རྩི་དང་འདྲ་བ་དེ་ལ་བསྒྲིབ་པར་བྱེད་པའི་ཉོན་མོངས་སྦྲང་མ་དང་འདྲ་བ་དེ་འཇོམས་པ་ལ་མཁས་པའི་རྒྱལ་བ་ཡང་དག་པར་རྫོགས་པའི་སངས་རྒྱས་ནི་སྦྲང་མ་སེལ་བ་ལ་མཁས་པའི་སྐྱེས་བུ་བཞིན་ནོ། །

གསུམ་པ་གཏི་མུག་བག་ལ་ཉལ་གློ་བུར་བར་དཔེས་བསྒྲུབ་པ་ལ་གཉིས། མཚམས་སྦྱར་བ་དང་། རྩ་བའོ། །

དང་པོ་ནི། ཉོན་མོངས་པ་ནི་ཞེས་སོ། །

（申二）广释

譬如具天眼者，见如来安住萎败莲华苞，为取彼故，而断诸莲瓣；如此喻而说，大悲能仁见一切众生有正等觉藏自性，为贪嗔等垢壳所障，摧坏彼障。(1.101)

（午二）以喻成立嗔随眠为客

分二：（未一）承启；（未二）《论》。

（未一）承启

烦恼者与蜂虫相似，如来藏者如蜜：

（未二）《论》

分二：（申一）标；（申二）释。

（申一）标

分三：（酉一）喻；（酉二）义；（酉三）垢之能净。

（酉一）喻

譬如蜂虫聚围绕之蜜，求蜜之智者覩见已，以方便力，令彼蜜与蜂虫聚而分离；(1.102)

（酉二）义

大仙人以遍智眼见如蜂蜜有情明法性之明界，纯一甘味，而摧坏彼（随眠）。

（酉三）垢之能净

彼有情界自性清净之障者如蜂虫，由转法轮，令其毕竟而断绝、成不生法。(1.103)

（申二）释

譬如蜜为百千俱胝蜂虫所障，求蜜人驱除彼等蜂，如欲而作食用等蜂蜜事；诸有情之无漏识法性与蜂蜜相似，善巧摧坏能障彼之如蜂烦恼佛正等觉者，如彼智士。(1.104)

（午三）以喻成立痴随眠为客

分二：（未一）承启；（未二）《论》。

（未一）承启

烦恼者与外糠相似，如来界者如内精实：

གཉིས་པ་ལ་གཉིས། བསྟན་པ་དང་། བཤད་པའོ། །

དང་པོ་ལ་གསུམ། དཔེ་དང་། དོན་དང་། སྒྲིབ་པ་དེ་སེལ་བྱེད་དེ། །

དང་པོ་ནི། ཇི་ལྟར་ཕྱི་ཤུན་གྱི་སྦུན་པ་དང་ལྡན་པའི་འབྲས་བུའི་སྙིང་པོ་ནི་དེ་མ་བསལ་བར་མི་རྣམས་ཀྱིས་ནི་ལོངས་སྤྱོད་བྱ་བཟའ་བ་ཞིམ་པོར་མི་འགྱུར་བས་ཟས་སོགས་དོན་དུ་གཉེར་བ་གང་ཡིན་པའི་སྐྱེས་བུ་དེ་དག་གིས་ནི་སྦུན་ནས་དེ་འབྱིན་པ་ལྟར།

གཉིས་པ་ནི། དེ་བཞིན་དུ་སེམས་ཅན་རྣམས་ཀྱི་ཁམས་རང་བཞིན་གྱིས་རྣམ་པར་དག་པ་ཉོན་མོངས་ཀྱི་དྲི་མ་དང་འདྲེས་ནས་གནས་སོ། །

གསུམ་པ་ནི། རྒྱལ་བའི་སྙིང་པོ་ཇི་སྲིད་དུ་ཉོན་མོངས་པའི་དྲི་མ་དང་འདྲེས་པ་ལས་མ་གྲོལ་བ་དེ་སྲིད་དུ་རྒྱལ་བའི་མཛད་པ་སྲིད་པ་གསུམ་དུ་མི་བྱེད་པས། སངས་རྒྱས་བཅོམ་ལྡན་འདས་རྣམས་ཀྱིས་སེམས་ཅན་རྣམས་ཀྱིས་སངས་རྒྱས་ཐོབ་པའི་ཆེད་དུ་དེའི་རྒྱུད་ཀྱི་དྲི་མ་སེལ་བར་མཛད་དོ།། འདིས་དྲི་མས་བསྒྲིབས་པའི་ཉེས་དམིགས་དངོས་སུ་བསྟན་ནས་དྲི་མ་སེལ་བྱེད་དོན་གྱིས་འཕངས་སོ། །

གཉིས་པ་ནི། ཇི་ལྟར་ས་ལུ་དང་ནྲ་བོ་དང་། ནས་ལ་སོགས་པ་འབྲས་བུའི་སྙིང་པོ་སྦུན་ལས་མ་བྱུང་བའི་གྲ་མ་ཅན་སྦུན་པ་སེལ་བྱེད་ཀྱི་ཐབས་ལེགས་པར་མ་བསྒྲུབས་ན་མི་རྣམས་ཀྱི་ནི་ལོངས་སྤྱོད་བྱ་བཟའ་བ་ཞིམ་པོར་མི་འགྱུར་བ་དེ་བཞིན་དུ། སེམས་ཅན་ལ (141a) ཡོད་པའི་ཆོས་ཀྱི་དབང་ཕྱུག་འབྱུང་ཙང་ལ་བཏགས་པ་ཆོས་ཀྱི་དབང་ཕྱུག་དྲི་མ་དང་བཅས་པའི་དེ་བཞིན་ཉིད་ཉོན་མོངས་པའི་སྦུན་ལས་མ་གྲོལ་བའི་ལུས་ཏེ་ངོ་བོ་ཉོན་མོངས་བྲ་པས་ཏེ་བཀྲེས་པས་ཉེན་པའི་འགྲོ་བ་ལ་ཆོས་ཀྱི་དགའ་བའི་རོ་སྟེར་བར་འགྱུར་བ་མིན་པས་སངས་རྒྱས་རྣམས་ཀྱིས་སེམས་ཅན་གྱི་ཉོན་མོངས་པ་དེ་དག་བསལ་ནས་དམ་པའི་ཆོས་ཀྱི་རོ་ཉམས་སུ་མྱོང་བར་མཛད་དོ། །སངས་རྒྱས་རྣམས་ཀྱིས་ཆོས་སྟོན་པའི་བདག་པོ་མཛད་པ་ཡིན་གྱི་དྲི་མ་དངོས་སུ་སེལ་བྱེད་ནི། གདུལ་བྱ་རང་ཉིད་དོ། །

གཉིས་པ་ལ་གཉིས། མཚམས་སྦྱར་བ་དང་། རྩ་བའོ། །

དང་པོ་ནི། ཉོན་མོངས་པ་ནི་ཞེས་སོ། །

（未二）《论》

分二：（申一）标；（申二）释。

（申一）标

分三：（酉一）喻；（酉二）义；（酉三）彼障之能除。

（酉一）喻

譬**如**外**具糠**秕之**谷实**者，乃至未去壳前，**诸人难受用**美味，**诸求食等者去**其**糠**秕而**取精实**；（1.105）

（酉二）义

如是诸**有情所具**自性清净界**与烦恼垢相混杂**而住。

（酉三）彼障之能除

乃至佛藏与烦恼垢**相杂未**得**解脱**，**不于三有**中**作佛**事**业**。诸佛世尊为令诸有情成佛故，除彼相续之垢。此正说垢障过患，旁示垢之能除。（1.106）

（申二）释

如稻、**芥**、**麦等谷实具**有**糠秕**，**若未善揉脱**、施以能除糠秕之方便，**难成**众人受用之**美味食**；**有情所具**出生法自在之堪能而假名为**法自在**，此有垢真如**未能解脱烦恼壳**，**身**即体性**受烦恼饥饿**之**苦**，**难赐**予彼等**众生法喜**之**味**。是故，诸佛消除有情彼等烦恼，令觉受正法之味。诸佛任说法主，实除尘垢者乃所化本人。（1.107）

（巳二）以喻成立现行为客

分二：（午一）承启；（午二）《论》。

（午一）承启

烦恼者如不净污烂处，**如来界者如金**：

གཉིས་པ་ལ་གཉིས། བསྟན་པ་དང་།བཤད་པའོ། །

དང་པོ་ལ་གསུམ། དཔེ་དང་དོན་དང་། སྦྱིབ་པ་སེལ་བྱེད་དོ། །

དང་པོ་ནི། ཇི་ལྟར་མི་ཞིག་ལམ་དུ་རབ་ཏུ་རྒྱུ་བའི་ཚེ་མི་དེའི་གསེར་ལྷུན་ལྷིན་ཧུལ་པའི་གནས་སུ་ལྷུང་བར་གྱུར་ལ་གསེར་རང་གི་ངོ་བོ་ངན་པར་མི་འགྱུར་བས་མི་འཇིག་ཆོས་ཅན་དེ་ནི་སྔར་ཇི་ལྟར་ཡོད་པ་དེ་བཞིན་དུ་མི་གཙང་བའི་གནས་དེར་ལོ་བརྒྱ་ཕྲག་མང་པོ་དག་ཏུ་གནས་པ་ན་ལྷའི་མིག་དག་དང་ལྡན་པ་ལྷ་ཡིས་དེར་དེ་ནི་ཡོད་པ་མཐོང་ནས་མི་ལ་འདི་ན་ཡོད་པའི་གསེར་རིན་ཆེན་གྱི་མཆོག་འདི་སྦྱངས་ཏེ་རིན་ཆེན་གྱིས་སྒྲུབ་པར་བྱ་བ་དེ་བཞིན་གཤེགས་པའི་སྐུ་གཟུགས་ལ་སོགས་པ་གྱིས་ཞེས་སྨྲ་བ་ལྟར་དེ་བཞིན་གཤེགས་པས་ཆོས་བསྟན་ནས་དྲི་མ་སེལ་བར་མཛད་དོ། །

གཉིས་པ་ནི། དེ་བཞིན་དུ་ཐུབ་པས་མི་གཙང་བ་དང་འདྲ་བའི་ཉོན་མོངས་པའི་གནས་སུ་བྱིང་བའི་སེམས་ཅན་གྱི་ཡོན་ཏན་ཁམས་རང་བཞིན་གྱིས (141b) རྣམ་པར་དག་པ་ནི་སེམས་ཅན་ལ་ཡོད་པར་གཟིགས་ནས་སོ། །

གསུམ་པ་ནི། ཉོན་མོངས་པའི་འདམ་དེ་དག་པར་བྱ་བའི་ཕྱིར། སྐྱེ་དགུ་རྣམས་ལ་ཁམས་དང་བསམ་པ་དང་འཚམ་པའི་དམ་པའི་ཆོས་ཀྱི་ཆུ་ཆར་འབེབས་པར་མཛད་ཅིང་སྒྲིབ་པ་སེལ་བར་མཛད་དོ། །

གཉིས་པ་ནི། ཇི་ལྟར་ལྷུན་ལྷིན་ཧུལ་པའི་གནས་སུ་ལྷུང་བའི་གསེར་ནི་ལྷ་ཡིས་མཐོང་གྱུར་ནས་ཀུན་ཏུ་དག་པར་བྱ་བའི་ཕྱིར་མཆོག་ཏུ་མཛེས་པ་གསེར་དེ་མི་ལ་ནན་གྱིས་སྟོན་པ་ལྟར་དེ་བཞིན་དུ། རྒྱལ་བའི་ཁམས་ལ་རྒྱལ་བར་བཏགས་པ་རྒྱལ་བ་ཉོན་མོངས་མི་གཙང་ཆེན་པོར་ལྷུང་བར་གྱུར་པ་རྫོགས་པའི་སངས་རྒྱས་ཀྱི་སྙིང་པོ་རིན་པོ་ཆེ་སེམས་ཅན་རྣམས་ལ་གཟིགས་ནས་དེ་དག་པར་བྱ་བའི་ཕྱིར་ལུས་ཅན་རྣམས་ལ་རྒྱལ་བས་ཆོས་སྟོན་ཏོ། །

གཉིས་པ་ལ་གཉིས། མཚམས་སྦྱར་དང་། རྩ་བའོ། །

དང་པོ་ནི། ཉོན་མོངས་པ་ནི་ཞེས་སོ། །

གཉིས་པ་ལ་གཉིས། བསྟན་པ་དང་། བཤད་པའོ། །

དང་པོ་ལ་གཉིས། དཔེ་དང་།དོན་ཏོ། །

དང་པོ་ནི། ཇི་ལྟར་མི་དབུལ་པོའི་ཁྱིམ་ནང་གི་ས་འོག་ན་ལོངས་སྤྱོད་པས་མི་ཟད་པའི་གཏེར་ནི་ཡོད་པར་གྱུར་ཏེ་མི་དེས་དེ་ཡོད་པར་མ་ཤེས་ཤིང་གཏེར་དེ་ཡང་ནི་དེ་ལ་ང་འདིར་ཡོད་ཅེས་མི་སྨྲ་བ་ལྟར།

（午二）《论》

分二：（未一）标；（未二）释。

（未一）标

分三：（申一）喻；（申二）义；（申三）彼障之能除。

（申一）喻

譬如某人疾行于道时，所携之金堕入污烂处，然彼金之自体未变下劣、具不坏法如前，经数百年住彼不净处。具天眼之天见彼处有金，告某人曰：此处有妙宝金，净治已，以宝制成如来像等。如来亦以说法除垢；（1.108—109）

（申二）义

如是能仁见有情有自性清净功德界，而沉溺于似秽烦恼处中。

（申三）彼障之能除

令净彼烦恼泥之故，随顺众生之界及意乐，为降正法雨且除障。（1.110）

（未二）释

譬如堕入污烂处内之金，彼为天所见，为净治彼殊妙金故，殷切告之于某人；佛亦见诸有情有佛正等觉藏宝，堕入烦恼大不净中，此于佛界假名为佛，令清净彼故，而为诸有情说法。（1.111）

（辰二）以喻成立无明习气为客

分二：（巳一）承启；（巳二）《论》。

（巳一）承启

烦恼者如地心，如来界者如宝藏：

（巳二）《论》

分二：（午一）标；（午二）释。

（午一）标

分二：（未一）喻；（未二）义。

（未一）喻

譬如贫者家中地下有受用无尽之藏，然彼人不知，彼宝藏亦不能语：吾在此；（1.112）

གཉིས་པ་ནི། དེ་བཞིན་དུ་སེམས་ཅན་རྣམས་ཀྱི་ཡིད་ཀྱི་ནང་དུ་ཆུད་པ་ཡོན་ཏན་གྱི་ཆོས་ཐམས་ཅད་འབྱུང་ཁུང་གི་རིན་ཆེན་གཏེར་རང་བཞིན་གྱིས་དྲི་མ་མེད་པ་བདག་མེད་གཉིས་གསར་དུ་བཞག་ཏུ་མེད་པ་དང་། བདག་གཉིས་གསར་དུ་བསལ་དུ་མེད་པ་དྲི་མ་དང་བཅས་པའི་ཆོས་ཉིད་ཀྱང་རང་རྒྱུད་ལ་ཡོད་པ་མ་རྟོགས་པས་ན་ཐར་པའི་བདེ་བས་དབུལ་བའི་སྡུག་བསྔལ་ནི་རྣམ་པ་མང་པོ་རྒྱུན་དུ་སྐྱེ་དགུ་འདིས (142a) མྱོང་ངོ་། །སྡུག་བསྔལ་དེ་དག་བསལ་བའི་ཕྱིར་དུ་སངས་རྒྱས་འཇིག་རྟེན་དུ་འབྱུང་བར་འགྱུར་རོ། །

གཉིས་པ་ནི། ཇི་ལྟར་མི་དབུལ་པོའི་ཁྱིམ་གྱི་ནང་དུ་ནི་རིན་ཆེན་གཏེར་ཆུད་པར་གྱུར་པའི་མི་ལ་ནི་རིན་ཆེན་གཏེར་དེ་བདག་འདི་ན་ཡོད་ཅེས་བརྗོད་པར་མི་བྱེད་ལ་དེ་ནི་མི་ཡིས་ཤེས་པ་མིན་པ་ལྟར་དེ་བཞིན་དུ་སངས་རྒྱས་ཀྱི་ཆོས་ཐམས་ཅད་འབྱུང་ཁུང་གི་ཆོས་གཏེར་ཡིད་ཀྱི་ཁྱིམ་གྱི་ནང་ན་གནས་ཀྱང་དེ་ཡོད་པར་མ་ཤེས་པས་སེམས་ཅན་དག་ནི་དབུལ་པོ་ལྟ་བུ་སྟེ་སེམས་ཅན་དེ་དག་རྣམས་ཀྱིས་དག་པ་གཉིས་ལྡན་གྱི་ཆོས་སྐུ་དེ་ཐོབ་པར་བྱ་བའི་ཕྱིར་འཇིག་རྟེན་དུ་ནི་དྲང་སྲོང་ཡང་དག་བལྟམས་ནས་རིགས་ཅན་གསུམ་ལ་ཆོས་ཀྱི་འཁོར་ལོ་བསྐོར་བར་མཛད་དོ། །

གསུམ་པ་ལ་གཉིས། མཐོང་སྤངས་ཀྱི་བུར་བར་དཔེས་བསྟན་པ་དང་། སྒོམ་སྤངས་ཀྱི་བུར་བར་དཔེས་བསྟན་པའོ། །

དང་པོ་ལ་གཉིས། མཚམས་སྦྱར་བ་དང་། དོན་བཤད་པའོ། །

དང་པོ་ནི། ཉོན་མོངས་པ་ནི་ཞེས་སོ། །

གཉིས་པ་ལ་གཉིས། བསྟན་པ་དང་། བཤད་པའོ། །

དང་པོ་ལ་གཉིས། དཔེ་དང་། དོན་ཏོ། །

དང་པོ་ནི། ཇི་ལྟར་ཨ་མྲ་དང་མ་དུ་ལུག་ལ་སོགས་པའི་ཤིང་གི་འབྲས་བུ་ལ་ཡོད་པའི་ས་བོན་མྱུ་གུ་སྐྱེད་པའི་ནུས་པ་གཏན་མེད་དུ་འཇིག་པ་མེད་པའི་ཆོས་ཅན་དེ་ལྷན་ཅིག་བྱེད་རྐྱེན་ས་རྨོས་བ་དང་ཆུ་དང་ལུད་ལ་སོགས་པ་ལྡན་པར་བཏབ་པ་ལས་སྡོང་ཤིང་གི་རྒྱལ་པོའི་དངོས་པོར་རིམ་གྱིས་འགྲུབ་པ་ལྟར།

གཉིས་པ་ནི། སེམས་ཅན་རྣམས་ཀྱི་མ་རིག་པ་སོགས་ཉོན་མོངས་པའི་འབྲས་བུའམ། ཤིང་གི་འབྲས་བུ་དང་འདྲ་བའི་མ་རིག་པ་སོགས་ཀྱི་པགས་པའི་སྦུབས་ཀྱི་ནང་དུ་ཆུད་པའི་ཆོས་ཁམས་དགེ་བ་རང་བཞིན་གྱིས་རྣམ་པར་དག་པ་ཡང་དེ་བཞིན་དུ་རིགས་སད་བྱེད་ཀྱི་རྐྱེན་ནས་བཟུང (142b) སྟེ་ཐེག་པ་ཆེན་པོའི་ལམ་དུ་བགྲི་བའི་དགེ་བ་དེ་དང་དེ་ལ་བརྟེན་ནས་རིམ་གྱིས་ཐུབ་པའི་རྒྱལ་པོའི་དངོས་པོར་འགྱུར་བ་ཡིན་ནོ། །

（未二）义

如是诸有情意中亦具堪生一切功德法之宝藏，自性无垢二无我既非新立，二我亦非新除，自相续虽具有垢法性，然不能证，故众生常受解脱乐匮乏非一之苦。为除彼等苦故，佛出现于世。(1.113)

（午二）释

譬如贫者家中虽具有宝藏，然彼宝藏不能语曰吾在此，彼人终不能知；诸有情如彼贫者，虽意室中有堪生一切佛法之法藏，然不知晓，为令彼等有情获证具二清净之法身故，仙人降诞于世间，为三类具种性者转法轮。(1.114)

（辰三）以喻成立习所断及修所断为客

分二：（巳一）以喻成立习所断为客，（巳二）以喻成立修所断为客。

（巳一）以喻成立习所断为客

分二：（午一）承启；（午二）释义。

（午一）承启

烦恼者如皮壳，如来界者如种之芽：

（午二）释义

分二：（未一）标；（未二）释。

（未一）标

分二：（申一）喻；（申二）义。

（申一）喻

譬如庵摩罗果、枸橼等树果所具之种子，具生芽之力、非毕竟无不坏法。彼若施以耕、水、肥等而具俱有缘，当渐次成为树王之事物；(1.115)

（申二）义

诸有情无明等烦恼果或与树果相似之无明等皮壳之内，亦有自性清净法界善，依醒觉种性之缘即彼彼导入大乘道之善，渐次当成能仁王之事。(1.116)

གཉིས་པ་ནི། ཆུ་དང་ཉི་མའི་འོད་དང་རླུང་དང་ས་དང་དུས་དང་གོ་སྐབས་འབྱེད་པར་བྱེད་པའི་ནམ་མཁའི་རྐྱེན་རྣམས་ཀྱིས་ཏ་ལ་དང་ནི་ཨ་མྲའི་འབྲས་བུའི་སྦུབས་ཀྱི་གསེབ་ན་གནས་པའི་ས་བོན་ལས་ཤིང་སྐྱེས་པ་ཇི་ལྟར་སེམས་ཅན་རྣམས་ཀྱི་ཉོན་མོངས་པ་འབྲས་བུ་དང་འདྲ་བའི་པགས་པའི་ནང་དུ་ཆུད་པའི་རྫོགས་པའི་སངས་རྒྱས་ཀྱི་ས་བོན་སེམས་རང་བཞིན་གྱིས་རྣམ་པར་དག་པ་དེ་ལས་སངས་རྒྱས་ཀྱི་མྱུ་གུ་ཡང་དཔེ་དེ་བཞིན་དུ་ཐོས་བསམ་སྒོམ་གསུམ་གྱི་དགེ་བའི་རྐྱེན་དེ་དང་དེ་ཡིས་ཐེག་པ་ཆེན་པོའི་ཆོས་དང་པོར་འཐོབ་ཞིང་སྐྱེ་བ་དང་དེ་ནས་གོང་ནས་གོང་དུ་རྒྱས་ཤིང་འཕེལ་བར་འགྱུར་བ་ཡིན་ལ་དེ་ནས་སངས་རྒྱས་ཐོབ་པར་འགྱུར་བ་ཡིན་ནོ། །

གཉིས་པ་ལ་གཉིས། མཚམས་སྦྱར་བ་དང་། དོན་བཤད་པའོ། །

དང་པོ་ནི། ཉོན་མོངས་པ་ཞེས་སོ། །

གཉིས་པ་ལ་གཉིས། བསྟན་པ་དང་། བཤད་པའོ། །

དང་པོ་ལ་གསུམ། དཔེ་དང་། དོན་དང་། སྒྲིབ་པ་སེལ་བྱེད་དོ། །

དང་པོ་ནི། ཇི་ལྟར་གསེར་སོགས་རིན་ཆེན་ལས་བྱས་པའི་རྒྱལ་བའི་གཟུགས་གོས་རུལ་དྲི་ངན་གྱིས་ནི་གཏུམས་པར་གྱུར་པ་འབྲོག་དགོན་པའི་ལམ་ན་གནས་པ་མི་རྣམས་ཀྱིས་འགོམས་ཤིང་འགྲོ་བ་ཡོད་པ་དེ་ན་ཡོད་པའི་ལྷ་ཡིས་མཐོང་ནས་སྒྲིབ་བྱེད་དང་འགོམས་པ་དེ་ལས་གྲོལ་བར་བྱ་བའི་ཕྱིར་ལམ་ན་གནས་པའི་དོན་དེ་དེ་ན་ཡོད་པའི་མི་དེ་ལ་སྨྲས་པ་ལྟར།

གཉིས་པ་ནི། དེ་བཞིན་དུ་ཐོགས་མེད་པས་རྣམ་པ་སྣ་ཚོགས་ཀྱི་ཉོན་མོངས་ཀྱིས་གཏུམས་པའི་བདེ་གཤེགས་ཀྱི་དངོས་པོ་སྟེ་དེ་དང་རང་བཞིན་ཁྱད་པར་མེད་པ་དྲི་མ་དང་བཅས་པའི (143a) དེ་བཞིན་ཉིད་དུད་འགྲོ་ལ་ཡང་གཟིགས་ནས་སོ། །

གསུམ་པ་ནི། དཔེ་དེ་བཞིན་དུ་སེམས་ཅན་དེ་ཐར་པར་བྱ་བའི་དོན་དུ་སངས་རྒྱས་རྣམས་ཀྱིས་རིགས་ཅན་གསུམ་གྱི་ལམ་གྱིས་བསྡུས་པའི་ཐབས་སྟོན་པར་མཛད་དོ། །

གཉིས་པ་ནི། ཇི་ལྟར་རིན་ཆེན་རང་བཞིན་གྱི་དེ་བཞིན་གཤེགས་པའི་སྐུ་དྲི་ངན་པ་ཅན་གྱི་གོས་ཀྱིས་གཏུམས་པ་མི་འགྲོ་བའི་ལམ་ན་གནས་ལ་ལྷའི་མིག་གིས་མཐོང་ནས་སྒྲིབ་བྱེད་ལས་ཐར་པའི་ཕྱིར་མི་ལ་སྟོན་པ་ལྟར་དེ་བཞིན་དུ་ཉོན་མོངས་པའི་གོས་རུལ་གྱིས་གཏུམས་ནས་འཁོར་བའི་ལམ་ན་གནས་པའི་ཁམས་རང་བཞིན་གྱིས་རྣམ་པར་དག་པ་དུད་འགྲོ་ལ་ཡང་ཡོད་པར་སངས་རྒྱས་རྣམས་ཀྱིས་གཟིགས་ནས་སེམས་ཅན་དེ་ཡང་འཁོར་བ་ལས་ཐར་པར་བྱ་བའི་ཕྱིར་རྒྱལ་བས་ཆོས་སྟོན་ནོ། །

（未二）释

譬如以水、日光、风、地、时及容受虚空之缘，多罗及庵摩罗果壳内所住种子生树；如此喻所明，诸有情与果相似之烦恼壳内，正等觉种子心自性清净发佛芽，以彼彼闻、思、修三之善缘，初生大乘法，复得展转增长，次当成佛。(1.117)

（巳二）以喻成立修所断为客

分二：（午一）承启；（午二）释义。

（午一）承启

烦恼者与烂布相似，如来界者如宝像：

（午二）释义

分二：（未一）标；（未二）释。

（未一）标

分三：（申一）喻；（申二）义；（申三）障之能除。

（申一）喻

譬如金等宝所制之佛像，为恶臭烂布所裹缠，住旷野道中，受诸人践踏，天神见已，为令其解脱能障及践踏故，告彼人道中有彼物；(1.118)

（申二）义

无碍者见旁生中亦复具有如来事，为种种相烦恼所缠，即与彼自性无别之有垢真如。

（申三）障之能除

如此喻所说，为令彼有情解脱故，诸佛宣说三类具种性道所摄之方便。(1.119)

（未二）释

譬如宝自性如来像，为恶臭布所裹缠，住人行道中，为天眼所见，令解脱彼能障故而示人；如是畜生亦有自性清净界，烦恼烂布所裹缠，安住生死之道中，诸佛见已，令解脱彼有情出生死故而说法。(1.120)

བཞི་པ་ལ་གཉིས། མ་དག་པའི་ས་ལ་བརྟེན་པའི་དྲི་མ་གློ་བུར་བར་དཔེས་བསྒྲུབ་པ་དང་། དག་པའི་ས་ལ་བརྟེན་པའི་དྲི་མ་གློ་བུར་བར་དཔེས་བསྒྲུབ་པའོ། །

དང་པོ་ལ་གཉིས། མཚམས་སྦྱར་བ་དང་། དོན་བཤད་པའོ། །

དང་པོ་ནི། ཉོན་མོངས་པ་ནི་ཞེས་སོ། །

གཉིས་པ་ལ་གཉིས། བསྟན་པ་དང་། བཤད་པའོ། །

དང་པོ་ལ་གཉིས། དཔེ་དང་། དོན་ནོ། །

དང་པོ་ནི། ཇི་ལྟར་མི་མོ་གཟུགས་ངན་ཅིང་དབུལ་ལ། མགོན་མེད་པའི་ཁྱིམ་གྱི་འདུག་གནས་སུ་ནི་འདུག་པར་གྱུར་ལ་མངལ་གྱིས་འཁོར་ལོས་བསྒྱུར་བའི་རྒྱལ་པོའི་དཔལ་ནི་འཛིན་པར་བྱེད་པས་རང་གི་སྟོན་ཡོད་པའི་མི་བདག་མི་ཤེས་པ་ལྟར་རོ། །

གཉིས་པ་ནི། ཁམས་གསུམ་གྱི་སྲིད་པར་སྐྱེ་བ་མགོན་མེད་པའི་ཁྱིམ་ན་གནས་པའི་སེམས་ཅན་བཞིན་ཏེ་གློ་བུར་གྱི་དྲི་མས་མ་དག་པའི་སེམས་ཅན་མངལ་ན་འཁོར་བསྒྱུར་དང་ལྡན (143b) པའི་བུད་མེད་བཞིན་ཏོ། །དེ་ལ་གང་ཞིག་ཡོད་པས་མཐར་རིམ་གྱིས་མགོན་དང་བཅས་པར་འགྱུར་བ་རང་བཞིན་གྱིས་དྲི་མེད་ཁམས་ནི་དེའི་མངལ་ན་གནས་པ་བཞིན་ནོ། །

གཉིས་པ་ནི། ཇི་ལྟར་བུད་མེད་ལུས་ལ་དྲི་བཅས་གོས་གྱོན་མི་སྡུག་གཟུགས་ལྡན་པ་ས་བདག་མངལ་གྱི་ནང་དུ་གནས་ཀྱང་དེ་མི་ཤེས་པར་མགོན་མེད་ཁང་པར་སྡུག་བསྔལ་མཆོག་སྤྱོད་པ་ལྟར་དེ་བཞིན་དུ་སེམས་ཅན་བདག་རང་གི་ནང་ན་གནས་པའི་མགོན་ཡོད་པར་གྱུར་ཀྱང་མགོན་མེད་པའི་བློ་དང་ལྡན་པ་འགྲོ་བ་ཉོན་མོངས་པའི་དབང་གིས་ཡིད་ཀྱི་རྒྱུད་པ་མཐའ་དག་མ་ཞི་བ་འཁོར་བའི་སྡུག་བསྔལ་གྱི་གཞི་ལ་གནས་པ་རྣམས་ཀྱི་ཉོན་མོངས་པ་ཞི་བའི་ཆེད་དུ་སངས་རྒྱས་རྣམས་ཀྱིས་ཆོས་སྟོན་པར་མཛད་དོ། །སྒྲིབ་པ་སེལ་བྱེད་དངོས་སུ་མ་སྨོས་ཀྱང་གོང་འོག་ལྟར་ཤེས་པར་བྱའོ། །

གཉིས་པ་ལ་གཉིས། མཚམས་སྦྱར་བ་དང་། དོན་བཤད་པའོ། །

དང་པོ་ནི། ཉོན་མོངས་པ་ནི་ཞེས་སོ། །

གཉིས་པ་ལ་གཉིས། བསྟན་པ་དང་། བཤད་པའོ། །

དང་པོ་ལ་གསུམ། དཔེ་དང་། དོན་དང་། སྒྲིབ་པ་སེལ་བྱེད་དོ། །

དང་པོ་ནི། ཇི་ལྟར་འཇིམ་པའི་ནང་གི་གསེར་ཞུན་མ་ལས་བྱས་པའི་དེ་བཞིན་གཤེགས་པའི་གཟུགས་ཡན་ལག་ཐམས་ཅད་རྫོགས་པས་རྒྱས་པ། གསེར་གྱི་སྐྱོན་ཞི་བ་ཕྱི་རོལ་ལ་སའི་རང་བཞིན་ཅན་འཇིམ་པས་གཡོགས་པ་མཐོང་ནས་དེ་ཤེས་པ་དག་གིས་ནི་ནང་གི་གསེར་སྦྱང་བའི་ཕྱིར་ཕྱི་རོལ་གྱི་སྒྲིབ་པ་སེལ་བར་བྱེད་པ་ལྟར་རོ། །

（辰四）以喻成立依不净地及清净地之尘垢为客

分二：（巳一）以喻成立依不净地之垢为客；（巳二）以喻成立依清净地之垢为客。

（巳一）以喻成立依不净地之垢为客

分二：（午一）承启；（午二）释义。

（午一）承启

烦恼者与孕妇相似，如来界者如安住遏部坛大种之转轮王：

（午二）释义

分二：（未一）标；（未二）释。

（未一）标

分二：（申一）喻；（申二）义。

（申一）喻

譬**如丑陋贫女**，**住无怙家居**之中，**胎**中**怀**有转轮**王**之**贵重**，**然自不知晓**；（1.121）

（申二）义

生三界**有**、**住无怙家**之**有情**，因客尘而**不净**，**如**胎怀转轮王之**孕妇**。**彼有此故**，后渐次当**得依怙**，自性**无垢界**者，**如彼胎**中所**住**。（1.122）

（未二）释

譬如某一贫女身，**着恶臭衣**、**形**色**丑陋**，**国王虽**于**胎**中**住**，然不知晓，**于无怙家**中领**受大苦**；有情**自身中虽有依怙**，**然起无依无怙心**，**众生因随烦恼转**，**意**之苦难全**未静息**，**住**生死**苦**之**基**。为令诸有情息灭烦恼故，诸佛开演正法。此虽未正说障之能除，然依上下文可知。（1.123）

（巳二）以喻成立依清净地之垢为客

分二：（午一）承启；（午二）释义。

（午一）承启

烦恼者与泥模相似，如来界者如金像：

（午二）释义

分二：（未一）标；（未二）释。

（未一）标

分二：（申一）喻；（申二）义；（申三）障之能除。

（申一）喻

譬**如**泥**内熔金**所成之如来**像**，一切支分**圆**满丰盈，**寂**无金之过患，**外具土**性泥模所覆，智者**见已**，**为净**内之**金**故，**而清除外障**；（1.124）

གཉིས་པ་ནི། སེམས་ཀྱི་རང་བཞིན་འོད་གསལ་སྒྲིབ་བྱེད་ཀྱི་དྲི་མ་རྣམས་ཀྱང་ནི་གློ་བུར་བར་ནི་རྣམ་པར་གཟིགས་པར་གྱུར་ནས།

གསུམ་པ་ནི། སངས་རྒྱས་ཀྱི་ཆོས་མཐའ་ཡས་པ་སྐྱེ་དུང་གི་གནས་སུ་གྱུར་པས་རིན་ཆེན་འབྱུང་གནས་ལྟ་བུའི་འགྲོ་བ་རྣམས་སྒྲིབ་པ (144a) དག་ལས་སྦྱོང་བར་མཛད་ཅིང་། བྱང་ཆུབ་མཆོག་དག་པ་གཉིས་ལྡན་དེ་ཐོབ་པར་མཛད་དོ། །ཡང་ན་གང་གིས་སྒྲིབ་པ་སྦྱོང་བར་མཛད་ཅེ་ན། བྱང་ཆུབ་མཆོག་སངས་རྒྱས་ཀྱིས་སོ། །ཞེས་བཤད་དོ། །

གཉིས་པ་ནི། ཇི་ལྟར་དྲི་མེད་གསེར་འབར་ལས་བྱས་པ་སའི་ནང་དུ་ཆུད་པར་གྱུར་པའི་གཟུགས་མཛེས་ཤིང་ཞི་བ་དེ་རིན་པོ་ཆེའི་བརྟག་དཔྱད་ཀྱི་རང་བཞིན་ལ་མཁས་པས་རིག་ནས་ས་དག་སེལ་པར་བྱེད་པ་ལྟར་དཔེ་དེ་བཞིན་དུ་ཀུན་མཁྱེན་གྱིས་དག་པའི་གསེར་དང་འདྲ་བ་ཞི་བའི་ཡིད་རང་བཞིན་རྣམ་དག་མཁྱེན་པར་གྱུར་ནས་རིན་པོ་ཆེ་ལ་ཡོད་པའི་འདམ་གཟོད་ལ་སོགས་པའི་རྡེག་སྤྱད་ཀྱིས་སེལ་བ་ལྟར། གློ་བུར་གྱི་དྲི་མ་སྦྱོང་བྱེད་ཐེག་གསུམ་གྱི་ལམ་འབྲས་བུ་དང་བཅས་པ་སྟོན་པར་བྱེད་པའི་ཆོས་འཆད་པའི་ཚུལ་གྱི་ཐབས་ཀྱི་རྡེག་སྤྱད་བསྒྲུབས་པས་སྒྲིབ་པ་དག་ནི་སེལ་བར་མཛད་པར་ཤེས་པར་བྱའོ། །འདི་ཡན་ཆད་དུ་བསྒྲིབ་བྱ་སྒྲིབ་བྱེད་ཀྱི་དཔེ་རྒྱས་པར་བཤད་པས་དྲི་མ་སྦྱང་རུང་གི་གློ་བུར་བ་དང་། དེ་སྦྱོང་བྱེད་དང་། སྒྲིབ་པ་ཇི་ལྟར་སེལ་བའི་ཚུལ་ལ་སོགས་པ་བསྟན་པ་ཡིན་ནོ། །

གསུམ་པ་དོན་བསྡུ་བ་ལ་གསུམ། མཚམས་སྦྱར་བ་དང་། རྩ་བ་དང་། འགྲེལ་པའོ། །

དང་པོ་ནི། དཔེ་རྣམས་ཀྱི་བསྡུས་པའི་དོན་ནི་ཞེས་སོ། །

གཉིས་པ་ལ་གསུམ། སྒྲིབ་བྱེད་ཀྱི་དཔེ་དང་། བསྒྲིབ་བྱའི་དཔེ་དང་། སེམས་རང་བཞིན་རྣམ་དག་ལ་དྲི་མ་གློ་བུར་བར་གྲུབ་པའི་དོན་ནོ། །

དང་པོ་ནི། པད་མའི་སྦུབས་ན་ཞེས་པའི་བར་རོ། །

གཉིས་པ་ནི། སངས་རྒྱས་ཞེས་སོ། །དེ་གཉིས་སྦྱར་ནས་པད་མའི་སྦུབས་ན་སངས་རྒྱས་བཞིན་ཞེས་པ་ནས་སའི་སྦུབས་ན་གསེར་གཟུགས་བཞིན་ཞེས་སྦྱར་ནས་བཤད་དོ།།

གསུམ་པ་ནི། སེམས་ཅན་ཁམས་ཀྱི་ཉོན་མོངས་པའི་སྦུབས་རང (144b) བཞིན་གྱིས་མ་གྲུབ་ཅིང་སེམས་ཀྱི་རང་བཞིན་ལ་མ་ཞུགས་པས་མ་འབྲེལ་པ་དུས་ཐོག་མ་མེད་པ་ནས་ཡོད་པ་སེམས་ཀྱི་རང་བཞིན་བདེན་པས་སྟོང་པ་དྲི་མ་རང་བཞིན་གྱིས་མེད་པ་དེ་བཞིན་གཤེགས་པའི་སྙིང་པོ་ནི་ཐོག་མ་མེད་པ་ནས་ཡོད་པ་ཡིན་པར་བརྗོད་དེ། སེམས་རང་བཞིན་གྱིས་གདོད་ནས་མ་གྲུབ་པའི་ཕྱིར་རོ། །

（申二）义

善见能障心之**自性光**明、**诸垢是客已**。

（申三）障之能除

彼是堪生全分佛法之处，故**如宝源**，**令众**生**净**治诸**障**，令**获**具二清净之大**菩提**。又，若问：何者令净诸障？答：乃大菩提之佛。（1.125）

（未二）释

譬**如无垢炽**盛**金所制像**，**裹**于**土**内、端严**寂**静，鉴宝师**智者了知**已，**而清除诸土**；如此喻所说，当知**遍智知寂**静**意**自性清净，**与纯金相似**，开演能净客尘三乘道果、以**说法理**门方便之**椎击令诸障清除**，如击破具宝之泥模等。以上广说所障、能障之喻，说垢为堪净之客、彼之能净、云何除障之理趣等。（1.126）

（卯三）摄义

分三：（辰一）承启；（辰二）《论》；（辰三）《释》。

（辰一）承启

诸喻之摄义者：

（辰二）《论》

分三：（巳一）能障之喻；（巳二）所障之喻；（巳三）成立心为自性清净垢为客之义。

（巳一）能障之喻

莲苞及蜂虫，**糠与不净地**，**果皮破烂布**，**女胎泥模中**。（1.127）

（巳二）所障之喻

如佛蜜精实，**如金藏及树**，**如宝像转轮**，**亦如同金像**。彼二合释，即：如莲苞中之佛，乃至如泥模中之金像。（1.128）

（巳三）成立心为自性清净垢为客之义

有情界之烦恼**惑壳**无自性且不入心性故，**不相属**，**无始**以来即有。**心性**谛实空、**垢无**自性如来藏**者**，**说彼是无始**以来即有，以心本来无自性故。（1.129）

གསུམ་པ་ནི། མདོར་བསྡུས་ན་དེ་བཞིན་གཤེགས་པའི་སྙིང་པོའི་མདོར་དཔེར་བརྗོད་པ་བསྟན་པ་འདིས་ནི་སེམས་ཅན་གྱི་ཁམས་མ་ལུས་པའི་ཐོག་མ་མེད་པའི་སེམས་རང་བཞིན་གྱིས་གྲུབ་པས་སྟོང་པས་ཀུན་ནས་ཉོན་མོངས་པའི་ཆོས་སྒྲ་བུར་བ་ཉིད་དང་ཐོག་མ་མེད་པའི་སེམས་རང་བཞིན་གྱིས་སྟོང་པས་རྣམ་པར་བྱང་བས་ཆོས་ལྷན་ཅིག་སྐྱེས་པ་ཞེས་སོ། །

གཉིས་པ་དཔེས་མཚོན་པར་བྱ་བའི་དོན་སོ་སོར་བཤད་པ་ལ་བཞི། ཁམས་སྒྲིབ་བྱེད་ཀྱི་དབྱེ་བ་དང་། གང་ཟག་གང་ལ་སྒྲིབ་པ་དང་། ཁམས་སྒྲིབ་བྱེད་ཀྱི་དཔེ་དོན་ཆོས་མཐུན་བཤད་པ་དང་། བསྒྲིབ་བྱ་ཁམས་ཀྱི་དཔེ་དོན་ཆོས་མཐུན་བཤད་པའོ། །

དང་པོ་ལ་གསུམ། མཚམས་སྦྱར་བ་དང་། རྒྱས་པར་བཤད་པ་དང་། དོན་བསྡུ་བའོ། །

དང་པོ་ནི། དེ་ལ་གང་གི་དབང་དུ་བྱས་ནས་ཞེས་སོ། །

གཉིས་པ་ལ་གཉིས། རྩ་བ་དང་། འགྲེལ་པའོ། །

དང་པོ་ལ་གསུམ། སྒྲིབ་བྱེད་མཚན་ཉིད་དགུར་དབྱེ་བ་དང་། དེ་དཔེས་བསྟན་པ་དང་། གསལ་བའི་དབྱེ་བ་མཐའ་ཡས་པའོ། །

དང་པོ་ནི། བྱིས་པ་སོ་སོའི་སྐྱེ་བོ་འདོད་པ་ལ་འདོད་ཆགས་དང་བྲལ་བའི་རྒྱུད་ལ་ཡོད་པ་འཇིག་རྟེན་ལས་འདས་པའི་ཡེ་ཤེས་ཀྱིས་གཞོམ་པར་བྱ་བ། ཁམས་གོང་མ་གཉིས་འཕེན་པར་བྱེད་པའི་ལས་ཀུན་ནས་སློང་བར་བྱེད་པ་འདོད་ཆགས་དང་ཞེ་སྡང་དང་རྨོངས་པ་གཏི་མུག་བག་ལ་ཉལ་དང་དུག་གསུམ་པོ་དེའི་ཀུན་ལྡང་དྲག་པོ་བསོད་ནམས་ཀྱི་ལས (145a) དང་བསོད་ནམས་མ་ཡིན་པའི་ལས་ཀུན་ནས་སློང་བར་བྱེད་པ་འདོད་ཁམས་འབའ་ཞིག་སྐྱུབ་པར་བྱེད་པ་དང་། དགྲ་བཅོམ་པའི་རྒྱུད་ལ་ཡོད་པ་ཟག་པ་མེད་པའི་ལས་འགྲུབ་བྱེད་མ་རིག་པའི་བག་ཆགས་དང་སོ་སོ་སྐྱེ་བོའི་རྒྱུད་ལ་ཡོད་པ་དང་། འཕགས་པ་སློབ་པའི་རྒྱུད་ལ་ཡོད་པ་མཐོང་ལམ་དང་སྒོམ་ལམ་གྱི་སྤང་བྱ་དང་མ་དག་པ་དང་དག་པའི་ས་ལ་བརྟེན་པའི་དྲི་མ་རྣམ་པ་དགུ་ནི་ངོ་བོ་ཐ་དད་པའི་སྒོ་ནས་ཕྱེ་བ་མ་ཡིན་གྱི། མཚན་ཉིད་མི་འདྲ་བ་སོ་སོ་ཐ་དད་པའི་སྒོ་ནས་དབྱེ་བ་ཡིན་ནོ། །དུག་གསུམ་གྱི་བག་ལ་ཉལ་ནི་ས་བོན་འབའ་ཞིག་གི་དབང་དུ་བྱས་པ་མ་ཡིན་ཏེ། ཁམས་གོང་མ་འགྲུབ་བྱེད་ཀྱི་ཉོན་མོངས་མངོན་གྱུར་ཡང་དེར་འདུས་པའི་ཕྱིར་རོ། །ཁམས་གོང་མ་འགྲུབ་བྱེད་ཀྱི་ཞེ་སྡང་ནི་མངོན་གྱུར་མ་ཡིན་ཏེ། ཞེ་སྡང་མངོན་གྱུར་ཁམས་གོང་མ་འཕེན་བྱེད་དང་འགྲུབ་བྱེད་ཀྱི་ཉོན་མོངས་གང་དུ་ཡང་མི་རུང་བའི་ཕྱིར་རོ། །

（辰三）《释》

简言之，《如来藏经》中所说喻者，说无余有情界无始之心自性空，故杂染法为客性，及无始之心自性空，故清净法为俱生无别性。是故（经云）：“心杂染故诸有情杂染，有情清净故诸有情清净。”

（寅二）各别释喻所表义

分四：（卯一）界能净之分别；（卯二）障何补特伽罗；（卯三）释界能障之喻义同法；（卯四）释所障界之喻义同法。

（卯一）界能净之分别

分三：（辰一）承启；（辰二）广释；（辰三）摄义。

（辰一）承启

此中莲苞等九喻，云何说心之杂染？

（辰二）广释

分二：（巳一）《论》；（巳二）《释》。

（巳一）《论》

分三：（午一）能障分为九相；（午二）以喻示彼；（午三）无边差别。

（午一）能障分为九相

（1—3）离愚夫异生欲贪者相续中所有出世间智所摧坏、发起能引上二界业之贪、嗔、痴随眠；（4）彼等三毒之猛利现行、发起福及非福业，惟成欲界；（5）阿罗汉相续中所有能成无漏业无明习气；（6—7）异生相续中所有及圣者有学相续中所有见道及修道之所断；（8—9）依不净及清净地之垢。（1.130）

此九种非由体性差异之门分，乃由相各异之门分。三毒随眠者，非惟约种子说，以能成上界之烦恼现行亦摄入彼中故。能成上界之嗔者，非是现行，以嗔现行俱非能引、能成上界之烦恼故。

གཉིས་པ་ནི། ཁམས་སྒྲིབ་བྱེད་ཀྱི་དྲི་མ་དགུ་པད་མའི་སྦུབས་ལ་སོགས་པའི་དཔེས་ནི་རབ་ཏུ་བསྟན་ཏེ་དྲི་མ་སློ་བུར་བར་ཤེས་པར་བྱ་བའི་ཆེད་དུ་ཡིན་ནོ། །

གསུམ་པ་ནི། རྒྱས་པར་དབྱེ་ན་ཉེ་བའི་ཉོན་མོངས་སྦུབས་ཀྱི་ནི་གསལ་བའི་དབྱེ་བས་ཕྱེ་ན་དབྱེ་བ་མཐའ་ལས་འདས་པ་ཡོད་པར་ཤེས་པར་བྱའོ། །

གཉིས་པ་ལ་གཉིས། དྲི་མ་སློ་བུར་བར་ཡོད་པ་མདོར་བསྟན་དང་། སོ་སོའི་རང་བཞིན་རྒྱས་པར་བཤད་པའོ། །

དང་པོ་ནི། མདོར་བསྡུ་ན་ཉོན་མོངས་པ་དགུ་པོ་འདི་དག་དེ་བཞིན་གཤེགས་པའི་ཁམས་རང་བཞིན་གྱིས་རྣམ་པར་དག་པ་ལ་སངས་རྒྱས་ཀྱི་གཟུགས་ལ་སོགས་པ་ལ་པད་མའི་སྦུབས་ལ་སོགས་པ་ལྟར་སེམས་ཀྱི་རང་བཞིན་ལ (145b) མ་ཞུགས་པའི་འབྲེལ་ཙང་སློ་བུར་བ་ཉིད་དུ་ཡོད་དོ། །

གཉིས་པ་ལ་གཉིས། མིང་གི་དབྱེ་བ་དང་། སོ་སོའི་མཚན་ཉིད་དོ། །

དང་པོ་ནི། དགུ་གང་ཞེ་ན། ཞེས་པ་ནས། དག་པའི་ས་ལ་བརྟེན་པའོ། །ཞེས་པའོ། །དྲག་པོ་ཞེས་སྨོས་པ་ནི། ངན་འགྲོ་སྐྱེད་བྱེད་ཀྱི་སྲོག་གཅོད་སོགས་ཀུན་ནས་སློང་བའི་ཉོན་མོངས་ཀུང་བསྡུས་པའོ། །

གཉིས་པ་ལ་བཞི། དུག་གསུམ་གྱི་བག་ལ་ཉལ་དང་མངོན་གྱུར་བཤད་པ་དང་། མ་རིག་བག་ཆགས་ཀྱི་ས་བཤད་པ་དང་། མཐོང་སྤངས་དང་སྒོམ་སྤངས་བཤད་པ་དང་། མ་དག་པ་དང་དག་པའི་ས་ལ་བརྟེན་པའི་དྲི་མ་བཤད་པའོ། །

དང་པོ་ནི། སྤང་བྱ་གཞན་རྣམས་ཀུང་མཐོང་སྤངས་དང་སྒོམ་སྤངས་སུ་འདུས་མོད་ཀྱི། མངོན་གྱུར་དང་ས་བོན་རིམ་གྱིས་སྤོང་བ་དང་། ཐེག་པ་དམན་པའི་དགྲ་བཅོམ་པ་ཐོབ་པའི་ཚེ་སྤང་བྱ་ལྷག་མ་ཐེ་ཙམ་ཞིག་ལུས་པ་སོགས་ཤེས་པའི་ཆེད་དུ་དབྱེ་བ་ཡིན་ནོ༑ ༑

（午二）以喻示彼

以莲苞等喻，**宣说**能障界之**九种垢**，令知诸垢为客。

（午三）无边差别

广辩之，**随烦恼壳者**，若以差别分，当知**有无边差别**。（1.131）

（巳二）《释》

分二：（午一）略标垢为客有；（午二）广释各自性。

（午一）略标垢为客有

简言之，**此等九烦恼之于如来藏自性清净**，**如莲苞等之于佛像等**，不入心性、可离、**客性而有**。

（午二）广释各自性

分二：（未一）名差别；（未二）各别相。

（未一）名差别

云何九种？**即贪随眠相之烦恼**，**嗔随眠相之烦恼**，**痴随眠相之烦恼**，**贪**、**嗔**、**痴猛利现行相**，**无明习气地所摄**，**见所断**，**修所断**，**依不净地者及依清净地者**。

言"猛利"者，亦摄发起能生恶趣杀生等之烦恼。

（未二）各别相

分四：（申一）释三毒随眠及现行；（申二）释无明习气地；（申三）释见所断及修所断；（申四）释依不净地及清净地之垢。

（申一）释三毒随眠及现行

诸余所断虽亦摄入见所断及修所断中，然为了知现行及种子应渐次而断、证小乘阿罗汉时残留之剩余所断为几许等，故作如是分别。

དེ་ལ་འཇིག་རྟེན་པའི་འདོད་ཆགས་དང་བྲལ་བའི་རྒྱུད་ལ་ཡོད་པའི་ཉོན་མོངས་པ་ས་གང་དུ་འཕངས་པའི་ལས་ཀྱི་རྣམ་སྨིན་ས་གཞན་དུ་མི་གཡོ་བས་མི་གཡོ་བའི་འདུ་བྱེད་ལ་སོགས་པའི་རྒྱུ་ཞེས་སོ། །ཅི་ཡང་མེད་པའི་མན་ཆད་ཀྱི་ཉོན་མོངས་མངོན་གྱུར་ཞི་རགས་ཀྱི་རྣམ་པ་ཅན་གྱི་འཇིག་རྟེན་པའི་ལམ་གྱིས་སྤོང་ནུས་ཀྱང་སྲིད་རྩེའི་སས་བསྡུས་སྤོང་མི་ནུས་པས་འཇིག་རྟེན་ལས་འདས་པའི་ཡེ་ཤེས་ཀྱིས་གཞོམ་པར་བྱ་བ་བཤད་ལ། དེ་དག་གི་ས་བོན་ནི་འདས་ལམ་འབའ་ཞིག་གིས་སྤང་བར་བྱ་བ་ཡིན་ནོ། འདོད་ཆགས་ལ་སོགས་པ་ལ་སྤྱོད་པའི་སེམས་ཅན་གྱི་རྒྱུད་ལ་ཡོད་པ་འདོད་པའི་ལྷ་མི་འཕེན་པར་བྱེད་པ་དང་། ངན་འགྲོ་འཕེན་པར་བྱེད་པའི་བསོད་ནམས་དང་བསོད་ནམས་མ་ཡིན་པའི་འདུ་བྱེད་ལ་སོགས་པའི་རྒྱུ་ཞེས་སོ། །མི་སྡུག་པ་སྒོམ་པའི་ཏིང་ངེ་འཛིན་གྱིས་འདོད་ཆགས་མངོན་གྱུར་ཟིལ་གྱིས་གནོན་པ་མཚོན་པ་ཙམ་སྟེ། བྱམས་པ་བསྒོམས་པས་ཞེ་སྡང་མངོན་གྱུར་ཟིལ་གྱིས་གནོན་པ་སོགས་སྤྱོད་པ་རྣམ་སྦྱོང་གི་རྣལ་འབྱོར་ཉམས་སུ་ལེན་པ་རྣམས་ཤེས་པར་བྱའོ། །ཚོགས་དྲུག་ལས་ངོ་བོ་ཐ་དད་པའི་ཀུན་གཞི་ཞལ་གྱིས་བཞེས་པའི་ལུགས་ལྟར་ན། རྟེན་འདོད་ཁམས་པས་བསམ་གཏན་དང་པོའི་དངོས་གཞི་སོགས་ཐོབ་ཀྱང་འདོད་པའི་སས་བསྡུས་ཀྱི་ཉོན་མོངས་པ་ཅན་གྱི་ཡིད་མངོན་གྱུར་སྤོང་མི་ནུས་ཏེ། སུམ་ཅུ་པ་ལས་གང་དུ་སྐྱེས་པ་དེ་ཡིའོ། །ཞེས་གསུངས་ཀྱང་འདིར་ནི་དེ་ལྟར་མི་བསམ་མོ། །

གཉིས་པ་ནི། དབང་ཐོབ་པའི་བྱང་ཆུབ་སེམས་དཔའ་དང་ཉན་ཐོས་དང་རང་སངས་རྒྱས་དགྲ་བཅོམ་པའི་རྒྱུད་ལ་ཡོད་པ་སྒོ་གསུམ་གྱི་ལས་ཀུན་ནས་སློང་བར་བྱེད་པའི་ཀུན་སློང་གི་རྩོལ་བ་ཕྲ་མོ་ཟག་པ་མེད་པའི་ལས་འཇུག་པའི་རྒྱུ་ཉོན་མོངས་པའི་དྲི་མ་མེད་པའི་ཡིད་ཀྱི་ལུས་གསུམ་སྒྲུབ་པར་བྱེད་པ་དེ་བཞིན་གཤེགས་པའི་བྱང་ཆུབ་ཀྱི་ཡེ་ཤེས་ཀྱིས་གཞོམ་པར་བྱ་བ་གང་ཡིན་པ་དེ་དག་ནི་མ་རིག་པའི་བག་ཆགས་ཀྱི་སས་བསྡུས་པ་ཞེས་བྱའོ། །

མ་རིག་བག་ཆགས་ཀྱི་ས་དང་ཟག་པ་མེད་པའི་ལས་ཀྱིས་སྒྲུབ་པའི་ཡིད་ཀྱི་རང་བཞིན་གྱི་ལུས་བླངས་ནས་སེམས་ཅན་གྱི་དོན་བྱེད་པ་ལ་ལྟོས་མི་དགོས་པར་སེམས་ཅན་གྱི་དོན་འབད་མེད་ལྷུན་གྲུབ་ཏུ་བསྒྲུབ་ནུས་པ་ནི། ཡང་དག་པར་རྫོགས་པའི་སངས་རྒྱས་འབའ་ཞིག་གི་ཁྱད་ཆོས་ཡིན་པས་དེ་བཞིན་གཤེགས་པའི་ཡེ་ཤེས་ཀྱིས་གཞོམ་བྱ་ཞེས་གསུངས་པ་ཡིན་ཏེ། རྣམ་མཁྱེན་སྐད་ཅིག་དང་པོ་བར་ཆད་མེད་ལམ་དུ་བྱས་ནས་མ་རིག་བག་ཆགས་ཀྱི་ས་དངོས་སུ་སྤོང་པར་བྱེད་པའི་དོན་མ་ཡིན་ཏེ། དེ་ལྟ་ན་རང་རྒྱུད་ཀྱི་སྤང་བྱ་སྤོང་བཞིན་པའི་བྱ་བ་དང་བཅས་པས་སྤངས་པ་མཐར་ཕྱུག་པ་མ་ཐོབ་པར་ཐལ་བའི་ཕྱིར་རོ། །ས་བཅུ་རྒྱུན་གྱི་ཐ་མའི་བར་ཆད་མེད་ལམ་གྱི་དུས་ན་ཡང་དྲི་མ་རྡུལ་ཙམ་ཡང་མེད་ན་རྣམ་མཁྱེན་སྐད་ཅིག་དང་པོ་བར་ཆད་མེད་ལམ་དུ་མི་འགྱུར་བ་ལྟ་ཅི་སྨོས།

此中离世间贪相续中所具之烦恼，**是**引某地之业异熟不动于他地故名**“不动行”等之因**，具粗静相世间道虽能断“无所有”以下烦恼现行，然不能断有顶地所摄者，是故说名“**为出世间智所摧坏**”。彼等之种子者，纯系出世间道所断。**有情相续中所具贪等现行**，**是**能引欲界天人及能引恶趣之**“福行”及“非福行”等之因**。以修不净三摩地压伏贪现行仅是一例，应知余如修慈压伏嗔现行等净行瑜伽诸修持。许与六识体异阿赖耶之派，主张欲界身虽得第一静虑之正行等，然不能断欲地所摄染污意现行，如《唯识三十颂》云：“随所生所系”。此中不作如是思惟。

（申二）释无明习气地

已得自在菩萨及声闻独觉**阿罗汉相续中所具**，**是**发起三门诸业之微细等起功用、**无漏业转之因**，**能成无**烦恼**垢**三**意性身**，**为如来菩提智所摧坏**，**彼等名为无明习气地所摄**。

无需观待受无明习气地及无漏业所成之意性身而利有情、能无功用任运利生者，纯系正等觉之别法，故说“为如来智所摧坏”者。此非以遍智第一刹那为无间道而正断无明习气地之义，如是则具断自相续所断之所作故，断未究竟。若十地最后有无间道时已无微尘许垢，遍智第一刹那不成无间道自不必言。

འོ་ན་དག་པ་ས་གསུམ་ལ་བརྟེན་པའི་དྲི་མ་རྣོ་རྗེ་ལྟ་བུའི་ཏིང་ངེ་འཛིན་གྱིས་གཞོམ་བྱར་འོག་ཏུ་བཤད་ནས།འདི་དེ་བཞིན་གཤེགས་པའི་ཡེ་ཤེས་ཀྱིས་གཞོམ་བྱར་བཤད་པ་ཅི་ཡིན་ཞེ་ན། སྔར་བཤད་ཟིན་མོད། མ་རིག་བག་ཆགས་ཀྱི་ས་ཕྲ་བ་མཐར་ཐུག་པ་ས་བཅུ་རྒྱུན་གྱི་ཐ་མའི་བར་ཆད་མེད་ལམ་གྱིས་དངོས་སུ་སྤོང་བ་ཡིན་ཡང་། ས་བཅུ་རྒྱུན་ཐ་བས་ཀྱང་ཡིད་ཀྱི་རང་བཞིན་གྱི་ལུས་ལ་སོགས་པ་བླངས་ནས་སེམས་ཅན་ལ་ཆོས་སྟོན་པ་སོགས་བྱེད་ན། ཀུན་སློང་གི་རྩོལ་བ་ཕྲ་མོ་དང་བཅས་བཞིན་དུ་ཆོས་སྟོན་པར་བྱེད་དགོས་པས། དེ་འདྲའི་ལས་དང་ལུས་ཟད་པར་སྤངས་ནས་སེམས་ཅན་ལ་ཆོས་སྟོན་པ་ནི། ཡང་དག་པའི་མཐའ་མངོན་དུ་བྱས་པ་མཐར་ཐུག་པ་འབའ་ཞིག་གི་ཁྱད་ཆོས་སུ་ཤེས་པའི་ཕྱིར་ཏུ་དེ་ལྟར་སྨྲས་སོ། །འོན་ཀྱང་རྒྱུན་གྱི་ཐ་མའི་བར་ཆད་མེད་ལམ་ལ་མཉམ་པར་བཞག་བཞིན་པའི་དུས་ན། ཤེས་བྱ་ཇི་སྙེད་པ་ཡང་མངོན་སུམ་དུ་མི་གཟིགས་ན་སེམས་ཅན་གྱི་དོན་དངོས་སུ་ཆོས་སྟོན་པ་སོགས་བྱེད་པ་ལྟ་ཅི་སྨོས།འདི་དག་བརྗོད་པར་བྱ་བ་མང་སྟེ། རེ་ཞིག་བཞག་གོ །

གསུམ་པ་ལ་གཉིས། སྤྱིའི་དོན་དང་། ཡན་ལག་གི་དོན་ནོ། །

དང་པོ་ལ་ལྔ། སྒྲིབ་པ་གཉིས་ཀྱི་མཚན་ཉིད་དང་། མཚན་གཞི་ངོས་བཟུང་བ་དང་། མཐོང་སྤངས་དང་སྒོམ་སྤངས་ཀྱི་ཁྱད་པར་དང་། ས་བོན་སྤོང་ཚུལ་གྱི་ཕྱོགས་ཙམ་བཤད་པ་དང་། མཐོང་ལམ་ཤེས་བཟོད་བྱེ་བྲག་ཏུ་བཤད་པའོ། །

དང་པོ་ནི། ཉོན་མོངས་པའི་སྒྲིབ་པའི་མཚན་ཉིད་ཐར་པ་དང་ཐམས་ཅད་མཁྱེན་པ་གཉིས་སུ་ཕྱེ་བའི་ཐར་པ་ཐོབ་པ་ལ་སྒྲིབ་པར་བྱེད་པའི་རིགས་སུ་གནས་པ་དང་། ཤེས་བྱའི་སྒྲིབ་པའི་མཚན་ཉིད་ནི། དེ་ལྟར་གཉིས་སུ་ཕྱེ་བའི་ནང་ནས་ཐམས་ཅད་མཁྱེན་པ་ཐོབ་པ་ལ་སྒྲིབ་པར་བྱེད་པའི་རིགས་སུ་གནས་པའོ། །དེ་ཡང་ཤེས་བྱ་ཇི་ལྟ་བ་ལས་འཁོར་བ་མ་སྤོངས་པར་དུ་རྟག་ཏུ་སྙོམས་པར་འཇུག་པ་ཐོབ་པ་ལ་ཡང་གེགས་བྱེད་ལ། ཤེས་བྱ་ཇི་སྙེད་པ་ཐམས་ཅད་མངོན་སུམ་དུ་གཟིགས་པ་ཐོབ་པ་ལ་ཡང་གེགས་བྱེད་པས། ཤེས་བྱ་ལ་སྒྲིབ་པའམ་ཤེས་བྱའི་སྒྲིབ་པ་ཞེས་བྱའོ། །ཉོན་མོངས་པའི་སྒྲིབ་པ་ལ་སེམས་ཀྱི་རྒྱུད་རབ་ཏུ་མ་ཞི་བ་ཞེས་བཤད་པའི་དོན་ནི། ཉོན་ཕྱོགས་སེམས་ཀྱི་རྒྱུད་རབ་ཏུ་ཞི་བ་ནི་འཁོར་བའི་སྡུག་བསྔལ་ཉེ་བར་ཞི་བའི་ཐར་པ་མྱ་ངན་ལས་འདས་པ་ཙམ་ཡིན་ལ། སེམས་ཀྱི་རྒྱུད་རབ་ཏུ་མ་ཞི་བ་ནི་འཁོར་བའི་སྡུག་བསྔལ་ལ། །དེ་བྱེད་པ་པོ་ལ་ཉོན་མོངས་པའམ། ཉོན་མོངས་པའི་སྒྲིབ་པ་ཞེས་བྱ་ལ། མྱ་ངན་ལས་འདས་པ་ཐོབ་བྱེད་ནི་ལམ་གྱི་བདེན་པ་ཉིད་དུ་ཤེས་པར་བྱའོ། །

若尔，下文释依三清净地之垢乃金刚喻定所坏，此处说是如来智所坏，何谓也？如前已释，十地最后有无间道虽正断无明习气地微细究竟，然十地最后有受意性身而为有情说法等时，仍需起微细等起功用而说法等。断尽如是业、身而为有情说法者，纯系究竟现证实际者之别法，为令知此，作如是说。然于最后有无间道入定时亦未能现见尽所有所知，何况为利有情而说法等。此等应说者甚多，暂止。

（申三）释见所断及修所断

分二：（酉一）总义；（酉二）支分义。

（酉一）总义

分五：（戌一）二障之相；（戌二）认明其事；（戌三）见所断与修所断之差别；（戌四）略释断种子之理趣；（戌五）别释见道智忍。

（戌一）二障之相

若分解脱及一切智为二，则烦恼障之相，即能障获得解脱之类；所知障之相，即能障获得一切智之类。此亦能障乃至生死未空恒常于如所有所知中入定，亦障现见一切尽所有所知，故名“障于所知”或“所知之障”。释烦恼障为心相续不寂静之义者，以其反面心相续寂静者，为生死苦止息之解脱涅槃。当知心相续不寂静者乃生死苦，其作者为烦恼或烦恼障，能得涅槃者即道谛。

གཉིས་པ་ནི། ཉོན་མོངས་པའི་སྒྲིབ་པ་ནི་གང་ཟག་དང་ཕུང་པོ་བདེན་པར་འཛིན་པའི་བློ་ཉོན་མོངས་ཅན་གྱི་མ་རིག་པ་དང་དེས་སྐྱེད་པའི་འདོད་ཆགས་ལ་སོགས་པ་མངོན་གྱུར་ས་བོན་དང་བཅས་པའོ། །ཤེས་བྱའི་སྒྲིབ་པ་ནི། ཡུལ་བདེན་པར་སྣང་བའི་བདེན་སྣང་འཁྲུལ་པའི་ཆ་དང་། དེ་སྐྱེད་པར་བྱེད་པའི་ཉོན་མོངས་པའི་བག་ཆགས་སོ། །དེ་ལ་ཉོན་སྒྲིབ་ཟད་པར་སྤངས་པའི་རྣམ་གྲོལ་ནི་ཉན་རང་དགྲ་བཅོམ་པ་དང་། ས་བརྒྱད (147b) པ་ཡན་ཆད་ནས་ཐོབ་ལ། ཤེས་སྒྲིབ་ཟད་པར་སྤངས་པའི་རྣམ་གྲོལ་ནི། སངས་རྒྱས་འབའ་ཞིག་གོ །

གསུམ་པ་ནི། གང་ཟག་དང་ཕུང་པོ་བདེན་པར་གྲུབ་པ་འཐད་སྙམ་པ་ས་བོན་དང་བཅས་པ་དང་། བདེན་པར་གྲུབ་མ་གྲུབ་དཔྱད་པ་ཞུགས་པའི་དབང་གིས་དྲངས་པའི་བདེན་པར་གྲུབ་སྙམ་པ་ས་བོན་དང་བཅས་པ་ནི། མཐོང་ལམ་གྱིས་གཞོམ་པར་བྱ་བ་ཉོན་སྒྲིབ་ཀུན་བརྟགས་སོ། །དེ་དག་གི་སྟོབས་ཀྱིས་དྲངས་པའི་འདོད་ཆགས་ལ་སོགས་པ་ཡང་ཡོད་པར་ཤེས་པར་བྱའོ། །དེ་འདྲའི་དཔྱད་པ་ལ་མི་ལྟོས་པར་རང་གི་ངང་གིས་འཇུག་པའི་བདེན་འཛིན་འདོད་ཆགས་ལ་སོགས་པ་ས་བོན་དང་བཅས་པ་ནི།སྒོམ་ལམ་གྱིས་གཞོམ་པར་བྱ་བ་ཉོན་སྒྲིབ་ལྷན་སྐྱེས་སུ་ཤེས་པར་བྱའོ། །ཤེས་སྒྲིབ་ལྷན་སྐྱེས་ནི་གོ་བར་ཟད་ལ་ཀུན་བརྟགས་ནི། གཟུགས་འཛིན་པའི་དབང་ཤེས་སོགས་ལ་ཡུལ་བདེན་པར་སྣང་བ་སྣང་བ་ལ་མ་འཁྲུལ་བ་འཐད་པར་འཛིན་པའི་བློ་ས་བོན་དང་བཅས་པའོ། །

བཞི་པ་ནི། མཐོང་ལམ་གྱིས་མཐོང་སྤངས་ལ་གནོད་པ་བྱེད་པའི་ཚུལ་ལ་དཔེར་བརྗོད་ན། ཐེག་པ་ཆེན་པོའི་མཐོང་ལམ་སྡུག་བསྔལ་ཆོས་བཟོད་བར་ཆད་མེད་ལམ་སྐྱེས་པའི་དུས་ན་དངོས་ཀྱི་གནོད་བྱ་མཐོང་སྤངས་ཀྱི་ས་བོན་དེ་འགགས་ཤིང་། སྐྱེ་བ་ལ་མངོན་དུ་ཕྱོགས་པ་དང་། དེ་འགགས་པ་ལ་མངོན་དུ་ཕྱོགས་པ་གཉིས་དུས་མཉམ་ལ་སྤར་རིགས་འདྲ་བར་མ་ཆད་དུ་འབྱུང་བ་དེ་ཉིད་བར་ཆད་མེད་ལམ་དེའི་སྟོབས་ཀྱིས་ཕྱིན་ཆད་སྐྱེར་མི་རུང་བའི་ཆོས་ཅན་དུ་བྱེད་པ་ཡིན་ལ། གཉེན་པོའི་ལག་རྗེས་ཀྱིས་སྐྱེར་མི་རུང་བའི་ཆོས་ཅན་དུ་སོང་བའི་འགོག་བདེན་ཐོབ་པའི་ལམ་གྱི་ཐོག་མ་དེ་ལ་རྣམ་གྲོལ་ལམ་ཞེས་བྱ་ལ། དེ་བར་ཆད་མེད་ལམ་གྱིས་བསྐྱེད་པ་ཡིན་ནོ། །

བར་ཆད་མེད་ལམ་གྱི་དུས་ན། ངོ་སྐལ་གྱི་སྤང་བྱར (148a) མེད་ཅིང་སྐྱེར་མི་རུང་བའི་ཆོས་ཅན་ཡིན་ཡང་། རྐྱེན་མ་ཚང་བས་ཡིན་གྱི། སོ་སོར་བརྟགས་འགོག་ཐོབ་པ་ནི་མ་ཡིན་ནོ། །འདི་ལ་དཔགས་ནས་ས་བཅུ་རྒྱུན་གྱི་ཐ་མའི་བར་ཆད་མེད་ལམ་གྱི་དུས་ན་གནས་ངན་ལེན་གྱི་དྲི་མ་ཕྲ་མོ་རྡུལ་ཙམ་ཡང་མེད་ཀྱང་ཟད་པར་སྤངས་པ་ཞེས་མི་བྱ་སྟེ། དངོས་གཉེན་གྱིས་ལག་རྗེས་བཞག་པའི་ཆ་ནས་སྐྱེར་མི་རུང་བའི་ཆོས་ཅན་དུ་སོང་བའི་ལམ་མ་ཐོབ་པའི་ཕྱིར། རྟགས་མ་གྲུབ་ན། རྒྱུ་འབྲས་དུས་མཉམ་པར་ཐལ་པས་སོ། །

（戊二）认明其事

烦恼障者，即于补特伽罗及蕴执实之心染污无明，及其所生贪等现行并种子。所知障者，境现为谛实之谛实显现错乱分，及能生彼之烦恼习气。此中断尽烦恼障之解脱者为声缘阿罗汉及得八地以上者；断尽所知障之解脱者惟佛。

（戊三）见所断与修所断之差别

补特伽罗及蕴实有应理之想及种子，由观察实非实有之力引生之实有之想及种子，当知乃见道所坏之分别烦恼障，此亦含摄以彼等力所引生之贪等。不待如是观察而自然生起之实执、贪等及种子者，当知乃修道所坏之俱生烦恼障。俱生所知障易解。境于执色之根识等显为谛实，执此显现为不错乱应理之心及种子者为分别。

（戊四）略释断种子之理趣

以见道坏见所断之理趣，例如，生起大乘见道苦法忍无间道时，彼正所坏见所断之种子灭，且正趣生与彼正趣灭二者同时。先前同类无间而起者，以彼无间道之力令成今后不复堪生之法。以对治之迹令成不堪生法，得此灭谛道之最初者，名“解脱道”，彼系无间道所生。

无间道之时，虽无本分所断且成不堪生法，此乃缘不具所致，非得择灭。以此推之，十地最后有无间道时，虽无微尘许微细粗重垢，然不应称“断尽”，以尚未得以安置正对治之迹令成不堪生法之道故。若答因不成，则因果应同时。

ཁ་ཅིག་མཐོང་ལམ་བར་ཆད་མེད་ལམ་གྱི་དུས་ན་དངོས་ཀྱི་གནོད་བྱ་མེད་པར་ཁས་བླངས་ནས། རྒྱུན་མཐའི་བར་ཆད་མེད་ལམ་གྱི་དུས་ན་གནས་ངན་ལེན་གྱི་དྲི་མ་ཕྲ་མོ་ཡོད་པར་འདོད་པ་ནི་སྐྱེ་འགྱུར་གྱིས་སྤོང་བ་དང་འགག་འགྱུར་གྱིས་སྤོང་བའི་གྲུབ་མཐའ་ཕྱོགས་གཅིག་ཏུ་སྨྲ་བ་ཡིན་ལ། རྣམ་མཁྱེན་སྐད་ཅིག་དང་པོ་དེའི་དངོས་ཀྱི་གནོད་བྱེད་དུ་འདོད་པ་ཡང་སྤངས་གཉེན་གྱི་ཚུལ་ལ་མི་མཁས་པར་ཤེས་པར་བྱ་ལ། ཡང་ཁ་ཅིག་མངོན་པ་ཀུན་ལས་བཏུས་ལས། འདས་པ་འགགས་པའི་ཕྱིར་མ་ཡིན། ཞེས་སོགས་གསུངས་པའི་དོན་མཐའ་མ་ཆོད་པར་མངོན་གྱུར་ལ་སྤོང་ཚུལ་གསུམ་པོ་མི་འཐད་ཀྱང་། སྤང་བྱའི་ས་བོན་དང་དེའི་དངོས་གཉེན་བར་ཆད་མེད་ལམ་དུས་མཉམ་དུ་འདོད་པ་ཡང་མཐའ་མ་ཆོད་པ་ཡིན་ཏེ། དེ་ལྟ་ན་དངོས་ཀྱི་གནོད་བྱ་གནོད་བྱེད་ཀྱི་སྣང་སྨུན་ཡང་དུས་མཉམ་དུ་ཁས་ལེན་དགོས་པར་འགྱུར་ཏེ། དེ་ཉིད་དེའི་དཔེར་མཛད་པའི་ཕྱིར་རོ། །

དེས་ན་བར་ཆད་མེད་ལམ་དེས་དངོས་ཀྱི་གནོད་བྱ་སྤང་བྱའི་ས་བོན་དེ་རང་དུས་ན་འདས་པ་བུམ་པ་ཐོ་བས་བཅོམ་པ་ལྟར་སྤོང་བ་ཡང་མ་ཡིན་ལ། རང་དུས་ན་མ་སྐྱེས་པ་མདུན་ནས་འཕྲུལ་བ་ལྟར་སྤོང་བ (148b) ཡང་མ་ཡིན་ནོ། །མཛོ་སྤྲིལ་གཡང་ལ་སྐྱུར་པ་ལྟར་རང་དུས་ན་ཡོད་པ་དུས་མཉམ་དུ་འགག་པའི་ཚུལ་གྱིས་སྤོང་བ་ཡང་མ་ཡིན་ནོ། །འོ་ན་ཅི་ཞེ་ན། སྔར་གཉེན་པོའི་ཕྱོགས་གོམས་པ་ལ་བརྟེན་ནས་གཉེན་པོ་དེ་སྐྱེ་བ་ལ་མངོན་དུ་ཕྱོགས་པ་དང་སྤང་བྱའི་ས་བོན་གྱི་རིགས་འདྲ་ཐ་མ་འགག་པ་ལ་མངོན་དུ་ཕྱོགས་པར་དུས་མཉམ་ཞིང་། གཉེན་པོ་སྐྱེས་པ་དང་དེ་འགག་པ་དུས་མཉམ་པའི་སྒོ་ནས་སྤང་བྱ་སྐྱེ་མི་རུང་བའི་ཆོས་ཅན་དུ་སོང་བ་གནོད་པ་བྱས་པའི་དོན་ཡིན་ནོ། །

或许见道无间道时无正所坏，而许最后有无间道时有微细粗重垢。曰：此是集将生而断与将灭而断之宗为一。许遍智第一刹那为彼之正能坏，当知亦是不善巧对治所断之理趣。或不明《阿毗达磨集论》所说“过去灭故非”等之义，许断现行之理门有三种，此不应理。或许所断种子及彼正对治无间道同时，亦不明论义，若尔，则须许正所坏能坏之黑暗与光明为同时，以彼为其喻故。

因此以无间道断正所坏之种子，彼于当时非已过去如锤坏瓶而断，非未生起如先行清除而断，亦非如双牛堕崖以同时灭之理门而断。若尔，何谓也？依先前串习对治品，彼对治正趣生与所断种子之最后同类正趣灭同时，由对治生起与彼灭同时之门令所断成不堪生之法，乃坏之义。

ལྔ་པ་ནི། བདེན་བཞིའི་ཆོས་ཉིད་སྔར་མངོན་སུམ་དུ་མ་རྟོགས་པ་ཆུ་ལ་ཆུ་བཞག་པའི་ཚུལ་གྱིས་གསར་དུ་རྟོགས་པ་ན། སྔར་འཁོར་བར་འདྲིས་མ་མྱོང་བའི་ཟབ་མོའི་ཆོས་དེ་ལ་སྐྲག་རིགས་པ་ལ་མི་སྐྲག་པས་ན་ཆོས་ཀྱི་བཟོད་པ་ཞེས་བྱ་ལ། དེས་ན་བདེན་པ་བཞིའི་ཆོས་ཉིད་འཛལ་བའི་ཐོག་མ་ནས་བཟོད་པ་བཞིའོ། །དེའི་རྗེས་ནས་ཆོས་ཉིད་ལ་ཆུ་ལ་ཆུ་བཞག་ཏུ་སོང་བའི་བློ་དེ་ལ་སྐྲག་རིགས་པ་ལས་མི་སྐྲག་པར་རྟོགས་པས་རྗེས་ཀྱི་བཟོད་པ་ཞེས་བྱ་ལ། དེ་ཡང་བདེན་བཞིའི་ཆོས་ཉིད་ཀྱི་ཡུལ་ཅན་ཐོག་པས་ཕྱེ་བའི་རྟོགས་པའི་ཆ་ནས་རྗེས་བཟོད་བཞི་སྟེ། བཟོད་པ་བརྒྱད་ངོ་བོ་གཅིག་ལ་ཐོག་པ་ཐ་དད་པའི་ཚུལ་དུ་ཡོད་ལ། དེའི་དུས་ན་གློ་བུར་དྲི་བྲལ་གྱི་འགོག་བདེན་མ་ཐོབ་པ་ཡིན་ནོ། །བདེན་བཞིའི་ཆོས་ཉིད་རྟོགས་པ་ལ་ལྟོས་ནས་དེའི་ཡུལ་ཅན་རྟོགས་པར་འཇོག་པ་ཡིན་གྱི། རང་རིག་མངོན་སུམ་ཁས་ལེན་པ་ནི་མ་ཡིན་ནོ། །མཉམ་བཞག་དེ་ཉིད་ལས་མ་ལངས་པར་གློ་བུར་དྲི་བྲལ་གྱི་འགོག་བདེན་ཐོབ་པ་རྣམ་གྲོལ་ལམ་སྐྱེས་པ་ན། བདེན་བཞིའི་ཆོས་ཉིད་རྟོགས་པའི་ཆོས་ཤེས་ཐོག་པས་ཕྱེ་བ་བཞི་དང་། ཡུལ་ཅན་དེ་ཉིད་རྟོགས་པའི་རྗེས་ཤེས་བཞི་དང་ཤེས་པ་བརྒྱད་ངོ་བོ་གཅིག་ལ་ཐོག་པ་ཐ་དད་པའི་ཚུལ་དུ་ཡོད་པས་མཉམ་གཞག་ཐུན་གཅིག་གི་བདེན་པ་མངོན་པར་རྟོགས་པ་སྐད་ཅིག་མ་གཅིག་ཤེས་བཟོད་སྐད་ཅིག་མ་བཅུ་དྲུག་གི་བདག་ཉིད་དུ་སྐྱེ་བ་ཡིན་ནོ། །ཆོས་བཟོད་སྐྱེས་པའི་རྗེས་སུ་རྗེས་བཟོད་སྐྱེ་བ་སོགས་ནི་སྐབས་འདིར་ཁས་མི་བླང་ངོ། །

གཉིས་པ་ནི། སློབ་པ་ནི་རྣམ་པ་གཉིས་ཏེ་ལམ་ལ་ཞུགས་པའི་སོ་སོའི་སྐྱེ་བོ་དང་འཕགས་པའོ། །དེ་ལ་ཞེས་སོ། །

བཞི་པ་ནི། ས་བདུན་པ་མན་ཆད་མཐར་ཐུག་པར་མ་གྱུར་པའི་བྱང་ཆུབ་སེམས་དཔའི་རྒྱུད་ལ་ཡོད་པ་ཡེ་ཤེས་ཀྱིས་རྣམ་པ་བདུན་གྱི་མི་མཐུན་པའི་ཕྱོགས་བརྒྱད་པ་ལ་སོགས་པ་དག་པ་ས་གསུམ་སྒོམ་པའི་ཤེས་པས་གཞོམ་པར་བྱ་བ་གང་ཡིན་པ་དེ་དག་ནི་མ་དག་པའི་ས་ལ་བརྟེན་པ་ཞེས་བྱའོ། །དེ་དག་ནི་སྤང་བྱའི་རྟེན་དང་ངོ་བོ་དང་གཉེན་པོ་གསུམ་གསུམ་གྱིས་བཤད་དོ། །ས་བདུན་གྱི་མི་མཐུན་པའི་ཕྱོགས་ཞེས་པ་ནི་དེ་དག་གི་རྒྱུད་ལ་ཡོད་པ་ས་བརྒྱད་པ་མན་ཆད་ཐོབ་པའི་གེགས་སུ་གྱུར་པ་ཡིན་གྱི། དེ་དག་གི་རིགས་རྒྱུན་ནི་དག་པ་སའི་ཡེ་ཤེས་ཀྱིས་སྤོང་བར་བྱེད་པ་ཡིན་ནོ། །ཉོན་མོངས་ཟད་པའི་མཐར་ཐུག་པའི་བྱང་ཆུབ་སེམས་དཔའི་རྒྱུད་ལ་ཡོད་པ་ཞེས་པ་མ་ལུས་པར་ཟད་པར་རྡོ་རྗེ་ལྟ་བུའི་ཏིང་ངེ་འཛིན་གྱི་བར་ཆད་མེད་ལམ་གྱི་སྤང་བར་བྱ་བ་ཡིན་ནོ། །

(戊五) 别释见道智忍

以如水注水之理趣新证先前未现证之四谛法性时，往昔生死中未熟悉之甚深法性堪可怖畏然不畏故，名“法忍”。因此，由称量四谛法性之反体分为四忍。之后，如水注水之心堪可怖畏然不畏而证故，名“类忍”。此亦由四谛法性有境之反体而分证分之四类忍。此八忍体一反异而有，尔时尚未得离客尘之灭谛。观待于证四谛法性，立证彼之有境，不许自证现量。不起彼定而生起得离客尘之灭谛解脱道时，证四谛法性之法智由反体分为四种，及证彼有境之四类智，此八智体一反异而有故，净定一座谛现观一刹那，生为智、忍十六刹那之体性。此处不许生法忍之后复生类忍等。

(酉二) 支分义

二种有学，**谓入道异生及圣者**。**此中异生有学相续中所具**，**为初地见出世间法智所摧坏**，**彼等名为见所断**。**圣补特伽罗有学相续中所具**，**为修如所有出世间法智所摧坏**，**彼等名为修所断**。

(申四) 释依不净地及清净地之垢

七地以下**未究竟菩萨相续中所有之智七种所治品**，**为修八地等三清净地之智所摧坏**，**彼等名为依不净地(垢)**。彼等分别以所断之所依、体性、对治三者释之。所谓“七地之所治品”者，乃彼等相续中所有、八地以下之障，彼等之种类相续者，为清净地智所断。断尽烦恼**究竟菩萨相续中所有修第八等三地之智所治品**，**为**断尽无余**金刚喻定**之无间道**智所摧坏**，**彼等名为依清净地(垢)**。

གསུམ་པ་དོན་བསྡུ་བ་ལ་གཉིས། རྩ་བ་དང་། གསལ་བའི་དབྱེ་བ་མཐའ་ཡས་པར་བསྟན་པའོ། །

དང་པོ་ནི། འདོད་ཆགས་ལ་སོགས་ཉོན་མོངས་སྟར་བཤད་པའི་དགུ་པོ་འདི་མདོར་བསྡུས་ནས་ནི་སྟར་བཤད་པའི་གོ་རིམ་བཞིན་དུ་པད་མའི་སྦུབས་ལ་སོགས་པའི་དཔེ་དགུ་པོ་དེ་དག་གིས་ཡང་དག་པར་བསྟན་པར་ཤེས་པར་བྱའོ། །སྟ་མ་ཁ (149b) ཅིག་ན་རེ། འདི་ཚིགས་སུ་བཅད་པ་རྩ་བའི་ཚུལ་དུ་བྲིས་པ་ནི་མི་ལེགས་ཏེ། སྟར་བཤད་པའི་རྩ་ཚིག་པད་མ་ཡི། སྦུབས་སོགས་དཔེས་ནི་རབ་བསྟན་ཏེ། ཞེས་པའི་འགྲེལ་པ་ཡིན་པས་འདོད་ཆགས་ལ་སོགས་པ་ཉོན་མོངས་པ་མདོར་བསྡུས་པ་འདི་རྣམས་གོ་རིམ་བཞིན་དུ་པད་མའི་སྦུབས་ལ་སོགས་པའི་དཔེ་དགུས་གསལ་བར་བསྟན་པ་ཡིན་ནོ་ཞེས་གསུང་ཡང་། ལོ་ཙྪ་བ་ཆེན་པོའི་འགྱུར་ད་ལྟར་ཡོད་པའི་དཔེ་རྣམས་ཀྱི་ལྟར་ན། དོན་བསྡུའི་རྩ་ཚིག་ཏུ་བྱ་དགོས་པར་སེམས་སོ། །

གཉིས་པ་ནི། གང་གིས་ན་ཞེས་སོ། །

གཉིས་པ་གང་ཟག་གང་ལ་སྒྲིབ་པ་ལ་གཉིས། རྩ་བ་དང་། འགྲེལ་པའོ། །

དང་པོ་ནི། དྲི་མ་འདི་དག་གིས་རིམ་པ་བཞིན་དུ་བྱིས་པ་རྣམས་དུག་གསུམ་གྱི་བག་ལ་ཉལ་གསུམ་དང་དེ་གསུམ་གྱིས་ཀུན་ལྡང་དྲག་པོ་གཅིག་ཏུ་བྱས་པ་བཞི་དང་དམན་པའི་དགྲ་བཅོམ་གཅིག་མ་རིག་བག་ཆགས་ཀྱི་ས་དང་ནི་ལམ་ལ་ཞུགས་པའི་སོ་སོ་སྐྱེ་པོ་དང་། དམན་པའི་འཕགས་པ་སློབ་པ་རྣམས་མཐོང་སྤངས་དང་སྒོམ་སྤངས་གཉིས་དང་བློ་ལྡན་བྱང་ཆུབ་སེམས་དཔའ་འཕགས་པ་རྣམས་མ་དག་པའི་ས་ལ་བརྟེན་པ་དང་དག་པའི་ས་ལ་བརྟེན་པའི་དྲི་མ་གཉིས་ཀྱིས་མ་དག་པའི་ཉིད་དུ་ཤེས་པར་བྱའོ། །

གཉིས་པ་ནི། བཅོམ་ལྡན་འདས་ཀྱིས་དེ་བཞིན་གཤེགས་པའི་སྙིང་པོའི་མདོ་ལས་སེམས་ཅན་ཐམས་ཅད་ནི་དེ་བཞིན་གཤེགས་པའི་སྙིང་པོ་ཅན་ནོ་ཞེས་བཀའ་སྩལ་པ་གང་ཡིན་པ་དེ་ལ་ཞེས་ཏེ། ཟག་པ་མེད་པའི་དབྱིངས་སུ་རྟག་ཏུ་མཉམ་པར་འཇོག་མི་ནུས་པའི་གེགས་དེ་དག་ཡོད་པར་ཤེས་པར་བྱའོ། །

（辰二）摄义

分二：（巳一）《论》；（巳二）示无边差别。

（巳一）《论》

上述**贪等九烦恼**，**简言**之，**如**上述**次第**，当知**此即莲苞等九喻所正示**。（1.132）

先德或谓此颂计入论中未善，说是上述论文“莲苞等喻所示”之释，贪等烦恼简言之，此等如其次第，即莲苞等九喻所示。然据现存大译师之译文观之，某以为当视为摄义之论文。

（巳二）示无边差别：

是故（经）说如来藏为无边俱胝烦恼壳所覆。**广者**，**此等有八万四千种无边差别**，**如如来智（所见）**。

（卯二）障何补特伽罗

分二：（辰一）《论》；（辰二）《释》。

（辰一）《论》

当知**因**此等诸垢，**依次**为诸**愚夫**三毒之三随眠及彼三猛利现行计为一之**四**者，小乘**阿罗汉**之无明习气地**一**者，入道异生及小乘圣者诸**有学**之见所断及修所断**二**者，**具慧**菩萨圣者依不净地及清净地之**二垢**而成**不净**。（1.133）

（辰二）《释》：

《如来藏经》中，**世尊曰：“一切有情悉有如来藏。”** **此中之一切有情**，**简言之**，**说有四种**，**即异生**、**阿罗汉**、**有学及菩萨**。**此等无漏界**，**如其次第**，**因四**、**一**、**二**、**二烦恼而成不净**。当知有彼等不能恒常入定于无漏界之障。

大乘上续论释大疏卷十终

གསུམ་པ་ཁམས་སྒྲིབ་བྱེད་ཀྱི་དཔེ་དོན་ཆོས་མཐུན་བཤད་པ་ལ་གཉིས། སྤྱིའི་མཚམས་སྦྱར་བ་དང་། རྒྱ་བའོ། །

དང་པོ་ནི། ཡང་ཇི་ལྟར་ཁམས་སྒྲིབ（150a）བྱེད་འདོད་ཆགས་ལ་སོགས་པ་ཉོན་མོངས་པ་དགུ་པོ་འདི་དག་སངས་རྒྱས་ཀྱི་སྐུ་ལ་སོགས་པའི་སྒྲིབ་བྱེད་པད་མའི་སྦུབ་ལ་སོགས་པ་དང་དཔེ་དོན་ཆོས་མཐུན་ཅི་ཞིག་ཡོད་ནས་འདྲ་བར་རིག་པར་བྱ་ལ། དེ་བཞིན་གཤེགས་པའི་ཁམས་སངས་རྒྱས་ཀྱི་གཟུགས་ལ་སོགས་པ་དང་ཆོས་མཐུན་པའི་རྒྱུ་མཚན་ཅི་ཡོད་པས་ཆོས་མཐུན་པར་ཡང་རིག་པར་བྱ་ཞེ་ན་ཞེས་ཁམས་ཀྱི་ཆོས་མཐུན་ཡང་དྲིས་སོ། །

གཉིས་པ་ལ་གཉིས། རྒྱས་པར་བཤད་པ་དང་། དོན་བསྡུ་བའོ། །

དང་པོ་ལ་བཞི་ཡོད་པའི་དང་པོ་དུག་གསུམ་གྱི་བག་ལ་ཉལ་དང་ཀུན་ལྡང་དྲག་པོའི་ཆོས་མཐུན་ནི། ཇི་ལྟར་པད་མ་འདམ་ལས་སྐྱེས་པ་དེ་མདུན་དུ་གྱུར་ན་ཡིད་དགའ་བ་དང་། ཕྱི་ནས་རྙིངས་པ་ན་དགའ་བ་མེད་པར་འགྱུར་བ་ལྟར། འདོད་ཆགས་དགའ་བ་དཔེ་དེ་བཞིན་ནོ། །ཇི་ལྟར་སྦྲག་ཆགས་སྦྲང་མ་ནི་ཤིན་ཏུ་འཁྲུགས་ཏེ་མདུང་བརྡེག་ཅིང་བདེ་བ་ལ་རེག་པར་མི་གནས་པ་ལྟར་དེ་བཞིན་དུ་ཞེ་སྡང་སྐྱེ་བ་ན་སྙིང་ལ་སྡུག་བསྔལ་བསྐྱེད་པར་བྱེད་པས་བདེ་བ་ལ་རེག་པར་མི་གནས་པར་ཆོས་མཚུངས་པས་སོ། །ཇི་ལྟར་འབྲས་ལ་སོགས་པའི་སྙིང་པོ་ནི་ཕྱི་རོལ་ནས་སྦུན་པས་བསྒྲིབས་པ་ལྟར་དེ་བཞིན་དུ་སྙིང་པོའི་དོན་མངོན་སུམ་དུ་མཐོང་བ་ལ་མ་རིག་པའི་སྒོ་ངའི་སྦུབས་ཀྱིས་བསྒྲིབས་པས་སྒྲིབ་བྱེད་དུ་ཆོས་མཚུངས་པའི་ཕྱིར་རོ། །ཇི་ལྟར་མི་གཙང་བ་བསྟེན་པར་མི་བཟོད་ཅིང་ཡིད་དང་མི་མཐུན་པ་དེ་བཞིན་དུ་ཆགས་པ་དང་བཅས་པ་རྣམས་ཀྱི་འདོད་པ་བརྟེན་པའི་རྒྱུ་ཡིན་པའི་ཕྱིར་ཀུན་ནས་ལྡང་བ་དྲག་པོ་ནི་ཉེས་སྤྱོད་ཀུན་ནས་སློང་བས་རབ་ཏུ་ཉམ་ང་བས་མི་གཙང་བ་དང་འདྲ་བས་བསྟེན་པར་མི་བཟོད་པའི་ཕྱིར་རོ། །

གཉིས་པ་མ་རིག་བག་ཆགས་ཀྱི་སའི་ཆོས་མཐུན་ནི། ཇི་ལྟར་ནོར་གྱི་གཏེར་ནི་སས་བསྒྲིབས་པས（150b）ན་མི་ཤེས་ཤིང་གཏེར་མི་ཐོབ་པ་ལྟར་དེ་བཞིན་དུ་སྐྱེ་བོ་ལ་རང་བྱུང་ཉིད་དེ་དེ་བཞིན་གཤེགས་པའི་སྙིང་པོ་དྲི་མ་མཐའ་དག་དང་བྲལ་བ་ཐོབ་པ་ལ་མ་རིག་བག་ཆགས་ས་ཡིས་བསྒྲིབས་པས་མི་མཐོང་བར་ཆོས་མཐུན་པའི་ཕྱིར་རོ། །

大乘上续论释大疏卷十一

（卯三）释界能障之喻义同法

分二：（辰一）总承启；（辰二）《论》。

（辰一）总承启

又，云何当知此能障界**贪等九烦恼与**能障佛相**莲苞等**有喻义同法而**相似**？亦问界之同法：**云何如来界与佛相等**有**同法**之因？

（辰二）《论》

分二：（巳一）广释；（巳二）摄义。

（巳一）广释

分四：（午一）三毒随眠及猛利现行之同法；（午二）无明习气地之同法；（午三）见所断及修所断之同法；（午四）依不净及清净地障之同法。

（午一）三毒随眠及猛利现行之同法

如莲从泥生，先前令心欢**喜**，**后**枯萎时**则令不悦**，**贪喜即如此**喻。**又如蜂虫者**，**极扰人刺螫**、不住乐触，**如是**与**生嗔**之**时能令心生苦**、不住乐触同法故。**如谷等精实外为糠皮**所**障**，如是**无明卵壳者障蔽**现**见藏义**，而与能障同法故。**如**依止粪**秽**不堪忍受、**不洽**心**意**；**如是**乃諸**具贪者依欲之因故**，猛利**現行**者發起惡行極可怖畏，**似粪秽**而难依止故。（1. 134—137）

（午二）无明习气地之同法

如宝藏为地所**障**而**不知**、**不得**，如是**无明习气地**，**障众**生中之**自生性**如来藏，令全离诸垢，与不见同法故。（1. 138）

གསུམ་པ་མཐོང་སྤངས་དང་སྒོམ་སྤངས་ཀྱི་ཆོས་མཐུན་ནི། ཇི་ལྟར་སྦྲུ་གུ་སོགས་རིམ་གྱིས་སྐྱེས་པས་ས་བོན་གྱི་ཤུན་པ་གཅོད་ཅིང་ཉམས་པར་བྱེད་པ་ལྟར་དེ་བཞིན་དུ་དེ་ཉིད་མངོན་སུམ་གྱིས་གསར་དུ་མཐོང་བ་ཡིས་མཐོང་སྤངས་རྣམས་ནི་དེ་མ་ཐག་སྤྱུར་དུ་ལྡོག་པར་འགྱུར་བར་ཆོས་མཚུངས་པས་སོ། །འཕགས་པའི་ལམ་དང་འབྲེལ་པ་ཡང་དང་ཡང་དུ་གོམས་པར་བྱས་པ་ལས་འཇིག་ཚོགས་ལ་ལྟ་བའི་སྙིང་པོ་བཅོམ་པ་རྣམས་ཀྱི་རགས་པ་ཟད་པའི་ལྷག་མ་རྣམས་ཀྱི་སྒོམ་སྤངས་སྒོམ་ལམ་གྱི་ཡེ་ཤེས་ཀྱི་སྤང་བྱ་རྣམས་སྙིང་པོ་ཟད་པའི་གོས་རུལ་དག་དང་མཚུངས་པར་བསྟན་ཏེ་སྙིང་པོ་རགས་པ་ཟད་པར་ཆོས་མཚུངས་པས་སོ། །

བཞི་པ་མ་དག་པ་དང་དག་པའི་ས་ལ་བརྟེན་པའི་སྒྲིབ་པའི་ཆོས་མཐུན་ནི། ས་བདུན་ལ་བརྟེན་པའི་དྲི་མ་ནི་མངལ་སྦུབས་ཀྱི་དྲི་མ་དག་དང་ཆོས་མཚུངས་ཏེ། རང་གིས་ཕོང་དུ་ཆུད་པར་བྱ་བ་ལ་བསྒྲིབ་པར་ཆོས་མཚུངས་པའི་ཕྱིར་རོ། །མངལ་སྦུབས་དང་བྲལ་བ་འདྲ་བའི་ས་བརྒྱད་པ་ཐོབ་པའི་མི་རྟོག་པའི་ཡེ་ཤེས་ནི་སྨོན་གྱི་ལས་ལས་རྩོལ་མེད་དུ་བྱུང་བའི་རྣམ་པར་སྨིན་པ་བཞིན་དུ་འབད་རྩོལ་ཉེ་བར་ཞི་བའི་དག་པ་ས་གསུམ་དང་རྗེས་སུ་འབྲེལ་པའི་དྲི་མ་རྣམས་ས་འདམ་ཙུང་ཟད་གོས་པ་བཞིན་དུ་ཤེས་པར་བྱ་སྟེ་དྲི་མ་དེ་ནི་བདག་ཉིད་ཆེན་པོ་རྡོ་རྗེ་ལྟ་བུའི་ཏིང་ངེ་འཛིན་གྱིས་ནི་གཞོམ་པར་བྱ་བ་ཡིན་ནོ། །

གཉིས་པ་ནི། སྔར་བཤད་པ་དེ་ལྟར་ཆགས་སོགས་དྲི་མ་དགུ་པད་མ་ལ་སོགས་པ་དག་དང་ཆོས་མཚུངས་པར་ཤེས་པར་བྱའོ། །འདི་འོག་མའི་མཚམས་སྦྱོར་དུ་ཡང་རུང་མོད་ཀྱི་སྔ་མའི་དོན་བསྡུར་བཤད་དོ། །

བཞི་པ་བསྒྲིབ་བྱ་ཁམས་ཀྱི་དཔེ་དོན་ཆོས་མཐུན་བཤད་པ་ལ་གཉིས། སྤྱིར་བསྟན་པ་དང་སོ་སོར་བཤད་པའོ། །

དང་པོ་ལ་གཉིས། རྩ་བ་དང་། འགྲེལ་པའོ། །

དང་པོ་ནི། རྫོགས་པའི་སངས་རྒྱས་ཀྱི་སྐུ་འཕྲོ་བ་ལ་སོགས་པའི་ཁམས་རང་བཞིན་གསུམ་གྱིས་བསྡུས་པའི་ཕྱིར་ཁམས་སངས་རྒྱས་སོགས་དང་ཆོས་མཚུངས་སོ། །

གཉིས་པ་ནི། སེམས་ཀྱི་རྣམ་པར་བྱང་བའི་ཁམས་ཞེས་སོ། །

གཉིས་པ་ལ་གཉིས། དཔེ་དོན་སྤྱིར་སྦྱར་བ་དང་། ཆོས་མཐུན་རྒྱས་པར་བཤད་པའོ། །

དང་པོ་ལ་གཉིས། དྲི་བ་དང་། ལན་ནོ། །

དང་པོ་ནི། སེམས་ཅན་ཐམས་ཅད་དེ་བཞིན་གཤེགས་པའི་སྙིང་པོ་ཅན་དུ་གསུངས་པའི་ཁམས་ཀྱི་རང་བཞིན་རྣམ་པ་གསུམ་གང་ཞེ་ན།

（午三）见所断及修所断之同法

如芽等渐次而生、穿破种子皮而出，如是由现前新见真实而无间速遮诸见所断，此二同法。与圣道相属数数串习而摧坏坏聚见之坚实，彼粗分尽之余之修所断，乃修道智之所断，说与坚实尽失之烂布相似，与坚实粗分尽同法故。（1.139—140）

（午四）依不净及清净地障之同法

依七地之垢者，与胎壳之垢相同，与障自应晓了者同法故。与离胎壳相似之八地所得无分别智者，如宿业无功用所生之异熟，与功用止息三清净地相属之诸垢，当知如染少分泥土。彼垢者是大主宰金刚喻定之所摧坏。（1.141—142）

（巳二）摄义

上述如是贪等九垢，当知与莲等同法。此虽亦可作下文之承启，然释为前文之摄义。

（卯四）释所障界之喻义同法

分二：（辰一）总标；（辰二）别释。

（辰一）总标

分二：（巳一）《论》；（巳二）《释》。

（巳一）《论》

等觉身弥布等界之三自性所摄故，界与佛等同法。（1.143）

（巳二）《释》：

当通达佛相等九喻与心清净界如来藏三种自性同法。

（辰二）别释

分二：（巳一）总合喻义；（巳二）广释同法。

（巳一）总合喻义

分二：（午一）问；（午二）答。

（午一）问

说一切有情皆具如来藏之界有三自性，云何三自性？

（午二）答

分二：（未一）《论》；（未二）《释》。

（未一）《论》

说此界自性遍一切有情之原由，即彼法身、真如及种性三者，如其次第，当以三喻、一喻及五喻而得解。（1.144）

གཉིས་པ་ལ་གཉིས། རྩ་བ་དང་། འགྲེལ་པའོ། །

དང་པོ་ནི། ཁམས་འདིའི་རང་བཞིན་སེམས་ཅན་ཐམས་ཅད་ལ་ཁྱབ་པར་སྟོན་པའི་རྒྱུ་མཚན་ཆོས་སྐུ་དང་དེ་བཞིན་ཉིད་དང་རིགས་ཀྱང་སྟེ་གསུམ་པོ་དེ་ནི་རིམ་པ་བཞིན་དུ་དཔེ་གསུམ་དང་གཅིག་དང་ནི་ལྔ་རྣམས་ཀྱིས་ནི་ཤེས་པར་བྱའོ། །

གཉིས་པ་ནི། སངས་རྒྱས་ཀྱི་གཟུགས་ཀྱི་སྐུ་དང་སྦྲང་རྩི་དང་འབྲུའི་སྙིང་པོའི་དཔེ་གསུམ་གྱིས་ནི་ཁམས་ཆོས་ཀྱི་སྐུའི་འཕྲིན་ལས་ཀྱིས་ཁྱབ་པས་ཆོས་ཀྱི་སྐུའི་འཕྲིན་ལས་འཇུག་ཉུང་གི་རང་བཞིན་དུ་ཤེས་པར་བྱའོ། །གསེར་གྱིས་དཔེ་གཅིག་གིས་ནི་དེ་བཞིན་གཤེགས་པའི་སྙིང་པོ་དེ་ཆོས་ཀྱི་སྐུའི་རང་བཞིན་རྣམ་དག་གི་ཆ་དང་རྣམ་པ་མི་འདྲ་བའི་ཁྱད་པར་མེད་པའི་དེ་བཞིན་ཉིད་ཀྱི་རང་བཞིན་དུ་ཤེས་པར་བྱའོ། །གཏེར་དང་། (151b) སྡོན་ཤིང་དང་། རིན་པོ་ཆེའི་སྐུ་དང་། འཁོར་ལོས་བསྒྱུར་པ་དང་གསེར་གྱི་གཟུགས་ཀྱི་དཔེ་ལྔས་ནི་དེ་བཞིན་གཤེགས་པའི་སྙིང་པོ་དེ་སངས་རྒྱས་ཀྱི་སྐུ་གསུམ་བསྐྱེད་པའི་རིགས་ཀྱི་རང་བཞིན་དུ་ཤེས་པར་བྱའོ། །

གཉིས་པ་ལ་གསུམ།ཆོས་ཀྱི་སྐུའི་ཆོས་མཐུན་བཤད་པ་དང་། དེ་བཞིན་ཉིད་ཀྱི་ཆོས་མཐུན་བཤད་པ་དང་། རིགས་ཀྱི་ཆོས་མཐུན་བཤད་པའོ། །

དང་པོ་ལ་གཉིས། དབྱེ་བ་དང་། ཆོས་མཐུན་བཤད་པ་དངོས་སོ། །

དང་པོ་ལ་གཉིས། དྲི་བ་དང་། ལན་ནོ། །

དང་པོ་ནི། དེ་ལ་ཆོས་ཀྱི་སྐུ་གང་ཞེ་ན།

གཉིས་པ་ལ་གཉིས། རྩ་བ་དང་། འགྲེལ་པའོ། །

དང་པོ་ནི། སེམས་ཅན་ཐམས་ཅད་ལ་དེ་བཞིན་གཤེགས་པའི་ཁམས་ཀྱིས་ཁྱབ་པར་གསུངས་པའི་རྒྱུ་མཚན། ཆོས་ཀྱི་སྐུ་རྣམ་པ་གཉིས་སུ་ཤེས་པར་བྱ་སྟེ། ཆོས་དབྱིངས་རང་བཞིན་གྱིས་རྣམ་པར་དག་པ་ལ་གློ་བུར་གྱི་དྲི་མ་མཐའ་དག་གིས་དག་པས་ཤིན་ཏུ་དྲི་མ་མེད་པ་མངོན་སུམ་དུ་རྟོགས་པའི་རྟོགས་པ་ཡེ་ཤེས་ཆོས་ཀྱི་སྐུ་དང་། བསྟན་པ་ཆོས་ཀྱི་སྐུ་ནི་སངས་རྒྱས་ཀྱི་ཐུགས་རྒྱུད་ཀྱི་ཆོས་ཉིད་མངོན་སུམ་དུ་རྟོགས་པ་དེའི་རྒྱུ་མཐུན་གྱི་འབྲས་བུ་གསུང་རབ་སྟེ། ཟབ་པ་དོན་དམ་པའི་བདེན་པ་སྟོན་པའི་ངེས་དོན་གྱི་མདོ་སྡེ་དང་གང་ཟག་དང་ཕུང་པོ་ལ་སོགས་པའི་ཀུན་རྫོབ་སྣ་ཚོགས་པའི་ཚུལ་ནི་ཚིག་དང་ཡི་གེ་མི་འདྲ་བ་སྣ་ཚོགས་པའི་ཚུལ་གྱིས་སྟོན་པ་དྲང་དོན་གྱི་མདོ་སྡེའོ། །

（未二）《释》

当以佛相身、**蜂蜜**、**谷实之三喻**，**了知彼界**法身事业弥布故**法身**事业堪入**之自性**。**以金之一喻**，**了知**彼如来藏是与法身自性清净分等同无差别**真如之自性**。**以宝藏**、**树**、**宝像**、**转轮王**、**金像之五喻**，**了知**彼如来藏是**出生佛三身种性之自性**。

（巳二）广释同法

分三：（午一）释法身之同法；（午二）释真如之同法；（午三）释种性之同法。

（午一）释法身之同法

分二：（未一）分别；（未二）正释同法。

（未一）分别

分二：（申一）问；（申二）答。

（申一）问

此中云何法身？

（申二）答

分二：（酉一）《论》；（酉二）《释》。

（酉一）《论》

说如来界弥布一切有情之原由，**当知**有**二**种**法身**：现证**法界**自性清净客尘全净而至**极无垢**者乃证智法身；教法身者，谓**彼**现证佛心相续法性之**等流**果圣言，即**宣说**甚**深**胜义谛之了义经，**及**以种种非一文句宣说补特伽罗及蕴等**种种**世俗道**理**之不了义经。（1.145）

གཉིས་པ་ནི། སངས་རྒྱས་རྣམས་ཀྱི་ཆོས་ཀྱི་སྐུ་ནི་བསྟན་པ་ཆོས་ཀྱི་སྐུ་དང་རྟོགས་པ་ཆོས་ཀྱི་སྐུ་རྣམ་པ་གཉིས་སུ་རྟོགས་པར་བྱའོ། །ཤིན་ཏུ་རྣམ་པར་དག་པའི་ཆོས་ཀྱི་དབྱིངས་ནི་རྣམ་པར་མི་རྟོག་པའི་མཉམ་གཞག་ཡེ་ཤེས་ཀྱི་སྤྱོད་ཡུལ་གྱི་ཡུལ་ལོ། །སྤྱོད་ཡུལ་དང་ཡུལ་གཉིས་སྨོས་པ་ནི་རྟག་ཏུ་མཉམ་པར་བཞག་པའི་ཁྱད་པར་སྟོན་པའོ། །（152a） དེ་ཡང་དེ་བཞིན་གཤེགས་པ་རྣམས་ཀྱི་མཉམ་གཞག་སོ་སོ་རང་གིས་རིག་པར་བྱ་བའི་ཆོས་ཀྱི་དབང་དུ་བྱས་ཏེ། རྟོགས་པར་བྱ་བ་ཡིན་ལ་དེ་རྟོགས་པའི་རྟོགས་པ་ཡེ་ཤེས་ཆོས་ཀྱི་སྐུའོ། །འདིས་ཐ་མ་བཤད་པའོ། །སངས་རྒྱས་ཀྱི་གསུང་རབ་ལ་དམིགས་ནས་དེའི་དོན་གོམས་པར་བྱས་པས་ཆོས་ཀྱི་སྐུ་ཐོབ་པར་འགྱུར་བས་ཆོས་ཀྱི་སྐུ་དེ་ཐོབ་པའི་རྒྱུ་གསུང་རབ་ནི་ཤིན་ཏུ་རྣམ་པར་དག་པའི་ཆོས་ཀྱི་དབྱིངས་རྟོགས་པ་ཉིད་ཀྱི་རྒྱུ་མཐུན་པའི་འབྲས་བུ་ཡིན་ལ། དེ་ནི་གདུལ་བྱ་རིགས་ཅན་གསུམ་དང་གནས་སྐབས་རིགས་མ་ངེས་པའི་སོ་སོ་སྐྱེ་བོའི་བསམ་པ་ཇི་ལྟ་བར་སེམས་ཅན་གཞན་ལ་གསུང་གི་རྣམ་པར་རིག་པ་འབྱུང་བའོ། །དེ་ཡང་བསྟན་པའི་ཆོས་ཀྱི་དབང་དུ་བྱས་པར་རིག་པར་བྱའོ། །བསྟན་པ་ཡང་རྣམ་པ་གཉིས་ཏེ། ཕྲ་བ་དང་། རྒྱ་ཆེན་པོའི་ཞེས་སོ། །གསུང་རབ་ཡན་ལག་བཅུ་གཉིས་ཏེ། །མདོ་ཁ་ཅིག་ལས་གསུང་རབ་ཡན་ལག་དགུར་གསུངས་པ་ནི། དབྱེ་བསྡུ་ཙམ་ཡིན་ནོ། །

གཉིས་པ་ལ་གཉིས། རྩ་བ་དང་། འགྲེལ་པའོ། །

དང་པོ་ནི། རྟོགས་པ་ཡེ་ཤེས་ཆོས་ཀྱི་སྐུ་ནི་འཇིག་རྟེན་ལས་འདས་པ་མཐར་ཐུག་པའི་ཕྱིར་འཇིག་རྟེན་ན་འདི་ལ་འདྲ་བའི་དཔེ་ནི་མི་དམིགས་པས་དེ་བཞིན་གཤེགས་པའི་གཟུགས་ཀྱི་སྐུ་ཉིད་དང་ཆོས་ཀྱི་སྐུའི་ངོ་བོ་ཁམས་རང་བཞིན་གྱིས་རྣམ་པར་དག་པ་ལ་གློ་བུར་གྱིས་དྲི་མ་མཐའ་དག་གིས་དབེན་པའི་ཆོས་ཀྱི་སྐུ་སེམས་ཅན་ཐམས་ཅད་ལ་ཁྱབ་པ་དང་འདྲ་བ་ཉིད་དུ་བསྟན་པ་ཡིན་ནོ། །ཕྲ་མོ་ཟབ་མོའི་ཚུལ་དོན་དམ་པའི་བདེན་པ་བསྟན་པའི་ངེས་དོན་གྱི་མདོ་སྡེ་ནི་དེའི་དོན་མྱང་བས་ན། ཆོས་ཐམས་ཅད་ཀྱི་རོ་གཅིག་པའི་རང་བཞིན་ཉམས་སུ་མྱོང་ཞིང་བདེ་བ་མཐའ་དག་སྟེར་པས་སྦྲང་རྩི（152b） མངར་བར་རོ་གཅིག་པ་བཞིན་ཏེ་ཀུན་རྫོབ་རྣམ་པ་སྣ་ཚོགས་པའི་ཚུལ་བསྟན་པ་དྲང་དོན་གྱི་མདོ་སྡེ་ནི་ཤུན་པ་སྣ་ཚོགས་པའི་སྦུབས་ན་སྙིང་པོ་ཡོད་པ་བཞིན་དུ་ཤེས་པར་བྱའོ། །དྲང་དོན་དང་ངེས་དོན་གྱི་གསུང་རབ་འདི་གཉིས་དཔེ་དང་སྦྱར་ཏེ་བཤད་པ་ནི། རྫོགས་སངས་སྐུ་ནི་འཕྲོ་ཕྱིར་དང་། ཞེས་བཤད་པའི་འཕྲོ་བའི་དོན་རྒྱས་པར་བཤད་པ་ཡིན་ཏེ། ཆོས་ཀྱི་སྐུ་འཕྲོ་བའི་དོན་ནི་ཁྱབ་པའི་དོན་ཡིན་ལ་དེ་ཡང་འཕྲིན་ལས་ཀྱིས་ཁྱབ་པ་སྟེ། དེ་བཞིན་གཤེགས་པའི་གསུང་གིས་གདུལ་བྱ་སྣ་ཚོགས་ལ་ཆོས་བསྟན་པའི་སྒོ་ནས་སེམས་ཅན་ཐམས་ཅད་ལ་འཕྲིན་ལས་འཇུག་ཅིང་། འཕྲིན་ལས་འཇུག་རྒྱུན་དུ་དུས་ནམ་ཡང་གནས་པས་ཆོས་ཀྱི་སྐུས་ཁྱབ་པ་ཞེས་བྱའོ། །

（酉二）《释》：

当知诸佛法身者，有教法身与证法身二种。极净法界者，乃无分别等引智之所行境之境。所行境与境二者别说者，显示恒常入定之差别。此亦约诸如来等引内证法而言。彼是所证，证彼者为证智法身，此先已释。缘佛圣言串习其义将得法身，故能得彼法身之因圣言者是证悟极净法界之等流果。彼随所化三类种性及暂时种性不定异生之意乐，而于余有情现起语之了别，应知此亦约教法而言。教亦有二种：以安立微细及广大法之理趣而分，即约胜义谛而宣说之菩萨藏甚深法理趣，及约世俗谛而宣说契经、应颂、记别、讽颂、自说、因缘等种种非一相法理趣。圣言分十二支，亦有经说圣言九支，惟开合不同。

（未二）正释同法

分二：（申一）《论》；（申二）《释》。

（申一）《论》

证智法身者，乃出世间究竟故，世上不见有此同喻，是故说如来形与法身体性界自性清净、客尘全寂之法身周遍一切有情相似。宣说细深理趣胜义谛之了义经者，若尝彼义即领受一切法一味之自性、复能赐一切乐，故如蜂蜜一味之甘甜；宣说世俗杂相理趣不了义经者，当知如杂皮壳之中有精实。此了不了义圣言二者，以喻合释，即“等觉弥布故”等所广释之弥布义。法身弥布义者，即周遍义。此复是说事业周遍，由如来语为种种所化说法之门，事业趣入一切有情，且事业之堪入永久安住，故名法身周遍。（1.146—147）

གཉིས་པ་ལ་གཉིས། དཔེ་གསུམ་གྱིས་བསྟན་པའི་ཚིག་དོན་བཤད་པ་དང་། ཆོས་སྐུས་ཁྱབ་པ་ལུང་དང་སྦྱར་བའོ། །

དང་པོ་ནི། དེ་ལྟར་ཞེས་ཏེ་སེམས་ཅན་འདི་དག་དེ་བཞིན་གཤེགས་པའི་སྙིང་པོ་ཅན་ཡིན་ནོ་ཞེས་བསྟན་ཏོ། །གང་ཞིག་དེ་བཞིན་གཤེགས་པའི་ཆོས་ཀྱི་སྐུ་ཐོབ་ཟུང་ལས་ཕྱི་རོལ་ཏུ་གྱུར་པའི་སེམས་ཅན་དེ་དག་ནི་འགའ་ཡང་སེམས་ཅན་གྱི་ཁམས་ན་མེད་དེ་ནམ་མཁའི་ཁམས་ལས་བུམ་པའི་ནང་ལ་སོགས་པའི་གཟུགས་བཞིན་ནོ། །

གཉིས་པ་ནི། ཇི་སྐད་དུ་མདོ་སྡེའི་རྒྱན་ལས། ཇི་ལྟར་ཐོགས་པའི་རིག་བྱ་དང་བྲལ་བའི་ནམ་མཁའ་རྟག་ཏུ་སྣོད་ཀུན་ཏུ་སོང་བར་འདོད་པ་དེ་བཞིན་དུ་ཆོས་ཀྱི་སྐུ་རང་བཞིན་གྱིས་རྣམ་པར་དག་པ་སེམས་ཅན་ཀུན་གྱི་རང་བཞིན་གྱི་རྗེས་སུ་སོང་བར་འདོད་དེ་ཇི་ལྟར་ནམ་མཁའ་གཟུགས་རྣམས་ཀུན་སོང་བ་དེ་བཞིན་དུ་ཆོས་ཀྱི་སྐུ་རང་བཞིན་གྱིས་རྣམ་པར་དག་པའི་ཆ་འདི་ཡང་སེམས་ཅན་གྱི་ཚོགས་ཀུན་ཏུ་སོང་བར་འདོད་དོ། །

ཁྱེད་ཐ་མ་མདོ་རྒྱན་གྱི་དོན་བསྡུས་པ （153a） དང་། ཁྱེད་ཕྱི་མ་ཚིག་དྲངས་པ་ཡིན་ཡང་། ཕྱོགས་མཐུན་གྱི་ལུང་དྲངས་པ་ཡིན་གྱི། རང་བཞིན་རྣམ་དག་གི་ཆ་ལ་ཐ་རགས་ཁྱད་པར་ཤིན་ཏུ་ཆེའོ། །

གཉིས་པ་ལ་གཉིས། རྩ་བ་དང་། འགྲེལ་པའོ། །

དང་པོ་ནི། རང་གི་རང་བཞིན་ཐར་བཟང་པོ་ཕྱིས་ངན་པར་འགྱུར་བ་མེད་པ་དང་། འདོད་པའི་འབྲས་བུ་ཕུན་སུམ་ཚོགས་པ་འབྱིན་པ་དང་། ཁ་ན་མ་ཐོ་བ་མེད་པས་དགེ་ཞིང་བཟང་བ་དང་དྲི་མ་རང་བཞིན་ལ་མ་ཞུགས་པས་རང་བཞིན་གྱིས་རྣམ་པར་དག་པའི་ཕྱིར་སེམས་རང་བཞིན་གྱིས་སྟོང་པ་དེ་བཞིན་ཉིད་འདི་མི་གཙང་བའི་ནང་ན་གནས་པའི་གསེར་གྱི་ནི་གཟུགས་དང་མཚུངས་པར་བརྗོད་པ་ཡིན་ནོ། །འདིས་ནི་དེ་བཞིན་གཤེགས་པའི་རང་བཞིན་དོན་དམ་པའི་བདེན་པ་རང་བཞིན་གྱིས་སྟོང་པ་དེ་ཉིད་དང་རྣམ་པ་འཆར་ཚུལ་ལ་ཁྱད་པར་ཅུང་ཟད་ཀྱང་མེད་པའི་ཚུལ་དུ་སེམས་ཅན་ཐམས་ཅད་ཀྱི་སེམས་ཀྱི་རང་བཞིན་ལ་ཞུགས་པ་ལ་དགོངས་ནས་སེམས་ཅན་ཐམས་ཅད་དེ་བཞིན་གཤེགས་པའི་སྙིང་པོ་ཅན་ནོ། །ཞེས་གསུངས་པ་ཡིན་ནོ། །

གཉིས་པ་ལ་གཉིས། ཚིག་དོན་དང་། ལུང་དང་སྦྱར་བའོ། །

དང་པོ་ནི། སེམས་ཅན་གྱི་སེམས་གང་ཡིན་པ་དེ་ནི་ཉོན་མོངས་པ་དང་སྡུག་བསྔལ་མཐའ་ཡས་པ་དང་རྗེས་སུ་འབྲེལ་ཀྱང་རང་བཞིན་གྱིས་འོད་གསལ་བ་ཉིད་ཀྱིས་རང་བཞིན་གྱིས་སྟོང་པ་ལས་གཞན་དུ་རྣམ་པར་འགྱུར་བ་ལ་ནི་བརྟེན་པ་དེའི་ཕྱིར་གསེར་བཟང་པོ་བཞིན་དུ་གཞན་དུ་མི་འགྱུར་བའི་དོན་གྱིས་དེ་བཞིན་ཉིད་ཅེས་བརྗོད་དོ། །

(申二)《释》

分二:(酉一)释以三喻所示之文义;(酉二)法身周遍义配合经教。

(酉一)释以三喻所示之文义

如是以此佛相、**蜂蜜**、**谷实之三喻**,**示如来法身周遍无余有情界**,**而说“此等有情皆具如来藏”**。**有情界中无一有情出于**堪得**如来法身之外**,**如虚空界之于**瓶内等之**色**。

(酉二)法身周遍义配合经教

《经庄严论》中**所谓**:**如许**远离碍触之**虚空恒遍行**一切器,**如是**许**彼**法身自性清净**亦恒遍行**一切有情之自性。**如同虚空遍**行**诸色**,**如是此**法身自性清净分**亦遍**行于一切**有情**聚。

前半颂是《经庄严论》之摄义,后半颂是申言,是引同品之教,然所言自性清净分之粗细差别极大。

(午二)释真如之同法

分二:(未一)《论》;(未二)《释》。

(未一)《论》

自性无先妙后劣之**变异**,施圆满所欲果,无罪故贤**善**,**及**垢不入自性故自性**清净**,是**故说此**心自性清净**真如者**,**与**住不净中之**金像相似**。此真如相与如来自性胜义谛自性空无有少分差别,入一切有情心性。依此意趣,说一切有情皆具如来藏。(1.148)

(未二)《释》

分二:(申一)文义;(申二)配合经论。

(申一)文义

彼有情之**心者**,**虽与无边烦恼**、**苦相系属**,**然自性光明**之自性空**未曾变异**,**故如妙金**,**以不变异义说真如**。

དེ་ཡང་མྱ་ངན་ལས་མི་འདའ་བའི་ཆོས་ཅན་ཞེས་བཤད་པ་ལོག་པ་ཉིད་དུ་ངེས་པའི་རྒྱུ་ཅན་གྱི་སེམས་ཅན་ཐམས་ཅད་ལ་ཡང་རང་བཞིན་ཁྱད་པར་མེད་དུ་ཟིན་ཡང་། གློ་བུར་གྱི་ཉོན་མོངས (153b) དང་། ཤེས་བྱའི་སྒྲིབ་པ་མཐའ་དག་རྣམ་པར་དག་པ་ལས་གྱུར་པའི་ཚེ་དེ་བཞིན་གཤེགས་པ་ཞེས་བྱ་བའི་རྣམ་གྲངས་སུ་འགྲོ་སྟེ་འདིས་སེམས་ཅན་ཐམས་ཅད་ཀྱི་དེ་བཞིན་ཉིད་དེ་བཞིན་གཤེགས་པར་བསྟན་ནམ། འོན་ཏེ། དེ་ཉིད་དྲི་མ་མཐའ་དག་གིས་དག་པ་དེ་བཞིན་གཤེགས་པར་བསྟན་བསམ་པར་བྱ་བ་ཡིན་ནོ། །

དེས་ན་འདིར་གསེར་གྱི་དཔེ་གཅིག་གིས་དེ་བཞིན་ཉིད་ལ་རང་གི་ངོ་བོས་བྱས་པའི་རྣམ་པ་མི་འདྲ་བ་དབྱེར་མེད་པའི་དོན་གྱི་དབང་དུ་བྱས་ནས་དེ་བཞིན་གཤེགས་པའི་དེ་བཞིན་ཉིད་སེམས་ཅན་དེ་དག་གི་སྙིང་པོ་ཡིན་ནོ་ཞེས་བསྟན་པ་ཡིན་ནོ། །འདིས་སེམས་ཅན་ཐམས་ཅད་དེ་བཞིན་གཤེགས་པའི་སྙིང་པོ་ཅན་ནོ། །ཞེས་གསུངས་པའི་དོན་གསུམ་གྱི་དབང་དུ་བྱས་པའི་གཉིས་པའི་དོན་ལེགས་པར་བཤད་པ་ཡིན་ཏེ། དེ་ཡང་དེ་བཞིན་གཤེགས་པ་མཚན་ཉིད་པ་དེའི་ཐུགས་རྒྱུད་ཀྱི་རང་བཞིན་རྣམ་དག་གི་ཆ་དེ་དང་། སེམས་ཅན་གྱི་རྒྱུད་ཀྱི་རང་བཞིན་རྣམ་དག་གི་ཆ་གཉིས་ལ་ཐོ་སེར་བཞིན་དུ་དབྱེར་མེད་པར་ཡོད་པ་ལ་དགོངས་ནས་སེམས་ཅན་དེ་བཞིན་གཤེགས་པའི་སྙིང་པོ་ཅན་ནོ། །ཞེས་གསལ་བར་བཤད་པས། དེ་བཞིན་གཤེགས་པ་སེམས་ཅན་གྱི་རྒྱུད་ལ་ཡོད་པར་འདོད་པ་ནི་ཧ་ཅང་རྣམ་པར་མ་བརྟགས་པའོ། །

གཉིས་པ་ལ་གཉིས། མདོའི་ལུང་དང་། བསྟན་བཅོས་ཀྱི་ལུང་ངོ། །

དང་པོ་ནི། སེམས་ཀྱི་རང་བཞིན་རྣམ་པར་དག་པ་ཞེས་ཏེ། ཡེ་ཤེས་སྣང་བ་རྒྱན་གྱི་མདོ་ལས། འཇམ་དཔལ་དེ་ལ་དེ་བཞིན་གཤེགས་པ་ནི་བདག་གི་ཉེ་བར་ལེན་པའི་ཕུང་པོ་དེ་བསྐྱེད་པའི་རྒྱུ་བདག་འཛིན་ཡིན་ལ། དེའི་གཞི་རྩ་དམིགས་པ་པ་དག་དེ་ཙུང་ཟད་ཀྱང་མེད་པར་དེ་བཞིན་གཤེགས་པས་མངོན་སུམ་དུ་ཡོངས་སུ་མཁྱེན་པ་མཛད་ནས་སེམས་ཅན་གྱི་བདག་འཛིན་བསྲུང་བ་མཛད (154a) དེ། བདག་རྣམ་པར་དག་པས་སེམས་ཅན་ཐམས་ཅད་རང་བཞིན་གྱིས་རྣམ་པར་དག་པར་རྟོགས་སོ། །བདག་རྣམ་པར་དག་པ་གང་ཡིན་པ་དང་། སེམས་ཅན་ཐམས་ཅད་རང་བཞིན་གྱིས་རྣམ་པར་དག་པ་གང་ཡིན་པ་འདི་ནི་གཉིས་སུ་མེད་དེ་གཉིས་སུ་བྱར་མེད་དོ། །ཞེས་སོ། །

གཉིས་པ་ནི། དེ་སྐད་དུ། མདོ་སྡེའི་རྒྱན་ལས། རང་བཞིན་རྣམ་དག་སངས་རྒྱས་དང་སེམས་ཅན་ཐམས་ཅད་ལ་ནི་ཁྱད་པར་མེད་པར་ཡོད་ཀྱང་དེ་བཞིན་ཉིད་དྲི་མ་མཐའ་དག་གིས་དག་པ་ལས་བྱུང་བ་དེ་བཞིན་གཤེགས་པ་ཉིད་ཡིན་པ་དེའི་ཕྱིར། སངས་རྒྱས་ཀྱི་དེ་བཞིན་ཉིད་དང་ཁྱད་པར་མེད་པར་སེམས་ཅན་ལ་ཡོད་པ་ལ་དགོངས་ནས་འགྲོ་ཀུན་དེ་བཞིན་གཤེགས་པ་དེའི་སྙིང་པོ་ཅན། ཞེས་གསུངས་སོ། །

此复所谓“具不得涅槃法”**有决定颠倒因之一切有情**，**亦皆自性无别**，**客烦恼**及所知障**全净之时**，**皆入“如来”之数**。当思此说一切有情真如是如来耶？或彼诸垢全净是如来耶？

因此此中金之一喻，**约真如**自体所成之相**无分别义**，**说如来真如是彼等有情之藏**。此善释说“一切有情有如来藏”三义之第二义。此亦彼真如来心相续之自性清净分，与有情相续之自性清净分二者，非如青黄分别而有。依此意趣，显说一切有情有如来藏。故许有情相续中有如来者，太无观察。

（申二）配合经论

分二：（酉一）《经》；（酉二）《论》。

（酉一）《经》

约心性清净无二法性，《智光庄严经》中**世尊曰**：“**曼殊室利**，我执乃生**自取**蕴之因，彼**之根基**所缘，如来少分亦无。**如来**现**知已**，**而令**有情**防护**我执。**我清净故**，**证一切有情自性清净**。**我清净与一切有情自性清净者**，**无二无别**。”

（酉二）《论》

《经庄严**论》云**：“自性清净，佛与有情**一切虽无别**而有，**由真如**垢染全**清净而生如来故**，佛之真如与有情（之真如）无别皆有，依此意趣，说**众生有彼**如来**藏**。”

གསུམ་པ་ལ་གཉིས། རྩ་བ་དང་། འགྲེལ་པའོ། །

དང་པོ་ལ་གཉིས། རིགས་ཀྱི་ངོ་བོའི་དཔེ་དོན་ཆོས་མཐུན་དང་། རིགས་ཀྱི་ནུས་པའི་དཔེ་དོན་ཆོས་མཐུན་ནོ། །

དང་པོ་ནི། གཏེར་དང་པོ་ནས་གནས་པ་དང་། འབད་པས་སྐྱབ་པའི་འབྲས་བུའི་ཤིང་བཞིན་དུ་རིགས་དེ་རྣམ་པ་གཉིས་སུ་ཤེས་པར་བྱ་སྟེ། ཐོག་མ་མེད་པ་ནས་སེམས་ཀྱི་རང་བཞིན་དུ་གནས་པ་རང་བཞིན་གནས་རིགས་དང་། ཐོས་བསམ་གྱིས་རྐྱེན་གྱིས་གསར་དུ་ཡང་དག་པར་བླངས་པ་ལས་བྱུང་བའི་རིགས་ཏེ། ཕྱི་མ་ནུས་པ་ཁྱད་པར་ཅན་དུ་གྱུར་པས་མཆོག་ཉིད་དོ། །

གཉིས་པ་ལ་གཉིས། ནུས་པའི་དབྱེ་བ་དང་། དཔེ་དོན་ཆོས་མཐུན་བཤད་པའོ། །

དང་པོ་ནི། རང་བཞིན་དུ་གནས་པའི་རིགས་དང་ཡང་དག་པར་བླངས་པ་ལས་བྱུང་བའི་རིགས་འདི་གཉིས་ལས་ཐོག་མར་རིགས་སད་བྱེད་ཀྱི་རྐྱེན་ལས་རིགས་སད་པར་བྱེད་དེ།། བྱང་ཆུབ་ཀྱི་མཆོག་ཏུ་སེམས་བསྐྱེད་ནས་སྤྱོད་པ་ལ (154b) བསླབས་པས་སངས་རྒྱས་ཀྱི་སྐུ་གསུམ་ཐོབ་པར་འདོད་པ་ཡིན་ནོ། །དེ་ཡང་རིགས་དང་པོས་སྐུ་ནི་དང་པོ་ཆོས་ཀྱི་སྐུ་ཐོབ་སྟེ་རིགས་གཉིས་པ་ཡིས་ནི་ཕྱི་མ་གཟུགས་ཀྱི་སྐུ་གཉིས་ཐོབ་པར་འགྱུར་བ་ཡིན་ནོ། །

ཡེ་ཤེས་ཀྱི་ཚོགས་བསགས་པའི་ལག་རྗེས་ལ་དེ་བཞིན་ཉིད་དྲི་མས་དག་པའི་དག་པ་གཉིས་ལྡན་གྱི་ཆོས་སྐུ་དང་། ཇི་ལྟ་བ་མཁྱེན་པའི་ཡེ་ཤེས་འབྱུང་ལ། བསོད་ནམས་ཀྱི་ཚོགས་བསགས་པའི་ལག་རྗེས་ལ་གཟུགས་ཀྱི་སྐུ་རྣམ་པ་གཉིས་དང་། ཇི་སྙེད་པ་མཁྱེན་པའི་ཡེ་ཤེས་འབྱུང་ངོ་། །སངས་རྒྱས་ཀྱི་ཐུགས་རྒྱུད་ཀྱི་ཡེ་ཤེས་ཉིད་མཚན་དང་དཔེ་བྱད་ཀྱིས་སྤྲས་པའི་གཟུགས་ཀྱི་སྣང་སྣང་བ་ཡིན་གྱི། རྡུལ་ཕྲ་རབ་བསགས་པ་ལ་སོགས་པའི་བེམ་པོའི་ལུས་ཙམ་ཟད་ཀྱང་མེད་པར་ཤེས་པར་བྱའོ། །སངས་རྒྱས་ཀྱི་གཟུགས་ཀྱི་སྐུ་གདུལ་བྱའི་གཞན་སྣང་ཙམ་འབའ་ཞིག་ཡིན་གྱི། སངས་རྒྱས་རང་རྒྱུད་ཀྱིས་བསྡུས་པ་ཙམ་ཟད་ཀྱང་མེད་པར་འདོད་པ་ནི། ལྷ་སྟེགས་སྤྱོད་པ་བ་དྲི་མ་ཟད་པའི་སྐྱེས་བུ་མི་སྲིད་པར་འདོད་པ་དང་ཁྱད་པར་ཙམ་ཟད་ཀྱང་མེད་ལ། དེ་བཞིན་དུ་སངས་རྒྱས་རང་སྣང་ལ་ཤེས་བྱ་ཇི་སྙེད་པའི་གཟིགས་པ་མེད་པར་འདོད་པ་སོགས་ཀྱང་ཕྱིན་ཅི་ལོག་ཏུ་ཤེས་པར་བྱའོ། །

（午三）释种性之同法

分二：（未一）《论》；（未二）《释》。

（未一）《论》

分二：（申一）种性体之喻义同法；（申二）种性力之喻义同法。

（申一）种性体之喻义同法

当知二种**种性如**宝**藏**本来安住**及**以功用成办之**果树**，即：**无始**以来安住心性之**本性住种**，**及**以闻思为缘而新生之**习所成**种，后者具殊**胜**力故为上。(1.149)

（申二）种性力之喻义同法

分二：（酉一）力之差别；（酉二）释喻义同法。

（酉一）力之差别

许此本性住种及习所成种**二种性**，最初以醒觉种性之因醒觉之，发最上菩提心已学习诸行，**能得佛**之**三身**：**初**种性当**得第一**法**身**，**第二**种性当**得后二**色身。(1.150)

串习智慧资粮之迹，为出生真如垢净之具二清净法身及如所有智；串习福德资粮之迹，为出生二种色身及尽所有智。当知佛心相续之智现为相好庄严之色身，而全无极微尘聚等之粗色身。或许佛之色身纯系所化之他显现，而全非佛自相续所摄者。曰：如此则与弥曼差外道全无差别，彼许无有垢净之土。如是当知，许佛自显现中无尽所有所知之观等亦是颠倒。

གཉིས་པ་ནི། ངོ་བོ་ཉིད་ཀྱི་སྐུའི་ཆོས་མཐུན་ནི། ངོ་བོ་ཉིད་ཀྱི་སྐུ་མཛེས་པ་ནི་རིན་ཆེན་གྱི་སྐུ་འདྲ་བར་ཤེས་པར་བྱ་སྟེ། རྒྱུ་རྐྱེན་གཞན་གྱི་རང་བཞིན་གྱིས་ནི་བྱས་པ་མིན་པ་དང་། སྟོབས་དང་མི་འཇིགས་པ་ལ་སོགས་པའི་ཡོན་ཏན་རིན་ཆེན་གྱི་གཏེར་ཡིན་པའི་ཕྱིར། ལོངས་སྐུའི་ཆོས་མཐུན་ནི། ཐེག་པ་ཆེན་པོའི་ཆོས་ཀྱི་རྒྱལ་སྲིད་ལ་རྫོགས་པར་ལོངས་སྤྱོད་པས་ཆོས་ཆེན་པོའི་རྒྱལ་སྲིད་ཆེན་པོ་དང་ལྡན་པའི་ཕྱིར་རྫོགས་པར་ལོངས་སྤྱོད་པའི་སྐུ་ནི་འཁོར་ལོས་བསྒྱུར་བ་བཞིན་ནོ། །ལོངས་སྤྱོད་རྫོགས་པའི་སྐུའི་ (155a) མཚན་དཔེ་ལ་སྟོས་ཏེ་གཟུགས་བརྙན་གྱི་ནི་རང་བཞིན་ཡིན་པའི་ཕྱིར་སྤྲུལ་པའི་སྐུ་ནི་གསེར་གྱི་གཟུགས་བརྙན་བྱས་པ་ལྟ་བུའོ། །

གཉིས་པ་ལ་གཉིས། སངས་རྒྱས་ཀྱི་རིགས་ཡོད་པས་སངས་རྒྱས་ཀྱི་སྙིང་པོ་ཅན་དུ་བཤད་པ་དང་། ཤེས་བྱེད་ལུང་དང་སྦྱར་བའོ། །

དང་པོ་ནི། སེམས་ཅན་ཐམས་ཅད་ལ་སངས་རྒྱས་ཀྱི་རིགས་ཡོད་པ་རྒྱུ་མཚན་དུ་བྱས་ནས་སེམས་ཅན་ཐམས་ཅད་དེ་བཞིན་གཤེགས་པའི་སྙིང་པོ་ཅན་དུ་བསྟན་པ་དེའི་ཕྱིར་ཞེས་ཏེ། སངས་རྒྱས་ཀྱི་སྐུ་རྣམ་པ་གསུམ་བསྐྱེད་པའི་རིགས་ཡོད་པའི་དབང་དུ་བྱས་ཏེ་ཧླ་ཏུའི་སྒྲ་རྒྱུ་དང་། དབྱིངས་དང་ཁམས་སོགས་ལ་འཇུག་པས་དེ་དེ་བཞིན་གཤེགས་པའི་ཁམས་རྒྱུའི་དོན་དུ་བྱས་ནས་སེམས་ཅན་འདི་དག་ཐམས་ཅད་ཀྱི་སྙིང་པོ་བསྟན་པ་ཡིན་ནོ། །དེ་བཞིན་གཤེགས་པ་ཉིད་ནི་སངས་རྒྱས་ཀྱི་སྐུ་རྣམ་པ་གསུམ་གྱིས་རབ་ཏུ་ཕྱེ་བ་ཡིན་ཏེ། དེས་ན་དེ་བཞིན་གཤེགས་པའི་ཁམས་རིགས་རྣམ་པ་གཉིས་ནི་སྐུ་གསུམ་པོ་དེ་ཐོབ་པའི་རྒྱུ་ཡིན་པས་འདིར་ཁམས་ཀྱི་དོན་ནི་རྒྱུའི་དོན་ཏོ། །

གཉིས་པ་ལ་གསུམ། མཚམས་སྦྱར་བ་དང་། ལུང་དྲང་བ་དང་། དེའི་དོན་མདོ་གཞན་ལ་བརྟེན་ནས་བཤད་པའོ། །

དང་པོ་ནི། རིགས་གཉིས་སྐུ་གསུམ་ཐོབ་པའི་རྒྱུ་ཡིན་པ་གང་གི་ཕྱིར་ན་དེ་ལ་ཡང་སེམས་ཅན་དང་སེམས་ཅན་ནི་སེམས་ཅན་སོ་སོ་ཀུན་ལ་དེ་བཞིན་གཤེགས་པའི་ཁམས་རང་རྒྱུད་ལ་གྲུབ་པ་སྙིང་པོར་གྱུར་པ་ཡོད་མོད་ཀྱི་སེམས་ཅན་དེ་དག་གིས་ཤེས་པ་མ་ཡིན་ནོ། །ཞེས་གསུངས་སོ། །རྟོགས་ན་ཕན་ཡོན་ཆེ་བར་འོག་ནས་འབྱུང་ངོ། །

གཉིས་པ་ནི། དེ་སྐད་དུ་ཆོས་མངོན་པའི་མདོ་ལས། ཐོག་མ་མེད་པའི་དུས་ཅན་གྱི་ཁམས་འཁོར་འདས་ཀྱི་ཆོས་རྣམས་ཀུན་གྱི་གནས་དང་བརྟེན་དང་གཞི (155b) ཡིན་ཏེ་རིགས་དེ་ཡོད་པས་ནི་འགྲོ་ཀུན་འཁོར་བར་འཁོར་བ་དང་མྱ་ངན་ལས་འདས་པའང་ཐོབ་པ་འཐད་པ་ཡིན་ནོ། །ཞེས་གསུངས་སོ། །

（酉二）释喻义同法

自性身之同法者，**当知端严自性身**者**如宝像**，以**非**他因缘之**自性所作**、乃力、无畏此等**功德宝藏故**。受用身同法者，圆满受用大乘法国政而**具**足**大法**国**政故**，圆满受用**报身**者**如**同**转轮**王。观待于圆满受用身之相好，是**影像之**自**性故**，变**化身**者**如**同**金像**。（1.151—152）

（未二）《释》

分二：（申一）有佛种性故说具如来藏；（申二）配合经教依据。

（申一）有佛种性故说具如来藏

以一切有情有佛种性为原由，说一切有情有如来藏。**是故**，**如是余宝藏**、**树**、**宝像**、**转轮王**、**金像五喻**，**约有能生佛三种身之种性**，**而说如来界此等一切有情之藏**。"达觑"一名可作因、界等多种解，如来之界为因义。**如来者**，**由佛三身而分**。**如来界**二种种性**是能得**彼三身**之因**，**故此中界义者即因义**。

（申二）配合经教依据

分三：（酉一）承启；（酉二）引教；（酉三）依余经释彼义。

（酉一）承启

二种性是能得三身之因，**故说**"**各各有情**，**虽**一切**皆有如来界**、自相续中所**成就之藏**，**然彼等有情未能知晓**。"若能通达则有大利益，下当说之。

（酉二）引教

《阿毗达磨**经**》**云**："**无始时来界**，**是**生死涅槃**诸法之处**、依、基。**由此**种性故，**有诸趣**流转生死**及涅槃证得**皆应理。"

སེམས་རང་བཞིན་རྣམ་དག་མེད་ན་དྲི་མ་སྦྱང་དུ་མི་རུང་ལ། ཡོན་ཏན་སྐྱེ་རུང་མེད་ན་ཡོན་ཏན་གྱི་ཚོགས་སྐྱེ་བ་མི་འཐད་པའི་ཕྱིར་དང་། རིགས་མེད་ན་འཁོར་བར་འཁོར་བ་དང་མྱ་ངན་ལས་འདས་པ་ཐོབ་པ་ཡང་མི་འཐད་པས་དེ་ཐམས་ཅད་རང་བཞིན་རྣམ་དག་གི་རིགས་རྟེན་དུ་ཡོད་པ་ལས་གྲུབ་པ་ཡིན་ནོ།། འགྲེལ་པ་འདིར་ཚོགས་དྲུག་ལས་ངོ་བོ་ཐ་དད་པའི་ཀུན་གཞི་རྣམ་པར་ཤེས་པ་བཞེད་པ་མ་ཡིན་ཏེ། བྱང་ཆུབ་སེམས་དཔའ་སློབ་དཔོན་འཕགས་པ་ཐོགས་མེད་ཀྱིས་རྣལ་འབྱོར་སྤྱོད་པ་པའི་ཤིང་རྟའི་སྲོལ་ཕྱེ་བའི་གཞུང་གཞན་དུ་མདོ་འདི་ཤེས་བྱེད་དུ་དྲངས་ནས་ཚོགས་དྲུག་ལས་ངོ་བོ་ཐ་དད་པའི་ཀུན་གཞི་ཡོད་པར་བསྒྲུབས་ལ། འདིས་རིགས་གཉིས་ཡོད་པ་བསྟན་ཅིང་། རིགས་ཡོད་པའི་ལུང་གི་སྒྲུབ་བྱེད་དུ་འགྱུར་ན་ཡིད་ཀྱི་དེས་ཀུན་གཞི་མི་འགྲུབ་སྟེ། ལུང་འདི་ནི་རིགས་ཡོད་པར་སྒྲུབ་པའི་དོན་དུ་བཅོམ་ལྡན་འདས་ཀྱིས་གསུངས་པའོ། །ཞེས་བཤད་ན་གནོད་པ་ཅུང་ཟད་ཀྱང་མེད་པའི་ཕྱིར་རོ། །

གསུམ་པ་ལ་ཐོག་མ་མེད་པའི་དུས་ཅན་དང་། ཁམས་དང་། ཆོས་ཀུན་གྱི་གནས་དང་། འཁོར་བ་དང་། མྱ་ངན་ལས་འདས་པ་འཐད་པའི་དོན་བཤད་པའོ། །

དང་པོ་ནི། དྲི་བ་ནི། དེ་ལ་ཞེས་སོ། །ལན་ནི་དཔལ་ཕྲེང་གི་མདོ་ལས།དེ་བཞིན་གཤེགས་པའི་ཞེས་ཏེ། དུས་འདི་ཙམ་ནས་འབྱུང་ལ་དེ་ཡན་ཆད་དུ་མེད་དོ་ཞེས་བཞག་ཏུ་མི་རུང་བས་སོ། །

གཉིས་པ་ནི། ཁམས་ཞེས་བྱ་བ་ནི། ཇི་སྐད་དུ་མདོ་དེ་ལས། བཅོམ་ལྡན་འདས་དེ་བཞིན་གཤེགས་པའི་སྙིང་པོ་གང་ལགས་པ་འདི་ནི་གང་ལ་དམིགས་ནས་བསྒོམས་ན་འཇིག་རྟེན་ལས་འདས་པའི་ཆོས་ཐམས་ཅད་འབྱུང་བའི་སྙིང་པོར་གྱུར་པས་འཇིག་རྟེན (156a) ལས་འདས་པའི་ཆོས་ཀྱི་སྙིང་པོ་དང་རང་བཞིན་རྣམ་དག་གི་ཆོས་རྣམས་ཀྱི་གནས་ལུགས་མཐར་ཐུག་པ་ཡིན་པས་རང་བཞིན་གྱིས་ཡོངས་སུ་དག་པའི་ཆོས་ཀྱི་སྙིང་པོའོ། །ཞེས་གསུངས་པའོ། །

གསུམ་པ་ནི། ཆོས་རྣམས་ཞེས་ཏེ། མདོ་དེ་ལས། བཅོམ་ལྡན་འདས་དེའི་སླད་དུ་དེ་བཞིན་གཤེགས་པའི་སྙིང་པོ་ནི་དྲི་མ་མཐའ་དག་འབྲལ་རུང་དུ་འབྲེལ་བ་གཉེན་པོའི་ཕྱོགས་ཐམས་ཅད་སྐྱེ་རུང་དུ་རྣམ་པར་དབྱེ་བ་མེད་པ་རྒྱུ་མཚན་དེས་ན་ཡོན་ཏན་འབྲལ་མི་ཤེས་པ། འདུས་མ་བྱས་པའི་ཆོས་རྣམས་ཀྱི་གནས་དང་། གཞི་དང་། རྟེན་ལགས་ལ། བཅོམ་ལྡན་འདས་དེ་བཞིན་གཤེགས་པའི་སྙིང་པོ་ནི་རང་བཞིན་ལ་མ་ཞུགས་པས་མ་འབྲེལ་པ་འབྲལ་དུ་རུང་བས་རྣམ་པར་དབྱེ་བ་དང་བཅས་པའི་ཆོས་བྲལ་བ་ཤེས་པ་ཞེས་སོ། །

若心自性不净则垢不堪净、若德不堪生则不应生功德聚故；若无种性，则生死流转及证涅槃皆不应理，故此一切皆赖自性清净之种性而成立。本《释》中不许有与六识异体之阿赖耶识，以圣无著论师菩萨开辟瑜伽行车轨，于别论中引此经为据，成立有与六识异体之阿赖耶识；若释此经是说有二种性，且引作有种性之经教依据，则此经不复成立阿赖耶，世尊是为成立有种性而作是说则全无妨难故[①]。

（酉三）依余经释彼义

分五：（戌一）释无始时来义；（戌二）释界义；（戌三）释诸法之处义；（戌四）释生死应理义；（戌五）释涅槃应理义。

（戌一）释无始时来义

问：**此中“无始时”何谓也**？答：《胜**鬘经**》**约如来藏而宣说**、**建立说“不见前边际”**。不应说尔时始现，此前则无。

（戌二）释界义

所谓界者，彼**经云**：“**世尊**，**此如来藏者**，若缘之而修，则成出生一切出世间法之藏，故**乃出世间法藏**；是自性清净诸法之究竟真实，故**乃自性清净法藏**。”

（戌三）释诸法之处义

所谓“是诸法之处”者，彼**经云**：“**世尊**，**是故如来藏者**，**是**与堪离一切垢**相属**、与堪生一切对治品**无别**、因此功德**不乖离**、**无为诸法之处**、**依及基**。**世尊**，**如来藏者**，**亦是**不入自性故**不相属**、离故可**离别**、**乖离**、**有为诸法之处**、**依及基**。”

---

① 《入中论善显密意疏》云：“如是慈尊解经意时，于《辨中边论》与《经庄严论》，《辨法法性论》中，建立阿赖耶识破除外境。于《现观庄严论》与《宝性论》中，则不建立阿赖耶识不破外境。无着菩萨解《宝性论》，亦不作唯识宗释，而作中观宗释。《摄大乘论》，为成立阿赖耶识时引之《阿毗达磨经》，于《宝性论释》中，则引证一切有情皆有法性种性。如云：‘虽诸有情皆有如来界藏，然彼有情自不能知。如云：无始时来界，一切法等依，由此有诸趣，及涅槃证得。’与月称论师说阿赖耶识意趣，是依空性而说，极相符合。故彼亦许，离六识身说有异体阿赖耶识，是为度一类所化增上而说。”上海佛教协会，页253—254。

བཞི་པ་ནི། དེ་ཡོད་ན་ནི་ཞེས་ཏེ། རིགས་ཡོད་ན་འཁོར་བར་འཁོར་བ་འཐད་ལ། དེ་མེད་ན་མི་འཐད་པའི་ཕྱིར་རོ། །

ལྔ་པ་ནི། མྱ་ངན་ལས་འདས་པ་ཞེས་ཏེ། མདོ་དེ་ལས། བཅོམ་ལྡན་འདས་ཞེས་སོ། །རིགས་མེད་ན་འཁོར་བའི་ཡིད་འབྱུང་དང་། ཐར་པ་དོན་གཉེར་གྱི་བློ་མི་འབྱུང་ལ། དེ་རྣམས་འབྱུང་བ་རིགས་ཀྱི་བྱེད་ལས་སུ་སྟོར་བཤད་པ་ལྟར་རོ། །སྟོར་བཤད་པ་དེ་རྣམས་ཀུན་གྱི་དོན་བསྡུས་ན་དེ་བཞིན་ཉིད་གཅིག་པུ་ཡང་འཆད་བྱེད་ཀྱི་སྒོ་ནས་གསུམ་དུ་འགྱུར་ཏེ། རྣམ་པར་དག་པའི་དམིགས་པ་རྒྱུའི་གནས་སྐབས་ཀྱི་ཆ་ནས་རིགས་དང་། ཁྱབ་བྱེད་དང་རང་བཞིན་གྱི་ཆ་ནས་དེ་བཞིན་ཉིད་དང་། འབྲས་བུའི་ཆ་ནས་ཆོས་ཀྱི་སྐུ་འཇོག་པའོ། །

གསུམ་པ་ཁམས་རྟོགས་བྱེད་ཀྱི་ཡུལ་ཅན་བཤད་པ་ལ་གཉིས། ཉན་ཐོས་དང་རང་སངས་རྒྱས་རྣམས་ཀྱིས་ཀྱང་ཁམས་དད་པས་རྟོགས་པར་བྱ་བར་བསྟན་པ་དང་། གང (156b) ཟག་བཞི་པོས་རྟོགས་ཚུལ་དེ་ལས་གཞན་དུ་མི་རྟོགས་པར་བསྟན་པའོ། །

དང་པོ་ལ་གཉིས། སྤྱི་འབྲེལ་དང་། རྩ་བའོ། །

དང་པོ་ལ་གསུམ། སེམས་ཅན་ཐམས་ཅད་དེ་བཞིན་གཤེགས་པའི་སྙིང་པོ་ཅན་དུ་བསྟན་པ་དང་། ལུང་དང་སྦྱར་བས་དང་། དོན་བཤད་པའོ། །

དང་པོ་ནི། དེ་བཞིན་གཤེགས་པའི་སྙིང་པོ་དེའང་ཐམས་ཅད་ཀྱི་ཚེ་སེམས་ཅན་ཐམས་ཅད་ལ་ཁྱད་པར་མེད་པའི་ཚུལ་དུ་ཡོད་པ་ཞེས་བྱ་བ་ནི་བལྟ་བར་བྱ་སྟེ་གང་ཚད་མར་བྱས་ནས་ཞེ་ན། འདི་ནི་འདི་ལྟ་བཞིན་དུ་ཡིན་གྱི་གཞན་དུ་ནི་མ་ཡིན་ནོ། །ཞེས་ཆོས་ཉིད་ཚད་མར་བྱས་ནས་སོ། །སྙིང་པོ་ཇི་ལྟ་བུ་ཞེ་ན། སེམས་ཅན་ཐམས་ཅད་ལ་ཁྱབ་པས་ཆོས་ཀྱི་སྐུ་ལྟར་རྒྱ་ཆེ་བ། རྫོགས་སངས་རྒྱས་སྐུ་ནི་འཕྲོ་ཕྱིར་དང་། ཞེས་པས་བསྟན་པ་དང་། དེ་བཞིན་གཤེགས་པའི་རང་བཞིན་དང་། ངོ་བོའི་སྒོ་ནས་དབྱེར་མེད་པའི་མཚན་ཉིད་དེ་བཞིན་ཉིད་དབྱེར་མེད་ཕྱིར་དང་། ཞེས་པས་བསྟན་པ་དང་། གདོན་མི་ཟ་བར་གནས་པས་ངེས་པའི་རིགས་ཀྱི་རང་བཞིན་རིགས་ཡོད་ཕྱིར་ན་ལུས་ཅན་ཀུན། ཞེས་པས་བསྟན་པའོ། །

གཉིས་པ་ནི། ཇི་སྐད་དུ། རིགས་ཀྱི་བུ་འདི་ནི་ཞེས་ཏེ། སེམས་ཅན་གྱི་སེམས་རང་བཞིན་གྱིས་སྟོང་པ་དེ་བཞིན་གཤེགས་པས་གསར་དུ་བསྒྲུབ་པ་དང་། དེ་བཞིན་གཤེགས་པ་མ་བྱོན་པས་སྟོག་པ་མ་ཡིན་གྱི། དུས་རྟག་ཏུ་གནས་པའོ། །

（戊四）释生死应理义

所谓“由此有诸趣”者，彼经云：“**世尊**，**若有如来藏**，**生死即是假名**。”若有种性，则流转生死应理；若无，则不应理故。

（戊五）释涅槃应理义

所谓“及涅槃证得”者，彼经云：“**世尊**，**若无如来藏**，**则不厌苦**，**不欲**、**不求**、**不愿涅槃**。”**如经广说**。若无种性，则不生厌离生死、希求解脱之心，如前已释。彼等之生起乃种性之用。摄上述诸义，独一真如由解说之门分三：由清净所缘因位分而言为种性；由能遍及自性分而言为真如；由果分而言为法身弥布。

（癸三）释能证界之有境

分二：（子一）示声闻独觉亦以信心证界；（子二）示除四类补特伽罗证理外别无证者。

（子一）示声闻独觉亦以信心证界

分二：（丑一）《释》；（丑二）《论》。

（丑一）《释》

分三：（寅一）示一切有情有如来藏；（寅二）配合经教；（寅三）释义。

（寅一）示一切有情有如来藏

彼如来藏谓于一切时、**一切**有情**无别而有者**，以何量观之？**当以**惟此非余之**法性量观之**。云何是藏？周遍一切有情故，**广如法身**，即“等觉弥布故”所示；由体性门**与如来**自性、体性**无别**之**相**，即“真如无别故”所示；无疑安住而有**决定种性**之**自性**，即“有种性故”所示。

（寅二）配合经教

经云：“**善男子**，**此是诸法法性**，**诸如来出不出世皆然**，**此等有情恒具如来藏**。”有情心自性空非如来新造，如来不出世亦不退、恒常安住。

གསུམ་པ་ནི། ཆོས་ཉིད་ཀྱི་རིགས་པ་གང་ཡིན་པ་དེ་ནི་འདིར་རྒྱུ་མཚན་གང་གིས་སེམས་ཅན་གྱི་སེམས་རང་བཞིན་གྱིས་སྟོང་པ་དེ་དེ་ལྟ་བུ་ཁོ་ནར་འགྱུར་གྱི་དེ་ལས་གཞན་དུ་ནི་མི་འགྱུར་རོ། །ཞེས་བྱ་བར་རྟོགས་པའི་ཚད་མ་ནི་སྒྲུབ་བྱེད་ཀྱི་རིགས་པ་དང་། སྦྱོར་བ་དང་། ཐབས་ཡིན་ཏེ་དེའི་དོན་བསྡུས་པ་ནི་ཐམས་ཅད་དུ་སེམས་ངེས་པར་རྟོགས་པ་གནས་ལུགས་གཏན་ལ་འབེབས (157a) ཤིང་ཆོལ་བའི་རིགས་པ་དང་། སེམས་ཡང་དག་པར་ཤེས་པ་དེ་ལྟར་གཏན་ལ་ཕེབས་པ་ལ་ནི་ཆོས་ཉིད་ཉིད་བསྟེན་པ་དང་། ཆོས་ཉིད་རིགས་པ་ཡིན་ནོ། །དེ་ནི་རྟོག་གེ་ལ་བརྟེན་པ་ཙམ་གྱིས་རྟོགས་ཚུལ་རྫོགས་པའི་ཚུལ་དུ་རང་གི་ཤེས་རབ་ཀྱིས་བསམ་པར་མི་བྱ། གཞན་གྱི་སྒྲ་ལ་བརྟེན་ནས་རྣམ་པར་བརྟག་པར་མི་བྱའོ། །ལྷག་པར་མོས་པར་བྱ་བ་འབའ་ཞིག་ཏུ་ཟད་དོ། །རྟག་ཏུ་མཉམ་པར་བཞག་པའི་ཚུལ་གྱིས་ནི། སངས་རྒྱས་ཉག་གཅིག་གི་སྤྱོད་ཡུལ་ཡིན་ནོ། །འདིར་ཁ་ཅིག་ན་རེ། ཆོས་ཉིད་དོན་དམ་པའི་བདེན་པ་ནི་དེ་བཞིན་གཤེགས་པའི་ལུང་འབའ་ཞིག་ལ་བརྟེན་ནས་རྟོགས་པར་བྱ་བ་ཡིན་ནོ། །ཞེས་ཟེར་བ་ནི་སངས་རྒྱས་ཀྱི་བསྟན་པའི་རྣམ་གཞག་ལེགས་པར་ཁོང་དུ་མ་ཆུད་ཅིང་། གཞལ་བྱའི་གནས་སྐོག་གྱུར་དང་ཤིན་ཏུ་སྐོག་གྱུར་གྱི་རྟོགས་ཚུལ་གྱི་རིམ་པ་སོགས་རིགས་པ་མི་ཤེས་པའི་རྣམ་འགྱུར་དུ་ཟད་དོ། །

གཉིས་པ་ནི། སྲིད་པ་ཐ་མ་པའི་ཚེ་སློབ་དཔོན་གཞན་ལ་མ་བརྟེན་པར་རང་ཉིད་མངོན་པར་རྫོགས་པར་སངས་རྒྱས་པ་རང་འབྱུང་སངས་རྒྱས་རྣམས་ཀྱི་དོན་དམ་པ་རང་བཞིན་གྱིས་སྟོང་པ་དེ་ཉན་ཐོས་དང་རང་སངས་རྒྱས་དང་སོ་སོ་སྐྱེ་བོ་ཁ་ཅིག་དང་། ཐེག་པ་ལ་གསར་དུ་ཞུགས་པའི་གང་ཟག་ཁ་ཅིག་གིས་དད་པ་ཉིད་ཀྱིས་རྟོགས་པར་བྱ་བ་ཡིན་གྱི། ཆོས་ཀྱི་རྗེས་སུ་འབྲང་བའི་སྒོ་ནས་རྟོགས་པར་བྱ་བ་མ་ཡིན་ནོ། །

གཉིས་པ་ལ་གཉིས། རྩ་བ་དང་། འགྲེལ་པའོ། །

དང་པོ་ནི། ཉི་མའི་དཀྱིལ་འཁོར་འོད་འབར་བ་ཡིན་ཡང་མིག་མེད་པས་ནི་མཐོང་བ་མེད་པ་ལྟར། གང་ཟག་བཞི་པོས་མིག་ཕྲ་བ་ཙམ་གྱིས་གཟུགས་མཐོང་བ་ལྟར། རང་དབང་དུ་རྟོགས་པར་བྱར་མེད་པའི་དོན་ཡིན་གྱི། (157b) ཁ་ཅིག་གིས། ཚིགས་སུ་བཅད་པ་ཕྱིར་སྟ་མ་ཐེག་པ་ཆེན་པོའི་རིགས་ཅན་རྣམས་ཀྱིས་ཀྱང་དོན་དམ་པའི་བདེན་པ་ལུང་ཙམ་གྱི་རྗེས་སུ་འབྲངས་ནས་རྟོགས་པར་བྱ་བ་དང་། ཕྱིད་ཕྱི་མས་གང་ཟག་བཞི་པོས་གཏན་ནས་མི་རྟོགས་པའི་དོན་དུ་འཆད་པ་ནི་མི་འཐད་པ་འོག་ཏུ་བཤད་པར་བྱའོ། །

གཉིས་པ་ལ་གཉིས། མདོར་བསྟན་པ་དང་། རྒྱས་པར་བཤད་པའོ། །

དང་པོ་ལ་གཉིས། ཚིག་དོན་དང་། ལུང་དང་སྦྱར་བའོ། །

དང་པོ་ནི། མདོར་བསྡུ་ན་ཞེས་སོ། །

（寅三）释义

彼法性正理**者**，**谓**有情心自性空“**惟如是然**，**非成余事**。”如是通达之量，**是**能立**之正理**、**加行**、**方便**。彼之摄义者，**一切种心决定证**、抉择且寻求真实之正理，**心正知**、如是抉择者，**乃法性依止及法性正理**。**彼不可**惟依分别、以自慧**思惟**、依他言**分别**而圆满通达，**但可增上胜解**。以恒常入定之理门（而证）者，乃佛一人之所行境。此中或谓：法性胜义谛者，应纯依如来而得通达。曰：此未善晓了佛教建立，亦不知通达隐密处及极隐密处之次第等。

（丑二）《论》

最后有时不依他论师、自得正觉**诸自生**佛之**胜义**自性空，声闻、独觉、异生及新入乘之补特伽罗**但以信**心**通达**，不能由随法行门证得。

（子二）示除四类补特伽罗证理外别无证者

分二：（丑一）《论》；（丑二）《释》。

（丑一）《论》

如**日轮光**虽**炽盛**，然**无目者不见**，四类补特伽罗甫启目而见，非自力通达之义。或谓：此前半颂是说，诸具大乘种性者亦但随胜义谛之教而通达；后半颂是说，四类补特伽罗全不能证之义。曰：此不应理，下当解释。（1. 153）

（丑二）《释》

分二：（寅一）略标；（寅二）广释。

（寅一）略标

分二：（卯一）文义；（卯二）配合经教。

（卯一）文义

简言之，**建立此四类补特伽罗不具见如来藏之目**。**云何四类**？**谓异生**、**声闻**、**独觉**、**新入乘菩萨**。

གཉིས་པ་ནི། ཇི་སྐད་དུ། དཔལ་ཕྲེང་གི་མདོ་ལས། བཅོམ་ལྡན་འདས་ཞེས་སོ། །དེ་དག་གི་དོན་ནི་སོ་སོ་སྐྱེ་བོ་ནི་བདག་དང་བདག་གིར་མངོན་པར་ཞེན་པ་སྟོང་པ་ཉིད་ཀྱི་དོན་ཕྲ་མོ་ཁོང་དུ་མ་ཆུད་པར་མ་ཟད། རིགས་ཅན་གསུམ་གྱི་ལམ་ལ་ཡང་དངོས་སུ་མ་ཞུགས་པ་རྣམས་སོ། །དེ་བཞིན་དུ་ཉན་ཐོས་དང་རང་སངས་རྒྱས་ཀྱང་མི་རྟག་སོགས་བཅུ་དྲུག་རགས་པ་ཙམ་ཞིག་ཁོང་དུ་ཆུད་ཀྱི། ཕྲ་བའི་བདག་མེད་མ་རྟོགས་པ་རྣམས་དང་། །ཐེག་པ་ལ་གསར་དུ་ཞུགས་པའི་བྱང་ཆུབ་སེམས་དཔའ་ཡང་སྟོང་པ་ཉིད་ཕྲ་མོའི་དོན་ཁོང་དུ་མ་ཆུད་པར་ཆེས་ཤིན་ཏུ་གསལ་ཏེ་འོག་ཏུ་འཆད་པར་འགྱུར་རོ། །དེ་ལྟ་བུའི་ཉན་ཐོས་དང་རང་སངས་རྒྱས་ཀྱི་རིགས་ཅན་ནི་སོ་སོ་སྐྱེ་བོ་ཡིན་ལ། སོ་སོ་སྐྱེ་བོས་དེ་བཞིན་གཤེགས་པའི་སྙིང་པོ་མ་མཐོང་བར་བསྟན་ཟིན་པའི་ཕྱིར་ཉན་རང་འཕགས་པས་ཀྱང་ཆོས་ཉིད་མངོན་སུམ་དུ་མ་རྟོགས་པར་བསྟན་པ་ཡིན་ནོ། །ཞེ་ན། འོ་ན་ཐེག་པ་ལ་གསར་དུ་ཞུགས་པའི་བྱང་ཆུབ་སེམས་དཔས་ཀྱང་མ་རྟོགས་པར་ལོགས་སུ་སྨོས་པ་དོན་མེད་པར་ཐལ། དེ་ཡང་སོ་སོ་སྐྱེ་བོ་ཡིན་པའི་ཕྱིར། དེ་བཞིན་གཤེགས་པའི་སྙིང་པོ་སྒྲིབ་བྲལ་དེ་བཞིན་ཉིད་གང་ཟག་བཞི་པོ་འདིས་མ་རྟོགས་པར་སྦྱོར་སྟོན (158a) ཅིང་སོ་སོ་སྐྱེ་བོ་མཐའ་དག་གིས་མ་རྟོགས་པར་སྟོན་པ་ཡིན་ན་མི་འཐད་དེ། སོ་སོ་སྐྱེ་བོ་ཁ་ཅིག་གིས་སྟོང་པ་ཉིད་ཀྱི་དོན་ལེགས་པར་རྟོགས་པའི་ཕྱིར། མངོན་སུམ་དུ་མ་རྟོགས་པ་བསྟན་བཞེད་ནས་འདི་ལྟར་སྨོས་པ་ཡིན་ན་ནི། ཐེག་པ་ལ་གསར་དུ་ཞུགས་པ་ཞེས་པའི་ཁྱད་པར་དོན་མེད་དེ། ཐེག་པ་ཆེན་པོའི་ལམ་དུ་ཞུགས་ནས་བསྐལ་པ་ཆེན་པོ་དུ་མར་གོམས་པར་བྱས་པའི་སྦྱོར་ལམ་བཟོད་པ་དང་ཆོས་མཆོག་ལ་གནས་པའི་བྱང་ཆུབ་སེམས་དཔའ་སོ་སོ་སྐྱེ་བོས་ཀྱང་། སྟོང་པ་ཉིད་མངོན་སུམ་དུ་མ་རྟོགས་པའི་ཕྱིར། དེས་ན་དེ་བཞིན་གཤེགས་པའི་སྙིང་པོ་དྲི་མ་དང་བཅས་པའི་དེ་ཉིད་མ་རྟོགས་པའི་གང་ཟག་ཏུ་ཡོད་ཅེ་ན། རིགས་ཅན་གསུམ་གྱི་གང་ཟག་ཁྱད་པར་བ་གསུམ་དང་། དེ་ལས་གཞན་པའི་སོ་སོ་སྐྱེ་བོ་ཁ་ཅིག་གོ །ཞེས་པའི་དོན་དུ་ཤེས་པར་བྱའོ། །ཉན་རང་འཕགས་པ་རྣམས་ཆོས་ཉིད་ཙུང་ཟད་ཀྱང་མ་རྟོགས་པར་སྟོན་ན། དད་པས་ཚོགས་པར་བཤད་པ་དང་འགལ་ལོ། །

གཉིས་པ་ལ་གསུམ། འཇིག་ཚོགས་ལ་ལྟ་བར་ལྷུང་བས་མ་རྟོགས་པར་བསྟན་པ་དང་། ཕྱིན་ཅི་ལོག་ལ་མངོན་པར་དགའ་བས་མ་རྟོགས་པར་བསྟན་པ་དང་། སྟོང་པ་ཉིད་ལ་སེམས་གཡེངས་པས་མ་རྟོགས་པར་བསྟན་པའོ། །

དང་པོ་ནི། དེ་ལ་འཇིག་ཚོགས་ལ་ཞེས་ཏེ། གཏན་དུ་ཞེས་པ་ནི། བདག་མེད་པ་ཁོང་དུ་མ་ཆུད་པའི་དོན་ཡིན་ནོ། །བདག་མེད་ཁོང་དུ་མ་ཆུད་ཅིང་བདག་དང་བདག་གི་བ་ལ་བདེན་པར་མངོན་པར་ཞེན་པས་འཇིག་ཚོགས་ལ་ལྟ་བ་རང་བཞིན་གྱིས་འགགས་པ་ཟག་པ་མེད་པའི་དབྱིངས་དོན་དམ་པའི་བདེན་པ་ལ་ལྷག་པར་མི་ནུས་པ་དག་སྟེ། ཞེས་སོ། །དེ་བཞིན་གཤེགས་པའི་སྙིང་པོ་ལ་རྟག་ཏུ་མཉམ་པར་བཞག་པ (158b) ནི་ཐམས་ཅད་མཁྱེན་པ་འབའ་ཞིག་གི་ཁྱད་ཆོས་སོ། །

(卯二) 配合经教

如《胜鬘经》云:“世尊,此如来藏者,非诸堕坏聚见者、诸欣求颠倒者、诸心于空性散乱者之所行境。”

彼等之义者,异生耽着我及我所故,不仅不解微细空性义,亦不能正入三类具种性之道。如是声闻、独觉亦惟解无常等十六行相之粗显,未能通达微细无我,新入乘之菩萨亦不解微细空性。此极明显,下当解释。

如是之声闻、独觉种性乃是异生。若谓:已说异生不见如来藏故,显示声闻、独觉圣者亦不能现证空性。曰:若尔,则说新入乘之菩萨亦不能通达应成无义倒说,彼亦是异生故。若谓:此是总示此四类补特伽罗不能通达如来藏离戏真如,且说所有异生皆不能通达者。曰:此不应理,以或有异生能善通达空性义故。若谓:此是因彼不能现证而作如是说者。曰:如是加“新入乘”之简别则成无义,以入大乘道经众多大劫串习而住加行道忍位及世第一法之异生菩萨,亦不能现证空性故。因此,所谓有不通达如来藏有垢真如之补特伽罗者,当知义指三类具种性中之特别者及彼等之外一类异生。若以为此是说声闻、独觉圣者少分亦不能证空性,则与说以信证相违。

(寅二) 广释

分三:(卯一) 示堕坏聚见者不证;(卯二) 示喜颠倒者不证;(卯三) 示于空性心散乱者不证。

(卯一) 示堕坏聚见者不证

此中堕坏聚见者,谓是异生,常取蕴等诸有漏为我及我所,义为不解无我。不解无我而耽着我及我所为实,故坏聚见者不能胜解自性灭无漏界胜义谛。彼等岂能证见一切智境如来藏!绝无是处。常入定于如来藏者,惟一切智之别法。

གཉིས་པ་ལ་གསུམ། ཕྱིན་ཅི་ལོག་ཏུ་ཞུགས་པའི་དོན་བཤད་པ་དང་། དེས་ན་དེ་བཞིན་ཉིད་རྟོགས་པ་ལས་ཕྱི་རོལ་ཏུ་གྱུར་པ་དང་། དོན་དེ་ཉིད་བསྒྲུབ་པའོ། །

དང་པོ་ནི། དེ་ལ་ཕྱིན་ཅི་ལོག་ལ་མངོན་པར་དགའ་བ་ནི་སྟོང་པ་ཉིད་ཀྱི་དོན་ལ་རེ་ཞིག་མི་མོས་ཤིང་ཕོང་དུ་མ་ཚུད་པ་ཉན་ཐོས་དང་རང་སངས་རྒྱས་ཀྱི་རིགས་ཅན་དག་ལ་བརྗོད་དེ། ཅིའི་ཕྱིར་ཅེ་ན་འདི་ལྟར་ཞེས་ཏེ། དེ་བཞིན་གཤེགས་པའི་སྙིང་པོ་སྒྲོས་བྲལ་དེ་བཞིན་ཉིད་ཁྱད་པར་གྱི་གཞིར་ཕོང་དུ་ཚུད་ནས་དེ་རྟག་པར་བསྒོམ་པ་ལས་ལྡོག་ནས་བསྒོམ་པ་དང་། བདེན་པ་དང་། བདག་དང་། གཙང་བར་བསྒོམ་པ་ལས་ལྡོག་ནས་སྡུག་བསྔལ་དང་། བདག་མེད་པ་དང་། མི་གཙང་བར་སྒོམ་པའི་དོན་མ་ཡིན་གྱི། དེ་བཞིན་གཤེགས་པའི་སྙིང་པོ་ནི་ཕུང་པོ་ལ་སོགས་པའི་དངོས་པོ་རྣམས་ཀྱི་ཡང་གནས་ལུགས་མཐར་ཐུག་པའི་དོན་ཡིན་ལ། ཟག་བཅས་ཀྱི་ཕུང་པོ་ལ་སོགས་པའི་དངོས་པོའི་གནས་ལུགས་མཐར་ཐུག་པ་མི་རྟག་པ་དང་། སྡུག་བསྔལ་བ་དང་། རགས་པའི་བདག་མེད་པ་དང་། མི་གཙང་བར་བསྒོམ་པ་ལ་དགའ་བར་བྱེད་ཀྱི། རྟག་པ་དང་། བདེ་བ་དང་། གཙང་བར་འདུ་མི་ཤེས་ཤིང་བསྒོམ་པར་མི་བྱེད་ལ། དེ་ལ་མ་མོས་པས་འཁོར་འདས་མཉམ་ཉིད་དུ་རྟོགས་པ་མཐར་ཐུག་ནས་སླར་ཉམས་པ་མེད་པའི་རྟག་པའི་ཕ་རོལ་ཏུ་ཕྱིན་པ་དང་། ཡིད་ཀྱི་རང་བཞིན་གྱི་ལུས་དང་། དེའི་རྒྱུ་ཟག་པ་མེད་པའི་ལས་ཀྱང་སྤངས་པའི་བདེ་བའི་ཕ་རོལ་ཏུ་ཕྱིན་པ་དང་། བདག་ཏུ་འཛིན་པ་དང་། བདག་མེད་བདེན་པར་འཛིན་པའི་སྤྲོས་པ་མཐའ་དག་ཉེ་བར་ཞི་བའི་བདག་གི་ཕ་རོལ་ཏུ་ཕྱིན་པ་དང་། མ་རིག་པའི་བག་ཆགས་ཀྱི་ས་ཟད་པར་སྤངས་པའི་གཙང་བའི་ཕ་རོལ་ཏུ་ཕྱིན་པ་དོན་དུ་མི་གཉེར་ཞིང་། (159a) དེ་དག་ཐོབ་པའི་ཐབས་བསྒོམ་པ་ལ་མངོན་པར་མི་དགའ་བའོ། །

ཁ་ཅིག་ཚིག་དོན་གྱི་བཤད་པ་ཞིབ་ཏུ་བྱས་པ་ཡང་མི་འདོད་པའི་སྦྲ་ཧེ་བཞིན་པ་ལ་འཆེལ་པ་ལྟར་ན། དེ་བཞིན་གཤེགས་པའི་སྙིང་པོ་མི་རྟག་པ་དང་། སྡུག་བསྔལ་བ་དང་། མི་གཙང་བར་སྒོམ་པའི་ཉན་ཐོས་དང་རང་སངས་རྒྱས་སུ་ཞིག་ཡིན་པ་བསམ་པར་བྱ་བ་ཡིན་ནོ། །

གཉིས་པ་ནི། དེ་ལྟར་རྣམ་གྲངས་འདིས་ནི་ཆོས་ཀྱི་སྐུ་ཐོབ་པ་དང་འགལ་བའི་ལམ་མི་རྟག་པ་བདེན་པར་གྲུབ་པར་འཛིན་པ་སོགས་སོ། །

གསུམ་པ་ལ་གཉིས། མཚམས་སྦྱར་བ་དང་། ལུང་དྲང་བའོ། །

དང་པོ་ནི། ཇི་ལྟར་དེ་ཕྱིན་ཅི་ལོག་ལ་ཞེས་སོ།

（卯二）示喜颠倒者不证

分三：（辰一）释入颠倒义；（辰二）因此出于证真如之外；（辰三）成立彼义。

（辰一）释入颠倒义

此中喜颠倒者，**谓**于空性义暂不能信解之具**声闻**、**独觉**种性。**何以故**？解**如来藏**为离戏真如差别事已，**应修**彼**为常**，**彼等反之**，而修无常，应修彼为乐、我、净，彼等反之，而修苦、无我、不净，实属无义。如来藏者，乃蕴等诸事之究竟真实义。喜修无常、苦、粗无我、不净为有漏蕴等事之究竟真实，不想、不修常、乐、我、净。因不信解，故于究竟通达生死涅槃平等性不复失坏之常波罗蜜多、意性身及其因无漏业亦断之乐波罗蜜多、我执及执无我为实之戏论悉皆寂灭之我波罗蜜多，断尽无明习气地之净波罗蜜多不生希求，亦不喜修获得彼等之方便。

或有于文义之释亦不欲详究而随言执著者，则当思惟何等声闻、独觉修如来藏为无常、苦及不净？

（辰二）因此出于证真如之外

如是以此异门爱乐与获法身相违之道，执无常为实有等，**故说彼具最上常**、**乐**、**我**、**净相之界者**，**非一切声闻**、**独觉之所行境**。

（辰三）成立彼义

分二：（巳一）承启；（巳二）引教。

（巳一）承启

彼非如是爱乐颠倒、**起无常**、**苦**、**无我**、**不净想者之所行境**，**广如《大般涅槃经》中**，**世尊所举池水摩尼之喻**：

གཉིས་པ་ལ་གཉིས། དཔེ་དང་། དོན་ནོ། །

དང་པོ་ནི། འདི་ལྟ་སྟེ། དགེ་སློང་དག་དཔེར་ན་སོ་ཀའི་དུས་ལ་བབ་པ་ན་ཞེས་སོ། །རྒྱན་བཞག་ནས་ནོར་བུ་འཚོལ་བ་ལ་ཞུགས་པ་ནི། འཇིག་རྟེན་གྱི་འདུ་འཛི་ལས་ལོག་ནས། གནས་ལུགས་ཀྱི་དོན་འཚོལ་བ་ལ་ཞུགས་པའི་དཔེའོ། །ཆུ་ནང་གི་གསེག་མ་དང་གྱོ་མོ་ལ་ནོར་བུའོ་སྙམ་དུ་འཛིན་པ་ནི་མི་རྟག་པ་དང་། རགས་པའི་གང་ཟག་གི་བདག་བཀག་པ་ཆོས་ཐམས་ཅད་ཀྱི་གནས་ལུགས་སུ་གོ་བའི་དཔེ་དང་། ཡིད་གཞུངས་པ། གནས་ལུགས་ཀྱི་དོན་མཐར་ཐུག་པར་འཛིན་པའི་དཔེ་ཡིན་ལ། ཆུ་འགྲམ་དུ་བལྟས་པ་ན་ནོར་བུ་མ་ཡིན་ནོ་སྙམ་པ་ནི་ཕྱིས་སྟོང་པ་ཉིད་ཀྱི་དོན་ཤོང་དུ་ཆུད་པ་ན་སྔར་གྱི་དེ་ཕྱིན་ཅི་ལོག་ཏུ་གོ་བའི་དཔེའོ། །ཇི་ང་བུའི་ཆུ་དེ་ཡང་ནོར་བུའི་འོད་དང་འདྲ་བར་སྣང་བ་ནི། རགས་པའི་གང་ཟག་གི་བདག་བཀག་པ་ཆོས་ཐམས་ཅད་ཀྱི་གནས་ལུགས་སུ་གོ་བའི་དཔེ་དང་། ཡིད་གཞུངས་པས་ནོར་བུ་རྙེད་པ་ནི། སྟོང་པ་ཉིད་ཀྱི་དོན་ཤོང་དུ་ཆུད་པའི་གང་ཟག (159b) གི་དཔེར་ཤེས་པར་བྱའོ། །

གཉིས་པ་ནི། དགེ་སློང་དག་དེ་བཞིན་དུ་ཞེས་ཏེ། གཞན་རྣམས་གོ་བར་ཟད་ལ་མི་རྟག་པ་སོགས་བསྒོམས་ཤིང་བསྒོམས་ལ་མང་དུ་བྱས་ཤིང་། མང་དུ་བྱས་པ་དེ་དང་དེ་ཉིད་ལ་རྟག་པ་དང་། བདེ་བ་དང་། གཙང་བ་དང་། བདག་ཉིད་ཡོད་པ་ཡིན་ནོ་ཞེས་རྒྱས་པར་ཞེས་གསུངས་ཏེ།

འདིས་ནི་མི་རྟག་པ་སོགས་བཅུ་དྲུག་རྟོགས་པའི་ལམ་ཉན་ཐོས་ཀྱི་བྱང་ཆུབ་དང་རང་སངས་རྒྱས་ཀྱི་བྱང་ཆུབ་ཐོབ་པར་བྱེད་པའི་རྒྱུད་སྨིན་བྱེད་ཀྱི་ལམ་དུ་རྣལ་འབྱོར་སྤྱོད་པ་བཞི་བརྒྱ་པ་དང་། རིགས་པ་དྲུག་ཅུ་པའི་འགྲེལ་པ་རྣམས་སུ་གསུངས་པ་དེ་དང་དོན་འདྲ་ལ། འདིར་ནི་མཐར་ཐུག་ཐེག་པ་གཅིག་ཏུ་སླེབ་པའི་ཆེད་དུ་ཕ་རོལ་ཏུ་ཕྱིན་པ་བཞི་ཐོབ་པའི་རྒྱུད་སྨིན་བྱེད་ཀྱི་ལམ་དུ་གསལ་བར་བསྟན་པ་ཡིན་ནོ། །

（巳二）引教

分二：（午一）喻；（午二）义。

（午一）喻

“诸苾刍，譬如春时，有诸人等系有浴巾，各佩饰物及近行于水中嬉戏。时有一人，失具种吠琉璃宝于水，诸人悉共除却饰物、入水求觅是宝。彼等竞捉沙砾起摩尼想，各各自谓已得摩尼。持出，于池岸视之，乃知非真。是时以摩尼力故池水映现如摩尼光色。彼等见此相状皆起伟哉摩尼功德想。次有一方便善巧及聪慧人，获彼真摩尼。”

除却饰物而探摩尼者，当知乃远离世间愦闹而求真实义之喻。于水中砂砾起摩尼想者，乃于无常、破粗补特伽罗我解为一切法真实。聪慧人者，乃执究竟真实义之喻。于池岸视之乃知非真者，乃后解空性义时知先前为颠倒之喻。池水映现如摩尼光者，乃解破粗补特伽罗我为一切法真实之喻。聪慧人获摩尼者，乃通晓空性义补特伽罗之喻。

（午二）义

“诸苾刍，汝等亦如是，不知如摩尼真法义，执一切无常、一切苦、一切无我、一切不净而修。虽多番修习，然彼一切修持悉皆无益。诸苾刍，是故汝等当善巧方便，不应如彼诸人以沙砾而为摩尼！汝等执一切无常、一切苦、一切无我、一切不净而多番所修习者，在在处处皆有常、乐、我、净。”

于法真实建立颠倒者，当如经广说而通达之。

其他易解。“多番所修习无常等”者，此说证无常等十六相道是能得声闻菩提及独觉菩提之能熟相续道，与《瑜伽行四百论》及《六十正理论释》等同义。此处为成立究竟一乘故，明示彼等为获得四波罗蜜多之能熟相续道。

གསུམ་པ་ལ་གཉིས། སྤྱིར་བསྟན་པ་དང་། སོ་སོར་བཤད་པའོ། །

དང་པོ་ནི། དེ་ལ་སྟོང་པ་ཉིད་ལ་སེམས་རྣམ་པར་གཡེངས་པ་ནི་ཞེས་ཏེ། དེ་བཞིན་གཤེགས་པའི་སྙིང་པོ་རང་བཞིན་གྱིས་སྟོང་པ་ཉིད་ཁོང་དུ་ཆུད་པ་ལས་ཉམས་པ་དག་ལ་བརྗོད་དོ། །

གཉིས་པ་ནི། བྱང་ཆུབ་ཀྱི་མཆོག་ཏུ་སེམས་བསྐྱེད་པ་ཡིན་ཡང་སྟོང་པ་ཉིད་ཀྱི་དོན་ཁོང་དུ་མ་ཆུད་ནས་ཉན་ཐོས་མདོ་སྡེ་པ་ཁ་ཅིག་གི་འདོད་པ་ལྟར་ཐེག་པ་ཆེན་པོ་བ་གང་དག་འདོད་ཆགས་ལ་སོགས་པའི་ཉོན་མོངས་པ་བདེན་པར་ཡོད་པའི་ཆོས་ཉིད་གཉེན་པོ་སྒོམ་པའི་སྟོབས་ཀྱིས་དུས་རྒྱུན་ཆད་ཅིང་ཞིག་པ་ཡོངས་སུ་མྱ་ངན་ལས་འདས་པའོ། །ཞེས་དངོས་པོ་བདེན་གྲུབ་སྔར་ཡོད་གསར་དུ་གཞིག་པའི་ཕྱིར་གང་ཟག་གི་བདག་རགས་པས་སྟོང་པའི་སྟོང་པ་ཉིད་ཀྱི་དོན་ཁོང་དུ་ཆུད་པའི་རྣམ་པར་ཐར་པའི་སྒོ་འདོད་པའམ་ཞེས་ཏེ། འདིས་ནི་མཛོད་རྩ་འགྲེལ་དང་། ཚད་མ་སྡེ་བདུན་ནས་བཤད་པའི་ཉན (160a) ཐོས་མདོ་སྡེ་པའི་ལྟ་བ་དེ་ཙམ་ལས་ཁོང་དུ་མ་ཆུད་པའི་བྱང་ཆུབ་སེམས་དཔའ་ཁ་ཅིག་བསྟན་པ་ཡིན་ནོ། །

ཡང་བྱང་ཆུབ་སེམས་དཔའ་སེམས་དཔའ་ཆེན་པོ་རྣལ་འབྱོར་སྤྱོད་པ་བ་སེམས་ཙམ་པ་གང་དག་གནས་ལུགས་ཀྱི་དོན་གང་ཞིག་མཐར་ཐུག་སྤྱོད་པའི་རིགས་ཤེས་ཀྱིས་རྟོགས་པར་བྱ་བ་དང་། བསྒོམ་པར་བྱ་བ་སྟོང་པ་ཉིད་ཅེས་བྱ་བ་ཕྱི་རོལ་གྱི་དོན་གྱིས་བསྡུས་པའི་གཟུགས་ལ་སོགས་པ་ལས་ཐ་དད་པ་སྟེ་དེ་བཀག་པའི་གཟུང་འཛིན་རྫས་ཐ་དད་ཀྱིས་སྟོང་པའི་དངོས་པོ་སྟེ་ངོ་བོ་བདེན་པར་ཡོད་པ་ཡིན་ནོ། །ཞེས་སྟོང་པ་ཉིད་བདེན་མ་གྲུབ་པ་ཉིད་དུ་དམིགས་པས་སྟོང་པ་ཉིད་ལ་བརྟེན་པའོ། །འདིས་ནི་ཐེག་པ་ཆེན་པོ་རྒྱུད་བླ་མའི་བསྟན་བཅོས་ཀྱི་དོན་རྣམ་པར་རིག་པ་ཙམ་ལས་མ་འདས་པ་ལེགས་པར་བཀག་པར་ཤེས་བྱའོ། །

ཁ་ཅིག །སྡེ་མ་ཆད་ལྟ་ཁས་ལེན་པ་དང་། ཕྱི་མ་རྟག་ལྟ་ཁས་ལེན་པ་ལ་འདོད་པ་ནི། སྡེ་ཕྱི་གཉིས་རྟག་ཆད་གཉིས་ཀའི་མཐར་ལྷུང་བར་ཤེས་པར་བྱའོ། །

（卯三）示于空性心散乱者不证

分二：（辰一）总标；（辰二）别释。

（辰一）总标

此中心于空性散乱者，**谓新入乘之菩萨**，**失坏**晓了**空性理趣如来藏**自性空**者**。

（辰二）别释

有大乘人，虽发最上菩提心，然不晓了空性义，如声闻经部师所许，以为**诸凡**贪等烦恼之**法性**为实**有**，以修对治力**后时断绝坏灭**，**名为涅槃**。**诸事**先前实有而新**灭故**，**许**解粗补特伽罗我空之**空性**义为**解脱门**。此是说有一类菩萨，其见解不出于《俱舍论》本释与七部量论中所说之声闻经部见。

又有大菩萨瑜伽行派唯识师，**许**真实义乃究竟观察理智之**所通达及所修习者**，**名为空性**，**谓**破**与**外境所摄**色等相异**之能所取异物空**之事**即体性为实**有**，**缘此**实有**空性而依止空性**。当知此文妥善破除《大乘上续论》义不出于唯识宗之计。

或许前者承许断见、后者承许常见，当知前、后二者实俱堕常、断二边。

大乘上续论释大疏卷十一终

བཞི་པ་ཁམས་ཀྱི་རང་བཞིན་ངོས་བཟུང་བ་ལ་གཉིས། དྲི་བ་དང་། ལན་ནོ། །

དང་པོ་ནི། དེ་ལ་སྟོང་པ་ཉིད་ཀྱི་ཚུལ་དུ་བརྗོད་པ་ཉིད་ལ་སེམས་གཡེངས་པའི་ཡུལ་མ་ཡིན་པ་དེ་བཞིན་གཤེགས་པའི་སྙིང་པོ་གང་ཞེ་ན།

གཉིས་པ་ལ་གཉིས། རྩ་བ་དང་། སྟོང་པ་ཉིད་ངོས་བཟུང་ནས་སེམས་རྣམ་པར་གཡེངས་པའི་ཡུལ་མ་ཡིན་པར་བཤད་པའོ། །

དང་པོ་ལ་གཉིས། དོན་དངོས་དང་། སྒྲུབ་བྱེད་དགོད་པའོ། །

དང་པོ་ལ་གསུམ། གཞི་དངོས་པོའི་གནས་ལུགས་དང་། དེ་རྟོགས་པའི་ལྟ་བ་དང་། ལྟ་བ་གོམས་པའི་འབྲས་བུའོ། །

དང་པོ་ནི། ཁམས་རང་བཞིན་གྱིས་རྣམ་པར་དག་པ་འདི་ལ་སྤང་ཡོད་གསར་དུ་བསལ་བར་བྱ་བ་གང་ཟག་དང་ཆོས་ཀྱི་བདག་ཏུ་འཛིན་པའི་ཞེན་ཡུལ (160b) དང་ཉོན་མོངས་རང་བཞིན་གྱིས་གྲུབ་པ་ཅི་ཡང་མེད་དེ། བདག་འཛིན་གཉིས་ཀྱི་ཞེན་ཡུལ་དང་ཉོན་མོངས་རང་བཞིན་གྱིས་གྲུབ་པ་དང་པོ་ནས་ཡོད་མ་མྱོང་བའི་ཕྱིར་རོ། །འདིས་ནི་ཆོས་གང་ལ་བདེན་པར་ཞེན་ཡང་གནས་ལུགས་ཀྱི་དོན་ལས་གོལ་བའི་སྒྲོ་འདོགས་དང་དེའི་ཞེན་ཡུལ་དང་པོ་ནས་མ་གྲུབ་པར་བསྟན་ཏོ། །ཉོན་མོངས་རང་བཞིན་གྱིས་གྲུབ་པར་འཛིན་པ་ཡང་ཆོས་ཀྱི་ཡིན་མོད་ཀྱི། དེ་ཉིད་ཟུར་དུ་བཤད་པ་ནི་དགོས་པ་དང་བཅས་པའོ། །

ཁམས་འདི་ལ་སྤང་མེད་གསར་དུ་བདག་མེད་པ་གཉིས་བཞག་པར་བྱ་བ་ཅུང་ཟད་ཀྱང་མེད་དེ། གང་ཟག་དང་ཆོས་ཀྱི་བདག་གིས་དབེན་པ་འདིའི་རང་བཞིན་ཡིན་པའི་ཕྱིར། འདིས་ནི་བདག་མེད་པ་གཉིས་མེད་དོ། །ཞེས་པ་གནས་ལུགས་ཀྱི་དོན་ལ་ལོག་པར་ཞུགས་པའི་སྐུར་འདེབས་དང་། དེའི་ཞེན་ཡུལ་བཀག་པ་གསར་དུ་བཞག་པར་བྱ་བ་མ་ཡིན་པར་བསྟན་ཏོ། །དྲི་མ་བསལ་དུ་མེད་པ་དང་གཉེན་པོ་སྐྱེ་དུ་མེད་པ་དགག་བྱ་ལ་ཁྱད་པར་མ་སྦྱར་བར་སྦྱོར་འཆད་པ་ནི་སྤང་གཉེན་ལ་བསྐུར་བ་འདེབས་པའོ། །

大乘上续论释大疏卷十二

（癸四）认明界之自性

分二：（子一）问；（子二）答。

（子一）问

此中云何如来藏称作空性理趣、非心散乱者之境？

（子二）答

分二：（丑一）《论》；（丑二）认明空性已释其非心散乱者之境。

（丑一）《论》

分二：（寅一）正义；（寅二）安立依据。

（寅一）正义

分三：（卯一）基事之真实；（卯二）证彼之见；（卯三）修见之果。

（卯一）基事之真实

此界自性清净**中**，全**无**先有新**所除**补特伽罗及法我执之所著境及烦恼之自性有，以二种我执之所著境及烦恼之自性有本无故。此是说于法执实，乃迷失真实义之增益，彼之所著境本来非有。执烦恼自性有虽亦是法我执，然因需要而别说之。

此界中**无少分**先无新**所立**之二无我，以远离补特伽罗及法我是此之自性故。此是说不应邪解损减真实义而计无此二无我，（此二无我）亦非破彼所著境而新立者。对垢不可除、对治不可生之所破不加简别而混同说者，乃毁谤断对治。

ཡང་རྐྱང་པ་གཉིས་པ་དང་པོས་བཤད་པ་དེ་ཉིད་གྲུབ་པའི་དོན་དུ་སྦྱར་ཏེ། ཉོན་མོངས་བདེན་གྲུབ་སྔར་ཡོད་གསར་དུ་མེད་པར་གྲུབ་པ་ན་ཉོན་མོངས་བདེན་སྟོང་སྔར་མེད་གསར་དུ་བཞག་ཏུ་མེད་པར་འགྲུབ་པའོ། །དེ་ནི་རང་ལྡོག་དངོས་བསྟན་གྱི་དབང་དུ་བྱས་པའི་བཤད་པ་ཡིན་གྱི། མཚན་གཞི་དང་བཅས་པའི་དབང་དུ་བྱས་ན་གང་ཟག་དང་ཕུང་པོ་འདི་ལ། བདེན་གྲུབ་སྔར་ཡོད་གསར་དུ་བསལ་བར་བྱ་བ་ཅི་ཡང་མེད་པས་བདེན་སྟོང་དོན་དམ་པའི་བདེན་པ་གྲུབ་པ་ན་བདེན་སྟོང་རྫུན་པ་སྒྱུ་མ་ལྟ་བུ་སྔར་མེད་གསར་དུ་བཞག་པར་བྱ་བ་ཅུང་ཟད་ཀྱང་མེད་པར་གྲུབ་པས་རང་བཞིན་གྱིས་གྲུབ་པས (161a) སྟོང་པའི་དོན་ལ་བྱ་བྱེད་ཐམས་ཅད་འཐད་པའི་ཀུན་རྫོབ་ཀྱི་བདེན་པ་གྲུབ་པ་ཡིན་ནོ། །དོན་བསྡུས་ན་བདེན་འཛིན་གྱི་དམིགས་གཏད་བྱས་ཅུང་ཟད་ཀྱང་མེད་པའི་བདེན་སྟོང་དོན་དམ་པའི་བདེན་པ་དང་། བྱ་བྱེད་ཀྱི་རྣམ་གཞག་ཐམས་ཅད་རང་ལུགས་ལ་ཁས་བླངས་པས་ཆོག་པའི་བདེན་གཉིས་ཟུང་དུ་འཇུག་པ་བསྟན་པ་ཡིན་ནོ། །

གཉིས་པ་ནི། ཡང་དག་པ་གང་ཟག་དང་ཕུང་པོ་རང་བཞིན་གྱིས་གྲུབ་པས་སྟོང་པ་ཉིད་ལ་དེ་ལྟར་ཡང་དག་པར་ལྟ་བའི་རང་བཞིན་མེད་རྟོགས་ཀྱི་ཤེས་རབ་ནི། གནས་ལུགས་ཀྱི་དོན་ཁོང་དུ་ཆུད་པའི་ལྟ་བ་ཡིན་ནོ། །

གསུམ་པ་ནི། སྤྱོད་ཕྱོགས་ཐབས་ཀྱི་ཆ་རྒྱ་ཆེན་པོས་ཟིན་པར་བྱས་ཏེ། ཡང་དག་པའི་དོན་མངོན་སུམ་དུ་མཐོང་ནས་ཡང་དང་ཡང་དུ་གོམས་པར་བྱས་ན་རྣམ་པར་གྲོལ་བ་ཡང་དག་པར་རྫོགས་པའི་སངས་རྒྱས་ཀྱི་གོ་འཕང་ཐོབ་པར་འགྱུར་རོ།

གཉིས་པ་ནི། ཁམས་འདི་ལ་ཉོན་མོངས་རང་བཞིན་གྱིས་གྲུབ་པ་སྔར་ཡོད་བསལ་བར་བྱ་བ་ཅི་ཡང་མེད་དེ། གཉེན་པོ་གོམས་པ་ལས་འབྲལ་དུ་རུང་ཞིང་རྣམ་པར་དབྱེར་ཡོད་པ་དང་བཅས་པའི་མཚན་ཉིད་ཅན་གློ་བུར་གྱི་དྲི་མ་རང་བཞིན་གྱིས་གྲུབ་པ་དག་གིས་ཁམས་སྟོང་གི་སྟེ་དང་པོ་ནས་སྟོང་པའི་ཕྱིར། འདིས་གཉེན་པོ་གོམས་པས་ཉོན་མོངས་འབྲལ་དུ་རུང་བ་དང་། ཉོན་མོངས་རང་བཞིན་གྱིས་གྲུབ་པ་དང་པོ་ནས་ཡོད་མ་མྱོང་བའི་བདེན་པ་གཉི་གའི་གནས་ལུགས་བསྟན་ཏོ། །

ཉོན་མོངས་རང་བཞིན་གྱིས་གྲུབ་པས་སྟོང་པ་སྔར་མེད་གསར་དུ་བཞག་པར་བྱ་བ་ཅི་ཡང་མེད་དེ། རྣམ་པར་དབྱེར་མེད་པའི་མཚན་ཉིད་ཅན་བླ་ན་མེད་པའི་སངས་རྒྱས་ཀྱི་ཆོས་སྟོབས་སོགས་ཀྱི་ཡོན་ཏན་སྙི་རུང་གི་དམིགས་པ་ཉོན་མོངས་རང་བཞིན་གྲུབ་པས་སྟོང་པ་ཉིད་ཀྱིས་སྟོང་པ་མིན (161b) པར་དང་པོ་ནས་ཡོད་པའི་ཕྱིར།

又，初二句配合彼释成立之义，即成立：若成立烦恼之实有非先有新无者，则亦成立烦恼之谛实空非先无新立。此是约正说自返体之释。约所相事而言，若补特伽罗及蕴之实有全非先有新除，而成立谛实空胜义谛，则亦成立谛实空如妄、幻全无少分是先无新立者，故能于自性空义中成立一切作用应理之世俗谛。总摄其义，是说实执所缘少分亦无之谛实空胜义谛，以及一切作用建立自宗悉皆承许之二谛双运。

（卯二）证彼之见

如是**正见**补特伽罗及蕴**真实**自性空**性**之证无自性慧，乃晓了真实义之见。

（卯三）修见之果

若为行品广大方便分所摄，现**见真实**义已数数串习，将得**解脱**正等觉位。（1.154）

（寅二）安立依据

此界中全无先有当除之烦恼自性有，以**具**修习对治可离、**可分之相诸客尘**自性有**界**中**空**，即本来空故。此是说烦恼以修习对治故可离，及烦恼自性本来非有之二谛真实。此界中亦全无先无新立之烦恼自性空，以**具无分别相**、堪生**无上**佛**法**“力”等功德之所缘—烦恼自性空**不空**本有故。（1.155）

འདིས་སངས་རྒྱས་ཀྱི་ཆོས་སྟོབས་སོགས་སྐྱེ་བའི་རྒྱུ་བདག་མེད་མངོན་སུམ་དུ་རྟོགས་པའི་ཤེས་རབ་ཀྱི་དམིགས་པ་དོན་དམ་པའི་བདེན་པ་དང་པོ་ནས་ཡོད་པར་བསྟན་ཏོ། །དེ་དག་གིས་ནི་གཞི་ཀུན་རྫོབ་དང་དོན་དམ་པའི་བདེན་པ་གཉིས་དང་། ལམ་བདག་མེད་མངོན་སུམ་དུ་རྟོགས་པའི་ཤེས་རབ་དང་། འབྲས་བུ་ཡང་དག་པར་རྫོགས་པའི་སངས་རྒྱས་ཐོབ་ནུས་པ་སོགས་བསྟན་པ་ཡིན་གྱི། བུམ་པ་བུམ་པས་སྟོང་པ་ལ་སོགས་པའི་ཀུན་རྫོབ་རང་སྟོང་དང་། དོན་དམ་པའི་བདེན་པ་བདེན་པར་གྲུབ་པའི་དོན་དམ་གཞན་སྟོང་བསྟན་པར་འདོད་པ་ནི། བཞེད་པ་ལས་ཕྱི་རོལ་ཏུ་གྱུར་པ་སྒྲོ་འདོགས་དང་སྐུར་འདེབས་ཀྱི་མཐར་ཐུག་པར་ཤེས་པར་བྱའོ། །

གཉིས་པ་ལ་གསུམ། གནས་ལུགས་ཀྱི་དོན་བཤད་པ་དང་། དེ་སྟོང་པ་ཉིད་ལ་སེམས་གཡེངས་པ་དང་ཕྱིན་ཅི་ལོག་ལ་མངོན་པར་དགའ་བའི་ཡུལ་མ་ཡིན་པར་བསྟན་པ་དང་། ས་བཅུ་ལ་ཞུགས་པའི་བྱང་ཆུབ་སེམས་དཔའ་རྣམས་ཀྱི་སྤྱོད་ཡུལ་དུ་བསྟན་པའོ། །

དང་པོ་ལ་གསུམ། དངོས་ཀྱི་དོན་དང་། ལུང་དང་སྦྱར་བ་དང་། དོན་བསྡུ་བའོ།།

དང་པོ་ནི། འདིས་ཅི་བསྟན་ཅེ་ན། གང་གི་ཕྱིར་རང་བཞིན་གྱིས་ཡོངས་སུ་དག་པ་དེ་བཞིན་གཤེགས་པའི་ཁམས་འདི་ལ་སྣར་ཡོད་གསར་དུ་བསལ་བར་བྱ་བ་ཀུན་ནས་ཉོན་མོངས་པ་གང་ཟག་དང་ཆོས་ཀྱི་བདག་ཏུ་འཛིན་པའི་རྒྱུ་མཚན་ཏེ་དམིགས་པ་བདག་གཉིས་འགའ་ཡང་མེད་དེ། གློ་བུར་བའི་དྲི་མ་རང་བཞིན་གྱིས་གྲུབ་པ་དང་བྲལ་བ་ནི་ཁམས་འདིའི་རང་བཞིན་ཡིན་པའི་ཕྱིར་རོ། །འདིས་རང་བཞིན་གྱིས་གྲུབ་པས་སྟོང་པ་དང་། རང་གི་མཚན་ཉིད་ཀྱིས་གྲུབ་པ་སྟོང་པ་དང་། རང་གི་ངོ་བོ་ཉིད་ཀྱིས་གྲུབ་པས་སྟོང་པ་དོན་དམ་པའི (162a) བདེན་པར་བསྟན་པ་ན། བདེན་པ་གཉིས་ཀྱི་རྣམ་གཞག་མགོན་པོ་ཀླུ་སྒྲུབ་ཀྱི་བཞེད་པ་དང་དོན་གཅིག་ཏུ་བསྟན་པར་ཤེས་པར་བྱའོ། །ཁམས་འདི་ལ་རྣམ་པར་བྱང་བའི་རྒྱུ་མཚན་བདག་མེད་མངོན་སུམ་དུ་རྟོགས་པའི་ཤེས་རབ་ཀྱི་དམིགས་པ་བདག་མེད་གཉིས་སྣར་མེད་གསར་དུ་བཞག་པར་བྱ་བ་ཅུང་ཟད་ཀྱང་ཡོད་པ་མ་ཡིན་ཏེ། གཉེན་པོ་སོགས་སུ་གང་གིས་ཀྱང་རྣམ་པར་དབྱེ་བ་མེད་པའི་ཆོས་དག་པའི་ཆོས་ཉིད་རང་བཞིན་གྱིས་སྟོང་པ་ཉིད་ནི་ཁམས་འདིའི་རང་བཞིན་ཡིན་པའི་ཕྱིར་རོ། །

此是说生“力”等佛法之因、现证无我慧之所缘胜义谛本有。彼等是说“基”世俗与胜义二谛，“道”现证无我慧，能得“果”正等觉等。若许此是说瓶以瓶空等世俗“自空”，及胜义谛实有之胜义“他空”者，当知出于论意之外，乃增益与损减之究竟！

（丑二）认明空性释其非心散乱者之境

分三：（寅一）释真实义；（寅二）示彼非心于空性散乱及喜颠倒者之境；（寅三）示乃入十地诸菩萨之所行境。

（寅一）释真实义

分三：（卯一）正义；（卯二）配合经教；（卯三）摄义。

（卯一）正义

此所示云何？**此自性清净如来界中**，**何故全无**先有**当**新**除之杂染**补特伽罗及法我执之**因**即所缘二我？以**离**自性有**客尘者**，**乃此**界**之自性故**。当知此是以自性空、自相空、自体空说胜义谛，故二谛建立与怙主龙猛所许同一义。**此**界**中少分亦无**先无**当**新**立之清净因**、现证无我慧所缘二无我，以对治等皆**不可分之法清净法性**自性空**者**，**是此**界**之自性故**。

གཉིས་པ་ལ་གཉིས། ཤེས་བྱེད་ཀྱི་དོན་ལུང་དང་སྦྱར་བ་དང་། ལམ་བདེན་གྱི་རྟོགས་ཚུལ་ལུང་དང་སྦྱར་བའོ། །

དང་པོ་ནི་དེས་ན་མདོ་ལས། དེ་བཞིན་གཤེགས་པའི་སྙིང་པོ་ནི་གཉེན་པོའི་སྟོབས་ཀྱིས་ཉོན་མོངས་པ་རྣམས་སེམས་ཀྱི་རང་བཞིན་ལས་རྣམ་པར་དབྱེ་བ་ཡོད་པ་འབྲལ་བར་ངེས་པས་འབྲལ་ཤེས་པ་ཉོན་མོངས་པའི་སྦུབས་ཐམས་ཅད་ཀྱིས་ནི་རང་བཞིན་གྱིས་གྲུབ་པས་སྟོང་པ་ཡིན་ལ་རྣམ་པར་དབྱེ་བ་མེད་པ་དང་བྲལ་མི་ཤེས་པ་བསམ་གྱིས་མི་ཁྱབ་པའི་སངས་རྒྱས་ཀྱི་ཆོས་གང་གཱའི་ཀླུང་གི་བྱེ་མ་ལས་འདས་པའི་རང་བཞིན་གྱིས་ནི་མི་སྟོང་ངོ་། །ཞེས་གསུངས་སོ། །

གཉིས་པ་ནི། དེ་ལྟར་ན་རང་བཞིན་གྱིས་གྲུབ་པའི་ཆོས་གང་ཞིག་གང་ན་མེད་པ་དེ་ནི་དེས་སྟོང་ངོ། །ཞེས་བདག་མེད་མངོན་སུམ་དུ་རྟོགས་པའི་ཤེས་རབ་ཀྱིས་ཡང་དག་པར་རྗེས་སུ་མཐོང་ལ། གང་ཞིག་དེ་ལ་ལྷག་མར་གྱུར་པ་རང་བཞིན་གྱིས་སྟོང་པ་དེ་ནི་དེ་ལ་རྟག་པར་ཡོད་དོ། །ཞེས་རྗེས་ཀྱི་སྐབས་སུ་ཡང་དག་པ་ཇི་ལྟ་བ་བཞིན་དུ་ཤེས་སོ། །ཞེས་སོ། །

གསུམ་པ་ནི། ཚིགས་སུ་བཅད་པ་ཞེས་ཏེ། བདེན་པར་སྒྲོ (162b) འདོགས་པ་དང་ཀུན་རྫོབ་ལ་སྐུར་བ་འདེབས་པའི་སྐུར་འདེབས་གཉིས་ཀ་དང་བྲལ་བའི་སྟོང་པ་ཉིད་བསྟན་ཏོ། །

གཉིས་པ་ལ་གཉིས། སྟོང་པ་ཉིད་ལ་སེམས་གཡེངས་པ་སོགས་ཀྱི་ཡུལ་མ་ཡིན་པ་དང་། དེ་དག་གི་འཐད་པའོ། །

དང་པོ་ལ་གཉིས། དངོས་ཀྱི་དོན་དང་། ལུང་དང་སྦྱར་བའོ། །

དང་པོ་ནི། དེ་ལ་གང་དག་སྟོང་པ་ཉིད་ཀྱི་ཚུལ་འདི་ལས་སྒྲོ་སྐུར་གྱི་མཐར་ལྷུང་བས་སེམས་ཕྱིན་ཅི་ལོག་ཏུ་རྣམ་པར་གཡེངས་ཤིང་། དེ་ཉིད་བཤད་པ་ནི་རྣམ་པར་འཕྲོ་ལ་ཞེས་སོ། །དོན་དམ་པ་སྟོང་པ་ཉིད་ཀྱི་ཡེ་ཤེས་མེད་པར་དབྱིངས་རྟོགས་མི་ནུས་པར་བསྟན་པས་ཀྱང་ཁམས་རང་བཞིན་གྱིས་རྣམ་པར་དག་པ་དོན་དམ་བདེན་པར་བསྟན་པ་ཡིན་ནོ། །

གཉིས་པ་ནི། འདི་ལ་དགོངས་ནས་གསུངས་པ་ནི་ཞེས་ཏེ། འདིས་དེ་བཞིན་གཤེགས་པའི་སྙིང་པོའི་ཡེ་ཤེས་དེ་བཞིན་གཤེགས་པའི་ཡེ་ཤེས་སུ་བསྟན་པ་ནི། རྟག་ཏུ་མཉམ་པར་བཞག་པ་ལ་དགོངས་སོ། །ཉན་རང་གི་སྤྱོད་ཡུལ་མ་ཡིན་པ་ནི། སྔར་བཤད་པ་ལྟར་དང་། རང་སྟོབས་ཀྱིས་རྟོགས་མི་ནུས་པའོ། །

（卯二）配合经教

分二：（辰一）能立义配合经教；（辰二）证道谛之理配合经教；

（辰一）能立义配合经教

因此，经云："**如来藏者**，诸烦恼因对治力于心性决定**可分**、**可离**，**一切烦恼壳**自性有**空**，**不可分**、**不可离**、**不可思议过恒河沙数佛法**之自性**不空**。"

（辰二）证道谛之理配合经教

是故，经云："**凡彼**所依**中无**自性有之法**者**，现证无我慧**如实观见彼空**。**凡彼剩余**自性空**者**，于后得位**如实正知彼中恒有**。"

（卯三）摄义

此二颂说不颠倒空性之相，**以彼离增益及损减边故**。此说远离增益谛实、损减世俗二种毁谤之空性。

（寅二）示彼非心于空性散乱及喜颠倒者之境

分二：（卯一）非心于空性散乱等者之境；（卯二）彼等之应理。

（卯一）非心于空性散乱等者之境

分二：（辰一）正义；（辰二）配合经教。

（辰一）正义

此中或因堕增损边，故**心于此空性道理颠倒散乱**。此之解释：**散逸**、**不住定**、**不专注**，**故说彼等心于空性散乱**。**此中若无胜义空性智**，**即不能现证无分别清净界**。此说无胜义空性智不能证界，亦是说界自性清净是胜义谛。

（辰二）配合经教

依此意趣而说者，**广如经云**："**如来藏智者**，**是诸如来之空性智**。**一切声闻**、**独觉皆不能证**、**不能见彼如来藏**。"

此是依恒常入定意趣说如来藏智为如来智。说非声闻独觉所行境者，如前已释，亦说是不能以自力通达。

གཉིས་པ་ལ་གསུམ་གྱི་དང་པོ། དེ་བཞིན་གཤེགས་པའི་སྙིང་པོ་ཆོས་ཀྱི་སྐུའི་སྙིང་པོར་བསྟན་པས་འཇིག་ཚོགས་ལ་ལྟ་བར་ལྷུང་བའི་ཡུལ་མ་ཡིན་པར་བསྟན་པ་ནི། དེ་བཞིན་གཤེགས་པའི་ཞེས་ཏེ། ཆོས་ཀྱི་དབྱིངས་རྟོགས་པའི་ཡེ་ཤེས་ནི་འཇིག་ཚོགས་ཀྱི་ལྟ་བའི་གཉེན་པོ་ཡིན་པའི་ཕྱིར་རོ། །

གཉིས་པ་འཇིག་རྟེན་ལས་འདས་པའི་སྙིང་པོར་བསྟན་པས་ཕྱིན་ཅི་ལོག་ལ་དགའ་བའི་ཡུལ་མ་ཡིན་པར་བསྟན་པ་ནི། ཇི་ལྟར་ཆོས་ཀྱི་སྐུ་ཞེས་ཏེ་དེ་ནི་མི་རྟག་པར་བདེན་པར་ཞེན་པ་ལ་སོགས་པ་འཇིག་རྟེན་པའི་ཆོས་ཀྱི་གཉེན་པོར་བསྟན་པའི་ཕྱིར་རོ། །

གསུམ (163a) པ་ཡོངས་སུ་དག་པའི་ཆོས་ཀྱི་སྙིང་པོར་བསྟན་པས་སྟོང་པ་ཉིད་ལ་སེམས་གཡེངས་པའི་ཡུལ་མ་ཡིན་པར་བསྟན་པ་ནི། ཇི་ལྟར་ཡོངས་སུ་དག་པའི་ཞེས་ཏེ། ཁམས་རང་བཞིན་རྣམ་དག་ནི། སྒྲོ་སྐུར་གྱི་མཐའ་དང་བྲལ་བའི་སྟོང་པ་ཉིད་ཡིན་པའི་ཕྱིར་དང་། ཡོན་ཏན་གྱི་ཆོས་རྣམ་པར་དབྱེ་བ་མེད་པ་ནི་སྐུར་འདེབས་ཀྱི་དམིགས་པས་སྟོང་པའི། །གློ་བུར་གྱི་དྲི་མས་སྟོང་པ་ནི་སྒྲོ་འདོགས་ཀྱི་དམིགས་པས་སྟོང་པའོ། །

གསུམ་པ་ལ་གཉིས། དངོས་ཀྱི་དོན་དང་། ལུང་དང་སྦྱར་བའོ། །

དང་པོ་ནི་དེ་ལ་ཚུལ་གཅིག་གིས་ཆོས་ཀྱི་དབྱིངས་དང་ཐ་མི་དད་པའི་ཡེ་ཤེས་ཀྱི་སྒོ་ནི་ཆོས་ཀྱི་དབྱིངས་ཡིན་ལ། དེ་མངོན་སུམ་དུ་རྟོགས་པ་མཐར་ཐུག་པ་ན་ཐེག་པ་གསུམ་གྱི་ཚུལ་ལུགས་མི་འདྲ་བ་གསུམ་སོ་སོ་ཐ་དད་པར་མཐར་ཐུག་པ་མེད་པའོ། །འཇིག་རྟེན་ལས་འདས་པའི་ཆོས་ཀྱི་སྐུ་རང་བཞིན་གྱིས་ཡོངས་སུ་དག་པ་དོན་དམ་པའི་བདེན་པ་ནི་ཐེག་པ་ཆེན་པོ་རྒྱུད་བླ་མའི་བསྟན་བཅོས་ཀྱི་ཆེད་དུ་བྱ་བའི་གདུལ་བྱ་དེས་ཚོགས་སྦྱོར་གྱི་སྐབས་སུ་དོན་སྤྱིའི་ཚུལ་གྱིས་རྟོགས་ནས། དེ་ལ་མངོན་སུམ་དུ་ལྟ་བ་གང་ཡིན་པ་འདི་ནི་འདིར་གང་གིས་ས་བཅུ་ལ་གནས་པའི་བྱང་ཆུབ་སེམས་དཔས་དེ་བཞིན་གཤེགས་པའི་སྙིང་པོ་རྟག་ཏུ་མཉམ་པར་བཞག་པའི་ཚུལ་གྱིས་མཐོང་བ་མ་ཡིན་པར་མཉམ་རྗེས་རེས་འཇོག་བྱེད་པའི་མཉམ་གཞག་ཏུ་དུས་ཙུང་ཟད་མཐོང་ངོ་། །ཞེས་གསུངས་པས་ཡང་དག་པ་ཇི་ལྟ་བ་བཞིན་གྱི་ཡེ་ཤེས་ཀྱིས་མཐོང་བར་འདོད་དོ། །

（卯二）彼等之应理

分三：（辰一）示如来藏是法身藏故说非堕坏聚见者之境；（辰二）示是出世间藏故说非喜颠倒者之境；（辰三）示是清净法藏故说非心于空性散乱者之境。

（辰一）示如来藏是法身藏故说非堕坏聚见者之境

云何如来藏是法身藏？**说此非堕坏聚见之所行境**。证**法界者，乃坏聚见之对治故**。

（辰二）示是出世间藏故说非喜颠倒者之境

云何是出世间藏？**说此非喜颠倒者之所行境**，**示出世间法身者是**执**无常等**为实**世间法之对治故**。

（辰三）示是清净法藏故说非心于空性散乱者之境

云何是法身清净法藏？**说此非心于空性散乱者之所行境**。**彼清净功德法以无分别出世间法身为差别者**，**乃客尘空之自性故**。

界自性清净者，乃远离增、损边之空性故；功德法无分别者，是说损减之所缘空；客尘空者，是说增益之所缘空。

（寅三）示乃入十地诸菩萨之所行境

分二：（卯一）正义；（卯二）配合经教。

（卯一）正义

此中以一理趣现**证与法界无异智之门**法界，若此是究竟证悟，则三乘三种各异之理趣即非究竟。**出世间法身自性清净**胜义谛者，《大乘上续论》特别所化于资粮、加行道时以总义之理趣通达，能现**见**者**此处说**是**安住十地之菩萨**，然亦不能恒常入定而见如来藏，定中、后得需交替，于定中**能少分见**，**故许以如实正智观见**。

གཉིས་པ་ནི། དེ་སྐད་དུ་ནི། སྲིན་གྱི་མཐོང་བྱེད་པའི་ནམ་མཁའ་ལ་ཉི་མ་བཞིན་འདིར་ཕྱོད་དོན་དམ་པའི་བདེན་པ་མཉམ་གཞག་ཙམ་དུ་མཐོང་བས་ཕྱོགས (163b) གཅིག་པའི་བློ་གྲོས་ཅན་ཡིན་གྱི་བློ་གྲོས་ཀྱི་མིག་ རྣམ་ པར་དག་ པ་ དང་ ལྡན་ པའི་ ས་ ཆེན་ པོ་ ལ་ བཞུགས་ པའི་ བྱང་ ཆུབ་ སེམས་དཔའ་འཕགས་པ་རྣམས་ཀྱིས་ཀྱང་དུས་ཐམས་ཅད་དུ་མཐོང་བ་མ་ལགས་ལ། བཅོམ་ལྡན་འདས་ཁྱོད་ཆོས་སྐུ་གང་དག་ལ་བློ་གྲོས་མཐའ་ཡས་པར་འཇུག་པ་ཤེས་བྱ་མཐའ་མེད་ནམ་མཁའ་མཐར་ཐུག་པའི་བར་གྱི་དབྱིངས་དེ་ བཞིན་ ཉིད་ ལ་ རྟག་ ཏུ་ མཉམ་ པར་ བཞག་ པའི་ ཚུལ་ གྱིས་ཁྱབ་ པ་ དེ་ དག་ གིས་ དུས་ཀུན་ཏུ་མཐོང་ངོ་། །ཞེས་ གསུངས་ སོ། །བྱང་ ཆུབ་ སེམས་ དཔའ་ འཕགས་ པ་ རྣམས་ ཀྱིས་ མཉམ་ རྗེས་ རེས་འཇོག་ཏུ་མཐོང་བས་དུས་ཙུང་ཟད་མཐོང་བའི་དོན་ཡིན་གྱི། ཆོས་ཉིད་མངོན་སུམ་དུ་རྟོགས་ཚུལ་མཐོང་རྒྱ་ཆེ་ཆུང་ལ་འདོད་པ་ནི། རྣམ་གཞག་མ་ཆགས་པའི་གནམ་དུ་ཤེས་པ་བྱའོ། །

གསུམ་པ་སེམས་ཅན་ལ་ཁམས་ཡོད་པར་བཤད་པའི་དགོས་པ་བསྟན་པ་ལ་རྩོད་པའི་སྐབས་ཉེ་བར་དགོད་པ་དང་། དགོས་པ་མེད་པའི་རྩོད་སྤང་དང་བཅས་པར་བསྡུས་ནས་དང་པོ་ནི། དེ་ལ་ཚུལ་གཅིག་པའི་ཆོས་ཀྱི་དབྱིངས་དང་ཞེས་སོགས་ཤེས་བྱེད་ཀྱི་ཚིགས་བཅད་དང་བཅས་པ་ལྟར་བཤད་ན་ཡང་ཤིན་ཏུ་ཙང་མོད་ཀྱི། སྔར་ལྟར་བཤད་པ་ལ་ཡང་འགལ་བ་མེད་པར་སེམས་སོ། །འདི་ལ་གསུམ། རྩོད་པ་དང་བསྡུས་དོན་གྱིས་མཚམས་སྦྱར་བ་དང་། རྩོད་ལན་མདོར་བསྟན་པ་དང་། རྒྱས་པར་བཤད་པའོ། །

དང་པོ་རྩོད་པ་དང་། བསྡུས་དོན་ནོ། །

དང་པོ་ནི། སྨྲས་པ། གལ་ཏེ་དེ་ལྟར་ཆགས་པ་མེད་པའི་མཐར་ཕྱིན་པའི་དག་པ་ས་ལ་གནས་པ་བྱང་ཆུབ་སེམས་དཔའ་འཕགས་པའི་མཆོག་རྣམས་ཀྱི་ཡང་དུས་ཐམས་ཅད་དུ་ཡུལ་མ་ཡིན་ན། ཁམས་འདི་ལྟ་བར་དཀའ་ཞིང་རྟོགས་པར་དཀའ་བར་འགྱུར་ལ། (164a) ཤིན་ཏུ་རྟོགས་པར་དཀའ་བ་དེས་ན་བྱིས་པ་སོ་སོ་སྐྱེ་བོ་ལས་བརྩམས་ཏེ་བསྟན་པ་འདིས་ཅི་ཞིག་བྱ་སྟེ། བསྟན་ཀྱང་རྟོགས་མི་ནུས་པའི་ཕྱིར་དགོས་པ་མེད་དོ། །ཞེ་ན། རྩ་བའི་དངོས་བསྟན་ལ་དགོས་པ་མེད་པའི་རྩོད་པ་དང་།འགལ་བའི་རྩོད་པ་གཉི་ག་བྱུང་ཡང་། འགལ་བར་རྩོད་པ་ཆེས་ཤིན་ཏུ་གསལ་ཞིང་། དགོས་པ་མེད་པའི་རྩོད་པ་སྤོང་བའི་ལན་གསལ་བར་བྱུང་ཡང་། རྩོད་པ་ཙུང་ཟད་མི་གསལ་བར་འགྲེལ་པར་ཁ་བསྐངས་ནས་གསུངས་པ་ཡིན་ནོ། །

གཉིས་པ་ནི། ཁམས་བསྟན་པའི་དགོས་པ་བསྡུས་པའི་ཞེས་སོ། །

（卯二）配合经教

经云：“如云隙空日，此中汝惟于定中见胜义谛，故具一分慧，具清净慧眼住大地菩萨诸圣者，亦非一切时见。世尊，汝法身中无量慧趣入，以真如中恒入定之理趣周遍无边所知虚空际界，彼等一切时见。”菩萨圣众于定中与后得交替而见是少分见之义。许现证法性之理趣见识有大小者，当知是无所建立之语。

（壬三）示说有情有界之用意：

摄叙诤及断无用之诤。“此中以一理证法界”等，虽亦可作能立之颂解，然如上述解亦不相违。

此中分三：（癸一）诤及摄义之承启；（癸二）总标诤答；（癸三）广释。

（癸一）诤及摄义之承启

分二：（子一）诤；（子二）摄义。

（子一）诤

或难：若如是尚非无贪究竟、住清净地最上菩萨圣者一切时之境，此界难见、难以通达，极难通达，故就愚夫异生而言，此说复有何用？说亦不能证故无用。

《论》文中虽正说无用及相违之二诤，然相违之诤极显了，而无用之诤稍不明了。断诤中方明说，故《释》文中补充说明。

（子二）摄义

说此界用意之摄颂有二，初颂示问，次颂示答。

གཉིས་པ་ལ་གཉིས། སྤྱིའི་དོན་དང་། ཡན་ལག་གི་དོན་དོ། །

དང་པོ་ལ་གསུམ། མི་འཐད་པའི་ཕྱོགས་སུན་དབྱུང་བ་དང་། འཐད་པའི་ཕྱོགས་ལེགས་པར་བཞག་པ་དང་། དེ་ལ་རྩོད་པ་སྤང་བ་པའོ། །

དང་པོ་ལ་གསུམ། ཁམས་རྟག་དངོས་གསུངས་པའི་དགོས་པ་སྟོན་པའི་གཞུང་དུ་འཆད་པ་རྣར་མི་འོང་བའི་ཚིག་ཡིན་པ་དང་། དེ་བཞིན་གཤེགས་པའི་སྙིང་པོའི་མདོ་དྲང་དོན་དུ་གསུངས་པའི་རྒྱུ་མཚན་སྟོན་པར་འཆད་པ་འབྲེལ་པ་མེད་པ་དང་། འཁོར་ལོ་བར་པ་དྲང་དོན་དུ་སྒྲུབ་པའི་རྣམ་རིག་པའི་ལུགས་སུ་འཆད་པ་དགོངས་པ་མ་ཡིན་པའོ། །

དང་པོ་ནི། ཁ་ཅིག་ན་རེ། འཁོར་ལོ་བར་པར་ཆོས་ཐམས་ཅད་སྤྲིན་དང་རྨི་ལམ་དང་སྒྱུ་མ་བཞིན་དུ་གསུངས་ནས་འཁོར་ལོ་ཐ་མ་འདིར་བདེ་བར་གཤེགས་པའི་སྙིང་པོ་རྟག་དངོས་ཡོད་དོ། །ཞེས་གསུངས་པ་སྔ་མ་དང་འགལ་ཞིང་། དེ་ལྟར་གསུངས་པ་ལ་དགོས་པ་ཡང་མེད་དོ། །ཞེས་པ་རྩོད་པའི་དོན་དུ་བྱས་ནས། ལན་ནི། ཤེར་ཕྱིན་གྱི་མདོར་གསུངས་པས་ནི་ཀུན་རྫོབ་ཀྱི་ཆོས་ཐམས་ཅད་རང་གི་ངོ་བོས་སྟོང་པ་དང་། (164b) བེམ་སྟོང་དང་། ཆད་སྟོང་དང་། ཉི་ཚེའི་སྟོང་པ་ཡིན་ལ། རང་སྟོང་གི་དོན་ཡང་བུམ་པ་བུམ་པས་སྟོང་པའོ། །འཁོར་ལོ་ཐ་མར་གསུངས་པ་ནི། སྟོབས་སོགས་ཀྱི་ཡོན་ཏན་ཐམས་ཅད་ཀྱིས་བརྒྱན་པའི་བདེ་བར་གཤེགས་པའི་སྙིང་པོ་རྟག་དངོས་སེམས་ཅན་ཐམས་ཅད་ཀྱི་རྒྱུད་ལ་ཡོད་པ་དེ་ཡིན་ལ། དེ་ནི་གཞན་སྟོང་ཟབ་མོ་དོན་དམ་པའི་བདེན་པ་ཀུན་རྫོབ་ཀྱི་ཆོས་ཐམས་ཅད་ཀྱིས་སྟོང་པ་དེ་ཉིད་སེམས་ཅན་ཐམས་ཅད་ལ་ཡོད་པར་གསུངས་པའི་དགོས་པ་སྟོན་པ་དང་། ཡང་དག་མཐའ་ནི་འདུས་བྱས་ཀྱིས། ཞེས་པས་འགལ་བའི་རྩོད་པ་སྤང་བ་པ་ཡིན་ལ། དེ་ཡང་དོན་དམ་བདེན་པ་དེ་ཀུན་རྫོབ་པའི་ཆོས་ཐམས་ཅད་ཀྱིས་སྟོང་པ་བསྟན་པ་ཡིན་ནོ། །ཞེས་ཟེར་རོ། །

（癸二）总标诤答

分二：（子一）总义；（子二）支分义。

（子一）总义

分三：（丑一）破不应理品；（丑二）善立应理品；（丑三）断诤。

（丑一）破不应理品

分三：（寅一）或释此文是说界为“常事”之用乃不堪入耳之言；（寅二）或释此文是说《如来藏经》为不了义之原由然全不相属；（寅三）或释是成立中转法轮为不了义之唯识派然非论义。

（寅一）或释此文是说界为“常事”之用乃不堪入耳之言

或谓：中转法轮说一切法如云、如梦、如幻，末转法轮中说有如来藏“常事”，如是说者与前相违，亦无他用。以此为诤义，并作答难：《般若经》中所说者乃一切世俗法自空、呆空、断空、孤空。“自空”之义，如瓶以瓶空。末转法轮者，是说一切有情相续中有如来藏“常事”，以“力”等一切功德为庄严，彼乃甚深“他空”胜义谛一切世俗法空，一切有情皆有，说有此用。“实际者远离，一切有为相”是破相违之诤，亦是说彼胜义谛一切世俗法空。

དེ་ནི་ཤིན་ཏུ་འབྲེལ་པ་མེད་པ་ཡིན་ཏེ། རྟག་དངོས་རང་རྒྱུད་ལ་ཡོད་པར་གོ་བས། སངས་རྒྱས་ཐོབ་འདོད་སྐྱེ་བ་སོགས་ལ་ཅུང་ཟད་ཀྱང་མི་ཕན་པའི་ཕྱིར་དང་། ཁྱེད་ལྟར་ན་དོན་དམ་པའི་སེམས་ཅན་དེ་ནི་རྟག་དངོས་ཡིན་པས་སངས་རྒྱས་ཐོབ་འདོད་སྐྱེ་བ་མི་སྲིད་པའི་ཕྱིར་དང་། ཐོག་མ་མེད་པས་ནས་སངས་རྒྱས་ཟིན་པས་སླར་ཡང་སངས་རྒྱས་བསྒྲུབ་མི་དགོས་པའི་ཕྱིར་རོ། །ཀུན་རྫོབ་པའི་སེམས་ཅན་དེ་ནི་ཕོ་རང་ཕོ་རང་གིས་སྟོང་པས་མོ་གཤམ་གྱི་བུ་བཞིན་དུ་ཤེས་བྱ་ལ་མི་སྲིད་པར་འགྱུར་བའི་ཕྱིར། སེམས་ཅན་སུ་ཞིག་སེམས་ཞུམ་པ་དེ་སྙིང་པོ་རྟག་དངོས་ཡོད་པར་བསྟན་པས་སེམས་གཟེངས་བསྟོད་པར་བྱེད། རྟག་ཆད་ཀྱི་ལྟ་བའི་མཐར་ལྟུང་བ་འདི་ལས་ཕ་རོལ་ཏུ་ཆོས་འདི་ལས་ཕྱི་རོལ་ཏུ་གྱུར་པ་སུ་ལ་ཡང་མེད་དོ། །གཞན་ཡང་ཁྱེད་ཉོན་ཅིག །ཡང་དག་པའི་མཐའ་ལས་དང་ཉོན་མོངས་པ་དང་རྣམ་སྨིན་གྱི་ཕུང་པོས་བསྡུས་པའི་སྡུག་ཀུན་གྱིས་སྟོང་པར་བསྟན་གྱི། ཀུན་རྫོབ་པའི་ལམ (165a) བདེན་གྱིས་སྟོང་པར་བསྟན་འདུག་མི་འདུག །ད་དུང་ཟོས་པ་མིན་ན་མིག་ཕྱིས་ལ་ལེགས་པར་ལྟོས་ཤིག །ལུགས་འདི་རྒྱས་པར་དགག་པར་བྱ་བ་ཡིན་ན་ཡང་། ལོག་རྟོག་ཤིན་ཏུ་རགས་པའི་གནས་སུ་སྣང་བས་དེ་ཙམ་གྱིས་ཀྱང་ཕྱིན་ཅི་ལོག་ཏུ་རྟོགས་པར་འགྱུར་པས་མ་སྤྲོས་སོ། །

གཉིས་པ་ནི། ཁ་ཅིག །རང་སྟོང་གི་དོན་ཐ་མཐུན་པར་འཆད་པ་ནི། ཆོས་གང་ལ་ཡང་འདི་ཡིན་འདི་མིན་གྱི་ངོས་བཟུང་བྱས་ཅུང་ཟད་ཀྱང་མེད་པས་འདི་ནི་ཕྱིན་ཅི་ལོག་ཡིན་ལ་འདི་ནི་ཕྱིན་ཅི་མ་ལོག་པའོ་ཞེས་རྣམ་པར་དབྱེ་བ་ཅུང་ཟད་ཀྱང་མི་ནུས་པས་བླང་དོར་གྱི་གནས་གཏན་ལ་འབེབས་པ་ལ་དང་བས་ཅི་ཞིག་བྱ། རྟེན་འབྲེལ་གྱི་ཆོས་ཐམས་ཅད་རང་ལུགས་ལ་ཚད་མས་གྲུབ་པས་རྣམ་གཞག་ཅུང་ཟད་ཀྱང་བྱ་ས་མེད་པར་འབྲེལ་པའི་ངོ་འབའ་ཞིག་ལ་ལྟོས་ནས་འགོག་པ་ནི་ཤིན་ཏུ་འགལ་ཏེ། ཀུན་རྫོབ་པའི་ཆོས་རྣམས་གང་གི་ངོར་བཞག་པའི་བལྟོས་ས་འབྲེལ་པ་ཉིད་ཀྱང་རང་ལུགས་ལ་ཚད་མས་མ་གྲུབ་པའི་ཕྱིར། དོན་དམ་པའི་བདེན་པ་ཡོད་མིན་མེད་མིན་དུ་འདོད་པ་ཡང་དོན་དམ་ལ་སྐྱུར་བ་འདེབས་པ་ཡིན་པས། དེ་བཞིན་གཤེགས་པའི་སྙིང་པོའི་མདོ་དྲང་བའི་དོན་ཡིན་ལ། མདོ་གཞན། དེ་བཞིན་གཤེགས་པའི་སྙིང་པོའི་མདོའི་དོན་ལུགས་སྔ་མས་འདོད་པ་ལྟར་ཁས་བླངས་ནས་དེ་སྒྲ་ཇི་བཞིན་པ་མ་ཡིན་པའི་དྲང་དོན་དུ་འཆད་པ་ནི་དེ་བཞིན་གཤེགས་པའི་སྙིང་པོའི་མདོས་ཇི་ལྟར་བསྟན་པ་དང་། བསྟན་བཅོས་འདིར་རྗེ་བཙུན་གྱིས་ཇི་ལྟར་བཀྲལ་བའི་ཚུལ་ལེགས་པར་མ་རྟོགས་པའོ། །

曰：此言全无系属，以自相续中有“常事”之解于发愿成佛等无少益故；若如汝所言，彼胜义有情是“常事”，则不可发愿成佛故；无始以来已成佛，而不须再成佛故。彼世俗有情是“自空”，则如石女儿，所知中非有故，何等怯弱有情为之说有如来藏“常事”而能激励？除此堕常、断见边者，别无附佛之外道！又，汝当谛听！若实际是说业、烦恼、异熟蕴所摄之苦、集空，则世俗道谛空不空？若犹不悟，请拭目善观！虽应广破此派，现见是邪分别极粗显处，惟此即可知其为颠倒，故不赘述。

（寅二）或释此文是说《如来藏经》为不了义之原由然全不相属

或说“自空”义如前，然诸法全不可作“此是此非”之认取，故亦不能作任何“此颠倒、此不颠倒”之分别。曰：如是当以何信心抉择取舍处？汝自宗全无以量成立一切缘起法之建立，纯系观待于错乱心而有故破，此极相违，以就彼安立诸世俗法之观待处为错乱，汝自宗无法以量成立故。许胜义谛“非有非无”亦是毁谤胜义，故全不能作“《如来藏经》是不了义，余经是了义”之分别。若如前派所许，而说《如来藏经》是不可如言取义之不了义者，是未善通达《如来藏经》云何说，以及本论中至尊（弥勒）云何阐释之理趣。

འོ་ན་དེ་བཞིན་གཤེགས་པའི་སྙིང་པོའི་མདོ་ལས། མི་དབུལ་པོ (165b) ཁྱིམ་གྱི་བདག་པོ་དེ་ནི་དབུལ་པའི་སེམས་ཀྱིས་རྗེས་སུ་སེམས་ཤིང་དེ་ཉིད་ཀྱི་སྟེང་ན་རྣམ་པར་རྒྱུ་ཡང་། སའི་འོག་ན་གཏེར་ཆེན་པོ་ཡོད་པ་དེ་མ་ཐོས་མི་ཤེས་མ་མཐོང་ངོ་། །རིགས་ཀྱི་བུ་དག་དེ་བཞིན་དུ་སེམས་ཅན་ཐམས་ཅད་ཀྱི་མངོན་པར་ཞེན་པའི་ཡིད་ལ་བྱེད་པ་ཁྱིམ་པ་ལྟ་བུར་གྱུར་པའི་འོག་ན། དེ་བཞིན་གཤེགས་པའི་སྙིང་པོ་སྟོབས་དང་། མི་འཇིགས་པ་དང་། མ་འདྲེས་པ་དང་། སངས་རྒྱས་ཀྱི་ཆོས་ཐམས་ཅད་ཀྱི་མཛོད་ཀྱི་གཏེར་ཆེན་པོ་ཡོད་ཀྱང་སེམས་ཅན་དེ་དག་གཟུགས་དང་། སྒྲ་དང་དྲི་དང་རོ་དང་རེག་པ་ལ་ཆགས་པས་སྡུག་བསྔལ་བས་འཁོར་བ་ན་འཁོར་ཏེ། ཆོས་ཀྱི་གཏེར་ཆེན་པོ་དེ་མ་ཐོས་པས་ཐོབ་པར་མ་གྱུར་ཅིང་ཡོངས་སུ་སྦྱང་བའི་ཕྱིར་བརྩོན་པར་ཡང་མི་བྱེད་དོ། །ཞེས་གསུངས་པ་ཇི་ལྟར་ཡིན་ཞེ་ན།

མདོ་དེའི་དོན་ནི། དག་པ་གཉིས་ལྡན་གྱི་སངས་རྒྱས་སེམས་ཅན་གྱི་རྒྱུད་ལ་ཡོད་པར་བསྟན་པ་མ་ཡིན་གྱི། སྐབས་ཟིན་ཉིད་ལ་དེ་བཞིན་གཤེགས་པའི་སྙིང་པོ་སྟོབས་སོགས་ཀྱི་ཡོན་ཏན་འབྱུང་བའི་གཏེར་དུ་གསུངས་ཀྱི། སྟོབས་སོགས་ཀྱི་ཡོན་ཏན་ཉིད་དུ་མ་གསུངས་པའི་ཕྱིར་དང་། མདོ་དེའི་གོང་དུ་སེམས་ཅན་ཉོན་མོངས་ཐམས་ཅད་ཀྱིས་ཉོན་མོངས་པ་ཅན་དུ་གྱུར་པའི་ནང་ན། དེ་བཞིན་གཤེགས་པའི་ཆོས་ཉིད་མི་གཡོ་ཞིང་སྲིད་པའི་འགྲོ་བ་ཐམས་ཅད་ཀྱིས་མ་གོས་པ་དག་མཐོང་ནས་དེ་བཞིན་གཤེགས་པ་དེ་དག་ནི་ང་དང་འདྲའོ། །ཞེས་སྨྲའོ། །ཞེས་གསུངས་པས་དེ་བཞིན་གཤེགས་པའི་ཆོས་ཉིད་དང་ཁྱད་པར་མེད་པར་དྲི་མ་སེམས་ཀྱི་རང་བཞིན་ལ་མ་ཞུགས་པའི་དེ་བཞིན་ཉིད་སེམས་ཅན་ལ་ཡོད་པ་ལ་དགོངས་ནས་ང་དང་འདྲ་བར་གསུངས་སོ་ཞེས་བསྟན་བཅོས་འདིར་ཇི་ལྟར་བཀྲལ་བ་ལྟར་མདོ (166a) དེ་ཉིད་དུ་གསུངས་ཀྱི། མདོ་དེ་ལས་སེམས་ཅན་ལ་སངས་རྒྱས་ཡོད་པར་སྒྲ་ཇི་བཞིན་པར་མ་བསྒྲུབས་ཀྱི། དེའི་དགོངས་པ་བཤད་ནས་གསལ་བར་གསུངས་པའི་ཕྱིར་རོ། །ཚིག་དོན་མདོ་ནས་གསུངས་པ་ལྟར་འཆད་མི་རིགས་ན། མདོ་དེ་ཉིད་དུ་སེམས་ཅན་ཐམས་ཅད་དེ་བཞིན་གཤེགས་པའི་སྙིང་པོར་མཐོང་ངོ། །ཞེས་ཀྱང་གསུངས་པས། སེམས་ཅན་ཉིད་དེ་བཞིན་གཤེགས་པའི་སྙིང་པོར་ཁས་བླང་བར་གྱིས་ཤིག མདོ་དེ་ཉིད་དུ་སེམས་ཅན་གྱི་རྒྱུད་ལ་སངས་རྒྱས་ཡོད་པར་གསུངས་པ་དག་པ་གཉིས་ལྡན་གྱི་ཆོས་སྐུ་ཡོད་པ་ལ་གོ་དོགས་ནས། ཆོས་ཉིད་ཡོད་པ་ལ་གསལ་བར་གསུངས་ཀྱི། དག་པ་གཉིས་ལྡན་གྱི་ཆོས་སྐུ་སེམས་ཅན་གྱི་རྒྱུད་ལ་ཡོད་པ་རང་ལུགས་ལྟར་བཅོས་ནས་མ་གསུངས་པའི་ཕྱིར་རོ། །

དེས་ན་རྣམ་དཔྱོད་དང་ལྡན་པ་རྣམས་ཀྱིས་ཞིབ་ཏུ་དཔྱད་པ་ལས་ཤེས་པར་བྱའོ། །

若谓：若尔，以《如来藏经》云："彼贫者家主，起贪苦想，虽游走其上，然不闻不见地下之大宝藏。善男子，如是一切有情耽着之作意如同家舍，其下有如来藏力、无畏、不共一切佛法大宝藏。彼等有情贪着色、声、香、味、触而受苦，流转生死，不闻彼大法藏故不得，不起净治之精勤。"

此义云何？曰：经义非说有情相续中有具二清净之佛，以其文是说如来藏乃出生"力"等功德之藏，然未说"力"等功德本身故。此经先前说："有情为一切烦恼杂染之中，如来法性不动，不染一切有趣。如来见已，而说彼等与我相似。"有情皆有与如来法性无别、垢不能入心性之真如，依此意趣，而说与佛相似。此经所说即如本论所阐释。是故，彼经所说有情有佛，不可如言取义，以经已明释其意趣故。若如经中所说而释文义不应理，则彼经云"见一切有情即如来藏"，故当许有情本身即如来藏！彼经中说有情相续中有佛，恐误解为有具二清净之法身，而明说为有法性，非如汝自宗改言有情相续中有具二清净之法身故。因此，具观慧者当细观察而了知。

བདེན་འཛིན་ཤེས་སྒྲིབ་ཏུ་བྱེད་པའི་དབུ་མ་པ་ཁ་ཅིག་གི་བཞེད་པ་ལྟར་བཤད་ན་ཡང་། སྤྲིན་ལ་སོགས་པ་བཞིན་དུ་གསུངས་པའི་དོན་སེམས་ཀྱི་རང་བཞིན་སྡུག་ཀུན་ཙམ་གྱིས་སྟོང་པར་གསུངས་པ་འགྲིག་པར་དཀའོ། །དེ་བཞིན་གཤེགས་པའི་སྙིང་པོའི་མདོ་དྲང་དོན་དུ་བསྒྲུབ་པ་ཡང་བསྟན་བཅོས་འདིས་བཀྲལ་བ་དང་མི་འགྲིག་པས་ངེས་པའི་དོན་དུ་ཁས་བླང་བར་བྱའོ། །ཚིག་དོན་བཤད་པས་སྒྲ་ཇི་བཞིན་པ་མ་ཡིན་པའི་དྲང་དོན་དུ་ཁས་ལེན་དགོས་ན། ཤེས་རབ་ཀྱི་ཕ་རོལ་ཏུ་ཕྱིན་པའི་མདོ་ལས། གཟུགས་མེད། སྒྲ་མེད། ཅེས་སོགས་གསུངས་པ་ཡང་སྒྲ་ཇི་བཞིན་དུ་བཟུང་དུ་མི་རུང་བར་དགོངས་པ་ཅན་དུ་ཁས་ལེན་དགོས་པར་འགྱུར་ཏེ་ཀུན་ནས་མཚུངས་པའི་ཕྱིར་རོ། །

གསུམ (166b) པ་ནི། རྣལ་འབྱོར་སྤྱོད་པ་བ་རྣམས་ཀྱི་བཞེད་པ་རང་ལུགས་ལ་ཁས་བླངས་ནས་རྩོད་སྤངས་འཆད་པ་ཡང་བསྟན་བཅོས་འདིའི་དོན་མ་ཡིན་ཏེ། རྣལ་འབྱོར་སྤྱོད་པ་བ་རྣམས་ཀྱིས་ནི་དགོངས་གཞི་དང་། དགོས་པ་དང་། སྒྲས་ཟིན་ལ་གནོད་བྱེད་བསྟན་པའི་སྒོ་ནས་ཤེར་ཕྱིན་གྱི་མདོ་དྲང་དོན་དུ་བསྒྲུབས་ཤིང་། མདོ་སྡེ་དགོངས་འགྲེལ་ངེས་དོན་དུ་མཛད་ལ། བསྟན་བཅོས་འདིར་ནི་ཤེར་ཕྱིན་གྱི་མདོ་ངེས་པའི་དོན་དུ་མཛད་པའི་ཕྱིར་དང་། ཤེར་ཕྱིན་གྱི་མདོ་ལས་ཆོས་ཐམས་ཅད་སྟོང་པར་གསུངས་པའི་དོན་དྲི་མས་སྟོང་པ་ལ་བྱེད་ན་སྡུག་ཀུན་གྱིས་སྟོང་པར་བཤད་པ་ཙམ་གྱིས་མི་ཚིག་གི། གཟུང་འཛིན་རྫས་ཐ་དད་དུ་ཞེན་པའི་ཆོས་ཀྱི་བདག་འཛིན་དུ་འདོད་པ་དེས། སྟོང་པར་ཡང་བསྟན་དགོས་ན་དེ་ལྟར་ཡང་མ་བསྟན་པའི་ཕྱིར་རོ། །

གཉིས་པ་ནི། བཀའ་བར་པ་ཤེར་ཕྱིན་གྱི་མདོར་ཆོས་ཐམས་ཅད་སྤྲིན་དང་རྨི་ལམ་དང་སྒྱུ་མ་བཞིན་དུ་སློ་བུར་པར་གསུངས་པ་དང་། འཁོར་ལོ་ཐ་མ་དེ་བཞིན་གཤེགས་པའི་སྙིང་པོའི་མདོར་སེམས་ཀྱི་རང་བཞིན་འགྱུར་མེད་ཀྱི་རྟག་པ་ཡིན་པར་གསུངས་པ་འགལ་ལོ། །ཞེས་འགལ་བར་རྩོད་པ་དང་། ཁམས་ཤིན་ཏུ་རྟོགས་པར་དཀའ་བས་བྱིས་པ་སོ་སོའི་སྐྱེ་བོ་ལ་བསྟན་པ་ལ་དགོས་པ་མེད་པའི་རྩོད་པ་གཉིས་སྤོང་བ་ལ། དགོས་པ་ཡོད་པར་སྟོན་པ་ནི། ཉེས་པ་ལྔ་སྤང་བའི་ཆེད་དུ་གསུངས་པ་དེ་ཡིན་ལ། འགལ་བར་རྩོད་པའི་ལན་ནི། ཉོན་མོངས་ཀྱིས་བསྒྱུས་པའི་བདེན་འཛིན་སེམས་ཀྱི་རང་བཞིན་ལ་མ་ཞུགས་པའི་སློ་བུར་བར་བསྒྲུབ་པ་ཉིད་ཀྱིས་ཆོས་ཐམས་ཅད་བདེན་སྟོང་སྤྲོས་བྲལ་དུ་འབབ་པ་མེད་པར་གྲུབ་པའི་ཕྱིར་འཁོར་ལོ་བར་བ་ཤེར་ཕྱིན་གྱི་མདོ་དང་། འཁོར་ལོ་ཐ་མ་དེ་བཞིན་གཤེགས་པའི་སྙིང་(167a) པོའི་མདོ་གཉིས་ངེས་པའི་དོན་དུ་ཁྱད་པར་མེད་པར་བསྒྲུབ་པ་ཡིན་ཏེ་ཚིག་དོན་གྱི་སྐབས་སུ་འཆད་པར་འགྱུར་རོ། །

纵如一类以实执为所知障中观师之所许而释，“如云”等之义是说心性惟苦、集空亦难符论义。若须许此经是文义待释、不可如言取义之不了义，则《般若经》说“无色、无声”等，亦须许为不可如言取义之密义经，以全相同故。

（寅三）或释是成立中转法轮为不了义之唯识派然非论义

瑜伽行师许此是自宗之意而释断诤，亦非本论之义，以瑜伽行师由示“密意所依”、“用意”、“依言解有妨难”之门，成立《般若经》为不了义，而以《解深密经》为了义，然本论中以《般若经》为了义故；若以《般若经》所说一切法空之义为垢空，则但说苦、集空尚未足，彼许能所取异物为法执者，本论中亦须说如是之空，然未说故。

（丑二）善立应理品

中期教《般若经》中说一切法如云、梦、幻之客，末转法轮《如来藏经》中说心性是不变之常，此为相违之诤。又，界极难证，故为愚夫异生说当成无用之诤。为断此二诤，示有用者，是为断五过失而说；答相违之诤者，烦恼所摄实执不入心性而成立为客，由此能无功用成立一切法离戏谛实空故，成立中转法轮《般若经》与末转法轮《如来藏经》二者皆为了义，无有差别，释文义时当说。

གསུམ་པ་ནི། བདེན་འཛིན་ཉོན་སྒྲིབ་ཏུ་འདོད་ན་འཁོར་གསུམ་དུ་བདེན་པར་རྟོག་པ་ཤེས་སྒྲིབ་ཏུ་འོག་ནས་བཤད་པ་ཇི་ལྟར་ཡིན་ཞེ་ན། དེ་ནི་འཁོར་བ་གསུམ་དུ་བདེན་པར་ཞེན་པའི་བག་ཆགས་ལ་ཤེས་སྒྲིབ་ཏུ་བྱས་པ་ཡིན་གྱི། བདེན་འཛིན་ཉིད་ལ་བྱེད་པ་དོན་མིན་ནོ། །བདེན་འཛིན་དུ་བྱས་ཀྱང་འགལ་བ་མེད་དེ། རེ་ཤིག་བདག་མེད་ཕྲ་མོ་བསྟན་དུ་མི་རུང་བའི་གདུལ་བྱ་ལ་བསྒོས་པའི་སྤྱང་གཉེན་གྱི་རྣམ་གཞག་སྟོན་པར་བཤད་པ་ལ་འགལ་བ་མེད་དོ། །

གཉིས་པ་ཡན་ལག་གི་དོན་ལ་གཉིས། རྩོད་པ་དང་། ལན་ནོ། །

དང་པོ་ནི། ཆོས་ཀྱི་འཁོར་ལོ་བར་པ་ཤེས་རབ་ཀྱི་ཕ་རོལ་ཏུ་ཕྱིན་པའི་མདོ་སྡེ་སྟོང་ཕྲག་བརྒྱ་པ་དང་བརྒྱད་སྟོང་པ་ལ་སོགས་པ་མདོ་དེ་དང་དེར་ཤེས་བྱ་ཐམས་ཅད་སྤྲིན་དང་རྨི་ལམ་དང་སྒྱུ་མ་བཞིན་དུ་རྣམ་པ་ཀུན་ཏུ་རང་བཞིན་གྱིས་གྲུབ་པས་སྟོང་པ་འོ་ཞེས་བློ་བུར་བ་ལྟར་གསུངས་ནས་ཡང་ཆོས་ཀྱི་འཁོར་ལོ་ཐ་མ་དེ་བཞིན་གཤེགས་པའི་སྙིང་པོའི་མདོ་དང་དཔལ་ཕྲེང་གི་མདོ་ལ་སོགས་པ་འདིར་རྒྱལ་བ་རྣམས་སེམས་ཅན་ཐམས་ཅད་ལ་སེམས་ཀྱི་རང་བཞིན་ལ་ཞུགས་པའི་སངས་རྒྱས་ཀྱི་སྙིང་པོ་ཡོད་ཅེས་ཅི་སྟེ་གསུང་སྟེ་བློ་བུར་བ་ཡིན་པ་དང་རང་བཞིན་ལ་ཞུགས་པའི་གཉིས་འགལ་བའི་ཕྱིར་ཅེས་འགལ་བར་རྩོད་པ་དང་། ཡང་སེམས་ཅན་ཐམས་ཅད་ལ་སངས་རྒྱས་ཀྱི་སྙིང་པོ་ཡོད་ཅེས་ཅི་སྟེ་གསུང་སྟེ་གསུངས་པ་ལ་དགོས་པ་མེད་དེ། བྱིས་པ་རྣམས་ལ་གསུང་དགོས་ན་དེ་དག་ལ་བསྟན་ཡང་རྟོགས་མི་ནུས་པའི་ཕྱིར་རོ། །ཞེས་འགལ་བར་རྩོད་པ་དང་། དགོས་པ་མེད་པའི་རྩོད་པ་གཉིས་ག་ཞུགས་ཤིང་ལན་གྱི་སྐབས་སུ་ཡང་གཉིས་ག་འབྱུང་ངོ་། །

མཚམས་སྦྱར་དུ་ཚིགས་སུ་བཅད་པ་གཅིག་གིས་ནི་དྲིས་ལ། གཉིས་པས་ནི་ལན་བསྟན་པའོ། །ཞེས་གསུངས (167b) པས་ཚིགས་བཅད་གཉིས་པས་དགོས་པ་ཡོད་པའི་ལན་གསུངས་ཀྱང་མི་འགལ་བའི་ལན་མ་གསུངས་པས་སོ། །ཞེ་ན་སྐྱོན་མེད་དེ། ཁམས་རང་བཞིན་གྱིས་རྣམ་པར་དག་པ་ཡོད་པར་གསུངས་པའི་དགོས་པ་བཤད་པ་ཉིད་འགལ་པ་སྤོང་བའི་ལན་དུ་ཡང་འགྱུར་ཏེ། འོག་ནས་འགལ་སྤོང་གི་ལན་གསལ་བར་གསུངས་པ་ཚིགས་བཅད་འདིའི་དོན་བསྡུས་པར་གསུངས་པའི་ཕྱིར། །

（丑三）断诤

若许实执为烦恼障，则为何下文说执三轮为实乃所知障耶？曰：彼是以执三轮为实之习气为所知障，非是说实执本身。然作实执解亦不相违，观待于暂时不可为说微细无我之所化，而说如是断及对治之建立，故不相违。

（子二）支分义

分二：（丑一）诤；（丑二）答。

（丑一）诤

中转法轮般若波罗蜜多部《十万颂》、《八千颂》等**彼彼**经**中**，**说诸所知如云**、**梦**、**幻**，**一切**种自性**空**而如客。**又佛为何于此**末转法轮《如来藏经》、《胜鬘经》等**中**，**说诸有情有**入心性之**佛藏**？此乃客与入心性二者相违之诤。又，为一切有情说有佛藏应无用，以虽为愚夫说然不能通达故。此乃无用之诤。诤有二种，答亦有二。（1.156）

或谓：承启中说一颂示诤，一颂示答，故第二颂是有用之答，非不相违之答。曰：无过。释说有自性清净界之用亦即断相违之答，以下文明说之断相违之答即此颂之摄义故。

གཉིས་པ་ནི། སངས་རྒྱས་ཀྱི་ཆོས་ཐམས་ཅད་འབྱུང་རུང་གི་གཞི་ཁམས་རང་བཞིན་གྱིས་རྣམ་པར་དག་པ་སེམས་ཅན་ཐམས་ཅད་ལ་ཡོད་པར་གསུངས་པ་ལ་དགོས་པ་ཡོད་དེ། བྱང་ཆུབ་ཀྱི་མཆོག་ཏུ་སེམས་བསྐྱེད་པའི་གེགས་བདག་ལ་སངས་རྒྱས་ཀྱི་རིགས་མེད་པས་བླ་ན་མེད་པའི་བྱང་ཆུབ་ཐོབ་མི་ནུས་སྙམ་དུ་སེམས་ཞུམ་པའི་ཉེས་པ་སྤངས་ནས་བྱང་ཆུབ་ཀྱི་མཆོག་ཏུ་སེམས་བསྐྱེད་པའི་ཆེད་དང་། བྱང་ཆུབ་ཀྱི་མཆོག་ཏུ་སེམས་བསྐྱེད་པ་ཁ་ཅིག་སེམས་ཅན་ཐམས་ཅད་ལ་སངས་རྒྱས་ཀྱི་རིགས་ཡོད་པར་མ་རྟོགས་ན་བྱང་ཆུབ་སེམས་དཔའ་སྤྱོད་པ་རྗེས་སུ་སྒྲུབ་པའི་གེགས་བདག་གིས་བྱང་ཆུབ་ཐོབ་ནུས་ལ་སེམས་ཅན་གཞན་གྱིས་མི་ནུས་སོ་སྙམ་དུ་སེམས་ཅན་དམན་པ་ལ་བརྙས་པ་སྤངས་ནས་སེམས་ཅན་ཐམས་ཅད་རྫོགས་པའི་བྱང་ཆུབ་ལ་དགོད་འདོད་ཀྱི་སྤྱོད་པ་རྗེས་སུ་སྒྲུབ་པའི་ཆེད་དང་། གནས་ལུགས་ཀྱི་དོན་རྟོགས་པའི་གེགས་ཡང་དག་པར་གྲུབ་པ་མིན་པའི་ཉེས་པ་ཡང་དག་པར་གྲུབ་པར་འཛིན་པའི་སྒྲོ་འདོགས་དང་ཡང་དག་པའི་ཆོས་ཁམས་རང་བཞིན་གྱིས་རྣམ་པར་དག་པ་སངས་རྒྱས་ཀྱི་ཆོས་ཐམས་ཅད་འབྱུང་རུང་ཡོད་པ་ལ་མེད་དོ་ཞེས་སྐུར་པ་འདེབས་པའི་སྐྱོན་བསལ་ནས་བདེན་གཉིས་ཕྱིན་ཅི་མ་ལོག་པར (168a) ཁོང་དུ་ཆུད་པའི་ཆེད་དང་། བྱང་ཆུབ་ཀྱི་མཆོག་ཏུ་སེམས་བསྐྱེད་པའི་རྒྱུ་བདག་གཞན་བརྗེ་བ་དང་བདག་གཞན་མཉམ་ཉིད་དུ་རྟོགས་པའི་གེགས་བདག་གཅེས་འཛིན་གྱི་བདག་ལ་ཆགས་པ་ལྷག་པར་ཡོད་པའི་སྐྱོན་ལྔ་སེམས་ཅན་གང་དག་ལ་ཡོད་པ་དེ་དག་ལ་ཉེས་པ་དེ་སྤངས་ནས་ཡོན་ཏན་དེ་དག་བསྐྱེད་པའི་དོན་དུ་གསུངས་སོ། །ཉེས་པ་ལྔ་པོ་དེ་སྤངས་ནས་བདག་གཞན་བརྗེས་ནས་བྱང་ཆུབ་ཀྱི་མཆོག་ཏུ་སེམས་བསྐྱེད་དེ། སྤྱོད་པ་སྤྱི་དང་ཁྱད་པར་དུ་ཕར་ཕྱིན་ཐ་མ་གཉིས་ལ་སློབ་པ་རྣམས་ནི་ཁམས་ཡོད་པར་བསྟན་ནས་རྟོགས་པའི་དགོས་པའོ། །འཁོར་ལོ་ཐ་མར་བསྟན་པའི་ཁམས་རང་བཞིན་རྣམ་དག་དེ་ཉིད། འཁོར་ལོ་བར་པར་བཤད་པའི་སྟོང་པ་དང་དོན་གཅིག་པར་རྟོགས་ནས་སྔ་ཕྱི་མི་འགལ་བར་ཁོང་དུ་ཆུད་པར་འགྱུར་རོ། །

གསུམ་པ་ལ་གཉིས། མཚམས་སྦྱར་བ་དང་། རྩ་བའོ། །

དང་པོ་ནི། ཚིགས་སུ་བཅད་པ་ཞེས་སོ། །

（丑二）答

说一切有情有堪生一切佛法之所依自性清净界有其用意：为断发最上菩提心之障，想“我无佛种性故不能得无上菩提”之**怯弱**，而发最上菩提心故；为断一类已发最上菩提心、然未通达一切有情皆有佛种性而修菩萨行之障，想“我能获菩提，然他有情不能”**轻慢**下**劣有情**，而修安置一切有情于大菩提之加行故；为除通达真实义之障，**执非真实**有之过患为真实有之增益、**谤真实**法自性清净界堪生一切佛法为无之损减过失，而无倒通晓二谛故；为断发最上菩提心之因—通达自他相换及自他平等之障，增上**贪着于**我爱执之**我**等**五过失**。**为令**有**彼等**过失之有情，**断**彼等过失、生彼等功德**故**而**说**。断彼五过失已，修自他相换，发起最上菩提心，学习总菩萨行、别后二度，此即说有界而令通达之用。通达末转法轮中所说之自性清净界，与中转法轮中所说之空为同一义，则知前、后无有相违。（1. 157）

（癸三）广释

分二：（子一）承启；（子二）《论》。

（子一）承启

此次颂之义为略说，**当以十颂得解**。

གཉིས་པ་ལ་གཉིས། སྔ་ཕྱི་མི་འགལ་བའི་དོན་བཤད་པ་དང་། ཁམས་ཡོད་པར་གསུངས་པའི་དགོས་པ་བཤད་པའོ། །

དང་པོ་ནི། ཤེར་ཕྱིན་གྱི་མདོར་ཆོས་ཐམས་ཅད་རང་བཞིན་གྱིས་སྟོང་པ་གློ་བུར་བ་ལྟར་གསུངས་པ་དང་། འཁོར་ལོ་ཐ་མ་འདིར་སེམས་ཀྱི་རང་བཞིན་ལ་ཞུགས་པའི་རང་བཞིན་ཡོད་པར་གསུངས་པ་འགལ་བ་མེད་དེ། ཡང་དག་པའི་མཐའ་སེམས་ཅན་གྱི་སེམས་རང་བཞིན་གྱིས་རྣམ་པར་དག་པ་ནི་འདིར་གསུངས་པའི་དེ་བཞིན་གཤེགས་པའི་སྙིང་པོ་ཡིན་ལ། དེ་ཉིད་སྡུག་ཀུན་གྱིས་བསྡུས་པའི་འདུས་བྱས་ཀྱི་རྣམ་པ་ཐམས་ཅད་ཀྱིས་དབེན་པ་སྟེ་སེམས་ཀྱི་རང་བཞིན་ལ་མ་ཞུགས་པའི་གློ་བུར་བ་ཡིན་པ་ཤེར་ཕྱིན་གྱི་མདོའི་དོན (168b) ཡིན་པའི་ཕྱིར། དོན་ནི་འདི་ལྟར་ཤེས་པར་བྱ་སྟེ། ཆོས་ཐམས་ཅད་རང་བཞིན་གྱིས་སྟོང་པར་སྟོན་པའི་སྐབས་སུ་སྡུག་ཀུན་གྱིས་སྟོང་པ་ཙམ་གསུངས་པ་ནི་འདིར་བཤད་པའི་ཉོན་མོངས་ཀྱི་གཙོ་བོ་ཆོས་བདེན་པར་ཞེན་པའི་བདེན་འཛིན་ཡིན་ལ། དེ་སེམས་ཀྱི་རང་བཞིན་ལ་མ་ཞུགས་པའི་གློ་བུར་བ་ཡིན་པའི་དོན་ནི། དེས་ཇི་ལྟར་གཟུང་བ་ལྟར་སེམས་ཀྱི་སྟེང་ན་མ་གྲུབ་པ་ཡིན་ལ། བདེན་འཛིན་གྱིས་ཆོས་གང་དང་གང་ལ་བདེན་པར་ཞེན་པའི་ཞེན་ཡུལ་བཀག་པ་ལས་ཆོས་ཐམས་ཅད་བདེན་སྟོང་དུ་གྲུབ་པའི་ཐབས་གཞན་ཅི་ཡང་མེད་པའི་ཕྱིར་རོ། །ཉོན་མོངས་གློ་བུར་བར་གྲུབ་པ་ན་དེས་བསྐྱེད་པའི་ལས་དང་ལས་ཀྱི་རྣམ་པར་སྨིན་པ་ཕུང་པོ་ཡང་གློ་བུར་བར་གྲུབ་པ་ཡིན་ནོ། །

ཤེར་ཕྱིན་གྱི་མདོར་ལས་དང་ཉོན་མོངས་པ་དང་དེས་བསྐྱེད་པའི་རྣམ་སྨིན་གློ་བུར་བར་གསུངས་པས་ཆོས་ཐམས་ཅད་བདེན་པས་སྟོང་བ་མདོའི་དོན་དུ་གྲུབ་ལ་སེམས་ཅན་གྱི་རྒྱུད་ཀྱི་སེམས་བདེན་སྟོང་དེ་ཉིད་སྙིང་པོའི་མདོར་ཁམས་ཡོད་པར་གསུངས་པའི་དོན་ཡིན་པས་འཁོར་ལོ་བར་མཐའི་སྟོན་ཚུལ་དེ་གཉིས་མི་འགལ་བ་ཙམ་དུ་མ་ཟད་དོན་གཅིག་ཏུ་ལེགས་པར་གྲུབ་པ་ཡིན་ནོ། །བདེན་འཛིན་ཤེས་སྒྲིབ་ཏུ་འདོད་པའི་དབུ་མ་པ་དག་གི་ལུགས་ལྟར་བཤད་ན་ཡང་ལན་འདི་ཙུང་ཟད་མི་འགྲིག་པས་མགོན་པོ་ཀླུ་སྒྲུབ་ཀྱི་བཞེད་པ་སློབ་དཔོན་ཟླ་བ་གྲགས་པས་བཀྲལ་བ་དང་མཐུན་པར་རྩ་འགྲེལ་འདི་དག་གི་དོན་ཡང་དེ་བཞིན་དུ་བཤད་པར་བྱ་བ་ཡིན་པ་ནི་མཐའ་གཞན་འགོག་པའི་རིགས་པ་དུ་མས་བསམས་ཀྱང་དེ་ཉིད་ཚིག་དོན་ལ་ལེགས་པར་ཞུགས་པས། །རྗེ་རིན་པོ་ཆེ་ཐམས་ཅད་མཁྱེན་པ་བློ་བཟང་གྲགས་པའི་དཔལ་བཟང་པོའི་ཞལ་སྔ་ནས་རྩ་འགྲེལ་གྱི་དགོངས་པ་ལེགས་པར་བཤད་པ་འདི (169a) ཉིད་རྩ་འགྲེལ་གྱི་དགོངས་པ་ཡོངས་སུ་རྫོགས་ཤིང་ཆེས་ཐུལ་དུ་བྱུང་བ་ཡིན་པར་ཤེས་པར་བྱའོ། །

ཉོན་མོངས་པ་སེམས་ལ་གློ་བུར་དུ་བྱུང་བས་སྤྲིན་དང་འདྲ་བ་དང་། ལས་དང་རྣམ་སྨིན་གྱི་དོན་རྨི་ལམ་དང་སྒྱུ་མ་ལ་སོགས་པ་བཞིན་དུ་བརྗོད་དོ། །

（子二）《论》

分二：（丑一）释前后不相违之义；（丑二）释说有界之用。

（丑一）释前后不相违之义

《般若经》中说一切法自性空如客，此末转法轮中说有入心性之自性，二者实不相违，以**实际**有情心性清净**者**，即此中所言之如来藏，彼**远离**苦、集所摄**一切有为相**，彼等是不入心性之客，乃《般若经》之义故。此义当如是解，以说一切法自性空时，但说苦、集空者，以此中所说烦恼之主要是执法为实之实执，彼是不入心性之客，义为心之上非如彼所执而有，除破实执于法执实之所著境外，全无任何成立一切法为谛实空之方便故。若成立烦恼为客，则亦成立彼所生之业及业异熟蕴为客。

《般若经》中说业烦恼及其所生之异熟为客，故成立一切法谛实空为经义。此有情相续心谛实空即《如来藏经》中说有界之义，故中、末转法轮之二种说法不仅不相违，且善成立为一义。若按以实执为所知障之中观宗解释，此答稍有不便。故此等本释之义当顺同龙猛怙主所许、月称论师所阐明者而释，以众多非一破他边之正理思惟，亦惟如是解释与文义最为贴切，由此当知大宝师长一切智洛桑札巴贝桑波（善慧称吉祥贤）之本释密意善说深得旨趣、最为稀有！

烦恼于心为客，故说如云。**业**及**异熟**之**义**，**说如梦**、幻**等**。（1.158）

ཉོན་མོངས་སྒྲིབ་དང་འདྲ་སྟེ་སེམས་ལ་གློ་བུར་དུ་འབྱུང་བའི་ཕྱིར། ཉོན་མོངས་པས་ཀུན་ནས་བསླངས་ཤིང་མངོན་པར་འདུ་བྱ་བའི་ལས་ནི་ཕྱིན་ཅི་ལོག་གིས་བསྐྱེད་ཅིང་ཇི་ལྟར་ལོངས་སྤྱད་པ་ལྟར་མ་གྲུབ་པས་རྨི་ལམ་གྱི་ལོངས་སྤྱོད་བཞིན་ནོ། །ཉོན་མོངས་དང་དེས་ཀུན་ནས་བསླང་བའི་ལས་ཀྱི་རྣམ་པར་སྨིན་པ་ཟག་བཅས་ཀྱི་ཕུང་པོ་ནི་བདེན་པར་སྣང་ཡང་བདེན་པར་མ་གྲུབ་པས་སྒྱུ་མ་དང་སྤྲུལ་པ་བཞིན་དུ་ཤེས་པ་བྱའོ། །སྔར་བཤད་པ་ལས་གཞན་དུ་ན་ཆོས་ཐམས་ཅད་སྟོང་པར་སྟོན་པའི་ཤེས་བྱེད་དུ། སྡུག་ཀུན་གྱིས་སྟོང་པ་ཙམ་བསྟན་པ་འབྲེལ་པ་མེད་ལ། ཁ་ཅིག །དོན་དམ་བདེན་པ་ཀུན་རྫོབ་པའི་ཆོས་ཐམས་ཅད་ཀྱིས་སྟོང་པར་འདོད་པ་ནི། རྟོག་པ་ཤིན་ཏུ་རྩིང་བར་གསལ་ཏེ། ཀུན་རྫོབ་པའི་ལམ་བདེན་གྱིས་སྟོང་པ་དངོས་ཤུགས་གང་ལ་ཡང་བསྟན་པ་མེད་པའི་ཕྱིར་རོ། །

གཉིས་པ་ལ་གཉིས། མདོར་བསྟན་པ་དང་། རྒྱས་བཤད་དོ། །

དང་པོ་ནི། སྔར་ནི་དེ་ལྟར་འཁོར་ལོ་བར་པར་ཆོས་ཐམས་ཅད་རང་བཞིན་གྱིས་སྟོང་པར་རྣམ་པར་བཞག་ནས་སླར་ཡང་བླ་མའི་རྒྱུད་དེ་རྒྱུད་ཕྱི་མ་འཁོར་ལོ་ཐ་མ་འདིར་ནི་སེམས་ཅན་ཐམས་ཅད་ལ་སངས་རྒྱས་ཀྱི་ཁམས་ཡོད་པ་ཉིད་ཅེས་བསྟན་པ་དགོས་པ་དང་བཅས་པ་ཡིན་ཏེ། ཉེས་པ་ལྔ་སྤངས་ནས་ཡོན་ཏན་ལྔ་བསྐྱེད་པའི་ཆེད་དུ་ཡིན་པའི་ཕྱིར།

གཉིས་པ་ལ་གཉིས། སོ་སོར (169b) བཤད་པ་དང་། ཉེས་པ་ལྔ་དང་བྲལ་བའི་ཕན་ཡོན་བསྡུས་ཏེ་བསྟན་པའོ། །

དང་པོ་ལ་བཞི། བྱང་ཆུབ་ཀྱི་མཆོག་ཏུ་སེམས་བསྐྱེད་པའི་གེགས་དང་། སྤྱོད་པ་ཉམས་སུ་ལེན་པའི་གེགས་དང་། སྤྱོད་པའི་ཁྱད་པར་གནས་ལུགས་ཀྱི་དོན་རྟོགས་པའི་གེགས་དང་། སེམས་བསྐྱེད་ཀྱི་རྒྱུ་བྱམས་སྙིང་རྗེ་སྐྱེ་བའི་གེགས་སོ། །

དང་པོ་ནི། སེམས་ཅན་ཐམས་ཅད་ལ་སངས་རྒྱས་ཀྱི་རིགས་ཡོད་པར་རྟོགས་པའི་དགོས་པ་འདི་ལྟར་ཁམས་རང་བཞིན་གྱིས་རྣམ་པར་དག་པ་སངས་རྒྱས་ཀྱི་ཆོས་ཐམས་ཅད་འབྱུང་རུང་དེ་ནི་རང་ལ་ཡོད་པར་མ་ཐོས་པས་བདག་གིས་སངས་རྒྱས་ཐོབ་མི་ནུས་སོ། །སྙམ་དུ་བདག་ལ་བརྙས་པའི་ཉེས་པ་ཡིས་སེམས་ནི་ཞུམ་པ་འགའ་ཞིག་ལ་བྱང་ཆུབ་ཀྱི་སེམས་ནི་སྐྱེ་བར་མི་འགྱུར་བས་དེ་སྤངས་ནས་བྱང་ཆུབ་ཀྱི་སེམས་བསྐྱེད་པའི་ཆེད་དུ་ཡིན་ནོ། །

གཉིས་པ་ནི། གདུལ་བྱ་གང་ལ་བྱང་ཆུབ་ཀྱི་སེམས་བསྐྱེད་པས་སེམས་ཅན་ཐམས་ཅད་ལ་སངས་རྒྱས་ཀྱི་རིགས་ཡོད་པར་མ་རྟོགས་ན་བདག་ནི་སངས་རྒྱས་ཐོབ་ནུས་པས་མཆོག་གོ་ཞེས་རློམ་པ་ནི་བྱང་ཆུབ་ཀྱི་སེམས་མ་སྐྱེད་པ་ལ་དམན་པའི་འདུ་ཤེས་རབ་ཏུ་འཇུག་པར་འགྱུར་བས་དེ་སྤངས་ནས་སེམས་ཅན་ཐམས་ཅད་ཀྱིས་སངས་རྒྱས་ཐོབ་ནུས་པར་མཐོང་ནས་སེམས་ཅན་གྱི་དོན་དུ་སྤྱོད་པ་ཉམས་སུ་ལེན་པར་བྱེད་དོ། །

烦恼似浮云，于心为客故。以烦恼为等起且造作之**业**乃颠倒所生、非如所受用而有，故**如梦**之**受用**。**烦恼**及其等起之**业异熟**有漏**蕴者**，虽显现为实然非实有，当知**如幻化**。若作余说，以之为说一切法空之能立，则与但说苦集空无关。或许胜义谛为一切世俗法空者，显是观察太粗，以此论无论正旁，皆未说世俗道谛空故。(1.159)

(丑二) 释说有界之用

分二：(寅一) 略标；(寅二) 广释。

(寅一) 略标

先**前**于中转法轮中**如是建立**一切法自性空，**复于此"上续"**即后续末转法轮中，**而说名**一切有情**有**佛**界**，其用意是**为断五过失**、生五功德之故。(1.160)

(寅二) 广释

分二：(卯一) 各别释；(卯二) 结示离五过失之利益。

(卯一) 各别释

分四：(辰一) 发最上菩提心之障；(辰二) 修行之障；(辰三) 行之差别通达真实义之障；(辰四) 生起发心因慈悲之障。

(辰一) 发最上菩提心之障

令通达一切有情有佛种性之用意如下：彼堪生一切佛法自性清净界者，自**如是**虽有**而不闻**，起"我不能成佛"想，以此**轻**毁**自**身之**过失故**，**令其心怯弱**，此类人**不**能**发菩提心**。为断彼过失发菩提心，故令通达。(1.161)

(辰二) 修行之障

已发菩提心之所化，未通达一切有情皆有佛种性，起**憍慢**心，**谓我**能成佛故最**胜**，**于未发**菩提**心者生起下劣想**。断此过失，则见一切有情皆能成佛，而能修行以利有情。(1.162)

གསུམ་པ་ལ་གཉིས། དེ་ལྟར་མ་རྟོགས་ན་ཉེས་པས་ཟིན་པར་འགྱུར་བ་དང་། རྟོགས་པའི་ཐབས་སོ། །

དང་པོ་ནི། དེ་ལྟར་སེམས་པ་དེ་ལ་ནི་སེམས་ཅན་ཐམས་ཅད་ཀྱི་དོན་དུ་གནས་ལུགས་རྟོགས་པའི་ཡང་དག་པའི་ཤེས་པ་མི་སྐྱེ་བ་དེས་ན་ཡང་དག་པ་མིན་པ་ཉེས་པ་རང་བཞིན་གྱིས་གྲུབ་པར་འཛིན་ཅིང་ཡང་དག་པའི་དོན་ཉེས་པ་རང་བཞིན་གྱིས་གྲུབ་པས་སྟོང་པ་ནི་རིག་པར་མི་འགྱུར་བས་ན་དོན་ངེས་སོ། །

(170a) གཉིས་པ་ནི། སེམས་ཅན་གྱི་སྐྱོན་ཉེས་པ་ཆགས་སོགས་དེ་ཆོས་ཅན། ཡང་དག་པར་གྲུབ་པ་མིན་ཏེ། རྐྱེན་གྱིས་གསར་དུ་བཅོས་མ་གློ་བུར་བ་ཉིད་ཡིན་པའི་ཕྱིར་ཏེ་རྟེན་འབྲེལ་ཡིན་པའི་ཕྱིར་རོ། །ཞེས་པའི་དོན་ཏོ། །ཡང་དག་པའི་ཡོན་ཏན་རང་བཞིན་གྱིས་དག་པ་ཡིན་ཏེ། ཉེས་པ་དེ་རང་བཞིན་གྱིས་གྲུབ་པའི་བདག་མེད་པས་སོ། །

གཉིས་པ་ལ་གཉིས། ཕོག་པ་དང་། རྗེས་འགྲོའོ། །

དང་པོ་ནི། ཡང་དག་པ་མིན་པའི་ཉེས་པ་རང་བཞིན་གྱིས་གྲུབ་པར་འཛིན་ཅིང་ཡང་དག་པའི་ཡོན་ཏན་སངས་རྒྱས་ཀྱི་ཆོས་རྣམས་འབྱུང་ཁུང་གི་རང་བཞིན་གྱིས་སྟོང་པ་ལ་སྐུར་བ་འདེབས་པས་བློ་ལྡན་བདག་དང་སེམས་ཅན་གཞན་ནི་སངས་རྒྱས་ཀྱི་རིགས་ཡོད་པར་ཁྱད་པར་མེད་པ་དང་སངས་རྒྱས་ཐོབ་ནུས་སུ་མཚུངས་པར་མཐོང་སྟེ། བདག་པས་གཞན་གཅེས་པ་སྤྱངས་ནས་སེམས་ཅན་ཐམས་ཅད་བདེ་བ་དང་ཕྲད་འདོད་ཀྱི་བྱམས་པ་དང་སྡུག་བསྔལ་དང་བྲལ་འདོད་ཀྱི་སྙིང་རྗེ་ཐོབ་པར་མི་འགྱུར་རོ། །

གཉིས་པ་ནི། སེམས་ཅན་ཐམས་ཅད་ལ་སངས་རྒྱས་ཀྱི་རིགས་ཡོད་པར་ཐོས་པའི་གདུལ་བྱ་འདི་ལ་དེ་ནི་ཐོས་པ་ལས་སངས་རྒྱས་ཐོབ་འདོད་ཀྱི་སྤྲོ་བ་དང་། སེམས་ཅན་གཞན་ལ་སྟོན་པ་བཞིན་དུ་གུས་པ་དང་།ཉེས་པ་རང་བཞིན་གྱིས་མ་གྲུབ་པར་རྟོགས་པའི་ཤེས་རབ་དང་། སངས་རྒྱས་ཀྱི་ཆོས་ཐམས་ཅད་སྐྱེ་ཁུང་དུ་རྟོགས་པའི་ཡེ་ཤེས་དང་ཐར་བཤད་པའི་བྱམས་པ་ཆེན་པོ་སྐྱེ་བར་འགྱུར་རོ། །

གཉིས་པ་ནི། གདུལ་བྱ་དེའི་རྒྱུད་ལ་ཐེག་པ་ཆེན་པོའི་ལམ་གྱི་རིམ་པས་བསྡུས་པའི་ཆོས་ལྔ་སྐྱེས་པའི་ཕྱིར་རྒྱུ་དེ་ལས་ནི་རང་ལ་བརྙས་པའི་ཁ་ན་མ་ཐོ་བས་མེད་ཅིང་། རང་དང་སེམས་ཅན་གཞན་ཐམས་ཅད་སངས་རྒྱས་ཐོབ (170b) ནུས་སུ་མཚུངས་པར་ལྟ་བ་དང་། སྐྱོན་རང་བཞིན་གྱིས་གྲུབ་པ་མེད་ཅིང་། ཡོན་ཏན་འབྱུང་ཁུང་དུ་ལྡན་པ་དང་། བདག་དང་སེམས་ཅན་སངས་རྒྱས་ཐོབ་ནུས་སུ་མཚུངས་པར་བྱས་ཏེ། ཐེག་པ་ཆེན་པོའི་ལམ་གྱི་རིམ་པ་ལ་རིམ་གྱིས་གོམས་པར་བྱས་ནས་ཡང་དག་པར་རྫོགས་པའི་སངས་རྒྱས་ཉིད་ནི་མྱུར་དུ་འཐོབ་པར་འགྱུར་རོ། །

（辰三）行之差别通达真实义之障

分二：（巳一）未如是通达则陷入过失；（巳二）通达方便。

（巳一）未如是通达则陷入过失

如是彼心中因**不生**为利一切有情而通达真实之**正智故**，**执彼不真实**过失为自性有，且**不明真实义**自性空而陷入舛误。（1.163）

（巳二）通达方便

有情之**过**失贪等有法，**非真**实有，以是由缘新**造作**之**客性故**，亦即是缘起故。真实**功德**是**自性**清**净**，以**彼过失无**自性有之**我**故。（1.164）

（辰四）生起发心因慈悲之障

分二：（巳一）逆说；（巳二）顺说。

（巳一）逆说

执非真实过失为自性有，**且谤真实**功**德**堪生诸佛法之自性空者，则**具慧不**能**得**，**见自**身与**有情同**有佛种性，无有差别、皆能成佛，由爱他胜自而欲一切有情得乐之“**慈**”及欲彼等离苦之“悲”。（1.165）

（巳二）顺说

闻一切有情有佛种性之所化，**如是闻彼已**，能发起欲求成佛之**勇悍**心，恭**敬**他有情**如**同大师**佛**，通达过失无自性之**慧**，通达堪生一切佛法之**智**，及上述**大慈**。

（卯二）结示离五过失之利益

彼所化之相续中**生起**大乘道次第所摄**五法故**，**因而无有**轻毁自身之**罪**，视自他有情一切平等皆能成佛，**无**自性**过**失，**具**出生**功德**之堪能，**自**与**有情平等**俱能成佛，渐次串习大乘道次第已，**当能速成佛**。（1.166—167）

གསུམ་པ་ལེའུའི་མཚན་ནི། ཐེག་པ་ཆེན་པོ་རྒྱུད་བླ་མའི་བསྟན་བཅོས་དཀོན་མཆོག་གི་རིགས་རྣམ་པར་དབྱེ་བ་ལས་དེ་བཞིན་གཤེགས་པའི་སྙིང་པོའི་སྐབས་ཏེ། རྫོགས་སངས་རྒྱས་སྐུ་ནི་འཕྲོ་ཕྱིར་དང་། ཞེས་པ་མདོར་བསྟན་གྱི་ཚིགས་སུ་བཅད་པ་དང་པོའི་དོན་གྱིས་བསྡུས་པའི་དེ་བཞིན་གཤེགས་པའི་སྙིང་པོ་ལེགས་པར་བཤད་པ་རྫོགས་སོ། །

ཚིགས་བཅད་དང་པོ་ལུས་རྣམ་གཞག་ལ་ཡང་སྦྱར་དུ་རུང་བ་ཙམ་དུ་སྣང་སྟེ། སྤྱི་མ་ལྟར་འཐད་པར་སེམས་སོ། །

དྲི་མ་དང་བཅས་པའི་དེ་བཞིན་ཉིད་བཤད་ཟིན་ཏོ། །

དཔལ་ཕྲེང་མདོ་དང་སྙིང་པོའི་མདོ་སོགས་དོན། །
རྗེ་བཙུན་བླ་མའི་གསུང་གི་མན་ངག་ལས། །
རྒྱལ་སྲས་ཡབ་སྲས་གཉིས་ཀྱིས་བཀྲལ་བ་བཞིན། །
གོ་སླའི་ངག་གིས་ཆེས་ཆེར་གསལ་བར་བཤད། །

ཐེག་པ་ཆེན་པོ་ངེས་དོན་གྱི་མདོ་སྡེའི་དགོངས་པ་འགྲེལ་པར་བྱེད་པའི་བསྟན་བཅོས་ཀྱི་རྣམ་པར་བཤད་པ་ལས། སྐབས་དང་པོའི་འགྲེལ་པའོ། །

（辛三）示品名

《辩宝性大乘上续论》如来藏品，“等觉身弥布”等略标之**初颂义所摄之**如来藏善**释圆满**。初颂似亦可配合论体建立解，然以上述者为应理。

已说有垢真如。

胜鬘及藏经等义，依据至尊师语诀，

如二菩萨父子释，以易懂语明了说。

开解大乘了义经密意论释第一品之疏

大乘上续论释大疏卷十二终

གཉིས་པ་བྱང་ཆུབ་སོགས་བཤད་པ་ལ་གསུམ། དག་པ་གཉིས་ལྡན་གྱི་བྱང་ཆུབ་བཤད་པ་དང་། དེ་ལ་བརྟེན་པའི་ཡོན་ཏན་བཤད་པ་དང་། ཡོན་ཏན་ལ་བརྟེན་པའི་འཕྲིན་ལས་བཤད་པའོ། །དང་པོ་ལ་གསུམ། མཚམས་སྦྱར་བ་དང་། དོན་བཤད་པ་དང་། ལེའུའི་མཚན་བསྟན་པའོ། །

དང་པོ་ནི། ད་ནི་དྲི་མ་མེད་པའི་དེ་བཞིན་ཉིད་བརྗོད་པར་བྱའོ། །བཤད་ཟིན་གྱི་མཚམས་སྦྱར་འདི་དང་ལྷན་ཅིག་ཏུ་བཤད་ཀྱང་འགལ་བ་མེད (171a) ལ༑ འདི་ནི་འཆད་འགྱུར་གྱི་མཚམས་སྦྱར་རོ། །དེ་ལ་དྲི་མ་མེད་པའི་དེ་བཞིན་ཉིད་གང་ཞེ་ན། སངས་རྒྱས་བཅོམ་ལྡན་འདས་རྣམས་ཀྱི་ཟག་པ་མེད་པའི་དབྱིངས་རང་བཞིན་གྱིས་རྣམ་པར་དག་པའི་ཆོས་ཉིད་ལ་གློ་བུར་གྱི་དྲི་མའི་རྣམ་པ་ཐམས་ཅད་དང་བྲལ་བའི་ཕྱིར་ཡིད་ཀྱི་ཤེས་པ་སྔར་དྲི་མ་དང་བཅས་པ་དྲི་མ་མཐའ་དག་ཟད་པའི་གནས་སྐབས་སུ་སྐྱེས་པའི་སྒོ་ནས་གནས་ཡོངས་སུ་གྱུར་པའི་རྣམ་པར་གཞག་པ་གང་ཡིན་པའོ། །དེ་ཡང་མདོར་བསྡུ་ན་དོན་རྣམ་པ་བརྒྱད་ཀྱི་དབང་དུ་བྱས་ཏེ་རིག་པར་བྱའོ། །

གཉིས་པ་ལ་གཉིས། མདོར་བསྟན་པ་དང་། རྒྱས་པར་བཤད་པའོ། །དང་པོ་ལ་གཉིས། དོན་བརྒྱད་ཀྱི་སྒོ་ནས་དབྱེ་བ་དང་། དེ་ཉིད་སྡོམ་དུ་བསྡུ་བའོ། །དང་པོ་ལ་གཉིས། དྲི་བ་དང་། ལན་ནོ། །དང་པོ་ནི། དོན་བརྒྱད་གང་ཞེ་ན།

གཉིས་པ་ལ་གཉིས། རྩ་བ་དང་། འགྲེལ་པའོ། །

དང་པོ་ནི། དག་པ་ནི་བྱང་ཆུབ་ཀྱི་ངོ་བོ་སྟེ། དག་པ་གཉིས་ཚོགས་པའི་རང་བཞིན་ཡིན་པའི་ཕྱིར་རོ། །དེ་ཐོབ་པར་བྱེད་པའི་རྒྱུ་མཉམ་གཞག་དང་རྗེས་ཐོབ་ཀྱི་ཡེ་ཤེས་ནི་བྱང་ཆུབ་དེ་ཐོབ་པར་བྱེད་པའི་ཐབས་སོ། །རྒྱུ་དེ་གཉིས་གོམས་པར་བྱས་པ་ལས་དྲི་མ་མཐའ་དག་དང་བྲལ་བ་ནི་བྱང་ཆུབ་ཀྱང་ཡིན་ལ། འབྲས་བུ་ཡང་ཡིན་པས་འབྲས་བུའི་ཁྱད་པར་རོ། །ཤེས་བྱ་ཐམས་ཅད་མངོན་སུམ་དུ་གཟིགས་ཤིང་དྲི་མ་མཐའ་དག་དང་བྲལ་བ་ལ་བརྟེན་ནས་རང་དང་གཞན་གྱི་དོན་ཕུན་ཚོགས་འགྲུབ་པའི་བྱེད་ལས་དང་ལྡན་ལ། དོན་གཉིས་ཕུན་སུམ་ཚོགས་པ་དེ་འགྲུབ་པའི་བརྟེན་ནི་གནས་འགྱུར་མཐར་ཕྱིན་པའི་ཡོན་ཏན་དང་ལྡན་པ་ཡིན་ལ། ཡོན་ཏན་དེ་ཉིད་ཀྱི་འཇུག་པའི་རབ་དབྱེ་ནི། ཟབ་པ་ཆོས (171b) ཀྱི་སྐུ་དང་། རྒྱ་ཆེ་བ་ལོངས་སྤྱོད་རྫོགས་པའི་སྐུ་དང་། སོ་སོ་སྐྱེ་བོ་རྣམས་ཀྱི་ཡང་མངོན་སུམ་དུ་གཞན་དོན་སྒྲུབ་པའི་བདག་ཉིད་ཆེན་པོ་མཆོག་གི་སྤྲུལ་པའི་སྐུའོ། །འཇུག་པའི་ཁྱད་པར་དེ་ཡང་ནི་འཁོར་བ་ཇི་སྲིད་མ་སྟོངས་ཀྱི་དུས་སུ་འཇུག་པས་རྟག་པའི་ཁྱད་པར་དང་། གདུལ་བྱའི་ཁམས་དང་བསམ་པ་དང་དུས་ལ་སོགས་པ་ཇི་ལྟ་བ་ཉིད་དུ་འཇུག་པས་ཕྱིན་ཅི་མ་ལོག་པའི་ཁྱད་པར་རོ། །

大乘上续论释大疏卷十三

（庚二）释菩提等三

分三：（辛一）释具二清净之菩提；（辛二）释依菩提之功德；（辛三）释依功德之事业。

（辛一）释具二清净之菩提

分三：（壬一）承启；（壬二）释义；（壬三）示品名。

（壬一）承启

今当说无垢真如。

已说之承启与此俱说虽不相违，然此是将说之承启。**此中云何名为无垢真如**？**诸佛世尊之无漏界**自性清净法性**远离一切**客尘**相故**，生起先前有垢意识垢染全尽之分位，由此之门**而作转依之建立**。**此亦简言之**，**应知约八种义说**。

（壬二）释义

分二：（癸一）略标；（癸二）广释。

（癸一）略标

分二：（子一）由八义之门分别；（子二）摄颂。

（子一）由八义之门分别

分二：（丑一）问；（丑二）答。

（丑一）问

云何八义？

（丑二）答

分二：（寅一）《论》；（寅二）《释》

（寅一）《论》

净者，菩提之体性，以是二清净聚之自性故。能**得**彼之因等引及后得智者，乃能得彼菩提之方便。由串习彼二因远**离**诸垢者，既是菩提亦是果，乃果之差别。现见一切所知、远离诸垢，由此具足成办圆满自他**二利**之功用。成就**彼**圆满二利之**所依**者，即具足转依究竟之功德。彼功德之转差别者，谓**深**法身、**广**圆满受用身，**及**诸异生亦能现见成办利他之**大主宰**殊胜化身。彼转差别者，**乃至**生死未空之**时**趣入，为常之差别；**如**所化界、意乐、时等趣入，为不颠倒之差别。

འདིར་སྔར་ཁམས་གཏན་ལ་འབེབས་པའི་སྐབས་སུ་བཤད་པ་ལྟར་དུས་ཕྱིས་བསྒྲུབ་པར་བྱ་བ་འབྲས་བུའི་ཁྱད་པར་དང༌། རང་ལ་བརྟེན་ནས་ཕྱིས་འབྱུང་བ་བྱེད་ལས་ཀྱི་ཁྱད་པར་དུ་རྣམ་པར་བཞག་པ་ནི་མེད་ཀྱི། བྱང་ཆུབ་ཀྱི་ངོ་བོ་ཉིད་འབྲས་བུ་དང་དེའི་ཚེ་དོན་གཉིས་བསྒྲུབ་པ་ཙམ་ལས་སུ་ཤེས་པར་བྱའོ། །

གཉིས་པ་ལ་གཉིས། མིང་གི་དབྱེ་བ་དང༌། དོན་སོ་སོར་བཤད་པའོ། །

དང་པོ་ནི། ཚོགས་སུ་བཅད་པ་འདིས་ནི་ཞེས་སོ། །

གཉིས་པ་ནི། དག་པ་གཉིས་ལྡན་གྱི་བྱང་ཆུབ་ཀྱི་ངོ་བོ་ཡིན་པའི་ལུང་ནི། དེ་ལ་ཁམས་རང་བཞིན་གྱིས་རྣམ་པར་དག་པ་གང་ཞིག་ཉོན་མོངས་པའི་སྦུབས་ལས་མ་གྲོལ་བ་དེ་བཞིན་གཤེགས་པའི་སྙིང་པོ་ཞེས་བརྗོད་པ་དེ་གྲོལ་བུར་གྱི་དྲི་མས་རྣམ་པར་དག་པ་ནི་གནས་ཡོངས་སུ་གྱུར་པའི་ངོ་བོ་ཉིད་དུ་རིག་པར་བྱ་སྟེ། གང་གི་ཕྱིར་བཅོམ་ལྡན་འདས་གང་ཞིག་ཉོན་མོངས་པའི་སྦུབས་བྱེ་བ་སྙེད་མཐའ་དག་གིས་གཡོགས་པ། དེ་བཞིན་གཤེགས་པའི་སྙིང་པོ་ལ་དོགས་པ་མ་མཆིས་པ༌། དེ་དག་ནི་ཉོན་མོངས་པ་མཐའ་དག་གི་སྦུབས་ལས་གྲོལ་བ་དེ་བཞིན་གཤེགས་པའི་ཆོས་ཀྱི་སྐུ་ལ་ཡང་དོགས་པ་མ་མཆིས་པ་ལགས་སོ་ཞེས་གསུངས་པ་ཡིན་ནོ། །བྱང་ཆུབ་དེ་ཐོབ་པར་བྱེད་པའི་རྒྱུ་ཡེ་ཤེས་ནི་རྣམ་པ་གཉིས་ཏེ། འཇིག་རྟེན་ལས (172a) འདས་པའི་མཉམ་གཞག་རྣམ་པར་རྟོག་པ་མེད་པ་དང་རྗེས་ལས་ཐོབ་པ་གཉིས་སྣང་དང་བཅས་པས་ཆོས་འཇིག་རྟེན་པའོ། །འཇིག་རྟེན་པ་དང་འཇིག་རྟེན་ལས་འདས་པའི་ཡེ་ཤེས་མཐོང་ལམ་སྒོམ་ལམ་གྱིས་བསྡུས་པ་གནས་ཡོངས་སུ་གྱུར་པ་ཐོབ་པར་བྱེད་པའི་རྒྱུ་ནི་འདིར་ཐོབ་པའི་སྒྲས་བསྟན་ཏེ་འདིས་ཐོབ་པར་བྱེད་པས་ན་ཐོབ་པའོ། །ཡེ་ཤེས་གཉིས་པོ་དེའི་འབྲས་བུ་ནི་ཞེས་སོ། །གོ་རིམ་བཞིན་དུ་ལག་རྗེས་སོ་སོར་ཕྱེ་ན་འཇིག་རྟེན་ལས་འདས་པའི་ཡེ་ཤེས་ཀྱིས་རང་དོན་བསྒྲུབ་པ་དང༌། འཇིག་རྟེན་པའི་ཡེ་ཤེས་ཀྱིས་གཞན་གྱི་དོན་བསྒྲུབ་པ་ནི་ལས་སོ། །དོན་གཉིས་བསྒྲུབ་པ་དེའི་རྟེན་ཡོན་ཏན་དང་ལྡན་པ་ནི་ལྡན་པའོ། །ཟབ་པ་སོགས་སྐུ་གསུམ་པོ་དག་གིས་འགྲོ་བ་ཇི་སྲིད་པར་བསམ་གྱིས་མི་ཁྱབ་པའི་རྣམ་པས་འཇུག་པ་ནི་འཇུག་པའི་རབ་དབྱེའོ། །

གཉིས་པ་ནི། སྟོམ་ནི། བྱང་ཆུབ་ཀྱི་ངོ་བོ་དང༌། བྱང་ཆུབ་ཐོབ་བྱེད་ཀྱི་རྒྱུ་དང༌། རྒྱུ་དེས་ཐོབ་པའི་འབྲས་བུ་དང༌། དོན་གཉིས་སྒྲུབ་པའི་ལས་དང༌། དེ་སྒྲུབ་པའི་རྟེན་ཡོན་ཏན་དང་ལྡན་པ་དང༌། སྐུ་གསུམ་གྱི་འཇུག་པའི་རབ་དབྱེ་དང༌། འཇུག་པའི་ཁྱད་པར་དེ་རྟག་པ་དང༌། བསམ་གྱིས་མི་ཁྱབ་པ་ཉིད་ཀྱི་སངས་རྒྱས་ཀྱི་ས་ནི། དོན་བརྒྱད་པོ་དེའི་སྒོ་ནས་རྣམ་པར་གནས་ཤིང་གཏན་ལ་ཕེབས་པར་ཤེས་པར་བྱའོ། །

此中，非如先前抉择界时所说，有后时成办之果差别及依自身后当出生之用差别。当知菩提之体性即果，彼时成办之二利者即用。(2.1)

(寅二)《释》

分二：(卯一) 名之差别；(卯二) 别释各义。

(卯一) 名之差别

此颂依次所说此等八义，谓体性义，因义，果义，用义，相应义，转义，常义及不可思议义。

(卯二) 别释各义

具二清净菩提体性之教者，此中当知界自性清净未解脱烦恼壳时名如来藏，客尘清净者即转依之体性。何以故？经云："世尊，于俱胝烦恼壳所缠如来藏无疑惑者，彼等于解脱诸烦恼壳如来法身亦无疑惑。"

能得彼菩提因二种智者，谓出世间定无分别智及后得有二相法世间智。见道、修道所摄世、出世间智能得转依之因者，此中以"得"名说，此能得故名得。

彼二智之二种果者，谓离烦恼障及离所知障二种离系。

依次按各别成就分，出世间智以成办自利，世间智以成办利他为用。

具足彼成办二利之所依功德者为相应。

以深、广、大主宰为差别之三身，乃至有众生时以不可思议相而趣入者，为转之差别。

(子二) 摄颂

摄颂者，以菩提体性，能得菩提之因，彼因所得之果，成办二利之用，与成办所依功德相应，及三身转之差别，彼转之差别恒常、难思议，当知由彼八义之门安住并抉择佛地。(2.2)

གཉིས་པ་ལ་ལྔ། ངོ་བོ་དང་རྒྱུའི་དོན་བཤད་པ་དང་། འབྲས་བུའི་དོན་བཤད་པ་དང་། ལས་ཀྱི་དོན་བཤད་པ་དང་། ལྡན་པའི་དོན་བཤད་པ་དང་། འཇུག་པའི་རབ་དབྱེ་བཤད་པའོ། ། དང་པོ་ལ་གསུམ། མཚམས་སྦྱར་བ་དང་། བསྟན་པ་དང་། བཤད་པའོ། །

དང་པོ་ནི། དེ་ལ་དག་པ་གཉིས་ལྡན་གྱི་བྱང་ཆུབ་ཀྱི་ངོ་བོ་སངས་རྒྱས་ཉིད་དང་དེ་ཐོབ་པའི་ཐབས་སུ་གྱུར་པ་ལ་རིམ་པ་བཞིན་དུ། ངོ་བོའི་དོན་དང་རྒྱུའི་དོན་ལས (172b) བརྩམས་ཏེ་ཚིགས་སུ་བཅད་པ།

གཉིས་པ་ལ་གཉིས། བྱང་ཆུབ་ཀྱི་ངོ་བོ་དང་། དེ་ཐོབ་པར་བྱེད་པའི་རྒྱུའོ། །

དང་པོ་ལ་གཉིས། རང་བཞིན་རྣམ་དག་བཤད་པ་དང་། གློ་བུར་རྣམ་དག་བཤད་པའོ། །

དང་པོ་ནི། སེམས་རང་བཞིན་གྱིས་འོད་གསལ་བ་ཞེས་བརྗོད་པ་གང་ཡིན་པ་ སྟར་གློ་བུར་གྱི་ཉོན་མོངས་པའི་སྒྲིབ་པ་དང་། ཤེས་བྱའི་སྒྲིབ་པའི་སྤྲིན་ཚོགས་སྟུག་པོའི་སྒྲིབ་པ་ཡིས་ནི་བསྒྲིབས་པར་གྱུར་པ་ཕྱིས་དག་པའི་སངས་རྒྱས་ཉིད་དོ། །

གཉིས་པ་ལ་ཡེ་ཤེས་དང་། སྤངས་པ་དང་། དེ་ལ་བརྟེན་པའི་ཡོན་ཏན་ནོ། །

དང་པོ་ནི། ཉི་མ་འོད་གསལ་བ་བཞིན་དུ་དོན་དམ་པའི་བདེན་པ་མངོན་སུམ་དུ་རྟོགས་པའི་སངས་རྒྱས་ཉིད་དོ། །

གཉིས་པ་ནི་ནམ་མཁའ་བཞིན་དུ་རང་བཞིན་གྱིས་དག་པ་ལ་དྲི་མ་མེད་པའི་སངས་རྒྱས་ཉིད་དོ། །

གསུམ་པ་ནི། སངས་རྒྱས་ཀྱི་ཡོན་ཏན་ཀུན་དང་ལྡན་པའི་རྟག་པ་དང་། བརྟན་པ་དང་གཡུང་དྲུང་ནི་ཆ་བ་མེད་པ་དང་ན་བ་མེད་པ་དང་འཆི་བ་མེད་པ་ལ་སྦྱར་བཤད་པ་ལྟར་རོ། །

གཉིས་པ་ནི། བྱང་ཆུབ་ཀྱི་ངོ་བོ་དེ་ནི་ཆོས་ལ་རྣམ་པར་མི་རྟོག་པའི་ཡེ་ཤེས་དང་ཤེས་བྱ་ཐམས་ཅད་རབ་ཏུ་རྣམ་པར་འབྱེད་པའི་ཡེ་ཤེས་དག་ལ་བརྟེན་ནས་ཐོབ་པར་བྱེད་དོ། །ཡང་ན་རང་བཞིན་འོད་གསལ་ཞེས་བརྗོད་གང་ཡིན་ཉི་བཞིན་ཤེས་བྱ་ཇི་ལྟ་བ་དང་ཇི་སྙེད་པ་མངོན་སུམ་དུ་རྟོགས་པས་རྟོགས་པ་ཕུན་ཚོགས་ཀྱི་སངས་རྒྱས་ཉིད་བསྟན་ལ་ནམ་མཁའ་བཞིན་གློ་བུར་གྱི་ཉོན་མོངས་ཤེས་བྱའི་སྤྲིན་ཚོགས་སྟུག་པོའི་སྒྲིབ་པ་ཡིས་ནི་བསྒྲིབས་གྱུར་པའི་དྲི་མ་དེ་དག་མེད་པའི་སངས་རྒྱས་ཉིད་ཀྱིས་སྤངས་པ་ཕུན་སུམ་ཚོགས་པ་བསྟན་ཏོ། །ཡོན་ཏན་ཀུན་ལྡན་རྟག་བརྟན་གཡུང་དྲུང་སངས་རྒྱས་ཉིད་ཅེས་པས (173a) དེ་ལ་བརྟེན་པའི་ཡོན་ཏན་བསྟན་ཏོ། །དེ་ནི་ཞེས་སོགས་ཀྱིས་བྱང་ཆུབ་ཐོབ་བྱེད་ཀྱི་རྒྱུ་བསྟན་པར་ཤེས་པར་བྱའོ། །

གཉིས་པ་ལ་གསུམ། མཚམས་སྦྱར་བ་དང་། རྩ་བ་དང་། འགྲེལ་པའོ། །

དང་པོ་ནི། ཚིགས་སུ་བཅད་པ་ཞེས་སོ། །

（癸二）广释

分五：（子一）释体性及因义；（子二）释果义；（子三）释用义；（子四）释相应义；（子五）释转之差别。

（子一）释体性及因义

分三：（丑一）承启；（丑二）标；（丑三）释。

（丑一）承启

此中具二清净之菩提体性**佛及得彼之方便**，依次**以体性义及因义为题之颂曰：**

（丑二）标

分二：（寅一）菩提体性；（寅二）能得彼之因。

（寅一）菩提体性

分二：（卯一）释自性清净；（卯二）释客尘清净。

（卯一）释自性清净

心**自性光明者**，先前为**客烦恼**障、**所知**障**密云之所障**，后清净即**佛**。

（卯二）释客尘清净

分三：（辰一）智；（辰二）断；（辰三）依彼之功德。

（辰一）智

佛**如日**光现证胜义谛。

（辰二）断

佛如虚**空**自性清净**无垢**。

（辰三）依彼之功德

普具佛功德，**常**、**固**、**不变**者，即无老、无病、无死，如前已说。

（寅二）能得彼之因

彼菩提体性者，乃**依法无分别**智及**分辨**一切所知**智**之所**得**。（2.3）

又，“自性光明如日”者，说证圆满之佛，现证如所有、尽所有所知。“如空无垢”者，说断圆满之佛，无彼等客烦恼障、所知障密云障蔽之尘。“普具佛功德、常固不变佛”者，说依彼之功德。“依法无分别”等，当知是说能得菩提之因。

（丑三）释

分三：（寅一）承启；（寅二）《论》；（寅三）《释》。

（寅一）承启

此颂之义者，**简言之**，**当以四颂得解：**

གཉིས་པ་ལ་གཉིས། ངོ་བོའི་དོན་དང་། དེ་ཐོབ་བྱེད་ཀྱི་རྒྱུའོ། །དང་པོ་ལ་གཉིས། སྤྱིར་བསྟན་པ་དང་། སོ་སོར་བཤད་པའོ། །

དང་པོ་ནི། དག་པ་གཉིས་དང་ལྡན་པའི་སངས་རྒྱས་ཀྱི་བྱང་ཆུབ་ཉིད་ནི་སངས་རྒྱས་ཀྱི་ཡོན་ཏན་ཐམས་ཅད་རང་གི་ངོ་བོའི་སྒོ་ནས་དབྱེར་མེད་པའི་ཡེ་ཤེས་དང་། རང་བཞིན་གྱིས་དག་པ་དང་། གློ་བུར་གྱི་དྲི་མས་དག་པའི་ཆོས་ཀྱིས་རབ་ཏུ་ཕྱེ་བ་སྟེ་སྤངས་པ་དང་རྟོགས་པ་དང་། དེ་ལ་བརྟེན་པའི་ཡོན་ཏན་གྱིས་ཁྱད་པར་དུ་བྱས་པའོ། །

གཉིས་པ་ལ་གཉིས། སྤངས་རྟོགས་ཀྱི་ཡོན་ཏན་དང་། སྤང་བྱ་ངོས་བཟུང་བའོ། །

དང་པོ་ཡེ་ཤེས་དང་སྤངས་པའི་ཡོན་ཏན་ནི། ཉི་མ་བཞིན་དུ་ཤེས་བྱ་ཇི་ལྟ་བ་དང་ཇི་སྙེད་པ་ལ་སྟོས་ཏེ་འོད་གསལ་བའི་ཡེ་ཤེས་དང་ནམ་མཁའ་བཞིན་དུ་གློ་བུར་གྱིས་དྲི་མས་དག་པའི་སྤངས་པ་གཉིས་ཀྱིས་བསྡུས་པའི་མཚན་ཉིད་དོ། ། དེ་ལ་བརྟེན་པའི་ཡོན་ཏན་ནི། རང་བཞིན་གྱིས་འོད་གསལ་ཞིང་རྒྱ་ཆེན་གྱིས་གསར་དུ་བྱས་པ་མིན་ལ། རང་བཞིན་རྣམ་དག་གི་ཆོས་ཉིད་ལ་ངོ་བོའི་སྒོ་ནས་དབྱེར་མེད་པར་འཇུག་པ་ཅན་གསལ་བའི་དབྱེ་བ་མཐའ་ཡས་པ་གང་གཱའི་ཀླུང་གི་རྡུལ་གྱི་གྲངས་ལས་འདས་པའི་སངས་རྒྱས་ཀྱི་ཡོན་ཏན་གྱི་ཆོས་རྣམས་ཀུན་དང་ལྡན་པ་ཉིད་དོ། །

གཉིས་པ་ནི། སྤྲིན་ནམ་མཁའི་རང་བཞིན་ལ་མ་ཞུགས་པ་ལྟར་དྲི་མ་སེམས་ཀྱི་རང་བཞིན་ལ་མ་ཞུགས་པས་རང་བཞིན་གྱིས་ནི་མ་གྲུབ་པའི་ཕྱིར་དང་། སྤྲིན་ནམ་མཁའ་ལ་ཁྱབ་པ (173b) ལྟར་སེམས་ཅན་གྱི་སེམས་རྒྱུད་ལ་ཁྱབ་པ་དང་། སྤྲིན་གློ་བུར་དུ་འབྱུང་བ་ལྟར་དྲི་མ་གློ་བུར་བ་ཡིན་པ་ཉིད་ཀྱིས་ཉོན་མོངས་པ་དང་ཤེས་བྱའི་སྒྲིབ་པ་དེར་སྤྲིན་དང་འདྲ་བར་བརྗོད་པ་ཡིན་ནོ། །

གཉིས་པ་ནི། སྒྲིབ་པ་གཉིས་དང་བྲལ་བའི་བྱང་ཆུབ་ཐོབ་བྱེད་ཀྱི་རྒྱུ་ནི་ཡེ་ཤེས་གཉིས་ཡིན་ཏེ། མཉམ་གཞག་རྣམ་པར་མི་རྟོག་པ་དང་དེའི་ནི་རྗེས་ལ་ཐོབ་པ་ཤེས་བྱ་ཇི་སྙེད་པ་རྟོགས་པ་དེ་ནི་ཡེ་ཤེས་གཉིས་སུ་འདོད་དོ། །

གསུམ་པ་ནི། དག་པ་གཉིས་དང་ལྡན་པའི་རྣམ་པར་དག་པ་ནི་གནས་ཡོངས་སུ་གྱུར་པའི་ངོ་བོ་ཡིན་ནོ་ཞེས་བཤད་པ་གང་ཡིན་པ་དེ་ལ་ཞེས་ཏེ། རང་བཞིན་གྱིས་རྣམ་པར་དག་པ་ནི་གང་ཞིག་རང་བཞིན་གྱིས་གྲུབ་པ་ལས་ནི་རྣམ་པར་གྲོལ་ལ་གློ་བུར་གྱི་དྲི་མ་དང་བྲལ་བའི་ཆ་ནི་མ་ཡིན་པ་སྟེ་སེམས་ཀྱི་རང་བཞིན་འོད་གསལ་བ་ཞེས་སོ། །འདི་འབྲས་བུའི་དོན་གྱི་མཚམས་སྦྱོར་དུ་ཡང་ཉུང་མོད་ཀྱི། སྟ་མའི་དོན་བསྡུས་ཏེ་བཤད་པར་སྦྱར་རོ། །

（寅二）《论》

分二：（卯一）体性义；（卯二）能得彼之因。

（卯一）体性义

分二：（辰一）总标；（辰二）别释。

（辰一）总标

具二清净**佛**菩提者，**以**一切佛功德由自体之门**无差别**之智、自性清净、客尘清**净法为差别**，即以断、证及依彼之功德为差别。

（辰二）别释

分二：（巳一）断证功德；（巳二）认明所断。

（巳一）断证功德

智、断功德者，即**如日**观视如所有及尽所有光明**智**，**与**如**虚空**客尘清净之**断二者**所摄之**相**。依彼之功德者，自性**光明非**因缘**所**新**作**，**自性清净之法性，由体性门无别**而**转**，**复与**无边差别**过恒河沙数诸佛**功德**法相应**。（2.4—5）

（巳二）认明所断

如云不入虚空性，垢亦不入心性，而**自性本非有**故；如云周遍虚空，垢亦**周遍**有情心相续；云如客现，垢亦是**客性**，**故说烦恼**及**所知障与云相似**。（2.6）

（卯二）能得彼之因

能得**远离二种障**菩提之**因者即二智**，**许是**定中**无分别及彼后得**证尽所有所知之二**智**。（2.7）

（寅三）《释》

具二清净之**清净者**，**说是转依之体性**。**此中清净者**，**简言之**，**谓有二种：自性清净及无垢清净**。**此中自性清净者**，**解脱**自性有、**然未离**客尘之分，**心性光明未离客尘故**；**无垢清净者**，**如水等解脱及离尘等**，**心性光明离全分客尘故**。

此作果义之承启亦可，然应作前段之摄义解。

གཉིས་པ་འབྲས་བུའི་དོན་བཤད་པ་ལ་གསུམ། མཚམས་སྦྱར་བ་དང་། བསྟན་པ་དང་། བཤད་པའོ། །

དང་པོ་ནི། དེ་ལ་ཞེས་སོ། །

གཉིས་པ་ལ་གཉིས། གནས་ལུགས་མངོན་སུམ་དུ་རྟོགས་པའི་མཉམ་གཞག་ཡེ་ཤེས་གོམས་པའི་འབྲས་བུ་ཉོན་སྒྲིབ་དང་བྲལ་བ་བཤད་པ་དང་། རྗེས་ཐོབ་བསོད་ནམས་ཀྱི་ཚོགས་གོམས་པའི་འབྲས་བུ་ཁྱད་པར་གསུམ་དང་ལྡན་ཞིང་ཤེས་སྒྲིབ་སྤངས་པའི་གཟུགས་ཀྱི་སྐུའི་ཡོན་ཏན་བཤད་པའོ། །

དང་པོ་ནི། དྲི་མ་མེད་པའི་ཆུ་དང་ལྡན་ཞིང་རིམ་གྱིས་རྒྱས་པའི་པདྨས་ཁེབས་པའི་མཚོ་བཞིན་དུ་འདོད་ཆགས་ཟད་པར་སྤངས་པས་དྲི་མ་མེད་པའི་ཡོན་ཏན་དང་ལྡན་པའི་ཕྱིར་དང་། སྒྲ་གཅན་གྱི་ཁ་ནས་ཐར་བའི་ཟླ་བ་ཉ་བ་ལྟར་ཞེ་སྡང་ཟད་པར (174a) སྤངས་ནས་དྲི་མ་མེད་པའི་བྱམས་པ་དང་སྙིང་རྗེའི་འོད་ཟེར་དང་ལྡན་པའི་ཕྱིར་དང་། སྤྲིན་ཚོགས་དག་ལས་གྲོལ་བའི་ཉི་མ་ལྟ་བུར་ནི་ཉོན་མོངས་ཅན་གྱི་གཏི་མུག་ཟད་པར་སྤངས་པས་དྲི་མ་མེད་པའི་ཤེས་རབ་ཀྱི་སྣང་བ་དང་ལྡན་པ་དེ་ཉིད་དོ། །

གཉིས་པ་ནི། ཐར་ཁམས་གཏན་ལ་འབེབས་པའི་སྐབས་སུ་བཤད་པ་ལྟར་ཐུབ་པའི་ཁྱུ་མཆོག་དང་། སྦྲང་རྩི་དང་། འབྲུའི་སྙིང་པོ་དང་། རིན་ཆེན་གསེར་དང་། ས་འོག་གི་གཏེར་དང་། ལྗོན་པ་བཞིན་དང་། དྲི་མ་མེད་པའི་རིན་ཆེན་ལས་བྱས་པའི་བདེ་གཤེགས་ཀྱི་སྐུ་དང་ནི་ས་བདག་རྒྱལ་པོ་དང་གསེར་གྱི་གཟུགས་རྣམས་རང་རང་གི་སྒྲིབ་བྱེད་མཐའ་དག་ལས་གྲོལ་བ་དང་། འདུ་བར་རྒྱལ་བ་ཉིད་ཤེས་སྒྲིབ་མཐའ་དག་ཟད་པ་སོགས་ཀྱི་ཡོན་ཏན་དང་ལྡན་པར་ཤེས་པར་བྱའོ། །སྙིང་པོ་དང་གསེར་གྱི་དཔེས་གློ་བུར་རྣམ་དག་དང་རང་བཞིན་རྣམ་དག་གི་སྤངས་པ་གཉིས་བསྟན་ལ། ཐུབ་པའི་དཔེས་འཇིག་རྟེན་ལས་འདས་པ་དང་། རིན་པོ་ཆེ་ལས་བྱས་པའི་སྐུ་དང་འཁོར་ལོས་བསྒྱུར་བ་དང་། གསེར་ལས་བྱས་པའི་གཟུགས་བརྙན་གྱི་དཔེས་རིམ་པ་བཞིན་དུ་གཟུགས་ཀྱི་སྐུ་ཡོན་ཏན་མཐའ་དག་དང་ལྡན་པ་དང་། ཉན་ཐོས་སོགས་ལས་ཁྱད་པར་དུ་འཕགས་པ་དང་། གཟུགས་ཕུན་སུམ་ཚོགས་པ་དང་ལྡན་པར་བསྟན་ཏོ། །སྦྲང་རྩི་དང་། གཏེར་དང་། ལྗོན་པའི་དཔེ་གསུམ་གྱིས་རིམ་པ་བཞིན་དུ་ཆོས་ཀྱི་དགའ་བ་དེས་ཚིམ་པར་བྱེད་པ་དང་། ཡོན་ཏན་གྱིས་དབུལ་བ་སེལ་བར་བྱེད་པ་དང་། རྣམ་གྲོལ་གྱི་བདེ་བ་ཐོབ་པར་བྱེད་པའི་མཛད་པ་བསྟན་ཏོ། །སོ་སོར་ཕྱེ་ན་གཉིས་ཀྱིས་ཆོས་ཀྱི་སྐུ་དང་། བཞིས་གཟུགས་ཀྱི་སྐུ་དང་། གསུམ་གྱིས་མཛད་པ་མཚོན་པར་བྱེད་དོ། །

གསུམ (174b) པ་ལ་གཉིས། མཚམས་སྦྱར་བ་དང་། རྩ་བའོ། །

དང་པོ་ནི། ཚོགས་སུ་བཅད་པ་ཞེས་སོ། །

（子二）释果义

分三：（丑一）承启；（丑二）标；（丑三）释。

（丑一）承启

此中以无垢清净为题之颂曰：

（丑二）标

分二：（寅一）释串习现证真实之等引智果远离烦恼障；（寅二）释串习后得福德资粮之果具三差别且断所知障之色身功德。

（寅一）释串习现证真实之等引智果远离烦恼障

如具净水、**渐**次**开**敷**莲遍满**之**湖**，断尽贪欲而与**无垢**功**德相应**故；**如自罗睺口**中**解脱之满月**，断尽瞋恚而与慈悲**光相应**故，**如解脱云团**之**日者**，断尽**染污**痴而与无垢**明**相应。（2.8）

（寅二）释串习后得福德资粮之果具三差别且断所知障之色身功德

如先前抉择界时所说，当知**佛**具足尽全分所知障等功德，**如**能仁王**佛**众中尊、蜂**蜜**、**精**实、**宝金**、地下**宝藏**、**树**、**无垢宝**所制**佛像**、**地主**国王及**金像**，解脱各自全分能障。精实及金二喻，示客尘清净及自性清净之二断。能仁喻，示出世间。宝像、转轮王、金像三喻，依次示具足色身全分功德，超胜声闻等及色圆满。蜂蜜、宝藏、树三喻，依次示以法喜令饱足、以功德除贫乏、及令得解脱乐之事业。若各别分，前二喻表法身，中四喻表色身，后三喻表事业。（2.9）

（丑三）释

分二：（寅一）承启；（寅二）《论》。

（寅一）承启

此二颂之义，略者当以八颂得解。

གཉིས་པ་ལ་གསུམ། ཡེ་ཤེས་གཉིས་ཀྱི་ནུས་པ་འཇུག་པའི་ཡུལ་སྤྱིར་བསྟན་པ་དང་། མཉམ་གཞག་གི་འབྲས་བུའི་དཔེ་དོན་ཆོས་མཐུན་བཤད་པ་དང་། རྗེས་ཐོབ་ཀྱི་འབྲས་བུའི་དཔེ་དོན་ཆོས་མཐུན་བཤད་པའོ། །དང་པོ་ནི་ཆུ་དྲི་མ་མེད་པ་པདྨ་དང་ལྡན་པའི་མཚོ་དང་། སྒྲ་གཅན་ལས་ཐར་པའི་ཟླ་བ་དང་། སྤྲིན་ལས་གྲོལ་བའི་ཉི་མ་སོགས་བཞིན་དུ་འདོད་ཆགས་སོགས་དུག་གསུམ་གྱི་གློ་བུར་བའི་ཉོན་མོངས་པས་དག་པ་ནི་མདོར་ན་མི་རྟོག་ཡེ་ཤེས་ཀྱི་འབྲས་བུ་ཡིན་པར་རབ་ཏུ་བརྗོད་དོ། །སྤྲིན་སོགས་ཚོགས་མ་ཚང་བ་མེད་པ་ལས་སྒྲུབ་པའི་རྣམ་པ་ཀུན་གྱི་མཆོག་དང་ལྡན་པའི་སངས་རྒྱས་ཀྱི་སྐུ་གསུམ་ནི་ངེས་པར་ཐོབ་པ་དེ་ནི་རྗེས་ལ་ཐོབ་པ་ཡི་ཡེ་ཤེས་ཀྱི་འབྲས་བུ་ཡིན་པར་བསྟན་ཏོ། །སངས་རྒྱས་ཀྱི་ཐུགས་རྒྱུད་ལ་མཉམ་གཞག་དང་རྗེས་ཐོབ་ངོ་བོ་ཐ་དད་པ་དང་། ཆོས་ཀྱི་སྐུ་དང་གཟུགས་ཀྱི་སྐུ་ངོ་བོ་ཐ་དད་པ་མེད་མོད་ཀྱི་ལག་རྗེས་མི་འདྲ་བའི་སྒོ་ནས་སོ་སོར་བཤད་པའོ། །

གཉིས་པ་ནི། འདོད་ཆགས་ཟད་པར་སྤངས་པའི་ཆོས་མཐུན་ནི། འདོད་ཆགས་ཀྱི་རྡུལ་ནི་ཟད་པར་སྤངས་པའི་ཕྱིར་དང་། གདུལ་བྱ་ཡི་ནི་པདྨ་ལ་བསམ་གཏན་ལ་མ་གཡོས་བཞིན་དུ་ཆོ་འཕྲུལ་གསུམ་གྱིས་ཕན་འདོགས་པའི་བསམ་གཏན་གྱི་ཆུ་ནི་འབབ་པའི་ཕྱིར་སངས་རྒྱས་དེ་པདྨས་ཁེབས་པའི་ཆུ་དག་པའི་རྫིང་དང་མཚུངས་པ་ཡིན་ནོ། །ཞེ་སྡང་སྤངས་པའི་ཆོས་མཐུན་ནི། སེམས་ཅན་ལ་དམིགས་པའི་ཞེ་སྡང་སྒྲ་གཅན་ལས་གྲོལ་བས་སྙིང་རྗེ་དང་བྱམས་པ་ཆེན་པོའི་འོད་ཟེར་གྱིས་འགྲོ་བ་མཐའ་དག་ལ་ཁྱབ་པའི་ཕྱིར་ན་སངས་རྒྱས (175a) དེ་དྲི་མ་མེད་པའི་ཟླ་བ་ཉ་བ་བཞིན་ནོ། །གཏི་མུག་སྤངས་པའི་ཆོས་མཐུན་ནི་གཏི་མུག་གི་སྤྲིན་ཚོགས་ལས་གྲོལ་བས་འགྲོ་བར་ཇི་ལྟ་བ་དང་ཇི་སྙེད་པ་མཁྱེན་པའི་ཡེ་ཤེས་ཀྱི་འོད་ཟེར་གྱིས་མུན་པ་སེལ་བའི་ཕྱིར་སངས་རྒྱས་ཉིད་དེ་ནི་དྲི་མ་མེད་པའི་ཉི་མ་བཞིན་དུ་ཤེས་པར་བྱའོ། །

གསུམ་པ་ནི། གཞན་གང་དང་ཡང་མི་མཉམ་པ་སངས་རྒྱས་དང་མཉམ་པའི་ཡོན་ཏན་གྱི་ཆོས་དང་ལྡན་པའི་ཕྱིར་དང་། དམ་ཆོས་ཀྱི་རོ་ཕུལ་དུ་བྱུང་བ་ནི་སྦྱིན་པར་མཛད་པ་དང་སྒྲིབ་གཉིས་ཀྱི་ཤུན་པ་དང་ནི་བྲལ་བའི་ཕྱིར་སངས་རྒྱས་དེ་བདེ་གཤེགས་ཀྱི་སྐུ་དང་། སྦྲང་རྩི་དང་སྙིང་པོ་བཞིན་དུ་ཤེས་པར་བྱའོ། །རང་བཞིན་གྱིས་དག་པའི་ཕྱིར་དང་། ཡོན་ཏན་གྱི་རྫས་ཀྱིས་ནི་དབུལ་བ་སེལ་བར་བྱེད་པའི་ཕྱིར་དང་། རྣམ་གྲོལ་གྱི་འབྲས་བུ་སྨིན་པར་བྱེད་པའི་ཕྱིར་སངས་རྒྱས་དེ་ནི་གསེར་དང་གཏེར་དང་ལྗོན་པ་བཞིན་དུ་ཤེས་པར་བྱའོ། །ཡང་ན་འབྲས་བུ་སྨིན་བྱེད་ཅེས་བཤད་དེ། དོན་འདྲའོ། །རིན་ཆེན་རྟོགས་པ་ཡེ་ཤེས་ཆོས་ཀྱི་སྐུའི་ཕྱིར་དང་། ལོངས་སྤྱོད་རྫོགས་པའི་སྐུ་རྐང་གཉིས་བདག་པོ་མཆོག་ཡིན་པའི་ཕྱིར་དང་། མཆོག་གི་སྤྲུལ་པའི་སྐུ་རིན་ཆེན་གཟུགས་ཀྱི་རྣམ་པའི་ཕྱིར་སངས་རྒྱས་དེ་ནི་རིན་ཆེན་ལས་བྱས་པའི་སྐུ་དང་། འཁོར་ལོས་བསྒྱུར་རྒྱལ་དང་། གསེར་ལས་བྱས་པའི་གཟུགས་བརྙན་བཞིན་དུ་ཤེས་པར་བྱའོ། །

（寅二）《论》

分三：（卯一）总说二智慧力趣入之境；（卯二）释等引果喻义同法；（卯三）释后得果喻义同法。

（卯一）总说二智慧力趣入之境

如净**水**莲**湖**、解脱罗睺之月、解脱云之日**等**，**贪等**三毒**客烦恼清净**，**简言之**，**说是无分别智果**。**决定得**施等资粮无不具备所成**一切种最上佛**三**身**者，**说彼者即是后得智之果**。佛心相续中，等引与后得体性以及法身与色身体性虽不异，然由成就不同之门各别而释。（2. 10—11）

（卯二）释等引果喻义同法

断尽贪之同法者，**断**尽**贪欲尘故**；静虑不动摇中，以三神变[1]饶益之**静虑水流注于所化莲故**，当知**彼**佛**如**莲华遍覆之**净水池**。断瞋之同法者，**解脱**缘有情**瞋**之**罗睺**，**大慈悲光明周遍**全分**众生故**，**彼**佛**如**净**满月**。断痴之同法者，**解脱痴云团**，**佛以**如所有及尽所有**智光明除众生**痴**暗故**，**彼如无垢日**。（2. 12—14）

（卯三）释后得果喻义同法

具足**无等**与佛平**等**之功德**法故**，**惠施**稀有**正法味及离**二障之**糠粃故**，当知**彼**佛**如佛相**、蜂**蜜**及**精**实。自性清**净故**，以**功德物消除贪乏故**，成**熟解脱果故**，当知彼佛**如金**、**宝藏**、**树**。或说"惠施果"，义同。**具宝**证智**法身故**，圆满受用身是最**胜二足尊故**，殊胜化身**具宝形相故**，当知**彼**佛**如宝**像、转轮**王**、**金**像。（2. 15—17）

[1] 详见本书第十六卷。

གསུམ་པ་ལས་ཀྱི་དོན་བཤད་པ་ལ་གཉིས། ལས་སྒྲུབ་བྱེད་ཀྱི་དོན་གཉིས་ཕུན་ཚོགས་བཤད་པ་དང་། ལས་ཀྱི་ངོ་བོ་བཤད་པའོ། །

དང་པོ་ནི། འཇིག་རྟེན་ལས་འདས་པ་ཞེས་ཏེ། ཡེ་ཤེས་གཉིས་ལ་བརྟེན་ནས་དོན་གཉིས་ཕུན་སུམ་ཚོགས་པ་ཉིད་ཡེ་ཤེས་གཉིས་ཀྱི་བྱེད་ལས་ཡིན་ལ། གདུལ་བྱ་ལ (175b) བལྟོས་ནས་དོན་གཉིས་ཕུན་སུམ་ཚོགས་པ་ཉིད་ལས་ཀྱི་སྒྲུབ་བྱེད་དུ་ཤེས་པར་བྱའོ། །དེ་ལ་རང་དང་གཞན་གྱི་དོན་ཕུན་སུམ་ཚོགས་པ་གང་ཞེ་ན། ཞེས་ཏེ། སྐུ་སྟོན་པ་ནི་སྐུའི་བཀོད་པ་མི་འདྲ་བ་གདུལ་བྱ་དང་འཚམ་པར་སྟོན་པ་དང་། བསྟན་པ་ལ་དབང་འབྱོར་བ་ནི། གསུང་གཅིག་གིས་kྱང་གདུལ་བྱ་སོ་སོའི་སྐད་སོ་སོ་དང་མཐུན་པར་ཆོས་སྟོན་པར་མཛད་པའོ། །

གཉིས་པ་ལ་གསུམ། །མཚམས་སྦྱར་བ་དང་། བསྟན་པ་དང་། བཤད་པའོ། །

དང་པོ་ནི། རང་དང་གཞན་གྱི་དོན་ཞེས་སོ། །

གཉིས་པ་ལ་གཉིས། རང་དོན་ཆོས་ཀྱི་སྐུ་བཤད་པ་དང་། གཞན་དོན་གཟུགས་ཀྱི་སྐུ་བཤད་པའོ། །

དང་པོ་ལ་སྦྱངས་པ་ནི། སྒྲིབ་པ་གཉིས་ཀྱི་ཟག་པ་མེད་པ་དང་། རྟོགས་པ་ནི་ཤེས་བྱ་ཇི་ལྟ་བ་དང་། ཇི་སྙེད་པ་མཐའ་དག་ལ་མཁྱེན་པ་ཁྱབ་པ་དང་། དེ་ལ་བརྟེན་པའི་ཁྱད་པར་གྱི་ཆོས་ཡོན་ཏན་ནི། འཇིག་མེད་ཆོས་ཅན་ཏེ། དེ་ཉིད་བཤད་པ་ནི། ཤེས་སྒྲིབ་ཀྱིས་བསྡུས་པའི་རྒྱུ་འབྲས་སྤང་བཤད་པ་བཞི་ཟད་པར་སྤངས་པས་བརྟན་པ་དང་། ཞི་བ་དང་། རྟག་པ་དང་། འཕོ་བ་མེད་པའི་སྐུའོ། །

གཉིས་པ་ནི། གཟུགས་ཀྱི་སྐུ་ནི་གཞན་དོན་འགྲུབ་པའི་གནས་ཡིན་ནོ། །དེ་ཉིད་རྒྱས་པར་བཤད་པ་ནི། ཇི་ལྟར་ནམ་མཁའ་ཡི་གོ་སྐབས་ལ་བརྟེན་ནས་སེམས་ཅན་རྣམས་ཀྱི་དབང་པོ་ལ་བརྟེན་པའི་རྣམ་པར་ཤེས་པ་དྲུག་གི་ཚོགས་ཀྱིས་རང་རང་གི་ཡུལ་ཉམས་སུ་མྱོང་བ་ལྟར་དེ་བཞིན་གཤེགས་པ་རྣམས་ཀྱི་གཟུགས་ཀྱི་སྐུ་འཕྲིན་ལས་ཕུན་སུམ་ཚོགས་པ་མངའ་བའི་གོ་སྐབས་རྙེད་པ་ལ་བརྟེན་ནས་སྐལ་པ་དང་ལྡན་པའི་གདུལ་བྱ་རྣམས་ཀྱི་མངོན་པར་རྟོགས་པའི་ཡོན་ཏན་གྱི་ཕྱོགས་ཀྱིས་བསྡུས་པའི་དམ་པའི་དབང་པོ་དྲུག་གི་དོན (176a) ཉམས་སུ་མྱོང་བའི་རྒྱུར་འགྱུར་པར་ཤེས་པར་བྱའོ། །

（子三）释用义

分二：（丑一）释用之能成二利圆满；（丑二）用之体性。

（丑一）释用之能成二利圆满

出世间无分别智及其后得智，是具离系果名转依之因，其用说是自他二利圆满。观待于二智，二利圆满是二智之用。观待于所化，二利圆满是用之能成。

此中云何自他二利圆满？**解脱烦恼障及习气、所知障而得无障法身者，谓自利圆满。其上，乃至世间未空、二身普示及教自在二者无功用趣入者，谓利他圆满**。身示现者，为所化示现不同身庄严。教自在者，以一语说法，与所化各自语言相顺。

（丑二）用之体性

分三：（寅一）承启；（寅二）标；（寅三）释。

（寅一）承启

以用义为题之颂有三：

（寅二）标

分二：（卯一）释自利法身；（卯二）释利他色身。

（卯一）释自利法身

断者，**无**二障之**漏**。证者，智**遍**如所有及尽所有所知全分。依彼之殊胜法功德者，具**不坏**法。彼之释者，断尽如前所释所知障所摄因果故，乃**固**、**寂**、**常**、**无迁**之身。

（卯二）释利他色身

色身者乃成办利他之处。彼之广释者，**如**虚**空**容诸有情依根之六识领受各自之境，当知诸**佛**色身事业圆满，容成诸有缘所化**领受**现证功德品所摄**妙六根境**之**因**。

དེ་ཉིད་བཤད་པ་ལ། ཐ་སྙད་དུ་ཐ་མལ་པའི་དབང་པོ་དྲུག་གི་ཡུལ་ལས་འདས་པའི་དོན་ཉམས་སུ་མྱོང་བ་ནི། མིག་ཤེས་ཀྱིས་འབྱུང་བ་བཞི་ཚོགས་པ་ལས་སྐྱེས་པ་མེད་པའི་རྒྱལ་བ་འོད་དཔག་ཏུ་མེད་པའི་གཟུགས་ལ་སོགས་པའི་དོན་ལྟ་བ་དང་། ཉན་ཤེས་ཀྱིས་རིགས་ཅན་གསུམ་གྱི་ལམ་འབྲས་བུ་དང་བཅས་པ་ལ་སོགས་པ་དམ་པའི་ཆོས་སྟོན་པའི་གཏམ་བཟང་པོ་ནི་ཉེས་སྐྱོན་དང་བྲལ་བའི་གཙང་མ་ཉན་པ་དང་། སྣའི་ཤེས་པས་བདེ་བར་གཤེགས་པའི་ཚུལ་ཁྲིམས་ཀྱི་དྲི་གཙང་མ་སྣོམ་པ་དང་། ལྕེའི་ཤེས་པས་འཕགས་པ་ཆེན་པོ་རྣམས་ཀྱི་དམ་པའི་ཆོས་ཀྱི་བདུད་རྩིའི་རོ་མྱོང་བ་དང་། ལུས་ཤེས་ཀྱིས་ལུས་ཤིན་ཏུ་སྦྱངས་པ་ལས་བྱུང་བའི་ཏིང་ངེ་འཛིན་གྱི་རེག་པའི་བདེ་བ་ཉམས་སུ་མྱོང་བ་དང་། ཡིད་ཀྱི་ཤེས་པས་རང་གི་ངོ་བོ་ཉིད་ཀྱིས་ཟབ་པའི་ཚུལ་སྟོང་པ་ཉིད་ཀྱི་དོན་རྟོགས་པའི་རྒྱུར་འགྱུར་ལ། ལམ་མཐོན་པོར་སོང་བ་ན་ཏིང་ངེ་འཛིན་གྱི་སྟོབས་ཀྱིས་ཐ་སྙད་པའི་རྣམ་པར་ཤེས་པ་དྲུག་གིས་ཀྱང་བཤད་ཟིན་པའི་ཡུལ་དྲུག་ཉམས་སུ་མྱོང་ལ། ཡིད་ཀྱི་རྣམ་པར་ཤེས་པ་གཅིག་པུས་ཀྱང་ཡུལ་དྲུག་ཉམས་སུ་མྱོང་བར་བྱེད་དོ། །དོན་དམ་པར་བསྐྱེད་བྱ་སྐྱེད་བྱེད་དང་བྲལ་བ་ནི་དོན་དམ་དཔྱོད་བྱེད་ཀྱི་རིགས་པས་ཞིབ་མོར་བསམས་པ་ན་གནས་ལུགས་ཀྱི་དོན་མངོན་སུམ་དུ་རྟོགས་པ་ལས་དོན་དམ་པ་ཟག་པ་མེད་པའི་བདེ་བ་སྩོལ་བར་མཛད་ཀྱང་དེ་བཞིན་གཤེགས་པ་ནི་ནམ་མཁའ་བཞིན་དུ་དོན་དམ་བསྐྱེད་བྱ་སྐྱེད་བྱེད་ཀྱི་རྒྱུ་མཚན་རྣམས་དང་བྲལ་ཏེ་སྤྲོས་པའི་མཐའ་བཞི་དང་བྲལ་བའི་ཕྱིར། སངས་རྒྱས་རྣམས་ཀྱི་གཟུགས (176b) ཀྱི་སྐུ་ནི་རང་བཞིན་གྱིས་གྲུབ་པ་རྡུལ་ཙམ་ཡང་མེད་ཀྱང་། འཇིག་རྟེན་དང་འཇིག་རྟེན་ལས་འདས་པའི་ལེགས་ཚོགས་ཐམས་ཅད་སྦྱིན་པ་མཛད་པ་ཡིན་ནོ། །

གསུམ་པ་ལ་གཉིས། མཚམས་སྦྱར་བ་དང་། རྩ་བའོ། །དང་པོ་ནི། ཚོགས་སུ་བཅད་པ་ཞེས་སོ། ། གཉིས་པ་ལ་གསུམ། ཡེ་ཤེས་གཉིས་ཀྱི་ནུས་པ་འཇུག་པའི་ཡུལ་ངོས་བཟུང་བ་དང་། ཆོས་ཀྱི་སྐུ་བཤད་པ་དང་། གཟུགས་ཀྱི་སྐུ་བཤད་པའོ། །དང་པོ་ནི། མདོར་ན་ཐེག་པ་ཆེན་པོའི་མཐོང་སྒོམ་གྱི་ལམ་གྱིས་བསྡུས་པའི་དོན་དམ་པའི་བདེན་པ་མངོན་སུམ་དུ་རྟོགས་པའི་མཉམ་གཞག་ཡེ་ཤེས་དང་། ཤེས་བྱ་ཇི་སྙེད་པ་རྟོགས་པའི་རྗེས་ཐོབ་ཀྱི་ཡེ་ཤེས་གཉིས་པའི་བསྐྱེད་པར་བྱ་བའི་ལས་སུ་འདི་གཉིས་ནི་རིམ་པ་བཞིན་དུ་ཤེས་པར་བྱ་སྟེ། རང་རྒྱུད་ཀྱི་སྒྲིབ་པ་མཐའ་དག་ལས་གྲོལ་བའི་སྐུ་ནི་ཇོགས་པ་ཆོས་ཀྱི་སྐུ་དང་གཞན་རྒྱུད་ཀྱི་ཆོས་ཀྱི་སྐུ་སྟོང་པ་གཟུགས་ཀྱི་སྐུའོ། །

གཉིས་པ་ལ་གཉིས། སྤྱིར་བསྟན་པ་དང་། སོ་སོར་བཤད་པའོ། །དང་པོ་ནི། རྣམ་གྲོལ་དང་། ཆོས་ཀྱི་སྐུ་དག་ནི་སྤངས་པ་དང་། རྟོགས་པས་བསྡུས་པའི་ཆོས་ཀྱི་སྐུ་དང་གཟུགས་ཀྱི་སྐུ་རྣམ་པ་གཉིས་དང་དེ་ལ་བརྟེན་པའི་ཡོན་ཏན་རྣམ་པ་གཅིག་གིས་ཤེས་པར་བྱ་སྟེ། དང་པོ་གཉིས་ནི། ཟག་པ་མེད་པའི་ཕྱིར་དང་། མཁྱེན་པས་ཤེས་བྱ་མཐའ་དག་ལ་ཁྱབ་པའི་ཕྱིར་དང་། ཕྱི་མ་ནི་བརྟན་པ་ལ་སོགས་པའི་འདུས་མ་བྱས་ཀྱི་ཡོན་ཏན་གྱི་གནས་ཉིད་ཡིན་པའི་ཕྱིར།

彼之释者，名言中领受超出庸常六根境之义者，眼识**见**非四大所生无量光佛**色**[①]**等之境**，耳识**闻**宣说具三种性道果等正法之**微妙语**、远离过失之**净**声，鼻识**嗅佛净戒香**，舌识**尝**诸**大圣**者正**法**甘露**味**，身识**领受**身轻安所生三摩地**定之触乐**，意识通**达自性深理**空性义。若至高上道，以三摩地力，名言六识亦能领受上述六境，单一意识亦能领受六境。胜义中远离所生、能生者，**细思**观察胜义之正理时，由现证真实义，施**予实**无漏**乐**[②]。**佛如**虚**空**，**离**胜义能生、所生**因**，以离戏论四边故。诸佛色身虽无尘许自性，然施世间及出世间一切善资粮。(2. 18—20)

(寅三) 释

分二：(卯一) 承启；(卯二)《论》。

(卯一) 承启

此三颂之义，略者当以八颂得解。

(卯二)《论》

分三：(辰一) 认明二智力趣入之境；(辰二) 释法身；(辰三) 释色身。

(辰一) 认明二智力趣入之境

总之，**此**大乘见修道所摄现证胜义谛之等引智，及证尽所有之后得智**二智**所生之**用者**，**当**依次**了知**，即**解脱**自相续全分障之**身圆满**法身，**及净治**他相续**法身**之色身。(2. 21)

(辰二) 释法身

分二：(巳一) 总标；(巳二) 别释。

(巳一) 总标

解脱及**法身者**，当**以**断、证所摄法身及色身**二相**及依彼之功德**一相**而**知**，以初二者是**无漏故**、智**遍**全分所知**故**，后者是固等**无为**功德**之处故**。(2. 22)

---

① 《释论》原文作“自在色”，法处所摄色之一。

② 文中“予乐”处所对应之梵文作 gahvara，即旧译本中“稠林”一词，不详所指。现据藏译本处理，与 don dam (paramārtha) 连译成“予实乐”。

གཉིས་པ་ལ་གཉིས། སྤངས་པ་དང་རྟོགས་པ་བཤད་པ་དང་། དེ་ལ་བརྟེན་པའི་ཡོན་ཏན་བཤད་པའོ། །

དང་པོ་ནི། ཉོན་མོངས་རྣམས་ནི་བག་ཆགས་དང་བཅས་པ་འགགས་པའི་ཕྱིར་ཟག་པ་མེད་པ་དང་དེ་ཤེས་བྱ་ཐམས་ཅད་ལ་བདེན་པར (177a) ཞེན་པའི་ཆགས་པ་མེད་ཅིང་། ཤེས་བྱ་ཉེ་ཚེ་བ་ཁོན་ལ་འདུག་པའི་ཐོགས་པ་མེད་པའི་ཕྱིར་ཡེ་ཤེས་ཁྱབ་པ་ཉིད་དུ་འདོད་དོ། །

གཉིས་པ་ནི། གཏན་དུ་ལས་ཉོན་སོགས་ཀྱི་འཇིག་པ་མེད་པ་ཡི་རང་བཞིན་ཡིན་པའི་ཕྱིར་འདུས་མ་བྱས་པའོ། །འཇིག་མེད་ཉིད་ནི་མདོར་བསྟན་པ་སྟེ། བརྟན་སོགས་བཞི་པོ་རྣམས་ཀྱིས་དེ་བཤད་དོ། །ཞེས་པ་ནི་བསྟན་བཤད་སྦྱར་བའོ། །དགག་བྱ་རྣམ་བཅད་ཀྱི་གནས་ཉེ་བར་གཟུང་བ་ནི། འཇིག་པ་རྣམ་བཞིར་ཤེས་བྱ་སྟེ། བརྟན་སོགས་བཞི་པོ་དེ་དག་ལས་ལྡོག་ཕྱིར་རོ། །དེ་གང་ཞེ་ན། དར་ལ་བབ་པ་ལས་དམན་པའི་གནས་སྐབས་ཐོབ་པའི་རྒ་བ་ནི། རྨུགས་པ་དང་། ན་བས་རྣམ་པར་འགྱུར་བ་དང་། རྡོན་གྱི་མཐའ་ཆད་པ་སྐྱེ་བ་དང་། བསམ་གྱིས་མི་ཁྱབ་པར་བསྒྱུར་པའི་འཆི་འཕོ་བ་སྟེ་བཞི་པོ་དེ་མེད་པའི་ཕྱིར་ན་བརྟན་པ་དང་། ཞི་བ་དང་། རྟག་པ་དང་། འཕོ་བ་མེད་པར་ཤེས་པར་བྱའོ། །

གཉིས་པ①ལ་གཉིས། བསྟན་པ་དང་། དེ་བསྒྲུབ་པའོ། །

དང་པོ་ནི། སངས་རྒྱས་ཀྱི་ཐུགས་རྒྱུད་ཀྱི་དྲི་མ་མེད་པའི་ཡེ་ཤེས་དེ་གདུལ་བྱ་རྣམས་ཀྱི་ངོར་གཟུགས་ཀྱི་སྐུར་རྣམ་པར་ཤར་ནས་དེ་རྣམས་ལ་ལེགས་ཚོགས་སྒྲུབ་པའི་དཀར་པོའི་ཆོས་ཀྱི་རྟེན་ཡིན་པའི་ཕྱིར་ན་གནས་སུ་ཤེས་པར་བྱའོ། །

གཉིས་པ་ལ་གཉིས། དཔེ་དང་། དོན་ནོ། །

དང་པོ་ནི། ཇི་ལྟར་དབང་ཤེས་སོགས་སྐྱེད་བྱེད་ཀྱི་རྒྱུ་མིན་པའི་ནམ་མཁའ་ནི་གཟུགས་མཐོང་བ་དང་སྒྲ་དང་དྲི་དང་རོ་དང་རེག་དང་ཆོས་རྣམས་ནི་སྒྲ་ཐོས་པ་ལ་སོགས་པའི་གོ་སྐབས་འབྱེད་པའི་རྒྱུ་སྟེ་རྟེན་ཡིན་པ་ལྟར།

གཉིས་པ་ནི། དེ་བཞིན་དུ་སྐུ་གཉིས་པོ་ནི། ཟག་པ་མེད་པའི་ཡོན་ཏན་དག་སྐྱེ་བ་ཡི་ནི་རྒྱུ་ཡིན་ནོ། །གང་གི་རྒྱུད་ལ་ཞེ་ན། བརྟན (177b) པ་བྱང་ཆུབ་སེམས་དཔའི་དབང་དོན་ལའོ། །ཚུལ་ཇི་ལྟར་ཡོན་ཏན་བསྐྱེད་ན། འབད་རྩོལ་ཉེ་བར་ཞི་བས་སྒྲིམ་པ་མེད་པའི་སྦྱོར་བས་སོ། །དཔེ་ཁ་ཅིག་ལས། སྒྲིབ་མེད་པའི་ཞེས་འབྱུང་བ་ལྟར་ན། གཞན་རྒྱུད་ལ་ཡོན་ཏན་སྐྱེ་བའི་སྒྲིབ་བྱེད་དྲི་མ་མེད་པའི་དོན་ཏོ། །

① 拉萨版、塔尔寺版均作གཉིས་པ，但按全文科判，应为གསུམ་པ。

（巳二）别释

分二：（午一）释断证；（午二）释依彼之功德。

（午一）释断证

灭诸烦恼及习气故，**无漏**；于一切所知**无**执实之**滞**、**无**但入微少所知之**碍故**，**许智周遍性**。（2. 23）

（午二）释依彼之功德

毕竟无业烦恼等之**坏**，**是**其**自性故**，**无为**。**不坏法者**，简**言**之，即**固等四**者**所说**，此为标释合说。取破所破之处者，**当知四种坏**，以**固等**四者是彼等**之反故**。若谓云何？盛壮转衰之老为**朽**，病**变**，前际**断绝**之生，以及**不可思议**变异死**殁**，以**无彼**四者**故**，**当知固**、**寂**、**常**、**不迁**。（2. 24—25）

（辰三）释色身

分二：（巳一）标；（巳二）彼之能立。

（巳一）标

彼佛心相续**无垢智**于诸所化前现为色身，是彼等成办善资粮**白法**之**所依故**，当知**是处**。（2. 26）

（巳二）彼之能立

分二：（午一）喻；（午二）义。

（午一）喻

如虚空虽**非**根识等能生**因**，**然是于色**、**声**、**香**、**味**、**触**、**法者见闻等**容可**之因**，即所依。（2. 27）

（午二）义

如是二身者，是**生无漏**功**德**之**因**。于何相续出生？**坚固**菩萨之**根境中**。云何令彼出生功德？**以**静息功用无策励**加行**。若按某本作“**无障**”者[①]，则为他相续中无能障出生功德之垢义。（2. 28）

---

① 目前通行本多作此义。

བཞི་པ་ལྡན་པའི་ཡོན་ཏན་བཤད་པ་ལ་གཉིས། ཀུན་རྫོབ་པའི་ཡོན་ཏན་སོ་ན་དང་ལྡན་པ་དགག་པ་དང་། དོན་དམ་པའི་ཡོན་ཏན་དང་ལྡན་པར་བསྒྲུབ་པའོ། །

དང་པོ་ནི། ཇི་སྐད་དུ། ཡེ་ཤེས་སྣང་བ་རྒྱན་གྱི་མདོ་ལས། སངས་རྒྱས་ནམ་མཁའི་མཚན་ཉིད་དོ། །ནམ་མཁའ་ལ་ཡང་མཚན་ཉིད་མེད། །ཅེས་བཤད་པ་དེ་ནི་དེ་བཞིན་གཤེགས་པ་རྣམས་ཀྱི་མ་འདྲེས་པའི་དོན་དམ་པའི་མཚན་ཉིད་ལ་དགོངས་ནས་གསུངས་པ་ཡིན་ཏེ། རྒྱུ་མཚན་གང་གི་ཕྱིར་ན། དོན་དམ་པའི་ཡོན་ཏན་ཅུང་ཟད་ཀྱང་མེད་པར་གལ་ཏེ་སྐྱེས་བུ་ཆེན་པོའི་མཚན་སུམ་ཅུ་རྩ་གཉིས་ཀྱིས་དེ་བཞིན་གཤེགས་པ་བལྟ་བར་འགྱུར་ན་ནི། འཁོར་ལོས་བསྒྱུར་བའི་རྒྱལ་པོ་ཡང་དེ་བཞིན་གཤེགས་པར་འགྱུར་རོ། །ཞེས་གསུངས་སོ། །

གཉིས་པ་ལ་གསུམ། མཚམས་སྦྱར་བ་དང་། བསྟན་པ་དང་། བཤད་པའོ། །

དང་པོ་ནི། དེ་ལ་ཞེས་སོ། །

གཉིས་པ་ནི། བསམ་དུ་མེད་པ་དང་། རྟག་པ་དང་། བརྟན་པ་དང་། ཞི་བ་དང་། གཡུང་དྲུང་ཉིད་དང་། རབ་ཏུ་ཞི་བ་དང་། ཁྱབ་པ་དང་རྟོག་པ་དང་བྲལ་བ་དང་། ནམ་མཁའ་བཞིན་དུ་ཆགས་པ་མེད་པ་དང་། ཀུན་ཏུ་ཐོགས་པ་མེད་པ་དང་རྩུབ་རེག་སྤངས་པ་དང་བལྟར་མེད་པ་དང་། གཟུང་དུ་མེད་པ་དང་། དགེ་བ་དང་དྲི་མ་མེད་པ་ནི་སངས་རྒྱས་ཀྱི་དོན་དམ་པའི་ཡོན་ཏན་བསྟན་པར་ཤེས་པར་བྱའོ། །

གསུམ་པ་ལ་གཉིས། མཚམས་སྦྱར་བ་དང་། རྩ་བའོ། །

དང་པོ་ནི། (178a) ཚིགས་སུ་བཅད་པ་ཞེས་སོ། །

（子四）释相应义

分二：（丑一）破惟具足世俗功德；（丑二）立与胜义功德相应。

（丑一）破惟具足世俗功德

《智光庄严经》云：“**佛乃虚空相**，虚空亦无相。”**此就诸如来之不共胜义相而说。是何因故？经云**：“**若**胜义功德少分亦无，而**以三十二大丈夫相见如来者，则转轮王亦成如来**。”

（丑二）立与胜义功德相应

分三：（寅一）承启；（寅二）标；（寅三）释。

（寅一）承启

此中以与胜义功德相应义为题之颂曰：

（寅二）标

1. **难思**议；
2. **常**；
3. **固**；
4. **寂**；
5. **不变**性；
6. **止息**；
7. **遍**；
8. **无念**；
9. 犹**如**虚**空无滞**；
10. 全**无**障**碍**；
11. **离粗**涩**触**；
12. **非**可**见**；
13. 非可**取**；
14. **善**；
15. **无垢**者，当知是说**佛**胜义功德。（2.29）

（寅三）释

分二：（卯一）承启；（卯二）《论》。

（卯一）承启

此颂之义，**略者当以八颂得解**。

གཉིས་པ་ལ་གཉིས། ཡོན་ཏན་གྱི་རྟེན་ངོས་བཟུང་བ་དང་། ཡོན་ཏན་ཉིད་བཤད་པའོ། །

དང་པོ་ནི། དྲི་མ་མཐའ་དག་ལས་གྲོལ་བའི་རྣམ་གྲོལ་རང་རྒྱུད་ཀྱི་ཆོས་ཀྱི་སྐུ་དང་། གཞན་རྒྱུད་ཀྱི་ཆོས་ཀྱི་སྐུ་ཐོབ་པའི་སྒྲིབ་པ་སྦྱོང་བའི་བྱེད་ལས་ཅན་གྱི་རང་རྒྱུད་ཀྱི་གཟུགས་ཀྱི་སྐུ་དག་གིས་རང་དང་གཞན་གྱི་དོན་ཕུན་སུམ་ཚོགས་པ་གཉིས་བསྟན་ཏེ་རང་གཞན་གྱི་དོན་སྒྲུབ་པའི་རྟེན་དེ་ལ་ནི་བསམ་གྱིས་མི་ཁྱབ་པ་ལ་སོགས་པའི་ཡོན་ཏན་བཅོ་ལྔ་དང་ལྡན་པར་ཤེས་པར་བྱའོ། །

གཉིས་པ་ལ་གཉིས། སྤངས་པས་རབ་ཏུ་ཕྱེ་བའི་ཡོན་ཏན་དང་རང་བཞིན་དུ་གནས་པའི་ཡོན་ཏན་ནོ། །དང་པོ་ལ་ལྔ། ཟབ་པའི་ཁྱད་པར་དང་རྟག་པའི་ཁྱད་པར་དང་། བདེ་བའི་ཁྱད་པར་དང་། ཡེ་ཤེས་ཀྱི་ཁྱད་པར་དང་། སྤངས་པའི་ཁྱད་པར་རོ། །དང་པོ་ལ་གཉིས། དུས་ཐམས་ཅད་དུ་མངོན་སུམ་དུ་རྟོགས་པ་སངས་རྒྱས་འབའ་ཞིག་གི་ཁྱད་པར་དུ་བསྟན་པ་དང་། གཞན་གྱིས་དེ་ལྟར་རྟོགས་མི་ནུས་པའོ། །

དང་པོ་ནི། སངས་རྒྱས་ཀྱི་ཆོས་ཉིད་ཀྱི་སྐུ་དང་། ཡེ་ཤེས་ཀྱི་སྐུ་ལ་སོགས་པ་དུས་རྟག་ཏུ་མངོན་སུམ་དུ་རྟོགས་པ་ཐམས་ཅད་མཁྱེན་པའི་ཡེ་ཤེས་འབའ་ཞིག་གི་ཡུལ་ཡིན་གྱི་སངས་རྒྱས་མ་གཏོགས་པ་དེ་ལས་གཞན་པའི་ཐོས་བསམ་སྒོམ་གསུམ་གྱི་ཤེས་པ་གསུམ་གྱི་ཡུལ་རྟག་ཏུ་མིན་པའི་ཕྱིར། ཡེ་ཤེས་ཀྱི་ལུས་ཅན་སངས་རྒྱས་མིན་པའི་འཕགས་པ་རྣམས་ཀྱིས་ནི་བསམ་གྱིས་མི་ཁྱབ་པར་རྟོགས་པར་བྱའོ། །

གཉིས་པ་ནི། དོན་དམ་པའི་བདེན་པ་ཤིན་ཏུ་ཕྲ་བའི་ཕྱིར་ཐོས་པའི་ཤེས་རབ་ཀྱིས་རྟོགས་ཚུལ་ཟློགས་པའི་ཚུལ་གྱི་ཡུལ་མ་ཡིན་ལ་དོན་དམ་ཡིན་པའི་ཕྱིར་བསམ་པའི་ཤེས་རབ་ཀྱི་ཡང་ཚུལ་དེ་ལྟར་ཡུལ (178b) མིན་ནོ། །ཆོས་ཉིད་ཟབ་པའི་ཕྱིར་འཇིག་རྟེན་པའི་སྒོམ་པ་ལས་བྱུང་བའི་ཤེས་རབ་ལ་སོགས་པའི་ཡང་རྟོགས་ཚུལ་ཟློགས་པའི་ཚུལ་གྱི་ཡུལ་མ་ཡིན་པར་ཤེས་པར་བྱའོ། །གང་གི་གཟུགས་ལ་དམུས་ལོང་བཞིན་དུ་བྱིས་པས་ཆོས་ཉིད་དེ་མངོན་སུམ་གྱིས་མཐོང་མ་མྱོང་བས་བསམ་གྱིས་མི་ཁྱབ་ལ་རང་ཉིད་བཙས་པའི་ཁྱིམ་ན་གནས་པའི་བུ་ཆུང་གིས་ཉི་མའི་གཟུགས་ཡུད་ཙམ་མཐོང་བ་བཞིན་དུ་སངས་རྒྱས་ལས་གཞན་པའི་འཕགས་པས་ཀྱང་རེས་འགའ་མངོན་སུམ་དུ་མཐོང་གི་དུས་རྟག་ཏུ་མ་ཡིན་པར་ཤེས་པར་བྱའོ། །

གཉིས་པ་ནི། ཆོས་ཀྱི་སྐུ་དེ་ལས་ཉོན་གྱི་དབང་སོགས་ཀྱིས་སྐྱེ་བ་དང་བྲལ་བའི་ཕྱིར་རྟག་པ་སྟེ། མཐར་འཆི་བའི་འགག་པ་མེད་པའི་ཕྱིར་ན་བརྟན་པ་ཡིན་ལ། བྱིང་རྒོད་དང་རྟོག་དཔྱོད་གཉིས་མེད་པའི་ཕྱིར་ཞི་བ་སྟེ་ཡང་ན་སྐྱེ་འཆི་དང་བྲལ་བའི་ཕྱིར་ན་དེ་ཉེ་བར་ཞི་བའོ། །ཕུན་ཚོགས་གཞན་དུ་འགྱུར་པའི་ཀ་བ་མེད་པས་གཡུང་དྲུང་གི་ཆོས་ཉིད་དུ་གནས་པའི་ཕྱིར་རོ། །ཉོན་སྒྲིབ་དང་ཤེས་སྒྲིབ་ཀྱི་ཕྱོགས་ཀྱིས་བསྡུས་པའི་སྐྱེ་ཀ་ན་འཆི་དང་བྲལ་བས་རྟག་པའི་ཁྱད་པར་བསྟན་པ་ཡིན་ནོ། །

(卯二)《论》

分二:(辰一)认明功德所依;(辰二)释功德。

(辰一)认明功德所依

以解脱全分垢之**解脱**自相续**法身**,及具净他相续得法身障之用自相续色身,**示自他二利**圆满。**彼**成办自他二利之**所依**者,当知与**难思议等**十五种功**德相应**。(2.30)

(辰二)释功德

分二:(巳一)以断而分之功德;(巳二)本性住功德。

(巳一)以断而分之功德

分五:(午一)深差别;(午二)常差别;(午三)乐差别;(午四)智差别;(午五)断差别。

(午一)深差别

分二:(未一)说一切时现证惟佛一人之差别;(未二)他人不能如是证。

(未一)说一切时现证惟佛一人之差别

恒常现证佛之法性身及智身等,惟**一切智**之**境**,除**佛**之外,**非**他人闻、思、修**三智**常时之**境故**,**诸具智身**非佛之圣者**当知**其**难**可**思议**。(2.31)

(未二)他人不能如是证

胜义谛极微**细故**,**非闻**慧所能圆满证悟之**境**;是**胜义故**,亦**非思**慧圆满证悟之境;**法性甚深故**,当知亦**非世**间**修**所成慧**等**圆满证悟之**境**。**如生盲于色**,**愚夫昔难见**彼法性故,不可思议。**如住**自**家稚童**但须臾**见日**形,当知除佛之外,余诸**圣**者**亦**暂可现见,非能常时而见。(2.32—33)

(午二)常差别

彼法身**远离**业烦恼力所致**生**等**故**,**常**;**无有**后当死之**灭故**,**固**;**无**沉掉及寻伺**二故**,**寂静**。又,离生死故,寂静;无由盛转衰之老而住**法性故**,**不变**。此说离烦恼障及所知障品所摄生、老、病、死之常差别。(2.34)

གསུམ་པ་ནི། སྡུག་བསྔལ་མ་ལུས་པ་རབ་ཏུ་ཞི་བ་འགོག་པའི་བདེན་པའི་བདག་ཉིད་མཐར་ཐུག་པའི་ཕྱིར་ཟག་པ་མེད་པའི་བདེ་བའི་ཁྱད་པར་བསྟན་ཏོ། །

བཞི་པ་ལ་ཇི་སྙེད་པ་རྟོགས་པ་ནི། ཤེས་བྱ་ཇི་སྙེད་པ་ཐམས་ཅད་རྟོགས་པའི་ཕྱིར་ཁྱབ་པ་ཉིད་དང་། ཇི་ལྟ་བ་རྟོགས་པ་ནི་བདེན་པར་ཞེན་པའི་ཚུལ་གྱིས་གནས་པ་མེད་པའི་ཕྱིར་རྟོག་པ་མེད་དོ། །

ལྔ་པ་ནི། ཉོན་མོངས་པ་ཟད་པར་སྤངས་པའི་ཕྱིར་བདེན་པར་ཆགས་པ་མེད་པས་ཉོན་སྒྲིབ་སྤངས་པ་དང་། ཤེས་བྱའི་སྒྲིབ་པ་ཀུན་དག་པའི་ཕྱིར་ཤེས་བྱ་ཐམས (179a) ཅད་དུ་ནི་ཐོགས་པ་མེད་པས་ཤེས་སྒྲིབ་སྤངས་པ་དང་། སྙོམས་འཇུག་གི་སྒྲིབ་པ་ལས་བསྒྲུབས་པའི་བྱིང་རྒོད་གཉིས་མེད་པས་ཏིང་ངེ་འཛིན་བསྒོམ་པ་ལ་ལས་སུ་རུང་བའི་ཕྱིར་ལུས་སེམས་ཤིན་ཏུ་སྦྱངས་པའི་བདེ་བ་སྐྱེ་བའི་གེགས་སུ་གྱུར་པ་བྱིང་རྒོད་ཀྱིས་ལུས་སེམས་ལས་སུ་མི་རུང་བའི་རྩུབ་པའི་རེག་པ་དང་བྲལ་བ་ཡིན་ནོ། །

གཉིས་པ་ནི། ཆོས་ཉིད་དེ་གཟུགས་མེད་པའི་ཕྱིར་མིག་ལ་སོགས་པས་མངོན་སུམ་དུ་བལྟར་མེད་པ་དེ་རྒྱུ་མཚན་ཡང་དག་གི་མཚན་མ་མེད་པའི་ཕྱིར། རྟགས་ལས་རྟོགས་ཚུལ་རྫོགས་པའི་ཚུལ་དུ་གཟུང་དུ་མེད་པ་དང་། བློ་བུར་རྣམ་དག་གིས་ཁྱད་པར་དུ་བྱས་པའི་རང་བཞིན་རྣམ་དག་ཡིན་པས་དགེ་བ་ནི་རང་བཞིན་རྣམ་དག་ཡིན་པའི་ཕྱིར་དང་། བློ་བུར་གྱི་དྲི་མེད་ནི་དྲི་མ་ཟད་པར་སྤངས་པའི་ཕྱིར་རོ། །

ལྔ་པ་འཇུག་པའི་རབ་དབྱེ་ལ་གཉིས། སྤྱིའི་མཚམས་སྦྱར་བ་དང་། དོན་སོ་སོར་བཤད་པའོ། །

དང་པོ་ནི། དེ་བཞིན་གཤེགས་པ་ཉིད་འདིའི་ཐུན་མོང་མ་ཡིན་པའི་ཡོན་ཏན་དང་ལྡན་པས་ནམ་མཁའ་ལྟར་དང་། རྟག་པའི་ཕ་རོལ་ཏུ་ཕྱིན་པས་འདུས་མ་བྱས་པའི་ཡོན་ཏན་དང་རྣམ་པར་དབྱེར་མེད་པར་འཇུག་པ་ཡང་སྲིད་པ་ཇི་སྲིད་ཀྱི་བར་དུ་བསམ་གྱིས་མི་ཁྱབ་པ་དགེ་བ་བསྒྲུབ་པ་ལ་མཁས་པའི་ཐབས་ཆེན་པོ་དང་། སྙིང་རྗེ་དང་། ཤེས་བྱ་མ་ལུས་པ་མངོན་སུམ་དུ་ཤེས་པའི་ཡེ་ཤེས་ཀྱིས་ཡོངས་སུ་སྦྱོང་བའི་ཁྱད་པར་གྱིས་ཞེས་ཏེ། དུས་སྐད་ཅིག་ཀྱང་གཡོ་བ་མེད་ཅིང་རྒྱུན་བརྟན་པས་རྒྱུན་མི་འཆད་པར་འབད་རྩོལ་ཉེ་བར་ཞི་བས་ལྷུན་གྱིས་གྲུབ་པས་འཇུག་པར་ལྟ་བར་བྱ་སྟེ། ས་བཅུ་རྒྱུན་གྱི་ཐ་མ་མན་ཆད་དང་། མ་འདྲེས་པའི་ཆོས་དང་ལྡན་པའི་ཕྱིར་རོ། །

གཉིས་པ་ལ (179b) གསུམ། སྐུ་གསུམ་གྱི་འཇུག་པའི་རབ་དབྱེ་དང་། རྟག་པའི་ཁྱད་པར་དང་། བསམ་གྱིས་མི་ཁྱབ་པའི་ཁྱད་པར་རོ། །དང་པོ་ལ་གཉིས། མཚམས་སྦྱར་བ་དང་། དོན་བཤད་པའོ། །དང་པོ་ནི། དེ་ལ་ཞེས་སོ། །

（午三）乐差别

灭谛体性究竟故，止息苦无余。此示无漏乐差别。

（午四）智差别

证尽所有者，证一切尽所有所知故，周遍；证如所有者，以实执之理趣无有安住故，无念。

（午五）断差别

断尽烦恼故，于谛实无耽滞而断烦恼障；一切所知障清净故，于一切所知无碍而断所知障；无等引障所摄沉、掉二而于修三摩地堪能故，远离生身心轻安乐之障—沉、掉所致身心不堪能之粗涩触。（2.35—36）

（巳二）本性住功德

彼法性无色故，非眼等可现见；无正因相故，非可以因圆满证悟执取；客尘清净为差别之自性清净故，善；断尽尘垢故，无客尘垢。（2.37）

（子五）释转之差别

分二：（丑一）总承启；（丑二）释各别义。

（丑一）总承启

此如来与此不共功德相应故，如虚空。常波罗蜜与无为功德无分别趣入，乃至有际，以不可思议善巧成办善之大方便、悲心、现知无余所知之慧修治之差别饶益众生、成办安乐，当知其因为自性、圆满受用及变化三无垢，无间，刹那亦不动摇、坚固而相续不断，静息功用而任运趣入，以与不共十地最后有以下法相应故。

（丑二）释各别义

分三：（寅一）三身转之差别；（寅二）常之差别；（寅三）不可思议之差别。

（寅一）三身转之差别

分二：（卯一）承启；（卯二）释义。

（卯一）承启

此中以转为题佛身差别之颂有四：

གཉིས་པ་ལ་གསུམ། མདོར་བསྟན་པ་དང་། རྒྱས་པར་བཤད་པ་དང་། དོན་བསྡུ་བའོ། །དང་པོ་ལ་གཉིས། སྤྱིའི་དོན་དང་། ཡན་ལག་གི་དོན་ནོ། །དང་པོ་ལ་གསུམ། འབྲས་བུ་འགྲུབ་པའི་དུས་མཚམས་དང་། སྐུ་གསུམ་གྱི་ངོ་བོ་ངོས་བཟུང་བ་དང་། དེ་ལ་སོགས་པར་རྟོག་པ་བསལ་བའོ། །

དང་པོ་ནི། ས་བཅུ་རྒྱུན་གྱི་ཐ་མའི་བར་ཆད་མེད་ལམ་དེ་ཉིད་དེ་བཞིན་ཉིད་ལ་ཆུ་ལ་ཆུ་བཞག་ཏུ་མཉམ་པར་བཞག་བཞིན་པ་ན་བར་ཆད་མེད་ལམ་གྱི་དུས་དེའི་ཚེ་མཉམ་གཞག་དེའི་གཟིགས་ངོར་ན་ཤེས་བྱ་ཇི་སྙེད་པའི་རྣམ་པ་ཅུང་ཟད་ཀྱང་མི་འཆར་ཏེ། བདེན་གཉིས་ངོ་བོ་ཐ་དད་དུ་འཛིན་པའི་དྲི་མ་ཟད་པར་མ་སྤངས་པའི་ཕྱིར། འོན་ཀྱང་དེའི་ཚེ་ཟག་པ་མེད་པའི་ཡེ་ཤེས་སྐེ་ཚན་ཉི་ཤུ་རྩ་གཅིག་པོའི་མངོན་པར་རྟོགས་པའི་རིགས་མ་ལུས་པ་ཐོབ་པའི་བདག་ཉིད་དུ་གནས་པ་ཡིན་ནོ། །དེ་ནས་སྐད་ཅིག་གཉིས་པ་ལ་རྣམ་གྲོལ་ལམ་སྐྱེས་པའི་ཚེ་ཤེས་བྱ་ཇི་ལྟ་བ་ལ་གཉིས་སྣང་ནུབ་ནས་ཆུ་ལ་ཆུ་བཞག་ཏུ་སོང་བ་དེའི་གཟིགས་པའི་ངོར་ཤེས་བྱ་ཇི་སྙེད་པ་ཐམས་ཅད་ལག་མཐིལ་དུ་སྐྱུ་རུ་ར་བཞག་པ་ལྟར་མངོན་སུམ་དུ་གཟིགས་པ་དེའི་ཚེ་ཤེས་སྒྲིབ་ཟད་པར་སྤངས་པ་དང་། ཡང་དག་པའི་མཐའ་མངོན་དུ་བྱས་པ་དང་། ཆོས་ཀྱི་སྐུ་མངོན་དུ་བྱས་པ་དང་། ཆོས་ཐམས་ཅད་རྣམ་པ་ཐམས་ཅད་དུ་མངོན་པར་རྫོགས་པར་བྱང་ཆུབ་པ་ཞེས་བྱའོ། །ས་བཅུ་རྒྱུན་ཐ་ལ་གནས་པའི་ཚེ་མཚན་དཔེས་སྤྲས་པའི་སྐུ་དེ་ཉིད་ཀྱི་རིགས་འདྲ་ཕྱི་མ་ཆོས་སྐུ་ཐོབ་པའི་ཚེ་མཚན་ཉིད་ལྔ་ལྡན་དང་། (180a) ཡོན་ཏན་ལྔ་ལྡན་དང་། ངེས་པ་ལྔ་ལྡན་གྱི་ལོངས་སྤྱོད་རྫོགས་པའི་སྐུ་འགྲུབ་ལ། ལོངས་སྐུས་བདག་རྐྱེན་བྱས་ནས་མཛད་པ་བཅུ་གཉིས་ཀྱི་སྒོ་ནས་གདུལ་བྱ་རྗེས་སུ་འཛིན་པའི་མཆོག་གི་སྤྲུལ་པའི་སྐུ་དེའི་ཚེ་ཚོགས་པ་གཅིག་ཏུ་མེད་ཀྱང་སངས་རྒྱས་ཀྱི་སྤྲུལ་པའི་སྐུའི་བྱེ་བྲག་འགའ་ཞིག་ལོངས་སྤྱོད་རྫོགས་པའི་སྐུ་དང་དངོས་རྒྱུ་ཚོགས་པ་ཚར་གཅིག་ལ་རག་ལས་ཀྱི་འབྲེལ་བ་གྲུབ་པའི་ཚུལ་དུ་ཐོབ་པར་ཤེས་པར་བྱའོ། །ཕར་ཕྱིན་ཐེག་པའི་ལམ་གྱིས་བསྐལ་པ་གྲངས་མེད་པ་གསུམ་གྱི་བར་དུ་བགྲོད་ནས་དེའི་རྗེས་སུ་སྔགས་ཀྱི་ལམ་གྱི་སྟོན་པ་བཏབ་ནས་གཟུགས་སྐུ་འགྲུབ་པའི་ཚུལ་ནི་གཞན་དུ་ཤེས་པར་བྱའོ། །

（卯二）释义

分三：（辰一）略标；（辰二）广释；（辰三）摄义。

（辰一）略标

分二：（巳一）总义；（巳二）支分义。

（巳一）总义

分三：（午一）成果之时限；（午二）认明三身体性；（午三）除此中邪分别。

（午一）成果之时限

十地最后有无间道如水注水而入定于真如。彼无间道时，尽所有所知相少分亦不现于彼定之观感中，以未断尽执二谛体异之垢故。然而彼时安住于全得现证二十一类无漏智种性之体性。次于第二刹那生起解脱道时，如所有所知中二相隐没、如水注水，彼观感前现见一切尽所有所知、如掌中庵摩罗果。彼时断尽所知障，现证实际，现证法身，名一切法一切相正等觉。住十地最后有时，彼相好庄严身之同类，后得法身时，成具足五相、具足五德[①]、具足五决定[②]之圆满受用身。以受用身为增上缘、由十二种事业之门摄受所化之殊胜化身，彼时虽非同一聚，然应知一类佛化身与圆满受用身同一亲因，系观待相属。以波罗蜜多乘道历经三大阿僧祇劫之后，加修密咒道成就色身之理趣，当参阅他书。

---

① 1. 身显现不断；2. 语言说不断；3. 意事业不断；4. 无勤加功用之造作；5. 虽作种种显现然无谛实。详见下文。此论本释未言及“五相”，据《东噶藏学大辞典》，“受用身五相”与“受用身五德”内容一致。

② 1. 身决定，以三十二相、八十种好为庄严；2. 眷属决定，眷属纯系圣者菩萨；3. 处决定，唯住色究竟佛土；4. 法决定，唯说大乘法；5. 时决定，乃至生死未空饶益有情。《东噶藏学大辞典》，页 1977。

གཉིས་པ་ནི། གཟུགས་སྐུ་དང་ཡེ་ཤེས་ཆོས་ཀྱི་སྐུའི་སློབ་བུར་རྣམ་དག་གིས་ཁྱད་པར་དུ་བྱས་པའི་རང་བཞིན་རྣམ་དག་གི་ཆ་དང་། དེའི་སྟེང་གི་གློ་བུར་རྣམ་དག་གི་ཆ་ནི་འདུས་མ་བྱས་ཀྱི་སྐུ་དང་། ངོ་བོ་ཉིད་ཀྱི་སྐུ་ཞེས་བྱ་ལ། སློབ་དཔོན་ཡེ་ཤེས་སྙིང་པོས་བདེན་གཉིས་སུ་རིགས་པའི་རྗེས་འབྲངས་ངོ་བོའི་ཕྱིར། ཞེས་མཐར་ཐུག་དཔྱོད་པའི་རིགས་ཤེས་ཀྱིས་རྙེད་པའི་དོན་དུ་གསུངས་པ་ནི། རང་བཞིན་རྣམ་དག་གི་ཆ་དེ་ཉིད་ཡིན་ནོ། །དག་པ་གཉིས་ལྡན་གྱི་སྐུ་དེ་ཉིད་ཐོག་མ་མེད་པ་ནས་སེམས་ཅན་གྱི་རྒྱུད་ལ་མེད་པར་སངས་རྒྱས་པའི་དུས་འབའ་ཞིག་ཏུ་བྱུང་ན་མི་རྟག་པར་འགྱུར་དགོས་སོ་སྙམ་པ་ནི། མཁས་རློངས་ལ་གྲགས་པའི་རྟག་པའི་ཁྱད་པར་དང་། དངོས་པོ་རེས་འགའ་བ་དང་འདུས་མ་བྱས་རེས་འགའ་བའི་ཁྱད་པར་མ་ཕྱེད་པས་ནོངས་སོ། །དེ་ལྟ་མ་ཡིན་ན། ས་ནྟྲ་ཁང་བ་ཞིག་པ་དེ་ཐོག་མ་མེད་པ་ནས་ཡོད་པར (180b) ཁས་ལེན་དགོས་ཤིང་། ཕྱི་ནྟྲ་གསར་དུ་ཁང་པ་ཞིག་པ་དེ་ས་ནྟྲའི་དུས་ན་ཡང་ཡོད་པར་ཁས་ལེན་དགོས་པར་འགྱུར་རོ། །

ཟག་པ་མེད་པའི་ཡེ་ཤེས་སྔ་ཚན་ཉི་ཤུ་རྩ་གཅིག་གིས་བསྡུས་པའི་ཡེ་ཤེས་ཆོས་ཀྱི་སྐུ་ནི། སྔགས་ཀྱི་ཕྱོགས་ནས་ཀྱང་སྐུ་བཞི་པར་གསུངས་ལ། རྒྱལ་བའི་སྲས་པོ་སེང་གེ་བཟང་པོས་ཀྱང་སྐུ་བཞི་པར་མཛད་པ་ནི་དབྱེ་བསྡུ་ཙམ་ཡིན་གྱི། སྐུ་གསུམ་དུ་མ་འདུས་པར་བཞེད་པ་ནི་མིན་ནོ། །ཅི་སྟེ་སྐུ་གསུམ་དུ་བསྡུ་བར་མི་རུང་སྟེ། ངོ་བོ་ཉིད་ཀྱི་སྐུ་ཡང་མ་ཡིན་ལ། སྐུ་གཞན་གཉིས་ཀྱང་མ་ཡིན་པའི་ཕྱིར་རོ། །ཞེ་ན། འོ་ན་སྐུ་བཞིར་ཡང་བསྡུ་བར་མི་རུང་བར་ཐལ། ལོངས་སྤྱོད་རྫོགས་པའི་སྐུའི་སེན་མོ་ཟངས་ཀྱི་མདོག་ལྟ་བུ་དེ་ཁྱོད་འདོད་པའི་སྐུ་བཞི་པོ་གང་ཡང་མ་ཡིན་པའི་ཕྱིར། ཅེས་སྨྲས་ན་ལན་ཅི་ཡོད། མ་གྲུབ་སྟེ། ལོངས་སྤྱོད་རྫོགས་པའི་སྐུ་ཡིན་ནོ། །ཞེ་ན། འོ་ན་ཅིག་ཤོས་ཀྱང་ངོ་བོ་ཉིད་ཀྱི་སྐུར་ཁས་བླངས་པ་ལ་འགལ་བ་ཅི་ཡོད་འོ་ན་འདུས་མ་བྱས་སུ་ཐལ་ལོ་ཞེ་ན། ཅིག་ཤོས་ལའང་མཚན་བཟང་པོ་སུམ་ཅུ་རྩ་གཉིས་དང་། དཔེ་བྱད་བཟང་པོ་བརྒྱད་ཅུ་རྫོགས་པར་ཚང་པ་ཡིན་པར་ཐལ་ལོ། །དེ་འདོད་ན་ནི་ཅིག་ཤོས་ཀྱང་འདོད་པས་རྣམ་པ་ཀུན་ཏུ་མཚུངས་སོ། །དེ་ལོངས་སྤྱོད་རྫོགས་པའི་སྐུའི་ཆ་གཅིག་ཡིན་གྱི། ལོངས་སྐུ་དངོས་མ་ཡིན་ལ། དེ་ནི་མཚན་དཔེ་མ་ལུས་པ་ཚོགས་པ་ལ་འདོགས་པས་སོ་ཞེ་ན། དེ་ཡང་ངོ་བོ་ཉིད་ཀྱི་སྐུའི་ཆ་ཤས་ཡིན་གྱི་དངོས་མ་ཡིན་ཏེ། ཡེ་ཤེས་ཆོས་སྐུའི་སྟེང་དུ་དག་པ་གཉིས་ལྡན་ཚོགས་པ་ལ་འདོགས་པའི་ཕྱིར་རོ། །དེས་ན་ཡེ་ཤེས་ཆོས་ཀྱི་སྐུ་དགོས་པ་ལྷག་དང་བཅས་པར་གཟིགས་ནས་སྐུ་ལོགས་པར་རྣམ་གཞག་མཛད་དོ། །ལོངས (181a) སྤྱོད་རྫོགས་པའི་སྐུ་ནི་བཤད་ཟིན་ལ། མཆོག་གི་སྤྲུལ་པའི་སྐུ་ནི། ཡེ་ཤེས་ཆོས་ཀྱི་སྐུ་ཉིད་སོ་སོ་སྐྱེ་བོ་ཁ་ཅིག་ལ་ཡང་མཚན་དཔེས་སྤྲས་པའི་གཟུགས་ཀྱི་སྐུར་སྣང་བ་དགའ་ལྡན་གྱི་གནས་ནས་འཕོས་པ་ལ་སོགས་པའི་རིམ་པས་བྱང་ཆུབ་ཀྱི་ཤིང་དྲུང་དུ་མངོན་པར་རྫོགས་པར་འཚང་རྒྱ་བའི་ཚུལ་བསྟན་པ་དེ་ཉིད་དོ། །

（午二）认明三身体性

色身、智慧法身之以客尘清净为差别之自性清净分，以及其上客尘清净分者，名无为身、自性身。智藏论师之《二谛论》曰："体随正理故"，义谓彼自性清净分，是究竟观察之理智所得。或念：若无始以来有情相续中无彼具二清净之身、成佛时方生，则应成无常。曰：此乃不分智愚所谓常之差别、以及事一时与无为一时之差别所致谬误。若不然，则应许彼上午屋坏灭者无始以来即有，下午屋新坏者上午以来即有。

二十一类无漏智所摄智慧法身者，密教中说是第四种身，狮子贤菩萨亦作第四种身。此惟开合之别，非说不能摄入三身之中。云何不可摄入三身？若谓：非自性身，亦非余二身故。曰：若尔，则应亦不可摄为四身。若谓如圆满受用身之铜色指甲皆非汝所许四身随一故，汝当作何答？若谓：不成，以是圆满受用身故。曰：若尔，另一我方许智慧法身是自性身有何相违？若谓：若尔，则应成无为。曰：另一方亦应许铜色指甲是圆满三十二相、八十种好。若许此亦应许另一方，率皆相同。若谓：彼铜色指甲是圆满受用身之一分，非实圆满受用身，彼受用身当于无余相好和合安立。曰：彼智慧法身亦是自性身一分，非实自性身，以彼自性身是于智慧法身之上具二清净和合而安立故。因此，见智慧法身有特殊需要而别立为身。

已说圆满受用身。殊胜化身者，于一类异生，智慧法身亦现为相好庄严之色身，从喜足天殁等，渐次于菩提树前示现成佛相。

གསུམ་པ་ནི། སངས་རྒྱས་ཀྱི་ངོ་བོ་ཉིད་ཀྱི་སྐུ་སངས་རྒྱས་མཚན་ཉིད་པ་མ་ཡིན་པར་འདོད་པ་ནི། སྡིག་པ་བས་ཀྱང་ཆེས་སྡིག་སྟེ། དག་པ་གཉིས་ལྡན་གྱི་སྐུ་ལ་སྐུར་བ་བཏབ་པའི་ཕྱིར་རོ། །དེ་ལྟ་ན་དེ་ཡོན་ཏན་ཙམ་མ་ཡིན་པར་ཐལ། ཡོན་ཏན་མཐར་ཐུག་ཀྱང་མ་ཡིན་ལ། དེ་མིན་པའི་གནས་སྐབས་ཀྱི་ཡོན་ཏན་ཡང་མ་ཡིན་པའི་ཕྱིར། རྟགས་སྤྱི་མ་མ་གྲུབ་ན། སངས་རྒྱས་མིན་པ་ཉམས་ལ། འདོད་ན་སྤངས་པ་མཐར་ཐུག་ཡོན་ཏན་མ་ཡིན་ན། རྟོགས་པ་མཐར་ཐུག་ཀྱང་ཡོན་ཏན་མ་ཡིན་པར་མཚུངས་སོ། །གཟུགས་སྐུ་གཉིས་གདུལ་བྱའི་གཞན་སྣང་ཙམ་ཡིན་གྱི། སངས་རྒྱས་རང་སྣང་ལ་མེད་པ་དང་། སངས་རྒྱས་རང་རྒྱུད་ཀྱིས་བསྡུས་པ་མེད་པའོ། །ཞེས་སྨྲ་བ་ནི་ཁ་ན་མ་ཐོ་བ་ཤིན་ཏུ་ཆེ་སྟེ། སངས་རྒྱས་ཀྱི་གཟུགས་ཀྱི་སྐུ་གཉིས་གཏན་མེད་དུ་ཐལ། ཐམས་ཅད་མཁྱེན་པས་མངོན་སུམ་དུ་མ་གཟིགས་པའི་ཕྱིར། མ་གྲུབ་ན། རང་སྣང་ལ་མེད་པ་འགལ་ལོ། །སངས་རྒྱས་ནི་དེ་བཞིན་ཉིད་ལ་རྟག་ཏུ་མཉམ་པར་བཞག་པ་ཡིན་ལ། དེའི་གཟིགས་པའི་ངོར་མ་གྲུབ་པའི་དོན་ཡིན་ནོ། །ཞེ་ན། དེ་ཡང་མི་འཐད་པར་སྔར་བཤད་ཟིན་ཏོ། །གཟུགས་སྐུ་གཉིས་གང་ཟག་སུ་གང་གི་ཡང་རྒྱུད་ཀྱིས་མ་བསྡུས་པའམ། (181b) འོན་ཏེ། སེམས་ཅན་གྱི་རྒྱུད་ཀྱིས་བསྡུས་པར་འདོད། དང་པོ་ལྟར་ན། བྱང་ཆུབ་སེམས་དཔའ་འཕགས་པས་སྦྱིན་པ་གཏོང་བ་དང་ཚུལ་ཁྲིམས་བསྲུང་བ་སོགས་རང་རྒྱུད་ལ་གོམས་པར་བྱས་པ་ལ་འབྲས་བུ་མཐར་ཐུག་པ་ཐོབ་པ་མི་སྲིད་པར་ཐལ། བསོད་ནམས་ཀྱི་ཚོགས་གོམས་པའི་འབྲས་བུ་མཐར་ཐུག་པ་གང་ཟག་སུ་གང་གི་ཡང་རྒྱུད་ཀྱིས་བསྡུས་པ་མི་སྲིད་པའི་ཕྱིར། འོན་ཏེ་ས་བཅུ་རྒྱུན་གྱི་ཐ་མ་བར་དུ་རང་རྒྱུད་ཀྱིས་བསྡུས་པའི་སྦྱིན་སོགས་ཀྱི་སྤྱོད་པ་གོམས་པར་བྱས་པ་ལ་བརྟེན་ནས། སངས་རྒྱས་པའི་ཚེ། རིག་པ་རྒྱུད་ཆད་ནས་དེ་བཞིན་ཉིད་རྣམ་པར་དག་པའི་རང་བཞིན་འབའ་ཞིག་ཏུ་འགྱུར་བའོ། །ཞེ་ན། དེ་ལྟ་ན་རྒྱང་ཕན་གྱིས་འཆི་ཀ་མ་ཚུན་ཆད་རིག་པ་འབྱུང་གི་ཤི་ནས་གཏན་མེད་དུ་འགྱུར་བ་ལ་གནོད་པ་ཅུང་ཟད་ཀྱང་བསྟན་མི་ནུས་པས་ཚུ་རོལ་མཛེས་པ་པའི་ལུགས་དེ་ཉིད་ལ་ཐུབ་པའི་དགོངས་པར་མ་སྨྲ་ཞིང་འདིས་འཕགས་པའི་མཉམ་གཞག་ན་བློ་མེད་པར་ཁས་ལེན་པ་ཡང་བཀག་པར་ཤེས་པར་བྱའོ། །འོན་ཏེ་གཟུགས་སྐུ་གཉིས་སེམས་ཅན་གྱི་རྒྱུད་ཀྱིས་བསྡུས་པ་ཙམ་མོ། །ཞེ་ན། འོ་ན་གང་ཟག་ལྷ་སྦྱིན་གྱིས་གཏོག་པའི་སེམས་པ་དང་སྤོང་བའི་སེམས་པ་སོགས་གོམས་པ་རབ་ཀྱི་མཐར་ཐུག་པ་ན། དེ་ལས་རྒྱུད་ཐ་དད་པའི་གང་ཟག་མཆོད་སྦྱིན་གདུལ་བྱའི་སྣང་ངོ་ཚུན་ཆད་དུ་འགྲོངས་པའི་ཚུལ་ཡང་མི་སྟོན་པའི་ཚེ་རིང་པའི་མཐར་ཐུག་པ་དང་། ལོངས་སྤྱོད་ཆེ་བའི་མཐར་ཐུག་པ་སོགས་སུ་འདོད་པ་ནི་ལས་བྱས་པ་ཆུད་ཟོས་པ་དང་མ་བྱས་པ་དང་ཕྲད་པར་ཁས་ལེན་པའི་ལས་འབྲས་ཕྱིན་ཅི་ལོག་ཏུ་སྨྲ་བའི་མཐར་ཐུག་པར་ཤེས་པར་བྱའོ། །

（午三）除此中邪分别

或许佛自性身非真佛者，罪莫大焉，以毁谤具二清净之身故。如是则彼应非功德，既非究竟功德、亦非分位功德故。若答前因不成立，则破汝许彼非是佛；若许，则汝许断究竟非功德，如是证究竟亦非功德。

或说：二种色身惟所化他现、非佛自现，不为佛自相续所摄。此说罪过极大，如是则应毕竟无佛二种色身，一切智不能现见故。若不成，则与汝许自现中非有相违。若谓：佛恒常于真如入定，乃于彼观感前非有之义。曰：此亦不应理，前已说讫。汝许二种色身，非任何补特伽罗相续所摄？或为有情相续所摄？若如前者，菩萨圣者于自相续中串习布施、持戒等应不得究竟果，串习福德资粮之究竟果皆不为任何补特伽罗相续所摄故。

若谓：十地最后有，依串习自相续所摄布施等行而成佛时，心智相续断，纯成真如清净自性。曰：如是则不能少分破，顺世外道所许，临终前有心智、死后则毕竟无之说。不说彼“现世美”派是能仁密意，当知亦破许圣者定中无心。

若谓：二种色身惟有情相续所摄。曰：若尔，补特伽罗“天授”串习舍心、断心等至究竟时，许与彼异相续补特伽罗“供施”所化观感前，得无死长寿究竟，及受用广大究竟等者，当知乃许业果已作业虚耗、值遇未造业之邪说究竟。

ཡང་ཁ་ཅིག། སངས་རྒྱས （182a） རང་རྒྱུད་ཀྱིས་བསྡུས་པའི་འདུས་བྱས་ཀྱི་ཡོན་ཏན་ཙུང་ཟད་ཀྱང་མེད་པར་སྨྲ་བ་ནི། བློ་ཟད་ཆོས་ཟད་དུ་འདོད་པ་ཕྱིན་ཅི་ལོག་གཞན་གྱི་ལུགས་སུ་ཤེས་པར་བྱའོ། །དེ་དག་གིས་ནི་སངས་རྒྱས་ཀྱི་གཟུགས་ཀྱི་སྐུ་གཉིས་སངས་རྒྱས་མཚན་ཉིད་པ་མ་ཡིན་པར་འདོད་པ་ཡང་བཀག་པར་ཤེས་པར་བྱ་ལ། ཁ་ཅིག་དེའི་ཤེས་བྱེད་དུ་བཅོམ་ལྡན་འདས་ཉིད་ཀྱིས། གང་དག་ང་ལ་གཟུགས་སུ་མཐོང་། །ཞེས་སོགས་གསུངས་པས་སོ། །ཞེས་ཤེས་བྱེད་དུ་བྱེད་པ་ནི། སེམས་རྣལ་དུ་མི་གནས་པ་སྟེ། དེ་ལྟར་སྨྲ་བ་པོ་དེ་ཁྱོད་ཀྱིས་སངས་རྒྱས་མ་ཡིན་པར་ཁས་བླངས་པ་མ་ཡིན་ནམ། དེས་ན་སངས་རྒྱས་ཀྱི་ཡེ་ཤེས་ཉིད་གདགས་པའི་གཞིར་བྱས་ནས་གཟུགས་ཀྱི་སྐུ་རྣམ་པར་བཞག་པ་ཡིན་གྱི། བེམ་པོས་བསྡུས་པའི་རྡུལ་ཕྲ་རབ་བསགས་པའི་ལུས་ནི་ཙུང་ཟད་ཀྱང་མེད་པར་ཤེས་པར་བྱའོ། །འདི་དག་ལ་བརྟེན་ནས་སྐུའི་རྣམ་གཞག་རྒྱས་པར་རྟོགས་པར་བྱ་སྟེ། འདིར་ནི་ཚིགས་མངས་སུ་དོགས་ནས་དེ་ཙམ་ལས་མ་སྤྲོས་སོ། །འགྲེལ་པ་དོན་གསལ་དུ། ཡང་དག་པའི་ཀུན་རྫོབ་ཏུ་སྣང་བ། ཞེས་གསུངས་པ་ལྟར་གཟུགས་སྐུ་གཉིས་ཀྱང་ཡང་དག་ཀུན་རྫོབ་ཏུ་འཇིག་རྟེན་པའི་བློ་ལ་ལྟོས་ནས་ཤེས་པར་བྱའོ། །

又，或说：佛自相续所摄有为功德少分亦无。曰：当知许心尽、法尽乃颠倒他宗。

或以世尊所说“诸以色观我”等为据[①]，许佛二种色身非真佛者，当知亦破。作是说者心智不正，汝许（色身）非是佛耶?!

因此，当知以佛智为安立所依而立色身，粗色所摄极微尘聚之身少分亦无。当依此等广知佛身建立，此处恐烦且止。如《明义释》云：“正世俗中现”[②]，当知二种色身亦观待于正世俗世间心。

大乘上续论释大疏卷十三终

① 玄奘译《大般若经》第九会能断金刚分：“诸以色观我，以音声寻我，彼生履邪断，不能当见我。”《大正藏》第七册，No. 0220，页 985。

② “余三种身，虽于胜义中为法性自性，然如正世俗中显现而以胜解分者。”参见滇津桑摩译本，页 629。

གཉིས་པ་ཡན་ལག་གི་དོན་ལ་གསུམ། ཆོས་ཀྱི་སྐུ་དང་། ལོངས་སྤྱོད་རྫོགས་པའི་སྐུ་དང་། སྤྲུལ་པའི་སྐུའོ། །

དང་པོ་ལ་གཉིས། མཚན་ཉིད་ལྔ་ལྡན་དུ་བསྟན་པ་དང་། ཡོན་ཏན་ལྔ་ལྡན་དུ་བསྟན་པའོ། །

དང་པོ་ནི། ཐོག་མ་དང་། དབུས་དང་། མཐའ་སྐྱེས་དང་། གནས་པ་དང་འཇིག་པ་མེད་ཅིང་འདུས་མ་བྱས་དང་། ཆོས་དབྱིངས་ལས་ངོ་བོ (182b) ཐ་དད་པའི་ཚུལ་དུ་རྣམ་པར་དབྱེར་མེད་པས་ཐ་མི་དད་པ་དང་། སྒྲོ་འདོགས་དང་སྐུར་འདེབས་ཀྱི་མཐའ་གཉིས་སུ་ལྷུང་བ་མེད་པས་ཕྱིན་ཅི་མ་ལོག་པ་དང་། ཉོན་མོངས་དང་ཤེས་བྱའི་སྒྲིབ་པ་དང་། སྙོམས་འཇུག་གི་སྒྲིབ་པ་གསུམ་དང་བྲལ་བས་རྣམ་པར་དག་པའི་ཁྱད་པར་དང་། དྲི་མ་རང་བཞིན་གྱིས་མེད་པ་དང་། རྣམ་པར་རྟོག་པས་རྟོགས་ཚུལ་རྫོགས་པའི་ཚུལ་གྱིས་རྟོགས་པ་མེད་པ་དང་། ཆོས་དབྱིངས་རང་བཞིན་གང་ཡིན་པ་དེ་རྟོགས་པ་མཉམ་པར་བཞག་པའི་རྣལ་འབྱོར་པ་ཡིས་སོ་སོ་རང་གི་རིག་པའི་ཚུལ་གྱིས་མཐོང་བར་བྱ་བས་ནི་འོད་གསལ་བའི་ཁྱད་པར་བསྟན་ཏོ། །རང་བཞིན་རྣམ་དག་དང་སྤངས་པའི་རྣམ་དག་གཉིས་ཡུལ་ཅན་གྱི་ཁྱད་པར་དུ་བྱས་ནས་བསྟན་ཏོ། །དྲི་མེད་རྣམ་པར་རྟོག་མེད་མན་ཆད་ལྔ་པར་སྦྱོར།

གཉིས་པ་ནི། ངོ་བོ་ཉིད་ཀྱི་སྐུ་དེ་བཞིན་གཤེགས་པའི་དྲི་མ་མེད་པའི་དབྱིངས་དེ་ནི་ཚད་འདི་ཙམ་དུ་ཟད་དོ། །ཞེས་གཞལ་དུ་མེད་པས་རྒྱ་ཆེ་བ་དང་། གངྒཱའི་ཀླུང་གི་བྱེ་མ་ལས་འདས་པ་གྲངས་མཐའ་ཡས་པ་དང་། ཟུ་བཞིར་རྟོག་གེས་བསམ་དུ་མེད་པ་དང་། གཞན་དང་མཉམ་པ་མེད་པ་དང་། ཉོན་མོངས་བག་ཆགས་དང་བཅས་པའི་ཉེས་པ་རྣམ་པར་སྤངས་པའི་ཡོན་ཏན་རྣམས་དང་ལྡན་པར་ཤེས་པར་བྱའོ། །

大乘上续论释大疏卷十四

（巳二）支分义

分三：（午一）法身；（午二）圆满受用身；（午三）化身。

（午一）法身

分二：（未一）示具五相；（未二）示具五德。

（未一）示具五相

1. **无初**、**中**、**后**之生、住、坏，故无为；

2. 与法界体性**无差别**，故非异；

3. **无**堕增、损之**二**边，故不颠倒；

4. **离**烦恼、所知、等引**三**障，故示（断）清净差别；

5. **垢无**自性，**分别**不能以圆证之理而证。**证**彼**法界**自**性**，是**入定瑜伽师**以内证之理趣**所见**，故示（自性）光明差别。（2.38）

以自性清净及断清净二为有境之差别而说。“无垢”与“无分别”为第五。

（未二）示具五德

彼自性身**如来之无垢界**者，当知**具**足：

1. **不可**度**量**广大功德；

2. **过恒河沙**无量数功德；

3. **不**为四边分别所**思议**功德；

4. **无**与伦**比**功德；

5. **断**烦恼及**习气过失功德**。（2.39）

གཉིས་པ་ནི་སྣ་ཚོགས་པའི་དམ་ཆོས་ཀྱི་གསུང་གི་འོད་ཟེར་མངའ་བའི་སྐུས་ཞེས་པས་སྐུ་སྟོན་པ་དང་གསུང་བརྗོད་པ་གཉིས་བསྟན་ལ། ཐུགས་ཀྱི་མཛད་པ་ནི། འགྲོ་བའི་རྣམ་གྲོལ་གྱི་དོན་བསྒྲུབ་པ་ལ་བརྩོན་པར་མཛད་ལ། དེའི་ཁྱད་པར་ནི་རྣམ་པར་རྟོག་པ་མེད་བཞིན་དུ་ལྷུན་གྱིས་གྲུབ་པ་ཡིད་བཞིན་གྱི་ནོར་བུའི་རྒྱལ་པོ་བཞིན་ཏེ་འོ། །སྐུ་སྣ་ཚོགས་པའི་དངོས (183a) པོར་སྣང་བ་དང་། དེ་ལྟར་སྣང་ཡང་སྣང་བ་ལྟར་དེའི་རང་བཞིན་དུ་གྲུབ་པ་མིན་པ་ནི། སྣང་བ་ལྟར་རང་བཞིན་གྱིས་མ་གྲུབ་པ་དང་། གདུལ་བྱ་ཁ་ཅིག་ལ་རྟུལ་ཕྲ་རབ་བསགས་པའི་ལུས་ལྟར་སྣང་ཡང་དེ་ལྟར་མ་གྲུབ་པའོ། །

གསུམ་པ་ནི། མཆོག་གི་སྤྲུལ་པའི་སྐུ་ཐོག་མར་འཇིག་རྟེན་ཞི་བའི་ལམ་ལ་འདུན་ཅིང་འཇུག་པ་དང་། དེ་ནས་རབ་ཏུ་སྨིན་པ་དང་། ཟག་པ་མེད་པའི་དབྱིངས་ལས་བསླང་སྟེ་ཐེག་པ་ཆེན་པོར་ལུང་སྟོན་པའི་རྒྱུའི་གཟུགས་ཀྱི་སྐུ་གང་ཡིན་པ་དེ་ཡང་འཇིག་རྟེན་འདིར་ནི་རྒྱུན་མི་འཆད་པའི་ཚུལ་གྱིས་རྟག་པར་གནས་ཏེ། ནམ་མཁའི་ཁམས་སུ་གཟུགས་ཀྱི་ཁམས་རྒྱུན་མི་འཆད་པ་བཞིན་ནོ། །སངས་རྒྱས་ཀྱི་ཡེ་ཤེས་གཅིག་ཉིད་གཟུགས་ཀྱི་སྐུ་བྱེ་བ་ཕྲག་བརྒྱ་ལ་སོགས་པ་མཐའ་ཡས་པ་ལ་དུས་ཅིག་ཅར་དུ་བརྟེན་ནས་གནས་པར་ཤེས་པར་བྱའོ། །

གཉིས་པ་ལ་གཉིས། མཚམས་སྦྱར་བ་དང་། རྩ་བའོ། །

དང་པོ་ནི། ཚིགས་སུ་བཅད་པ་ཞེས་སོ། །

གཉིས་པ་ལ་གཉིས། སྤྱིའི་དབྱེ་བ་དང་། སོ་སོའི་རང་བཞིན་རྒྱས་པར་བཤད་པའོ། །དང་པོ་ལ་གསུམ། དབྱེ་གཞི་བཤད་པ་དང་། འབྱེད་པའི་རྒྱུ་མཚན་དང་། དབྱེ་བའི་དོན་ནོ། །

དང་པོ་ནི། སྲིད་པ་ཐ་མ་པའི་ཚེ་སློབ་དཔོན་གཞན་ལ་མི་ལྟོས་པར་རང་ཉིད་ཀྱིས་བྱང་ཆུབ་མངོན་དུ་བྱས་ཤིང་། ཤེས་བྱ་ཐམས་ཅད་མངོན་སུམ་དུ་གཟིགས་པས་རང་བྱུང་རྣམས་ཀྱིས་ཐམས་ཅད་མཁྱེན་པ་དང་སྒྲིབ་པ་ཟད་པར་སྤངས་པས་སངས་རྒྱས་ཉིད་ཅེས་གང་བརྗོད་པ་དང་། མཆོག་ཏུ་མཐར་ཐུག་པའི་མྱ་ངན་ལས་འདས་པ་བརྙེས་པ་དང་། རང་ལས་རྟོགས་པ་དམའ་བ་གཞན་གྱིས་ཇི་ལྟ་བ་བཞིན་དུ་བསམ་དུ་མེད་ཅིང་། དགྲ་བཅོམ་པ་སོ་སོར་རང་གིས་རིག་པའི (183b) བདག་ཉིད་དུ་གྱུར་པས་སྐུ་གསུམ་དུ་དབྱེ་བའི་གཞི་བསྟན་ཏོ། །

གཉིས་པ་ནི། དེ་ལ་དབྱེ་ན་ཟབ་པ་ངོ་བོ་ཉིད་ཀྱི་སྐུ་དང་། རྒྱ་ཆེ་བ་ལོངས་སྤྱོད་རྫོགས་པའི་སྐུ་དང་། བདག་ཉིད་ཆེན་པོ་མཆོག་གི་སྤྲུལ་པའི་སྐུ་བཤད་ཟིན་པ་དང་འཆད་པར་འགྱུར་བའི་ཡོན་ཏན་གྱི་ཆོས་ཀྱི་རབ་ཏུ་ཕྱེ་བའི་རྒྱུ་མཚན་གྱིས་གསུམ་དུ་དབྱེའོ། །

（午二）圆满受用身

所谓“**具杂正法**语**光明身**”者，说身之示现、语之诠说二。意事业者，**勤办众生解脱事**。彼差别者，于无分别中任运成办，**犹如如意摩尼王**。显现为**种种**身之**事**，虽如是显现然**非**有**彼自性**者，非如显现而有自性。于一类所化现似极微尘聚之身，然亦非如是有。（2.40）

（午三）化身

殊胜化身初**令世人**希求且趣**入寂静道**，次令**成熟**，从无漏界中起，于大乘中作**授**记之**色**身**者**，**彼亦于此**世间相续不断恒**常安住**，**如**虚**空界中色界**相续不断。当知一佛智同时示现百千俱胝等无量色身而住。（2.41）

（辰二）广释

分二：（巳一）承启；（巳二）《论》。

（巳一）承启

此四颂之义者，**当二十颂得解**。

（巳二）《论》

分二：（午一）总分别；（午二）广释各别自性。

（午一）总分别

分三：（未一）释分别所依；（未二）分别之因；（未三）分别之义。

（未一）释分别所依

最后有时不观待余论师自证菩提、现见一切所知之**诸自生**，得**遍智**、断尽障，故**其名称为佛**，得最**上**究竟**涅槃**，较自下劣者**难**如实**思**惟，**阿罗汉**，**各**自内证之**主**宰[①]，此说分别三身之所依。（2.42）

（未二）分别之因

此中若**分**别，即甚**深**自性身、**广**大圆满受用身，**以及大主宰**殊胜化身。以已说、将说之**功德法差别**为因而分三。

① 据《释难》，“自生”等七种为异名，其中“阿罗汉”意为“杀习气敌”。页445。

གསུམ་པ་ནི། ཆོས་སྐུའི་རང་བཞིན་ལ་སོགས་པའི་སྐུ་གསུམ་དག་གི་དབྱེ་བ་རབ་ཏུ་འཇུག་གོ །

གཉིས་པ་ལ་གསུམ། ངོ་བོ་ཉིད་ཀྱི་སྐུ་དང་། ལོངས་སྤྱོད་རྫོགས་པའི་སྐུ་དང་། སྤྲུལ་པའི་སྐུའོ། །

དང་པོ་ལ་གསུམ། མཚན་ཉིད་དང་། ཡོན་ཏན་གྱི་གྲངས་དང་། དེ་དག་སོ་སོར་བཤད་པ་དང་། ཡོན་ཏན་ལྔར་འབྱེད་པའི་རྒྱུ་མཚན་ནོ། །

དང་པོ་ནི། དེ་ལ་སངས་རྒྱས་རྣམས་ཀྱི་ནི་ངོ་བོ་ཉིད་ཀྱི་སྐུ་འདུས་མ་བྱས་པ་སོགས་མཚན་ཉིད་ལྔ་དང་། མདོར་ན་གཞལ་དུ་མེད་པ་སོགས་ཡོན་ཏན་ལྔ་དང་ནི་ལྡན་པ་ཉིད་དུ་རིག་པར་བྱའོ། །

གཉིས་པ་ལ་གཉིས། མཚན་ཉིད་ལྔ་བཤད་པ་དང་། ཡོན་ཏན་ལྔ་བཤད་པའོ། །

དང་པོ་ནི། སྐྱེ་འཇིག་གནས་གསུམ་དང་བྲལ་བས་འདུས་མ་བྱས་ཤིང་ཡོན་ཏན་རང་བཞིན་ཐ་དད་པའི་ཚུལ་དུ་རྣམ་པར་དབྱེར་མེད་པ་དང་། སྒྲོ་འདོགས་དང་སྐུར་འདེབས་ཀྱི་མཐའ་གཉིས་དག་ནི་རྣམ་པར་སྤངས་པ་དང་། ཉོན་མོངས་པའི་སྒྲིབ་པ་དང་། ཤེས་བྱའི་སྒྲིབ་པ་དང་། སྙོམས་འཇུག་གི་སྒྲིབ་པ་གསུམ་ལས་ནི་ངེས་པར་གྲོལ་ཏེ། སྤངས་པའི་ཁྱད་པར་སོགས་མཚན་ཉིད་ཀྱི་ཆ་དང་པོ་བཞིའོ། །ལྔ་པ་ནི་དྲི་མ་རང་བཞིན་གྱིས་གྲུབ་པ་མེད་པའི་ཕྱིར་དང་། རྣལ་འབྱོར་པ་རྣམས་ཀྱིས་སོ་སོ་རང་གིས་རིག་པའི་ཡུལ་ཡིན་པའི་ཕྱིར་དང་། ཆོས་དབྱིངས་ཀྱི་ངོ་བོ་ཡིན་པ་ཉིད་ཀྱིས་ནི་རང་བཞིན་གྱིས་དག་པའི་ཕྱིར་ན་རྒྱུ་མཚན་བཞིས་འོད་གསལ་བ (184a) བསྟན་ཏོ། །

གཉིས་པ་ནི། ཚད་འདི་ཙམ་དུ་ཟད་ཀྱི་གཞན་དུ་མེད་དོ་ཞེས་གཞལ་དུ་མེད་པ་དང་། ཡོན་ཏན་གྱི་གྲངས་མཐའ་མེད་པ་དང་། ཇུ་བཞིན་རྟོག་གེས་བསམ་དུ་མེད་པ་དང་། གཞན་དང་མཉམ་པ་མེད་པ་དང་། དྲི་མས་དག་པའི་མཐར་ཐུག་པའི་ཡོན་ཏན་ལྔ་པོ་རྣམས་དང་ཡང་དག་པར་ངོ་བོ་ཉིད་ཀྱི་སྐུ་ལྡན་ཏེ ། དག་པ་གཉིས་མཐར་ཐུག་པའོ། །

（未三）分别之义

分作法身之**自性等三身**。(2.43)

（午二）广释各别自性

分三：（未一）自性身；（未二）圆满受用身；（未三）化身。

（未一）自性身

分三：（申一）相与功德数量；（申二）彼等各别释；（申三）分五德之因。

（申一）相与功德数量

此中应了知，**诸佛自性身具足**"无为"等**五种相**，及**略说**之"不可量"等**五功德**。(2.44)

（申二）彼等各别释

分二：（酉一）释五相；（酉二）释五德。

（酉一）释五相

1. 离生、住、灭三故，**无为**；
2. 功德自性**无分别**；
3. **断除**增、损**二边者**；
4. 决**定解脱烦恼**、**所知**、**等引三障**，为断差别等前四相；
5. 第五，**垢无**自性故，**瑜伽师**自内证**境故**，**法界自性者清净故**，以此四因[①]而说**光明**。(2.45—46)

（酉二）释五德

自性身正具：

1. **不可**作有限之度**量**；
2. 功德**数无**量；
3. **难**为四边分别所**思**；
4. **无与伦比**；
5. 垢**净究竟**之五**德**，及**具自性身**。二种清净之究竟也。(2.47)

① 似脱漏"无念"一义。

གསུམ་པ་ནི། ཡོན་ཏན་རྒྱ་ཆེ་བའི་ཕྱིར་དང་། གྲངས་མེད་པའི་ཕྱིར་དང་། རྟོག་གེའི་ཡུལ་ནི་མིན་པའི་ཕྱིར་དང་། སངས་རྒྱས་འབའ་ཞིག་ལ་ཡོད་ཀྱི་གཞན་ལ་མེད་པའི་ཕྱིར་དང་། ཉོན་མོངས་བག་ཆགས་དང་བཅས་པ་སྤངས་པའི་ཕྱིར། གཞལ་མེད་ལ་སོགས་པ་ཡོན་ཏན་ལྔ་པོའི་རྒྱུ་མཚན་དུ་གོ་རིམ་བཞིན་དུ་ཤེས་པར་བྱའོ། །

གཉིས་པ་ལ་གཉིས། སོ་སོར་བཤད་པ་དང་། བསྡུས་ཏེ་བསྟན་པའོ། ། དང་པོ་ལ་གསུམ། སྐུ་མཚན་དཔེས་སྤྲས་པ་དང་གསུང་ཆོས་སྟོན་པའི་རིགས་འདྲ་རྒྱུན་མི་འཆད་པ་དང་། མཛད་པ་རྒྱུན་མི་འཆད་ཅིང་དེ་གསུམ་ལྷུན་གྱིས་གྲུབ་པར་འདུག་པ་དང་། སྣ་ཚོགས་སུ་སྣང་ཡང་སྣང་བ་ལྟར་རང་བཞིན་གྱིས་མ་གྲུབ་པའོ། །

དང་པོ་ནི། བརྗོད་བྱ་ཀུན་རྫོབ་པ་དང་དོན་དམ་པ་སྟོན་པའི་དྲང་དོན་དང་ངེས་དོན་གྱི་གསུང་སྣ་ཚོགས་པའི་ཐེག་པ་ཆེན་པོའི་ཆོས་ལ་རྫོགས་པར་ལོངས་སྤྱོད་པ་པོའི་རང་བཞིན་སྐུ་མཚན་དཔེས་སྤྲས་པ་འཁོར་བ་ཇི་སྲིད་མ་སྟོངས་ཀྱི་བར་དུ་རིགས་འདྲ་རྒྱུན་མི་འཆད་པའི་གསུང་གི་ཆོས་ནི་དེ་དང་འདྲ་བར་སྣང་བའི་ཕྱིར་དང་། དེས་སྐུ་སྟོན་པ་གསུང་རྒྱུན་མི་འཆད་པ་ངོ་བོ་ངེས་པ་དང་ལོངས་སྤྱོད་ངེས་པ་བསྟན་ཏོ། །

གཉིས་པ་ནི། བསྐལ་པ་གྲངས་མེད་གསུམ་དུ་སྙིང་རྗེ་ཆེན་པོ་གོམས་པ་མཐར་ཕྱིན་པས་ཐུགས་རྗེ་ཆེན་པོ་དག་པའི་རྒྱུ (184b) མཐུན་པའི་འབྲས་བུ་དངོས་སུ་མཐར་ཕྱིན་པའི་བྱང་ཆུབ་སེམས་དཔའ་རྣམས་དང་། བརྒྱུད་ནས་རིགས་ཅན་གསུམ་གའི་འགྲོ་བའི་དོན་རྒྱུན་མི་འཆད་པའི་ཕྱིར་དང་། འདིས་མཛད་པ་རྒྱུན་མི་འཆད་པ་བསྟན་ཏོ། །དེ་གསུམ་ལ་རྣམ་པར་རྟོག་པ་མེད་ཅིང་ལྷུན་གྱིས་གྲུབ་པར་གདུལ་བྱའི་འདོད་པ་ཇི་ལྟ་བ་བཞིན་དུ་ཡོངས་སུ་སྐོང་བར་མཛད་པའི་ཕྱིར། འདིས་རྣམ་པར་རྟོག་པ་མེད་ཅིང་ལྷུན་གྱིས་གྲུབ་པ་བསྟན་ཏོ། །

གསུམ་པ་ནི། ཡིད་བཞིན་གྱི་ནོར་བུའི་མཐུའི་ངོ་བོ་དང་ནུས་པ་སྣ་ཚོགས་སུ་སྣང་ཡང་སྣང་བ་ལྟར་རང་བཞིན་གྱིས་མ་གྲུབ་བཞིན་དུ་རྫུ་འཕྲུལ་གྱིས་ཐེག་པ་ཆེན་པོའི་ཆོས་ལ་རྫོགས་པར་ལོངས་སྤྱོད་པར་རྣམ་པར་གནས་ནས་སྣ་ཚོགས་སུ་སྣང་ཡང་སྣང་བ་ལྟར་དུ་རང་བཞིན་གྱིས་མ་གྲུབ་འོ། །འདིས་ལོངས་སྤྱོད་རྫོགས་པའི་སྐུའི་རྒྱན་ལས་མཆོག་གི་སྤྲུལ་པའི་སྐུ་ལ་སོགས་པའི་སྐུའི་བཀོད་པ་རྒྱུད་ཐ་དད་པ་ལྟར་སྣང་བ་དུ་མ་སྟོན་ཡང་། དེ་ལྟར་མ་གྲུབ་པ་ལོངས་སྐུའི་ནུས་མཐུའི་ཁྱད་པར་དང་། ལོངས་སྤྱོད་རྫོགས་པའི་སྐུ་ཉིད་ཀྱང་རང་བཞིན་གྱིས་གྲུབ་པར་སྣང་ཡང་དེར་མ་གྲུབ་པའོ། །

（申三）分五德之因

1. 功德**广**大**故**；

2. **无数故**；

3. **非分别之境故**；

4. **惟佛所有、余者无故**；

5. **断**烦恼及**习气故**，当知**依次**为**无**可度**量等**五德之原由。（2.48）

（未二）圆满受用身

分二：（申一）各别释；（申二）略说。

（申一）各别释

分三：（酉一）相好庄严身、说法语同类相续不断；（酉二）事业不断、彼三无功用转；（酉三）示现种种非一然无自性。

（酉一）相好庄严身、说法语同类相续不断

圆满**受用**大乘**法**、宣说所诠世俗与胜义了不了义**种种**语者之**自性**，身以相好庄严，乃至生死未空之间、同类相续不断之语**法**者，亦与彼（大乘法）同而**显故**，此说身示现、语相续不断之体性决定及受用决定。

（酉二）事业不断、彼三无功用转

三无数劫中串习大悲究竟故，大**悲清净等流**果相续**不断**，正**饶益**诸究竟菩萨、旁饶益具三种性众生**故**，此说事业相续不断。于彼三**无分别**、**任运如**所化**欲**乐而令**满足故**，此说无分别且无功用。

（酉三）示现种种非一然无自性

如**如意宝**力之体性与力能，虽现种种，然非如显现而有自性；以**神通圆满受用**大乘法而**住**，虽现种种，然非如显现而有自性。以圆满受用身为缘所成殊胜化身等身庄严，虽相续现似各异，然非如是而有。此说受用身能力之差别。圆满受用身亦现似有自性，然非如是而有。（2.49—50）

གཉིས་པ་ལ་གཉིས། དཔེས་དང་། སྣ་ཚོགས་སུ་སྣང་བ་དཔེས་བསྒྲུབ་པའོ། །

དང་པོ་ནི། གསུང་བརྗོད་པ་དང་། སྐུ་སྟོན་པ་དང་། མཛད་པ་རྒྱུན་མི་འཆད་པ་གསུམ་དང་། དེ་གསུམ་འབད་རྩོལ་གྱིས་མངོན་པར་འདུ་བྱེད་པ་མེད་པ་དང་། རྒྱུད་སོ་སོ་ཐ་དད་པ་སྣ་ཚོགས་སུ་མ་གྲུབ་ཀྱང་། དེའི་ངོ་བོ་མིན་པར་སྟོན་པ་མཛད་ལ། ལོངས་སྤྱོད་རྫོགས་པའི་སྐུ་འདིར་ནི་སྣ་ཚོགས་སྟོན་པར་མཛད་པ་དང་ཡོན་ཏན་རྣམ་པ་ལྔར་བརྗོད་དོ། །

གཉིས་པ་ནི། ནོར་བུ་ཁ་དོག (185a) སྣ་ཚོགས་སུ་མ་གྲུབ་ཀྱང་། ཇི་ལྟར་ཚོན་ནི་སྣ་ཚོགས་ཀྱིས་ནོར་བུ་ཁ་དོག་སྣ་ཚོགས་སུ་བསྒྱུར་ནས་ནོར་བུ་རང་གི་ཁ་དོག་གི་དངོས་པོ་མིན་པར་སྣང་བ་ལྟར་དེ་བཞིན་དུ་རིགས་དང་བསམ་པ་སྣ་ཚོགས་པའི་འགྲོ་བའི་རྐྱེན་སྣ་ཚོགས་པས་ཁྱབ་བདག་དེ་རང་གི་དངོས་པོ་མིན་པར་སྣང་བ་ནི་ཐུར་བཤད་པ་ལྟར་རོ། །

གསུམ་པ་ལ་གསུམ། མཆོག་གི་སྤྲུལ་པའི་སྐུའི་རང་བཞིན་དང་། མཛད་པ་བཅུ་གཉིས་ཀྱིས་དོན་སྒྲུབ་པའི་ཚུལ་དང་། གདུལ་བྱ་བགྲོ་བའི་རིམ་པ་བསྟན་པའོ། །

དང་པོ་ནི། རྒྱ་ཐུགས་རྗེ་ཆེན་པོས་འཇིག་རྟེན་རིགས་ཅན་གསུམ་གྱི་ཁམས་དང་བསམ་པ་དང་བག་ལ་ཉལ་ཇི་ལྟ་བ་བཞིན་དུ་མཁྱེན་པ་པོ་དེས། ཆེད་དུ་བྱ་བ་འཇིག་རྟེན་ཀུན་ལ་གཟིགས་ནས་ནི་ཆོས་ཀྱི་སྐུ་ལས་མ་གཡོས་པར་རྣམ་པར་སྤྲུལ་པའི་རང་བཞིན་སྣ་ཚོགས་ཀྱིས་གདུལ་བྱ་དང་མཐུན་པར་དོན་མཛད་དེ། འདིས་ནི་ལོངས་སྤྱོད་རྫོགས་པའི་སྐུས་སྤྲུལ་པ་སྤྲུལ་པར་མཛད་པ་བསྟན་ཏོ། །

གཉིས་པ་ནི། བདག་ཅག་གི་སྟོན་པའི་མཛད་པ་བཅུ་གཉིས་སྟོན་པ་དཔེར་བྱས་ན་མཛད་པ་བཅུ་གཉིས་རྫོགས་པར་སྟོན་པའི་གནས་ནི་འདོད་པའི་ཁམས་ཡིན་ལ། དེའི་ནང་ནས་ཀྱང་འཛམ་བུ་གླིང་པ་ལས་ཀྱི་ས་པ་ཡིན་པས་སྐྱོ་བ་སྐྱེ་སླ་བའི་ཕྱིར། མངོན་པར་རྫོགས་པར་འཚང་རྒྱ་བའི་ཚུལ་ནི་འཛམ་བུའི་གླིང་དུ་སྟོན་པར་མཛད་པ་ཡིན་ནོ། །འདོད་པའི་ཁམས་སུ་ཐོག་མར་སྐྱེ་བའི་ཚུལ་སྟོན་པ་དགའ་ལྡན་དུ་ལྷའི་བུ་དམ་པ་ཏོག་དཀར་པོ་ལྟ་བུར་མངོན་པར་སྐྱེ་བ་དང་། དེ་ནས་མཛད་པ་བཅུ་གཉིས་ཀྱི་དང་པོ་དགའ་ལྡན་གྱི་གནས་ནས་ནི་འཛམ་བུའི་གླིང་དུ་འཕོ་བ་དང་། གཉིས་པ་ཡུམ་གྱི་ལྷུམས་སུ་འཇུག་པ་དང་། གསུམ (185b) པ་སྐུ་བལྟམས་པ་དང་། བཞི་པ་བཟོའི་གནས་སོགས་སྒྱུ་རྩལ་དྲུག་ཅུ་རྩ་བཞི་ལ་མཁས་པ་དང་། ལྔ་པ་བཙུན་མོའི་འཁོར་གྱིས་དགྱེས་པར་རོལ་བ་དང་། དྲུག་པ་ཁབ་ནས་བྱུང་སྟེ་རང་བྱུང་གི་བསྙེན་རྫོགས་ཀྱིས་ངེས་པར་འབྱུང་བ་དང་། བདུན་པ་ཆུ་བོ་ནཻ་ར་ཛྙ་ནའི་འགྲམ་དུ་ལོ་དྲུག་དཀའ་བ་སྤྱོད་པ་དང་།

（申二）略说

分二：（酉一）正说；（酉二）以喻成立现为种种。

（酉一）正说

语诠**说**、身**示现及事业**相续**不断**三者，**无**功用**造作**，相续种种别异虽非有、然**无体性而示**现。于**此**圆满受用身者，**说**示现**种种**及**五**种功德。(2.51)

（酉二）以喻成立现为种种

摩尼虽无种种色，然随**种种色**彩而**映现**种种，**非摩尼本**色**事**而现；如是**以众生**种性、意乐**众缘**，**非遍主**本**事**而**现**，如前已说。(2.52)

（未三）化身

分三：（申一）殊胜化身之自性；（申二）以十二事业饶益之理趣；（申三）示引导所化之次第。

（申一）殊胜化身之自性

以**大悲**如实**知世间**具三种性之界、意乐、随眠为因，**观**应化**诸世间已**，**法身不动中**，以**种种变化**自**性**随顺饶益所化。此说圆满受用身变现化身。(2.53)

（申二）以十二事业饶益之理趣

以我等大师示现十二事业为例，十二事业圆满示现之处为欲界，复是瞻部洲业地，而易生厌离故，于瞻部洲示现成佛之理趣。

初**大师**示**生**欲界之相，于喜足天**受生**为白顶天子，次**于喜足天殁**往瞻部洲，乃十二事业之第一；

第二，**入**母**胎**；

第三，**降诞**；

第四，**善巧工巧处**等六十四技艺；

第五，**妃眷中嬉戏**；

第六，出城、以自生近圆**出家**；

第七，于尼连禅河岸**修**六年**苦行**；

བརྒྱད་པ་རྡོ་རྗེའི་གདན་དུ་བྱང་ཆུབ་ཀྱི་ཤིང་དྲུང་དུ་གཤེགས་པ་བྱང་ཆུབ་སྙིང་པོར་གཤེགས་པ་དང་། དགུ་པ་བདུད་ཀྱི་སྡེ་མ་ལུས་པ་འཇོམས་པར་མཛད་པ་དང་། བཅུ་པ་ཆོས་ཐམས་ཅད་རྣམ་པ་ཐམས་ཅད་དུ་མངོན་པར་རྫོགས་པར་ནི་བྱང་ཆུབ་པ་དང་། བཅུ་གཅིག་པ་ཆོས་ཀྱི་འཁོར་ལོ་རིམ་པ་གསུམ་དུ་བསྐོར་བར་མཛད་པ་དང་། བཅུ་གཉིས་པ་གྲོང་ཁྱེར་རྩྭ་མཆོག་ཏུ་ཤིང་ས་ལ་ཟུང་ཅིག་གི་དྲུང་དུ་མྱ་ངན་ལས་འདས་པར་གཤེགས་པའི་མཛད་པ་རྣམས་སྟོན་པར་མཛད་དོ། །དགའ་ལྡན་དུ་སྐྱེ་བ་དང་པོར་བྱེད་ན། ལྷུམས་སུ་ཞུགས་པ་དང་བལྟམས་པ་གཅིག་ཏུ་བྱའོ། །མཛད་པ་གང་དུ་སྟོན་ན། ཡོངས་སུ་མ་དག་པའི་ཞིང་རྣམས་སུའོ། །དུས་ནི། སྲིད་པ་ཇི་སྲིད་གནས་པར་སྟོན་པར་མཛད་དོ། །

གསུམ་པ་ནི། འདུས་བྱས་ཐམས་ཅད་མི་རྟག་པ་དང་། ཟག་པ་དང་བཅས་པ་ཐམས་ཅད་སྡུག་བསྔལ་བ་དང་། ཆོས་ཐམས་ཅད་བདག་མེད་པ་དང་། མྱ་ངན་ལས་འདས་པ་ཞི་བའི་སྒྲ་ཡིས་འཁོར་བ་མཐའ་དག་གིས་ཡིད་འབྱུང་བ་དང་། ཐར་པ་ཐོབ་པའི་ཐབས་མཁྱེན་པ་མཆོག་གི་སྤྲུལ་པའི་སྐུས་འཁོར་བའི་ཉེས་དམིགས་བསྟན་ནས་སེམས་ཅན་རྣམས་སྲིད་པ་གསུམ་ལ་སྐྱོ་བ་སྐྱེས་ནས་ཞི་བ་མྱ་ངན་ལས་འདས་པ་ལ་རབ་ཏུ་འཇུག་པར་མཛད་དོ། །ལྷ་བ་དཀའ (186a) རྟགས་ཀྱི་ཕྱག་རྒྱ་བཞིའི་སྒོ་ནས་ཐེག་པ་ཆེན་པོའི་རིགས་ཅན་རྣམས་ཀྱང་ཐོག་མར་འཁྲིད་པར་མཛད་པ་སྔར་བཤད་པ་ལྟར་ཡིན་ལ། གནས་སྐབས་ཉན་རང་དུ་རིགས་ངེས་པ་ནི་དེ་བསྟན་ནས་ཐོག་མར་དམན་པའི་མྱང་འདས་སུ་འཁྲིད་པར་མཛད་དོ། །དེ་ནས་སྡུག་ཀུན་ཞི་བའི་ལམ་ལ་རབ་ཏུ་ཞུགས་པ་མཐར་ཐུག་པའི་མྱ་ངན་ལས་འདས་པ་ཐོབ་སྙམ་པའི་འདུ་ཤེས་ཅན་དེ་དག་ཞི་བའི་དབྱིངས་ལས་བསླངས་ནས་དམ་ཆོས་པདྨ་དཀར་པོ་ལ་སོགས་ལས་ཆོས་ཀྱི་དེ་ཉིད་འཁོར་གསུམ་ཡོངས་སུ་དག་པའི་གཏམ་མཐར་ཐུག་ཐེག་པ་གཅིག་ཏུ་སྒྲུབ་པའི་ཚུལ་བསྟན་པ་ཡིས་ཉན་རང་དེ་དག་སྔར་འཁོར་བའི་སྡུག་བསྔལ་ཉེ་བར་ཞི་བ་ལས་གོང་དུ་བགྲོད་མི་དགོས་པར་འཛིན་པ་ལས་ལྡོག་སྟེ་ཐེག་པ་ཆེན་པོའི་ཐབས་དང་ཤེས་རབ་བསྟན་པས་ཡོངས་སུ་བཟུང་བས་ཐེག་པ་མཆོག་ལ་སྨིན་པར་མཛད་དེ་བླ་ན་མེད་པ་ཡང་དག་པར་རྫོགས་པའི་བྱང་ཆུབ་མཆོག་ཏུ་ལུང་བསྟན་ཏོ། །འདི་དཔྱད་པར་བྱ་སྟེ། ཉན་ཐོས་དང་རང་སངས་རྒྱས་དགྲ་བཅོམ་པ་ཞི་བའི་དབྱིངས་ལས་བཞེངས་ནས་ཐེག་པ་ཆེན་པོའི་ལམ་དུ་འཇུག་པ་ན། ཐེག་པ་ཆེན་པོའི་ཚོགས་ལམ་ནས་འཇུག་པའམ། འོན་ཏེ་མཐོང་ལམ་ཡན་ཆད་ནས་འཇུག་ཅེ་ན། འདི་ལ་གཞན་གྱི་འདོད་པ་སུན་དབྱུང་བ་དང་། རང་གི་ལུགས་རྣམ་པར་བཞག་པའོ། །

第八，至金刚座菩提树前、**来至菩提场**；

第九，**摧伏诸魔军**无余；

第十，一切种**觉悟**一切法；

第十一，次第三**转法轮**；

第十二，于上茅城双娑罗树前示现**入涅槃事业**。

若以生喜足天为第一，则入胎与降生合计为一。于何处示现事业？**于诸不净刹**土示现。时者，乃至三**有**安**住而**作**示现**。(2.54—56)

(申三) 示引导所化之次第

了**知**得解脱**方便**之殊胜化身，以“诸行**无常**、有漏皆**苦**、诸法**无我**、涅槃**寂**静”之**语**说生死过患，令一切弟子厌离生死，即**令众**有情**厌**恶**三有而善入**于寂静**涅槃**。对诸具大乘种性者，亦先以四法印见之门引导，如前已说。对暂时声闻、独觉种性决定者，说彼已，先引入小乘涅槃。次令诸已**善入**苦集**寂灭道**、**具**已**得**究竟**涅槃想**者，从寂静界中起。《**妙法白莲**华经》**等**中，**说法之真实**三轮清净语，以成立究竟一乘之理趣，**破彼**等声闻、独觉**先**前但灭生死苦、不求上进之**所执**，说大乘**方**便及**智**慧而**善引摄**之，令于**大乘中成熟**，**授记**当**得**无上正等**大觉**。(2.57—59)

若问：此应观察，声闻、独觉阿罗汉从寂静界中起入大乘道时，当从大乘资粮道入？抑或从见道以上入？曰：此分破他许与立自宗。

དང་པོ་ནི། གཞན་དག་ན་རེ། ཉན་ཐོས་ལ་ཆོས་ཀྱི་བདག་མེད་རྟོགས་པ་ཡོད་པར་འདོད་པ་ལྟར་ན་ནི། ཐེག་ཆེན་གྱི་མཐོང་ལམ་མན་ཆད་དུ་འཇུག་པ་མི་རིགས་ཏེ། སྟོང་ཉིད་སྔར་མ་རྟོགས་པ་མངོན་སུམ་གྱིས་གསར་དུ་རྟོགས་པའི་ཆེད་དུ། ཐེག་པ་ཆེན (186b) པོའི་མཐོང་ལམ་བསྐྱེད་དགོས་པ་ཡིན་ན། སྟོང་ཉིད་མངོན་སུམ་གྱིས་རྟོགས་ཟིན་གོམས་པར་བྱས་པས་དགོས་པ་མེད་པའི་ཕྱིར་རོ། །དེའི་ལྟར་ན་ས་བདུན་པ་ཡན་ཆད་ནས་འཇུག་ལ། ཉན་ཐོས་ལ་ཆོས་ཀྱི་བདག་མེད་རྟོགས་པ་མེད་པ་ལྟར་ན། སྟོང་ཉིད་མངོན་སུམ་གྱིས་གསར་དུ་རྟོགས་པའི་ཐེག་ཆེན་གྱི་མཐོང་ལམ་བསྐྱེད་དགོས་ཤིང་། དེའི་རྒྱུར་སྒོམ་བྱུང་གིས་སྟོང་ཉིད་དོན་སྤྱིའི་ཚུལ་གྱིས་སྒོམ་པའི་སྦྱོར་ལམ་བསྐྱེད་དགོས་ལ། དེ་ལ་ཡང་སྟོང་པ་ཉིད་ཐོས་བསམ་གྱིས་གཏན་ལ་འབེབས་དགོས་པས་ཐེག་པ་ཆེན་པོའི་ཚོགས་ལམ་ནས་འཇུག་པ་ཡིན་ནོ། །ཞེས་ཟེར་རོ། །དེ་ནི་ཤིན་ཏུ་མི་རིགས་ཏེ། ཉན་ཐོས་ལ་ཆོས་ཀྱི་བདག་མེད་རྟོགས་པ་མེད་པར་འདོད་པ་ལྟར་ན་ཡང་། ཐེག་པ་ཆེན་པོའི་མཐོང་ལམ་རྒྱུད་ལ་སྐྱེད་མི་དགོས་པར་ཐལ། བདག་མེད་སྔར་མ་རྟོགས་པ་མངོན་སུམ་གྱིས་གསར་དུ་རྟོགས་པའི་ཆེད་དུ་ཐེག་ཆེན་གྱི་མཐོང་ལམ་བསྐྱེད་དགོས་པ་ཡིན་ལ། ཉན་ཐོས་དགྲ་བཅོམ་པས་བདག་མེད་མངོན་སུམ་དུ་རྟོགས་ཟིན་གོམས་པར་བྱས་པའི་ཕྱིར་རོ། །ཞེས་སྨྲས་ན་ལན་ཅི་ཡོད། ཐེག་ཆེན་གྱི་མཐོང་ལམ་བདག་མེད་ཙམ་མངོན་སུམ་གྱིས་གསར་དུ་རྟོགས་པས་རབ་ཏུ་ཕྱེ་བ་མ་ཡིན་གྱི། སྟོང་ཉིད་ཕྲ་མོ་མངོན་སུམ་གྱིས་གསར་དུ་རྟོགས་པས་ཀྱང་ཁྱད་པར་དུ་བྱས་པས། དེ་གསར་དུ་བསྐྱེད་དགོས་པའི་ཕྱིར་རོ། །ཞི་ན། འོ་ན་ལུགས་སྔ་མ་ལྟར་ན་ཡང་ཐེག་པ་ཆེན་པོའི་མཐོང་ལམ་ངེས་པར་རྒྱུད་ལ་བསྐྱེད་དགོས་པར་ཐལ། དེ་ནི་བསོད་ནམས་ཀྱི་ཚོགས་རྒྱ་ཆེན་པོ་དང་། ཡེ་ཤེས་ཀྱི་ཚོགས་གཉིས་ཀྱིས་ཁྱད་པར་དུ་བྱས་པ་ཡིན་ལ། བསོད་ནམས་ཀྱི་ཚོགས་ཀྱིས་བསྡུས་པའི་མཐོང་ལམ་དེ (187a) རྒྱུད་ལ་གསར་དུ་བསྐྱེད་དགོས་ཤིང་། དེའི་རྒྱུར་ཚོགས་སྦྱོར་ཡང་རྒྱུད་ལ་བསྐྱེད་དགོས་པའི་ཕྱིར། ལུགས་སྔ་མ་ལྟར་ན་ཐེག་པ་ཆེན་པོའི་ལམ་གྱིས་བསྡུས་པའི་བསོད་ནམས་ཀྱི་ཚོགས་ས་བདུན་པ་ཡན་ཆད་དུ་རྫོགས་པར་བྱེད་པས་སྐྱོན་མེད་དོ་ཞེ་ན། འོ་ན་མྱུར་དུ་བླ་ན་མེད་པའི་བྱང་ཆུབ་ཐོབ་པར་འདོད་པས་དང་པོར་ངེས་པར་ཉན་ཐོས་ཀྱི་ལམ་དུ་འཇུག་རིགས་པར་ཐལ། བརྩོན་འགྲུས་འབར་བས་ཉན་ཐོས་དགྲ་བཅོམ་པའི་འབྲས་བུ་ཚེ་གསུམ་ལ་ཐོབ་ནུས་ཤིང་། དེ་ནས་ས་དྲུག་པ་མན་ཆད་རྒྱུད་ལ་སྐྱེད་མི་དགོས་པར་ས་བདུན་པ་ནས་ཞུགས་པས་ཆོག་པའི་ཕྱིར་དང་། ཐེག་པ་ཆེན་པོའི་ཚོགས་སྦྱོར་ལ་ཡང་བསྐལ་པ་ཆེན་པོ་གྲངས་མེད་པ་གཅིག་གི་བར་ཚོགས་བསགས་དགོས་པའི་ཕྱིར་རོ། །དེས་ན། འདི་ལ་བརྟེན་ནས་ཉན་ཐོས་དགྲ་བཅོམ་པས་ཐེག་ཆེན་གྱི་ཚོགས་སྦྱོར་མན་ཆད་སྐྱེད་མི་དགོས་པ་དང་། ས་བརྒྱད་པ་མ་མཐར་བྱས་ནས་དེ་ནས་འཇུག་པར་འདོད་པ་སོགས་ཀྱང་མི་འཐད་པར་ཤེས་པར་བྱའོ། །

今初，或说：若许声闻证法无我，则从大乘见道以下入不应理，以令先未证空性新现证故，须生大乘见道，已现证空性且串习则无此必要故。若尔，则当从七地以上入。若许声闻、独觉不证法无我，则须生新现证空性之大乘见道，此前须生加行道、以修所成慧修空性总义，此复须以闻思抉择空性，故当从大乘资粮道入。曰：此极不应理，以纵许声闻不证法无我，亦应不须于相续中生大乘见道，先未证无我，为新证故，须生大乘见道，然说声闻阿罗汉已现证无我且串习故，对此汝将作何答？若谓：大乘见道非以新现证惟无我为别，以新现证微细空性为别故，彼须新生。曰：若尔，若据前派，应相续中决定须生大乘见道，彼大乘见道是以广大福德及智慧二资粮为差别，相续中须新生福德资粮所摄之见道，亦须生其因资粮道及加行道故。若谓：若如前派，七地以上方圆满大乘道所摄之福德资粮，故无过。曰：若尔，则欲得无上菩提，应决定先入声闻道，以炽然精进于三生中能得阿罗汉果，次相续中不须生六地以下，自七地入即可故；大乘资粮、加行道中亦须以一大阿僧祇劫积聚资粮故。因此，当知许声闻阿罗汉不须生大乘资粮、加行道以下，及以八地为下边际而入等，皆不应理。

གཉིས་པ་ནི། དེས་ན་ཉན་རང་དགྲ་བཅོམ་པས་བདག་མེད་པ་ཕྲ་མོ་གཉིས་ཀ་མངོན་སུམ་དུ་རྟོགས་པར་བྱས་མོད་ཀྱི། དེ་ལྟ་ན་ཡང་ཐེག་པ་ཆེན་པོའི་ལམ་དུ་འཇུག་པའི་ཚེ་ནི། ཚོགས་ལམ་ནས་ངེས་པར་འཇུག་སྟེ། བསོད་ནམས་ཀྱི་ཚོགས་ཀྱིས་བསྡུས་པའི་གསལ་བའི་དབྱེ་བ་མཐའ་ཡས་པ་ཐོག་མར་ཐོས་བསམ་གྱིས་ལེགས་པར་གཏན་ལ་ཕབ་ནས་དེ་ནས་འཇིག་རྟེན་པའི་སྒོམ་བྱུང་གིས་བསྐལ་པ་གྲངས་མེད་པའི་བར་དུ་གོམས་པར་བྱས་པ་ལས། དེའི་རྗེས་སུ་ས་དང་པོས་བསྡུས་པའི་ཡོན་ཏན་བརྒྱ་ཕྲག་བཅུ་གཉིས་ལ་སོགས་པ་ཐོབ་པར་བྱེད་པའི་ཕྱིར་རོ། །དེ་ལྟ་བུའི་ཚོགས་སྦྱོར (187b) ལ་གནས་པའི་ཚེ་སོ་སོ་སྐྱེ་བོར་འདོད་པ་ནི་འཕགས་པའི་གང་ཟག་ལ་སྐྱུར་བ་འདེབས་ཤིང་འཇིག་རྟེན་ལས་འདས་པའི་ལམ་གྱི་སྤངས་པ་སླར་ལྡོག་པ་ཐར་པ་ལ་ཡིད་བརྟན་མི་རུང་བར་འདོད་པའི་ལོག་ལྟ་ཆེན་པོར་ཤེས་པར་བྱའོ། །

འོ་ན་སྟོང་ཉིད་མངོན་སུམ་གྱིས་སྔར་མ་རྟོགས་པ་གསར་དུ་རྟོགས་པར་བྱར་མེད་པས་མཐོང་ལམ་ཆ་ཤས་ཀྱིས་བསྐྱེད་པ་ཉིད་དུ་ཐལ་བར་འགྱུར་རོ། །ཞེ་ན། དེ་ནི་ཁྱེད་ཀྱི་ཉན་ཐོས་ལ་ཆོས་ཀྱི་བདག་མེད་རྟོགས་པ་མེད་པར་འདོད་པའི་ལམ་གྱི་འཇུག་ཚུལ་དེ་ལ་ཡང་ལན་ཇི་ལྟར་འདེབས་སེམས་ཤིག་འདིར་ནི། ཉན་ཐོས་ཀྱི་རིགས་ཅན་རྣམས་ཀྱིས་རིགས་པ་མདོར་བསྡུས་པ་ཙམ་ལ་བརྟེན་ནས་སྟོང་པ་ཉིད་ཀྱི་དོན་མངོན་སུམ་དུ་རྟོགས་ནས་གོམས་པར་བྱས་པས་དགྲ་བཅོམ་པའི་འབྲས་བུ་འཐོབ་ལ། ཐེག་པ་ཆེན་པོའི་ལམ་དུ་ཞུགས་པའི་ཚེ་ནི། དབུ་མ་རྩ་བ་ཤེས་རབ་ལས་གསུངས་པ་ལྟར་སྟོང་པ་ཉིད་ཀྱི་ དོན་ལ་ཡང་རིགས་པའི་ཚོགས་མཐའ་ཡས་པའི་སྒོ་ནས་ངེས་པ་བསྐྱེད་པར་བྱེད་པས་ཆོས་དབྱིངས་ཀུན་ཏུ་འགྲོ་བའི་དོན་དུ་རྟོགས་པ་ས་དང་པོར་བཞག་གི ཉན་རང་འཕགས་པ་ལ་མ་བཞག་པའི་ཕྱིར་རོ། །གཞན་ཡང་། ཆོས་དབྱིངས་མངོན་སུམ་གྱིས་རྟོགས་པ་ཙམ་དུ་ཁྱད་པར་མེད་ཀྱང་། མི་མཐུན་པའི་ཕྱོགས་འཇོམས་པ་ལ་སོགས་པའི་ནུས་པ་དང་། མཐུ་ཆེ་ཆུང་གི་ཁྱད་པར་སོགས་ནི་རི་རབ་དང་ཡུངས་འབྲུའི་ཚད་དུ་ཤེས་པར་བྱའོ། ། དེས་ན་ཉན་ཐོས་ལ་ཆོས་ཀྱི་བདག་མེད་རྟོགས་པ་ཡོད་པའམ། མེད་པར་འདོད་ཀྱང་རུང་སྟེ། ཐེག་པ་ཆེན་པོའི་ཚོགས་ལམ་ནས་འཇུག་པར་ཤེས་པར་བྱའོ། །འདི་ལ་བརྟེན་ནས་ཐེག་པ་ཆེན་པོར་རིགས་ངེས་པ་དང་། གནས་སྐབས་ཉན་ཐོས་སུ་རིགས་ངེས་པ་དུས (188a) མཉམ་དུ་ཚོགས་ལམ་ནས་འཇུག་པ་གཉིས་བླ་ན་མེད་པའི་བྱང་ཆུབ་ཐོབ་པ་ལ་ཐེག་པ་ཆེན་པོའི་རིགས་ཅན་དེ་ཉིད་ཆེས་ཤིན་ཏུ་མྱུར་ཞིང་། ཅིག་ཤོས་ཆེས་ཤིན་ཏུ་བུལ་བའི་ཁྱད་པར་ཡང་ཤེས་པར་བྱ་སྟེ། དེའི་རྒྱུ་མཚན་རིགས་པའི་ཚོགས་མཐའ་ཡས་པས་བརྗོད་པར་ནུས་མོད་ཀྱི། འདིར་ནི་ཚིག་མངས་སུ་དོགས་ནས་མ་བྲིས་སོ། །

第二，立自宗。因此，声闻、独觉阿罗汉虽现证微细无我，然入大乘道时，决定从资粮道入。初以闻思善抉择福德资粮所摄无量差别，次于无数劫中以修所成慧串习，之后方得初地所摄十二种百功德等。若许（阿罗汉）住如是资粮、加行道时乃是异生者，当知是毁谤圣补特伽罗，复许出世间道断已退转、解脱不可保信，乃大邪见。

若谓：若尔，则（彼等）非先未证空性而新证，故应已生见道一分。曰：当思之前如何答汝许声闻不证法无我之入道理趣。此中诸具声闻种性，但依简略正理现证空性义，经串习而得阿罗汉果。入大乘道时，则由无量正理门，如《中观根本慧论》所说，抉择空性义而决定生起，故证法界遍行义立为初地，非立为声闻、独觉圣者故。又，惟现证法界虽无差别，然摧坏所治品等之力能大小差别等，当知如须弥与芥子之别。因此，无论是否许声闻证法无我，当知皆从大乘资粮道入。依此亦应知，大乘种性决定者与暂时声闻种性决定者，同时从资粮道入，就得无上菩提而言，彼具大乘种性者极为速疾，另一方则极迟缓，有此差别。虽可以无量正理聚述说原由，然恐烦不赘。

དམ་ཆོས་པདྨ་དཀར་པོའི་མདོ་ལས་ཉན་ཐོས་ཐེག་ཆེན་གྱི་ལམ་དུ་འཇུག་པར་གསུངས་པ་ཤེས་བྱེད་དུ་མཛད་པ་ནི། བྱང་ཆུབ་ཏུ་ཡོངས་སུ་བསྒྱུར་བ་པའི་ཉན་ཐོས་ལ་དགོངས་སོ། །ཞེས་གསུངས་པ་ཡང་། སྐབས་དང་ཤུགས་ལ་སོགས་རྒྱུ་མཚན་ཡང་དག་པ་གང་ཡང་མེད་པར་སྤྱིའི་སྒྲ་བྱེ་བྲག་ལ་འཇུག་གོ །ཞེས་པ་ཡང་ཡིད་ཆེས་པའི་གནས་སུ་མི་རུང་བས། མཐར་ཐུག་ཐེག་པ་གཅིག་ཏུ་སྒྲུབ་པའི་གཞུང་ལེགས་པར་བརྩུགས་པར་ཤེས་པར་བྱའོ། །

གསུམ་པ་དོན་བསྡུ་བ་ནི། སངས་རྒྱས་ཀྱི་ཆོས་ཉིད་དང་དེ་ལ་རྟག་ཏུ་མཉམ་པར་བཞག་པའི་ཆོས་ཀྱི་སྐུ་རྟོགས་པར་དཀའ་བས་ཟབ་པ་དང་། ལོངས་སྤྱོད་རྫོགས་པའི་སྐུ་ནི་གདུལ་བྱ་གདུལ་པའི་མཐུ་ནི་སྣ་ཚོགས་དང་ལྡན་པས་རྒྱ་ཆེ་བ་དང་། མཆོག་གི་སྤྲུལ་པའི་སྐུ་ནི་སོ་སོ་སྐྱེ་བོ་ལ་ཡང་དངོས་སུ་སྣང་ནས་བྱིས་པའི་དོན་བསམ་པ་དང་མཐུན་པར་གདུལ་བྱ་རབ་ཏུ་འདྲེན་པར་མཛད་པའི་ཕྱིར་སྐུ་གསུམ་པོ་འདི་དག་གྲངས་བཞིན་དུ་ཟབ་པ་དང་རྒྱ་ཆེ་བའི་སྐུ་དང་། བདག་ཉིད་ཆེན་པོར་ཤེས་པར་བྱའོ། །འདིར་ནི་དང་པོ་ཆོས་ཀྱི་སྐུ་སྟེ་ཕྱི་མ་གཉིས་པོ་ནི་གཟུགས་ཀྱི་སྐུའོ། །ནམ་མཁའ་ལ་ནི་གཟུགས་ཀྱི་སྐབས་རྙེད་ནས་གནས་པ་བཞིན་དུ་དང་པོ་ཆོས་ཀྱི་སྐུ་གཉིས་གནས་ཏེ་དེ་བཞིན་ཉིད་དྲི་མ་མཐའ་དག་གིས་རྣམ (188b) པར་དག་པ་ན་གཟུགས་ཀྱི་སྐུ་གཉིས་ཀྱི་གོ་སྐབས་ངེས་པར་རྙེད་པའི་ཕྱིར་རོ། །

གཉིས་པ་རྟག་པའི་ཁྱད་པར་བཤད་པ་ལ་གཉིས། མཚམས་སྦྱར་བ་དང་། དོན་བཤད་པའོ། །

དང་པོ་ནི། འགྲོ་བ་ལ་ཞེས་སོ། །

གཉིས་པ་ལ་གཉིས། བསྟན་པ་དང་། བཤད་པའོ། །

དང་པོ་ལ་གཉིས། གཟུགས་སྐུ་རྟག་པའི་རྒྱུ་མཚན་བདུན་དང་། ཆོས་སྐུ་རྟག་པའི་རྒྱུ་མཚན་གསུམ་མོ། །

དང་པོ་ནི།གཟུགས་ཀྱི་སྐུ་འཁོར་བ་ཇི་སྲིད་ཀྱི་བར་དུ་གནས་པའི་ཟད་མི་ཤེས་པའི་ཚོགས་གཉིས་ཀྱི་རྒྱུ་མཐའ་ཡས་པ་ཐོན་དུ་སོང་བའི་ཕྱིར་དང་།ཆེད་དུ་བྱ་བ་སེམས་ཅན་གྱི་དོན་མཛད་པ་ལ་དོན་བྱ་ཡུལ་སེམས་ཅན་ཟད་པ་མེད་པའི་ཕྱིར་དང་། འཁོར་བ་ཇི་སྲིད་པར་སེམས་ཅན་གྱི་དོན་མཛད་པར་བཞེད་པའི་བརྩེ་བ་དང་ནུས་མཐུ་རྫུ་འཕྲུལ་གཉིས་ཀ་ཉམས་པ་མེད་པའི་ཕྱིར་དང་། ཤེས་བྱ་ཇི་སྙེད་པ་མཐའ་དག་མངོན་སུམ་དུ་གཟིགས་ཤིང་ཇི་ལྟ་བ་ལ་དམིགས་པའི་མཁྱེན་པ་མངའ་བ་དང་སྡུག་བསྔལ་གྱིས་མི་གནོད་པའི་བསམ་གཏན་གྱི་བདེ་བ་ཕུན་ཚོགས་དང་ལྡན་པའི་ཕྱིར་དང་། ཉེས་པ་གང་གི་ཡང་དབང་དུ་མི་འགྲོ་བའི་ཆོས་ཀྱི་དབང་ཕྱུག་ཐོབ་པའི་ཕྱིར་རོ། །

或谓：以《妙法白莲华经》中所说声闻入大乘道为据者，是念及菩提转变之声闻。曰：此全无亲疏等正因。又，说此是总称别指，亦不可凭信，当知确定此经是成立究竟一乘之教典。

（辰三）摄义

佛之法性及于彼恒常入定之法身者，难通达故**甚深**；圆满受用身者，具足**种种**调伏所化之**力**故广大；殊胜化身者，异生亦可亲睹，随**顺愚**夫**事**意乐而**引导**所化故，**当知此**等三身**依次**为甚**深**身、**广**大身及**大主宰**。（2.60）

此中初为**法身**、**后**二**者为色身**。**如**虚**空**可**容色**而**住**，**初**法身可**容后**二身**者**而**住**，以真如诸垢全净时，容有二种色身故。（2.61）

（寅二）常之差别

分二：（卯一）承启；（卯二）释义。

（卯一）承启

以此等三身常行饶益众生、成办安乐之义为题之颂曰：

（卯二）释义

分二：（辰一）标；（辰二）释。

（辰一）标

分二：（巳一）色身常之七因；（巳二）法身常之三因。

（巳一）色身常之七因

1. 色身乃至生死未空而安住，无尽二资粮聚之**无量因**为先故；

2. 专为饶益有情而所饶益境有情**众无尽**故；

3—4. 承许乃至生死未空利益有情之**悲悯**及**神通**力不衰故；

5. 具现见全分尽所有所知及缘如所有之**智**故；

6. 具苦不能侵**圆满**静虑乐故；

7. 得不随任何过失转**法自在**故。

གཉིས་པ་ནི། འཆི་བའི་བདུད་ཟད་པར་བཅོམ་པའི་ཕྱིར་དང་། རང་བཞིན་གྱིས་གྲུབ་པའི་ངོ་བོ་མེད་པ་རང་བཞིན་དུ་གནས་པའི་ཕྱིར་དང་། གདུལ་བྱ་བསླུ་བ་མེད་པའི་འཇིག་རྟེན་གྱི་མགོན་པོ་ཡིན་པའི་ཕྱིར་སྐུ་གསུམ་པོ་རྟག་པའི་ཁྱད་པར་དང་ལྡན་པར་ཤེས་པར་བྱའོ།། །

གཉིས་པ་ལ་གཉིས། མཚམས་སྦྱར་བ་དང་། རྩ་བའོ། །

དང་པོ་ནི། འདིའི་ཞེས་སོ། །

གཉིས་པ་ལ་གཉིས། སོ་སོར་བཤད་པ་དང་། དོན་བསྡུ་བའོ། །དང་པོ་ལ་གཉིས། གཟུགས་སྐུ་རྟག་པའི་རྒྱུ་མཚན་བདུན་དང་། ཆོས་སྐུ་རྟག་པའི་རྒྱུ་མཚན (189a) གསུམ་མོ། །དང་པོ་ལ་གཉིས། འཇིག་རྟེན་ཡོངས་སུ་འཛིན་པའི་རྒྱུ་དང་། མི་འདོར་བའི་རྒྱུའོ། །

དང་པོ་ཟད་མི་ཤེས་པ་སྟོན་དུ་སོང་བ་ནི་སྟོན་བསྐལ་པ་གྲངས་མེད་གསུམ་གྱི་བར་དུ་ལུས་དང་སྲོག་དང་ལོངས་སྤྱོད་རྣམས་སེམས་ཅན་གྱི་དོན་དུ་སྦྱིན་པར་བཏང་ནས་དམ་པའི་ཆོས་མ་ལུས་པ་འཛིན་པར་མཛད་པའི་ཕྱིར་དང་། ཆེད་དུ་བྱ་བ་ཟད་པ་མེད་པ་ནི་སེམས་ཅན་ཐམས་ཅད་བླ་ན་མེད་པའི་བྱང་ཆུབ་ལ་འགོད་པར་བཞེད་ནས་སེམས་ཅན་ཀུན་ལ་ཕན་པའི་ཕྱིར་དང་པོར་དམ་བཅས་པ་མཐར་འབྱིན་པར་མཛད་པའི་ཕྱིར་བཞེད་པ་མངའ་བརྙེར་བ་ཕུན་སུམ་ཚོགས་པ་དང་ལྡན་པ་ནི། སངས་རྒྱས་ཉིད་ལ་ཉོན་སྒྲིབ་ཟད་པས་གཙང་བ་དང་། ཤེས་སྒྲིབ་ཀྱིས་དག་པའི་ཐུགས་རྗེ་འཁོར་བ་ཇི་སྲིད་ཀྱི་བར་དུ་རབ་ཏུ་འཇུག་པའི་ཕྱིར། བཞེད་ན་ཇི་སྲིད་ཀྱི་བར་དུ་བཞུགས་པའི་ནུས་པ་མངའ་བའི་རྫུ་འཕྲུལ་རྐང་པ་སྟོན་པ་ནི། རྫུ་འཕྲུལ་དེ་བཞིས་རྟག་ཏུ་གནས་པར་སྤྱོད་པའི་ཕྱིར།

གཉིས་པ་ནི། བླང་དོར་གྱི་གནས་ལ་ཉེ་རིང་དང་བྲལ་བས་རྟག་ཏུ་གནས་ཏེ། མཁྱེན་པས་འཁོར་བ་དང་མྱ་ངན་ལས་འདས་པའི་མཐའ་གཉིས་སུ་འཛིན་པ་ལས་གྲོལ་བའི་ཕྱིར། སྡུག་བསྔལ་གྱིས་མི་གནོད་པའི་བསམ་གཏན་གྱི་བདེ་བ་ཕུན་སུམ་ཚོགས་པ་དང་ལྡན་པས་རྟག་ཏུ་བསམ་ཡས་ཏིང་ངེ་འཛིན་གྱི་བདེ་བ་ཕུན་སུམ་ཚོགས་པ་དང་ལྡན་པའི་ཕྱིར། ཉེས་པའི་གཞན་དབང་དུ་མི་འགྱུར་ཏེ། འཇིག་རྟེན་ན་ནི་སྤྱོད་པ་ན་འཇིག་རྟེན་པའི་ཆོས་ཀྱིས་གོས་པ་མེད་པའི་ཕྱིར།

（巳二）法身常之三因

1. **坏**尽**死魔**故；

2. **无**自性**体**本性住故；

3. 是所化无欺之**世间依怙**故，当知三身具**常**之差别。（2.62）

（辰二）释

分二：（巳一）承启；（巳二）《论》。

（巳一）承启

此之摄义者，当以六颂而得解：

（巳二）《论》

分二：（午一）各别释；（午二）摄义。

（午一）各别释

分二：（未一）色身常之七因；（未二）法身常之三因。

（未一）色身常之七因

分二：（申一）摄受世间之因；（申二）不舍弃之因。

（申一）摄受世间之因

1. 无尽（资粮）为先者，先前经三无数大劫，为利有情施**舍身**、**命**、**诸受用而**受**持**无余**正法**故；

2. 专为无尽者，承许安置一切有情于无上菩提，为**利诸有情故**，令**初**所立**誓究竟故**；（2.63）

3. 承许自在圆满者，**佛位**烦恼障尽**无垢**、所知障**清净**，乃至生死未空大**悲善转**故；

4. **示现**乃至生死未空而能安住之**神足者**，以**彼**四神足常**住而行故**。（2.64）

（申二）不舍弃之因

5. 于取舍处远离亲疏而常住，以**智解脱生死**、**涅槃二**边之**执故**；

6. 具苦不能侵圆满静虑乐，而**恒常具无边圆满定乐故**；

7. 不随过失转，以**虽行于世间**而**不染世**间**法故**。

གཉིས་པ་ནི། འཆི་བདག་གི་བདུད་ཟད་པར་བཅོམ་སྟེ། ཉོན་མོངས་དང་ཤེས་སྒྲིབ་ཀྱི་ཕྱོགས་ཀྱིས་བསྡུས་པའི་འཆི་བ་མེད་པ་ཞི་བའི (189b) གནས་ནས་ཐོབ་པ་ལ་འཆི་བདག་གི་བདུད་རྒྱུ་བ་མེད་པའི་ཕྱིར། རང་བཞིན་གྱིས་སྟོང་པ་རང་བཞིན་དུ་གནས་པ་ཡིན་ཏེ། འདུས་མ་བྱས་པའི་རང་བཞིན་གྱིས་དེ་བཞིན་ཉིད་ལ་རྟག་ཏུ་མཉམ་པར་བཞག་པས་རབ་ཏུ་ཕྱེ་བའི་ཐུབ་པ་གདོད་ནས་རང་བཞིན་གྱིས་གྲུབ་པས་སྟོང་ཞིང་རབ་ཏུ་ཞི་བའི་ཕྱིར། རྟག་པར་འཇིག་རྟེན་གྱི་མགོན་པོ་མཛད་དེ། སྐྱབས་ཀྱི་དགོས་ནུས་གཉིས་ཀ་ཚོགས་པས་སྐྱབས་མེད་པ་རྣམས་ཀྱི་ནི་སྐྱབས་ལ་སོགས་པར་འཐད་པའི་ཕྱིར་རོ། །

གཉིས་པ་ནི། དང་པོ་ཡི་ནི་རྒྱུ་མཚན་བདུན་གྱིས་གཟུགས་ཀྱི་སྐུའི་རྟག་པ་ཉིད་ཀྱི་དོན་དེ་བཤད་ལ། རྒྱུ་མཚན་ཕྱི་མ་གསུམ་གྱིས་སྟོན་པ་ནི་ཆོས་ཀྱི་སྐུ་ཡི་རྟག་པ་ཉིད་ཀྱི་དོན་བཤད་དེ། འདི་དག་གིས་འགྲོ་བའི་ཕན་བདེ་སྒྲུབ་པའི་རྒྱུ་མི་ཟད་པ་ལ་རྟག་པར་གསུངས་ཀྱི། བསྒྲུབ་པ་རང་དབང་བའི་རྟག་དངོས་ལ་མ་གསུངས་སོ། །

གསུམ་པ་བསམ་གྱིས་མི་ཁྱབ་པའི་ཁྱད་པར་བཤད་པ་ལ་གསུམ། མཚམས་སྦྱར་བ་དང་། བསྟན་པ་དང་། བཤད་པའོ། །

དང་པོ་ནི། དེ་བཞིན་གཤེགས་པ་ཞེས་སོ། །

གཉིས་པ་ནི། སངས་རྒྱས་ཀྱི་སྐུ་གསུམ་ལ་བསམ་གྱིས་མི་ཁྱབ་པའི་རྒྱུ་མཚན་དྲུག་འབྱུང་བའི་དང་པོ་ལྔ་ཆོས་སྐུ་བསམ་གྱིས་མི་ཁྱབ་པའི་རྒྱུ་མཚན་དང་། དྲུག་པ་གཟུགས་སྐུ་བསམ་གྱིས་མི་ཁྱབ་པའི་རྒྱུ་མཚན་ནོ། །དེ་ལ་ངོ་བོ་དང་། དབྱེ་བ་དང་། གྲངས་མ་ལུས་པ་རྒྱལ་བ་འབའ་ཞིག་གི་མངོན་སུམ་གྱི་སྤྱོད་ཡུལ་དུ་གྱུར་པའི་སྐུ་གསུམ་པོ་དེ་ནི། མཐར་ཕྱིན་པའི་བྱང་ཆུབ་སེམས་དཔའ་འཕགས་པ་རྣམས་ཀྱིས་ཀྱང་བསམ་གྱིས་མི་ཁྱབ་སྟེ། རྟོགས་ཚུལ་རྫོགས་པའི་ཚུལ་གྱིས་ངག་གི་ཡུལ་མིན་པའི་ཕྱིར། དེའི་རྒྱུ་མཚན་དོན་དམ་གྱིས་བསྡུས་པའི་ཕྱིར་ཏེ། མཉམ་གཞག་གི་དམིགས་པ་ཡིན་པའི་ཕྱིར། (190a) ཞེས་པའོ། །དེའི་རྒྱུ་མཚན་ཕྱིན་ཅི་ལོག་གི་རྟོག་པའི་གནས་ཏེ་དམིགས་པ་མིན་པའི་ཕྱིར། དེ་ཡང་དཔེ་ལས་འདས་པའི་ཕྱིར་ཏེ་རྟགས་དང་དཔེ་ཙམ་ལ་བརྟེན་ནས་རྫོགས་པར་རྟོགས་མི་ནུས་པའོ། །

（未二）法身常之三因

1. 坏尽死主魔，以**无**烦恼及所知障品所摄之**死**、**得寂**静**处**，**无死**主**魔**游**行故**；(2.65—66)

2. 自性空本性住，以**无为之自性**真如中常入定为差别之**能仁**，**本**来自性空**寂**静**故**；

3. **常**作世间依怙，以归依之所为、能力二者合集，**堪成诸无怙**者之**依怙等故**。(2.67)

（午二）摄义

初之七因者说色身之常义，**后三因所说即法身之常**义。此等是因成办众生利乐之因无尽而说为常，非说能立、自在之"常事"。(2.68)

（寅三）不可思议之差别

分三：（卯一）承启；（卯二）标；（卯三）释。

（卯一）承启

当知诸如来所得转依差别之理趣难可思议，以不可思议义为题之颂曰：

（卯二）标

佛三身不可思议有六因，初五为法身不可思议因，第六为色身不可思议因。

1. 三身之体性、差别、数量皆惟**佛**现所行**境**，诸究竟菩萨**圣**者**亦难思议**，以（法身）**非语**可圆满证悟之**境故**；

2. 其因是**胜义**所**摄**故、乃静定之所缘故；

3. 其因是**非**颠倒**分别**之**处**即所缘故；

4. 此复**无喻故**，但依因、喻不可圆满通达；

དེའི་རྒྱུ་མཚན་འཇིག་རྟེན་ཐམས་ཅད་ལས་འདས་ཤིང་གོང་ན་མེད་པ་བླ་ན་མེད་པའི་ཕྱིར་ཆོས་ཀྱི་སྐུ་བསམ་གྱིས་མི་ཁྱབ་པའི་རྒྱུ་མཚན་ནོ། །འོ་ན་བྱང་ཆུབ་སེམས་དཔའ་འཕགས་པ་རྣམས་ཀྱིས་གཟུགས་ཀྱི་སྐུ་མངོན་སུམ་དུ་དམིགས་པ་དང་། སོ་སོ་སྐྱེ་བོས་ཀྱང་མངོན་སུམ་དུ་དམིགས་པར་གྲགས་པ་དང་འགལ་ལོ། །ཞེ་ན། མངོན་སུམ་དུ་དམིགས་མོད་ཀྱི། དེ་ཡང་སྲིད་པའི་མཐའ་དང་། ཞི་བའི་མཐས་མ་བསྡུས་ཤིང་། མི་གནས་པའི་མྱ་ངན་ལས་འདས་པའི་བདག་ཉིད་ཡིན་པའི་ཕྱིར་བསམ་གྱིས་མི་ཁྱབ་པོ། །

གསུམ་པ་ལ་གཉིས། མཚམས་སྦྱར་བ་དང་། རྩ་བའོ། །

དང་པོ་ནི། འདིའི་ཞེས་སོ། །

གཉིས་པ་ལ་གསུམ། བསམ་གྱིས་མི་ཁྱབ་པའི་དོན་སོ་སོར་བཤད་པ་དང་། དེ་སྐུ་གཉིས་ལ་བསྡུས་ཏེ་སྦྱར་བ་དང་། དོན་བསྡུ་བའོ། །

དང་པོ་ནི། ཡང་དག་པར་རྫོགས་པའི་སངས་རྒྱས་མ་ཡིན་པའི་གང་ཟག་རྣམས་ཀྱིས་མ་ལུས་པ་མངོན་སུམ་གྱིས་བསམ་དུ་མེད་དེ། རྟོགས་ཚུལ་རྫོགས་པའི་ཚུལ་གྱིས་སྨྲས་བརྗོད་དུ་མེད་པའི་ཕྱིར། དེ་ལྟར་བརྗོད་དུ་མེད་དེ། དོན་དམ་ཡིན་པའི་ཕྱིར། དོན་དམ་ཡིན་ཏེ། མ་ལུས་པར་རྟོགས་གིས་བརྟག་པར་བྱ་བ་མིན་པའི་ཕྱིར། ཡང་དེ་བརྟག་བྱ་མིན་ཏེ། རྟགས་ཀྱིས་མ་ལུས་པར་རྗེས་སུ་དཔག་བྱ་མིན་པའི་ཕྱིར། དེ་ལྟར་དཔག་བྱ་མིན་ཏེ། བླ་ན་མེད་པའི་ཕྱིར། བླ་ན་མེད་པ་ཡིན་ཏེ། སྲིད་ཞིས་མ་བསྡུས་པའི་ཡོན་ཏན་ཡིན་པའི་ཕྱིར། (190b) སྲིད་ཞིས་མ་བསྡུས་ཏེ། སྲིད་ཞིའི་མཐའ་གང་ལ་ཡང་གནས་པ་མེད་པའི་ཕྱིར་ཏེ། ཞི་བའི་ཡོན་ཏན་དང་། སྲིད་པའི་སྐྱོན་རྟོག་པ་མེད་པར་སྲིད་ཞི་མཉམ་ཉིད་དུ་རྟོགས་པ་མཐར་ཐུག་པའི་ཕྱིར་རོ། །

གཉིས་པ་ནི། གོང་དུ་བཤད་པའི་རྒྱུ་མཚན་ལྔ་པོ་དག་གིས་ཤིན་ཏུ་རྟོགས་དཀའ་ཞིང་ཕྲ་བའི་ཕྱིར། ཆོས་ཀྱི་སྐུ་བསམ་གྱིས་མི་ཁྱབ་པ་སྟེ། དྲུག་པས་སྐུ་གཅིག་ཉིད་རྒྱུད་ཐ་དད་པ་དུ་མ་ལྟར་སྣང་ཡང་དེའི་དངོས་པོར་གྲུབ་པ་མིན་པའི་ཕྱིར། གཟུགས་སྐུ་བསམ་གྱིས་མི་ཁྱབ་པའོ། །

གསུམ་པ་ནི། རང་བྱུང་ཡང་དག་པར་རྫོགས་པའི་སངས་རྒྱས་རྣམས་ཀྱི་ཐ་མའི་ཚུལ་གནས་མ་ལུས་པར་གྱུར་པའི་སྐུ་གསུམ་པོ་འདི་ནི་དྲང་སྲོང་ཆེན་པོ་དབང་ཐོབ་པ་དག་པ་ས་ལ་གནས་པའི་བྱང་ཆུབ་སེམས་དཔའ་རྣམས་ཀྱིས་ཀྱང་མ་ལུས་པ་མངོན་སུམ་དུ་རིག་པ་མིན་ཏེ། རྒྱལ་བ་ཡང་དག་པར་རྫོགས་པའི་སངས་རྒྱས་ཀྱི་སྐུ་གསུམ་མ་ལུས་པ་དེ་རྣམས་ཀྱིས་བསམ་གྱིས་མི་ཁྱབ་པ་དེས་ནའི་ཕྱིར་ཏེ། བླ་ན་མེད་པའི་ཡེ་ཤེས་དང་ཐུགས་རྗེ་ཆེན་པོ་སོགས་མཁྱེན་པ་དང་བརྩེ་བའི་ཡོན་ཏན་གྱིས་ཡོན་ཏན་ཐམས་ཅད་ཀྱི་ཕ་རོལ་མཐར་ཐུག་པར་ཕྱིན་པའི་ཕྱིར།

5. 其因是超出一切世间且**无上**故，乃法身不可思议之因。

若谓：若尔，则与共称菩萨圣者现见色身、异生不可现见相违。曰：虽可现见，然彼是**非有**边及**寂**边所**摄**、无住涅槃体性**故**，难可思议。(2.69)

(卯三) 释

分二：(辰一) 承启；(辰二)《论》。

(辰一) 承启

此之摄义者，当以四颂得解：

(辰二)《论》

分三：(巳一) 各别释不可思议之义；(巳二) 摄入彼二身中而释；(巳三) 摄义。

(巳一) 各别释不可思议之义

非正等觉之补特伽罗**难**可现前**思**议无余，以**不**可以圆满证悟之理趣言**诠故**。如是**无**可**诠**说，以是**胜义故**。是**胜义**，以**非**分别可无余**分别**故。此是**非所分别**，以**非**分别可无余**比**度量**故**。如是**非所比**度，以是**无上故**。是**无上**，以是有寂**不摄**之功德**故**。**不**为有寂所**摄**，以有寂边皆**不住故**，此复**不分别**寂之**功**德、有之**过**患，究竟证有寂平等性**故**。(2.70—71)

(巳二) 摄入彼二身中而释

以上述前**五因**示极难通达及**微细故**，成立**法身难思议**。以第**六**因示一身虽显似众多异相续，然**非**有**彼事故**，成立**色身难思议**。(2.72)

(巳三) 摄义

此自生正等觉**之最后相**究竟转依三身者，诸**大仙自在**住清净地菩萨**亦难**现前了**知**无余，以彼等**难**可**思**议**佛**正等觉三身无余故，此复以**无上智**慧、**大悲等**智、悲功**德至**一切功**德**究竟**彼岸**故。(2.73)

གསུམ་པ་ལེའུའི་མཚན་བསྟན་པ་ནི། ཐེག་པ་ཆེན་པོ་རྒྱུད་བླ་མའི་བསྟན་བཅོས་དཀོན་མཆོག་གི་རིགས་རྣམ་པར་དབྱེ་བ་ལས་དག་པ་གཉིས་དང་ལྡན་པའི་བྱང་ཆུབ་ཀྱི་སྐབས་ཞེས་བྱ་བ་སྟེ་ལེའུ་གཉིས་པ་ལས་ཐེག་པ་ཆེན་པོའི་ངེས་དོན་གྱི་མདོ་སྡེའི་དགོངས་པ་འགྲེལ་པར་བྱེད་པའི་བསྟན་བཅོས་ཀྱི་རྣམ་པར་བཤད་པ་སྐབས་གཉིས་པའི་འགྲེལ་པའོ། །

རང་བཞིན་རྣམ་དག་དེ་བཞིན་གཤེགས་པའི་ཁམས། །
སྒྲིབ་བྱེད་དྲུག་ཅུའི་ཆོས་ཀྱིས་སྦྱངས་པ་ལས། །
དག་པ་གཉིས་ལྡན་བྱང་ཆུབ་མཆོག་ཐོབ (191a) པ། །
རྗེ་བཙུན་བླ་མའི་གསུང་བཞིན་ལེགས་པར་བཤད།། །།

（壬三）示品名

《辨宝性大乘上续论》具二清净菩提品第二、开解大乘了义经密意之论释第二品之疏。

能净六十法净治，自性清净如来界，

得具二净大菩提，如尊师语善解说。

大乘上续论释大疏卷十四终

གཉིས་པ་བྱང་ཆུབ་ལ་བརྟེན་པའི་ཡོན་ཏན་ལ་གསུམ། མཚམས་སྦྱར་བ་དང་། དོན་བཤད་པ་དང་། ལེའུའི་མཚན་བསྟན་པའོ། །དང་པོ་ལ་གཉིས། བཤད་ཟིན་གྱི་མཚམས་སྦྱར་བ་དང་། འཆད་འགྱུར་གྱི་མཚམས་སྦྱར་རོ། །

དང་པོ་ནི། དྲི་མ་མེད་པའི་དེ་བཞིན་ཉིད་བཤད་ཟིན་ཏོ། །སྔར་བཤད་པ་ལྟར་སྔ་མའི་དོན་བསྡུར་སྦྱར་ཡང་འགལ་བ་མེད་དོ། །ཁམས་ལ་དྲི་མ་དང་བཅས་པའི་དེ་བཞིན་ཉིད་དང་། བྱང་ཆུབ་ལ་དྲི་མ་མེད་པའི་དེ་བཞིན་ཉིད་ཅེས་བཤད་པས། བྱང་ཆུབ་སེམས་ཅན་གྱི་རྒྱུད་ལ་ཡོད་པར་འདོད་པ་ནི། འགྲེལ་པའི་དོན་བསྡུ་དང་མཚམས་སྦྱར་གང་ཡང་མ་མཐོང་བར་ཟད་དོ། །

གཉིས་པ་ནི། ད་ནི་གང་དག་བྱང་ཆུབ་དེ་ལ་བརྟེན་པ་ཤིན་ཏུ་དྲི་མ་མེད་པའི་ཡོན་ཏན་དེ་དག་བཤད་པར་བྱ་སྟེ་དྲི་མ་མེད་པའི་རྒྱ་མཚན་ནི། ནོར་བུའི་འོད་དང་མདོག་དང་དབྱིབས་བཞིན་དུ་དག་པ་གཉིས་ལྡན་གྱི་བྱང་ཆུབ་དང་། དབྱེར་མེད་པའི་རང་བཞིན་ཉིད་ཀྱིས་སོ། །དེས་ན་ཞེས་སོ། །

གཉིས་པ་ལ་གསུམ༏ མདོར་བསྟན་པ་དང་། དཔེའི་སྒོ་ནས་རྒྱས་པར་བཤད་པ་དང་། དཔེས་བསྟན་པའི་དོན་བསྡུ་བའོ། །

དང་པོ་ལ་གཉིས། རྟེན་གྱི་སྒོ་ནས་མདོར་བསྟན་པ་དང་། བརྟེན་པའི་སྒོ་ནས་མདོར་བསྟན་པའོ། །

དང་པོ་ནི། རང་དོན་ཆོས་ཀྱི་སྐུ་དོན་དམ་པའི་སྐུ་དང་ནི། གཞན་དོན་གཟུགས་ཀྱི་སྐུ་ཆོས་སྐུ་དེ་ལ་བརྟེན་པའི་ཀུན་རྫོབ་པའི་སྐུ་ཉིད་དེ། སྐུ་དང་པོས་ཕྲ་བ་བྲལ་བའི་ཡོན་ཏན་སུམ་ཅུ་རྩ་གཉིས་དང་། སྐུ་གཉིས་པས་ཕྲ་བ་རྣམ་པར་སྨིན་པའི་འབྲས་བུ་མཚན་སུམ་ཅུ་རྩ་གཉིས་ནི་སྐུ་གཉིས་ལ་བརྟེན (191b) པའི་ཡོན་ཏན་གྱི་དབྱེ་བ་དྲུག་ཅུ་རྩ་བཞི་པོ་འདི་དག་ཏུ་ཤེས་པར་བྱའོ། །

གཉིས་པ་ལ་དྲི་བ་ནི། འདིས་ཅི་བཤད་ཅེ་ན། ལན་ནི། རང་གི་དོན་ཕུན་སུམ་ཚོགས་པ་མཐར་ཐུག་པས་བསྡུས་པ་བདག་ཉིད་ཀྱི་ནི་འབྱོར་པའི་གནས་ནི། འདུས་མ་བྱས་པའི་ཆོས་ཀྱི་སྐུ་དང༏ ཡེ་ཤེས་ཆོས་ཀྱི་སྐུས་བསྡུས་པ་དམ་པའི་དོན་གྱི་སྐུ་ཡིན་ཏེ། དང་པོའི་སྐུ་རང་དོན་ཆོས་ཀྱི་སྐུ་ནི་སྟོབས་ལ་སོགས་པ་བྲལ་བའི་ཡོན་ཏན་རྣམས་དང་ལྡན་པའི་ཕྱིར་དང་། དྲང་སྲོང་རྣམས་ཀྱི་གདུལ་བྱ་ལ་ཀུན་རྫོབ་པ་བརྡ་ཙམ་དུ་བསྟན་པའི་བརྡའི་སྐུ་ནི་གདུལ་བྱ་ས་རོལ་ལ་མངོན་པར་མཐོ་བ་དང་ངེས་པར་ལེགས་པས་བསྡུས་པའི་ཕུན་སུམ་ཚོགས་པའི་གོ་འཕང་སྟེར་པའི་གནས་ཡིན་ཏེ། སྐུ་གཉིས་པ་སྐྱེས་བུ་ཆེན་པོའི་མཚན་སུམ་ཅུ་རྩ་གཉིས་རྣམ་སྨིན་གྱི་ཡོན་ཏན་དག་དང་ལྡན་པའི་ཕྱིར་རོ། །

大乘上续论释大疏卷十五

（辛二）释依菩提之功德

分三：（壬一）承启；（壬二）释义；（壬三）示品名。

（壬一）承启

分二：（癸一）已说之承启；（癸二）将说之承启。

（癸一）已说之承启

已说无垢真如。此如前述，若作前文之摄义亦不相违。称界为"有垢真如"、菩提为"无垢真如"，故许有情相续中有菩提者，全不见《释论》之摄义与承启。

（癸二）将说之承启

今当说依彼菩提诸极无垢功德。无垢之原由者，**如摩尼之光**、**色**、**形**，功德**自性**与具二清净之菩提**无别**。**因此之后说以佛功德差别为题之颂曰：**

（壬二）释义

分三：（癸一）略标；（癸二）由喻门广释；（癸三）摄喻所说义。

（癸一）略标

分二：（子一）由能依门略标；（子二）由所依门略标。

（子一）由能依门略标

自利法身**胜义身**，**以及利他**色身为**依彼**法身之**世俗身**，第一身有三十二**离系**功德，第二身有三十二相**异熟果**，当知此等依二身之**六十四**种**功德差别**。(3.1)

（子二）由所依门略标

问：**此所示云何**？答：自利圆满究竟所摄**自身圆满处**者，**乃是**无为法身及智慧法身所摄**胜义身**，以**第一**自利法身者，**与"力"等**诸**离系**功德**相应**故；诸**仙人**为所化宣说世俗言说之**言说身**者，是于**他方**所化，赐增上生及决定善所摄**圆满**位之**处**，**第二**身**具**足三十二**大丈夫相异熟功德**故。(3.2—3)

གཉིས་པ་ལ་གཉིས། མཚམས་སྦྱར་བ་དང་། དོན་བཤད་པའོ། །

དང་པོ་ནི། འདི་མན་ཆད་ཅེས་སོ། །རྡོ་རྗེ་ལྟ་བུ་ལ་སོགས་པའི་སྒོ་ནས་ཇི་ལྟར་རྟོགས་པར་བྱ་བ་ཞེས་བསྟན་ཏོ། །

གཉིས་པ་ལ་གཉིས། དངོས་དང་། ཤེས་བྱེད་ལུང་དང་སྦྱར་བའོ། །དང་པོ་ལ་གཉིས། སྡོམ་གྱི་སྒོ་ནས་སྦྱིར་བཤད་པ་དང་། སོ་སོའི་དོན་རྒྱས་པར་བཤད་པའོ། །

དང་པོ་ནི། སྡོམ་དུ་སྟུད་པ་ནི། སྟོབས་ཉིད་གདུལ་བྱའི་རྒྱུད་ཀྱི་མ་རིག་པས་བསྒྲིབས་པ་སེལ་ཞིང་འཇོམས་པ་ལ་རྡོ་རྗེ་བཞིན་དང་། མི་འཇིགས་པ་བཞི་ཉིད་ནི་འཁོར་གྱི་ནང་དུ་བག་ཚ་བ་མེད་པས་སེང་གེ་བཞིན་དང་། དེ་བཞིན་གཤེགས་པའི་མ་འདྲེས་པ་བཅོ་བརྒྱད་ནི་གཞན་དང་ཐུན་མོང་མ་ཡིན་པའི་ཡོན་ཏན་ཐོབ་པས་ནམ་མཁའ་བཞིན་ཏེ། བསྟན་པ་ཞེས་བྱ་བ་ཡིན་ལ། འདིས་སྟོན་པའི་བྱེད་པ་དང་། འདི་ལ་བསྟན་པར་བྱ་བ་ལས་སུ་གྱུར་པ་དང་འབྲེལ་པས་བྱེད་པའི་ངོ་བོར (192a) གྱུར་པའི་ཐུབ་པའི་བསྟན་པ་གཟུགས་སྐུ་རྣམ་པ་གཉིས་ནི་ཆུ་ཟླ་བཞིན་དུ་ཤེས་པར་བྱའོ། །ལོངས་སྤྱོད་རྫོགས་པའི་སྐུ་ནི་བསོད་ནམས་ཀྱི་ཚོགས་ཀྱི་འབྲས་བུ་གཟུགས་བརྙན་བཞིན་དུ་ཤར་བ་ཡིན་ལ། མཆོག་གི་སྤྲུལ་པའི་སྐུ་ནི་དེའི་ཡང་གཟུགས་བརྙན་བཞིན་དུ་ཤར་བའོ། །

གཉིས་པ་ལ་གསུམ། བྲལ་བའི་ཡོན་ཏན་བཤད་པ་དང་། རྣམ་སྨིན་གྱི་ཡོན་ཏན་བཤད་པ་དང་། གྲངས་ཀྱི་སྒོ་ནས་དོན་བསྡུ་བའོ། །དང་པོ་ལ་གསུམ། སྟོབས་བཅུ་བཤད་པ་དང་། མི་འཇིགས་པ་བཞི་བཤད་པ་དང་། སངས་རྒྱས་ཀྱི་ཆོས་མ་འདྲེས་པ་བཅོ་བརྒྱད་བཤད་པའོ། །དང་པོ་ལ་གཉིས། མཚམས་སྦྱར་བ་དང་། རྩ་བའོ། །

དང་པོ་ནི། སྟོབས་ཞེས་སོ། །

གཉིས་པ་ལ་གཉིས། དབྱེ་བ་དང་། དཔེ་དང་ཆོས་མཐུན་བཤད་པའོ། །

དང་པོ་ནི། དགེ་མི་དགེའི་ལས་འབྲས་བུ་བདེ་སྡུག་སོ་སོར་འབྱུང་བ་སོགས་འཁོར་བས་བསྡུས་པའི་རྒྱུ་འབྲས་དང་། དེ་བཞིན་དུ་རྣམ་བྱང་རྒྱུ་འབྲས་ལ་སོགས་པ་རྒྱུ་འདི་ལས་འབྲས་བུ་འདི་འབྱུང་ལ་སོགས་པ་མ་འདྲེས་པར་སོ་སོར་མངོན་སུམ་དུ་མཁྱེན་པ་གནས་དང་གནས་མིན་མཁྱེན་པའི་སྟོབས་ཏེ། ལས་འབྲས་ཀྱི་འབྲེལ་བ་ངེས་པ་དང་། བྱང་ཆུབ་ཀྱི་སེམས་རྣམ་པ་གཉིས་འཁོར་དང་བཅས་པ་ལ། ཡི་དམ་བརྟན་པས་འགྲུབ་པའོ། །ལས་ངེས་པ་དང་། ལས་འཕེལ་པ་དང་། ལས་བྱས་པ་ཆུད་མི་ཟ་ཞིང་མ་བྱས་པ་དང་མི་འཕྲད་པ་མངོན་སུམ་དུ་མཁྱེན་པ་ལས་རྣམས་ཀྱི་རྣམ་སྨིན་མཁྱེན་པའི་སྟོབས་ནི་ལས་འབྲས་ཀྱི་འབྲེལ་པ་ལ་ཡིད་ཆེས་པ་ལས་འགྲུབ་བོ། །

（癸二）由喻门广释

分二：（子一）承启；（子二）释义。

（子一）承启

以下之文说何为“力”等，及如何由如金刚等门**通达**。

（子二）释义

分二：（丑一）正义；（丑二）配合经教依据。

（丑一）正义

分二：（寅一）由嗢柁南之门总说；（寅二）广释各别义。

（寅一）由嗢柁南之门总说

摄为**嗢柁南者**：（十）**力**，清除并摧**坏**所化相续**痴障**，故**如金刚**；四**无畏**，**处会众**中不怯，故**如狮**子；**如来**十八**不共**法，得与他不共功德，故**如虚空**；所谓“教”者，与开演之作、所开演业相属。以作为体之**能仁教二**种色身，当知**如水月**：圆满受用身者，为福德资粮之果，现如影像；殊胜化身者，则现如彼（受用身）之影像。（3.4）

（寅二）广释各别义

分三：（卯一）释离系功德；（卯二）释异熟功德；（卯三）由数量门摄义。

（卯一）释离系功德

分三：（辰一）释十力；（辰二）释四无畏，（辰三）释十八佛不共法。

（辰一）释十力

分二：（巳一）承启；（巳二）《论》。

（巳一）承启

所谓诸力相应者：

（巳二）《论》

分二：（午一）分别；（午二）释喻及同法。

（午一）分别

1. 现前了知善不善业苦乐业果各别生起等生死所摄因果，如是此因生此果等清净因果毫无杂乱，为**处及非处**智力，由坚固受学业果相属决定与二种菩提心及支分所成就；

2. 现前了知业决定、业增长、业作已不失、不遇未造业，为**诸业异熟**智力，由胜解业果相属所成就；

ཀུན་ནས་ཉོན་མོངས་དང་། དད་པ་ལ་སོགས་པའི་རྣམ་བྱང་གི་དབང་པོ་མཆོག་དང་མཆོག་མ་ཡིན་པ་མཁྱེན་པའི (192b) སྟོབས་ནི། སྟོན་དབང་པོ་དང་འཚམ་པར་ཆོས་བསྟན་པ་ལས་འགྲུབ་བོ། །གདུལ་བྱ་རྣམས་ཤེས་རྒྱུད་ཀྱི་སྙིང་གི་རིགས་མི་འདྲ་བ་དུ་མ་དང་ལྡན་པའི་ཁམས་རྣམས་སྣ་ཚོགས་མཁྱེན་པའི་སྟོབས་ནི་སྟོན་ཁམས་དང་མཐུན་པར་ཆོས་བསྟན་པ་ལས་འགྲུབ་བོ། །ཐེག་པ་ཆེ་ཆུང་སྣ་ཚོགས་ལ་མོས་པ་སྣ་ཚོགས་མཁྱེན་པའི་སྟོབས་ནི་སྟོན་མོས་པ་ཇི་ལྟ་བ་བཞིན་དུ་ཆོས་སྟོན་པ་ལ་ཞུགས་པས་འགྲུབ་བོ། །འཁོར་བར་རིགས་སོ་སོར་འགྲོ་བའི་ལམ་དང་། བྱང་ཆུབ་གསུམ་པོ་ཀུན་ཏུ་འགྲོ་བའི་ལམ་མཁྱེན་པའི་སྟོབས་ནི། སྟོན་ཐེག་པ་སྣ་ཚོགས་དང་། ལམ་སྣ་ཚོགས་གོམས་པ་ལས་འགྲུབ་བོ། །བསམ་གཏན་དང་རྣམ་པར་ཐར་པ་དང་། ཏིང་ངེ་འཛིན་དང་། སྙོམས་པར་འཇུག་པ་དང་། སོགས་པས་གཞན་རྒྱུད་ཀྱི་ཀུན་ནས་ཉོན་མོངས་པ་དང་།

དེའི་དྲི་མ་མེད་པ་སོགས་མཁྱེན་པའི་སྟོབས་ནི་སྟོན་ཏིང་ངེ་འཛིན་གོམས་པ་མཐར་ཕྱིན་པ་ལས་འགྲུབ་བོ། །སྟོན་གྱི་རང་གཞན་གྱི་ཚེ་རབས་སྔ་མ་མཐའ་དག་མངོན་སུམ་དུ་མཁྱེན་པ་སྟོན་གྱི་གནས་ནི་རྗེས་སུ་དྲན་པ་མཁྱེན་པའི་སྟོབས་ནི། སློབ་པ་ལམ་གྱི་གནས་སྐབས་སུ་དགེ་བའི་རྩ་བ་ཆུད་མ་གསན་པ་ལས་གྲུབ་པ་དང་། ལྷའི་མིག་གིས་མངོན་པར་ཤེས་པར་བསྒྲུས་པ་འཆི་འཕོ་དང་སྐྱེ་བ་མཁྱེན་པའི་སྟོབས་ནི། སྟོན་སེམས་ཅན་རྣམས་ལ་མར་མེའི་སྣང་བ་བྱིན་པ་དང་འཇིག་རྟེན་ལས་འདས་པའི་ལམ་ཇི་ལྟ་བ་བཞིན་དུ་བསྟན་པ་ལས་གྲུབ་པ་དང་། ཟག་པ་མ་ལུས་བ་ཞི་བ་དག་མཁྱེན་པའི་སྟོབས་ནི་སྟོན་ཟག་པ་ཟད་པའི་ཆེད་དུ་ཆོས་བསྟན་པ་དང་། དེའི་དོན་རང་ཉིད་ཀྱིས་མངོན་སུམ་དུ་བྱས་པ་ལས་འགྲུབ་པ་སྟོབས་རྣམ་པ་བཅུའོ། །

གཉིས་པ་ལ་མཚམས་སྦྱར་བ་ནི། (193a) རྡོ་རྗེ་བཞིན་ཞེས་བྱ་བ་ནི། དཔེ་དོན་སྦྱར་བ་དངོས་ལ། གནས་དང་གནས་མིན་མཁྱེན་པ་དང་ལས་ཀྱི་རྣམ་སྨིན་མཁྱེན་པ་དང་། ཁམས་སྣ་ཚོགས་མཁྱེན་པ་དང་། འགྲོ་བའི་མོས་པ་སྣ་ཚོགས་མཁྱེན་པ་དང་། ཀུན་ནས་ཉོན་མོངས་དང་རྣམ་བྱང་གི་དབང་པོའི་ཚོགས་མཁྱེན་པ་དང་། ཐམས་ཅད་དུ་འགྲོ་བའི་ལམ་མཁྱེན་པ་དྲུག་གིས་ཉོན་མོངས་པ་ཅན་མ་ཡིན་པའི་མི་ཤེས་པའི་གོ་ཆ་ཤེས་སྒྲིབ་འཐིབས་པར་བྱེད་པ་ལ་རྡོ་རྗེ་ལྟ་བུ་དང་། བསམ་གཏན་དང་། རྣམ་ཐར་སོགས་མཁྱེན་པ་དང་། སྟོན་གནས་རྗེས་སུ་དྲན་པ་མཁྱེན་པའི་སྟོབས་དང་། ལྷའི་མིག་གི་མངོན་པར་ཤེས་པས་བསྒྲུས་པ་འཆི་འཕོ་དང་སྐྱེ་བ་མཁྱེན་པའི་སྟོབས་གསུམ་གྱིས་སྙོམས་འཇུག་གི་སྒྲིབ་པའི་རྩིག་པ་བརྟན་པོ་བཞིག་པ་ལ་རྡོ་རྗེ་ལྟ་བུ་དང་། ཟག་པ་ཟད་པའི་ཚུལ་མཁྱེན་པའི་སྟོབས་གང་ཡིན་པ་ཉོན་མོངས་པའི་སྒྲིབ་པའི་ཤིང་རྣམས་གཅོད་པའི་ཕྱིར་རྡོ་རྗེ་བཞིན་ནོ། །

3. 杂染、信等清净**根**胜非胜智力，由往昔对机说法所成就；

4. 诸所化心相续上种性不同**诸界**非一智力，由随顺界说法所成就；

5. 种种**胜解**大小乘智力，由往昔如所胜解而说法所成就；

6. 生死中六道所行之道及三菩提**一切**所**行**之**道**智力，由往昔串习种种乘、种种道所成就；

7. 因**静虑**、解脱、三摩地、定**等等**令他相续成清**净与杂**染等智力，由往昔串习三摩地究竟所成就；

8. 现前了知自他往昔一切生，为**宿住随念**智力，由有学道位时不损耗善根所成就；

9. **天眼**通所摄知死生智力，由往昔施诸有情灯明及如实宣说出世间道所成就；

10. 漏无余**寂灭智力**，由往昔为漏尽故说法、为此自行现证所成就。

以上**十**力。(3.5 –6)

(午二) 释喻及同法

“所谓如金刚者” 为承启。正说喻义配合者，**处非处**智、业**异熟**智、种种**界**智、**众生种种胜解**智、**杂染清净诸根聚**智及一切所行道智六种，能**穿透**非杂染无明**甲**所知障，如金刚。定解脱等智、**宿住随念**智力、**天眼**通所摄死生智力三种能**摧坏坚固**等引障**墙**，如金刚。**漏尽**智力能**斩断**烦恼障**诸树故，如金刚。**(3.7)

གཉིས་པ་ལ་གསུམ། མཚམས་སྦྱར་བ་དང་། དོན་དངོས་དང་། དཔེ་དོན་སྦྱར་བའོ། །

དང་པོ་ནི། མི་འཇིགས་པ་བཞི་བརྗེས་པ་ཞེས་བྱ་བ་ནི།

གཉིས་པ་ནི། ངས་ཆོས་ཀུན་མངོན་པར་རྫོགས་པར་བྱང་ཆུབ་པོ། །ཞེས་ཞལ་གྱིས་བཞེས་པ་ལ་ཤེས་བྱ་འདི་མི་མཁྱེན་ནོ་ཞེས་ཆོས་དང་མཐུན་པའི་རྒོལ་བའི་མཚན་མ་ཙམ་ཡང་མ་མཐོང་བའི་མི་འཇིགས་པ་ནི། སྟོན་ཆོས་ལ་དཔེ་མཁྱུད་དང་བྲལ་བ་ལས་གྲུབ་པ་དང་། བར་དུ་གཅོད་པའི་ཆོས་བསྟན་པ་ལས་མི་འཇིགས་པ་ནི། འདོད་ཆགས་ལ་སོགས་པ་ཉོན་མོངས་པའི་སྒྲིབ་པ་དང་། ཤེས་བྱའི་སྒྲིབ་པ་ཐར་པ་དང་ཐམས་ཅད་མཁྱེན་པའི་གེགས་ཡིན་པས་འགོག་པར་བྱ་བ་ཡིན་ནོ། །ཞེས (193b) བསྟན་པ་ལ་འདོད་ཆགས་སོགས་བསྟན་ཀྱང་ཐར་པའི་བར་ཆད་དུ་མི་འགྱུར་རོ། །ཞེས་ཆོས་མཐུན་གྱི་རྒོལ་བའི་མཚན་མ་ཙམ་ཡང་མ་མཐོང་བ་སྟོན་རང་ཉིད་བར་དུ་གཅོད་པའི་ཆོས་ལ་གཞོལ་བར་མ་བྱས་པ་ལས་གྲུབ་པ་དང་། ངེས་པར་འབྱུང་བའི་ལམ་བསྟན་པ་ལ་མི་འཇིགས་པ་ནི། ལམ་འདི་དག་ཐར་པ་ཐོབ་བྱེད་ཀྱི་ལམ་ཡིན་ནོ། །ཞེས་སྟོན་པ་ལ་དེ་ལྟར་མ་ཡིན་ནོ། །ཞེས་ཆོས་མཐུན་གྱི་རྒོལ་བ་མེད་པ་སྟོན་རང་ཉིད་ཐར་པའི་ལམ་ལ་གོམས་པར་བྱས་པ་ལས་གྲུབ་པ་དང་། ཟག་པ་ཟད་པར་དམ་བཅས་པ་ལ་མི་འཇིགས་པ་ནི། ཉོན་མོངས་པ་བག་ཆགས་དང་བཅས་པ་མ་ལུས་པ་འགོག་པའི་འགོག་པ་ཐོབ་པོ་ཞེས་སྟོན་ཞིང་ཞལ་གྱིས་བཞེས་པ་ལ་ཆོས་མཐུན་གྱིས་རྒོལ་བའི་མཚན་མ་ཙམ་ཡང་མ་མཐོང་བ་ནི། སྟོན་ང་རྒྱལ་སྤངས་པ་ལས་གྲུབ་པའི་མི་འཇིགས་པ་ནི་རྣམ་པ་བཞིའོ། ། མི་འཇིགས་པ་ལས་བརྩམས་པའི་ཆོས་བཤད་པའི་ཡུལ་དང་དགོས་པ་སྟོན་པ་ནི། བདག་ཉིད་ཀྱིས་ཤེས་བྱའི་དངོས་པོ་རྣམ་པ་ཀུན་ཤེས་པར་མཛད་པ་དང་ཤེས་ནས་གཞན་གྱིས་ཤེས་པར་མཛད་པའི་ཕྱིར།

(辰二) 释四无畏

分三:(巳一) 承启;(巳二) 正义;(巳三) 喻义配合。

(巳一) 承启

所谓得四无畏者:

(巳二) 正义

1. 称“我已**觉悟一切法**”,于此不见“汝不知此所知”之如法攻难相,此无畏由往昔不悭吝于法所成就;[①]

2. 说中断法无所畏者[②],说烦恼障、所知障是解脱及一切智**障**故应**遮止**,于此不见“贪等不成解脱中断”之如法攻难相,由往昔自不屈于中断法所成就;

3. **说**出离**道**无所畏者,说“此等道乃能得解脱之道”,于此不能兴“不然”之如法攻难相,由往昔自串习解脱道所成就;

4. 称漏尽无所畏者,称**说**“得烦恼及习气无余之**灭**”,于此不见如法攻难相,由往昔断慢所成就。

以上**四无畏**[③]。(3.8)

以四无畏为题示说法之境及需要者:

1. 第一无畏,**自**一切种**知**诸**所知**事,知已**令他**一切种**了知**;

2. 第二无畏,**断**自相续**所断**事,**令断**他相续所断事;

3. 第三无畏,自相续中**依**止于道,**令**他**依**止;

4. 第四无畏,自相续中**得**所得灭**无上极无垢**,**令**他相续中**得**。

---

① 此名“智无所畏”或“称证德圆满无所畏”。

② 又名“称断德圆满无所畏”。

③ 宗喀巴大师造《入中论善解密意疏》说:“自称于一切所知成正等觉,自称我已永尽诸漏并诸习气,自称我说贪等是障解脱法,自称我说勤修地道能尽众苦。不见有一人,能依法立难,谓非如是。佛此四无所畏,以极坚定性为自相。”页443。

མི་འཇིགས་པ་དང་པོ་དང་། རང་རྒྱུད་ཀྱི་སྤང་བྱའི་དངོས་པོ་སྤོང་བ་དང་། གཞན་རྒྱུད་ཀྱི་སྤོང་བར་མཛད་པའི་ཕྱིར་ མི་ འཇིགས་ པ་ གཉིས་ པ་ དང་། རང་ རྒྱུད་ ལ་ ལམ་བསྟེན་ བྱ་ དང་། གཞན་གྱིས་བསྟེན་པའི་ཕྱིར་མི་འཇིགས་པ་གསུམ་པ་དང་། ཐོབ་བྱ་འགོག་པ་བླ་མེད་ཤིན་ཏུ་དྲི་མ་མེད་པ་རང་རྒྱུད་ལ་ཐོབ་པ་དང་། གཞན་རྒྱུད་ལ་ཐོབ་པར་མཛད་པའི་ཕྱིར། མི་འཇིགས་པ་བཞི་པའི་གོ་འཕང་བརྙེས་པ་ནི་རིམ་པ་བཞིན་དུ། སྡུག་བསྔལ་ཉེས་དམིགས་ཀྱི་སྒོ་ནས་ཤེས་བྱ་དང་། ཀུན་འབྱུང་སྤང་བྱ་དང་། ལམ་རྒྱུད་ལ་བསྟེན་བྱ་དང་། འགོག་པ་མངོན་དུ་བྱ་རྒྱུར་རང་ཉིད་ཀྱིས (194a) གོམས་པར་མཛད་ཅིང་། གཞན་ལ་བསྟན་པ་ལས་ཐོབ་པར་ཤེས་པར་བྱའོ། །དེ་ལྟར་རང་དང་གཞན་གྱི་དོན་བདེན་པ་ཕྱིན་ཅི་མ་ལོག་པ་འཕགས་པའི་བདེན་པ་བཞི་ལ་སོགས་པ་བ་སུང་བ་མཐར་ཕྱིན་པར་མཛད་པའི་ཕྱིར་དྲང་སྲོང་ཆེན་པོ་ཤེས་བྱའི་གནས་གང་དུའང་འཇིགས་པ་དང་། ཐོགས་པ་མེད་པར་ཤེས་པར་བྱའོ། །

གསུམ་པ་ནི། སེངྒེ་བཞིན་ཞེས་བྱ་བ་ནི་མཚམས་སྦྱར་བའོ། །དཔེ་དོན་སྦྱར་བ་ནི། རི་དྭགས་དབང་པོ་ཇི་ལྟར་ནགས་སྡུག་པོའི་མཐར་རྟག་ཏུ་རི་དྭགས་གཞན་གྱི་འཇིགས་པ་མེད་ཅིང་རི་དྭགས་རྣམས་ལ་སྐྲག་པ་མེད་པར་རྒྱུ་བ་ལྟར། དེ་བཞིན་དུ་འཁོར་གྱི་ཚོགས་ཀྱི་ནང་དུ། ཐུབ་པའི་དབང་པོ་མིའི་སེངྒེ་ཡང་འཇིགས་པ་མེད་པར་ལེགས་པར་གནས་ཤིང་གཞན་ལ་ལྟོས་པ་མེད་པར་བརྟན་པའི་ཏིང་ངེ་འཛིན་དང་། མི་མཐུན་ཕྱོགས་འཇོམས་པའི་རྩལ་དང་ལྡན་པར་གནས་པའོ། །

གསུམ་པ་ལ་གཉིས། མཚམས་སྦྱར་བ་དང་། དོན་བཤད་པའོ། །

དང་པོ་ནི། སངས་རྒྱས་ཀྱི་ཞེས་སོ། །

གཉིས་པ་ལ་གསུམ། བསྟན་པ་དང་། བཤད་པ་དང་། དཔེ་དང་སྦྱར་བའོ། །དང་པོ་ལ་གཉིས། ངོ་བོ་ངོས་བཟུང་བ་དང་། སངས་རྒྱས་ཡོན་ཏན་འཕྲིན་ཆོས་སུ་བསྟན་པའོ། །

དང་པོ་ལ་སྤྱོད་པས་བསྡུས་པ་དྲུག་ནི། ལམ་ལོག་པར་བཤད་པ་ལ་སོགས་པའི་སྐྱོན་འཁྲུལ་པ་དང་། གསུང་གི་ཙ་ཅོ་མི་མངའ་བ་སྟེ་གསུང་གི་འཁྲུལ་པ་མེད་པ་དང་། སྟོན་པ་ལ་ཐུགས་དྲན་པ་ཉམས་པ་མི་མངའ་བ་དང་། མཉམ་པར་མ་བཞག་པའི་ཐུགས་མི་མངའ་བ་དང་། འཁོར་འདས་ལ་མཐའ་གཅིག་ཏུ་བླང་དོར་དུ་འཛིན་པའི་འདུ་ཤེས་སྣ་ཚོགས (194b) ཀྱང་མི་མངའ་བ་དང་། སོ་སོར་མ་བརྟགས་པའི་བཏང་སྙོམས་མི་མངའ་བ་སྟེ་དྲུག་དང་།

当知此四无畏之位者，依次由自串习从过患门所知之苦、所断之集、所依之道、所证之灭，且为他开演而得。如是当知，**说自他利**益**谛**实不颠倒四圣谛等究竟**故**，大**仙**于所知处皆无所畏、**无所滞**。(3.9)

(巳三) 喻义配合

所谓如狮者为承启。

喻义配合者，**如**密**林中兽王恒**无余兽之**畏惧**、**不惧于诸兽而自在游行**，**如是能仁王人狮子**亦于**眷会中**无畏而**安住**、**不**观**待他**，**具坚**固三摩地及摧坏所治品**力而住**。(3.10)

(辰三) 释十八佛不共法

分二：(巳一) 承启；(巳二) 释义。

(巳一) 承启

所谓与十八佛不共法相应者：

(巳二) 释义

分三：(午一) 标；(午二) 释；(午三) 配喻。

(午一) 标

分二：(未一) 认明体性；(未二) 说是惟佛之别法。

(未一) 认明体性

行所摄六种：

1. 不行于歧途等身**无失**；

2. **不喧杂**等语无失；

3. **大师念无**忘**失**；

4. **心无**时**不住定**；

5. 于生死、涅槃**无有**一边取舍**种种想**；

6. **无不**各各**观察**之**舍**。(3.11)

རྟོགས་པ་མ་འདྲེས་པ་དྲུག་ནི། འདུན་པ་དང་། བརྩོན་འགྲུས་དང་། དྲན་པ་དང་ཤེས་རབ་དང་། རྣམ་གྲོལ་ཉམས་པ་མི་མངའ་བ་དང་། རྣམ་གྲོལ་གྱི་ཡེ་ཤེས་གཟིགས་པ་ཉམས་པ་མི་མངའ་བ་དྲུག་གོ །ཕྱི་མ་གཉིས་ནི། སྤངས་པ་ཉམས་པ་མི་མངའ་བ་དང་། སྤངས་པ་མངོན་སུམ་དུ་གཟིགས་པའི་རྟོགས་པ་ཉམས་པ་མི་མངའ་བའི་དོན་ཡིན་ནོ། །འཕྲིན་ལས་མ་འདྲེས་པ་ནི། སྐུ་གསུང་ཐུགས་ཀྱི་འཕྲིན་ལས་གྲུབ་པའི་སྒོ་གསུམ་གྱི་ལས་རྣམས་ཡེ་ཤེས་སྔོན་དུ་འགྲོ་ཞིང་ཡེ་ཤེས་རྗེས་སུ་འབྲང་བ་དང་། ཡེ་ཤེས་མ་འདྲེས་པ་ནི། དུས་གསུམ་གྱི་ཤེས་བྱ་ཐམས་ཅད་ལ་ཆགས་ཐོགས་ཀྱི་སྒྲིབ་པ་མེད་པས་ཡེ་ཤེས་བསྒྲིབ་པ་མེད་པའོ། །

གཉིས་པ་ནི། དེ་ལྟར་ཆོས་བཅོ་བརྒྱད་པོ་འདི་དག་གཞན་དང་མ་འདྲེས་པས་སྟོན་པའི་མ་འདྲེས་པའི་ཡོན་ཏན་ཡིན་ནོ། །

གཉིས་པ་ནི། འཁྲུལ་པ་དང་། ཅ་ཅོ་དང་ཐུགས་བསྙེལ་པ་དང་། མཉམ་གཞག་ལས་བཞེངས་པའི་ཐུགས་གཡོ་བ་དང་། འཁོར་འདས་ལ་ངོ་བོ་ཐ་དད་ཀྱི་ནི་འདུ་ཤེས་དང་། ངང་གིས་བཏང་སྙོམས་དང་སྤོང་ཆེན་པོ་ལ་མེད་པ་དང་། སེམས་ཅན་ལ་ཆོས་སྟོན་པའི་འདུན་པ་དང་ནི་སེམས་ཅན་གྱི་དོན་དུ་སྦྱོ་བའི་བརྩོན་འགྲུས་ཉམས་པ་མེད་པ་དང་། སེམས་ཅན་ཐམས་ཅད་ཀྱི་རྒྱུད་ལ་སོགས་པ་ཇི་ལྟ་བ་བཞིན་དུ་གཟིགས་པའི་དྲན་པ་དང་། རྣམ་པར་དག་པ་དྲི་མ་མེད་པའི་ཤེས་རབ་དང་། རྟག་ཏུ་རྣམ་པར་གྲོལ་བ་དང་། ཤེས་བྱའི་དོན་ཀུན་ཏུ་གཟིགས་པ་གྲོལ་བའི་ཡེ་ཤེས་ལས་ནི་ཉམས་པ་མི་མངའ་བ་དང་། གང་གི་སྒོ་གསུམ་གྱི་ལས་གསུམ་པོ་ཐམས་ཅད་ཡེ་ཤེས་སྔོན་དུ་འགྲོ་ཞིང་ཡེ་ཤེས་རྗེས (195a) སུ་འཇུག་པ་དང་། དུས་གསུམ་གྱི་ཤེས་བྱ་ལ་རྟག་ཏུ་ཐོགས་པ་མེད་ཅིང་། ངེས་པར་མཁྱེན་པ་རྒྱ་ཆེན་པོ་འཇུག་པ་སྟེ། ཆོས་མ་འདྲེས་པ་བཅོ་བརྒྱད་ནི། རྒྱུ་གང་ལས་འགྲུབ་པ་སོགས་ཚིགས་མངས་སུ་དོགས་ནས་མ་བྲིས་སོ། །ཆོས་མ་འདྲེས་པ་བཅོ་བརྒྱད་གང་རྟོགས་ཤིང་ཐོབ་ན་རིགས་ཅན་གསུམ་གྱི་འགྲོ་བར་འཛིགས་པ་མེད་པའི་དམ་པའི་ཆོས་ཀྱི་འཁོར་ལོ་ཆེན་པོ་རབ་ཏུ་བསྐོར་བར་མཛད་པའི་མཁྱེན་པ་དང་། ཐུགས་རྗེ་ཆེན་པོ་དང་ལྡན་པའི་རྒྱལ་བ་ཉིད་འབའ་ཞིག་ཡིན་པས་དེ་སངས་རྒྱས་རྣམས་ཀྱིས་བརྙེས་པའོ། །ཡང་ན་མཁྱེན་པ་གོང་དུ་སྨོས་པས་ཆོས་འཁོར་བསྐོར་བ་ཐུགས་རྗེ་ཆེན་པོ་དང་ལྡན་པའི་ཁྱད་ཆོས་སུ་སྦྱོར།

六不共证：

7—12. **欲**、**精进**、**念**、**慧**、**解脱**不退失、**解脱**之**智观不退失**。后二种义为断不退失、现见断之证不退失。

不共事业者：

13—15. 成办身、语、意事业之三门**诸业**，皆以**智为先**且随智转。

不共智者：

16—18：**智于**（过去、现在、未来）三**时**一切所知无滞碍障，故**无障**。

（未二）说是惟佛之别法

如是此等**十八法**与他不共，故乃**大师**之**不共**功**德**。(3.12－13)

（午二）释

大仙无错乱、**喧杂**、**忘失**、不住定之**心动**、起生死涅槃**异**体**想**、**自然舍**，为众生说法之**欲**、勇猛利生之**精进**皆无退失、如实观一切有情相续等之**念**、**清净无垢智**、**恒常解脱**、**普观所知境解脱智**皆**无退失**，**三门诸业**皆**智为先且随智而转**，于**三时**所知**常无滞**碍、**决定**广**大智转**。十八不共法从何因生等，恐烦不录。**凡证**得此十八不共法者，即**具**足**为**具三种性**众生无畏**善**转**大正**法轮**之智及**大悲**，此**惟佛**故，**诸佛方得彼**。又，上述之智为具足转法轮大悲之别法。(3.14－15)

གསུམ་པ་ནི། ནམ་མཁའ་བཞིན་ཞེས་བྱ་བ་ནི་མཚམས་སྦྱར་བའོ། །དཔེ་དོན་སྦྱར་བ་ནི། སྲ་བ་དང་། གཤེར་པ་དང་། དྲོ་བ་དང་། གཡོ་བ་ལ་སོགས་ལ་ཡོད་པའི་ཆོས་ཉིད་དེ་མཚན་ཉིད་གང་ཡིན་པའི་ཆོས་ཉིད་དེ་ནི་ནམ་མཁའ་མཚན་ཉིད་མིན་ལ། ནམ་མཁའི་མཚན་ཉིད་ཐོགས་བཅས་ཀྱི་སྒྲིབ་པ་མེད་པ་དང་། གཟུགས་ཅན་གཞན་གྱི་གོ་འབྱེད་པ་ལ་སོགས་པའི་མཚན་ཉིད་གང་ཡིན་པ་དེ་གཟུགས་ལ་མེད་ཀྱང་མཚུངས་ཆོས་དུ་མས་མཚུངས་པ་ནི་ས་ཆུ་མེ་རླུང་ནམ་མཁའ་ལྔ་པོ་བྱིས་པའི་ཤེས་པའི་ཡུལ་ལ་སོགས་པར་མཚུངས་པས་འཇིག་རྟེན་ན་ནི་ཐུན་མོང་སྟེ་མ་འདྲེས་པ་བཅོ་བརྒྱད་ཉིད་ནི་རྡུལ་ཕྲན་ཙམ་ཡང་འཇིག་རྟེན་དག་ན་ཐུན་མོངས་པ་མིན་པས་མ་འདྲེས་པ་ཞེས་བྱའོ། །

གཉིས་པ་ལ་གཉིས། མཚམས་སྦྱར་བ་དང་། དོན་བཤད་པའོ། །

དང་པོ་ནི། སྐྱེས་བུ་ཆེན་པོའི་ཞེས་སོ། །

གཉིས་པ་ལ་གསུམ། （195b） རྒྱས་པར་བཤད་པ་དང་། དོན་བསྡུ་བ་དང་། དཔེ་དོན་སྦྱར་བའོ། །

དང་པོ་ནི། ཞབས་ཀྱི་མཐིལ་རུས་སྦལ་གྱི་ལྟོ་བ་ལྟར་ཀུན་ནས་མཉམ་པར་ལེགས་པར་གནས་པ་སྔོན་ཡི་དམ་བརྟན་པ་ལས་གྲུབ་པ་དང་། སྔོན་བླ་མ་རྣམས་ལ་སྐྱེལ་བ་དང་གསུ་བ་ལ་སོགས་པ་བྱས་པ་ལས་གྲུབ་པ་ཕྱག་དང་ཞབས་ཀྱི་མཐིལ་འཁོར་ལོས་མཚན་པ་དང་། གཞན་ཁྲིད་དུ་མ་བསད་པ་ལས་གྲུབ་པ་ཞབས་ཀྱི་རྟིང་པ་ཡངས་ཤིང་ཞབས་ཀྱི་ལོང་བུ་མི་མངོན་པ་དང་། སྔོན་སེམས་ཅན་སྐྱབས་པས་ཕྱག་ཞབས་ཀྱི་སོར་མོ་རིང་བ་དང་། གཞན་གྱི་འཁོར་མ་ཕྱེ་བས་ཕྱག་ཞབས་ཀྱི་སོར་མོ་ནི་དྲ་བ་ཡིས་ནི་འབྲེལ་པ་དང་། སྔོན་གོས་འཇམ་པ་ཕུན་སུམ་ཚོགས་པ་བྱིན་པས་པགས་པ་འཇམ་ཞིང་གཞོན་ཤ་ཅན་ལ་ལེགས་པར་མཛེས་པ་ཉིད་དོ། །བཟའ་བ་དང་བཅའ་བ་སོགས་ལེགས་པར་བྱིན་པས་སྐུ་ནི་ཕྱག་ཞབས་ཀྱི་ཐོལ་བཞི་དང་། མགུལ་གྱི་ལྷུན་ཐལ་གོང་གཉིས་དང་། ལྟག་པ་སྟེ། བདུན་དག་མཐོ་བ་དང་། བུ་མོ་རིན་ཆེན་གྱིས་ཞུས་པའི་མདོ་ལས་འབྱུང་བ་དང་། གཞན་ལས་འབྱུང་བ་མི་འདྲ་བ་འགལ་བར་མི་བསམ་མོ། །སྔོན་སངས་རྒྱས་ཀྱི་ཆོས་མ་ལུས་པ་བཟུང་བ་ལས་བྱིན་པ་རི་དྭགས་ཨེ་ན་ཡའི་འདྲ་བར་ཟླུམ་ཞིང་བྱིན་གྱིས་ཕྲ་བ་དང་། གསང་ཚིག་བསྲུངས་ཤིང་མི་ཚངས་སྤྱོད་སྤངས་པས་གསང་གནས་གླང་པོ་ཆེ་བཞིན་དུ་སྦུབས་སུ་ནུབ་པ་དང་། དགེ་བའི་ལས་རྒྱ་ཆེན་པོ་རིམ་གྱིས་སྤྱད་པས་རོ་སྟོད་སེངྒེ་འདྲ་བར་རྒྱས་པ་དང་། སྔོན་དགེ་བའི་ཆོས་ཡང་དག་པར་སྦྱང་བ་ལས་ཐལ་གོང་ཕྲག་སོ་བར་མ་ཁེངས་པ་མེད་པར་རྒྱས་པ་དང་། གཞན་ལ་མི་འཇིགས་པ་བྱིན་ཞིང་དབུགས་ཕྱུང་བ་ལས། དཔུང （196a） མགོ་ལེགས་ཟླུམ་སྟེ་ཕྲག་པའི་ལྷུན་མཛེས་པར་གྲུབ་པ་དང་།

（午三）配喻

所谓如虚空者为承启。喻义结合者，凡**有坚**、湿、暖、动**等法性**或相者，**彼**法性**即非**是虚**空**之**相**。**虚空相**为**无**碍着之**障**、容有余有色等，**不为色所具**，然与多法等同，**地**、**水**、**火**、**风**、**空**五种，愚夫识境中相**同，故**于**世**间**为共**；十八**不共**法，**微尘许亦于**诸**世**间**不共**故，名“不共”。(3. 16)

（卯二）释异熟功德

分二：（辰一）承启；（辰二）释义。

（辰一）承启

所谓身具三十二大丈夫相者：

（辰二）释义

分三：（巳一）广释；（巳二）摄义；（巳三）喻义结合。

（巳一）广释

1. 由昔律仪坚固故，感得足底**平整**如龟腹状。

2. 由昔迎起师长等故，感得手足心**具轮相**。

3. 由昔不轻毁他故，感得足跟**宽广**、足**踝不突**现。

4. 由昔作有情依怙故，感得手足**指**纤**长**。

5. 由昔不离散他眷属故，感得**手足指**有**缦网相连**。

6. 由昔施圆满柔软衣故，感得皮**肤**柔**软细嫩**华**美**。

7. 由昔善施饮食等故，感得手足四背、颈、双肩**身七处丰隆**。《宝女请问经》中所说者与他经所说不同，不应思为相违①。

8. 由昔受持佛法无余故，双**腿**渐次细圆**如翳泥耶**兽。

9. 由昔善防护秘密语、舍非梵行故，感得**阴**相**密藏如象**。

10. 由昔渐次行持广大善业故，感得**上身**丰满**如狮子**。

11. 由昔正行善法故，感得双**肩**中间**无陷**而**丰满**。

12. 由昔于他作无畏施复安慰故，感得双**臂圆**实端严。

① 一说为身体背部双臀、双腿、双肩、背七处。

གཞན་གྱི་ལས་སྒྲོ་བཞིན་དུ་བསྒྲུབས་པས་ཕྱག་འཛམ་ལ་དབྱིབས་ལྷུམ་ཞིང་མཐོ་དམན་མེད་པ་དང་། ཕྱག་རིང་བ་མ་བཏུང་བར་ཕྱག་མཐིལ་གྱིས་པུས་མོ་ལ་སླེབ་པ་དང་། དགེ་བ་བཅུ་ངོམས་པ་མེད་པར་སྤྱོད་པ་ལས་དྲི་མས་ཡོངས་སུ་དག་པའི་སྐུ་འོད་ཀྱི་དཀྱིལ་འཁོར་དང་ལྡན་པ་དང་། ནད་པ་ལ་སྨན་སྣ་ཚོགས་པ་བྱིན་པས་མགྲིན་པ་དྲི་མེད་དབྱིབས་དུང་དང་འདྲ་བ་དང་། མཚན་འདི་གཉིས་ནི་གཞན་ལས་མི་འབྱུང་ངོ། །གཞན་རྒྱུད་ལ་དགེ་བ་ཡོངས་སུ་རྫོགས་པར་བྱས་པས་འགྲམ་པ་རི་དྭགས་ཀྱི་རྒྱལ་པོ་དང་འདྲ་བ་དང་། སེམས་ཅན་ལ་སེམས་མཉམ་པར་བྱས་པ་ལས་ཚེམས་ནི་བཞི་བཅུ་ཟླ་འོག་ཉི་ཤུ་ཉི་ཤུར་མཉམ་པ་དང་། སེམས་ཅན་མི་མཐུན་པ་ལྷུམས་པ་ལས་བར་དང་ཚེམས་ཐགས་བཟང་བ་དང་། ཡིད་དུ་འོང་བའི་ནོར་བུ་བྱིན་པས་དྲི་མས་རྣམ་པར་དག་ཅིང་ཚེམས་རིང་ཐུང་ཅ་ཉམ་པ་ཉིད་དང་། ལུས་ལ་སོགས་པའི་ལས་གསུམ་བསྲུངས་པས་མཆེ་བ་རབ་མཆོག་དཀར་བ་ཉིད་དང་། བདེན་པའི་ཚིག་བསྲུངས་པས་ལྗགས་རིང་བ་དང་། བསོད་ནམས་ཚད་མེད་པ་བརྟན་ཅིང་ཡིད་དུ་འོང་བ་རོ་བྲོ་བ་བྱིན་པས་མཐའ་མེད་པ་དང་། བསམ་དུ་མེད་པའི་རོ་བྲོ་བའི་མཆོག་ཉིད་དང་། འཇམ་ཞིང་གཉེན་པའི་ཚིག་སྨྲས་པས་འབད་རྩོལ་ལ་མི་ལྟོས་པའི་རང་བྱུང་ཀ་ལ་པིང་ཀ་ཡི་སྒྲ་དང་ཚངས་པའི་དབྱངས་ཉིད་དང་འདྲ་བར་སྙན་པ་དང་། བྱམས་པ་ཐམས་ཅད་བསྲུངས་པས་སྤྱན་བཟང་པོ་ཨུ ་ལ་དང་འདྲ་བ་སྤྱན་མཐོན་མཐིང་དང་ལྡན་ཞིང་དཀར་ནག་འབྱེས་པ་དང་། གཡོ་སྒྱུ་མེད་པར་གོམས（196b）པ་ལས་རྫི་མ་ཁྱུ་མཆོག་གི་རྫི་མ་འདྲ་བར་སྟུམ་ཞིང་མ་འཛིངས་པ་དང་བསྔགས་པར་འོས་པ་རྣམས་བསྔགས་པ་ལས་ཞལ་མཛེས་པའི་སྨིན་མཚམས་ན་དྲི་མ་མེད་པའི་མཛོད་སྤུ་དཀར་ཞིང་གཡས་སུ་འཁྱིལ་བ་དུ་མ་ཡོད་པ་དང་ལྡན་པ་དང་། བླ་མ་ལ་གུས་པ་ལས་གཙུག་ཏོར་དབུར་ལྡན་པ་དང་། ཆོས་འཚོལ་བ་ལ་སེམས་ལས་སུ་རུང་བ་དང་ཡིད་དུ་འོང་བའི་གོས་དང་མལ་སྟན་བྱིན་པ་ལས་རིམ་པ་བཞིན་དུ་པགས་པ་དག་ཅིང་སྲབ་པ་དང་། པགས་པ་གསེར་གྱི་མདོག་འདྲ་བའི་སེམས་ཅན་མཆོག་དང་། འདུ་འཛི་སྤངས་ཤིང་དགེ་བའི་ཆོས་བླངས་པ་འཕེལ་བར་བྱས་པ་དང་། མཁན་སློབ་སོགས་ཀྱི་གདམས་ངག་ལ་མཐུན་པར་བཟུང་བས་རིམ་པ་བཞིན་དུ་བ་སྤུ་ལེགས་པར་ཕྲ་ལ་འཇམ་ཞིང་རེ་རེ་ནས་སྐྱེས་པ་དང་། སྐུའི་གྱེན་དུ་དང་གཡས་ཕྱོགས་སུ་འཁྱིལ་བ་དང་།

13. 由昔欢喜成办他人事故，感得手柔形圆、无有高低之别、臂长、手心抵膝。

14. 由昔无厌行十善故，感得无垢清净身、具足光明轮。

15. 由昔施病者种种药故，感得喉无垢、形如螺。此二相不见他经。

16. 由昔令他相续中圆满善故，两颊如兽王。

17. 由昔于有情心平等故，感得上下各二十齿共四十齿平齐。

18. 由昔令不合有情和合故，感得诸齿根严密。

19. 由昔施悦意宝故，感得齿无垢清净、长短平整。

20. 由昔护身等三业故，感得诸齿色洁白。

21. 由昔护谛实语故，感得舌广长。

22. 由昔无量福德坚固且施美味故，感得无边及难思议最上美味。

23. 由昔说柔软语故，感得不待功用自生伽陵频伽音以及妙梵音。

24. 由昔于一切修慈故，感得妙目如青莲、其色绀青、黑白分明。

25. 由昔串习无谄诳故，感得睫毛浓密、不相杂乱如牛王。

26. 由昔讚应讚故，感得端严面部之眉间有无垢右旋白毫。

27. 由昔恭敬师长故，感得顶髻高显。

28. 由昔于求法心堪能、施悦意衣及敷具故，依次感得皮肤清净、致密、肤色如金之上有情。

29. 由昔远离愦闹、受持善法而令增长、奉行亲教师、轨范师等之教诫故，依次感得身毛细软、各别而生、于身上靡作右旋。

སེམས་ཅན་ཀུན་ལ་བརྩེ་ཞིང་མཚོན་ཆ་སོགས་སྤངས་པས་དབུ་སྐྲ་དྲི་མ་མེད་ཅིང་རིན་ཆེན་མཐོན་མཐིང་གི་མདོག་བཞིན་དང་། བདག་གཞན་མཉམ་པར་ཉིད་ངེ་འཛིན་ལ་སྦྱར་བ་ལས་སྐུ་ཆུ་གྲུ་རྫོགས་པའི་སྡོན་ཤིང་གི་དཀྱིལ་འཁོར་དང་འདྲ་བར་ཆུ་ཞིང་གབ་པ་དང་། དེ་བཞིན་གཤེགས་པའི་སྐུ་གཟུགས་བྱས་པ་དང་མཆོད་རྟེན་བཞིག་པ་སོགས་གསོས་པ་དང་། འཇིགས་པ་ན་དབུགས་ཕྱུང་བ་དང་། མི་མཛའ་བ་རྣམས་ལྷུམས་པ་ལས་ཀུན་ཏུ་བཟང་པོ་དཔེ་མེད་པའི་དྲང་སྲོང་ཆེན་པོ་སྐུ་ཁྲུ་བདུན་དུ་འཕགས་ཤིང་དྲང་བ་དང་། སྲིད་མེད་བུའི་སྟོབས་མངའ་ཞིང་མཁྲེགས་པའི་སྐུ་དང་ལྡན་པའི་མཚན་སུམ་ཅུ་རྩ་གཉིས་སོ། །

གཉིས་པ་དོན་བསྡུ་བ་ནི། བློ་དམན་པ་གཞན་གྱིས་བསམ་གྱིས་མི་ཁྱབ་པ་འོད་འབར (197a) བའི་མཚན་སུམ་ཅུ་རྩ་གཉིས་པོ་འདི་དག་སྟོན་པས་མི་དབང་གི་མཚན་དུ་བུ་མོ་རིན་ཆེན་གྱིས་ཞུས་པའི་མདོ་ལས་གསུངས་སོ། །མདོ་སྡེ་ཁ་ཅིག་ནས་སྐུ་བདུན་མཐོ་བ་མེད་པར་པགས་པ་དག་ཅིང་སྲབ་པ་དང་། གསེར་གྱི་མདོག་འདྲ་བ་གཉིས་སུ་ཕྱེ་ནས་སུམ་ཅུ་རྩ་གཉིས་སུ་བཤད་དོ། །

གསུམ་པ་ལ་ཆུ་ཟླ་བཞིན་ཞེས་བྱ་བ་ནི་མཚམས་སྦྱར་བའོ། །དཔེ་དོན་སྦྱར་བ་ནི། ཇི་ལྟར་ཏེ་དཔེར་ན་སྤྲིན་མེད་པའི་ནམ་མཁའི་ཟླ་བའི་གཟུགས་སྟོན་ཀའི་ཆུ་སྔོན་པོ་དྲི་མ་མེད་པའི་མཚོར་ནི་ཟླ་བའི་གཟུགས་བརྙན་ཐ་མལ་བ་གཞན་གྱིས་མཐོང་བ་ལྟར་དེ་བཞིན་དུ་རྒྱལ་སྲས་བྱང་ཆུབ་སེམས་དཔའི་ཚོགས་ཀྱིས་ཁྱབ་བདག་གི་གཟུགས་ལོངས་སྤྱོད་རྫོགས་པའི་སྐུ་དང་དེའི་གཟུགས་བརྙན་མཆོག་གི་སྤྲུལ་པའི་སྐུ་ཉན་རང་འཕགས་པ་དང་སོ་སོ་སྐྱེ་བོ་ཁ་ཅིག་གིས་ཀྱང་རྫོགས་པའི་སངས་རྒྱས་ཀྱི་འཁོར་གྱི་དཀྱིལ་འཁོར་གྱི་ནང་དུ་མཐོང་བར་འགྱུར་རོ། །

གཉིས་པ་ཤེས་བྱེད་ལུང་དང་སྦྱར་བ་ལ་གསུམ། བཤད་ཟིན་གྱི་མཚམས་སྦྱར་བ་དང་། རྩ་བ་དང་། འགྲེལ་པའོ། །

དང་པོ་ནི། དེ་ལྟར་དེ་བཞིན་གཤེགས་པའི་ཞེས་ཏེ།① སྔ་མའི་དོན་བསྡུར་བྱས་པ་དང་དོན་འདྲའོ། །

① 此处科判疑误。见汉译“卯三”。

30. 由昔悲悯一切有情、舍弃兵刃等故，感得头**发无垢如绀青宝**色。

31. 由昔修自他平等三摩地故，感得**身**躯六合平整**如诺瞿陀树形**。

32. 由昔造如来像、修复塔等、安慰怖畏者、令不睦者和合故，感得普**贤无喻大仙人**身，高逾七肘、洪直，具**无忧子力**、**躯**体**结实**。以上三十二相。

（巳二）摄义

诸余劣慧所**不可思议**光明炽盛**三十二**相，此等是**大师**于《宝女请问经》中**所说人王之相**。某经所说之三十二相，不列身七处丰隆之一相，而将皮清净致密与肤色如金开列为二。（3.17－25）

（巳三）喻义结合

所谓如水月者为承启。喻义结合者，**譬如无云虚空月形**，于**秋水**湛**蓝**无垢**湖中**之月影为他常人**所见**，**如是佛子**菩萨**众亦**于**佛**眷属**曼荼罗中**，**见遍主形**圆满受用身。其影像殊胜化身，声闻、独觉圣者及一类异生亦能见之。（3.26）

（卯三）由数量门摄义

如是如来十力、**四无畏**、**十八佛不共法**、**三十二大丈夫相合计共六十四种**。

（丑二）配合经教依据

分三：（寅一）已说之承启；（寅二）《论》；（寅三）《释》。

（寅一）已说之承启

同前段之摄义。

གཉིས་པ་ནི། བྲལ་བའི་ཡོན་ཏན་སུམ་ཅུ་རྩ་གཉིས་དང་། རྣམ་སྨིན་གྱི་ཡོན་ཏན་སུམ་ཅུ་རྩ་གཉིས་ཀྱིས་བསྡུས་པ་ཡོན་ཏན་དྲུག་ཅུ་རྩ་བཞི་པོ་འདི་དག་སོ་སོ་རང་རང་གི་ངོ་བོ་དང་གང་ལས་འགྲུབ་པའི་རྒྱུར་བྱས་ཏེ་འདིར་བཤད་པའི་གོ་རིམ་ཇི་བཞིན་དུ་བུ་མོ་རིན་ཆེན་གྱི་ཞུས་པའི་མདོ་ལས་གསུངས་པས་རྒྱས་པར་བུ་མོ་རིན་ཆེན་གྱི་མདོའི་རྗེས་སུ་འབྲངས་ནས་ཤེས་པར་བྱའོ། །

གསུམ་པ་ནི། ཇི་སྐད་བསྟན་པ（197b）ཉིད་ཀྱི་ཞེས་སོ། །

གསུམ་པ་དཔེས་བསྟན་པའི་དོན་བསྡུ་བ་ལ་གཉིས། མཚམས་སྦྱར་བ་དང་། རྩ་བའོ། །

དང་པོ་ནི། ཡོན་ཏན་གྱི་གནས་འདི་དག་ལ་ཞེས་སོ། །

གཉིས་པ་ལ་གཉིས། མདོར་བསྟན་པ་དང་། ཆོས་མཐུན་སོ་སོར་བཤད་པའོ། །

དང་པོ་ནི། སྟོབས་ནི་མི་མཐུན་ཕྱོགས་གང་གིས་ཀྱང་མི་ཕྱེད་པ་རྡོ་རྗེ་དང་འདྲ་བ་དང་། མི་འཇིགས་པ་ནི་བརྟན་པའི་རྩ་བ་མཐར་ཐུག་པ་གང་ལས་ཀྱང་མི་ཞན་པ་སེང་གེ་དང་འདྲ་བ་དང་། སངས་རྒྱས་ཀྱི་ཆོས་མ་འདྲེས་པ་ཡོན་ཏན་གཞན་གང་དང་ཡང་མཚུངས་པ་མེད་པ་ནམ་མཁའ་དག་པ་དང་འདྲ་བ་དང་། གཟུགས་ཀྱི་སྐུ་གཉིས་གང་གིས་ཀྱང་བཞིག་པར་བྱར་མེད་ཅིང་གཡོ་བ་མེད་པའི་ཕྱིར་ཆུའི་ཟླ་བའི་དཔེས་བསྟན་ཏོ། །

གཉིས་པ་ལ་གཉིས། བྲལ་བའི་ཡོན་ཏན་གྱི་ཆོས་མཐུན་བཤད་པ་དང་། རྣམ་སྨིན་གྱི་ཡོན་ཏན་གྱི་ཆོས་མཐུན་བཤད་པའོ། །དང་པོ་ལ་གཉིས། རྒྱས་པར་བཤད་པ་དང་།

དོན་བསྡུ་བའོ། །དང་པོ་ལ་གསུམ། སྟོབས་ཀྱི་ཆོས་མཐུན་དང་། མི་འཇིགས་པའི་ཆོས་མཐུན་དང་མ་འདྲེས་པའི་ཆོས་མཐུན་ནོ། ། དང་པོ་ལ་གཉིས། སྟོབས་ཀྱི་ནུས་པའི་ཁྱད་པར་དང་། མི་ཕྱེད་པའི་དོན་བཤད་པའོ། །

དང་པོ་ནི། གནས་དང་གནས་མ་ཡིན་པ་མཁྱེན་པའི་སྟོབས་སོགས་རྣམས་ལས་སྟོབས་དང་པོ་དྲུག་དང་། དེ་ནས་གསུམ་དང་། ཐ་མ་གཅིག་གིས་གོ་རིམས་བཞིན་དུ་ཤེས་བྱའི་སྒྲིབ་པ་གོ་ཆ་མཚོན་གྱིས་ཕུགས་པ་དང་འདྲ་བར་ཕུག་པ་དང་། སྙོམས་པར་འཇུག་པའི་སྒྲིབ་པ་རྩིག་པ་བརྟན་པོ་བཤིག་པ་དང་འདྲ་བར་བཞིག་པ་དང་། བག་ཆགས་བཅས་པ་ཉོན་མོངས་པའི་སྒྲིབ་པ་ཀུན་བསལ་བས་ཤིང（198a）གཅོད་པ་བཞིན་དུ་བཅད་པའི་ཕྱིར་རོ། །

（寅二）《论》

三十二离系功德、三十二异熟功德所摄**六十四**种**功德**，**此等各各**之体性及感得之**因**，**如**此中**所说**之**次第**是《**宝女**请问**经**》中所说，广者当**随**该经得**解**。（3.27）

（寅三）《释》

如是以此次第所说如来六十四种功德差别者，**当随《宝女经》得解**。

（癸三）摄喻所说义

分二：（子一）承启；（子二）《论》。

（子一）承启

于此等功德处，**依次说金刚**、**狮**、**虚空**、**水月诸喻**。**彼之摄义者**，**当以十颂得解**：

（子二）《论》

分二：（丑一）略标；（丑二）各别释同法。

（丑一）略标

力者，所治品皆**不**能**坏**，**如金刚**；无畏者，坚固根本究竟全**无怯弱**，如**狮**子；佛不共法者，余诸功德皆**无**可**比**，如清**净**虚**空**。二种色身皆无能坏、**不动**摇**故**，是**水月喻所示**。（3.28）

（丑二）各别释同法

分二：（寅一）释离系功德同法；（寅二）释异熟功德同法。

（寅一）释离系功德同法

分二：（卯一）广释；（卯二）摄义。

（卯一）广释

分三：（辰一）力之同法；（辰二）无畏之同法；（辰三）不共法之同法。

（辰一）力之同法

分二：（巳一）力之差别；（巳二）释不坏之义。

（巳一）力之差别

处与非处智力等**诸力之**初**六力**、次**三**力、后**一**力，**如**其**次第**，**如**以锐器穿透**所知**障**铠甲**而**穿**，如坏坚固**等引**障**墙**而**坏**，如断烦恼障及**习气树**而**断故**。

གཉིས་པ་ལ་གཉིས། བསྟན་པ་དང་། བཤད་པའོ། །དང་པོ་ནི། བསྒྲིང་བ་དང་། སྒྲིང་པོ་དང་ལྡན་པ་དང་། བརྟན་པ་དང་མི་ཕྱེད་པས་དྲང་སྲོང་སྟོབས་ནི་རྡོ་རྗེ་དང་འདྲའོ། །

གཉིས་པ་ནི། རྒྱུ་མཚན་གང་གི་ཕྱིར་ན་བསྒྲིང་བ་ཡིན་ཏེ། ཆོས་རྣམས་ཀྱི་སྒྲིང་པོའི་མཐར་ཐུག་པའི་ཕྱིར་གང་གི་ཕྱིར་ན། སྒྲིང་པོའི་མཐར་ཐུག་སྟེ། བརྟན་པའི་ཡོན་ཏན་མཐར་ཐུག་ཡིན་པའི་ཕྱིར། གང་གི་ཕྱིར་ན། བརྟན་པ་ཡིན་ཏེ། མི་མཐུན་ཕྱོགས་ཀྱིས་མི་ཕྱེད་པའི་མཐར་ཐུག་པའི་ཕྱིར། མི་ཕྱེད་པའི་ཕྱིར་ན་རྡོ་རྗེ་བཞིན་ནོ། །

གཉིས་པ་ལ་གཉིས། བསྟན་པ་དང་། བཤད་པའོ། །དང་པོ་ནི། འཇིགས་པ་མེད་པའི་ཕྱིར་དང་། གཞན་ལ་ལྟོས་པ་མེད་པའི་ཕྱིར་དང་། བསམ་པ་བརྟན་པའི་ཕྱིར་དང་། མི་མཐུན་ཕྱོགས་འཇོམས་པའི་རྩལ་ནི་ཕུན་སུམ་ཚོགས་པས་ཐུབ་པ་མིའི་སེངྒེ་རི་དྭགས་ཀྱི་རྒྱལ་པོ་སེངྒེ་བཞིན་དུ་འཁོར་གྱི་ཚོགས་སུ་འཇིགས་པ་མི་མངའ་བའི་མི་འཇིགས་པའི་ཡོན་ཏན་དང་ལྡན་པའོ། །

གཉིས་པ་ནི། ཤེས་བྱ་ཀུན་མངོན་སུམ་དུ་མཁྱེན་པས་འཇིགས་པའི་རྒྱུ་ཟད་པའི་ཕྱིར་རྒྱུ་གང་ལས་ཀྱང་འཇིགས་པ་མེད་པར་ནི་རྣམ་པར་གནས་པའོ། །ཉོན་མོངས་པ་མ་ལུས་པས་དག་པའི་སེམས་ཅན་དང་ཡང་བདག་ཉིད་མི་མཉམ་ཞིང་ལྷག་པར་མངོན་སུམ་དུ་གཟིགས་པའི་ཕྱིར། གཞན་ལ་ལྟོས་པ་མེད་པའོ། །ཐུགས་ནི་ཆོས་རྣམས་ཐམས་ཅད་ལ་མངོན་སུམ་དུ་རྩེ་གཅིག་ཏུ་གནས་པའི་ཕྱིར་ན་བརྟན་པོ་ཉིད་དོ། །མཆོག་ཏུ་སྔེ་ཁྱད་པར་དུ་མ་རིག་པའི་བག་ཆགས་ཀྱི་ས་ལས་ཟད་པར་བརྒྱལ་བའི་ཕྱིར་རྩལ་ལྡན་ནོ། །

གསུམ་པ་ནི། འཇིག་རྟེན་པ་དང་། ཉན་ཐོས་དང་མཐའ（198b）གཅིག་ཏུ་རང་དོན་གྱི་སྤྱོད་པ་ཅན་རང་སངས་རྒྱས་དང་བློ་ལྡན་བྱང་ཆུབ་སེམས་དཔའ་དང་། རང་བྱུང་ཡང་དག་པར་རྫོགས་པའི་སངས་རྒྱས་རྣམས་གོང་ནས་གོང་དུ་བློ་དག་ནི་ཕྲ་བའི་རིམ་པ་ལྔ་ཡོད་པའི་ཕྱིར་དཔེ་ནི་རྣམ་པ་ལྔར་ཤེས་པར་བྱའོ། །དང་པོ་བཞིའི་ཆོས་རྣམས་ནི་འཇིག་རྟེན་ཀུན་གྱི་ཐུན་མོང་དུ་ཉེར་འཚོའི་གནས་ཡིན་པའི་ཕྱིར་ས་ཆུ་མེ་རླུང་རྣམས་དང་མཚུངས་སོ། །སངས་རྒྱས་ཀྱི་ཆོས་མ་འདྲེས་པ་ནི། འཇིག་རྟེན་པ་དང་སངས་རྒྱས་ལས་གཞན་པའི་འཇིག་རྟེན་ལས་འདས་པའི་ཡོན་ཏན་གྱི་མཚན་ཉིད་ལས་འདས་པ་ནམ་མཁའ་བཞིན་དུ་ཤེས་པར་བྱའོ། །ལྔ་པ་སངས་རྒྱས་ཀྱི་དཔེར་ཡང་སྦྱར་དུ་རུང་བ་ཙམ་མོ། །

གཉིས་པ་ནི། དེ་ལྟར་ཡོན་ཏན་སུམ་ཅུ་ནི་རྩ་གཉིས་པོ་འདི་ཆོས་སྐུས་རབ་ཏུ་ཕྱེ་བའི་ཡོན་ཏན་ཏེ་ནོར་བུ་རིན་ཆེན་གྱི་འོད་གསལ་བ་དང་། མདོག་དང་དབྱིབས་རྣམས་ནོར་བུ་རིན་པོ་ཆེ་ལས་ངོ་བོ་ཐ་དད་པའི་དབྱེ་བ་མེད་པ་བཞིན་དུ་ཡོན་ཏན་དེ་རྣམས་ཆོས་ཀྱི་སྐུ་ལ་ངོ་བོ་ཐ་དད་པའི་དབྱེ་བ་མེད་པའི་ཕྱིར་རོ། །

（巳二）释不坏之义

分二：（午一）标；（午二）释。

（午一）标

安稳、具藏、坚固、不坏故，仙人力者如金刚。（3.29－30）

（午二）释

何故是安稳？是诸法藏之究竟故。何故是藏之究竟？是坚固功德之究竟故。何故是坚固？不为所治品所坏之究竟故，以不坏故如金刚。（3.31）

（辰二）无畏之同法

分二：（巳一）标；（巳二）释。

（巳一）标

无所畏故，不观待他故，意乐坚固故，坏所治品力圆满故，能仁人狮子如兽王狮子，具足处眷会中无所畏之功德。（3.32）

（巳二）释

现了知一切所知而断怖畏因故，全无所畏而住。自与烦恼无余净之有情不等且增上现见故，不观待他。心于一切法现前专注故，坚固。别超越无明习气地故，具力。（3.33－34）

（辰三）不共法之同法

世人、声闻、一边自利行独觉、具慧菩萨及自生正等觉，心智辗转微细，有五次第故，当知其喻有五种：初四诸法者，是诸世间共命处故，同地、水、火、风。佛不共法者，超出世间及除佛外余出世间功德相，当知如虚空。配作佛喻亦可。（3.35－36）

（卯二）摄义

如是以法身为差别三十二功德，如摩尼宝光、色、形与摩尼宝体性无别，以诸功德与法身体性无别故。（3.37）

གཉིས་པ་ལ་གཉིས། ཡོན་ཏན་རྟེན་དང་བཅས་པ་དང་། དཔེ་དོན་ཆོས་མཐུན་བཤད་པའོ། །

དང་པོ་ནི། གདུལ་བྱ་རྣམས་ཀྱིས་མངོན་སུམ་གྱིས་མཐོང་ན་ཡིད་ཚིམ་པར་བྱེད་པའི་ཡོན་ཏན་གང་ཡིན་པ་མཚན་བཟང་པོ་སུམ་ཅུ་རྩ་གཉིས་ཞེས་བྱ་བ་མཆོག་གི་སྤྲུལ་པའི་སྐུ་དང་། ཐེག་པ་ཆེན་པོའི་ཆོས་ལ་རྫོགས་པར་ནི་ལོངས་སྤྱོད་པ་ལོངས་སྤྱོད་རྫོགས་པའི་སྐུ་གཉིས་ཀྱིས་བསྡུས་པའི་གཟུགས་ཀྱི་སྐུ་གཉིས་ལ་བརྟེན་པའོ། །

གཉིས་པ་ནི། གདུལ་བྱ་སངས་རྒྱས་མཐོང་བའི་སྒྲིབ་བྱེད་ཀྱི་ལས་དག་པ་སོ་སོ་སྐྱེ་བོ་དང་། ཉན་ཐོས་དང་རང་སངས་རྒྱས་སོགས་ཁམས (199a) དག་པ་ལས་གདུལ་བྱ་རིང་པ་རྣམས་ལ་འཇིག་རྟེན་དུ་ཆུ་ནང་གི་ཟླ་བའི་གཟུགས་བརྙན་བཞིན་དུ་མཆོག་གི་སྤྲུལ་པའི་སྐུ་མཐོང་བ་དང་། ཁམས་དག་པ་ལས་གདུལ་བྱ་ཉེ་བར་མཐར་ཕྱིན་པའི་བྱང་ཆུབ་སེམས་དཔའ་རྣམས་ལ་རྒྱལ་བའི་དཀྱིལ་འཁོར་དུ་ནམ་མཁར་གནས་པའི་ཟླ་གཟུགས་བཞིན་དུ་གཟུགས་ཀྱི་སྐུ་དེ་མཐོང་བ་ནི་གཙོ་བོ་རྣམ་པ་གཉིས་སུ་ཤེས་པར་བྱའོ། །

གསུམ་པ་ལེའུའི་མཚན་བསྟན་པ་ནི། ཐེག་པ་ཆེན་པོ་རྒྱུད་བླ་མའི་བསྟན་བཅོས་དཀོན་མཆོག་གི་རིགས་རྣམ་པར་དབྱེ་བ་ལས་དག་པ་གཉིས་ལྡན་གྱི་བྱང་ཆུབ་ལ་བརྟེན་པའི་ཡོན་ཏན་གྱི་སྐབས་ཏེ་ལེའུ་གསུམ་པ་ལས་ཐེག་པ་ཆེན་པོའི་ངེས་དོན་གྱི་མདོ་སྡེའི་དགོངས་པ་འགྲེལ་པར་བྱེད་པའི་བསྟན་བཅོས་ཀྱི་རྣམ་པར་བཤད་པ་སྐབས་གསུམ་པའི་འགྲེལ་པའོ། །

ཟབ་མོ་རྟོགས་པའི་བྲལ་འབྲས་སོ་གཉིས་དང་། །
རྒྱ་ཆེན་ལམ་གྱི་འབྲས་བུ་སུམ་ཅུ་གཉིས། །
རྗེ་བཙུན་བླ་མའི་གསུང་གི་མན་ངག་ལས། །
ཡབ་སྲས་གཉིས་ཀྱི་དགོངས་པ་ཇི་བཞིན་བཤད།། །།

（寅二）释异熟功德同法

分二：（卯一）释功德及所依；（卯二）释喻义同法。

（卯一）释功德及所依

诸所化现**见令**心**满足**之功**德**，**依**于**名**为**三十二**妙相之殊胜**变化**身、**圆满**受用大乘**法**之**圆满受用身**所摄之**二**种色身。（3.38）

（卯二）释喻义同法

清净能障见佛业之异生、声闻、独觉等，**疏**于**清净**界之诸所化，**于世**间见殊胜化身，**如水**中月影。究竟菩萨，**亲**于清净界之诸所化，于佛**曼荼罗**中见彼色身，如虚**空**中**月形**。当知**见者**主要**有此二种**。（3.39）

（壬三）示品名

《**辨宝性大乘上续论**》依具二清净菩提之**功德品第三**、开解大乘了义经意趣之论释第三品之疏。

深证离系广大道，二果各有卅二种，

谨依师尊语教授，如实释二父子意。

大乘上续论释大疏卷十五终

གསུམ་པ་ཡོན་ཏན་ལ་བརྟེན་པའི་འཕྲིན་ལས་བཤད་པ་ལ་གསུམ། མཚམས་སྦྱར་བ་དང་། དོན་བཤད་པ་དང་། ལེའུའི་མཚན་བསྟན་པའོ། །དང་པོ་ལ་གཉིས། བཤད་ཟིན་གྱི་མཚམས་སྦྱར་དང་། འཆད་འགྱུར་གྱི་མཚམས་སྦྱར་རོ། །

དང་པོ་ནི། དྲི་མ་མེད་པའི་ཞེས་སོ། །

གཉིས་པ་ནི། ད་ནི་དེའི་ལས་ཞེས་སོ། །

གཉིས་པ་ལ་གསུམ། མདོར་བསྟན་པ་དང་། རྒྱས་པར་བཤད་པ་དང་། འཕྲིན་ལས་ཚུལ་དེ་ལྟར་འཇུག་པ་དཔེས་བསྒྲུབ་པའོ། །དང་པོ་ལ་གཉིས། ལྷུན་གྱིས་གྲུབ་པའི (199b) དོན་བསྟན་པ་དང་། རྒྱུན་མི་འཆད་པའི་དོན་བསྟན་པའོ། །

དང་པོ་ནི། མངོན་མཐོ་ཙམ་ལ་མོས་པ་བཞག་པ་དང་། བྱང་ཆུབ་རྣམ་པ་གསུམ་ལ་མོས་པ་བཞག་པའི་གདུལ་བྱའི་ཁམས་དང་རིགས་དང་མོས་པ་སྣ་ཚོགས་པ་མངོན་སུམ་དུ་མཁྱེན་པ་དང་། གདུལ་བྱ་འདུལ་བའི་ཐབས་གཟུགས་ཀྱི་སྐུ་རྣམ་པ་གཉིས་དང་། གཟིངས་དང་ཟམ་པར་སྤྲུལ་པ་སོགས་དང་། ཞི་བ་དང་དྲག་པོས་འདུལ་བ་ལ་སོགས་པའི་ཀུན་སྤྱོད་དང་ནི་གདུལ་བྱའི་ཁམས་ཀྱི་འདུལ་བྱའི་བྱ་བ་འབྲས་བུ་མངོན་མཐོ་ངེས་ལེགས་ལ་འགོད་པ་དང་། དེ་དག་སྒྲུབ་པའི་ཐབས་སྟོན་པ་སོགས་ཀྱི་ཆེད་དུ་གདུལ་བྱ་དེ་གང་ན་ཡོད་པའི་ཡུལ་དུ་གཤེགས་པ་དང་། གང་གི་ཚེ་འདུལ་བའི་དུས་སུ་གཤེགས་པ་ལ་ཁྱབ་བདག་ཡང་དག་པར་རྫོགས་པའི་སངས་རྒྱས་དུས་རྟག་ཏུ་འབད་རྩོལ་ཉེ་བར་ཞི་བས་ལྷུན་གྱིས་གྲུབ་པར་འཇུག་པའོ། །

གཉིས་པ་ནི། བསྡུས་དོན་དང་། ཚིག་དོན་གཉིས་ཀྱིས་ཤེས་པར་བྱའོ། །དང་པོ་ལ་གཉིས། རྒྱས་པར་བཤད་པ་དང་། སྐབས་དོན་བསྡུ་བའོ། །དང་པོ་ལ་གསུམ། དཔེ་དྲུག་དང་། དོན་དྲུག་དང་། དཔེ་དོན་ཆོས་མཐུན་དྲུག་གོ།

དང་པོ་ནི། རྒྱ་མཚོ་དང་། ཉི་མ་དང་། ནམ་མཁའ་དང་། གཏེར་དང་། སྤྲིན་དང་། རླུང་ངོ་། །

大乘上续论释大疏卷十六

（辛三）释依功德之事业

分三：（壬一）承启；（壬二）释义；（壬三）示品名。

（壬一）承启

分二：（癸一）已说之承启；（癸二）将说之承启。

（癸一）已说之承启

已说无垢佛功德，

（癸二）将说之承启

今当说彼之事业胜者之所作。

（壬二）释义

分三：（癸一）略标；（癸二）广释；（癸三）以喻成立如是趣入事业理。

（癸一）略标

分二：（子一）示无功用义；（子二）示相续不断义。

（子一）示无功用义

此亦简言之，**以无功用及相续不断二相而趣入**。**是故于其后约佛事业无功用且相续不断而说之颂曰**：

现前了知惟胜解增上生、胜解三菩提**所化**之种种**界**、种性、胜解；**调伏**所**化法**二种色身，变化成舟、桥等，以寂威法调伏等现行；**所化界之调伏事**安置于增上生、决定善果；及为宣说彼等成办方便等，**应时前往彼**特别所化所住**之地**而度之，凡此等事，**遍主**正等觉**恒常**息诸功用而**任运趣入**。（4.1）

（子二）示相续不断义

分二：（丑一）摄义；（丑二）文义。

（丑一）摄义

分二：（寅一）广释；（寅二）摄本段义。

（寅一）广释

分三：（卯一）六喻；（卯二）六义；（卯三）六喻义同法。

（卯一）六喻

海、日、虚空、藏、云及风。

གཉིས་པ་ནི། ངེས་པར་འབྱིན་བྱེད་ས་བཅུ་དང་། དེའི་རྟེན་ཚོགས་གཉིས་དང་། འབྲས་བུ་བྱང་ཆུབ་ཆེན་པོ་དང་བྱང་ཆུབ་འགྲུབ་པའི་གནས་སེམས་ཅན་དང་། སེམས་ཅན་གྱིས་བྱང་ཆུབ་ཐོབ་པའི་སྒྲིབ་བྱེད་སྒྲིབ་པ་གཉིས་དང་། དེ་འཇོམས་བྱེད་རྒྱལ་བའི་ཐུགས་རྗེ་ཆེན་པོའོ། །

གསུམ་པ་ནི། ས་བཅུ་ཡེ་ཤེས་ཀྱི་ཆུས་རྒྱས་པ་དང་། ཡོན་ཏན་རིན་པོ་ཆེའི་འབྱུང་གནས་ཡིན་པས་རྒྱ་མཚོ་དང་འདྲ་བ་དང་། ཚོགས་གཉིས་སེམས་ཅན་ཀུན་གྱི་ཉེར་འཚོར（200a）གྱུར་པས་ཉི་མ་དང་འདྲ་བ་དང་། བྱང་ཆུབ་ཆེན་པོ་ཟབ་པ་དང་རྒྱ་ཆེ་བའི་ཡོན་ཏན་མཐའ་ཡས་པ་ནམ་མཁའ་དང་འདྲ་བ་དང་། སེམས་ཅན་རྣམས་སངས་རྒྱས་ཀྱི་ཆོས་རིན་པོ་ཆེའི་འབྱུང་གནས་ཡིན་པས་གཏེར་དང་འདྲ་བ་དང་། སྒྲིབ་པ་ནི་གློ་བུར་པ་ཉིད་ཀྱིས་རང་བཞིན་མ་ཡིན་པ་དང་། བསྒྲིབ་བྱ་ལ་ཁྱད་པར་མེད་པས་སྤྲིན་དང་འདྲ་བ་དང་། ཐུགས་རྗེ་ཆེན་པོ་དེ་འཐོར་བར་བྱེད་པས་རླུང་དང་འདྲ་བའོ། །

གཉིས་པ་ནི། འཕྲིན་ལས་རྒྱུན་མི་འཆད་པའི་རྒྱུ་ལས་བྱུང་བ་དང་། རྒྱུན་མི་འཆད་པའི་རང་བཞིན་ཐོབ་པ་དང་། དེའི་སྒོ་ནས་གདུལ་བྱའི་དོན་བྱེད་པའོ། །དང་པོ་ནི། ས་དང་ཚོགས་གཉིས་ཏེ། བྱང་ཆུབ་ཆེན་པོར་ངེས་པར་འབྱིན་པར་བྱེད་པའི་ཕྱིར་དང་། དེའི་རྟེན་དུ་གྱུར་པའི་ཕྱིར་དང་། གཉིས་པ་ནི། བྱང་ཆུབ་དང་སེམས་ཅན་གཉིས་ཀྱིས་བསྟན་ལ། གསུམ་པ་ནི། ཉོན་མོངས་དང་ཐུགས་རྗེ་གཉིས་ཀྱིས་བསྟན་ཏེ། དེ་ནི་འཆད་པར་འགྱུར་རོ། །

གཉིས་པ་ནི། སངས་རྒྱས་ཀྱི་ཡོན་ཏན་རིན་ཆེན་མཆོག་གི་ཚོགས་དང་ལྡན་པའི་འབྱུང་ཁུངས་ཡིན་པའི་ཕྱིར་དང་། ཚོགས་གཉིས་ཀྱི་ཡེ་ཤེས་ཀྱི་ཆུས་རྒྱས་པར་བྱས་པ་ལ་བརྟེན་ནས་རྒྱུའི་ཐེག་པ་དང་འབྲས་བུའི་ཐེག་པ་མ་ལུས་པ་ངེས་པར་བསྒྲུབས་པས་ས་བཅུ་རྒྱ་མཚོའི་དཔེས་བསྟན་ཏེ། ཐེག་པ་རྒྱུ་འབའ་ཞིག་ལ་བཤད་མི་དགོས་སོ། །

བསོད་ནམས་དང་ཡེ་ཤེས་ཀྱི་ཚོགས་གཉིས་ཀྱི་ཉི་འོད་ཅན་གྱིས་ཐེག་པ་མ་ལུས་པ་ངེས་པར་བསྒྲུབས་ཏེ། སེམས་ཅན་ཀུན་གྱི་ཉེར་འཚོར་གྱུར་པས་ཚོགས་གཉིས་ཉི་མའི་དཔེས་བསྟན་ལ། མཐའ་དང་དབུས་མེད་པའི་ཟབ་པ་དང་། རྒྱ་ཆེན་པོའི་ཡོན་ཏན་མཐའ་ཡས་པ་ནམ་མཁའ་ལྟར་ཁྱབ（200b）པས་བྱང་ཆུབ་ཆེན་པོ་སངས་རྒྱས་ཉིད་ནི་ནམ་མཁའི་དཔེས་བསྟན་ཏོ། །སངས་རྒྱས་ཀྱི་ཡོན་ཏན་དྲི་མ་མེད་པའི་གཏེར་སེམས་ཅན་ཀུན་ལ་ཁྱད་མེད་དུ་འབྱུང་རུང་དང་། སེམས་ཅན་ཀུན་དེའི་འབྱུང་ཁུངས་སུ་རྣམ་པར་གཟིགས་པས་སེམས་ཅན་གཏེར་གྱི་དཔེས་བསྟན་ལ། ནས་ཞེས་པ་འོག་མ་འདྲེན་པའོ། །ཉོན་མོངས་པ་དང་ཤེས་བྱའི་སྒྲིབ་པའི་སྤྲིན་གྱི་དྲ་བ་གློ་བུར་བ་ཡིན་པ་སོགས་ཀྱིས་སྤྲིན་གྱི་དཔེས་བསྟན་ཏོ། །གདུལ་བྱའི་རྒྱུད་ཀྱི་སྒྲིབ་པ་དེ་སངས་རྒྱས་རྣམས་ཀྱི་ཐུགས་རྗེའི་རླུང་གིས་རྣམ་པར་གཏོར་བར་བྱེད་པས་ཐུགས་རྗེ་ཆེན་པོ་རླུང་གི་དཔེས་བསྟན་པར་ཤེས་པར་བྱའོ། །

（卯二） 六义

能出之十地，彼所依之二资粮，果之大菩提，成就菩提处之有情，能障有情得菩提之二障，能摧坏彼障佛之大悲。

（卯三） 六喻义同法

十地智水增长、是功德宝源，故如海。二资粮长养一切有情，故如日。大菩提深广功德无边，故如虚空。诸有情是佛法宝源，故如藏。障者，客性、非有自性、与所障无差别，故如云。大悲能吹散彼，故如风。

（寅二） 摄本段义

事业从相续不断之因生；得相续不断之自性；由此之门饶益所化。初，即“地”及“资粮”，以决定能出大菩提故；彼之所依故；第二，即“菩提”及“有情”二者所示；第三，即“烦恼”及“大悲”二者所示，后当解说。

（丑二） 文义

具有佛**功德妙宝聚**之源故，依二资粮之**智水**增长，决定成办因乘及果乘无余，故以**海**喻十地，不必释乘惟是因。**福智**二资粮**日光决定成办乘无余**，长养一切有情，故以日喻二资粮。**无边中**之深、**广**无边功德，**如**虚**空**周**遍**，故以虚空喻大菩提**佛**。**一切有情皆无**差**别**堪生佛**无垢功德藏**，**见**一切有情是彼之源，故以藏喻有情。**烦恼**及**所知**障乃客**云网**等，故以云喻之。**诸佛悲风能吹散**所化相续之障，故以风喻大悲，如是当知。（4.2）

གཉིས་པ་ལ་གཉིས། མཚམས་སྦྱར་བ་དང་། དོན་བཤད་པའོ། །

དང་པོ་ནི། འདི་གཉིས་ཀྱི་ཞེས་སོ། །

གཉིས་པ་ལ་གཉིས། འཕྲིན་ལས་ལྷུན་གྱིས་གྲུབ་པ་བཤད་པ་དང་། རྒྱུན་མི་འཆད་པ་བཤད་པའོ། །དང་པོ་ལ་གཉིས། སྤྱིར་བཤད་པ་དང་། སོ་སོར་བཤད་པའོ། །

དང་པོ་ནི། གདུལ་བྱའི་སེམས་ཅན་གང་གི་རྒྱུད་ལ་ཐབས་གང་གིས་ཞི་དྲག་སོགས་གདུལ་བྱ་འདུལ་བའི་བྱ་བ་གང་ཡུལ་གང་དུ་དུས་གང་གི་ཚེ་འདུལ་དགོས་པའི་འཕྲིན་ལས་བསྒྲུབ་པ་ལ་ཚུལ་འདི་ལྟར་བྱའོ་སྙམ་པ་ལ་སོགས་པ་དེའི་རྣམ་པར་རྟོག་པ་སྐྱེ་བ་མེད་པར་འཕྲིན་ལས་ངང་གིས་འཇུག་པའི་ཕྱིར་ཐུབ་པའི་འཕྲིན་ལས་དུས་རྟག་ཏུ་ལྷུན་གྱིས་གྲུབ་པར་འཇུག་པའོ། །

གཉིས་པ་ནི། རིགས་དང་ས་བོན་ལ་སོགས་པ་གདུལ་བྱའི་ཁམས་ནི། གང་ཞིག་གི་རྒྱུད་ལ་འདུལ་བའི་ཐབས་མང་པོ་སྤྲིན་སོགས་ཕར་ཕྱིན་དྲུག་གི་ཆོས་སྟོན་པ་ལ་སོགས་པ་གང་དག་གིས་སྐུའི་བཀོད་པ་མི་འདྲ་བ་དང་། གསུང་གི་རྣམ་པ་མི་འདྲ་བ་སོགས་གདུལ་བྱ་འདུལ་བའི་བྱ་བ་གང་དགོས་པ་དང་། ཡུལ་གང་དུ་ནི་དུས་གང་གི་ཚེ་འདུལ་དགོས་པའི་ཡུལ་དང་དུས (201a) དེ་དག་ཏུ་ཇི་ལྟ་བ་བཞིན་དུ་འབད་རྩོལ་ཉེ་བར་ཞི་བའི་སྒོ་ནས་ལྷུན་གྲུབ་ཏུ་འཇུག་པའོ། །

གཉིས་པ་ལ་གསུམ། བསྟན་པ་དང་། བཤད་པ་དང་། སྤྱིའི་དོན་བསྡུ་བའོ། །

དང་པོ་ནི། བྱང་ཆུབ་ཆེན་པོར་ངེས་པར་འབྱིན་པ་དང་འབྱིན་བྱེད་དེའི་བརྟེན་པ་དང་། རྟེན་དེའི་འབྲས་བུ་དང་། འབྲས་བུ་དེའི་ཡོངས་སུ་འཛིན་པ་དང་། འབྲས་བུ་དེ་ཐོབ་པའི་སྒྲིབ་པ་དང་། དེ་གཅོད་བྱེད་རྐྱེན་ལ་ནི་རྣམ་པར་རྟོགས་པ་མེད་པའི་ཕྱིར་རོ། །

གཉིས་པ་ལ་གསུམ། དོན་དྲུག་ངོས་བཟུང་བ་དང་། དཔེ་དོན་དྲུག་དགོད་པ་དང་། དཔེ་དོན་ཆོས་མཐུན་བཤད་པའོ། །

དང་པོ་ནི། བྱང་ཆུབ་ཆེན་པོར་ངེས་པར་འབྱིན་པ་ས་བཅུ་སྟེ་བསོད་ནམས་དང་ཡེ་ཤེས་ཀྱི་ཚོགས་གཉིས་དག་ནི་ས་དེའི་བསྐྱེད་པ་དང་འཕེལ་བ་དང་གནས་པའི་རྒྱུ་དང་། ཚོགས་གཉིས་དེའི་འབྲས་བུ་བྱང་ཆུབ་མཆོག་ཡིན་ཏེ། བྱང་ཆུབ་སེམས་ཅན་གྱི་རྒྱུད་ལ་འབྱུང་རུང་དུ་ཡོངས་སུ་འཛིན་པའོ། །སེམས་ཅན་དེའི་སྒྲིབ་པ་མཐའ་ཡས་པའི་ཉོན་མོངས་པ་དང་ཉེ་བའི་ཉོན་མོངས་དང་། ཤེས་སྒྲིབ་ཀྱིས་བསྡུས་པའི་ཉོན་མོངས་པའི་བག་ཆགས་སོ། །དུས་ཀུན་ཏུ་ནི་སྒྲིབ་པ་དེ་འཇོམས་པའི་རྐྱེན་ནི་རྒྱལ་བའི་ཐུགས་རྗེ་ཆེན་པོ་ཡིན་ནོ། །དོན་བསྡུས་ན། རྒྱལ་བའི་ཐུགས་རྗེ་ཆེན་པོ་ལ་བརྟེན་ནས་སེམས་ཅན་གྱི་རྒྱུད་ཀྱི་སྒྲིབ་གཉིས་འཇོམས་ཤིང་། ཚོགས་གཉིས་བསགས་ཏེ་ས་བཅུ་རིམ་གྱིས་བགྲོད་ནས་འབྲས་བུ་བྱང་ཆུབ་ཆེན་པོ་ཐོབ་པའི་འཕྲིན་ལས་རྒྱུན་མི་འཆད་དུ་མཛད་པའི་དོན་ཡིན་ནོ། །

（癸二）广释

分二：（子一）承启；（子二）释义。

（子一）承启

此二之摄义者，**依次当以二**、**八颂得解**。

（子二）释义

分二：（丑一）释事业无功用；（丑二）释相续不断。

（丑一）释事业无功用

分二：（寅一）总释；（寅二）别释。

（寅一）总释

应**以彼**方便，**调伏彼**所化相续，于**彼时**、彼**地**，作寂威等调伏**事**，成办如是事业时，**不起**“应如是行”等**彼分别**而自然趣入故，能仁事业**恒**常**无功用**转。（4.3）

（寅二）别释

以众**多方便**，说施等六波罗蜜多之法等，调伏**彼等**种性、种子等**所化界**之相续，以不同身庄严、不同语相等作**调伏**所化事，应于**何地**何**时调伏**，**即于彼时**彼**地**调伏，由静息功用之门无功用转。（4.4）

（丑二）释相续不断

分三：（寅一）标；（寅二）释；（寅三）总摄义。

（寅一）标

决定**出**大菩提，**彼**能出之**所依**，**彼**所依之**果**，**彼**果之**摄受**，得**彼**果之**障**，能**断彼**之**缘**，**于**此等**皆无分别故**。（4.5）

（寅二）释

分三：（卯一）认明六义；（卯二）安置六喻义；（卯三）释喻义同法。

（卯一）认明六义

十地决定出大菩提；福智**二资粮**者是**彼**地生、长、住之**因**；**彼**二资粮之**果**是**大菩提**；**有情**相续中**摄**受**菩提**之堪生；彼有情之**障无边烦恼**、**随烦恼**及所知障所摄之烦恼**习气**；**一切时**中**摧坏**彼之**缘者**，**厥为**佛之**大悲**。（4.6－7）

摄义：依佛大悲，摧坏有情相续之二障，积聚二资粮，渐次行十地，而得大菩提果，是事业相续不断之义。

གཉིས་པ་ནི། འཕྲིན་ལས་རྒྱུན་མི (201b) འཆད་དུ་འཇུག་པའི་གནས་དྲུག་པོ་ནི་འདི་དག་རྣམས་གོ་རིམ་ཇི་བཞིན་དུ་རྒྱ་མཚོ་དང་ཉི་མ་དང་ནི་ནམ་མཁའ་དང་གཏེར་དང་། སྤྲིན་དང་རླུང་བཞིན་དུ་ཤེས་པར་བྱའོ། །

གསུམ་པ་ནི། ཡེ་ཤེས་ཀྱི་ཆུས་རྒྱས་པར་བྱེད་པ་དང་། ཡོན་ཏན་རིན་ཆེན་དང་ལྡན་པའི་ཕྱིར་ས་བཅུ་པོ་རྣམས་རྒྱ་མཚོ་བཞིན་ནོ། །སེམས་ཅན་ཐམས་ཅད་ཀྱི་ཉེར་འཚོའི་གནས་སུ་གྱུར་པའི་ཕྱིར་ཚོགས་གཉིས་དག་ནི་ཉི་མ་བཞིན་ནོ། །ཡོན་ཏན་རྒྱ་ཆེན་པོ་མཐའ་དང་དབུས་མེད་པའི་བདག་ཉིད་ཡིན་པའི་ཕྱིར་བྱང་ཆུབ་ཆེན་པོ་ནམ་མཁའི་ཁམས་བཞིན་ནོ། །ཡང་དག་པར་རྫོགས་པའི་སངས་རྒྱས་ཀྱི་ཆོས་ཉིད་རང་བཞིན་གྱིས་རྣམ་པར་དག་པ་ཡོན་ཏན་ཐམས་ཅད་འབྱུང་རུང་དེ་ཉིད་གནས་པའི་ཕྱིར་སེམས་ཅན་གྱི་ཁམས་ནི་གཏེར་དང་འདྲ་ལ། བློ་བུར་བ་དང་བསྒྲིབ་བྱ་ལ་ཁྱབ་པ་དང་རང་བཞིན་དུ་མ་གྲུབ་པའི་ཕྱིར་སེམས་ཅན་དེའི་ཉོན་མོངས་སྤྲིན་ཚོགས་བཞིན་ནོ། །སྒྲིབ་པ་དེ་འཐོར་བར་ནི་ཉེ་བར་གནས་པའི་ཕྱིར་ཐུགས་རྗེ་མི་བཟད་པ་རླུང་དང་འདྲ་བར་ཤེས་པར་བྱའོ། །ཡང་ན་རླུང་མི་བཟད་པ་ཞེས་སྦྱར་རོ། །

གསུམ་པ་ནི། ས་བཅུ་དང་ཚོགས་གཉིས་ཀྱིས་བསྡུས་པའི་རྐྱེན་གཞན་གྱི་དབང་གིས་ངེས་པར་འབྱུང་བ་ནི། གཞན་དོན་དུ་ངེས་པར་འབྱིན་པ་དང་། དེའི་རྟེན་དཔེ་གཉིས་ཀྱིས་བསྟན་པས་གཞན་དོན་རྒྱུན་མི་འཆད་པའི་རྒྱུའི་ཁྱད་པར་བསྟན་ཏོ། །བདག་དང་སེམས་ཅན་མཚུངས་པར་ཆོས་ཉིད་རང་བཞིན་དུ་གནས་པར་གཟིགས་པས་བྱང་ཆུབ་དང་སེམས་ཅན་དཔེ་གཉིས་ཀྱིས་བསྟན་པས་ནི་གཞན་དོན་རྒྱུན་མི་འཆད་པའི་ངོ་བོའི་ཁྱད་པར་བརྗོད་དོ། །ཉོན་མོངས་དང་ཐུགས་རྗེ་མཐའ་ཡས་པ་དཔེ་གཉིས་ཀྱིས་བསྟན་པས་ནི་མཛད་པ་ཡོངས་སུ (202a) མ་རྫོགས་པར་འབྱུང་བའི་ཕྱིར། གཞན་དོན་རྒྱུན་མི་འཆད་པར་མཛད་པའི་འབྲས་བུའི་ཁྱད་པར་བསྟན་ཏོ། །

གསུམ་པ་འཕྲིན་ལས་ཚུལ་དེ་ལྟར་འཇུག་པ་དཔེས་བསྒྲུབ་པ་ལ་གཉིས། མཚམས་སྦྱར་བ་དང་། དོན་བཤད་པའོ། །

དང་པོ་ནི། ཐར་འདུས་མ་བྱས་པའི་ཡོན་ཏན་གྱི་སྐབས་སུ། འཇམ་དཔལ། སྐྱེ་བ་དང་འགག་པ་མེད་པས་རབ་ཏུ་ཕྱེ་བ་གང་ཡིན་པ་དེ་ནི་སངས་རྒྱས་ཉིད་ཅེས་བརྗོད་དོ། །ཞེས་སོགས་གསུངས་ཏེ། ཐེ་ཚོམ་དང་སོམ་ཉི་སྐྱེས་པ་ནི་གོང་དུ་ཇི་ལྟར་ན་ཞེས་ཏེ། སངས་རྒྱས་འདུས་མ་བྱས་པ་འཇིག་པ་མེད་པའི་མཚན་ཉིད་ཅན་རྣམ་པར་རྟོག་པ་མེད་བཞིན་དུ་གདུལ་བྱའི་བསམ་པ་དང་ཡུལ་དང་དུས་ལ་སོགས་པ་ཇི་ལྟ་བ་བཞིན་དུ་མཛད་པ་ལྷུན་གྱིས་གྲུབ་ལ་རྒྱུན་མི་འཆད་པ་ཇི་ལྟར་འཇུག་སྙམ་དུ་ཐེ་ཚོམ་སྐྱེས་པ་བསལ་ནས་སངས་རྒྱས་ཀྱི་ཡུལ་བསམ་གྱིས་མི་ཁྱབ་པ་ལ་མོས་པ་བསྐྱེད་པའི་ཆེད་དུ་དཔེས་མཚོན་ནས་རྒྱས་པར་སྟོན་པ་ཡིན་ནོ། །

（卯二）安置六喻义

当知此等事业相续不断趣入之**六处**者，**如其次第**，**如同海**、**日**、**虚空**、**藏**、**云及风**。(4.8)

（卯三）释喻义同法

以**智水**增长、**具**功**德宝故**，十**地如海**；一切**有情长养**处**故**，**二资粮如日**；广**大**功德是**无边**、**中**之体**故**，大**菩提如**虚**空界**；安住**正等觉法性**自性清净、堪生一切功德故，**有情界如藏**；**客**、**周遍**所障及自性**非有**故，有情之**烦恼如云聚**；**驱散彼障故**，当知**无尽悲如风**。又，亦可说无尽风。(4.9–11)

（寅三）总摄义

以十地及二资粮所摄**他**缘之**力出离**者，以为利他之“出离”及其“所依”二喻，示利他相续不断之因。**见自**与**有情**相**同**、安住法性自性者，以“菩提”及“有情”二喻，示利他相续不断之体性。以“烦恼”及“无边大悲”二喻，示事**业**永**不圆满**而出生**故**、利他相续**尽生死不断**之果差别。(4.12)

（癸三）以喻成立如是趣入事业理

分二：（子一）承启；（子二）释义。

（子一）承启

上述无为功德中，经云：“曼殊室利，**所谓以无生灭为差别者即佛**。”于此生疑豫者，即经云：“**此中云何具无为不坏相之佛**，**于无分别中**，**乃至有世间**，如所化意乐、境、时等，**佛事业无功用相续不断趣入**？”为除此疑惑，**令于不可思议佛境生胜解故**，以喻表示而广说。

གཉིས་པ་ལ་གསུམ། མདོར་བསྟན་པ་དང་། རྒྱས་པར་བཤད་པ་དང་། དཔེའི་གོ་རིམ་བཤད་པའོ། །དང་པོ་ལ་གཉིས། རྩ་བ་དང་། རྒྱས་པར་བཤད་པ་འོག་མ་ལ་ཁ་འཕངས་ཏེ་བསྟན་པའོ། །

དང་པོ་ནི། དཔེ་དགུ་པོ་ནས་སྟོན་པ་ཅི་ཡིན་ཞེ་ན། བརྒྱ་བྱིན་གྱི་གཟུགས་དང་། ལྷའི་རྔ་དང་། སྤྲིན་གྱི་དཔེ་གསུམ་གྱིས་གོ་རིམ་བཞིན་དུ་སངས་རྒྱས་ཀྱི་སྐུ་དང་གསུང་དང་ཐུགས་ཀྱི་ངོ་བོ་གསུམ་མཚོན་པར་བྱེད་དོ། །ཚངས་པའི་སྤྲུལ་པས་ནི། སྐུ་དང་གསུང་གི་ཕྲིན་ལས་གཉིས་མཚན་པར་བྱེད་ལ་ཉི་མའི་དཔེས་ནི་ཐུགས་ཀྱི་འཕྲིན་ལས་མཚོན་ནོ། །(202b) ནོར་བུ་རིན་ཆེན་བཞིན་དང་། དེ་བཞིན་གཤེགས་པ་སྒྲ་བརྙན་བཞིན་དང་། ནམ་མཁའ་དང་ནི་དཔེ་གསུམ་གྱིས་རིམ་པ་བཞིན་དུ་དོན་དམ་པས་བསྡུས་པ་ཐུགས་ཀྱི་གསང་བ་དང་། གསུང་གི་གསང་བ་དང་། སྐུའི་གསང་བ་གསུམ་མཚོན་ནས་བསྟན་ཏོ། །སྐུ་གསུང་ཐུགས་ཀྱི་ངོ་བོ་དང་། འཕྲིན་ལས་དང་། གསང་བ་རྣམས་ཀྱི་རྟེན། ཐུགས་རྗེ་ཆེན་པོས་བསྡུས་པའི་གནས་གྱུར་མཐར་ཕྱིན་པ་ནི། ས་བཞིན་གྱི་དཔེས་བསྟན་ཏོ།

གཉིས་པ་ནི། མདོའི་གནས་ལྟ་བུའི་ཞེས་སོ། །གཉིས་པ་ལ་གསུམ། དཔེ་དོན་རྒྱས་པར་དབྱེ་བ་དང་། དཔེ་རྣམས་ཀྱིས་བསྡུས་པའི་དོན་གྱིས་དཔེའི་དགོས་པ་བཤད་པ་དང་། དཔེས་མཚོན་པར་བྱ་བའི་དོན་བསྡུས་ཏེ་བཤད་པའོ། །དང་པོ་ལ་བཞི། སྐུ་གསུང་ཐུགས་ཀྱི་ངོ་བོ་གསུམ་དཔེས་མཚོན་ཏེ་བསྟན་པ་དང་། ཕྲིན་ལས་གསུམ་དཔེས་མཚོན་ཏེ་བསྟན་པ་དང་། གསང་བའི་གནས་གསུམ་དཔེས་མཚོན་ཏེ་བསྟན་པ་དང་། དེ་ཐམས་ཅད་ཀྱི་རྟེན་དཔེས་མཚོན་ཏེ་བསྟན་པའོ། །དང་པོ་ལ་གསུམ། སྐུ་བརྒྱ་བྱིན་གྱིས་གཟུགས་ཀྱི་དཔེས་བསྟན་པ་དང་། གསུང་ལྷའི་རྔའི་དཔེས་བསྟན་པ་དང་། ཐུགས་སྤྲིན་གྱི་དཔེས་བསྟན་པའོ། །དང་པོ་ལ་གཉིས། རྣམ་རྟོག་མེད་པ་དཔེས་བསྟན་པ་དང་། ཕྱིན་ཅི་ལོག་གི་སྐྱེ་འགག་མེད་པ་དཔེས་སྟན་པའོ། །དང་པོ་ལ་གཉིས། དཔེ་དང་། དོན་ཏོ། །

དང་པོ་ལ་སྤྱིའི་མཚམས་སྦྱར་བ་ནི། བརྒྱ་བྱིན་དུ་སྣང་བ་བཞིན་ཞེས་བྱ་བ་ནི་ཞེས་སོ། །བརྒྱ་བྱིན་གྱི་དཔེ་ལ་བཞི། ས་གཞི་དག་པ་ལ་གཟུགས་སྣང་བའི་ཚུལ་དང་། སྣང་བ་དེའི་རྐྱེན་གྱིས་མི་རྣམས་དགེ་བ་ལ་འཇུག་པ་དང་། གནས་ཚོད་ཇི་ལྟ་བ་བཞིན་མི་ཤེས་ཀྱང་ལྟར་སྐྱེ་བ་དང་། སྣང་བ་དེ་རྟོག་པ་མེད་ཀྱང་ཕན (203a) པའི་རྒྱུ་བྱེད་པ་མི་འགལ་བའོ། །དང་པོ་ནི། ཇི་ལྟར་བཻ་ཌཱུ་དག་པའི་རང་བཞིན་དུ་སྟོང་གསུམ་གྱི་སྟོང་ཆེན་པོའི་འཇིག་རྟེན་གྱི་ཁམས་སམ། འཛམ་བུའི་གླིང་གི་ས་སྟེངས་འདི་གྱུར་ཏེ། དེ་ལ་བརྒྱ་བྱིན་འཁོར་བཅས་ཀྱི་གཟུགས་སྣང་བ་ནི། གཟུགས་བརྙན་འཆར་བའི་ས་གཞི་དག་པའི་ཕྱིར་ལྷའི་དབང་པོ་གཞི་དེར་ལྷའི་བུ་མོའི་ཚོགས་དང་བཅས་པ་དང་རྣམ་པར་རྒྱལ་བའི་ཁང་བཟང་དང་དགའ་བའི་ཚལ་ལ་སོགས་པའི་ལྷ་གནས་དེ་ལས་གཞན་དག་དང་། ལྷ་གཞན་དེའི་གཞལ་ཡས་སྣ་ཚོགས་དང་ནས་ནི་ཡུལ་དང་གཞལ་ཡས་ནི་ཁང་ཁྱིམ་མོ། །ལྷ་རྣམས་ཀྱིས་ལོངས་སྤྱོད་པར་བྱ་བ་བདེ་བའི་འཚོག་ཆས་ལྷ་རྫས་རྣམ་མང་དེ་མཐོང་ངོ། །

（子二）释义

分三：（丑一）畧标；（丑二）广释；（丑三）释喻次第。

（丑一）畧标

分二：（寅一）《论》；（寅二）明下当广释。

（寅一）《论》

云何九喻所示？**如来如帝释**形、天**鼓**、**云**之三喻，依次表佛身、语、意三体性；**梵**化身者，表身、语二事业。**日**喻，表意事业。**摩尼宝**、**回响**、**虚空**之三喻，依次表胜义所摄意秘密、语秘密及身秘密三种而说。身语意体性、事业、诸秘密所依大悲所摄转依究竟者，以**地**喻示之。（4.13）

（寅二）明下当广释

此如关要之颂差别广说者，如其次第当以余文了知。

（丑二）广释

分三：（寅一）喻义广分别；（寅二）释诸喻摄义喻之需要；（寅三）释喻所表摄义。

（寅一）喻义广分别

分四：（卯一）以喻表示身语意三体性；（卯二）以喻表示三事业；（卯三）以喻表示三秘密处；（卯四）以喻表示彼一切之所依。

（卯一）以喻表示身语意三体性

分三：（辰一）以帝释形喻示身；（辰二）以天鼓喻示语；（辰三）以云喻示意。

（辰一）以帝释形喻示身

分二：（巳一）以喻示无分别；（巳二）以喻示无颠倒之生灭。

（巳一）以喻示无分别

分二：（午一）喻；（午二）义。

（午一）喻

总承启者，即：**所谓如帝释显现者**。

帝释之喻分四：（未一）净地基上显影之理趣；（未二）以彼显现之缘令诸人修善；（未三）不知真实然生天中；（未四）彼显现虽无分别然与作饶益因不相违。

（未一）净地基上显影之理趣

如此三千大千世界或瞻部洲**地面**转**成净琉璃自性**，帝释及眷属之形映现其中。现影之地基清**净故**，于彼地基**见天王以及天女众**、**微妙尊胜宫**、欢喜苑等**天界**，**及其余**天**种种无量宫**室，诸天所受用安乐资具、**众多天物**。（4.14－15）

གཉིས་པ་ནི། དེ་ནས་སྐྱེས་པ་དང་བུད་མེད་ཀྱི་ཚོགས་ས་ཡི་སྟེང་ན་གནས་པ་རྣམས་ཀྱིས་སྣང་བ་དེ་ནི་མཐོང་བར་གྱུར་ཏེ། མཐོང་ནས་བསམ་པའི་ཁྱད་པར་ནི། ངེད་ཀྱང་རིང་པོར་མི་ཐོགས་པར་ལྷའི་དབང་པོ་འདི་འདྲར་གྱུར་ཅིག་ཅེས་དེ་འདྲའི་སྨོན་ལམ་འདེབས་པར་བྱེད་ཅིང་། སྨྲ་བའི་ཁྱད་པར་ལྷའི་དབང་པོའི་གོ་འཕང་དེ་ཐོབ་པའི་དོན་དུ་བསྙེན་གནས་ལ་སོགས་པའི་དགེ་བ་ནི་ཡང་དག་པར་བླངས་ཏེ་གནས་པར་འགྱུར་རོ། །

གསུམ་པ་ནི། དེ་དག་དགེ་བའི་ལས་དེས་ན་སྣང་བ་འདི་བརྒྱ་བྱིན་མ་ཡིན་གྱི་བརྒྱ་བྱིན་གྱི་གཟུགས་བརྙན་སྣང་བ་ཙམ་མོ་ཞེས་དེ་ལྟ་བུར་ཤེས་པ་མེད་ཀྱང་ས་སྟེང་ནས་འཕོས་ནས་ལྷར་ནི་སྐྱེ་བར་འགྱུར་རོ། །

བཞི་པ་ནི། བརྒྱ་བྱིན་གྱི་གཟུགས་བརྙན་སྣང་བ་དེ་ནི་ཤིན་ཏུ་ཡང་རྟོག་པ་མེད་ཅིང་ཀུན་སློང་གི་གཡོ་བ་མེད་པ་དེ་ལྟ་མོད་ཀྱི་ས་སྟེང་ན་མི་རྣམས་ཀྱི་ས (203b) ལྷའི་གོ་འཕང་ཐོབ་པའི་བྱ་བ་བྱེད་པའི་དོན་ཆེན་གྱིས་ནི་ཉེ་བར་གནས་པའོ། །

གཉིས་པ་ལ་བཞི། སེམས་དག་པའི་དབང་གིས་རྒྱལ་བའི་སྐུ་སྣང་བ་དང་། སྣང་བ་དེས་གནས་སྐབས་དང་མཐར་ཐུག་གི་དོན་བྱེད་པ་དང་། སྣང་བ་དེ་ལ་རྟོག་པ་མེད་ཀྱང་དོན་བྱེད་པ་མི་འགལ་བ་དང་། གདུལ་བྱ་རྣམས་ཀྱིས་སྣང་བ་དེའི་གནས་ཚོད་ཇི་ལྟ་བ་བཞིན་མ་ཤེས་ཀྱང་འབྲས་བུ་ཆེན་པོར་འགྱུར་བའོ། །

དང་པོ་ནི། དཔེ་དེ་བཞིན་དུ་སངས་རྒྱས་ལ་དད་པ་སོགས་ཀུན་སློང་སྐྱོན་ཅན་གྱི་དྲི་མ་མེད་པ་ཅན་བསྒོམས་པས་དད་སོགས་ཀྱི་ཡོན་ཏན་བསྒོམས་པ་ཡི་མཐུས་རང་གི་སེམས་ལ་སྣང་བའི་རྫོགས་པའི་སངས་རྒྱས་ནི། མཚན་དང་དཔེ་བྱད་དང་ལྡན་པ་དང་། འཆག་པ་དང་བཞེངས་པ་དང་བཞུགས་པ་དང་གཟིམས་པ་དང་། བསོད་སྙོམས་ལ་གཤེགས་པ་ལ་སོགས་པའི་སྤྱོད་ལམ་སྣ་ཚོགས་མཛད་པ་ཅན་དང་། སྡུག་བསྔལ་ཞི་བར་ཞི་བའི་ཐབས་ཀྱི་ཆོས་ནི་གསུང་པ་དང་། མི་གསུང་བར་ནང་དུ་ཡང་དག་འཛོག་ལ་མཉམ་པར་བཞག་པར་གྱུར་པ་དང་། སྐུ་དང་གསུང་གི་ཆོ་འཕྲུལ་རྣམ་པ་སྣ་ཚོགས་དག་མཛད་པ་གཟི་མདངས་ཆེན་པ་ཅན་ལས་དག་པའི་སེམས་ཅན་རྣམས་ཀྱིས་མཐོང་བར་འགྱུར་རོ། །

གཉིས་པ་ནི། དེ་མཐོང་ནས་ཀྱང་བསམ་པའི་ཁྱད་པར་སངས་རྒྱས་དོན་གཉེར་གྱི་འདོད་པ་དང་ལྡན་པ་དང་། སྨྲ་བའི་ཁྱད་པར་སངས་རྒྱས་ཉིད་ཐོབ་པའི་ཕྱིར་སྦྱིན་སོགས་ཕར་ཕྱིན་གྱི་སྤྱོད་པ་ལ་རབ་ཏུ་སྦྱོར་ཏེ། སངས་རྒྱས་དེའི་རྒྱུ་ཡང་དག་པར་བླངས་ནས་ནི་འདོད་པའི་གོ་འཕང་སངས་རྒྱས་ཐོབ་པར་བྱེད་དོ། །

（未二）以彼显现之缘令诸人修善

复次，**男女众于地面之上见诸处显现**，见已意乐差别者，**发如是之愿**：“**愿我不耽久**远**成如是天王**”；加行差别者，**为得彼**天王位**故**，**正受**近住戒等**善**而**安住**。（4.16－17）

（未三）不知真实然生天中

彼等以彼善业，**于地上殁已往生于天上**，然**不生**“此非帝释，**惟**彼影**像**”之**想**。（4.18）

（未四）彼显现虽无分别然与作饶益因不相违

彼帝释影像**显现者**极**无分别**、**无**等起之**动**，**然于地上**能令众人获得天位，**有大利益**而**住**。（4.19）

（午二）义

分四：（未一）心净故佛相显现；（未二）彼显现有现前及究竟利益；（未三）彼显现虽无分别然与饶益不相违；（未四）彼所化虽不知彼真实然有大果。

（未一）心净故佛相显现

如此喻所示，以修习**具信**佛**等无**过**垢**染等起，即以**修信等功德**之力，**自心中**所显**现佛**者，**具足相与好**，**作行**、**住**、**坐**、**卧**、乞食等，**具种种非一庄严之威仪**，**说令**苦**寂灭**方便**之法**，**不说**法**时**内**住**正**定**，**示现种种**身、语**神变**相，**具足大威势**，**诸**业净**有情可见**。（4.20－22）

（未二）彼显现有现前及究竟利益

见已意乐差别，于佛**发希求欲**；加行差别，**为**成**佛**故**修**施等**诸**波罗蜜多**行**，**正学彼**成佛**之因**，**能得所欲**佛**位**。（4.23）

གསུམ་པ་ནི། སངས་རྒྱས་ཀྱི་གཟུགས་ཀྱི་སྐུ（204a）སྣང་བ་དེ་ནི་ཤིན་ཏུ་ཡང་སེམས་ཅན་གྱི་དོན་བྱའོ་སྙམ་པའི་ཡིད་ཀྱི་བརྗོད་པས་བསྐྱུས་པའི་རྟོག་པ་མེད་ཅིང་། ཆོས་ཀྱི་སྐུ་ལས་གཡོ་བ་མེད་པ་ཉིད་ཡིན་པ་དེ་ལྟ་ན་ཡང་འཇིག་རྟེན་ན་གནས་སྐབས་དང་མཐར་ཐུག་གི་དོན་མཛད་པའི་དོན་ཆེན་པོས་ནི་ཉེ་བར་གནས་སོ། །

བཞི་པ་ལ་གཉིས། རྒྱུའི་ཁྱད་པར་དང་། འབྲས་བུའི་ཁྱད་པར་རོ། །

དང་པོ་ནི། སོ་སོ་སྐྱེ་བོ་རྣམས་ཀྱིས་སངས་རྒྱས་ཀྱི་གཟུགས་ཀྱི་སྐུ་རྟུལ་ཕྲ་རབ་བསགས་པའི་ལུས་སུ་མངོན་པར་ཞེན་ནས་སངས་རྒྱས་ཀྱི་ཡེ་ཤེས་ཉིད་གཟུགས་ཀྱི་སྐུར་ཤར་བ་དང་། རང་ལ་དངོས་སུ་སྣང་བ་འདི་ནི་རང་གི་སེམས་ཀྱི་སྣང་བ་ཞེས་སོ་སོ་སྐྱེ་བོས་མི་ཤེས་སོད། དེ་ལྟ་ན་ཡང་གཟུགས་ཀྱི་སྐུ་མཐོང་བ་དེ་གདུལ་བྱ་དེ་དག་ལ་ནི་དོན་ཆེན་པོ་འབྱིན་པའི་རྒྱུར་ཡོད་པར་འགྱུར་རོ། །འདི་ལ་བརྟེན་ནས་ཁ་ཅིག་གཟུགས་སྐུ་གཉིས་གདུལ་བྱའི་སྣང་ངོ་ཙམ་དུ་ཟད་ཀྱི་སངས་རྒྱས་མཚན་ཉིད་པ་མ་ཡིན་པར་འདོད་པ་ནི་ཐར་བཀག་ཟིན་ལ། གཟུགས་ཀྱི་སྐུ་རྣམ་པ་གཉིས་སོག་པའི་ཀུན་རྫོབ་ཏུ་ཐལ་བར་འགྱུར་རོ། །འདིས་ནི་གཟུགས་སྐུ་གཉིས་གདུལ་བྱའི་རྒྱུད་ཀྱིས་བསྡུས་པའི་སྣང་བ་ཙམ་དུ་སྟོན་པ་མ་ཡིན་གྱི། ཡང་དག་པར་རྫོགས་པའི་སངས་རྒྱས་ཡིན་ཡང་། གདུལ་བྱའི་མིག་གི་རྣམ་པར་ཤེས་པ་ལ་དངོས་སུ་སྣང་ལ། གདུལ་བྱའི་མིག་གི་རྣམ་པར་ཤེས་པ་ལ་དངོས་སུ་སྣང་བ་དེ་ཉིད་ཡང་དག་པར་རྫོགས་པའི་སངས་རྒྱས་མ་ཡིན་བཞིན་དུ་དེར་ཞེན་པས་ཕྱིན་ཅི་ལོག་ཏུ་ཤེས་པར་བྱ་བ་དང་། ཡང་སངས་རྒྱས་ཀྱི་གཟུགས་ཀྱི་སྐུ་རྡུལ་ཕྲ་རབ་བསགས་པའི་ལུས་མ་ཡིན་བཞིན（204b）དུ་དེར་ཞེན་པ་ཡང་ཕྱིན་ཅི་ལོག་ཏུ་ཤེས་པར་བྱའོ། །དེས་ན་སངས་རྒྱས་ཀྱི་གཟུགས་ཀྱི་སྐུ་སྣང་བའི་མཚན་གཞིར་སངས་རྒྱས་ཀྱི་གཟུགས་ཀྱི་སྐུ་ཡང་ཡོད་ལ། སེམས་ཅན་གྱི་ཤེས་པ་ཡང་ཡོད་དོ། །སེམས་ཅན་གྱི་ཤེས་པ་ལ་སྣང་བ་དེ་སངས་རྒྱས་ཀྱི་གཟུགས་བརྙན་ཡིན་གྱི་སངས་རྒྱས་མ་ཡིན་ལ། སངས་རྒྱས་ཀྱི་གཟུགས་ཀྱི་སྐུ་གཉིས་སངས་རྒྱས་ཀྱི་གཟུགས་བརྙན་ཡིན་གྱི་སངས་རྒྱས་མ་ཡིན་ནོ། །ཞེས་རང་གི་སྟོན་པ་ལ་སྐུར་པ་གདབ་པར་མི་བྱའོ། །ཡང་སོ་སོ་སྐྱེ་བོ་ལ་མངོན་སུམ་དུ་སྣང་བའི་མཆོག་གི་སྤྲུལ་པའི་སྐུ་ནི། ལོངས་སྤྱོད་རྫོགས་པའི་སྐུའི་གཟུགས་བརྙན་ཡིན་པ་ཡང་དཔེས་མཚོན་པའི་དོན་དུ་ཤེས་པར་བྱའོ། །

གཉིས་པ་ནི། དེ་ནས་ཚོགས་གཉིས་རིམ་གྱིས་བསགས་ཏེ་སྟོན་དུ་གཟུགས་ཀྱི་སྐུ་དེ་མཐོང་བ་ལ་བརྟེན་ནས་ཐེག་པ་ཆེན་པོ་འདི་ལ་གནས་པ་རྣམས་ཀྱིས་རང་རྒྱུད་ཀྱིས་བསྡུས་པའི་ནང་གི་དམ་པའི་ཆོས་སྐུ་ནི་ཡེ་ཤེས་ཀྱི་མིག་གིས་མངོན་སུམ་དུ་མཐོང་བར་འགྱུར་རོ། །

（未三）彼显现虽无分别然与饶益不相违

彼佛相**显现**者，**极无**利生之意诠所摄**分别**，**亦不动**离法身，**虽然**如是，**于世间**作现前及究竟之利益，**有**此**大利益**而**住**。(4.24)

（未四）彼所化虽不知彼真实然有大果

分二：（申一）因差别；（申二）果差别。

（申一）因差别

佛智现为色身、于异生显现时，**异生**妄执佛色身为极微尘聚之身，**虽不知此是自心**之显**现**，**然彼等见色**身之所化**皆有**出生**大利益**之因。(4.25)

或因此许二种色身惟所化之感受而非真佛者，前已破斥，否则二种色身当成邪世俗。此文非说二种色身仅是所化相续所摄之显现，而说是正等觉，然于所化眼识中现前显现。彼所化眼识中现前显现者实非正等觉而妄执是者，当知是颠倒。又，佛色身实非极微尘积聚之身而妄执是者，当知亦是颠倒。故佛色身显现之事相，既有佛色身，亦有有情之识。彼有情识中显现者乃佛影像而非佛，然不应毁谤自之大师，谓佛二种色身是佛影像而非佛。

又，于异生现前显现之殊胜化身是圆满受用身之影像，当知是此喻所表义。

（申二）果差别

复次，**渐次**积集二资粮，**依**往昔所**见彼**色身，**诸住此**大**乘者**，**当以智眼**现**见**自相续所摄**内之正法身**。(4.26)

གཉིས་པ་ལ་གཉིས། བསྟན་པ་དང་། བཤད་པའོ། །དང་པོ་ལ་གཉིས། དཔེ་དང་། དོན་ནོ། །དང་པོ་ལ་གཉིས། སྣང་བ་ལྟར་མ་གྲུབ་ཀྱང་སྐྱེ་འགག་དང་ལྡན་པ་ལྟར་སྣང་བ་དང་། སྣང་བ་དེ་ཉིད་འདོད་པའི་འབྲས་བུའི་རྒྱུར་བསྟན་པའོ། །

དང་པོ་ལས་གཞིའི་ཁྱད་པར་ནི། ཇི་ལྟར་འཛམ་བུའི་གླིང་གི་ས་ཆེན་པོ་འདི་ཀུན་གཙང་རིང་དང་ངམ་གྲོག་ལ་སོགས་པ་ཉམ་ང་བའི་གནས་གཞན་དང་བྲལ་ནས་དྲི་མ་མེད་པའི་བཻ་ཌཱུརྱ་ཁ་དོག་གསལ་བ་དང་། དབྱིབས་མཛེས་པ་དེར་རྒྱན་བཀོད་པའི་ཁྱད་པར་ནོར་བུའི་ཡོན་ཏན་དྲི་མ་མེད་པ་སྣ་ཚོགས་ཀྱིས་མཛེས་པར་བྱས་པ་ནི་དཔལ་དང་ལྡན་པ་སྟེང་ནི (205a) ཤིང་ཏུ་མཉམ་པར་གྱུར་ཏེ། ལྷའི་གཟུགས་བརྙན་སྐྱེ་བའི་ཁྱད་པར་ནི་གཞི་དེ་དག་པའི་ཕྱིར་དེར་ན་ལྷའི་བདག་པོའི་གནས་ཀྱི་ཚོགས་དང་། ལྷའི་དབང་དང་དེ་ལས་གཞན་པའི་ལྷའི་གཟུགས་ཤར་ཏེ། གཟུགས་བརྙན་འགགས་པའི་ཁྱད་པར་ནི། རིམ་གྱིས་སའི་ཡོན་ཏན་དག་ཅིང་གསལ་བ་དང་། བྲལ་བའི་ཕྱིར་དེར་ནི་སླར་ཡང་གཟུགས་བརྙན་མི་སྣང་བར་འགྱུར་རོ། །

གཉིས་པ་ནི། བརྒྱ་བྱིན་དེའི་དངོས་པོ་ཐོབ་པའི་ཕྱིར་བསྙེན་གནས་དང་། ཀུན་སྤྱོད་དུལ་བ་ལ་སོགས་པའི་བརྟུལ་ཞུགས་ངེས་པ་ལ་གནས་པས་སྦྱིན་སོགས་བསྒྲུབ་པ་ལ་ཕྱོགས་པ་བུད་མེད་དང་། སྐྱེས་པ་སོགས་ལྷའི་དབང་པོའི་གོ་འཕང་ཐོབ་པར་གྱུར་ཅིག་སྙམ་དུ་སྨོན་པའི་སེམས་ཀྱིས་དེའི་ཆེད་དུ་མེ་ཏོག་ལ་སོགས་པ་འཐོར་བ་ལྟར་རོ། །

གཉིས་པ་ནི། གཞི་དག་པའི་བཻ་ཌཱུརྱ་འདྲ་བར་གདུལ་བྱ་རང་གི་སེམས་ལ་སྣང་བའི་ཐུབ་དབང་ཐོབ་པར་བྱ་བའི་ཕྱིར། སངས་རྒྱས་ལ་དད་ཅིང་རབ་ཏུ་དགའ་བའི་སེམས་དང་ལྡན་པའི་རྒྱལ་བའི་སྲས་པོ་རྣམས་དེ་བཞིན་དུ་སངས་རྒྱས་ཐོབ་འདོད་ཀྱི་སེམས་རབ་ཏུ་བསྐྱེད་པར་བྱེད་པ་ནི་སྣང་བ་དེ་ཕན་པའི་རྒྱུར་བསྟན་པའོ། །

གཉིས་པ་ལ་གཉིས། སྐྱེ་བར་སྣང་བའི་དཔེ་དོན་དང་། འགག་པར་སྣང་བའི་དཔེ་དོན་ནོ། །དང་པོ་ནི། ཇི་ལྟར་བཻ་ཌཱུརྱ་ས་གཞི་གཙང་མ་ལ་ལྷའི་དབང་པོའི་ལུས་ཀྱི་གཟུགས་བརྙན་སྣང་བ་ལྟར་དེ་བཞིན་དུ་འགྲོ་བའི་སེམས་ཀྱི་ས་གཞི་གཙང་མ་ལ་ཐུབ་པའི་དབང་པོའི་སྐུའི་གཟུགས་བརྙན་འཆར་བའོ། །

（巳二）以喻示无颠倒之生灭

分二：（午一）标；（午二）释。

（午一）标

分二：（未一）喻；（未二）义。

（未一）喻

分二：（申一）虽非如显现而有然现似有生灭；（申二）说彼显现为所求果因。

（申一）虽非如显现而有然现似有生灭

此中所依差别者：**如**此瞻部洲大**地**全**离**狭谷、深渊等可畏**处**，**成无垢琉璃**，色**明**形**美**。庄严差别者，以种种**无垢**摩尼**宝**功德为庄严，**具**诸妙**德**，**面**极**平整**。天像生之差别者：彼地基**净故**，**诸天**主之**处**、**天王**及余**天**之**相现**。天像灭差别者：**渐次离地**功**德**及明净故，**彼**中影像**不复显现**。（4.27）

（申二）说彼显现为所求果因

为得彼帝释**事故**，决定安住**近住**及现行调柔等禁**行**、成办**施等**，**男女人众发愿**得天王位**而**为此**作抛花等**。

（未二）义

为得所化自**心净如琉璃**地基中**现起**之**能仁故**，净信于佛且**具欢喜**心之诸**佛子**，**如是善发**欲成佛**心**。此说显现乃饶益之因。（4.28）

（午二）释

分二：（未一）显现生之喻义；（未二）显现灭之喻义。

（未一）显现生之喻义

如净琉璃地**基**上显**现天王身像**，**众生净心地**基上**现**起**能仁**王**身像**。（4.29）

གཉིས་པ་ནི། འགྲོ་བའི་སེམས་ལ་སངས་རྒྱས་ཀྱི་གཟུགས་བརྙན་འཆར་བ་ནི། དད་སོགས་རྟོག་པ་མེད་པའི་དབང་གིས་རབ་ཏུ་འཇུག་ལ་ནུབ་ནས་མི་སྣང་བ་ནི་རྟོག（205b）པའི་རང་སེམས་ཀྱི་དབང་གིས་འཇུག་པའོ། །བརྒྱ་བྱིན་གྱི་གཟུགས་ལ་ཡང་དེ་བཞིན་དུ་ཤེས་པར་བྱའོ། །ཇི་ལྟར་འཇིག་རྟེན་དག་ན་བརྒྱ་བྱིན་གྱི་གཟུགས་བརྙན་སྐྱེ་འགག་བྱེད་པར་སྣང་ཡང་དེའི་དབང་གིས་བརྒྱ་བྱིན་གྱི་གཟུགས་སྐྱེ་འགག་ཅན་དུ་འགྱུར་བ་མ་ཡིན་པ་ལྟར་དེ་བཞིན་དུ་གདུལ་བྱའི་སེམས་ལ་སངས་རྒྱས་ཀྱི་གཟུགས་ཀྱི་སྐུ་སྐྱེ་འཇིག་བྱེད་པར་སྣང་ཡང་དེའི་དབང་གིས་སངས་རྒྱས་ཀྱི་གཟུགས་ཀྱི་སྐུ་གསར་དུ་ཡོད་པ་དང་ཞིག་ཅེས་དེ་མི་ལྟ་ཞིང་གདུལ་བྱ་ཁ་ཅིག་གིས་གཟུགས་ཀྱི་སྐུ་མ་མཐོང་ཡང་དེས་སེམས་ཅན་གྱི་དོན་མཛད་པ་རྒྱུན་མི་འཆད་པའོ། །

གཉིས་པ་གསུང་ལྷའི་རྔའི་དཔེས་བསྟན་པ་ལ་གསུམ། གདུལ་བྱ་ལ་ཕན་འདོགས་པའི་ཁྱད་པར་དང་། སངས་རྒྱས་ཀྱི་གསུང་གི་ཁྱད་པར་དུ་འཕགས་པའི་ཆོས་དང་། སངས་རྒྱས་ཀྱི་གསུང་གདུལ་བྱས་རེས་འགའ་མ་ཐོས་པ་གདུལ་བྱའི་ཉེས་པ་ཡིན་གྱི་གསུང་གི་སྐྱོན་མ་ཡིན་པའོ། །དང་པོ་ལ་གཉིས། བག་ཡོད་པའི་གནས་ལ་སྦྱོར་བ་དང་། ཉེ་བར་འཚེ་བ་ལས་སྐྱོབ་པའོ། །དང་པོ་ལ་གཉིས། མདོར་བསྟན་པས་དང་། རྒྱས་པར་བཤད་པའོ། །དང་པོ་ལ་གཉིས། དཔེ་དང་། དོན་ནོ། །

དང་པོ་མཚམས་སྦྱར་བ་ནི། ལྷའི་རྔ་བཞིན་ཞེས་བྱ་བ་ནི་ཞེས་སོ། །ཇི་ལྟར་སུམ་ཅུ་རྩ་གསུམ་པའི་ལྷའི་ནང་ན་ལྷ་རྣམས་ཀྱི་སྔོན་གྱི་ལས་དཀར་པོའི་མཐུ་ཡིས་ནི་གྲུབ་པའི་རྔ་བོ་ཆེ་ཞིག་རྣམ་པར་རྒྱལ་བའི་ཁང་བཟང་གི་སྟེང་གི་བར་སྣང་ལ་འདུག་སྟེ་རྔ་དེ་ཀུན་སློང་གི་འབད་པ་དང་སྒྲ་འབྱུང་བའི་གནས་ལྕེ་ཀན་སོགས་དང་ངའོ་སྙམ་པའི་ཡིད་དང་། དབྱིབས་ཟླུམ་པོ་ལ་སོགས་པའི་གཟུགས་དང་། སྒྲ་གྲག་པར་བྱའོ་སྙམ་པའི་རྣམ（206a）པར་རྟོག་པ་མེད་བཞིན་དུ་འདུས་བྱས་ཐམས་ཅད་མི་རྟག་པ་དང་། ཟག་པ་དང་བཅས་པ་ཐམས་ཅད་སྡུག་བསྔལ་བ་དང་། ཆོས་ཐམས་ཅད་བདག་མེད་པ་དང་། མྱ་ངན་ལས་འདས་པ་ཞི་བའི་སྒྲ་བསྒྲགས་པ་ཡིས་འདོད་ཡོན་ལ་ཆགས་ནས་བག་མེད་པའི་ལྷ་རྣམས་ཐམས་ཅད་ཡང་དང་ཡང་དུ་ཆོས་ཀྱི་རྔས་ནི་འཁོར་བས་ཡིད་འབྱུང་ནས་ཐར་པ་ལ་བསྐུལ་བར་བྱེད་པ་ལྟར།

གཉིས་པ་ནི། དཔེ་དེ་བཞིན་དུ་ཁྱབ་བདག་ཡང་དག་པར་རྫོགས་པའི་སངས་རྒྱས་ཆོས་གསུང་བའི་ཀུན་སློང་གི་འབད་རྩོལ་སོགས་དང་བྲལ་ཡང་འགྲོ་བ་མ་ལུས་པ་རྣམས་ལ་མངོན་མཐོ་དང་ངེས་ལེགས་ལ་འགོད་པའི་སངས་རྒྱས་ཀྱི་གསུང་གིས་ཁྱབ་པར་མཛད་དེ། སྐལ་ལྡན་འོས་སུ་གྱུར་བ་རྣམས་ལ་ཆོས་སྟོན་ནོ། །

（未二）显现灭之喻义

众生心中**现**佛影**像**者，**随**信等**无浊**力转；退则**隐**、随**浊心转**。当知帝释之相亦然。**如世间有**帝释**影像**生灭显**现**，然帝释身不因此而有生灭，**如是**所化心中佛之色身现似有生灭，然**不**因此而**应视**佛之色身为新**有**及**灭**。一类所化虽不见佛身，然彼亦相续不断利益有情。（4.30）

（辰二）以天鼓喻示语

分三：（巳一）饶益所化之差别；（巳二）佛语之殊胜法；（巳三）少分所化不闻佛语乃所化之过非佛语过。

（巳一）饶益所化之差别

分二：（午一）任持不放逸；（午二）救护损害。

（午一）任持不放逸

分二：（未一）略标；（未二）广释。

（未一）略标

分二：（申一）喻；（申二）义。

（申一）喻

承启者，即：**所谓如天鼓者**。**如**三十三**天中诸天**，**由**往**昔白业力**故，尊胜妙宫上方空中现有大鼓。彼鼓**无**等起之**功用**，发声**处**舌颚等，“我”想之**意**，形圆等**色**，发声想之**分别**，而**出**“诸行**无常**、有漏皆**苦**、诸法**无我**、涅槃**寂静**”之**音**。一切贪着欲尘而**放逸之诸天**，**法鼓数数劝**其厌离生死、希求解脱。（4.31－32）

（申二）义

如此喻所示，**遍主**正等觉虽**离**说法等起之**功用**等，然安置于增上生及决定善之**佛语周遍于无余众生**，**为有缘**应度者**说法**。（4.33）

གཉིས་པ་ལ་གཉིས། སྒྲའི་རྒྱུའི་ཁྱད་པར་གྱི་དཔེ་དོན་དང་། འབྲས་བུའི་ཁྱད་པར་གྱི་དཔེ་དོན་ནོ། །

དང་པོ་ནི། ཇི་ལྟར་ལྷའི་གནས་ན་ལྷ་རྣམས་ཀྱི་རྔའི་སྒྲ་རང་གི་སྔོན་གྱི་དགེ་བའི་ལས་ལས་བྱུང་བ་དེ་བཞིན་དུ་འཇིག་རྟེན་པ་རྣམས་ལ་ཐུབ་པའི་ཆོས་གསུང་པ་ཡང་འཇིག་རྟེན་པ་རང་གི་སྔོན་གྱི་དགེ་བའི་ལས་ལས་བྱུང་བའོ། །

གཉིས་པ་ནི། ཀུན་སློང་གི་འབད་པ་དང་སྒྲ་འབྱུང་བའི་གནས་དང་དབྱིབས་ཟླུམ་པོ་ལ་སོགས་པའི་ལུས་དང་། སྒྲ་སྒྲག་པར་བྱེད་རྟོག་པའི་སེམས་དང་བྲལ་བའི་རྔའི་སྒྲ་དེ་ཇི་ལྟར་སྡུག་བསྔལ་ཞི་བ་བསྒྲུབ་པ་ལྟར་དེ་བཞིན་དུ་ཁྱད་ཆོས་དེ་བཞི་དང་བྲལ་བའི་སངས་རྒྱས་ཀྱི་གསུང་གི་ཆོས་འདི་ཞི་བ་མྱ་ངན་ལས་འདས་པ་གདུལ་བྱའི་རྒྱུད་ལ་སྒྲུབ་པར་བྱེད་དོ། །

གཉིས་པ་ལ་གཉིས། དཔེ་དང་། དོན་ནོ། །དང་པོ་ནི། ཇི་ལྟར་ལྷའི་གྲོང་ན་རྔ་སྒྲའི (206b) རྒྱུས་བྱུང་བ་ལྷ་རྣམས་ལ་མི་འཇིགས་པ་སྦྱིན་པ་ནི་ཉོན་མོངས་པ་ཕྲག་དོག་གི་ཀུན་ནས་བསླང་བའི་ལྷ་མ་ཡིན་རྣམས་དང་འཐབ་པའི་གཡུལ་དུ་འཇུག་པའི་ཚེ་ལྷ་མ་ཡིན་གྱི་གཡུལ་ལས་རྒྱལ་བར་བྱེད་ཅིང་ཆགས་པས་ཀུན་ནས་བསླང་བའི་བག་མེད་པའི་རྩེད་མོ་སེལ་བ་བཞིན་དུའོ། །ཡང་ན་ཉོན་མོངས་ལྷའི་ཁྱད་ཆོས་སུ་སྦྱོར།

གཉིས་པ་ནི། དཔེ་དེ་བཞིན་དུ་འཇིག་རྟེན་དག་ན་བསམ་གཏན་དང་གཟུགས་མེད་ལ་སོགས་པ་སྒྲུབ་པའི་ཆོས་བསྟན་པའི་རྒྱུས་བྱུང་བ་འདོད་པའི་ཉོན་མོངས་དང་ཚོར་བ་སྡུག་བསྔལ་མངོན་གྱུར་ཐིལ་གྱིས་གནོན་པ་དང་། ཐར་པ་དང་ཐམས་ཅད་མཁྱེན་པར་བགྲོད་པར་བྱེད་པའི་ཆོས་བསྟན་པས་སེམས་ཅན་རྣམས་ཀྱི་ཉོན་མོངས་དང་སྡུག་བསྔལ་རྩད་ནས་རབ་ཏུ་འཇོམས་ཤིང་ཐར་པ་ཙམ་དང་། ཞི་བ་བླ་ན་མེད་པ་མི་གནས་པའི་མྱ་ངན་ལས་འདས་པར་བགྲོད་པའི་ལམ་གྱི་ཚུལ་སངས་རྒྱས་ཀྱི་གསུང་གིས་བརྗོད་པར་བྱེད་དོ། །

གཉིས་པ་ལ་གསུམ། ལྷའི་སིལ་སྙན་གཞན་དཔེར་མི་རུང་བའི་རྒྱུ་མཚན་དང་། ལྷའི་རྔ་དཔེར་བྱེད་པའི་རྒྱུ་མཚན་དང་། སངས་རྒྱས་ཀྱི་དབྱངས་སིལ་སྙན་གཞན་ལས་ཁྱད་པར་དུ་འཕགས་པའི་རྒྱུ་མཚན་ནོ། །དང་པོ་ལ་གཉིས། དྲི་བ་དང་། ལན་ནོ། །

དང་པོ་ནི། སངས་རྒྱས་ཀྱི་གསུང་གིས་ཕན་བདེ་སྒྲུབ་པའི་དཔེར་རྒྱ་མཚན་ཅིའི་ཕྱིར་འདིར་ཆོས་ཀྱི་རྔ་ཉིད་ཀྱི་དབང་དུ་བྱས་ཀྱི་ལྷའི་སིལ་སྙན་གྱི་རྣམ་པ་དེ་ལས་གཞན་པ་དག་ཀུང་དཔེར་རིགས་བ་མ་ཡིན་དེ་དག་ཀུང་ལྷ་རྣམས་ཀྱིས་སྔོན་བྱས་པའི་དགེ་བའི་ལས་ཀྱི་དབང་གིས་མདོ་ཁོ་ནར་ལྷའི་རྣ་བར་ཡིད་འཕྲོག་པའི་སྒྲའི་རྗེས་སུ་འབྱུང་བར་འགྱུར་རོ་ཞེ་ན། (207a) ཡིད་འཕྲོག་པའི་སྒྲ་ནི་ཆོས་ཀྱི་རྔ་སྒྲ་ཡིན་ལ་དེའི་རྗེས་སུ་སིལ་སྙན་གཞན་དག་ཀུང་འབྱུང་བས་སོ། །

（未二）广释

分二：（申一）声因差别之喻义；（申二）果差别之喻义。

（申一）声因差别之喻义

如天界诸天之**鼓音**，**由自**往昔善**业所生**，如是**能仁**为世人**之说法**，亦是**世人自**往昔善**业**所**致**。

（申二）果差别之喻义

如彼鼓**音**虽远**离**等起功**用**、发声**处**、圆形等**身**，及"发声"想之**心**，然能**成**办**息**苦，**如是**远**离**彼**四**别法之佛语**法**，**亦能**令所化相续中**成就寂**静涅槃。（4.34）

（午二）救护损害

分二：（未一）喻；（未二）义。

（未一）喻

如天城中**鼓音**之因生，于诸天**作无畏施者**，**与烦恼**嫉妒等起之非天**斗**战**时**，能**胜非天**之军，且**除**贪等起之放逸**嬉**戏。又，烦恼可作天之别法。

（未二）义

如此喻所示，佛语**于世间**说成办**静虑**及**无色等**法之**因生**、能映蔽贪烦恼及苦受现前，说趣往解脱及一切智之法故、能根**断**诸**有情**之**烦恼苦**——**说**趣往惟解脱及**无上寂**静无住涅槃**道**之理趣。（4.35）

（巳二）佛语之殊胜法

分三：（午一）余天乐不可为喻之原由；（午二）以天鼓为喻之原由；（午三）佛音超胜他乐之原由。

（午一）余天乐不可为喻之原由

分二：（未一）问；（未二）答。

（未一）问

若谓：**何故**"法鼓"是佛语成办饶益之喻？**此中除法鼓外**，**余诸天乐不然**、不可作喻。（如经云：）**彼等皆由**诸天**往昔所造**善**业所致**，**天耳中惟夺意声随转**。夺意声乃法鼓声，余诸天乐随后乃生故。

གཉིས་པ་ནི། སེལ་སྣང་གཞན་ཆོས་མི་མཐུན་པ་བཞིས་དཔེར་མི་རུང་བ་ནི་དེ་བཞིན་གཤེགས་པའི་དབྱིངས་དང་དེ་དག་ཆོས་མི་མཐུན་པའི་ཡོན་ཏན་རྣམ་པ་བཞིའོ། །དེ་དག་ཀྱང་གང་ཞེ་ན། འདི་ལྟ་སྟེ་དུས་ལས་མི་འདའ་བར་ཡང་དང་ཡང་དུ་མི་འབྱུང་བས་ཉི་ཚེ་བ་ཉིད་དང་། བག་མེད་པའི་གནས་ལ་སྤྱོར་བས་ཕན་པ་མ་ཡིན་པ་ཉིད་དང་། ལྷག་པར་ཡང་འདོད་ཡོན་ལ་སྲིད་པ་འཕེལ་བར་བྱེད་པས་བདེ་བ་མ་ཡིན་པ་ཉིད་དང་། འཁོར་བ་ལས་ངེས་པར་འབྱིན་པར་བྱེད་པ་མ་ཡིན་པ་ཉིད་དོ། །

གཉིས་པ་ནི། ལྷའི་ཆོས་ཀྱི་རྔ་ནི་བག་མེད་པའི་ལྷའི་ཚོགས་མཐའ་དག་བག་མེད་པའི་གནས་ལས་ཡང་དང་ཡང་དུ་བསྐུལ་བ་ཉིད་དང་། དེའི་དུས་ལས་མི་འདའ་བས་ནི་ཉི་ཚེ་བ་མ་ཡིན་པ་ཉིད་དུ་བསྟན་ཏོ། །ལྷ་མ་ཡིན་ཞེས་དང་། དམ་པ་མ་ཡིན་པའི་འདོད་པའི་དགའ་བ་དེ་ལས་ཤེས་རྒྱུད་རྣམ་པར་འབྱེད་པ་ཉིད་དང་། ཆོས་ཀྱི་ཀུན་དགའི་དགའ་བ་དེ་ཉེ་བར་སྒྲུབ་པས་ན་བདེ་བ་ཉིད་དོ། །མི་རྟག་པ་ཞེས་སོགས་དང་། འཁོར་བའི་ཉེ་བར་འཚེ་བའི་ཞེས་སོ། །

གསུམ་པ་ལ་གཉིས། མདོར་བསྟན་པ་དང་། རྒྱས་པར་བཤད་པའོ། །དང་པོ་ལ་གཉིས། མཚམས་སྦྱར་བ་དང་། རྩ་བའོ། །

དང་པོ་ནི། མདོར་བསྡུ་ན་རྒྱུ་རྣམ་པ་བཞི་པོ་འདི་དག་གིས་ཞེས་སོ། །

གཉིས་པ་ནི། ཐུབ་པའི་དབྱངས་ལྷ་རྔས་ཀྱི་སེལ་སྣང་ལྷའི་རྔ་ལ་སོགས་པ་རྣམས་ལས་ཀྱང་ཁྱད་པར་དུ་འཕགས་ཏེ། གང་གི་ཕྱིར་ན། གསུང་གིས་སྐྱེ་བོ་ཀུན་ལ་ཁྱབ་པ་ཉིད་དང་། ཐུགས་སུ་ཕན་པ་དང་གནས་སྐབས (207b) སུ་བདེ་བ་དང་། འཆད་པར་འགྱུར་བའི་ཆོ་འཕྲུལ་གསུམ་དང་ལྡན་པའི་ཕྱིར།

གཉིས་པ་ལ་གསུམ། མཚམས་སྦྱར་བ་དང་། རྩ་བ་དང་། འགྲེལ་པའོ། །དང་པོ་ནི། རྣམ་པ་བཞི་པོ་ཞེས་སོ། །

གཉིས་པ་ལ་གཉིས། རྒྱས་པར་བཤད་པ་དང་། དོན་བསྡུ་བའོ། །

དང་པོ་ནི། ལྷར་ནི་རྔའི་སྒྲ་ཆེན་པོ་མིའི་འཇིག་རྟེན་ལ་སོགས་པའི་སར་གནས་རྣམས་ཀྱི་རྣ་བར་མི་འགྲོ་ལ་སངས་རྒྱས་ཀྱི་གསུང་གི་རྔ་སྒྲ་འཁོར་བ་ཡི་ས་བོན་དམྱལ་བ་ལ་སོགས་པའི་ས་འོག་གི་འཇིག་རྟེན་དག་ཏུ་ཡང་འགྲོའོ། །ལྷར་ནི་ལྷའི་སེལ་སྣང་བྱེ་བ་མང་པོ་འདོད་པའི་མེ་མངོན་པར་འཕེལ་བའི་དོན་དུ་སྒྲོགས་ལ་ཐུགས་རྗེའི་བདག་ཉིད་རྣམས་ཀྱི་དབྱངས་གཅིག་ཀྱང་སྡུག་བསྔལ་གྱི་མེ་རབ་ཏུ་ཞི་བའི་དོན་དུ་འཇུག་པས་ཁྱད་པར་འཕགས་སོ། །ལྷར་ནི་མཛེས་ཤིང་ཡིད་དུ་འོང་བའི་སེལ་སྣང་གི་སྒྲ་ནི་སེམས་ཀྱི་རྒོད་པ་མངོན་པར་འཕེལ་བར་འགྱུར་བའི་རྒྱུ་ཡིན་ལ་ཐུགས་རྗེའི་བདག་ཉིད་དེ་བཞིན་གཤེགས་པའི་གསུང་ནི་བྱིང་རྒོད་ཞི་བར་བྱེད་པའི་ཏིང་ངེ་འཛིན་ལ་སེམས་གཏོད་པར་བྱེད་པའི་བསམ་པ་སྐུལ་བྱེད་ཉིད་ཡིན་པས་ཁྱད་པར་འཕགས་སོ། །

（未二）答

如来音有四种与彼等异法功德，余天乐有四异法故不可为喻。云何四种？即：非逾时、不数数出生之少分；行放逸处之不饶益；别令爱着欲尘增长之不乐；不令出离生死。

（午二）以天鼓为喻之原由

天法鼓者，数数劝诸放逸天众离放逸处，及不逾彼时，示非少分；救护非天等他方众灾害怖畏及住不放逸处，示饶益；令心相续离不正欲乐、成办法之喜乐，示乐。发无常、苦、空、无我之音，及息灭一切灾害衰损，示出离。

（午三）佛音超胜他乐之原由

分二：（未一）略标；（未二）广释。

（未一）略标

分二：（申一）承启；（申二）《论》。

（申一）承启

简言之，此等四因相与法鼓同法故，佛音曼荼罗为胜。是故以佛音曼荼罗为题之颂曰：

（申二）《论》

能仁之音超胜天物伎乐天鼓等，何以故？语遍诸众生、成办究竟利与现前乐，及具当释之三神变故。（4.36）

（未二）广释

分三：（申一）承启；（申二）《论》；（申三）《释》

（申一）承启

以此四种决定宣说者，简言之，当以四颂依次得解：

（申二）《论》

分二：（酉一）广释；（酉二）摄义。

（酉一）广释

人世间等地上诸人不闻天界大鼓声，佛语鼓音亦至生死种子地狱等地下诸世间故胜。天界俱胝众天乐，为增长欲火而发出，诸大悲主宰之一音亦为息灭苦火发故胜。天界美妙悦意乐声为增长心掉举之因，大悲主宰如来语者劝发注心于能灭沉掉三摩地之意乐故胜。（4.37－39）

གཉིས་པ་ནི། མདོར་ན་མ་ལུས་པའི་འཇིག་རྟེན་གྱི་ཁམས་རྣམས་སུའང་ལྷ་དང་སའི་སྟེང་ན་གནས་པའི་མི་དང་ངན་འགྲོ་ལ་སོགས་པ་ན་བདེ་བ་ཅུང་ཟད་ཡོད་པའི་བདེ་བའི་རྒྱུ་གང་ཡིན་པ་དེ་ནི་ཟླ་འཕྲུལ་གྱིས་མ་ལུས་པའི་འཇིག་རྟེན་ན་ཁྱབ་པར་སྣང་བའི་སྒོ་ནས་སངས་རྒྱས་ཀྱི་དབྱངས་ཉིད་ལ་ནི་རབ་ཏུ་བརྟེན་པར་བརྗོད་དོ། །

གསུམ་པ་ནི། སྡུག་བསྔལ་དང་ཕྱིན་ཅི་ལོག་ཐམས་ཅད་ཉེ་བར་ཞི་བའི་བདེ་བ་ནི་སངས་རྒྱས་ཀྱི་གསུང་དབྱངས་ལ་རག་ལས་པས་གསུང (208a) གི་དབྱངས་ཕྱིན་ཅི་ལོག་དང་སྡུག་བསྔལ་ལས་ངེས་པར་འབྱིན་བྱེད་དུ་བསྟན་ལ། དེ་ཡང་ཆོ་འཕྲུལ་གསུམ་གྱིས་ངེས་པར་འབྱིན་པར་བྱེད་པ་ཡིན་པས་སངས་རྒྱས་ཀྱི་སྐུ་ལུས་ཀྱི་ཆོ་འཕྲུལ་གྱིས་ཕྱོགས་བཅུའི་འཇིག་རྟེན་གྱི་ཁམས་མ་ལུས་པ་སྐུའི་བཀོད་པ་གཅིག་དང་དུ་མས་ཁྱབ་པ་ནི་རྫུ་འཕྲུལ་གྱི་ཆོ་འཕྲུལ་ཞེས་བསྟན་ཏོ། །སེམས་ཅན་རྣམས་ཀྱི་སེམས་ཀྱི་རྣམ་གྲངས་མ་ལུས་པ་མངོན་སུམ་དུ་མཁྱེན་པས་དེར་གཏོགས་པའི་སེམས་ཅན་གྱི་སེམས་ཀྱི་སྤྱོད་པ་ཟབ་མོ་མངོན་སུམ་དུ་སྣང་བ་ནི་ཐུགས་ཀུན་བརྗོད་པའི་ཆོ་འཕྲུལ་ལོ། །ངག་གི་དབྱངས་བརྗོད་པས་ཐར་པར་ངེས་པར་འབྱིན་པའི་ལམ་ལས་བརྩམས་ཏེ་མངོན་མཐོའི་ལམ་དང་ཐར་པའི་ལམ་དེ་འདོམས་པ་དང་རྗེས་སུ་སྟོན་པ་ནི་རྗེས་སུ་བསྟན་པའི་ཆོ་འཕྲུལ་ལོ། །

གསུམ་པ་སངས་རྒྱས་ཀྱི་གསུང་གདུལ་བྱས་རེས་འགའ་མ་ཐོས་པ་གདུལ་བྱའི་ཉེས་པ་ཡིན་གྱི་གསུང་གི་སྐྱོན་མ་ཡིན་པ་ལ་གཉིས། མཚམས་སྦྱར་བ་དང་། རྩ་བའོ། །དང་པོ་ནི། དེ་ལྟར་ཡུལ་ཐམས་ཅད་དུ་ཐོགས་པ་མེད་པར་འགྲོ་བའི་སངས་རྒྱས་ཀྱི་དབྱངས་ཀྱི་དཀྱིལ་འཁོར་ནམ་མཁའི་ཁམས་ལྟར་རྒྱུན། ཡོངས་སུ་ཆད་པ་མེད་པར་འཇུག་ཀྱང་དུས་ཐམས་ཅད་དུ་གདུལ་བྱ་དང་། གསུང་གི་ཆ་ཡོངས་སུ་རྫོགས་པའི་རྣམ་པ་ཐམས་ཅད་ཀྱིས་དམིགས་པར་མ་རྟོགས་པ་གང་ཡིན་པ་དེར་ཞེས་སོ། །

གཉིས་པ་ནི། ཇི་ལྟར་མི་རྣ་བ་དང་བྲལ་བས་ཕྲ་མོའི་སྒྲ་ནི་མི་ཚོར་ཡང་ལྷའི་རྣ་བ་དང་ལྡན་པས་མེད་པར་མི་འགྱུར་བ་དེ་བཞིན་དང་སྒྲ་ཕྲ་རགས་ཐམས་ཅད་ལྷའི་རྣ་བར་ཡང་རྣ་བའི་ལམ་དུ་ནི་མི་འགྲོ་ཡང་སྒྲ་མ་རྣ་བ་མེད་པ་དང་། ཕྱི་མ་ཉུས་པ་ཞན་པས (208b) ཡིན་གྱི། མེད་པ་མ་ཡིན་པ་བཞིན་དུ་དེ་བཞིན། སངས་རྒྱས་ཀྱི་གསུང་གི་ཆོས་ཕྲ་ཞིང་ཟབ་པ་མཆོག་ཏུ་ནི་སྟེ་ཤིན་ཏུ་ཞིབ་མོའི་ཡེ་ཤེས་ཀྱི་སྤྱོད་ཡུལ་གར་ཡིན་པ་དེ་ཡང་གདུལ་བྱ་འགའ་ཞིག་གིས་རེས་འགའ་མ་ཐོས་པ་གསུང་གི་ཉེས་པ་མ་ཡིན་ཏེ། ཉོན་མོངས་པ་མེད་པའི་ཡིད་ཅན་འགའ་ཞིག་གི་རྣ་བའི་ལམ་དུ་འགྱུར་བ་ཡིན་ཞིང་། མངོན་པར་མཐོ་བ་དང་། ངེས་པར་ལེགས་པ་འདོམས་པར་མཛད་པའི་ཕྱིར་རོ། །

（酉二）摄义

总之，无余诸世界中，天及地上所住人与恶趣所具少分乐之因者，依以神变遍现于无余世间之佛音而说。(4.40)

（申三）《释》

苦及颠倒一切息灭之乐，观待于佛语音，故说语音决定拔出颠倒及苦。此复以三神变决定拔出：佛以身神变一、多身庄严周遍十方无余世界者，谓神境神变；现知诸有情无余心异门，现见有情深邃心行者，为意记说神变；以语音教诫、宣说解脱出离道之增上生道及解脱道者，为教诫神变。

（巳三）少分所化不闻佛语乃所化之过非佛语过

分二：（午一）承启；（午二）《论》。

（午一）承启

如是于一切境无碍行之佛音曼荼罗者如虚空界流演不断，非所化于一切时及以语全分一切相所能缘，此非佛音曼荼罗之过也。以诸不能缘者之过为题而言之颂曰：

（午二）《论》

如人若无耳，则不闻微细声。粗细一切声亦不入具天耳者耳道中。前者无耳，后者闻力衰减若无。如是佛语之法微细且甚深，乃极精细智之所行境。一类所化暂不能闻，非语之过，入一类意无烦恼有情之耳道中、教诫增上生及决定善故。(4.41)

大乘上续论释大疏卷十六终

གསུམ་པ་ཐུགས་སྤྲིན་གྱི་དཔེས་བཤད་པ་ལ་གཉིས། མཚམས་སྦྱར་བ་དང་། དོན་བཤད་པའོ། །

དང་པོ་ནི། སྤྲིན་བཞིན་ཞེས་བྱ་བ་ནི་ཞེས་སོ། །

གཉིས་པ་ལ་བཞི། གདུལ་བྱ་ཡོངས་སུ་སྨིན་པའི་རྒྱུར་འགྱུར་བ་སྤྲིན་གྱི་དཔེས་བཤད་པ་དང་། སྣོད་མི་འདྲ་བའི་དབྱེ་བས་རོ་ཐ་དད་པར་འགྱུར་པ་སྤྲིན་གྱི་དཔེས་བཤད་པ་དང་། ཕན་གནོད་ལ་རྣམ་པར་རྟོག་པ་མེད་པར་འཇུག་པ་སྤྲིན་གྱི་དཔེས་བཤད་པ་དང་། སྡུག་བསྔལ་གྱི་མེ་ཞི་བར་བྱེད་པ་སྤྲིན་གྱི་དཔེས་བཤད་པའོ། །དང་པོ་ལ་གཉིས། བསྟན་པ་དང་། བཤད་པའོ། །དང་པོ་ལ་གཉིས། དཔེ་དང་། དོན་ནོ། །

དང་པོ་ནི། ཇི་ལྟར་དབྱར་གྱི་དུས་ན་སྤྲིན་གྱིས་ཆར་བཟུང་ཞིང་དེ་ལ་བརྟེན་ནས་བབ་པས་ལོ་ཏོག་ཕུན་སུམ་ཚོགས་པའི་རྒྱུར་འགྱུར་ཞིང་ཆུའི་ཕུང་པོ་འབད་པ་མེད་པར་ས་ལ་རྒྱུན་དུ་འབེབས་པ་ལྟར་རོ། །

གཉིས་པ་ནི། དེ་བཞིན་དུ་སངས་རྒྱས་ཀྱི་ཐུགས་རྗེའི་སྤྲིན་ལས་ནི། རྒྱལ་བའི་དམ་པའི་ཆོས་ཀྱི་ཆུའི་ཆར་འགྲོ་བའི་མངོན་མཐོ་ངེས་ལེགས་ཀྱི་ལོ་ཏོག་ཕུན་སུམ་ཚོགས་པའི་རྒྱུ་རྣམ་པར་རྟོག་པ་མེད་པར་འབེབས་པས་སྤྲིན་དང་ཆོས་མཚུངས་སོ། །

གཉིས་པ་ལ་གསུམ། དཔེ་དང་། དོན་དང་། དོན་དེ་ཉིད་བཤད (209a) པའོ། །

དང་པོ་ནི། ཇི་ལྟར་འཇིག་རྟེན་སྲོག་གཅོད་སྤོང་བ་སོགས་དགེ་བའི་ལས་ལམ་ལ་འཇུག་པ་ན་རླུང་ལས་སྐྱེས་པ་ཆུ་ཆར་སྤྲིན་གྱིས་འབེབས་པ་ལྟར།

གཉིས་པ་ནི། དེ་བཞིན་དུ་བརྩེ་བའི་རླུང་གིས་འགྲོ་བའི་རྒྱུད་ཀྱི་དགེ་བ་མངོན་པར་སྤེལ་བའི་ཕྱིར་དུ་སངས་རྒྱས་ཀྱི་ཐུགས་རྗེའི་སྤྲིན་ལས་དམ་པའི་ཆོས་ཀྱི་ཆར་པ་འབེབས་པར་མཛད་དོ། །

གསུམ་པ་ནི། སྲིད་པར་གནས་པའི་སེམས་ཅན་ལ་ཐུབ་པའི་དབང་པོའི་སྤྲིན་ནི་དགེ་བའི་ལོ་ཏོག་གི་རྒྱུར་འགྱུར་རོ། །སྤྲིན་ཇི་ལྟ་བུ་ཞེ་ན། དཔའ་བར་འགྲོ་བ་ལ་སོགས་པའི་ཏིང་ངེ་འཛིན་དང་། ཚིག་དོན་ལ་སོགས་པའི་གཟུངས་ཀྱི་ཆུ་དྲི་མ་མེད་པའི་སྙིང་པོ་ཅན་ནོ། །སྤྲིན་དེ་ཡང་མཁྱེན་པ་དང་བརྩེ་བ་ཆེན་པོས་བསྐུས་པ་ཉིས་བསམ་གོས་པའི་ནམ་མཁའི་དཀྱིལ་ན་གནས་པའོ། །གང་གིས་མ་གོས་ན་འགྱུར་བ་སྲིད་པའི་མཐར་ལྟུང་བ་དང་། མི་འགྱུར་བ་ཞི་བའི་མཐར་ལྟུང་བས་མ་གོས་པའོ། །དེ་ཡང་མཁྱེན་པས་སྲིད་མཐས་མ་གོས་པ་དང་། བརྩེ་བས་ཞི་མཐས་མ་གོས་པ་བསྟན་ཏོ། །

大乘上续论释大疏卷十七

（辰三）以云喻示意

分二：（巳一）承启；（巳二）释义。

（巳一）承启

所谓如云者：

（巳二）释义

分四：（午一）以云喻释成熟所化之因；（午二）以云喻释器不同差别令味有异；（午三）以云喻释无利损分别而趣入；（午四）以云喻释能灭苦火。

（午一）以云喻释成熟所化之因

分二：（未一）标；（未二）释。

（未一）标

分二：（申一）喻；（申二）义。

（申一）喻

犹如夏季雨**云**行雨乃**稼穑圆满**之**因**，**水蕴无功用**，**降澍于大地**。（4.42）

（申二）义

如是从佛**悲**心**云**，**无分别降澍佛之正法雨**，为**众**生增上生及决定**善**之**稼穑**圆满之**因**，故与云同法。（4.43）

（未二）释

分三：（申一）喻；（申二）义；（申三）释彼义。

（申一）喻

犹如**世间**趣**入**断杀生等**善**业**道**时，**风起云致雨**；

（申二）义

如是**悲风增**长**众**生相续之**善**故，**佛**悲心**云降**正**法雨**。（4.44）

（申三）释彼义

能仁王**云**者，**乃**生死中有情**善稼墙之因**。云何云？**具**健行等**定**，句义等**总持净水藏**。彼云亦由**智**及**大悲**所摄，安**住不染**过患之虚**空中**央，不为何者所染？不染堕**变**化有边、及堕**不变**寂边。此复说智不染有边、悲不染寂边。（4.45）

གཉིས་པ་ལ་གཉིས། མཚམས་སྦྱར་བ་དང་། དོན་བཤད་པའོ། །

དང་པོ་ནི། སྣོད་སྣ་ཚོགས་པ་ཉིད་ལས་ནི་ཞེས་སོ། །

གཉིས་པ་ལ་གཉིས། དཔེ་དང་། དོན་ནོ། །

དང་པོ་ནི། ཇི་ལྟར་བསིལ་བ་དང་། ཞིམ་པ་དང་། འཇམ་པ་དང་། དང་བ་དང་། མགྲིན་པ་ལ་མི་གནོད་པ་དང་། ལྟོ་བ་ལ་མི་གནོད་པ་དང་། དྲི་མ་མེད་པ་དང་། ཡང་བའི་ཆུ་ཡན་ལག་བརྒྱད་ལྡན་ནི། སྤྲིན་དེ་ལས་འབབ་པ་ཡིན་ཡང་ས་ལ་བ་ཚྭ་ལ་སོགས་གནས་ཐ་དད་པ་དང་འབྲེལ་བས་བ་ཚྭ་ཅན་ལ་སོགས་པ་ཤིན་ཏུ་མང་པོའི་རོར་ནི (209b) འགྱུར་བ་བཞིན་དུའོ། །

གཉིས་པ་ནི། དེ་བཞིན་དུ་བསླབ་པ་གསུམ་གྱིས་བསྡུས་པའི་འཕགས་པའི་ལམ་ཡན་ལག་བརྒྱད་དང་ལྡན་པའི་དམ་པའི་ཆོས་ཀྱི་ཆུའི་ཆར་རབ་ཏུ་ཡངས་ཤིང་རྒྱ་ཆེ་བའི་མཁྱེན་པ་དང་། བརྩེ་བའི་སྤྲིན་གྱི་སྙིང་པོ་ལས་འབབ་པ་དེ་ཉིད་ཐར་པའི་ལམ་ལ་དངོས་སུ་ཞུགས་པ་དང་། གདུལ་བྱ་རིགས་ཅན་གསུམ་གྱིས་བསྡུས་པའི་འགྲོ་བའི་རྒྱུད་ཀྱི་གནས་ཀྱི་དབྱེ་བ་ལས་ཐེག་པ་ཆེ་ཆུང་ལ་སོགས་པའི་ལམ་གྱི་རྣམ་པ་མང་པོའི་རོ་དང་ལྡན་པར་འགྱུར་བ་ཡིན་នོ། །

གཉིས་པ་ལ་གཉིས། མཚམས་སྦྱར་བ་དང་། རྩ་བའོ། །

དང་པོ་ནི། ལྟོས་པ་མེད་པར་འཇུག་པ་ལས་ནི་ཞེས་སོ། །

གཉིས་པ་ལ་གཉིས། སྣོད་ཀྱི་དབྱེ་བ་དཔེ་དང་སྦྱར་བ་དང་། ཆོས་མཐུན་རྒྱས་པར་བཤད་པའོ། །

དང་པོ་ནི། ཐེག་པ་མཆོག་ལ་དང་བ་དང་འདོད་པ་དང་སྡང་བ་གང་ཡང་མེད་པའི་བར་མ་དང་ནི་སྡང་བ་ཡི་ཕུང་པོ་གསུམ་ནི་རིམ་པ་བཞིན་དུ་དཔེར་ན་ཆར་གྱིས་ལོ་ཏོག་རྒྱས་པར་འདོད་པའི་མི་དག་དང་། ལུས་ལ་ཕན་གནོད་དང་བྲལ་བའི་བཏུང་སྐྱོམས་པ་རྨ་བྱ་དང་ནི་ལུས་ལ་མི་འབབ་བ་ལྟར་གདུང་བར་བྱེད་པས་མི་འཕྲོད་བར་འཛིན་པ་ཡི་དྭགས་དང་འདྲའོ། །

གཉིས་པ་ལ་གཉིས། སྡང་འདོད་དཔེ་དང་སྦྱར་བ་དང་། ཕན་གནོད་ཀྱི་རྣམ་རྟོག་མེད་པ་དཔེ་དང་སྦྱར་བའོ། །

དང་པོ་ནི། དཔྱིད་ཀྱི་མཐར་དབྱར་གྱི་དུས་ནམ་མཁའ་ལ་སྤྲིན་མེད་པ་ན་མི་མི་འདོད་པ་དང་། ནམ་མཁའ་ལ་མི་རྒྱུ་བའི་རྨ་བྱ་དེ་དག་བཏུང་སྐོམས་སུ་གནས་ལ་ཡི་དྭགས་དགའ་བ་དང་། དབྱར་གྱི་ཚེས་ལ་ཆར་བབ་པ་ནི་མི་འདོད་པ་དང་། རྨ་བྱ་བཏུང་སྐོམས་པ་དང་། ཡི་དྭགས་རྣམས་ནི་སྡུག་པ་ལྟར་སྙིང་རྗེའི་སྤྲིན་ཚོགས་ངག (210a) གིས་དམ་པའི་ཆོས་ཀྱི་ཆུ་བྱུང་བ་དང་མ་བྱུང་བ་ལས་ཀྱང་རིམ་པ་བཞིན་དུ་ཐེག་པ་ཆེན་པོའི་དམ་པའི་ཆོས་འདོད་པ་རྣམས་དགའ་བ་དང་། ཆོས་ལ་སྡང་བའི་གང་ཟག་རྣམས་མི་དགའ་བ་འཇིག་རྟེན་ན་ནི་སྔར་བཤད་པའི་དཔེ་དེ་ཉིད་ཀྱིས་ཤེས་པར་བྱའོ། །

（午二）以云喻释器不同差别令味有异

分二：（未一）承启；（未二）释义。

（未一）承启

因种种器异者：

（未二）释义

分二：（申一）喻；（申二）义。

（申一）喻

如从彼云出，具清**凉**、**甘**甜、**柔**、净、不伤喉、不伤腹、无垢、**轻**八支**水**者，与**地**上**碱等**各**处**相**合**而**转成**碱等**众异味**。

（申二）义

如是**从广**大智、**悲云**藏中**出**，三学所摄具**八支圣道**正法**雨**，**由**不入解脱道、具三类种性所化所摄**众**生**相续处**差**别**，转成**具足**大、小乘等道之**多种味**。（4.46）

（午三）以云喻释无利损分别而趣入

分二：（未一）承启；（未二）《论》。

（未一）承启

不观待而趣入者：

（未二）《论》

分二：（申一）器差别配喻；（申二）广释同法。

（申一）器差别配喻

于大乘净信、喜瞋皆非**中庸及瞋恨**之**三类**，**如诸**求雨令稼墙增长之**人**，身离损益而住舍之**孔雀**，**及**身**如**火燃而不能焚之**饿鬼**。（4.47）

（申二）广释同法

分二：（酉一）瞋喜配喻；（酉二）无损益分别配喻。

（酉一）瞋喜配喻

如春后夏季空中**无云**时，此**人**所不欲、**不飞空**之孔**雀**住舍、而饿鬼喜。如**夏季之降雨**者，此人所欲、孔雀舍、而**诸饿鬼愁苦**；**悲云降**正**法雨**，**出现及不现**，依次令**世间求**大乘正**法**者喜**及瞋法**诸人不喜，当以上述之**喻**了知。（4.48）

གཉིས་པ་ནི། སྤྲིན་གྱིས་རྣམ་པར་རྟོག་པ་མེད་པར་ཐེགས་པ་རགས་པ་ཆར་ཆེན་པོ་འབེབས་པ་དང་། ཚ་ཚ་རྡོ་རྗེའི་ལ་བོང་རྣམས་འཐོར། ཞེས་གསུངས་པ་ལྟར། རྡོ་ཚན་དང་ནི་རྡོ་རྗེའི་མེ་ནི་འབེབས་པ་ནི་གྲོག་སྦུར་ལ་སོགས་པའི་སྲོག་ཆགས་ཕྲ་མོ་དང་། །ཡི་དྭགས་དང་རི་སུལ་སོང་བའི་སྲོག་ཆགས་དག་ལ་ཇི་ལྟར་སྤྲིན་དེ་དག་ལ་ཕན་གནོད་ཀྱི་ཁྱད་པར་ལ་ལྟོས་པ་མེད་པར་འབེབས་པ་བཞིན་དུ་རྟོགས་པར་དཀའ་ཞིང་ཟབ་ལ་ཕྲ་བ་དོན་དམ་པའི་བདེན་པ་དང་། ཐབས་རྒྱ་ཆེན་པོ་ཐེགས་པ་ཕྲ་རགས་སྤྲིན་གྱིས་འབེབས་པའི་ཐབས་ཀྱི་ཚུལ་གྱིས་སངས་རྒྱས་རྣམས་ཀྱི་མཁྱེན་པ་དང་ནི་བརྩེ་བའི་སྤྲིན་ཐེག་པ་ཆེན་པོའི་ཆོས་དོན་དུ་གཉེར་བ་རྣམས་ཀྱི་ཉོན་མོངས་དག་པར་གྱུར་པ་དང་། ཐེག་པ་ཆེན་པོའི་ཆོས་ལ་སྡང་བ་རྣམས་ཀྱི་བདག་ལྟའི་བག་ལ་ཉལ་འཕེལ་བར་འགྱུར་བ་དག་ལ་རྣམ་པ་ཀུན་ཏུ་ལྟོས་པ་མེད་པར་ཆོས་ཀྱི་ཆར་འབེབས་པར་མཛད་དོ། །

བཞི་པ་ལ་གཉིས། མཚམས་སྦྱར་བ་དང་། དོན་བཤད་པའོ། །

དང་པོ་ནི། སྡུག་བསྔལ་གྱི་མེ་རབ་ཏུ་འཇིལ་བ་ལས་ནི་ཞེས་སོ། །

གཉིས་པ་ལ་གཉིས། སྙིང་རྗེའི་དམིགས་པ་སྡུག་བསྔལ་གྱི་ཁྱད་པར་དང་། དེ་ཞི་བའི་ཐབས་ཀྱི་ཁྱད་པར་རོ། །དང་པོ་ལ་གཉིས། (210b) གང་དུ་འཁོར་བའི་རྟེན་དང་།

དེར་འཁོར་བའི་ཉེས་དམིགས་སོ། །

དང་པོ་ནི། ལས་དང་ཉོན་མོངས་པའི་དབང་གིས་འཁོར་བར་སྐྱེ་འཆི་གཅིག་ནས་གཅིག་ཏུ་བརྒྱུད་པ་ལ་ཐོག་མའི་མཐའ་ནམ་ཡང་མེད་ཅིང་། འཁོར་བ་ལྡོག་པའི་ཆེད་དུ་མ་འབད་ན་ཐ་མའི་མཐའ་ཡང་མེད་པས་ཐོག་མཐའ་མེད་པའི་འཁོར་བ་དེར་འགྲོ་བའི་ལམ་ནི་རིགས་རྣམ་པ་ལྔའོ། །

གཉིས་པ་ནི། མི་གཙང་བ་ལ་དྲི་ཞིམ་པ་མེད་པ་བཞིན་དུ་འཁོར་བའི་ལམ་ལྔ་དག་ན་བདེ་བ་དང་མཚན་མ་མེད་ཅིང་། སྡུག་བསྔལ་ཕྱིར་བཟློས་ཀྱི་བདེ་བ་ཙམ་ལ་བདེ་བ་རང་ཚན་པར་ཞེན་ནས་འཁོར་བ་དེ་ན་སྡུག་བསྔལ་དུས་རྟག་ཏུ་མེ་དང་། མཚོན་དང་། ཁ་བ་དང་རྣ་ལ་རྒྱ་ཚྭ་ལ་སོགས་པ་རེག་པ་ལས་སྐྱེས་པའི་སྡུག་བསྔལ་བཞིན་དུ་སྡུག་བསྔལ་གྱི་རང་བཞིན་ལས་མ་འདས་པའོ། །

གཉིས་པ་ལ་གསུམ། དམ་པའི་ཆོས་སྟོན་པར་མཛད་པ་དང་། དེ་ལ་བརྟེན་ནས་འཁོར་བའི་ཉེས་དམིགས་ཤོང་དུ་ཆུད་པ་དང་། ཐར་བ་ཐོབ་པའི་ཆེད་དུ་བདེན་བཞིའི་གནས་ལུགས་གོམས་པར་བྱ་བར་བསྟན་པའོ། །

དང་པོ་ནི། ཐུགས་རྗེའི་སྤྲིན་ལས་དམ་པའི་ཆོས་ཀྱི་ཆར་ཆེན་པོ་འཁོར་བའི་སྡུག་བསྔལ་དེ་རབ་ཏུ་ཞི་བར་བྱེད་པ་རབ་ཏུ་འབེབས་ཤིང་ཕབ་པས་འཁོར་བའི་སྡུག་བསྔལ་འཇོམས་པར་བྱེད་དོ། །

（酉二） 无损益分别配喻

如云无分别，**降澍粗点**大**雨**，以及如所谓"放射爆裂金刚石"之**火石**与**金刚火**，**于**蝼蚁等**细**小有情、饿鬼、**沟**壑中**有情**等，无损益差别而降；诸佛**智悲之云者**，降澍难证、深**细**胜义谛及**广**大方便**粗**细雨点，以此**方便**清**净**求大乘法者之烦恼，全**不观待**而为瞋大乘法、**我见随眠**增长**者**降澍法雨。（4.49）

（午四） 以云喻释能灭苦火

分二：（未一） 承启；（未二） 释义。

（未一） 承启

消除苦火者：

（未二） 释义

分二：（申一） 悲心所缘苦之差别；（申二） 息苦方便之差别。

（申一） 悲心所缘苦之差别

分二：（酉一） 生死所依；（酉二） 生死过患。

（酉一） 生死所依

由业烦恼增上力流转**生死**、相续无有初际，若不为除生死而勤加功用，则亦无后际，**趣**行**此无初后**际生死**道**者**有五**种。

（酉二） 生死过患

如不净恶臭，生死**五趣**之**中无**真**乐**，妄执苦减弱之乐为真乐，而于生死中**常受如火**、**兵**刀、**雪**、疮口加**盐等触**所**生苦**，而不出苦之自性。

（申二） 息苦方便之差别

分三：（酉一） 宣说正法；（酉二） 依此晓了生死过患；（酉三） 为得解脱故当串习四谛真实。

（酉一） 宣说正法

从悲云降澍大正**法雨**，**灭彼**生死苦。由降澍故，坏生死苦。（4.50）

གཉིས་པ་ནི། ལྷ་ལ་འཆི་འཕོ་བའི་སྡུག་བསྔལ་དང་། མི་ལ་ལོངས་སྤྱོད་ཡོངས་སུ་ཚོལ་བ་ལ་སོགས་པའི་སྡུག་བསྔལ་ལོ་ཞེས་བྱ་བར་རྟོགས་པའི་ཕྱིར་ཐར་པ་དོན་གཉེར་གྱི་བློ་བཅོས་མ་མིན་པ་སྐྱེས་ཤིང་ཐར་པའི་ལམ་ཁོང་དུ་ཆུད་ནུས་པའི་ཤེས་རབ་དང་ལྡན་པ་ལྷའི་དབང་པོ་བརྒྱ་བྱིན་དང་། (211a) འཁོར་ལོས་བསྒྱུར་བ་སོགས་ལྷ་དང་མིའི་དབང་ཕྱུག་མཆོག་ལའང་མངོན་པར་འདོད་པའི་སྲིད་པ་མེད་དེ་ནང་གི་རྐྱེན་ཚུལ་བཞིན་ཡིད་ལ་བྱེད་པ་འཁོར་བའི་ཉེས་དམིགས་དང་ཐར་པའི་ཕན་ཡོན་ཁོང་དུ་ཆུད་ནུས་པའི་ཤེས་རབ་དང་ནི་ཕྱིའི་རྐྱེན་གཞན་གྱི་སྒྲའི་བདག་ཉིད་དེ་བཞིན་གཤེགས་པའི་གསུང་རབ་ལ་ཡིད་ཆེས་པའི་དད་པའི་རྗེས་སུ་འབྲངས་ནས་ཟག་པ་དང་བཅས་པའི་ཕུང་པོ་འདི་ནི་སྡུག་བསྔལ་དང་། ལས་དང་ཉོན་མོངས་པ་འདི་ནི་རྒྱུ་ཀུན་འབྱུང་གི་བདེན་པ་དང་། སྡུག་བསྔལ་འགགས་པ་འདི་ནི་འགོག་པའི་བདེན་པ་དང་། བདག་མེད་མངོན་སུམ་དུ་རྟོགས་པའི་ཤེས་རབ་ནི་ལམ་གྱི་བདེན་པ་དག་གོ །ཞེས་ཤེས་པས་མཐོང་བའི་ཕྱིར་རོ། །

གསུམ་པ་ནི། ནད་ཀྱི་ཉེས་དམིགས་ལེགས་པར་ཁོང་དུ་མ་ཆུད་ན་ནད་ཀྱི་རྒྱུ་སྤོང་འདོད་དང་། ནད་ཞི་བའི་ཐབས་ལ་དོན་གཉེར་མི་འབྱུང་བས་ཐོག་མར་ནད་ནི་ཉེས་དམིགས་ཀྱི་སྒོ་ནས་ཤེས་པར་བྱ་བ་དང་། དེ་ཡང་རྒྱུ་མ་སྤངས་པར་སྤོང་མི་ནུས་པར་མཐོང་ནས་ནད་ཀྱི་རྒྱུ་ནི་སྤང་པར་བྱ་བ་ཡིན་ལ་ནད་ཟད་པའི་བདེ་བར་གནས་པ་ཐོབ་པར་བྱ་བ་དང་། ནད་ཀྱི་རྒྱུ་འགོག་པའི་སྨན་ནི་བསྟེན་པར་བྱ་བ་ལྟར། ཐོག་མར་མི་རྟག་པ་དང་སྡུག་བསྔལ་ལ་སོགས་པ་རང་སྤྱིའི་མཚན་ཉིད་ཀྱི་སྒོ་ནས་སྡུག་བསྔལ་ཉེས་དམིགས་ཀྱི་སྒོ་ནས་ཤེས་པར་བྱ་ལ། སྡུག་བསྔལ་ཚེར་མ་འདྲེན་པ་ལྟར་སྤོང་མི་ནུས་ཤིང་། རྒྱུ་བཀག་པའི་སྒོ་ནས་སྤོང་དགོས་པར་མཐོང་ནས་རྒྱུ་ཀུན་འབྱུང་གི་བདེན་པ་སྤང་བྱ་དང་། ཀུན་འབྱུང་སྤོང་ནུས་སུ་མཐོང་བ་ན་སྡུག་བསྔལ་འགགས་པའི་འགོག་པ་རྒྱུད་ལ་རིག་པར (211b) བྱ་ཞིང་མངོན་དུ་བྱ་ནུས་སུ་མཐོང་བ་དང་། དེ་བཞིན་དུ་དེ་མངོན་དུ་བྱེད་པ་ཡང་ལམ་ཡང་དང་ཡང་དུ་རྒྱུད་ལ་བརྟེན་བར་བྱ་ཞིང་གོམས་པར་བྱ་བར་མཐོང་ནས་དེ་ལྟར་ཉམས་སུ་བླངས་པས་ཐར་པ་མྱ་ངན་ལས་འདས་པ་ཐོབ་པར་བྱེད་དོ། །

གཉིས་པ་འཕྲིན་ལས་གསུམ་དཔེས་མཚོན་ཏེ་བསྟན་པ་ལ་གཉིས། ཚངས་པའི་སྤྲུལ་པས་སྐུ་དང་གསུང་གི་འཕྲིན་ལས་མཚོན་ཏེ་བསྟན་པ་དང་། ཉི་མའི་དཔེས་ཐུགས་ཀྱི་འཕྲིན་ལས་མཚོན་ཏེ་བསྟན་པའོ། །དང་པོ་ལ་གཉིས། མཚམས་སྦྱར་བ་དང་། དོན་བཤད་པའོ། །

དང་པོ་ནི། ཚངས་པ་ཆེན་པོ་བཞིན་ཞེས་བྱ་བ་ནི་ཞེས་སོ། །

（酉二）依此晓了生死过患

通达天有**死殁**苦，**人**有**追求**受用等**苦故**，生起不造作求解脱心，**具**晓了解脱道之**慧**，于天王帝释及转轮王等**天人大自在**亦**无欣欲**爱。内缘如理作意，能晓了生死过患、解脱利益之**慧**，**及**于外缘他声性**如来之圣言**发**胜解信**，**知见**"**此**有漏蕴**是苦**，**此**业烦恼是**因**集谛，**此**灭苦是**灭**谛，此现证无我慧是道谛"**故**。(4.51)

（酉三）为得解脱故当串习四谛真实

如不晓了病之过患，则不欲断病因，不求息病方便，故最初**应**由过患门**知病**。此复见不断因则不能除病，**病因**是**应断**，安**住**苦尽之**乐**是**应得**，灭病因之**药**是**应依**。最初**应**由无常、苦等自、总相之门了**知苦**之过患。断苦非如拔刺，而应由遮因之门而断，见已知**因**集谛是**应断**。若见能断集，则见于相续中**应明**、应证**彼**苦灭之**灭**。**如是**能现证彼，**应**于相续中数数**依止**及串习**道**，如是修习能得解脱涅槃。(4.52)

（卯二）以喻表示三事业

分二：（辰一）以梵天变化表示身语事业；（辰二）以日喻表示意事业。

（辰一）以梵天变化表示身语事业

分二：（巳一）承启；（巳二）释义。

（巳一）承启

所谓如大梵者：

གཉིས་པ་ལ་གཉིས། སྐུ་དང་གསུང་གི་འཕྲིན་ལས་འབད་པ་མེད་པར་འཇུག་པའི་དཔེ་དོན་དང་། གདུལ་བྱ་འགའ་ཞིག་གི་བསམ་པའི་ངོར་རེ་ཤིག་ནུབ་པར་འགྱུར་བའི་ཚུལ་ལོ། །དང་པོ་ལ་གསུམ། གདུལ་བྱ་རྒྱུད་དག་པ་ལ་འཕྲིན་ལས་འཇུག་པའི་དཔེ་དོན་དང་། དེ་ལས་ཞན་པ་ལ་སྦྱོར་བའི་དཔེ་དོན་དང་། འཕྲིན་ལས་འཇུག་པའི་རྒྱུའོ། །དང་པོ་ལ་གཉིས། དཔེ་དང་། དོན་ཏོ། །

དང་པོ་ནི། ཇི་ལྟར་ཚངས་པ་ཆེན་པོ་ཚངས་པ་ཡི་གནས་ནས་འཕོ་བ་མེད་པ་བཞིན་དུ་འདོད་པའི་ལྷའི་གནས་ནི་ཐམས་ཅད་དུ་ཆགས་བྲལ་སྤྲུལ་པའི་ཆེད་དུ་སྣང་བ་འབད་པ་མེད་པར་སྟོན་པ་ལྟར་རོ། །

གཉིས་པ་ནི། དེ་བཞིན་དུ་ཐུབ་པ་དེ་བཞིན་ཉིད་ལ་རྟག་ཏུ་མཉམ་པར་བཞག་པའི་ཆོས་ཀྱི་སྐུ་ལས་བསྐྱོད་པ་མེད་པར་འཇིག་རྟེན་གྱི་ཁམས་ཀུན་ཏུ་གདུལ་བྱ་སྐལ་ལྡན་རྣམས་ལ་འབད་པ་མེད་པར་སྤྲུལ་པ་དག་གིས་ཆོས་སྟོན་པར་མཛད་དོ། །

གཉིས་པ་ལ་གཉིས། (212a) དཔེ་དང་། དོན་ཏོ། །

དང་པོ་ནི། ཇི་ལྟར་ཚངས་པ་དུས་རྟག་ཏུ་རང་གི་གཞལ་ཡས་ཁང་ལས་མི་གཡོ་བཞིན་དུ་རང་འདྲའི་གཟུགས་ཤིག་སྤྲུལ་ནས་འདོད་ཁམས་ཀྱི་ལྷའི་ནང་དུ་ཞུགས་པ་དེ་ལྷ་རྣམས་ཀྱིས་མཐོང་ཞིང་དེ་མཐོང་བའི་ལྷ་རྣམས་ལ་འདོད་པའི་ཉེས་དམིགས་བཤད་པས་འདོད་པའི་ལྷ་དེའང་ཡུལ་ལ་དགའ་བའི་སྲིད་པ་སྤོང་བར་བྱེད་པ་ལྟར་རོ། །

གཉིས་པ་ནི། དེ་བཞིན་དུ་བདེ་གཤེགས་ཆོས་ཀྱི་སྐུ་ལས་མི་བསྐྱོད་བཞིན་དུ་འཇིག་རྟེན་ཀུན་ཏུ་སངས་རྒྱས་ཀྱི་གཟུགས་ཀྱི་སྐུ་དེ་སྐལ་ལྡན་གྱིས་མཐོང་ལ་དེ་མཐོང་བ་དེའང་དེ་བཞིན་གཤེགས་པའི་དམ་ཆོས་བསྟན་པའི་དོན་ཉམས་སུ་བླངས་པ། རྟག་ཏུ་དྲི་མ་ཀུན་སེལ་བར་བྱེད་ཅིང་ཐར་པ་དང་ཐམས་ཅད་མཁྱེན་པའི་གོ་འཕང་ཐོབ་པར་བྱེད་དོ། །

གསུམ་པ་ནི། ཚངས་པས་སྔོན་གྱི་རང་ཉིད་ཀྱི་སྨོན་ལམ་དང་འདོད་པའི་ལྷ་རྣམས་ཀྱི་དགེ་བའི་མཐུས་ཇི་ལྟར་ཚངས་པ་འབད་པ་མེད་པར་སྣང་ཞིང་ཆོས་སྟོན་པ་ལྟར་རང་འབྱུང་སངས་རྒྱས་ཀྱི་སྤྲུལ་སྐུ་གདུལ་བྱ་ལ་སྣང་ནས་ཆོས་སྟོན་པ་ཡང་སྔོན་གྱི་སྨོན་ལམ་དང་གདུལ་བྱ་རྣམས་ཀྱི་རྒྱུད་དག་པའི་མཐུ་ལས་འབྱུང་བ་སྟེ། དེ་བཞིན་ནོ། །

（巳二）释义

分二：（午一）身语事业无功用转之喻义；（午二）一类所化心中暂不现之理趣。

（午一）身语事业无功用转之喻义

分三：（未一）相续清净所化中事业趣入之喻义；（未二）较其下劣者之喻义；（未三）事业趣入之因。

（未一）相续清净所化中事业趣入之喻义

分二：（申一）喻；（申二）义。

（申一）喻

如大**梵于梵界不离无迁动**，然**于一切**欲**天界**，为令离贪故，**无功用示现**。(4.53)

（申二）义

如是能仁于真如常入定之**法身**亦**不动**摇，然**无功用**以诸**变化于**一切世**界为有缘**所化说法。(4.54)

（未二）较其下劣者之喻义

分二：（申一）喻；（申二）义。

（申一）喻

如**梵**天**常不离**自无量**宫**，**然**变化相似形相**入欲界**天**中**，**为诸天所见**，为**见**彼诸天说欲过患，**而令**欲天**断喜境**之爱。

（申二）义

如是如来**法身不动**，**于一切世间**，佛之色身**为有缘所见**，为**见**彼者说如来正法、修持法义，**而恒除**诸**垢**，得解脱及一切智位。(4.55)

（未三）事业趣入之因

以梵天往**昔自**身**愿力及诸**欲**天**之**善力**，**梵**天**无功用**而显**现**说法，如是**自生**佛**化身**为所化显现而说法，亦是昔愿力及所化相续清净之力所生。(4.56)

གཉིས་པ་ནི། མཚམས་སྦྱར་བ་རེས་འགའ་མི་སྣང་བ་ལས་ནི་ཞེས་སོ། །དོན་བཤད་པ་ནི། དགའ་ལྡན་གྱི་གནས་ནས་འཕོ་བ་དང་། ཡུམ་གྱི་ལྷུམས་སུ་འཇུག་པ་དང་། ལུམྦིའི་ཚལ་དུ་སྐུ་བལྟམས་པ་དང་། སེར་སྐྱའི་གནས་སུ་ཡབ་ཀྱི་ཁབ་ཏུ་གཤེགས་པ་དང་། བཙུན་མོའི་འཁོར་གྱིས་དགྱེས་པར་རོལ་པ་དང་། རབ་ཏུ་བྱུང་ནས་དབེན (212b) པར་དཀའ་བ་སྤྱོད་པ་དང་། བྱང་ཆུབ་ཀྱི་ཤིང་དྲུང་དུ་གཤེགས་ནས་བདུད་བཅོམ་པ་དང་། ཐོ་རངས་བྱང་ཆུབ་ཆེན་པོ་བརྙེས་པ་དང་། ཞི་བའི་གྲོང་ཁྱེར་གྱི་ལམ་སྟོན་པ་ཆོས་ཀྱི་འཁོར་ལོ་བསྐོར་བའི་མཛད་པ་དག་བསྟན་ནས་ཐུབ་པ་རེ་ཞིག་གདུལ་བྱ་སྐལ་བ་མེད་པའི་མིག་གི་ལམ་དུ་མི་འགྱུར་པར་མྱ་ངན་ལས་འདས་པའི་ཚུལ་སྟོན་པར་མཛད་དོ། །དེས་ན་སྟོན་པའི་སྐུ་དང་གསུང་གི་འཕྲིན་ལས་ལ་ཟད་པ་མི་སྲིད་པས་རང་ཉིད་སངས་རྒྱས་རྗེས་སུ་དྲན་པ་ལ་སོགས་པ་སངས་རྒྱས་མཐོང་བའི་རྒྱུ་ལ་འབད་རིགས་པར་བསྟན་ཏོ། །

གཉིས་པ་ལ་གཉིས། མཚམས་སྦྱར་བ་དང་། དོན་བཤད་པའོ། །

དང་པོ་ནི། ཉི་མ་བཞིན་ཞེས་བྱ་བ་ནི་ཞེས་སོ། །

གཉིས་པ་ལ་གཉིས། བསྟན་པ་དང་། བཤད་པའོ། །

དང་པོ་ནི། ཇི་ལྟར་ཉི་མའི་འོད་ཀྱིས་གདུངས་པས་དུས་གཅིག་གི་ཚེ་ཉིད་ལ་པདྨ་སོགས་རྒྱས་པ་དང་ཀུ་མུ་ད་ནི་ཁ་རབ་ཏུ་ཟུམ་པར་བྱེད་པ་ཡིན་ཡང་ཆུ་སྐྱེས་ཁ་བྱེ་བའི་ཡོན་ཏན་དང་། ཀུ་མུ་ད་ཁ་ཟུམ་པའི་སྐྱོན་དག་ལ་ཉི་མ་དེ་ལྟར་བྱའོ་སྙམ་པའི་རྟོག་པ་མེད་པ་དེ་བཞིན་དུ། སངས་རྒྱས་ཀྱི་འཕྲིན་ལས་མཛད་པའི་སྐབས་འདིར་ནི་སངས་རྒྱས་འཕགས་པའི་གསུང་གི་ཉི་མའི་འོད་ཀྱང་གདུལ་བྱའི་ཕན་གནོད་ལ་རྣམ་པར་རྟོག་པ་ཅུང་ཟད་ཀྱང་མེད་པ་དཔེ་དེ་བཞིན་នོ། །

གཉིས་པ་ལ་གཉིས། ཉི་མ་དང་དཔེ་དོན་སྦྱར་བ་དང་། ཉི་མ་ལས་ཆེས་ཁྱད་པར་དུ་འཕགས་པའོ། །དང་པོ་ལ་གསུམ། རྣམ་པར་རྟོག་པ་མེད་པར་འཇུག་པའི་དཔེ་དོན་དང་། མུན་པ་སེལ་བའི་འོད་འགྱེད་པའི་ཚུལ་བཤད་པ་དང་། སྣོད་ལ་རིམས་ཀྱིས་འབབ་པའི་དཔེ་དོན་ཏོ། །དང་པོ་ལ་གཉིས། མཚམས་སྦྱར་བ་དང་། (213a) རྩ་བའོ། །

དང་པོ་ནི། སེམས་ཅན་གྱི་ཁམས་ནི་ཞེས་སོ། །

གཉིས་པ་ལ་གཉིས། དཔེ་དང་། དོན་ཏོ། །

དང་པོ་ནི། ཇི་ལྟར་ཉི་མ་རྣམ་པར་རྟོག་པ་མེད་པར་རང་གི་འོད་ཅིག་ཅར་སྤྲོས་པ་ཡིས་པདྨ་རྒྱས་པར་བྱེད་པ་དང་ལོ་ཏོག་གཞན་དག་སྨིན་པར་བྱེད་པ་དང་། ཀུ་མུ་ད་ཁ་ཟུམ་པར་བྱེད་པ་ལྟར་རོ། །

གཉིས་པ་ནི། དེ་བཞིན་དུ་དེ་བཞིན་གཤེགས་པ་ཡི་གསུང་གི་ཉི་མ་དམ་པའི་ཆོས་ཀྱི་འོད་ཟེར་དག་གདུལ་བྱའི་སྐྱེ་བོའི་པདྨ་ལ་འབབ་ཅོལ་ལ་སོགས་པའི་རྣམ་པར་རྟོག་པ་མེད་པར་འཇུག་པའོ། །

（午二）一类所化心中暂不现之理趣

承启者：**暂不显现者**：

释义者：示现自喜足天**殁**，**入**母**胎**，于蓝毗苑中降**诞**，**往**迦毗罗**父**王之**城**，妃眷中**嬉戏**，出家于阿兰若苦**行**，至菩提树前**降魔**，黎明**得**证**大菩提**，**示寂**静**城**之**道**转法轮诸事业，**示后无缘**所化**眼**中暂**不**能**见**佛故而示现涅槃相。因此，大师身、语事业无尽，而说自当勤勉于随念佛等见佛之因。(4.57)

（辰二）以日喻表示意事业

分二：（巳一）承启；（巳二）释义。

（巳一）承启

所谓如日者：

（巳二）释义

分二：（午一）标；（午二）释。

（午一）标

如日光**炎热**，**一时间莲等开敷**、**君陀闭**合，然**日无**有**分别**，**于莲**华**开**敷计有**功**德，于君陀**闭**合计有**过**失。如是佛作事业时，佛**圣**之语**日**光于所化损益亦无少分别，如喻。(4.58)

（午二）释

分二：（未一）日与喻义结合；（未二）较日殊胜。

（未一）日与喻义结合

分三：（申一）无分别趣入之喻义；（申二）释放光除闇之理趣；（申三）渐次临器之喻义。

（申一）无分别趣入之喻义

分二：（酉一）承启；（酉二）《论》。

（酉一）承启

有情界者，有二种：所化及非所化。此中约所化而言，如莲及净水之器：

（酉二）《论》

分二：（戌一）喻；（戌二）义。

（戌一）喻

如日无分别，**自光同**时**放射**，**令莲华开敷**，**并成熟余等**稼墙，及令君陀闭合。(4.59)

（戌二）义

如是如来语**日诸正法光明**，**亦无**功用等**分别**，**入所化众生之莲**。(4.60)

གཉིས་པ་ལ་གཉིས། དངོས་ཀྱི་དོན་དང་། སྡོད་ཀྱི་རྗེས་སུ་བྱེད་པའོ། །

དང་པོ་ནི། སངས་རྒྱས་ཀྱི་ཆོས་ཀྱི་སྐུ་དང་གཟུགས་ཀྱི་སྐུ་དག་གིས་བྱང་ཆུབ་ཀྱི་ཤིང་དྲུང་བྱང་ཆུབ་སྙིང་པོའི་ནམ་མཁར་ཤར་བ་ཀུན་མཁྱེན་གསུང་གི་ཉི་མ་འགྲོ་བར་ནི་ཡེ་ཤེས་ཀྱི་འོད་ཟེར་སྤྲོ་བར་མཛད་པས་གདུལ་བྱའི་རྒྱུད་སྨིན་པ་དང་གྲོལ་བར་མཛད་དོ། །

གཉིས་པ་ནི། ཆུ་དྲི་མ་མེད་པའི་སྣོད་དུ་ཟླ་བའི་གཟུགས་བརྙན་འཆར་བ་ལྟར་གང་གི་ཕྱིར་གདུལ་བྱ་རྒྱུད་དག་པ་ཡི་ཆུའི་སྣོད་ནི་ཐམས་ཅད་ལ་བདེ་བར་གཤེགས་པའི་ཉི་མའི་གཟུགས་བརྙན་ནི་དཔག་ཏུ་མེད་པ་ཅིག་ཅར་འཆར་བའོ། །

གསུམ་པ་ལ་གཉིས། མཚམས་སྦྱར་བ་དང་། རྩ་བའོ། །

དང་པོ་ནི། དེ་ལྟར་ཞེས་སོ། ། སེམས་ཅན་གྱི་ཚོགས་གསུམ་ནི། ཡང་དག་པར་ངེས་པ་དང་། མ་ངེས་པ་དང་། ལོག་པར་ངེས་པའོ། །

གཉིས་པ་ལ་གཉིས། མདོར་བསྟན་པ་དང་། རྒྱས་པར་བཤད་པའོ། །

དང་པོ་ནི། དུས་རྟག་ཏུ་ཡུལ་ཐམས་ཅད་ལ་ཁྱབ་པ་ཆོས (213b) དབྱིངས་ཀྱི་ནམ་མཁའི་དཀྱིལ་དུ་ནི་སངས་རྒྱས་ཀྱི་ཉི་མ་རྒྱུད་དག་མ་དག་གི་རིམ་པ་མི་འདྲ་བ་དུ་མ་ཡོད་པའི་གདུལ་བྱའི་རི་ལ་ཇི་ལྟར་འོས་པ་འབབ་བོ། །

གཉིས་པ་ནི། ཇི་ལྟར་ཐག་རིང་པོ་སྣང་བར་བྱེད་པས་རྒྱ་ཆེན་པོའི་འོད་ཟེར་སྟོང་དང་ལྡན་པའི་ཉི་མ་ཤར་བའི་སྐབས་འདིར་འཇིག་རྟེན་ཀུན་ཏུ་སྣང་བར་བྱས་ནས་རིམས་ཀྱིས་ནི་མཐོ་དམན་འབྲིང་གསུམ་གྱི་མཆོག་དང་། བར་མ་དང་དམན་པའི་རི་ལ་འབབ་པ་དེ་བཞིན་དུ་རྒྱལ་བའི་ཉི་མ་སེམས་ཅན་གྱི་ཚོགས་ལ་ཡོན་ཏན་ཆེ་ཆུ་གི་བྱེ་བྲག་གིས་རིམ་གྱིས་འབབ་བོ། །

གཉིས་པ་ལ་གཉིས། མཚམས་སྦྱར་བ་དང་། རྩ་བའོ། །

དང་པོ་ནི། སངས་རྒྱས་ཀྱི་འོད་ཀྱི་དཀྱིལ་འཁོར་ཉི་མའི་འོད་ཀྱིས་ཁྱད་པར་དུ་གྱུར་པ་ནི་ཞེས་སོ། །

（申二）释放光除闇之理趣

分二：（酉一）正义；（酉二）随行诸器。

（酉一）正义

佛之**法身及色身**，于菩提树前**菩提藏**虚**空**中**现**为**遍知**语**日游行**，**放射智光明**，成熟并解脱所化之相续。（4.61）

（酉二）随行诸器

是故如无垢水器中现起月影，**于一切**相续**清净所化水器中**，**无量如来日影者**，**一时**俱**现**。（4.62）

（申三）渐次临器之喻义

分二：（酉一）承启；（酉二）《论》。

（酉一）承启

如是诸佛虽无分别，**然为三类有情聚示现**、**教诫**，**约此理言如日者**。三类有情聚者：正决定、不定、邪决定。

（酉二）《论》

分二：（戌一）略标；（戌二）广释。

（戌一）略标

恒时**周遍一切**境**法界虚空中**央，**佛日如**其**所应**，**垂照**相续净不净次第不同非一**所化**之**山**。（4.63）

（戌二）广释

光照长远，故**具广大**千**光明日**现起时，**普照世间**，**而依次垂照**高、中、低三者之**上**、**中**、**下之山**，如是**佛日**亦因**有情**聚功德大小之别**依次**垂**照**。（4.64）

（未二）较日殊胜

分二：（申一）承启；（申二）《论》。

（申一）承启

佛**光曼荼罗**较日光**为胜者**：

གཉིས་པ་ནི། ནོར་བུ་དང་མར་མེའི་འོད་ལ་སོགས་པ་ལ་ལྟོས་ནས་ཉི་མ་ནི་ཡུལ་རྒྱ་ཆེན་པོ་ལ་ཁྱབ་པ་དང་ཕན་འདོགས་པ་ཆེ་བས་ཁྱད་པར་དུ་འཕགས་ལ། དེ་བས་ཀྱང་སངས་རྒྱས་ཀྱི་འོད་ཀྱི་དཀྱིལ་འཁོར་ཁྱད་པར་དུ་འཕགས་ཏེ། སངས་རྒྱས་ཀྱི་ཞིང་ཀུན་ཏུ་ཁྱབ་པར་སྤྲོ་བ་དང་། ནམ་མཁའི་མཐིལ་མ་ལུས་པར་ཁྱབ་པར་སྤྲོ་བའི་ནུས་པ་ཉི་མ་ལ་མེད་ལ་སངས་རྒྱས་ཀྱི་ཐུགས་རྗེའི་འོད་ཟེར་ཞིང་ཀུན་དང་ནམ་མཁའི་མཐར་ཐུག་པར་ཁྱབ་པའི་ཕྱིར་ཏེ། ཉི་མ་ལ་མ་རིག་པའི་མུན་པ་སེལ་བའི་ནུས་པ་མེད་པས་མི་ཤེས་པའི་མུན་པས་བཀབ་པ་ལ་ཇི་ལྟ་བ་དང་ཇི་སྙེད་པའི་ཤེས་བྱའི་དོན་སྟོན་པའི་ནུས་པ་ཡང་ཡོད་པ་མིན་ལ། ཐུགས་རྗེའི་བདག་ཉིད་འཕྲིན་ལས་སྣ་ཚོགས་པའི་མདོག་བཀྱེ་བའི་འཕྲིན་ལས་ཀྱི་འོད་ཀྱི་ཚོགས་ཀྱིས་གདུལ་བྱ་བློ་གསལ (214a) བ་དག་ལའམ། ཞིང་ཀུན་གསལ་བ་དག་ལ་འགྲོ་བ་ལ་ཇི་ལྟ་བ་དང་ཇི་སྙེད་པའི་ཤེས་བྱའི་དོན་སྟོན་པར་མཛད་ཅིང་། མ་རིག་པ་དང་སྡུག་བསྔལ་མ་ལུས་པ་འཇོམས་པར་མཛད་དོ། །སངས་རྒྱས་གྲོང་དུ་གཤེགས་པའི་ཚེ་མིག་དང་མི་ལྡན་པའི་སྐྱེ་བོ་རྣམས་མིག་གིས་གཟུགས་མཐོང་ཞིང་དོན་མེད་པ་ངན་འགྲོའི་སྡུག་བསྔལ་གྱི་ཚོགས་དང་བྲལ་བར་བྱས་ནས་མངོན་མཐོ་དང་ངེས་ལེགས་ཀྱི་ཐབས་ཀྱི་དོན་དེ་མཐོང་བ་ལས་ནི་སྨྱོང་བ་དང་གཏི་མུག་གིས་ལོངས་ཤིང་སྲིད་པའི་རྒྱ་མཚོར་ལྷུང་བ་དང་། མཐར་འཛིན་གྱི་ལྟ་བའི་མུན་པས་བསྒྲིབས་པ་རྣམས་སངས་རྒྱས་ཀྱི་ཐུགས་རྗེའི་ཉི་མའི་འོད་ཀྱིས་བློ་གྲོས་སྣང་བར་བྱས་ཏེ། སྔོན་མ་མཐོང་བའི་གནས་མངོན་མཐོ་ཁྱད་པར་ཅན་དང་ཐར་པ་དང་ཐམས་ཅད་མཁྱེན་པའི་གོ་འཕང་མཐོང་ཞིང་ཐོབ་པར་འགྱུར་བར་མཛད་དོ། །

གསུམ་པ་གསང་བའི་གནས་གསུམ་དཔེས་མཚོན་ཏེ་བསྟན་པ་ལ་གསུམ། ཐུགས་ཀྱི་གསང་བ་ཡིད་བཞིན་གྱི་ནོར་བུའི་དཔེས་བཤད་པ་དང་། གསུང་གིས་གསང་བ་སྒྲ་བརྙན་གྱི་དཔེས་བཤད་པ་དང་། སྐུའི་གསང་བ་ནམ་མཁའི་དཔེས་བཤད་པའོ། །དང་པོ་ལ་གཉིས། མཚམས་སྦྱར་བ་དང་། དོན་བཤད་པའོ། །

དང་པོ་ནི། ཡིད་བཞིན་གྱི་ནོར་བུ་བཞིན་ཞེས་བྱ་བ་ནི་ཞེས་སོ། །

གཉིས་པ་ལ་གཉིས། རྣམ་རྟོག་མེད་པར་དོན་ཐམས་ཅད་བསྒྲུབ་པ་དང་། འབྱུང་བརྙེད་པར་དཀའ་བ་དཔེས་བཤད་པའོ། །དང་པོ་ལ་གཉིས། བསྟན་པ་དང་། བཤད་པའོ། །དང་པོ་ལ་གཉིས། དཔེ་དང་། དོན་ནོ། །

དང (214b) པོ་ནི། ཇི་ལྟར་ཡིད་བཞིན་གྱི་ནོར་བུ་ནི་རྟོག་པ་མེད་ཀྱང་དུས་ཅིག་ཅར་དུ་རྒྱལ་མཚན་གྱི་རྩེར་བཀོད་ནས་མཆོད་ཅིང་གསོལ་བ་འདེབས་པ་སོགས་བྱེད་པའི་སྤྱོད་ཡུལ་ན་གནས་པ་རྣམས་ཀྱི་ནི་ཟས་གོས་ལ་སོགས་པའི་བསམ་པ་ཀུན་སོ་སོར་རྫོགས་པར་བྱེད་པ་ལྟར་རོ། །

（申二）《论》

如观待于摩尼光、灯光等，日光照幅宽广、利益大故殊胜，然佛光曼荼罗尤为殊胜，以遍**照**一切佛**刹**、遍照无余虚**空**，而**日无**此**力**，佛悲光遍一切刹及虚空究竟故。日亦无除无明暗之力，**于**为无明**闇覆**者，无力宣说如所有及尽所有**所知义**。**散**布以**悲**为**体种种**事业之**色**之事业**光**聚，**为明**慧所化或于一切**明**净刹土为**众**生，宣说如所有及尽所有**所知义**，摧坏无明及苦无余。**佛陀入城时**，**有眼诸人**以目**见**之，**令离无益**恶趣苦**聚**，**见彼**增上生及决定善方便**义而受**之，为**痴**所**盲**、**堕有海**中及为边执**见闇所障者**，**佛**悲**日光令慧明**了，**见**、得昔**未见处**殊胜增上生、解脱及一切智位。（4.65－66）

（卯三）以喻表示三秘密处

分三：（辰一）以如意宝喻释意秘密；（辰二）以回响喻语秘密；（辰三）以虚空喻释身秘密。

（辰一）以如意宝喻释意秘密

分二：（巳一）承启；（巳二）释义。

（巳一）承启

所谓如意宝者：

（巳二）释义

分二：（午一）无分别中成办一切义；（午二）以喻释难得。

（午一）无分别中成办一切义

分二：（未一）标；（未二）释。

（未一）标

分二：（申一）喻；（申二）义。

（申一）喻

如同如如意宝无分别，置幢顶供养、陈白等，能**同时令住**如是**所行境**者之衣食等**诸意乐圆满**。（4.67）

གཉིས་པ་ནི། དེ་བཞིན་དུ་སངས་རྒྱས་ཀྱི་ཐུགས་རྗེ་ཡིད་བཞིན་གྱི་ནོར་བུ་ལ་བརྟེན་ནས་གདུལ་བྱ་བསམ་པ་ཐ་དད་པ་རྣམས་མངོན་མཐོ་དང་ངེས་ལེགས་སྒྲུབ་པའི་ཐབས་འབྲས་བུ་དང་བཅས་པ་སྣ་ཚོགས་པའི་ཆོས་ནི་ཐོས་པར་མཛད་པར་འགྱུར་ཡང་སངས་རྒྱས་དེ་ནི་དེ་ལ་རྣམ་པར་མི་རྟོག་ཅིང་འབད་རྩོལ་ཉེ་བར་ཞི་བས་འཇུག་པའོ། །

གཉིས་པ་ནི། ཇི་ལྟར་ཡིད་བཞིན་ནོར་བུ་རིན་ཆེན་རྟོག་པ་མེད་པར་འདོད་པའི་ནོར་འབད་པ་མེད་པར་སེམས་ཅན་གཞན་པ་དག་ལ་རབ་ཏུ་སྟེར་བ་ལྟར་དེ་བཞིན་དུ་ཐུབ་པ་འབད་པ་མེད་པར་ཇི་ལྟར་གདུལ་བྱའི་ཁམས་དང་བསམ་པ་ལ་སོགས་པ་དང་འཚམ་ཞིང་། འོས་པ་ནི་གཞན་གྱི་དོན་དུ་སྲིད་པ་ཇི་སྲིད་པར་དུས་རྟག་ཏུ་བཞུགས་སོ། །

གཉིས་པ་ལ་གཉིས། མཚོམས་སྦྱར་བ་དང་། རྩ་བའོ། །

དང་པོ་ནི། དེ་བཞིན་གཤེགས་པ་ཞེས་སོ། །

གཉིས་པ་ནི། ནོར་བུ་རིན་པོ་ཆེ་དེ་ལ་དོན་དུ་གཉེར་ཞིང་འདོད་པས་ཇི་ལྟར་ནོར་བུ་བཟང་པོ་འགྲོ་བ་འདིར་རབ་ཏུ་རྙེད་པར་དཀའ་སྟེ། གང་གི་ཕྱིར་ན། རྒྱ་མཚོའི་ནང་སའི་འོག་ན་གནས་པའི་ཕྱིར་རོ། །དེ་བཞིན་དུ་འགྲོ་བ་ཤིན་ཏུ་སྐལ་བ་ངན་ཞིང་སངས་རྒྱས་མཐོང་བ་ལ་བསྒྲིབ་པར་བྱེད་པའི་ཉོན་མོངས་ཀྱིས་ཟིན་པ་རྣམས་ཀྱིས་རང་གི་ཡིད་འདིར་བདེ་གཤེགས་མཐོང་བ་རྙེད་པར་དཀའ་བར་ཤེས་པར་བྱའོ། །

གཉིས་པ་ལ (215a) གཉིས། མཚམས་སྦྱར་བ་དང་། རྩ་བའོ། །

དང་པོ་ནི། སྒྲ་བརྙན་གྱི་ཞེས་སོ། །

གཉིས་པ་ནི། ཇི་ལྟར་སྒྲ་བརྙན་གྱི་ནི་སྒྲ་བྲག་ཅའི་སྒྲ་ནི་སྐྱེས་བུ་གཞན་གྱི་ངག་གི་རྣམ་རིག་ཙམ་ལས་བྱུང་བ་ཡིན་ཡང་སྒྲ་དེ་ཀུན་སློང་གི་རྣམ་རྟོག་མེད་ཅིང་བྱེད་པ་ལྷུན་སོགས་ཐྲད་པའི་བཟོ་མེད་པ་དང་། ནང་སྒྲ་ལྟར་ཕྱི་དང་རྣམ་རྟོག་ལྟར་ནང་ན་མི་གནས་པ་ལྟར་དེ་བཞིན་དུ་དེ་བཞིན་གཤེགས་པའི་གསུང་གདུལ་བྱ་གཞན་གྱི་དད་པས་ཀུན་བསླང་བའི་ཕྱག་འཚལ་བ་ལ་སོགས་པའི་རྣམ་རིག་གི་རྐྱེན་ཙམ་ལས་བྱུང་བ་དང་། ཀུན་སློང་གི་རྣམ་པར་རྟོག་པ་མེད་ལ་ལྷུན་སོགས་ཐྲད་པའི་བཟོ་མེད་ཅིང་། ནང་སྒྲ་ལྟར་ཕྱི་དང་རྣམ་རྟོག་ལྟར་ནང་ན་གནས་པ་མ་ཡིན་པའོ། །

（申二）义

如是依佛悲如意宝，令诸意乐相异所化，听闻成办增上生及决定善之方便及果种种法，然彼佛无分别、静息功用而行。（4.68）

（未二）释

如摩尼宝无分别，无功用赐余有情所欲之财；如是能仁无功用，顺宜所化界及意乐等，乃至三有未尽恒常利他。（4.69）

（午二）以喻释难得

分二：（未一）承启；（未二）《论》。

（未一）承启

所谓如来难得出现者：

（未二）《论》

欣求彼妙宝而于此趣极难得。何以故？住海中地下故。如是当知众生缘极下劣、为能障见佛之烦恼所伏者，自心中难得见如来。（4.70）

（辰二）以回响喻语秘密

分二：（巳一）承启；（巳二）《论》。

（巳一）承启

如回响者：

（巳二）《论》

犹如回响者，乃余士夫语之了别所生，然彼声无等起之分别，无舌颚相合之造作，非如螺声住于外、非如分别住于内；如是如来语，由余所化信心发起之礼敬等了知之缘所生，无等起分别，无舌颚等相合之造作，非如螺声住于外、非如分别住于内。（4.71－72）

གསུམ་པ་ལ་གཉིས། མཚམས་སྦྱར་བ་དང་། རྩ་བའོ། །

དང་པོ་ནི། ནམ་མཁའ་བཞིན་ཞེས་བྱ་བ་ནི་ཞེས་སོ། །

གཉིས་པ་ནི། ནམ་མཁའ་གཟུགས་སུ་རུང་ཟད་ཀྱང་མེད་ཅིང་དགག་བྱ་བཅད་པ་ལ་མ་ལྟོས་པར་གསལ་བར་སྣང་བ་མེད་ལ། ཡོངས་གཅོད་དུ་དམིགས་པ་མེད་ཅིང་རྟེན་མེད་པའོ། །ཡང་ན་རིམ་པ་བཞིན་དུ་མཚན་ཉིད་མེད་པ་དང་། དེ་མ་ཐག་རྐྱེན་དུ་མེད་པ་དང་། དམིགས་རྐྱེན་དུ་མེད་པ་དང་། བདག་རྐྱེན་དུ་མེད་པའོ། །མིག་གི་ལམ་ལས་རབ་ཏུ་འདས་པ་དང་དེ་ཉིད་བཤད་པ་ནི། གཟུགས་མེད་པ་དང་འདིའོ་ཞེས་བསྟན་དུ་མེད་པ་ཡི་ནམ་མཁའ་ལ་ཇི་ལྟར་མཐོ་བ་དང་དམའ་བའི་ཚུལ་དུ་མཐོང་ཡང་དེ་ནི་དེ་ཁོ་ན་ལྟར་གྲུབ་བ་མིན་པ་དེ་བཞིན་དུ་དགའ་ལྡན་གྱི་གནས་ནས་འཕོ་བ་དང་། མྱ་ངན་ལས་འདས་པ་ལ་སོགས་པ་ཐམས་ཅད (215b) སངས་རྒྱས་ལ་མཐོང་ཡང་དེ་ནི་དེ་ཁོ་ན་ལྟར་གྲུབ་པ་མིན་ཏེ། སངས་རྒྱས་གསར་དུ་མྱ་ངན་ལས་འདའ་བ་ལྟར་སྣང་ཡང་དེ་ལྟར་མ་གྲུབ་པའི་ཕྱིར་རོ། །དེ་བཞིན་དུ་གཞན་རྣམས་ཀྱང་ཤེས་པར་བྱའོ། །

བཞི་པ་དེ་ཐམས་ཅད་ཀྱི་རྟེན་དཔེས་མཚོན་ཏེ་བསྟན་པ་ལ་གཉིས། མཚམས་སྦྱར་བ་དང་། རྩ་བའོ། །

དང་པོ་ནི། ས་བཞིན་ཞེས་བྱ་བ་ནི་ཞེས་སོ། །

གཉིས་པ་ནི། ཇི་ལྟར་ས་ལས་སྐྱེ་བ་ལོ་ཏོག་ལ་སོགས་པ་ཀུན་བདག་ནི་ས་ལས་བསྐྱེད་པའོ་སྐམ་པ་དང་། ས་ཡང་འདི་དག་བདག་གིས་བསྐྱེད་པར་བྱའོ་སྙམ་པའི་རྟོག་པ་མེད་ཀྱང་ས་ལ་བརྟེན་ནས་ནི་གོང་ནས་གོང་དུ་འཕེལ་བ་དང་། རྒྱུན་བརྟན་པ་དང་ཡལ་སོགས་ཡངས་ཤིང་རྒྱས་པར་འགྱུར་བ་ལྟར་དེ་བཞིན་དུ་རྫོགས་པའི་སངས་རྒྱས་ཀྱི་ཐུགས་རྗེའི་ས་ཡང་སེམས་ཅན་གྱི་དོན་བྱའོ་སྙམ་པའི་རྣམ་པར་རྟོག་པ་མེད་པ་ལ་བརྟེན་ནས་འགྲོ་བའི་དགེ་བའི་རྩ་བ་ནི་མ་ལུས་པར་ཐར་མེད་གསར་དུ་སྐྱེ་བ་དང་གོང་ནས་གོང་དུ་འཕེལ་བར་འགྱུར་བ་དང་། འཕེལ་བ་མཐར་ཕྱིན་པར་འགྱུར་བར་མཛད་དོ། །

གཉིས་པ་དཔེ་རྣམས་ཀྱི་བསྡུས་པའི་དོན་གྱི་དཔེའི་དགོས་པ་བཤད་པ་ལ་གཉིས། མཚམས་སྦྱར་བ་དང་། དོན་བཤད་པའོ། །

དང་པོ་ནི། དཔེ་རྣམས་ཀྱིས་བསྡུས་པའི་དོན་ནི་ཞེས་སོ། །

（辰三）以虚空喻释身秘密

分二：（巳一）承启；（巳二）《论》

（巳一）承启

所谓如虚空者：

（巳二）《论》

虚空**无**有**少分**色，**无**不观待除所遮而明了显**现**者，确立中**无缘亦无依**。又依次为无相、无无间缘、无所缘缘、无增上缘。**超越于眼道**。解释者：**无色**，**无可示**之**空中**，虽**见高下**，**然非如是有**；如是**见佛**自喜足天殁、涅槃等**之一切**，**然非如是有**。佛虽现似新有涅槃，然非如是有故。如是当知其他。（4.73－74）

（卯四）以喻表示彼一切之所依

分二：（辰一）承启；（辰二）《论》

（辰一）承启

所谓如地者：

（辰二）《论》

如大地所生稼墙等，彼等一切不作"我由地生"想，地亦**无**有"此等当由我生"之**分别**，然皆**依地**辗转**增长**、壮**固**、枝叶**茂盛**。**如是佛**悲**大地**，亦**无**利生之**分别**，然**依此**能**令众生无余善根**，先无新生，**皆**辗转**增长**，增长究竟。（4.75－76）

（寅二）释诸喻摄义之喻之需要

分二：（卯一）承启；（卯二）释义。

（卯一）承启

诸喻摄义者：

གཉིས་པ་ལ་གཉིས། དངོས་ཀྱི་དོན་དང་། དེའི་སྒྲུབ་བྱེད་དོ། །

དང་པོ་ནི། སེམས་ཅན་རྣམས་ཀྱིས་འབད་རྩོལ་མེད་པར་ལུས་ཀྱི་སྤྲུལ་བསྒྱུར་དང་ཆོས་སྟོན་པ་ལ་སོགས་པའི་བྱ་བ་འགའ་བྱེད་པ་ཙུང་ཟད་ཀྱང་མཐོང་བ་མེད་པ་དེ་བས་ན་སངས་རྒྱས་ལ་ཀུན་སློང་གི་རྣམ་པར་རྟོག་པ་ཙུང་ཟད་ཀྱང་མེད་ན་རྒྱུན་མི་འཆད་པར་ཆོས་སྟོན་པ་ལ་སོགས་པ་ཇི་ལྟར (216a) འཐད་སྙམ་པའི་གདུལ་བྱའི་ཐེ་ཚོམ་བཅད་པའི་ཕྱིར་ཏུ་སྐུ་གསུང་ཐུགས་ཀྱི་ངོ་བོ་དང་འཕྲིན་ལས་དང་། གསང་བའི་གནས་མཚོན་པར་བྱེད་པའི་དཔེ་རྣམ་པ་དགུ་ནི་མདོ་ལས་བསྟན་པ་ཡིན་པར་ཤེས་པར་བྱའོ། །

གཉིས་པ་ལ་གཉིས། བསྟན་པ་དང་། བཤད་པའོ། །

དང་པོ་ནི། མདོ་སྡེ་གང་དུ་བརྒྱ་བྱིན་གྱི་གཟུགས་བརྙན་ལ་སོགས་པའི་དཔེ་དགུ་པོ་འདི་དག་རྒྱས་པར་རབ་ཏུ་བསྟན་པར་གྱུར་པ་སངས་རྒྱས་ཐམས་ཅད་ཀྱི་ཡུལ་ལ་འཇུག་པ་ཡེ་ཤེས་སྣང་བ་རྒྱན་གྱི་མདོ་ཞེས་བྱ་བ་ནི་མདོ་སྡེ་ཡི་ནི་མིང་ཉིད་ཀྱིས་དཔེས་དགུ་སྨོས་པའི་མདོ་སྡེ་དེ་ཡི་དགོས་པ་བསྟན་པ་ཉིད་དུ་ཤེས་པར་བྱའོ། །

གཉིས་པ་ནི། མདོ་སྡེའི་མིང་གིས་ཇི་ལྟར་བསྟན་སྙམ་ན་སངས་རྒྱས་ཀྱི་ཡོན་ཏན་དཔེ་དགུས་སྟོན་པར་བྱེད་པའི་མདོ་སྡེ་འདི་ཐོས་པ་ལས་བྱུང་བའི་ཤེས་པ་ཡི་སྣང་བར་རྒྱ་ཆེན་པོ་འདིས་བརྒྱན་པའི་བློ་ལྡན་བྱང་ཆུབ་སེམས་དཔའ་རྣམས་མྱུར་དུ་སངས་རྒྱས་ཀྱི་སྤྱོད་ཡུལ་ཟབ་པ་དང་རྒྱ་ཆེ་བ་ཀུན་ལ་ཡིད་ཆེས་ནས་འཇུག་པར་འགྱུར་རོ། །

གསུམ་པ་དཔེས་མཚོན་པར་བྱ་བའི་དོན་བསྡུས་ཏེ་བཤད་པ་ལ་གཉིས། དངོས་ཀྱི་དོན་དང་། དཔེ་དོན་ཆོས་མཐུན་བཤད་པའོ། །དང་པོ་ལ་གསུམ། དངོས་བསྟན་གྱི་དོན་མདོར་བསྟན་པ་དང་། ཤུགས་བསྟན་གྱི་དོན་བཤད་པ་དང་། དངོས་བསྟན་གྱི་དོན་རྒྱས་པར་བཤད་པའོ། །དང་པོ་ལ་གཉིས། བསྟན་པ་དང་། བཤད་པའོ། །

དང་པོ་ནི། སངས་རྒྱས་ཀྱི་འཕྲིན་ལས་རྒྱུན་མི་འཆད་པར་འཇུག་པར་རྟོགས་པ་དེའི་དོན་བཻ་ཌཱུ་རྱའི་ས་གཞི་ལ་བརྒྱ་བྱིན་གྱིས་གཟུགས་བརྙན་ཤར་བ (216b) ལ་སོགས་པ་དཔེ་དག་ནི་རྣམ་པ་དགུར་བརྗོད་པ་དེ་ལ་ནི་དཔེ་དགུ་སྨོས་པ་ལ་དོན་དགུ་ཡོད་པ་དེའི་བསྡུས་དོན་འདི་ཡིན་པར་ངེས་པར་བཟུང་བ་སྙེ་ཟུང་ཅིག་ཅེས་པའོ། །

（卯二）释义

分二：（辰一）正义；（辰二）彼之证成。

（辰一）正义

若**无功用**，而**作**身之屈伸、说法等**事**，**以**诸有情少分亦**不见有故**，若佛少分等起分别亦无，则相续不断说法等如何应理？**为断所化**之**疑**，当知经**说此九种喻**，表身语意体性、事业及秘密处。（4.77）

（辰二）彼之证成

分二：（巳一）标；（巳二）释。

（巳一）标

《入一切佛境智光庄严**经》中广说此**帝释影像**等九种喻**，当知**此经名本身宣说彼**说九喻经之**需要**。（4.78）

（巳二）释

经名云何所示？此经以九喻说佛功德，**以闻所成慧大光明庄严**之**具慧**菩萨，**速**疾信解而**趣入佛**之一切深、广**所行境**。（4.79）

（寅三）释喻所表摄义

分二：（卯一）正义；（卯二）释喻义同法。

（卯一）正义

分三：（辰一）略标正说之义；（辰二）释旁说之义；（辰三）广释正说之义。

（辰一）略标正说之义

分二：（巳一）标；（巳二）释。

（巳一）标

为通达**彼**佛事业相续不断趣入之**义**，**而说琉璃**地基上映现**帝释**影**像等等之九喻**者，所说九喻有九义之**摄义**即此，当**认明**之。（4.80）

གཉིས་པ་ནི། སངས་རྒྱས་ཀྱི་གཟུགས་ཀྱི་སྐུ་སྟོན་པ་དང་། གསུང་དབྱངས་དང་། ཤེས་བྱ་ཐམས་ཅད་ལ་ཁྱབ་པའི་ཐུགས་དང་། སྐུ་དང་གསུང་གི་འཕྲིན་ལས་སྤྲུལ་པ་དང་། ཐུགས་ཀྱི་ཡེ་ཤེས་སྤྲོ་བ་ཐུགས་ཀྱིས་འཕྲིན་ལས་དང་། ཐུགས་དང་། གསུང་དང་། སྐུའི་གསང་བ་ཆེན་པོ་གསུམ་དང་། ཐུགས་རྗེའི་བདག་ཉིད་དེ་ཐམས་ཅད་ཀྱི་རྟེན་གནས་གྱུར་མཐར་ཕྱིན་པ་ཐོབ་པ་ཉིད་ཀྱི་དོན་རྣམ་པ་དགུ་དཔེ་དགུ་ལ་བརྟེན་ནས་ཡོང་དུ་ཆུད་པས་སངས་རྒྱས་ཀྱི་འཕྲིན་ལས་འབད་པ་མེད་པར་རྒྱུན་མི་ཆད་དུ་རྟོགས་པར་འགྱུར་བ་ཡིན་ནོ། །

གཉིས་པ་ལ་གསུམ། བསྟན་པ་དང་། བཤད་པ་དང་། སྟོན་པ་སྐྱེ་འཆི་དང་བྲལ་ཞིང་འཕྲིན་ལས་འབད་མེད་དུ་འཇུག་པར་གྲུབ་པའོ། །

དང་པོ་ནི། འཕྲིན་ལས་འཇུག་པའི་ཚེ་རྣམ་པར་རྟོག་པའི་དམིགས་པ་དང་བཅས་པས་ཡུལ་ལ་ཡོངས་སྤྱོད་པའི་རྒྱུན་ཀུན་རབ་ཏུ་ཞི་བ་ཡིན་ཏེ། འཕྲིན་ལས་འཇུག་པའི་ཚེ་རྣམ་པར་རྟོག་པ་མེད་པའི་ཐུགས་མདའ་བ་ཡིན་པའི་ཕྱིར། དཔེར་ན་དྲི་མ་མེད་པའི་བཻ་ཌཱུརྱའི་ས་གཞི་གཙང་མ་ལ་བརྒྱ་བྱིན་གྱི་གཟུགས་བརྙན་ཤར་བས་རྣམ་པར་རྟོག་པ་མེད་ཀྱང་འཇིག་རྟེན་པ་རྣམས་ཀྱི་མངོན་མཐོའི་རྒྱུ་བྱེད་པ་ལ་སོགས་པ་བཞིན་ནོ། །

གཉིས་པ་ནི། རྣམ་པར་རྟོག་པ་དང་བཅས་པའི་ཡུལ་ལ་ཡོངས་སྤྱོད་པའི་འབད་རྩོལ་ཉེ་བར་ཞི་བ་དམ་བཅའ་སྟེ། རྣམ་པར་རྟོག་པ་མེད་པའི་ཐུགས་མངལ་བ་ནི་གཏན་ཚིགས་སོ། །རང་བཞིན་གྱི་གཏན་ཚིགས་ཀྱི་དོན་ནི་གྲུབ་པའི་དོན་དུ་མཐུན་དཔེ་ནི་བརྒྱ་བྱིན་གྱི་གཟུགས (217a) ལ་སོགས་པ་ཡིན་ནོ། །དེས་མཚོན་ནས་སྟོན་པ་སྐྱེ་འཆི་དང་བྲལ་བའི་རང་བཞིན་གྱི་དོན་ནི་གྲུབ་པའི་དོན་དུ་དཔེ་ནི་བརྒྱ་བྱིན་གཟུགས་སོགས་ཡིན་ཞེས་པའོ། །

གསུམ་པ་ནི། དཔེ་དགུས་སངས་རྒྱས་ཀྱི་འཕྲིན་ལས་མཚོན་པར་བྱེད་པའི་སྐབས་འདིར་ནི་སྐབས་དོན་བསྡུས་ན་འདི་ཡིན་ཏེ། སྐུ་སྟོན་པ་ལ་སོགས་རྣམ་པ་དགུ་ནི་སྟོན་པ་ཡང་དག་པར་རྫོགས་པའི་སངས་རྒྱས་ཉོན་མོངས་པའི་དབང་གིས་སྐྱེ་འཆི་དང་། ཡིད་ཀྱི་རང་བཞིན་གྱི་ལུས་དང་། བསམ་གྱིས་མི་ཁྱབ་པར་བསྒྱུར་བའི་སྐྱེ་འཆི་དང་བྲལ་བར་གྲུབ་པས་འཕྲིན་ལས་རྒྱུན་མི་འཆད་པ་དང་། འབད་པ་མེད་པར་རབ་ཏུ་འཇུག་པར་གྲུབ་པའོ། །

གསུམ་པ་ལ་གཉིས། མཚམས་སྦྱར་བ་དང་། རྩ་བའོ། །

དང་པོ་ནི། དོན་འདི་ཉིད་ཀྱི་ཞེས་སོ།

（巳二）释

佛色身**示现**、**语**音、**周遍**一切所知意、身语之事业**变化**、意之**智发散**意事业、**意**、**语**、**身**三大**秘密**、彼一切所依究竟**得大悲自在**，此九义依九喻而晓了，通达佛事业无功用而相续不断。（4.81）

（辰二）释旁说之义

分三：（巳一）标；（巳二）释；（巳三）大师离生死且事业无功用转。

（巳一）标

事业趣入时，具分别所缘而受用境之诸**流静息**；事业趣入时，具**无分别之意**故，譬**如无垢**净**琉璃**地基上映**现帝释**影**像等**，虽无分别，然作诸世人增上生之因等。（4.82）

（巳二）释

受用有分别境之**功用皆静息**，具**无分别**意者**是因**。成立**自**性因**义**之**同喻者**，**即帝释**影**像等**。以此为表，为成立大师离生死自性义，而说帝释影像等喻。（4.83）

（巳三）大师离生死且事业无功用转

此中以九喻表佛事业之**本品摄义**如下：身**示现等九种**，成立**大师**正等觉远**离**由烦恼力所致**生死**、意性身及不可思议变异生死故，事业相续不断、**无功用转**。（4.84）

（辰三）广释正说之义

分二：（巳一）承启；（巳二）《论》。

（巳一）承启

约此义说摄喻之四颂曰：

གཉིས་པ་ལ་གཉིས། སྤྱིར་བསྟན་པ་དང་། དེ་ཉིད་བཤད་པའོ། །

དང་པོ་ནི། སངས་རྒྱས་ཀྱི་སྐུ་གསུང་ཐུགས་ཀྱི་ངོ་བོ་དང་། འཕྲིན་ལས་གསུམ་དང་། གསང་བ་གསུམ་པོ་གང་ཞིག་བརྒྱ་བྱིན་གྱི་གཟུགས་བརྙན་དང་། ལྷའི་རྔ་སྒྲ་དང་། སྤྲིན་བཞིན་དང་། ཚངས་པའི་སྤྲུལ་པ་དང་། ཉི་མ་དང་། རིན་ཆེན་ཡིད་བཞིན་གྱི་ནོར་བུའི་རྒྱལ་པོ་བཞིན་དང་། སྒྲ་བརྙན་དང་། ནམ་མཁའ་དང་། ས་བཞིན་དུ་འདོད་དགུ་མཆོན་པར་བྱས་པས་འཁོར་བ་ཇི་སྲིད་པའི་བར་དུ་སངས་རྒྱས་ཀྱི་འཕྲིན་ལས་འབད་པ་མེད་པར་གཞན་གྱི་དོན་བྱེད་པའི་ཚུལ་དེ་རྣལ་འབྱོར་བ་རྣམས་ཀྱི་ལུང་ལ་བརྟེན་པ་དང་། སོ་སོ་རང་གིས་རིག་པར་འགྱུར་རོ། །

གཉིས་པ་ནི། རིན་ཆེན་བཻ་ཌཱུརྱའི་ས་གཞི་ལ་ལྷའི་དབང་པོའི་གཟུགས་བརྙན་སྣང་བས་འཇིག་རྟེན་གྱི་མངོན (217b) མཐོའི་དོན་བྱེད་པ་བཞིན་དུ་སངས་རྒྱས་ཀྱི་གཟུགས་ཀྱི་སྐུ་སྟོན་པ་དེ་དང་འདྲ་བ་དང་། སངས་རྒྱས་ཀྱི་གསུང་ལེགས་པར་འདོམས་པར་མཛད་པ་ལྷའི་རྔ་དང་འདྲ་བ་དང་ཁྱབ་བདག་སངས་རྒྱས་ཀྱི་མཁྱེན་པ་དང་བརྩེ་བ་ཆེན་པོའི་སྤྲིན་གྱི་ཚོགས་ནི་མཐའ་ཡས་པའི་འགྲོ་བ་མནར་མེད་ནས་སྲིད་རྩེའི་བར་དུ་ཁྱབ་ནས་དམ་པའི་ཆོས་ཀྱི་ཆར་འབེབས་པར་མཛད་པ་གསུམ་གྱིས་སྐུ་གསུང་ཐུགས་ཀྱི་ངོ་བོ་གསུམ་གྱི་དཔེ་དོན་སྦྱར་བའོ། །ཚངས་པ་བཞིན་དུ་ཟག་པ་མེད་པའི་གནས་ཆོས་སྐུ་ལས་མ་བསྐྱོད་པར་སྐུ་དང་གསུང་གི་སྤྲུལ་པ་རྣམ་པ་དུ་མ་རབ་ཏུ་སྟོན་པར་མཛད་པ་དང་། ཉི་མ་བཞིན་དུ་ཐུགས་ཀྱི་ཡེ་ཤེས་ཀྱི་སྣང་བ་རབ་ཏུ་སྤྲོ་བར་མཛད་པ་གང་ཡིན་པ་གསུམ་གྱིས་སྐུ་གསུང་ཐུགས་ཀྱི་འཕྲིན་ལས་གསུམ་དཔེ་དང་སྦྱར་བའོ། །རྣམ་པར་དག་པ་རིན་ཆེན་ཡིད་བཞིན་གྱི་ནོར་བུ་དང་འདྲ་བའི་ཐུགས་ཀྱི་གསང་བ་དང་། རྒྱལ་བ་རྣམས་ཀྱི་གསུང་དེ་ནི་བྲག་ཅ་བཞིན་དུ་བརྗོད་འདོད་ཀྱིས་ཀུན་ནས་བསླང་པའི་ཡི་གེ་མེད་པ་གསུང་གི་གསང་བ་དང་། སྐུ་ནི་ནམ་མཁའ་ལྟ་བུར་ཁྱབ་པ་དང་། ཐོགས་པ་དང་བཅས་པའི་གཟུགས་མེད་པ་དང་། རྒྱུན་མི་འཆད་པས་རྟག་པ་ཉིད་ཀྱི་གསང་བ་གསུམ་དཔེ་དང་སྦྱར་བའོ། །མི་ལ་སོགས་པའི་རྟེན་ས་བཞིན་དུ་འགྲོ་བའི་མངོན་མཐོ་ངེས་ལེགས་ཐབས་དང་བཅས་པའི་དཀར་པོའི་ཆོས་ཀྱི་སྨན་རྣམས་མ་ལུས་པའི་ཆ་ཡོངས་སུ་རྫོགས་པའི་རྣམ་པ་ཀུན་གྱི་གཞིར་གྱུར་པ་ནི་ཐུགས་རྗེ་ཆེན་པོའི་རང་བཞིན་གནས་གྱུར་མཐར་ཕྱིན་པའི་སངས་རྒྱས་ཀྱི་ས་ཡིན་ནོ། །

གཉིས་པ་ལ་གཉིས། དྲི་བ་དང་། ལན་ནོ། །

དང་པོ་ནི། ཡང་ཇི་ལྟར་ན་དཔེར་བརྗོད་པ (218a) འདིས་སངས་རྒྱས་བཅོམ་ལྡན་འདས་རྣམས་རྟག་ཏུ་སྐྱེ་བ་མེད་ཅིང་འགག་པ་མེད་པ་ཡིན་ཡང་གདུལ་བྱ་རྣམས་ཀྱིས་སྐྱེ་བ་དང་། འགག་པར་མཐོང་བ་དང་། འདི་དག་གིས་སངས་རྒྱས་ཀྱི་འཕྲིན་ལས་འགྲོ་བ་ཐམས་ཅད་དུ་ལྷུན་གྱིས་གྲུབ་པར་རྒྱུན་མི་འཆད་པར་བསྟན་པ་ཡིན་ཞེ་ན།

（巳二）《论》

分二：（午一）总标；（午二）释。

（午一）总标

佛身语意体性、三事业、三秘密，**如帝释**影像、天**鼓**、**云**，如**梵**天变化、**日**、如意**宝王**，如**回响**、**虚空**、**地**，随欲而表，诸**瑜伽师**依教及内证，**知**佛事业**乃至生死际无功用利他**之理趣。（4.85）

（午二）释

佛色身**示现**，**如**琉璃**宝**地基上映现**天王影**像，能利世间令得增上生；佛语**善作教诫**与**天鼓**相**似**；**遍主**佛**智**及**大悲云聚**，周**遍无量众**生，下至无间、上**至有顶**，降正法雨。此三者为身、语、意三体性之喻义结合。**如梵**，**无漏处**法身**不动**，而**示现众**多**非一**身、语**变化**；**如日**，**放射意智光**。此三者为身、语、意事业与义配合。**意**秘密与**清净如意宝**相**似**；诸**佛语**秘密**如回响**，**无**欲说发起之**句**，为语秘密；**身如**虚**空**周**遍**，**无**有碍之**色**，相续不断故**常**。此为三秘密与喻配合。**如地**，为人等所依，**众生**增上生、决定善**白法药无余**圆满**一切**种所**依**者，乃大悲为体转依究竟之**佛地**。（4.86－88）

（卯二）释喻义同法

分二：（辰一）问；（辰二）答。

（辰一）问

又，**云何诸喻**，**是说诸佛世尊常无生灭**、**而**诸所化**见有生灭**，**及说佛事业于一切众生无功用相续不断**？

གཉིས་པ་ལ་གཉིས། སྐྱེ་འགག་མེད་པའི་ཆོས་མཐུན་བཤད་པ་དང་། རྣམ་རྟོག་མེད་པའི་ཆོས་མཐུན་བཤད་པའོ། །

དང་པོ་ནི། གདུལ་བྱའི་རྒྱུད་ལ་སངས་རྒྱས་ལ་དམིགས་པའི་དད་སོགས་ཀྱིས་བསྡུས་པའི་དག་པ་བཻཌཱུརྻའི་ས་གཞི་དང་འདྲ་བའི་སེམས་ལ་སངས་རྒྱས་ཀྱི་གཟུགས་ཀྱི་སྐུ་དངོས་སུ་མཐོང་བའི་རྒྱུ་སྒྲིབ་བྱེད་དྲི་དག་པ་ནི་སངས་རྒྱས་ཀྱི་སྐུ་མཐོང་བ་མི་ལྡོག་པའི་དད་པའི་དབང་པོ་བརྟས་པ་ཉིད་ཀྱི་རྒྱུ་ལས་ཡིན་ལ། རེས་འགའ་མ་མཐོང་བ་ནི་དད་སོགས་མ་སྨིན་པའི་རྒྱུས་ཡིན་པས་གདུལ་བྱའི་དད་སོགས་ཀྱི་དག་སྐྱེ་བ་དང་འཇིག་པས་ན་གདུལ་བྱའི་བློ་ངོར་སངས་རྒྱས་ཀྱི་གཟུགས་ནི་སྐྱེ་བ་དང་འཇིག་པ་ཙུབ་པར་སྣང་བ་ཡིན་གྱི། བརྒྱ་བྱིན་གྱི་གཟུགས་བརྙན་འཆར་བ་དང་ནུབ་པའི་དབང་གིས་བརྒྱ་བྱིན་གྱིས་གཟུགས་འཆར་བ་དང་ནུབ་པར་འགྱུར་བ་མ་ཡིན་པ་བཞིན་དུ་ཐུབ་པ་ནི་ཆོས་ཀྱི་སྐུའི་དབང་གིས་སྐྱེ་འཇིག་ཏུ་འགྱུར་བ་མེད་དེ། །དེ་བཞིན་ཉིད་ལ་མཉམ་པར་བཞག་པ་ལས་ལྡང་བ་མི་སྲིད་པའི་ཕྱིར་དང་། དེ་བཞིན་དུ་སངས་རྒྱས་ཀྱི་ལོངས་སྤྱོད་རྫོགས་པའི་སྐུ་ཡང་གདུལ་བྱའི་སྣང་ངོ་ཚུན་ཆད་དུ་མྱ་ངན་ལས་འདས་པའི་ཚུལ་སྟོན་པ་སོགས་མི་སྲིད་པར་ཤེས་པར་བྱའོ། །

གཉིས་པ་ནི། བརྒྱ་བྱིན་གྱི་གཟུགས་བརྙན (218b) ལ་སོགས་པ་རྣམ་པར་རྟོག་པ་མེད་པའི་དཔེ་དེ་བཞིན་དུ་ནི་འབད་པ་མེད་པར་ཐར་མེད་གསར་དུ་འཕེལ་བའི་སྐྱེ་བ་མེད་པ་དང་། གསར་དུ་འགྲིབ་པའི་འགག་པ་མེད་པའི་ཆོས་ཀྱི་སྐུ་ལས་སྲིད་པ་ཇི་སྲིད་གནས་ཀྱི་བར་དུ་གཟུགས་ཀྱི་སྐུ་སྟོན་པ་ལ་སོགས་པའི་མཛད་པ་རྒྱུན་མི་འཆད་པ་འཇུག་པའོ། །

གསུམ་པ་དཔེའི་གོ་རིམ་བཤད་པ་ལ་གསུམ། མདོར་བསྟན་པ་དང་། རྒྱས་པར་བཤད་པ་དང་། གནས་གྱུར་མཐར་ཕྱིན་པའི་ཡེ་ཤེས་ཡོན་ཏན་ཀུན་གྱི་རྟེན་དུ་སྒྲུབ་པའོ། །དང་པོ་ནི། དཔེ་དགུ་པོ་འདི་རྣམས་ཀྱི་བསྡུས་པ་ཡི་དོན་ནི་འོག་ནས་འཆད་པ་འདི་ཡིན་ལ། དཔེ་དོན་གཉིས་ཀྱི་རིམ་པ་ཡང་ཐད་ཀར་འདྲ་ཆོས་རེས་ཆོས་མཐུན་པ་ཡིན་ལ། དཔེ་སྔ་མ་སྔ་མ་དོན་ལ་ཡོད་པའི་ཡོན་ཏན་ཕྱི་མ་ཕྱི་མས་ཆོས་མི་མཐུན་པས་རྣམ་པ་ཐམས་ཅད་དུ་ཆོས་མཐུན་པ་སྤྱངས་པའི་སྒོ་ནས་གོ་རིམ་ངེས་པ་བརྗོད་པ་ཡིན་ནོ།

（辰二）答

分二：（巳一）释无生灭之同法；（巳二）释无分别之同法。

（巳一）释无生灭之同法

所化相续中缘佛之信等所摄，**犹如净琉璃**地基**心中**，亲**见佛**色身之**因清净彼**能障者，见佛乃**不退信根增盛性**之因所致。暂不能见者，信等未成熟之因所致，所化信等**善有生灭故**，所化心中**佛身**亦现似**有生灭**隐没，**如帝释**形像之现起、隐没，非即帝释身之现起、隐没。**能仁**以**法身**力**无生灭**，以于真如入定永不起故。如是当知佛之圆满受用身亦于所化心前不示现涅槃等相。（4.89－90）

（巳二）释无分别之同法

如帝释影像等无分别喻，**法身无功用**，**无**昔无新增之**生**、无新减之**灭**，**乃至生死际**，相续不断趣**入示现**色身**等**事**业**。（4.91）

（丑三）释喻次第

分三：（寅一）略标；（寅二）广释；（寅三）成立转依究竟之智是一切功德所依。

（寅一）略标

此等九**喻**之**摄义**者，**如下**当说。喻义二者之**次第**亦是因相似而同法相应，**断除前**前喻与**后**后义所具之功德**不同法**，故一切种同法，**由**此之**门而说**次第决定。（4.92）

གཉིས་པ་ནི། སངས་རྒྱས་ཀྱི་གཟུགས་ཀྱི་སྐུ་བརྒྱ་བྱིན་གྱི་གཟུགས་བརྙན་ལྟ་བུ་དེ། རྣམ་པར་རྟོག་པ་མེད་བཞིན་དུ་སེམས་ཅན་གྱི་མིག་གིས་མཐོང་ནས་དགེ་བའི་རྐྱེན་བྱེད་པའི་ཕྱིར། རྣམ་པ་ཐམས་ཅད་དུ་དེ་དང་འདྲ་བ་མིན་ཏེ། བརྒྱ་བྱིན་གྱི་གཟུགས་བརྙན་ཆོས་སྟོན་པའི་དབྱངས་དང་མི་ལྡན་པའི་ཕྱིར། སངས་རྒྱས་ཀྱི་གསུང་ལྷའི་རྔ་བཞིན་ཏེ། ཆོས་ཀྱི་སྒོམ་བཞི་སྒོགས་པའི་ཕྱིར། ཐམས་ཅད་དུ་དེ་དང་འདྲ་བ་མིན་ཏེ། ལྷའི་རྔ་དུས་ཐམས་ཅད་དུ་སེམས་ཅན་གྱི་དོན་མི་བྱེད་པའི་ཕྱིར། སངས་རྒྱས་ཀྱི་ཐུགས་རྗེ་སྤྲིན་ཆེན་པོ་དང་མཚུངས་ཏེ། གདུལ་བྱའི་ལོ་ཏོག་སྨིན་པར་བྱེད་པའི་ཕྱིར། རྣམ་པ་ཐམས་ཅད་དུ་དེ་དང་འདྲ་བའང་མིན་ཏེ། སྤྲིན་གྱིས་ཆར་ཕབ་བས་ངན་འགྲོའི་སྡུག་བསྔལ་ལ (219a) སོགས་པ་དོན་མེད་པའི་ས་བོན་སྤོང་ནུས་པ་མིན་པའི་ཕྱིར། སྐུ་དང་གསུང་གི་འཕྲིན་ལས་ཚངས་པ་ཆེན་པོ་བཞིན་ཏེ། རང་གི་གནས་ལས་མ་གཡོས་བཞིན་དུ། སྤྲུལ་པས་སེམས་ཅན་གྱི་དོན་མཛད་པའི་ཕྱིར། རྣམ་པ་ཐམས་ཅད་དུ་དེ་དང་འདྲ་བ་མིན་ཏེ། ཚངས་པ་ཆེན་པོས་དུས་རྟག་ཏུ་དང་མཐར་ཐུག་པའི་བདེ་བ་ལ་གཏན་དུ་ནི་སྨིན་པར་བྱེད་ནུས་པ་མིན་པའི་ཕྱིར། ཐུགས་ཀྱི་འཕྲིན་ལས་ཉི་མའི་གཟུགས་བཞིན་ཏེ། དུ་མ་ལ་ཁྱབ་པ་དང་། གཞན་དག་སྨིན་པར་བྱེད་པའི་ཕྱིར། རྣམ་པ་ཐམས་ཅད་དུ་དེ་དང་འདྲ་བ་མིན་ཏེ། དུས་དང་གཏན་དུ་ནི་མི་ཤེས་པའི་མུན་པ་འཇོམས་པ་མིན་པའི་ཕྱིར། ཐུགས་ཀྱི་གསང་བ་ཡིད་བཞིན་གྱི་ནོར་བུ་འདྲ་སྟེ། འབད་པ་མེད་པར་འདོད་དོན་སྟེར་བའི་ཕྱིར། རྣམ་པ་ཐམས་ཅད་དུ་དེ་དང་འདྲ་བ་མིན་ཏེ། ནོར་བུ་བསྐལ་བའི་བར་དུ་བསྒྲུབ་མི་དགོས་པས་འབྱུང་བ་ནི་རྙེད་པར་མི་དཀའ་བའི་ཕྱིར། གསུང་གི་གསང་བ་སྒྲ་བརྙན་བཞིན་ཏེ། ཕྱི་རོལ་ན་ཡོད་པའི་སྒྲའི་རྣམ་པར་སྣང་ཡང་དེར་མ་གྲུབ་པའི་ཕྱིར། རྣམ་པ་ཐམས་ཅད་དུ་དེ་དང་འདྲ་བའང་མིན་ཏེ། བྲག་ཅ་གཞན་གྱི་དག་བརྗོད་པའི་རྐྱེན་ལས་ནི་འབྱུང་བ་ཡིན་པའི་ཕྱིར། སྐུའི་གསང་བ་ནམ་མཁའ་དང་འདྲ་སྟེ། ལས་ཉོན་གྱིས་འདུས་མ་བྱས་པར་ཐམས་ཅད་དུ་ཁྱབ་པའི་ཕྱིར། རྣམ་པ་ཐམས་ཅད་དུ་དེ་དང་འདྲ་བའང་མིན་ཏེ། ནམ་མཁའ་དགེ་བ་ཡི་གཞི་རྟེན་མིན་པའི་ཕྱིར། གནས་གྱུར་མཐར་ཕྱིན་པའི་སངས་རྒྱས་ཀྱི་ཐུགས་རྗེ་ནི། སའི་དཀྱིལ་འཁོར་དང་འདྲ་སྟེ། ཆོས་མཐའ་ལས་པ་གནས་པའི་རྟེན་བྱེད་པའི་ཕྱིར། རྣམ་པ་ཐམས་ཅད་དུ་དེ་དང་འདྲ་པ་མ་ཡིན་ཏེ། སས (219b) ཡོན་ཏན་ཐམས་ཅད་ཀྱི་རྟེན་མི་བྱེད་ལ་སངས་རྒྱས་ཀྱི་ཐུགས་རྗེ་འཇིག་རྟེན་དང་། འཇིག་རྟེན་ལས་འདས་པ་ས་བསྡུས་པ་འགྲོ་བའི་ཕུན་ཚོགས་མ་ལུས་པ་དེ་གནས་པའི་རྟེན་ཡིན་པའི་ཕྱིར།

（寅二）广释

佛色身**犹如**帝释**影像**，以无分别中为有情眼见而为善缘故。然**非**一切种相**同**，以帝释影像**不具**说法**音**故；佛语**如天鼓**，以演四法印故。然**非**一切种相**同**，以天鼓**非**能**一切**时**饶益**有情故；佛大悲**如大云**，以成熟所化稼墙故。然**非**一切种相**同**，以云所降雨**不**能**断**恶趣苦等**无益种**子故；身语事业**如大梵**，以不离原位、变化饶益有情故。然**非**一切种相**同**，以大梵**不**能令恒常究竟乐**毕竟成熟**故；意事业**如日形**，以周遍众生、成熟他故。然**非**一切种相**同**，以**不能毕竟**摧**坏**无明**闇**故；意秘密**如**如意**宝**，以无功用赐所欲事故。然**亦非**一切种相**同**，以摩尼不需经劫修成、**出现不难得**故；语秘密**如回响**，以显现外界之声而实非有故。然**非**一切种相**同**，以回响**由**他说话之**缘所生故**；身秘密**如虚空**，以非业烦恼所造作、遍一切故。然**非**一切种相**同**，以虚空**非善**之**所依故**；转依究竟佛之大悲**如地曼荼罗**，以作无量法安住之所依故。然非一切种相同，以地非一切功德所依，佛大悲是**世间**、**出世间**所摄**众**生**圆满无余安住**之**所依故**。（4.93－97）

གསུམ་པ་ནི། ཇི་ལྟར་དེ་ཕུན་སུམ་ཚོགས་པ་ཐམས་ཅད་ཀྱི་རྟེན་ཡིན་ཞེ་ན། ཕུན་སུམ་ཚོགས་པ་ཐམས་ཅད་ཀྱི་རྟེན་ཡིན་ཏེ། གནས་གྱུར་མཐར་ཕྱིན་པ་སངས་རྒྱས་ཀྱི་བྱང་ཆུབ་ལ་བརྟེན་ནས་འཇིག་རྟེན་ལས་འདས་པའི་ལམ་ཐམས་ཅད་འབྱུང་བའི་ཕྱིར་དང་། མངོན་མཐོའི་གོ་འཕང་འགྲུབ་པར་བྱེད་པའི་དགེ་བའི་ལས་ལམ་བསམ་གཏན་བཞི་དང་། ཚད་མེད་པ་བཞི་དང་། གཟུགས་མེད་པ་བཞི་འབྱུང་ཞིང་ལམ་དེ་གཉིས་ལ་བརྟེན་བརྟེན་ནས་བགྲོད་བྱ་མངོན་མཐོ་དང་ཐར་པའི་གྲོང་ཁྱེར་དུ་བགྲོད་པར་འགྱུར་རོ། །དེ་ལྟར་དཔེ་དགུལ་བརྟེན་ནས་སངས་རྒྱས་ཀྱི་འཕྲིན་ལས་འཇུག་ཚུལ་སོགས་ཕྱིན་ཅི་མ་ལོག་པར་རྟོགས་པ་ཡིན་ནོ། །

གསུམ་པ་ལེའུའི་མཚན་བསྟན་པ་ནི་ཐེག་པ་ཆེན་པོ་རྒྱུད་བླ་མའི་བསྟན་བཅོས་དཀོན་མཆོག་གི་རིགས་རྣམ་པར་དབྱེ་པ་ལས་སངས་རྒྱས་ཀྱི་ཡོན་ཏན་ལ་བརྟེན་པའི་དེ་བཞིན་གཤེགས་པའི་ཕྲིན་ལས་མཛད་པའི་སྐབས་ཏེ། ལེའུ་བཞི་པ་ལས། ཐེག་པ་ཆེན་པོའི་ངེས་དོན་གྱི་མདོ་སྡེའི་དགོངས་པ་འགྲེལ་བར་བྱེད་པའི་བསྟན་བཅོས་ཀྱི་རྣམ་པར་བཤད་པ་སྐབས་བཞི་པའི་འགྲེལ་པའོ། །

ཡོན་ཏན་དྲུག་ཅུ་རྩ་བཞི་བརྙེས་པའི་མཐུས། །
མཛད་པ་ལྷུན་གྲུབ་རྒྱུན་མི་འཆད་པའི་ཚུལ། །
རྗེ་བཙུན་བླ་མའི་གསུང་གི་མན་ངག་ལས། །
ཡབ་སྲས་གཉིས་ཀྱི་དགོངས་པ་ཇི་བཞིན་བཤད། །

བསྟན་བཅོས་ཀྱི་ལུས་ཀྱི་ཚིགས་སུ་བཅད་པའི་དོན་གྱིས་བསྡུས་པའི་འཕྲིན (220a) ལས་ཀྱི་བཤད་པ་རྫོགས་སོ།། །།

（寅三）成立转依究竟之智是一切功德所依

若问：彼如何是一切圆满之所依？曰：**依于**转依究竟**佛菩提**，出**生**一切**出世间道**故，及成办增上生位之**善业道**、四**静虑**、慈等四**无量**、四**无色故**。依彼二道能往所往增上生及解脱城。如是依此九喻，能无倒通达佛事业趣入理等。(4.98)

（壬三）示品名

《**辨宝性大乘上续论**》依佛菩提之**如来事业品第四**、开解大乘了义经意趣之论释第四品之疏。

获六十四功德力，事业任运不断理，

谨依师尊语教授，二父子意如实释。

论体**颂义所摄**事业**之释圆满**。

大乘上续论释大疏卷十七终

གཉིས་པ་རྟོགས་པར་བྱ་བའི་དོན་རྣམ་པ་བདུན་ལ་མོས་པའི་ཕན་ཡོན་བཤད་པ་ལ་གཉིས། ལེའུའི་དོན་བཤད་པ་དང་། ལེའུའི་མཚན་བསྟན་པའོ། །དང་པོ་ལ་གཉིས། དངོས་ཀྱི་དོན་དང་། བཤད་པ་མཐར་ཕྱིན་པར་བསྟན་པའོ། །དང་པོ་ལ་གསུམ། མཚམས་སྦྱར་བ་དང་། མདོར་བསྟན་པ་དང་། རྒྱས་པར་བཤད་པའོ། །

དང་པོ་ནི། འདི་ཕན་ཆད་ནི་སྔར་གོང་དུ་ཇི་སྐད་བསྒྲགས་པའི་གནས་བཞི་པོ་འདི་དག་ཉིད་ལ་ལྷག་པར་མོས་པའི་ཕན་ཡོན་གྱི་ཚིགས་སུ་བཅད་པ་དྲུག་གོ །འདིར་རྟོགས་པར་བྱ་བའི་དོན་རྣམ་པ་བཞི་ལས་དངོས་སུ་མ་སྨོས་ཀྱང་། འབྲས་བུ་དཀོན་མཆོག་གསུམ་གྱི་རྒྱུ་གནས་བཞི་པོ་ལ་མོས་པའི་ཕན་ཡོན་དངོས་སུ་གསུངས་པ་ཉིད་ཀྱིས་འབྲས་བུ་དཀོན་མཆོག་གསུམ་ལ་མོས་པ་དང་། མོས་པའི་ཕན་ཡོན་དོན་གྱིས་གོ་བར་དགོངས་སོ། །

གཉིས་པ་ལ་གསུམ། གནས་བཞི་ལ་མོས་པའི་ཕན་ཡོན་སྤྱིར་བསྟན་པ་དང་། སོ་སོར་བཤད་པ་དང་། གཞི་གསུམ་གྱིས་བསྡུས་པའི་དགེ་བ་ལས་གནས་བཞི་ལ་མོས་པ་ཁྱད་པར་དུ་འཕགས་པའི་སྒྲུབ་བྱེད་དོ། །དང་པོ་ལ་གཉིས། གནས་བཞི་མ་ལུས་པ་སངས་རྒྱས་ཉག་ཅིག་གི་སྤྱོད་ཡུལ་དུ་བསྟན་པ་དང་། དེ་ལ་མོས་པའི་ཕན་ཡོན་ནོ། །

དང་པོ་ནི། གནས་བཞི་ངོས་བཟུང་བ་ལ་སངས་རྒྱས་ཀྱི་ཁམས་དྲི་མ་དང་བཅས་པའི་དེ་བཞིན་ཉིད་དང་། དག་པ་གཉིས་དང་ལྡན་པའི་སངས་རྒྱས་ཀྱི་བྱང་ཆུབ་དང་། བྲལ་བའི་ཡོན་ཏན་དང་རྣམ་སྨིན་གྱི་ཡོན་ཏན་གྱིས་བསྡུས་པའི་སངས་རྒྱས་ཀྱི་ཡོན་ཏན་གྱི་ཆོས་དང་། (220b) ལྷུན་གྱིས་གྲུབ་པ་དང་རྒྱུན་མི་འཆད་པའི་སངས་རྒྱས་ཀྱི་འཕྲིན་ལས་ཏེ། རྣམ་པ་བཞི་ནི་གང་ལ་མོས་པའི་ཡུལ་ཏེ། འབྲས་བུ་དཀོན་མཆོག་གསུམ་ཡང་དོན་གྱིས་བསྟན་པར་ཤེས་པར་བྱའོ། །གནས་བཞི་མ་ལུས་པ་ས་ཆེན་པོ་ལ་བཞུགས་པའི་དག་པའི་སེམས་ཅན་གྱིས་ཀྱང་མངོན་སུམ་དུ་བསམ་པར་བྱ་བ་མིན་ལ། འོ་ན་གང་གི་སྤྱོད་ཡུལ་ཡིན་ཞེ་ན། འདི་ནི་འདྲེན་པ་ཡང་དག་པར་རྫོགས་པའི་སངས་རྒྱས་རྣམས་ཀྱི་མངོན་སུམ་གྱི་སྤྱོད་ཡུལ་འབའ་ཞིག་ཡིན་པར་ཤེས་པར་བྱའོ། །

གཉིས་པ་ནི། བློ་ལྡན་བྱང་ཆུབ་སེམས་དཔའ་རྣམས་དང་པོར་སྔར་བཤད་པའི་འབྲས་བུ་དཀོན་མཆོག་གསུམ་ལ་མོས་པ་སྔོན་དུ་བཏང་ནས་དེ་ནས་དེའི་རྒྱུ་དང་རྐྱེན་གྱིས་བསྡུས་པ་རྒྱལ་བའི་ཡུལ་གནས་བཞི་པོ་འདི་ལ་མོས་པའི་དད་པ་དང་དོན་གཉེར་གྱི་འདུན་པ་ལ་བརྟེན་ནས་སངས་རྒྱས་ཀྱི་ཡོན་ཏན་དྲུག་ཅུ་རྩ་བཞི་པོའི་ཚོགས་ཀྱི་སྣོད་དུ་འགྱུར་ཏེ། གཞན་གྱིས་བསམ་དུ་མེད་པའི་ཡོན་ཏན་གྱི་ཚོགས་ལ་མངོན་པར་དགའ་བས་འདི་ལ་མི་མོས་པའི་སེམས་ཅན་ཀུན་གྱི་སྦྱིན་པ་ལས་བྱུང་བ་དང་། ཚུལ་ཁྲིམས་ལས་བྱུང་བ་དང་། བསྒོམས་པ་ལས་བྱུང་བའི་བསོད་ནམས་ཟིལ་གྱིས་གནོན་ཞིང་དེ་དག་ལས་ཁྱད་པར་དུ་འཕགས་སོ། །

大乘上续论释大疏卷十八

（丁二）释胜解所证七种义之胜利

分二：（戊一）释品义；（戊二）释品名。

（戊一）释品义

分二：（己一）正义；（己二）示释究竟。

（己一）正义

分三：（庚一）承启；（庚二）略标；（庚三）广释。

（庚一）承启

此下为胜解上**所说此等四处胜利之六颂**。此中除所证四种义外，虽未正说果三宝，然正说胜解果三宝因四处，可见亦是说胜解果三宝及胜解胜利。

（庚二）略标

分三：（辛一）总标胜解四处之胜利；（辛二）别释；（辛三）胜解四处较三事所摄善殊胜之依据。

（辛一）总标胜解四处之胜利

分二：（壬一）示四处无余皆佛一尊之所行境；（壬二）胜解之胜利。

（壬一）示四处无余皆佛一尊之所行境

认明四处：**佛界**有垢真如、具二清净之**佛菩提**、离系功德及异熟功德所摄之**佛**功德**法**、无功用及相续不断之**佛事业**。此四种为胜解之境，亦可推知是说三宝果。住大地之清**净有情**亦**难**现**思**四处无余。若尔，是何人之所行境？曰：当知**此**惟**是**诸**大师**正等觉之现前所行**境**。(5.1)

（壬二）胜解之胜利

具慧菩萨初先胜解上述三宝果，次于其因缘所摄**佛境**四处发胜解**信**及希求欲，依此转**成**六十四**佛功德**聚之**器**。**欣乐**他**难思**议功**德**聚，**映蔽**一切不信解此**有情**之施所生福、戒所生福及修所生**福**，且较彼等殊胜。(5.2)

གཉིས་པ་ལ་གསུམ། སྦྱིན་པ་ལས་བྱུང་བའི་བསོད་ནམས་ལས་ཁྱད་པར་དུ་འཕགས་པ་དང་། ཚུལ་ཁྲིམས་ལས་བྱུང་བའི་བསོད་ནམས་དང་། བསྒོམས་པ་ལས་བྱུང་བའི་བསོད་ནམས་གཞན་ལས་ཁྱད་པར་དུ་འཕགས་པའོ། །

དང་པོ་ནི། འདི་ལ་དེ་ཙམ་དུ་མོས་པ་མེད་པའི་གང་ཟག་གང (221a) ཞིག་ཀུན་སློང་གི་ཁྱད་པར་བླ་ན་མེད་པ་ཡང་དག་པར་རྫོགས་པའི་བྱང་ཆུབ་དོན་དུ་གཉེར་བས་ཀུན་ནས་བླངས་བ་ནི་ཐེག་ཆེན་སེམས་བསྐྱེད་ཀྱིས་ཟིན་པའོ། །སྦྱིན་པ་བཏང་བར་བྱ་བའི་རྫས་ལ་གསེར་ལས་བྱས་པའི་ཞིང་ཁམས་ནོར་བུས་སྤྲས་པ་ནི་གྲངས་ཀྱི་ཁྱད་པར་སངས་རྒྱས་ཀྱི་ཞིང་གི་རྡུལ་ཕྲ་རབ་ཀྱི་གྲངས་དང་མཉམ་པ་དུས་ཀྱི་ཁྱད་པར་ཉིན་རེ་ཞིང་ཡུལ་གྱི་ཁྱད་པར་ཆོས་ཀྱི་རྒྱལ་པོ་སངས་རྒྱས་བཅོམ་ལྡན་འདས་རྣམས་ལ་རྒྱུན་མི་ཆད་པར་རྟག་ཏུ་འབུལ་བར་བྱེད་ལ་གང་ཟག་གཞན་གང་དག་རྡོ་རྗེ་ལྟ་བུའི་དོན་བཞི་སྟོན་པའི་མདོ་དང་དགོངས་འགྲེལ་གྱི་བསྟན་བཅོས་འདི་ལས་ཚིག་ཙམ་ཐོས་ཤིང་ཐོས་ནས་ཀྱང་ནི་མོས་ན་ཚིག་དོན་ལ་མོས་པ་འདི་སྟར་བཤད་པའི་སྦྱིན་པ་ལས་བྱུང་བའི་དགེ་བ་དེ་ལས་བསོད་ནམས་ཆེས་མང་པོ་འཐོབ་པར་འགྱུར་རོ། །

གཉིས་པ་ནི། འདི་ལ་མོས་པ་དེ་ཙམ་མེད་པའི་བློ་ལྡན་གང་ཞིག་ཀུན་སློང་གི་ཁྱད་པར་བླ་ན་མེད་པའི་བྱང་ཆུབ་འདོད་པས་དུས་བསྐལ་པ་དུ་མར་ཡང་ལུས་ངག་ཡིད་ཀྱིས་འབད་པ་མེད་པར་རང་གི་ངང་གིས་འབྱུང་བའི་ཚུལ་ཁྲིམས་བཅས་རང་གི་ཁ་ན་མ་ཐོ་བའི་དྲི་མ་མེད་པ་བསྲུང་བར་བྱེད་ལ་གང་ཟག་གཞན་གང་དག་རྡོ་རྗེ་ལྟ་བུའི་དོན་བདུན་སྟོན་པའི་མདོ་དང་དགོངས་འགྲེལ་གྱི་བསྟན་བཅོས་འདི་ལས་ཚིག་ཙམ་ཐོས་ཤིང་ཐོས་ནས་ཀྱང་ནི་མོས་ན་མོས་པ་འདི་ཚུལ་ཁྲིམས་ལས་བྱུང་བའི་དགེ་བ་དེ་ལས་བསོད་ནམས་ཆེས་མང་པོ་ཐོབ་པར་འགྱུར་རོ། །

གསུམ་པ་ནི། འདི་ལ་མོས་པ་དང་མི་ལྡན་པའི་གང་ཟག་གང་ཞིག (221b) འཇིག་རྟེན་འདི་ན་འདོད་པ་ལ་སོགས་པའི་སྲིད་པ་གསུམ་གྱི་ཉོན་མོངས་ཀྱི་མེ་འཇིལ་བ་ཉོན་མོངས་མངོན་གྱུར་ཟིལ་གྱིས་གནོན་པའི་བྱེད་ལས་དང་ལྡན་པའི་བསམ་གཏན་ནི་ལྷའི་གནས་པ་བསམ་གཏན་བཞི་དང་། ཚངས་པའི་གནས་པ་ཚད་མེད་པ་བཞིའི་མཐར་སོན་པ་ཀུན་སློང་གི་ཁྱད་པར་རྫོགས་པའི་བྱང་ཆུབ་འཕོ་འགྱུར་མེད་པ་ཐོབ་པའི་ཐབས་སུ་བསྒོམ་ལ་གང་ཟག་གཞན་གང་དག་སྟར་བཤད་པའི་མདོ་དང་བསྟན་བཅོས་འདི་ལས་ཚིག་ཙམ་ཐོས་ཤིང་ཐོས་ནས་ཀྱང་ནི་མོས་ན་མོས་པ་འདི་སྟར་བཤད་པའི་བསམ་གཏན་ལས་བྱུང་བའི་དགེ་བ་དེ་ལས་བསོད་ནམས་ཆེས་མང་པོ་ཐོབ་པར་གྱུར། །རྡོ་རྗེའི་གནས་བདུན་ལ་མོས་པ་དང་མི་ལྡན་པའི་གང་ཟག་གི་དབང་དུ་བྱས་ཀྱི། མི་མོས་པ་དང་ལྡན་པའི་གང་ཟག་ལ་རྣམ་པ་ཐམས་ཅད་དུ་སྦྱར་དུ་མི་རུང་ངོ། །འཇིག་རྟེན་པའི་སྒོམ་བྱུང་སྟོན་པ་ཡིན་པས་འཕགས་པའི་གནས་པའི་མཐར་སོན་པ་ཁྱད་ཆོས་སུ་བཤད་པར་མི་བྱའོ། །

（辛二）别释

分三：（壬一）较施所生福殊胜；（壬二）较戒所生福殊胜；（壬三）较余修所生福殊胜。

（壬一）较施所生福殊胜

凡无此胜解补特伽罗之等起差别，以**希求**无上正等**菩提**为发起，以大乘发心摄持；所施物，**金**刹土以**摩尼庄严**；数量差别，**量等佛刹**极微**尘**数；时差别，**日日**；境差别，于诸**法王**佛世尊，恒不间断常作**奉**献。**余**补特伽罗**闻此**宣说七如金刚义之经及释论**文句**，**闻已若胜解**，此胜解文义**较**上述**施所生善所得福尤多**。（5.3）

（壬二）较戒所生福殊胜

无如此胜解之**具慧**之等起差别：**求无上菩提**，**经多劫**后，**身语意离**功**用**、具自然**戒**，**能无**罪**垢而持**之。**余**补特伽罗**闻此**宣说七如金刚义之经及释论**文句**，**闻已若胜解**，此胜解**较戒所生善所得福尤多**。（5.4）

（壬三）较余修所生福殊胜

无如此胜解之补特伽罗，虽具摧**坏**此世间贪等**三有**烦恼**火**、映蔽烦恼现前作业之**静虑**四静虑**天**住，四无量**梵住**至**究竟**，**而修习**得**不变**大**觉方便**为等起差别，**余**补特伽罗闻**此**经论**文句**，**闻已若胜解**，此胜解**较**上述**静虑**所**生善所得福尤多**。

此约不胜解七金刚处之补特伽罗而言，非泛指不具胜解之补特伽罗。此是说世间修所生福故，不应释为以圣住究竟为别法。（5.5）

གསུམ་པ་ནི། འདིར་བཤད་པའི་གཞི་གསུམ་གྱིས་བསྡུས་པའི་བསོད་ནམས་དེ་བས་རྡོ་རྗེ་ལྟ་བུ་དོན་བདུན་དང་། རྡོ་རྗེའི་གནས་བདུན་ལ་མོས་པའི་བསོད་ནམས་ཁྱད་པར་དུ་འཕགས་ཏེ། རྒྱུ་མཚན་གང་གི་ཕྱིར་ན། འདིར་བཤད་པའི་སྦྱིན་པ་ལས་ལོངས་སྤྱོད་དག་ཙམ་ཞིག་ནི་སྒྲུབ་པར་བྱེད་ཅིང་འདིར་བཤད་པའི་ཚུལ་ཁྲིམས་ཀྱི་མཐོ་རིས་ཙམ་ཞིག་དང་འདིར་བཤད་པའི་བསྒོམས་པས་ཉོན་མོངས་མངོན་གྱུར་ཙམ་སྤོང་བར་བྱེད་ལ། འདི་ནི་ལག་རྗེས་སོ་སོའི་དབང་དུ་བྱས་པའོ། །གནས་བཞི་འམ་བདུན་གྱི་ནང་ནས་ཀྱང་དྲི་མ་དང་བཅས་པའི་དེ་བཞིན་ཉིད་མངོན (222a) སུམ་དུ་རྟོགས་པའི་ཤེས་རབ་ཀྱིས་ཉོན་མོངས་པ་དང་ཤེས་བྱའི་སྒྲིབ་པ་ས་བོན་དང་བཅས་པ་ཀུན་སྤོང་ནུས་པ་དེའི་ཕྱིར། ཁྱབ་པ་ཡོད་དེ། སྔར་བཤད་པའི་བསོད་ནམས་གསུམ་ལས་ཤེས་རབ་འདི་མཆོག་ཉིད་དེ་ཡིན་ལ། ཤེས་རབ་དེའི་རྒྱུ་ནི་ཐོག་མར་གནས་བཞི་པོ་འདི་ཐོས་པ་ཡིན་ལ། ཐོས་ནས་མོས་པ་ཐོག་མའི་རྒྱུའི་གཙོ་བོ་ཡིན་པའི་ཕྱིར་རོ། །

གསུམ་པ་ལ་གཉིས། མཚམས་སྦྱར་བ་དང་། ཙ་བའོ། །

དང་པོ་ནི། ཚིགས་སུ་བཅད་པ་འདི་རྣམས་ཞེས་སོ། །

གཉིས་པ་ལ་གསུམ། གནས་བཞི་ཐོས་ཤིང་མོས་པའི་བརྟགས་པ་སྤྱིར་བསྟན་པ་དང་། བྱེ་བྲག་ཏུ་བཤད་པ་དང་། ཐོས་ནས་མོས་པ་མཆོག་ཏུ་གྲུབ་པའོ། །དང་པོ་ལ་གཉིས། མོས་པའི་ཡུལ་ངོས་བཟུང་བ་དང་། དེ་ལ་མོས་པས་མཐར་ཐུག་པའི་དཀོན་མཆོག་གསུམ་ཐོབ་པར་འགྱུར་བའོ། །

དང་པོ་ནི། སངས་རྒྱས་ཀྱི་ཡོན་ཏན་ཐམས་ཅད་སྐྱེ་རུང་དང་། ཡོངས་སྤྱོད་གི་ཆོས་དྲུག་རུས་ཡོངས་སུ་སྤྱོད་བར་བྱ་བའི་གནས་དྲི་མ་དང་བཅས་པའི་དེ་བཞིན་ཉིད་དང་། དེ་བཞིན་ཉིད་དེ་ནི་དྲི་མ་མཐའ་དག་གིས་དག་པའི་སྒོ་ནས་གནས་གྱུར་པ་བྱང་ཆུབ་དང་། བྱང་ཆུབ་དེའི་ཡོན་ཏན་དྲུག་ཅུ་རྩ་བཞི་དང་། ཡོན་ཏན་ལ་བརྟེན་ནས་སེམས་ཅན་གྱི་དོན་བསྒྲུབ་པ་འཕྲིན་ལས་ཏེ། རྒྱལ་བ་ཡི་ནི་མངོན་སུམ་དུ་མཁྱེན་པའི་ཡུལ་རྣམ་པ་བཞི་སྔར་གོང་དུ་ཇི་སྐད་བརྗོད་པའི་གནས་བཞིའོ། །

གཉིས་པ་ནི། གནས་བཞི་པོ་འདི་ལ་བློ་ལྡན་ཐེག་པ་ཆེན་པོའི་རིགས་ཅན་ཁ་ཅིག གང་ལ་དམིགས་ནས་བསྒོམས་ན་སྟོབས་སོགས་ཀྱི་ཡོན་ཏན་མཐའ་དག (222b) འབྱུང་བའི་ཆོས་ཀྱི་འབྱུང་གནས་སུ་གྱུར་པ་དྲི་མ་མཐའ་དག་སྤྱར་རུང་གི་གཞི་རང་བཞིན་གྱིས་གྲུབ་པས་སྟོང་པ་དོན་དམ་པའི་བདེན་པ་དེ་ཉིད་རང་ཉིད་ལ་ཡོད་པར་ཡིད་ཆེས་པ་དང་། དྲི་མ་སྦྱངས་པ་ལས་དག་པ་གཉིས་ལྡན་གྱི་བྱང་ཆུབ་ཐོབ་ནུས་པ་ཉིད་དུ་རྟོགས་པ་དང་། བྱང་ཆུབ་ཐོབ་པའི་ཚེ་སྟོབས་སོགས་ཀྱི་ཡོན་ཏན་དང་ལྡན་པར་མོས་པས་ནི་དེ་ལྟ་བུའི་མོས་པ་དང་ལྡན་པའི་གང་ཟག་དེ་མྱུར་དུ་དེ་བཞིན་གཤེགས་པའི་གོ་འཕང་མཐར་ཐུག་པའི་དཀོན་མཆོག་གསུམ་ཐོབ་པའི་སྐལ་བ་དང་ལྡན་པར་འགྱུར་རོ། །

（辛三）胜解四处较三事所摄善殊胜之依据

较此处所说三事所摄之福，胜解如金刚七义、及七金刚处之福尤殊胜。何以故？此中所说**以施成办诸受用**，以**戒成**就**增上**生，以**修断**烦恼现前，皆约各别成就而言。现证四处或七处内有垢真如之**慧**，则能**普断烦恼**障、**所知**障及种子故，有此周遍，以**此**慧较上述三福为**胜**，**彼**慧之**因**者，**乃**先**闻此**四处，闻已胜解是最初因之主要故。(5.6)

（庚三）广释

分二：（辛一）承启；（辛二）《论》。

（辛一）承启

此等偈颂之义者，**当知以九颂释之**：

（辛二）《论》

分三：（壬一）总标赞叹听闻胜解四处；（壬二）别释；（壬三）闻已胜解为上。

（壬一）总标赞叹听闻胜解四处

分二：（癸一）认明胜解境；（癸二）胜解故当得究竟三宝。

（癸一）认明胜解境

堪生佛功德、以净治六十法所净治之**处**有垢真如，**彼**真如由诸垢清净门**转**依之菩提，**彼**菩提之六十四**功德**，依功德**成**办有情利益之事业，**佛**现前**了知**之**四种境**，**即上述**之四处。(5.7)

（癸二）胜解故当得究竟三宝

具慧大乘种性**者**，信解自身**有**自性空胜义谛，乃缘之而修出生“力”等全分功德之法源、堪净诸垢之所依，通达**能**净垢得具二清净之菩提，**胜解**得菩提时**具**“力”等**功德**。具如是胜解之补特伽罗，**当速成有缘**，**获得如来位**究竟三果。(5.8)

གཉིས་པ་ལ་གསུམ། བསམ་པ་ཕུན་ཚོགས་སེམས་བསྐྱེད་ཀྱི་རྒྱུར་བསྟན་པ་དང་། སྦྱོར་བ་ཕུན་ཚོགས་ཕར་ཕྱིན་གྱི་རྒྱུར་བསྟན་པ་དང་། ཚོགས་གཉིས་ཀྱི་ངོ་བོ་ངེས་བཟུང་བའོ། །

དང་པོ་ནི། གང་ཟག་གཞན་གྱིས་མ་ལུས་པར་མངོན་སུམ་དུ་བསམ་གྱིས་མི་ཁྱབ་པའི་ཡུལ་འདི་ནི་བདག་ལ་ཐོབ་རུང་དུ་ཡོད་པ་དང་། ཁྱད་པར་དུ་ཁམས་རང་བཞིན་གྱིས་རྣམ་པར་དག་པ་རང་ལ་ཡོད་པ་དང་། ཐེག་པ་ཆེན་པོའི་ལམ་ལ་སྦྱངས་པས་དག་པ་གཉིས་ལྡན་གྱི་བྱང་ཆུབ་དེ་བདག་འདྲ་བས་ཀྱང་ཐོབ་པར་ནུས་པ་དང་། ཐོབ་པའི་ཚེ་སྟོབས་སོགས་འདི་འདྲའི་ཡོན་ཏན་དང་ལྡན་ནོ་ཞེས་དད་པས་མོས་པའི་ཕྱིར་ཀུན་རྫོབ་བྱང་ཆུབ་ཀྱི་སེམས་ནི་གང་ཟག་དེ་དག་ལ་མི་ཉམས་པར་རྟག་ཏུ་ཉེ་བར་གནས་པར་འགྱུར་རོ། །བྱང་ཆུབ་ཀྱི་སེམས་ཇི་ལྟར་བུ་ཞེ་ན། ཡོན་ཏན་གྱི་སྣོད་དུ་གྱུར་པའོ། །ཡོན་ཏན་གང་གི་ཞེ་ན། ཡང་དག་པར་རྫོགས་པའི་སངས་རྒྱས་དང་། དེའི་རྒྱུ་སྦྱིན་སོགས་ཕར་ཕྱིན་གྱི་སྤྱོད་པ་ལ་དོན་གཉེར་གྱི་འདུན་པ་དང་། དེ་སྒྲུབ་པར་སྤྲོ་བའི་བརྩོན་འགྲུས་དང་། དེ་དག་གི་དམིགས་པ་རྣམས་མ་བརྗེད་ (223a) པའི་དྲན་པ་དང་། ཐེག་པ་ཆེན་པོ་ཐུན་མོང་མ་ཡིན་པའི་ཞི་གནས་དང་ལྷག་མཐོང་གིས་བསྡུས་པ་ཕར་ཕྱིན་ཐ་མ་གཉིས་སྟོན་པ་བསམ་གཏན་གྱི་ཕར་ཕྱིན་དང་། ཤེས་རབ་ཀྱི་ཕ་རོལ་ཏུ་ཕྱིན་པ་ལ་སོགས་པའོ། །ཕ་མ་གསུམ་གྱིས་སྤྱོད་པ་སྤྱི་དང་། ཕྱི་མ་གཉིས་ཀྱིས་ཕར་ཕྱིན་ཐ་མ་གཉིས་ལ་སློབ་པ་བསྟན་ཏོ། །མངོན་པར་རྟོགས་པའི་རྒྱན་ནས་གསུངས་པ་ལྟར་བྱམས་པ་དང་སྙིང་རྗེ་སྦྱོང་པ་སྔོན་དུ་བཏང་ནས་བྱང་ཆུབ་ཀྱི་མཆོག་ཏུ་སེམས་བསྐྱེད་དེ་སྤྱོད་པ་སྦྱིན་པ་ལ་སོགས་པའི་ཕར་ཕྱིན་ལ་སློབ་པའི་ལམ་གྱི་རིམ་པ་རྣམས་སྟོན་པའོ། །བྱམས་པ་དང་སྙིང་རྗེ་སྦྱོང་བའི་ཕ་རོལ་ཏུ་སྐྱེས་བུ་འབྲིང་གི་བསམ་པ་སྔོན་དུ་འགྲོ་དགོས་པ་ནི། མངོན་པར་རྟོགས་པའི་རྒྱན་དུ་སྐབས་གསུམ་པའི་བརྗོད་བྱར་གཏན་ལ་ཕབ་ལ། འདིར་སྔར་གཟུངས་ཀྱི་དབང་ཕྱུག་རྒྱལ་པོས་ཞུས་པའི་མདོར་ནོར་བུའི་དཔེས་དྲི་མ་སྦྱོང་བའི་རིམ་གསུམ་གསུངས་པའི་རིམ་པ་དང་པོ་ཉིད་ཡིན་ལ། དེ་ཡང་རྩ་བའི་དགོངས་པར་མཛད་ནས་འགྲེལ་པ་མཛད་པས་རྒྱས་པར་གཏན་ལ་ཕབ་པ་ཡིན་ནོ། །

གཉིས་པ་ནི། ཀུན་རྫོབ་བྱང་ཆུབ་ཀྱི་སེམས་དེ་ནི་མི་ཉམས་པར་རྟག་ཏུ་ཉེ་བར་གནས་པས་རྒྱལ་བའི་སྲས་པོ་སྦྱིན་སོགས་ཕར་ཕྱིན་གྱི་སྤྱོད་པའི་སྦྱོར་བ་ཕུན་ཚོགས་ལ་བརྟན་པ་ཐོབ་བས་ཕྱིར་མི་ལྡོག་པ་དང་། བསོད་ནམས་ཀྱི་ཕ་རོལ་ཏུ་ཕྱིན་པ་ཡོངས་སུ་རྫོགས་པ་དང་། དེ་ཡོངས་སུ་དག་པར་བྱེད་པའི་རྒྱུ་ཡེ་ཤེས་ཀྱི་ཕར་ཕྱིན་ཡོངས་སུ་རྫོགས་པ་ཉིད་དུ་འགྱུར་རོ། །

（壬二）别释

分三：（癸一）赞是意乐圆满发心之因；（癸二）赞是加行圆满六波罗蜜多之因；（癸三）认明二资粮体性。

（癸一）赞是意乐圆满发心之因

此境是余补特伽罗**难**可现前无余**思议**者，自堪得之，尤其自身**有**界自性清净，修大乘道**如我**者亦**能得**彼具二清净之菩提，**得**时**具**足**如是**功**德**。**以信胜解故**，世俗**菩提心当于彼**等补特伽罗不退、**恒常安住**。云何菩提心？曰：**功德**之**器**。何等功德？正等觉、彼因于施等波罗蜜多发希求**欲**、欣乐成办彼之精**勤**、不忘彼等所缘之**念**、大乘不共止观所摄后二波罗蜜多即**静虑**波罗蜜多、智**慧**波罗蜜多**等**。前三说学总行，后二说学后二度。（5.9－10）

一如《现观庄严论》中所说，先修慈悲、发最上菩提心，次学施等波罗蜜多行之道次第。修慈悲之前须先发中士意乐者，抉择为《现观庄严论》第三品之所诠。此如前述《陀罗尼自在王请问经》中，以摩尼喻说净治垢染三次第之第一次第，此亦按本论之意趣解释而广抉择。

（癸二）赞是加行圆满六波罗蜜多之因

彼世俗菩提心**者**不退**常住故**，于**佛子**施等波罗蜜多行之加行圆满得坚固故**不退转**，**福德**波罗蜜多**圆满**，**转成**彼**清净**因智波罗蜜多圆满**性**。（5.11）

གསུམ་པ་ལ་གཉིས། དངོས་ཀྱི་དོན་དང་། ཕར་ཕྱིན་དང་པོ་ལྔ་གཞི་གསུམ་གྱིས་བསྡུས་པའི་དགེ་བར་མ་འདུས་པའི（223b）སྐྱོན་མེད་པའོ། །

དང་པོ་ནི། བསོད་ནམས་ཀྱི་ཚོགས་ཀྱིས་བསྡུས་པ་ཕ་རོལ་ཏུ་ཕྱིན་པ་ལྔ་པོ་དེ་ལ་སྦྱིན་བྱ་སྦྱིན་བྱེད་སོགས་རྣམ་པ་གསུམ་དུ་བདེན་པར་རྟོག་པ་མེད་པས་ཕར་ཕྱིན་ལྔ་པོ་དེ་རྫོགས་པ་དང་། ཡོངས་སུ་དག་པར་བྱེད་པའི་རྒྱུ་ནི་ཡེ་ཤེས་ཀྱི་ཚོགས་ཀྱིས་བསྡུས་པ་ཤེས་རབ་ཀྱི་ཕ་རོལ་ཏུ་ཕྱིན་པ་དེ་ཉིད་ཡིན་ལ། དེས་ཕར་ཕྱིན་དང་པོ་ལྔ་པ་དེའི་མི་མཐུན་ཕྱོགས་ཟད་པར་སྤངས་ནས་མཐར་ཐུག་པར་བྱེད་པའི་ཕྱིར། དེ་དག་ཀྱང་གནས་བཞི་པོ་འདི་དག་ཐོས་ཤིང་མོས་པའི་ཕན་ཡོན་ཡིན་ནོ། །

གཉིས་པ་ནི། སྔར་བསོད་ནམས་སྦྱིན་པ་ཚུལ་ཁྲིམས་དང་སྒོམ་བྱུང་གསུམ་ལ་བཤད་པ་མ་ཡིན་ནམ། འདིར་ཕ་རོལ་ཏུ་ཕྱིན་པ་ལྔ་ཀ་བསོད་ནམས་ཀྱི་ཚོགས་སུ་ཇི་ལྟར་འགྱུར་ཞེ་ན། སྐྱོན་འདི་འགལ་བ་མེད་དེ། སྦྱིན་པ་ལས་བྱུང་བའི་བསོད་ནམས་ཀྱིས་སྦྱིན་པའི་ཕར་ཕྱིན་བསྡུས་པ་སྟེ། ཚུལ་ཁྲིམས་ལས་བྱུང་བའི་བསོད་ནམས་ཀྱིས་ཚུལ་ཁྲིམས་ཀྱི་ཕར་ཕྱིན་བསྡུས་པ་ཡིན་ལ། བཟོད་པ་དང་བསམ་གཏན་གྱི་ཕ་རོལ་ཏུ་ཕྱིན་པ་གཉིས་པོ་དག་ནི་སྒོམ་བྱུང་གི་བསོད་ནམས་ཀྱིས་བསྡུས་སོ། །བརྩོན་འགྲུས་ནི་གསུམ་པོ་ཀུན་ཏུ་འགྲོ་བས་གསུམ་གར་ཅི་རིགས་སུ་བསྡུས་པར་ཤེས་པར་བྱའོ། །

གསུམ་པ་ལ་གཉིས། སྒྲིབ་གཉིས་ངོས་བཟུང་བ་དང་། དེའི་གཉེན་པོ་འདྲེན་པའི་རྩ་བ་ཡིན་པས་རྒྱུའི་མཆོག་ཏུ་གྲུབ་པའོ། །

དང་པོ་ནི། ལས་དང་། བྱ་བ་དང་། བྱེད་པའི་འཁོར་གསུམ་བདེན་པར་རྣམ་པར་རྟོག་པའི་བག་ཆགས་གང་ཡིན་དེ་ནི་ཤེས་བྱའི་སྒྲིབ་པར་འདོད་དོ། །སེར་སྣ་ལ་སོགས་བདེན་འཛིན་གྱི་རྣམ་པར་རྟོག་པས་དྲངས་བ་གང་ཡིན་པ་དེ་ནི་ཉོན་མོངས་པའི་སྒྲིབ་པར་འདོད་དོ། །（224a）འདིར་འཁོར་གསུམ་དུ་བདེན་འཛིན་གྱི་རྣམ་པར་རྟོག་པ་ལ་ཤེས་སྒྲིབ་ཏུ་བྱེད་པའི་ལུགས་ལྟར་འཆད་ན་ནི། མངོན་པར་རྟོགས་པའི་རྒྱན་ལས་རིམ་པ་གཉིས་བཤད་པ་ལྟར་རེ་ཞིག་བདག་མེད་ཕྲ་མོ་བསྟན་པར་མི་འོས་པའི་གདུལ་བྱ་ལ་ལྟོས་པའི་སྤྱང་བྱའི་རྣམ་གཞག་སྟོན་པའི་དབང་དུ་བྱས་ན་ཡང་རུང་མོད་ཀྱི། བདེན་འཛིན་ཉོན་སྒྲིབ་དང་། དེའི་བག་ཆགས་ཕྲ་མོ་ཤེས་སྒྲིབ་ཏུ་བྱེད་པའི་ལུགས་ལྟར་བཤད་པ་འཐད་པར་སེམས་སོ། །སྒྲིབ་པ་གཉིས་ཀྱི་མཚན་ཉིད་ལ་སོགས་པ་སྔར་བཤད་ཟིན་པ་ལས་ཤེས་པར་བྱའོ། །

གཉིས་པ་ནི། སྟོང་པ་ཉིད་ཀྱི་དོན་མངོན་སུམ་དུ་རྟོགས་པའི་ཤེས་རབ་ལས་གཞན་སྒྲིབ་པ་གཉིས་པོ་འདི་དག་ནི་སྤོང་བར་བྱེད་པའི་རྒྱུའམ་ཐབས་གཞན་མེད་པ་དེའི་ཕྱིར། ཕ་རོལ་ཏུ་ཕྱིན་པའི་ནང་ནས་ཀྱང་ཤེས་རབ་ཀྱི་ཕ་རོལ་ཏུ་ཕྱིན་པ་མཆོག་ཡིན་ལ། ཤེས་རབ་དེའི་གཞི་ནི་དེ་སྟོན་པའི་མདོ་དང་དགོངས་འགྲེལ་གྱི་བསྟན་བཅོས་ཐོག་མར་ཐོས་པ་ཡིན་པ་དེའི་ཕྱིར་དེ་དག་ཐོས་པ་ཕན་ཡོན་མཆོག་དང་ལྡན་པར་གྲུབ་པ་ཡིན་ནོ། །

（癸三）认明二资粮体性

分二：（子一）正义；（子二）无初五波罗蜜不摄入三事所摄善之过。

（子一）正义

福德资粮所摄**五**波罗蜜多**中**，**无**所施、能施等**三相**谛实**分别**，故**彼**五波罗蜜多**圆满**；**清净**因者，乃智慧资粮所摄智慧波罗蜜多，**断**尽初五波罗蜜多之**所治品**而令究竟**故**。彼等亦是听闻且胜解此等四处之胜利。（5.12）

（子二）无初五波罗蜜不摄入三事所摄善之过

先前岂不说福德为施、戒、修所生三者？此处云何五波罗蜜多成福德资粮？曰：前后无相违，以**施所生福**摄**施**，**戒所生福**摄**戒**，安**忍**及**静虑二**波罗蜜多摄**修**所生福，**精进遍**此三者**一切**故。当知五波罗蜜多随其所应摄入三者。（5.13）

（壬三）闻已胜解为上

分二：（癸一）认明二障；（癸二）是引出彼对治之根本故成立是最上因。

（癸一）认明二障

许业、所作、作者**三轮**谛实**分别**之习气**者是所知障**。**许嫉等**谛实**分别**所引发**者为烦恼障**。（5.14）

此中以三轮实执分别为所知障而解。虽亦可如《现观庄严论》中所说之二次第，观待于暂不应为说微细无我之所化而说所断建立，然自思以实执为烦恼障、彼微细习气为所知障而解为应理。二障之相等前已说讫，应如是解。

（癸二）是引出彼对治之根本故成立是最上因

除现证空性义**智慧**，**余无能断此等**二障之**因**或方便**故**，波罗蜜多中亦以智**慧**波罗蜜多**为**最**上**。彼智慧之**所依**者，即最初听**闻**宣说彼之经及释论，是**故**听**闻**彼等有**最上**胜利。（5.15）

གཉིས་པ་བཤད་པ་མཐར་ཕྱིན་པར་བསྟན་པ་ལ་གཉིས། རྒྱས་པར་བཤད་པ་དང་། དོན་བསྡུ་བའོ། །དང་པོ་ལ་གསུམ། དམ་པའི་ཆོས་བརྗོད་པའི་ཚུལ་དང་། དམ་པའི་ཆོས་སྤྱོད་པའི་སྒྲིབ་པ་ལ་བག་བྱ་བར་གདམས་པ་དང་། བརྩམས་པའི་དགེ་བ་བྱང་ཆུབ་ཏུ་བསྔོ་བའོ། །དང་པོ་ལ་གསུམ། གང་ལ་བརྟེན་ནས་དགོས་པ་གང་གི་ཕྱིར་མཛད་པ་དང་། རང་བཞིན་ཅི་འདྲ་བ་ཞིག་བཤད་པ་དང་། རྒྱུ་མཐུན་གྱི་འབྲས (224b) བུ་ལ་གུས་པར་གདམས་པའོ། །དང་པོ་ལ་གཉིས། གང་ལ་བརྟེན་ནས་མཛད་པ་དང་། དགོས་པ་གང་གི་ཕྱིར་མཛད་པའོ། །

དང་པོ་ནི། སྔར་གོང་དུ་ཇི་སྐད་བཤད་པའི་ཚུལ་དེ་ལྟར་འཕགས་པ་གཟུགས་ཀྱི་དབང་ཕྱུག་རྒྱལ་པོས་ཞུས་པའི་མདོ་དང་། འཕགས་པ་དཔལ་འཕྲེང་གི་མདོ་ལ་སོགས་པ་དང་། དེ་བཞིན་གཤེགས་པའི་སྙིང་པོའི་མདོ་དང་། སངས་རྒྱས་ཐམས་ཅད་ཀྱི་ཡུལ་ལ་འཇུག་པ་ཡེ་ཤེས་སྣང་བ་རྒྱན་གྱི་མདོ་ལ་སོགས་པ་དཔྱད་པ་གསུམ་གྱིས་དག་པ་ཡིད་ཆེས་པའི་ལུང་དང་། ལུང་དོན་གཏན་ལ་འབེབས་པར་བྱེད་པ་དྲི་མ་མེད་པའི་རིགས་པ་ལ་བརྟེན་ནས་མཛད་དོ། །

གཉིས་པ་ནི། བསྟན་བཅོས་མཛད་པ་པོ་བདག་ཉིད་འབའ་ཞིག་དངོས་སུ་གནས་ངན་ལན་གྱི་དྲི་མ་ཐ་མོ་དག་པར་བྱ་བའི་ཕྱིར་དང་། གདུལ་བྱ་གང་དག་ཟབ་མོའི་ཆོས་འདི་ལ་མོས་པ་དང་། དེ་ལས་བྱུང་བའི་བསོད་ནམས་ཀྱི་དགེ་བ་ཕུན་སུམ་ཚོགས་པ་དང་ལྡན་པའི་བློ་ཅན་དེ་དག་རྗེས་སུ་བཟུང་བའི་ཕྱིར་དུ་འདི་བཤད་དོ། །གདུལ་བྱ་ཐུན་མོང་བ་འགའ་ཞིག་ཀྱང་རྗེས་སུ་བཟུང་བའི་ཆེད་དུ་དེ་ལྟར་གསུངས་ཀྱི་ངེས་པའི་དོན་དུ་མ་ཡིན་ཏེ། བཅོམ་ལྡན་འདས་བྱམས་པ་ཉིད་ཆོས་ཀྱི་སྐུར་མངོན་པར་རྫོགས་པར་སངས་རྒྱས་ཟིན་པའི་ཕྱིར་རོ། །

གཉིས་པ་ལ་གཉིས། འཆད་བྱེད་བསྟན་བཅོས་ཀྱི་རང་བཞིན་ཅི་འདྲ་བ་ཞིག་བཤད་པ་དང་། བཤད་བྱ་གསུང་རབ་ཀྱི་ངོ་བོ་ངོས་བཟུང་བའོ། །

དང་པོ་ནི། ཇི་ལྟར་སྒྲོན་མེ་དང་། གློག་དང་། ནོར་བུ་དང་ཉི་ཟླའི་འོད་ལ་བརྟེན་ནས་མིག་དང་ལྡན་པའི་གང་ཟག་གཟུགས་ལ་བལྟ་བ་བཞིན། དེ (225a) བཞིན་དུ་དོན་ཆེན་པོ་གནས་སྐབས་དང་མཐར་ཐུག་གི་དོན་ཕྱིན་ཅི་མ་ལོག་པ་མངོན་སུམ་དུ་གཟིགས་པའི་དོན་སོ་སོ་ཡང་དག་པར་རིག་པ་དང་། ངེས་པའི་ཚིག་དང་ཆོས་དང་སྤོབས་པ་སོ་སོ་ཡང་དག་པར་རིག་པ་བཞི་དང་ལྡན་པའི་གསུང་རབ་ཀྱི་འོད་མཛད་པ་ཐུབ་པའི་གསུང་ལ་བརྟེན་ནས་ཡེ་ཤེས་ཀྱི་མིག་གིས་ཤེས་བྱ་ཇི་ལྟ་བ་དང་ཇི་སྙེད་པ་མངོན་སུམ་དུ་གཟིགས་ཏེ། ཐེག་པ་ཆེན་པོ་རྒྱུད་བླ་མའི་བསྟན་བཅོས་འདི་ནི་རབ་ཏུ་བཤད་དོ། །

（己二）示释究竟

分二：（庚一）广释；（庚二）摄义。

（庚一）广释

分三：（辛一）说正法之理趣；（辛二）教诫慎于谤法障；（辛三）造论善回向菩提。

（辛一）说正法之理趣

分三：（壬一）依何者何故而造；（壬二）释自性为何；（壬三）教诫恭敬等流果。

（壬一）依何者何故而造

分二：（癸一）依何而造；（癸二）何故而造。

（癸一）依何而造

上述解说之理趣，乃**依**《圣陀罗尼自在王经》、《圣胜鬘经》、《如来藏经》、《入一切佛境智光庄严经》等三观察清净**可信**之**教**及抉择教义无垢之**理**而造。

（癸二）何故而造

造论者**为净自**身微细粗重垢故，**及**为**摄受**诸凡**胜解**甚深法所化及由此**具圆满**福**善**具**慧**者故，**而说此**论。如是说者非为了义，是为摄受一类共同所化故，以世尊慈氏已证得法身故。(5.16)

（壬二）释自性为何

分二：（癸一）释能说论之自性如何；（癸二）认明所说圣言之体性。

（癸一）释能说论之自性如何

如同灯、**电**、**宝**、**日月**光，**依此具眼**补特伽罗**能观见**色；如是**依能仁**语，**放**射具现见现前与究竟**大义利**不颠倒之义无碍解、词无碍解、**法**无碍解、**辩**无碍解四者圣言之**光**，智眼现见如所有及尽所有所知，**而能说此**《大乘上续论》。(5.17)

གཉིས་པ་ནི། གསུང་གང་ཞིག་སྐྱེས་བུའི་གནས་སྐབས་དང་མཐར་ཐུག་གི་དོན་མངོན་པར་བརྗོད་པ་དང་ལྡན་པ་དང་། རྗོད་བྱེད་ཀྱི་ཚིག་གི་སྐྱོན་མཐའ་དག་དང་བྲལ་བའི་ཆོས་དང་ཉེ་བར་འབྲེལ་ཞིང་དོན་གང་ཞིག་ཉམས་སུ་བླངས་ན་ཁམས་གསུམ་གྱི་ཀུན་ནས་ཉོན་མོངས་པ་སྤོང་བར་བྱེད་པའི་ཐབས་སྟོན་པར་བྱེད་པའི་གསུང་མཐར་ཐུག་པ་ཉོན་མོངས་དང་སྡུག་བསྔལ་མཐའ་དག་ཞི་བའི་ཕན་ཡོན་སྟོན་པར་མཛད་པ་གང་ཡིན་དེ་ནི་དྲང་སྲོང་ཡང་དག་པར་རྫོགས་པའི་སངས་རྒྱས་ཀྱི་གསུང་ཡིན་གྱི་དེ་ལས་ལྡོག་པ་མངོན་མཐོ་ངེས་ལེགས་དང་དེའི་ཐབས་ཕྱིན་ཅི་མ་ལོག་པ་གང་ཡང་མི་སྟོན་པའི་ཚིག་གཞན་ནི་སངས་རྒྱས་ཀྱི་གསུང་མ་ཡིན་པར་ཤེས་པར་བྱའོ། །

གསུམ་པ་ནི། བསྟན་བཅོས་གང་ཞིག་རྒྱལ་བ་ཡང་དག་པར་རྫོགས་པའི་སངས་རྒྱས་འབའ་ཞིག་ཚད་མར་གྱུར་པའི་སྟོན་པ་དང་དེ་འབའ་ཞིག་གི་བསྟན་པ་ཚད་མར་བྱས་ནས་དེ་འཆད་པའི་དབང་དུ་བྱས་ཤིང་བྱེད་པ་པོའི (225b) ཀུན་སློང་གིས་ཁྱད་པར་རྙེད་པ་དང་། བཀུར་སྟི་དང་། གྲགས་པ་ལ་བལྟ་བ་སོགས་འཁོར་བའི་འདུ་འཛིའི་རྣམ་གཡེང་མེད་པའི་ཡིད་ཅན་གྱིས་བཤད་པ་དང་། བརྗོད་བྱའི་ཁྱད་པར་ཐར་པ་ཙམ་དང་མཐར་ཐུག་པའི་ཐར་པ་དང་ལམ་གང་ལ་ཞུགས་ན་ཐར་པ་དེ་དག་ངེས་པར་ཐོབ་ནུས་པའི་ཐར་པ་དེ་དག་ཐོབ་པའི་ལམ་དང་རྗེས་སུ་མཐུན་པ་སྟོན་པར་བྱེད་པ་དེ་ཡང་ཐུབ་པའི་གསུང་གི་རྒྱུ་མཐུན་གྱི་འབྲས་བུ་ཕྱིན་ཅི་མ་ལོག་པ་ཡིན་པས་དྲང་སྲོང་གི་བཀའ་བཞིན་དུ་སྤྱི་བོས་བླངས་ཏེ། ཐོས་པ་དང་དེའི་དོན་སེམས་པ་དང་བསྒོམ་པ་ལ་འབད་པར་བྱ་བར་རིགས་སོ། །

གཞུང་ཁ་ཅིག་ཏུ་ཚིགས་བཅད་འདིའི་རྗེས་སུ་མ་རིག་ལྡོངས་རྣམས་ཀྱིས་ཀྱང་སྲིན་བུའི་ཡིག་འདྲར་སུ་སྡེགས་བསྟན་བཅོས་སྣང་། །དོན་ལྡན་ཆོས་ལྡན་པ་གསུམ་ཉོན་མོངས་ཟད་བྱེད་བརྗོད་གྱུར་གང་ཡིན་དང་། །འཇིག་རྟེན་སོ་སོ་ལེགས་བཤད་དེ་ཡང་བློ་ལྡན་དྲང་སྲོང་བཞིན་འཛིན་ན། །གསུང་གང་ཟག་མེད་བློ་མངའ་རྣམས་ཀྱི་ཞལ་ནས་འབྱུང་བ་སྨོས་ཅི་དགོས། ཞེས་པ་དཀྱུས་སུ་དྲིས་པ་ནི་མ་དག་པར་གསལ་ཏེ། འོག་བསྡུས་དོན་གྱི་སྐབས་ནས་འབྱུང་བ་དང་མི་འགྲིག་པའི་ཕྱིར་དང་། རྩ་བའི་ཚིགས་བཅད་དང་རིགས་ཀྱང་རྣམ་པ་ཀུན་ཏུ་མི་འདྲ་བའི་ཕྱིར་རོ། །

གཉིས་པ་ལ་གསུམ། དམ་པའི་ཆོས་མི་སྤོང་བའི་ཐབས་ལ་འབད་པར་གདམས་པ་དང་། དམ་པའི་ཆོས་སྤོང་བའི་རྒྱུ་སྤང་བར་བྱ་བར་གདམས་པ་དང་། ཆོས་སྤངས་པའི་ཉེས་དམིགས་བཤད་པའོ། །དང་པོ་ལ་གཉིས། ཆོས་ལ་དབང་མི་ཟ་བར་གུས་པར་བྱ་བ་དང་། ཆགས་སྡང་གི་ཕྱོགས་སུ་མ་ལྷུང (226a) བར་གདམས་པའོ། །དང་པོ་ལ་གཉིས། དབང་ཟ་བར་མི་རིགས་པ་དང་། དབང་ཟོས་པའི་ཉེས་དམིགས་སོ། །

(癸二) 认明所说圣言之体性

具开示士夫现前及究竟**义**利之语，与离一切能诠文句过失之**法相属**，宣说修持其义能**断三界**杂**染**方便之究竟**语**，**宣说**烦恼及苦全分**寂**灭之**胜利**，彼**是仙**人正等觉之**语**。当知与此相**反**，不正说增上生、决定善方便之**余**文句者，非佛语。(5.18)

(壬三) 教诫恭敬等流果

惟佛正等觉佛是量大师，惟彼**教**是量。**彼**论者，**约**解释彼教而言。造论者等起差别，**心无**希翼名闻利养等生死嘈杂之**散乱**而**说**。所诠差别，宣说随**顺**惟解脱、究竟解脱、入已决定能**得**彼等**解脱**之**道**。彼乃能仁语无倒等流果，故当**如仙**人**教顶戴**，精进于彼义之闻、思、修。(5.19)

有版本于此颂后，有衍文作："无明者外道论，犹如罗刹文，具义三具法，能尽烦恼论，世间诸善说，具慧持如仙人，遑论语无人，具慧口授者。"此段系杂入者甚明，以既与下摄义中所说者不合、亦与论之颂文全不同类故。

(辛二) 教诫慎于谤法障

分三：(壬一) 教诫勤于不谤正法之方便；(壬二) 教诫当断谤正法之因；(壬三) 释谤法过患。

(壬一) 教诫勤于不谤正法之方便

分二：(癸一) 教诫敬法不妄为；(癸二) 教诫不堕贪瞋党类。

(癸一) 教诫敬法不妄为

分二：(子一) 不应妄为；(子二) 妄为过患。

(子一) 不应妄为

དང་པོ་ནི། དྲང་སྲོང་རང་ཉིད་ཀྱིས་བཞག་པའི་མདོ་སྡེ་གང་ཡིན་པ་དེ་དྲང་དོན་ལ་ངེས་དོན་དང་། ངེས་དོན་ལ་དྲང་དོན་དུ་འཛིན་པ་དང་། ཁ་ཅིག་བཀའ་མ་ཡིན་ནོ་ཞེས་སྐུར་པ་འདེབས་པ་སོགས་ཀྱིས་མི་དགུགས་ཏེ། རྒྱུ་མཚན་གང་གི་ཕྱིར་ན་རྒྱལ་བ་ཡང་དག་པར་རྫོགས་པའི་སངས་རྒྱས་ལས་ཆོས་མཁས་པ་འགའ་ཡང་འཇིག་རྟེན་འདི་ན་ཡོད་པ་མིན་པས། དེའི་དགོངས་པ་གཟུ་ལུམས་ཀྱིས་མི་རྟོགས་པའི་ཕྱིར་དང་། རྒྱ་ཆེ་བ་ཤེས་བྱ་ཇི་སྙེད་པས་བསྡུས་པ་མ་ལུས་པ་དང་། ཟབ་མོའི་གནས་ཀྱི་དེ་ཉིད་མཆོག་ནི་ཚུལ་བཞིན་དུ་ཀུན་མཁྱེན་གྱིས་མངོན་སུམ་དུ་མཁྱེན་གྱི་གཞན་གྱིས་མིན་པས་རྟོགས་པར་དཀའ་བ་དེའི་ཕྱིར།

གཉིས་པ་ནི། དམ་པའི་ཆོས་ལ་དབང་བཙས་ནས་སྤངས་པ་དེ་ཡང་དམ་པའི་ཆོས་ལ་ནི་གནོད་པ་བྱེད་པར་འགྱུར་བས་ངེས་པར་ངན་འགྲོར་འགྲོ་བར་འགྱུར་ཏེ། ཐུབ་པའི་དམ་པའི་ཆོས་ཀྱི་ཚུལ་ལུགས་བཤིག་པའི་ཕྱིར།

གཉིས་པ་ལ་གཉིས། ཕྱོགས་སུ་ལྷུང་བའི་ཉེས་དམིགས་དང་། དེ་འགོག་པའི་ཐབས་སོ། །

དང་པོ་ནི། གྲུབ་མཐའ་ངན་པ་ལ་མངོན་པར་ཞེན་པ་ལྟ་བའི་དྲི་མ་ཅན་དེ་ལ་དོན་དུ་གཉེར་བའི་སྒོ་ནས་བློ་མི་སྦྱུར་ཏེ། ཉོན་མོངས་པ་སྤྱོངས་པ་མ་རིག་པས་ཟིན་པའི་བདག་ཉིད་ཅན་རྣམས་ཀྱིས་ཐེག་པ་དམན་པའི་འཕགས་པ་འཕགས་པ་མ་ཡིན་ནོ། །ཞེས་སྨྲ་བ་དང་། འཇིག་རྟེན་ན་དགྲ་བཅོམ་པ་མེད་དོ་ཞེས་སྨྲ་བ་འཕགས (226b) པའི་གང་ཟག་ལ་སྐུར་པ་འདེབས་པ་དང་། འཕགས་པ་དེས་གསུངས་པའི་དམ་པའི་ཆོས་ལ་བརྙས་པ་གང་ཡིན་པ་དེ་ཀུན་གྲུབ་མཐའ་ངན་པ་ལ་ཞེན་པའི་ལྟ་བས་བྱས་པ་དེས་ནའི་ཕྱིར།

གཉིས་པ་ནི། གྲུབ་མཐའ་ངན་པ་ལ་ཞེན་ན། དེ་ལས་དབྲལ་དཀའ་ཞིང་ཡང་དག་པའི་ལྟ་བ་ལ་རེ་ཤིག་སྦྱུར་དུ་མི་རུང་བའི་ཉེས་དམིགས་ཡོད་པས་དཔེར་ན། གོས་དཀར་པོ་གཙང་ཚོན་གྱིས་རྣམ་པར་བསྒྱུར་ནུས་ཀྱི། སྣུམ་གྱིས་གོས་པ་ཚོན་གྱིས་ལེགས་པར་བསྒྱུར་ནུས་པ་མིན་པས། བདག་ལེགས་སུ་འདོད་པ་རྣམས་ཀྱིས་གྲུབ་མཐའ་ངན་པ་ལ་མི་ཞེན་པ་ལ་ཆེད་ཆེར་བྱའོ། །

于仙人自立之契经，不应以执不了义为了义、执了义为不了义、及谤非教等扰之。何以故？此世间中无有较胜者正等觉尤善巧者，其密意非愡侗粗疏可通达故，广大尽所有所知所摄无余及甚深处最上真实者，乃遍智可如理现知，余则不然而难通达故。

（子二）妄为过患

彼妄为而谤正法，则损害正法、决定堕入恶趣，以破坏能仁正法之规故。（5.20）

（癸二）教诫不堕贪瞋党类

分二：（子一）堕党类之过患；（子二）遮彼方便。

（子一）堕党类之过患

心不可希求彼耽着于恶宗派之见而染其垢，以为烦恼愚痴无明所蔽者，说小乘圣者实非圣者，及说世上无阿罗汉、毁谤圣者补特伽罗，轻蔑彼圣者所说正法，此等皆是耽着于恶宗派之见所致故。

（子二）遮彼方便

若耽着恶宗派，则有与彼难以分离、暂无法近正见之过患，如净白布可染色，若沾有油则难染色。诸自爱者当极慎重，不耽着恶宗派。（5.21）

གཉིས་པ་ནི། དེ་བཞིན་གཤེགས་པ་སྲས་དང་སློབ་མར་བཅས་པ་རྣམས་ཀྱིས་གསུངས་པའི་དམ་པའི་ཆོས་སྟོང་བའི་རྒྱུ་ནི་དོན་དང་དོན་མ་ཡིན་པ་རྣམ་པར་འབྱེད་པའི་བློ་གྲོས་དམན་པའི་ཕྱིར་དང་། དཀར་པོའི་ཆོས་ལ་མོས་པ་དང་བྲལ་བའི་ཕྱིར་དག །མ་རྟོགས་པ་ལ་རྟོགས་སྙམ་པ་དང་། མ་ཐོབ་པ་ལ་ཐོབ་སྙམ་པའི་ལོག་པའི་ང་རྒྱལ་ལ་བརྟེན་པའི་ཕྱིར་དང་། ཚེ་རབས་སྔ་མར་ཡང་དམ་པའི་ཆོས་ཀྱིས་འཕོངས་པའི་ལས་སྒྲིབ་བསགས་པ་དམ་པའི་ཆོས་ཀྱིས་འཕོངས་པས་བསྒྲིབས་པའི་བདག་ཉིད་ཀྱི་ཕྱིར་དང་། དགོངས་པ་ཅན་ལ་སྒྲ་ཇི་བཞིན་དུ་འཛིན་པས་དྲང་དོན་ལ་ངེས་དོན་དེ་ཉིད་དུ་འཛིན་པའི་ཕྱིར་དང་། ཟང་ཟིང་ལ་ལྷག་པར་ཆགས་པའི་རྙེད་པ་ལ་བཀྲམ་པ་དང་། རང་ལྟ་བ་ངན་པ་ལ་ཞེན་པའི་ལྟ་བའི་དབང་དང་། དམ་པའི་ཆོས་སུན་འབྱིན་པ་བཤེས་གཉེན་དུ་མིང་བཏགས་པའི་སྡིག་གྲོགས་པ་བརྟེན་པའི་ཕྱིར་དང་། དམ་པའི་ཆོས་འཛིན་པའི་དགེ་བའི་བཤེས་གཉེན་རྒྱང་རིང་དུ་བསྲིངས་པ་དང་། (227a) ཚེ་འདི་ཉིད་འབའ་ཞིག་ལ་ཞེན་ནས་ཕྱི་མ་ཕན་ཆད་ཀྱི་གོ་འཕང་མཆོག་ལ་མོས་པ་དམན་པའི་ཕྱིར། རྒྱུ་དེ་དག་ལ་བརྟེན་ནས་དགྲ་བཅོམ་པ་རྣམས་ཀྱི་ཆོས་སྟོང་བར་བྱེད་པས་བདག་ལེགས་སུ་འདོད་པ་རྣམས་ཀྱིས་སྡིག་གྲོགས་སྤངས་ནས་ཡང་དག་པའི་དགེ་བའི་བཤེས་གཉེན་ལ་བརྟེན་ནས་ལོག་པའི་ང་རྒྱལ་བཅོམ་སྟེ། འཇིག་རྟེན་ཕྱི་མ་ཕན་ཆད་ཀྱི་ཆེད་དུ་ཐར་པ་དང་ཐམས་ཅད་མཁྱེན་པའི་ལམ་བསྒྲུབ་པ་ལ་བག་དང་ལྡན་པར་བྱའོ། །

གསུམ་པ་ལ་གཉིས། དམ་པའི་ཆོས་སྟོང་བས་ངན་སོང་དུ་འགྲོ་བ་དང་། འཁོར་བ་ལས་མི་ཐར་པའོ། །

དང་པོ་ནི། ཇི་ལྟར་ཟབ་མོའི་ཆོས་སྤངས་ནས་ཉམས་པ་ལ་འཇིགས་པ་དེ་བཞིན་དུ་མཁས་པ་རྣམས་ཀྱིས་མེ་དང་ནི་མི་བཟད་པའི་སྦྲུལ་བདུག་པ་དང་། རང་གསོད་པའི་གཤེད་མ་དང་ནི་ཐོག་ལའང་ཤིན་ཏུ་འཇིགས་པར་མི་བྱ་སྟེ། མེ་དང་སྦྲུལ་དང་དགྲ་དང་རྡོ་རྗེའི་མེས་ནི་ཚེ་འདིའི་སྲོག་དང་བྲལ་བ་ཙམ་བྱེད་ཀྱི་རྒྱུ་དེ་ལས་མནར་མེད་རྣམས་ཀྱི་འགྲོ་བ་ཤིན་ཏུ་འཇིགས་པར་འགྲོ་བར་མི་འགྱུར་ལ། དམ་པའི་ཆོས་སྤངས་པས་ཚེ་འདིར་ཡང་ཉེས་དམིགས་དུ་མ་འབྱུང་ཞིང་ཕྱི་མར་མནར་མེད་དུ་སྐྱེ་བར་འགྱུར་བའི་ཕྱིར་རོ། །

（壬二）教诫当断谤正法之因

谤如来、佛子及弟子所说正法之因者，辨别正邪之**慧**下**劣**故；**不胜解白**法故；不证谓证、未得谓得，**依此邪慢故**；**往昔生中造集正法匮乏之业障、是正法匮**乏所**障体**故；如言取有密意之义而**执不了义**为彼了义**故**；耽着财物之**贪**恋**利养**、执着自之恶**见**而**转**故；**依止**假名为知识实为**破**正**法**恶友**故**；疏**远**受**持**正**法**之善知识故；耽着现世、于后世以上最上位胜**解**下**劣故**，依彼等因而**谤**诸阿**罗汉**之**法**。诸自爱者当舍恶友、依止清净善知识、摧坏邪慢，为后世以上故，修解脱及一切智道，慎之！（5.22）

（壬三）释谤法过患。

分二：（癸一）谤正法故堕恶趣；（癸二）不能解脱生死。

（癸一）谤正法故堕恶趣

诸**智者不应如谤甚深法**而致衰损般，而**畏火**、**难忍毒蛇**、夺命**屠夫及雷电**，以**火**、**蛇**、仇**敌**、**雷者**，**但能令**此生之**命离**，然**不堕极可**怖**畏诸无间之趣**；谤正法故，此生亦多有过患、后世生无间狱故。（5.23）

གཉིས་པ་ནི། གང་ཞིག་ཡང་དང་ཡང་དུ་སྡིག་གྲོགས་བསྟེན་པས་སངས་རྒྱས་ལ་སྐུ་མཚལ་འབྱིན་པའི་ངན་སེམས་དང་ལྡན་པར་གྱུར་པ་དང༌། རང་གི་ཕ་དང་མ་གསོད་པ་དང༌། དགྲ་བཅོམ་པ་གསོད་པའི་བྱ་བ་མིན་པ་མཚམས་མེད་བྱེད་པ་དང༌། མཆོག་གི་ཚོགས་དགེ་འདུན་འཁོར་ལོའི་དབྱེན་གྱིས་འབྱེད་པའི་མི་ཡང་ཆོས (227b) ཉིད་རང་བཞིན་གྱིས་སྟོང་པ་དོན་དམ་པའི་བདེན་པ་ངེས་པར་བསམས་པས་མྱུར་དུ་སྡིག་པ་དེ་ལས་ཐར་པར་འགྱུར་གྱི། གང་ཞིག་ཡིད་ནི་ཆོས་ལ་སྡང་བ་དེ་ལ་རེ་ཞིག་འཁོར་བ་ལས་ཐར་པའི་ཐར་པ་རྒྱུད་ལ་སྐྱེ་བའི་གོ་སྐབས་ག་ལ་ཡོད་དེ་མེད་པས། བདག་ལེགས་སུ་འདོད་པ་རྣམས་ཀྱིས་སྐྱེས་བུ་དམ་པ་ལ་སྐུར་བ་འདེབས་པ་དང༌། གྲུབ་མཐའ་ངན་པ་ལ་ཞེན་ནས་ཡང་དག་པའི་དོན་ལ་སྐུར་པ་སོགས་དམ་པའི་ཆོས་ཀྱིས་འཕོངས་པའི་ལས་ཀྱི་སྒྲིབ་པ་དང་མི་ལྡན་པར་བྱའོ། །

གསུམ་པ་ནི། འབྲས་བུ་དཀོན་མཆོག་གསུམ་དང༌། རང་བཞིན་གྱིས་རྣམ་པར་བྱང་བའི་ཁམས་དྲི་མ་དང་བཅས་པའི་དེ་བཞིན་ཉིད་དང༌། གློ་བུར་གྱི་དྲི་མ་མེད་པའི་དག་པ་གཉིས་ལྡན་གྱི་བྱང་ཆུབ་དང༌། བྱང་ཆུབ་ལ་བརྟེན་པའི་སྟོབས་སོགས་ཀྱི་ཡོན་ཏན་དང༌། ཡོན་ཏན་ལ་བརྟེན་པའི་འཕྲིན་ལས་ཏེ་རྟོགས་པར་བྱ་བའི་དོན་རྡོ་རྗེ་ལྟ་བུ་དང༌། རྡོ་རྗེ་ལྟ་བུའི་གནས་རྣམ་པ་བདུན་ཚུལ་བཞིན་དུ་བཤད་པ་ལས་བྱམས་པ་མགོན་པོ་བདག་གིས་དགེ་བ་གང་ཐོབ་པ་དེས་ནི་ཁམས་གསུམ་གྱི་འགྲོ་བ་འདིས་མཐའ་ཡས་པའི་འོད་མངའ་བའི་དྲང་སྲོང་རྒྱལ་བ་ཚེ་དཔག་ཏུ་མེད་པ་མངོན་སུམ་དུ་མཐོང་ཞིང༌། མཐོང་ནས་ཀྱང་ནི་ཆོས་རྣམས་ལ་ཆོས་ཀྱི་མིག་རྡུལ་དྲི་མ་མེད་པ་མི་སྐྱེ་བའི་ཆོས་ལ་བཟོད་པ་རྒྱུད་ལ་སྐྱེས་ཏེ་བླ་ན་མེད་པའི་བྱང་ཆུབ་མཆོག་ཐོབ་པར་ཤོག་ཅིག་གོ །འདི་ནི་ཕྱི་རབས་ཀྱི་གདུལ་བྱ་རྣམས་ཀྱིས་དགེ་བ་ཅུང་ཟད་ཅིག་བསགས་པ་ཡང་ཚུལ་དེ་ལྟར་བསྔོ་བར་གདམས་པའོ། །

གཉིས་པ་ལ་གཉིས། མཚམས་སྦྱར་བ་དང༌། (228a) ཟ་བའོ། །

དང་པོ་ནི། ཚིགས་སུ་བཅད་པ་བཅུ་པོ་ཞེས་སོ། །

（癸二）不能解脱生死

诸凡**数数依**止**恶友**，而造**于佛具恶心**、出佛身血、**弑父母**、阿**罗汉**之无间罪及**破僧伽**轮**之人**，若**决定思**惟**法性**自性空胜义谛，**速当解脱彼**罪；**诸凡瞋法之徒**，**彼**相续中暂时**岂**容**有**生起生死之**解脱**！故诸自爱者，不应具正法匮乏业障，如毁谤正士、耽着恶宗派、谤真实义等。(5.24)

（辛三）造论善回向菩提

以我弥勒怙主**如理释**三**宝**果、自性清**净界**有垢真如、**无**客尘**垢**具二清净**菩提**、依菩提之“力”等**功德**、依功德之事**业**，所证如金刚**七义**及如金刚七**处**所**得**之**善**，**愿**三界**众**生亲**见具**无量**光**之**仙人无量寿**佛，**见**已相续中**生**起见诸法**净法眼**无生法忍，**获得**无上**大菩提**！此是教诫后代所化，纵少积善亦应如是回向。(5.25)

（庚二）摄义

分二：（辛一）承启；（辛二）《论》。

（辛一）承启

此等十颂所摄之义亦当以三颂得解：

གཉིས་པ་ནི། རྒྱུ་གང་ལས་རྒྱུ་མཚན་དང་དགོས་པ་གང་གི་ཕྱིར་དུ་མཛད་པ་ནི། དེ་ལྟར་ཡིད་ཆེས་ཞེས་པའི་ཤློ་ཀ་གཅིག་དང་། གང་ལ་བརྟེན་ནས་བཤད་པའི་འཆད་བྱེད་བསྟན་བཅོས་ཀྱིས་རང་བཞིན་དང་། བཤད་བྱ་གསུང་རབ་ཀྱི་རང་བཞིན་ཇི་ལྟ་བུར་ནི་གང་བརྗོད་པ་ནི། ཇི་ལྟར་སྒྲོན་གློག་ཅེས་པའི་ཤློ་ཀ་གཉིས་ཀྱིས་རིམ་པ་བཞིན་དང་། གསུང་རབ་ཀྱི་རྒྱུ་མཐུན་པ་དགོངས་འགྲེལ་གྱི་བསྟན་བཅོས་དྲི་མ་མེད་པ་ནི་གང་ཡིན་པ་དེ་དག་ཞིག་རྒྱལ་བ་ཞེས་པའི་ཤློ་ཀ་གཅིག་གིས་བསྟན་པས་ཚིགས་སུ་བཅད་པ་བཞིས་བསྟན་ཏོ། །གང་ཕྱིར་རྒྱལ་ལས་ཞེས་པའི་ཤློ་ཀ་གཉིས་ཀྱིས་བདག་ཉིད་ཆོས་སྤོང་གི་རྒྱུད་དག་པའི་ཐབས་དང་། བློ་དམན་ཕྱིར་དང་ཞེས་པའི་ཤློ་ཀ་གཅིག་གིས་ཉམས་པའི་རྒྱུ་བསྟན་ནས་མི་ཉམས་པར་གདམས་པ་དང་། དེ་ནས་ཇི་ལྟ་ཟབ་མོའི་ཞེས་པ་ཚིགས་སུ་བཅད་པ་གཉིས་ཀྱིས་ཆོས་སྤངས་པའི་འབྲས་བུ་ཉེས་དམིགས་བསྟན་པ་ཡིན་པས་དེ་མི་འབྱུང་བ་ལ་འབད་པར་གདམས་པའོ། །སེམས་ཅན་རྣམས་རྒྱལ་བ་འོད་དཔག་ཏུ་མེད་པའི་འཁོར་གྱི་དཀྱིལ་འཁོར་དུ་སྐྱེས་ནས་མི་སྐྱེ་བའི་ཆོས་ལ་བཟོད་པ་ཐོབ་པར་བསྔོ་བ་དང་། བླ་ན་མེད་པའི་བྱང་ཆུབ་ཐོབ་པར་བསྔོས་པའི་དགེ་བའི་རྩ་བ་རྡོ་རྗེ་གནས་བདུན་སྟོན་པའི་གསུང་རབ་དགོངས་འགྲེལ་དང་བཅས་པའི་དམ་པའི་ཆོས་བརྗོད་པའི་གནས་སྐབས་དང་མཐར་ཐུག་གི་འབྲས་བུ་མདོར་ན་རྣམ་པ་གཉིས་ནི་དཀོན་མཆོག་ཅེས་པའི་ཚིགས་སུ་བཅད་པ (228b) ཐ་མ་ཡིས་ནི་བསྟན་པ་ཡིན་ནོ། །

གཉིས་པ་ལེའུའི་མཚན་བསྟན་པ་ནི། ཐེག་པ་ཆེན་པོ་རྒྱུད་བླ་མའི་བསྟན་བཅོས་དཀོན་མཆོག་གསུམ་གྱི་རིགས་རྣམ་པར་དབྱེ་བ་ལས་དོན་རྣམ་པ་བདུན་ལ་སོགས་པའི་ཕན་ཡོན་གྱི་ལེའུ་ཞེས་བྱ་སྟེ་ལེའུ་ལྔ་པ་ལས། ཐེག་པ་ཆེན་པོའི་ངེས་དོན་གྱི་མདོ་སྡེའི་དགོངས་པ་འགྲེལ་པར་བྱེད་པའི་བསྟན་བཅོས་ཀྱི་རྣམ་པར་བཤད་པ་སྐབས་ལྔ་པའི་འགྲེལ་པའོ། །

དོན་གནས་རྣམ་བདུན་ཚུལ་བཞིན་ཐོས་པ་ལས། །
སྐྱེས་བུའི་འདོད་དོན་འགྲུབ་པའི་ཕན་ཡོན་མཆོག །
རྗེ་བཙུན་བླ་མའི་གསུང་གི་མན་ངག་ལས། །
ཡབ་སྲས་གཉིས་དགོངས་པ་ཇི་བཞིན་བཤད། །

བསྟན་བཅོས་ཀྱི་ལུས་ཀྱི་ཚིགས་སུ་བཅད་པའི་དོན་གྱིས་བསྡུས་པའི་བཤད་པ་རྫོགས་སོ།། །།

（辛二）《论》

因何及**何故**而造**者**？即“依可信教理”等一颂。依之而说能释论之自性、所释圣言之自性**云何所说者**？依次即“如同灯电宝日月”等二颂。**何为**圣言**等流**解密意之无垢论**者**，即“彼惟约佛教”等一颂，**以四颂而示**。“较佛尤善巧”等**二**颂**说自净**谤法罪之**法**。“慧劣不胜解”**一**颂**说衰损因**、教诫令不衰损。**复次**“智者不应畏”**之二颂**，**乃说**谤法**之果**过患、教诫致力于不生如是过患。回向诸有情生于无量光佛**众**会**曼荼罗**中得无生法**忍**，并**得**无上**菩提**。所回向之善根乃**说**宣说七金刚处圣言及密意释论之正**法**，其现前及究竟之**果**，**简言**之**有二**种，即“以我如理释”等**末颂之所示**。（5.26－28）

（戊二）释品名

《**辨宝性大乘上续论**》胜解七种义之**胜利品第五**、开解大乘了义经意趣之论释第五品之疏。

如理听闻七义处，有大胜利达心愿，

谨依师尊语教授，二父子意如实释。

论体**颂义所摄之释圆满**。

བཞི་པ་མཇུག་གི་དོན་ལ་གསུམ། འགྲེལ་པ་མཛད་པའི་བསྔོ་བ་དང་། བསྟན་བཅོས་གང་གིས་མཛད་པ་དང་། གང་གིས་བསྒྱུར་པའི་ཚུལ་ལོ། །

དང་པོ་ནི། དྲང་བ་དང་ངེས་པའི་དོན་གྱི་མདོ་སྡེ་རྣམ་པར་འབྱེད་པའི་ཐེག་པ་མཆོག་གི་དམ་པའི་ཆོས་རིན་ཆེན་དྲི་མ་མེད་པ་ཐེག་པ་ཆེན་པོ་རྒྱུད་བླ་མའི་བསྟན་བཅོས་བཤད་པ་འདི་ལས་བསམ་ཡས་བསོད་ནམས་ཐོགས་མེད་བདག་གིས་གང་ཐོབ་པ་དེས་ནི་འགྲོ་བ་ཀུན་ཐེག་པ་མཆོག་གི་དམ་པའི་ཆོས་རིན་ཆེན་དྲི་མ་མེད་པའི་དོན་ཉན་པ་དང་། སེམས་པ་དང་། མངོན་དུ་འགྱུར་བའི་སྣོད་དུ་གྱུར་ཅིག

གཉིས་པ་ནི་འཕགས་པ་མགོན་པོ་བྱམས་པས་མཛད་པ་དྲང་བ་དང་ངེས་པའི་དོན་གྱི་མདོ་སྡེའི་དོན་རྣམ་པར་འབྱེད་པ་ཐེག་པ་ཆེན་པོ་རྒྱུད་བླ་མའི་བསྟན་བཅོས་ཀྱི་རྣམ་པར (229a) བཤད་པ་སློབ་དཔོན་འཕགས་པ་ཐོགས་མེད་ཀྱིས་མཛད་པ་དང་བཅས་པའི་བཤད་པ། ཐེག་པ་ཆེན་པོའི་ངེས་དོན་གྱི་མདོ་སྡེའི་དགོངས་པ་འགྲེལ་པར་བྱེད་པའི་བསྟན་བཅོས་ཀྱི་རྣམ་པར་བཤད་པ་རྫོགས་སོ།། །།

གསུམ་པ་ནི། དཔལ་གྲོང་ཁྱེར་ཆེན་པོ་དཔེ་མེད་ཀྱི་མཁས་པ་ཆེན་པོ་བྲམ་ཟེ་རིན་ཆེན་རྡོ་རྗེའི་དབོང་པོ་པཎྜི་ཏ་སཛྫ་ན་དང་། བོད་ཀྱི་ཤིང་ཏ་ཆེན་པོ་རྒྱལ་བའི་རིང་ལུགས་པ་ལོ་ཙྪ་བ་བློ་ལྡན་ཤེས་རབ་ཀྱིས་གྲོང་ཁྱེར་དཔེ་མེད་དེ་ཉིད་དུ་བསྒྱུར་ཅིང་ཞུས་ཏེ་འཆད་ཉན་གྱིས་གཏན་ལ་ཕབ་པའོ། །

རྒྱལ་བའི་གསུང་རབ་ཀུན་གྱི་སྙིང་པོའི་དོན། །རྟེན་འབྱུང་མཐའ་བྲལ་ཟབ་མོ་དབུ་མའི་ལམ། ངེས་པའི་དོན་གྱི་མདོ་སྡེའི་དགོངས་པ་བཞིན། །ཆེས་ཆེར་གསལ་མཛད་རྒྱལ་ཚབ་དམ་པའི་གསུང་། མཁས་མང་ཐེག་ཆེན་ལམ་གྱི་འཇུག་ངོགས་མཆོག །རྗེ་རྗེ་ལྷ་བུའི་རྒྱུ་འབྲས་བདུན་གྱི་གནས། །ཡིད་ཆེས་ལུང་དང་དྲི་མེད་རིགས་པའི་བརྒྱན། །གོ་སླའི་ངག་གིས་ཤིན་ཏུ་གསལ་བར་ཕྱེ།།དྲང་ངེས་འབྱེད་པར་རྒྱལ་བས་ལུང་བསྟན་པ། །ཐོགས་མེད་ཅེས་ནི་ས་གསུམ་རབ་གྲགས་པས། །གཟུངས་ཀྱི་དབང་ཕྱུག་རྒྱལ་པོས་ཞུས་པ་དང་། །དཔལ་འཕྲེང་མདོ་དང་སྙིང་པོའི་མདོ་སྡེ་སོགས། །ངེས་དོན་ལུང་དང་སྦྱར་ནས་རྣམ་བཤད་པ། །སེམས་དཔའ་མཆོག་དེའི་བཞེད་པ་ཇི་བཞིན་བཤད། །རྒྱལ་ཚབ་དམ་པའི་གསུང་ནི་ཤིན་ཏུ་བཏྲིང་། །ཤིང་ཏ་ཆེན་པོའི་བཞེད་པའང་རྟོགས་དཀའ་མེད། །རྗེ་བཙུན་བླ་མའི་གསུང་གི་མན་ངག་ལས། །མ་ནོར (229b) མ་འདྲིས་ཤིན་ཏུ་གསལ་བར་ཕྱེ། །རྟེན་འབྱུང་ཆོས་རྣམས་ཆུ་ནང་ཟླ་གཟུགས་ལྟར། །ཇི་བཞིན་གཟིགས་ནས་བརྩེ་བས་འདོམས་མཛད་ཅིང་། །ཐུབ་བསྟན་ཡོངས་སུ་རྫོགས་པར་འགྲེལ་མཛད་པ། །བླ་མ་དེ་ལ་བདག་ནི་ཕྱག་འཚལ་ལོ། ། གཞུང་ལུགས་གདམས་པར་འཆར་བའི་མན་ངག་མེད། །

[结束分]

(乙二) 释竟支分(缺文)

(甲四) 结义

分三:(乙一) 造释回向;(乙二) 何人造论;(乙三) 何人翻译。

(乙一) 造释回向

由释辩了不了义经**大乘**无垢**正法宝**《大乘上续论》,**我得不可思议**无边**福**德,**以此愿**一切**众**生**成**闻、思、现证**大乘正法大宝无垢**义之**器**。

(乙二) 何人造论

圣怙主弥勒所造辩了不了义经义《**大乘上续论**》**之释**,圣**无著论师所造**开解大乘了义经密意论之释**圆满**。

(乙三) 何人翻译

由吉祥大无喻城之大智者婆罗门宝金刚之侄班智达娑者那及藏地大车佛教**译师释迦苾刍洛丹喜饶译于无喻城**并校订,以听讲抉择之。

一切圣言心要义,缘起离边深中道,
如了义经之意趣,阐明补处慈尊语。
众智大乘道津梁,因果七处如金刚,
正教净理所庄严,以易懂语明开解。
授记辩了不了义,无著三界称扬者,
引《陀罗尼王请问》,《如来藏》及《胜鬘》等,
诸了义教而解释,一如大士之所许。
绍圣之语极深邃,大车所许复难证,
依尊师语之教授,无误不杂明开解。
缘起诸法如月影,如实见已悲教敕,
阐述全圆佛教者,彼师之前我礼敬。

ལུང་དོན་རིགས་པས་དཔྱོད་པའི་མཐུ་མེད་པར། །རྒྱལ་བའི་གསུང་རབ་རྒྱ་མཚོ་བལྟ་འདོད་ན། །དམུས་ལོང་ལག་ཏུ་མར་མེ་བཟུང་དང་མཚུངས། །ལུང་དོན་རིགས་པས་འབྱེད་པའི་རྣམ་དཔྱོད་ཀྱིས། །འཕགས་པའི་བསྟན་བཅོས་དགོངས་པ་རྣམ་ཕྱེ་སོད། །གལ་ཏེ་འདི་ལ་ནོངས་པའི་ཚོགས་མཆིས་ན། །བླ་མ་ལྷར་བཅས་ཀུན་གྱིས་བཟོད་པར་མཛོད། །དེ་ལྟར་བསགས་པའི་དགེ་བ་ཅི་ཡོད་དེས། །ནམ་མཁའི་མཐས་གཏུགས་གྱུར་པའི་འགྲོ་བ་ཀུན། །ཐེག་མཆོག་ལམ་གྱི་གྲུ་ཆེན་ནང་ཞུགས་ནས། །ཀུན་མཁྱེན་རྒྱལ་བའི་རྒྱ་མཚོར་བགྲོད་བྱེད་ཤོག །བདག་ཀྱང་དེང་ནས་ཚེ་རབས་ཐམས་ཅད་དུ། །ལམ་བཟང་འདི་དང་ནམ་ཡང་མི་འབྲལ་ཞིང་། །མི་ཕམ་བྱང་ཆུབ་སྙིང་པོར་གཤེགས་པའི་ཚེ། །ཐེག་ཆེན་དམ་ཆོས་བདུད་རྩིས་ཚིམ་བྱེད་སྨོ། །

ཐེག་པ་ཆེན་པོའི་ངེས་དོན་གྱི་མདོ་སྡེའི་དགོངས་པ་འགྲེལ་པར་བྱེད་པ། ཐེག་པ་ཆེན་པོ་རྒྱུད་བླ་མའི་བསྟན་བཅོས་འགྲེལ་པ་དང་བཅས་པའི་རྣམ་པར་བཤད་པ་རྒྱལ་བའི་རིང་ལུགས་པ་ཆེན་པོ། རྗེ་བཙུན་དམ་པ་རེད་མདའ་བ་ཀུ་མཱ་ར་མ་ཏིའི་ཞལ་སྔ་ལས་ཀྱང་ཐོས་ཤིང་། དུས་ཕྱིས་སའི་སྟེང་ན་འགྲན་པའི་ཟླ་ཐམས་ཅད་དང་བྲལ་བ། རྗེ་རིན་པོ་ཆེ་ཐམས་ཅད་མཁྱེན་པ་བློ་བཟང་གྲགས་པའི་དཔལ་བཟང་པོའི (230a) ཞལ་སྔ་ནས་ལས་བཀའ་དྲིན་རྫོགས་པར་མནོས་ཤིང་། རྗེ་བཙུན་དེ་ཉིད་ཀྱི་ཞབས་ཀྱི་རྡུལ་ལ་ཡུན་རིང་དུ་རིག་པ་རིགས་པ་སྨྲ་བ་དར་མ་རིན་ཆེན་གྱིས། མདོ་སྔགས་ཀྱི་གཞུང་རྒྱ་མཚོ་ལྟ་བུའི་ཕ་རོལ་ཏུ་སོན་པ་ཡོངས་སུ་རྫོགས་པའི་བཤེས་གཉེན་ཆེན་པོ་གུང་རུ་རྒྱལ་མཚན་བཟང་པོ་ལ་སོགས་པ་སྡེ་སྣོད་འཛིན་པ་དུ་མས་བསྐུལ་ཏེ། དཔལ་གནས་སྙིང་གི་ཆོས་གྲྭ་ཆེན་པོར་སྦྱར་བའི་ཡི་གེ་པ་ནི་མདོ་སྔགས་ཀྱི་གཞུང་དུ་མ་ལ་སྦྱངས་པའི་སྡེ་སྣོད་འཛིན་པ་སྟག་ཚལ་མཁར་ཁ་པ་དོན་གྲུབ་ཀུན་དགའོ། །འདི་ཀྱང་མདོ་སྔགས་ཀྱིས་བསྡུས་པའི་བསྟན་པ་རིན་པོ་ཆེ་ཕྱོགས་ཀུན་ཏུ་དར་ཞིང་རྒྱས་ལ་ཡུན་རིང་དུ་གནས་པར་གྱུར་ཅིག། །།སརྦ་མངྒ་ལཾ།། །།

经论现诀教授无，复乏理观教义力，

欲观佛之圣言海，如同生盲握灯炬。

理辨教义之观慧，开解圣者论意趣，

此中若有错谬处，师长本尊请容恕。

如是所积善根力，尽虚空际诸众生，

悉登大乘道巨舟，遍知佛海愿航行。

我从今始诸生中，永不离此胜妙道，

不败慈尊成佛时，饱以大乘法甘露！

此解大乘了义经意趣《大乘上续论释》之疏，由先从佛教大师至尊仁达瓦鸠摩罗末底（童慧）处听闻此论、后于地上无与伦比至尊大宝师长一切智洛桑札巴贝桑波（善慧称吉祥贤）处得圆满传授之恩，长期顶触彼师足尘、说法师达玛仁钦（盛宝），应圆满抵达如海显密教典彼岸大善知识贡汝·坚赞桑波（幢贤）等众多法师之请，造于吉祥内宁大寺。缮写者纯熟众多显密教典法师达采喀尔喀巴·敦珠衮嘎（义成庆喜）。以此愿显密所摄大宝教法弘扬十方、长久住世！

大乘上续论释大疏卷十八终

附录：

宝性论释

༄༅། །ཐེག་པ་ཆེན་པོ་རྒྱུད་བླ་མའི་བསྟན་བཅོས་རྣམ་པར་བཤད་པ།།

辨宝性大乘上续论释

圣无著论师　造
江波　译

第一　如来藏品释

[序分]

梵语：摩诃衍诺呾啰怛特啰奢娑多啰嚩耶佉耶
汉语：大乘上续论释
敬礼诸佛菩萨！
佛法众及界菩提，功德佛事业为末，
一切论体简言之，即此等七金刚处。(1.1)

所证之义如金刚之处，乃基故，为金刚处。彼亦应知，闻所成慧与思所成慧难穿透故，不可言说之自性自内证之义，即“如金刚”。宣说随顺获彼之道故，诸凡诠说彼义之字，即名为“处”，彼所依故。如是应以难穿透义与所依义，通达诸义与诸字为金刚与处。

云何义？云何字？七种所证之义名为“义”，亦即：佛义，法义，僧义，界义，菩提义，功德义以及事业义，是名为“义”。能示、能明此等七种所证义之诸字，是名为“字”。

又，应广如经说通达此七金刚处：

> 阿难，如来者非可示，眼不能见。阿难，法者非可说，耳不能闻。阿难，僧者无为，身心不能亲近承事。

此三金刚处当依《增上意乐品》而了知。

> 舍利弗，此义乃是如来境界、如来所行。舍利弗，一切声闻、独觉暂不能以自慧正知、观、察此义，何况愚夫异生？惟信如来而得通达。舍利弗，当以信心通达胜义。
>
> 舍利弗，言胜义者，即是众生界之增语。舍利弗，言众生界者，

即是如来藏之增语。舍利弗，言如来藏者，即是法身之增语。

此第四金刚处当依《不增不减经》而了知。

世尊，言无上正等觉者，即是涅槃界之增语。世尊，言涅槃界者，即是如来法身之增语。

此第五金刚处当依《圣胜鬘经》而了知。

舍利弗，如来所说法身者，具足过于恒河沙数如来诸法、无差别法，具足不离智德。

此第六金刚处当依《不增不减经》而了知。

曼殊室利，如来不作分别、善不分别。虽然如是，如来于不分别、善不分别中，如是自性之事业无功用转。

此第七金刚处当依《入如来德智不可思议境经》而了知。

如是简言之，此七金刚处摄教门故，应知即此论一切之体。

此等相属如次第，应知前三处出自，
《总持王经》之序品，余四具慧佛法别。(1.2)

此等七金刚处所示自相，以及相属者，如其次第，应知前三处出自《陀罗尼自在王经》序品，其后余四处出自“菩萨与如来法差别”。经云：

世尊证觉一切法平等性，善转法轮，具有无量至极调伏弟子众。

应知此三句正文，如其次第，乃成立渐次出生三宝之建立。

应知余四处者，说成立随顺出生三宝之因。

此中彼往最上菩提座者，经云：“觉悟一切法平等性。”何以故？住第八菩萨地于一切法得自在故。

彼现正等觉者，经云：“善转法轮。”何以故？住第九菩萨地具无上法语，善知一切有情意乐，到胜根彼岸，善巧摧坏一切有情烦恼习气相续故。

彼善转法轮者，经云：“具有无量至极调伏弟子众。”何以故？于第十地中，得如来无上法王补处灌顶已，无间无功用成办佛之事业、相续不断故。

“彼有无量至极调伏弟子众”者，随即由经文“与大苾刍僧俱”乃至“复与无量菩萨众俱”示之。“具足如是功德”言言，如其次第，乃于声闻菩提、佛菩提至极调伏，是故具足如是功德。

次说赞叹声闻与菩萨功德。其后说依不可思议佛三摩地王成就广大宝庄严曼荼罗宫，召集如来眷属，成办种种天物供养，降赞云雨，应知此乃佛宝功德差别之建立。

其后说法座庄严、放光，及说法门名与功德，应知此乃法宝功德差别之建立。

其后说诸菩萨辗转三摩地所行力，及说种种彼之功德赞叹，应知此乃僧宝功德差别之建立。

其后说以佛光明灌顶而成无上法王长子，成办无畏与妙辩才，而作如来清净功德胜义赞，说安立大乘妙法语事，说证彼之果得最上法自在，如其次第，应知此乃序品之末所说三宝无上功德差别之建立。

次于经序品之后，说能净彼六十种功德净治，阐明佛界。以所净事若具功德，则能净之净治应理故。由此缘故，（《十地经》）于菩萨十地说净治纯金喻。

彼经说如来事业后，以不净之吠琉璃宝作喻：

> 善男子，譬如善巧宝师，善知净治珍宝之理门，自宝山中取不净宝，以利涩盐水洗，次以粗鬓织物揩磨净治。不以为足而舍精勤。其后复以辛味饮食汁洗，次以毛毡揩磨净治。不以为足而舍精勤。其后复以大药汁洗，次以细软布揩磨净治。清净离垢，方得说言大吠琉璃宝。
>
> 善男子，如来亦复如是，知不净有情界，知已为说无常、苦、无我、不净可厌，令彼诸乐生死流转之有情发起厌离、入圣法毗奈耶。如来不以为足而舍精勤，其后为说空、无相、无愿，令证如来之理门。如来不以为足而舍精勤，其后为说不退转法轮与三轮清净，令彼等种种自性有情入如来境界。趣入且证如来法性，名无上福田。

由念此清净种性如来界，经云：

> 譬如砂砾中，纯金不可见，净治方可见，世间中如来。

云何清净佛界功德六十种净治？四种菩萨庄严，八种菩萨光明，十六种菩萨大悲，三十二种菩萨事业。

其后说十六种大菩提悲，阐明佛菩提。

其后说十力、四无畏、十八佛不共法，阐明佛功德。

其后说如来无上事业，阐明三十二种佛事业。

如是应如经广说，通达此等七金刚处自相。

云何此等之相属？

由佛生法生圣众，众生藏得智界际，

得彼智得胜菩提，具足诸法利众生。(1.3)

论之相属说讫。

[第一金刚处：佛宝]

今当说诸偈颂义。如来调伏之诸有情归依如来，净信法性等流故，亦归依法、僧。因此佛宝为首，约彼而言之颂曰：

礼敬彼无初中后，静息佛自觉觉已，

诸未证者令证故，开演无畏恒常道，

手持最上智悲剑，以及金刚断苦芽，

击毁种种见密林，所围绕之疑墙者！(1.4)

云何此颂所示？

无为无功用，非以他缘证，

具足智悲力，具二利即佛。(1.5)

此颂简言之，即说具足八功德之佛。云何八功德？谓无为、无功用、非以他缘证、智、悲、力、自利圆满与利他圆满。

无有初中后，自性故无为；

息具法身故，称为无功用；(1.6)

自内所证故，非以他缘证；

证三相故智；示道故悲悯；(1.7)

以智悲断苦，及烦恼故力。

初三句自利，后三句利他。(1.8)

无为者，应知是有为之还灭。有为者，凡知生、知住、知坏者，称“有为”，无彼故，应观佛以无初、中、后无为法身为差别。

一切戏论分别悉静息故，无功用。

自生智所证故，非以他缘证。“邬多耶”者，此处应解作现观，而非是生。

如是如来故，无为，及虽具不生相，任运，佛之一切事业乃至尽生死际相续不断而善转。

如是至极稀有不可思议境，佛不从他闻，无师，自以自生智觉悟离言诠之自性。

余诸不具彼证悟而成生盲者，为令证故，开演证悟彼之道故，应知具足无上智悲。无畏道者，以是出世间道故，出世间而不退失故。

剑及金刚喻者，依次显示如来智悲二者云何能摧坏他苦与烦恼根本。此中苦之根本者，简言之，于三有随一所生之名色。烦恼根本者，任何坏聚执为前行之见及疑。此中名色所摄苦者，由此生相应知如芽。如来智、悲二者之力能斩断彼故，示以剑喻。见、疑所摄见所断烦恼者，世间识难证、难穿透故，如密林围绕之墙，能坏彼故，应知如来智、悲与金刚喻同。

如是所说如来六功德，依次广作开解者，当依《入一切如来境智光庄严经》而了解。彼经云：

> 曼殊室利，此所谓无生无灭者，乃如来应正等觉之增语。

此略说如来无为之相。

约此义言，经随即又说九喻，吠琉璃地基上无垢帝释像为首喻：

> 曼殊室利，如来应正等觉不动，不思，不发，不分别，善不分别，无分别，善无分别，无思，无作意，清凉，无生，无灭，无视，无闻，无嗅，无尝，无触，无相，无了别，非所知。

彼等者说静息文句之差别。此说自身诸事业中静息一切分别及戏论故，如来无功用。

其后余文以喻说一切法真如觉悟门中非以他缘现证。

说如来十六种菩提之后，经云：

> 曼殊室利，觉悟一切法如是自性，见诸有情皆有不净、未离垢、伴诸过失法界，为诸有情趣入名为“奋迅”如来大悲。

此说具足如来智、悲。此中如其次第所示，“一切法如是自性者”，即于无事体性；“觉悟”者，以无分别佛智如实了知；“诸有情”者，即住决定、不定、颠倒决定聚者。“法界”者，与自身法性无差别之如来藏；“见”者，一切种佛眼无障观见；诸愚夫异生者，以烦恼障故而成“不净”；诸声闻、独觉者，以所知障故而“未离垢”；诸菩萨者，伴有彼二随一剩余“过失”；“奋迅”者，趣入成办种种化机方便之门故；“趣入诸有情者”，为有情故，觉悟平等性，意在令获证自身法性故。

其后由趣入无上智、悲，成就无等法轮善入之方便相续不断，应知此是彼二利他之力。

彼等如来六功德，如其次第，具足无为等前三者即自利圆满，具足智等余三者即利他圆满。

又，“智”者，是自身觉悟最上恒常、静息处功德故，说自利圆满。“悲”与“力”者，是无上大法轮善入功德故，说利他圆满。

[第二金刚处：法宝]

从佛宝出生法宝，故于其后而说之颂曰：

礼敬彼大正法日，无有有无及余非，
不可观察离言词，自内所证并止息，
无垢具足智光明，坏诸所缘贪嗔翳！（1.9）

云何此颂所示？

无思二分别，净明对治品，
离贪能离贪，法具二谛相。（1.10）

以此简说八功德所摄之法宝。云何八功德？无思、无二、无分别、清净、显明、对治品、离贪以及离贪之因。

此中离贪者，灭道谛所摄，
彼等如次第，以三三德知。（1.11）

如其次第，彼等六功德之中，无思、无二、无分别前三种功德示灭谛故，应知摄入离贪；清净、显明、对治品余三种功德示道谛故，摄入离贪之因，即法是以摄离贪灭谛、能离贪道谛清净二谛为相之离贪法。

非观察非说，圣知故无思，
息无二分别，净等三如日。（1.12）

简言之，应知灭谛以三因而成无思。云何三因？非无、有、亦有亦无、非有非无四相等寻思境故；非声、语、言、语境、言词、施设、言说所能诠说而圆满证故；诸圣者自内所证故。

云何应知灭谛是无二及无分别？如世尊说：

> 舍利弗，灭者即法身，亦即具无二法、无分别法。

此中二者说是业及烦恼。分别者，说是业烦恼集因非理作意。内证彼自性灭故，分别与二以无现行之理永不生苦，此名为“灭苦之谛”。

法或有坏灭者，不说彼是苦灭之谛。如经广说：

> 曼殊室利，无生无灭者，心、意、识不得趣入。心、意、识所不趣入者，亦无少分非理作意之分别。正勤修学如理作意者，不起无明。云何无有无明发起？不起十二有支。彼即不生等。

如经云：

> 世尊，法坏灭者非是苦灭。世尊，所谓苦灭者，是说无始以来非作、非生、非起、非尽、离尽、常、固、寂、不坏、自性清净、解脱一切烦恼壳、具无分别、不可思议佛法过恒河沙数如来法身。世尊，此如来法身未解脱烦恼壳者，名如来藏。

一切苦灭谛建立应如经广说而得通达。

得此具灭苦名如来法身之因无分别智见、修道者，应知以三同法相类似日轮。轮清净同法者，远离诸随烦恼垢故。照明色同法者，显了一切所知之一切相故。黑闇对治同法者，妨碍见真实诸相之对治故。

障者，作意不实之事因境为先，随眠及发起随逐而生贪、瞋、痴。由随眠生者，诸愚夫因之于非实非彼自性事起可爱相而生贪，因之起瞋恚相而生瞋，因之起无明相而生痴。

贪、瞋、痴之因者，缘彼不实起非理作意。彼等心住非理作意者，贪、瞋、痴随一烦恼当现行。亦从彼等事造作身、口、意之贪所生业、瞋所生业、痴所生业。业但与生相属。

如是愚夫随眠随逐，有相执，于彼等受用所缘非理作意集成烦恼集，由烦恼集成业集，由业集成生集。

诸愚夫烦恼、业、生一切杂染相，皆因不如实了知一界而趣入。

此亦彼如何而寻求时，其因或所缘少分亦不可见，应如是见。

何时不见因或所缘，此时现见真实。如是一切法，如来以平等性证得平等。

如是以无之因不见所缘故，以及见有如实无倒胜义谛故，二者无破无立，以平等性智觉悟一切法平等性。彼若生则永离其反面、证无，应知是一切见真实障相之对治。

获法身因无分别智见、修道，广者应依《般若经》而了知。

［第三金刚处：僧宝］

从彼大乘法宝出生不退转菩萨众故，其后约彼而言之颂曰：

彼心自性光明故，及见烦恼无体故，
一切诸趣无我际，寂灭如实通达者。
观见佛随入一切，亦复具足无障心，
礼敬以有情清净，无量为境智观者。(1.13)

云何此颂所示？

如尽所有内，智观清净故，
具慧不退众，具无上功德。(1.14)

此颂简言之，是说如所有及尽所有二因令出世间智观清净故，不退转菩萨僧宝具无上功德。

众生寂法性，证故如所有，
自性清净故，烦恼本尽故。(1.15)

此中如所有者，由如实证名为法及补特伽罗之诸趣无我际而得解。

以毕竟本来寂灭性证补特伽罗及法不灭之理趣，简言之，由二因所生，见心自性光明故，见彼随烦恼本来尽及灭故。

此中“心自性光明”及“彼之随烦恼”二者，以善及不善诸心俱转，无第二心相续，本此理趣于无漏界甚难通达。是故，经云：

> 世尊，善心者刹那为性，不为诸烦恼杂染。不善心者刹那为性，不为诸烦恼杂染。世尊，烦恼不触心，心亦不触烦恼。世尊，如是不具触法之心，因闇故而成杂染。世尊，有杂染，有烦恼杂染之心。世尊，然则自性清净心杂染义难以通达。

以如所有为题之难通达义，应广如经说而知。

证究竟所知，心见诸有情，有遍智法性，故是尽所有。(1.16)

应知此中尽所有者，证一切所知事究竟，以出世间慧见一切有情下至旁生皆有如来藏。彼菩萨之见生于菩萨初地，证法界周遍所知之义故。

如是彼证者，以内证智见。无垢界无贪，无滞故清净。(1.17)

以如是如所有及尽所有相证出世间道者，许彼是诸圣者与他不共内证出世间智观。

此亦简言之，以二因观待于反面少分智所见，名至极清净。云何二因？无贪故，无滞故。此中，如所有具有情界自性清净之境故，无贪；尽所有具无边所知事之境故，无滞。

以智观清净，佛智无上故，圣者不退转，众生之归依。(1.18)

如是住不退转地诸菩萨之智见者，与无上如来清净智观相近故，或以具足智故，不退转菩萨是一切有情之归依。应知较余戒等菩萨功德而言，是为无上。

于菩萨僧后未说声闻僧宝者，以彼非应供故。

既知善巧菩萨及声闻功德差别者，终不应舍能圆满大菩提之福智广大资粮、具慧悲轮照无量有情界而住、入随顺获得无上如来满月之道菩萨初月，而礼拜少分智究竟如星照自相续而住之声闻，以利他意乐不清净故。

正依功德，故初发心菩萨亦映蔽无悲、不令他增长圣声闻、无漏戒律清净已达究竟者，何况余得十自在等功德者。

何以故？如云：

以戒自利而增盛，于诸犯戒众离悲，
以净戒财养自身，不于彼圣说戒净。
于他发起最上悲，受持净戒长养他，
犹如地水与火风，余具戒者是其影。

[归依]

此中世尊依何义作三归依建立？

大师教弟子，约三乘以及，
胜解三种事，建立三归依。(1.19)

示大师功德之义，是约为希求佛事而趣入之菩萨乘人，以及于佛胜解作最上事者，建立佛是归依，即“是两足中尊故”所宣说、建立。示大师教功德之义，是约为自证甚深缘起法故而趣入之独觉乘人，以及于法胜解作最上事者，建立法是归依，即“是离贪中尊故”所宣说、建立。示善入大师教弟子功德之义，是约为依闻他声而证故而趣入之声闻乘人，以及于僧胜解作最上事者，建立僧是归依，即“是众中尊故”所宣说、建立。

如是简言之，此是世尊约三种义、六种补特伽罗宣说、建立三归依差别。此是安住世俗所依，令诸有情渐次趣入诸乘之义。

弃故欺诳故，无故有怖故，

二种法圣众，非毕竟归依。(1.20)

法分二种：教法及证法。如是教法者，经等言说，名、词、字聚所摄。此亦现证道究竟故，说如船筏。

证法者，分因果二种：道谛及灭谛，谓能证及所证。此中通达道是有为相。凡通达是有为相者，即具虚妄欺诳法。凡具虚妄欺诳者，非实。凡非实者，无常。凡无常者，非归依。

彼道所证之灭，以声闻理（所证者）如灯断绝，惟以无烦恼及苦为差别。无者，不应是归依或归依。

此所谓“僧”者，是具足三乘众之增语。此亦常有怖畏故，归依如来，求出离，有学及所作，而趋向无上正等菩提。云何有怖畏？诸灭尽后有阿罗汉亦未断习气故，于一切行，恒无间断难忍而起怖畏想，譬如面对举剑之损害者。因此彼等未得毕竟乐出离。归依者不求归依。如有情无有依怙，有种种怖畏而求出离，如是阿罗汉亦有其怖畏。何以故？彼等因怖畏而归依如来。如是有怖畏故归依者，必求出离怖畏。求出离故，约断怖畏之所依言，有学及所作。有学故，为得无畏牛王处故，而趋向无上正等菩提。是故，彼亦是支分归依，故非毕竟归依。说此等二种归依于究竟时非是归依。

惟佛是众生，胜义之归依，

具足法身故，众亦彼究竟。(1.21)

此说已由上述理成立能仁以不生不灭为差别，具清净二谛相离贪之法身故，以及三乘众亦以得究竟清净法身而究竟故，是无依无怙世间中，等后边际惟一无尽归依、恒常归依、不变归依、胜义归依，此即如来阿罗汉正等觉。此恒常、不变、寂静、坚固之惟一归依，广者当依《圣胜鬘经》而通达。

难得及无垢，具力世庄严，

以及最上故，不变故名宝。(1.22)

简言之，以六种同法称佛、法、僧三宝与珍宝相似，亦即稀有同法者：非多劫种植善根者难可值遇故；无垢同法者：一切种离垢故；具力同法者：具足六神通等不可思议功德力故；世间庄严同法者：是一切众生善心之因故；较虚假宝为胜同法者：出世间故；不因赞毁等而变同法者：无为自性故。

[后四金刚处总建立]

说三宝之后，约生起世间以及出世间清净生处三宝之因缘而言之颂曰：

有无垢真如，无垢佛德业，

所生三善宝，诸见胜义境。（1.23）

云何此颂所示？

此三宝种性，诸一切智境，

四相如次第，四因难思议。（1.24）

此中有垢真如者，是未能解脱烦恼壳之界，名“如来藏”。无垢真如者，是彼转依而成佛地之相，名“如来法身”。无垢佛功德者，是转依相，如来法身所有出世间十力等诸佛法。佛事业者，彼十力等佛法各各之无上事业。彼等不成无有，不断，相续不断，故授记菩萨之语相续不断。

此等四处，如其次第，以四因明难可思议故，说是一切智之境。

云何四因？

净具烦恼故，无染而净故，

无差别法故，任运无念故。（1.25）

此中有垢真如者，俱是清净及杂染故，此处难可思议，非胜解甚深离戏空性法理诸独觉所行之境故。经 云：

> 何以故？天女，此二法者难可通达：心自性清净难以通达，以及彼心之随烦恼难以通达。天女，汝是能听此二法者，又，诸具大法菩萨。天女，余声闻、独觉由信如来证此二法。

此中无垢真如者，前不为垢杂染，后成清净故，此处难可思议。经云：

> 何以故？心者自性光明，如实知彼。是故以刹那慧证得无上正等觉。

此中无垢佛功德者，于一向杂染异生地而有无分别、前后无差别法性故，此处不可思议。经云：

> 何以故？有情众中无一有情未具具分如来智故。然因想执，不能现见如来智。若离想执，则无碍出生知一切智自生智。
>
> 噫！佛子，譬如有大丝绢量等三千大千世界，于此绢上具绘三千大千世界，所谓绘大铁围山，量等大铁围山；绘大地，量等大地；绘中千世界，量等中千世界；绘小千世界，量等小千世界。如是绘四洲天下、大海、南瞻部洲、东胜身洲、西牛货洲、北俱卢洲，及须弥山、地居天无量宫、欲界天无量宫、无色界天无量宫，皆如其量。

此大丝绢横竖量等三千大千世界，而住在一极微尘中。如一极微尘中住有此大丝绢，一切极微尘亦皆如是，住有此大丝绢、量等三千大千世界。

时有一人，智慧明达，知如何入。彼具天眼、清净光明，见如是大丝绢在此极微尘内，于少有情亦无利益。即作是念："噫！我当以大精进力，以此金刚破彼极微尘，出此大丝绢，饶益一切众生。"彼发大精进力，以微细金刚破彼极微尘。如其所念，出此大丝绢，令诸众生普得饶益。如于一尘，一切极微尘应知悉然。

噫！佛子，如来智、无量智、长养一切有情智，随入一切有情心相续、无不具足，彼等一切有情心相续亦似如来智而成无量。虽如是，然诸凡愚为妄想执着所缚，不知、不觉、不体、不证如来智。因此如来以无滞如来智观法界住一切众生已，作师长想："呜呼！此诸有情如来智随入，然不如实正知如来智。我当为此诸有情宣说圣道，除想所致一切系缚。如我生起圣智力，除大想结，内证如来智，得如来平等性，为彼等有情示如来道，转灭一切想结所致系缚。"转灭一切想结所致系缚者，如来无量智长养一切众生。

此中佛事业者，一切时中于一切俱时无功用任运、无分别，于诸有情，如意乐、如所化，无有缺舍、随顺趣入故，此处不可思议。经云：

何以故？趋趣入饶益诸有情之如来智虽是无量，然由总略之门说有限之量。善男子，然则然彼如来清净事业不可思议、无量，非一切世间所知。非文词所能诠说、他难成立。安住一切佛刹，得如来平等性。出一切功用及作用，与虚空平等而无分别。法界之所作无有差异。

经以清净吠琉璃宝为喻，复广说：

善男子，应知如是义门差别。如来事业者难可思议，得平等性。遍一切无罪。与三时相系属，令三宝血脉不断。趣入难可思议如来事业之如来身不舍虚空性，普示现于一切佛刹。语不舍不可言诠之法性，如实了别声而为诸有情说法。心离一切所缘，如实知一切有情之心行。

所证以及证，彼支分令证，

故依次一处，净因三是缘。(1.26)

此等义之四处中，摄一切所知故，第一者应视为所证之处。随证彼者，是证故，第二菩提处。菩提支分者，是佛功德故，第三菩提之支分处。诸菩提支分令余诸证故，第四令证之处。如是约此四处而言，当知以因缘事建立三宝种性。

此等四处中之第一者，是出世间法种子故，依如理作意之处而清净彼，当通达为三宝之因。如是一处者乃因。若谓余三云何是缘？曰：如来证得无上正等觉已，以十力等佛法，作如来三十二事业。依他声而清净彼，应通达为出生三宝之缘。如是三者乃缘。

[第四金刚处：界]

当知以下余文依次广说此等四处差别。

此中约有垢真如而言，经云："一切有情悉有如来藏"，彼义云何？

等觉身弥布，真如无别故，

有种故有身，恒常有佛藏。(1.27)

简言之，世尊以三种义说"一切有情恒具如来藏"，如来法身弥布一切有情义，与如来真如无别义，有如来种性义。

佛智入有情众故，自性无垢者无二，

于佛种性立果名，故说众生有佛藏。(1.28)

应释一切圣言中一切种无差别宣说之义，即：一切有情中如来法身弥布之义，如来真如无差别之义，有种性之义。此等三义皆遵循《如来藏经》，将于下说。

嗢柁南者：

体因果用及相应，转位以及遍行义，

恒常不变德无别，说是胜义界密义。(1.29)

简言之，应知由念十种义建立正智境如来界。

云何十种义？即：体义，因义，果义，用义，相应义，转义，位差别义，遍行义，不变义，无别义。

此中约体性义及因义而言之颂曰：

如宝空水净，常性无烦恼。

胜解法胜慧，三摩地悲生。(1.30)

此中前半颂云何所示？

力及不变异，湿润体性故，

此与宝虚空，水功德同法。（1.31）

此等三者，先前已说。此等三者，依次约其自相及总相而言，当知如来界与如意宝、虚空、水、清净功德同法。此中如来法身者，以成办所思事等之力为体故，当知与如意宝同法。真如者，以非成余为体，当知与虚空同法。如来种者，以悲悯有情故润湿为体，当知与水同法。此中一切皆以自性常无杂染、自性清净为总相，当知与如意宝、虚空、水之清净功德同法。

此中后半颂云何所示？

瞋法具我见，怖畏生死苦，

无视有情利，是阐提外道，（1.32）

声闻及独觉，诸人四种障。

净因胜解等，法者有四种。（1.33）

简言之，有情聚中有此三种有情：欣欲诸有，欲离诸有，俱不欲。

此中欣欲诸有者，应知有两种：憎背解脱道，不得涅槃种性之有情，即诸凡欣求生死、不求涅槃之众；决定堕彼之内法人，此外有一类人瞋恚大乘法。由此缘故，世尊曰：

> 我非彼等大师，彼等亦非我声闻。舍利弗，我说彼等自闇至于密闇，具大密闇。

此中欲离诸有者分两种：非入方便，方便入。此中非入方便复分三种：出于内法之外之者啰迦、普行、裸体等派多种外道；与彼外道同行内法人，虽信内法，然视为有过而执颠倒，以其不胜解胜义，起补特伽罗我见。于此，世尊曰："不胜解空性者，与外道无别"；具增上慢、起空见，此中起空见者，彼解脱门亦复成空见。约此而言，经云：

> 迦叶，宁起补特伽罗见如苏迷卢，不起如是增上慢空见。

此中方便入者亦有二类，顺声闻乘，入正决定；顺独觉乘。

俱不欣求彼二者，正住大乘。上利根有情，非如一阐提欣乐生死，非如外道非方便入，非如声闻、独觉与方便相应而证，然入能得生死涅槃平等性之道。彼等具无住涅槃意乐。具无杂染生死之加行。善住悲心及坚固增上意乐，根本清净。

欣乐三有之一阐提及决定堕彼之内法人，此二者名"颠倒决定有情蕴"。

诸凡虽欲离三有然非方便入者，名“不定有情蕴”。诸凡欲离三有而非方便入，及俱不欣求彼二、如能得平等性之道者，名“正决定有情蕴”。

此中正住大乘之有情，通达无障。余一阐提、外道、声闻、独觉四类有情，正住未通达如来界、未能现证之障。云何四障？即一阐提之障瞋大乘法，是诸菩萨修信解大乘法之所对治；余诸外道之障于诸法起我见，是诸菩萨修般若波罗蜜多之所对治；畏生死苦诸声闻乘人之障，于生死起苦想，是诸菩萨修虚空藏等三摩地之所对治；诸独觉乘人之障背弃、无视有情利益，是诸菩萨修大悲之所对治。修彼等对治胜解等四法，诸菩萨能得无上利益法身清净究竟。此即四类有情之四障。

若与此等成就四清净之因相应，即于如来家族成法王子。若谓云何？

胜解大乘如子种，慧如出生佛法母，

住定乐胎悲乳母，彼是能仁之后裔。（1.34）

此中约果义及用义而言之颂曰：

净我乐常德，波罗蜜多果。

厌苦而欲愿，得寂静为用。（1.35）

此等果简言，还灭于法身，

四种颠倒者，对治为差别。（1.36）

胜解等四法说是清净如来界因，彼等之果，简言之，如其次第，即还灭四种颠倒之对治、如来法身之四德波罗蜜多。

此中于色等事，无常起常想，苦起乐想，无我起我想，不净起净想，说此是四种颠倒。于此还灭，当知是四种不颠倒。云何四种不颠倒？于色等事起无常、苦、无我、不净想，此是四种颠倒之还灭。此亦常等相是约如来法身而言，此中许（无常等）为颠倒。

彼之对治、如来法身四德波罗蜜多建立如下：常波罗蜜多，乐波罗蜜多，我波罗蜜多，净波罗蜜多。此亦应广如经说而得通达。经云：

> 世尊，诸有情者于所受五取蕴而生颠倒，谓于无常起常想，苦起乐想，无我起我想，不净起净想。世尊，一切声闻、独觉先未曾以空性智见，于一切智境如来法身颠倒。
>
> 世尊，起常想、乐想、我想、净想之有情，乃从世尊心生之子。世尊，彼等有情非是颠倒。世尊，彼等有情乃是正见。何以故？世尊，如来法身者，是常波罗蜜多、乐波罗蜜多、我波罗蜜多、净波罗蜜多。世尊，彼等有情如是见法身者乃是正见。彼等一切正见者乃世尊心子。

如是广说。此如来法身四德波罗蜜多者，当知以四因依次得，然次第相反。此中，还灭嗔大乘法一阐提之欣乐不净生死，应知从此还灭，修菩萨胜解大乘法，而得果净波罗蜜多。

如是诸余外道，许色等非有彼自性之事为有我。外道于五取蕴起补特伽罗及法我见，乐执非有之我。应知从此还灭，修习般若波罗蜜多，当得果真我波罗蜜多。彼等所执之事，如其所执，以我相欺诳故，恒时无我。如来以如实智获得真无我波罗蜜多，彼如实所观之无我，以无我不欺诳故，许恒时有我。如经云："以不住之理趣而住。"

怖畏生死苦声闻乘人，欣乐但灭生死苦。应知从此还灭，修习虚空藏等三摩地，当得果世出世间真乐波罗蜜多。

不顾有情利益独觉乘人，欣乐住无愦闹。应知从此还灭，修习菩萨之大悲，乃至生死未尽，恒无间断，修治清净有情利益故，当得果常波罗蜜多。

如是修习菩萨胜解、智、三摩地、大悲之果者，如其次第，成就如来法身之净、我、乐、常四德波罗蜜多。经云："如来者，以此等四因得法界究竟，周遍无边虚空界，抵后时边际。"如是增上胜解修习大乘正法而得如来最清净法界清净故，成就法界究竟。修习般若波罗蜜多而证有情及器世间如虚空无我究竟故，及修习虚空藏等三摩地而成法自在第一、普示周遍一切故，成虚空界无边际。修习大悲而无时边际于一切有情具足大悲故，抵后时边际。

安住无漏界之声闻阿罗汉、独觉、得自在之菩萨，得此如来法身四德波罗蜜多之障有四：缘相，因相，生相，坏相。此中缘相者，即无明习气地，如诸行之无明。因相者，以无明习气地为缘之无漏业，如行。生相者，以无明习气地为俱有缘，以无漏业为因，成就三种意性身，如以四取为缘，以有漏业为因，感得之三有。坏相者，以感得三种意性身为缘之不可思议变异死，如以生为缘之老死。

此中阿罗汉、独觉及得自在菩萨者，未断一切随烦恼所依无明习气地，而与一切臭烦恼垢相应故，未得净波罗蜜多最上究竟。依彼无明习气地，与相之戏论微细现行相应故，未得极不造作我波罗蜜多。此中依无明习气地及无明习气地为缘、相之戏论微细现行为等起之无漏业，而集意性身故，未得极乐波罗蜜多 。此中乃至未遮烦恼、业、生无余杂染而现证如来界，此时未离不可思议变异死故，未得常波罗蜜多。此中无明习气地如烦恼杂染，造作无漏业如业杂染，感三种意性身及不可思议变异死如生杂染。

应具如经通达此文。经广说云：

世尊，如以取缘、有漏业因生三有，如是世尊，以无明习气地缘、无漏业因生阿罗汉、独觉及得自在菩萨之三种意性身。世尊，于此等三无明习气地生此等三意性身。无漏业是感生之缘。

是故，阿罗汉、独觉及得自在菩萨三种身，无净、我、乐、常波罗蜜多故，惟如来法身称常波罗蜜多、乐波罗蜜多、我波罗蜜多、净波罗蜜多。

彼自性净故，习气断故净；
我无我戏论，息除故真我；(1.37)
意性蕴及因，还灭故是乐；
证生死涅槃，平等性是常。(1.38)

简言之，当以二种因了知如来法身之净波罗蜜多：总相自性清净，别相无垢清净。当以二种因了知我波罗蜜多：离外道边即离我之戏论故；断声闻边即离无我戏论故。当以二种因了知乐波罗蜜多：断苦、集诸相而坏习气相续故；现证一切苦灭相而现灭意性身故。当以二种因了知常波罗蜜多：生死无常不减而不堕断边故；涅槃常不增而不堕常边故。如经云：

世尊，若视行为无常，即是断见，彼非正见。世尊，若视涅槃为常，即堕常见，彼非正见。

是以此法界理门，说胜义中生死即涅槃，能现证俱不分别无住涅槃故。

以如是二因，说得于一切有情无有差别、远离亲疏之无住处。云何二因？此中菩萨者，于一切有情无有差别、非亲，以慧断有之随眠故；亦非疏，以大悲不舍彼等故。此是得以不住为自性正等觉之方便。菩萨以慧尽断有之随眠，而自利故，具依止涅槃之意乐，非如无涅槃种性而住生死；以大悲不舍苦恼有情，而饶益他故，具依止生死之加行，非如一向趣寂种性而住涅槃。

慧断我爱尽无余，爱故具悲不得寂，
菩提方便慧悲力，圣者俱不堕有寂。(1.39)

前约用义而言之后半颂云何所示？

倘若无佛界，则不厌离苦，
亦不乐及求，希愿于涅槃。(1.40)

经云：

世尊，若如来藏非有，则不厌苦，亦不乐、欲、希、愿于涅槃。

简言之，佛界自性清净种性者，于邪性决定之诸有情亦有二种用，于生死见苦过患而生厌离，于涅槃见乐利益而生乐、欲、求、愿。此中乐者，即欣欲。欲者，向往得欣欲事。求者，求得欣悦事之方便。愿者，于欣欲事心起加行。

于有及涅槃，见苦过乐德，

有种性所致，无种则不见。(1.41)

具白法补特伽罗，见生死有苦之过患、见涅槃有乐之胜利，此亦有种性所致，无因无缘则不见。何以故？由客尘清净种性、依此正士等四轮圆满无缺之理趣，于三随一之法生胜解，乃至未生胜解，则终不见。何以故？经云：

> 其后如来日轮智光明垂照下至邪性决定诸有情身，饶益彼等，生未来正因故，诸善法亦将增长。

经中说有不得涅槃法者，以嗔大乘法是一阐提之因故。是为止息嗔大乘法，由念别时而说。不应有少分终不清净者，皆有自性清净种性故。何以故？世尊念诸有情、无有差别，皆有清净之堪能，而说：

> 虽无始有终，具性净常法。壳障不能见，如所障金像。

此中约相应义而言之颂曰：

如大海无量，功德无尽处。

具无差别德，体性故如炬。(1.42)

此中前半颂云何所示？

法身及佛智，大悲摄界故，

以器宝及水，说此如同海。(1.43)

如其次第，当以三处之大海三同法，了知约如来界与因相应而言之相应义。云何三处？法身清净因，得佛智因，如来大悲趣入因。此中法身清净因者，谓修习胜解大乘。得佛智因者，谓修习慧及三摩地。如来大悲趣入因者，谓修习菩萨大悲。此中修习胜解大乘法者，与器同法，以无量无尽之慧及三摩地宝、大悲水皆聚汇于此故。修习慧及三摩地之门者，与宝同法，以不起分别故；与不可思议能力功德相应故。修习菩萨悲者，与水同法，以与最上润性一味相应故。此等三法三因与彼系属相应，故名“相应”。

此中后半颂云何所示？

无垢处之中，神通智无垢，

无别故与灯，光暖色同法。(1.44)

如其次第，当以三处之炬三同法，了知约如来界与果相应而言之相应义。云何三处？神通，漏尽智，漏尽。此中五通者，与光同法，以彼等以摧坏觉受义所治品暗为相故。漏尽智者，与暖同法，以彼以焚尽业烦恼薪木为相故。转依之漏尽者，与色同法，以彼以至极无垢清净光明为相故。此中无垢者，断烦恼障故。清净者，断所知障故。光明者，彼二乃客、非自性故。如是无漏智及断所摄无学相续之七法，此等于无漏界中互不可分，与非各别法界平等性相应者，名"相应"。经云：

> 舍利弗，譬如炬之光、暖、色，或摩尼之光、色、形，具无分别法，具不乖离功德。舍利弗，如是如来所说法身者，具过恒河沙诸如来法无分别法，具不乖离智功德。

此中约转而言之颂曰：

异生圣者佛，真如差别转，

见此说有情，皆有佛之藏。(1.45)

此颂云何所示？

异生者颠倒，见谛者还灭，

如来如实者，不倒无戏论。(1.46)

《般若经》等中，于如来界，由教诫无分别智之门，为菩萨说一切法真如清净总相。此中当知三类补特伽罗，即不见真实之异生，见真实之圣者，见真实清净究竟之如来之三种转异。如其次第，即颠倒，不颠倒，正不颠倒无戏论。此中颠倒者，谓诸异生，想、心、见颠倒故。还灭不颠倒者，谓诸圣者，断彼颠倒。正不颠倒无戏论者，谓诸正等觉，坏烦恼及习气、所知障故。

以上是约转义说，余四义当知是其差别。

此中约三类补特伽罗分位差别而言之颂曰：

不净不净净，最清净依次，

称有情菩萨，以及如来者。(1.47)

此颂所示云何？

体性等六义，所摄之界者，

于三分位中，以三名而说。(1.48)

如是皆可，世尊广说异门非一之无漏界，由体性、因、果、用、相应、转六义所摄。彼等一切简言之，当知于三位中依次说三名而示之：于不净位中称

“有情界”，于不净及净位中称“菩萨”，于最净位中称“如来”。经云：

> 世尊曰：舍利弗，彼法身为无量俱胝烦恼壳所缠，为生死流所漂，于无始无终生死中死生流转，说名“有情界”。舍利弗，彼法身厌生死流之苦，离贪一切欲境，以八万四千法蕴行菩提行、十波罗蜜多所属者，说名“菩萨”。舍利弗，彼法身解脱一切烦恼壳，出一切苦，离一切烦恼垢，住净、清净、最上清净法性，入一切有情仰视之地，于一切所知地得无二士夫力，具无障法、得一切法自在无碍力。

约如来界遍行于彼等分位而言之颂曰：

如虚空遍行，无分别为体；

心性无垢界，亦如是遍行。(1.49)

此颂云何所示？

彼总相周遍，过失德究竟；

如虚空遍行，下中上色相。(1.50)

异生、圣者、正等觉之心性无分别是总相故，随行、随入于过失、功德、功德究竟清净三位，一切时中等无差别，如其次第，如同土、铜、金三器中之虚空。

是故，说分位无间，经云：

> 舍利弗，是故有情界与法身非各异。有情界即法身，法身即有情界，意指二，惟文字有异。

约如来界遍行于此三位而不为杂染及清净变异义而言之颂有十四。当知此颂是彼等之摄义：

过失为客故，德性相应故，

如前后亦然，不变之法性。(1.51)

以十二颂、一颂依次示不净位、不净及净位中烦恼及随烦恼为客。以十四颂示最净位中与无分别、不乖离、难可思议、过恒河沙数佛法及自性相应，故说如来界如虚空前后毕竟不变。

此中何为约不净位时不变相而言之十二颂？

如虚空周遍，微细故不染；

此处遍有情，然不为其染。(1.52)

如一切世间，空中生复坏；

无为界之中，诸根生复坏。(1.53)
犹如虚空者，不为诸火焚；
如是此不为，死病老火焚。(1.54)
地住水住风，风住于虚空，
虚空则不住，风水地之界。(1.55)
如是蕴界根，住于业烦恼，
业烦恼常住，非理之作意，(1.56)
非理作意者，善住心清净，
心之自性者，全不住诸法。(1.57)
诸蕴界及处，应知如地轮，
有情业烦恼，应知如水界，(1.58)
非理作意者，当视如风界，
自性如空界，不具亦不住。(1.59)
非理作意者，住于心自性，
以非理作意，容生业烦恼。(1.60)
业烦恼如水，而生蕴界处，
如彼有成坏，此亦有生坏。(1.61)
心性如空界，无因及无缘，
亦无聚合者，非有生坏住。(1.62)
心之自性光明者，彼如虚空不变异，
不实分别生贪等，客尘不能令杂染。(1.63)

以此虚空喻说明不净位中如来藏不变法性。

业烦恼水等，不能成就此；
亦非死老病，无尽火能焚。(1.64)

从非理作意之风轮生业及烦恼，依业烦恼理生蕴、界、处世间，然心性虚空不由之而成。蕴、界、处世间住于非理作意及业烦恼之风、水蕴，虽为死、老、病火聚所坏，然当知彼不坏。如是说不净位时，烦恼、业、生杂染虽皆有生坏如器世间，然无为如来藏者，如虚空，乃无生无灭不变之法性。

约自性清净门法光门而言之虚空喻，应广如经所说而通达。经云：

> 大仙，烦恼者，暗；清净者，光。烦恼者，力弱；胜观者，有力。烦恼者，客；自性清净者，根本。烦恼者，分别；自性者，非分别。
>
> 大仙，此大地者住于水，水住于风，风住于虚空，虚空则无住。

如是，虚空界较此四界中之地、水、风三界，为有力、坚固、不动、不减、不生、不灭，自然而住。彼等三界，则有生坏，不能久住。此等见有变，虚空则不见少分有变。如是，蕴、界、处者，住于业烦恼，业烦恼者，住于非理作意，非理作意者，住于自性清净。故云心性光明，不为客随烦恼杂染。

此中非理作意、业烦恼及蕴、界、处法皆为因缘所摄而生，若离因缘则灭。彼自性者，无因，无缘，无聚合，无生，无灭。此中自性如虚空界，非理作意如风界，业烦恼如水界，蕴、界、处如地界。故云一切法断根，具无心要之根，具不住之根，具清净之根，具无根之根。

约不净位中不变之相而言，自性与虚空同法。约依彼之非理作意及业烦恼而言，与风界同法，与水界同法。约彼等所生蕴、界、处异熟之相而言，与地界同法，皆已释讫。

约坏彼之因，死、老、病火瘟疫相而言，与火界同法，先未释故当说之。

死病老三火，依次当了知，

如同劫末火，地狱平常火。(1.65)

死、病、老者，如其次第，以三因当知如火：以令无六处我所，能领受种种苦，能成熟行故。

约不净位中如来界不为死、病、老三火所变而言，经云：

世尊，所谓死者，所谓生者，乃世间名言。世尊，死者，谓灭根。世尊，生者，谓得诸新根。世尊，如来藏者，非生、老、死。何以故？世尊，如来藏者，出有为相之境，常、固、寂、不变。

此中约不净及净位而言之颂曰：

解脱生死及病老，如实现证此自性，

虽离生等衰彼因，具慧生悲故示现。(1.66)

此颂云何所示？

圣者已断尽，死病老之苦，

无业烦恼生，无此故无彼。(1.67)

不净位如死、病、老火之薪木近取者，谓以非理作意、业、烦恼为前行之生。不净及净位中，得意性身菩萨极无明相，故通达无彼反面长久炽然。

如实正见故，虽超越生等，

以愿之体性，示生死老病。(1.68)

诸菩萨以善根系合于三界，于故思受生得自在，以悲心系合于三有。既示生，亦示死、老、病。然彼等无此生等法，以如实见彼界无生、无起故。此菩萨位应具如经说而知。经云：

彼等生死因与善根相应之烦恼为何？佛曰：寻求福德资粮而无厌；故思受生于三有；希求遇佛；令有情成熟故不倦；精进受持正法；成办所有有情事；不离爱法意乐；不舍波罗蜜多诸行。海慧，菩萨以此等系合而不染烦恼过，此等是与善根相应之烦恼。

世尊，彼时善根何故称作烦恼？佛曰：菩萨以如是自性之烦恼系合于三有，如三界者亦从杂染起。此中菩萨者，以方便善巧及善根力故思系合于三界，故名与善根相应之烦恼。此系合于三界之心非是恼染。

海慧，譬如某长者家主，唯有一子，悦意可爱，见者欢喜。彼幼童戏舞时堕入不净坑中。尔时，彼母及诸亲友见彼幼童堕在不净坑中，发大哀号、悲伤啼哭，然不能入彼坑中而出其子。尔时，彼父来至彼处，见彼独子堕在不净坑中，即欲疾疾救出独子，无少厌恶，降至不净坑而出独子。

海慧，如是为知其义故作此譬喻。其义云何？海慧，彼不净坑者，是三界之增语；独子者，是有情三界之增语，菩萨于一切有情起独子想；彼母及亲友，是声闻、独觉乘诸人之增语，彼等见有情堕在生死，惟悲伤啼哭而不能拔诸有情；大长者家主，是菩萨之增语，清净无垢，具离垢心，现证无为法，为成熟有情故，故思结生于三界。

海慧，菩萨已解脱一切结生相续，凡受生于有者，乃菩萨之大悲。为方便善巧及智慧摄持故，杂染不能损害；令解脱一切烦恼系缚故，为有情说法。

因此，此段经文是说于利他事得自在之菩萨，以善根及悲心二者之力故思结生，故是不净；以方便及智慧二者之力令无杂染，故是净位。

此中菩萨如实现见如来界不生不起，证此菩萨法性，如经说应知。经云：

海慧，汝观诸法无坚实性、无作者性、无我性、无有情性、无命性、无补特伽罗性、无我性。如其所欲，不起思议，无所分别。海慧，胜解此不变法菩萨者，于任何法皆不生恼。此中不作少分饶益或损害，如是智见清净。如是如实了知诸法之法性，如是不舍大悲之铠。

海慧，譬如无价吠琉璃摩尼宝，无瑕晶莹，纯净无垢，弃尘泥中逾千年。千年后出土，净治涤浣，不舍纯净无垢摩尼宝性。海慧，如是诸菩萨了知自性光明，然因客随烦恼而见染污。此中菩萨作是念：此等烦恼不入诸有情之心性光明。为客，从虚妄分别生。菩萨作是念：我当为有情说法，令灭此等随烦恼。如是不起怯弱心。数数发起入有情众之心。菩萨复作是念：此等烦恼无少势力。此等烦恼无力，微弱，无少正依止。此等烦恼乃虚妄分别，若如实如理作意伺察，彼即不为烦恼所恼。我当如是伺察，不与烦恼和合。若与烦恼不和合者，善；和合者，不善。我若与诸烦恼和合，如何能为烦恼系缚诸有情说法，令断烦恼系缚？故我不与诸烦恼合，当为有情说法，令断烦恼系缚。彼等能系合生死者，谓与善根相应之烦恼。我为成熟有情故，当系合生死。

生死者，此处许是无漏界中三界影像三种意性身。彼是无漏善根所造，故是生死；非是有漏业烦恼所为造，故亦是涅槃。经云：

世尊，是故有有为及无为之生死，亦有有为及无为之涅槃。

此中有为及无为和合之心所生相之微细戏论现行故，称净及不净位。此亦因修无碍慧波罗蜜多及修大悲故，漏尽通现前，然为救护一切有情界而不现证，主要是就菩萨现前地建立。

约漏尽通而言，经举旅人为喻。如此喻所说，经云：

善男子，如是菩萨成就修定、慧波罗蜜多之大功用、大精进及坚固增上意乐，发五神通。于定、通中修治其心，漏尽现前。为救护一切有情故，发大悲心，修治漏尽智。又修治其心，第六地生起无滞慧，漏尽现前。如是，此菩萨现前地中，于漏尽现前得自在，是说清净位。正入如是体性，为令余等亦入此正行，起大悲心，欲救护邪行有情。不味著寂乐，方便纯熟，顾念生死现前之有情。令涅槃现前菩提分圆满故，从静虑处复故思受生欲界，欲速利有情，于以生于众多傍生生处差别示现一切异生身得自在，是说不净位。

颂之别义者：

佛子已证此，不变之法性，
无明盲者见，生等彼甚奇。(1.69)
得圣者所行，示于愚夫境，
故是众生亲，最上方便悲。(1.70)
彼出诸世间，然不离世间；
虽行利世间，不染世间垢。(1.71)
如莲生于水，而不染着水；
虽生于世间，而不染世法。(1.72)
恒念成所作，犹如火炽燃，
恒常入定于，静息之静虑。(1.73)
先前发愿力，离诸分别故，
彼不起功用，而成熟有情。(1.74)
言说及色身，行威仪皆可，
彼如是知晓，云何调伏法。(1.75)
如是彼具慧，恒任运无碍，
正行利有情，虚空无边众。(1.76)
此菩萨理者，后得于世间，
等同诸如来，正度脱有情。(1.77)
虽然佛菩萨，其差别犹如，
地之于尘土，海之于洼水。(1.78)

此十颂如其次第，前九颂观待于菩萨极喜地以下说增上杂染性，第十颂观待于菩萨法云地以上说清净性。简言之，说十地四类菩萨之净与不净。四类菩萨者，谓初发心，入行，不退转，一生补处。

此中初二颂，说第一极喜地时见无始以来未曾见之出世间法性故，初发心菩萨功德清净相。

第三、四颂说离垢地乃至不动地行不染行故，入行菩萨功德清净相。

第五颂说相续不断安住获大菩提加行之三摩地故，不退转菩萨功德清净相。

第六、七、八颂说菩萨法云地时利益自他方便悉至究竟，于佛地最后一生补处，将得无上大菩提故，一生补处菩萨功德清净相。

第九、十颂约利他及自利而说究竟菩萨与如来功德之无差别及有差别。

此中约最净位时不变而言之颂曰：

非变具无尽法故，归依无后边际故，
彼常无二无念故，不坏法非作性故。(1.79)

此颂云何所示？

无生且无死，无损亦无老；

彼者常固故，寂故不坏故。(1.80)

彼者常故无，意性身之生；彼固故亦无，

不思议变死；(1.81)

寂故无微细，习气诸病害；不坏故无老，

无漏造作者。(1.82)

彼住极无垢、清净、光明、自性佛地如来界者，非有意性身之生而有前际执，以常故；非有不可思议变异之死而有后际执，以固故；非有前后际执而有无明习气所摄取之损害，以寂故；如是彼无事而无染者，以不坏故，亦非有无漏业果成熟之老。

当知无为界，具常等之义，

二句如是二，二二如其次。(1.83)

此中无为界，当知如经，各以标、释二句，如其次第，开解常、固、寂、不坏四句。

具无尽德故，不变我常义；

等后边际故，归依体固义；(1.83')

无分别性故，无二法性寂；

不改德性故，不死不坏义。(1.83'')①

经云：

> 舍利弗，此不变异之法身是常，无尽法性故；舍利弗，此常归依之法身是固，等后边际故；舍利弗，此无二之法身是寂，无分别故；舍利弗，此不死之法身是不坏，非改治法性故。

约此最净究竟如来藏客尘全净之位中无别之义而言之颂曰：

彼是法身如来故，圣谛胜义涅槃故，

功德无别如日光，除佛之外无涅槃。(1.84)

此中前半颂云何所示？

总之无漏界，有四义差别，

当知法身等，四种之异名。(1.85)

云何四义？

---

① 以上二颂旧译本缺。现据梵藏本计入《论》中。

佛法无分别，得彼种真如，
无妄虚法性，本来自性寂。(1.86)
约佛法无别之义而言，经云：

世尊，如来藏者，无别、不乖离、不可思议过恒河沙数之佛法不空。

约得彼种性自性不可思议相佛法无别之义而言，经云：

得无始传来之法性，如六处之差别。

约无妄不虚之义而言，经云：

此中胜义谛者，是具不虚诳法之涅槃。何以故？彼种性者，是恒寂静法性，故常。

约恒寂静之义而言，经 云：

如来阿罗汉正等觉者，本来涅槃，无生无灭。

此等四义者，如其次第，成此四异名：法身，如来，胜义谛，涅槃。经云：

何以故？舍利弗，此名如来藏者，是法身之增语。

又，经云：

世尊，如来之外无法身。世尊，法身即如来。
世尊，苦灭是说与如是功德相应之如来法身。
世尊，此名涅槃界者，是如来法身之增语。

此中后半颂云何所示？
一切种觉悟，断垢染习气，
正等觉涅槃，胜义中无二。(1.87)

何以故？此等无漏界四异名，与如来界同义、正摄故。此等同义故，从无二法理趣之门一切种觉悟一切法，故称佛；与觉悟俱，断垢染及习气，故称涅槃。此二者于无漏界无分无别，应视为无二。

一切种无数，难思无垢德，
无别真解脱，彼即是如来。(1.87’)①

约阿罗汉及独觉之涅槃而言，经云：

> 世尊，此名涅槃者，是诸如来之方便。

如为诸疲于远行者，于旷野中变化城池，此乃诸最胜法自在正等觉之不退转方便。经云：

> 世尊，诸如来阿罗汉正等觉得涅槃故，与一切无量、不可思议、清净究竟功德相应。

由得与成就四种功德无别相之涅槃，成彼体性正等觉故，说非佛则无有得涅槃者。

譬如诸画师，各善巧支分，
然擅长某支，即不知余支。(1.88)
时有自在王，授彼等画绢，
并敕言：汝等，于此绘我像。(1.89)
诸画师受命，即勤于画事，
从业者之中，有一往他方。(1.90)
因往他方故，画师不具足，
支分难圆满，以此为譬喻。(1.91)
彼等即画师，施戒安忍等，
一切种最上，空性说是像。(1.92)

此中布施等各各于佛境中可分别成无量故，当知无量。数量、能力不可思议。消除悭吝等所治品习气故，乃清净之最上。

此中修具一切种最上空性三摩地门，得无生法性故，不动菩萨地时，依无分别、无过失、相续不断自然趣入之道相智，将于无漏界中成就诸如来一切功德清净。善慧菩萨地时，以三摩地、总持百千无数之门，受持无量佛法无余，

① 此颂旧译本说是“《大般涅槃经》中偈言”。现据梵文及藏译本计入《论》中。

依此慧故，成就无量功德清净。法云菩萨地时，依一切如来秘密处非隐密智，成就不可思议功德。此后为成佛故，依完全解脱烦恼、习气及所知障之智，成就最上清净功德。何以故？诸阿罗汉及独觉不见地智四所依故，远离与四功德成就无别为相之涅槃界。

慧智及解脱，明弥布净故，

无异故等同，明光及日轮。(1.93)

彼慧、智、解脱能表与四功德成就无别为相之涅槃界，如其次第，说三者同相四种日轮同法。此中佛相续中所具出世间慧者，破除所知真实闇故，与光明同法。此后所得一切所知之智者，遍一切种所知事无余转故，与放光明网同法。彼二者所依心自性解脱者，最无垢且光明故，与日轮清净同法。此三者亦是与法界无别之自性故，与彼三无别同法。

是故未成佛，不能得涅槃；

如舍日光明，不能见日轮。(1.94)

何以故？无始以来所住自性、与善法相应之界，乃如来功德无别之法性故。乃至未得具无滞碍智观之如来，则不应现证解脱一切障为相之涅槃；如不见光明，则不能见日轮。是故，经云：

> 世尊，劣、妙法中不证涅槃。世尊，证涅槃者，谓与慧平等诸法。世尊，涅槃者，谓与智平等，与解脱平等，与解脱智见平等。是故，涅槃界者，名一味同味，即明及解脱味。

如是佛藏者，建立说十相。

彼住烦恼壳，以九喻应知。(1.95)

如是为令了知等后边际常法性，以十相义解释此如来藏建立。

约无始时来现前住、以不相属为性之烦恼壳，以及无始以来现前住、以相属为性之清净法性而言，以九喻说如来藏为无量俱胝烦恼壳所缠，应如经通达。

云何九喻？

如萎莲中佛蜂蜜，糠中精实秽中金，

地下宝藏幼果芽，烂布之中有佛像，(1.96)

下劣女腹中人主，泥土中有宝金像，

为客烦恼尘所障，有情之中此界住。(1.97)

尘与莲及蜂，糠皮不净地，

果及破烂布，苦恼女泥同。

无垢妙界者，与佛蜜精实，
金藏树宝像，洲主金像同。（1.98）

烦恼者与萎莲苞相似，如来界者如佛：

如千相盛如来者，安住败色萎莲中，
无垢天眼人见之，即从莲苞中取出；（1.99）
如是如来佛眼见，诸无间有自法性，
无障安住尽后际，悲心为体令障解。（1.100）
譬如天眼者，见如来安住，
萎败莲华苞，而断诸莲瓣；
大悲能仁见，众生等觉藏，
贪嗔等垢壳，所障坏彼障。（1.101）

烦恼者与蜂虫相似，如来藏者如蜜：

如蜂虫聚围绕蜜，求蜜智者覩见已，
以方便力令彼蜜，与蜂虫聚而分离；（1.102）
大仙人以遍智眼，见如蜂蜜之明界，
彼之障者如蜂虫，令其毕竟而断绝。（1.103）
如蜜为百千，俱胝蜂所障，
求蜜人驱蜂，如欲作蜜事；
有情无漏识，与蜂蜜相似，
善巧坏如蜂，烦恼佛如士。（1.104）

烦恼者与外糠相似，如来界者如内精实：

如具糠谷实，诸人难受用，
诸求食等者，去糠取精实；（1.105）
如是有情所具佛，与烦恼垢相混杂，
乃至相杂未解脱，不于三有作佛业。（1.106）
如稻芥麦等，谷实具糠秕，
若未善揉脱，难成美味食；
有情所具法自在，未能解脱烦恼壳，
身受烦恼饥饿苦，难赐众生法喜味。（1.107）

烦恼者如不净污烂处，如来界者如金：

譬如人疾行，金堕污烂处，
不坏法如前，经数百年住。（1.108）
具天眼之天，见彼告某人：
此有妙宝金，净治以宝制；（1.109）

能仁见有情功德，沉溺似秽烦恼中，
令净彼烦恼泥故，为众生降正法雨。（1.110）
如污烂内金，彼为天所见，
为净彼妙金，殷切告某人；
佛亦见有情，等觉宝堕入，
烦恼大不净，令净为说法。（1.111）
烦恼者如地心，如来界者如宝藏：
如贫家地下，有无尽之藏，
然彼人不知，藏不语吾在；（1.112）
如是意中之宝藏，无垢非立除法性，
然因众生不证故，常受匮乏非一苦。（1.113）
譬如贫者家，虽具有宝藏，
然彼不能语，彼人终不知；
有情如贫者，意室有法藏，
为令彼等获，仙人诞于世。（1.114）
烦恼者如皮壳，如来界者如种之芽：
如庵摩罗果，种芽不坏法，
若具耕水等，渐成树王事。（1.115）
有情无明果，壳内法界善，
依彼彼之善，渐成能王事。（1.116）
以水日光风，地时及空缘，
多罗庵摩罗，果壳内生树；
烦恼果壳内，等觉种发芽，
彼彼善缘生，法复得增长。（1.117）
烦恼者与烂布相似，如来界者如宝像：
如宝所制之佛像，恶臭烂布所裹缠，
住道天见令脱故，告彼道中有彼物；（1.118）
无碍者见旁生中，亦复具有如来事，
为种种相烦恼缠，为令解脱示方便。（1.119）
如宝自性如来像，为恶臭布所裹缠，
住道为天眼所见，令解脱故而示人；
佛见畜生亦有界，烦恼烂布所裹缠，
安住生死之道中，令解脱故而说法。（1.120）
烦恼者与孕妇相似，如来界者如安住遏部坛大种之转轮王：

如丑陋贫女，住无怙家居，
胎怀王贵重，然自不知晓；(1.121)
生三有住无怙家，不净有情如孕妇，
彼有此故得依怙，无垢界如彼胎住。(1.122)
譬如某一贫女身，着恶臭衣形丑陋，
国王虽于胎中住，于无怙家受大苦；
自身中虽有依怙，然起无依无怙心，
众生因随烦恼转，意未静息住苦基。(1.123)

烦恼者与泥模相似，如来界者如金像：

如内熔金像，圆寂外具土，
见已为净金，而清除外障；(1.124)
善见自性光，诸垢是客已，
如宝源令众，净障获菩提。(1.125)
如无垢炽盛，金像裹土寂，
智者了知已，而清除诸土。
遍智知寂意，与纯金相似，
说法理椎击，令诸障清除。(1.126)

诸喻之摄义者：

莲苞及蜂虫，糠与不净地，
果皮破烂布，女胎泥模中。(1.127)
如佛蜜精实，如金藏及树，
如宝像转轮，亦如同金像。(1.128)
有情界惑壳，无始不相属，
心性无垢者，说彼是无始。(1.129)

简言之，《如来藏经》中所说喻者，宣说无余有情界无始之心杂染法客性，及无始之心清净法俱生无别性。是故，经云：

> 心杂染故诸有情杂染，有情清净故诸有情清净。

此中莲苞等九喻云何说心之杂染？

贪嗔痴及其，猛现行习气，
见修道所断，不净净地垢。(1.130)
以莲苞等喻，宣说九种垢，
随烦恼壳者，有无边差别。(1.131)

简言之，此等九烦恼之于如来藏自性清净，如莲苞等之于佛像等，客性而有。

云何九种？即贪随眠相之烦恼，嗔随眠相之烦恼，痴随眠相之烦恼，贪、嗔、痴猛利现行相，无明习气地所摄，见所断，修所断，依不净地者及依清净地者。

此中离世间贪相续中所具烦恼，是“不动行”等之因，能成色界及无色界，为出世间智所摧坏，彼等名为贪、嗔、痴随眠相。有情相续中所有贪等现行，是“福行”及“非福行”等之因，惟成欲界，为修不净等智所摧坏，彼等名为名贪、嗔、痴猛利现行相。阿罗汉相续中所具，是无漏业转之因，能成无垢意性身，为如来菩提智所摧坏，彼等名为无明习气地所摄。二种有学，谓入道异生及圣者。此中异生有学相续中所具，为初地见出世间法智所摧坏，彼等名为见所断。圣补特伽罗有学相续中所具，为修如所有出世间法智所摧坏，彼等名为修所断。未究竟菩萨相续中所有之智七种所治品，为修八地等三清净地之智所摧坏，彼等名为依不净地（垢）。究竟菩萨相续中所有修第八等三地之智所治品，为断尽无余金刚喻定之无间道智所摧坏，彼等名为依清净地（垢）。

贪等九烦恼，简言如次第，

此即莲苞等，九喻所正示。(1.132)

是故（经）说如来藏为无边俱胝烦恼壳所覆。广者，此等有八万四千种无边差别，如如来智（所见）。

愚夫阿罗汉，有学及具慧，

依次因四一，二二垢不净。(1.133)

世尊曰：“一切有情悉有如来藏。”此中之一切有情，简言之，说有四种，即异生、阿罗汉、有学及菩萨。此等无漏界，如其次第，因四、一、二、二烦恼而成不净。

又，云何当知此贪等九烦恼与莲苞等相似？云何如来界与佛相等同法？

如莲从泥生，先前令心喜，

后则令不悦，贪喜即如此。(1.134)

又如蜂虫者，极扰人刺螫，

如是生嗔时，能令心生苦。(1.135)

如谷等精实，外为糠皮障，

无明卵壳者，障蔽见藏义。(1.136)

如秽不洽意，如是具贪者，

依欲之因故，现行似粪秽。(1.137)

如宝因障故，不知不得藏，

无明习气地，障众自生性。(1.138)

如芽等渐生，穿破种子皮，

如是见真实，遮诸见所断。(1.139)

与圣道相属，摧坏坏聚实，

修道智所断，说与烂布似。(1.140)

依七地垢者，与胎垢相同，

无分别智者，如离胎异熟。(1.141)

三地相属垢，当知如染泥，

彼是大主宰，金刚定所坏。(1.142)

如是贪等垢，当知同莲等。

三性摄故界，与佛等同法。(1.143)

当通达佛相等九喻与心清净界如来藏三种自性同法。云何三自性?

此自性法身，真如及种性，

当以三一喻，五喻而得解。(1.144)

当以佛相、蜂蜜、谷实之三喻，了知彼界法身之自性。以金之一喻，了知真如之自性。以宝藏、树、宝像、转轮王、金像之五喻，了知出生佛三身种性之自性。

此中云何法身?

当知二法身：法界极无垢，

彼等流宣说，深及种种理。(1.145)

当知佛法身者，有二种。极净法界者，乃无分别所行境之境，此亦约诸如来内证法而言。彼是所证。能得彼之因，是极净法界之等流。随所化而于余有情现起了别，应知此亦约教法而言。教亦有二种：以安立微细及广大法之理趣而分，即约胜义谛而宣说之菩萨藏甚深法理趣，及约世俗谛而宣说契经、应颂、记别、讽颂、自说、因缘等种种非一相法理趣。

出世间故世，不见有此喻，

是故说如来，与界者相似。(1.146)

示细深理者，如蜂蜜一味，

示杂相理者，如杂壳精实。(1.147)

如是以此佛相、蜂蜜、谷实之三喻，示如来法身周遍无余有情界，而说“此等有情皆具如来藏”。有情界中无一有情出于如来法身之外，如虚空界之于色。所谓：

如许虚空恒遍行，如是彼亦恒遍行。
如同虚空遍诸色，如是此亦遍有情。

自性无变异，善及清净故，
说此真如者，与金像相似。(1.148)

彼心者，虽与无边烦恼、苦相系属，然自性光明未曾变异，故如妙金，以不变异义说真如。此复有决定颠倒因之一切有情，亦皆自性无别，客烦恼全净之时，皆入“如来”之数。因此此中金之一喻，约真如无分别义，说如来真如是彼等有情之藏。约心性清净无二法性，世尊曰：

曼殊室利，自取之根基，如来知已而令防护。我清净故，证一切有情自性清净。我清净与一切有情自性清净者，无二无别。

论云：

一切虽无别，由真如清净，而生如来故，众生有彼藏。

当知二种性，如藏及果树，
无始本性住，及胜习所成。(1.149)
许此二种性，能得佛三身：
初得第一身，第二得后二。(1.150)
端严自性身，当知如宝像，
非自性所作，功德宝藏故。(1.151)
具大法政故，报身如转轮，
影像之性故，化身如金像。(1.152)

是故，如是余宝藏、树、宝像、转轮王、金像五喻，约有能生佛三种身之种性，而说如来界此等一切有情之藏。如来者，由佛三身而分。如来界是能得之因，故此中界义者即因义。故说各各有情虽皆有如来界成就之藏，然彼等有情未能知晓。经云：

无始时来界，是诸法之处，由此有诸趣，及涅槃证得。

此中“无始时”何谓也？约如来藏而宣说、建立说“不见前边际”。所谓界者，经云：

世尊，此如来藏者，乃出世间法藏，乃自性清净法藏。

所谓“是诸法之处”者，经云：

世尊，是故如来藏者，乃相属、无别、不乖离、无为诸法之处、依及基。世尊，如来藏者，亦是不相属、离别、乖离、有为诸法之处、依及基。

所谓“有彼故众生”者，经云：

世尊，若有如来藏，生死即是假名。

所谓“当能得涅槃”者，经云：

世尊，若无如来藏，则不厌苦，不欲、不求、不愿涅槃。

如经广说。

彼广如法身、与如来无别相、决定种性自性之如来藏，谓于一切时、一切无别而有者，当以法性量观之。经云：

善男子，此是诸法法性，诸如来出不出世皆然，此等有情恒具如来藏。

彼法性者，是谓“惟如是然，非成余事”之正理、加行、方便。一切种心决定证，心正知，乃法性证悟及法性正理。彼不可思惟、分别，但可增上胜解。

诸自生胜义，但以信通达。
日轮光炽盛，无目者不见。(1.153)

简言之，建立此四类补特伽罗不具见如来藏之目。云何四类？谓异生、声闻、独觉、新入乘菩萨。如经云：

世尊，此如来藏者，非诸堕坏聚见者、诸欣求颠倒者、诸心于空性散乱者之所行境。

此中堕坏聚见者，谓是异生，常取蕴等诸有漏为我及我所，而耽着我及我所，故坏聚见者不能胜解灭无漏界。彼等岂能证见一切智境如来藏！绝无是处。此中喜颠倒者，谓声闻、独觉。何以故？如来藏应修为常，彼等反之，不起常想而修，而喜起无常想而修。如来藏应修为乐，彼等反之，不起乐想而修，而喜起苦想而修。如来藏应修为我，彼等反之，不起我想而修，而喜起无我想而修。如来藏应修为净，彼等反之，不起净想而修，而喜起不净想而修。

如是以此异门爱乐与获法身相违之道，故说彼具最上常、乐、我、净相之界者，非一切声闻、独觉之所行境。彼非如是爱乐颠倒、起无常、苦、无我、不净者之所行境，广如《大般涅槃经》中，世尊所举池水摩尼之喻：

> 诸苾刍，譬如春时，有诸人等系有浴巾，各佩饰物及近行于水中嬉戏。时有一人，失具种吠琉璃宝于水，诸人悉共除却饰物、入水求觅是宝。彼等竟捉沙砾起摩尼想，各各自谓已得摩尼。持出，于池岸视之，乃知非真。是时以摩尼力故池水映现如摩尼光色。彼等见此相状皆起伟哉摩尼功德想。次有一方便善巧及聪慧人，获彼真摩尼。
>
> 诸苾刍，汝等亦如是，不知如摩尼真法义，执一切无常、一切苦、一切无我、一切不净而修。虽多番修习，然彼一切修持悉皆无益。诸苾刍，是故汝等当善巧方便，不应如彼诸人以沙砾而为摩尼！汝等执一切无常、一切苦、一切无我、一切不净而多番所修习者，在在处处皆有常、乐、我、净。

于法真实建立颠倒者，当如经广说而通达之。

此中心于空性散乱者，谓新入乘之菩萨，失坏空性理趣如来藏者。诸凡有之法性，后时断绝坏灭，名为涅槃。诸事灭故，许是空性解脱门。或许所通达及所修习者，名为空性。谓有与色等相异之事，缘此空性而依止空性。

此中云何如来藏称作空性理趣？

此中无所除，无少分所立，

正见真实性，见真实解脱。(1.154)

具可分之相，客尘界中空；

具无分别相，无上法不空。(1.155)

此所示云何？此自性清净如来界中，何故全无当除之杂染因？离客尘者，乃此之自性故。此中少分亦无当立之清净因，不可分之法清净法性者，是此之自性故。

因此，经云：

如来藏者，可分、可离一切烦恼壳空，不可分、不可离、不可思议过恒河沙数佛法不空。

是故，经云：

凡彼中无者，如实观见彼空。凡彼剩余者，如实正知彼中恒有。

此二颂说不颠倒空性之相，以彼离增益及损减边故。

此中或心于此空性道理颠倒散乱，散逸、不住定、不专注，故说彼等心于空性散乱。此中若无胜义空性智，即不能现证无分别清净界。依此意趣而说者，广如经云：

如来藏智者，是诸如来之空性智。一切声闻、独觉皆不能证、不能见彼如来藏。

云何如来藏是法身藏？说此非堕坏聚见之所行境。法界者，乃见之对治故。云何是出世间藏？说此非喜颠倒者之所行境，示出世间法身者，是无常等世间法之对治故。云何是法身清净法藏？说此非心于空性散乱者之所行境。彼清净功德法以无分别出世间法身为差别者，乃客尘空之自性故。

此中以一理趣证与法界无异智之门，见出世间法身自性清净，此处是说安住十地之菩萨能少分见，故许以如实正智观见。经云：

如云隙空日，此具一分慧，净慧眼圣者，亦非一切见。
世尊汝法身，无量慧周遍，无边所知空，彼等一切见。

或难：若如是尚非无贪究竟、住地最上圣者一切之境，此界难见，故就愚夫异生而言，此说复有何用？

说用意之摄颂有二，初颂示问，次颂示答。

彼彼中说诸所知，如云梦幻一切空，
又佛为何于此中，说诸有情有佛藏？（1.156）
怯弱轻慢劣有情，执非真实谤真实，
贪着于我过失五，为令彼等断故说。（1.157）

此次颂之义为略说，当以十颂得解：
实际者远离，一切有为相，
烦恼业异熟，义说如云等。（1.158）
烦恼似浮云，业如梦受用，
烦恼业异熟，蕴者如幻化。（1.159）
前如是建立，复于此上续，
为断五过失，而说名有界。（1.160）
如是而不闻，轻自过失故，
令其心怯弱，不发菩提心。（1.161）
已发菩提心，悋慢谓我胜，
于未发心者，生起下劣想。（1.162）
如是彼心中，不生正智故，
执彼不真实，不明真实义。（1.163）
有情过非真，造作客性故，
功德自性净，彼过失无我。（1.164）
执非真实过，且谤真实德，
具慧不得见，自同有情慈。（1.165）
如是闻彼已，勇悍敬如佛，
及慧智大慈，生起五法故，（1.166）
因而无有罪，无过具功德，
自有情平等，当能速成佛。（1.167）
《辨宝性大乘上续论》如来藏品、初颂义所摄之释圆满。
已说有垢真如。

第二　菩提品释

此中云何名为无垢真如？诸佛世尊之无漏界远离一切尘相故，而作转依之建立。此亦简言之，应知约八种义说。

云何八义？
净得离二利，彼所依深广，
及大主宰者，乃至时如是。（2.1）
此颂依次所说此等八义，谓体性义，因义，果义，用义，相应义，转义，常义及不可思议义。

此中当知界未解脱烦恼壳时名如来藏，清净者即转依之体性。何以故？经云：

世尊，于俱胝烦恼壳所缠如来藏无疑惑者，彼等于解脱诸烦恼壳如来法身亦无疑惑。

二种智者，谓出世间无分别智及后得世间智。世、出世间智转依之因者，以“得”名说，此能得故名得。彼之二种果者，谓离烦恼障及离所知障二种离系。依次以成办自利利他为用。具足彼二利之所依为相应。以深、广、大主宰为差别之三身，乃至时以不可思议相而趋趣入者，为转。

摄颂者：

以体性因果，用相应及转，
彼常难思议，安住于佛地。(2.2)

此中佛及得彼之方便，以体性义及因义为题之颂曰：

自性光明者，如日空无垢，
客烦恼所知，密云之所障，
普具佛功德，常固不变佛，
依法无分别，分辨智得彼。(2.3)

此颂之义者，简言之，当以四颂得解：

佛以无差别，净法为差别，
如日与虚空，智断二者相。(2.4)
光明非所作，无别转复与，
过恒河沙数，诸佛法相应。(2.5)
自性本非有，周遍客性故，
烦恼所知障，说与云相似。(2.6)
远离二种障，因者即二智，
许是无分别，及彼后得智。(2.7)

清净者，说是转依之体性。此中清净者，简言之，谓有二种：自性清净及无垢清净。此中自性清净者，解脱然未离，心性光明未离客尘故；无垢清净者，如水等解脱及离尘等，心性光明离全分客尘故。

此中以无垢清净为题之颂曰：

如具净水湖，遍满渐开莲，
如自罗睺口，解脱之满月，
如解脱云团，染污之日者，

无垢德相应，光明相应故。(2.8)

佛如佛蜜精，宝金宝藏树，

无垢宝佛像，地主及金像。(2.9)

此二颂之义，略者当以八颂得解：

如湖等贪等，客烦恼清净，

简言之说是，无分别智果。(2.10)

一切种最上，佛身决定得，

说彼者即是，后得智之果。(2.11)

断贪欲尘故，静虑水流注，

于所化莲故，彼如净水池。(2.12)

解脱瞋罗睺，大慈悲光明，

周遍众生故，彼如净满月。(2.13)

解脱痴云团，佛以智光明，

除众生暗故，彼如无垢日。(2.14)

无等等法故，惠施正法味，

及离糠粃故，彼如佛蜜精。(2.15)

净故功德物，消除贪乏故，

熟解脱果故，如金宝藏树。(2.16)

具法身宝故，胜二足尊故，

具宝形相故，彼如宝王金。(2.17)

出世间无分别智及其后得智是具离系果名转依之因，其用说是自他二利圆满。此中云何自他二利圆满？解脱烦恼障及习气、所知障而得无障法身者，谓自利圆满。其上，乃至世间未空、二身普示及教自在二者无功用转者，谓利他圆满。

以用义为题之颂有三：

无漏遍不坏，固寂常无迁。

佛如空领受，妙六根境因：(2.18)

见自在色境，闻净微妙语，

嗅佛净戒香，尝大圣法味，(2.19)

领受定触乐，达自性深理。

细思予实乐，佛如空离因。(2.20)[①]

① 文中“予乐”处所对应之梵文作 gahvara，即旧译本中“稠林”一词，不详所指。现据藏译本处理，与 don dam（paramārtha）连译成“予实乐”。

此三颂之义，略者当以八颂得解：

总之当了知，二智之用者，
解脱身圆满，及净治法身。(2.21)
解脱法身者，以二一相知，
无漏故遍故，无为之处故。(2.22)
烦恼及习气，灭故是无漏，
无滞无碍故，许智周遍性。(2.23)
是毕竟无坏，自性故无为，
言不坏法者，固等四所说。(2.24)
当知四种坏，固等之反故，
朽变及断绝，不可思议殁，(2.25)
无彼故当知，固寂常不迁。
无垢智白法，所依故是处，(2.26)
如虚空非因，然是于色声，
香味触法者，见闻等之因。(2.27)
如是二身者，以无障加行，
坚固根境中，生无漏德因。(2.28)

经云："佛乃虚空相"。此就诸如来之不共胜义相而说。是何因故？经云：

> 若以三十二大丈夫相见如来者，则转轮王亦成如来。

此中以与胜义功德相应义为题之颂曰：

难思常固寂不变，止息遍无念如空，
无滞无碍离粗触，非见取善无垢佛。(2.29)

此颂之义，略者当以八颂得解：

以解脱法身，示自他二利，
彼所依相应，难思议等德。(2.30)
一切智境佛，非三智境故，
诸具智身者，当知难思议。(2.31)
细故非闻境，胜义故非思，
法性甚深故，非世修等境。(2.32)
如生盲于色，愚夫昔难见，
如住家稚童，见日圣亦然。(2.33)
远离生故常，无有灭故固，

无二故寂静，不变法性故。(2.34)
止息灭谛故。证一切故遍；
无住故无念。断惑故无滞；(2.35)
所知障净故，于一切无碍；
无二堪能故，远离粗涩触。(2.36)
彼无色非见；无相故非取；
自性净故善；断垢故无垢。(2.37)

此如来如虚空，与无为功德无分别趣入，乃至有际，以不可思议大方便、悲心、慧修治之差别饶益众生、成办安乐，当知其因为自性、圆满受用及变化三无垢，无间、相续不断、任运趣入，与不共法相应故。

此中以转为题佛身差别之颂有四：

无初中后无差别，无二离三及无垢，
无分别证法界性，入定瑜伽师所见。(2.38)
彼如来之无垢界，具诸功德不可量，
过恒河沙不思议，无比断习气过失。(2.39)
具杂正法光明身，勤办众生解脱事，
犹如如意摩尼王，种种事非彼自性。(2.40)
令世人入寂静道，成熟授记之色者，
彼亦于此常安住，如虚空界中色界。(2.41)

此四颂之义者，当二十颂得解：

诸自生遍智，其名称为佛，
上涅槃难思，阿罗汉各主。(2.42)
此分深与广，以及大主宰，
功德法差别，自性等三身。(2.43)
此中应了知，诸佛自性身，
具足五种相，略说五功德。(2.44)
无为无分别，断除二边者，
定解脱烦恼，所知定三障，(2.45)
无垢亦无念，瑜伽师境故，
法界自性者，清净故光明。(2.46)
自性身正具，不可量无数，
难思与无比，净究竟诸德。(2.47)
广故无数故，非分别境故，
惟断习气故，依次无量等。(2.48)

受用种种法，自性法显故，
悲清净等流，饶益不断故，(2.49)
无分别任运，如欲满足故，
如意宝神通，受用圆满住。(2.50)
说示及事业，不断无造作，
无体性而示，此说种种五。(2.51)
映现种种色，非摩尼本事，
以众生众缘，非遍主事现。(2.52)
大悲知世间，观诸世间已，
法身不动中，种种变化性。(2.53)
大师受生生，于喜足天殁，
入胎及降诞，善巧工巧处，(2.54)
妃眷中嬉戏，出家修苦行，
来至菩提场，摧伏诸魔军，(2.55)
正觉转法轮，入涅槃事业，
于诸不净刹，有住而示现。(2.56)
无常苦无我，寂语知方便，
令众厌三有，而善入涅槃。(2.57)
善入寂灭道，具得涅槃想，
《妙法白莲》等，说法之真实，(2.58)
破彼先所执，方智善引摄，
大乘中成熟，授记得大觉。(2.59)
甚深种种力，顺愚事引导，
当知此依次，深广大主宰。(2.60)
此中初法身，后者为色身，
如空容色住，初容后者住。(2.61)
以此等三身常行饶益众生、成办安乐之义为题之颂曰：
无量因及众无尽，悲悯神通智圆满，
法自在且坏死魔，无体世间依怙常。(2.62)
此之摄义者，当以六颂而得解：
身命诸受用，舍而持正法，
利诸有情故，初誓究竟故。(2.63)
佛位者无垢，清净悲善转，
示现神足者，彼住而行故。(2.64)

智解脱生死，涅槃二执故，
恒常具无边，圆满定乐故。(2.65)
虽行于世间，不染世法故，
无死得寂处，无死魔行故。(2.66)
无为之自性，能仁本寂故，
堪成诸无怙，常依怙等故。(2.67)
初之七因者，说色身之常，
后三因所说，即法身之常。(2.68)

当知诸如来所得转依差别之理趣难可思议，以不可思议义为题之颂曰：

非语境故胜义摄，非分别处无喻故，
无上非有寂摄故，佛境圣亦难思议。(2.69)

此之摄义者，当以四颂得解：

难思无诠故，无诠胜义故，
胜义无念故，无念无比故，(2.70)
无比无上故，无上不摄故，
不摄不住故，不念功过故。(2.71)
五因微细故，法身难思议，
六非彼事故，色身难思议。(2.72)
无上智大悲等德，至德彼岸佛难思，
此自生之最后相，大仙自在亦难知。(2.73)

《辨宝性大乘上续论》菩提品第二。

已说无垢真如。

第三　功德品释

今当说依彼菩提诸极无垢功德，如摩尼之光、色、形，自性无别。因此之后说以佛功德差别为题之颂曰：

自利利他胜义身，以及依彼世俗身，
离系以及异熟果，功德差别六十四。(3.1)

此所示云何？

自身圆满处，乃是胜义身，
仙人言说身，他方圆满处。(3.2)
第一与“力”等，离系德相应，

第二大士相，异熟功德具。(3.3)

以下之文说何为“力”等，及如何通达。

嗢柁南者：

力如金刚坏痴障，无畏如狮处会众，
如来不共如虚空，能仁二教如水月。(3.4)

所谓诸力相应者：

处及非处者，诸业异熟根，
诸界及胜解，遍行道静虑，(3.5)
等等杂与净，以及随念处，
天眼及寂灭，智力者十种。(3.6)

所谓如金刚者：

处非处与异熟界，众生种种胜解者，
杂染清净诸根聚，以及随念往昔处，
天眼漏尽能穿透，无明甲与坚固墙，
及能斩断诸树故，此等诸力如金刚。(3.7)

所谓得四无畏者：

觉悟一切法，障者能遮止，
说道与说灭，四种无畏者。(3.8)
自全知所知，令他了知故；
断令断所断，依止所依故；
无上极无垢，得及令得故，
说自他利谛，故仙无所滞。(3.9)

所谓如狮者：

如林中兽王，恒无所畏惧，
不惧于诸兽，而自在游行，
如是眷会中，能仁王狮子，
安住不待他，具坚力而住。(3.10)

所谓与十八佛不共法相应者：

无失不喧杂，大师念无失，
心无不住定，无有种种想，(3.11)
无不观察舍，欲精进念慧，
解脱及解脱，智观不退失，(3.12)
诸业智为先，智于时无障，
如是十八法，大师不共德。(3.13)

大仙无错乱，喧杂忘心动，
异想自然舍，欲及精进念，
清净无垢智、恒常解脱者，
普观所知境，解脱智无失，（3.14）
诸业智为先，且随智而转，
三时常无滞，决定大智转。
凡证具大悲，为众生无畏，
转法轮惟佛，诸佛方得彼。（3.15）

所谓如虚空者：

有坚等法性，彼即非空相，
地水火风空，同故世为共，
不共微尘许，亦于世不共。（3.16）

所谓身具三十二大丈夫相者：

平整具轮相，宽广踝不突，
指长手足指，有缦网相连。（3.17）
肤软细嫩美，身七处丰隆，
腿如翳泥耶，阴密藏如象。（3.18）
上身如狮子，肩无陷丰满，
臂圆手柔圆，无有高低别。（3.19）
臂长身清净，具足光明轮，
喉无垢如螺，两颊如兽王。（3.20）
四十齿平齐，诸齿根严密，
齿无垢平整，诸齿色洁白。（3.21）
舌广长无边，难思议美味，
自生频伽音，以及妙梵音。（3.22）
青莲妙目睫如牛，无垢白毫端严面，
顶髻高显肤净密，肤色如金上有情。（3.23）
身毛细软各别生，于身上靡作右旋，
发无垢如绀青宝，身如诺瞿陀树形。（3.24）
普贤无喻大仙人，无忧子力躯结实，
不可思议三十二，大师所说人王相。（3.25）

所谓如水月者：

譬如无云空月形，秋水蓝湖中所见，
如是佛子众亦见，佛轮围中遍主形。（3.26）

如是如来十力、四无畏、十八佛不共法、三十二大丈夫相合计共六十四种。

六十四功德，此等各各因，
如所说次第，随《宝女》经解。(3.27)

如是以此次第所说如来六十四种功德差别者，当随《宝女经》得解。

于此等功德处，依次说金刚、狮、虚空、水月诸喻，彼之摄义者，当以十颂得解：

不坏无怯弱，无比不动故，
金刚狮净空，水月喻所示。(3.28)
诸力之六力，三一如次第，
所知及等引，习气俱普除。(3.29)
如穿坏及断，铠甲墙树故，
稳藏固不坏，仙力如金刚。(3.30)
何故安稳是藏故，何故是藏坚固故，
何故坚固不坏故，以不坏故如金刚。(3.31)
无所畏故不待故，坚固及力圆满故，
能仁狮子如狮子，处眷会中无所畏。(3.32)
现了知一切，全无所畏住，
自与净有情，不等见不待。(3.33)
心于一切法，专注故坚固，
无明习气地，超越故具力。(3.34)
世声一边行。菩萨及自生，
心智转微细，其喻有五种：(3.35)
诸世间命故，同地水火风，
世出世间相，超出如虚空。(3.36)
三十二功德，法身为差别，
如摩尼宝光，色形无别故。(3.37)
见令满足德，依名三十二，
变化法圆满，受用圆满二。(3.38)
疏亲于清净，于世曼荼罗，
如水空月形，见者有二种。(3.39)

《辨宝性大乘上续论》功德品第三。

第四　如来事业品释

已说无垢佛功德，今当说彼之事业胜者之所作。此亦简言之，以无功用及相续不断二相而趣入。是故于其后约佛事业无功用且相续不断而说之颂曰：

所化界及调伏法，所化界之调伏事，
应时前往彼之地，遍主恒常任运入。(4.1)
具有功德妙宝聚，智水海福智日光，
决定成办乘无余，无边中广如空遍，
佛见无垢功德藏，一切有情皆无别，
烦恼所知之云网，诸佛悲风能吹散。(4.2)

此二之摄义者，依次当以二、八颂得解：

以彼调伏彼，彼事彼时地，
不起彼分别，佛恒无功用。(4.3)
彼等所化界，多方便调伏，
何时地调伏，即于彼时地。(4.4)
于出彼所依，彼果彼摄受，
彼障断彼缘，皆无分别故。(4.5)
十地决定出，彼因二资粮，
彼果大菩提，有情摄菩提，(4.6)
障无边烦恼，随烦恼习气，
一切时摧坏，缘者为大悲。(4.7)
当知六处者，此等如其次，
如同海与日，虚空藏云风。(4.8)
智水具德宝，故诸地如海，
长养有情故，二资粮如日，(4.9)
大无边中故，菩提如空界，
正等觉法性，有情界如藏。(4.10)
客周遍非有，烦恼如云聚，
驱散彼障故，无尽悲如风。(4.11)
以他力出离，见自有情同，
业不圆满故，尽生死不断。(4.12)

经云：

所谓以无生灭为差别者即佛。此中云何具无为不坏相之佛，于无分别中，乃至有世间，佛事业无功用相续不断趣入?

为令于佛广大体性法性不生疑豫、于不可思议佛境生胜解故，以喻说广大体性之颂曰：

如帝释鼓云，梵日摩尼宝，
如来如回响，如虚空如地。(4.13)

此如关要之颂差别广说者，如其次第当以余文了知。

所谓如帝释显现者：

如此地面成，净琉璃自性，
净故见天王，以及天女众，(4.14)
微妙尊胜宫，天界及其余，
种种无量宫，及众多天物。(4.15)
复次男女众，于地面之上，
见诸处显现，发如是之愿：(4.16)
愿我不耽久，成如是天王，
为得彼之故，正受善安住。(4.17)
彼等以彼善，于地上殁已，
往生于天上，不生惟像想。(4.18)
彼之显现者，无分别无动，
然于地之上，有大利益住。(4.19)
具信等无垢，修信等功德，
自心中现佛，具足相与好，(4.20)
作行住坐卧，具种种非一，
庄严之威仪，说寂灭之法，(4.21)
不说时住定，示种种神变，
具足大威势，诸有情可见。(4.22)
见发希求欲，为佛修诸行，
正学彼之因，能得所欲位。(4.23)
彼显现极无，分别亦不动，
虽然于世间，有大利益住。(4.24)
异生虽不知，此是自心现，
然彼等见色，皆有大利益。(4.25)

渐次依见彼，诸住此乘者，
当以智眼见，内之正法身。(4.26)
如地离劣处，成无垢琉璃，
明美无垢宝，具德面平整。
净故诸天处，天王天相现，
渐次离地德，彼不复显现。(4.27)
为得彼事故，近住行施等，
男女众发愿，而作抛花等。
心净如琉璃，现起能仁故，
佛子具欢喜，如是善发心。(4.28)
如净琉璃基，现天王身像，
众生净心地，现能仁身像。(4.29)
像于众生现或隐，随无浊或浊心转，
如世间有影像现，如是不应视有灭。(4.30)

所谓如天鼓者：

如天中诸天，由昔白业力，
无功用及处，意色与分别，(4.31)
出无常及苦，无我寂静音，
法鼓数数劝，放逸之诸天。(4.32)
遍主离功用，于无余众生，
佛语悉周遍，为有缘说法。(4.33)
如天界鼓音，由自业所生，
能仁之说法，世人自业致。
如彼音离用，处身心成息，
如是离四法，亦能成就寂。(4.34)
如天城鼓音，作无畏施者，
与烦恼斗时，胜非天除嬉。
于世间静虑，无色等因生，
断有情惑苦，说无上寂道。(4.35)

何故此中除法鼓外，余诸天乐不然？（如经云：）彼等皆由往昔所造业所致，天耳中惟夺意声随转。

如来音有四种与彼等异法功德。云何四种？即：非少分、不饶益、不乐、不出离。法鼓者，劝诸放逸天众及不逾彼时，示非少分；救护非天等他方众灾害怖畏及住不放逸处，示饶益；离不正欲乐、成办法之喜乐，示乐。发无常、苦、空、无我之音，及息灭一切灾害衰损，示出离。

简言之，此等四相与法鼓同法故，佛音曼荼罗为胜。是故以佛音曼荼罗为题之颂曰：

何故诸众生，利乐三神变，
具故能仁音，超胜天物乐。(4.36)

以此四种决定宣说者，简言之，当以四颂依次得解：

天界大鼓声，地上人不闻，
佛鼓音亦至，生死地下世。(4.37)
天界俱胝乐，为增欲火发，
大悲主一音，亦为息苦火。(4.38)
天妙悦意乐，增心掉举因，
大悲主佛语，劝注心定意。(4.39)
总之诸世界，天及地乐因，
依遍现无余，世间音而说。(4.40)

以身神变周遍十方无余世界者，谓神通变现。知心异门，见有情深邃心行者，为记说神变。以语音教诫、宣说出离道者，为正教神变。如是无碍行佛音曼荼罗者如虚空界不断，非一切时、一切相所能缘，此非佛音曼荼罗之过也。以诸不能缘者之过为题而言之颂曰：

如人若无耳，不闻微细声，
一切亦不入，天耳耳道中。
如是法微细，极细智行境，
入意无烦恼，有情耳道中。(4.41)

所谓如云者：

犹如夏季云，稼穑圆满因，
水蕴无功用，降澍于大地。(4.42)
如是从悲云，无分别降澍，
佛之正法雨，众善稼穑因。(4.43)
世间入善道，风起云致雨，
悲风增众善，佛云降法雨。(4.44)
智及大悲住空中，佛云不染变不变，
具定总持净水藏，于有乃善稼墙因。(4.45)

因种种器异者：

如从彼云出，凉甘柔轻水，
合地碱等处，转成众异味。

从广悲云出，八支圣道雨，
由相续处别，具足多种味。(4.46)
不观待而趣入者：
于大乘净信，中庸及瞋恨，
三类如诸人，孔雀及饿鬼。(4.47)
如春后无云，人不飞空雀，
夏季之降雨，诸饿鬼愁苦；
悲云降法雨，出现及不现，
求法及瞋法，世间者为喻。(4.48)
如云无分别，降澍粗点雨，
火石金刚火，于细沟有情；
智悲之云者，细广粗方便，
净惑不观待，我见随眠者。(4.49)
消除苦火者：
生死无初后，趣此有五种，
如不净恶臭，五趣中无乐。
常受如火兵，雪盐等触苦，
从悲云降澍，大法雨灭彼。(4.50)
通达天死殁，人追求苦故，
具慧不欣欲，天人大自在。
慧及胜解信，如来之圣言，
知见此是苦，此因此灭故。(4.51)
如病应知因应断，住乐应得药应依，
苦因彼灭如是道，应知断明及依止。(4.52)
所谓如大梵者：
如梵于梵界，不离无迁动，
于一切天界，无功用示现。(4.53)
如是佛法身，不动于诸界，
变化无功用，为有缘而示。(4.54)
梵常不离宫，然入欲界中，
为诸天所见，而令断喜境。
佛法身不动，于一切世间，
为有缘所见，见而恒除垢。(4.55)
以昔自愿力，及诸天善力，

梵无功用现，自生化身然。(4.56)

不显现者：

殁入胎诞往父城，嬉戏静处行降魔，

得大觉示寂城道，示后无缘眼不见。(4.57)

所谓如日者：

如日炎热一时间，莲等开敷君陀闭，

于莲开闭之功过，日无分别圣日然。(4.58)

有情界者，有二种：所化及非所化。此中约所化而言，如莲及净水之器：

如日无分别，自光同放射，

令莲华开敷，并成熟余等。(4.59)

如是如来日，诸正法光明，

亦无分别入，所化众生莲。(4.60)

法身及色身，菩提藏空现，

遍知日游行，放射智光明。(4.61)

于一切清净，所化水器中，

如来日影者，无量一时现。(4.62)

如是诸佛虽无分别，然为三类有情聚示现、教诫，约此理言如日者：

恒周遍一切，法界虚空中，

佛日如所应，垂照所化山。(4.63)

如具广大光明日，普照世间而依次，

垂照上中下之山，佛日依次照有情。(4.64)

光曼荼罗为胜者：

日无力照诸刹空，示痴闇覆所知义，

光散悲体种种色，为明众示所知义。(4.65)

佛陀入城时，有眼诸人见，

令离无益聚，见彼义而受，

痴盲堕有海，见闇所障者，

佛日光令明，慧见未见处。(4.66)

所谓如如意宝者：

如同如意宝，无分别同时，

令住所行境，诸意乐圆满。(4.67)

依佛如意宝，令诸意乐异，

听闻种种法，然彼无分别。(4.68)

如摩尼宝无功用，赐余有情所欲财，

能仁无功用顺宜，三有未尽恒利他。(4.69)

所谓如来难得出现者：

求而此趣极难得，妙宝住海地下故，
众生缘劣烦恼伏，心中难得见如来。(4.70)

如回响者：

犹如回响者，余了别所生，
无分别造作，非住于内外。(4.71)
如是如来语，由余所化生，
无分别造作，非住于内外。(4.72)

所谓如虚空者：

无少分无现，无缘亦无依，
超越于眼道，无色无可示，(4.73)
空中见高下，然非如是有，
见佛之一切，然非如是有。(4.74)

所谓如地者：

如大地所生，无分别依地，
增长固茂盛。 (4.75)
如是佛大地，无分别依此，
令众生善根，无余皆增长。(4.76)

诸喻摄义者：

无功用作事，以不见有故，
为断所化疑，说此九种喻。(4.77)
经中广宣说，此等九种喻，
此经名本身，宣说彼需要。(4.78)
以闻所成慧，大光明庄严，
具慧速趣入，佛诸所行境。(4.79)
为彼义而说，琉璃帝释像，
等等之九喻，认明彼摄义。(4.80)
示现语周遍，变化智发散，
意语身秘密、得大悲自在。(4.81)
功用流静息，无分别之意，
如无垢琉璃，现帝释像等。(4.82)
功用皆静息，无分别是因，
自义同喻者，即帝释像等。(4.83)

此中本品义：示现等九种，

大师离生死，无功用而转。(4.84)

约此义说摄喻之四颂曰：

如帝释鼓云梵日，宝王回响虚空地，

瑜伽师知无功用，利他乃至生死际。(4.85)

示现如宝天王影，善作教诫似天鼓，

遍主智大悲云聚，遍无量众至有顶。(4.86)

如梵无漏处不动，示现非一众变化，

如日放射意智光，意似清净如意宝。(4.87)

佛语无句如回响，身如空遍无色常，

众生白法药无余，如地佛地一切依。(4.88)

又，云何诸喻，是说诸佛世尊常无生灭、而见有生灭，及说佛事业于一切众生无功用相续不断？

犹如净琉璃，心中见佛因，

清净彼不退，信根增盛性。(4.89)

善有生灭故，佛身有生灭，

如帝释能仁，法身无生灭。(4.90)

如是无功用，法身无生灭，

乃至生死际，入示现等业。(4.91)

此等喻摄义，如下次第者，

前后不同法，由断门而说。(4.92)

佛犹如影像，非同不具音，

如天鼓非同，非一切饶益。(4.93)

如大云非同，不断无益种，

如大梵非同，不毕竟成熟。(4.94)

如日形非同，不毕竟坏闇，

如宝亦非同，出现不难得。(4.95)

如回响非同，由缘所生故，

如虚空非同，非善所依故。(4.96)

如地曼荼罗，世间出世间，

众圆满无余，安住所依故。(4.97)

依于佛菩提，生出世间道，

善业道静虑，无量无色故。(4.98)

《辨宝性大乘上续论》如来事业品第四、颂义所摄之释圆满。

第五　胜利品释

此下为胜解上所说此等四处胜利之六颂：

佛界佛菩提，佛法佛事业，
净有情难思，此是大师境。(5.1)
具慧信佛境，成佛功德器，
欣乐难思德，映蔽有情福。(5.2)
凡希求菩提，金摩尼庄严，
量等佛刹尘，日日奉法王，
余闻此文句，闻已若胜解，
较施所生善，所得福尤多。(5.3)
求无上菩提，具慧经多劫，
身语意离用，能无垢持戒，
余闻此文句，闻已若胜解，
较戒所生善，所得福尤多。(5.4)
坏三有惑火，静虑天梵住，
究竟而修习，不变觉方便，
余闻此文句，闻已若胜解，
较静虑生善，所得福尤多。(5.5)
以施成办诸受用，戒成增上修断惑，
烦恼所知慧普断，此胜彼因乃闻此。(5.6)

此等偈颂之义者，当知以九颂释之：

处及彼之转，彼功德义成，
佛了知之境，四种即上述。(5.7)
具慧者胜解，有能具功德，
当速成有缘，获得如来位。(5.8)
此境难思议，有如我能得，
得具如是德。以信胜解故，(5.9)
欲勤念静虑，慧等功德器，
菩提心于彼，当恒常安住。(5.10)
彼者常住故，佛子不退转，
福德度圆满，转成清净性。(5.11)

福德五度中，无三相分别，
彼圆满清净，断所治品故。(5.12)
施所生福施，戒所生福戒，
忍静虑二修，精进遍一切。(5.13)
三轮分别者，许是所知障，
嫉等分别者，许为烦恼障。(5.14)
此等除智慧，余无能断故，
慧为上所依，闻故闻最上。(5.15)
依可信教理，净自及摄受，
胜解具圆满，善慧而说此。(5.16)
约所说而言之颂曰：
如同灯电宝日月，依此具眼能观见，
依能仁放大义利，法辩光而能说此。(5.17)
具义法相属，断三界染语，
宣说寂胜利，是仙语余反。(5.18)
约说者而言之颂曰：
彼惟约佛教，心无散乱说，
顺得解脱道，如仙教顶戴。(5.19)
约自护方便而言之颂曰：
较佛尤善巧，此世中无有，
无余上真实，遍智如理知，
非余不应扰，仙人自立经，
坏能仁规故，彼则损正法。(5.20)
烦恼愚痴者，毁谤诸圣者，
轻圣所说法，皆耽见所致，
故心不可染，彼耽着见垢，
净布可染色，沾油则难染。(5.21)
约衰损因而言之颂曰：
慧劣不胜解，依此邪慢故，
正法匮障体，执不了义故，
贪利养见转，依止破法故，
远持法解劣，故谤罗汉法。(5.22)
约衰损果而言之颂曰：
智者不应畏，火难忍毒蛇，

屠夫及雷电，如谤甚深法。
火蛇敌雷者，但能令命离，
不堕极可畏，诸无间之趣。（5.23）
数数依恶友，于佛具恶心，
弑父母罗汉，破僧伽之人，
决定思法性，速当解脱彼；
诸凡瞋法徒，彼岂有解脱！（5.24）
以我如理释，宝净界无垢，
菩提功德业，七义处得善，
愿众见仙人，具光无量寿，
见生净法眼，获得大菩提！（5.25）
此等十颂所摄之义亦当以三颂得解：
因何何故者，云何所说者，
何为等流者，以四颂而示。（5.26）
二说自净法，一说衰损因，
复次之二颂，乃说彼之果。（5.27）
众曼荼罗忍，得菩提说法，
简言果有二，末颂之所示。（5.28）
《辨宝性大乘上续论》胜利品第五、颂义所摄之释圆满。

［结束分］

由释大乘正法宝，我得不可思议福，
以此愿众成大乘，正法大宝无垢器。

圣怙主弥勒所造《大乘上续论》之释，无著论师所造者圆满。由吉祥大无喻城之大智者婆罗门宝金刚之侄班智达娑者那及译师释迦苾刍洛丹喜饶译于无喻城。

参考文献

藏文：

sGom pa'i rim pa，日本大谷大学藏文佛教典籍目录编号:3915-17.

rNal 'byor spyod pa'i sa las byang chub sems dpa'i sa'i rnam par bshad pa，编号：4047.

'Phags pa de bzhin gshegs pa'i yon tan dang ye shes bsam gyis mi khyab pa'i yul la 'jug pa bstan pa shes bya ba theg pa chen po mdo，编号:185.

'Phags pa gtsug na rin poches shus pa shes bya ba theg pa chen po mdo，Toh. 91.

'Phags pa 'od srung gi le'u shes bya ba theg pa chen po mdo，编号:87.

'Phags pa lhag pa'i bsam pa brtan pa'i le'ur shes bya ba theg pa chen po mdo，编号：224.

sKal-bzang-rgya-mtsho，the 7th Dalai Lama（1708-1757）*'Da' dka' ye shes mdo 'grel.* 第七世达赖喇嘛文集(塔尔寺版)，Vol. Ka.

Kong-sprul Blo-gros-mtha'-yas（1813-1899）*Theg pa chen po rgyud bla ma'i bstan bcos snying po'i don mngon sum lam gyi bshad srol dang sbyar ba'i rnam par 'grel pa phyir mi ldog pa seng ge'i nga ro*. Rumtek，no dates.

dKon-mchok-rgyal-mtshan，dBal-mang（1764-1853）*mDo sde'i rgyan gyi 'grel pa thub bstan rgyas pa'i me tog*. New Delhi：Gyaltan Gelek Namgyal，1974.

dKon-mchog-bstan-pa'i-sgron-me，Gung-thang（1762-1823）*Gung-thang bStan pa' sgron me' gsung 'bum*，贡唐丹贝仲美文集，Vol. Ka. 北京：民族出版社，2003.

mKhas-mchog Byams-pa-bkra-shis*Phar payin btha' dpyod*，Karnataka State：Gajang Computer Input Center，2000.

dGe-'dun-chos-'phel（1902-1951）*rGyal khams rig pas bskor ba'i gtam rgyud gser gyi tha? ma*：*Thog marlha sa nas phebs thon mdzad pa'i tshul*，ed. Zam-gdong-pa Blo-bzang-bstan-'dzin. Varnasi：Central Institute of Higher Tibetan Studies，1986；Ed. Hor-khang bSod-nams-dpal-'bar. 拉萨：藏文古籍出版社，1994. Vol. 1.

dGe-legs-dpal-bzang，mKhas-grub-rje（1385-1438）*rGyud sde spyi'i rnam par gzhag pa rgyas pa brjod pa*. In: F. D. Lessing and A. Wayman, *Mkhas-grub-rje's Rgyud sde spyi'i rnam par gzhag par brjod pa with Original Text and Annotation*. Paris: Mouton, 1968.

——. *sTong thun skal bzang mig 'dyed*. Mundgod: Gaden Jangtse Library, (Reprint Twiwan 2007).

Ngag-dbang dPal-ldan (b. 1797) *Grub mtha' chen mo'I mchan 'grel dka' gnad mdud grol blo gsal gces nor*. Mundgod: Drepung Gomang Library, 2007.

Ngag-dbang Blo-gros-grags-pa (1920-1975) *dPal ldan jo nang pa'i chos byung*. 北京:中国藏学出版社, 1992.

Chos-kyi-rgyal-mtshan, Se-ra rje-btsun (1469-1544/1546) *rGyan 'grel spyi don rol mtsho*. 北京:中国藏学出版社, 1998.

Chos-kyi-seng-ge, Phywa-pa (1109-1169). *dBu ma shar gsum gyi stong thun*. Ed. H. Tauscher. WSTB 43. Wien, 1999.

Tāranātha (1575-1634) *Zab don khyad par nyer gcig pa*. 多罗那他文集. Leh: Namgyal and Tsewang Taru, 1982-85. Vol. 4.

——. *Zab mo gzhan stong dbu ma'i brgyud 'debs*. 多罗那他文集. Vol. 4.

Dar-ma-rin-chen, rGyal-tshab (1364-1432) *Theg pa chen po rgyud bla ma'i ṭīka* (abbrev. rGyud bla ṭīka). 嘉曹杰文集(拉萨版). Vol. ga.

——. *rNam bshad snying bo'i rgyan. gNa' dpe gcig bsdus dpe tshogs*. 兰州: 甘肃民族出版社, 2000.

Padma rGyal-mtshan, bLo-gling-mkhan-zhur*Blo gsal dga' skyed snying gi nor bu* (*The Heart Jewel Causing Delights in the Intelligent*). Mundgod: Drepung Loseling Library Society, 2004.

Byams-pa-bkra-shis, mKhas-mchog (b. 15th cent.) *Phar payin btha' dpyod*. Karnataka State: Gajang Computer Input Center, 2000.

bLo-gros-rgya-mtsho, Gung-thang (1851-1930) *'Jam dyangs dla ma mChog gi phar phyin mtha' dpyod tin chen sgron me dang rje di pam mtsan can gyi mchan 'grel gnyis kyis dgongs don gsal bar byed ba skal bzang 'jug ngogs*. ACIP S0967.

Blo-ldan-shes-rab, rNgog Lo-tsa-ba (1059-1109) *Theg pa chen po rgyud bla ma'i don bsdus pa*. (abbrev. *don bsdus*) (a) Dharamsala, 1993; (b) NGMPP, Reel No. L 519/4; (c) Tōhoku Zōgai, no. 6798.

——. *Tshad ma rnam nges kyi dka' gnas rnam bshad*. 北京:中国藏学出版社, 1994.

Blo-bzang-chos-kyi-nyi-ma, Thu'u-bkwan (1737-1802) *Grub mtha' thams cad kyi khungs dang 'dod tshul ston pa legs bshad shel gyi me long*. Collected Works. New Delhi, 1969. Vol. 2.

bLo-bzang-grags-pa, Tsong-kha-pa (1357-1419) *Shes rab kyi pha rol tu phyin pa'i man ngag gi bstan bcos ngon par rtogs pa'i rgyan 'grel ba dang bcas pa'i rgya cher bshad pa legs bshad gser gyi phreng ba*. 西宁：青海民族出版社，1986.

——. *bsTan bcos chen mo dbu ma la 'jug pa'i rnam bshad dgongs pa rab gsal*. 宗喀巴文集(拉萨版).

bLo-bzang-bstan-pa, Brag-gyab'*Jam mgon chos kyi rgyal bo tsong kha pa chen po'i rnam thar thub bstan mdzes pa'i rgyan gcig ngo mtshar nor bu'i phreng ba*, 西宁：青海民族出版社：1981.

bLo-bzang-'phrin-las, Dung-dkar (1927-1997) *Dung dkar Tsig mdzod chen mo*, 北京:中国藏学出版社, 2002.

Mi-pham-rgya-mtsho, 'Jam-mgon Ju (1846-1912) *Theg pa chen po rgyud bla ma'i bstan bcos kyi mchan 'grel mi pham zhal lung*. The Complete Works. Gangtok: Kazi, 1976. Vol. 4.

gZhon-nu-dpal, 'Gos Lo-tsā-ba (1392-1481) *Deb ther sngon po. The Blue Annals*. Śata-piñaka Series, vol. 212. New Delhi, 1974.

——. *Theg pa chen po rgyud bla ma'i bstan bcos kyi 'grel bshad de kho na nyid rab tu gsal ba'i me long* (abbrev. *rGyud bla me long*), ed. Klaus-Dieter Mathes. Nepal Research Centre Publications, no. 24. Stuttgart: Franz Steiner Verlag, 2003.

Rin-chen-grub, Bu-ston (1290-1364) *Bla ma dam pa rnams kyis rjes su bzung ba'i tshul: bKa' drin rjes su dran par byed pa* (abbr. *Bu ston gsan yig*). Collected Works. Ed. Lokesh Chandra. New Delhi, 1971. Part 26 (la), 1-142 (fol. 1a-71b).

——. *Shin tu zab cing brtag par dka' ba de bzhin gshegs pa'i snying po gsal zhing mdzes par byed pa'i rgyan*. Collected Works. Vol. va.

——. *bDe bar gshes pa'i bstan pa'i gsal byed chos kyi 'byung gnas gsung rab rin po che'i mdzod* (abbr. *Chos 'byung*). Collected Works. Vol. ya.

Rin-chen-rnam-rgyal, sGra-tshad-pa (1318-1388) *De bzhin gshegs pa'i snying po gsal zhing mdzes par byed pa'i rgyan gyi rgyan mkhas pa'i yid 'phrog* (abbrev. *Yang rgyan*). The Collected Works of Bu-ston, New Delhi, 1971. Vol. sa.

Shākya-rgyal-mtshan, Rong-ston (1367-1449) *Theg pa chen po rgyud bla ma'i bstan bcos legs par bshad pa* (abbreviation: *legs bshad*). 成都:四川民族出版社,

1997.

——. *rGyud bla ma'i sgom rim mi pham dgongs don. Rong ston shākya rgyal mtshan gyi gsung skor*. Kathmandu: Sakya College, 1999. Vol. kha, 529.3-4.

——. *Chos dang chos nyid rnam par 'byed pa'i rnam bshad legs par 'doms pa lha'i rnga bo che*. 成都:四川民族出版社, 1999.

Shes-rab-rgyal-mtshan, Dol-po-pa (1292-1361) *Theg pa chen po rgyud bla ma'i bstan bcos legs bshad nyi ma'i 'od zer*. Collected Works ('Dzam-thang edition). New Delhi, 1992. Vol. 6.

——. *Ri chos nges don rgya mtsho zhes bya ba mthar thug thun mong ma yin pa'i man ngag*. 北京:中国藏学出版社, 1998.

bSod-nams-grags-pa, Pan-chen (1478-1554) *Theg pa chen po rgyud bla ma'i bstan bcos 'grel pa dang bcas pa'i dka' 'grel gNod kyi zla 'od* (abbrev. *rGyud bla dka' 'grel*). *The Collected Works of Pan-chen bSod-nams-grags-pa*. Mundgod, 1986. Vol. 5.

汉文:

大宝积经普明菩萨会第四十三. 大正藏. 10.75310;遗日摩尼宝经 12.350;摩诃衍宝严经 12.351;大迦叶问大宝积正法经 12.352;

大方广佛华严经. 大正藏. 9.278; 10.279;如来兴显经,10.291.

大方广入如来智德不思议经. 大正藏 10.304;度诸佛境界智光严经 10.302;佛华严入如来德智不思议境界经 10.303.

大智度论. 大正藏. 25.1509.

吕澂吕澂佛学论著选集. 济南: 齐鲁书社: 1996.

——. 安慧三十唯识释略抄,现代佛教学术丛刊 Vol.29. 北京: 北京图书馆出版社, 2005.

王恩洋中国佛教与唯识学. 北京: 中国文化出版社: 2003.

玄奘成唯识论. 大正藏. 31,1585.

印顺如来藏之研究. 台北: 正闻出版社, 1992.

智升开元释教录. 大正藏.55, 2154.

周贵华唯识, 心性与如来藏. 北京: 宗教文化出版社: 2006.

日文:

Nakamura, Z. *Bonkantaishō Kukyōichijō Hōshōron kenkyū*. 梵汉对照究竟一乘宝性论研究. Tokyo: Sankibō Busshorin, 1961.

西文：

Blumenthal, James, Śāntarakṣita, and rGyal-tshab Dar-ma-rin-chen. *The Ornament of the Middle Way: A Study of the Madhyamaka Thought of Śāntarakṣita: Including Translations of Śāntarakṣita's Mādhyamakālaṃkara (the Ornament of the Middle Way) and Gyel-Tsab's Dbu Ma Rgyan Gyi Brjed Byang (Remembering "the Ornament of the Middle Way")*. 1st ed. Ithaca, N. Y.: Snow Lion Publications, 2004.

Burchardi, *A. Towards an understanding of Tathāgatagarbha interpretation in Tibet with special reference to the Ratnagotravibhāga. Religion and Secular Culture in Tibet*. Leiden: Brill, 2002.

Brown, Brian Edward. *The Buddha Nature: A Study of the Tathāgatagarbha and ālayavijñāna. 1st ed, Buddhist Traditions*; 11. Delhi: Motilal Banarsidass Publishers, 1991.

Bstan 'dzin rgya, mtsho, Alexander Berzin, and mtshan Blo bzaṅ chos kyi rgyal. *The Gelug/Kagy Tradition of Mahamudra*. 1st ed. Ithaca, N. Y.: Snow Lion Publications, 1997.

Cabez n, Jos Ignacio. *A Dose of Emptiness: An Annotated Translation of the sTong thun chen mo of mKhas grub dGe legs dpal bzang*, trans. Albany: State University of New York, 1992.

——. *Freedom from Extremes: Gorampa's "Distinguishing the Views" and the Polemics of Emptiness*, Boston: Wisdom Publications, 2007.

Dreyfus, Georges B. J. *Recognizing Reality: Dharmakīrti's Philosophy and Its Tibetan Interpretations, Suny Series in Buddhist Studies*. Albany, N. Y.: State University of New York Press, 1997.

——. *The Sound of Two Hands Clapping: The Education of a Tibetan Buddhist Monk*. Berkeley, C. A.: University of California Press, 2003.

Griffiths, Paul J., and John, P. Keenan. *Buddha Nature: A Festschrift in Honor of Minoru Kiyota*. Tokyo: Buddhist Books International, 1990.

Griffith, P aul J., and Hakamaya, N. *The Realm of Awakening: A Translation and Study of the Tenth Chapter of Asanga's Mahāyānasaṅgraha*. Oxford: Oxford University Press, 1989.

Hookham, S. K. *The Buddha Within: Tathāgatagarbha Doctrine According to the Shentong Interpretation of the Ratnagotravibhaga, Suny Series in Buddhist Stud-*

ies. Albany, NY: State University of New York Press, 1991.

Hopkins, Jeffrey. *Emptiness Yoga: The Middle Way Consequnence School*. Ithaca: Snow Lion Publications, 1987.

——. *Mountain Doctrine: Tibet's Fundamental Treatise on Other-Emptiness and the Buddha-Matrix*, trans. Ithaca: Snow Lion Publications, 2006.

——. *The Essence of Other-Emptiness*, trans. Ithaca: Snow Lion Publications, 2007.

Hubbard, J. & Swanson, P. L. *Pruning the Bodhi Tree: The Strom over Critical Buddhism*, eds. Honolulu: University of Hawai'i Press, 1997.

Jackson, David P. *rNgog Lo-tsā-ba's Commentary on the Ratnagotravibhāga*. In the *Theg chen rgyud bla ma'i don bsdus pa. Commentary on the Ratnagotra-vibhāga by rNgog Lotsaba Blo ldan shes rab*. Dharamsala: Library of Tibetan Works and Archieves Library of Tibetan Works and Archives, 1993.

Jamspal, L. etc. *The Universal Vehicle Discourse Literature (Mahāyānasūtrālaṃkāra) by Maitreyanātha/Āryāsaṅga*, trans. New York: American Institute of Buddhist Studies at Columbia University, 2004.

Kano, Kazou. *rNgog Blo-ldan-shes-rab's Summary of the Ratnagotravibhāga, The First Tibetan Commentary on a Crucial Source for the Buddha-nature Doctrine*, Hamburg: University of Hamburg, 2006.

Kapstein, Matthew. *The Tibetan Assimilation of Buddhism: Conversion, Contestation, and Memory*. Oxford; New York: Oxford University Press, 2000.

——. *Reason's Traces: Identity and Interpretation in Indian and Tibetan Buddhist Thought*. Boston: Wisdom Publications, 2001.

Kelsang, Gyatso. *Ocean of Nectar: Wisdom and Compassion in Mahāyāna Buddhism*. London: Tharpa Publications, 1995.

King, Richard, and Gauḍapāda. *Early Advaita Vedānta and Buddhism: The Mahāyāna Context of the Gauḍapādīya-Kārikā, Suny Series in Religious Studies*. Albany: State University of New York Press, 1995.

King, Sallie B. Buddha Nature, Suny Series in Buddhist Studies. Albany: State University of New York Press, 1991.

Kong-sprul, Blo-gros-mtha yas, Gyamtso Khenpo Tsultrim, and Rosemarie Fuchs. *Buddha Nature: The Mahayana Uttaratantra Shastra*. Ithaca, NY: Snow Lion Publications, 2000.

Lamrim Chenmo Traslation Committee, *The Great Treatise on the Stages of the Path to*

Enlightenment, *Vol*. 3. Ithaca: Snow Lion Publications, 2002.

Lopez, Donald S. *Buddhist Hermeneutics*. Honolulu: University of Hawaii Press, 1988.

——. *Buddhism in Practice*, *Princeton Readings in Religions*. Princeton, N. J.: Princeton University Press, 1995.

Magee, William Albert. *Tathāgatagarbha in Tibet: Including a Translation and Analysis of Parts of Ngak-wang-bel-dan's Annotations for Jam-yang-shay-ba's Great Exposition of Tenets*. M. A. thesis, University of Virginia, 1989.

Mathes, Klaus-Dieter, *A Direct Path to the Buddha Within: Gö Lotsāwa's Mahāmudra Interpretation of the Ratnagotravibhāga*. Wisdom Publications, 2007.

Monier-Williams, Monier. *A Sanskrit-English Dictionary*. (*Searchable Digital Facsimile Edition*). The Bhaktivendanta Book Trust International, 2002.

Newland, Guy. *The Two Truths: in the Mādhyamika Philosophy of the Ge-luk-pa Order of Tibetan Buddhism*. Ithaca: Snow Lion Publications, 1992.

——. *Appearance & Reality: The Two Truths in the Four Buddhist Tenet Systems*. Ithaca: Snow Lion Publications, 1999.

Nyanaponika, Thera & Bhikkhu, Budhi. *Numerical Discourses of the Buddha*, trans. Walnut Creek: AltaMira Press, 1999.

Paul, Diana Y. *The Buddhist Feminine Ideal: Queen Śrīmālā and the Tathāgatagarbha*. Missoula, MT: Published by Scholars Press for the American Academy of Religion, 1980.

Pettit, John W., and Mi pham rgya mtsho. *Mipham's Beacon of Certainty: Illuminating the View of Dzogehen*, *the Great Perfection*, *Studies in Indian and Tibetan Buddhism*. Boston, Mass: Wisdom Publications, 1999.

Prasad, H. S. *The Uttaratantra of Maitreya: Containing Introduction*, *E. H. Johnson's Sanskrit Text and E. Obermiller's English Translation*, ed. Delhi: Sri Satguru Publications, 1991.

Ruegg, David Seyfort. *La Theorie Du Tathāgatagarbha Et Du Gotra*, Paris: éole Françise d'Extrême-Orient, 1969.

——. *Le Traité du Tathāgatagarbha du Bu ston Rin chen grub: Traduction du De bzhin gshegs pa'i snying po gsal zhin mdzes par byed pa'i rgyan*. école Française d'Extrême-Orient 88. Paris, 1973.

——. *The Meanings of the Term "Gotra" and the Textual History of the "Ratnagotra-*

vibhaga" in Bulletin of the School of Oriental and African Studies, Vol. 39. London: University of London, 1976.

——. *The gotra, ekayāna and tathāgatagarbha theories of the Prajñāpāramitā according to Dharmamitra and Abhayākaragupta*. In: *Prajñāpāramitā and Related Systems: Studies in Honor of E. Conze*. Berkeley. 283-312, 1977.

——. *Buddha-Nature, Mind and the Problem of Gradualism in a Comparative Perspective: On the Transmission and Reception of Buddhism in India and Tibet, Jordan Lectures in Comparative Religion*; 13. London: School of Oriental and African Studies, University of London, 1989.

Stearns, Cyrus. *The Buddha from Dolpo: A Study of the Life and Thought of the Tibetan Master Dolpopa Sherab Gyaltsen, Suny Series in Buddhist Studies*. Albany, N. Y.: State University of New York Press, 1999.

Suzuki, Daisetz Teitaro. *The Lankavatara Sutra: A Mahayana Text*. Trans. Taipei: Southern Materials Center, 1977.

Takasaki, J. *A Study on the Ratnagotravibhāga (Uttaratantra): Being a Treatise on the Tathāgatagarbha Theory of Mahāyāna Buddhisms*. Serie Orientale Rome 33. Rome, 1966.

Thubten Loden, Geshe Acharya. *The Fundamental Potential for Enlightenment in Tibetan Buddhism*. Melbourne: Tushita publications, 1996.

Thurman, Robert A. F. and Tsong-kha-pa, Blo-bzang-grags-pa. *The Central Philosophy of Tibet: A Study and Translation of Jey Tsong Khapa's Essence of True Eloquence*. 1st Princeton pbk. ed, *Princeton Library of Asian Translations*. Princeton, N. J.: Princeton University Press, 1991.

Wayman, Alex, and Hideko Wayman. *The Lion's Roar of Queen Śrīmālā; a Buddhist Scripture on the Tathāgatagarbha Theory*. New York: Columbia University Press, 1973.

Zimmermann, Michael. *A Buddha Within: The Tathāgatagarbhasūtra: The Earliest Exposition of the Buddha-Nature Teaching in India, Bibliotheca Philologica Et Philosophica Buddhica*; *V*. 6. Tokyo: The International Research Institute for Advanced Buddhology, Soka University, 2002.

༄༅། །བྱམས་ཆེན་མེ་ཡིས་ཞེ་སྡང་བུད་ཤིང་སྲེག །

ཡེ་ཤེས་འོད་ཀྱིས་མ་རིག་མུན་པ་སེལ། །

ཆོས་ཀྱི་རྒྱལ་ཚབ་འགྲོ་བའི་མགོན་མཛད་པ། །

དགའ་ལྡན་བཞུགས་པ་ཁྱེད་ལ་སྙིང་ནས་འདུད། །

ནམ་ཞིག་རྡོ་རྗེ་གདན་དུ་མགོན་པོ་ཁྱེད། །

རྒྱལ་བའི་མཛད་པས་རྣམ་པར་རོལ་པའི་ཚེ། །

འཁོར་གྱི་ཐོག་མ་ཉིད་དུ་བདག་གྱུར་ནས། །

རང་གཞན་སྨིན་གྲོལ་གཞན་དོན་མཐར་ཕྱིན་ཤོག །

ལོ་ཙཱ་བ་ཆེན་པོ་དགེ་བསྙེན་རིན་ཆེན་ཆོས་གྲགས་ནས་ཕྱུགས་འདུན་བཞིན་ནགས་གཙང་སྐྱི་མིང་ནས་

རབ་ལོ་༨༤༥ ཟླ་བ་༧ སྤྱི་ལོ་༢༠༡༡ ལོའི་ཟླ་བ་༨ པའི་ཆོས་བཟང་པོ་

那仓·向巴昂翁仁波切所造翻译回向文

大慈焚嗔薪，智光除痴闇，
法胤众生怙，礼住兜率尊！
怙于金刚座，成佛游戏时，
愿成眷属首，自他利究竟！

如大译师近事仁钦曲札之愿而造，名那仓者笔。
藏历胜生985年7月公历2011年9月吉日

索　引

书　名

《阿毗达磨集论》…………………… 22,491
《阿毗达磨经》 ………………………… 511
《般若经》 …… 1,5~7,9,13~15,26~29,91,145,147,201,281,371,373,539,545,551,732,743
《宝女经》 ………………………… 635,772
《宝女请问经》 …………………… 629,633
《宝性论》……………… 7,10~21,23~28,34~38,255
《辨宝性大乘上续论》 ………… 10,16,38,615,781,783
《辨法法性论》…………………… 10,11,89
《辨了不了义论》…………………… 23,209
《辨中边论》……………………… 10,11,89
《不增不减经》 ……… 3,5,9,111,113,726
《大般涅槃经》 …………… 2,6,8,521,761
《大乘经庄严论》 …………… 10,11,12,89
《大乘上续论》……………… 20,28,87,91,143,201,525,535,707,719,783
《大乘上续论释》…………………… 93,721
《二谛论》 ………………………… 585
《根本慧论》 ……………………… 211
《广注》………………………………… 91
《海慧请问经》 …………………… 407
《厚严经》 ………………………… 283
《吉祥时轮无垢光大疏》 ……………… 289
《吉祥时轮续》 …………………… 447
《解深密经》 ………… 1,6,11,15,26~28,89,91,145,147,201,289,341,545
《经庄严论》 ………… 12,13,331,505,507
《俱舍论》………………………… 36,525
《六十正理论释》…………………… 22,523
《妙法白莲》…………………… 11,283,768
《妙法白莲华经》 ………………… 201,607
《明义释》 ……………………… 243,589
《毗奈耶经》……………………… 36,213
《菩萨地》 ………………………… 309
《亲友书》 ………………………… 171
《日光释》 ………………………… 451
《如来藏》 ………………………… 719
《如来藏经》…………………… 1,9,15,18,26~28,33,34,49,68,91,145,153,255,277,279,281,283,285,289,291,387,481,495,539,541,543,545,547,551,707,737,756
《入楞伽经》 ………………… 281,283,285
《入如来德智不可思议境经》 …… 113,726
《入行论》 ………………………… 307
《入一切佛境智光庄严经》 …………… 707
《入一切如来境智光庄严经》 ………… 729
《入中论》………………………… 36,209
《三摩地王经》………………………… 89
《上续论》…………………… 35,153,273
《摄大乘论》 ………………… 11,19,283
《声闻地》……………………………… 91
《胜鬘》 ……………………………… 719
《胜鬘经》 ………… 1,3~6,8,29,259,547
《圣涅槃经》 ……………………… 349

《圣胜鬘经》 ……… 113,249,707,726,734
《圣陀罗尼自在王经》 …………………… 707
《圣陀罗尼自在王请问经》 …………… 115
《圣无尽慧经》…………………………… 89
《释》 ………………… 38,41～43,45～56,
58～60,63～66,69,74,77,101,103,
115,123,125,127,161,163,165,179,
183,185,187,205,207,211,213,215,
229,231,235,239,245,247,249,251,
253,255,257,273,291,297,301,315,
317,333,339,343,345,363,367,371,
375,379,385,393,397,399,401,403,
419,427,431,433,437,439,441,443,
449,453,455,457,479,481,483,495,
499,501,503,505,509,511,513,515,
517,537,559,561,563,565,633,635,
661,663
《释量论》 ………………… 31,36,289,355
《释论》……………… 25,91,107,145,197,
215,235,239,247,617
《四百论》 ……………………………… 139
《陀罗尼王请问》 ……………………… 719
《陀罗尼自在王经》…… 15,28,42,137,726
《陀罗尼自在王请问经》 ………… 101,703
《唯识三十颂》 ………………………… 485
《无垢光大疏》 ………………………… 447
《现观庄严论》 ……………… 7,10,24,36,
91,209,277,319,341,391,407,451,
703,705
《现观庄严论明义释》 ………………… 331
《现证庄严论释》 ……………………… 403
《瑜伽行四百论》 ……………………… 523
《郁伽长者请问经》 …………… 217,223
《增上意乐品》 ………………… 107,725
《正法白莲花经》 ……………………… 247
《智光庄严经》 ………………… 347,507
《中观根本慧论》 …………… 109,209,605
《中观庄严论》……………………… 28,143
《总持王经》 …………………………… 726

术 语

A

阿赖耶识 …………… 28,195,287,293,519
阿罗汉 ……………… 26,143,174,183,201,
219,223,227,233,237,239,243,249,
253,291,323,331,334,336,339,445,
447,449,457,487,489,491,495,501,
600,608,610,612,718,734,740,741,
751～753,757,767
阿罗汉等三种身 ……………………… 339
阿罗汉果 ……………… 143,174,237,239,
336,610,612
爱乐颠倒、起无常、苦、无我、不净者 … 761
安立大乘妙法语事………………… 133,727
安忍……………………………… 453,752
安住十地之菩萨………………… 542,762
狮子贤 ………………………… 91,347,592

B

八地 ………………… 60,101,119,121,183,
219,331,336,365,423,427,429,455,
457,495,499,505,610,757
八功德…………………… 164,189,728,730
八功德所摄之法宝………………… 189,730
八忍体一反异而有 …………………… 499
八事 …………………………………… 207
八万四千法义 ………………………… 381
八万四千有情行 ……………………… 381
八万四千种无边差别……………… 501,757
八义 ………………… 68,566,568,763,764
八支圣道………………………… 674,777
八支水 ………………………………… 674
八智体一反异而有 …………………… 499

八种菩萨光明 …… 152,728
八种义 …… 566,763
般若波罗蜜多 …… 51,91,325,327,329,331,421,740
谤法过患 …… 83,716,720
谤法障 …… 82,714,716
谤及不谤大乘经之二类 …… 309
谤正法 …… 82,83,716,718,720
谤正法之因 …… 83,716,720
宝藏 …… 7,8,20,35,467,469,471,477,479,503,507,515,517,550,574,576,753,755,758,759,765
宝藏、树、宝像、转轮王、金像五喻 …… 759
宝藏、树、宝像、转轮王、金像之五喻 …… 758
宝金刚 …… 726,783
宝像 …… 467,471,481,485,507,517,574,754 ~ 756,758,759
宝像、转轮王、金像三喻 …… 574
宝柱菩萨 …… 131
悲悯 …… 162,166,177,303,363,365,614,640,728,738,768
悲心 …… 15,44,52,78,170,172,181,183,185,301,303,315,319,345,355,365,369,405,411,415,423,425,471,588,672,676,738,747,748,754,767
本性住功德 …… 71,586,588
本性住种 …… 7,12,13,18,20,283,295,303,465,467,515
本性住种者,如宝藏 …… 467
本住客尘清净种性 …… 353
鼻识 …… 580
彼二利他之力 …… 183,730
彼三之猛利现行 …… 465
彼随烦恼本来自性尽及灭 …… 211
彼所依之二资粮 …… 650
彼为对治所得 …… 443
彼心之随烦恼 …… 263,735
彼心自性光明 …… 207,732
彼之随烦恼 …… 213,732
毕竟归依 …… 239,245,251,734
边执见 …… 174,409,686
变化身 …… 11,20,336,517
遍计分别 …… 289
遍计执无自相 …… 28,89,147
遍行 …… 54,231,299,379,383,385,387,425,429,433,511,612,737,744,759,770
遍行义 …… 299,433,612,737
辨了不了义之理趣 …… 91
别后二度 …… 556
别相 …… 30,59,63,174,199,339,379,441,443,447,449,489,536,741,752,760,761
病变 …… 582
波罗蜜多 …… 51,52,91,219,317,325,327,329,331,334,336,339,341,381,411,421,455,528,530,739 ~ 741,744,747
波罗蜜多乘道 …… 590
补特伽罗 …… 13,14,25 ~ 27,36,50,52,64,66,89,99,109,111,141,143,149,156,168,193,199,201,203,207,209,211,231,237,239,267,273,279,287,293,305,307,309,311,313,321,325,327,331,332,334,339,351,353,363,365,373,377,379,381,393,417,449,469,487,495,499,501,507,522,524,526,530,532,534,536,538,594,612,620,706,708,710,714,718,732,734,738,740,742,743,747,757,760
补特伽罗、蕴自性空 …… 26,201
补特伽罗及法我见 …… 327,740
补特伽罗及法我执之因 …… 538
补特伽罗及蕴实执 …… 267
补特伽罗及蕴之实有 …… 536

补特伽罗见…………………………311,738
补特伽罗实执……………………… 26,203
补特伽罗我……………… 26,143,203,287,
293,309,313,339,530,532,738
补特伽罗我空性 ……………………… 313
补特伽罗我执 ………………… 26,203,313
补特伽罗无我 …………… 25,26,143,211,
307,309,417
补特伽罗之诸趣 …………………… 26,732
补特伽罗自性空 ……………………… 143
不败慈尊 …………………………… 728
不败尊 ……………………………… 85
不变 ……………………… 2~4,10,24,31,
54~58,174,237,253,299,301,379,
387,389,399,403,405,407,417,425,
435,437,441,467,511,552,570,584,
586,672,706,734,737,738,744~746,
748~750,759,764,766,767,776,781
不变义………………… 55,56,58,299,387,
389,405,435,737
不变异……………… 54,301,379,387,437,
441,511,738,745,750,759
不变异义………………………… 511,759
不变之法性 …… 387,399,425,744,745,749
不出离 ……………………………… 776
不得涅槃法者 ………………… 12,355,742
不得涅槃种性……………………… 307,738
不颠倒……………… 32,154,205,321,377,
431,540,548,566,598,632,714,739,
743,762
不颠倒空性之相…………………… 540,762
不定 ……………… 181,217,247,315,359,
361,509,684,730,739
不定有情蕴………………………… 315,739
不动地……………………………… 433,749
不动菩萨地………………………… 455,752
不动行……………………………… 491,757
不动业……………………………… 201,331
不堕有寂二边 …………… 50,305,307,315
不堕有寂二边者 ……………………… 305
不堕有寂之二边 ……………………… 347
不废誓言 …………………………… 229
不共法之同法 ………………… 75,642,644
不共内证出世间智………………… 217,733
不共内证出世间智观 ………………… 733
不共事业…………………………… 154,634
不共一切佛法 ……………………… 550
不共因 ……………………………… 317
不共智 ……………………………… 634
不顾有情利益独觉乘人…………… 329,740
不乖离 …………… 115,117,119,375,389,
445,520,743,744,751,760
不观待而趣入……………………… 674,777
不坏………………… 75,197,289,293,399,
435,437,439,441,477,479,578,582,
642,644,654,731,745,750,754,755,
765,766,772,774
不坏性……………………………… 439,750
不坏义……………………… 439,441,750
不坏之我…………………………… 289,293
不坏之义 …………………… 75,642,644
不见前边际………………………… 519,760
不见真实之异生 ……………… 13,377,743
不净………………… 15,20,26,55~58,62,
64,113,139,141,174,175,181,183,
185,223,297,321,323,325,379,381,
387,389,393,399,403,405,407,409,
411,413,415,417,419,421,425,431,
433,465,467,469,471,475,477,483,
485,487,489,491,499,501,503,505,
511,519,528,530,608,676,684,727,
729,730,739,740,743~749,754~757,
761,768,777
不净地及清净地之垢 ………… 64,489,499
不净地之障………………………… 465,467
不净地之障于田邑 …………………… 467

不净秽中有金 …………………………… 469
不净及净位 ………… 56,57,381,387,389,405,407,409,425,744,746
不净及净位中不变 ………………………… 387
不净坑 ……………… 141,223,413,415,747
不净三摩地 ………………………… 491
不净位 ……………… 55,297,381,387,389,393,399,403,405,409,421,425,744 ~ 746,748
不净位时不变相…………………… 389,744
不净位中不变之相………………… 403,746
不净位中如来藏不变法性………… 399,745
不净位中如来界不为死、病、老三火所变 ……………………………………… 746
不净之吠琉璃宝…………………… 139,727
不可成佛之永断种性 ………………… 181
不可度量广大功德 …………………… 598
不可量等五功德 ……………………… 602
不可如言取义之不了义 ………… 285,293,548,552
不可思议 ……………… 3,4,18,48,73,115,125,131,133,166,170,197,255,257,261,265,275,301,334,336,371,437,439,441,445,449,455,457,461,540,568,582,586,588,618,620,640,654,694,726,727,729,731,734 ~ 736,740,742,750 ~ 753,762,764,766,767,769,772,774,783
不可思议变异生死 …………………… 694
不可思议变异死………… 334,336,441,740
不可思议佛境……………………… 654,774
不可思议佛三摩地王……………… 125,727
不可思议相……………… 445,568,751,764
不可思议义 ……………… 568,618,764,769
不可思议之差别 …………… 73,588,618
不可言说…………………… 105,107,725
不乐 ………………… 349,668,741,742,775
不了义 ………………… 4,6,24,27 ~ 29,32,34,68,85,87,89,91,94,147,149,213,271,285,287,289,293,507,509,546,548,552,604,718,720,726,782
不能以自力通达 ……………………… 540
不饶益……………………………… 668,775
不入心性之客 ……………………… 27,558
不善心………………………………… 3,215,732
不舍大悲…………………………… 229,417,748
不舍菩提心 ………………………………… 229
不舍弃之因 ………………………… 73,616
不通达如来藏有垢真如之补特伽罗 … 526
不退转 ……………… 15,58,145,162,170,172,185,207,209,219,229,235,425,427,429,433,449,710,727,732,733,749,752,782
不退转地……………………… 219,429,733
不退转菩萨 …………… 209,219,229,433,732,733,749
不退转菩萨僧宝…………………… 209,732
不退转菩萨众 ……………………………… 732
不退转菩提 ………………………………… 207
不退转众 …………………………………… 207
不显现………………………………… 682,778
不许阿赖耶而许外境之规 ……………… 287
不依余乘 …………………………………… 229
不因赞毁等而变 ………………………… 734
不因赞毁等而变同法 …………………… 734
不周遍………………………………… 361,365
布施 ………………………… 15,455,594,752
怖畏生死苦声闻乘人……………… 329,740

C

差别之转 …………………………………… 369
差别转………………………………… 369,743
常、恒、坚固 ……………………………… 285
常边执喻 …………………………………… 265
常波罗蜜多……………… 51,321,325,329,331,333,335,521,739 ~ 741

常差别 …… 71,579
常见 …… 337,525,741
常事 …… 31,32,68,135,145,159,169,255,267,281,283,289,323,329,331,353,383,393,431,539,541,611
常想 …… 317,319,321,739,761
常义 …… 159,329,433,435,561,750,764
常之差别 …… 72,559,581,585,607
常作者 …… 10,285,289
嗔大乘法 …… 12,321,349,740,742
嗔大乘法之一阐提 …… 321
嗔随眠相之烦恼 …… 483,757
嗔现行 …… 481,485
嗔与蜂虫不住乐触相似 …… 461
瞋恚憎恶大乘法之一阐提 …… 301
尘垢是客 …… 459
尘垢为客 …… 28,61,62,145,281,387,457,465,477
称量四谛法性之反体 …… 493
成办安乐 …… 581,607,767,768
成办利他 …… 181,273,421,559,561,571
成办利他之支分处 …… 273
成办自利 …… 561,764
成就菩提处之有情 …… 643
成立尘垢为客之理 …… 28,281
成立心为自性清净垢为客之义 …… 63,479
澄净信 …… 315
痴随眠相之烦恼 …… 483,757
痴与糠秕能障见精要相似 …… 461
池水摩尼之喻 …… 521,761
持戒 …… 219,227,447,587,781
出城、以自生近圆出家 …… 599
出离 …… 9,29,121,127,131,227,245,623,647,661,663,734,773,776
出离戒 …… 227
出离心 …… 29,227
出生佛三身种性之自性 …… 501,758
出世间 …… 3,10,17,36,67,95,101,105,159,169,205,213,251,253,255,271,275,299,325,419,427,453,481,485,493,503,513,535,561,567,571,573,605,621,637,693,695,729,732～735,737,740,749,753,757,758,760,762,764,765,772,780
出世间藏 …… 67,535,762
出世间道 …… 105,485,605,621,695,729,733,780
出世间法种子 …… 17,275,737
出世间无分别智 …… 571,764,765
出世间智 …… 205,213,481,485,561,732,733,757,764
出世间智观 …… 205,732,733
出世间智观清净 …… 205,732
初地佛子 …… 419
初地菩萨 …… 219,421
初地所摄十二种百功德 …… 605
初发胜义心菩萨功德 …… 57,419,427
初发心 …… 427,733,749
初发心菩萨 …… 427,733,749
初六力 …… 635
初五波罗蜜 …… 82,705
处、依及基 …… 760
处与非处智力 …… 635
词无碍解 …… 707
慈悲光 …… 567,569,765
慈等四无量 …… 695
慈尊 …… 719,721
次第三转法轮 …… 601
聪 …… 15,263,523,761
粗补特伽罗无我 …… 303,305
粗所破 …… 141,307
摧伏诸魔军 …… 601,768
幢贤 …… 721

D

达采喀尔喀巴·敦珠衮嘎 …………… 721
达玛仁钦 …………… 22,85,117,157,203,253,293,343,381,429,459,497,527,559,591,617,641,665,697,721
大悲 ……………… 7,8,29,30,37,51,143,149,151,161,177,179,225,247,297,299,313,315,321,325,339,349,363,365,399,409,411,415,417,419,421,467,597,599,609,613,627,643,645,647,649,661,665,687,689,693,728,729,739～742,747,748,754,768,769,771,773,776,779,780
大悲功德差别 ………………………… 419
大悲心 …………………… 349,417,419,748
大乘 ………………… 1,2,4～8,10～16,18,20,21,24,25,29,35～38,51,84,85,87,89,91,93,95,99,101,107,109,111,115,117,131,139,141,143,145,153,155,157,169,185,201,203,207,221,223,229,233,235,243,251,253,275,283,291,293,297,301,303,305,309,311,313,315,319,321,325,341,343,349,351,363,365,379,381,409,417,427,429,437,443,457,459,473,475,489,495,497,511,517,519,525,527,535,555,557,559,573,589,591,593,597,601,603,605,607,615,617,639,641,653,663,665,667,669,695,697,699,701,703,707,717,719,721,725,727,732,738～740,742,763,768,769,773,777,781,783
大乘不共止观 ………………… 313,363,703
大乘藏 ……………………………… 87,311
大乘道 …………… 301,319,351,473,519,555,601,603,605,607,703,719,721
大乘道果 ……………………………… 319
大乘发心 ……………………… 309,311,699
大乘法宝 ……………………………… 203,732
大乘共及不共基、道、果 ………………… 89
大乘见道 ……………………………… 489,603
大乘见道苦法忍无间道 ……………… 489
大乘经 …………… 1,2,11,14,89,303,305
大乘了义经 …………… 557,615,639,695,717,719,721
大乘菩提 ……………………………… 143
大乘三宝 ……………………………… 107
大乘圣者 ………………………… 35,95,207
大乘因果法 …………………………… 313,315
大乘止观双运三摩地 ………………… 315,365
大乘种性 ……………… 29,89,91,99,139,143,169,221,229,319,443,517,601,605,701
大乘种性决定者 ……………… 169,443,605
大乘资粮道 …………………… 601,603,605
大海三同法 …………………………… 363,742
大慧 …………………………… 10,285,287
大精进 ………… 237,263,265,417,736,748
大曼荼罗宫 …………………………… 123
大菩萨瑜伽行派唯识师 ……………… 525
大菩提 …………… 151,217,315,427,479,549,615,643,645,647,675,715,728,733,749,773,783
大师 ……………… 28,81,85,131,145,169,221,229,231,233,303,307,359,367,395,555,599,625,627,633,653,675,687,697,709,721,733,738,768,770～772,780,781
大圆满 ………………………… 31,113,593
大中观师 ……………………………… 135
大主宰 …………… 499,559,561,593,607,758,763,764,767,768
耽着补特伽罗及蕴为谛实 …………… 189
但遮补特伽罗及法我戏论 …………… 321

道差别 …………………………………… 159
道次第决定 ……………………………… 451
道谛 ………………… 45,67,181,185,187,195,237,239,241,487,533,541,553,671,730,734
道相智 …………… 60,91,407,449,451,753
道相智之方便分 ……………………… 407
道之差别 ……………………………… 169
得彼种性自性不可思议相佛法无别之义……………………… 439,751
得此如来法身四德波罗蜜多之障 …… 327,740
得佛智因…………………………… 365,742
得平等性………………… 271,311,736,739
得如来平等性………………… 269,271,736
得自在菩萨 ………… 329,331,485,740,741
灯光……………………………… 367,679
灯色 …………………………………… 367
等觉弥布…………………… 297,503,515
等流果 ………………………… 82,707,709
等起差别……………………… 219,699,709
等引及后得智 ………………………… 559
等引无分别智 ………………………… 185
等引果 ………………………… 70,569
地道次第 ……………………………… 307
地见出世间法智……………… 493,757
地界……………………………… 397,746
地轮……………………………… 389,745
帝释 ………………… 76,175,413,649,651,655,657,671,685,687,689,691,693,729,774,779,780
第八菩萨地…………………………… 119,726
第二类补特伽罗 ……………………… 305
第二身 ………………………………… 617
第九菩萨地 …………………………… 726
第六地菩萨 …………………………… 419
第六金刚处………………………… 113,726
第七金刚处………………………… 113,726
第三类补特伽罗 ……………………… 307
第十地……………………………… 119,727
第四金刚处 ……………… 111,275,726,737
第四种身 ……………………………… 585
第五金刚处………………………… 113,726
第一极喜地………………………… 427,749
第一身……………………………… 617,759
第一种补特伽罗 ……………………… 303
谛实空 …………… 25~28,31,46,91,135,145,183,197,199,203,237,281,323,357,387,389,417,439,479,529,545,551
谛实空故 ………………… 31,183,357,545
谛实空胜义谛 ………………… 91,203,529
谛实戏论 …………… 109,117,159,299,319
谛实显现错乱分 ……………………… 489
谛现观 ………………………………… 493
颠倒………………………… 2,5,32,51,66,67,76,135,149,151,177,201,305,311,315,317,319,321,323,337,371,425,447,507,509,519,521,523,531,533,535,541,553,559,589,591,611,625,649,653,655,663,707,730,738,739,743,759,761,762
颠倒决定有情蕴……………………… 311,739
掉举………………………………… 661,776
定、慧波罗蜜多 ……………………… 417,748
定、慧波罗蜜多圆满之第六地 ………… 417
定解脱等智 …………………………… 621
定中 ……………………… 213,383,425,535,537,565,587
独觉 ………… 5,25,26,29,60,66,91,109,111,113,139,141,143,145,169,179,185,197,221,223,229,231,235,239,259,295,301,309,311,313,319,325,327,329,331,347,355,375,381,409,421,437,441,443,449,451,453,455,515,517,519,521,523,533,601,603,

605,633,637,639,725,730,733,735,738~741,747,752,753,760~762
独觉阿罗汉 …… 26,179,197,239,319,441,443,601,605
独觉乘人 …… 231,313,325,733,739,740
独觉菩提 …… 91,99,143,523
独觉所行之境 …… 259,735
独子 …… 219,359,407,409,417,747
独自怖畏生死苦而欲弃有情之声闻 …… 301
独自趣寂声闻 …… 201
犊子部 …… 305
睹史多天 …… 87
断差别 …… 71,205,579,581,595
断瞋之同法 …… 569
断痴之同法 …… 569
断德 …… 169,231,441
断烦恼及习气过失功德 …… 591
断功德 …… 60,435,441,449,565
断见 …… 31,135,149,209,317,337,525,541,741
断尽 …… 169,171,179,215,325,327,333,337,339,371,401,417,421,423,425,435,449,451,465,487,489,493,521,567,569,571,583,593,746,757
断尽烦恼障之解脱者 …… 489
断尽所知障之解脱者 …… 489
断尽贪之同法 …… 569
断究竟 …… 437,587
断生死本 …… 26,197
断疑 …… 41,61,95,99,443,459
断种子之理趣 …… 487,489
对治 …… 14,30,46,50,51,82,137,139,159,169,185,187,193,195,199,241,269,301,313,315,317,319,321,333,339,357,375,387,395,437,439,489,491,493,513,525,527,529,531,533,535,547,705,730~732,739,762
对治品 …… 185,187,439,491,513,730
对治品离贪 …… 185
钝根入道次第 …… 29,143
堕坏聚见 …… 66,67,519,535,761,762
堕坏聚见者 …… 66,67,519,535,761
堕寂边 …… 50,301,303,335,349
堕生死边 …… 333,335,339
堕有边 …… 50,301,303
堕有寂边 …… 335

E

耳识 …… 573
二辨 …… 87,89
二地至七地菩萨 …… 421
二谛 …… 14,23,29,34,95,181,185,187,209,249,257,259,263,425,447,529,531,549,583,585,730,734
二谛建立 …… 531
二谛双运 …… 259,529
二法 …… 189,259,441,507,730,735,750,752,758,759
二法者难可通达 …… 259,735
二利圆满 …… 70,97,571
二明 …… 185,205
二色身 …… 509
二摄 …… 91
二身 …… 73,571,575,585,607,613,617,765,766
二十一类无漏智 …… 213,325,583,585
二我 …… 473,531
二无我 …… 141,309,323,473,527,531
二相 …… 6,10,36,89,103,105,109,155,159,167,181,183,189,191,193,199,271,285,289,333,379,561,573,583,617,631,633,641,773
二相戏论 …… 109,199,333
二相隐没 …… 159,167,181,183,189,271,333,583

二相隐没之理 ……… 159,167,183,189,271
二相隐没之门 ………………………… 271
二因 …………… 57,97,205,207,215,327,
339,359,411,413,559,732,733,741
二缘 ………………… 97,159,161,173,243,
321,331,435
二障 ……… 64,82,179,195,215,247,335,
367,451,487,569,571,643,645,705
二障之相 ……………………… 64,487,705
二智 ………………… 70,205,561,565,569,
571,573,764,766
二种法身 …………………………… 11,501
二种果……………………………… 561,764
二种清净 ………………… 31,133,147,595
二种色身 ………… 181,237,459,509,587,
589,607,619,635,639,641,653
二种微细无我 ………………………… 141
二种我执之所著境 ………………… 527
二种无我 …………………………… 25,197
二种性 …………………… 509,511,513,759
二种因 ………………………… 333,335,741
二种用……………………………… 343,742
二种有学…………………………… 493,757
二种智……………………………… 561,764
二庄严 ………………………………… 87
二资粮 …………………………… 82,643
二资粮体性 …………………… 82,703,705

F

发起摄受所化意乐之喻 ……………… 263
发心菩萨清净功德相……………… 427,749
发心之因 …………………………… 82,703
发最上菩提心 ………… 28,68,143,313,
509,525,549,553,703
法宝 …………… 44,99,101,107,117,119,
127,131,145,157,181,185,203,221,
229,231,643,719,727,730,732,783
法宝功德差别……………………… 127,727
法鼓 ………… 1,4,9,657,659,661,775,776
法光 …………… 149,395,675,745,767,778
法界 …………… 2～5,7,33,177,179,269,
271,325,337,369,453,473,503,535,
591,595,677,729,736,740,741,743,
753,755,758,762,767,778
法忍 ………………… 451,489,493,715,717
法身 ………………… 3,4,10,11,14,16,18,
19,32～36,52,65,67,70～73,95,111,
113,147,163,165,167,189,193,195,
199,201,247,249,255,263,265,267,
269,277,279,291,293,295,297,299,
313,315,317,319,321,323,325,327,
331,333,335,337,339,363,365,369,
375,377,379,427,429,431,433,435,
437,439,441,449,459,461,473,499,
501,503,505,509,515,521,535,537,
543,559,561,567,569,571,573,579,
583,591,595,599,607,609,611,613,
617,637,653,673,677,689,691,707,
726,728,730～732,734,735,737～744,
750,751,758,760～762,764～766,768,
769,772,775,778,780
法身不堕常边 ……………………… 335
法身不堕断边 ……………………… 335
法身不可思议因 …………………… 611
法身藏 ……………………… 3,67,535,762
法身差别 …………………………… 193
法身常之三因 ………… 72,73,607,609,611
法身根本 ……………………… 52,315,339
法身弥布 ………………… 18,19,503,515,737
法身弥布义 ………………………… 503
法身清净法藏……………………… 535,762
法身清净因………………………… 365,742
法身如佛 …………………………… 461
法身事业 ……… 277,279,291,295,297,501
法身事业堪入之自性 ……………… 501

法身者,如自生宝像 …………………… 461
法身之自性清净分 …………………… 437
法身周遍 ……………… 19,65,503,505,758
法身转依堪能 ………………………… 291
法身自性清净分亦遍行于一切
有情聚 ………………………… 505
法是归依 …………………………… 231,733
法王子 ……………………………… 313,739
法我执 ………………… 25,199,527,531
法无碍解 …………………………… 707
法无分别智 ………………………… 563
法无我 ………… 24,25,109,111,139,141,
207,219,287,309,323,411,603,605
法无我证德 ………………………… 111
法性 ………………… 2,5,7～11,15,17,19,
23,32～34,89,103,133,143,147,157,
173,179,191,203,211,213,257,261,
263,265,271,281,377,381,393,409,
411,419,427,435,439,443,445,449,
455,457,459,465,467,473,493,501,
507,515,517,525,531,537,543,559,
565,579,581,607,629,647,715,727～
730,732,735,736,744,745,747～755,
759～761,766,771,773,774,783
法义 ……………… 105,225,247,375,523,
673,725,761
法云菩萨地 ……………………… 451,752
法真实 ………………… 323,387,523,761
法之真实 ……… 11,283,321,395,601,768
法智 ……………………… 451,493,757
烦恼 ………… 1～3,5,6,8,9,12,13,18,19,
24～27,29,31～34,36,55～57,69,93,
119,125,133,139,149,163,169,171,
173,175,179,185,187,189,191,193,
195,197,203,205,207,209,211,215,
219,239,241,243,245,255,257,259,
261,281,297,299,311,325,327,329,
331,333,335,367,371,375,377,383,
385,387,389,391,393,395,397,399,
401,403,405,407,409,411,413,415,
419,421,423,431,433,435,449,451,
457,459,463,465,467,469,471,473,
475,477,479,481,483,485,487,489,
493,495,497,505,507,525,527,529,
533,541,543,545,547,551,553,561,
563,565,567,569,571,575,579,581,
591,595,597,609,611,621,623,635,
637,643,645,647,659,663,669,671,
681,687,693,699,701,705,709,711,
726,728,729,731,732,734,735,737,
740,743～748,753～757,759,762～
767,773,775,776,779,781,782
烦恼本尽 ………………… 27,205,281,732
烦恼差别 ……………………… 55,389,413
烦恼根本 ……………………… 169,171,729
烦恼及所知障与云相似 ……………… 565
烦恼集 ………………………… 189,197,731
烦恼为客 ……………… 26,383,551,744
烦恼习气 ………… 119,245,333,367,489,
645,726,773
烦恼现前 ……………………… 699,701
烦恼现行 ……………………… 377,481,485
烦恼相 …………………………… 403
烦恼心所 ………………………… 259
烦恼于心为客 …………………… 551
烦恼杂染 …………… 34,211,281,331,395,
543,732,740,746
烦恼杂染、业杂染及生杂染三类 ……… 331
烦恼障 ………… 24～26,69,149,169,179,
215,243,325,327,331,367,423,433,
435,487,489,547,561,563,567,571,
579,581,609,621,623,635,701,705,
729,743,764,765,782
烦恼障及习气树 ……………………… 635
烦恼障所摄十二缘起支 ……………… 435
烦恼障之相 ………………………… 487

烦恼障诸树 …………………………… 621
烦恼者如不净污烂处……………… 469,754
烦恼者如地心……………………… 471,755
烦恼者如皮壳……………………… 473,755
烦恼者与蜂虫相似………………… 467,754
烦恼者与烂布相似………………… 475,755
烦恼者与泥模相似………………… 477,756
烦恼者与外糠相似………………… 467,754
烦恼者与萎莲苞相似……………… 465,754
烦恼者与孕妇相似………………… 477,755
烦恼之实有 ………………………… 529
烦恼之自性有 ……………………… 527
烦恼自性有 …………………… 29,527,529
梵化身 ……………………………… 649
梵天变化表示身语事业 …………… 79,671
方便 ……………… 4,26,28,29,34,37,50,68,78,82,83,87,89,107,133,141,143,149,179,217,235,245,287,303,307,309,311,313,337,339,341,343,357,365,369,395,399,401,403,405,407,409,413,419,423,427,443,445,447,449,467,469,475,479,517,521,523,529,551,555,559,563,581,601,641,645,651,669,671,679,681,699,705,709,711,730,738,741,742,747～749,752,754,755,760,761,764,767,768,773,777,781
方便入 ……………………… 50,303,309,738
方便善巧 ……… 407,409,443,523,747,761
方便相应…………………………… 311,738
妃眷中嬉戏…………………… 599,675,768
非方便入 ………………… 307,309,311,738
非方便入之义 ……………………… 307
非福 ………… 139,197,327,481,485,757
非福行……………………………… 485,757
非可见 ……………………………… 577
非可取 ……………………………… 577
非理作意 ……… 55,149,185,189,193,195,197,387,389,393,395,397,403,731,745,746
非染污无明……………………… 327,333,431
非染污无明习气 …………………… 431
非入方便 ……………………… 50,303,738
非少分…………………………… 661,775
非声闻所行境 ……………………… 533
非实有 ……………… 135,199,235,489,553
非所化…………………………… 663,675,778
非以名言分别他缘而证 …………… 163
非以他语为缘证 …………………… 161
非以他缘生 ………………………… 167
非以他缘现证……………………… 175,729
非以他缘证……………………… 161,167,728
非异………………………… 111,175,591
非有非无 ……… 23,30,31,183,541,730
非杂染无明甲所知障 ……………… 621
吠琉璃地基………………………… 175,729
分辨一切所知智 …………………… 563
分别 ……………… 5,7,8,13,14,16,27,29,31,32,43,46,49,53,59,60,63,65,68,71,72,74,76,78～81,103,107,113,119,133,137,145,147,162,163,165,167,172,175,177,185,187,189,191,193,199,209,241,243,253,261,265,271,275,281,285,287,289,291,309,313,319,337,361,365,369,371,373,377,379,383,391,393,399,401,411,419,421,423,433,435,439,449,453,481,483,493,495,499,501,503,507,517,529,533,535,541,559,561,563,565,569,571,581,583,587,591,593,595,597,611,613,619,645,647,649,651,653,657,665,667,669,675,677,679,681,683,685,687,691,693,705,726,728～732,735,736,741～745,747,748,749,750,752,758～762,764,765,767～769,773～779,782

分别补特伽罗我执 …………………… 309
分别烦恼障 ………………………… 495
分位 …………… 54,101,111,331,373,375,377,379,559,587,743,744
分位差别……………………… 373,375,743
分位功德 ………………………… 587
奋迅……………………… 177,179,729,730
风界……………………… 389,397,745,746
风轮………………………… 385,393,745
蜂虫 …………… 18,19,461,463,465,467,479,497,754,756,757
蜂虫中有蜜 ………………………… 463
讽颂……………………………… 503,758
佛、法、僧三宝……………………… 251,734
佛宝 ………… 43,95,99,117,119,125,129,157,161,181,229,231,727,728,730
佛宝功德差别……………………… 125,727
佛悲大地 ………………………… 683
佛不共法 ……………… 74,619,625,633,635,637,770,771
佛大悲……………………………… 645,693
佛大悲如大云 ……………………… 693
佛等喻所示九种所障 ……………… 463
佛二种色身……………………… 587,589,653
佛法身 ………… 157,163,213,503,758,777
佛法无别之义……………………… 439,751
佛功德……………… 16~18,121,131,151,193,253,255,261,273,295,383,435,445,563,565,617,641,643,685,697,701,728,735,737,764,769,773,781
佛功德差别………………………… 617,769
佛光曼荼罗………………………… 677,679
佛界 ……………… 133,149,343,471,553,697,727,741,742,781
佛界有垢真如 ……………………… 697
佛界自性清净种性………………… 343,742
佛菩提 …………… 121,151,565,695,697,727,728,780,781
佛三身 ………… 501,511,569,611,758,759
佛三身不可思议 …………………… 611
佛色身示现、语音、周遍一切所知意 … 687
放光明网………………………… 453,753
蜂蜜 ………………… 19,461,465,467,501,503,505,567,569,753,754,758
佛藏 ……… 291,369,457,547,737,753,762
佛藏建立 ………………………… 457
佛广大体性法性 …………………… 774
佛色身犹如帝释影像 ……………… 693
佛身 ………………… 11,161,223,581,589,649,657,689,691,715,765,767,780
佛身差别…………………………… 581,767
佛身建立 ………………………… 589
佛身语意体性、三事业、三秘密 ……… 689
佛胜义功德 ……………………… 577
佛事业 ………… 16~18,48,101,151,257,271,641,647,685,687,689,695,697,725,728,735,736,773,774,780,781
佛事业难以通达 ……………… 48,257,271
佛事业无功用……… 641,647,687,773,774
佛事业无功用而相续不断 …………… 687
佛事业无功用且相续不断………… 641,773
佛事业无功用相续不断趣入……… 647,774
佛是归依…………………………… 231,733
佛无碍解脱游戏 …………………… 125
佛现前了知之四种境 ……………… 701
佛相 …………… 19,34,269,357,391,425,453,463,497,499,501,505,543,569,585,651,653,745,753,757,758,759,770
佛相、蜂蜜、谷实之三喻 ………… 19,758
佛相等九喻………………………… 499,758
佛相续中所具出世间慧………… 453,753
佛心相续无垢智 …………………… 575
佛义………………………………… 105,725
佛音曼荼罗……………………… 661,663,776
佛与究竟菩萨之差别 ……………… 425

佛语如天鼓 …………………………… 693
佛正等觉八十法差别 ………………… 115
佛之真如…………………………… 265,507
佛智 ……………… 1,35,85,131,133,147,
153,155,181,215,263,265,273,363,
365,445,589,593,653,669,689,730,
733,737,742
佛种性 ……………… 18,65,279,343,511,
549,553,555,737
福、智资粮 ……………………… 445,447
福德资粮 …………… 69,349,405,509,567,
587,603,605,619,705,747
福行……………………………… 485,757
福智广大资粮…………………… 217,733

G

感三种意性身及不可思议变异死
…………………………………… 331,740
各别因归依建立 …………………… 229
根本大师 ………………………… 169
根现量 …………………………… 385
功德 …………… 13,14,16~18,29,31,34~
36,42,43,46~48,53,57~60,69~75,
81,95,97,101,105,113,117,121,125,
127,129,131,133,149,151,155,159,
161,173,179,181,185,187,193,203,
205,213,215,217,219,223,231,233,
241,249,251,253,255,257,261,265,
271,273,293,295,297,299,343,345,
347,363,365,367,369,373,379,383,
419,421,423,425,427,429,435,437,
439,441,443,445,447,449,451,453,
455,461,471,473,511,513,523,529,
535,539,543,549,553,555,559,561,
563,565,567,569,571,573,575,577,
579,581,587,589,591,593,595,597,
599,605,613,617,619,627,629,635,
637,639,641,643,647,651,655,661,
677,685,691,693,695,697,701,703,
715,725,727~730,732~735,737,738,
742~744,749~753,755,759,761~
767,769,770,772~775,781,783
功德法无分别 ……………………… 535
功德究竟清净…………………… 379,744
功德无别 …………… 59,295,373,435,437,
441,443,455,750,752,753
功德义………………………… 105,725,781
功用 …………… 36,44,72,75,79,81,113,
119,155,159,161,163,165,167,175,
181,191,257,271,315,327,331,345,
351,417,421,423,425,461,485,487,
499,509,545,559,571,575,581,597,
599,631,641,645,657,659,665,669,
673,675,681,685,687,689,691,693,
697,699,726~729,736,748,749,765,
773,775~780
共因 ……………………………… 313
贡汝・坚赞桑波 ………………… 24,721
垢染不净之真如 …………………… 181
垢染清净 ……… 147,187,193,255,265,449
垢染清净之法身 …………………… 255
谷实 ……… 19,461,469,501,505,754,758
糓糠之中有精实 …………………… 463
固义……………………………… 433,435,750
观察胜义之正理………………… 397,573
观待佛及异生说不净及净位时不变
………………………… 57,401,419
观待胜义 ………………………… 51,317
观待世俗 ………………………… 51,317
观待于胜义之堕有寂边 …………… 335
观真实心 ………………………… 193
光曼荼罗为胜 …………………… 778
光明 ……………… 1,12,125,129,131,149,
151,185,203,207,209,243,261,263,
281,285,347,367,391,395,411,413,

433,453,455,491,505,563,565,569,591,593,595,631,633,675,677,685,727,728,730,732,735,736,742,743,745,746,748,750,753,759,764,765,767,771,778,779
光明、放光、清净三者 …… 453
光明网 …… 453,753
广、中、略(《般若》)三经 …… 91
广、中、略三种《般若经》 …… 27,281
广大宝庄严曼荼罗宫 …… 123,727
广大福德及智慧二资粮 …… 603
广大功德 …… 42,121,441,449,591
广大体性 …… 774
广大信解大乘因果法 …… 313
广大圆满受用身 …… 593
广中略三种《般若经》 …… 201
归依处 …… 169,171,231,233
归依建立 …… 47,221,227,229,233,235,733
归依境之差别 …… 47,221
归依境之支分 …… 227
归依三宝 …… 225
归依之理趣 …… 47,221
果差别 …… 51,76,77,217,317,319,561,647,653,659
果常波罗蜜多 …… 325,740
果功德 …… 53,293,363,365,367
果功德五 …… 367
果功德五通 …… 367
果归依 …… 99,169,221,225,229,235,247
果归依建立 …… 229
果净波罗蜜多 …… 321,740
果究竟三宝 …… 117
果三宝 …… 42,43,115,117,119,157,273,697
果义 …… 51,69,295,315,561,563,565,567,737,739,764
果真我波罗蜜多 …… 319
果之大菩提 …… 643
过恒河沙数佛法及自性 …… 383,744
过恒河沙无量数功德 …… 591
过去如来之菩提等三 …… 97
过失 …… 13～15,25,28,30,68,85,99,115,177,179,181,183,237,307,353,379,383,403,419,449,545,549,553,555,573,591,607,609,709,729,730,744,753,763,767

H

海、日、虚空、藏、云及风 …… 641,647
汉地亲教师和尚 …… 317
黑闇对治 …… 195,731
黑闇对治同法 …… 195,731
恒常 …… 109,159,169,181,249,291,295,297,329,421,433,487,495,503,515,517,533,535,561,579,587,593,607,609,627,641,645,681,693,703,728,730,734,737,749,769,771,773,781
恒常不变 …… 295,737
恒常之道 …… 159
恒寂静之义 …… 439,751
后得 …… 69,70,103,185,417,423,425,453,533,535,537,559,561,565,567,569,571,573,583,749,764,765
后得果 …… 70,569
后得世间智 …… 764
后得位 …… 417,423,425,533
后得有二相法世间智 …… 561
后得智 …… 103,185,559,569,571,573,764,765
后客尘清净 …… 261
后三喻 …… 567
后续末转法轮 …… 553
后一力 …… 635
后者之力 …… 459,461

互断相违之正相违………… 30,31,133,183
怙主龙猛……………………………… 447,531
华吉祥藏菩萨 ………………………… 127
华吉祥藏诸法自在 …………………… 127
化身 ………… 11,19,71,72,237,331,461,511,559,569,583,585,591,593,595,597,599,601,607,619,633,639,649,653,673,759,778
化身者,如金制像 ……………………… 461
画师喻 ………………………… 59,441,443
坏聚见 ………… 66,67,171,403,499,519,535,760~762
坏聚见之对治 ………………………… 535
坏聚执………………………………… 171,729
坏相 …………… 173,327,329,647,740,774
慧波罗蜜多…… 215,415,417,703,705,748
慧度 …………………………………… 141
慧及三摩地…………………… 363,365,742
火界…………………………………… 397,746
获法身因 ……………………… 14,201,732

J

极不造作我波罗蜜多 …………………… 740
极净法界……………………………… 503,758
极乐波罗蜜多………………………… 329,740
极隐密处 ……………………………… 517
集谛 …………………………………… 671
记别…………………………………… 503,758
记说神变……………………………… 663,776
寂静 ……………… 6,10,179,241,249,315,333,335,341,403,419,439,443,479,487,579,593,601,611,657,659,675,734,739,751,766,767,775
寂静界………………………… 179,443,601
寂灭 ………….. 11,203,205,207,217,239,429,521,601,621,651,709,732,768,770,774
寂义…………………………………… 433,435
加行 …………… 82,91,109,203,219,223,265,311,339,343,417,427,449,517,519,549,575,603,605,651,703,738,741,742,749,760,766
加行、正行、结行三者 ………………… 109
加行差别……………………………… 219,651
加行道 ……………… 91,109,519,603,605
加行清净 ……………………………… 311
加行圆满 …………………………… 82,703
迦湿弥罗毗婆沙师 …………………… 305
坚固等引障墙………………………… 621,635
见道 …………… 64,109,171,195,213,309,461,481,487,489,491,493,561,601,603,605
见道及修道之所断 …………………… 481
见道智忍 …………………… 64,487,493
见门 …………………………………… 309
见取见 ………………………………… 171
见所断 ………… 19,64,137,171,173,459,461,483,487,489,493,495,497,499,729,757,758
见所断烦恼…………………………… 173,729
见所断及果 …………………………… 461
见所断与修所断之差别 ……… 64,487,489
见所断之种子 ………………………… 489
见真实清净究竟之如来 ……… 13,371,743
见真实之圣者 ………………… 13,371,743
建立法宝为归依 ……………………… 231
建立佛是归依………………………… 231,733
建立三归依差别……………………… 233,733
建立僧宝为归依 ……………………… 233
建立圣僧是归依 ……………………… 233
剑及金刚喻…………………………… 169,729
剑喻…………………………………… 173,729
渐次引导………………………… 147,227,289
降诞……………………… 473,599,675,768
憍慢心 ………………………………… 553

较虚假宝为胜同法 …………………… 734
教、证二种法 ………………………… 239
教法 ………… 11,18,19,47,233,235,239,459,463,501,503,721,734,758
教法身 ………………… 11,18,19,501,503
教自在……………………………… 571,765
劫末火……………………………… 397,746
劫末之火 ………………………… 385
结生相续…………… 193,197,403,409,431
解脱……………… 5,7,9,12,13,22,24,25,28,34,46,47,59,79,83,89,95,125,127,141,143,149,171,191,193,195,197,203,205,207,213,215,219,221,225,227,233,255,273,287,295,301,303,305,307,309,317,335,341,345,347,349,351,361,367,373,377,393,399,409,415,419,421,423,425,435,437,441,443,447,451,453,455,465,469,473,475,487,489,493,515,525,529,561,565,567,569,571,573,579,583,593,595,601,605,609,621,623,627,657,659,663,667,669,671,673,677,679,695,709,713,715,731,735,738,744,746,747,752～755,761,763～768,770,771,782,783
解脱道 ………… 22,303,347,351,489,493,583,623,663,667,671,738,782
解脱功德 ………… 46,47,59,205,213,215,373,435,437
解脱涅槃…………… 307,393,425,487,671
解脱下劣障 ………………………… 215
解脱智见…………………………… 455,753
戒波罗蜜多 ……………………… 215
戒等菩萨功德 …………………… 733
戒禁取见 ………………………… 171
戒所生福 …………… 82,697,699,705,782
界六十法差别 …………………… 115
界如来藏 ……… 10,49,101,177,275,277,439,499,758
界义 ………… 31,66,105,511,513,725,759
界有垢真如……………… 375,379,697,715
界之果 …………………………… 293
界之一处 ………………………… 273
界之自性 ………………… 66,293,527,531
界自性清净………… 49,147,215,293,343,385,409,433,437,439,457,467,501,503,527,533,535,559,561,703,733,742
金刚 ……………… 11,16,17,22,34,35,41,95,101,103,105,107,111,113,115,117,151,157,159,169,173,181,203,253,263,265,275,487,493,499,601,619,621,635,637,669,699,701,715,717,719,725,726,728～730,732,734,736,737,757,758,770,772,777,783,794
金刚持 …………………………… 113
金刚处 ………… 16,17,34,35,41,95,103,107,111,113,115,117,151,157,181,203,253,275,699,701,717,725,726,728,730,732,734,737
金刚喻 …… 169,173,487,493,499,729,757
金刚喻定…………………… 487,493,499,757
金刚喻定之无间道智……………… 493,757
金像 …………… 19,361,463,465,477,479,501,505,511,567,569,742,753,754,756,758,759,765
金之一喻………………… 501,507,758,759
尽所有 ………… 44,46,159,161,163,167,173,177,179,181,185,195,203,205,211,213,215,263,377,417,423,425,453,487,509,563,565,569,571,573,581,583,607,679,707,711,732,733
尽所有观 ……… 46,205,211,213,215,453
尽所有明………… 46,173,185,203,205,211,263

尽所有所知 ……… 159,163,213,417,423,425,453,487,509,563,565,571,581,583,607,679,707,711
尽所有智 …………… 44,159,161,163,167,177,179,181,203,215,509,569
尽诸客尘之灭 ………………………… 189
近取 ……… 97,119,327,329,389,403,746
近取因 …………………… 119,327,329,389
近因三清净地 ………………… 42,117,119
经劫无量赞叹 ………………………… 127
经说不得涅槃之补特伽罗是有密意 ………………… 52,345,347
精进 …………… 7,223,237,263,265,405,417,447,603,627,705,709,736,747,748,770,771,782
精实 …………… 18,463,465,467,469,479,497,503,567,569,753,754,756～758
精实及金二喻 ………………………… 567
净、我、乐、常波罗蜜多 …………… 333,741
净、真我、乐、常四德波罗蜜多究竟 …… 315
净波罗蜜多 ……………… 293,319,521,739
净等波罗蜜多 ………………………… 313
净及不净位 ……………………… 415,748
净满月 ………………………… 569,765
净水 ……… 297,567,569,764,765,776,778
净水池 ………………………… 569,765
净水之器 ……………………………… 778
净位 …………… 55～58,111,293,295,375,381,383,387,393,397,399,401,403,409,415,417,419,429,743～749
净想 …………… 317,319,321,521,739,761
净治纯金喻 ……………………… 137,727
净治六十法 …………………………… 701
净治之三次第 ………………………… 139
静虑 …………… 51,321,325,415,419,421,447,485,569,607,609,621,659,695,699,703,705,748,749,765,770,775,780～782
静虑波罗蜜多 …………… 51,321,325,415
静命论师 ……………………………… 143
静息功用运转 ………………………… 175
静息周遍行苦之涅槃 ………………… 423
究竟法宝 ……………………………… 181
究竟法身 ………… 4,247,255,277,279,437
究竟功德 ……… 59,60,429,437,443,449,451,587,752
究竟解脱 …………… 59,295,441,443,709
究竟了义 ……………………… 27,201,281
究竟涅槃 …………… 443,451,455,593,601
究竟菩萨功德 ………………………… 427
究竟三宝 ……… 35,82,97,99,117,153,701
究竟三乘 …… 11,20,27,91,145,201,243,247,283,289
究竟胜义谛 …………………………… 201
究竟所知 ……………… 25,207,273,732
究竟一乘 ………… 4,20,24,27,28,36,37,91,109,111,141,145,147,201,235,239,247,283,351,355,437,443,523,601,607
究竟真实义 ………… 135,307,309,521,523
究竟自性 ……………………………… 321
九地 ……………… 60,99,117,119,449,451
九烦恼 …………… 483,495,497,756,757
九义 ……………………… 281,685,687
九喻 ………… 18,19,60,175,281,291,293,387,457,459,463,481,495,499,649,685,687,691,695,729,753,756～758,779
九喻表佛事业 ………………………… 687
九喻成立界为客尘所障 ……… 60,293,459
九障 ………………………… 61,459,463
九种喻 ………………………… 685,779
具粗静相世间道 ……………………… 485
具大乘种性 ……… 28,91,99,143,169,221,229,319,517,601,605
具独觉及声闻种性二者 ……………… 221

具独觉种性 229,347
具二清净(法身) 255
具二清净法界 325
具二清净法身 32,195,265,509
具二清净佛菩提 565
具二清净涅槃界 113
具二清净菩提体性 561
具二清净之大菩提 479
具二清净之法身 32~34,265,267,269,473,543
具二清净之佛 34,269,543,697
具二清净之佛菩提 697
具二清净之菩提 68,559,563,617,701,703
具二清净之清净 565
具二清净之身 585,587
具二种清净之法身 147
具分法性自性 263
具分佛福德 263
具分如来智 263,269,735
具力同法 251,734
具欺诳法 237,241
具清净二谛相者 185
具人我见之外道 301
具三类种性所化 667
具声闻、独觉种性 145,319,443,521
具声闻、独觉种性者 145,319,443
具声闻种性 99,169,229,347,605
具无量光之仙人无量寿佛 715
具无心要之根 397,746
具无障法 377,744
具无自性根之根 397
具一切种最上空性 445,447,449,752
具缘觉种性 99
具正等觉 113,147
具种性之功用 315
具自性不住之根 397
具自性清净之根 397
具足八功德之佛 161,728
具足如来智、悲 177,729
具足色身全分功德 567
炬三同法 367,743
炬之光、暖、色 369,743
俱不欣求 311,738,739
俱不欣求彼二、如能得平等性之道者 311,739
俱不欣求彼二者 738
俱生 185,309,317,319,481,489,756
俱生补特伽罗我执 309
俱生烦恼障 489
俱生实执 319
俱生所知障 489
俱生执 317,319
俱有缘 35,97,119,155,253,329,389,473,740
决定堕彼之内法人 738
决定善 251,279,359,617,641,657,663,665,679,681,689,709
觉悟 2,14,117,159,167,175,177,179,181,199,441,601,623,726,729~731,751,752,768,770
觉悟平等性 179,730

K

糠皮 465,497,753,757
可如言取义 34,281,283,285,289,351,541,543,545
客尘 3,9,29,31,32,44,45,60,69,97,107,113,133,147,151,159,161,163,165,173,175,181,185,187,189,191,207,257,261,265,269,293,337,347,349,361,377,383,391,429,433,435,437,439,445,459,463,477,479,493,501,503,529,531,535,559,561,563,565,567,581,585,715,742,

745,750,761,762,764
客尘尽断究竟 …………………………… 437
客尘空…………………………………… 535,762
客尘清净 ………… 44,45,69,97,147,159,
161,163,165,173,175,181,185,187,
189,257,261,347,361,429,561,563,
565,567,581,585,742
客尘清净及自性清净之二断 ………… 567
客尘全尽之断 …………………………… 437
客尘全净 …………… 269,429,435,501,750
客尘悉皆远离 ……………………… 31,133
客尘义 ……………………………………… 207
客烦恼尘所障诸有情 …………………… 463
客随烦恼………………… 395,411,746,748
空性 ……………… 6,8,9,11,14,15,23,24,
28,29,66,67,91,111,143,215,217,
259,271,283,285,287,289,305,307,
309,311,319,339,341,345,391,393,
401,403,443,445,447,449,519,521,
523,525,527,529,531,533,535,565,
573,603,605,705,735,736,738,739,
752,760~762
空性解脱门 ………………………………… 761
空性理趣……………………… 525,527,761
空性义 ……… 217,305,403,519,521,523,
525,573,605,705
空性总义 …………………………………… 603
苦谛……………………… 139,317,377,403
苦根 ………………………………………… 185
苦基……………………………………… 185,756
苦集寂灭……………………… 217,239,601
苦灭 ……………… 191,193,335,439,671,
731,741,751
苦灭之谛………………………………… 191,731
苦恼女…………………………………… 465,753
苦之根本………………………………… 171,729

L

喇嘛大译师 ………………………… 97,451
喇嘛大译师洛丹喜饶 ………………… 451
来界 …………… 13,31,147,295,297,311,
317,329,363,367,371,377,381,383,
399,409,433,441,465,467,469,471,
473,475,477,497,501,511,531,615,
727,737~740,742~744,746,747,750,
751,754~757,759,761
烂布 …………… 19,463,465,475,479,499,
753,755,756,758
烂布之中有佛像……………………… 463,753
老死 …………… 171,173,193,327,329,740
乐波罗蜜多………… 51,321,325,329,333,
335,739~741
乐差别 …………………… 71,579,581,651
乐想…………………… 317,319,321,739,761
类忍 ………………………………………… 493
离粗涩触………………………………… 577,767
离二边…………………………………… 301,333
离垢地…………………………………… 427,749
离垢真如无漏界 ………………………… 369
离客尘之灭 ………………… 45,189,191,493
离客尘之灭谛 ……………… 45,189,191,493
离客尘之涅槃 …………………………… 113
离贪 ………… 185,187,231,249,367,375,
673,730,733,734,744
离贪法…………………………………… 187,730
离贪灭谛………………………………… 187,730
离贪能作之因 …………………………… 187
离贪所作之体 …………………………… 187
离贪为体之灭谛 ………………………… 185
离贪之因………………………………… 185,730
离贪中尊………………………………… 231,733
离我之戏论……………………………… 333,741
离无我戏论……………………………… 333,741

离戏论边 …………………………………… 231
离系功德 ………… 35,73,74,95,255,617,
619,635,697
离系功德及异熟功德所摄之
佛功德法 ………………………………… 697
离系果…………………………………… 571,765
离言诠之自性……………………… 167,729
离一异等正因 ………………………… 199
力差别 ……………………………………… 159
利根入道次第 ……………………… 28,143
利他 ……………… 44,57,70,113,159,161,
163,165,167,173,175,177,179,181,
217,273,349,377,409,413,419,421,
423,427,559,561,571,617,647,681,
689,728,730,733,747,749,764,765,
769,779,780
利他功德 ……………………… 57,419,421
利他色身 …………… 44,70,161,165,167,
173,177,571,617
利他圆满 ………… 161,163,181,377,421,
571,728,730,765
莲苞等九喻…………………… 481,495,756
莲苞等喻……………………… 483,495,756
莲等 ………………… 463,499,675,758,778
莲等喻所示九种能障 ……………… 463
莲华 ……… 4,201,461,465,467,569,601,
607,675,754,778
两足中尊………………………………… 231,733
量大师 ……………………………………… 709
了不了义经…………………… 85,87,719
了不了义圣言 ………………………… 503
了不了义之理门 …………………… 89
了义经 …………… 27,85,87,281,283,285,
289,501,503,557,615,639,695,717,
719,721
劣障之解脱 ……………… 47,203,205,215
劣障之解脱功德 ……………… 47,205,215
吝法等五过 ……………………………… 349
令证之处………………………………… 273,737
流转生死 …………… 25,197,375,415,511,
515,543,669
六波罗蜜多 ……………………………… 449
六波罗蜜多之因 ………………… 82,703
六不共证 ………………………………… 627
六处之差别……………………… 439,751
六聚识体………………………………… 283,289
六神通…………………………………… 251,734
六十四功德……………………… 695,701,772
六十四种 …………… 617,633,635,771,772
六十四种功德…………………… 617,635,772
六十种功德……………………………… 133,727
六十种功德净治……………………… 133,727
六识 ………………… 191,485,513,571,573
六同法 ……………………………………… 249
六义 ………… 11,44,75,76,181,375,641,
643,645,743
六因……………………………………… 611,613
六种补特伽罗…………………… 227,233,733
六种同法………………………………… 251,734
龙猛怙主……………………… 89,91,207,551
漏尽 …………… 57,363,367,411,415,417,
621,623,743,748,770
漏尽果 ……………………………………… 363
漏尽通 ………… 57,367,411,415,417,748
漏尽智 ………… 363,367,417,621,743,748
旅人 ……………………………… 87,417,748
轮清净同法……………… 195,453,731,753
论之所诠 ………………………………… 105
裸体……………………………………… 303,738
洛丹喜饶 ………… 20,24,37,451,719,783
洛桑札巴贝桑波……………… 209,551,721

M

曼荼罗宫……………………… 123,125,727
猛利现行 ……… 19,64,459,461,481,483,

495,497,757
弥布 …………… 18,19,277,291,297,453,499,501,503,515,557,737,753
弥勒怙主 ……………………………… 715
弥曼差派………………… 237,303,357,509
密教 ……………………………… 21,585,721
密意 ………… 23,52,53,59,85,87,89,91,105,195,201,209,283,289,303,345,347,349,351,357,441,443,447,545,551,557,587,615,711,713,717,719
密意说…………… 53,59,349,351,441,443
密意所依 …………… 53,283,289,349,545
密咒道 ………………………………… 583
密咒陀罗尼等总持 ………………… 451
妙辩才……………………………… 129,727
妙音 ………………………………………… 85
灭、道二谛 ………………… 34,95,181,187
灭谛 …………… 45,147,163,181,183,185,187,189,191,193,203,241,437,489,493,581,671,730,731,734,767
灭尽定……………………………… 417,419
灭尽后有阿罗汉…………………… 245,734
灭苦 …………… 78,99,189,195,661,665,669,671,731
灭苦之谛 ……………………………… 731
灭无漏界…………………………… 519,761
名、词、字聚…………………… 235,239,734
名称………………………… 20,85,593,767
名色 …………… 159,171,173,327,403,729
名为"奋迅"如来大悲 …………… 177,729
名言分别 ……… 103,107,163,167,187,189
名言量 …………………… 31,289,319,341
名言中有根 …………………………… 397
明及解脱味………………………… 455,753
摩尼宝、回响、虚空之三喻 …………… 649
摩尼喻 ………………………………… 703
摩尼之光、色、形 ………… 369,617,743,769
末转法轮 …………… 27,201,281,539,545,547,549,551,553
末转法轮《如来藏经》…… 27,281,545,547

N

难可思议 ………… 257,261,271,383,579,611,613,735,736,744,769
难思议 ……… 441,561,577,579,611,613,631,697,735,764,766,769,771,781
难思议等十五种功德 ………………… 579
难以通达……… 48,209,211,257,259,261,263,271,449,537,732,735
内法 ……………………………… 30,738,755
内缘如理作意 ………………… 97,275,671
内证 ………… 16,46,47,103,191,203,205,213,269,503,591,593,595,689,725,731,732,736,758
内证及贪滞障之解脱功德 …… 46,205,213
能遍及自性 ……………………………… 515
能成…………… 20,28,52,60,70,117,143,243,255,343,345,347,349,351,353,357,365,393,399,421,445,449,459,481,485,553,555,571,659,745,746,757,775
能成就佛四种功德之方便 …………… 445
能出之十地 …………………………… 643
能除彼有情相续之障 ………………… 269
能摧坏彼障佛之大悲 ………………… 643
能得彼三宝之因缘建立 ……………… 253
能得彼三身之因 ……………………… 511
能得彼之因 ………… 48,69,157,559,563,565,758
能得涅槃………………………… 487,753,760
能得三身之因………………………… 279,511
能净界之道 …………………………… 277
能离贪道谛………………………… 187,730
能离贪之道谛 ………………………… 185
能立 ………… 44,46,48,49,52,67,70,165,

173,175,177,179,203,207,209,231,253,257,261,263,277,293,343,355,357,359,517,533,537,553,575,611
能清净、修治三义之因 …………………… 293
能趣解脱之道 ………………………… 221
能诠 ……………… 101,183,189,271,709,730,736
能染所染之因果 ……………………… 257
能仁 …………… 85,87,237,247,249,313,467,471,473,567,587,611,619,625,637,645,655,659,661,665,673,681,691,707,709,711,734,739,754,769,770,772,775,776,779,780,782
能仁教二种色身 ……………………… 619
能仁之后裔……………………………… 313,739
能生佛三种身之种性……………… 511,759
能生三义之因 ………………………… 293
能生因果 ……………………………… 173
能熟相续道 …………………………… 523
能所二取异物空 ……………………… 307
能所取戏论 …………………………… 165
能所取异物空……………………… 309,525
能依 ……………………… 73,191,389,617
能引 ………………… 173,261,315,481,485
能引因果 ……………………………… 173
能圆满大菩提之因 …………………… 217
能障 …………… 18,19,52,61,63,64,147,261,263,269,281,327,329,355,391,459,461,463,465,467,475,479,481,483,487,497,567,575,639,643,681,691
能障佛相莲苞等 ……………………… 497
能障界贪等九烦恼 …………………… 497
能障界之九种垢 ……………………… 483
能障九喻九义 ………………………… 281
能障之喻 …… 63,64,263,461,479,481,497
能证 …………… 66,107,131,189,241,293,515,517,519,533,537,734,761,762
能证彼大乘妙法之证者 ……………… 131
能证之道谛 …………………………… 241
泥模………………………………… 477,479,756
泥土 ……… 19,137,461,463,465,499,753
泥土中有珍宝金像 …………………… 463
涅槃…………… 1,2,4,6,8,10～12,52,60,66,113,179,239,241,245,293,301,303,307,311,315,333,335,337,339,343,345,347,349,365,393,403,413,415,419,423,425,437,439,441,443,451,453,455,487,507,511,513,515,521,525,593,601,609,613,625,627,657,659,671,675,683,691,726,738,741,742,748,750～753,759～761,767,768
涅槃寂静………………………………… 601,657
涅槃界 ………… 4,113,439,451,453,455,726,751,753
涅槃证得……………………………… 511,515,759

P

皮壳……………………………… 473,503,755
毗钵舍那 ……………………………… 209
贫穷家地下有宝藏 …………………… 463
平常火………………………………… 397,746
平等性智 …………………… 14,199,337,731
瓶及虚空喻 …………………………… 447
破“常事”之正理 ……………………… 289
破补特伽罗我之正理 ………………… 289
破烂布 ……………………… 465,479,753,756
菩萨 ………… 7,10,12～14,17,22,25,27,28,34,47,52,57,58,67,85,87,89,93,115,117,119,121,123,125,127,129,131,137,145,149,157,179,203,205,211,213,215,217,219,223,225,229,231,237,239,241,245,253,257,259,273,275,287,293,297,299,309,313,

315,321,325,327,329,331,335,339,341,343,347,359,361,363,365,371,373,375,381,399,401,403,405,407,409,411,413,415,417,419,421,423,425,427,429,449,451,459,485,493,495,497,503,513,517,519,525,527,531,535,537,549,557,559,575,585,587,591,597,611,613,617,633,637,639,641,665,685,697,725～728,730,732,733,735,739～744,746～749,752,757,758,760～762,772,787
菩萨藏…… 503,758
菩萨藏甚深法理趣…… 503,758
菩萨差别 …… 217
菩萨乘人…… 231,733
菩萨初地…… 213,732
菩萨初月…… 217,733
菩萨大悲 …… 149,299,325,363,365,728,742
菩萨及声闻功德差别…… 217,733
菩萨三摩地庄严 …… 127
菩萨僧 …… 47,205,217,225,732,733
菩萨胜解、智、三摩地、大悲 …… 325,740
菩萨圣者 …… 211,213,215,229,237,239,241,273,339,341,371,373,375,381,399,401,403,407,495,537,587,611,613
菩萨圣者等引智 …… 273
菩萨圣者相续界 …… 373
菩萨圣众…… 245,537
菩萨十地…… 137,727
菩萨现前地…… 415,417,748
菩萨修般若波罗蜜多…… 313,739
菩萨修信解大乘法…… 313,739
菩萨与如来法差别…… 117,726
菩萨之大悲…… 409,740,747
菩萨之见…… 213,732
菩萨之胜解大乘法 …… 321
菩萨资粮道 …… 361
菩提…… 3,4,11,14,16～18,28,29,34～36,42,43,68,69,73,83,91,95,97,99,101,105,109,111,113,115,119,121,129,133,143,145,151,155,169,177,203,217,219,225,243,245,247,253,273,275,313,315,339,341,375,419,427,443,479,485,509,523,525,549,553,559,561,563,565,585,593,601,603,605,607,609,615,617,619,621,639,641,643,645,647,675,677,695,697,699,701,703,707,715,717,725～729,733,734,737,741,744,748,749,756,757,763,768,769,773,778,780,781,783
菩提处…… 273,643,737
菩提等三 …… 42,43,68,97,101,109,113,133,151,155,273,275,559
菩提等余三处 …… 115
菩提树 …… 119,585,601,675,677
菩提义…… 105,725
菩提之体性…… 559,561
菩提之支分处 …… 737
普通 …… 311
普行…… 303,738

Q

七部量论…… 305,525
七处 …… 101,629,633,701,715,719,771
七地 …… 99,215,421,427,449,493,499,603,758
七功德 …… 363
七金刚处 …… 16,17,34,35,107,113,115,117,151,699,701,717,725,726,728
七金刚处自相…… 151,728
七如金刚处 …… 41,95

七如金刚处体性 …………………… 41,95
七种义 …… 43,103,105,115,153,697,717
七种义之胜利……………………… 697,717
欺诳法……………………… 237,241,734
欺诳义 ………………………………… 241
契经……………………… 503,711,758
起空见者…………………………… 307,738
器世间 …… 23,325,385,393,397,740,745
前不成杂染 …………………………… 261
前二喻 ………………………………… 567
前际断绝之生 ………………………… 575
前五因 ………………………………… 613
前者之力 ……………………………… 459
怯弱 …………… 13,151,413,541,549,553,635,748,762,763,772
清净 …………… 2~7,9,10,12,13,15,16,19,26~28,31~34,42~45,49,59,60,62~64,67~69,79,97,113,117,119,129,131,133,137,141,143,145,147,149,151,159,161,163,165,173,175,179,181,183,185,187,189,193,195,205,211,213,215,217,219,249,253,255,257,259,261,263,265,267,269,271,275,281,285,293,295,297,299,311,313,317,321,325,327,333,343,347,349,357,361,365,367,369,371,373,377,379,381,385,387,391,395,397,409,411,413,417,427,429,433,437,439,443,449,451,453,455,457,459,461,463,465,467,469,471,473,475,477,479,481,483,487,493,495,497,499,501,503,505,507,509,513,515,527,531,533,535,537,543,547,549,551,553,555,559,561,563,565,567,569,581,585,587,591,595,597,601,609,613,615,617,619,621,627,631,633,635,639,647,649,669,673,677,689,691,697,701,703,705,707,713,715,727,730~750,752,753,756~765,767,768,770~772,778,780~782
清净地之障……………………… 459,461
清净地之智…………………… 451,493,757
清净地智 ……………………………… 493
清净二谛 …………… 185,187,249,730,734
清净法藏 …………… 67,513,535,760,762
清净吠琉璃宝为喻………………… 271,736
清净佛界功德六十种净治………… 149,727
清净品 ………………………………… 459
清净如来界因……………………… 317,739
清净胜义谛………………………… 255,535
清净所缘因位 ………………………… 515
清净位……………………………… 417,748
清净性…………………… 391,427,749,781
清净种性如来界…………………… 147,727
求出离……………………………… 245,734
求出离怖畏………………………… 245,734
趣入诸有情………………………… 179,730
全无障碍 ……………………………… 577

R

染污品十二缘起支 …………………… 331
染污无明 ……… 25,193,197,327,333,403,419,431,489
染污疑……………………………… 159,171
染污意现行 …………………………… 485
饶益 …………… 2,12,72,76,77,125,249,263,265,271,331,339,347,405,411,569,581,597,599,607,643,649,651,653,655,657,659,661,693,736,741,742,747,767,768,775,780
饶益众生 ……………… 2,581,607,767,768
仁达瓦鸠摩罗末底 …………………… 721
任运 …………… 58,161,165,167,257,271,423,425,485,581,593,597,641,695,728,735,736,749,767,768,773

日光破闇 ………………………………… 195
日轮 ……… 12,45,181,195,347,453,455,731,742,753,760
日轮清净……………………… 195,453,753
日轮照明色 ……………………………… 195
日轮之光明、放光、日轮清净三者 …… 453
日喻 …………………… 79,643,649,671,675
日喻表示意事业 ……………… 79,671,675
如安住遏部坛大种之转轮王……… 477,755
如拔刺而断 ………………………… 25,197
如宝 ………… 249,363,461,471,475,479,497,509,511,569,737,755～757,759,765,780
如宝藏本来安住及以功用成办之果树 ………………………………… 509
如宝像 …… 475,479,511,569,755,756,759
如宝像、转轮王、金像 ………………… 569
如彼(受用身)之影像 ………………… 619
如不净污烂处……………………… 469,754
如藏……………………… 643,647,759,773
如船筏………………………… 235,239,734
如大梵 ……………… 671,673,693,777,780
如大海……………………………… 363,742
如地 ………… 219,389,397,461,471,683,689,693,733,745,746,755,774,775,779,780
如地心……………………………… 471,755
如帝释显现………………………… 649,774
如帝释像喻 …………………………… 175
如帝释形、天鼓、云之三喻 …………… 649
如帝释影像、天鼓、云 ………………… 689
如梵天变化、日、如意宝王 …………… 689
如风 ………… 397,643,647,745,746,773
如蜂虫…………………… 467,497,754,757
如蜂蜜一味………………………… 503,758
如佛 ………… 5,13,14,461,465,479,569,754,756,763,765
如佛相、蜂蜜及精实 …………………… 569
如縠………………………………… 497,757
如海 ……… 87,383,451,643,647,721,773
如何说………………… 42,95,115,293,433
如幻化……………………… 13,26,553,763
如回响 ………… 681,689,693,774,779,780
如回响、虚空、地 ……………………… 689
如火 ……… 399,421,667,669,746,749,777
如解脱云团之日者 …………………… 567
如金 ……… 41,95,101,103,105,115,275,361,461,469,475,477,479,569,619,621,631,633,635,637,699,701,715,719,725,754,756,759,765,770～772
如金、宝藏、树 ………………………… 569
如金刚 ………… 41,95,101,103,105,115,275,619,621,635,637,699,701,715,719,725,770,772
如金刚七处 …………………………… 715
如金刚七义………………………… 701,715
如金像……………………………… 361,759
如净水莲湖、解脱罗睺之月、解脱云之日等 …………………… 569
如具净水、渐次开敷莲遍满之湖 ……… 567
如炬……………………… 363,369,742,743
如来 …………… 1～21,23～36,42,45,49,52,65～68,87,91,97,101,107,109,111,113,117,119,123,125,127,129,131,137,139,141,143,145,147,151,153,157,169,173,175,177,179,181,191,193,197,199,213,215,217,225,245,249,255,259,263,265,269,271,275,277,279,281,283,285,287,289,291,293,295,297,299,311,313,315,317,319,321,323,325,327,329,333,335,343,347,363,365,367,369,371,373,375,377,381,383,387,393,399,409,425,427,429,431,433,435,437,439,441,443,449,451,455,457,459,465,467,469,471,473,475,477,479,

481,483,485,487,495,497,499,501,503,505,507,511,513,515,517,519,521,525,527,531,533,535,539,541,543,545,547,551,557,561,577,581,591,611,615,619,633,635,649,661,671,673,675,677,681,695,701,707,713,719,725~747,749~764,766,767,769~775,777~781,787,788
如来阿罗汉正等觉 …… 249,287,439,443,734,751,752
如来藏……………… 1~21,23~36,45,49,65~68,91,101,111,145,153,177,179,191,193,197,213,255,275,277,279,281,283,285,287,289,291,293,295,343,373,387,393,399,435,439,457,459,467,479,481,483,495,497,499,501,505,507,511,513,515,517,519,521,525,527,533,535,539,541,543,545,547,551,557,561,707,719,725,726,729,731,732,735,737,741,745,746,750,751,753,754,756~764,788
如来藏“常事” ………… 283,289,539,541
如来藏不变法性…………………… 393,745
如来藏建立………………………… 457,753
如来藏力 ………………………………… 543
如来藏三相 ……………………………… 293
如来藏者如蜜……………………… 467,754
如来藏之事相 …………………………… 277
如来藏智…………………………… 533,762
如来藏自性清净 ……………… 10,483,756
如来大悲趣入因…………………… 365,742
如来道……………………………… 269,736
如来等引智 ……………………… 33,269
如来法身 ……… 4,16,18,19,52,113,193,255,291,297,299,315,317,319,321,325,327,333,335,429,431,433,435,439,441,505,561,673,726,731,735,737~741,751,758,764
如来法身四德波罗蜜多…………… 321,740
如来法身无为界 ………………………… 433
如来法身之净、我、乐、常四德波罗蜜多…………………… 325,740
如来法身之四德波罗蜜多………… 317,739
如来法身之因 …………………………… 731
如来法身周遍无余有情界 …… 19,505,758
如来法性 ……… 2,15,33,34,143,147,173,281,543,727
如来法性身 ……………………………… 173
如来法性身胜义谛 ……………………… 173
如来果 …………………………………… 277
如来界 …… 13,31,147,295,297,311,317,329,363,367,371,377,381,383,399,409,433,441,465,467,469,471,473,475,477,497,501,511,531,615,727,737~740,742~744,746,747,750,751,754~757,759,761
如来界遍行于彼等分位…………… 377,744
如来界成就之藏 ………………………… 759
如来界二种种性 ………………………… 511
如来界者如安住遏部坛大种之转轮王………………………… 477,755
如来界者如宝藏…………………… 471,755
如来界者如宝像…………………… 475,755
如来界者如佛……………………… 465,754
如来界者如金 …………… 469,477,754,756
如来界者如金像…………………… 477,756
如来界者如内精实………………… 467,754
如来界者如种之芽………………… 473,755
如来六功德 ……………… 173,181,729,730
如来六十四种功德差别…………… 635,772
如来难得出现……………………… 681,779
如来菩提智……………………… 3,485,757
如来清净功德胜义赞……………… 129,727
如来三摩地 ……………………………… 123
如来三十二事业 ………………… 16,275,737
如来身…………………… 271,281,325,736

如来十八不共法 …………………………… 619
如来十力…………………………………… 633,771
如来十六种菩提………………………… 177,729
如来事业 …………… 16,137,175,271,291,695,727,736,773,780
如来事业堪能趣入 ……………………… 291
如来所行……………………… 109,129,725
如来无功用 …………………………… 729
如来无上法王补处灌顶………… 119,726
如来无上事业………………………… 151,728
如来无为之相 ………………………… 729
如来心相续之自性清净 ……………… 507
如来形………………………………… 465,503
如来因………………………………… 277,279
如来音………………………………… 661,775
如来应正等觉…………… 1,5,173,175,729
如来真如 ………… 18,19,291,507,737,759
如来之不共胜义相…………………… 577,766
如来智 ……… 1,2,17,19,32,33,169,173,177,263,265,269,271,485,487,495,533,729,735,736,757,787
如来智、悲二者之力 ……………… 173,729
如来智、悲之力 ………………………… 173
如来智法身 …………………………… 263
如来种 …………… 18,19,291,299,737,738
如来自性 ……… 107,277,279,291,505,515
如理修习彼道之圣僧 ………………… 221
如理作意 ………… 16,17,97,149,193,275,347,413,671,731,737,748
如梦、幻 ………………………………… 551
如梦之受用 …………………………… 553
如蜜………………………………… 467,754
如妙金……………………………… 505,759
如内精实…………………………… 467,754
如器……………………………… 363,393,745
如清净虚空 …………………………… 635
如染少分泥土 ………………………… 499
如日 ………… 187,437,517,563,565,643,647,675,677,689,693,730,750,764,773,778,780
如日观视如所有及尽所有光明智 …… 565
如日光………………………… 563,675,750
如如意宝…………………… 597,679,693,778
如三十三天 ……………………………… 657
如狮 ………… 619,625,629,635,770~772
如狮子 ……………… 619,629,635,771,772
如实正智……………………………… 535,762
如实智………………………………… 323,740
如兽王狮子 …………………………… 637
如水 ………… 105,159,299,363,365,389,393,397,493,565,583,619,633,639,745,746,764,770~772
如水月 ……………………… 619,633,770,771
如水注水…………………… 105,159,493,583
如所有 …………… 25,44,46,159,161,163,165,167,173,175,181,185,195,203,205,207,211,213,215,263,323,377,425,453,487,493,509,563,565,569,571,581,583,607,679,707,732,733,757
如所有、尽所有所知 ………………… 159,563
如所有观…………………… 205,211,215,453
如所有及尽所有观功德 …………… 46,205
如所有及尽所有明 …………………… 185
如所有及尽所有所知…… 213,571,679,707
如所有及尽所有智观清净 …………… 215
如所有明 ……… 44,46,173,175,203,205,207,263
如所有明、尽所有明、诸根猛利、具念慧、具寻伺之喻 ……………… 263
如所有所知 …… 25,163,207,211,425,453,487,583
如所有现观 ………………………… 25,207
如所有性 …………………………… 25,207
如所有与尽所有 ……………………… 205
如所有智 ………… 159,161,163,167,181,

323,509
如天鼓…………………… 657,693,775,780
如天界诸天之鼓音 …………………… 659
如同海、日、虚空、藏、云及风 ………… 647
如同金像……………………… 479,511,756
如同土、铜、金三器中之虚空……… 379,744
如同虚空遍行诸色 …………………… 505
如同转轮王 …………………………… 511
如无垢日 ……………………………… 569,765
如星声闻 ……………………………… 217
如星之声闻 …………………………… 217
如虚空 ………… 19,325,379,383,385,389,391,393,397,505,563,565,571,573,575,577,581,593,607,619,629,637,639,643,647,663,683,689,693,740,744~746,758,766,767,770~772,774,776,779,780
如虚空客尘清净之断 ………………… 565
如芽等……………………………… 499,758
如意宝 ……………… 80,251,297,299,597,679,681,689,693,738,768,778,780
如意宝、虚空、水之清净功德……… 299,738
如意宝喻释意秘密 ………………… 80,679
如意摩尼宝 ………………………… 295
如影像……………………… 451,619,780
如云 …………… 26,169,219,361,537,539,545,547,551,565,643,647,665,669,733,762,763,773,776,777
如云不入虚空性,垢亦不入心性 ……… 565
如云隙空日………………………… 537,762
如云周遍虚空,垢亦周遍有情心相续 …………………………………… 565
如杂皮壳之中有精实 ………………… 503
如掌中庵摩罗果 …………………… 583
如种之芽……………………… 473,755
如自罗睺口中解脱之满月 …………… 567
乳母…………………………… 297,313,739
入道异生……………………… 493,495,757
入母胎……………………………… 599,675
入胎与降生 ………………………… 601
入心性之自性 ……………………… 551
入行 …………… 57,307,419,421,427,749
入行菩萨……………………… 421,427,749

S

三宝 …………… 15~18,23,24,35,36,42,43,47,82,97,99,101,107,115,117,119,131,149,153,155,157,171,221,225,229,249,251,253,271,273,275,697,701,715,726,727,734~737
三宝果 ……………… 97,251,253,697,715
三宝轮 …………………………………… 97
三宝名义 ……………………… 47,157,249
三宝无上功德差别………………… 131,727
三宝无上功德差别之建立………… 131,727
三宝之建立……………………… 117,726
三宝之因 ……… 16,253,275,726,734,737
三处 ………… 113,115,117,273,363,365,367,726,742,743
三次第 …………… 15,28,29,139,141,143,145,147,703
三大阿僧祇劫 ……………………… 583
三毒 ……………… 61,63,64,195,289,459,465,481,483,495,497,569
三毒随眠 …… 61,63,64,465,481,483,497
三毒之猛利现行 ………………… 481
三毒之种子 ……………………… 459
三法轮次第……………………… 145,147
三分位…………………………… 375,743
三福 ……………………………… 701
三功德…………………………… 187,295
三观察清净 ……………………… 707
三归依差别……………………… 233,733
三归依建立……………………… 227,733
三解脱………………………… 141,287,295

三解脱门 …………………………………… 141
三界 …………… 57,149,159,395,405,407,409,413,419,477,709,715,719,745～748,782
三界影像……………………………… 413,748
三金刚处 ………………… 107,203,725,732
三类补特伽罗 ……… 13,52,307,327,329,371,373,375,743
三类补特伽罗分位差别…………… 373,743
三类补特伽罗之真如 ………………… 373
三类具种性 ………… 91,99,145,171,181,221,229,231,233,273,475,519
三轮 …………… 15,141,143,547,601,705,727,782
三轮清净 ………………… 15,141,601,727
三门习气 ……………………………… 321
三秘密 …………………… 80,649,679,689
三名………………………………… 375,743
三摩地 ……………… 89,123,125,127,129,297,311,313,315,321,325,363,365,427,445,449,451,485,573,581,621,625,633,661,727,737,739,740,742,749,752
三千世界大丝绢 …………………… 265
三清净地之垢 ……………………… 487
三清净地之智……………………… 493,757
三善宝……………………………… 253,734
三身 …………… 71,101,175,279,501,509,511,561,569,581,583,585,593,595,607,609,611,613,758,759,764,767,768
三身常行饶益众生、成办安乐之义 ……………………………… 607,768
三身体性 ……………………… 71,583,585
三身种性之自性…………………… 501,758
三身转之差别 ……………… 71,561,581
三神变 ………………… 569,661,663,776
三十二大丈夫相 ……… 223,577,617,629,633,766,771
三十二大丈夫相异熟功德 …………… 617
三十二功德…………………… 271,637,772
三十二离系功德…………… 35,95,617,635
三十二相 ……… 10,285,289,585,617,633
三十二相异熟果 ……………………… 617
三十二异熟功德………………… 35,95,635
三十二种佛事业…………………… 151,728
三十二种菩萨事业………………… 149,728
三事所摄善 ……………… 82,697,701,705
三事所摄之福 ……………………… 701
三事相 ………………………………… 277
三随眠 ………………………………… 495
三同法相 ……………………………… 731
三位 ……… 295,375,377,379,381,743,744
三无别 ………………………………… 753
三无明习气地……………………… 331,741
三相 ………… 159,163,293,705,728,782
三学 ……………………… 22,87,139,149,667
三义 ………… 18,19,44,49,181,277,291,293,507,737
三因 …………… 72,73,187,189,359,365,399,607,609,611,730,742,746,769
三有 …………… 25,93,139,171,197,281,293,311,329,331,341,345,403,405,407,469,601,681,699,729,738,740,746,747,754,756,768,779,781
三有众生 ……………………………… 281
三喻 ………… 19,56,65,363,399,499,501,505,567,649,758
三种补特伽罗 …………… 52,317,327,329
三种补特伽罗得法身之障 …… 52,317,327
三种差别 ……………………………… 325
三种具种性者 ………………………… 169
三种身 ……………… 331,333,511,741,759
三种神变 ……………………………… 157
三种义 ……………………… 291,733,737
三种意性身 …… 329,331,413,740,741,748

三种因归依建立 …………………… 229
三种用义 ………………………… 233
三种转异 ……………… 13,371,743
三自性……………………… 499,758
色身 ……… 11,34,35,44,69,70,72,95,161,165,167,173,177,181,213,237,291,423,459,509,567,569,571,573,575,579,583,585,587,589,593,607,609,611,613,617,619,635,639,641,653,657,673,677,687,689,691,693,749,768,769,778
色身不可思议因 …………………… 611
色身常之七因 ……………… 72,607,609
色身转依堪能 …………………… 291
色种 ……………………………… 171
僧宝 ………… 35,42,46,47,99,101,107,117,119,121,129,131,153,157,171,199,203,205,217,221,233,727,732,733
僧宝功德差别……………… 129,727
僧功德 ………………………… 133
僧是归依…………………… 233,733
僧义………………………… 105,725
善不善习气非一积聚 ……………… 191
善根 ……… 12,87,123,223,225,251,271,345,405,407,409,413,447,621,683,717,721,734,746~748,779
善根力……………………… 407,721,747
善慧称吉祥贤………………… 209,551,721
善慧菩萨地………………………… 451,752
善巧工巧处等六十四技艺 ………… 599
善心 ……………… 3,7,211,251,732,734
善业道………………………… 665,695,780
善转法轮 ……… 35,97,117,119,153,726
上士道次第 ………………………… 209
上续 ……… 10,13,15,16,20,23,28,35,37,84,85,87,91,93,115,117,143,153,155,157,201,203,251,253,273,291,293,341,343,379,381,427,429,457,459,495,497,525,527,535,553,557,559,589,591,615,617,639,641,663,665,695,697,707,717,719,721,725,763,769,772,780,783
舌识 ……………………………… 573
舍利弗 ……… 3,109,111,113,189,303,369,375,377,379,435,439,725,726,730,738,743,744,750,751
摄定乐胎 ………………………… 313
摄取处……………………… 253,273
摄受世间之因 ………………… 73,609
身、语、意三体性……………… 649,689
身、语、意事业……………… 627,689
身具三十二大丈夫相………… 629,771
身秘密 ……………… 80,649,679,693,779
身秘密如虚空 …………………… 693
身识 ……………………………… 573
身语事业如大梵 ………………… 693
身语之事业变化、意之智发散意事业 ……………………………… 687
身之示现 ………………………… 593
深差别 ……………………… 71,579
神变 ……… 157,219,569,651,661,663,774,776
神境………………………… 363,663
神通 ……… 251,293,367,417,597,607,734,742,743,748,768,776
神通变现 ………………………… 776
神通等七果功德 ………………… 293
甚深功德 ……………… 42,121,129,441,449
甚深身 …………………………… 607
甚深缘起法………………… 231,733
甚深缘起义 ……………………… 229
甚深自性身 ……………………… 593
生、老、病、死 ………………… 419,579
生悲之境 ………………………… 299
生集………………………… 197,731

生灭法 …………………………………… 385
生死 ……………… 15,24,25,36,45,46,56,66,78,79,81,83,89,91,99,139,147,191,195,197,203,227,229,231,249,273,301,303,311,313,315,319,321,325,327,329,331,333,335,337,339,341,343,345,349,351,353,359,361,375,381,397,399,401,405,409,413,415,419,421,433,443,455,475,477,487,493,511,513,515,521,543,559,579,597,601,607,609,619,621,625,627,647,657,661,665,669,671,687,689,691,709,713,715,727,738～742,744,746～748,755,760,768,773,776,777,780
生死根本………………………… 24,25,197
生死涅槃平等性之道……………… 311,738
生喜足天 ……………………………… 601
生相 ………… 167,173,193,197,257,327,329,369,371,375,403,409,415,431,481,665,667,728,729,731,740,747,748
生杂染…………………… 331,393,740,745
声闻 …………… 4,5,24,25,28,47,60,66,91,99,107,109,111,113,121,125,135,139,141,143,145,169,179,197,201,203,213,217,219,221,223,225,229,233,235,239,241,243,245,247,259,295,301,303,309,311,313,319,325,327,331,333,341,347,351,355,375,381,407,409,421,437,441,443,449,451,453,455,485,515,517,519,521,523,525,533,567,601,603,605,607,633,637,639,725,727,729,733～735,738～741,747,760～762
声闻、独觉 ……… 25,28,60,109,111,113,139,141,145,169,179,197,239,259,295,309,311,319,355,375,381,409,421,437,441,443,449,451,455,517,519,521,533,601,603,605,633,639,725,729,735,738,739,747,760～762
声闻、独觉阿罗汉 … 25,179,197,239,319,441,443,601,605
声闻、独觉圣者…… 111,141,309,319,355,375,381,409,519,605,633
声闻阿罗汉 …… 219,239,327,451,603,740
声闻部……………………………… 243,309
声闻乘 …………… 4,24,223,233,241,243,309,313,325,733,738～740
声闻乘人 ……… 233,313,325,733,739,740
声闻等三解脱 ………………………… 295
声闻地等 ……………………………… 331
声闻及独觉种性决定之补特伽罗 …… 235
声闻经部见 …………………………… 525
声闻经部师 …………………………… 525
声闻决定种性 ………………………… 235
声闻菩提 ………… 91,99,121,143,523,727
声闻僧宝 ………………… 47,203,217,733
声闻圣者………………… 213,219,233,351
声闻无余涅槃 ………………………… 245
声闻与菩萨功德…………………… 121,727
胜观……………………………… 395,745
胜慧……………………………… 297,737
胜解 ………… 51,81,82,119,143,149,157,219,223,229,231,233,259,293,297,301,305,313,315,317,321,325,347,363,365,411,517,519,619,621,641,647,671,697,699,701,703,705,707,713,717,733,735,737～740,742,747,760,761,770,774,777,781,782
胜解大乘法………… 51,297,301,321,363,365,740,742
胜解大乘因果 ………………………… 313
胜解等……………… 293,313,317,738,739
胜解等四法…………………… 313,317,739
胜解等四因功德 ……………………… 293

胜解等之四果 …… 293
胜解果三宝 …… 697
胜解果三宝因 …… 697
胜解胜利 …… 697
胜解信 …… 315,671,697,777
胜利 …… 16,17,81,157,279,293,345,697,705,709,717,742,781～783
胜利章 …… 279
胜论外道 …… 325
胜菩提 …… 35,155,728
胜信大乘法等 …… 315
胜义 …… 7,14,23,25,27,29～31,33,34,42,47,51,57,70,89,91,95,99,103,105,107,109,111,129,131,133,135,137,141,145,159,161,163,165,167,173,183,191,199,201,203,205,207,209,211,217,219,227,235,237,239,241,243,245,247,249,251,253,255,267,269,289,295,305,317,323,335,337,339,341,357,371,373,383,387,389,391,397,399,405,419,427,429,437,439,441,443,447,459,461,501,503,505,517,519,529,531,533,535,537,539,541,553,563,573,577,579,597,611,613,617,649,669,701,715,725,727,731,734,737,738,741,750,751,758,760,762,766,769
胜义谛 …… 7,14,23,25,29～31,33,91,103,105,107,109,111,133,135,137,141,145,159,161,163,165,167,173,191,199,201,203,207,209,217,235,239,251,255,267,269,289,357,371,373,383,387,389,391,399,405,437,439,443,447,459,461,501,503,505,517,519,529,531,533,535,537,539,541,553,563,573,579,669,701,715,731,751,758
胜义谛"常事" …… 135,145,289
胜义谛不可言说 …… 103
胜义谛之道次第 …… 217,447
胜义谛之圣言者,如蜂蜜 …… 461
胜义法 …… 23,95,107,323
胜义佛 …… 95,253
胜义功德 …… 31,70,95,205,577,766
胜义归依 …… 47,99,227,235,237,239,241,243,245,247,249,429,734
胜义简别 …… 33,211
胜义界 …… 95,295,737
胜义空性智 …… 533,762
胜义菩提 …… 95
胜义僧 …… 95,107
胜义身 …… 95,617,769
胜义事业 …… 95
胜义有垢真如 …… 111
胜义中无二 …… 441,751
胜者正等觉 …… 711
圣补特伽罗 …… 35,107,153,165,493,605,757
圣补特伽罗有学 …… 493,757
圣不退转住清净地者 …… 215
圣道 …… 2,139,149,269,499,667,736,758,777
圣法毗奈耶 …… 15,139,727
圣怙主弥勒 …… 719,783
圣解脱 …… 7,341
圣灭谛 …… 437
圣胜义谛 …… 439
圣无著论师 …… 85,87,89,91,117,157,203,253,293,309,343,381,429,459,497,513,527,559,591,617,641,665,697,719,725
圣言 …… 82,89,115,147,447,459,461,501,503,671,707,709,717,719,721,737,777
圣言分十二支 …… 503
圣言九支 …… 503

圣者 ………… 13,34,87,95,103,109,111,141,183,187,189,191,205,207,211,213,215,219,229,233,237,239,241,261,273,309,319,339,341,351,355,369,371,373,375,379,381,383,399,401,403,407,409,421,425,481,493,495,519,537,573,579,587,605,611,613,633,711,721,730,732,733,741,743,744,746,749,757,762,782
圣者等引 ………………… 103,183,187,191
圣者自内所证 ……………………… 189,730
圣者自内证智 ………………………… 103
圣众 ………… 34,35,95,101,153,233,239,245,247,537,728,734
盛宝 ……………………………… 21,721
盛壮转衰之老 ………………………… 575
狮子贤 ……………………… 91,341,585
施等波罗蜜多行 ……………………… 703
施等六波罗蜜多 ……………………… 645
施所生福 …………… 81,697,699,705,782
十八不共法 ………… 151,619,627,629,728
十八佛不共法 ……… 74,151,619,625,633,728,770,771
十八种能表喻 ………………………… 459
十八种所表义 ………………………… 459
十波罗蜜多 ……………………… 375,744
十地 ………… 42,60,67,99,117,119,137,247,423,427,449,451,485,487,489,531,535,581,583,587,643,645,647,726,727,749,762,773
十地最后有 ……… 247,485,487,489,581,583,587
十地最后有无间道 ……… 485,487,489,583
十二事业 ………… 16,72,179,275,599,737
十二有支 ………………………… 193,731
十二缘起 ………… 159,161,173,243,321,331,435
十二种事业 ……………………… 349,583
十力 ……………… 16,17,36,73,127,151,255,257,275,619,621,633,728,735,737,771
十六种大菩提悲 …………………… 151,728
十六种菩萨大悲 …………………… 149,728
十六种邪分别 ………………………… 209
十门建立 ……………………………… 281
十相 …………… 49,281,291,293,457,753
十相建立成立界自性清净 ………… 49,293
十相义 ………………………… 457,753
十种 ………… 133,149,151,295,585,727,737,770
十种义 ………………………… 295,737
十自在 ……………… 119,219,327,733
时位 ………………………………… 181,267
实际 ………… 10,25,26,165,197,207,249,287,329,331,357,417,487,539,541,551,583,763
实物有之补特伽罗我见 ……………… 305
实有 ………… 27,29,30,89,135,137,145,183,195,197,199,207,235,307,309,317,323,333,357,489,521,525,529,531,549,553,555
实有相执 ……………………………… 197
实执 ……… 24～26,107,133,147,165,169,179,185,187,193,195,197,199,211,215,263,269,317,319,357,391,417,449,489,529,545,547,551,581,705
实执分别种子 ………………………… 169
实执分别 ……… 133,147,165,185,187,705
实执随眠 ……………………………… 197
实执想 ……………………………… 263,269
实执心 ………………………………… 195
示(断)清净差别 ……………………… 591
示(自性)光明差别 …………………… 591
示道者 ………………………………… 221
示恒常道 ……………………………… 169
示九能障之九喻 ……………………… 463

示九所障之九喻 …………………………… 463
示菩萨力 ………………………………… 127
示胜义谛圣言 …………………………… 459
示世俗谛圣言 …………………………… 459
示世俗谛之圣言者,如谷实 …………… 461
示现入涅槃事业 ………………………… 601
示现种种非一、现而无自性 …………… 597
示引导所化之次第…………………… 599,601
世间修成慧 ……………………………… 105
世间智 ……… 205,213,481,485,561,732,757,764
世间庄严同法……………………… 251,734
世俗 ………… 14,23,29~31,34,47,51,70,95,107,133,135,145,201,209,217,219,227,233,235,243,259,317,335,337,371,443,447,459,461,501,503,529,531,533,539,541,553,577,589,597,617,653,703,733,758,769
世俗道理 ………………………………… 501
世俗谛 ………… 14,135,209,235,447,459,461,503,529,758
世俗谛之道次第 ………………………… 447
世俗法 …………… 23,31,95,539,541,553
世俗佛 …………………………………… 95
世俗功德………………………… 70,95,577
世俗归依 …………… 47,227,233,235,243
世俗归依建立 ………………… 47,227,233
世俗归依义 ……………………………… 235
世俗界 …………………………………… 95
世俗菩提 ……………………… 95,219,703
世俗僧 …………………………………… 95
世俗身……………………………… 617,769
世俗事业 ………………………………… 95
世俗与胜义谛之道次第 ………………… 217
世俗与胜义二谛…………………… 209,531
世俗杂相理趣 …………………………… 503
世尊慈氏 ………………………………… 707
事坏………………………………… 191,353
事相 ………… 7,277,281,323,373,375,653
事业 …… 16~18,34~36,43,44,48,58,72,75,76,79,81,95,97,101,105,113,119,137,149,151,155,159,165,167,175,179,209,257,271,273,275,277,279,291,295,297,349,359,423,425,469,501,503,559,567,571,583,593,597,599,601,627,641,643,645,647,649,671,673,675,679,685,687,689,691,693,695,697,701,715,725~729,735~737,768,773,774,780,781
事业不断、彼三无功用趣入 …………… 597
事业趣入义 ……………………………… 291
事业无功用 ……… 75,79,81,119,175,641,645,647,673,687,726,773,774
事业相续不断趣入之六处 ……………… 647
事业相续不断之义 ……………………… 645
事业义……………………………… 105,725
事业周遍 ………………………………… 503
事之灭坏 ……………………… 45,189,191
受用身同法 ……………………………… 511
殊胜变化身 ……………………………… 639
殊胜化身 ……… 72,237,559,569,583,585,593,597,599,601,607,619,633,639,653
殊胜化身之自性 …………………… 72,599
殊胜力 …………………………………… 509
数量差别…………………………… 161,699
数量决定 …………… 41,60,91,95,97,459
数论师 …………………………………… 447
衰损因……………………… 717,782,783
双聚………………………………… 259,261
双破有、寂二边之道 …………………… 311
水界……………………… 389,397,745,746
水轮……………………… 385,389,393
水月 …………… 619,633,635,770~772
水月喻……………………………… 635,772
水月诸喻…………………………… 635,772

顺独觉乘…………………………… 309,738
顺解脱分 ……………………………… 345
顺解脱分补特伽罗 …………………… 345
顺解脱分善根 ………………………… 345
顺声闻乘…………………………… 309,738
顺世外道 ……………………………… 587
说者 ………… 26,27,89,145,349,487,503,519,527,533,539,589,649,661,707,762,774,776,782
思所成慧…………………………… 105,725
死、病、老 ……… 385,393,397,399,401,746
死、病、老火……………………… 385,746
死、老、病火 ……………… 393,397,745,746
死、老、病火瘟疫相 …………………… 746
死、老、病无尽火 ……………………… 393
死生……………………… 363,375,621,744
四边 …… 6,30,183,185,187,573,591,595
四波罗蜜多 ……………… 52,327,333,523
四处 ………… 16,42,81,82,115,117,119,133,257,273,275,697,701,705,726,735,737,781
四处差别…………………………… 275,737
四德波罗蜜多…………… 321,325,331,740
四谛 ……… 79,171,185,233,493,669,671
四谛法轮 ……………………………… 233
四谛法性 ……………………………… 493
四法 ………… 225,313,317,325,601,693,739,775
四法归依于佛 ………………………… 225
四法归依于僧 ………………………… 225
四法印见 ……………………………… 601
四功德 ………… 59,363,437,443,451,453,455,695,701,753,772
四功德之处 …………………………… 363
四果 …………… 52,293,315,321,325,333
四静虑……………………………… 695,699
四类补特伽罗 ……… 66,515,517,519,760
四类菩萨…………………………… 427,749
四类忍 ………………………………… 493
四类有情之四障…………………… 313,739
四类智 ………………………………… 493
四轮………………………………… 347,742
四菩萨净及不净功德 ……………… 57,419
四清净……………………………… 313,739
四取………………………………… 329,740
四忍 …………………………………… 493
四无碍解 ……………………………… 119
四无色 ………………………………… 695
四无畏 ……… 4,74,151,619,623,625,633,728,770,771
四相 ……… 16~18,189,253,327,595,730,735,776
四续部 ………………………………… 209
四义 ……… 58,93,275,373,433,437,439,743,750,751
四异名…………………………… 439,441,751
四因 ………… 253,257,293,321,325,359,365,595,661,735,740
四障……………………………… 313,315,739
四种 ………… 149,151,301,315,317,319,437,443,445,453,493,495,575,585,617,633,635,661,697,701,727,738,739,750,752,753,757,766,770~772,775,776,781
四种不颠倒………………………… 317,739
四种颠倒………………… 315,317,319,739
四种菩萨庄严……………………… 149,727
四种障……………………………… 301,738
四种之异名………………………… 437,750
似浮云…………………… 13,26,553,763
伺察识 ………………………………… 355
苏迷卢…………………………… 307,389,738
随烦恼壳…………………………… 483,756
随眠 ………… 5,18,19,61,63,64,195,197,339,463,465,467,481,483,495,497,599,669,731,741,757,777

宿住随念智力 …………………………… 621
损减 ……… 29,30,103,135,317,337,429,527,531,533,535,549,762
娑者那………………………………… 719,783
所得下劣 ………………………………… 219
所断 ………… 19,26,44,45,51,62,64,69,137,169,171,173,195,199,231,317,319,321,335,407,459,461,465,473,475,481,483,485,487,489,491,493,495,497,499,565,623,625,705,729,756～758,770
所断种子…………………………… 231,491
所化 …………… 28,35,76～79,87,89,117,135,137,139,143,147,153,159,167,169,173,179,181,227,229,235,237,239,263,265,271,273,275,289,311,325,331,367,405,423,425,443,469,503,509,535,547,553,555,559,569,571,575,583,587,593,597,599,601,607,609,617,619,621,639,641,643,645,647,651,653,655,657,659,663,665,667,673,675,677,679,681,685,689,691,693,705,707,715,736,758,765,773,778,779
所化意乐 ……………………… 89,263,647
所破 …………… 23,24,30,33,45,141,211,267,307,317,323,337,339,527,575
所取 ………… 165,199,309,319,335,385,525,545
所诠 ……… 33,91,101,103,105,185,385,597,703,709
所示之道 ……………………………… 221
所说 ………… 3～7,10,13,14,18,25～29,33,34,42,74,82,89,91,99,105,109,113,115,131,137,139,145,147,153,155,165,173,193,207,209,211,241,277,279,281,285,287,293,315,319,321,331,335,337,369,391,393,395,407,413,417,455,475,479,481,491,525,539,543,545,549,551,561,567,575,589,605,607,611,617,629,633,635,685,697,701,703,705,707,709,711,713,717,726,727,729,743,745,748,756,763,766,769,771,772,781～783
所为 ……… 35,153,171,219,413,519,748
所为下劣 ……………………………… 219
所行境 ………… 67,81,287,421,503,517,519,521,531,533,535,611,663,679,685,697,758,760～762,778,779
所依 ………… 7,32,53,55,71～73,75,78,80,81,89,103,105,141,181,191,217,233,245,265,283,289,301,307,309,311,319,329,349,369,371,373,375,389,405,451,453,461,493,533,545,549,559,561,575,579,589,593,617,625,639,643,645,647,649,655,669,683,687,689,691,693,695,701,705,725,733,734,740,753,763,764,766,770,773,780,782
所依差别 ………………… 55,217,389,655
所依之转 ……………………………… 369
所依转 ………………………………… 369
所缘 ……………… 14,26,29,33,35,78,91,93,117,139,149,153,159,177,185,195,197,199,239,259,265,269,271,273,317,333,357,383,391,411,507,515,529,531,535,611,669,683,687,703,730,731,736
所障 …………… 18,19,60,61,63,64,147,263,265,281,293,361,391,459,461,463,465,467,479,481,497,499,563,643,647,679,713,742,753,754,764,778
所障九喻九义 ………………………… 281
所障之喻 ……………… 61,63,263,463,479

所遮……………………………… 335,431,683
所证 …………… 43,101,103,105,153,157,161,163,167,175,183,189,241,273,275,305,503,625,697,715,725,728,730,734,736,737,758
所证之处……………………………… 273,737
所证之灭谛 ………………………………… 241
所知 ………… 12,24～26,69,103,119,135,159,161,163,169,175,179,187,195,199,207,211,213,215,239,243,245,265,273,321,323,325,327,329,331,357,367,371,377,415,417,423,425,433,435,451,453,487,489,507,509,537,541,545,547,551,559,561,563,565,567,571,573,575,579,581,583,591,593,595,607,609,611,621,623,625,627,635,637,643,645,679,687,701,705,707,711,729～733,736,737,743,744,753,762,764,765,767,770～773,778,781,782
所知如云、梦、幻 ………………………… 547
所知障 ………… 24～26,69,119,161,169,179,195,239,243,245,321,325,327,329,331,367,371,377,415,433,435,451,487,489,507,545,547,551,561,563,565,567,571,579,581,583,609,611,621,623,635,643,645,701,705,730,743,753,764,765,767,782
所知障怖畏…………………………… 239,245
所知障铠甲 ……………………………… 635
所知障品所摄十二缘起支………… 331,435
所知障之相 ……………………………… 487
所知之障 ………………………………… 487

T

他空……………… 23,24,29～31,135,145,371,531,539
他相续 ………… 95,97,101,221,273,275,573,575,579,621,623,631,647
他心……………………………… 363,367
他证 ………………………………… 183
他之语 …………………………………… 97
胎 ………… 1,7,9,297,313,477,479,499,599,601,675,739,756,758,768,778
贪 ……………… 1,2,5,7,10,18,19,46,47,61,82,133,149,179,185,187,189,195,197,203,205,213,215,231,249,259,269,285,341,367,371,375,387,391,403,423,461,463,465,467,481,483,485,489,495,497,499,525,537,543,549,555,567,569,623,657,659,673,699,709,711,713,730～734,744,745,754,756～758,762,765,782
贪、嗔、痴猛利现行相……………… 483,757
贪、瞋、痴……………………… 195,285,731
贪等九烦恼…………………… 495,497,757
贪等九垢 ………………………………… 499
贪等三毒客烦恼清净 ………………… 569
贪随眠 …………… 18,61,463,465,483,757
贪随眠相之烦恼…………………… 483,757
贪现行 …………………………………… 485
贪与莲华 ………………………………… 461
贪障之解脱 ……………………………… 203
贪滞障之解脱………… 46,47,205,213,215
体性 ………… 12,32,41,45,46,49,50,54,69～71,74,76,82,91,95,101,113,133,175,177,183,189,203,207,209,217,241,257,261,265,291,293,295,297,325,363,365,367,369,373,375,377,379,381,383,405,425,429,435,443,453,457,459,469,481,493,503,515,525,559,561,563,565,569,571,581,583,585,591,597,599,611,613,625,635,637,647,649,685,689,703,705,707,709,729,737,742,743,746,748,

752,763,764,768,774
体性、因、果、用、相应、转六义 …… 375,743
体性差别…………………………… 217,293
体性等六义………………………… 375,743
体性义 ……… 49,50,69,295,297,457,561,563,565,737,763,764
体义 …………………………………… 737
天耳 ………………… 363,659,663,775,776
天鼓喻 ………………………… 77,649,657
天眼通所摄死生智力 ………………… 621
同法 ……………… 44,45,53,55,56,60,61,64,65,70,74~76,78,81,169,173,195,249,251,291,295,297,299,363,365,367,385,389,397,453,459,461,463,465,481,497,499,501,503,505,509,511,569,619,621,635,637,639,641,643,645,647,661,665,667,685,689,691,731,734,738,742,743,746,753,757,758,776,780
同一自性遍行于诸分位 ……………… 377
同义 ……… 18,27,145,211,257,259,263,281,283,407,419,441,523,751
童慧 …………………………………… 721
土、铜、金三器……………………… 379,744
陀罗尼自在王 ………… 15,28,42,101,115,117,129,131,133,137,151,703,707,726
陀罗尼自在王菩萨………………… 129,131

W

外道 ………… 10,30,31,85,113,135,169,201,227,237,255,267,283,285,287,289,301,303,305,311,313,323,325,329,331,333,357,373,393,447,509,541,587,709,738~741
外道所计之补特伽罗我 …………… 283
外道所许之“常事” ………………… 329
外道我论……………………… 201,285,287
外道我论者 ……………………………… 201
外道自在派 ……………………………… 113
外糠…………………………………… 467,754
外缘他声…………………………… 275,671
微尘许相执所缘 ……………………… 259
微细补特伽罗及法无我空性 ………… 309
微细补特伽罗与法无我 ……………… 139
微细二无我 ……………………………… 309
微细空性 …… 24,91,307,309,319,519,603
微细三门麤重习气 …………………… 245
微细所破 ………………………………… 317
微细无我 …………… 141,519,547,605,705
微细中观空性 …………………………… 307
唯识车轨 …………………………… 89,309
唯识见 ……………………………… 24,307
唯识理 …………………………………… 183
唯识之理门 ……………………………… 201
唯识宗规 ………………………………… 309
惟如来法身具足四波罗蜜多 … 52,327,333
惟声闻、独觉种性 ……………………… 309
惟正等觉是胜义归依 ………… 47,235,247
惟重自利声闻 …………………………… 219
未离垢 …………………… 25,179,729,730
位差别义…………………………… 295,737
畏生死苦诸声闻乘人之障………… 313,739
萎莲苞……………………………… 465,754
萎莲中有佛相 …………………………… 463
闻、思、修三者 ………………………… 109
闻慧…………………………… 105,109,579
闻思慧 …………………………………… 105
闻所成慧………………… 105,685,725,779
我波罗蜜多 ………… 51,321,323,329,333,739~741
我想 ………………… 317,319,321,739,761
邬多耶……………………………… 167,728
无碍 ……… 2,119,125,127,129,167,263,329,377,415,425,475,581,629,663,

707,735,744,748,749,755,766,767,776
无碍慧波罗蜜多…………………… 415,748
无边俱胝烦恼壳…………………… 495,757
无别义 ………………………… 18,295,737
无病……………………… 149,193,397,563
无常 ………… 15,31,51,113,135,139,241,265,267,305,317,319,335,337,339,341,371,519,521,523,535,585,601,657,661,671,727,734,739,741,761,762,768,775,776
无常理 ………………………………… 241
无耽滞 ………………………………… 581
无德……………………………… 285,289
无等法轮…………………………… 179,730
无二 …………… 5,6,20,185,187,189,237,247,377,433,435,441,507,571,730,737,744,749~752,759,766,767
无烦恼漏业 …………………………… 327
无分别 …………… 5,13,14,29,76,79~81,119,145,175,177,185,189,261,271,287,369,371,377,379,383,421,433,435,439,449,499,503,507,529,533,535,561,563,565,569,571,581,591,593,595,597,613,645,647,649,651,653,665,669,675,677,679,681,687,691,693,729~732,735,736,743,744,750,752,758,759,761,762,764,765,767,768,773,774,776~779
无分别处 ……………………………… 287
无分别清净界……………………… 533,762
无分别智果………………………… 569,765
无分别智见 …………………… 14,731,732
无根………………………… 151,185,389,746
无功用 ………… 36,44,72,75,79,81,113,119,155,161,163,165,167,175,257,271,351,423,485,499,545,571,597,599,641,645,647,665,673,675,681,685,687,689,691,693,697,726,728,729,736,765,773~780
无功用成办………………………… 119,726
无功用及相续不断二相…………… 641,773
无功用及相续不断之佛事业 ………… 697
无功用义 …………………………… 75,641
无垢 ……… 5,16~19,48,85,133,151,175,179,213,237,251,253,255,257,259,261,289,333,367,377,387,409,411,427,433,441,447,453,465,473,477,479,501,559,563,565,567,569,575,577,581,591,609,617,623,627,631,633,641,643,655,667,677,687,707,717,719,729,730,732,734,735,737,741~744,747~750,752~758,763~771,773~775,779,781,783
无垢处界 ……………………………… 367
无垢帝释像………………………… 175,729
无垢佛功德 …… 16~18,253,255,261,641,735,773
无垢功德 ……… 48,257,261,567,617,643,769,773
无垢功德难以通达 …………… 48,257,261
无垢界 ……… 213,377,477,591,732,744,756,767
无垢明 ………………………………… 567
无垢菩提 ……………………………… 253
无垢清净 ………… 333,367,565,567,631,741,743,764
无垢同法…………………………… 251,734
无垢无漏界处 ………………………… 367
无垢心 ………………………………… 255
无垢意性身 …………………………… 757
无垢真如 ……… 16~19,48,255,257,259,261,559,617,734,735,763,769
无垢真如难以通达 …………… 48,257,259
无垢之断 ……………………………… 367
无后边际…………………………… 429,749

无基…………………………………… 185,389
无坚实性……………………………… 411,747
无间道 …… 485,487,489,491,493,583,757
无间罪 …………………………………… 715
无客尘垢具二清净菩提 ……………… 715
无老……………………… 193,403,563,750
无量 …………… 2,5,19,35,109,113,117,
119,121,123,125,127,153,167,205,
217,263,265,269,271,287,331,363,
365,367,375,443,449,451,459,537,
573,591,593,595,605,607,631,649,
673,677,689,693,695,699,715,717,
726,727,732,733,735,736,742,744,
752,753,762,767,768,774,778,780,
783
无量宫 …… 113,123,263,649,673,735,774
无漏界 ………… 46,209,243,327,367,369,
375,413,437,439,441,443,449,495,
519,559,593,732,740,743,748,750 ~
752,757,761,763
无漏界真如………………………… 327,375
无漏界中三界影像三种意性身…… 413,748
无漏乐………………………… 325,573,581
无漏善根…………………………… 413,748
无漏业 ……… 161,329,331,413,429,431,
433,435,481,485,521,740,741,750,
757
无漏智 ………… 213,325,369,583,585,743
无漏种……………………………… 299,343
无明 …………… 1,2,19,25,32,62,64,193,
195,197,217,265,281,291,303,325,
327,329,331,333,335,403,413,419,
429,431,433,435,459,461,465,471,
473,481,483,485,487,489,495,497,
521,621,637,679,693,709,711,731,
740,741,746,749,750,755,757,758,
770,772
无明习气 ………… 19,62,64,325,327,329,
331,333,413,429,431,433,435,459,
461,465,471,481,483,485,487,495,
497,521,637,740,741,750,757,758,
772
无明习气地所摄 ………… 19,483,485,757
无明习气地者,如地能障宝藏 ………… 461
无明习气地之果意性身 ……………… 325
无念 ………… 429,577,581,735,749,766,
767,769
无破立之胜义谛 …………………… 201
无破立之义 ………………………… 199
无色界…………………… 171,263,735,757
无上 …………… 6,15,16,29,91,113,119,
129,131,143,151,167,179,181,205,
215,217,223,225,245,247,257,261,
275,287,313,339,341,419,427,529,
549,601,603,605,609,613,623,659,
699,715,717,726 ~ 730,732 ~ 735,737,
739,749,761,769,770,775,781
无上大法轮………………………… 181,730
无上大菩提……………………… 427,715,749
无上佛智 ………………………………… 215
无上功德………………… 131,205,727,732
无上菩提之根本处 …………………… 339
无上如来清净智观 …………………… 733
无上事业三十二种 …………………… 257
无上正等觉 …… 16,91,113,223,225,261,
275,287,726,735,737
无上智 ………… 167,179,613,729,730,769
无生 ………… 6,81,173,175,191,193,287,
329,375,389,393,395,405,439,449,
451,647,689,691,715,717,729,731,
745 ~ 747,750 ~ 752,774,780
无生法性………………………… 449,752
无生法性忍 ………………………… 449
无生无灭 ……… 6,173,191,393,439,729,
731,745,751
无生无灭不变之法性……………… 393,745

无生无灭胜义谛 …………………………… 191
无胜义有之根 ……………………………… 397
无实执分别………………………………… 185,187
无实执之贪 ………………………………… 215
无始时 ………… 66,459,511,513,753,759
无始时来界………………………………… 511,759
无视有情利益、无“我当令有情离苦”
想之独觉诸人 …………………………… 301
无数 ………… 5,91,441,451,455,597,605,
609,752,767
无思………………………… 185,187,729,730
无死 …………… 85,193,249,563,587,611,
750,769
无四边之思 ……………………………… 187
无所畏 ………………… 623,625,637,770,772
无所有 …………………………………… 10,485
无贪 ………… 7,149,205,537,732,733,762
无妄不虚之义……………………………… 439,751
无为 ………… 12,17,29,107,151,159,161,
163,165,167,173,181,251,299,337,
377,385,393,409,415,429,433,513,
573,575,581,585,591,595,611,617,
647,725,728 ~ 730,734,744,745,747,
748,750,760,766,767,769,774
无为法身…………………………… 165,617,728
无为如来藏………………………………… 393,745
无为身 ……………………………………… 585
无为自性 ……………… 107,161,251,385,734
无为自性清净界 ………………………… 385
无畏 …………… 4,35,74,75,129,151,155,
159,169,247,511,543,619,623,625,
627,629,633,635,637,659,727 ~ 729,
734,770,771,775
无畏道……………………………………… 169,729
无畏之同法 ……………………… 75,635,637
无我 ………… 6,8 ~ 10,15,24 ~ 26,28,29,
107,109,111,139,141,185,195,197,
203,207,219,241,243,287,289,303,
305,309,317,319,323,325,329,333,
359,411,473,519,521,523,527,531,
533,547,601,603,605,657,661,671,
705,727,732,739 ~ 741,747,761,763,
768,775,776
无我慧 ………… 29,185,195,305,359,531,
533,671
无我际 …………………………… 25,203,732
无我义……………………………………… 289,305
无我智……………………………………… 195,243
无我自性有际 …………………………… 25,207
无现行之理………………………………… 191,731
无相 ………… 2,10,15,115,141,151,175,
283,287,359,463,577,587,683,705,
727,729,767
无相所行 ………………………………… 287
无学相续之七法…………………………… 369,743
无业烦恼二 ……………………………… 187
无余涅槃…………………………… 239,241,245
无与伦比功德 …………………………… 591
无喻城……………………………………… 719,783
无愿 …………………… 10,15,141,283,287,727
无障法身…………………………………… 571,765
无知所化 ………………………………… 265
无滞 …………… 33,213,215,269,417,455,
577,627,732,733,736,748,753,766,
767,771
无种性…………………………… 345,513,515
无住涅槃 ………… 301,311,337,339,365,
437,439,441,613,659,738,741
无著 ……………… 1,10 ~ 12,24,26,85,87,
89,91,117,157,203,253,283,293,309,
343,381,429,459,497,513,527,559,
591,617,641,665,697,719,725,783
无自性 ………… 5,6,72,159,175,177,193,
199,203,207,285,297,299,309,311,
333,337,397,411,479,529,533,555,
591,595,597,609

无自性师 …… 309
无作者性…… 411,747
五波罗蜜多 …… 705
五道 …… 345
五德 …… 71,72,583,591,595,597
五德之因 …… 72,595,597
五地 …… 91,415
五功德…… 553,595,767
五过失 …… 13,15,28,68,545,549,553,555,763
五决定 …… 583
五取蕴…… 319,323,739,740
五趣…… 669,777
五神通…… 417,748
五通…… 363,367,369,743
五相…… 71,72,583,591,595
五喻…… 499,501,511,758,759

X

昔已积福 …… 347
习气 …… 19,24,62,64,119,149,165,191,195,245,269,305,321,325,327,329,331,333,335,345,357,367,371,403,413,429,431,433,435,441,449,451,459,461,463,465,471,481,483,485,487,489,495,497,521,547,571,575,591,597,623,635,637,645,705,726,734,740,741,743,750~753,756~758,765~767,772,773
习气垢 …… 357
习所成如来种 …… 299
习所成种…… 12,19,97,291,297,299,349,509
习所得种…… 459,461
习所得种者,如树木 …… 461
喜颠倒者 …… 66,67,519,521,531,533,535,761,762
喜足天 …… 585,599,601,675,683,768
戏论 …… 27,30,46,91,109,117,159,165,175,183,199,231,237,281,299,319,321,323,325,329,333,371,389,415,521,573,728,729,740,741,743,748
戏论之四边 …… 183
暇满 …… 87
下劣女腹中有人主转轮王 …… 463
仙人 …… 467,473,617,633,637,709,711,715,754,755,769,771,782,783
仙人正等觉 …… 709
显明 …… 22,85,185,187,453,730
显明真实 …… 187
现观 …… 7,10,22,24,25,36,91,167,207,209,277,319,331,341,391,407,423,425,451,493,703,705,728
现观真如之定 …… 423
现相 …… 241
现行 …… 19,62~64,191,195,197,329,377,415,417,459,461,465,469,481,483,485,489,491,495,497,641,655,731,740,748,756,757
现行与不净皆难可依止,故同 …… 461
现正等觉…… 119,121,726
现证彼自性清净分之智 …… 437
现证谛实空离戏论之智 …… 237
现证灭谛功德 …… 241
现证胜义谛之等引智 …… 573
现证无我道 …… 241
现证无我慧 …… 29,185,195,531,533,671
现证真实义之见、修道 …… 201
相好庄严身、说法语同类相续不断 …… 72,597
相违 …… 30~33,44,68,76,91,105,111,113,115,117,133,135,165,167,183,205,211,217,219,241,255,259,261,265,267,269,283,295,317,349,

351,355,357,359,361,373,377,379,393,397,403,455,457,459,463,465,519,521,537,539,541,545,547,549,551,559,585,587,613,617,629,649,651,653,705,761
相续不断……………… 72,75,76,119,167,179,249,257,271,325,427,449,581,593,597,599,641,643,645,647,657,685,687,689,691,697,726,729,730,735,749,752,767,773,774,780
相续不断义 ………………………… 75,641
相应 ………………… 3,5,9,11,53,59,70,173,293,295,311,313,329,363,365,367,369,373,375,383,391,405,407,413,429,435,437,439,441,443,455,561,563,565,567,577,579,581,617,619,625,691,729,737~740,742~744,747,748,751~753,763,764,766,767,769,770
相应义 ………… 53,70,295,363,367,561,563,577,737,742,743,763,766
相执……………………… 197,209,259,731
相属 ……………… 32,68,87,97,115,117,153,155,197,265,405,459,479,499,513,539,541,583,619,709,726,728,731,753,756,758,760,782
想结……………………………… 269,736
想执……………………… 263,269,735,736
消除苦火………………………… 669,777
消除能障善知识之喻 ………………… 263
小乘藏……………………………… 89,91,303
小乘涅槃 ……………………………… 601
小乘僧宝 ……………………………… 107
小乘圣众………………………… 233,245
小乘有学圣者 ……………………… 401
邪分别 ………… 32,71,209,243,265,541,583,587
邪见 ………… 149,171,207,233,289,305,307,337,605
邪性决定诸有情 ……………… 12,347,742
心谛实空离戏 ………………………… 387
心清净界如来藏三种自性………… 499,758
心王意识 ……………………………… 259
心性光明 ……… 395,413,565,746,748,764
心要 ………… 14,87,369,397,461,719,746
心于空性散乱…………… 67,519,525,531,533,535,760~762
心于空性散乱者………… 67,519,525,535,760~762
心之杂染……………………… 211,481,756
心之自性 ……………… 133,387,391,393,395,479,745
心之自性光明胜义谛 ……………… 391
心自性光明………… 203,207,209,563,732
心自性解脱………………………… 453,753
心自性清净无微尘许自相 …………… 259
心自性胜义谛 ………………………… 389
欣乐不净生死……………………… 321,740
欣欲 ……………… 301,303,343,671,738,742,777
欣欲诸有者……………………… 303,738
新入乘菩萨……………………… 517,760
新入乘之菩萨………………… 519,525,761
行所摄六种 ………………………… 625
醒觉种性……………………… 347,359,509
修八地等三清净地之智…………… 493,757
修不净等智 ………………………… 757
修大悲 ……………… 51,313,321,325,415,739,748
修大乘不共止观双运三摩地 ………… 313
修道 ……………… 7,14,109,145,191,195,201,213,233,245,269,345,481,489,499,561,573,731,732,756,758
修如所有出世间法智……………… 493,757
修所成慧……………………… 579,603,605
修所断 …………… 19,62,64,137,171,319,

459,461,465,473,475,483,487,489,493,495,497,499,757
修所断与烂衣 …… 461
修所生福 …… 82,697,699,705
修习慧及三摩地 …… 365,742
修习菩萨大悲 …… 325,365,742
修习胜解大乘 …… 365,742
虚空 …… 19,80,123,151,271,295,297,299,311,313,325,377,379,383,385,389,391,393,395,397,425,447,451,475,505,537,563,565,571,573,575,577,581,593,607,619,629,633,635,637,639,641,643,647,649,663,665,677,679,683,689,693,721,736,738~740,744~746,749,758,759,764,766,767,770~774,776,778~780
虚空藏等三摩地 …… 313,325,451,739,740
虚空藏三摩地 …… 311
虚空界 …… 19,325,389,395,397,505,593,647,663,740,745,746,758,767,776
虚空喻 …… 80,393,395,447,643,679,683,745
虚空喻释身秘密 …… 80,679
虚空喻释意秘密 …… 683
虚妄 …… 2,3,237,241,413,734,748
虚妄分别 …… 413,748
许补特伽罗我宗 …… 305
许空性实有者 …… 309
许与六识体异阿赖耶之派 …… 485
序品 …… 15,85,115,117,131,133,726,727
学故趣向菩提 …… 245

Y

言说身 …… 617,769
眼识 …… 107,573,653
业烦恼 …… 55,57,139,175,187,189,191,203,311,329,335,367,375,385,387,389,391,393,395,397,399,401,403,405,409,415,419,421,431,551,575,579,669,671,693,731,743,745,746
业烦恼及其所生之异熟为客 …… 551
业及业异熟蕴为客 …… 27,551
业及异熟之义 …… 551
业集 …… 197,731
业异熟有漏蕴 …… 553
业异熟智 …… 619,621
业杂染 …… 331,740
一阐提 …… 12,301,303,311,313,321,339,347,349,738~740,742
一阐提之因 …… 12,742
一阐提之障瞋大乘法 …… 313,739
一乘论 …… 91
一分净 …… 369
一切法谛实空 …… 28,91,145,357,551
一切法断自性有之根 …… 397
一切法平等性 …… 14,119,199,726,731
一切法如是自性者 …… 177,729
一切法如云、如梦、如幻 …… 539
一切法无微尘许自性 …… 257,447
一切法一切相正等觉 …… 583
一切法自性空 …… 27,28,89,281,551,553
一切法自性空如客 …… 551
一切法自性空之胜义 …… 89
一切功德所依 …… 81,691,693,695
一切苦灭谛建立 …… 193,731
一切如来功德 …… 443,455
一切所行道智 …… 621
一切所知之智 …… 453,753
一切行大乘道者 …… 301
一切有情 …… 1,2,5,18~21,29,34,35,37,66,113,119,125,143,147,163,167,179,181,191,203,213,215,217,

219,263,265,267,269,271,277,279,285,289,291,299,311,325,339,341,349,351,353,355,357,359,361,365,377,385,409,415,417,425,447,495,499,501,503,505,507,511,515,539,543,547,549,553,555,609,627,633,643,647,726,732,733,736,737,740,741,744,747,748,757,759,773
一切有情皆具如来藏…………………… 499,505
一切有情有佛种性…………… 511,553,555
一切有情有如来藏 … 66,291,507,511,515
一切障净…………………………… 329,369
一切智 ………… 7,113,209,253,257,263,301,307,309,319,447,487,519,551,579,587,623,659,673,679,713,721,735,739,761,766
一切智境 ……… 319,519,735,739,761,766
一切智之境…………………… 257,579,735
一切种功德………………………… 441,455
一切种觉悟一切法………… 441,601,752
一切种最上佛三身 …………………… 569
一切种最上空性…… 443,445,447,449,752
一切种最上空性三摩地………… 449,752
一切种最上空义 ……………………… 207
一切作用…………………… 257,259,529
一切作用应理……………………… 257,529
一生补处 …………… 58,419,423,427,749
一生补处功德 ………………………… 427
一生补处菩萨 ……… 58,419,423,427,749
一生补处菩萨功德 ………… 58,419,423
一味同味…………………………… 455,753
一喻 ………………… 499,501,507,758,759
依不净地(垢) …………………… 493,757
依不净地及清净地之二垢 …………… 495
依不净地及清净地之垢 ……… 64,483,493
依不净地者 ………………… 20,483,757
依不净地者及依清净地者………… 483,757
依不净及清净地障 …………… 64,497,499
依二身之六十四种功德差别 ………… 617
依功德之事业 …………… 75,559,641,715
依菩提之“力”等功德 ……………… 715
依菩提之功德 ………………… 73,559,617
依清净地(垢) …………………… 493,757
依清净地者 …………………………… 20
依他起……………………… 28,89,145,289
依他音声 ……………………………… 229
依言解有妨难 ………………………… 545
疑 ………………… 9,26,41,61,95,99,115,131,135,137,143,159,171,173,197,233,239,241,247,289,403,407,443,459,515,561,647,685,728,729,764,774,779
以补特伽罗及法无我为我 …………… 323
以不相属为性之烦恼壳…………… 459,753
以断而分之功德 …………………… 71,579
以十二事业饶益之理趣 …………… 72,599
以实执为所知障之中观宗 …………… 551
以相属为性之清净法性…………… 459,753
以喻成立嗔随眠为客 ………… 61,465,467
以喻成立痴随眠为客 ………… 61,465,467
以喻成立贪随眠为客 ……………… 61,465
以喻成立习所断为客 ……………… 62,473
以喻成立现行为客 …………… 62,465,469
以喻成立修所断 ……………… 62,473,475
以喻成立依不净地之垢为客 ……… 62,477
以喻成立依清净地之垢为客 ……… 63,477
以正理破除执取相而断故 ………… 26,197
义成庆喜 ……………………………… 721
义无碍解 ……………………………… 707
亦有亦无 …………………… 31,183,730
异名 ……………… 4,99,111,283,437,439,441,750,751
异生 ……………… 14,18,26,57,109,175,179,223,233,257,261,263,369,371,373,375,379,381,399,401,419,421,425,427,465,481,493,495,503,517,

519,537,545,559,585,605,607,613,633,639,653,687,725,729,735,743,744,748,757,760～762,774
异生、圣者、正等觉之心性无分别 …… 379,744
异生有情界 …… 373
异生有学 …… 493,757
异熟功德 …… 36,74,75,95,101,113,255,617,619,629,635,639,697,769
异熟功德同法 …… 75,635,639
异熟所摄诸蕴、界及处 …… 389
异熟之诸蕴、界、处 …… 389
异相 …… 383,587,613
异义 …… 111,379,505,759
意、语、身三大秘密 …… 687
意乐 …… 29,30,82,89,107,119,123,129,139,143,203,217,219,263,271,287,311,339,345,347,405,415,417,423,471,503,559,599,607,637,647,651,661,679,681,703,725,726,733,736,738,741,747,748,776,778
意乐清净 …… 311,347
意乐圆满 …… 82,679,703,778
意秘密 …… 80,649,679,683,689,693
意秘密如如意宝 …… 693
意识 …… 21,239,259,559,573
意事业 …… 79,593,627,649,671,675,687,689,693
意事业如日形 …… 693
意性身 …… 325,327,329,331,335,403,413,429,431,433,435,485,487,521,687,740,741,746,748,750,757
意性身体性之生 …… 435
意自性之身 …… 329
因、果二种归依 …… 221
因不成 …… 353,489,587
因功德 …… 53,293,363,365
因归依 …… 99,155,169,221,225,229,231,233,247,273
因归依建立 …… 229
因归依境 …… 155,169,273
因位 …… 49,101,111,117,275,277,279,291,515
因位佛种性 …… 279
因位界如来藏 …… 49,275
因相 …… 313,327,363,581,661,691,739,740,742
因义 …… 32,49,50,59,69,295,297,299,437,511,561,563,687,737,759,763,764
因缘 …… 17,42,48,49,117,119,157,251,253,273,275,299,389,395,503,511,565,697,734,737,746,758
因种种器异 …… 667,776
引导所化之三次第 …… 139
隐密处 …… 517
应供 …… 10,217,733
应颂 …… 503,758
用义 …… 51,52,70,75,233,295,315,343,561,563,571,641,737,739,741,763,765
用意 …… 29,49,67,277,279,281,285,289,393,537,545,549,553,762
用之能成 …… 70,571
由果门远离二边 …… 333
由所缘门远离二边 …… 333
犹如大地之于尘土,海之于牛蹄洼水 …… 425
犹如如意摩尼王 …… 593,767
犹如虚空无滞 …… 577
游戏 …… 125,177,794
有怖畏 …… 93,245,734
有顶地 …… 485
有二相识 …… 183
有二相之心、意、识 …… 191
有分别垢 …… 289

语秘密 ……… 80,87,649,679,681,689,693
语之诠说 ……………………………… 593
欲乐 ………………… 157,315,597,661,775
欲离三有而非方便入 ………………… 311
欲离三有然非方便入者 ……………… 311
欲离诸有者……………………… 303,738
欲漏 ………………………………… 403
欲求信 ……………………………… 315
喻义同法 ………… 44,53,55,60,61,64,65,
70,75,76,81,169,173,365,367,389,
453,459,461,481,497,499,509,511,
569,639,641,643,645,647,685,689
圆成实……………………… 27,89,145,289
圆满三十二相 ……………………… 585
圆满受用报身 ……………………… 511
圆满受用身 ……… 461,511,559,569,583,
585,591,593,595,597,599,607,619,
633,639,653,691
缘起 ………… 23,31,99,149,191,229,231,
541,555,719,733
缘相……………………………… 327,391,740
远离客尘 ………………… 45,189,191,377
远离一切戏论边 …………………… 27,281
月称论师…………………………… 207,551
云如客现,垢亦是客性 ……………… 565
云喻 …………… 78,643,649,665,667,669
云喻释成熟所化之因 ……………… 78,665
孕妇…………………………… 477,755,756
蕴、界、处 ……………… 285,289,393,395,
397,745,746
蕴等法 ……………………………… 25,207
蕴实执 ……………………… 25,199,263
蕴事 ………………………………… 195
蕴自性空 …………………… 25,141,197

Z

杂染 ………………… 5,17,25,55,185,197,
211,257,259,261,311,327,329,331,
371,381,385、389,391,393,407,409,
427,459,481,531,621,709,731,732,
735,738,740,744,745,747,749,756,
761,770
杂染二谛 …………………………… 185
杂染品…………………………… 327,459
杂染清净诸根聚智 ………………… 621
杂染异生 …………… 17,257,261,427,735
在家菩萨…………………………… 223,225
在家菩萨归依法 …………………… 223
在家菩萨归依佛 …………………… 223
在家菩萨归依僧 …………………… 223
在家菩萨具此四法谓归依佛 ………… 225
暂时断种性颠倒决定聚者 ………… 177
暂时声闻、独觉种性决定者 ……… 601
暂时声闻种性决定者 ……………… 605
造作无漏业………………………… 331,740
择灭 ………………………………… 489
增上慢空见………………………… 307,738
增上生 ………… 30,139,183,251,279,303,
359,641,657,663,665,679,681,687,
689,695,701
增上胜解修习大乘正法……………… 325,740
增上意乐 ……… 28,29,107,143,219,311,
347,417,725,738,748
增上缘………………………… 169,583,683
增益 ……… 29,30,107,185,195,197,429,
447,527,531,533,535,549,762
增语 ………… 111,113,173,245,409,439,
725,726,729,734,747,751
憎背解脱道………………………… 303,738
障于所知 …………………………… 487
障种子少分亦不净 ………………… 373
照明色同法………………………… 195,731
遮补特伽罗及法我之无遮 ………… 305
者啰迦……………………………… 303,738
珍宝 …………… 15,137,251,463,727,734

真别解脱律仪 ………………………… 345
真归依 ………………………………… 227
真究竟行之归依 ……………………… 235
真乐波罗蜜多 …………… 51,321,325,740
真如垢染………………… 193,275,297,507
真如垢未净 …………………………… 369
真如如金 ……………………………… 461
真如之同法 …………………… 65,501,505
真如之自性………………………… 501,758
真实 ……………… 2~4,11,13,14,29,32,
46,51,57,67~69,76,79,103,107,135,
137,141,147,151,187,193,195,199,
201,213,241,249,261,265,269,273,
275,289,295,299,307,309,317,323,
371,387,391,393,411,453,499,513,
517,521,523,525,527,529,531,549,
553,555,567,573,649,651,653,669,
671,711,715,731,743,753,758,761~
763,782
真实之有境正智现见境 ……………… 295
真我波罗蜜多 ……… 51,321,323,333,740
真我之事相 …………………………… 323
真无我波罗蜜多…………………… 323,740
真依怙 ………………………………… 227
真种子 ………………………………… 275
正不颠倒无戏论…………………… 371,743
正等觉……………… 1,5,16,28,47,91,99,
101,113,115,119,121,133,143,147,
173,175,211,217,223,225,229,233,
235,237,247,249,261,275,277,287,
339,361,369,371,379,425,427,437,
439,441,443,445,447,453,467,471,
475,485,529,531,583,613,637,641,
647,653,657,687,697,703,709,711,
726,729,734,735,737,741,744,751,
752,773
正等觉藏自性 ………………………… 467
正等觉佛……………………… 101,369,709
正等觉殊胜化身 ……………………… 237
正等觉之法身 ………………………… 277
正法日轮 ……………………………… 181
正见 …………… 22,97,149,321,337,529,
711,739,741,746,761
正教神变 ……………………………… 776
正决定有情蕴……………………… 311,739
正理师 ………………………………… 351
正相违 ………………… 30,183,317,351
正因论式 ……………………………… 211
正智境如来界 ………………………… 737
正住大乘……………………… 311,738,739
证彼之果得最上法自在 ……………… 727
证德 ………………… 85,107,169,325,329
证二无我…………………………… 329,333
证法 ……………… 11,18,19,47,141,165,
213,219,235,239,241,427,459,463,
501,503,535,537,583,603,605,732,
734,758,767
证法界 …………… 213,427,501,535,537,
605,732,767
证法身 …………… 11,18,19,165,503,583
证功德 ……… 60,69,265,441,449,565,571
证尽所有之后得智二智 ……………… 573
证究竟……………………… 211,587,732
证空慧 ……………… 52,307,313,315,339,
341,443,445
证涅槃……………………… 337,455,753
证智法身…………………… 501,503,569
知如何入…………………………… 263,736
知如所有 … 44,161,163,165,167,181,323
执三轮为实之习气 …………………… 547
止息 …………… 12,113,159,185,187,349,
423,487,499,577,581,730,742,766,
767
至极清净…………………………… 215,733
至菩提藏…………………………… 601,768
至尊文殊 ……………………………… 289

智、悲二者之力 ……………… 161,173,729
智、忍十六刹那 …………………… 213,493
智悲二法 ……………………………… 339
智藏论师 ……………………………… 585
智差别 ………………………… 71,579,581
智观 …………… 33,205,215,269,455,535,627,732,733,736,753,762,770
智观清净 ……………… 205,215,732,733
智光明 ………… 12,185,347,569,677,730,742,765,778
智慧 ……………… 1~3,14,17,19,32,33,131,313,339,409,447,509,585,601,603,613,617,703,705,736,747,782
智慧波罗蜜多 …………………… 703,705
智慧法身 ………………………… 585,617
智慧资粮 ………………………… 509,705
智者 ………… 8,30,139,159,181,203,267,305,355,367,393,447,453,467,477,479,499,533,559,627,713,717,719,743,753,754,756,758,762,782,783
滞障之解脱 ……… 46,47,203,205,213,215
中四喻 ……………………………… 567
种性之同法 …………………… 65,501,509
种种乘论 …………………………… 91
种种非一相法理趣 ……………… 503,758
种种界智 …………………………… 621
种子 ………… 12,16,17,147,169,179,185,191,195,197,231,275,297,313,343,371,373,375,379,459,463,473,475,481,483,485,487,489,491,499,645,661,693,701,737,758
种子状幼果中有树芽等 ……………… 463
众生界 ……………………… 3,7,111,725
众生种种胜解智 …………………… 621
众中尊 ……………………… 233,567,733
周遍不成 …………………………… 353
周遍行苦 …………………… 227,419,423
周遍义 ……………………………… 213,503
诸独觉乘人之障背弃、无视有情利益 ……………………… 313,739
诸堕坏聚见者 …………………… 519,760
诸法无我 ………………………… 601,657
诸烦恼 …………… 211,259,413,533,561,575,732,748,764
诸佛智 ……………………… 85,181,669
诸垢清净真如 ………………………… 193
诸垢为客 …………………………… 483
诸具声闻种性 ………………………… 605
诸力相应 ………………………… 619,770
诸菩萨修大悲 ……………………… 313,739
诸菩萨修虚空藏等三摩地 ………… 313,739
诸菩萨之真如 ………………………… 179
诸趣 …………… 25,203,511,515,732,759
诸如来所得转依差别 ……………… 611,769
诸如来之不共胜义相 ……………… 577,766
诸声闻、独觉之真如 ………………… 179
诸圣者 ……… 103,109,111,183,189,213,261,371,537,579,730,732,743,782
诸受用 …………………… 609,701,768,781
诸心于空性散乱者 ………………… 519,760
诸欣求颠倒者 ……………………… 519,760
诸行 ……………… 327,405,509,601,657,740,747,774
诸行无常 ………………………… 601,657
诸行之因 …………………………… 327
诸业异熟智力 ………………………… 619
诸异生 ………… 261,263,371,465,559,743
诸因果世俗谛 ………………………… 209
诸有情 ………… 12,125,157,159,177,179,211,233,269,271,291,313,319,347,357,361,397,409,413,463,465,467,469,471,473,475,477,481,547,571,609,621,643,659,663,685,717,728~730,732,733,736,739,742,747,748,756,762,768,774
诸愚夫异生之真如 …………………… 179

诸喻摄义 ………………… 80,649,683,779
诸正等觉……………………… 349,371,743
主要所破 ……………………………… 323
助伴……………………………… 221,233
住不退转地诸菩萨之智见 …………… 733
住初发胜义心初地菩萨 ……………… 219
住第八菩萨地…………………… 119,726
住第九地菩萨 ………………………… 119
住清净地菩萨…………………… 215,613
住三类具决定种性 …………………… 177
住随顺处 ……………………………… 347
住一切种不退转八地菩萨 …………… 421
转法轮 …………… 6,15,27,35,68,97,117,
119,129,143,153,179,181,201,281,
349,467,473,539,545,547,549,551,
553,601,627,675,726,727,768,771
转轮王 ……………… 19,313,403,413,461,
463,477,501,511,567,569,577,671,
755,758,759,766
转依究竟 …………… 81,559,649,689,691,
693,695
转依究竟佛之大悲如地曼荼罗 ……… 693
转依究竟之智 ………………… 81,691,695
转依之漏尽……………………… 367,743
转依之体性 ………… 12,561,565,763,764
转依之因 ………………… 561,571,764,765
转义 …………… 295,373,561,737,743,763
转之差别 ………… 53,71,295,561,563,581
庄严三摩地 …………………………… 129
资具……………………………… 219,649
资粮 ……… 69,91,167,217,253,271,275,
299,349,361,405,445,447,509,535,
567,569,573,575,587,601,603,605,
607,609,619,643,645,647,653,703,
705,733,747,773
资粮道 ………………… 91,601,603,605
自护方便 ……………………………… 782
自慧……………………… 109,355,517,725
自空 ……… 23,29～31,135,145,201,371,
531,539,541
自利 ………… 43,44,57,70,143,159,161,
163,165,173,181,215,219,339,377,
419,423,427,447,561,571,617,637,
728,730,733,741,749,764,765,769
自利法身………… 43,44,70,161,165,173,
571,617
自利功德 ……………………………… 57,419
自利圆满 ………… 161,163,181,377,571,
617,728,730,765
自内所证 ………… 161,163,175,183,189,
728,730
自内证…………………… 103,593,595,725
自善发愿且如理作意 ………………… 347
自生一切智……………………… 113,447
自生智 ………… 30,167,263,728,729,735
自说………………………………… 503,758
自他二利圆满………………… 571,579,765
自他平等………………………… 549,633
自他相换 ……………………………… 549
自体空 ………………………………… 531
自相 ………… 26,27,33,35,89,95,97,101,
103,115,117,141,145,147,151,153,
167,169,171,185,217,219,221,229,
231,233,235,237,239,245,259,261,
263,289,295,297,299,307,309,319,
329,345,387,391,455,473,485,509,
511,531,541,573,579,587,589,623,
653,726,728,733,738
自相非言说所诠 ……………………… 103
自相空 ……… 26,33,89,141,319,387,531
自相续 ……… 35,95,97,101,147,153,167,
169,185,217,219,221,229,231,233,
235,237,239,245,261,263,345,391,
455,473,485,509,511,541,573,579,
587,589,623,653,733
自相有 ………… 26,89,141,171,259,289,

307,309,329
自相有之实有 …………………………… 307
自性常无杂染………………………… 299,738
自性光明 ………… 151,203,207,209,261,
285,391,411,479,505,563,565,732,
735,745,748,759,764
自性光明清净 …………………………… 285
自性光明义 ……………………………… 207
自性寂灭之法性 ………………………… 205
自性尽………………………… 191,205,207
自性空平等性(智) ……………………… 199
自性空胜义谛…………… 133,209,701,715
自性空真如 ……………………………… 193
自性空之界 ………………………… 25,197
自性灭 ……………… 45,189,191,519,731
自性灭胜义谛 …………………………… 191
自性清净…………… 3,5~7,10,12,27,31,
32,43~45,49,63,69,113,133,145,
147,151,159,161,163,165,173,179,
181,183,187,193,205,211,215,257,
259,265,281,293,297,299,321,333,
343,349,357,361,369,377,385,387,
395,397,409,429,433,437,439,455,
457,459,463,467,469,471,473,475,
479,483,501,503,505,507,513,527,
531,533,535,547,549,553,555,559,
561,563,565,567,569,581,585,591,
615,647,703,715,731~733,735,738,
741,742,745,746,756,759~762,764
自性清净及断清净二 …………………… 591
自性清净界 …………… 463,469,475,547,
549,553,715
自性清净界有垢真如 …………………… 715
自性清净如来界……………… 531,615,761
自性清净无垢 …………………………… 563
自性清净之种性 ………………………… 513
自性身 ……… 11,12,19,72,511,585,587,
591,593,595,759,767
自性身一分 ……………………………… 585
自性身之同法 …………………………… 511
自性无垢妙界 …………………………… 465
自性杂染 ………………………………… 211
自性真如……………………………… 291,611
自在 …………… 15,28,30,31,42,101,113,
115,117,119,127,129,131,133,137,
149,151,219,223,267,289,323,325,
327,329,331,377,383,393,405,407,
409,411,417,419,421,431,443,445,
447,469,485,571,607,609,611,613,
625,671,687,703,707,726,733,740,
741,744,746~748,752,754,765,768~
770,777,779
自在而立之“常事”之我 ………………… 323
自在派 …………………… 31,113,289,447
自在之“常事” …………………………… 611
自之界 …………………………………… 97
自宗 ………… 30,31,34,183,209,227,243,
283,351,529,541,543,545,601,605
宗喀巴大师 ……………………………… 307
总、别生死皆有后际 …………………… 361
总菩萨行 ………………………………… 549
总相 …………… 13,295,297,299,333,371,
379,671,738,741,743,744
总义之理趣 ……………………………… 535
最后一生补处………………………… 427,749
最后有 ………… 58,99,167,229,419,425,
487,491,517,593
最后有菩萨净及不净功德 …… 58,419,425
最净究竟如来藏客尘全净之位中
无别之义 ………………………… 750
最净位不变………………………… 295,381
最净位如来法身 ………………………… 429
最净位时不变 ……………… 58,383,429,749
最净位时不变义 ……………… 58,383,429
最清净 ……………… 59,325,373,740,743
最上补处 ………………………………… 87

最上方便…………………………… 421,749
最上究竟涅槃　………………………… 593
最上利根有情、全圆修持大乘
见行二者　………………………… 311
最上菩提藏………………………… 119,726
最上菩提心　…………………………… 549
最上杂染性………………………… 427,749
最上洲主　…………………………… 465
作如来清净功德胜义赞…………… 129,727
作业差别………………………… 217,219

《宝性论释》、《宝性论大疏》词汇汉梵藏文对照[1]

作品名[2]

《阿毗达磨集论》 Abhidharmasamuccaya མངོན་པ་ཀུན་ལས་བཏུས།

《阿毗达磨经》 * Abhidharmasūtra ཆོས་མངོན་པའི་མདོ།

《般若波罗蜜多教授现观庄严论及明义释疏·心要庄严》 ཤེས་རབ་ཀྱི་ཕ་རོལ་ཏུ་ཕྱིན་པའི་མན་ངག་གི་བསྟན་བཅོས་མངོན་པར་རྟོགས་པའི་རྒྱན་གྱི་འགྲེལ་པ་དོན་གསལ་བའི་རྣམ་བཤད་སྙིང་པོའི་རྒྱན།

《般若经》 Prajñāpāramitāsūtra ཤེར་རབ་ཀྱི་ཕ་རོལ་ཏུ་ཕྱིན་པའི་མདོ།

《宝髻请问经》 Ratnacūḍaparipṛcchāsūtra གཙུག་ན་རིན་པོ་ཆེས་ཞུས་པའི་མདོ།

《宝女经》 Ratnadārikāsūtra བུ་མོ་རིན་ཆེན་གྱི་མདོ།

《宝性论》 Ratnagotravibhāga ད་བླ་མའི་བསྟན་བཅོས།

《辨宝性大乘上续论》 Ratnagotravibhāga Mahāyānottaratantraśāstra ཐེག་པ་ཆེན་པོ་རྒྱུད་བླ་མའི་བསྟན་བཅོས་དཀོན་མཆོག་གསུམ་གྱི་རིགས་རྣམ་པར་དབྱེ་བ།

《辨法法性论》 Dharmadharmatāvibhaṅga ཆོས་དང་ཆོས་ཉིད་རྣམ་པར་འབྱེད་པ།

《辨了不了义论》 དྲང་ངེས་སོ་སོར་འབྱེད་པའི་བསྟན་བཅོས།

《辨了不了义论释难·善说藏精要》 དྲང་ངེས་རྣམ་འབྱེད་ཀྱི་དཀའ་འགྲེལ་རྩོམ་འགྲོ་ལེགས་བཤད་སྙིང་པོའི་ཡང་སྙིང་།

《辨中边论》 Madhyāntavibhaṅga དབུས་དང་མཐའ་རྣམ་པར་འབྱེད་པ།

---

① 凡《宝性论释》梵本中所未出现的梵文词汇，均在前标以“ * ”，以示区分。

② 藏族学者作品未列梵名，汉译同本异作品名并入同一词条。

《不增不减经》 Anūnatvāpūrṇatva འགྲིབ་པ་མེད་པ་དང་འཕེལ་བ་མེད་པ།

《大般涅槃经》 Mahāparinirvāṇasūtra ཡོངས་སུ་མྱ་ངན་ལས་འདས་པ་ཆེན་པོའི་མདོ།

《大宝积经郁伽长者会》,《郁伽长者请问经》,《郁伽罗越问菩萨行经》,《法镜经》 Gṛhapatiugraparipṛcchāsūtra ཁྱིམ་བདག་དྲག་ཤུལ་ཅན་གྱིས་ཞུས་པའི་མདོ།

《大乘经庄严论》,《经庄严论》 Mahāyānasūtrālaṃkāra ཐེག་པ་ཆེན་པོ་མདོ་སྡེའི་རྒྱན།

《大乘上续论》,《上续论》 Mahāyānottaratantraśāstra ཐེག་པ་ཆེན་པོ་རྒྱུད་བླ་མའི་བསྟན་བཅོས།རྒྱུད་བླ་མའི་བསྟན་བཅོས།

《大乘上续论释》 * Mahāyānottaratantraśāstravṛtti ཐེག་པ་ཆེན་པོ་རྒྱུད་བླ་མའི་བསྟན་བཅོས་འགྲེལ་པ།

《大方等大集经宝髻菩萨品》 Ratnacūḍaparipṛcchāsūtra གཙུག་ན་རིན་པོ་ཆེས་ཞུས་པའི་མདོ།

《大方等大集经海慧菩萨品》,《海慧请问经》,《海意菩萨所问净印法门经》 Sāgaramatiparipṛcchāsūtra བློ་གྲོས་རྒྱ་མཚོས་ཞུས་པའི་མདོ།

《大方等大集经虚空藏菩萨品》,《大集大虚空藏菩萨所问经》,《虚空藏经》 Gaganagañjaparipṛcchāsūtra ནམ་མཁའ་མཛོད་ཀྱིས་ཞུས་པའི་མདོ། ནམ་མཁའ་མཛོད་ཀྱི་མདོ།

《大方等如来藏经》 Tathāgatagarbhasūtra དེ་བཞིན་གཤེགས་པའི་སྙིང་པོའི་མདོ།

《大方广佛华严经》 Buddhāvataṁsakamahāvaipūlyasūtra སངས་རྒྱས་ཕལ་པོ་ཆེ་ཤིན་ཏུ་རྒྱས་པ་ཆེན་པོའི་མདོ།

《二谛论》 Satyadvayavibhaṅga བདེན་གཉིས།

《根本说一切有部毘奈耶》 Mūlasarvāstivādavinaya གཞི་ཐམས་ཅད་ཡོད་པར་སྨྲ་བའི་འདུལ་བ།

《厚严经》 Ghanavyūhanāmamahāyānasūtra རྒྱན་སྟུག་པོ་བཀོད་པ།

《吉祥时轮无垢光大疏》,《无垢光大疏》 Vimalaprabhāṭīkā དཔལ་ལྡན་དུས་ཀྱི་འཁོར་ལོའི་འགྲེལ་ཆེན་དྲི་མེད་འོད།

《吉祥时轮续》 śrīkālacakranāmatantrarāja དཔལ་དུས་ཀྱི་འཁོར་ལོ། རྒྱུད་ཀྱི་རྒྱལ་པོ་དཔལ་དུས་ཀྱི་འཁོར་ལོ།

《解深密经》 Saṁdhinirmocanasūtra མདོ་སྡེ་དགོངས་འགྲེལ།

《金刚般若波罗蜜经》 vajracchedikānāmaprajñāpāramitāsūtra ཤེས་རབ་ཀྱི་ཕ་རོལ་ཏུ་ཕྱིན་པ་རྡོ་རྗེ་གཅོད་པའི་མདོ།

《俱舍论》 Abhidharmakośa ཆོས་མངོན་པའི་མཛོད། མངོན་པའི་མཛོད། མཛོད།

《六十正理论释》Yuktiṣaṣṭhikavṛtti རིགས་པ་དྲུག་ཅུ་པའི་འགྲེལ་པ།

《妙法白莲》,《妙法白莲华经》,《正法白莲花经》 Saddharmapuṇḍarīkā དམ་པའི་

ཆོས་པ་སྣ་དཀར་པོའི་མདོ།དམ་ཆོས་པདྣ་དཀར་པོའི་མདོ།དམ་ཆོས་པདྣ་དཀར།

《毗奈耶经》 * Vinayāgma འདུལ་བ་ལུང་།

《菩萨地》 Bodhisattvabhūmi བྱང་ས།

《亲友书》 Suhṛllekha བཤེས་སྤྲིང་།

《二万五千颂光明释》 Pañcaviṁśatisāhasrikāprajñāpāramitopadeśaśāstrābhisamayālaṁkāravṛtti ཉི་ཁྲི་སྣང་བ། ཉི་སྣང་།

《如来藏经》 Tathāgatagarbhasūtra དེ་འཞིན་གཤེགས་པའི་སྙིང་པོའི་མདོ།

《入行论》 Bodhicaryāvatāra སྤྱོད་འཇུག

《入楞伽经》 Laṅkāvatārasūtra ལང་ཀར་གཤེགས་པ།

《入如来德智不可思议境经》 དེ་བཞིན་གཤེགས་པའི་ཡོན་ཏན་དང་ཡེ་ཤེས་བསམ་གྱིས་མི་ཁྱབ་པའི་ཡུལ་ལ་འཇུག་པ། Tathāgataguṇajñānācintyaviṣayāvatāra

《入一切佛境智光庄严经》 སངས་རྒྱས་ཐམས་ཅད་ཀྱི་ཡུལ་ལ་འཇུག་པ་ཡེ་ཤེས་སྣང་བ་རྒྱན་གྱི་མདོ།

《入一切如来境智光庄严经》 སངས་རྒྱས་ཐམས་ཅད་ཀྱི་ཡུལ་ལ་འཇུག་པ་ཡེ་ཤེས་སྣང་བ་རྒྱན་གྱི་མདོ། sarvabuddhaviṣayāvatārajñānālokālaṁkārasūtra

《入中论》 Madhyamakāvatāra དབུ་མ་འཇུག་པ།

《入中论善解密意疏》 དབུ་མ་ལ་འཇུག་པའི་རྒྱ་ཆེར་བཤད་པ་དགོངས་པ་རབ་གསལ།

《三摩地王经》 Samādhirājasūtra ཏིང་ངེ་འཛིན་རྒྱལ་པོའི་མདོ།

《摄大乘论》 Mahāyānasaṃgraha ཐེག་བསྡུས།

《声闻地》 Śrāvakabhūmi ཉན་ཐོས་ཀྱི་ས།

《胜鬘天女请问经》,《圣胜鬘经》,《胜鬘经》 Āryaśrīmālādevīsiṁhanādasūtra ལྷ་མོ་དཔལ་འཕྲེང་གིས་ཞུས་པའི་མདོ། འཕགས་པ་དཔལ་འཕྲེང་གི་མདོ། དཔལ་འཕྲེང་།

《圣陀罗尼自在王经》,《圣陀罗尼自在王请问经》,《陀罗尼自在王经》,《总持王经》 Dhāraṇīśvararājasūtra འཕགས་པ་གཟུངས་ཀྱི་དབང་ཕྱུག་རྒྱལ་པོས་ཞུས་པའི་མདོ།

《圣无尽慧经》 Akṣayamatiparipṛcchāsūtra འཕགས་པ་བློ་གྲོས་མི་ཟད་པའི་མདོ།

《释轨论》 Vyākhyāyukti རྣམ་པར་བཤད་པའི་རིགས་པ།

《释量论》 Pramāṇavārttika ཚད་མ་རྣམ་འགྲེལ། རྣམ་འགྲེལ།

《四百论》,《瑜伽行四百论》 Catuḥśataka རྣལ་འབྱོར་སྤྱོད་པ་བཞི་བརྒྱ་པ། བཞི་བརྒྱ་པ།

《唯识三十颂》 Triṃśikā སུམ་ཅུ་པ།

《现观庄严论》 Abhisamayālaṃkāra མངོན་པར་རྟོགས་པའི་རྒྱན།

《现观庄严论合八千颂广注·现观庄严光明》,《广注》 Abhisamayālaṃkārāloka འཕགས་པ་ཤེས་རབ་ཀྱི་ཕ་རོལ་ཏུ་ཕྱིན་པ་བརྒྱད་སྟོང་པའི་བཤད་པ་མངོན་པར་རྟོགས་པའི་རྒྱན་གྱི་སྣང་བ། འགྲེལ་ཆེན།

《现观庄严论明义释》,《明义释》 Abhisamayālaṁkāranāmaprajñāpāramitopadeśaśastravṭtti མངོན་པར་རྟོགས་པའི་རྒྱན་གྱི་འགྲེལ་པ་དོན་གསལ།འགྲེལ་པ་དོན་གསལ།

《心要庄严疏》 རྣམ་བཤད་སྙིང་པོ་རྒྱན།

《增上意乐品》 Dṛḍhādhyāśayaparivarta ལྷག་པའི་བསམ་པ་བསྟན་པའི་ལེའུ།

《智光庄严经》 Sarvabuddhaviṣayāvatārajñānālokālaṁkārasūtra ཡེ་ཤེས་སྣང་བ་རྒྱན་གྱི་མདོ།

《中观根本慧论》,《根本慧论》 Mūlamadhyamakakārikāདབུ་མ་རྩ་བ་ཤེས་རབ། དབུ་མ་རྩ་ཤེས། རྩ་ཤེས།

《中观庄严论》 Madhyamakālaṃkāra དབུ་མ་རྒྱན།

术 语

A

阿赖耶识 ālayavijñāna ཀུན་གཞི་རྣམ་པར་ཤེས་པ།

阿罗汉 arhat དགྲ་བཅོམ་པ།

阿罗汉果 དགྲ་བཅོམ་པའི་འབྲས་བུ།

狮子贤 Haribhadra སེང་གེ་བཟང་པོ།

安忍 kṣānti བཟོད་པ།

B

八地 aṣṭāmimbhūmi ས་བརྒྱད་པ།

八功德 aṣṭaguṇa ཡོན་ཏན་བརྒྱད།

八忍 ＊aṣṭakṣānti བཟོད་པ་བརྒྱད།

八万四千法义 caturaśīti dharmaskandhasahasra ཆོས་ཕུང་བརྒྱད་ཁྲི་བཞི་སྟོང་གི་དོན།

八万四千有情行 ＊caturaśītisattvacaritasahasra སེམས་ཅན་གྱི་སྤྱོད་པ་བརྒྱད་ཁྲི་བཞི་སྟོང་།

八义、八事 āṣṭapadārtha དོན་བརྒྱད།

八支圣道 āryāṣṭaṅgamārga འཕགས་པའི་ལམ་ཡན་ལག་བརྒྱད།

八支水 aṣṭaṅgopetapānīya ཆུ་ཡན་ལག་བརྒྱད་ལྡན།

八智 aṣṭajñāna ཤེས་པ་བརྒྱད།

八种菩萨光明 aṣṭākāro bodhisattvāvabhāsaḥ བྱང་ཆུབ་སེམས་དཔའི་སྣང་བ་རྣམ་པ་བརྒྱད།

般若波罗蜜多 prajñāpāramitā ཤེས་རབ་ཀྱི་ཕ་རོལ་ཏུ་ཕྱིན་པ།

谤法 ＊dharmāpakṣāla ཆོས་སྤངས་པ།

宝金刚 * Ratnavajra རིན་ཆེན་རྡོ་རྗེ།
宝像 ratnabimba རིན་པོ་ཆེ་ལས་བྱས་པའི་སྐུ།
宝藏 ratnanidhi རིན་ཆེན་གཏེར།
宝柱菩萨 * Ratneṣika Bodhisattva བྱང་ཆུབ་སེམས་དཔའ་རིན་ཆེན་སྲོག་ཤིང་།
悲,悲悯,悲心 kṛpa,karuṇā ཐུགས་རྗེ།བརྩེ།
本来尽及灭 ādikṣayanirodha གདོད་མ་ནས་ཟད་ཅིང་འགགས་པ།
本性住种 prakṛtisthagotra རང་བཞིན་དུ་གནས་པའི་རིགས།
鼻识 * ghrāṇajñāna སྣའི་ཤེས་པ།
毕竟归依 atyanta śaraṇaparam མཐར་ཐུག་པའི་གཏན་གྱི་སྐྱབས་མཆོག
边执见 antagrāhadṛṣṭi མཐར་ལྟ།
遍计,分别 parikalpa,parikalpita ཀུན་བརྟགས།
遍计分别 * parikalpanakalpa ཡོངས་སུ་རྟོག་པའི་རྟོག་པ།
遍计执无自相 * parikalpita asvalakṣaṇasiddha ཀུན་བརྟགས་རང་གི་མཚན་ཉིད་ཀྱིས་མ་གྲུབ་པ།
遍行 sarvagatva ཀུན་ཏུ་འགྲོ་བ། ཀུན་ཏུ་རྗེས་སུ་འགྲོ་བ།
变化身 nirmāṇakāya སྤྲུལ་པའི་སྐུ།
辨了不了义之理趣 * neyārthanītārthavibhāṅganaya དྲང་ངེས་འབྱེད་པའི་ཚུལ།
辩 prātibhāna སྤོབས་པ
别相 * viśeṣalakṣaṇa ཁྱད་པར་གྱི་མཚན་ཉིད།
病变 vyādhitena vipariṇāma ན་བས་རྣམ་པར་འགྱུར་བ།
波罗蜜多 pāramitā ཕ་རོལ་ཏུ་ཕྱིན་པ།
波罗蜜多乘道 * pāramitāyānamārga ཕར་ཕྱིན་ཐེག་པའི་ལམ།
补特伽罗 pudgala གང་ཟག
补特伽罗及法我见 * pudgaladharmātmadṛṣṭi གང་ཟག་དང་ཆོས་ཀྱི་བདག་ཏུ་ལྟ་བ།
补特伽罗及蕴实执 * pudgalaskandhasatyaniveśa གང་ཟག་དང་ཕུང་པོ་བདེན་པར་ཞེན་པ།
补特伽罗及蕴之实有 * pudgalaskandhasatyasiddha གང་ཟག་དང་ཕུང་པོ་ལ་བདེན་གྲུབ།
补特伽罗见 pudgaladṛṣṭi གང་ཟག་ཏུ་ལྟ་བ།
补特伽罗实执 * pudgalasatyagrāha གང་ཟག་བདེན་འཛིན།
补特伽罗我 * pudgalātma གང་ཟག་གི་བདག
补特伽罗我空性 * pudgalātmaśūnyatāགང་ཟག་གི་བདག་སྟོང་ཉིད།
补特伽罗我执 * pudgalātmagrāha གང་ཟག་གི་བདག་འཛིན།
补特伽罗无我 * pudgalanairātmya གང་ཟག་གི་བདག་མེད།

补特伽罗自性空 * pudgalasvabhāvaśūnya གང་ཟག་རང་བཞིན་གྱིས་གྲུབ་པས་སྟོང་པ།
不败尊 Ajita མི་ཕམ།
不变 avikāritva, avikāra, dhruva འགྱུར་བ་མེད་པ། མི་འགྱུར་བ།གཡུང་དྲུང་།
不变异 na vikriyā གཞན་འགྱུར་མིན།
不变义 avikārārtha མི་འགྱུར་བའི་དོན།
不变异义 ananyathābhāvārtha གཞན་དུ་མི་འགྱུར་བའི་དོན།
不出离 anairyāṇika ངེས་པར་འབྱིན་པར་བྱེད་པ་མ་ཡིན་པ།
不得涅槃法者 aparinirvāṇadharma ཡོངས་སུ་མྱ་ངན་ལས་མི་འདའ་བ།
不得涅槃种性 aparinirvāṇagotraka ཡོངས་སུ་མྱ་ངན་ལས་མི་འདའ་བའི་རིགས།
不颠倒 aviparyastāཕྱིན་ཅི་མ་ལོག་པ།
不定 aniyata མ་ངེས་པ།
不定有情蕴 aniyata sattvarāśi མ་ངེས་པའི་སེམས་ཅན་གྱི་ཕུང་པོ།
不动地 adūraṁgamā bhūmi, * acalā bhūmi ས་མི་གཡོ་བ།
不动行 āniñjyasaṁskāra མི་གཡོ་བའི་འདུ་བྱེད།
不动业 * āniñjyaṃ karma མི་གཡོ་བའི་ལས།
不堕有寂 nopaitya saṃvṛtiṃ nirvṛtiṃ vā འཁོར་བའམ་མྱ་ངན་འདའ་མི་འགྱུར།
不堕有寂二边者 * bhavaśāntyantadvayapatita སྲིད་ཞི་གཉི་གའི་མཐར་མ་ལྷུང་བ།
不堕有寂之二边 * bhavaśāntyantadvayapatita འཁོར་བའམ་མྱ་ངན་ལས་འདས་པའི་མཐའ་གཉིས་སུ་ལྷུང་བར་མི་འགྱུར།
不废誓言 * parijñā abinnā དམ་བཅས་པ་མི་འཇིག་པ།
不共法 āveṇīkadharma མ་འདྲེས་པའི་ཆོས།
不共内证出世间智观 pratyātmamananyasādhāraṇa lokottarajñānadarśana ཐུན་མོང་མ་ཡིན་པ་སོ་སོ་རང་གིས་འཇིག་རྟེན་ལས་འདས་པའི་ཡེ་ཤེས་ཀྱི་གཟིགས་པ།
不共事业 * āveṇikakarma འཕྲིན་ལས་མ་འདྲེས་པ།
不共因 * asādhāraṇahetu ཐུན་མོང་མ་ཡིན་པའི་རྒྱུ།
不共智 * āveṇikajñāna ཡེ་ཤེས་མ་འདྲེས་པ།
不乖离 avyatikrānta མ་ཐལ་བ།
不观待而趣入 ལྟོས་པ་མེད་པར་འཇུག་པ།
不坏 dhruva, śāśvata གཡུང་དྲུང་།
不坏性 śāśvatatva གཡུང་དྲུང་ཉིད།
不净 aśuci, aśuddha མི་གཙང་བ།མ་དག་པ།
不净地 aśuddhabhūmi མ་དག་པའི་ས།

不净坑　mīḍhakūpa མི་གཙང་བའི་དོང་།

不净三摩地　＊aśucisamādhi མི་སྡུག་པ་སྒོམ་པའི་ཏིང་ངེ་འཛིན།

不净位　aśuddhāvasthāམ་དག་པའི་གནས་སྐབས།

不净位时不变相　aśuddhāvasthāyāṃ　avikāra མ་དག་པའི་གནས་སྐབས་ན་འགྱུར་བ་མེད་པའི་མཚན་ཉིད།

不净之吠琉璃宝　aviṃśuddhavaiḍūryamaṇi མ་དག་པའི་ནོར་བུ་བཻ་ཌཱུརྻ།

不可成佛之永断种性　＊buddhāyujyamāṇa　atyantam　gotracchedita སངས་རྒྱས་མི་རུང་བ་གཏན་རིགས་ཆད་པ།

不可度量广大功德　＊vimānavipulyaguṇa གཞལ་དུ་མེད་པས་རྒྱ་ཆེ་བའི་ཡོན་ཏན།

不可如言取义　＊ayathāruta སྒྲ་ཇི་བཞིན་པ་མ་ཡིན་པ།

不可思议　acintya བསམ་གྱིས་མི་ཁྱབ་པ།

不可思议变异生死　＊acintyā　pāriṇāmikī　janmacyuti བསམ་གྱིས་མི་ཁྱབ་པར་བསྒྱུར་བའི་སྐྱེ་འཆི།

不可思议变异死　acintyā　pāriṇāmikī　cyuti བསམ་གྱིས་མི་ཁྱབ་པར་བསྒྱུར་བའི་འཆི་བ།

不可思议佛境　acintya　buddhagocara སངས་རྒྱས་ཀྱི་ཡུལ་བསམ་གྱིས་མི་ཁྱབ་པ།

不可思议佛三摩地王　acintyabuddhasamādhivṛṣabhitā བསམ་གྱིས་མི་ཁྱབ་པའི་སངས་རྒྱས་ཀྱི་ཏིང་ངེ་འཛིན་ཁྱུ་མཆོག

不可思议相　acintyaprakāra བསམ་གྱིས་མི་ཁྱབ་པའི་རྣམ་པ།

不可思议义　acintyārtha བསམ་གྱིས་མི་ཁྱབ་པའི་དོན།

不可言说　anabhilāpya བརྗོད་དུ་མེད་པར་བཤད་པ།

不乐　asukhatva བདེ་བ་མ་ཡིན་པ་ཉིད།

不乐　necchā འདོད་པ་མེད་པ།

不了义　nītārtha དྲང་དོན།

不饶益　ahitatva ཕན་པ་མ་ཡིན་པ་ཉིད།

不入心性之客　＊cittaprakṛtyapraviṣṭa　āgantuka སེམས་ཀྱི་རང་བཞིན་ལ་མ་ཞུགས་པའི་གློ་བུར་བ།

不善心　akuśalacitta མི་དགེ་བའི་སེམས།

不舍大悲之铠　mahākaruṇāsaṃnāhaṁ　na　tyajati སྙིང་རྗེ་ཆེན་པོ་ཡོངས་སུ་མི་འདོར་པ།

不舍菩提心　＊bodhicittaṃ　na　tyajati བྱང་ཆུབ་ཀྱི་སེམས་མི་འདོར་བ།

不退转　avaivartika ཕྱིར་མི་ལྡོག་པ།

不退转地　avinivartanīyabhūmi ཕྱིར་མི་ལྡོག་པའི་ས།

不退转菩萨　avaivartikabodhisattva བྱང་ཆུབ་སེམས་དཔའ་ཕྱིར་མི་ལྡོག་པ།

不退转菩萨僧宝 avaivartikabodhisattvagaṇaratna ཕྱིར་མི་ལྡོག་པའི་བྱང་ཆུབ་སེམས་དཔའི་ཚོགས་དཀོན་མཆོག།
不退转菩萨圣者 * avaivartikāryabodhisattva བྱང་ཆུབ་སེམས་དཔའ་འཕགས་པ་ཕྱིར་མི་ལྡོག་པ།
不退转菩萨 众 avaivartikabodhisattvagaṇa ཕྱིར་མི་ལྡོག་པའི་བྱང་ཆུབ་སེམས་དཔའི་ཚོགས།
不退转菩提 * bodhyavaivartika བྱང་ཆུབ་ལས་ཕྱིར་མི་ལྡོག་པ།
不退转众 * avaivartikagaṇa ཕྱིར་མི་ལྡོག་པའི་ཚོགས།
不显现 anābhāsagamana མི་སྣང་བ།
不依余乘 * anyayānaniḥśrita ཐེག་པ་གཞན་ལ་མི་བརྟེན་པ།
不因赞毁等而变 stutinindādyavikāra བསྟོད་པ་དང་སྨད་པ་ལ་སོགས་པས་རྣམ་པར་མི་འགྱུར་བ།
不周遍 * avyāpti ཁྱབ་པ་མེད།
布施 dāna སྦྱིན་པ།
怖畏生死苦声闻乘人 saṃsāraduḥkhabhīru śrāvakayānika འཁོར་བའི་སྡུག་བསྔལ་གྱིས་འཇིགས་པ་ཉན་ཐོས་ཀྱི་ཐེག་པ་པ་རྣམས།

C

差别之转，差别转 * prabhedapravṛtta རབ་ཏུ་དབྱེ་བའི་འཇུག་པ།
常 nitya，śāśvata རྟག་པ།
常边执喻 * nityāntagrāhadṛṣṭānta རྟག་པ་མཐའ་བཟུང་གི་དཔེ།
常波罗蜜多 nityapāramitāརྟག་པའི་ཕ་རོལ་ཏུ་ཕྱིན་པ།
常差别，常之差别 * nityaviśeṣa རྟག་པའི་ཁྱད་པར།
常见 śāśvatadṛṣṭi རྟག་ལྟ།
常事 * śāśvatavastu རྟག་དངོས།
常想 nityasaṁjñā，nityam iti saṃjñāརྟག་པར་འདུ་ཤེས་པ། རྟག་གོ་སྙམ་པར་འདུ་ཤེས།
常义 nityārtha རྟག་པའི་དོན།
常作者 * nityakāraka རྟག་པར་བྱེད་པ་པོ།
瞋 dveṣa ཞེ་སྡང་།
瞋 pratihata སྡང་བ།
嗔大乘法 mahāyānadharmapratihata ཐེག་པ་ཆེན་པོའི་ཆོས་ལ་སྡང་བ།
嗔随眠相之烦恼 dveṣānuśayalakṣaṇa kleśa ཞེ་སྡང་བག་ལ་ཉལ་གྱི་མཚན་ཉིད་ཀྱི་ཉོན་མོངས་པ།
嗔现行 dveṣa abhimukha ཞེ་སྡང་མངོན་གྱུར།
尘 mala，rajojala དྲི་མ། རྡུལ།
乘 yāna ཐེག་པ།

成办安乐　sukhādhāna　བདེ་བ་སྒྲུབ་པ།

成办利他　* parārthādhāna　གཞན་དོན་སྒྲུབ་པ།

成办自利　* svārthādhāna　རང་དོན་བསྒྲུབ་པ།

澄净信　* prasādaśraddhā དང་བའི་དད་པ།

痴　moha　གཏི་མུག

痴随眠相之烦恼　mohānuśayalakṣaṇa　kleśa　གཏི་མུག་བག་ལ་ཉལ་གྱི་མཚན་ཉིད་ཀྱི་ཉོན་མོངས་པ།

持戒　śīlārakṣa　ཚུལ་ཁྲིམས་བསྲུང་བ།

池水摩尼之喻　vāpītoyamaṇidṛṣṭānta　རྫིང་གི་ཆུའི་ནོར་བུའི་དཔེ།

出离　niḥsaraṇa　ངེས་པར་འབྱུང་བ།

出离戒　* niḥsaraṇaśīla　ངེས་འབྱུང་གི་ཚུལ་ཁྲིམས།

出离心　* niḥsaraṇacintā ངེས་འབྱུང་གི་བསམ་པ།

出世间　lokottara　འཇིག་རྟེན་ལས་འདས་པ།

出世间道　lokottara　mārga　འཇིག་རྟེན་ལས་འདས་པའི་ལམ།

出世间定无分别智　* lokottarasamāhita　nirvikalpa　འཇིག་རྟེན་ལས་འདས་པ་མཉམ་གཞག་རྣམ་པར་རྟོག་པ་མེད་པ།

出世间法种子　lokottaradharmabija　འཇིག་རྟེན་ལས་འདས་པའི་ཆོས་ཀྱི་ས་བོན།

出世间无分别智　lokottaraavikalpa　jñāna　འཇིག་རྟེན་ལས་འདས་པའི་རྣམ་པར་རྟོག་པ་མེད་པ།

出世间藏　lokottaradharmagarbha　འཇིག་རྟེན་ལས་འདས་པའི་སྙིང་པོ།

出世间智　lokottarajñāna　འཇིག་རྟེན་ལས་འདས་པའི་ཡེ་ཤེས།

出世间智观　lokottarajñānadarśana　འཇིག་རྟེན་ལས་འདས་པའི་ཡེ་ཤེས་ཀྱི་གཟིགས་པ།

初地　prathamā　bhūmi　ས་དང་པོ།

初地见出世间法智　prathamalokottaradharmadarśanajñāna　ས་དང་པོའི་འཇིག་རྟེན་ལས་འདས་པའི་ཆོས་མཐོང་བའི་ཤེས་པ།

初地菩萨　* bodhisattva　prathamabhūmistha　ས་དང་པོ་ལ་གནས་པའི་བྱང་ཆུབ་སེམས་དཔའ།

初发心　prathamacittotpāda　སེམས་དང་པོ་བསྐྱེད་པ།

初发心菩萨　prathamacittotpādika　bodhisattva　སེམས་དང་པོ་བསྐྱེད་པའི་བྱང་ཆུབ་སེམས་དཔའ།

初发心菩萨清净功德相　prathamacittotpādikabodhisattvagaṇaviśuddhilakṣaṇa　སེམས་དང་པོ་བསྐྱེད་པའི་བྱང་ཆུབ་སེམས་དཔའི་ཡོན་ཏན་ཡོངས་སུ་དག་པའི་མཚན་ཉིད།

初转法轮　* prathama[dharma] cakra　འཁོར་ལོ་དང་པོ།

处　pada, sthāna　གནས།

处、依及基　niśraya　ādhāra　pratiṣṭhā　གནས་དང་གཞི་དང་རྟེན།

处非处智 * sthānāsthānajñāna གནས་དང་གནས་མིན་མཁྱེན་པ།
处及非处智力 * sthānāsthānajñānabala གནས་དང་གནས་མིན་མཁྱེན་པའི་སྟོབས།
幢贤 * Keṭubhadra རྒྱལ་མཚན་བཟང་པོ།
词无碍解 niruktipratisaṃvit ཚིག་སོ་སོ་ཡང་དག་པར་རིག་པ།
慈 maitrī བྱམས་པ།
慈悲 maitrīkṛpā བྱམས་པ་དང་སྙིང་རྗེ།
慈悲光 maitrīkṛpāṃśu བྱམས་པ་དང་སྙིང་རྗེའི་འོད་ཟེར།
第三转法轮 * dharmacakra tṛtīyakrama ཆོས་ཀྱི་འཁོར་ལོ་རིམ་པ་གསུམ།
粗补特伽罗无我 * pudgalānātma sthūla གང་ཟག་གི་བདག་མེད་རགས་པ།
粗所破 * pratiṣedhya sthūla དགག་བྱ་རགས་པ།
摧伏诸魔军 mārasainyapramardana བདུད་ཀྱི་སྡེ་མ་ལུས་པ་འཇོམས་པར་མཛད་པ།

D

达采喀尔喀巴·敦珠衮嘎 * Siddhārthānanda སྟག་ཚལ་མཁར་ཁ་པ་དོན་གྲུབ་ཀུན་དགའ།
达玛仁钦 * Vardhanaratna དར་མ་རིན་ཆེན།
大悲、大悲心 mahākaruṇā སྙིང་རྗེ་ཆེན་པོ།
大悲功德差别 * mahākaruṇāguṇaviśeṣa སྙིང་རྗེ་ཆེན་པོའི་ཡོན་ཏན་གྱི་ཁྱད་པར།
大乘 mahāyāna ཐེག་པ་ཆེན་པོ།
大乘不共止观 * mahāyānāsādhāraṇāśamathavipaśyanā ཐེག་པ་ཆེན་པོ་ཐུན་མོང་མ་ཡིན་པའི་ཞི་གནས་དང་ལྷག་མཐོང་།
大乘道 * mahāyānamārga ཐེག་པ་ཆེན་པོའི་ལམ།
大乘道果 * mahāyānamārgaphala ཐེག་པ་ཆེན་པོའི་ལམ་འབྲས་བུ་དང་བཅས་པ།
大乘发心 * mahāyāne cittotpāda ཐེག་ཆེན་སེམས་བསྐྱེད།
大乘法宝 mahāyānadharmaratna ཐེག་པ་ཆེན་པོའི་ཆོས་དཀོན་མཆོག
大乘共及不共基、道、果 * mahāyāne sādhāraṇāsādhāraṇa vastumārgaphala ཐེག་པ་ཐུན་མོང་དང་ཐུན་མོང་མ་ཡིན་པའི་གཞི་དང་ལམ་དང་འབྲས་བུ།
大乘见道 mahāyānadarśanamārga ཐེག་པ་ཆེན་པོའི་མཐོང་ལམ།
大乘见道苦法忍无间道 * mahāyānadarśanamārge duḥkhadharmakṣāntyānantaryamārga ཐེག་པ་ཆེན་པོའི་མཐོང་ལམ་སྡུག་བསྔལ་ཆོས་བཟོད་བར་ཆད་མེད་ལམ།
大乘经 mahāyānasūtra ཐེག་པ་ཆེན་པོའི་མདོ་སྡེ།
大乘了义经 * mahāyānanītārthasūtra ཐེག་པ་ཆེན་པོ་ངེས་དོན་གྱི་མདོ་སྡེ།

大乘菩提 ＊mahāyānabodhi ཐེག་པ་ཆེན་པོའི་བྱང་ཆུབ།
大乘三宝 ＊mahāyānaratnatraya ཐེག་པ་ཆེན་པོའི་དཀོན་མཆོག་གསུམ།
大乘圣者 ＊mahāyānārya ཐེག་ཆེན་འཕགས་པ།
大乘因果法 ＊mahāyānahetuphala ཐེག་པ་ཆེན་པོའི་ཆོས་རྒྱུ་འབྲས།
大乘藏 ＊mahāyānapiṭaka ཐེག་པ་ཆེན་པོའི་སྡེ་སྣོད།
大乘止观双运三摩地 ＊mahāyānaśamathavipaśyanāyuganaddhasamādhi ཐེག་པ་ཆེན་པོའི་ཞི་ལྷག་ཟུང་འབྲེལ་གྱི་ཏིང་ངེ་འཛིན།
大乘种性 ＊mahāyānagotra ཐེག་པ་ཆེན་པོའི་རིགས།
大乘种性决定者 ＊mahāyānagotraniyata ཐེག་པ་ཆེན་པོར་རིགས་ངེས་པ།
大乘资粮道 ＊mahāyānasambhāramārga ཐེག་པ་ཆེན་པོའི་ཚོགས་ལམ།
大海三同法 trividha mahāsamudrasādharmya རྒྱ་མཚོ་ཆེན་པོ་དང་ཆོས་མཐུན་པ་རྣམ་པ་གསུམ།
大慧 Mahāmati བློ་གྲོས་ཆེན་པོ།
大精进 ＊anenavyāyāma འབད་པ་དུ་མ།
大论师月称 mahācārya Candrakīrti སློབ་དཔོན་ཆེན་པོ་ཟླ་བ་གྲགས་པ།
大曼荼罗宫 ＊maṇḍalavimana དཀྱིལ་འཁོར་གྱི་ཁྱམས།
大菩提 anuttara bodhi, uttarabodhi, mahābodhi བླ་ན་མེད་པའི་བྱང་ཆུབ། བྱང་ཆུབ་མཆོག བྱང་ཆུབ་ཆེན་པོ།
大师 śāstṛ སྟོན་པ།
大圆满 ＊mahāparipūrṇa རྫོགས་པ་ཆེན་པོ།
大中观 ＊mahāmadhyamaka དབུ་མ་པ་ཆེན་པོ།
大中观师 ＊mahāmādhyamika དབུ་མ་པ་ཆེན་པོ།
大主宰 ＊mahātmya བདག་ཉིད་ཆེན་པོ།
当知，应知 anugantavya རྟོགས་པར་བྱ་བ།
道 mārga ལམ།
道差别，道之差别 ＊mārgaviśeṣa ལམ་གྱི་ཁྱད་པར།
道次第 ＊mārgakrama ལམ་གྱི་རིམ་པ།
道次第决定 ＊mārgakramaniyata ལམ་གྱི་རིམ་པ་ངེས་པར་བྱེད་པ།
道谛 mārgasatya ལམ་གྱི་བདེན་པ།
道相智 ＊mārgajñatā ལམ་ཤེས།
道相智之方便分 ＊mārgajñatopāyabhāga ལམ་ཤེས་ཀྱི་ཐབས་ཀྱི་ཆ།
得彼种性自性不可思议相佛法无别之义 tadgotrasya prakṛteracintyaprakārasamudāgamārtha དེའི་རིགས་རང་བཞིན་གྱིས་བསམ་གྱིས་མི་ཁྱབ་པའི་

རྣམ་པ་ཐོབ་པའི་དོན།

得佛智因 buddhajñānasamudāgamahetu སངས་རྒྱས་ཀྱི་ཡེ་ཤེས་ཐོབ་པའི་རྒྱུ།

得平等性 samatānugata མཉམ་པ་ཉིད་རྗེས་སུ་ཐོབ་པ།

得如来平等性 tathāgatasamatām anuprāpnuyaḥ དེ་བཞིན་གཤེགས་པ་དང་མཉམ་པ་ཉིད་རྗེས་སུ་ཐོབ་པ།

得自在菩萨 vaśitāprāpta bodhisattva དབང་ཐོབ་པའི་བྱང་ཆུབ་སེམས་དཔའ།

灯 dīpa, pradīpa མར་མེ།

灯光 * dīpāloka མར་མེའི་སྣང་བ།

灯色 * dīpavarṇa མར་མེའི་མདོག

等觉法身事业 * sambodher dharmakāyakarma རྫོགས་པའི་སངས་རྒྱས་ཀྱི་ཆོས་ཀྱི་སྐུའི་འཕྲིན་ལས།

等觉弥布 * sambodher kāyaparispharaṇa རྫོགས་སངས་རྒྱས་སྐུ་ནི་འཕྲོ་བ།

等流果 * niṣyandaphala རྒྱུ་མཐུན་གྱི་འབྲས་བུ།

等起差别 * samutthānaviśeṣa ཀུན་སློང་གི་ཁྱད་པར།

等引 * samāhita མཉམ་གཞག

等引果 * samāhitaphala མཉམ་གཞག་གི་འབྲས་བུ།

等引及后得智 * samāhitapṛṣṭhalabdhajñāna མཉམ་གཞག་དང་རྗེས་ཐོབ་ཀྱི་ཡེ་ཤེས།

等引无分别智 * samāhitanirvikalpajñāna མཉམ་གཞག་རྣམ་པར་མི་རྟོག་པའི་ཡེ་ཤེས།

地 bhūmi ས།

地道次第 * bhūmimārgakrama ས་དང་ལམ་གྱི་རིམ་པ།

地界 pṛthivīdhātu སའི་ཁམས།

地轮 * pṛthivīmaṇḍala སའི་དཀྱིལ་འཁོར།

地喻 * pṛthivīdṛṣṭānta ས་བཞིན་གྱི་དཔེ།

地狱火 * narakavahni དམྱལ་བའི་མེ།

第八菩萨地 aṣṭamī bodhisattvabhūmi བྱང་ཆུབ་སེམས་དཔའི་ས་བརྒྱད་པ་ལ་གནས་པ།

第二类补特伽罗 * dvitīya pudgala གང་ཟག་གཉིས་པ།

第二身 * dvitīya kāya སྐུ་གཉིས་པ།

第二种性 * dvitīya gotra རིགས་གཉིས་པ།

第九菩萨地 * navamī bodhisattvabhūmi བྱང་ཆུབ་སེམས་དཔའི་ས་དགུ་པ་གནས་པ།

第六地 ṣaṣ thī bhūmi ས་དྲུག་པ།

第六金刚处 ṣaṣṭha vajrapada རྡོ་རྗེའི་གནས་དྲུག་པ།

第六因 * ṣaṣṭha nimitta རྒྱུ་མཚན་དྲུག་པ།

第七金刚处 saptama vajrapada རྡོ་རྗེའི་གནས་བདུན་པ།
第三类补特伽罗 * tṛtīya pudgala གང་ཟག་གསུམ་པ།
第十地 daśamī bhūmi ས་བཅུ་པ།
第四金刚处 caturtha vajrapada རྡོ་རྗེའི་གནས་བཞི་པ།
第四种身 * caturtha kāya སྐུ་བཞི་པ།
第五金刚处 pañcama vajrapada རྡོ་རྗེའི་གནས་ལྔ་པ།
第一法身 * prathama dharmakāya དང་པོ་ཆོས་ཀྱི་སྐུ།
第一身 * prathamakāya སྐུ་དང་པོ།
第一种补特伽罗 * prathama pudgala གང་ཟག་དང་པོ།
第一自利法身 * prathamakāya svārthakāya དང་པོའི་སྐུ་རང་དོན་ཆོས་ཀྱི་སྐུ།
帝释 śakra བརྒྱ་བྱིན།
弟子阿罗汉 * śiṣya arhat སློབ་མ་དགྲ་བཅོམ་པ།
谛 * satya བདེན།
谛实 * satyasiddha བདེན་གྲུབ།
谛实空 * satyaśūnya བདེན་སྟོང་།
谛实空胜义谛 * satyaśūnyaparamārtha བདེན་སྟོང་དོན་དམ་པའི་བདེན་པ།
谛实戏论 * satyaprapañca བདེན་པའི་སྤྲོས་པ།
谛实显现错乱分 * satyābhāsa bhrāntabhāga བདེན་སྣང་འཁྲུལ་པའི་ཆ།
谛现观 * satyābhisamaya བདེན་པ་མངོན་པར་རྟོགས་པ།
颠倒 mithyā, viparyāsa ལོག་པ། ཕྱིན་ཅི་ལོག
颠倒决定有情蕴 mithyātvaniyata sattvarāśi ལོག་པ་ཉིད་དུ་ངེས་པའི་སེམས་ཅན་གྱི་ཕུང་པོ།
掉举 uddhati རྒོད་པ།
定、慧波罗蜜多 * dhyānaprajñāpāramitāབསམ་གཏན་དང་ཤེར་ཕྱིན།
定、慧波罗蜜多圆满之第六地 * dhyānaprajñāpāramitāparipūrṇa ṣaṣṭhī bhūmi
    བསམ་གཏན་དང་ཤེས་རབ་ཀྱི་ཕ་རོལ་ཏུ་ཕྱིན་པ་རྫོགས་པ་ས་དྲུག་པ།
定解脱等智 * dhyānavimokṣādijñāna བསམ་གཏན་དང་རྣམ་ཐར་སོགས་མཁྱེན་པ།
定中 * samāhita མཉམ་གཞག
独觉 pratyekabuddha རང་སངས་རྒྱས།
独觉阿罗汉 * pratyekabuddha arhat རང་སངས་རྒྱས་དགྲ་བཅོམ་པ།
独觉乘人 * prayekabuddhayānīya རང་སངས་རྒྱས་ཀྱི་ཐེག་པ་བ།
独觉菩提 * pratyekabuddhabodhi རང་སངས་རྒྱས་ཀྱི་བྱང་ཆུབ།
独觉所行之境 * pratyekabuddhānāṃ goraca རང་སངས་རྒྱས་ཀྱི་སྤྱོད་ཡུལ།

独自趣寂声闻 * śamasukhaikāyana śrāvaka ཞི་བ་བགྲོད་པ་གཅིག་བུ་བའི་ཉན་ཐོས།

独子 ekaputra བུ་གཅིག་པ།

犊子部 * Vātsīputrīya གནས་མ་བུ་པའི་སྡེ་པ།

睹史多天 tuṣita དགའ་ལྡན།

断差别 * prahāṇaviśeṣa སྤངས་པའི་ཁྱད་པར།

断德,断功德 * prahāṇaguṇa སྤངས་པའི་ཡོན་ཏན།

断烦恼及习气过失功德 * kleśavāsanaprahāṇaguṇa ཉོན་མོངས་བག་ཆགས་དང་བཅས་པའི་ཉེས་པ་རྣམ་པར་སྤངས་པའི་ཡོན་ཏན།

断见 ucchedadṛṣṭi ཆད་ལྟ།

断尽 uddhṛta སྤངས། ཟད་པར་སྤངས་པ།

断尽烦恼障之解脱者 * kleśāvaraṇoddhṛtamokṣa ཉོན་སྒྲིབ་ཟད་པར་སྤངསཔའི་རྣམ་གྲོལ།

断尽所知障之解脱者 * jñeyāvaraṇoddhṛtamokṣa ཤེས་སྒྲིབ་ཟད་པར་སྤངས་པའི་རྣམ་གྲོལ།

断究竟 * prahāṇaparyanta སྤངས་པ་མཐར་ཕྱུག་པ།

断生死本 * saṃsāramūlaprahāṇa འཁོར་བའི་རྩ་བ་སྤོང་བ།

断疑 * śaṃkāchinna དོགས་པ་བཅད་པ།

断种子之理趣 * bījavihānanaya ས་བོན་སྤོང་ཚུལ།

对治 pratipakṣa གཉེན་པོ།

对治品 pratipakṣa གཉེན་པོའི་ཕྱོགས།

钝根入道次第 * mṛdvindriyānāṃ mārgāvatāraṇakrama དབང་རྟུལ་ལམ་ལ་འཇུག་པའི་རིམ་པ།

堕坏聚见 satkāyadṛṣṭipatita འཇིག་ཚོགས་ལ་ལྟ་བར་ལྷུང་བ།

堕寂边 * śāntyantapatita ཞི་བའི་མཐར་ལྷུང་བ།

堕生死边 * saṃsārāntapatita འཁོར་བའི་མཐར་ལྷུང་བ།

堕有边 * bhavāntapatita སྲིད་ཞིའི་མཐར།

堕有寂边 * bhavaśāntyantapatita སྲིད་ཞིའི་མཐར་ལྷུང་བ།

E

耳识 * śrotrajñāna ཉན་ཤེས།

二辨 * vibhāṅgadvaya རྣམ་འབྱེད་རྣམ་པ་གཉིས།

二谛 satyadvaya བདེན་པ་གཉིས

二谛建立 * satyadvayavyavasthāna བདེན་པ་གཉིས་ཀྱི་རྣམ་གཞག

二谛双运 * satyadvayayuganaddhavāhin བདེན་གཉིས་ཟུང་དུ་འཇུག་པ།

二法 dvayadharma ཆོས་གཉིས་པོ།
二利圆满 * dvayārthasampanna དོན་གཉིས་ཕུན་ཚོགས།
二明 * vidyādvaya རིག་པ་གཉིས།
二色身 * rūpakāyadvaya གཟུགས་ཀྱི་སྐུ་གཉིས།
二摄 * uddānadvividha སྡོམ་རྣམ་པ་གཉིས།
二身 kāyadvaya སྐུ་གཉིས།
二十一类无漏智 * anāsravajñāna ekaviṃśatinikāya ཟག་པ་མེད་པའི་ཡེ་ཤེས་སྡེ་ཚན་ཉི་ཤུ་རྩ་གཅིག་པོ།
二我 * ātmadvaya བདག་གཉིས།
二无我,二种无我 * anātmadvaya བདག་མེད་གཉིས།
二相 * dvayābhāta གཉིས་སྣང་།
二相戏论 * dvayābhātaprapañca གཉིས་སྣང་གི་སྤྲོས་པ།
二相隐没 * dvayābhātāstaṃgama གཉིས་སྣང་ནུབ་པ།
二因,二种因 dve kāraṇe རྒྱུ་གཉིས།
二缘 * dve pratyaye རྐྱེན་གཉིས།
二障 * āvaraṇadvaya སྒྲིབ་པ་གཉིས།
二智 jñānadvaya ཡེ་ཤེས་གཉིས་པོ།
二种法身 * dharmakāyadvaya ཆོས་ཀྱི་སྐུ་རྣམ་པ་གཉིས།
二种果 phala dvividha འབྲས་བུ་རྣམ་པ་གཉིས།
二种清净 * viśuddhidvaya དག་པ་གཉིས།
二种色身 * rūpakāya dvividha གཟུགས་སྐུ་རྣམ་པ་གཉིས།
二种微细无我 * anātmasūkṣmadvaya བདག་མེད་ཕྲ་མོ་གཉིས།
二种性 gotra dvividha རིགས་གཉིས།
二种用 dvividhakārya ལས་རྣམ་པ་གཉིས།
二种有学 dvividha śaikṣa སློབ་པ་རྣམ་པ་གཉིས།
二种智 dvividha jñāna ཡེ་ཤེས་རྣམ་པ་གཉིས།
二庄严 * dvividha ālaṃkāra རྒྱན་རྣམ་པ་གཉིས།
二资粮 saṁbhṛtidvaya, saṃbhāradvaya ཚོགས་གཉིས།
二资粮体性 * saṃbhāradvayasvabhāva ཚོགས་གཉིས་ཀྱི་ངོ་བོ།

F

发心 cittotpāda སེམས་བསྐྱེད།

发心之因　* cittotpādahetu སེམས་བསྐྱེད་ཀྱི་རྒྱུ།
发最上菩提心　* paramabodhyāṃ cittotpāda བྱང་ཆུབ་ཀྱི་མཆོག་ཏུ་སེམས་བསྐྱེད།
法宝　dharmaratna ཆོས་རིན་ཆེན། ཆོས་དཀོན་མཆོག
法宝功德差别　dharmaratnaguṇavibhāga ཆོས་དཀོན་མཆོག་གི་ཡོན་ཏན་རྣམ་པར་དབྱེ་བ།
法鼓　dharmadundubhi ཆོས་ཀྱི་རྔ།
法光　dharmāloka ཆོས་སྣང་བ།
法界　dharmathātu ཆོས་དབྱིངས།
法忍　dharmakṣānti ཆོས་བཟོད།
法身　dharmakāya ཆོས་ཀྱི་སྐུ། ཆོས་སྐུ།
法身差别　* dharmakāyaviśeṣa ཆོས་ཀྱི་སྐུའི་ཁྱད་པར།
法身根本　* dharmakāyamūla ཆོས་སྐུའི་རྩ་བ།
法身弥布　dharmakāyaparispharaṇa ཆོས་ཀྱི་སྐུ་འཕྲོ་བ།
法身清净法藏　prakṛtipariśuddhadharmagarbha, * dharmakāyapariśuddhadharmagarbha ཆོས་ཀྱི་སྐུ་ཡོངས་སུ་དག་པའི་ཆོས་ཀྱི་སྙིང་པོ།
法身清净因　dharmakāyaviśuddhihetu ཆོས་ཀྱི་སྐུ་རྣམ་པར་དག་པའི་རྒྱུ།
法身事业　* dharmakāyakarma ཆོས་ཀྱི་སྐུའི་འཕྲིན་ལས།
法身藏　dharmadhātugarbha　* dharmakāyagarbha ཆོས་ཀྱི་སྐུའི་སྙིང་པོ།
法身之自性清净分　* dharmakāyasya prakṛtiviśuddhabhāga ཆོས་ཀྱི་སྐུའི་རང་བཞིན་རྣམ་དག་གི་ཆ།
法身周遍　dharmakāyena parispharaṇa ཆོས་ཀྱི་སྐུས་ཁྱབ་པ།
法身转依堪能　* dharmakāya āśraya parivartya ཆོས་སྐུར་གནས་འགྱུར་རུང་།
法王子　dharmarājajyeṣṭhaputra ཆོས་ཀྱི་རྒྱལ་པོའི་སྲས།
法我执　* dharmātmagrāha ཆོས་ཀྱི་བདག་འཛིན།
法无碍解　* dharmapratisaṃvit ཆོས་སོ་སོ་ཡང་དག་པར་རིག་པ།
法无分别智　* dharme nirvikalpajñāna ཆོས་ལ་རྣམ་པར་མི་རྟོག་པའི་ཡེ་ཤེས།
法无我　* dharmanairātmya ཆོས་ཀྱི་བདག་མེད།
法无我证德　* dharmanairātmya adhigama ཆོས་ཀྱི་བདག་མེད་རྟོགས་པ།
法性　dharmatā ཆོས་ཉིད།
法义　dharmārtha ཆོས་ཀྱི་དོན།
法云菩萨地　bodhisattvabhūmi dharmamegha བྱང་ཆུབ་སེམས་དཔའི་ས་ཆོས་ཀྱི་སྤྲིན།
法真实　* sarvadhamavṛtta ཆོས་ཐམས་ཅད་ཀྱི་གནས་ལུགས།
法之真实　dharmatattva ཆོས་ཀྱི་དེ་ཉིད།

法智 dharmajñāna ཆོས་ཤེས།
烦恼 kleśa ཉོན་མོངས།
烦恼本尽 kleśasyādikṣaya ཉོན་མོངས་གདོད་ནས་ཟད།
烦恼差别 * kleśānāṃ pratibodhaviśeṣa ཉོན་མོངས་ལ་སོ་སོར་རྟོགས་པའི་ཁྱད་པར།
烦恼根本 kleśamūla ཉོན་མོངས་པའི་རྩ་བ།
烦恼集 kleśasamudaya ཉོན་མོངས་པ་ཀུན་འབྱུང་།
烦恼为客 kleśa āgantuka ཉོན་མོངས་གློ་བུར་བ།
烦恼习气 kleśavāsana ཉོན་མོངས་པའི་བག་ཆགས།
烦恼现行,烦恼现前 kleśa abhimukhī ཉོན་མོངས་མངོན་གྱུར།
烦恼相 * kleśalakṣaṇa ཉོན་མོངས་པའི་མཚན་ཉིད།
烦恼心所 * kleśacaita སེམས་བྱུང་ཉོན་མོངས་ཅན།
烦恼于心为客 * kleśa cittāgantuka ཉོན་མོངས་པ་སེམས་ལ་གློ་བུར་བྱུང་བ།
烦恼杂染 kleśaiḥ saṁkliśyate ཉོན་མོངས་པ་དག་གིས་མནོན་མོངས་པ། ཉོན་མོངས་པའི་ཀུན་ནས་ཉོན་མོངས་པ།
烦恼障 kleśāvaraṇa ཉོན་མོངས་པའི་སྒྲིབ་པ།
烦恼障之相 * kleśāvaraṇalakṣaṇa ཉོན་མོངས་པའི་སྒྲིབ་པའི་མཚན་ཉིད།
烦恼障诸树 * kleśāvaraṇavṛkṣa ཉོན་མོངས་པའི་སྒྲིབ་པའི་ཤིང་རྣམས།
烦恼之实有 * kleśa satyasiddha ཉོན་མོངས་བདེན་གྲུབ།
烦恼之自性有,烦恼自性有 * kleśa svabhāvasiddha ཉོན་མོངས་རང་བཞིན་གྱིས་གྲུབ་པ།
梵化身 * brahmanirmita ཚངས་པའི་སྤྲུལ་པ།
反体 * vyāvṛtti ལྡོག་པ།
方便 upāya ཐབས།
方便入 upāyapatita ཐབས་ལ་ཞུགས་པ།
方便善巧 upāyakauśala ཐབས་ལ་མཁས་པ།
放光明网 raśmijālaspharaṇa འོད་ཟེར་གྱི་དྲྭ་བ་འཕྲོ་བ།
非方便入 anupāyapatita ཐབས་མ་ཡིན་པ་ལ་ཞུགས།
非福 apuṇya བསོད་ནམས་མ་ཡིན།
非福行 apuṇyasaṃskāra བསོད་ནམས་མ་ཡིན་པའི་འདུ་བྱེད།
非可见 * adṛṣṭa བལྟར་མེད་པ།
非可取 * agṛhīta གཟུང་དུ་མེད་པ།
非理作意 ayoniśomanasikāra ཚུལ་བཞིན་མ་ཡིན་ཡིད་བྱེད།
非染污无明 * akliṣṭa avidyā ཉོན་མོངས་ཅན་མ་ཡིན་པའི་མ་རིག་པ།

非染污无明习气 *aklisṭāvidyāvāsa ཉོན་མོངས་ཅན་མ་ཡིན་པའི་མ་རིག་པའི་བག་ཆགས།

非入方便 ཐབས་མ་ཡིན་པ་ལ་ཞུགས་པ།

非少分 aprādeśika ཉི་ཚེ་བ་མ་ཡིན་པ་ཉིད།

非声闻独觉所行境 *śrāvakabodhisattvagocara ཉན་རང་གི་སྤྱོད་ཡུལ་མ་ཡིན་པ།

非实有 *asatyasiddhi བདེན་པར་མ་གྲུབ་པ།

非所化 avineya གདུལ་བྱ་མ་ཡིན་པ།

非以名言分别他缘而证 *na śabdena vikaplena ca anyapratyayena adhigamyate སྒྲ་དང་རྣམ་པར་རྟོག་པ་གཞན་གྱི་རྐྱེན་གྱིས་རྟོགས་མིན་པ།

非以他语为缘证 *na paraśabena pratyayenābhisamaya གཞན་གྱི་སྒྲའི་རྐྱེན་གྱིས་མངོན་པར་རྟོགས་པ་མ་ཡིན་པ།

非以他缘生 *nānyena pratyayenotpadyate གཞན་གྱི་རྐྱེན་གྱིས་སྐྱེ་མིན་པ།

非以他缘现证 *nānyena pratyayenābhisamaya གཞན་གྱི་རྐྱེན་གྱིས་མངོན་པར་རྟོགས་པ་མ་ཡིན་པ།

非以他缘证 aparapratyayodita གཞན་གྱི་རྐྱེན་གྱིས་རྟོགས་མིན་པ།

非异 nānya ཐ་མི་དད་པ།

非有非无 nobhaya ཡོད་མིན་མེད་མིན།

非杂染无明甲所知障 *ajñānasaṃnāha jñeyāvaraṇa མི་ཤེས་པའི་གོ་ཆ་ཤེས་སྒྲིབ།

妃眷中嬉戏 antaḥpuraratikrīḍā བཙུན་མོའི་འཁོར་གྱིས་དགྱེས་པར་རོལ་བ།

吠琉璃地基 vaiḍūryapṛthivī བཻ་ཌཱུརྱའི་ས་གཞི།

分辨一切所知智 sarvajñeyapravicayajñāna ཤེས་བྱ་ཐམས་ཅད་རབ་ཏུ་རྣམ་པར་འབྱེད་པའི་ཡེ་ཤེས།

分别 kalpa, parikalpa, parikalpita, vikalpa, bheda, prabheda ཀུན་བརྟགས། སོ་སོར་གཅོད་པ། རྟོག་པ། རྣམ་རྟོག རབ་ཏུ་དབྱེ་བ། དབྱེ་བ།

分别补特伽罗我执 *pudgalātmagrāha parikalpita གང་ཟག་གི་བདག་འཛིན་ཀུན་བརྟགས།

分别烦恼障 *kleśāvaraṇa parikalpita ཉོན་སྒྲིབ་ཀུན་བརྟགས།

分别实执 satyagrāha parikalpita བདེན་འཛིན་ཀུན་བརྟགས

分位 avasthā གནས་སྐབས།

分位差别 *avasthābheda གནས་སྐབས་ཅན་དབྱེ་བ།

分位功德 *avasthāguṇa གནས་སྐབས་ཀྱི་ཡོན་ཏན།

奋迅 vikrīḍitā རྣམ་པར་བརྩེན་པ།

风 vāyu, vātamaṇḍala རླུང་།

风界 vāyudhātu རླུང་གི་ཁམས།

风轮 vātamaṇḍala རླུང་གི་དཀྱིལ་འཁོར།
蜂虫 kṣudraprāṇāka སྦྲང་མ།
蜂蜜 madhu སྦྲང་རྩི།
讽颂 gāthā ཚིགས་སུ་བཅད་པ།
佛 buddha, jina སངས་རྒྱས། རྒྱལ་བ།
佛、法、僧三宝 buddhadharmasaṁghākhyāni trīṇi ratnāni སངས་རྒྱས་དང་ཆོས་དང་དགེ་འདུན་ཞེས་བྱ་བའི་དཀོན་མཆོག་གསུམ་པོ།
佛宝 buddharatna སངས་རྒྱས་དཀོན་མཆོག
佛宝功德差别 buddharatnaguṇavibhāga སངས་རྒྱས་དཀོན་མཆོག་གི་ཡོན་ཏན་རྣམ་པར་དབྱེ་བ།
佛悲大地 ＊buddhakaruṇābhūmi སངས་རྒྱས་ཀྱི་ཐུགས་རྗེའི་ས།
佛不共法 āveṇikabuddhadharma སངས་རྒྱས་ཀྱི་ཆོས་མ་འདྲེས་པ།
佛大悲 ＊buddhamahākaruṇā སངས་རྒྱས་ཀྱི་ཐུགས་རྗེ།
佛二种色身 ＊buddhānāṃ dvirūpakāya སངས་རྒྱས་ཀྱི་གཟུགས་ཀྱི་སྐུ་གཉིས།
佛法身 buddhānāṃ dharmakāya སངས་རྒྱས་ཀྱི་ཆོས་ཀྱི་སྐུ།
佛法无别之义 buddhadharmāvinirbhāgārtha སངས་རྒྱས་ཀྱི་ཆོས་རྣམ་པར་དབྱེ་བ་མེད་པའི་དོན།
佛功德 buddhaguṇa སངས་རྒྱས་ཀྱི་ཡོན་ཏན།
佛功德差别 buddhaguṇavibhāga སངས་རྒྱས་ཀྱི་ཡོན་ཏན་རྣམ་པར་དབྱེ་བ།
佛光曼荼罗 ＊buddharaśmimaṇḍala སངས་རྒྱས་ཀྱི་འོད་ཀྱི་དཀྱིལ་འཁོར།
佛广大体性法性 buddhamāhātmyadharmatā སངས་རྒྱས་ཀྱི་ཆེ་བའི་བདག་ཉིད་ཆོས་ཉིད།
佛界 buddhadhātu སངས་རྒྱས་ཀྱི་ཁམས།
佛菩提 buddhabodhi སངས་རྒྱས་ཀྱི་བྱང་ཆུབ།
佛三身 trividhabuddhakāya སངས་རྒྱས་ཀྱི་སྐུ་གསུམ།
佛身 buddhakāya སངས་རྒྱས་ཀྱི་སྐུ།
佛身差别 buddhakāyavibhāga སངས་རྒྱས་ཀྱི་སྐུ་རྣམ་པར་དབྱེ་བ།
佛身建立 ＊buddhakāyavyavasthāna སྐུའི་རྣམ་གཞག
佛胜义功德 ＊buddhānāṃ paramārthaguṇa སངས་རྒྱས་ཀྱི་དོན་དམ་པའི་ཡོན་ཏན།
佛事业 buddhakārya, tathāgatakarma, jinakriyā རྒྱལ་བའི་མཛད་པ། སངས་རྒྱས་ཀྱི་འཕྲིན་ལས།
佛相 buddhabimba སངས་རྒྱས་ཀྱི་གཟུགས།
佛心相续无垢智 ＊buddhacittasaṃtānasya vimalajñāna སངས་རྒྱས་ཀྱི་ཐུགས་རྒྱུད་ཀྱི་དྲི་མ་མེད་པའི་ཡེ་ཤེས།
佛义 buddhārtha སངས་རྒྱས་ཀྱི་དོན།
佛音曼荼罗 buddhasvaramaṇḍala སངས་རྒྱས་ཀྱི་དབྱངས་ཀྱི་དཀྱིལ་འཁོར།

佛与究竟菩萨之差别 * buddhaparyantabodhisattvayor viśeṣa སངས་རྒྱས་དང་མཐར་ཕྱིན་པའི་བྱང་ཆུབ་སེམས་དཔའི་ཁྱད་པར།

佛语 buddhasvara, tathāgatānāṃ ruta, jinānāṃ ghoṣa སངས་རྒྱས་ཀྱི་གསུང་།

佛藏 jigarbha, jinagarbha རྒྱལ་བའི་སྙིང་པོ།

佛之真如 * tathāgatatathatā སངས་རྒྱས་ཀྱི་དེ་བཞིན་ཉིད།

佛智 buddhajñāna སངས་རྒྱས་ཀྱི་ཡེ་ཤེས།

佛种性 * buddhagotra སངས་རྒྱས་ཀྱི་རིགས།

福 puṇya བསོད་ནམས།

福、智资粮 * puṇyajñānasaṃbhāra བསོད་ནམས་དང་ཡེ་ཤེས་ཀྱི་ཚོགས།

福德资粮 puṇyasaṃbhāra བསོད་ནམས་ཀྱི་ཚོགས།

福行 puṇyasaṁskāra བསོད་ནམས་ཀྱི་འདུ་བྱེད།

福智广大资粮 vipulapuṇyajñānasaṁbhāra བསོད་ནམས་དང་ཡེ་ཤེས་ཀྱི་ཚོགས་རྒྱ་ཆེན་པོ།

G

感三种意性身及不可思议变异死 trividhā manomayātmabhāvanirvṛttiracintyapāriṇāmikī ca cyuti བསམ་གྱིས་མི་ཁྱབ་པར་ཡོངས་སུ་བསྒྱུར་བ་དང་ལྡན་པའི་འཆི་འཕོ་བ།

各别因归依建立 * pratyekaṃ hetuśaraṇaṃ vyavasthāna སོ་སོར་རྒྱུའི་སྐྱབས་སུ་རྣམ་པར་བཞག

根 mūla, indriya རྩ་བ། དབང་པོ།

根本 mūla རྩ་བ།

根本大师 * mūlaśāstṛ རྩ་བའི་སྟོན་པ།

根现量 * indriyapratyakṣa དབང་པོའི་མངོན་སུམ།

功德 guṇa ཡོན་ཏན།

功德无别 guṇāvinirbhāgatā ཡོན་ཏན་དབྱེ་བ་མེད་པ།

功德义 guṇārtha ཡོན་ཏན་གྱི་དོན།

功用 ābhoga འབད་རྩོལ།

共因 * sādhānahetu ཐུན་མོང་བའི་རྒྱུ།

贡汝·坚赞桑波 * Ketubhadra གུང་རུ་རྒྱལ་མཚན་བཟང་པོ།

垢染不净之真如 * malāśuddhā tathatā དྲི་མས་མ་དག་པའི་དེ་བཞིན་ཉིད།

垢染清净 * malaśuddha དྲི་མས་དག་པ།

垢染清净之法身 * malaviśuddha dharmakāya དྲི་མས་རྣམ་པར་དག་པ་ཆོས་ཀྱི་སྐུ།

谷实 dhānyeṣu sāra འབྲས་བུའི་སྙིང་པོ།

固 avināśitva བརྟན་པ།

固义 dhruvārtha བརྟན་པའི་དོན།

观察胜义之正理 * paramārthavicārayukti དོན་དམ་དཔྱོད་བྱེད་ཀྱི་རིགས་པ།

观待胜义 * paramārthavṛttam āpekṣa དོན་དམ་པའི་སྤྱོད་ལུགས་ལྟོས་པ།

观待世俗 * saṃvṛtivṛttam āpekṣa ཀུན་རྫོབ་པའི་སྤྱོད་ལུགས་ལ་ལྟོས་པ།

观真实心 * vṛttadarśanamatyanurodhāt གནས་ལུགས་གཟིགས་པའི་བློ་ངོར།

光 raśmi འོད་ཟེར།

光曼荼罗 prabhāmaṇḍala འོད་ཀྱི་དཀྱིལ་འཁོར།

光明 prabhāsvara འོད་གསལ་བ།

光明网 raśmijāla འོད་ཟེར་གྱི་དྲ་བ།

广 vipula རྒྱ་ཆེན་པོ།

广大宝庄严曼荼罗宫 vipularatnavyūhamaṇḍala རིན་པོ་ཆེ་བཀོད་པའི་དཀྱིལ་འཁོར་གྱི་ཁྱམས་རྒྱ་ཆེན་པོ།

广大福德及智慧二资粮 * vipulapuṇyajñānasaṃbhāra བསོད་ནམས་ཀྱི་ཚོགས་རྒྱ་ཆེན་པོ་དང་། ཡེ་ཤེས་ཀྱི་ཚོགས་གཉིས།

广大功德 * vipulaguṇa ཡོན་ཏན་རྒྱ་ཆེན་པོ།

广大身 * vipulakāya རྒྱ་ཆེ་བའི་སྐུ།

广大体性 māhātmya ཆེ་བའི་བདག་ཉིད།

广大信解大乘因果法 * agrayānahetuphale 'dhimokṣa ཐེག་པ་མཆོག་གི་རྒྱུ་འབྲས་ལ་མོས་པ།

广、中、略三种《般若经》 * Prajñāpāramitāsūtra vistara madhyama saṃkṣipta ཤེས་རབ་ཀྱི་ཕ་རོལ་ཏུ་ཕྱིན་པ་རྒྱས་འབྲིང་བསྡུས་གསུམ།

归依 śaraṇaṃ gacchanti, śaraṇa སྐྱབས་སུ་འགྲོ་བ། སྐྱབས་འགྲོ།

归依处 * śaraṇa སྐྱབས་གནས།

归依建立 * śaraṇa vyavasthāna སྐྱབས་རྣམ་པར་བཞག་པ།

归依三宝 * ratnatrayaṃśaraṇaṃ gamana དཀོན་མཆོག་གསུམ་ལ་སྐྱབས་སུ་སོང་བ།

归依之理趣 * śaraṇagamananaya སྐྱབས་སུ་སོང་བའི་ཚུལ།

果差别 phalabheda, * phalaviśeṣa འབྲས་བུའི་དབྱེ་བ། འབྲས་བུའི་ཁྱད་པར།

果功德 * phalasya guṇa འབྲས་བུའི་ཡོན་ཏན།

果归依 * phalaśaraṇa འབྲས་བུའི་སྐྱབས།

果究竟三宝 * phala paryantaratnatraya འབྲས་བུ་མཐར་ཐུག་པའི་དཀོན་མཆོག་གསུམ།

果三宝 * phalaratnatraya འབྲས་བུ་དཀོན་མཆོག་གསུམ།

过恒河沙数 gaṅgānadīvālukāvyativṛtta གང་གཱའི་ཀླུང་གི་བྱེ་མ་སྙེད་ལས་འདས་པ།
过失 doṣa ཉེས་པ།

H

汉地亲教师和尚 ＊cīnopadhyāya རྒྱ་ནག་གི་མཁན་པོ་ཧྭ་ཤང་།
黑闇对治 tamaḥpratipakṣa མུན་པའི་གཉེན་པོ
恒常 nitya, śāśvata, sadā རྟག་པ།
恒常不变 sadāvikāritva རྟག་ཏུ་མི་འགྱུར་བ།
恒常之道 ＊nityamārga རྟག་པའི་ལམ།
恒寂静之义 atyantopaśamārtha གཏན་དུ་ཉེ་བར་ཞི་བའི་དོན།
后得 tatpṛṣṭhalabdha རྗེས་ཐོབ།
后得果 ＊tatpṛṣṭhalabdhaphala རྗེས་ཐོབ་ཀྱི་འབྲས་བུ།
后得世间智 [laukika] tatpṛṣṭhalabdhajñāna དེའི་རྗེས་ལས་ཐོབ་པའི་འཇིག་རྟེན་པའི་ཡེ་ཤེས།
后得位 ＊tatpṛṣṭhalabdhā avasthā རྗེས་ཐོབ་ཀྱི་སྐབས།
后得智 tatpṛṣṭhalabdha jñāna རྗེས་ཐོབ་ཀྱི་ཡེ་ཤེས།
互断相违之正相违 ＊anyonyaparihārasākṣādvirodha ཕན་ཚུན་སྤངས་འགལ་ལ་བརྟེན་པའི་དངོས་འགལ།
怙主龙猛 ＊Nāgārjuna nātha མགོན་པོ་ཀླུ་སྒྲུབ།
华吉祥藏菩萨 ＊Puṣpaśrisāra Bodhisattva བྱང་ཆུབ་སེམས་དཔའ་མེ་ཏོག་དཔལ་གྱི་སྙིང་པོ།
化身 nirmāṇakāya སྤྲུལ་པའི་སྐུ།
画师喻 ＊citralekhakadṛṣṭānta རི་མོ་མཁན་གྱི་དཔེ།
坏 vināśa, nāśa འཇིག་པ།
坏聚见 satkāyadṛṣṭi འཇིག་ཚོགས་ལ་ལྟ་བ།
坏聚执 satkāyābhiniveśa འཇིག་ཚོགས་ལ་མངོན་པར་ཞེན་པ།
坏相 vibhavalakṣaṇa འཇིག་པའི་མཚན་ཉིད།
慧 prajñā ཤེས་རབ།
慧波罗蜜多，慧度 prajñāpāramitā ཤེས་རབ་ཀྱི་ཕ་རོལ་ཏུ་ཕྱིན་པ།
慧及三摩地 prajñāsamādhi ཤེས་རབ་དང་ཏིང་ངེ་འཛིན།
火界 tejodhātu མེའི་ཁམས།
获法身因 dharmakāyaprāptihetu ཆོས་ཀྱི་སྐུ་ཐོབ་པའི་རྒྱུ།

J

基 ādhāra གཞི།

极净法界 suviśuddha dharmadhātu ཤིན་ཏུ་རྣམ་པར་དག་པའི་ཆོས་ཀྱི་དབྱིངས།

极乐波罗蜜多 atyantasukhapāramitā ཤིན་ཏུ་བདེ་བའི་ཕ་རོལ་ཏུ་ཕྱིན་པ།

极隐密处 * atyarthaparokṣasthāna གནས་ཤིན་ཏུ་ལྐོག་གྱུར།

集 samudaya ཀུན་འབྱུང་།

集谛 * samudayasatya ཀུན་འབྱུང་གི་བདེན་པ།

记别 vyākaraṇa ལུང་བསྟན་པ།

记说神变 ādeśanāprātihārya ཀུན་བརྗོད་པའི་ཆོ་འཕྲུལ།

寂静 śama,śānta,śiva ཞི་བ།

寂静界 * śivadhātu ཞི་བའི་དབྱིངས།

寂灭 śama,śānta,śiva ཞི་བ།

寂义 śamārtha ཞི་བའི་དོན།

加行 yoga,prayoga སྦྱོར་བ།

加行、正行、结行三者 * prayogamukhyānta སྦྱོར་དངོས་མཇུག་གསུམ།

加行差别 * prayogaviśeṣa སྦྱོར་བའི་ཁྱད་པར།

加行道 prayogamārga སྦྱོར་ལམ།

加行清净 * prayogapariśuddha སྦྱོར་བ་ཡོངས་སུ་དག་པ།

加行圆满 * prayogasaṃpanna སྦྱོར་བ་ཕུན་ཚོགས།

迦湿弥罗毗婆沙师 * Kāśmīra Vaibhāṣika ཁ་ཆེ་བྱེ་བྲག་ཏུ་སྨྲ་བ།

见 dṛṣṭi,darśana ལྟ་བ། མཐོང་།

见道 * darśanamārga མཐོང་ལམ།

见取见 * dṛṣṭiparāmarṣa ལྟ་བ་མཆོག་འཛིན་པ།

见所断 darśanaheya མཐོང་སྤངས།

见真实之圣者 ārya tattvadarśin དེ་ཁོ་ན་མཐོང་བ་འཕགས་པ།

渐次引导 * anupūrveṇa nayati རིམ་གྱིས་བཀྲི་བ།

剑喻 asidṛṣṭānta རལ་གྲིའི་དཔེ།

降诞 janma བལྟམས་པ།

教、理 āgamayukti ལུང་དང་རིགས་པ།

教法 deśanādharma བསྟན་པའི་ཆོས། ལུང་གི་ཆོས།

结生相续,相续 anusaṃdhi མཚམས་སྦྱོར་བ།

解脱 mokṣa,mukta གྲོལ་བ།

解脱道 mokṣamārga ཐར་པའི་ལམ

解脱涅槃 * mokṣanirvāṇa ཐར་པ་མྱ་ངན་ལས་འདས་པ།

解脱智见 vimuktijñānadarśana རྣམ་པར་གྲོལ་བའི་ཡེ་ཤེས་མཐོང་བ།

戒波罗蜜多 * śīlapāramitā ཚུལ་ཁྲིམས་ཀྱི་ཕར་ཕྱིན།

戒禁取见 * śālavrataparāmarśa ཚུལ་ཁྲིམས་དང་བརྟུལ་ཞུགས་མཆོག་འཛིན་གྱི་ལྟ་བ།

界 dhātu ཁམས། དབྱིངས།

界六十法差别 * dhātupariśodhana ṣaṣṭiprabheda ཁམས་སྦྱོང་བྱེད་ཀྱི་ཆོས་དྲུག་ཅུའི་དབྱེ་བ།

界义 dhātvartha ཁམས་ཀྱི་དོན

界之自性 * dhātusvabhāva ཁམས་ཀྱི་རང་བཞིན།

界自性清净 dhātuprakṛtiviśuddha ཁམས་རང་བཞིན་གྱིས་རྣམ་པར་དག་པ།

金 suvarṇa, jātarūpa གསེར།

金刚 vajra རྡོ་རྗེ།

金刚持 * vajradhara རྡོ་རྗེ་འཆང་།

金刚处 vajrapada རྡོ་རྗེའི་གནས།

金刚喻 vajropama རྡོ་རྗེ་ལྟ་བུ།

金刚喻定 vajropamasamādhi རྡོ་རྗེ་ལྟ་བུའི་ཏིང་ངེ་འཛིན།

金刚喻定之无间道智 vajropamasamādhijñānavadhya རྡོ་རྗེ་ལྟ་བུའི་ཏིང་ངེ་འཛིན་གྱི་ཡེ་ཤེས

金像 kanakabimba གསེར་གྱི་གཟུགས།

近取 upādāna ཉེར་ལེན།

近取因 * upādānahetu ཉེར་ལེན་གྱི་རྒྱུ།

尽所有 yāvadbhāvikatā ཇི་སྙེད་པ།ཇི་སྙེད་ཡོད་པ། ཇི་སྙེད་ཡོད་པ་ཉིད།

尽所有智 * yāvadbhāvikatāvabodhajñāna ཇི་སྙེད་པ་མཁྱེན་པའི་ཡེ་ཤེས།

精进 vīrya བརྩོན་འགྲུས།

精实 sāra སྙིང་པོ།

净 śuci, śubha གཙང་བ།

净波罗蜜多 śubhapāramitāགཙང་བའི་ཕ་རོལ་ཏུ་ཕྱིན་པ།

净及不净位 śuddhaśuddhāvastha དག་པ་དང་མ་དག་པའི་གནས་སྐབས།

净满月 pūrṇavimalendu དྲི་མེད་ཟླ་བ་ཉ་བ།

净水之器 svacchajalabhājana ཆུ་དང་བའི་སྣོད།

净及不净位 aśuddhaśuddhāvastha དག་པ་དང་མ་དག་པའི་གནས་སྐབས།

净位 śuddhāvasthā དག་པའི་གནས་སྐབས།

净想 śubhasaṃjñā, śubham iti saṃjñā གཙང་བའི་འདུ་ཤེས། གཙང་ངོ་སྙམ་པར་འདུ་ཤེས་པ།

净治纯金喻 jātarūpaparikarmaviśeṣodāharaṇa གསེར་སྦྱངས་ཀྱི་ཡོངས་སུ་སྦྱོང་བ་དཔེ།
境 viṣaya ཡུལ
静虑 dhyāna བསམ་གཏན།
静虑波罗蜜多 dhyānapāramitāབསམ་གཏན་གྱི་ཕར་ཕྱིན།
静命论师 * Ācārya Śāntarakṣita སློབ་དཔོན་ཞི་བ་འཚོས།
静息 śānta ཞི་བ།
究竟 atyanta, paryata, paryantagata, paryavasāna མཐར་ཐུག་པ།
九地 navami bhūmi ས་དགུ་པ།
九烦恼 nava kleśāḥ ཉོན་མོངས་པ་དགུ་པོ།
九义 * navārtha དོན་དགུ
九喻 navodāharaṇa དཔེ་དགུ
九障 * navāvaraṇa སྒྲིབ་པ་དགུ
具粗静相世间道 * audārikatāśāntatākāra laukikamārga ཞི་རགས་ཀྱི་རྣམ་པ་ཅན་གྱི་འཇིག་རྟེན་པའི་ལམ།
具二清净 * dvipariśuddhasamprayukta དག་པ་གཉིས་ལྡན།
具分 sakala མཐའ་དག
具虚妄欺诳法 mṛṣāmoṣadharmin བརྫུན་པ་སླུ་བའི་ཆོས་ཅན།
俱不欣求 anabhilāṣiṇa མངོན་པར་མི་འདོད་པ།
俱生 sahaja ལྷན་ཅིག་སྐྱེས་པ།
俱生补特伽罗我执 * pudgalātmagrāha sahaja གང་ཟག་གི་བདག་འཛིན་ལྷན་སྐྱེས།
俱生烦恼障 * kleśāvaraṇa sahaja ཉོན་སྒྲིབ་ལྷན་སྐྱེས།
俱生实执 * satyagraha sahaja བདེན་པར་འཛིན་པ་ལྷན་སྐྱེས།
俱生所知障 * kleśāvaraṇa sahaja ཤེས་སྒྲིབ་ལྷན་སྐྱེས།
俱有缘 * sahakāripratyaya ལྷན་ཅིག་བྱེད་རྐྱེན།
决定善 * niḥśreyasa ངེས་ལེགས།
觉囊派 – ཇོ་ནང་བ།
觉悟 saṃbodhi བྱང་ཆུབ།

K

糠皮 tuṣa སྦུན་པ།
不可如言取义 * ayathāruta སྒྲ་ཇི་བཞིན་པར་འཛིན་པ།
客尘 āgantukamala གློ་བུར་གྱི་དྲི་མ།

客尘尽断究竟 གློ་བུར་གྱི་དྲི་མ་མཐའ་དག་ཟད་པའི་སྤངས་པ་མཐར་ཐུག་པ།
客尘空 āgantukamalaśūnyatāགློ་བུར་གྱི་དྲི་མས་སྟོང་པ
客尘清净 āgantukamalaviśuddhi གློ་བུར་གྱི་དྲི་མ་རྣམ་པར་དག་པ
客烦恼尘所障 āgantukakleśamalāvṛta གློ་བུར་གྱི་ཉོན་མོངས་པའི་དྲི་མས་བསྒྲིབས་པ།
客随烦恼 āgantukairupakleśa གློ་བུར་གྱི་ཉོན་མོངས་པ།
空性 śūnyatā སྟོང་པ་ཉིད།
空性解脱门 śūnyatāvimokṣamukha སྟོང་པ་ཉིད་ཀྱི་རྣམ་པར་ཐར་པའི་སྒོ།
空性理趣 śūnyatārthanaya སྟོང་པ་ཉིད་ཀྱི་ཚུལ།
空性义 śūnyatārtha སྟོང་པ་ཉིད་ཀྱི་དོན།
苦谛 *duḥkhasatya སྡུག་བསྔལ་གྱི་བདེན་པ།
苦根,苦之根本 *duḥkhamūla སྡུག་བསྔལ་གྱི་རྩ་བ།
苦基 *duḥkhādhāra སྡུག་བསྔལ་གྱི་གཞི།
苦集寂灭 སྡུག་ཀུན་ཉེ་བར་ཞི་བ།
苦灭 duḥkhanirodha སྡུག་བསྔལ་འགོག་པ།
苦灭之谛 duḥkhanirodhasatya སྡུག་བསྔལ་འགོག་པའི་བདེན་པ
苦恼女 strīduḥkhajvalanābhitapta སྡུག་བསྔལ་འབར་བས་མངོན་པར་གདུངས་པའི་བུད་མེད

L

烂布 praklinnavastra གོས་རྡུལ།
老死 jarāmaraṇa རྒ་ཤི
乐 sukha བདེ་བ།
乐波罗蜜多 sukhapāramitā བདེ་བའི་ཕ་རོལ་ཏུ་ཕྱིན་པ།
乐差别 *sukhaviśeṣa བདེ་བའི་ཁྱད་པར།
乐想 sukhasaṁjñā, sukham iti saṃjñā བདེ་བར་འདུ་ཤེས།བདེའོ་སྙམ་པའི་འདུ་ཤེས།
类忍 *anvaya[jñāna] kṣānti རྗེས་བཟོད།
离粗涩触 mṛdukarmaṇyabhāva རྩུབ་རེག་སྤངས་པ།
离二边 *antadvayavigata མཐའ་གཉིས་དང་བྲལ་བ།
离垢地 vimalā bhūmi དྲི་མ་མེད་པའི་ས།
离垢真如无漏界 *malavigata tathatānāsravadhātu དྲི་མ་མཐའ་དག་གིས་དབེན་པའི་དེ་བཞིན་ཉིད་ཀྱི་ཟག་པ་མེད་པའི་དབྱིངས།
离客尘 āgantukamalāvisaṁyoga གློ་བུར་གྱི་དྲི་མ་དང་བྲལ་བ། གློ་བུར་དྲི་བྲལ་གྱི་འགོག་པ།
离贪 virāga འདོད་ཆགས་དང་བྲལ་བ།

离贪灭谛 virāgo nirodhasatya འདོད་ཆགས་དང་བྲལ་བ་འགོག་པའི་བདེན་པ།
离我之戏论 ātmaprapañcavigama བདག་གི་སྤྲོས་པ་དང་བྲལ་བ།
离无我戏论 nairātmyaprapañcavigama བདག་མེད་པའི་སྤྲོས་པ་དང་བྲལ་བ།
离系功德 * visaṃyogaguṇa བྲལ་བའི་ཡོན་ཏན།
离系果 visaṁyogaphala བྲལ་བའི་འབྲས་བུ།
离戏论边 * prapañcāntavigama སྤྲོས་པའི་མཐའ་དང་བྲལ་བ།
离言诠之自性 nirabhilāpyasvabhāva བརྗོད་དུ་མེད་པའི་རང་བཞིན།
离一异等正因 * ekāneka [svabhāvena] viyogād ityādi nyaya གཅིག་དང་དུ་བྲལ་ལ་སོགས་པའི་གཏན་ཚིགས།
力 śakti, bala, prabhāva ནུས་པ། སྟོབས།མཐུ།
力差别 * śaktiviśeṣa ནུས་པའི་ཁྱད་པར།
利根入道次第 * tīkṣṇendriyamārgāvatāraṇakrama དབང་རྣོན་ལམ་ལ་འཇུག་པའི་རིམ་པ།
利他 parārtha གཞན་དོན།
利他功德 * parārthaguṇa གཞན་དོན་གྱི་ཡོན་ཏན།
利他色身 * parārtharūpakāya གཞན་དོན་གཟུགས་ཀྱི་སྐུ།
利他圆满 parārthasaṁpatti གཞན་གྱི་དོན་ཕུན་སུམ་ཚོགས་པ།
莲苞 padmakośa པདྨ་ཡི་སྦུབས།
两足中尊 dvipadānām agryatva རྐང་གཉིས་རྣམས་ཀྱི་མཆོག
量 pramāṇa ཚད་མ།
量大师 * pramāṇabhūta śāstṛ ཚད་མར་གྱུར་པའི་སྟོན་པ།
了不了义经 * neyārthanītārthasūtra དྲང་བ་དང་ངེས་པའི་དོན།
了义 * nītārtha ངེས་དོན།
了义经 * nītārthasūtra ངེས་དོན་གྱི་མདོ་སྡེ།
劣障之解脱 * hīnāvaraṇād mokṣa དམན་པའི་སྒྲིབ་པ་ལས་གྲོལ་བ།
吝法 * dharmamuṣṭi ཆོས་ལ་དཔེ་མཁྱུད།
令证之处 bodhanāpada རྟོགས་པར་བྱེད་པའི་གནས།
流转生死 * saṃsāre saṃsarati འཁོར་བར་འཁོར་བ།
六波罗蜜多 * ṣaṭpāramitā ཕར་ཕྱིན་དྲུག་པོ།
六不共证 * ṣaḍāveṇikādhigama རྟོགས་པ་མ་འདྲེས་པ་དྲུག
六处之差别 ṣaḍāyatanaviśeṣa སྐྱེ་མཆེད་དྲུག་གི་ཁྱད་པར
六神通 ṣaḍabhijña མངོན་པར་ཤེས་པ་དྲུག
六十四功德,六十四种功德 guṇāścatuḥṣaṣṭiḥ ཡོན་ཏན་དྲུག་ཅུ་རྩ་བཞི་པོ།

六识 * ṣaḍvijñāna རྣམ་པར་ཤེས་པ་དྲུག
六种补特伽罗 ṣaṭ pudgala གང་ཟག་དྲུག
六种同法 ṣaḍvidhena sādharmya ཆོས་མཐུན་པ་རྣམ་པ་དྲུག
龙猛怙主 * Nāgārjunanātha མགོན་པོ་ཀླུ་སྒྲུབ།
漏尽 āsravakṣaya ཟག་པ་ཟད་པ།
漏尽通 * āsravakṣayābhijñā ཟག་པ་ཟད་པའི་མངོན་པར་ཤེས་པ།
漏尽智 āsravakṣayajñāna ཟག་པ་ཟད་པའི་ཡེ་ཤེས།
论 śāstra བསྟན་བཅོས།
论之所诠 * śāstrasyābhidheya བསྟན་བཅོས་ཀྱི་བརྗོད་བྱ།
洛桑札巴贝桑波 * Sumatikīrti བློ་བཟང་གྲགས་པའི་དཔལ་བཟང་པོ།

M

曼荼罗宫 maṇḍalavyūha འཁོར་གྱི་ཁྱམས།
猛利现行 tīvra[rāgadveṣamoha] paryavasthāna དྲག་པོས་ཀུན་ནས་ལྡང་བ།
弥布 parispharaṇa འཕྲོ་བ།
弥勒怙主 * Maitreyanātha བྱམས་པ་མགོན་པོ།
弥曼差外道 * Mimāṃsā མུ་སྟེགས་སྤྱོད་པ་བ།
密意 * saṃdhi, * abhiprāya, * abhisaṃdhi དགོངས་པ།
密意所依 * saṃtānavastu, * abhiprāyavastu དགོངས་གཞི།
密咒道 * mantramārga སྔགས་ཀྱི་ལམ།
妙音 * Maṇjughoṣa འཇམ་པའི་དབྱངས།
灭 nirodha འགོག་པ།
灭谛 nirodhasatya འགོག་བདེན།
灭尽定 * nirodhasamāpatti འགོག་པའི་སྙོམས་འཇུག
灭尽后有阿罗汉 arhatkṣīṇapunarbhava དགྲ་བཅོམ་པ་ཡང་སྲིད་པ་སྤངས་པ།
灭苦之谛 duḥkhanirodhasatya སྡུག་བསྔལ་འགོག་པའི་བདེན་པ།
灭无漏界 nirodha anāsravadhātu འགགས་པ་ཟག་པ་མེད་པའི་དབྱིངས།
名、词、字聚 nāmapadavyañjanakāya མིང་དང་ཚིག་དང་ཡི་གེའི་ཚོགས།
名色 nāmarūpa མིང་དང་གཟུགས།
名言分别 * śabdakalpa སྒྲ་རྟོག
名言量 * vyavahārapramāṇa ཐ་སྙད་པའི་ཚད་མ།
明 vidyā རིག་པ།

明及解脱味 vidyāvimuktirasa རིག་པ་དང་རྣམ་པར་གྲོལ་བའི་རོས།
摩尼喻 * maṇidṛṣānta ནོར་བུའི་དཔེ།
末转法轮 * anta[dharma]cakra འཁོར་ལོ་ཐ་མ།

N

难可思议 acintya བསམ་གྱིས་མི་ཁྱབ་པ།
难可通达 duṣprativedhya རྟོགས་པར་དཀའ་བ།
难思议 acintya བསམ་མི་ཁྱབ་པ།
内法 ihadhārmika ཆོས་འདི་པ་ཉིད།
内证 pratyātmavedanīya, prativedha སོ་སོ་རིག་པར་བྱ་བ།སོ་སོ་རིག་པ།
内证 prati – abhi – √jñā སོ་སོར་མངོན་པར་ཤེས།
内证智 pratyātmajñāna སོ་སོ་རང་ཤེས།
能遍及自性 * vyāpakasvabhāva ཁྱབ་བྱེད་དང་རང་བཞིན།
能成 * sādhaka, * prāptuṃśaknoti སྒྲུབ་བྱེད། ཐོབ་ནུས།
能立 * vedaka ཤེས་བྱེད།
能诠 * abhidhāna བརྗོད་བྱེད།
能仁 muṇi ཐུབ་པ།
能仁之后裔 munīnām anujātāḥ ཐུབ་པའི་རྗེས་སྐྱེས་སྲས།
能所二取异物空,能所取异物空 * grāhyagrāhakabhinnadravyasūnyatā གཟུང་འཛིན་རྫས་ཐ་དད་ཀྱིས་སྟོང་པ།
能所取戏论 * grāhyagrāhakaprapañca གཟུང་འཛིན་གྱི་སྤྲོས་པ།
能依 * ādhārya རྟེན་བྱེད་པ།
能引 * ākṣepaka འཕེན་པར་བྱེད་པ།
能障 * āvaraka སྒྲིབ་བྱེད།
能证 * avabodhaka རྟོགས་བྱེད།
泥模 mṛtpaṅkalepa སའི་འདམ་གོས་པ།
泥土 mṛt ས།
涅槃 nirvāṇa མྱ་ངན་ལས་འདས་པ།
涅槃界 nirvāṇadhātu མྱ་ངན་ལས་འདས་པའི་དབྱིངས
涅槃证得 nirvāṇādhigama མྱ་ངན་འདས་པའང་ཐོབ་པ།
暖 uṣṇa དྲོ་བ།

P

毘钵舍那 vipaśyanā ལྷག་མཐོང་།

皮壳 tvakkośa ཤུན་པའི་སྦུབས།

贫家地下 daridrasya narasya veśmanyantaḥ pṛthivyām མི་དབུལ་ཁྱིམ་ནང་ས་འོག་ན།

平等性智 samatājñāna མཉམ་ཉིད་དུ་རྟོགས་པའི་ཡེ་ཤེས།

毗婆沙师 Vaibhāṣika བྱེ་བྲག་ཏུ་སྨྲ་བ།

破烂布 pūtivastra གོས་རྡུལ།

菩萨 bodhisattva བྱང་ཆུབ་སེམས་དཔའ།

菩萨乘人 bodhisattva pudgala བྱང་ཆུབ་སེམས་དཔའི་ཐེག་པ་པའི་གང་ཟག་དག

菩萨初地 prathamī bodhisattvabhūmi བྱང་ཆུབ་སེམས་དཔའི་ས་དང་པོ།

菩萨初月 bodhisattvanavacandra བྱང་ཆུབ་སེམས་དཔའ་ཟླ་བ་ཚེས་པ།

菩萨大悲 bodhisattvakaruṇā བྱང་ཆུབ་སེམས་དཔའི་སྙིང་རྗེ་ཆེན་པོ།

菩萨及声闻功德差别 bodhisattvaśrāvakaguṇāntara བྱང་ཆུབ་སེམས་དཔའ་དང་ཉན་ཐོས་ཀྱི་ཡོན་ཏན་གྱི་ཁྱད་པར།

菩萨僧 bodhisattvagaṇa བྱང་ཆུབ་སེམས་དཔའི་ཚོགས།

菩萨圣者 * āryabodhisattva བྱང་སེམས་འཕགས་པ།

菩萨十地 daśa bodhisattvabhūmi བྱང་ཆུབ་སེམས་དཔའི་ས་བཅུ་པོ།

菩萨现前地 abhimukhī bodhisattvabhūmi བྱང་ཆུབ་སེམས་དཔའི་ས་མངོན་དུ་གྱུར་པ།

菩萨藏 bodhisattvapiṭaka བྱང་ཆུབ་སེམས་དཔའི་སྡེ་སྣོད།

菩萨资粮道 * bodhisattvasaṃbhāramārga བྱང་ཆུབ་སེམས་དཔའ་ཚོགས་ལམ་པ།

菩提 bodhi བྱང་ཆུབ།

菩提处 bodhipada བྱང་ཆུབ་འགྲུབ་པའི་གནས།

菩提树 * bodhivṛkṣa བྱང་ཆུབ་ཀྱི་ཤིང་།

菩提义 bodhyartha བྱང་ཆུབ་ཀྱི་དོན།

普通 * prākṛta ཕལ་བ།

普行 paribrājakaཀུན་ཏུ་རྒྱུ།

Q

七部量论 * aṣṭapramāṇapiṭaka ཚད་མ་སྡེ་བདུན།

七地 saptabhūmi ས་བདུན།

七功德 * saptaratna ཡོན་ཏན་བདུན།

七金刚处,七如金刚处 vajrapadāni sapta རྡོ་རྗེའི་གནས་བདུན་པོ།རྡོ་རྗེ་ལྟ་བུའི་གནས་བདུན།

欺诳法 moṣadharmaབསླུ་བའི་ཆོས།
欺诳义 * moṣā rtha བསླུ་བའི་དོན།
器 pātra, bhājana སྣོད།
器世间 bhājanaloka སྣོད་ཀྱི་འཇིག་རྟེན།
契经 sūtra མདོ།
怯弱心 avalīyanacitta ཞུམ་པའི་སེམས།
清净 pariśuddha, pariśuddhi, viśuddhi, vyavadāna, śuddha, śuddhi, śubha དག་པ། རྣམ་པར་དག་པ། རྣམ་པར་བྱང་བ།
清净地 śuddhabhūmi དག་པའི་ས།
清净二谛 vyavadānasatyadvaya རྣམ་པར་བྱང་བའི་བདེན་པ་གཉིས།
清净吠琉璃宝为喻 viśuddhavaiḍūryamaṇidṛṣṭānta ནོར་བུ་བཻ་ཌཱུ་རྱ་རྣམ་པར་དག་པའི་དཔེ།
清净佛界功德六十种净治 buddhadhātoḥ ṣaṣṭyākāraviśuddhiparikarmaguṇāḥ སངས་རྒྱས་ཀྱི་ཁམས་ཡོངས་སུ་དག་པའི་ཡོན་ཏན་ཡོངས་སུ་སྦྱོང་བ་རྣམ་པ་དྲུག་ཅུ་པོ།
清净品 * vyavadānapakṣa རྣམ་བྱང་གི་ཕྱོགས།
清净如来界因 tathāgatadhātorviśuddhihetu དེ་བཞིན་གཤེགས་པའི་ཁམས་རྣམ་པར་དག་པའི་རྒྱུ།
清净胜义谛 * pariśuddhaparamārtha ཡོངས་སུ་དག་པ་དོན་དམ་པའི་བདེན་པ།
清净所缘 * pariśuddhālambana རྣམ་པར་དག་པའི་དམིགས་པ།
清净位 viśuddhāvasthā རྣམ་པར་དག་པའི་གནས་སྐབས།
清净性 pariśuddhi དག་པ་ཉིད།
清净种性如来界 viśuddhagotra tathāgatadhātu དག་པའི་རིགས་དེ་བཞིན་གཤེགས་པའི་ཁམས།
求,希求 parimārgaṇa, paryeṣin, paryeṣṭi ཚོལ་བ།ཡོངས་སུ་ཚོལ་བ།
求出离 niḥsaraṇaparyeṣin ངེས་པར་འབྱུང་བ་ཚོལ་བ།
全无障碍 * sarvatra apratigha ཀུན་ཏུ་ཐོགས་པ་མེད་པ།

R

染污无明 * kliṣṭāvidyā ཉོན་མོངས་ཅན་གྱི་མ་རིག་པ།
染污疑 * kliṣṭavicikitsā ཐེ་ཚོམ་ཉོན་མོངས་ཅན།
染污意 * kliṣṭa manas ཉོན་མོངས་པ་ཅན་གྱི་ཡིད།
饶益 (jagad) dhita, upakāra ཕན་འདོགས་པ། ཕན་པ།
饶益众生 jagaddhita འགྲོ་བ་ལ་ཕན་པ།
仁达瓦鸠摩罗末底 Kumāramati རེད་མདའ་བ་ཀུ་མཱ་ར་མ་ཏི།
任运 anābhoga ལྷུན་གྱིས་གྲུབ་པ།

日轮　arkamaṇḍala, sūryamaṇḍala　ཉི་མའི་དཀྱིལ་འཁོར།
日喻　* sūryopama　ཉི་མའི་དཔེ།
如安住遍部坛大种之转轮王　kalalamahābhūtagatacakravartivat　མེར་མེར་པོའི་འབྱུང་བ་ཆེན་པོ་ལ་གནས་པའི་འཁོར་ལོས་སྒྱུར་བ་ལྟ་བུ།
如宝像　ratnavigrahavat　རིན་པོ་ཆེའི་སྐུ་ལྟ་བུ།
如不净污烂处　aśucisaṃkāradhānasadṛśa　ཉོན་མོངས་པ་ནི་མི་གཙང་བའི་ལྷན་གྱི་གནས་དང་འདྲ།
如船筏　kolopama　གཟིངས་ལྟ་བུ།
如大梵　mahābrahmavad　ཚངས་པ་ཆེན་པོ་བཞིན།
如大海　mahodadhiriva　རྒྱ་མཚོ་ཆེ་བཞིན།
如地　pṛthivīvad　ས་བཞིན།
如地心　pṛthivītalasadṛśa　སའི་མཐིལ་དང་འདྲ།
如帝释显现　śakrapratibhāsatva　བརྒྱ་བྱིན་དུ་སྣང་བ་བཞིན།
如风　vāyuvat　རླུང་དང་འདྲ།
如蜂虫　yathā madhu, madhūpama　ཇི་ལྟར་སྦྲོག་ཆགས།　སྦྲང་མ་དང་འདྲ་བ།
如蜂蜜一味　madhvekarasavat　སྦྲང་རྩི་རོ་གཅིག་པ་བཞིན།
如佛　buddhavad, * tathāgatavad　སངས་རྒྱས་དང་འདྲ།　བདེ་གཤེགས་བཞིན།　སངས་རྒྱས་བཞིན།
如海　samudravat　རྒྱ་མཚོ་བཞིན།
如幻化　māyānirmitavat　སྒྱུ་མ་སྤྲུལ་པ་བཞིན།
如火　agnisādharmya　མེ་དང་འདྲ་བ།མེ་བཞིན།
如金　suvarṇavad　གསེར་བཞིན།
如金刚　vajravat　རྡོ་རྗེ་བཞིན།
如金像　kanakabimbavad　གསེར་གྱི་གཟུགས་བཞིན།
如回响　pratiśrutiriva　སྒྲ་སྙན་གྱི་སྒྲ་བཞིན།
如炬　pradīpavad　མར་མེ་བཞིན།
如縠　śālya yathā　ཇི་ལྟར་འབྲས་སོགས།
如来　tathāgata　དེ་བཞིན་གཤེགས་པ།
如来阿罗汉正等觉，如来应正等觉　tathāgato 'rhan samyaksaṃbuddha　དེ་བཞིན་གཤེགས་པ་དགྲ་བཅོམ་པ་ཡང་དག་པར་རྫོགས་པའི་སངས་རྒྱས།
如来大悲趣入因　tathāgatamahākaruṇāvṛttihetu　དེ་བཞིན་གཤེགས་པའི་ཐུགས་རྗེ་ཆེན་པོ་འཇུག་པའི་རྒྱུ།
如来道　tathāgatamārga　དེ་བཞིན་གཤེགས་པའི་ལམ།
如来法身　tathāgatadharmakāya　དེ་བཞིན་གཤེགས་པའི་ཆོས་ཀྱི་སྐུ།

如来法性 tathāgatadharmatā དེ་བཞིན་གཤེགས་པའི་ཆོས་ཉིད།
如来法性身 *tathāgatadharmatākāya དེ་བཞིན་གཤེགས་པའི་ཆོས་ཉིད་ཀྱི་སྐུ།
如来果 *tathāgataphala དེ་བཞིན་གཤེགས་པའི་འབྲས་བུ།
如来界 tathāgatadhātu དེ་བཞིན་གཤེགས་པའི་ཁམས།
如来六功德 ṣaṭ tathāgataguṇāḥ དེ་བཞིན་གཤེགས་པའི་ཡོན་ཏན་དྲུག་པོ།
如来六十四种功德 catuḥṣaṣṭi tathāgataguṇāḥ དེ་བཞིན་གཤེགས་པའི་ཡོན་ཏན་དྲུག་ཅུ་རྩ་བཞི་པོ།
如来难得出现 durlabhaprāptabhāva tathāgata དེ་བཞིན་གཤེགས་པ་འབྱུང་བ་ཉེད་པར་དཀའ་བ།
如来菩提智 tathāgatabodhijñāna དེ་བཞིན་གཤེགས་པའི་བྱང་ཆུབ་ཀྱི་ཡེ་ཤེས།
如来清净功德胜义赞 tathāgatabhūtaguṇaparamārthastuti དེ་བཞིན་གཤེགས་པའི་ཡང་དག་པའི་ཡོན་ཏན་དོན་དམ་པའི་བསྟོད་པ།
如来三十二事业 dvātriśadākāra tathāgatakarman དེ་བཞིན་གཤེགས་པའི་ཕྲིན་ལས་རྣམ་པ་སུམ་ཅུ་རྩ་གཉིས།
如来身 tathāgatakāya དེ་བཞིན་གཤེགས་པའི་སྐུ།
如来十力 daśa tathāgatabalāni དེ་བཞིན་གཤེགས་པའི་སྟོབས་བཅུ།
如来十六种菩提 ṣoḍaśākārā tathāgatabodhi དེ་བཞིན་གཤེགས་པའི་བྱང་ཆུབ་རྣམ་པ་བཅུ་དྲུག
如来事业 tathāgatakarma དེ་བཞིན་གཤེགས་པའི་ཕྲིན་ལས།
如来音 tathāgataghoṣa དེ་བཞིན་གཤེགས་པའི་དབྱངས།
如来藏 tathāgatagarbha དེ་བཞིན་གཤེགས་པའི་སྙིང་པོ།
如来之不共胜义相 āveṇika tathāgatānāṃ buddhalakṣaṇa དེ་བཞིན་གཤེགས་པ་རྣམས་ཀྱི་མ་འདྲེས་པའི་དོན་དམ་པའི་མཚན་ཉིད།
如来之无垢界 tathāgatānām amala dhātu དེ་བཞིན་གཤེགས་པའི་དྲི་མེད་དབྱིངས།
如来智 tathāgatajñāna དེ་བཞིན་གཤེགས་པའི་ཡེ་ཤེས།
如来智、悲 tathāgatajñānakaruṇā དེ་བཞིན་གཤེགས་པའི་ཡེ་ཤེས་དང་ཐུགས་རྗེ།
如来智、悲之力 tathāgatajñānakaruṇāyoḥ śakti དེ་བཞིན་གཤེགས་པའི་ཡེ་ཤེས་དང་ཐུགས་རྗེ་དག་གི་ནུས་པ།
如来种 tathāgatagotra དེ་བཞིན་གཤེགས་པའི་རིགས།
如理作意 yathābhūtayoniśomanasikāra ཚུལ་བཞིན་ཡིད་ལ་བྱེད་པ།
如蜜 kṣaudravad སྦྲང་རྩི་ལྟ་བུ།
如妙金 kalyāṇasuvarṇavad གསེར་བཟང་པོ་བཞིན།
如内精实 antaḥsāravad ནང་གི་སྙིང་པོ་བཞིན།

如日 arkavad ཉི་མ་བཞིན།
如日光 arkaraśmivad ཉི་དང་ཟེར་བཞིན།
如如意宝 cintāmaṇivad ཡིད་བཞིན་ནོར་བུ་བཞིན།
如狮 siṃhavad སེང་བཞིན།
如实正智 yathābhūtajñāna ཡང་དག་པ་ཇི་ལྟ་བ་བཞིན་གྱི་ཡེ་ཤེས།
如实智 yathābhūtajñāna ཡང་དག་པ་ཇི་ལྟ་བ་བཞིན་གྱི་ཡེ་ཤེས།
如水月 dakacandravad ཆུ་ཟླ་བཞིན།
如水注水 *jale jalaṃ sthāpayati ཆུ་ལ་ཆུ་བཞག
如所有 yathāvadbhāvikatā ཇི་ལྟ་བ།
如所有智 *yathāvadbhāvikatāvabodhajñāna ཇི་ལྟ་བ་མཁྱེན་པའི་ཡེ་ཤེས།
如天鼓 devadundubhivadལྷའི་རྔ་བཞིན།
如同金像 suvarṇanidhivṛkṣavad གསེར་གཟུགས་བཞིན།
如虚空 ākāśavad ནམ་མཁའ་བཞིན།
如意宝 cintāmaṇi ཡིད་བཞིན་གྱི་ནོར་བུ།
如影像 pratibimbābha གཟུགས་བརྙན་ལྟ་བུ།
如云 nabhas iva སྤྲིན་བཞིན།
如云隙空日 chidrābhre nabhasīva bhāskara སྤྲིན་མཐོང་མཁའ་ལ་ཉི་བཞིན།
如藏 nidhānavad གཏེར་དང་འདྲ།
如掌中庵摩罗果 *pāṇitalasthāmalakīvad ལག་མཐིལ་དུ་སྐྱུ་རུ་ར་བཞག་པ་ལྟར།
如种之芽 bījāṅkuravad ས་བོན་གྱི་མྱུ་གུ་ལྟ་བུ།
乳母 mātṛ མ་མ།
入母胎 ཡུམ་གྱི་ལྷུམས་སུ་འཇུག་པ།
入胎及降诞 garbhā[va]kramaṇa janma ལྷུམས་སུ་ཞུགས་པ་དང་བལྟམས་པ།
入心性之自性 *cittaprakṛtisthasvabhāva སེམས་ཀྱི་རང་བཞིན་ལ་ཞུགས་པའི་རང་བཞིན།
入行 caryāpratipanna སྤྱོད་པ་ལ་ཞུགས་པ།
入行菩萨 caryāpratipannabodhisattva སྤྱོད་པ་ལ་ཞུགས་པའི་བྱང་ཆུབ་སེམས་དཔའ།

S

三宝 triratna, ratnatraya དཀོན་མཆོག་གསུམ།
三处 trayaḥ sthāna གནས་གསུམ་པོ།
三次第 *trikrama རིམ་པ་གསུམ།
三大阿僧祇劫 *trikalpāsaṃkhyeya བསྐལ་པ་གྲངས་མེད་པ་གསུམ།

三毒 * triviṣa དུག་གསུམ།
三毒随眠 * triviṣasyānuśaya དུག་གསུམ་གྱི་བག་ལ་ཉལ།
三法轮次第 * tricakrakrama འཁོར་ལོ་རིམ་པ་གསུམ།
三分位 tisro'vasthā གནས་སྐབས་གསུམ།
三福 * tripuṇya བསོད་ནམས་གསུམ།
三功德 * triguṇa ཡོན་ཏན་གསུམ།
三观察清净 * trivicāreṇa śuddha དཔྱད་པ་གསུམ་གྱིས་དག་པ།
三归依差别 * triśaraṇaprabheda སྐྱབས་གསུམ་རབ་ཏུ་དབྱེ་བ།
三归依建立 * traśaraṇavyavasthāna སྐྱབས་གསུམ་རྣམ་པར་གཞག་པ།
三解脱 * trivimokṣa རྣམ་པར་ཐར་པ་གསུམ།
三解脱门 * trivimokṣadvāra རྣམ་ཐར་སྒོ་གསུམ།
三界 trayo dhātavaḥ, tridhātu ཁམས་གསུམ།
三界影像 traidhātukapratibimba ཁམས་གསུམ་པའི་གཟུགས་བརྙན།
三类补特伽罗 trayaḥ pudgalāḥ གང་ཟག་རྣམ་པ་གསུམ་པོ།
三类具种性,三种具种性者 * trigotrin རིགས་ཅན་གསུམ།
三轮 trimaṇḍala འཁོར་གསུམ།
三轮清净 trimaṇḍalapariśuddhi འཁོར་གསུམ་ཡོངས་སུ་དག་པ།
三秘密 * triguhyasthāna གསང་བའི་གནས་གསུམ།
三摩地 samādhi ཏིང་ངེ་འཛིན།
三清净地 * triśuddhabhūmi དག་པ་ས་གསུམ།
三善宝 śubharatnatraya དཀོན་མཆོག་དགེ་བ་གསུམ།
三身 trividhabuddhakāya སྐུ་གསུམ་པོ།
三神变 prātihāryatraya འཕྲུལ་གསུམ།
三十二大丈夫相 dvātriṃśad mahāpuruṣalakṣaṇāni སྐྱེས་བུ་ཆེན་པོའི་མཚན་སུམ་ཅུ་རྩ་གཉིས།
三十二功德 guṇā dvātriṃśat ཡོན་ཏན་སུམ་ཅུ་ནི་རྩ་གཉིས་པོ།
三十二异熟功德 * dvātriṃśad vipākaguṇa རྣམ་སྨིན་གྱི་ཡོན་ཏན་སུམ་ཅུ་རྩ་གཉིས།
三十二种佛事业 buddhakarma dvātriṃśadākāra སངས་རྒྱས་ཀྱི་ཕྲིན་ལས་རྣམ་པ་སུམ་ཅུ་རྩ་གཉིས།
三十二种菩萨事业 dvātriṃśadākāra bodhisattvakarma བྱང་ཆུབ་སེམས་དཔའི་ལས་རྣམ་པ་སུམ་ཅུ་རྩ་གཉིས།
三事相 * trilakṣya མཚན་གཞི་གསུམ།
三学 śikṣatraya བསླབ་པ་གསུམ།

三义 trīṇiarthapadāni དོན་གྱི་གནས་གསུམ་པོ།

三因 trividha hetu རྒྱུ་གསུམ་པོ།

三有 traidhātuka, bhava སྲིད་པ་གསུམ།

三喻 tridṛṣṭānta དཔེ་གསུམ་པོ།

三种补特伽罗 * tripudgala གང་ཟག་གསུམ།

三种差别 * triviśeṣa ཁྱད་པར་གསུམ།

三种身 trayaḥ kāyāḥ ལུས་གསུམ།

三种神变 prātihāryatraya ཆོ་འཕྲུལ་རྣམ་པ་གསུམ།

三种意性身 manomaya kāyatraya ཡིད་ཀྱི་རང་བཞིན་གྱི་ལུས་རྣམ་པ་གསུམ།

三种义 trividha artha དོན་རྣམ་པ་གསུམ།

三种因归依建立 * trihetuśaraṇavyavasthāna རྒྱུའི་སྐྱབས་གསུམ་རྣམ་པར་བཞག་པ།

三种转异 tridhā bhinnā pravṛtti འཇུག་པ་རྣམ་པ་གསུམ་ཐ་དད་པ།

三自性 trividha svabhāva རང་བཞིན་གསུམ།

色 rūpa གཟུགས།

色乃至遍智 * rūpa yāvat sarvākārajñatāགཟུགས་ནས་རྣམ་མཁྱེན་གྱི་བར།

色身 rūpakāya གཟུགས་སྐུ།

僧 saṃgha དགེ་འདུན།

僧宝 saṃgharatna དགེ་འདུན་དཀོན་མཆོག

僧宝功德差别 saṃgharatnaguṇavibhāga དགེ་འདུན་དཀོན་མཆོག་གི་ཡོན་ཏན་གྱི་རྣམ་པར་དབྱེ་བ།

僧义 saṃghārtha དགེ་འདུན་གྱི་དོན།

善 kuśala དགེ་བ།

善根 kuśalamūla དགེ་བའི་རྩ་བ།

善根力 kuśalamūlabala དགེ་བའི་རྩ་བའི་སྟོབས།

善慧称吉祥贤 * Sumatikīrtiśrībhadra བློ་བཟང་གྲགས་པའི་དཔལ་བཟང་པོ།

善慧菩萨地 sādhubhūmi bodhisattvabhūmi བྱང་ཆུབ་སེམས་དཔའི་ས་ལེགས་པའི་བློ་གྲོས།

善心 kuśala citta དགེ་བའི་སེམས།

善业道 śuklakarmapatha དགེ་བའི་ལས་ལམ།

善转法轮 supravartitadharmacakra འཁོར་ལོ་ལེགས་པར་བསྐོར་བ།

上士道次第 * mahāpuruṣasya mārgakrama སྐྱེས་བུ་ཆེན་པོའི་ལམ་གྱི་རིམ་པ།

上续 uttaratantra རྒྱུད་བླ་མ།

舌识 * ghrāṇajñāna ལྕེའི་ཤེས་པ།

舍利弗 śāriputra ཤཱ་རིའི་བུ།

摄受 parigraha ཡོངས་སུ་འཛིན་པ།
身秘密 kāyaguhya སྐུའི་གསང་བ།
身识 * kāyajñāna ལུས་ཤེས།
深,甚深 gāmbhīrya ཟབ་པ།
神变 prātihārya ཆོ་འཕྲུལ།
神境,神通 ṛddhi རྫུ་འཕྲུལ།
神通变现 ṛddhiprātihārya རྫུ་འཕྲུལ་གྱི་ཆོ་འཕྲུལ།
生 utpāda,janma སྐྱེ་བ།
生集 janmasamudaya སྐྱེ་བ་ཀུན་འབྱུང་བ།
生灭法 * udayavyayadharma སྐྱེ་འཇིག་གི་ཆོས།
生死 saṃsāra འཁོར་བ།
生死根本 * saṃsāramūla འཁོར་བའི་རྩ་བ།
生死涅槃平等性 saṃsāranirvāṇasamatā འཁོར་བ་དང་མྱ་ངན་ལས་འདས་པ་མཉམ་པ་ཉིད།
生相 saṃbhavalakṣaṇa མངོན་པར་གྲུབ་པའི་མཚན་ཉིད།
生杂染 janmasaṃkleśa སྐྱེ་བའི་ཀུན་ནས་ཉོན་མོངས་པ།
声闻 śrāvaka ཉན་ཐོས།
声闻、独觉 * śrāvakapratyekabuddha ཉན་རང་།
声闻部 * śrāvakanikāya ཉན་ཐོས་སྡེ་པ།
声闻乘 śrāvakayāna ཉན་ཐོས་ཀྱི་ཐེག་པ།
声闻乘人 śrāvakayānīya ཉན་ཐོས་ཀྱི་ཐེག་པའི་གང་ཟག
声闻地 * śrāvakabhūmi ཉན་ཐོས་ཀྱི་ས་ལ་སོགས་པ།
声闻及独觉种性决定之补特伽罗 ཉན་ཐོས་དང་རང་སངས་རྒྱས་ཀྱི་རིགས་ངེས་པའི་གང་ཟག
声闻经部见 ཉན་ཐོས་མདོ་སྡེ་པའི་ལྟ་བ།
声闻经部师 ཉན་ཐོས་མདོ་སྡེ་པ།
声闻决定种性 * śrāvakagotraniyata ཉན་ཐོས་ཀྱི་རིགས་ངེས་པ།
声闻菩提 śrāvakabodhi ཉན་ཐོས་ཀྱི་བྱང་ཆུབ།
声闻僧宝 śrāvakasaṃgharatna ཉན་ཐོས་ཀྱི་དགེ་འདུན་དཀོན་མཆོག
声闻圣者 * āryaśrāvaka ཉན་ཐོས་འཕགས་པ།
声闻无余涅槃 * śrāvakanirupadhiśeṣanirvāṇa ཉན་ཐོས་ཀྱི་ལྷག་མེད་ཀྱི་མྱང་འདས།
声闻与菩萨功德 śrāvakabodhisattvaguṇa ཐོས་དང་བྱང་ཆུབ་སེམས་དཔའི་ཡོན་ཏན།
盛宝 * Vardharatna དར་མ་རིན་ཆེན།
胜观 vipaśyanā ལྷག་མཐོང་།

胜慧 adhiprajñā ལྷག་པའི་ཤེས་རབ།

胜解 adhimukti མོས་པ།

胜解信 * saṃpratyayaśraddhā ཡིད་ཆེས་པའི་དད་པ།

胜利 anuśaṃsa ཕན་ཡོན།

胜论外道 * Vaiśeṣika མུ་སྟེགས་བྱེ་བྲག་པ།

胜菩提 agrabodhi བྱང་ཆུབ་མཆོག

胜义 paramārtha དོན་དམ་པ།

胜义谛 paramārthasatya དོན་དམ་པའི་བདེན་པ།

胜义法 * paramārthadharma དོན་དམ་པའི་ཆོས།

胜义佛 * paramārthabuddha དོན་དམ་པའི་སངས་རྒྱས།

胜义归依 * paramārthaśaraṇa དོན་དམ་པའི་སྐྱབས།

胜义界 paramārthadhātu དོན་དམ་དབྱིངས།

胜义空性智 paramārthaśūnyatājñāna དོན་དམ་པ་སྟོང་པ་ཉིད་ཀྱི་ཡེ་ཤེས།

胜义菩提 * paramārthabodhi དོན་དམ་པའི་བྱང་ཆུབ།

胜义僧 * paramārthasaṃgha དོན་དམ་པའི་དགེ་འདུན།

胜义身 paramārthakāya དམ་པའི་དོན་གྱི་སྐུ།

胜义事业 * paramārthakarma འཕྲིན་ལས་དོན་དམ་པ།

胜义有垢真如 * paramārthanirmalatathatāདོན་དམ་པའི་དྲི་མ་དང་བཅས་པའི་དེ་བཞིན་ཉིད།

胜者正等觉 * jinasamyaksaṃbuddha རྒྱལ་བ་ཡང་དག་པར་རྫོགས་པའི་སངས་རྒྱས།

圣补特伽罗 āryapudgala འཕགས་པའི་གང་ཟག

圣补特伽罗有学 āryapudgalaśaikṣa འཕགས་པའི་གང་ཟག་སློབ་པ།

圣道 āryamārga འཕགས་པའི་ལམ།

圣法毗奈耶 ārya dharmavinaya འཕགས་པའི་ཆོས་འདུལ་བ།

圣怙主弥勒 * āryamaitreyanātha འཕགས་པ་མགོན་པོ་བྱམས་པ།

圣解脱军 * āryavimuktisena འཕགས་པ་རྣམ་པར་གྲོལ་བའི་སྡེ།

圣龙猛论师 * ācārya āryanāgārjuna སློབ་དཔོན་འཕགས་པ་ཀླུ་སྒྲུབ།

圣无著论师 * ācārya āryāsaṅga སློབ་དཔོན་འཕགས་པ་ཐོགས་མེད།

圣言 pravacana གསུང་རབ།

圣言分十二支 * dvādaśāṅga pravacana གསུང་རབ་ཡན་ལག་བཅུ་གཉིས།

圣言九支 * navāṅga pravacana གསུང་རབ་ཡན་ལག་དགུ།

圣者 ārya འཕགས་པ།

圣者等引 * āryasamāhita འཕགས་པའི་མཉམ་གཞག

圣者自内所证 āryāṇāṃ pratyātmavedanīya འཕགས་པ་རྣམས་ཀྱིས་སོ་སོ་རང་གིས་རིག་པར་བྱ་བ།
圣众 āryasaṃgha འཕགས་པའི་ཚོགས།
施等六波罗蜜多 * dānādipāramitā སྦྱིན་སོགས་ཕར་ཕྱིན་དྲུག
施所生福 dānamaya puṇya སྦྱིན་པ་ལས་བྱུང་བའི་བསོད་ནམས།
狮 siṃha སེང་གེ
狮子贤 Haribhadra སེང་གེ་བཟང་པོ།
十八不共法 aṣṭadaśāveṇikadharma ཆོས་མ་འདྲེས་པ་བཅོ་བརྒྱད།
十八佛不共法 aṣṭadaśāveṇikabuddhadharma སངས་རྒྱས་ཀྱི་ཆོས་མ་འདྲེས་པ་བཅོ་བརྒྱད།
十波罗蜜多 daśapāramitā ཕ་རོལ་ཏུ་ཕྱིན་པ་བཅུ།
十地 daśabhūmi ས་བཅུ།
十地最后有 * daśabhūmisaṃtānānta ས་བཅུ་རྒྱུན་གྱི་ཐ་མ།
十二事业 * dvādaśakārya མཛད་པ་བཅུ་གཉིས།
十二有支 * dvādaśabhavāṅga སྲིད་པའི་ཡན་ལག་བཅུ་གཉིས།
十二缘起 * dvādaśāṅgapratītyasamutpāda རྟེན་འབྲེལ་ཡན་ལག་བཅུ་གཉིས།
十二种事业 * dvādaśakārya མཛད་པ་བཅུ་གཉིས།
十力 daśabala སྟོབས་བཅུ།
十六种大菩提悲 ṣoḍaśākāramahābodhikaruṇā བྱང་ཆུབ་ཆེན་པོའི་སྙིང་རྗེའི་རྣམ་པ་བཅུ་དྲུག
十六种菩萨大悲 ṣoḍaśākārī bodhisattvamahākaruṇā བྱང་ཆུབ་སེམས་དཔའི་སྙིང་རྗེ་ཆེན་པོ་རྣམ་པ་བཅུ་དྲུག
十六种邪分别 * ṣoḍaśa mithyāsaṃkalpa ལོག་རྟོག་བཅུ་དྲུག
十自在 daśavaśita དབང་བཅུ།
时位 avasthāགནས་སྐབས།
实际 bhūtakoṭi ཡང་དག་མཐའ།
实物有之补特伽罗我见 * dravyasatpudgaladṛṣṭi རྫས་སུ་ཡོད་པའི་གང་ཟག་ཏུ་ལྟ་བ།
实有 * satyasiddha བདེན་གྲུབ།
实有相执 * satyasiddhanimittagrāha བདེན་པར་གྲུབ་པའི་མཚན་མར་འཛིན་པ་ཅན།
实执 * satyagrāha བདེན་པར་འཛིན་པ།
实执随眠 * satyagrāhānuśaya བདེན་འཛིན་གྱི་བག་ལ་ཉལ།
实执想 * satyāvasānasaṃjñā བདེན་པར་ཞེན་པའི་འདུ་ཤེས།
实执心 * satyagrāhamati བདེན་འཛིན་གྱི་བློ།
识 jñāna ཤེས་པ།
世间修成慧 * laukika bhāvanāmayajñāna འཇིག་རྟེན་པའི་སྒོམ་བྱུང་གི་ཤེས་པ།

世间智 lokottarajñāna འཇིག་རྟེན་པའི་ཡེ་ཤེས།

世俗 saṃvṛti ཀུན་རྫོབ།

世俗谛 saṃvṛtisatya ཀུན་རྫོབ་ཀྱི་བདེན་པ།

世俗法 * saṃvṛtidharma ཀུན་རྫོབ་ཀྱི་ཆོས།

世俗佛 * saṃvṛtibuddha ཀུན་རྫོབ་པའི་སངས་རྒྱས།

世俗功德 * saṃvṛtiguṇa ཀུན་རྫོབ་པའི་ཡོན་ཏན།

世俗归依 * saṃvṛtiśaraṇa ཀུན་རྫོབ་པའི་སྐྱབས།

世俗界 * saṃvṛtidhātu ཀུན་རྫོབ་པའི་ཁམས།

世俗菩提 * saṃvṛtibodhi ཀུན་རྫོབ་པའི་བྱང་ཆུབ།

世俗僧 * saṃvṛtisaṃgha ཀུན་རྫོབ་པའི་དགེ་འདུན།

世俗身 * saṃvṛtikāya ཀུན་རྫོབ་སྐུ།

世俗事业 * saṃvṛtikarma འཕྲིན་ལས་ཀུན་རྫོབ་པ།

世俗杂相理趣 * saṃvṛtinānāvidhanaya ཀུན་རྫོབ་རྣམ་པ་སྣ་ཚོགས་པའི་ཚུལ།

似浮云 meghopama སྤྲིན་འདྲ།

事相 * lakṣya མཚན་གཞི།

事业 kārya, karma མཛད་པ། འཕྲིན་ལས།

事业义 karmārtha ཕྲིན་ལས་ཀྱི་དོན།

寿 āyus ཚེ།

殊胜变化身,殊胜化身 * uttamanirmāṇakāya མཆོག་གི་སྤྲུལ་པའི་སྐུ།

数量差别 * saṃkhyāviśeṣa གྲངས་ཀྱི་ཁྱད་པར།

数量决定 * saṃkhyāniyata གྲངས་ངེས་པ།

数论师 Sāṃkhya གྲངས་ཅན་པ།

树 vṛkṣa ཤིང་།

衰损因 hānihetu ཉམས་པའི་རྒྱུ།

水 ap, ambu, udaka, jala, vāri ཆུ།

水界 abdhātu ཆུ་ཁམས།

水轮 * abmaṇḍala ཆུའི་དཀྱིལ་འཁོར།

水月 ambucandra, udakacandra ཆུ་ཟླ།

水月喻 udakacandrodāharaṇa ཆུ་ཡི་ཟླ་བའི་དཔེ།

顺解脱分 mokṣabhāgīya ཐར་པ་ཆ་མཐུན།

顺解脱分善根 * mokṣabhāgīyakuśalamūla ཐར་པ་ཆ་མཐུན་གྱི་དགེ་རྩ།

顺世外道 Cārvāka ཚུ་རོལ་མཛེས་པ་པ།

思所成慧 ＊cintāmayajñāna བསམས་པ་ལས་བྱུང་བའི་ཤེས་པ།

死、病、老火 mṛtyuvyādhijarāgni འཆི་བ་དང་།ན་བ་དང་།རྒ་བའི་མེ།

死生 ＊cyutopapatti འཆི་འཕོ་དང་སྐྱེ་བ།

四边 catuṣkoṭika, ＊caturanta མུ་བཞི། མཐའ་བཞི།

四谛 ＊catuḥsatya བདེན་བཞི།

四谛法轮 ＊catuḥsatyadharmacakra བདེན་བཞིའི་ཆོས་འཁོར།

四谛法性 ＊catuḥsatyadharmatā བདེན་བཞིའི་ཆོས་ཉིད།

四法 catvāro dharmāḥ ཆོས་བཞི།

四法印 caturmudra ཕྱག་རྒྱ་བཞི།

四果 ＊catuḥphala འབྲས་བུ་བཞི།

四静虑 ＊caturdhyāna བསམ་གཏན་བཞི།

四类忍 ＊caturanvayakṣānti རྗེས་བཟོད་བཞི།

四类智 ＊caturanvayajñāna རྗེས་ཤེས་བཞི།

四无碍解 ＊catuḥpratisaṃvid སོ་སོ་ཡང་དག་པར་རིག་པ་བཞི།

四无色 caturarūpin གཟུགས་མེད་པ་བཞི།

四无畏 catvāri vaiśāradyāni མི་འཇིགས་པ་བཞི།

四相 catvāra ākārāḥ རྣམ་པ་བཞི།

四续部 ＊catustantrapiṭaka རྒྱུད་སྡེ་བཞི།

弥曼差派 ＊Mīmāṃsā དཔྱོད་པ་བ།

弥曼差派 ＊Mīmāṃsā མུ་སྟེགས་དཔྱོད་པ་བ།

伺察识 ＊paricchinnajñāna དཔྱད་ཤེས།

苏迷卢 Sumeru རི་རབ།

随烦恼壳 upasaṃkleśakośa ཉེ་བའི་ཉོན་མོངས་སྦུབས།

随眠 anuśaya བག་ལ་ཉལ།

损减边 avavādānta སྐུར་པ་འདེབས་པའི་མཐའ།

娑者那 ＊Sajjana, ＊Sañjana སྭ་ཛྫ་ན།སད་ཛོ་ན།

所断 heya སྤང་བྱ།

所断种子 ＊heyabīja སྤང་བྱའི་ས་བོན།

所化 vineya གདུལ་བྱ།

所破,所遮 pratiṣedhya དགག་བྱ།

所取 grāhya གཟུང་། ལྷང་བྱ།

所诠 ＊abhidheya བརྗོད་བྱ།

所为 * uddeśa ཆེད་དུ་བྱ་བ།
所为下劣 * hīnoddeśa ཆེད་དུ་བྱ་བ་དམན་པ།
所依 ādhāra, pratiṣṭhā རྟེན། རྟེན་བྱེད་པ།
所行境 gocara སྤྱོད་ཡུལ།
所缘 ālambana དམིགས་པ།
所障 * āvaraṇīya བསྒྲིབ་བྱ།
所证,通达 adhigama, avagama རྟོགས་པ།
所治品之能治品 * vipakṣapratipakṣa མི་མཐུན་ཕྱོགས་ཀྱི་གཉེན་པོའི་ཕྱོགས།
所知 jñeya ཤེས་བྱ།
所著境 * adhyavasāyaviṣaya ཞེན་ཡུལ།
所知障,所知之障 jñeyāvaraṇa ཤེས་སྒྲིབ།ཤེས་བྱའི་སྒྲིབ་པ།
宿住随念智力 * pūrvenivāsānusmṛtijñānabala སྔོན་གྱི་གནས་ནི་རྗེས་སུ་དྲན་པ་མཁྱེན་པའི་སྟོབས།

T

他空 * paratantra གཞན་སྟོང་།
他相续 * parasaṃtāna གཞན་རྒྱུད།
他心 * paracitta གཞན་གྱི་སེམས།
胎 garbha མངལ།
贪 rāga འདོད་ཆགས།
贪、瞋、痴 rāgadveṣamoha འདོད་ཆགས་དང་།ཞེ་སྡང་དང་།གཏི་མུག
贪等九烦恼 nava rāgādayaḥ kleśāḥ ཆགས་སོགས་ཉོན་མོངས་དགུ་པོ།
体,体性 svabhāva བདག་ཉིད། ངོ་བོ།
体 śarīra ལུས།
体一反异 * ekasvabhāvānyavyāvṛtti ངོ་བོ་གཅིག་ལ་ལྡོག་པ་ཐ་དད་པ།
天耳 divyaśravaṇa ལྷའི་རྣ་བ།
天鼓 devadundubhi ལྷའི་རྔ།
同法 sādharmya ཆོས་མཚུངས།ཆོས་མཐུན་པ།
同一自性遍行于诸分位 * ekasvabhāva sarvāvasthāyāṃ samanugama རང་བཞིན་གཅིག་ཉིད་གནས་སྐབས་ཀུན་ཏུ་རྗེས་སུ་འགྲོ་བ།
同义 ekārtha, abhinna artha དོན་གཅིག
童慧 Kumāramati ཀུ་མཱ་ར་མ་ཏི།

陀罗尼自在王 Dhāraṇīśvararāja གཟུངས་ཀྱི་དབང་ཕྱུག་རྒྱལ་པོ།

W

外道 anyatīrthya མུ་སྟེགས་པ།

外道自在派 ＊Aiśvara, śaiva མུ་སྟེགས་དབང་ཕྱུག་པ།

外糠 bahistuṣa ཕྱི་ཡི་སྦུན་པ།

微细补特伽罗与法无我 ＊pudgaladharmānātma sūkṣma གང་ཟག་དང་ཆོས་ཀྱི་བདག་མེད་ཕྲ་མོ།

微细空性 ＊śūnyatā sūkṣmā སྟོང་ཉིད་ཕྲ་མོ།

微细所破 ＊pratiṣedhya sūkṣma དགག་བྱ་ཕྲ་མོ།

微细无我 ＊anātma sūkṣma ཕྲ་བའི་བདག་མེད།

唯识车轨 ＊vijñaptimātramahārathanayakara རིག་པ་ཙམ་གྱི་ཤིང་རྟའི་སྲོལ།

唯识见 Vijñānamātradṛṣṭi སེམས་ཙམ་པའི་ལྟ་བ།

唯识理,唯识之理门 ＊Vijñaptimātranaya རྣམ་པར་རིག་པ་ཙམ་གྱི་ཚུལ།

唯识宗规 ＊Vijñaptimātramata རྣམ་པར་རིག་པ་ཙམ་གྱི་ལུགས།

萎莲苞 kutsitapadmakośa པདྨ་ངན་པའི་སྦུབས།

位 avasthā གནས་སྐབས།

闻慧 ＊śrutaprajñā ཐོས་པའི་ཤེས་རབ།

闻思慧 ＊śrutacintāprajñā ཐོས་བསམ་གྱི་ཤེས་རབ།

闻所成慧 ＊śrutamayajñāna ཐོས་ལས་བྱུང་བའི་ཤེས་པ།

(真)我波罗蜜多 paramātmapāramitā བདག་དམ་པའི་ཕ་རོལ་ཏུ་ཕྱིན་པ།

我想 ātmasaṁjñā, ātmeti saṃjñā བདག་གི་འདུ་ཤེས།ངོ་སྙམ་པར་འདུ་ཤེས།

邬多耶 udaya ཨོ་ཏ་ཡ།

无碍 asaṅga ཐོགས་པ་མེད་པ།

无碍慧波罗蜜多 aṅgaprajñāpāramitā ཐོགས་པ་མེད་པའི་ཤེས་རབ་ཀྱི་ཕ་རོལ་ཏུ་ཕྱིན་པ།

无碍解 pratisaṃvit སོ་སོ་ཡང་དག་པར་རིག་པ།

无边俱胝烦恼壳 aparyantakleśakośakoṭigūḍha ཉོན་མོངས་པའི་སྦུབས་བྱེ་བ་མཐའ་ཡས་པ།

无别义 abhedārtha དབྱེར་མེད་པའི་དོན།

无常 anitya མི་རྟག་པ།

无耽滞,无滞 asaṅga ཆགས་པ་མེད་པ།

无等法轮 asamadharmacakra མཚུངས་པ་མེད་པའི་ཆོས་ཀྱི་འཁོར་ལོ།

无二 advayatā གཉིས་སུ་མེད་པ།

无分别 avikalpa རྣམ་པར་མི་རྟོག་པ།

无根 amūla རྩ་བ་མེད་པ

无功用 anābhoga ལྷུན་གྱིས་གྲུབ་པ།

无垢 amala, nirmala, vimala དྲི་མ་མེད་པ།

无垢处界 དྲི་མ་མེད་པའི་གནས་ཁམས།

无垢帝释像 vimala śakrapratibimba དྲི་མ་མེད་པའི་བརྒྱ་བྱིན་གྱི་གཟུགས་བརྙན།

无垢佛功德 vimala buddhaguṇa དྲི་མ་མེད་པའི་སངས་རྒྱས་ཀྱི་ཡོན་ཏན།

无垢功德 nirmala guṇa དྲི་མ་མེད་པའི་ཡོན་ཏན།

无垢界 amala dhātu དྲི་མ་མེད་པའི་དབྱིངས།

无垢菩提 *vimala bodhi དྲི་མ་མེད་པའི་བྱང་ཆུབ།

无垢清净 vaimalyapariśuddhya དྲི་མ་མེད་པའི་ཡོངས་སུ་དག་པ།

无垢心 *vimala citta དྲི་མ་མེད་པའི་སེམས།

无垢意性身 vimalamanomayātmabhāva དྲི་མ་མེད་པའི་ཡིད་ཀྱི་རང་བཞིན་གྱི་ལུས།

无垢真如 nirmalā tathatā དྲི་མ་མེད་པའི་དེ་བཞིན་ཉིད།

无后边际 anaparāntakoṭi ཕྱི་མའི་མཐའ་མེད།

无坚实性 asāratā སྙིང་པོ་མེད་པ།

无间道 ānantaryamārga བར་ཆད་མེད་ལམ།

无间罪 ānantarya མཚམས་མེད།

无老 na jīryate ཀ་བ་མེད་པ།

无量 aparimita ཚད་མེད་པ།

无量宫 vimāna གཞལ་ཡས་ཁང་།

无漏界 anāsvara dhātu ཟག་པ་མེད་པའི་དབྱིངས།

无漏乐 *anāsvara sukha ཟག་པ་མེད་པའི་བདེ་བ།

无漏善根 anāsravakuśalamūla ཟག་པ་མེད་པའི་དགེ་བའི་རྩ་བ།

无漏业 anāsravakarma ཟག་པ་མེད་པའི་ལས།

无漏种 *anāsvarabīja ཟག་པ་མེད་པའི་ས་བོན།

无明 avidyā མ་རིག་པ།

无明习气 avidyāvāsa མ་རིག་པའི་བག་ཆགས།

无明习气地 avidyāvāsabhūmi མ་རིག་པའི་བག་ཆགས་ཀྱི་ས།

无念 akalpa, avikalpa, vyapagatavikalpa མི་རྟོག རྟོག་པ་དང་བྲལ་བ།

无色界 ārūpyadhātu གཟུགས་མེད་པའི་ཁམས།

无上 anuttara བླ་ན་མེད་པ།

无上大法轮 anuttaramahādharmacakra བླ་ན་མེད་པའི་ཆོས་ཀྱི་འཁོར་ལོ་ཆེན་པོ།

无上大菩提 anuttaraparamābhisaṃbodhi བླ་ན་མེད་པ་མངོན་པར་རྫོགས་པར་བྱང་ཆུབ་པ་མཆོག

无上佛智 * anuttarabuddhajñāna སངས་རྒྱས་ཀྱི་ཡེ་ཤེས་བླ་ན་མེད་པ།

无上功德 anuttaraguṇa བླ་ན་མེད་པའི་ཡོན་ཏན།

无上正等觉 anuttarā samyaksaṃbodhi བླ་ན་མེད་པ་ཡང་དག་པར་རྫོགས་པའི་བྱང་ཆུབ།

无上智 anuttarajñāna བླ་ན་མེད་པའི་ཡེ་ཤེས།

无生 anutpāda མི་སྐྱེ་བ།སྐྱེ་བ་མེད་པ།

无生法性 anutpattikadharma མི་སྐྱེ་བའི་ཆོས་ཉིད།

无生法性忍 * anutpattikadharmakṣānti མི་སྐྱེ་བའི་ཆོས་ཉིད་ལ་བཟོད་པ།

无生无灭 anutpādaanirodha སྐྱེ་བ་མེད་ཅིང་འགག་པ་མེད་པ།

无始时 anādikālika ཐོག་མ་མེད་པའི་དུས།

无始时来界 anādikālika dhātu ཐོག་མ་མེད་དུས་ཅན་གྱི་ཁམས།

无数 asaṃkhyeya གྲངས་མེད་པ།

无思 acitta སེམས་པ་མེད་པ།

无死 na mriyate འཆི་བ་མེད་པ།

无所畏 vaiśāradya མི་འཇིགས་པ།

无所有 * ākiñcanya ཅི་ཡང་མེད་པ།

无贪 asaṅga ཆགས་པ་མེད་པ།

无妄不虚之义 amṛṣāmopārtha བརྫུན་པ་མེད་པ་དང་སླུ་བ་མེད་པའི་དོན།

无为 asaṃskṛta འདུས་མ་བྱས།

无为法身 asaṃskṛtadharmakāya འདུས་མ་བྱས་པ་ཆོས་ཀྱི་སྐུ།

无为如来藏 asaṃskṛtatathāgatadhātu (garbha?) འདུས་མ་བྱས་པ་དེ་བཞིན་གཤེགས་པའི་སྙིང་པོ།

无为身 * asaṃskṛtakāya འདུས་མ་བྱས་ཀྱི་སྐུ།

无为自性 asaṃskṛtasvabhāva འདུས་མ་བྱས་པ་རང་བཞིན།

无畏 abhayaའཇིགས་པ་ཐམས་ཅད་ཟད་པ། མི་འཇིགས་པ།

无畏道 mārga abhaya འཇིགས་པ་མེད་པའི་ལམ།

无我 anātma(n), nairātmya བདག་མེད་པ།

无我慧 * anātmādhigamaprajñā བདག་མེད་མངོན་སུམ་དུ་རྟོགས་པའི་ཤེས་རབ།

无我际 nairātmyakoṭi བདག་མེད་པའི་མཐའ།

无我智 * nairātmyajñāna བདག་མེད་རྟོགས་པའི་ཡེ་ཤེས།

无相 animitta མཚན་ཉིད་མེད།

无余涅槃 nirupadhiśeṣanirvāṇa ལྷག་མ་མེད་པའི་མྱང་འདས།
无喻城 * Apratimāmahānagara གྲོང་ཁྱེར་ཆེན་པོ་དཔེ་མེད།
无愿 apraṇihita སྨོན་པ་མེད་པ།
无障法身 anāvaraṇadharmakāya སྒྲིབ་པ་མེད་པའི་ཆོས་ཀྱི་སྐུ།
无种性 agotra རིགས་མེད་པ།
无住涅槃 apratiṣṭhitanirvāṇa མི་གནས་པའི་མྱ་ངན་ལས་འདས་པ།
无著 Asaṅga ཐོགས་མེད།
无自性 * asvabhāvasiddha རང་བཞིན་གྱིས་མ་གྲུབ།
无自性师 * asvabhāvavādin ངོ་བོ་ཉིད་མེད་པར་སྨྲ་བ།
无作者性 akārakatāབྱེད་པ་པོ་མེད་པ་ཉིད།
五道 * pañcamārga ལམ་ལྔ།
五德,五功德 * pañcaguṇa ཡོན་ཏན་ལྔ།
五过失 pañcadoṣa ཉེས་པ་ལྔ།
五决定 * pañcaniyata ངེས་པ་ལྔ།
五取蕴 pañcopādānaskandha ཉེ་བར་ལེན་པའི་ཕུང་པོ་ལྔ་པོ།
五趣 saṃsṛti pañcadhā འགྲོ་ལྔ།
五神通,五通 pañcābhijñā མངོན་པར་ཤེས་པ་ལྔ།
五喻 pañca dṛṣṭānta དཔེ་ལྔ།

X

习气 avāsa, vāsana བག་ཆགས།
习所成 samudānīta ཡང་དག་པར་བླངས་པ་ལས་བྱུང་བ།
习所成种,习所得种 * samudānīta gotra ཡང་དག་པར་བླངས་པ་ལས་བྱུང་བའི་རིགས།
喜足天 tuṣita དགའ་ལྡན།
戏论 prapañca སྤྲོས་པ།
暇满 * kṣaṇasampad དལ་འབྱོར།
下劣女腹 jaghanyanārījaṭhara བུད་མེད་ངན་པའི་ལྟོ།
仙人 ṛṣi དྲང་སྲོང་།
贤 bhadra བཟང་པོ།
显明 abhivyakti གསལ་བ།མངོན་པར་གསལ་བ།
现观 abhisaṃbodha, * abhisamaya མངོན་སུམ་དུ་རྟོགས་པ།
现相 * ābhāsanaya སྣང་ཚུལ།

现行 abhi－sam(s)－√kṛ,paryavasthāna མངོན་གྱུར།
现证 abhisaṃbodha མངོན་སུམ་དུ་རྟོགས་པ།
现证无我道 བདག་མེད་མངོན་སུམ་དུ་རྟོགས་པའི་ལམ།
现证无我慧 བདག་མེད་མངོན་སུམ་དུ་རྟོགས་པའི་ཤེས་རབ།
相 ākāra,nimitta རྣམ་པ། མཚན་མ།
相属 saṃbaddha འབྲེལ་བ།
相违 ＊viruddha འགལ་བ།
相续不断 anuparataanucchinna རྒྱུན་མི་འཆད་པ།
相应,具 anvita,upeta,yukta,yoga,samanvāgata,sa-,-va(n)t ལྡན་པ།
相应义 yogārtha ལྡན་པའི་དོན།
相执 nimittagrāha མཚན་མར་འཛིན་པ།
想结 saṃjñākṛtabandhana འདུ་ཤེས་ཀྱིས་བྱས་པའི་འཆིང་བ།
想执 saṃjñāgrāha འདུ་ཤེས་ཀྱི་འཛིན་པ།
消除苦火 duḥkhāgnipraśamana སྡུག་བསྔལ་གྱི་མེ་རབ་ཏུ་འཇིལ་བ།
小乘 ＊hīnayāna ཐེག་པ་དམན་པ།
邪分别 ＊mithyāsaṃkalpa ལོག་རྟོག ལོག་པར་རྟོག་པ།
邪见 ＊mithyādṛṣṭi ལོག་པར་ལྟ་བ།
邪性决定 mithyātvaniyata ལོག་པ་ཉིད་དུ་ངེས་པ།
心 citta སེམས།
心谛实空离戏 ＊cittasatyasiddhaprapañcaviyukta སེམས་བདེན་སྟོང་སྤྲོས་བྲལ།
心王意识 ＊pradhānavijñāna གཙོ་བོ་ཡིད་ཀྱི་རྣམ་པར་ཤེས་པ།
心性光明,心自性光明 cittaprakṛti prabhāsvara སེམས་ཀྱི་རང་བཞིན་འོད་གསལ་བ།
心要 sāra སྙིང་པོ།
心于空性散乱 śūnyatāvikṣiptacitta སྟོང་པ་ཉིད་ལས་སེམས་རྣམ་པར་ཡེངས་པ།
心之杂染 cittasaṃkleśa སེམས་ཀྱི་ཀུན་ནས་ཉོན་མོངས་པ།
心之自性 cittaprakṛti སེམས་ཀྱི་རང་བཞིན།
心自性解脱 cittaprakṛtivimukti རྟེན་སེམས་ཀྱི་རང་བཞིན་རྣམ་པར་གྲོལ་བ།
欣乐不净生死 aśucisaṃsārābhirati མི་གཙང་བའི་འཁོར་བ་ལ་མངོན་པར་དགའ་བ།
欣欲 praṇidhi,abhilāṣa འདོད་པ།མངོན་པར་འདོད་པ།
欣欲诸有者 bhavābhilāṣin སྲིད་པ་འདོད་པ།
新入乘菩萨,新入乘之菩萨 navayānasaṃprasthitabodhisattva ཐེག་པ་ལ་གསར་དུ་ཞུགས་པའི་བྱང་ཆུབ་སེམས་དཔའ།

信 śraddhā དད་པ།

行 avacara, cara, catira སྤྱོད་པ།

醒觉种性 * gotraprabuddha རིགས་སད་པར་བྱེད་པ།

修 bhāvanā སྒོམ་པ།

修道 bhāvanāmārga སྒོམ་པའི་ལམ།

修所成慧 * bhāvanāmayajñāna སྒོམ་པ་ལས་བྱུང་བའི་ཤེས་རབ།

修所断 * bhāvanāheya * bhāvanāprahātavya སྒོམ་སྤང་ས།

修习慧及三摩地 prajñāsamādhimukhabhāvanā ཤེས་རབ་དང་ཏིང་ངེ་འཛིན་གྱི་སྒོ་སྒོམ་པ།

修习菩萨大悲 bodhisattvakaruṇābhāvanā བྱང་ཆུབ་སེམས་དཔའི་སྙིང་རྗེ་ཆེན་པོ་སྒོམ་པ།

修习胜解大乘 mahāyānādhimuktibhāvanā ཐེག་པ་ཆེན་པོ་ལ་མོས་པ་སྒོམ་པ།

虚空 ākāśa, nabha, vyoman ནམ་མཁའ།

虚空界 ākāśadhātu ནམ་མཁའི་ཁམས།

虚空喻 ākāśadṛṣṭānta ནམ་མཁའ་དཔེ།

虚妄 abhūta, mṛṣā ཡང་དག་པ་མ་ཡིན་པ། བརྫུན་པ།

虚妄遍计 ཡང་དག་པ་མ་ཡིན་པའི་ཀུན་ཏུ་རྟོག་པ

虚妄欺诳法 mṛṣāmoṣadharma བརྫུན་པ་སླུ་བའི་ཆོས།

虚空藏 vyomanidhāna ནམ་མཁའི་གཏེར།

虚空藏等三摩地 gaganagañjādisamādhi ནམ་མཁའ་མཛོད་ཀྱི་ཏིང་ངེ་འཛིན་ལ་སོགས་པ།

续 tantra རྒྱུད།

序品 nidānaparivarta གླེང་གཞི།

Y

言说身 sāṃketika vapu བརྡ་ཡི་སྐུ།

眼识 * cakṣurjñāna མིག་ཤེས།

业 karma ལས།

业集 karmasamudaya ལས་ཀུན་འབྱུང་བ།

业异熟智 * karmavipākajñāna ལས་རྣམས་ཀྱི་རྣམ་སྨིན་མཁྱེན་པ།

业杂染 karmasaṃkleśa ལས་ཀྱི་ཀུན་ནས་ཉོན་མོངས་པ།

一阐提 icchantika ལོག་སྲེད་ཅན། འདོད་ཆེན་པ།

一阐提之因 icchantikahetu ལོག་སྲེད་ཅན་ཉིད་ཀྱི་རྒྱུ།

一乘论 * ekayānavādin ཐེག་པ་གཅིག་ཏུ་སྨྲ་བ།

一切功德所依 * sarvaguṇādhāra ཡོན་ཏན་ཀུན་གྱི་རྟེན།

一切有情 སེམས་ཅན་ཐམས་ཅད།
一切有情皆具如来藏 སེམས་ཅན་ཐམས་ཅད་དེ་བཞིན་གཤེགས་པའི་སྙིང་པོ་ཅན།
一切有情下至旁生皆有如来藏 sarvasattveṣv antaśastiryagyonigateṣv api tathāgatagarbhāstitva སེམས་ཅན་ཐམས་ཅད་ལ་ཐ་ན་དུད་འགྲོའི་སྐྱེ་གནས་སུ་གྱུར་པ་རྣམས་ལ་ཡང་དེ་བཞིན་གཤེགས་པའི་སྙིང་པོ་ཡོད་པ་ཉིད།
一切智 * sarvajñatājñāna ཐམས་ཅད་མཁྱེན་པ་ཉིད་ཀྱི་ཡེ་ཤེས།
一切智境 sarvajñajñānaviṣaya ཐམས་ཅད་མཁྱེན་པ་ཉིད་ཀྱི་ཡེ་ཤེས་ཀྱི་ཡུལ།
一切智之境 sarvajñaviṣaya ཐམས་ཅད་མཁྱེན་པའི་ཡེ་ཤེས་ཀྱི་ཡུལ།
一切种功德 * sarvākāraguṇa རྣམ་པ་ཐམས་ཅད་པའི་ཡོན་ཏན།
一切种觉悟一切法 sarvākārasarvadharmābhisaṃbodha ཆོས་ཐམས་ཅད་རྣམ་པ་ཐམས་ཅད་དུ་མངོན་པར་རྫོགས་པར་ནི་བྱང་ཆུབ་པ།
一切种最上空性 sarvākāravaropetaśūnyatā རྣམ་པ་ཐམས་ཅད་ཀྱི་མཆོག་དང་ལྡན་པའི་སྟོང་པ་ཉིད།
一生补处 ekajātipratibaddha སྐྱེ་བ་གཅིག་གིས་ཐོགས་པ།
一味同味 ekarasa samarasa རོ་གཅིག་པ་རོ་མཉམ་པ།
依他起 paratantra གཞན་དབང་།
疑 kāṅkṣā, saṃśaya, vimati, vicikitsā དོགས་པ། ཐེ་ཚོམ།
亦有亦无 sadasat ཡོད་མེད།
异名 paryāya རྣམ་གྲངས།
异生 pṛthagjana སོ་སོའི་སྐྱེ་བོ།
异生有情界 * pṛthaksattvadhātu སོ་སོ་སྐྱེ་བོའི་སེམས་ཅན་གྱི་ཁམས།
异生有学 śaikṣa pṛthagjana སོ་སོའི་སྐྱེ་བོ་སློབ་པ།
异熟功德 vaipākika [guṇa] རྣམ་སྨིན་གྱི་ཡོན་ཏན།
意 manas ཐུགས། ཡིད།
意乐 āśaya བསམ་པ།
意乐清净 * āśayaviśuddha བསམ་པ་རྣམ་པར་དག་པ།
意乐圆满 * āśayasaṃpanna བསམ་ཕུན་ཚོགས། བསམ་ཀུན་སོ་སོར་རྫོགས་བྱེད།
意秘密 * monoguhya ཐུགས་ཀྱི་གསང་བ།
意识 manovijñāna ཡིད་ཀྱི་རྣམ་པར་ཤེས་པ།ཡིད་ཀྱི་ཤེས་པའི་རྣམ་རིག
意事业 * cittakarma ཐུགས་ཀྱི་འཕྲིན་ལས།
意性身 manomayātmabhāva ཡིད་ཀྱི་རང་བཞིན་གྱི་ལུས།
义 artha དོན།

义成庆喜 * siddhārthānanda དོན་གྲུབ་ཀུན་དགའ།

义无碍解 * arthapratisaṃvid དོན་སོ་སོ་ཡང་དག་པ་རིག་པ།

因 hetu རྒྱུ།

因不成 * asiddho hetuḥ རྟགས་མ་གྲུབ།

因归依 * hetuśaraṇa རྒྱུའི་སྐྱབས།

因位 * hetvavasthā རྒྱུའི་གནས་སྐབས།

因位佛种性 * hetvavasthābuddhagotra རྒྱུའི་གནས་སྐབས་སངས་རྒྱས་ཀྱི་རིགས།

因位界如来藏 * hetvavasthādhātutathāgatagarbha རྒྱུའི་གནས་སྐབས་ཁམས་དེ་བཞིན་གཤེགས་པའི་སྙིང་པོ།

因相 hetulakṣaṇa རྒྱུའི་མཚན་ཉིད།

因义 hetvartha རྒྱུའི་དོན།

因缘 hetupratyaya རྒྱུ་རྐྱེན།རྒྱུ་དང་རྐྱེན།

因种种器异 bhājanavimātratā སྣོད་རྣམས་སྣ་ཚོགས་ཉིད།

隐密处 * parokṣasthāna གནས་ལྐོག་གྱུར།

应供 pūjānarhatva མཆོད་པར་འོས་པ།

应颂 geya དབྱངས་ཀྱིས་བསྙད་པ།

用 karma ལས།

用意 prayojana དགོས་པ།

用义 karmārtha ལས་ཀྱི་དོན།

游戏 རྣམ་པར་རོལ་བ།

有 sat, astitva ཡོད་པ། ཡོད་པ་ཉིད།

有顶 bhavāgra སྲིད་རྩེ།

有垢 samala དྲི་མ་དང་བཅས་པ།

有垢如来藏 * samala tathāgatagarbha དྲི་མ་དང་བཅས་པ་དེ་བཞིན་གཤེགས་པའི་སྙིང་པོ།

有垢心 * samala citta དྲི་མ་དང་བཅས་པའི་སེམས།

有寂平等性 * samatābhavaśānti སྲིད་ཞི་མཉམ་ཉིད།

有境 dharmin ཡུལ་ཅན།

有境之差别 * dharmino viśeṣa ཡུལ་ཅན་གྱི་ཁྱད་པར།

有漏 sāsrava ཟག་པ་དང་བཅས་པ།

有漏皆苦 * sarva sāsrava duḥkha ཟག་པ་དང་བཅས་པ་ཐམས་ཅད་སྡུག་བསྔལ་བ།

有漏业 sāsravakarma ཟག་པ་དང་བཅས་པའི་ལས།

有漏异熟 * sāsravavipāka ཟག་པ་དང་བཅས་པའི་རྣམ་སྨིན།

有漏蕴 * sāsravaskandha ཟག་པ་དང་བཅས་པའི་ཕུང་པོ།
有情 sattva སེམས་ཅན།
有情界 sattvadhātu སེམས་ཅན་ཁམས།
有情位 * sattvāvasthā སེམས་ཅན་གྱི་གནས་སྐབས།
有情相续 * sattvasaṃtāna སེམས་ཅན་རྒྱུད།
有身 dehin ལུས་ཅན།
有为 saṃskṛta འདུས་བྱས།
有学 śaikṣa སློབ་པ།
有学道位 * śaikṣamārgāvasthā སློབ་པ་ལམ་གྱི་གནས་སྐབས།
有种性 gotrasaṃbhava རིགས་ཡོད་པ།
有自相 * svalakṣaṇasiddha རང་གི་མཚན་ཉིད་ཀྱིས་གྲུབ་པ།
瑜伽行车轨 * Yogācāramahārathanayakara རྣལ་འབྱོར་སྤྱོད་པ་པའི་ཤིང་རྟའི་སྲོལ།
瑜伽行派 * Yogācāra རྣལ་འབྱོར་སྤྱོད་པ་བ།
瑜伽行师 * Yogācāra རྣལ་འབྱོར་སྤྱོད་པ།
愚者 mūḍha རྨོངས་པ།
语秘密 * vāgguhya གསུང་གི་གསང་བ།
欲离诸有者 vibhavābhilāṣin སྲིད་པ་དང་བྲལ་བར་འདོད་པ།
欲漏 * kāmasāsrava འདོད་པའི་ཟག་པ།
欲求信 * abhilāṣaśraddhā འདོད་པའི་དད་པ།
喻 udāharaṇa, upama, dṛṣṭānta དཔེ།
圆成实 pariniṣpanna ཡོངས་གྲུབ།
圆满受用身 * saṃbhogakāya ལོངས་སྤྱོད་རྫོགས་པའི་སྐུ།
缘 pratyaya རྐྱེན།
缘起 pratītya, pratītyasamutpāda རྟེན་འབྲེལ།
缘相 pratyayalakṣaṇa རྐྱེན་གྱི་མཚན་ཉིད།
远离客尘 * āgantukamalavisaṃyoga གློ་བུར་དྲི་བྲལ།
愿 praṇidhāna, prāṇidhi སྨོན་པ།
月称论师 * ācārya Candrakīrti སློབ་དཔོན་ཟླ་བ་གྲགས་པ།
云喻 meghadṛṣṭānta སྤྲིན་གྱི་དཔེ།
孕妇 āpannasattvanāri སེམས་ཅན་ཞུགས་པའི་མི་མོ།
蕴 skandha ཕུང་པོ།
蕴、界、处 skandhadhātvāyatana ཕུང་པོ་དང་ཁམས་དང་སྐྱེ་མཆེད།

蕴实执 * skandhasatyāvasāna ཕུང་པོ་བདེན་པར་ཞེན་པ།
蕴自性空 * skandhasvabhāvaśūnya ཕུང་པོ་རང་བཞིན་གྱིས་སྟོང་པ།

Z

杂染 saṃkliṣṭa, saṃkleśa ཀུན་ནས་ཉོན་མོངས་པ།
杂染品 saṃkliṣṭapakṣa ཀུན་ནས་ཉོན་མོངས་ཀྱི་ཕྱོགས།
在家菩萨 * gṛhasthabodhisattva ཁྱིམ་པའི་བྱང་ཆུབ་སེམས་དཔའ།
暂时 * avasthāགནས་སྐབས་རིགས་ཆད་པ་ལོག་པ་ཉིད་དུ་ངེས་པའི་ཕུང་པོར་གནས་པ།
择灭 * pratisaṃkhyānirodha སོ་སོར་བརྟགས་འགོག
增上慢 mādyamāna མངོན་པའི་ང་རྒྱལ།
增上慢空见 mādyamānānāṃ śūnyatā dṛṣṭi མངོན་པའི་ང་རྒྱལ་ཅན་སྟོང་པ་ཉིད་དུ་ལྟ་བ།
增上生 * abhyudaya མངོན་མཐོ།
增上意乐 adhyāśaya ལྷག་པའི་བསམ་པ།
增上缘 * adhipatipratyaya བདག་རྐྱེན།
增益 samāropa སྒྲོ་འདོགས།
增语 adhivacana ཚིག་བླ་དྭགས།
憎背解脱道 mokṣamārgapratihata ཐར་པའི་ལམ་དང་ཞེ་འགྲས་པ།
者逻迦 Cārvāka ཙ་ར་ཀ
珍宝 maṇi, ratna ནོར་བུ། རིན་ཆེན།
真如 tathatā དེ་བཞིན་ཉིད།
真如垢未净 * tathatā malāśuddha དེ་བཞིན་ཉིད་དྲི་མས་མ་དག་པ།
真如无分别义 tathatāvyatibhedārtha དེ་བཞིན་ཉིད་ལ་དབྱེར་མེད་པའི་དོན།
真如之自性 tathatāsvabhāva དེ་བཞིན་ཉིད་ཀྱི་རང་བཞིན།
真实 * sthitinaya གནས་ལུགས།
真我 paramātma བདག་དམ་པ།
真我波罗蜜多 paramātmapāramitā བདག་དམ་པའི་ཕ་རོལ་ཏུ་ཕྱིན་པ།
真无我波罗蜜多 nairātmyapāramitā བདག་མེད་པ་དམ་པའི་ཕ་རོལ་ཏུ་ཕྱིན་པ།
正不颠倒无戏论 samyagaviparyastā niṣprapañca ཡང་དག་པར་ཕྱིན་ཅི་མ་ལོག་པ་སྤྲོས་པ་མེད་པ།
正等觉,正等觉佛 samyaksaṃbuddha ཡང་དག་པར་རྫོགས་པའི་སངས་རྒྱས།
正见 samyagdarśana, samyagdṛṣṭi ཡང་དག་པའི་ལྟ་བ།
正教神变 anuśāsti prātihārya རྗེས་སུ་བསྟན་པའི་ཆོ་འཕྲུལ།

正决定有情蕴 samyaktvaniyata sattvarāśi ཡང་དག་པ་ཉིད་དུ་ངེས་པའི་སེམས་ཅན་གྱི་ཕུང་པོ།
正理师 * Nyāya རིགས་པ་སྨྲ་བ།
正相违 sākṣādvirodha དངོས་འགལ།
正住大乘 mahāyānasaṃprasthita ཐེག་པ་ཆེན་པོ་ལ་ཡང་དག་པར་གནས་པ།
证 adhi – √gam, anu – √gam, ava – √gam རྟོགས་པ།
证德 * adhigama རྟོགས་པ།
证法 adhigamadharma རྟོགས་པའི་ཆོས།
证法身 * adhigamadharmakāya རྟོགས་པ་ཆོས་ཀྱི་སྐུ།
证功德 * adhigamaguṇa རྟོགས་པའི་ཡོན་ཏན།
证究竟 * paryantādhigama རྟོགས་པ་མཐར་ཕྱུག
证空慧 * śūnyatādhigamaprajñā སྟོང་པ་ཉིད་རྟོགས་པའི་ཤེས་རབ།
证涅槃 nirvāṇādhigama མྱ་ངན་ལས་འདས་པ་རྟོགས་པ།
知如所有 yathāvadbhāvikatāvabodha ཇི་ལྟ་བ་མཁྱེན་པ།
止息 śānta, śiva ཞི་བ།
至菩提藏 bodhimaṇḍopasaṃkrānti བྱང་ཆུབ་སྙིང་པོར་གཤེགས་པ།
至尊 * bhaḍḍāraka རྗེ་བཙུན།
至尊文殊 * bhaḍḍāraka Mañjughoṣa རྗེ་བཙུན་འཇམ་པའི་དབྱངས།
智 jñāna ཡེ་ཤེས། མཁྱེན།
智、悲 jñānakaruṇā མཁྱེན་བརྩེ།
智差别 * jñānaviśeṣa ཡེ་ཤེས་ཀྱི་ཁྱད་པར།
智观 jñānadarśana ཡེ་ཤེས་ཀྱི་གཟིགས་པ།
智观清净 jñānadarśanaviśuddhi ཡེ་ཤེས་ཀྱི་གཟིགས་པ་དག་པ།
智光明 jñānaraśmi ཡེ་ཤེས་ཀྱི་འོད་ཟེར།
智慧 jñāna, prajñā ཤེས་རབ། ཡེ་ཤེས།
智慧波罗蜜多 prajñāpāramitā ཤེས་རབ་ཀྱི་ཕ་རོལ་ཏུ་ཕྱིན་པ།
智慧法身 * jñānadharmakāya ཡེ་ཤེས་ཆོས་ཀྱི་སྐུ།
智慧资粮 * jñānasaṃbhāra ཡེ་ཤེས་ཀྱི་ཚོགས།
智者 jātu, nipuṇa, vidvāṃs(viduṣā) མཁས་པ།
中转法轮 * Madhyama[dharma]cakra འཁོར་ལོ་བར་པ།
种 ākāra, prakāra, bīja རྣམ་པ། ས་བོན།
种性 gotra རིགས།
种种乘论 * nānāyānavādin ཐེག་པ་སྣ་ཚོགས་སུ་སྨྲ་བ།

种种非一相法理趣 vividhadharmavyavasthānanaya རྣམ་པ་སྣ་ཚོགས་པའི་ཚུལ།
种子 bīja ས་བོན།
众生界 sattvadhātu སེམས་ཅན་གྱི་ཁམས།
众中尊 saṃghe parama ཚོགས་ཀྱི་མཆོག ཁྱུ་མཆོག
周遍 parispharaṇa, vyāpi, spharaṇa ཁྱབ་པ།
周遍不成 * vyāpyasiddha ཁྱབ་པ་མ་གྲུབ།
周遍行苦 * parisphūṭasamskāraduḥkhatā ཁྱབ་པར་འདུ་བྱེད་ཀྱི་སྡུག་བསྔལ།
诸法无我 * sarvadharmā anātmāḥ ཆོས་ཐམས་ཅད་བདག་མེད་པ།
诸趣 gati འགྲོ་བ་ཀུན།
诸行 * sarvasaṃskāra འདུས་བྱས་ཐམས་ཅད།
诸行无常 * sarvasaṃskārā anityāḥ འདུས་བྱས་ཐམས་ཅད་མི་རྟག་པ།
主要 prādhānya གཙོ་བོ།
主要所破 * prādhānyapratiṣedhya དགག་བྱ་གཙོ་བོ།
助伴 * sahāya གྲོགས།
转 vṛtta, vṛtti, pravṛtta, pravṛtti བསྐོར་བ། འཇུག་པ།
转法轮 (su) pravartitadharmacakra འཁོར་ལོ་བསྐོར་བ།
转轮王 * cakravartin འཁོར་ལོས་བསྒྱུར་བའི་རྒྱལ་པོ།
转依 āśrayaparivṛtti གནས་གྱུར།
转依究竟 * āśrayaparivṛttiparyanta གནས་གྱུར་མཐར་ཕྱིན་པ།
转义 vṛtyartha འཇུག་པའི་དོན།
资具 * pariṣkāra ཡོངས་སྤྱད་པ། ཡོ་བྱད།
资粮 saṃbhāra ཚོགས།
资粮道 * saṃbhāramārga ཚོགས་ལམ།
自慧 svaprajñā རང་གི་ཤེས་རབ།
自空 * svaśūnya རང་སྟོང་།
自利 svārtha རང་དོན།
自利法身 * svārthadharmakāya རང་དོན་ཆོས་ཀྱི་སྐུ།
自利功德 * svārthaguṇa རང་དོན་གྱི་ཡོན་ཏན།
自利圆满 svārthasaṃpat རང་དོན་ཕུན་སུམ་ཚོགས་པ།
自内所证,自内证 pratyātmavedya སོ་སོ་རང་གིས་རྟོགས་པར་བྱ་བ།
自生一切智 * svayambhūsarvajñatā རང་བྱུང་གི་ཐམས་ཅད་མཁྱེན་པ།
自生智 svayaṃbhūjñāna རང་འབྱུང་གི་ཡེ་ཤེས།

自说 udāna ཆེད་དུ་བརྗོད་པ།

自他二利圆满 svaparārthasaṃpādana རང་དང་གཞན་གྱི་དོན་ཕུན་སུམ་ཚོགས་པ།

自他平等 * svaparasamatā བདག་གཞན་མཉམ་ཉིད།

自他相换 * svaparaparivarta བདག་གཞན་བརྗེ་བ།

自体 svabhāva རང་གི་ངོ་བོ།

自体空 * svabhāva(siddha)śūnyatā རང་གི་ངོ་བོ་ཉིད་ཀྱིས་གྲུབ་པས་སྟོང་པ།

自相 svalakṣaṇa རང་གི་མཚན་ཉིད། རང་མཚན།

自相空 * svalakṣaṇa(siddha)śūnyatā རང་གི་མཚན་ཉིད་ཀྱིས་གྲུབ་པའི་སྟོང་པ།

自相续 svasaṃtāna རང་རྒྱུད།

自相有 * svalakṣaṇasiddha རང་གི་མཚན་ཉིད་ཀྱིས་གྲུབ་པ།

自相有之实有 * svalakṣaṇasiddhasatyasiddha རང་གི་མཚན་ཉིད་ཀྱིས་གྲུབ་པའི་བདེན་གྲུབ།

自性 prakṛti,svabhāva རང་བཞིན།

自性常无杂染 atyantaprakṛtyanupakliṣṭatā རང་བཞིན་གྱིས་ཤིན་ཏུ་ཉེ་བར་ཉོན་མོངས་པ་མེད་པ།

自性光明 prakṛti prabhāsvarā རང་བཞིན་གྱིས་འོད་གསལ་བ།

自性寂灭 * svabhāvaśānta རང་བཞིན་གྱིས་ཞི་བ།

自性空 * svabhāvaśūnyatāརང་བཞིན་གྱིས་སྟོང་པ།

自性空胜义谛 * svabhāvaśūnyaparamārthasatya རང་བཞིན་གྱིས་སྟོང་པ་དོན་དམ་པའི་བདེན་པ།

自性空真如 * svabhāvaśūnyatātathatāརང་བཞིན་གྱིས་སྟོང་པའི་དེ་བཞིན་ཉིད།

自性空之界 * svabhāvaśūnyadhātu རང་བཞིན་གྱིས་སྟོང་པའི་ཁམས།

自性灭 * svabhāvanirodha རང་བཞིན་གྱིས་འགགས་པ།

自性灭胜义谛 * svabhāvanirodhaparamārthasatya རང་བཞིན་གྱི་འགོག་པ་དོན་དམ་པའི་བདེན་པ།

自性清净 prakṛtipariśuddha རང་བཞིན་རྣམ་དག

自性清净法藏 prakṛtipariśuddhagarbha རང་བཞིན་གྱིས་ཡོངས་སུ་དག་པའི་ཆོས་ཀྱི་སྙིང་པོ།

自性清净界 * prakṛtipariśuddhadhātu ཁམས་རང་བཞིན་གྱིས་རྣམ་པར་དག་པ།

自性清净无垢 * svabhāvanirmala རང་བཞིན་གྱིས་དག་པ་དྲི་མ་མེད་པ།

自性清净之种性 * svabhāvapariśuddhagotra རང་བཞིན་རྣམ་དག་གི་རིགས།

自性身 svabhāvika kāya ངོ་བོ་ཉིད་ཀྱི་སྐུ།

自性真如 * asaṃskṛtasvabhāva འདུས་མ་བྱས་པའི་རང་བཞིན།

自在 īśvara,aiśvara རང་དབང་པ།

自在而立之“常事”,自在之“常事” * svatantranityabhāva རང་དབང་བའི་རྟག་དངོས།

自在派 śaiva དབང་ཕྱུག་པ།
自之界 * svadhātu རང་གི་ཁམས།
自宗 * svamata རང་ལུགས།
字 vyañjana ཡི་གེ
宗喀巴大师 * Bhaḍḍārakasumatikīrti རྗེ་རིན་པོ་ཆེ།
总相 * sāmānyalakṣaṇa སྤྱིའི་མཚན་ཉིད།
最后一生补处 ekajātipratibaddha སྐྱེ་བ་ཐ་མ་གཅིག་གིས་ཐོགས་པ།
最后有 * bhavānta སྲིད་པ་ཐ་མ་པ།
最净位 suviśuddhāvasthā ཤིན་ཏུ་རྣམ་དག་གི་གནས་སྐབས།
最清净 atyantaśubha ཤིན་ཏུ་གཙང་བ།
最上补处 * paramayuvarāja རྒྱལ་ཚབ་དམ་པ།
最上菩提心 * bodhicittavara བྱང་ཆུབ་ཀྱི་མཆོག་ཏུ་སེམས།
最上菩提藏 bodhimaṇḍavara བྱང་ཆུབ་ཀྱི་སྙིང་པོ་མཆོག
最上清净正等觉 * parama-viśuddhasamyak-sambuddha མཆོག་ཏུ་རྣམ་པར་དག་པ་རྫོགས་པའི་སངས་རྒྱས།
最上杂染性 saṁkleśaparamatā མཆོག་ཏུ་ཀུན་ནས་ཉོན་མོངས་པ་ཉིད།
最上洲主 * dvīpapativara གླིང་བདག་མཆོག
作如来清净功德胜义赞 tathāgatabhūtaguṇaparamārthastutinirdeśata དེ་བཞིན་གཤེགས་པའི་ཡང་དག་པའི་ཡོན་ཏན་དོན་དམ་པའི་བསྟོད་པ།
作业差别 * karmaviśeṣa བྱེད་ལས་ཀྱི་ཁྱད་པར།